2012ANTIQUES
CHINESE ARTS AUCTION RECORDS

拍卖年鉴 全彩版

2011.1.1～2011.12.31

雜項

cns | 湖南美术出版社

图书在版编目(CIP)数据

2012古董拍卖年鉴 · 杂项 / 欣弘编.—长沙：湖南美术出版社，2012.1
ISBN 978-7-5356-5094-8

I. ①2… II. ①欣… III. ①历史文物－拍卖－价格－中国－2012－年鉴②古瓷器－拍卖－价格－中国－2012－年鉴 IV. ①FF724.787-54

中国版本图书馆CIP数据核字(2012)第006520号

2012古董拍卖年鉴·杂项

主　　编：欣　弘
策　　划：易兴宏
责任编辑：李　坚

湖南美术出版社出版发行(长沙市东二环一段622号)
湖南省新华书店经销
深圳雅昌彩色印刷有限公司制版、印刷
(本书采用CTP工艺制版、印刷)
开本：787×1092　1/16　印张：22.5
2012年2月第1版　2012年2月第1次印刷
ISBN 978-7-5356-5094-8
定价：148.00元

邮购联系：0731-84787105 邮编：410016 网址：http://www.arts-press.com/
电子邮箱：market@arts-press.com

目　录

凡　例

1.《2012古董拍卖年鉴》分瓷器卷、玉器卷、杂项卷、书画卷共四册。收录了纽约、纳高、伦敦、香港、澳门、台北、北京、上海、广州、昆明、天津、重庆、成都、安徽、云南、南京、西安、济南等城市或地区的几十家拍卖公司上百个专场的2011年度拍卖成交记录与拍品图片。

2.本书内文条目原则上保留了原拍卖记录，按拍品号、朝代、品名、估价、成交价、尺寸、拍卖公司名称、拍卖日期等排序，部分原内容缺或不详的，即不注明，书画卷内文条目还有作者姓名、作品形式、创作年代、钤印等内容。

3.因境外拍卖公司宿地不同，本书拍品中有多种币种：RMB人民币，USD美元，EUR欧元，GBP英磅，HKD港币，TWD台币。但本书所有拍品估价与成交价均采用按汇率转换成RMB(人民币)币种。

4.需查看更多图片资料，请登陆“www.artron.net”进入“中国艺搜”栏目，输入要查看拍品的完整名称或名称的关键词语点击搜索即可。

竹 雕

1029 明 竹雕掏耳罗汉摆件
“三松”二字楷书款
估　价：RMB 600,000～1,000,000
成交价：RMB 784,000
高13cm 浙江佳宝 2011.6.23

8529 清早期 竹雕童子牧牛摆件
估　价：RMB 200,000～300,000
成交价：RMB 747,500
长12.8cm 北京保利 2011.12.08

10 清乾隆 竹雕螃蟹和牙雕染色水草底座
估　价：RMB 200,000～300,000
成交价：RMB 873,600
长9.7cm 宽6.5cm 浙江钱塘 2011.6.12

4255 清早期 竹雕双鹿
估　价：RMB 600,000～800,000
成交价：RMB 667,000
高8.5cm 北京翰海 2011.11.19

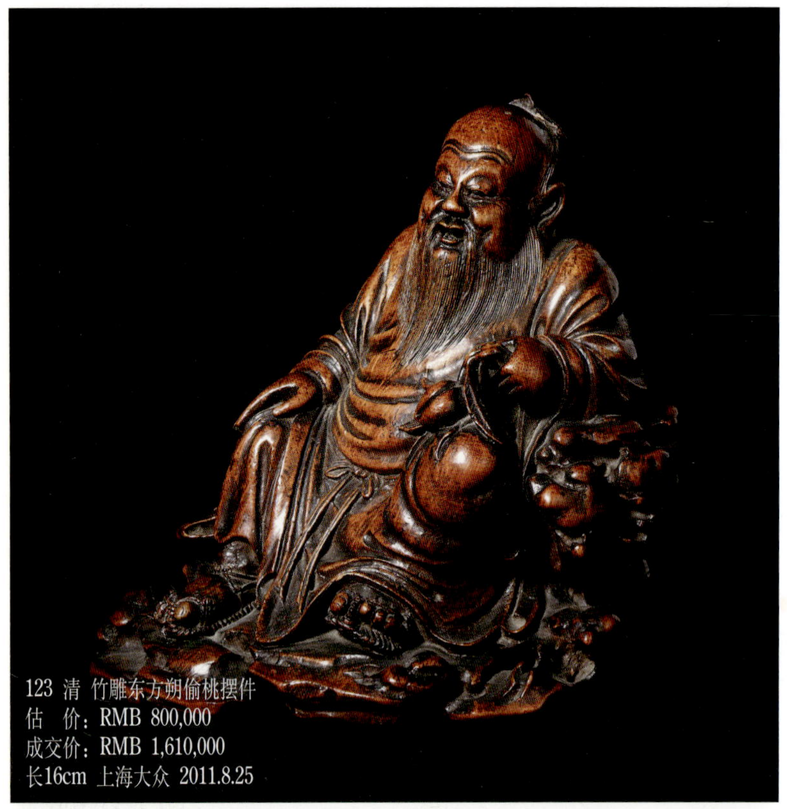

123 清 竹雕东方朔偷桃摆件
估 价：RMB 800,000
成交价：RMB 1,610,000
长16cm 上海大众 2011.8.25

3040 清 竹雕喜上眉梢
估 价：RMB 700,000～900,000
成交价：RMB 805,000
高20cm 北京翰海 2011.5.21

4085 清中期 竹雕开光人物图双兽耳瓶
估 价：RMB 600,000～800,000
成交价：RMB 690,000
高28.5cm 中国嘉德 2011.11.15

11 清 竹雕降龙罗汉
估 价：RMB 100,000～150,000
成交价：RMB 2,912,000
高7cm 浙江钱塘 2011.6.12

3865 明末/清初 竹雕佛狮戏球香炉
估 价：RMB 380,000~450,000
成交价：RMB 397,575
宽14cm 香港佳士得 2011.6.1

2307 清中期 竹黄百宝嵌多宝盒
估 价：RMB 1,800,000~2,200,000
成交价：RMB 3,450,000
长24.7cm 北京翰海 2011.11.17

3306 清乾隆 御制竹黄贴牙染蔓藤瓜形盖盒
估 价：RMB 1,800,000~2,500,000
成交价：RMB 1,835,560
长12.5cm 香港苏富比 2011.4.8

3397 清 竹黄嵌八宝文房八棱盒
估 价：RMB 700,000~800,000
成交价：RMB 784,000
30cm×30cm×11.5cm 中贸圣佳 2011.4.29

794 明末 张希黄款留青竹雕香筒
估　价：RMB 600,000～1,000,000
成交价：RMB 977,500
高35cm 直径10cm
荣宝斋(上海)2011.11.25

3469 清康熙 桐荫琴挑文君竹香筒
估　价：RMB 180,000～250,000
成交价：RMB 713,000
高27cm 中国嘉德 2011.5.22

7201 明 朱三松制乾隆御题竹刻七贤图笔筒
“三松作”款
估　价：RMB 3,500,000～5,500,000
成交价：RMB 4,830,000
高15cm 北京保利 2011.6.5

4076 明晚期 竹雕三松款高士听泉烹茶图笔筒
估　价：RMB 2,000,000～3,000,000
成交价：RMB 2,300,000
高16.5cm 中国嘉德 2011.11.15

2307 清早期 竹雕布袋和尚诗文笔筒
“癸酉春 吴之璠” “鲁珍”行书、篆书款
估　价：RMB 700,000～900,000
成交价：RMB 1,610,000
高15.2cm 北京翰海 2011.5.19

445 清初 竹雕李半山八骏图笔筒
估　价：RMB 1,800,000～2,000,000
成交价：RMB 3,220,000
高11cm 北京东正 2011.11.17

4075 清早期 竹雕吴之璠款松溪浴马图笔筒
估　价：RMB 100,000～200,000
成交价：RMB 690,000
高15cm 中国嘉德 2011.11.15

581 清康熙 鲁珍制竹雕三顾茅庐图笔筒
估　价：RMB 500,000～600,000
成交价：RMB 862,500
高15.5cm 北京东正 2011.6.5

799 清 留青雕围棋罐（一对）
估　价：RMB 180,000～260,000
成交价：RMB 310,500
高9.5cm 直径11cm 荣宝斋(上海) 2011.11.25

4088 民国 金西崖刻秋菌图竹拐杖
估　价：RMB 100,000～200,000
成交价：RMB 575,000
长103cm 中国嘉德 2011.11.15

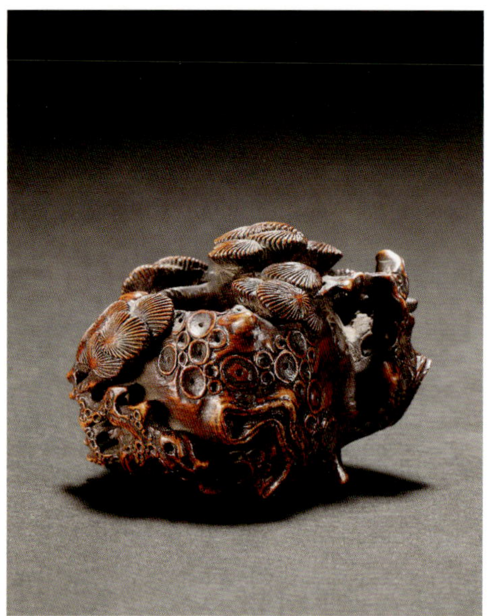

2496 清 竹雕松枝形小笔洗
估　价：RMB 45,000～50,000
成交价：RMB 270,600
长6.5cm 北京匡时 2011.6.8

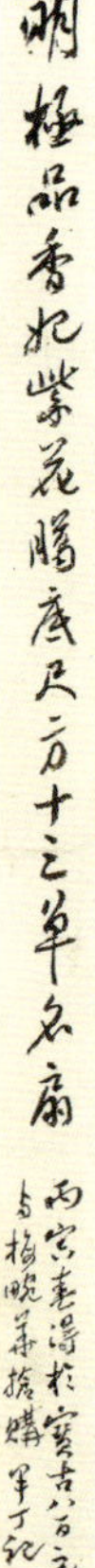

228 明朝作 香妃紫花腊底尺方十三单扇骨
估　价：RMB 300,000～450,000
成交价：RMB 1,008,000
长36cm 长风拍卖 2011.1.20

木 雕

2866 宋代 自在观音
估　价：RMB 1,800,000～2,500,000
成交价：RMB 2,300,000
高112cm 北京翰海 2011.5.21

323 明 沉香雕送子观音像
估　价：RMB 600,000～700,000
成交价：RMB 805,000
高22.4cm 北京东正 2011.11.17

266 清初 黄杨木雕铁拐李及童子摆件
估　价：RMB 700,000～800,000
成交价：RMB 1,840,000
高129cm 北京东正 2011.11.17

120 清初 黄杨木雕雪山大师像
估　价：RMB 150,000
成交价：RMB 862,500
高13cm 上海大众 2011.8.25

195 清乾隆 紫檀木雕狮（一对）
估　价：RMB 1,000,000～1,600,000
成交价：RMB 1,150,000
长27cm×2 广东古今 2011.7.10

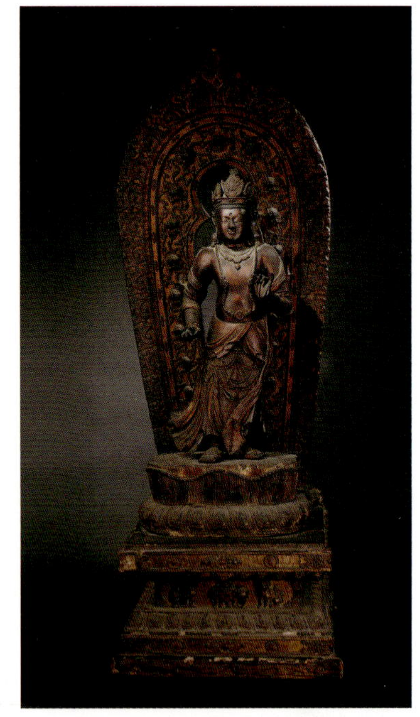

462 清乾隆 金漆木雕弥勒菩萨立像
估　价：RMB 800,000～1,200,000
成交价：RMB 3,450,000
高120cm 北京保利 2011.4.16

298 沉香木印度尼西亚白奇楠
估　价：RMB 15,000,000
成交价：RMB 9,384,000
高25.5cm 澳门中信 2011.11.25

285 沉香木观音像 越南
成交价：RMB 37,536,000
高37.5cm 宽22.9cm 澳门中信 2011.11.25

55 黄杨木雕麻姑献寿
“乾隆”款
估　价：RMB 6,000,000
成交价：RMB 4,986,000
高58cm 中博文化 2011.7.10

602 当代 郑尧锦 沉香雕灵芝如意
估　价：RMB 800,000
成交价：RMB 3,220,000
长28cm 上海大众 2011.8.25

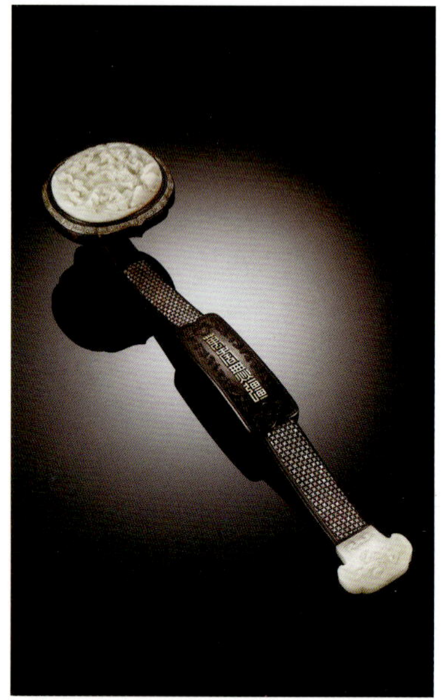

7346 清乾隆 紫檀嵌白玉螺钿“芝仙祝寿”大如意
估　价：RMB 1,200,000～2,200,000
成交价：RMB 2,070,000
长61.5cm 北京保利 2011.6.5

766 清 紫檀刻龙纹砚屏
估　价：RMB 600,000～1,200,000
成交价：RMB 1,265,000
高24cm 荣宝斋(上海) 2011.11.25

8713 清乾隆 伽楠香大吉牌
估　价：RMB 30,000～50,000
成交价：RMB 207,000
长6.2cm 北京保利 2011.6.6

822 清 施天章款黄杨木雕十八罗汉山子
估　价：RMB 800,000～1,200,000
成交价：RMB 1,380,000
高33cm 荣宝斋(上海) 2011.11.25

8716 清乾隆 伽南香金粟寿字十八子手串
估　价：RMB 120,000～180,000
成交价：RMB 598,000
长30cm 北京保利 2011.6.6

8715 清乾隆 伽南香嵌金粟寿字搬指
估　价：RMB 200,000～300,000
成交价：RMB 713,000
直径3.5cm 北京保利 2011.6.6

312 清乾隆 沉香雕开光松山垂钓纹方瓶
估　价：RMB 1,200,000～1,500,000
成交价：RMB 1,955,000
高49.8cm 北京东正 2011.11.17

8825 清 沉香木团寿108颗珠
估　价：RMB 100,000～150,000
成交价：RMB 805,000
长145cm 北京保利 2011.6.6

174 清 沉香木松竹梅香筒
估　价：RMB 400,000～600,000
成交价：RMB 460,000
高21.7cm 浙江钱塘 2011.12.4

612 清早期 沉香雕“搜山图”爵杯
估　价：RMB 1,600,000～1,800,000
成交价：RMB 2,185,000
长16.6cm 高11.5cm 江苏省拍 2011.12.10

4018 江春波雕山水人物沉香杯
估　价：RMB 2,000,000～2,500,000
成交价：RMB 3,920,000
高10.5cm 古天一 2011.6.4

4074 清 沉香木（一盒）
估　价：RMB 5,000,000～8,000,000
成交价：RMB 7,130,000
宽38cm 中国嘉德 2011.11.15

233 清乾隆 海水云龙纹紫檀册页盒
估　价：RMB 300,000～400,000
成交价：RMB 1,265,000
长23cm 北京保利 2011.4.16

8717 清雍正 伽南香雕百寿纹穿带多层香盒
估　价：RMB 300,000～500,000
成交价：RMB 2,300,000
高6cm 北京保利 2011.6.6

765 清乾隆 御制紫檀百宝嵌绶带鹊梅海棠纹套盒
估　价：RMB 3,000,000～5,000,000
成交价：RMB 6,670,000
高35cm 长21.2cm 直径22.5cm 荣宝斋(上海) 2011.11.25

227 明“停云馆”款如意云纹紫檀盒
“停云馆”宽
成交价：RMB 1,150,000
直径8cm 北京保利 2011.4.16

8 清乾隆 御制紫檀嵌百宝绶带鸟海棠纹大套盒
估　价：RMB 2,000,000～3,000,000
成交价：RMB 5,600,000
长35cm 宽21.2cm 高22.5cm
浙江钱塘 2011.6.12

3309 清乾隆 木雕题诗荷叶盘
估　价：RMB 100,000～120,000
成交价：RMB 421,000
长37cm 香港苏富比 2011.4.8

1894 卷边根盘真善美
“屠一道做”
估　价：RMB 1,600,000
成交价：RMB 1,792,000
高94cm 北京翰海 2011.4.9

2166 清 瀏鶒木暗刻描金御制诗嵌浅青玉「云龙」图冠帽架
估　价：RMB 400,000～600,000
成交价：RMB 1,295,600
高30cm 香港苏富比 2011.10.05

228 清乾隆 “乾隆御鉴”款紫檀带暗屉成对须弥座
成交价：RMB 1,012,000
长27cm 北京保利 2011.4.16

1267 清 红木嵌黄杨木佛龛
估　价：RMB 500,000～800,000
成交价：RMB 1,792,000
高110cm 浙江佳宝 2011.6.23

4229 明 黄花梨嵌百宝六方笔筒
估 价：RMB 100,000～150,000
成交价：RMB 1,380,000
高20cm 北京翰海 2011.11.19

7028 明 朱小松制赤壁夜游笔筒
“朱小松制”款
估 价：RMB 1,500,000～2,000,000
成交价：RMB 1,725,000
高15.5cm 北京保利 2011.12.07

804 清早期 周乃始款黄花梨大笔筒
估 价：RMB 1,200,000～2,200,000
成交价：RMB 1,725,000
高21.7cm 直径23.5cm
荣宝斋(上海) 2011.11.25

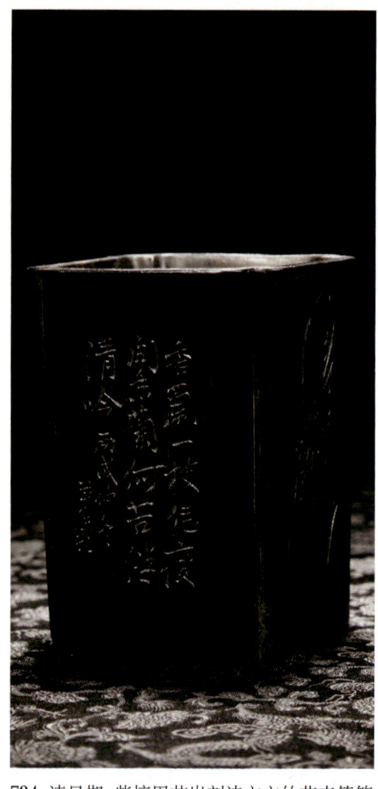

734 清早期 紫檀周芷岩刻诗文文竹花卉笔筒
估 价：RMB 600,000～800,000
成交价：RMB 1,568,000
高11.6cm 长风拍卖 2011.1.20

2464 清乾隆 沈全林制螳螂秋松图笔筒螳螂秋松图笔筒
估　价：RMB 1,500,000～1,800,000
成交价：RMB 1,955,000
直径15cm 高11cm 北京匡时 2011.6.8

319 清乾隆 紫檀嵌银丝兽面纹出戟笔筒
“呈君臣制”款
估　价：RMB 350,000
成交价：RMB 2,300,000
高8cm 上海大众 2011.8.25

4215 清 沉香木高浮雕山水人物笔筒
估　价：RMB 500,000～600,000
成交价：RMB 1,610,000
高13.4cm 北京翰海 2011.11.19

3210 清 沉香木雕蝴蝶松菊臂搁
估　价：RMB 400,000～600,000
成交价：RMB 828,000
长21cm 西泠拍卖 2011.7.19

811 清 紫檀龙纹笔筒
估　价：RMB 1,200,000～1,600,000
成交价：RMB 2,012,500
高19.8cm 直径15.5cm 荣宝斋(上海) 2011.11.25

603 当代 郑尧锦 雕沉香雕树桩笔架
估　价：RMB 800,000
成交价：RMB 2,875,000
长24cm 上海大众 2011.8.25

385 紫花腊底阔板大圆头十四档扇骨
估　价：RMB 200,000～300,000
成交价：RMB 1,150,000
长36.5cm 长风拍卖 2011.6.21

牙 雕

732 明永乐 牙雕长须胡人立像
成交价：RMB 10,120,000
高36cm 江苏省拍 2011.12.10

133 元/明 象牙雕描金仕女立像
估　价：RMB 200,000～250,000
成交价：RMB 345,000
高20.5cm 北京东正 2011.6.5

842 宋-明 象牙雕嫦娥人物组件
估　价：RMB 1,200,000～1,800,000
成交价：RMB 2,012,500
34cm×12cm 北京歌德 2011.6.3

3869 明永乐 象牙大黑天
估　价：RMB 800,000～1,200,000
成交价：RMB 920,000
高9.5cm 中国嘉德 2011.11.15

3101 明末清初 象牙雕持锄仕女摆件
“王氏崇德”款
估　价：RMB 1,500,000～1,800,000
成交价：RMB 1,725,000
高22.5cm 北京匡时 2011.12.5

616 明初 象牙雕文官像
估　价：RMB 4,500,000～5,000,000
成交价：RMB 5,520,000
高23cm 北京东正 2011.11.18

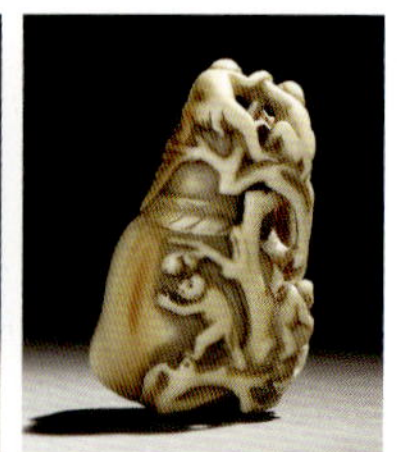

7680 清乾隆 象牙雕灵猴献寿
“徐洪昶记”款
估　价：RMB 200,000～300,000
成交价：RMB 598,000
高4cm 北京保利 2011.6.6

130 明 象牙雕彩绘水月观音像
估 价：RMB 2,800,000～3,500,000
成交价：RMB 4,945,000
高20.5cm 北京东正 2011.6.5

838 清乾隆 象牙制三娘教子摆件
估 价：RMB 1,400,000～1,800,000
成交价：RMB 1,840,000
21cm×20.5cm 北京歌德 2011.6.3

7231 明 象牙雕观音送子立像
估 价：RMB 1,500,000～2,500,000
成交价：RMB 1,955,000
高31cm 北京保利 2011.12.7

497 文革 象牙雕红军不怕远征难摆件
估 价：RMB 1,500,000
成交价：RMB 4,370,000
长119cm 上海大众 2011.8.25

639 清乾隆 象牙雕观音像
估　价：RMB 1,800,000～2,000,000
成交价：RMB 2,127,500
高23cm 北京东正 2011.11.18

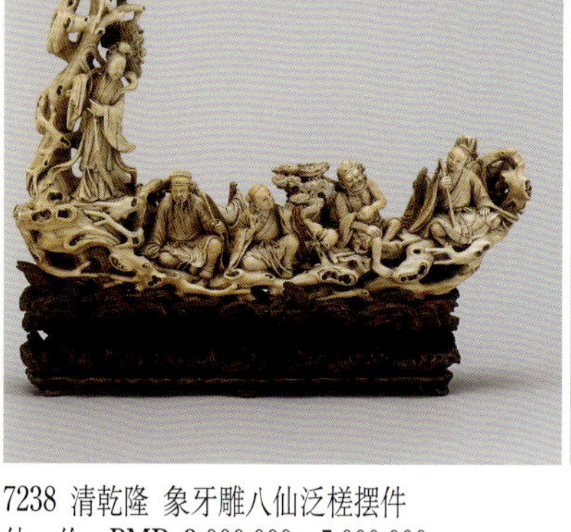

7238 清乾隆 象牙雕八仙泛槎摆件
估　价：RMB 3,000,000～5,000,000
成交价：RMB 5,060,000
长31cm 北京保利 2011.12.7

690 清乾隆 象牙雕“吉庆有鱼”宫灯（一对）
估　价：RMB 3,500,000～4,500,000
成交价：RMB 5,520,000
高41.2cm 福建拍卖 2011.7.3

159 清乾隆 象牙雕“顺风相送”船
估　价：RMB 1,500,000～1,800,000
成交价：RMB 2,185,000
长77cm 北京东正 2011.6.5

695 清 象牙雕散结罗汉
估　价：RMB 800,000～1,600,000
成交价：RMB 1,955,000
高55cm 荣宝斋(上海) 2011.11.25

3388 清 象牙雕百鼠球
估　价：RMB 660,000～760,000
成交价：RMB 739,200
中贸圣佳 2011.4.29

3875 清乾隆 象牙藏文转经筒
估　价：RMB 1,000,000～1,800,000
成交价：RMB 1,150,000
长35cm 中国嘉德 2011.11.15

乾隆年造

42 清 象牙雕彩绘十二人物像
估　价：RMB 1,200,000～1,500,000
成交价：RMB 1,680,000
高25cm 浙江钱塘 2011.6.12

7265 清乾隆 染色象牙雕花卉摆件
估 价：RMB 600,000～800,000
成交价：RMB 1,035,000
长18cm 北京保利 2011.12.7

7228 清乾隆 象牙透雕福禄花蝶如意
估 价：RMB 1,500,000～2,500,000
成交价：RMB 2,645,000
长39cm 北京保利 2011.12.7

3569 清 象牙染色镂雕西洋花卉提篮
估 价：RMB 1,600,000～2,600,000
成交价：RMB 1,840,000
宽35cm 中国嘉德 2011.5.22

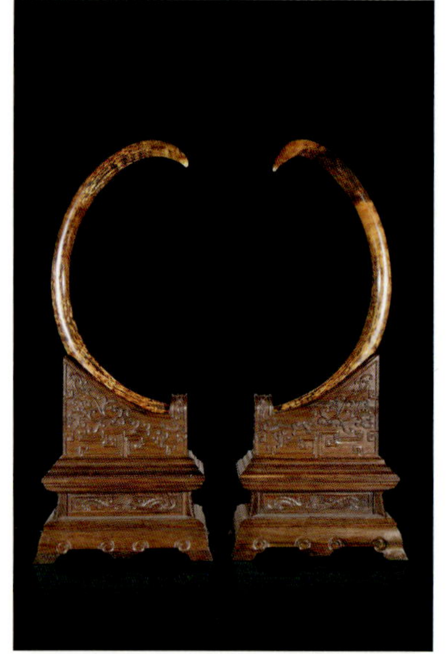

1038 对牙摆件
估 价：RMB 1,650,000～2,000,000
成交价：RMB 1,897,500
高263cm×2 北京歌德 2011.6.3

77 明 象牙雕文人出行图山子
估 价：RMB 600,000～800,000
成交价：RMB 1,437,500
高24cm 江苏省拍 2011.12.10

886 明 象牙雕山水人物牙牌
估　价：RMB 220,000～280,000
成交价：RMB 644,000
高20.5cm×2 北京歌德 2011.6.3

4132 清乾隆 象牙加彩桃蝠玩件
估　价：RMB 300,000～500,000
成交价：RMB 483,000
长42.5cm 中国嘉德 2011.3.19

8756 清乾隆 象牙茜色葫芦形斋戒牌
估　价：RMB 300,000～500,000
成交价：RMB 575,000
高6.7cm 北京保利 2011.6.6

119 清乾隆 象牙雕四灵纹葵形镜
估　价：RMB 150,000～200,000
成交价：RMB 747,500
直径11.5cm 北京东正 2011.6.5

9430 清晚期 象牙雕兽耳衔环戏剧故事图狮耳盖瓶（一对）

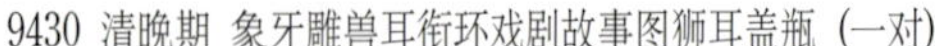

估 价：RMB 1,500,000～2,000,000
成交价：RMB 2,530,000
高51cm 北京保利 2011.6.7

3568 清乾隆 象牙染色镂雕花卉夔龙出戟瓶
估 价：RMB 900,000～1,500,000
成交价：RMB 1,725,000
高52cm 中国嘉德 2011.5.22

135 清乾隆 象牙雕缠枝捧寿纹瓶
估 价：RMB 300,000～400,000
成交价：RMB 1,092,500
高19.2cm 北京东正 2011.6.5

1147 明代 象牙雕鸳鸯盒
估　价：RMB 1,200,000~1,500,000
成交价：RMB 1,380,000
长8cm 古天一 2011.12.5

101 清道光 象牙雕开光四季花卉纹转心瓶
估　价：RMB 120,000~160,000
成交价：RMB 977,500
高14.4cm 北京东正 2011.6.5

7266 清乾隆 象牙镂空雕婴戏暗八仙寿星盖盒
估　价：RMB 1,800,000~2,800,000
成交价：RMB 2,185,000
直径26cm 北京保利 2011.12.7

317 清乾隆 象牙雕八卦龙纹三兽足熏炉
“大清乾隆御制”款
估　价：RMB 1,000,000
成交价：RMB 1,150,000
高33cm 上海大众 2011.8.25

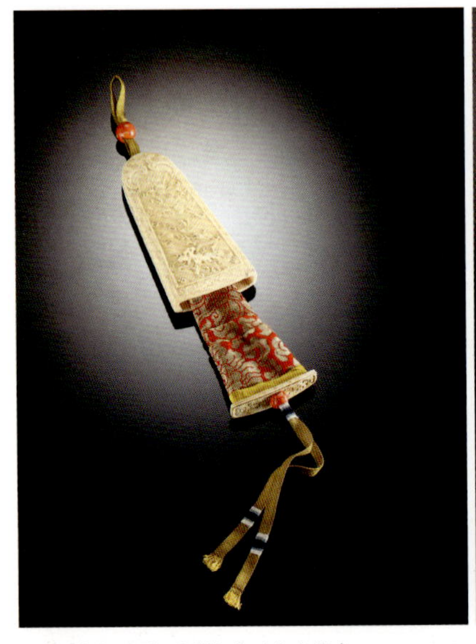

8742 清雍正 象牙雕海水云龙火镰盒
估　价：RMB 1,200,000～2,200,000
成交价：RMB 4,715,000
长14.5cm 北京保利 2011.6.6

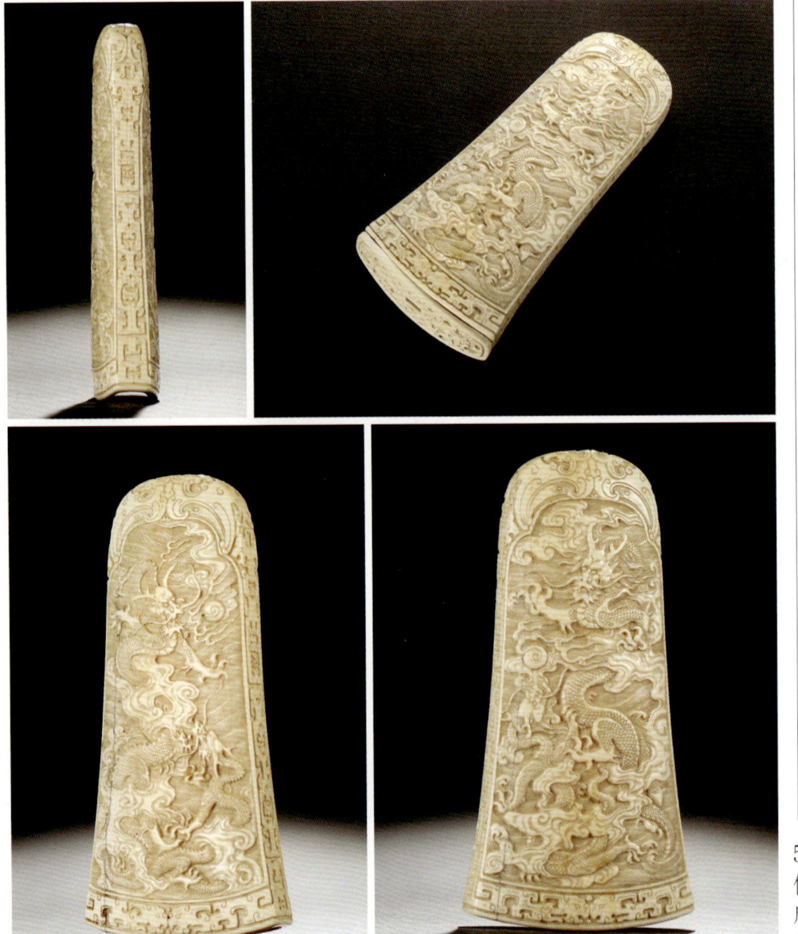

2061 象牙雕松鹤杯
估　价：RMB 580,000
成交价：RMB 649,600
高10cm 北京翰海 2011.4.9

5172 清雍正-乾隆 御制象牙雕苍龙教子火镰盒
估　价：RMB 2,200,000～3,200,000
成交价：RMB 3,220,000
长12.5cm 北京保利 2011.12.6

3491 明 螭龙纹象牙杯
估　价：RMB 50,000～80,000
成交价：RMB 437,000
宽12.5cm 中国嘉德 2011.5.22

315 清乾隆 象牙茜色雕福寿碗
估　价：RMB 800,000
成交价：RMB 920,000
直径11.5cm 上海大众 2011.8.25

122 清康熙 象牙雕花蝶纹盘
估　价：RMB 120,000～160,000
成交价：RMB 287,500
长18cm 北京东正 2011.6.5

211 清乾隆 御制"渔樵耕读"象牙碗（一对）
"乾隆宸翰"款
估　价：RMB 800,000～2,000,000
成交价：RMB 2,464,000
高6cm 直径10cm 天工艺苑 2011.6.26

1038 清早期 象牙雕彩绘盖碗
估　价：RMB 250,000～300,000
成交价：RMB 1,008,000
高9.5cm 直径11.5cm 古天一 2011.6.4

670 清中期 象牙雕荷花人物纹香盘
估 价：RMB 500,000~600,000
成交价：RMB 690,000
长17.8cm 北京东正 2011.11.18

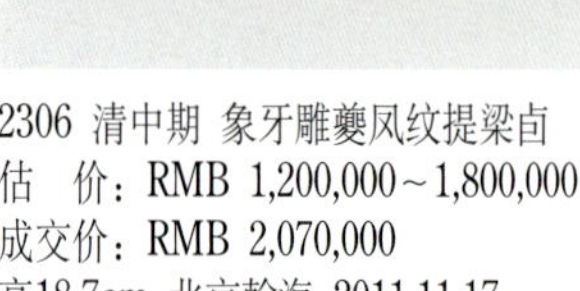

2306 清中期 象牙雕夔凤纹提梁卣
估 价：RMB 1,200,000~1,800,000
成交价：RMB 2,070,000
高18.7cm 北京翰海 2011.11.17

7225 明 象牙透雕花鸟人物香筒
估 价：RMB 500,000~800,000
成交价：RMB 874,000
高21.5cm 北京保利 2011.12.7

3103 清乾隆 御制染色象牙镂雕福寿绵绵葫芦形花熏
估　价：RMB 1,800,000~2,200,000
成交价：RMB 2,012,500
高8cm 北京匡时 2011.12.5

70 清 象牙编织鱼篓
估　价：RMB 600,000~700,000
成交价：RMB 784,000
高22cm 浙江钱塘 2011.6.12

7227 清乾隆 造办处制象牙编丝花蝶宫扇
估　价：RMB 600,000~800,000
成交价：RMB 1,150,000
长52cm 北京保利 2011.12.7

1045 清乾隆 象牙雕开光山水人物花薰
估　价：RMB 300,000~500,000
成交价：RMB 3,136,000
高10cm 古天一 2011.6.4

232 乾隆宫廷“敬业斋”“伴相”款染色象牙雕蟋蟀罐
估 价：RMB 3,000,000
成交价：RMB 3,360,000
高11.8cm 上海中福 2011.8.7

2308 清乾隆 象牙雕松下浴马图笔筒
“乾隆御览”款
估 价：RMB 300,000～500,000
成交价：RMB 1,840,000
高15cm 北京翰海 2011.5.19

3305 清乾隆 象牙高浮雕罗汉图笔筒
估 价：RMB 800,000～1,200,000
成交价：RMB 1,610,000
高14cm 北京翰海 2011.11.17

7875 清乾隆 象牙浅雕填漆宫苑仕女图笔筒
估 价：RMB 1,000,000～1,500,000
成交价：RMB 1,495,000
高14cm 北京保利 2011.6.6

2956 清 象牙雕开光松下高士图倭角笔筒
估 价：RMB 250,000～300,000
成交价：RMB 828,000
高16.3cm 北京翰海 2011.5.21

1141 清代 象牙雕填漆梅花笔筒
估 价：RMB 800,000～920,000
成交价：RMB 2,127,500
高10cm 古天一 2011.12.5

3490 明 庭园雅集图象牙笔筒
估 价：RMB 80,000～120,000
成交价：RMB 1,058,000
高13.7cm 中国嘉德 2011.5.22

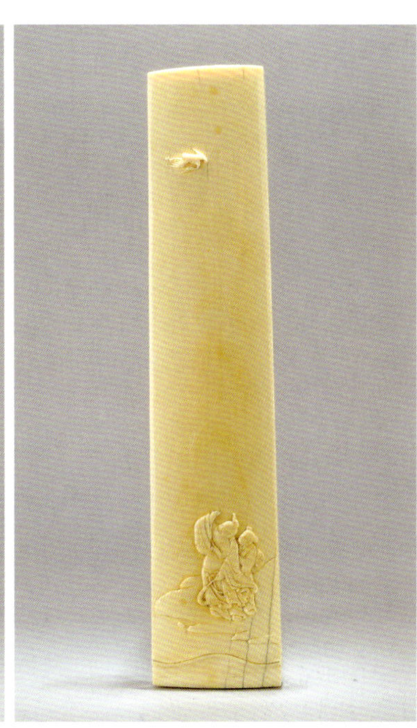

1579 清乾隆 造办处制象牙雕松下高士图臂搁
估 价：RMB 600,000～800,000
成交价：RMB 920,000
高26.3cm 华艺国际 2011.12.11

7220 清乾隆 象牙雕梧桐仕女臂搁
估　价：RMB 650,000～850,000
成交价：RMB 747,500
长25cm 北京保利 2011.12.7

3798 清 象牙雕十八罗汉古琴形臂搁
估　价：RMB 150,000～250,000
成交价：RMB 747,500
长24.8cm 中国嘉德 2011.5.23

125 明 象牙雕山形笔架
估　价：RMB 180,000～200,000
成交价：RMB 506,000
长10cm 北京东正 2011.6.5

720 清乾隆 象牙雕茜色荷花笔掭
估　价：RMB 400,000～500,000
成交价：RMB 460,000
长8cm 福建拍卖 2011.7.3

511 清初 象牙雕墨床
估　价：RMB 300,000～350,000
成交价：RMB 437,000
高18cm 北京东正 2011.11.17

124 明 象牙雕佛手纹水盂
估　价：RMB 10,000～12,000
成交价：RMB 391,000
长7.5cm 北京东正 2011.6.5

1086 明万历“诰封柱国少傅嵋川七十翁印”象牙长方章
估　价：RMB 580,000～620,000
成交价：RMB 2,012,500
66cm×49cm×66cm 苏州吴门 2011.6.12

423 清乾隆 象牙雕随形水盂
估　价：RMB 300,000
成交价：RMB 1,092,500
宽12cm 上海大众 2011.8.25

1804 陈巨来刻张伯驹自用象牙章
估　价：RMB 120,000～180,000
成交价：RMB 1,610,000
2.9cm×1.7cm×3.6cm 西泠拍卖 2011.7.17

3307 清18世纪 牙雕狮钮方印
估　价：RMB 1,000,000～1,500,000
成交价：RMB 1,027,240
高3.5cm 香港苏富比 2011.4.8

3106 清乾隆 象牙雕花卉纹鬼工球
估　价：RMB 600,000～800,000
成交价：RMB 874,000
直径10.5cm 北京匡时 2011.12.5

2041 民国 象牙微雕西园雅集图板
估 价：RMB 50,000~80,000
成交价：RMB 897,000
长21.5cm 北京保利 2011.10.24

34 明 象牙雕象棋（一幅）
估 价：RMB 100,000~160,000
成交价：RMB 506,000
直径5cm 福建拍卖 2011.7.2

309 明崇祯 象牙雕螭龙钮崇祯皇帝御押
“朱由检”款
估 价：RMB 150,000
成交价：RMB 1,380,000
高2.5cm 上海大众 2011.08.25

角 雕

775 战国 犀角双龙璜
估 价：RMB 800,000~1,500,000
成交价：RMB 896,000
长10.2cm 琴岛荣德 2011.12.10

208 元 犀角雕释迦牟尼佛像
估 价：RMB 2,500,000~3,000,000
成交价：RMB 3,680,000
高14.2cm 重390g 北京东正 2011.6.5

781 犀角雕 镂空三国人物摆件
估　价：RMB 3,800,000～6,500,000
成交价：RMB 6,160,000
长68cm 重1746g 琴岛荣德 2011.12.10

7142 清早期 犀角雕荷叶摆件
估　价：RMB 1,000,000～1,500,000
成交价：RMB 1,265,000
长16.5cm 北京保利 2011.6.5

758 清 亚洲犀角摆件
估　价：RMB 2,000,000～2,200,000
成交价：RMB 3,360,000
长14.5cm 重397.2g 琴岛荣德 2011.12.10

8161 清 犀角雕十八罗汉摆件
估　价：RMB 2,900,000～3,900,000
成交价：RMB 3,335,000
高24cm 北京保利 2011.12.8

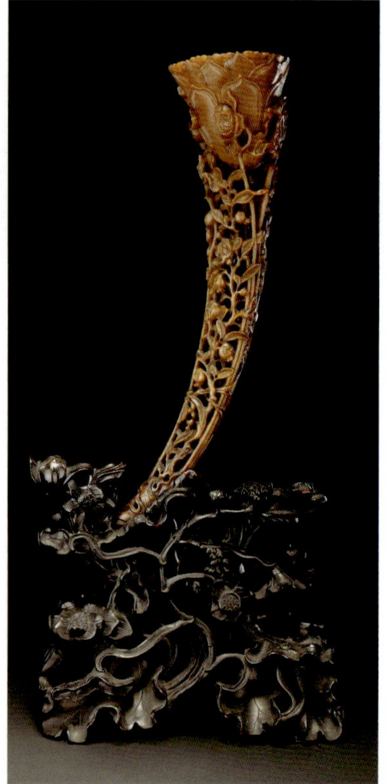

3894 清 犀角雕花卉摆件
估　价：RMB 220,000～320,000
成交价：RMB 2,070,000
高90cm 中国嘉德 2011.11.15

2342 明晚期 犀角仙人乘槎摆件
估　价：RMB 6,000,000～8,000,000
成交价：RMB 11,500,000
长26cm 北京翰海 2011.5.19

7348 明万历 牛角观音
“大明万历年制”款
估　价：RMB 1,000,000～1,500,000
成交价：RMB 1,150,000
高18cm 北京保利 2011.6.5

1037 犀角雕文殊像
估　价：RMB 1,000,000～1,500,000
成交价：RMB 1,380,000
高18cm 北京歌德 2011.6.3

475 清 犀角如意观音
估　价：RMB 900,000～1,000,000
成交价：RMB 4,536,000
高19cm 重803g 琴岛荣德 2011.5.15

7136 清 犀角雕观音像
估　价：RMB 800,000～1,200,000
成交价：RMB 2,530,000
高12cm 北京保利 2011.6.5

1115 清 犀角雕罗汉山子摆件
估　价：RMB 800,000～1,000,000
成交价：RMB 1,782,500
高18cm 上海驰翰 2011.11.3

779 犀角精雕群仙海会图山子
估　价：RMB 2,200,000～3,500,000
成交价：RMB 2,576,000
长12cm 重1979g 琴岛荣德 2011.12.10

2077 清 犀角弥勒佛
估　价：RMB 2,700,000～3,700,000
成交价：RMB 4,256,000
高18.5cm 1327g 雍和嘉诚 2011.6.1

316 犀角雕十八罗汉
估　价：RMB 2,800,000
成交价：RMB 6,944,000
高62cm 底径21cm 重5000g
山东大成 2011.9.29

75 清 犀角雕仙人乘槎
估　价：RMB 2,000,000～3,000,000
成交价：RMB 3,220,000
高11.5cm 长27cm 浙江钱塘 2011.12.4

7137 明 鲍天成作犀角雕张骞泛槎
"鲍天成"款
估 价：RMB 12,000,000～22,000,000
成交价：RMB 16,100,000
长28cm 北京保利 2011.6.5

1060 清 犀角雕龙形带钩
"寓赏"二字篆书款
估 价：RMB 300,000～400,000
成交价：RMB 425,600
长11cm 浙江佳宝 2011.6.23

2195 犀角雕山水人物摆件
估 价：RMB 500,000～600,000
成交价：RMB 1,035,000
长41cm 重1325g 北京保利 2011.10.24

201 明 犀角雕发冠
估 价：RMB 120,000
成交价：RMB 172,500
长6cm 上海大众 2011.8.25

1153 清 犀角雕夔龙纹珮
估 价：RMB 60,000
成交价：RMB 134,400
长8cm 太平洋 2011.9.17

8148 清 犀角雕莱菔瓶
“康熙御制”款
估 价：RMB 1,200,000～2,200,000
成交价：RMB 1,380,000
高19.5cm 北京保利 2011.12.8

1106 清 亚洲犀角朝珠
估　价：RMB 1,800,000～2,800,000
成交价：RMB 2,000,000
印千山 2011.6.3

230 清乾隆 犀角雕花卉纹小瓶
估　价：RMB 400,000～600,000
成交价：RMB 1,725,000
高7.5cm 重62g 北京东正 2011.6.5

9405 清 犀角雕莱菔尊
“康熙御制”款
估　价：RMB 1,000,000～1,500,000
成交价：RMB 2,185,000
高14.5cm 北京保利 2011.6.7

2203 民国 犀角观音瓶
“康熙御制”款
成交价：RMB 862,500
高22cm 北京保利 2011.10.24

8159 清乾隆 犀角雕太平有象仿古三足小鼎
“父丁”款
估　价：RMB 800,000～1,200,000
成交价：RMB 920,000
高11cm 北京保利 2011.12.08

4617 清 犀角云龙纹花觚
“大清乾隆年制”款
估　价：RMB 600,000～900,000
成交价：RMB 1,322,500
高24.7cm 重1532g 中国嘉德 2011.6.18

5014 清 犀角夔凤纹壶
估　价：RMB 120,000～220,000
成交价：RMB 897,000
高24cm 中国嘉德 2011.3.19

3585 民国 犀角螭虎纹碗
估　价：RMB 800,000～900,000
成交价：RMB 920,000
高9cm 重725.1g 北京容海 2011.10.24

2341 清中期 犀角婴戏图杯
估　价：RMB 5,000,000～7,000,000
成交价：RMB 8,625,000
高17cm 北京翰海 2011.5.19

1372 元 犀角雕圣水杯
估　价：RMB 1,200,000
成交价：RMB 3,192,000
长16.5cm 宽11cm 苏州东方 2011.4.28

3030 清中期 犀角九龙出戟杯
估　价：RMB 1,500,000～2,000,000
成交价：RMB 4,542,500
高11.2cm 北京翰海 2011.5.21

7141 清早期 尤侃制犀角雕双鹰杯
"直生尤侃"款
估　价：RMB 4,000,000～6,000,000
成交价：RMB 8,050,000
长15.5cm 高11cm 北京保利 2011.6.5

762 清早期 犀角兰亭序巨杯
估　价：RMB 9,500,000～10,000,000
成交价：RMB 20,720,000
长25cm 重995g 琴岛荣德 2011.12.10

2894 清早期 犀角雕玉兰花杯
估　价：RMB 2,800,000～3,500,000
成交价：RMB 3,680,000
高9.2cm 重347g 西泠拍卖 2011.7.18

2354 清早期 犀角雕西园雅集杯
估　价：RMB 5,500,000～6,500,000
成交价：RMB 7,820,000
高18cm 重724g 北京匡时 2011.6.8

2356 清早期 犀角雕归去来兮雅意杯
“文枢”款
估　价：RMB 3,500,000～4,500,000
成交价：RMB 5,980,000
直经18cm 重430g 北京匡时 2011.6.8

7880 清康熙 犀角雕赤壁夜游杯
估　价：RMB 3,500,000～6,500,000
成交价：RMB 6,670,000
高15.5cm 北京保利 2011.6.6

7138 清早期 犀角雕山水楼阁人物大杯
“湖光山胜”款
估 价：RMB 6,000,000～10,000,000
成交价：RMB 12,650,000
长17cm 高13.5cm 北京保利 2011.6.5

384 清初 尤侃制犀角雕荷叶纹吸杯
“尤侃”款
估 价：RMB 7,000,000～8,000,000
成交价：RMB 9,430,000
长18.8cm 北京东正 2011.11.17

1383 明晚期 尤侃款犀角雕“连科甲第”吸杯
估　价：RMB 5,000,000
成交价：RMB 14,000,000
长16.4cm 高8cm 苏州东方 2011.4.28

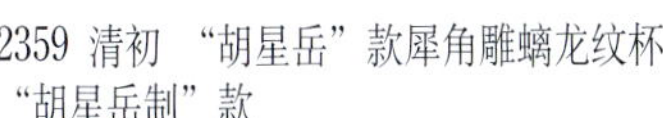

2359 清初 “胡星岳”款犀角雕螭龙纹杯
“胡星岳制”款
估　价：RMB 4,800,000～5,800,000
成交价：RMB 7,532,500
直经16.5cm 重369g 北京匡时 2011.6.8

7022 明 犀角制梅花树桩杯
估　价：RMB 2,800,000～3,800,000
成交价：RMB 5,175,000
长15.5cm 北京保利 2011.12.7

2893 明末清初 尤侃款山水祥瑞犀角杯
“尤侃”款
估 价：RMB 6,000,000~8,000,000
成交价：RMB 9,660,000
高12.8cm 重587g 西泠拍卖 2011.7.18

7140 明 犀角雕龙海八怪大杯
估 价：RMB 6,000,000~8,000,000
成交价：RMB 13,225,000
长17.5cm 北京保利 2011.6.5

7879 明 犀角雕海兽龙凤纹杯
估 价：RMB 5,000,000~8,000,000
成交价：RMB 9,430,000
长17cm 北京保利 2011.6.6

419 明末清初 犀角雕方柱石制春风得意杯
“方柱石制”款
估 价：RMB 12,000,000~15,000,000
成交价：RMB 18,975,000
长17.2cm 重403g 北京东正 2011.6.5

2711 明 犀角杯
估　价：RMB 8,000,000～12,000,000
成交价：RMB 11,872,200
宽17.5cm 香港苏富比 2011.4.8

7134 明 犀角雕婴戏图大杯
“社金流茂祉，庭玉表奇才”款
估　价：RMB 10,000,000～15,000,000
成交价：RMB 17,250,000
高28cm 北京保利 2011.6.5

7677 明 顾季玉制犀角雕龙生九子大杯
“顾季玉”款
估　价：RMB 10,000,000～18,000,000
成交价：RMB 19,550,000
高24.5cm 北京保利 2011.6.6

8145 清中期 犀角雕盏（一对）
“内府”款
估　价：RMB 600,000~800,000
成交价：RMB 713,000
直径8cm 北京保利 2011.12.8

1102 明代 犀角雕盘
估　价：RMB 2,500,000~3,000,000
成交价：RMB 3,450,000
高3cm 直径13.5cm 重141g 古天一 2011.12.5

7876 清 犀角雕兽面纹圭形器
估　价：RMB 1,200,000~1,500,000
成交价：RMB 2,070,000
长38cm 北京保利 2011.6.6

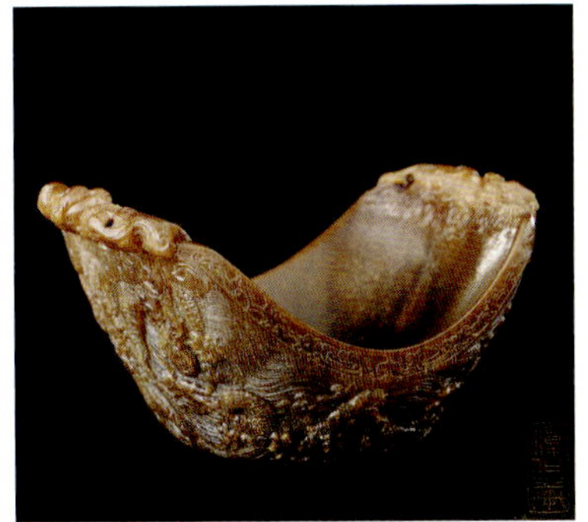

3550 清乾隆 淳化轩款海水九龙犀角洗
估　价：RMB 2,000,000~3,000,000
成交价：RMB 2,300,000
宽9.5cm 中国嘉德 2011.5.22

473 清 早期犀角镂雕秋叶草虫洗
成交价：RMB 5,600,000
高11cm 琴岛荣德 2011.5.15

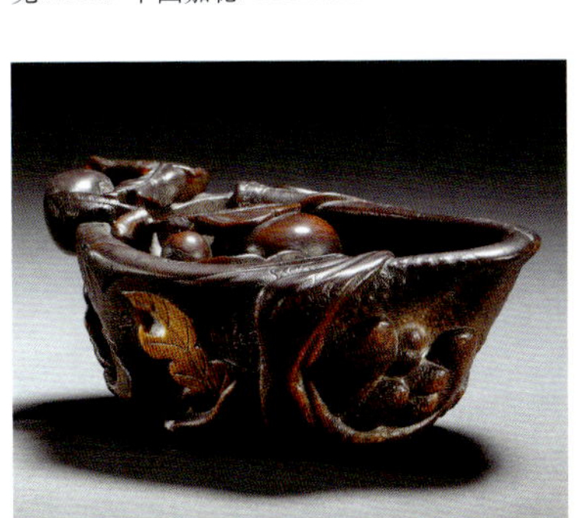

7147 清康熙 犀角雕花果包袱洗
估　价：RMB 3,000,000~5,000,000
成交价：RMB 4,830,000
长11.5cm 北京保利 2011.6.5

719 民国 犀角雕松柏长青笔筒
估　价：RMB 900,000~1,000,000
成交价：RMB 1,008,000
重870g 琴岛荣德 2011.12.10

2913 明末/清初 犀角雕张骞乘槎水注
估　价：RMB 10,000,000~15,000,000
成交价：RMB 11,048,640
长24.5cm 香港佳士得 2011.11.30

石雕

3059 隋 石灰岩攒湾饶材岱“释迦牟尼佛”诸圣立像碑
估　价：RMB 120,000～150,000
成交价：RMB 825,160
高20cm 香港苏富比 2011.4.8

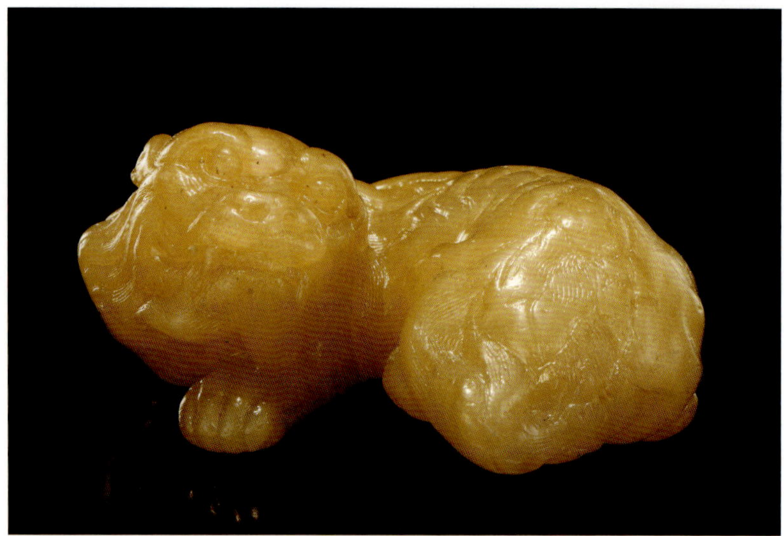

3601 明 田黄瑞兽摆件
估　价：RMB 2,000,000～3,000,000
成交价：RMB 2,300,000
长6cm 中国嘉德 2011.5.23

1450 明 葵形石盆带座 太湖石立峰
估　价：RMB 1,200,000～1,800,000
成交价：RMB 2,990,000
总高200cm 西泠拍卖 2011.7.17

3189 清早期 杨玉璇制寿山石雕罗汉像
估　价：RMB 1,000,000～2,000,000
成交价：RMB 1,150,000
高7cm 重1001g 西泠拍卖 2011.7.19

5212 清乾隆 田黄云蝠纹山子
估　价：RMB 5,000,000～8,000,000
成交价：RMB 7,130,000
高12cm 北京保利 2011.12.6

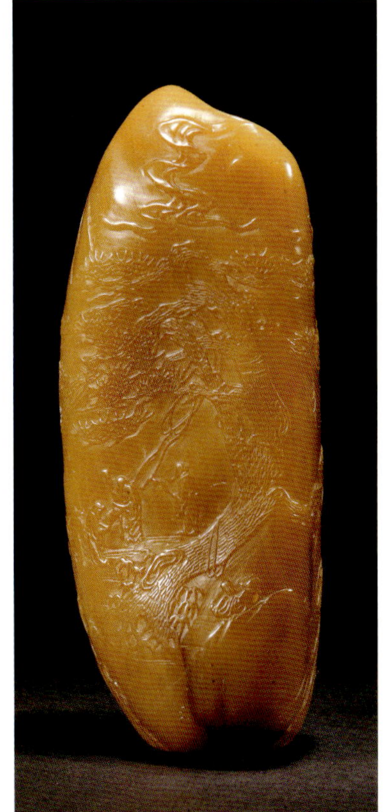

3608 清 田黄香山九老薄意摆件
估　价：RMB 3,600,000～4,600,000
成交价：RMB 4,140,000
4.5cm×3cm×9.8cm 中国嘉德 2011.5.23

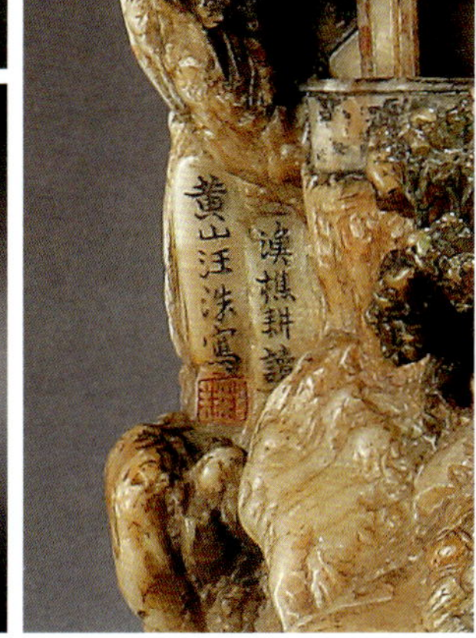

7205 清乾隆 寿山石山水人物山子
估　价：RMB 800,000～1,200,000
成交价：RMB 3,335,000
宽29cm 北京保利 2011.6.5

3145 清康熙 圆雕芙蓉石童子拜观音摆件
“玉旋款”
估 价：RMB 45,000～50,000
成交价：RMB 517,500
高19cm 长15cm 北京匡时 2011.1.20

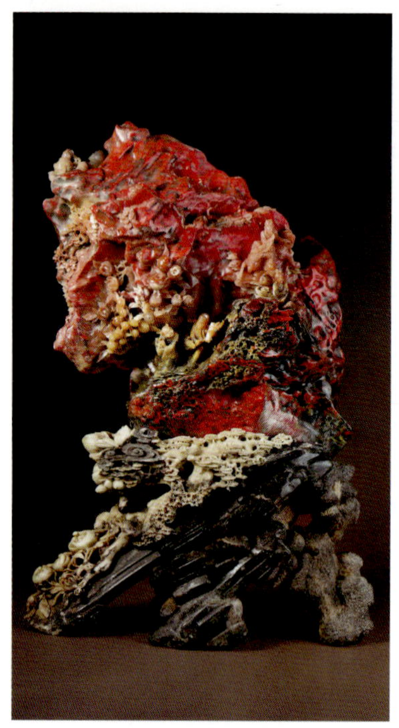

4530 八仙坐骑 巴林鸡血石摆件
估 价：RMB 280,000～380,000
成交价：RMB 2,875,000
高45cm 中国嘉德 2011.11.13

4607 赤壁夜游 寿山田黄石摆件
估 价：RMB 7,000,000～8,000,000
成交价：RMB 20,125,000
高10.3cm 中国嘉德 2011.11.13

1160 清代 田黄雕高山流水山子
估 价：RMB 5,000,000～8,000,000
成交价：RMB 8,625,000
长8cm 重174g 古天一 2011.12.5

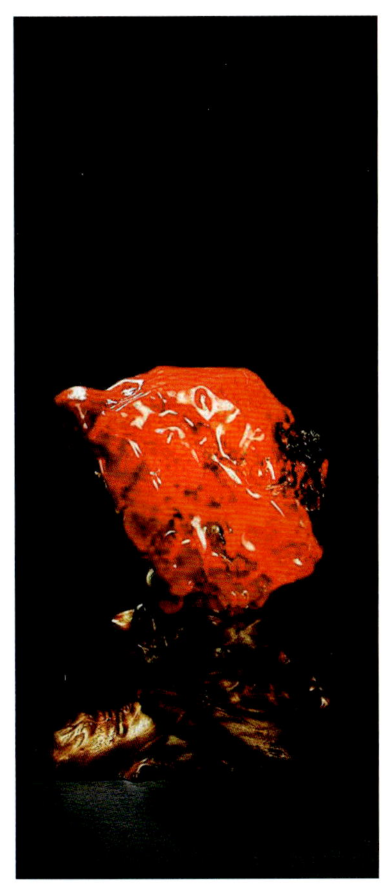

1694 巴林鸡血石血王摆件
估 价：RMB 8,800,000～10,000,000
成交价：RMB 12,075,000
21.8cm×10.7cm×18.3cm 4800克
西泠拍卖 2011.7.17

0132 大理石雕刻“克丽奥佩特拉”像
估 价：RMB 39,000～59,000
成交价：RMB 3,970,665
高88cm 伊斯特 2011.11.28

1412 昌化鸡血石摆件
估　价：RMB 1,000,000～1,200,000
成交价：RMB 2,016,000
高27cm 江苏万达 2011.5.29

6876 郭功森田黄罗汉洗象
估　价：RMB 1,800,000～2,500,000
成交价：RMB 3,507,500
宽6.5cm 北京保利 2011.6.5

326 冯志杰 伏狮罗汉雕件
估　价：RMB 5,000,000～5,500,000
成交价：RMB 5,750,000
高4.6cm 福建东南 2011.10.23

2788 海底世界 巴林鸡血石摆件
估　价：RMB 130,000～160,000
成交价：RMB 3,680,000
高36cm 中国嘉德 2011.5.24

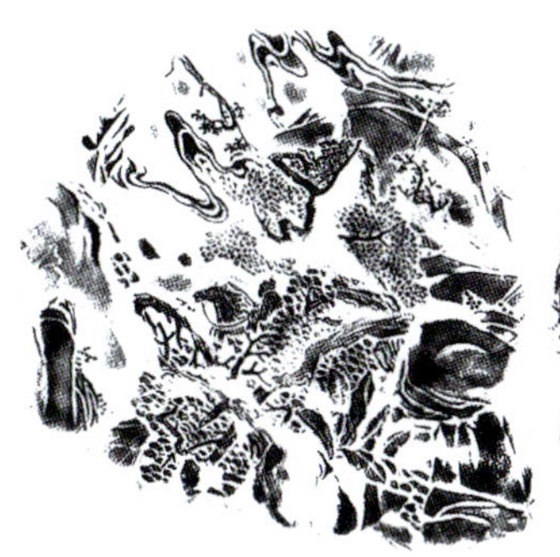

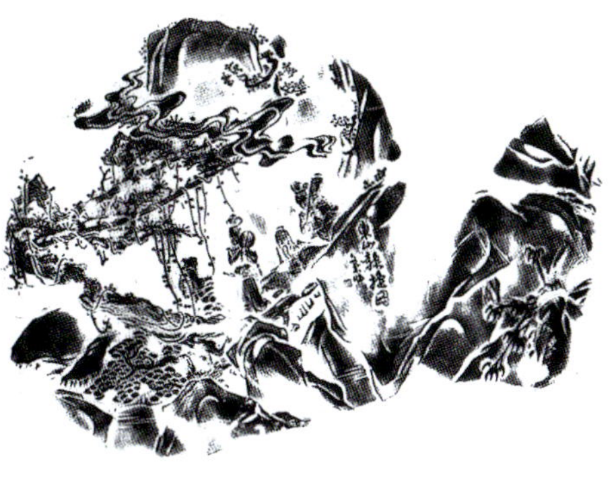

1870 林文举雕田黄石东山报捷薄意摆件
估 价：RMB 1,800,000～2,800,000
成交价：RMB 6,497,500
10.3cm×7.2cm×11.7cm 1052g 西泠拍卖 2011.7.17

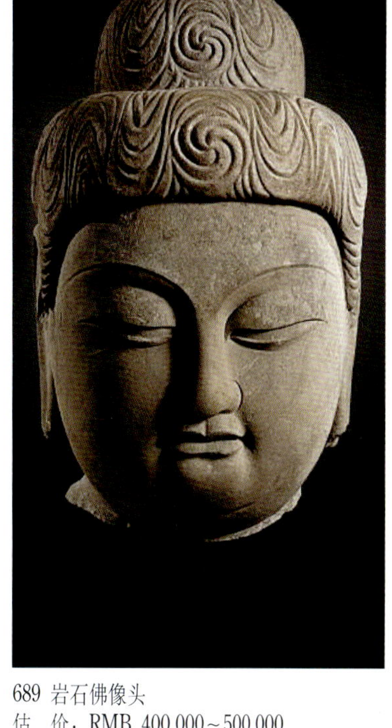

689 岩石佛像头
估 价：RMB 400,000～500,000
成交价：RMB 3,406,545
高107cm 纽约苏富比 2011.3.23

1460 宋 青白石海水云龙葵形赏石盆
估 价：RMB 600,000～800,000
成交价：RMB 862,500
115cm×59cm×35cm 西泠拍卖 2011.7.17

7548 石癫 桔皮黄田黄冻双狮戏球手件
估 价：RMB 1,500,000～2,000,000
成交价：RMB 1,725,000
长5.5cm 北京保利 2011.12.08

1493 元 汉白玉石狮门墩（一对）
估 价：RMB 1,500,000～2,000,000
成交价：RMB 1,955,000
68cm×46cm×135cm 西泠拍卖 2011.7.17

1462 明 汉白玉云纹口沿瓜棱形圆石盆
估 价：RMB 400,000～600,000
成交价：RMB 1,380,000
87cm×87cm×45cm 西泠拍卖 2011.7.17

3558 汉 文瑜氏不败砖砚
估 价：RMB 25,000～35,000
成交价：RMB 149,500
长18.8cm 西泠拍卖 2011.7.19

2018 清康熙 寿山石「周彬做古」诗文墨床
估 价：RMB 700,000～900,000
成交价：RMB 1,492,400
长6.8cm 香港苏富比 2011.10.05

9 清 寿山石巧雕双桃洗
估 价：RMB 150,000～200,000
成交价：RMB 448,000
长11.5cm 浙江钱塘 2011.6.12

1491 清 汉白玉皇家四面工西洋番花净瓶石台（一对）
估 价：RMB 3,000,000～5,000,000
成交价：RMB 4,025,000
50cm×51cm×93cm 西泠拍卖 2011.7.17

2510 清中期 田黄雕瑞狮镇纸
估 价：RMB 2,800,000～3,500,000
成交价：RMB 3,450,000
高3.5cm 北京匡时 2011.6.8

716 宋 郑樵、纪晓岚款抄手端砚
估 价：RMB 800,000～1,200,000
成交价：RMB 1,380,000
长25.8cm 荣宝斋(上海) 2011.11.25

372 明 端石雕云龙纹随形端砚
估 价：RMB 600,000
成交价：RMB 2,300,000
19cm×22cm 上海大众 2011.8.25

7204 清康熙 松花石雕苍龙教子松花砚
估 价：RMB 1,600,000～2,600,000
成交价：RMB 3,450,000
长9.5cm 北京保利 2011.6.5

1915 清乾隆 「宝鹅」石砚
估　价：RMB 2,000,000～3,000,000
成交价：RMB 10,184,400
长21cm 香港苏富比 2011.10.05

8194 明末清初 田黄扁方素章
估　价：RMB 600,000～800,000
成交价：RMB 7,130,000
高6cm 北京保利 2011.12.08

3499 清康熙 御铭凤纹松花石砚
估　价：RMB 380,000～580,000
成交价：RMB 5,290,000
12.1cm×9cm×1.4cm 西泠拍卖 2011.7.19

1159 清早期 田黄雕九龙纹方章
估　价：RMB 3,500,000～5,000,000
成交价：RMB 12,650,000
高4.5cm 长3.2cm 重120.5g
古天一 2011.12.05

5279 清乾隆 歙石仿古六砚
估　价：RMB 2,600,000～3,600,000
成交价：RMB 8,280,000
尺寸不一 北京保利 2011.12.6

7325 清乾隆 红寿山螭龙拱璧纽闲章
估　价：RMB 600,000～800,000
成交价：RMB 690,000
4.2cm×9.1cm 高4.9cm 北京保利 2011.6.5

7210 清乾隆 “乾隆年仿明仁殿纸”田黄素方章
估　价：RMB 10,000,000～15,000,000
成交价：RMB 12,650,000
长4.8cm 北京保利 2011.6.5

7208 清康熙 周尚均制田黄冻双凤钮大方章
估　价：RMB 10,000,000～15,000,000
成交价：RMB 13,800,000
高7.7cm 北京保利 2011.6.5

7209 清康熙 周尚均制吴国祯夫妇自用田黄印章（一套十一件）
估 价：RMB 18,000,000～28,000,000
成交价：RMB 25,300,000
尺寸不一 北京保利 2011.6.5

2904 清中期 田黄雕太师少师钮印章
估 价：RMB 4,500,000～4,800,000
成交价：RMB 5,750,000
2.7cm×2.7cm×6.4cm
重120g 北京匡时 2011.12.05

508 清 田黄巧雕留皮秋菊舞蝶椭圆印章
成交价：RMB 12,075,000
高8cm 上海大众 2011.08.25

7322 民国 田黄冻花开富贵薄意章
估 价：RMB 1,200,000～2,200,000
成交价：RMB 2,185,000
高5.6cm 北京保利 2011.6.5

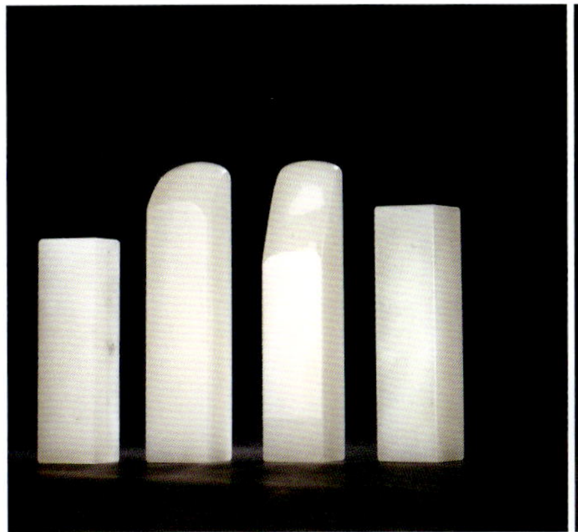

7367 白荔枝素章（一套四件）
估 价：RMB 800,000～1,200,000
成交价：RMB 1,265,000
尺寸不一 北京保利 2011.12.8

2514 方介堪为张大千刻青田石闲章
估 价：RMB 600,000～700,000
成交价：RMB 1,897,500
高9cm 北京匡时 2011.6.8

1691 巴林鸡血石血王章
估 价：RMB 3,800,000～5,000,000
成交价：RMB 4,370,000
5.2cm×4.8cm×20.5cm 西泠拍卖 2011.7.17

1871 林清卿雕田黄石荷塘宿鹭薄意章
估　价：RMB 2,000,000～3,000,000
成交价：RMB 8,107,500
4.8cm×2.7cm×5.9cm 140g 西泠拍卖 2011.7.17

2806 寿山田黄冻石“深山问道”薄意章
估　价：RMB 3,800,000～4,800,000
成交价：RMB 4,255,000
高8.3cm 中国嘉德 2011.5.24

4694 齐白石刻印章（两对）
估　价：RMB 1,300,000～1,800,000
成交价：RMB 3,105,000
5.3cm×2.5cm×13cm 3.3cm×3.3cm×5.5cm 中国嘉德 2011.11.14

149 郭功森雕 田白狮钮印章
估　价：RMB 2,000,000～4,000,000
成交价：RMB 2,464,000
10cm×6cm×4.5cm 辽宁建投 2011.5.11

343 田黄石素章
估　价：RMB 6,000,000~8,000,000
成交价：RMB 11,845,000
高5.5cm 福建东南 2011.10.23

2609 杨玉璇刻太平喜象寿山田黄石印章
估　价：RMB 600,000~700,000
成交价：RMB 8,050,000
高3.6cm 中国嘉德 2011.5.24

澄泥

8737 明 澄泥寿方砚
估　价：RMB 60,000~80,000
成交价：RMB 184,000
长21cm 北京保利 2011.12.8

7203 清乾隆 澄泥仿汉御题诗砚
估　价：RMB 2,800,000~4,800,000
成交价：RMB 5,060,000
长12cm 北京保利 2011.6.5

9685 清乾隆 仿宋紫砂德寿殿犀纹澄泥砚
估　价：RMB 80,000～120,000
成交价：RMB 1,127,000
长14.5cm 北京保利 2011.6.7

3603 清 湛谷生制核雕船
估　价：RMB 150,000～200,000
成交价：RMB 368,000
长4cm 北京容海 2011.10.24

9682 清 董沧门制十六应真过海图澄泥砚
估　价：RMB 80,000～120,000
成交价：RMB 322,000
长19.5cm 北京保利 2011.6.7

其它雕刻

3459 清乾隆 玳瑁金漆缠枝莲纹开光雕松鼠葡萄葫芦瓶
“大清乾隆年制”楷书款
估　价：RMB 8,000,000～9,000,000
成交价：RMB 5,600,000
中贸圣佳 2011.4.29

钟 表

2094 爱彼 18k粉红金手动上链三问陀飞轮计时腕表
年份2005
估 价：RMB 750,000～1,200,000
成交价：RMB 1,835,560
直径4.3cm 香港苏富比 2011.4.7

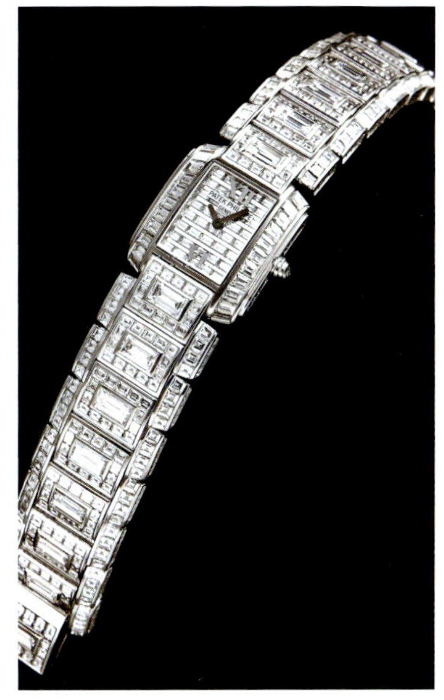

8433 百达翡丽 18K白金全镶钻腕表
型号4908/113
成交价：RMB 5,175,000
表径2.4cm×2cm 北京保利 2011.6.6

7232 清乾隆 御制铜鎏金转花转水法大吉葫芦钟
成交价：RMB 78,200,000
高86.4cm 北京保利 2011.6.5

7233 清乾隆 铜鎏金转花西洋童子打乐钟
估　价：RMB 8,000,000～15,000,000
成交价：RMB 18,400,000
高64cm 北京保利 2011.6.5

0432 百达翡丽 950铂金镂空自动上弦腕表
型号5104P　2008年制
成交价：RMB 5,175,000
北京保利 2011.12.09

5013 百达翡丽 星月陀飞轮天文腕表
型号5002P
估　价：RMB 7,200,000～10,000,000
成交价：RMB 8,280,000
表径4.28cm 中国嘉德 2011.5.24

0399 宝玑 1808年大师亲制22K黄金 掐丝珐琅精雕内外双壳 大、小自鸣二问报时功能表
土耳其市场
成交价：RMB 4,370,000
北京保利 2011.12.9

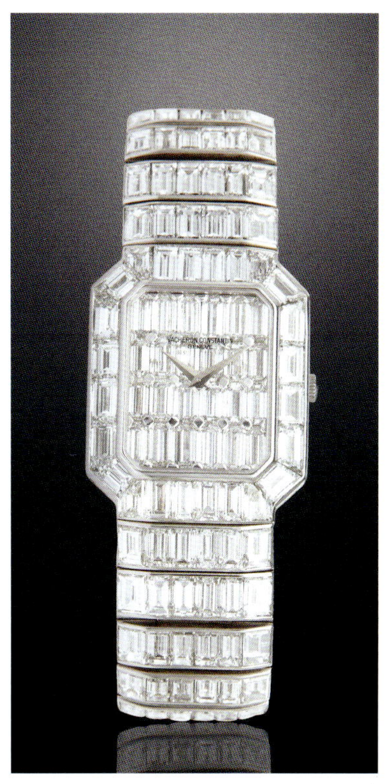

0232 江诗丹顿 PAGODE KALLA系列
18K白金全镶钻手动上弦腕表
1996年制
估　价：RMB 3,000,000～4,000,000
成交价：RMB 3,220,000
北京保利 2011.12.9

0398 富硕 白鸽与花海 黄金掐丝填彩微绘珐瑯表壳表
约1840年制　中国市场
估　价：RMB 1,200,000～1,800,000
成交价：RMB 1,667,500
北京保利 2011.12.9

2058 宝玑 18k白金镶钻石镂空手动上链陀飞轮腕表
3356型号 年份2002
估　价：RMB 1,250,000～1,800,000
成交价：RMB 1,835,560
直径4.05cm 香港苏富比 2011.4.7

3745 卡地亚 限量版白金及全钻石手动上链腕表
No 16/20，年份2008
估　价：RMB 1,200,000～1,800,000
成交价：RMB 1,394,000
香港苏富比 2011.10.6

0005 明 铜鎏金瑞兽摆件
估　价：RMB 1,200,000～1,500,000
成交价：RMB 1,955,000
长16cm 宽11cm 浙江钱塘 2011.12.4

铜 器

3477 宋 青铜卧狮
估　价：RMB 150,000～200,000
成交价：RMB 713,000
长9.2cm 中国嘉德 2011.5.22

2396 清康熙 铜点金双龙耳寿字大瓶
估　价：RMB 800,000～1,000,000
成交价：RMB 1,035,000
高69.5cm 北京匡时 2011.6.8

1971 明成化 鎏金铜「兽面游龙」图交龙钮编钟
估　价：RMB 15,000,000～20,000,000
成交价：RMB 32,685,200
高48.5cm 香港苏富比 2011.10.5

5167 清乾隆 铜鎏金嵌宝石天鸡摆件（一对）
估　价：RMB 2,800,000～4,800,000
成交价：RMB 4,485,000
高19.5cm 北京保利 2011.12.6

3830 商 青铜兽面鼎
估　价：RMB 1,800,000～2,800,000
成交价：RMB 3,105,000
高32cm 中国嘉德 2011.5.23

3138 明正德 阿拉伯纹炉瓶三事
成交价：RMB 16,800,000
高22cm 高16cm 高10cm 浙江佳宝 2011.6.23

2874 明 嵌宝石双螭耳甪端童子鎏金铜香熏
估　价：RMB 2,600,000～3,500,000
成交价：RMB 4,025,000
高33cm 西泠拍卖 2011.7.18

2397 清乾隆 铜瑞兽平安尊
估　价：RMB 1,500,000~1,800,000
成交价：RMB 1,840,000
高34.5cm×2 北京匡时 2011.6.8

1234 晚商 公元前121世纪 青铜鼎
估　价：RMB 100,000~150,000
成交价：RMB 4,352,625
高23cm 纽约佳士得 2011.3.24

413 清乾隆 铜鎏金嵌百宝瑞兽香熏
估　价：RMB 6,000,000~7,000,000
成交价：RMB 10,695,000
高26cm 北京东正 2011.6.5

4864 清 铜兽耳缸（一对）
成交价：RMB 828,000
直径66cm 中国嘉德 2011.6.18

415 清乾隆 铜夔龙纹方鼎
估　价：RMB 2,500,000～3,000,000
成交价：RMB 3,680,000
高48.5cm 北京东正 2011.6.5

174 商晚 宁壶
估　价：RMB 7,000,000～8,000,000
成交价：RMB 9,200,000
高25cm 上海崇源 2011.7.6

3082 明 铜错金银仿青铜壶
估　价：RMB 550,000～600,000
成交价：RMB 632,500
高44cm 北京匡时 2011.6.8

175 西周 周宜壶
成交价：RMB 28,750,000
高58cm 上海崇源 2011.7.6

7760 宁壶
估　价：RMB 8,000,000~9,000,000
成交价：RMB 9,085,000
高25cm 北京保利 2011.12.8

3948 明初 洒金铜兽形香炉
估　价：RMB 250,000~300,000
成交价：RMB 1,824,660
高23.5cm 香港佳士得 2011.6.1

1426 明宣德 铜雪花金朝冠耳方炉
成交价：RMB 31,360,000
高15cm 长28cm 苏州东方 2011.4.28

363 明正德 铜阿拉伯纹筒式香炉
估　价：RMB 1,500,000
成交价：RMB 2,990,000
口径12.7cm 上海大众 2011.8.25

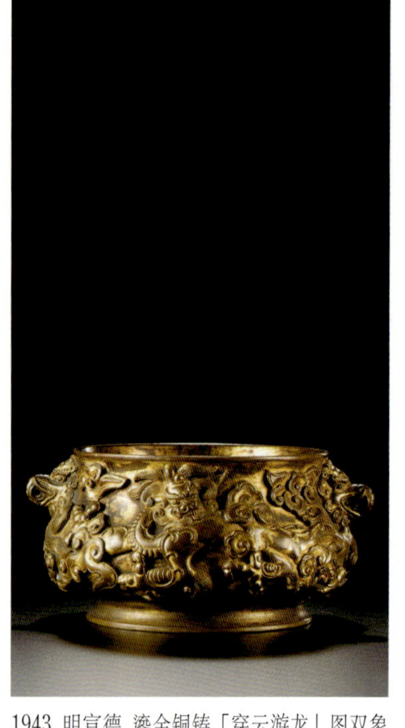

1943 明宣德 鎏金铜铸「穿云游龙」图双象耳炉
估　价：RMB 500,000~700,000
成交价：RMB 1,984,400
高17cm 香港苏富比 2011.10.5

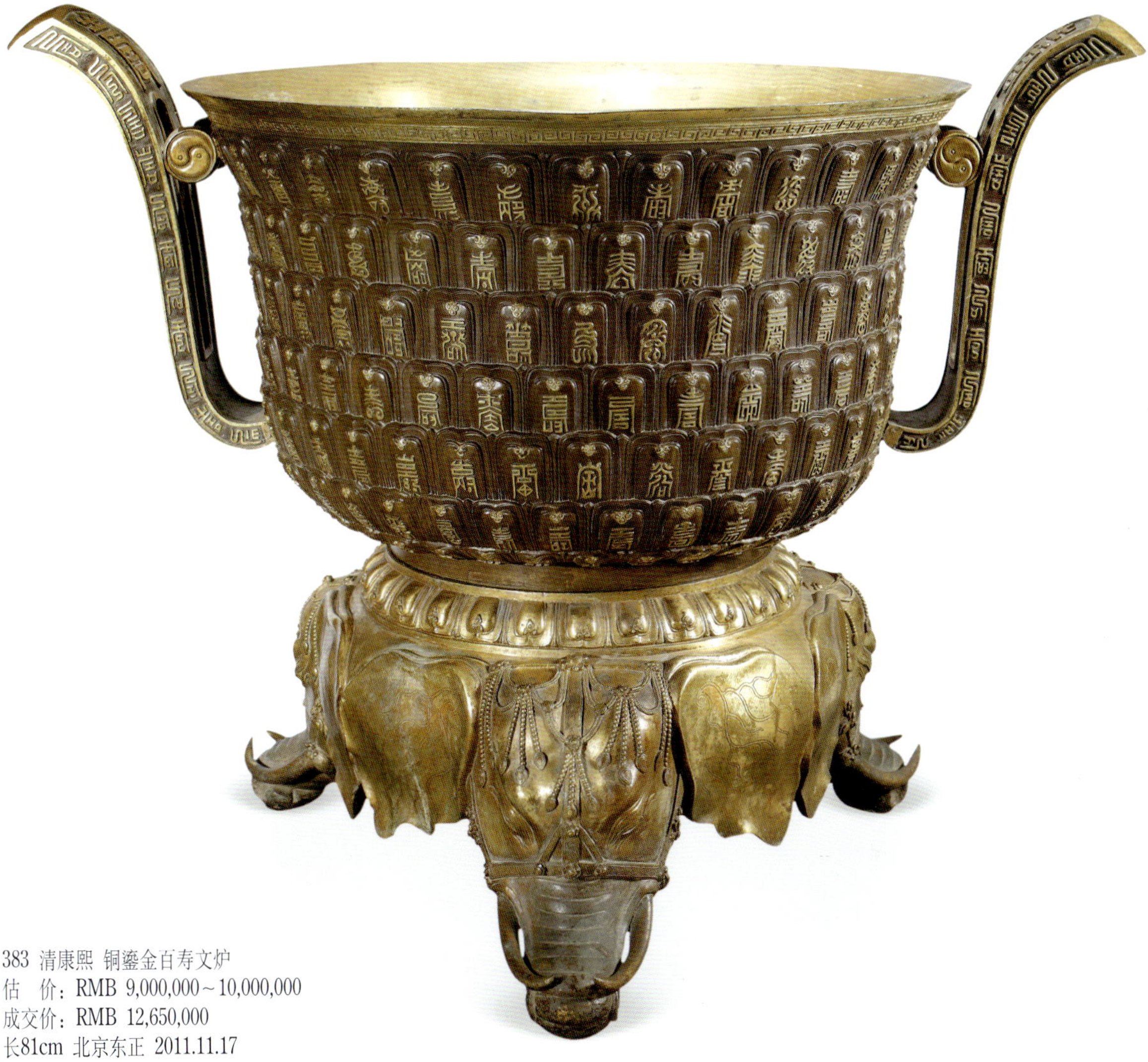

383 清康熙 铜鎏金百寿文炉
估　价：RMB 9,000,000～10,000,000
成交价：RMB 12,650,000
长81cm 北京东正 2011.11.17

3967 清乾隆 铜洒金狮耳炉
估　价：RMB 4,000,000～6,000,000
成交价：RMB 4,600,000
宽39cm 中国嘉德 2011.11.15

366 清 铜马槽炉带原座
估 价：RMB 2,200,000
成交价：RMB 4,140,000
口径16cm 上海大众 2011.8.25

173 商晚 旗卣
估 价：RMB 1,500,000～2,000,000
成交价：RMB 2,530,000
高25cm 上海崇源 2011.7.6

3451 清 铜兽面纹冲天耳龙纹三足炉
“大清乾隆年造”字楷书款
估 价：RMB 1,500,000～2,000,000
成交价：RMB 1,680,000
中贸圣佳 2011.4.29

2399 清乾隆 铜鎏金嵌玉松石烧蓝花插
估 价：RMB 600,000～800,000
成交价：RMB 690,000
高27cm 北京匡时 2011.6.8

572 明 铜鎏金高浮雕云鹤纹花觚
估 价：RMB 1,000,000~1,500,000
成交价：RMB 1,814,400
高21cm 云南典藏 2011.5.14

1240 晚商—西周早期 青铜盂
估 价：RMB 60,000~80,000
成交价：RMB 5,141,025
直径25.5cm 纽约佳士得 2011.3.24

3774 西周中期 太师虘簋
成交价：RMB 41,975,000
高19cm 直径21cm 中国嘉德 2011.5.23

1483 战国 乳钉纹青铜簋
估 价：RMB 2,000,000~2,500,000
成交价：RMB 2,240,000
高15cm 江苏万达 2011.5.29

3773 秦 始皇诏文铜权
估 价：RMB 3,000,000～5,000,000
成交价：RMB 9,775,000
高5.5cm 直径4.3cm 中国嘉德 2011.5.23

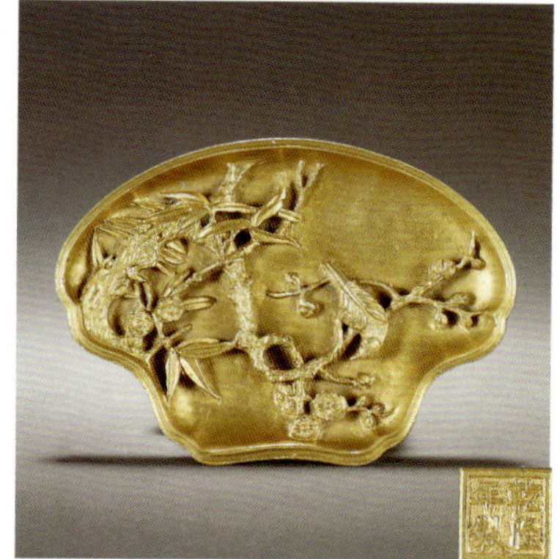

576 清乾隆 铜鎏金喜鹊登梅纹香盘
估 价：RMB 500,000～600,000
成交价：RMB 632,500
长12cm 北京东正 2011.6.5

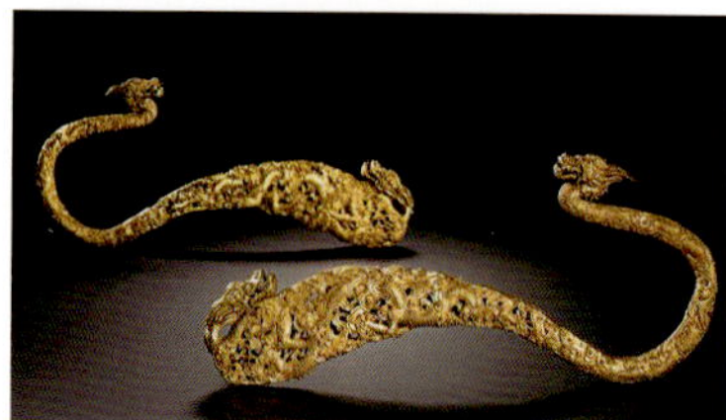

2824 清18世纪 鎏金铜铸透雕「云龙」纹柄把（一对）
估 价：RMB 350,000～400,000
成交价：RMB 2,845,960
长53.5cm 香港苏富比 2011.4.8

936 “大乐贵富”蟠螭纹镜
估 价：RMB 600,000～800,000
成交价：RMB 2,070,000
直径16cm 重365g 中国嘉德 2011.5.13

2236 清乾隆 御制铜鎏金錾花八方宫灯（一对）
估 价：RMB 3,000,000～3,500,000
成交价：RMB 3,450,000
高51.5cm×2 中贸圣佳 2011.11.6

7613 “青羊”半圆方枚镜
估　价：RMB 4,200,000～8,000,000
成交价：RMB 5,175,000
直径20cm 北京保利 2011.12.8

5132 半圆方枚神兽镜
估　价：RMB 1,000,000～2,000,000
成交价：RMB 2,300,000
直径15.3cm 重550g
中拍国际 2011.12.7

760 双龙葡萄镜
估　价：RMB 300,000～500,000
成交价：RMB 3,565,000
直径11cm 重507g 中国嘉德 2011.5.12

758 “明逾满月”跑兽镜
估　价：RMB 1,800,000～3,000,000
成交价：RMB 8,970,000
直径24.2cm 重2140g 中国嘉德 2011.5.12

7689 “淮南起照”神兽镜
估　价：RMB 5,000,000～6,000,000
成交价：RMB 5,635,000
直径25cm 北京保利 2011.12.8

7729 四乳神兽镜
估　价：RMB 8,000,000～10,000,000
成交价：RMB 9,085,000
直径20cm 北京保利 2011.12.8

121 四神画像镜
估　价：RMB 600,000～1,000,000
成交价：RMB 2,645,000
直径21.3cm 重1401g
中国嘉德 2011.11.17

1031 仙骑纹菱花镜
估　价：RMB 2,000,000～2,800,000
成交价：RMB 8,740,000
直径22cm 重1653g 中国嘉德 2011.5.13

2654 五岳镜
估　价：RMB 2,800,000～3,500,000
成交价：RMB 4,025,000
直径15.2cm 重754.1g 北京翰海 2011.11.18

1083 双鸾双兽菱花镜
估　价：RMB 500,000～1,000,000
成交价：RMB 2,070,000
直径16cm 重1049g 中国嘉德 2011.5.13

3880 宋代 普贤菩萨、观音菩萨和文殊菩萨
估　价：RMB 5,000,000～6,000,000
成交价：RMB 6,900,000
高56cm 北京翰海 2011.11.19

2865 辽代 大日如来
估　价：RMB 500,000～600,000
成交价：RMB 1,725,000
高18cm 北京翰海 2011.5.21

3935 7世纪/8世纪 释迦牟尼
估　价：RMB 6,000,000～7,000,000
成交价：RMB 6,900,000
高19.5cm 北京翰海 2011.11.19

1294 12世纪 铜鎏金观音像
估　价：RMB 500,000～800,000
成交价：RMB 26,296,425
高45.4cm 高49.5cm
纽约佳士得 2011.3.24

2888 15世纪 智行佛母
估　价：RMB 900,000～1,000,000
成交价：RMB 4,370,000
高12.2cm 北京翰海 2011.5.21

0090 明永乐 铜鎏金思维菩萨
估　价：RMB 10,000,000
成交价：RMB 9,384,000
高32.5cm 澳门中信 2011.11.25

2839 明宣德十年 鎏金铜「南海观音」坐像
估　价：RMB 30,000,000～40,000,000
成交价：RMB 27,903,880
高78cm 香港苏富比 2011.4.8

0089 15世纪 铜鎏金文殊菩萨
“大明永乐年施”款
估　价：RMB 25,000,000
成交价：RMB 11,260,800
高28cm 澳门中信 2011.11.25

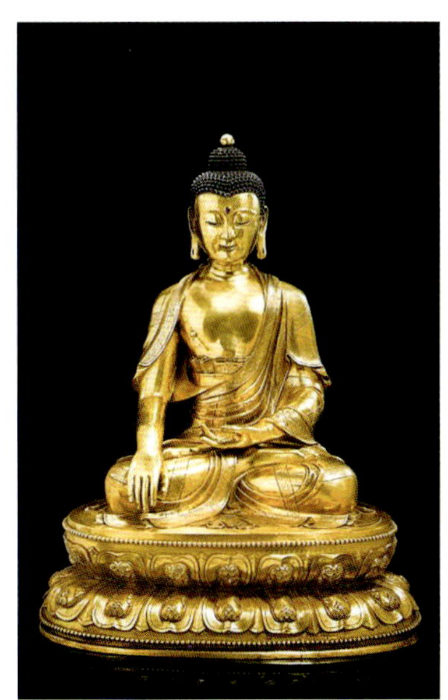

3060 明15世纪/16世纪 鎏金铜“释迦牟尼佛”坐像
估　价：RMB 2,500,000～3,000,000
成交价：RMB 17,530,440
高94cm 香港苏富比 2011.4.8

3252 明 铜鎏金药师佛像
估　价：RMB 25,000,000～28,000,000
成交价：RMB 33,600,000
高28cm 中贸圣佳 2011.4.29

351 清乾隆 铜鎏金夔龙纹五供
成交价：RMB 10,925,000
尺寸不一 上海大众 2011.8.25

7298 清乾隆 铜鎏金菩萨立像
估　价：RMB 1,500,000～2,000,000
成交价：RMB 10,580,000
高63cm 北京保利 2011.6.5

7887 战国晚期 巴蜀青铜蟠龙纽玺
估　价：RMB 400,000～600,000
成交价：RMB 460,000
宽3.5cm 北京保利 2011.6.6

3770 明16世纪 鎏金铜大日如来坐像
估　价：RMB 10,000,000～15,000,000
成交价：RMB 9,926,820
高110cm 香港佳士得 2011.6.1

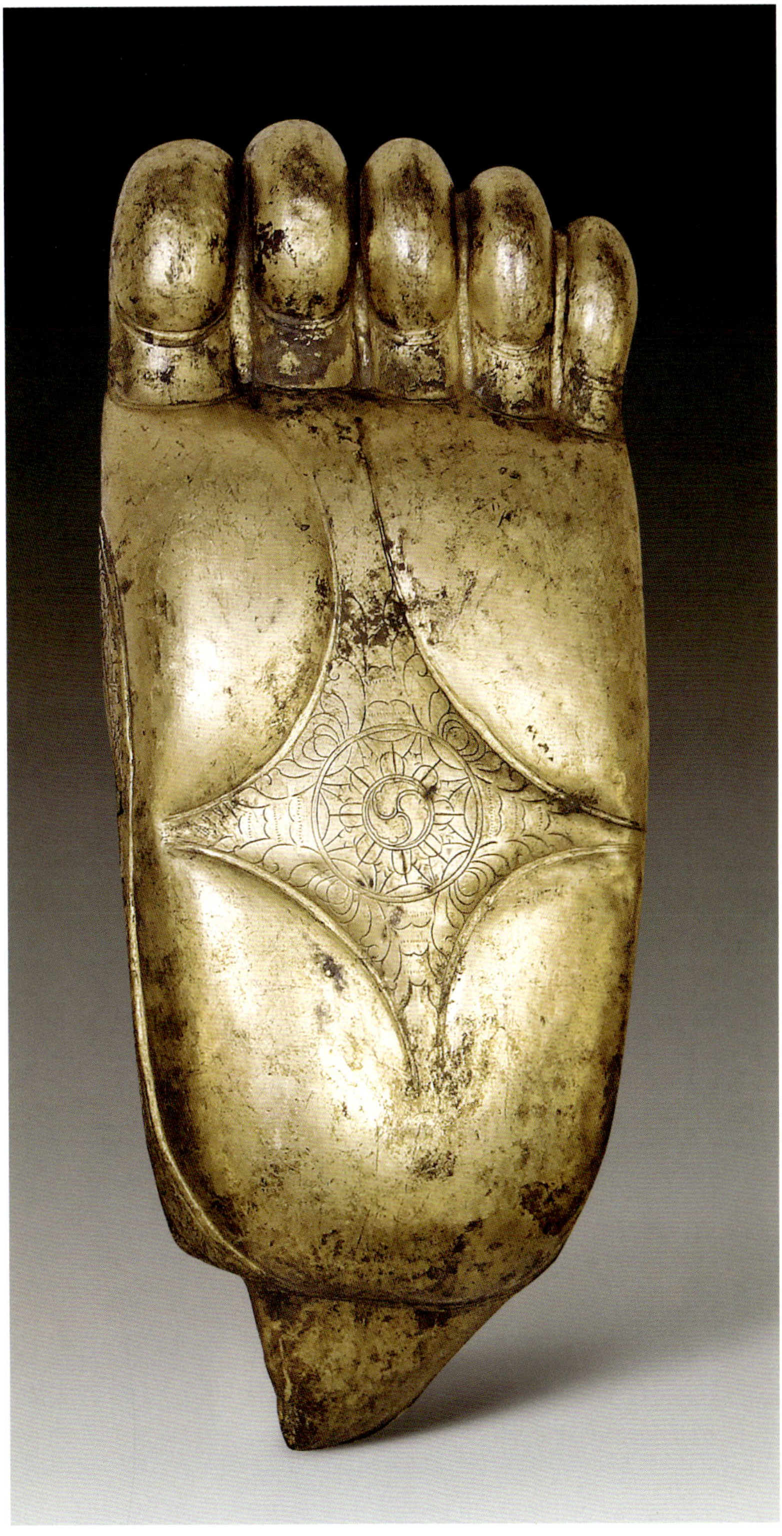

0093 铜鎏金锻造佛脚掌心有锤碟置法轮凸出
估　价：RMB 800,000
成交价：RMB 50,873,520
高62cm 澳门中信 2011.11.25

2502 “贺州之印” 铜制官印
估　价：RMB 150,000～300,000
成交价：RMB 345,000
中国嘉德 2011.5.24

7430 宋 铜错银嵌百宝玉龙首水盂
估　价：RMB 600,000～800,000
成交价：RMB 1,610,000
长13.2cm 北京保利 2011.6.6

铁 器

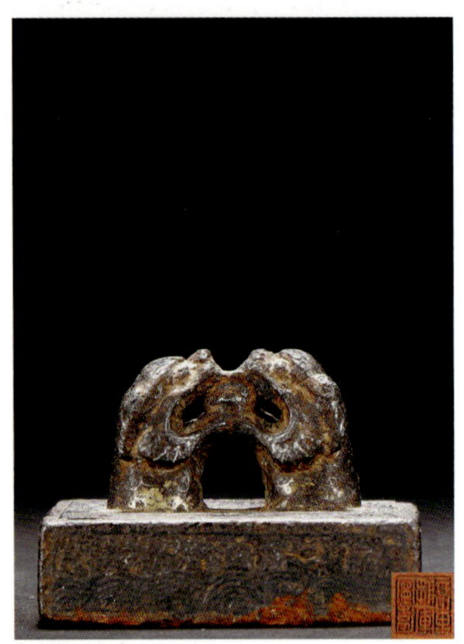

2502 北魏 双狮钮错银“宁远将军章”铁印
估 价：RMB 100,000～120,000
成交价：RMB 207,000
长6cm 北京匡时 2011.6.8

3075 明 铸铁错金海水龙纹头盔
估 价：RMB 600,000～800,000
成交价：RMB 943,000
北京匡时 2011.6.8

4919 明宣德 铁错金凤穿花纹香炉香瓶（一套）
估 价：RMB 400,000～600,000
成交价：RMB 552,000
高11.3cm 高11.8cm 北京保利 2011.12.6

2673 如意百合柿镶嵌铁瓶
估 价：RMB 350,000～400,000
成交价：RMB 667,000
高19.5cm 北京匡时 2011.12.5

紫 砂

4779 明代 陈子畦款 张良造像
估 价：RMB 3,000,000～3,500,000
成交价：RMB 4,485,000
高17.5cm 北京保利 2011.12.6

3253 清“陈鸣远”款紫泥拼砂蚕食桑叶形盘
估 价：RMB 280,000～400,000
成交价：RMB 483,000
长14cm 中国嘉德 2011.5.21

3258 明万历三十三年 “大彬”款绞胎施釉弥勒佛
估 价：RMB 1,200,000～1,500,000
成交价：RMB 6,900,000
宽9cm 中国嘉德 2011.5.21

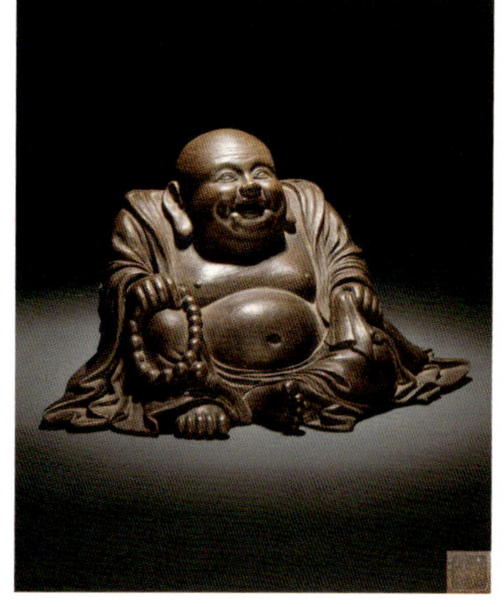

3257 清 “李茂林”款紫泥弥勒佛
估 价：RMB 450,000～600,000
成交价：RMB 782,000
宽197cm 中国嘉德 2011.5.21

070 欧正春制鸳鸯
估　价：RMB 1,000,000~1,200,000
成交价：RMB 2,070,000
高8cm×宽15.5cm 上海春秋堂 2011.12.11

770 明 陈仲美制 紫砂犀尊
成交价：RMB 9,072,000
高18.5cm 琴岛荣德 2011.5.15

52 徐秀堂 十一面观音雕塑
估　价：RMB 150,000~180,000
成交价：RMB 448,500
高67.5cm 长风拍卖 2011.6.21

174 “大明宣德年制”款澄泥蟋蟀罐
估　价：RMB 1,500,000
成交价：RMB 1,680,000
高115cm 直径12.6cm 上海中福 2011.08.07

1342 清乾隆 杨季元 泥绘花鸟双耳四方瓶
估　价：RMB 2,000,000～3,000,000
成交价：RMB 3,360,000
高21cm 海士德 2011.6.17

8982 明嘉靖 董梁作紫砂双耳小尊
“大明嘉靖癸丑”款
估　价：RMB 1,200,000～2,200,000
成交价：RMB 1,380,000
高7cm 北京保利 2011.6.7

2793 清乾隆 “愕怡斋”款紫泥泥绘山水纹攒盘
估　价：RMB 450,000～500,000
成交价：RMB 747,500
直径42.5cm 中国嘉德 2011.11.12

9015 清早期 陈鸣远制长方凹奎花盆
“陈鸣远制”款
估　价：RMB 160,000～260,000
成交价：RMB 690,000
宽24.5cm 北京保利 2011.6.7

0099 清中期 紫砂施釉描金风水缸
估　价：RMB 450,000～500,000
成交价：RMB 552,000
23cm×18cm 北京传是 2011.12.5

638 清乾隆 枪足漂口红泥本色泥绘长方盆
估　价：RMB 1,200,000
成交价：RMB 3,450,000
36.5cm×25cm×14.5cm 上海大众 2011.8.25

815 清乾隆 粉彩花卉紫砂尊
估　价：RMB 250,000～350,000
成交价：RMB 1,769,600
高23cm；长5cm 江苏万达 2011.5.28

4238 何道洪 春华组合茶具
估　价：RMB 500,000～600,000
成交价：RMB 3,565,000
高13.3cm 中国嘉德 2011.11.12

1477 吕尧臣、吕俊杰合作《子非鱼茶具》
估　价：RMB 800,000～1,200,000
成交价：RMB 3,220,000
壶长15cm 杯长8cm 长风拍卖 2011.12.20

3263 清 "陈汉文"款紫泥仿古饕餮纹簠
估　价：RMB 950,000～1,200,000
成交价：RMB 1,955,000
宽14cm 中国嘉德 2011.5.21

2837 清 "陈鸣远"款紫泥长方花盆
估　价：RMB 250,000～350,000
成交价：RMB 1,265,000
长36.2cm 中国嘉德 2011.11.12

76 朱可心 报春套组
估　价：RMB 1,500,000~2,000,000
成交价：RMB 3,696,000
高6.2cm 壶长25cm 长风拍卖 2011.1.20

2176 当代 顾景舟 “玉露”诗文五头茶具
估　价：RMB 3,000,000~3,500,000
成交价：RMB 9,430,000
长15cm 直径8.5cm×4
北京匡时 2011.6.7

115 明万历 蒋觐侯 朱泥六角壶
估　价：RMB 2,500,000~3,000,000
成交价：RMB 6,670,000
长13.3cm 长风拍卖 2011.6.21

2177 当代 顾景舟 云肩如意三头茶具
估 价：RMB 2,400,000~2,800,000
成交价：RMB 10,235,000
长18cm 直径7cm 北京匡时 2011.6.7

4778 明代 李茂林款、文嘉铭 僧帽壶
估 价：RMB 1,500,000~1,800,000
成交价：RMB 1,610,000
长15.5cm 北京保利 2011.12.6

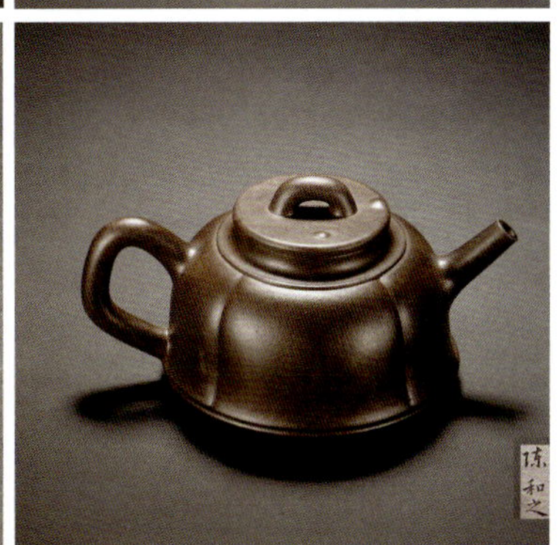

8985 明 陈和之制紫砂锦囊壶
估 价：RMB 2,600,000~3,600,000
成交价：RMB 3,220,000
宽14cm 北京保利 2011.6.7

705 清早期 紫砂开光四方壶
估 价：RMB 50,000~70,000
成交价：RMB 2,530,000
16.2cm×13cm 北京诚轩 2011.5.22

148 清初 淡然斋《如意盖莲子壶》
估 价：RMB 350,000~500,000
成交价：RMB 1,092,500
高12.8cm 宽21cm 长风拍卖 2011.11.24

0080 清乾隆 描金山水壶
估 价：RMB 3,500,000~4,000,000
成交价：RMB 4,600,000
15cm×10cm 北京传是 2011.12.5

3870 清康熙/雍正 陈鸣远作宜兴紫砂南瓜式壶
估 价：RMB 7,000,000~8,000,000
成交价：RMB 7,047,540
宽17.8cm 香港佳士得 2011.6.1

3213 清乾隆 御制紫泥御题诗金银彩山水纹方壶
估　价：RMB 650,000～850,000
成交价：RMB 8,625,000
宽143cm 中国嘉德 2011.5.21

114 清 杨凤年 东坡笠帽壶
估　价：RMB 2,000,000～2,500,000
成交价：RMB 4,370,000
长17cm 长风拍卖 2011.6.21

113 清 陈子畦 莲子壶
估　价：RMB 1,000,000～1,500,000
成交价：RMB 3,220,000
长13.5cm 长风拍卖 2011.6.21

808 清 邵大亨款八卦壶
估　价：RMB 160,000～180,000
成交价：RMB 6,944,000
高8.5cm 长8cm 江苏万达 2011.5.28

2490 高振宇 唐风 元韵 清韵壶（三头一组）
估　价：RMB 600,000～900,000
成交价：RMB 1,840,000
长19cm 高10cm 长21.5cm 高18.5cm 长19cm 高20cm
北京匡时 2011.12.4

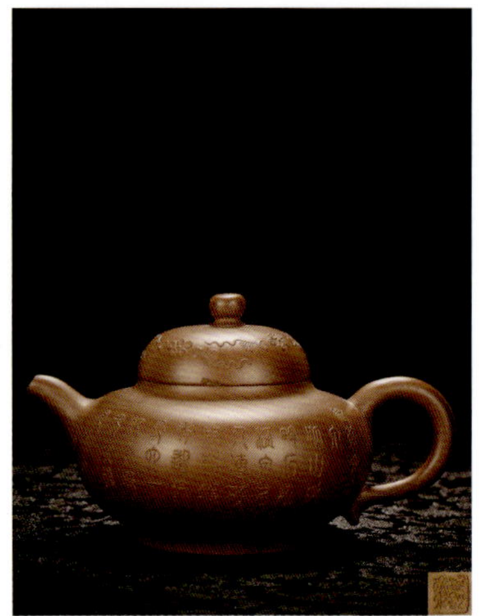

77 淡然斋堆泥高旦壶
估　价：RMB 2,000,000～3,000,000
成交价：RMB 2,800,000
长15cm 长风拍卖 2011.1.20

4708 清末民初 俞国良款、溥心畬题字画 传炉壶
估　价：RMB 3,500,000～4,000,000
成交价：RMB 5,750,000
宽23cm 北京保利 2011.12.6

4608 顾景舟 提璧组壶（共计十一件）
成交价：RMB 17,825,000
尺寸不一 北京保利 2011.12.6

2163 顾景舟 高线三足套壶
估　价：RMB 3,000,000～5,000,000
成交价：RMB 12,880,000
江苏和信 2011.10.23

2388 顾景舟、韩美林 提梁盘壶
估　价：RMB 1,800,000～2,200,000
成交价：RMB 11,500,000
高12.8cm 中国嘉德 2011.5.21

2387 顾景舟 鹧鸪提梁壶
估　价：RMB 1,800,000～2,200,000
成交价：RMB 8,050,000
高11.5cm 中国嘉德 2011.5.21

2497 何道洪 大涵壶
估　价：RMB 2,500,000～3,000,000
成交价：RMB 7,820,000
长23.5cm 高26cm 北京匡时 2011.12.4

63 顾景舟 魏紫熙合作 1989年作 矮井栏壶
估　价：RMB 1,500,000～2,000,000
成交价：RMB 10,350,000
长17cm 北京保利 2011.6.2

2562 何道洪 三色松竹梅提梁
估　价：RMB 3,000,000～3,800,000
成交价：RMB 7,705,000
长22cm 高24cm 北京匡时 2011.12.4

2304 江建翔 陈韵芳露壶
估　价：RMB 350,000～380,000
成交价：RMB 1,610,000
高19.5cm 中国嘉德 2011.5.21

4309 汪寅仙 金秋南瓜壶
估　价：RMB 1,000,000～1,200,000
成交价：RMB 4,600,000
高17cm 中国嘉德 2011.11.12

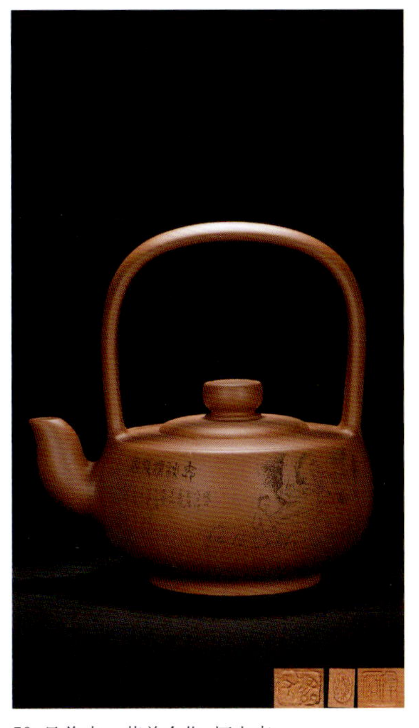

59 吕俊杰、范曾合作 怀古壶
估　价：RMB 300,000～400,000
成交价：RMB 2,208,000
长31cm 长风拍卖 2011.6.21

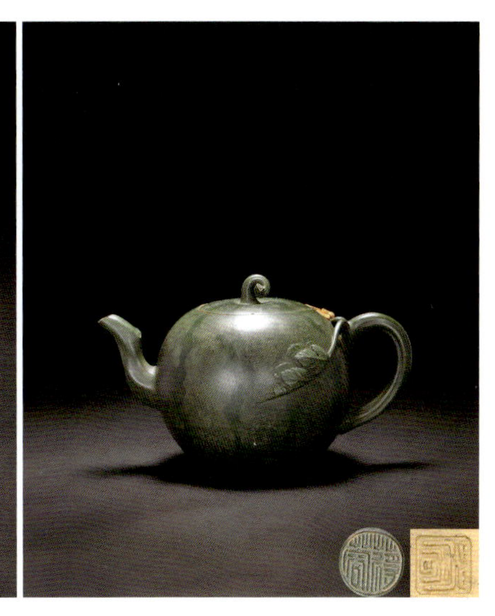

111 蒋蓉 西瓜壶
估　价：RMB 800,000～1,000,000
成交价：RMB 1,265,000
高10cm 长风拍卖 2011.11.24

112 裴石民 三足传炉壶
估　价：RMB 400,000～600,000
成交价：RMB 1,725,000
长19cm 长风拍卖 2011.6.21

114 杨彭年制、子繁铭 合欢提梁壶
估　价：RMB 500,000～800,000
成交价：RMB 5,520,000
高12cm 宽14.1cm 上海工美 2011.6.26

0079 子治壶
估　价：RMB 2,000,000～2,200,000
成交价：RMB 3,910,000
19.5cm×14.8cm 北京传是 2011.12.5

5897 朱可心 大报春壶
估　价：RMB 120,000～160,000
成交价：RMB 1,840,000
高15.5cm 中国嘉德 2011.3.20

0040 周桂珍 华寿壶
估　价：RMB 1,500,000～1,700,000
成交价：RMB 2,277,000
22cm×16cm 北京传是 2011.12.05

82 汪寅仙《曲壶》
估　价：RMB 1,200,000～1,500,000
成交价：RMB 3,220,000
高16.5cm 长风拍卖 2011.11.24

188 清雍正 陈砺成款 段泥仿湘妃竹笔筒
估　价：RMB 800,000~1,000,000
成交价：RMB 1,495,000
直径16.5cm 北京保利 2011.6.2

2316 清中期 段泥彩绘花鸟湖石图笔筒
估　价：RMB 1,000,000~1,500,000
成交价：RMB 2,645,000
高14cm 北京匡时 2011.12.4

3255 清 “鸣远”款段泥笋状水呈
估　价：RMB 480,000~600,000
成交价：RMB 2,300,000
长19cm 中国嘉德 2011.5.21

878 清乾隆 彩泥堆绘花鸟鱼虫图笔筒
估　价：RMB 500,000~700,000
成交价：RMB 1,495,000
高15.3cm 北京诚轩 2011.11.12

2019 清18世纪 宜兴紫砂「双石榴」题诗水盂
估　价：RMB 1,500,000~2,000,000
成交价：RMB 1,492,400
长11.3cm 香港苏富比 2011.10.5

漆 器

9051 宋 朱漆芙蓉花口盘
估　价：RMB 600,000~800,000
成交价：RMB 690,000
宽18.6cm 北京保利 2011.6.7

1916 明永乐 剔红雕漆「牡丹图」盖盒
“大明永乐年制”款
估　价：RMB 12,000,000~15,000,000
成交价：RMB 9,725,200
直径26cm 香港苏富比 2011.10.5

9030 元 剔黑富贵牡丹大盘
估　价：RMB 800,000~1,200,000
成交价：RMB 2,875,000
直径30cm 北京保利 2011.6.7

3270 明嘉靖 戗金填彩双龙纹捧盒
估　价：RMB 600,000~1,000,000
成交价：RMB 805,000
长32.5cm 宽18.5cm 西泠拍卖 2011.7.19

3573 明万历 剔彩云龙纹盘
估　价：RMB 5,000,000～7,000,000
成交价：RMB 9,458,100
直径44.5cm 香港佳士得 2011.6.1

18 清乾隆 仿朱漆柳条工“火珠云龙”图盖盒
“大清乾隆年制”款
估　价：RMB 5,000,000～7,000,000
成交价：RMB 10,184,400
长12.8cm 香港苏富比 2011.10.05

2314 清乾隆 御题诗文仿漆菊瓣盘
“大清乾隆仿古”楷书款
估　价：RMB 3,000,000～5,000,000
成交价：RMB 6,900,000
直径16.6cm 北京翰海 2011.11.17

1946 清乾隆 剔红雕漆水波游龙图瓶
估　价：RMB 600,000～800,000
成交价：RMB 1,689,200
高41cm 香港苏富比 2011.10.5

3548 清乾隆 脱胎朱漆御题诗菊瓣形盖盒
“乾隆年制”篆书款
估　价：RMB 8,000,000～10,000,000
成交价：RMB 9,200,000
直径15cm 中国嘉德 2011.5.22

20 清嘉庆 仿红漆描金彩御制诗菊瓣盘（一对）
“大清嘉庆年制”款
估　价：RMB 3,000,000～5,000,000
成交价：RMB 6,904,400
直径16.7cm 香港苏富比 2011.10.5

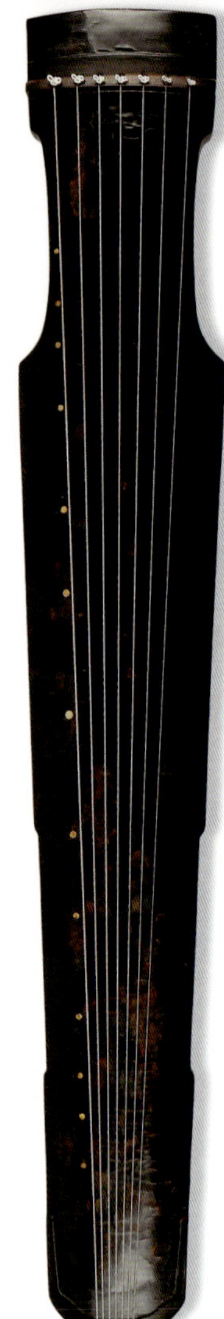

2339 南宋 彩凤孤鸣琴
估　价：RMB 8,000,000～12,000,000
成交价：RMB 13,800,000
长119cm 北京翰海 2011.5.19

3570 唐 “大圣遗音”伏羲式琴
成交价：RMB 115,000,000
长121cm 中国嘉德 2011.5.22

5303 宋或更早 神农式“一池波”古琴
成交价：RMB 17,250,000
通长124cm 肩宽22.2cm 尾宽17cm 北京保利 2011.12.6

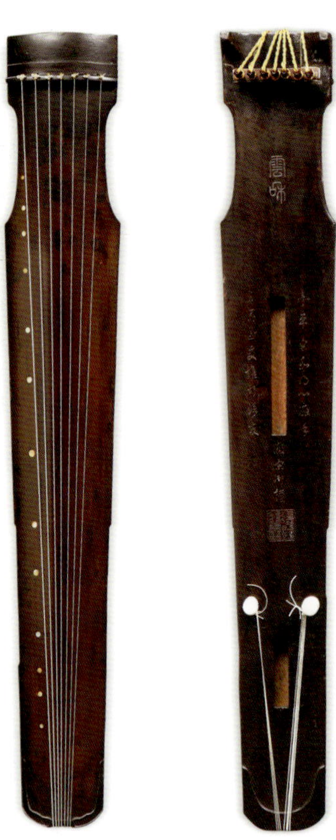

3192 唐-宋 “云和”琴
估 价：RMB 8,000,000～9,000,000
成交价：RMB 9,200,000
长123cm 北京匡时 2011.12.5

8561 清 剔漆人物故事小柜（一对）
估 价：RMB 800,000～1,200,000
成交价：RMB 920,000
高62cm 北京保利 2011.12.8

7661 清乾隆 剔红缠枝莲冠架
估 价：RMB 500,000~800,000
成交价：RMB 897,000
高29cm 北京保利 2011.6.6

3838 元末/明初 漆嵌螺钿荷塘鸳鸯砚盒
估 价：RMB 600,000~800,000
成交价：RMB 518,940
长28.1cm 香港佳士得 2011.6.1

匏 器

3398 清 巧雕匏器
估 价：RMB 600,000~800,000
成交价：RMB 690,000
高6cm 通径8.5cm 西泠拍卖 2011.7.19

1472 开光螭花卉纹葫芦形匏器
估 价：RMB 80,000~100,000
成交价：RMB 112,000
高18cm 江苏万达 2011.5.29

织 绣

2315 13世纪 朱克柔缂丝鸟石图
估　价：RMB 120,000～180,000
成交价：RMB 224,000
23cm×24.5cm 上海嘉泰 2011.6.30

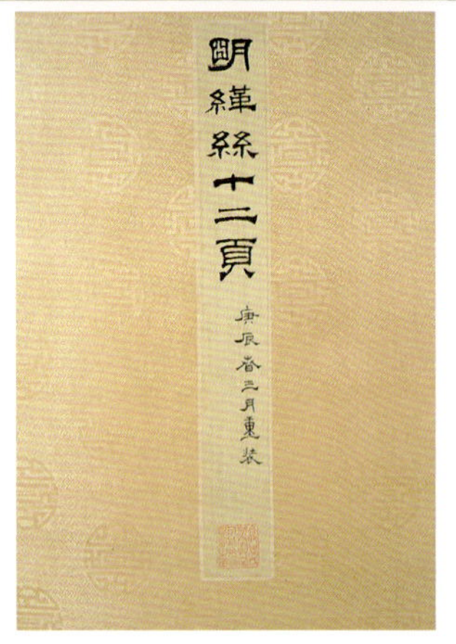

4157 明 缂丝花鸟山水
估　价：RMB 150,000～250,000
成交价：RMB 621,000
44.3cm×37.8cm 中国嘉德 2011.11.15

1021 清早期 缀绣彩云金龙纹妆花纱围幔
估　价：RMB 80,000～100,000
成交价：RMB 156,800
长144cm×宽138cm 北京永乐 2011.5.24

1019 清雍正 褐地龙纹妆花缎（三件）
估　价：RMB 400,000～450,000
成交价：RMB 918,400
149cm×71cm 150cm×71cm 150cm×70cm
北京永乐 2011.5.24

2312 清乾隆 御制刺绣耕织图（八开）
估 价：RMB 5,000,000～7,000,000
成交价：RMB 10,235,000
37cm×45cm 北京翰海 2011.5.19

0413 清中期 黄地“群仙祝寿”大挂帐
估 价：RMB 450,000～500,000
成交价：RMB 862,500
320cm×220cm 北京歌德 2011.12.03

1637 清中晚期 黄地缂丝云海八宝吉祥纹龙袍
估 价：RMB 600,000～800,000
成交价：RMB 1,265,000
长221cm 高139cm 华艺国际 2011.12.11

3082 清中期 缂丝东方朔偷桃
估 价：RMB 1,200,000～1,500,000
成交价：RMB 1,322,500
165cm×83cm 北京匡时 2011.12.5

3786 清18世纪 刺绣观音像挂幅
估 价：RMB 80,000～120,000
成交价：RMB 1,021,140
88cm×177cm 香港佳士得 2011.6.1

珐琅器

2090 清康熙 铜胎掐丝珐琅荷塘鱼藻纹海螺法器
估 价：RMB 800,000～1,200,000
成交价：RMB 1,394,000
长15.3cm 香港苏富比 2011.10.5

334 清乾隆 铜胎掐丝珐琅宫灯（一对）
估 价：RMB 1,500,000
成交价：RMB 3,450,000
高49.8cm 上海大众 2011.8.25

5286 清乾隆 掐丝珐琅花卉海浪纹方桌灯（一对）
估 价：RMB 1,200,000～1,800,000
成交价：RMB 1,782,500
高49cm 北京保利 2011.12.6

5380 清 掐丝珐琅仙鹤（一对）
成交价：RMB 828,000
高194cm 中国嘉德 2011.9.17

1980 清18世纪 铜胎画广东珐琅蓝料「八吉祥」纹供器（一套十三件）
估 价：RMB 5,000,000～7,000,000
成交价：RMB 4,936,400
尺寸不一 香港苏富比 2011.10.5

2381 清中期 铜鎏金掐丝珐琅嵌红蓝宝石“三星献瑞”珠宝盆景
估 价：RMB 30,000～50,000
成交价：RMB 1,207,500
高69cm 北京保利 2011.7.28

7360 清康熙 掐丝珐琅缠枝莲龙耳玉壶春瓶
估　价：RMB 2,600,000～3,600,000
成交价：RMB 4,140,000
高52.5cm 北京保利 2011.6.5

3567 清乾隆 掐丝珐琅花卉双如意耳瓶（一对）
估　价：RMB 4,500,000～5,500,000
成交价：RMB 5,980,000
高35.7cm 中国嘉德 2011.5.22

418 清乾隆 掐丝珐琅双联瓶
估　价：RMB 2,000,000～2,500,000
成交价：RMB 3,680,000
高22.3cm 北京东正 2011.6.5

3365 清乾隆 铜胎掐丝珐琅龙纹八方瓶
估　价：RMB 1,200,000～1,800,000
成交价：RMB 1,568,000
中贸圣佳 2011.4.29

9757 清康熙 掐丝珐琅缠枝莲双兽耳壶
估　价：RMB 1,500,000~2,000,000
成交价：RMB 1,725,000
高39cm 北京保利 2011.6.7

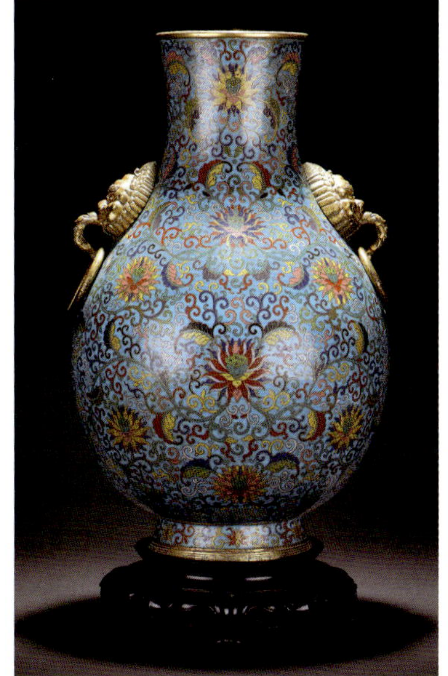

366 清乾隆 掐丝珐琅缠枝纹铺首尊
估　价：RMB 1,800,000~2,000,000
成交价：RMB 2,300,000
高46.5cm 北京东正 2011.11.17

0115 清 铜掐丝珐琅鹿头尊（一对）
估　价：RMB 800,000~1,000,000
成交价：RMB 920,000
高52cm 浙江钱塘 2011.12.4

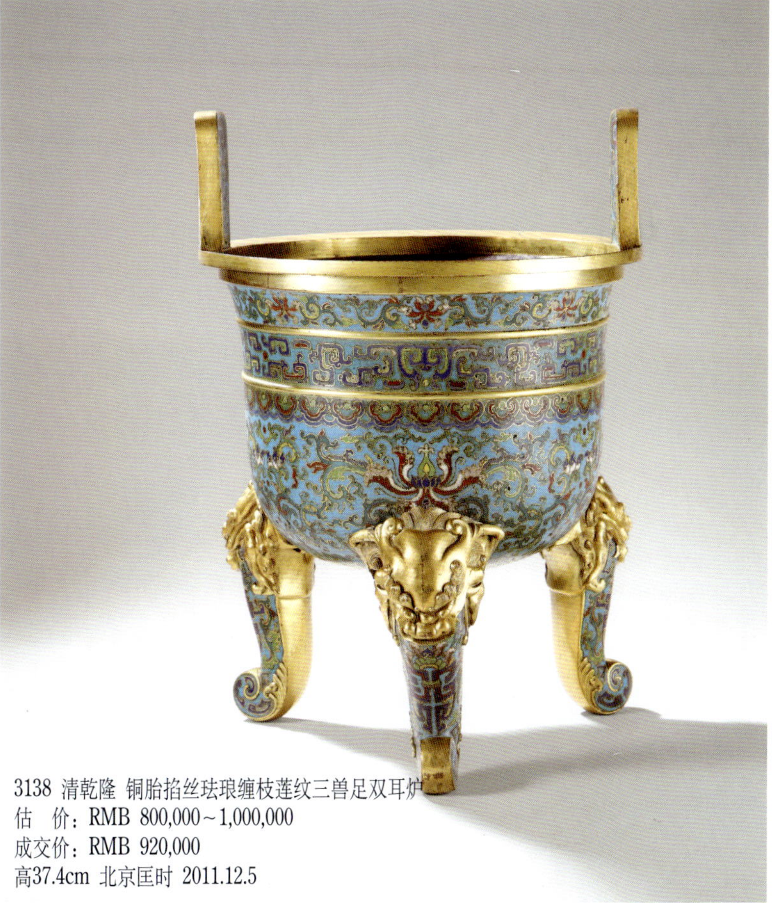

3138 清乾隆 铜胎掐丝珐琅缠枝莲纹三兽足双耳炉
估　价：RMB 800,000~1,000,000
成交价：RMB 920,000
高37.4cm 北京匡时 2011.12.5

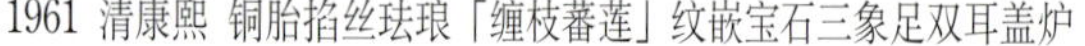

1961 清康熙 铜胎掐丝珐琅「缠枝蕃莲」纹嵌宝石三象足双耳盖炉
估　价：RMB 8,000,000~12,000,000
成交价：RMB 9,725,200
高67cm 香港苏富比 2011.10.5

7035 清乾隆 御制铜胎画珐琅番莲纹六方炉
估　价：RMB 1,000,000~1,500,000
成交价：RMB 3,220,000
高45.5cm 北京保利 2011.12.7

9761 清乾隆 掐丝珐琅西番莲纹蝠耳大缸
估　价：RMB 300,000~500,000
成交价：RMB 460,000
高25.5cm 北京保利 2011.6.7

4303 清 掐丝珐琅缠枝花卉炉
估　价：RMB 300,000～400,000
成交价：RMB 1,610,000
高5.6cm 北京翰海 2011.11.19

3077 清乾隆 掐丝珐琅春字桃形捧盒（一对）
估　价：RMB 1,000,000～1,200,000
成交价：RMB 1,725,000
直径46cm 北京匡时 2011.6.8

2320 明 景泰蓝捧盒
估　价：RMB 400,000～600,000
成交价：RMB 517,500
直径38cm 北京保利 2011.7.28

7358 清乾隆 铜胎画珐琅胭脂红瓜棱双系罐
估　价：RMB 2,000,000～3,000,000
成交价：RMB 2,990,000
高10cm 北京保利 2011.6.5

3653 清乾隆 御制鎏金铜胎掐丝珐琅「春寿」宝盒（一对）
估　价：RMB 15,000,000～20,000,000
成交价：RMB 42,737,220
直径36cm×2 香港佳士得 2011.6.1

8617 清乾隆 掐丝珐琅鹿鹤同春捧盒
估　价：RMB 1,500,000～2,000,000
成交价：RMB 1,725,000
直径39.7cm 北京保利 2011.12.8

3960 清乾隆 黄地铜胎画珐琅粉彩碗
估　价：RMB 480,000～520,000
成交价：RMB 1,121,580
直径17.1cm 香港佳士得 2011.6.1

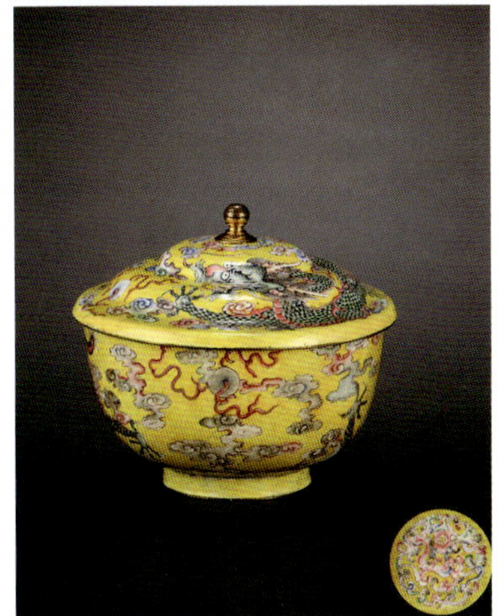

7357 清雍正 黄地铜胎珐琅龙纹盖碗
估 价：RMB 800,000~1,200,000
成交价：RMB 1,150,000
直径12.4cm 北京保利 2011.6.5

678 清乾隆 掐丝珐琅饕餮纹方鼎
估 价：RMB 1,500,000~1,600,000
成交价：RMB 1,725,000
高37.5cm 北京东正 2011.6.5

3593 清康熙 掐丝珐琅杏园雅图葵口盆
估 价：RMB 500,000~700,000
成交价：RMB 1,021,140
宽55.6cm 香港佳士得 2011.6.1

5283 清乾隆 御制掐丝珐琅海晏河清烛台（一对）
估 价：RMB 1,000,000~1,500,000
成交价：RMB 1,495,000
高24cm 北京保利 2011.12.06

8616 清乾隆 掐丝珐琅双龙耳鹤足瑞鹿大香熏
估　价：RMB 3,000,000～5,000,000
成交价：RMB 4,140,000
高65cm 北京保利 2011.12.8

333 清乾隆 铜胎掐丝珐琅云蝠纹水洗
估　价：RMB 1,000,000
成交价：RMB 1,610,000
长43cm 上海大众 2011.8.25

94 清乾隆御制鎏金景泰蓝镇纸
估　价：RMB 700,000～800,000
成交价：RMB 920,000
长11.2cm 上海崇源 2011.10.12

金银器

286 汉代 银马
估　价：RMB 9,000,000
成交价：RMB 2,627,520
高34cm 澳门中信 2011.11.25

912 金质蟠虺纹镶松石阳燧
估　价：RMB 500,000～800,000
成交价：RMB 3,910,000
直径6.3cm 重128g 中国嘉德 2011.5.13

19 唐代 金质瓜棱对瓶
估 价：RMB 3,000,000～5,000,000
成交价：RMB 3,450,000
高173cm 重292g 中国嘉德 2011.11.17

18 唐代 莲叶伏龟金质对盘
估 价：RMB 8,000,000～12,000,000
成交价：RMB 9,200,000
高4.2cm 口径14.8cm 重276g 中国嘉德 2011.11.17

8757 清乾隆 金镶百宝斋戒葫芦佩
估 价：RMB 1,000,000～1,500,000
成交价：RMB 1,725,000
长7.5cm 北京保利 2011.6.6

2839 清嘉庆 银鎏金嵌宝石碗
估　价：RMB 500,000～600,000
成交价：RMB 1,955,000
直径16.8cm　高7.1cm　北京翰海 2011.5.21

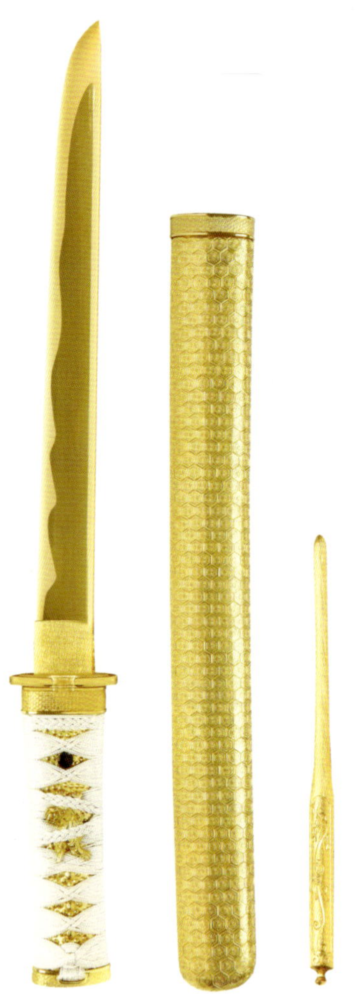

197 平泽 正英 纯金菊纹肋差（外装小刀）
估　价：RMB 65,000～100,000
成交价：RMB 4,495,092
长46.5cm 重1100g
伊斯特 2011.11.28

181 石川 光一 纯金雾霰纹壶
估　价：RMB 33,000～46,000
成交价：RMB 2,846,892
高15.8cm 重561g 伊斯特 2011.11.28

4586 黑川荣胜(款) 蓬莱金釜
估　价：RMB 1,100,000～1,500,000
成交价：RMB 1,667,500
高21cm 重约1941g　中国嘉德 2011.12.18

2502 云龙纹足金熏香炉
估　价：RMB 700,000～980,000
成交价：RMB 1,035,000
高17.5cm 1085克 北京九歌 2011.6.10

2990 银嵌宝石坛城
估　价：RMB 500,000
成交价：RMB 575,000
高96cm 北京翰海 2011.12.18

229 四世藏六纯金壶
估　价：RMB 3,000,000
成交价：RMB 3,360,000
高16.7cm 上海中福 2011.8.7

455 上海世博会场馆大全999金印（三百二十一方）
估　价：RMB 12,000,000～18,000,000
成交价：RMB 21,850,000
西泠拍卖 2011.7.16

1095 银鎏金花丝嵌宝龙纹法器
成交价：RMB 18,100,000
高16cm 印千山 2011.6.3

玻璃器

3633 清雍正 茶色透明料刻寿字花卉纹束腰碗
估　价：RMB 800,000～1,200,000
成交价：RMB 1,422,900
直径17cm 香港佳士得 2011.6.1

3804 清乾隆 蓝透明料菊瓣盘
估　价：RMB 300,000～400,000
成交价：RMB 719,820
直径18.5cm 香港佳士得 2011.6.1

3798 清乾隆 仿雄黄料渣斗
估　价：RMB 300,000～400,000
成交价：RMB 1,322,460
高40cm 香港佳士得 2011.6.1

3913 清乾隆 黄色莲瓣纹玻璃碗（一对）
估　价：RMB 900,000～1,200,000
成交价：RMB 1,035,000
直径11.8cm 中国嘉德 2011.5.23

7321 清乾隆 涅白地套四色料花蝶福寿胆式瓶
估　价：RMB 1,200,000～2,200,000
成交价：RMB 1,380,000
高20cm 北京保利 2011.6.5

421 清乾隆 鸡油黄料御题诗夔龙纹花觚
估　价：RMB 800,000～1,200,000
成交价：RMB 1,209,600
高20.5cm 上海嘉泰 2011.4.1

444 清乾隆 祥云凤鸟纹套料摇铃尊
估　价：RMB 200,000～300,000
成交价：RMB 1,782,500
高19cm 北京保利 2011.10.22

2345 清 蓝料芦蟹直颈瓶
估 价：RMB 580,000～800,000
成交价：RMB 828,000
高28cm 北京九歌 2011.6.10

3397 清 透雕料器香熏
估 价：RMB 1,600,000～2,000,000
成交价：RMB 1,840,000
高18.6cm 西泠拍卖 2011.7.19

鼻烟壶

5426 清乾隆 黑白玉巧雕高士大烟壶
“福禄寿喜”款
估 价：RMB 800,000～1,200,000
成交价：RMB 1,035,000
高8.5cm 北京保利 2011.12.7

0892 清乾隆 苏作白玉雕松鹿纹鼻烟壶
成交价：RMB 1,092,500
高6.5cm 北京歌德 2011.12.3

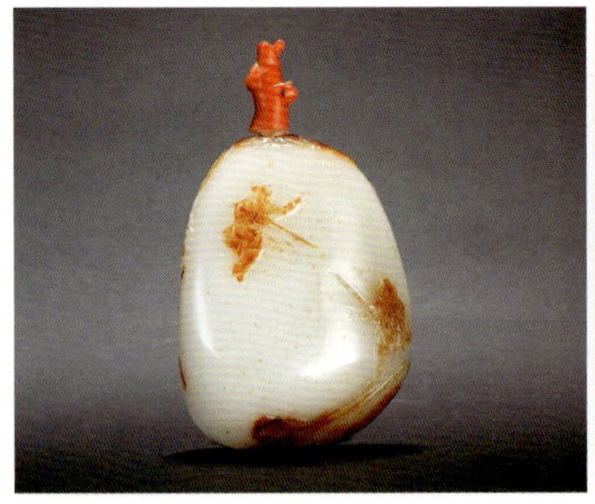

7333 清嘉庆 白玉留皮人物烟壶
“嘉庆御赏”款
估 价：RMB 400,000～600,000
成交价：RMB 1,495,000
高9.5cm 北京保利 2011.6.5

1593 清乾隆 瓷塑粉彩鼻烟壶
估　价：RMB 20,000～30,000
成交价：RMB 607,725
高8.1cm 纽约佳士得 2011.3.24

5199 清道光 御制白玉洒金仔料天狗纹随形烟壶
“慎德堂”款
估　价：RMB 1,800,000～2,800,000
成交价：RMB 4,025,000
高8.5cm 北京保利 2011.12.6

3276 清乾隆 洒蓝描金开光人物花卉烟壶
“乾隆年制”四字两行篆书款
估　价：RMB 600,000～800,000
成交价：RMB 690,000
高7cm 中国嘉德 2011.11.14

3343 清19世纪 丁二仲内画烟壶
估　价：RMB 750,000～900,000
成交价：RMB 575,000
高7cm 中国嘉德 2011.11.14

0870 清中期 白套蓝料双套料龙纹鼻烟壶
成交价：RMB 943,000
高7.5cm 北京歌德 2011.12.3

3646 清 乾隆 红套白料山楂形鼻烟壶
“乾隆御制”篆书刻款
估 价：RMB 1,000,000～2,000,000
成交价：RMB 820,260
直径5cm 香港佳士得 2011.6.1

7356 清雍正 黑地铜胎画珐琅牡丹花卉烟壶
估 价：RMB 4,000,000～6,000,000
成交价：RMB 4,600,000
高4.7cm 北京保利 2011.6.5

3316 清乾隆 乾隆款御制铜胎画珐琅彩欧式仕女图鼻烟壶
“乾隆年制”四字两行楷书款
估 价：RMB 6,800,000～7,500,000
成交价：RMB 7,820,000
高5.5cm 中国嘉德 2011.11.14

3266 清乾隆 翡翠巴洛克纹荷包形鼻烟壶
估 价：RMB 1,200,000～1,500,000
成交价：RMB 1,380,000
高5.1cm 中国嘉德 2011.11.14

7355 清乾隆 铜胎画珐琅西洋人物烟壶
“乾隆年制”款
估 价：RMB 700,000～1,000,000
成交价：RMB 2,875,000
高6.5cm 北京保利 2011.6.5

翡翠珠宝

7260 清乾隆 翡翠雕仕女立像
估　价：RMB 3,500,000～5,500,000
成交价：RMB 5,060,000
高41cm 北京保利 2011.6.5

2080 翡翠观音像
估　价：RMB 6,000,000
成交价：RMB 4,986,000
高15cm 中博文化 2011.7.10

2422 清乾隆 翡翠圆雕净瓶观音立像
估　价：RMB 3,800,000～4,800,000
成交价：RMB 4,600,000
高28cm 北京匡时 2011.6.8

8643 天然翡翠绿叶挂坠
估　价：RMB 6,800,000～9,000,000
成交价：RMB 10,465,000
翡翠5.77cm×4.56cm 北京保利 2011.6.6

8642 天然翡翠观音配钻石挂坠
估　价：RMB 5,000,000～8,000,000
成交价：RMB 5,750,000
翡翠4.73cm×3.26cm 北京保利 2011.6.6

710 天然水晶雕自在观音
估　价：RMB 2,000,000～3,000,000
成交价：RMB 7,056,000
江苏嘉恒 2011.7.10

0820 天然翡翠观音配钻石吊坠
估　价：RMB 8,800,000～11,000,000
成交价：RMB 10,120,000
翡翠6.0cm×3.63cm×0.7cm 北京保利 2011.12.09

8635 天然翡翠招财进宝吊坠
估　价：RMB 2,800,000～4,000,000
成交价：RMB 3,990,500
5.55cm×2.58cm 北京保利 2011.6.6

1623 75.04克拉蓝宝石和钻石吊坠项链
估　价：RMB 2,400,000～3,000,000
成交价：RMB 3,250,120
香港苏富比 2011.4.6

0812 天然翡翠葫芦配钻石挂坠
估 价：RMB 3,000,000~4,000,000
成交价：RMB 3,105,000
翡翠5.2cm×2.65cm 北京保利 2011.12.9

7257 清中期 翡翠巧雕花卉草虫盖瓶
估 价：RMB 800,000~1,500,000
成交价：RMB 1,012,000
高19.5cm 北京保利 2011.6.5

8810 清 老坑翡翠双龙抢珠牌
估 价：RMB 1,000,000~1,500,000
成交价：RMB 1,725,000
长5.5cm 北京保利 2011.6.6

5215 清 老坑翡翠山水人物牌（三件）
估 价：RMB 3,000,000~5,000,000
成交价：RMB 3,450,000
高5cm 北京保利 2011.12.6

655 清中期 翡翠镂雕牡丹纹双耳瓶（一对）
估 价：RMB 1,000,000~1,200,000
成交价：RMB 1,380,000
高33cm 北京东正 2011.6.5

109 冰种翡翠紫彩兽耳瓶（一对）
估　价：RMB 1,500,000～2,000,000
成交价：RMB 2,016,000
高27cm×2 安华白云 2011.3.6

794 清嘉庆 翠玉盖碗（一对）
估　价：RMB 450,000～600,000
成交价：RMB 448,000
直径10.7cm 长风拍卖 2011.1.20

2099 翡翠双龙杯
估　价：RMB 600,000
成交价：RMB 672,000
高10cm 北京翰海 2011.4.9

3065 清乾隆 翡翠雕夔龙纹双狮钮鼎
估　价：RMB 12,000,000～18,000,000
成交价：RMB 28,112,000
高28.1cm 中贸圣佳 2011.4.29

7256 清 翡翠雕狮纽活环炉
估　价：RMB 2,000,000～3,000,000
成交价：RMB 2,990,000
长14cm 北京保利 2011.6.5

11 清乾隆 翡翠雕龙钮螭龙耳衔活环三足盖炉（连座）
估　价：RMB 4,000,000～6,000,000
成交价：RMB 9,200,000
高19cm 宽23cm 上海崇源 2011.7.6

3274 清 翡翠巧雕双龙戏珠花插
估　价：RMB 300,000～500,000
成交价：RMB 862,500
高12.5cm 西泠拍卖 2011.7.19

3790 清19世纪 翠玉活环耳香炉
估　价：RMB 1,500,000～2,500,000
成交价：RMB 3,833,460
宽14cm 香港佳士得 2011.6.1

3225 缅甸天然翡翠手镯（一对）
估　价：RMB 1,800,000～2,800,000
成交价：RMB 3,833,460
内径5.57cm，5.46cm 香港佳士得 2011.5.31

0763 天然紫罗兰翡翠手镯（一对）
估　价：RMB 2,600,000～3,800,000
成交价：RMB 2,990,000
内径5.75cm 北京保利 2011.12.9

0762 天然翡翠手镯
估　价：RMB 3,600,000～5,000,000
成交价：RMB 4,370,000
内径5.83cm 北京保利 2011.12.9

0819 天然翡翠手镯
估　价：RMB 8,000,000～15,000,000
成交价：RMB 11,500,000
内径6.37cm 北京保利 2011.12.9

2103 翡翠手镯飘绿
估　价：RMB 4,500,000～5,000,000
成交价：RMB 5,175,000
北京歌德 2011.12.4

3281 缅甸天然翡翠珠炼(33颗)翡翠珠直径12.7mm-15.8mm
估　价：RMB 6,000,000～8,000,000
成交价：RMB 6,043,140
项链长度48cm 香港佳士得 2011.5.31

8821 清 翡翠十八子手串
估　价：RMB 1,500,000～2,500,000
成交价：RMB 1,725,000
长26cm 北京保利 2011.6.6

8769 清乾隆 翠玉子母龙带钩
估　价：RMB 450,000～650,000
成交价：RMB 690,000
北京保利 2011.6.6

3272 克什米尔天然蓝宝石及钻石手炼（蓝宝石共重46.44克拉）
估　价：RMB 6,250,000～9,600,000
成交价：RMB 6,244,020
香港佳士得 2011.5.31

3253 双行天然珍珠炼，配以钻石镶铂金扣
估　价：RMB 5,500,000～7,500,000
成交价：RMB 9,645,588
香港佳士得 2011.5.31

3258 天然珍珠炼镶18k黄金钻石
估　价：RMB 9,600,000～15,000,000
成交价：RMB 16,020,180
长34.8cm 香港佳士得 2011.5.31

857 翡翠圆珠颈饰
估　价：RMB 8,000,000～12,000,000
成交价：RMB 17,250,000
总重量：267g 上海工美 2011.6.26

5217 清乾隆 翡翠雕金玉满堂盖盒
估　价：RMB 3,800,000～5,800,000
成交价：RMB 4,370,000
北京保利 2011.12.6

3645 清18世纪/19世纪 翠玉雕螭龙带扣
估　价：RMB 1,000,000～1,500,000
成交价：RMB 1,121,580
长10cm 香港佳士得 2011.6.1

3095 74.35克拉八角形缅甸天然尖晶石
估　价：RMB 3,600,000～5,200,000
成交价：RMB 3,431,700
香港佳士得 2011.5.31

2300 清乾隆 三色翡翠雕秋虫戏果笔洗连座
估　价：RMB 900,000～1,100,000
成交价：RMB 1,207,500
宽17.5cm 北京匡时 2011.6.8

2416 清中期 翡翠雕荷花鸳鸯洗
估　价：RMB 1,500,000～1,800,000
成交价：RMB 1,840,000
长23cm 北京匡时 2011.6.8

3282 缅甸天然翡翠双蛋面戒指
估　价：RMB 6,000,000～8,000,000
成交价：RMB 8,051,940
香港佳士得 2011.5.31

1810 黄绿钻石戒指
估　价：RMB 4,000,000～4,500,000
成交价：RMB 5,068,840
香港苏富比 2011.4.6

1820 翡翠钻石戒指
估　价：RMB 8,000,000～10,000,000
成交价：RMB 8,100,040
钻石8.88克拉 香港苏富比 2011.4.6

1671 红宝石钻石戒指
估　价：RMB 12,000,000～20,000,000
成交价：RMB 14,701,320
红宝石27.67克拉 香港苏富比 2011.4.6

1828 黄色钻石戒指
估　价：RMB 13,000,000～16,000,000
成交价：RMB 11,872,200
25.26克拉 香港苏富比 2011.4.6

3291 13.39克拉榄尖形彩蓝色VVS2钻石戒指
估　价：RMB 27,000,000～35,000,000
成交价：RMB 49,299,300
香港佳士得 2011.5.31

3274 13.15克拉枕形D/FL Type IIa
钻石戒指
估　价：RMB 12,000,000～18,000,000
成交价：RMB 14,145,300
红宝石27.67克拉 香港佳士得 2011.5.31

1826 钻石戒指
估　价：RMB 13,500,000～16,000,000
成交价：RMB 15,644,360
11.6克拉 香港苏富比 2011.4.6

1670 23.19克拉猫眼石钻戒
估　价：RMB 10,000,000～12,000,000
成交价：RMB 9,986,120
香港苏富比 2011.4.6

1667 红宝石钻石项链及耳坠
估　价：RMB 11,000,000～15,000,000
成交价：RMB 11,872,200
长40.5cm 香港苏富比 2011.4.6

7258 清 御制翡翠朝珠项链
“黄仲涵项链”
估　价：RMB 16,000,000～26,000,000
成交价：RMB 23,000,000
北京保利 2011.6.5

3262 缅甸天然翡翠树叶吊坠项链
估　价：RMB 2,800,000～3,800,000
成交价：RMB 4,837,860
项链长68cm 香港佳士得 2011.5.31

8647 天然翡翠配钻石项链，戒指及耳环套装
成交价：RMB 21,850,000
项链蛋面19.51mm×16.50mm×7.65mm
北京保利 2011.6.6

8646 天然翡翠珠项链（珠粒直径约15.03mm）
估 价：RMB 16,000,000～28,000,000
成交价：RMB 24,725,000
长54cm 北京保利 2011.6.6

0822 天然翡翠配钻石项链、戒指及耳环套装
成交价：RMB 20,470,000
翡翠项链坠：17.22mm×14.87mm×6.62mm
北京保利 2011.12.9

1801 祖母绿钻石耳坠（一对）
估 价：RMB 6,300,000～7,800,000
成交价：RMB 7,594,840
重10.73克拉，9.52克拉 香港苏富比 2011.4.6

1878 翡翠珠链(直径12mm-14mm)共41颗
估 价：RMB 21,000,000～26,000,000
成交价：RMB 24,150,000
长55cm 华艺国际 2011.12.10

3293 镶18k白金及粉红金钻石项链
中间主石重7.58克拉，其中26颗梨形D/IF钻石共重67.63克拉
估　价：RMB 23,500,000～35,000,000
成交价：RMB 23,050,980
长39.6cm 香港佳士得 2011.5.31

3294 13.03克拉及12.86克拉心形D/IF Type IIa钻石耳坠
估　价：RMB 23,500,000～35,000,000
成交价：RMB 22,113,540
香港佳士得 2011.5.31

1829 14.42克拉14.04克拉钻石耳坠
估　价：RMB 32,000,000～38,000,000
成交价：RMB 31,676,040
香港苏富比 2011.4.6

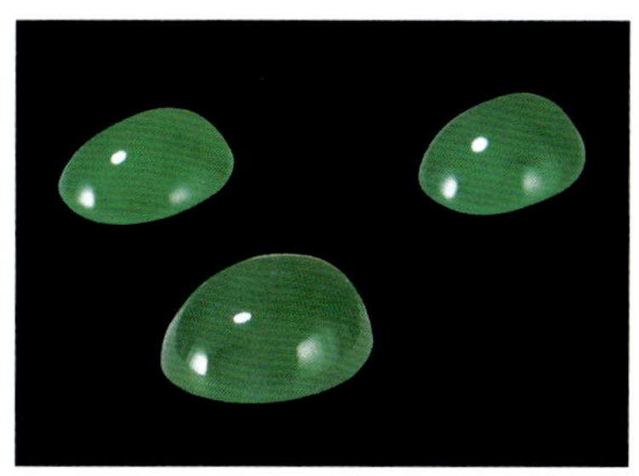

2105 翡翠蛋面（三颗）
估　价：RMB 1,900,000～2,000,000
成交价：RMB 2,185,000
北京歌德 2011.12.4

3289 18.88克拉圆形D/FL Type IIa钻石
估　价：RMB 25,000,000～40,000,000
成交价：RMB 25,863,300
香港佳士得 2011.5.31

3296 23.49及23.11克拉枕形戈尔康达D/VVS1〔可成完美〕Type Iia 钻石耳坠
估　价：RMB 55,000,000～75,000,000
成交价：RMB 60,548,580
香港佳士得 2011.5.31

3234 钻石「猎豹」胸针，配以蓝宝石、祖母绿及黑玛瑙，镶铂金
估　价：RMB 1,600,000～2,400,000
成交价：RMB 3,833,460
胸针长11.1cm 香港佳士得 2011.5.31

0677 约1940年作 卡地亚海水蓝胸针
估　价：RMB 2,950,000～3,000,000
成交价：RMB 3,850,000
鼎时国际 2011.12.03

1827 25.5克拉钻石
估　价：RMB 30,000,000～38,000,000
成交价：RMB 33,562,120
香港苏富比 2011.4.6

古典家具

1291 明 黄花梨透雕莲塘荷花罗汉大床
估　价：RMB 4,800,000～5,800,000
成交价：RMB 8,400,000
长235cm　宽155cm　高108cm
江苏万达 2011.5.29

3011 明末清初 紫檀四柱灯笼锦围子架子床
估　价：RMB 10,000,000～18,000,000
成交价：RMB 11,500,000
高228cm 宽211cm 深141cm
中国嘉德 2011.11.12

8891 明 黄花梨六柱龙纹架子床
估　价：RMB 10,000,000～15,000,000
成交价：RMB 17,825,000
长218cm 高227cm 宽148cm 北京保利 2011.6.6

3338 明末 黄花梨独板围子马蹄足罗汉床
成交价：RMB 32,200,000
高73.7cm 宽203cm 深90.2cm 中国嘉德 2011.5.21

1290 明 黄花梨灵芝如意月洞门架子床
成交价：RMB 35,840,000
长247.5cm 宽187.8cm 高227cm
江苏万达 2011.5.29

3612 明 黄花梨独板围子马蹄足罗汉床
估 价：RMB 6,000,000~8,000,000
成交价：RMB 14,614,020
高78.7cm×宽209cm 厚111.5cm
香港佳士得 2011.6.1

2385 清乾隆 御制紫檀楠木仙鹤灵芝云纹炕柜（一对）
估　价：RMB 8,000,000～12,000,000
成交价：RMB 13,800,000
长50cm　宽27cm　宽81.5cm
北京匡时 2011.6.8

199 明 海南黄花梨三弯腿四面龙纹三屏风罗汉床
估　价：RMB 5,000,000～15,000,000
成交价：RMB 6,670,000
宽208cm 深128cm 通高84cm
广东古今 2011.7.10

1894 清初期 黄花梨雕福寿龙纹架子床
估　价：RMB 3,800,000
成交价：RMB 5,175,000
231cm × 145cm × 230cm
北京翰海 2011.12.18

35 清 紫檀嵌绿端罗汉床
估　价：RMB 1,800,000
成交价：RMB 4,256,000
205.5cm × 101cm × 80.5cm
南京正大 2011.4.23

3394 清早期 黄花梨矮朝服柜
估　价：RMB 2,800,000~4,000,000
成交价：RMB 5,175,000
高102cm　宽171cm　直径57cm
中国嘉德 2011.5.21

3605 清雍正 黄花梨云龙纹柜（一对）
估　价：RMB 2,500,000~3,500,000
成交价：RMB 3,532,140
高147cm×宽84.5cm 香港佳士得 2011.6.1

3400 清早期 黄花梨花卉纹带翘头联二闷户橱
估　价：RMB 2,800,000~3,500,000
成交价：RMB 4,025,000
高91cm 宽152cm 直径47cm
中国嘉德 2011.5.21

3398 清早期 黄花梨顶箱柜
估 价：RMB 3,800,000~4,800,000
成交价：RMB 4,370,000
高230cm 宽127cm 直径61.2cm
中国嘉德 2011.5.21

3371 明末 黄花梨冰绽纹柜
估 价：RMB 5,000,000~8,000,000
成交价：RMB 14,375,000
高197.4cm 宽109.5cm 深50cm
中国嘉德 2011.5.21

3380 明末清初 黄花梨圆角柜
估 价：RMB 1,800,000~2,800,000
成交价：RMB 5,750,000
高134.6cm 宽82.5cm 深49cm
中国嘉德 2011.5.21

2983 明末清初 黄花梨大四件柜成对
估 价：RMB 25,000,000~32,000,000
成交价：RMB 29,900,000
高259cm 宽133cm 深62cm 中国嘉德 2011.11.12

8894 明 黄花梨有柜膛方角柜
估 价：RMB 4,000,000～6,000,000
成交价：RMB 6,900,000
高199cm 长111cm 宽55cm
北京保利 2011.6.6

9663 明末清初 黄花梨雕麒麟花鸟书柜（一对）
估 价：RMB 4,000,000～6,000,000
成交价：RMB 4,600,000
75cm×37.5cm×160.5cm 北京保利 2011.6.7

3396 明末清初 黄花梨龙凤纹上格券口带栏杆亮格柜
估 价：RMB 1,200,000～2,400,000
成交价：RMB 15,525,000
高192cm 宽100cm 深63cm
中国嘉德 2011.5.21

3399 清早期 黄花梨上格加券口四门亮格柜
估 价：RMB 2,800,000～4,000,000
成交价：RMB 3,220,000
高174.5cm 长121.5cm 宽56cm
中国嘉德 2011.5.21

3370 明末清初 黄花梨两用条/炕桌
估 价：RMB 2,400,000～3,400,000
成交价：RMB 5,520,000
高80cm 长107.5cm 宽71.5cm
中国嘉德 2011.5.21

3358 明末 黄花梨有束腰展腿式半桌
估 价：RMB 4,000,000～6,000,000
成交价：RMB 8,050,000
高83.9cm 长105cm 宽63cm
中国嘉德 2011.5.21

2386 清康熙 紫檀嵌百宝山水纹多宝格
估 价：RMB 6,500,000～7,500,000
成交价：RMB 6,785,000
长46cm 宽25cm 高63.5cm 北京匡时 2011.6.8

3327 明末清初 黄花梨仿竹材套环条桌成对
估 价：RMB 2,400,000～3,200,000
成交价：RMB 4,600,000
高88.6cm 长111.6cm 宽55.9cm 中国嘉德 2011.5.21

5254 清乾隆 紫檀卐字福寿亮格书柜（一对）
估　价：RMB 10,000,000～15,000,000
成交价：RMB 11,500,000
长85cm　宽37.8cm　高169cm 北京保利 2011.12.6

3604 清雍正 紫檀镶漆面条桌（一对）
估　价：RMB 6,000,000～8,000,000
成交价：RMB 7,549,740
高81cm 长88.8cm 宽34.3cm
香港佳士得 2011.6.1

3013 明末 黄花梨有束腰马蹄腿罗锅枨长条桌
估　价：RMB 2,800,000～3,800,000
成交价：RMB 3,220,000
高86cm 长194cm 宽61cm 中国嘉德 2011.11.12

3607 清乾隆 御制酸枝玉璧拉绳纹铜包角条桌（一对）
估　价：RMB 8,000,000～12,000,000
成交价：RMB 8,239,428
高85.7cm 长119cm 宽39.4cm
香港佳士得 2011.6.1

1326 明 黄花梨嵌云石古形圆桌（五件套）
估　价：RMB 1,500,000～2,000,000
成交价：RMB 10,080,000
凳高72cm 半径25cm
江苏万达 2011.5.29

8866 明 黄花梨夔龙纹五屏风式镜台
估　价：RMB 400,000～600,000
成交价：RMB 920,000
高66cm 宽51cm 长30cm
北京保利 2011.6.6

8874 明 黄花梨仿竹六仙桌
估　价：RMB 2,800,000～3,800,000
成交价：RMB 5,175,000
宽87cm 高83cm 北京保利 2011.6.6

5243 清乾隆 黄花梨拐子龙画桌
估 价：RMB 4,500,000～6,500,000
成交价：RMB 5,980,000
长173cm 宽55.5cm 高87cm
北京保利 2011.12.6

3355 明末清初 黄花梨仿竹材玫瑰椅成对
估 价：RMB 2,200,000～2,800,000
成交价：RMB 4,600,000
高90.5cm 长57.5cm 宽46.5cm
中国嘉德 2011.5.21

1350 汉代 青黄玉龙凤纹梳妆台、坐凳（两件）
估 价：RMB 180,000,000
成交价：RMB 220,000,000
台127.3cm×81cm×47.8cm 坐凳45cm×45cm×32cm 北京中嘉 2011.1.9

7309 清中期 剔红五子登科龙凤扶手椅（一对）
估 价：RMB 2,600,000～3,600,000
成交价：RMB 2,990,000
高101cm 长87cm 宽61.5cm
北京保利 2011.6.5

2382 清乾隆 紫檀雕海水螭龙纹扶手椅（一对）
估 价：RMB 4,500,000～5,500,000
成交价：RMB 5,750,000
长59cm 宽46cm 高86cm
北京匡时 2011.6.8

8880 明 黄花梨四出头高靠背官帽椅
估 价：RMB 2,800,000～3,800,000
成交价：RMB 5,750,000
高112cm 宽45cm 长59cm
北京保利 2011.6.6

8885 清早期 紫檀圈椅（一对）
估 价：RMB 1,000,000～1,500,000
成交价：RMB 1,150,000
高100cm 宽46cm 长60.5cm 北京保利 2011.6.6

2384 清乾隆 鸡翅木嵌紫檀描金雕龙纹扶手椅（一对）
估 价：RMB 5,500,000～6,500,000
成交价：RMB 6,210,000
长70cm 宽51cm 高97cm 北京匡时 2011.6.8

3368 明末 黄花梨圈椅（成对）
估　价：RMB 2,600,000～3,600,000
成交价：RMB 5,175,000
高99.8cm 长59.3cm 宽45.2cm 中国嘉德 2011.5.21

3376 明末 黄花梨高四出头官帽椅
估　价：RMB 1,500,000～2,200,000
成交价：RMB 6,670,000
高121.5cm 长59.2cm 宽47.5cm
中国嘉德 2011.5.21

3328 明末 黄花梨雕龙纹四出头官帽椅（成对）
成交价：RMB 23,000,000
高110cm 长58.5cm 宽45.5cm 中国嘉德 2011.5.21

0231 黄花梨雕花鸟扶手椅（五件套）
估　价：RMB 6,600,000～12,000,000
成交价：RMB 14,300,000
长椅166cm×56cm×100cm 海南泰达 2011.12.18

651 17世纪 黄花梨官帽椅（一对）
估　价：RMB 200,000～300,000
成交价：RMB 18,202,185
64.1cm×117.5cm×65.4cm
纽约苏富比 2011.3.23

3364 明末 黄花梨有束腰马蹄足长方凳（成对）
估　价：RMB 600,000～800,000
成交价：RMB 2,415,000
高52cm 长50.5cm 宽35.6cm 中国嘉德 2011.5.21

2952 清乾隆 紫檀雕西番莲“庆寿”纹宝座
成交价：RMB 57,500,000
高115cm 长125cm 宽75cm
中国嘉德 2011.11.12

3343 明末 黄花梨仿竹材方凳（成对）
估　价：RMB 1,200,000～1,600,000
成交价：RMB 3,220,000
高47cm 长53.3cm 宽53cm 中国嘉德 2011.5.21

7305 清乾隆 紫檀透雕巴洛克风格宝座
估　价：RMB 8,000,000～15,000,000
成交价：RMB 40,250,000
长132cm 宽87cm 高120cm 北京保利 2011.6.5

2331 清乾隆 紫檀雕云龙纹宝座
估　价：RMB 8,000,000～10,000,000
成交价：RMB 9,315,000
78.7cm×104.1cm×99cm
北京翰海 2011.11.17

5246 清雍正 紫檀列屏式有束腰宝座
估　价：RMB 16,000,000～26,000,000
成交价：RMB 21,850,000
长109cm 宽86cm 高102cm 通高48cm
北京保利 2011.12.6

2426 清 剔红雕龙纹宝座间
估　价：RMB 8,000,000～12,000,000
成交价：RMB 12,765,000
尺寸不一 北京匡时 2011.6.8

3360 明末 黄花梨透雕档板翘头案
估　价：RMB 5,000,000～8,000,000
成交价：RMB 8,625,000
高82.6cm 长226.1cm 宽43.2cm
中国嘉德 2011.5.21

3379 明末 黄花梨嵌榉木小画案
估　价：RMB 1,300,000～1,800,000
成交价：RMB 4,600,000
高79.8cm 长143cm 宽63cm
中国嘉德 2011.5.21

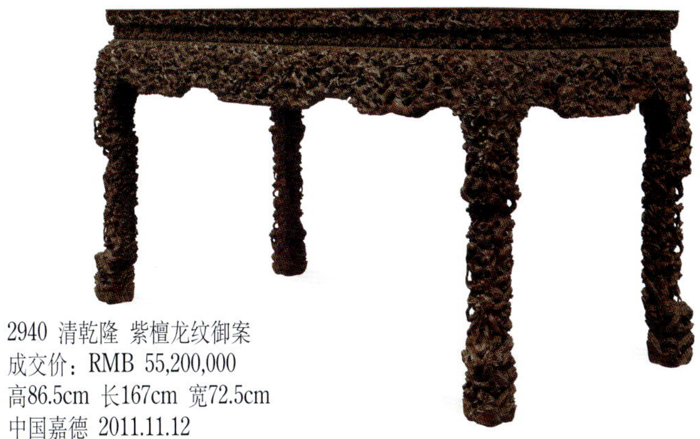

2940 清乾隆 紫檀龙纹御案
成交价：RMB 55,200,000
高86.5cm 长167cm 宽72.5cm
中国嘉德 2011.11.12

2946 清乾隆 紫檀高束腰蕉叶云蝠纹三弯腿带托泥香几（成对）
估　价：RMB 9,000,000～15,000,000
成交价：RMB 12,650,000
高95cm 长35cm 宽28cm
中国嘉德 2011.11.12

2387 清乾隆 紫檀梅花锦地纹平头案
估　价：RMB 15,000,000～20,000,000
成交价：RMB 16,675,000
长175.5cm 宽44.5cm 高84cm 北京匡时 2011.6.8

5251 清乾隆 紫檀独板巴洛克风西番莲下卷式琴案
估　价：RMB 10,000,000～15,000,000
成交价：RMB 11,500,000
长195cm 宽38cm 高88cm
北京保利 2011.12.6

2247 清初 黄花梨雕蟠螭纹炕几
估　价：RMB 2,800,000～3,800,000
成交价：RMB 4,600,000
70cm×70cm×29.7cm 中贸圣佳 2011.11.6

3577 清 康熙 黑漆嵌螺钿香几
估　价：RMB 12,000,000～18,000,000
成交价：RMB 11,801,700
40cm×41cm×41cm 香港佳士得 2011.6.1

3345 明末 黄花梨三弯腿方香几
估　价：RMB 2,600,000～3,600,000
成交价：RMB 5,980,000
高80.7cm 长60cm 宽57.8cm
中国嘉德 2011.5.21

3356 明末 黄花梨长方香几
估　价：RMB 1,500,000～2,200,000
成交价：RMB 7,130,000
高85.3cm 长56.3cm 宽38.4cm
中国嘉德 2011.5.21

3384 明末清初 黄花梨折叠式六足面盆架
估　价：RMB 600,000～800,000
成交价：RMB 1,955,000
高70.6cm 长42.5cm 宽38.1cm
中国嘉德 2011.5.21

1283 明 小叶紫檀架几式书案
估　价：RMB 1,500,000～2,000,000
成交价：RMB 4,256,000
长256cm 宽54cm 高93cm 江苏万达 2011.5.29

3357 明末 黄花梨高束腰霸王枨翘头几
估　价：RMB 3,800,000～4,800,000
成交价：RMB 11,500,000
高79.5cm 长110.5cm 宽40cm 中国嘉德 2011.5.21

2018 清康熙 紫檀灯架（一对）
估　价：RMB 1,600,000～2,000,000
成交价：RMB 2,300,000
高167cm 古天一 2011.12.05

2309 清乾隆 紫檀雕龙凤纹长方箱
估　价：RMB 2,000,000～3,000,000
成交价：RMB 4,830,000
49cm×28.5cm×23.5cm 北京翰海 2011.5.19

3611 明末清初 黄花梨大磬架
估　价：RMB 3,000,000~5,000,000
成交价：RMB 8,051,940
高170.8cm 长111.1cm 宽49.8cm
香港佳士得 2011.6.1

2807 清乾隆 竹黄嵌寿山石人物图多宝格箱
估　价：RMB 700,000~900,000
成交价：RMB 2,542,840
高44.5cm 长40.8cm 宽41cm 香港苏富比 2011.4.8

3575 清乾隆 剔红云蝠纹三层提盒
估　价：RMB 4,000,000~6,000,000
成交价：RMB 8,989,380
29.9cm×35.6cm×35.6cm
香港佳士得 2011.6.1

0152 清乾隆 御制雕漆十二花神图宫车式文具箱
估　价：RMB 1,500,000~1,800,000
成交价：RMB 1,840,000
高37.4 长33cm 宽23.5cm 北京永乐 2011.11.15

7211 清乾隆 御制剔红雕漆嵌白玉御制诗水波纹九龙图插屏
估　价：RMB 12,000,000～22,000,000
成交价：RMB 14,950,000
117.5cm×95cm 北京保利 2011.6.5

166 清乾隆 御制铜鎏金花丝嵌百宝人物故事挂屏
估　价：RMB 8,500,000～12,000,000
成交价：RMB 13,440,000
44cm×34cm 中鸿信 2011.6.26

7112 清乾隆 黄花梨框嵌象牙百宝仙人贺寿大挂屏
估　价：RMB 5,000,000～8,000,000
成交价：RMB 8,050,000
高172cm 宽110cm 北京保利 2011.6.5

1311 明 黄花梨官皮箱
估　价：RMB 100,000～150,000
成交价：RMB 2,464,000
长35cm 宽25cm 高36cm
江苏万达 2011.5.29

3602 清乾隆 白玉婴戏图插屏
估　价：RMB 12,000,000～18,000,000
成交价：RMB 11,801,700
20.5cm×16.5cm 香港佳士得 2011.6.1

206 清乾隆 海水云龙纹黄花梨挂匾
成交价：RMB 805,000
长104cm 北京保利 2011.4.16

1325 明 黄花梨雕吉祥如意蝙蝠纹~(八件组合)
估　价：RMB 4,000,000～5,000,000
成交价：RMB 4,480,000
江苏万达 2011.5.29

192 海南黄花梨板王
估　价：RMB 2,380,000～2,500,000
成交价：RMB 2,737,000
长188cm；长33.5cm；宽11.5cm 广东古今 2011.7.10

8699 清早期 紫檀竹节式龙凤加漆神龛
估　价：RMB 2,000,000～3,000,000
成交价：RMB 2,300,000
长55cm 高60cm 宽42cm 北京保利 2011.12.8

钱币邮品

2425 “齐返邦长大刀”背“草”六字刀
估　价：RMB 850,000～1,000,000
成交价：RMB 977,500
通长186.1mm 中国嘉德 2011.11.20

2501 “齐返邦长大刀”六字刀背“日”
估　价：RMB 350,000～600,000
成交价：RMB 1,495,000
通长185mm 中国嘉德 2011.5.15

2143 “共半”桥裆布
估　价：RMB 150,000～200,000
成交价：RMB 460,000
高48.6mm 中国嘉德 2011.5.15

2483 “离石”小型圆足布
估　价：RMB 50,000～100,000
成交价：RMB 552,000
高53mm 中国嘉德 2011.5.15

8912 “太平天国”背“圣宝”小花钱（一枚）
估　价：RMB 1,600,000~3,000,000
成交价：RMB 1,840,000
北京保利 2011.12.08

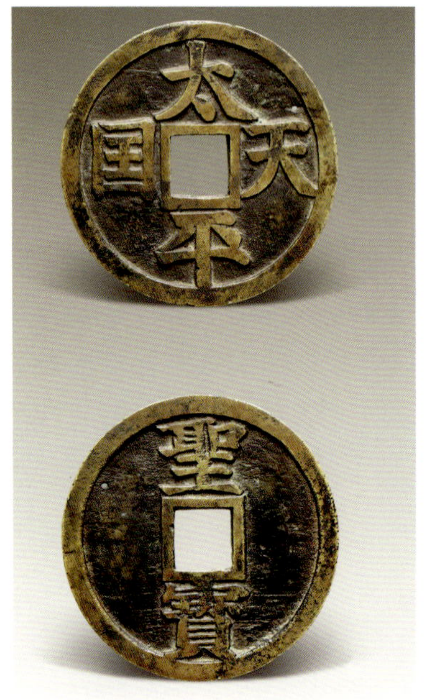

8913 “太平天国”背“圣宝”镇库大钱（一枚）
估　价：RMB 600,000~1,500,000
成交价：RMB 690,000
直径76mm 北京保利 2011.12.8

2032 “一少朱”圜钱
估　价：RMB 300,000~350,000
成交价：RMB 690,000
直径33.5mm 中国嘉德 2011.5.15

2937 先秦一汉，半两系列(三本/组) 战国至汉，半两一组
估　价：RMB 150,000
成交价：RMB 207,000
北京翰海 2011.11.19

611 辽代福神神仙人物
估　价：RMB 200,000
成交价：RMB 500,000
北京翰海 2011.5.18

608 魏征斩龙十二生肖图
估　价：RMB 150,000
成交价：RMB 250,000
北京翰海 2011.5.18

3772 战国“齐返邦长大刀”背上“六字刀币”
估　价：RMB 350,000～500,000
成交价：RMB 920,000
长18.5cm 中国嘉德 2011.5.23

120 明末兴朝通宝壹分
估　价：RMB 900,000
成交价：RMB 900,000
北京翰海 2011.5.17

2995 宋“胡人乐舞图”大型花钱
估 价：RMB 20,000～150,000
成交价：RMB 287,500
直径54.8mm 中国嘉德 2011.11.20

2261 宝庆元宝“汉、下月”二铁母
估 价：RMB 300,000～400,000
成交价：RMB 517,500
直径28.2mm 中国嘉德 2011.5.15

582 至正通宝花草纹
估 价：RMB 150,000
成交价：RMB 290,000
北京翰海 2011.5.18

2406 乾隆通宝背“天下太平”宫钱雕母
估 价：RMB 350,000～600,000
成交价：RMB 805,000
直径38mm 中国嘉德 2011.5.15

26 邱思达旧藏先秦空首布、尖足布一批
估 价：RMB 1,800,000
成交价：RMB 1,800,000
北京翰海 2011.5.17

560 光绪通宝宝源
估 价：RMB 500,000
成交价：RMB 780,000
真径61.75mm 厚10.15mm 重235.3g 北京翰海 2011.5.18

574 宣统通宝 天下太平
估 价：RMB 1,000,000
成交价：RMB 1,700,000
直径48.3mm 厚5mm 北京翰海 2011.5.18

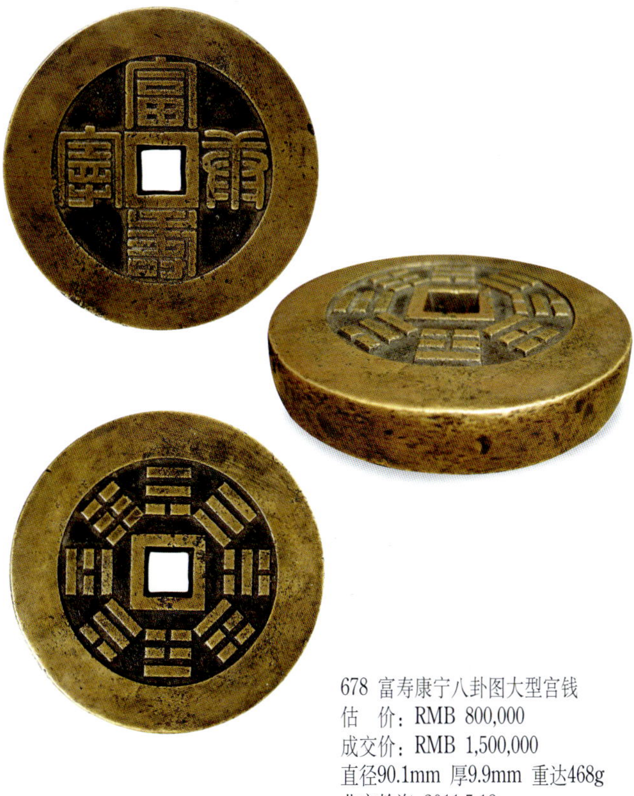

678 富寿康宁八卦图大型宫钱
估 价：RMB 800,000
成交价：RMB 1,500,000
直径90.1mm 厚9.9mm 重达468g
北京翰海 2011.5.18

2220 顺天元宝背“千”鎏金
估　价：RMB 1,000,000～1,200,000
成交价：RMB 1,150,000
直径37.5mm 中国嘉德 2011.5.15

8989 民国二十五年(宋哲元)“津”字嘉禾拾枚 贰枚 壹枚铜元样币各一枚 (共3枚)
估　价：RMB 5,000,000～8,000,000
成交价：RMB 5,750,000
北京保利 2011.12.08

801 民国二十五年广东人像一仙
估　价：RMB 800,000
成交价：RMB 1,800,000
北京翰海 2011.5.18

144 民国通宝当十母钱
估　价：RMB 800,000
成交价：RMB 950,000
北京翰海 2011.5.17

8908 战国时期秦银质半两大钱（一枚）
估 价：RMB 1,800,000～3,000,000
成交价：RMB 2,070,000
直径66mm 北京保利 2011.12.8

2071 大唐镇库
估 价：RMB 500,000～1,000,000
成交价：RMB 713,000
直径48.1mm 中国嘉德 2011.5.15

1811 南宋五十两银铤
估 价：RMB 600,000～900,000
成交价：RMB 1,725,000
重1978g 华夏国拍 2011.6.11

1720 南宋“永州解淮西银”二十五两银铤
估 价：RMB 300,000～800,000
成交价：RMB 1,150,000
重1002g 华夏国拍 2011.6.11

1530 元代“兴国路”五十两银铤
估　价：RMB 1,000,000～2,600,000
成交价：RMB 3,105,000
通长168mm 重1961g 中国嘉德 2011.5.14

2322 西王赏功银质
估　价：RMB 100,000～600,000
成交价：RMB 552,000
直径50.4mm 重37.8g 中国嘉德 2011.5.15

1518 明代 银作局五十两银锭
估　价：RMB 600,000～800,000
成交价：RMB 1,150,000
重1881g 中国嘉德 2011.11.19

1742 明代 四川一百两银锭
估　价：RMB 1,000,000～2,000,000
成交价：RMB 1,955,000
华夏国拍 2011.6.11

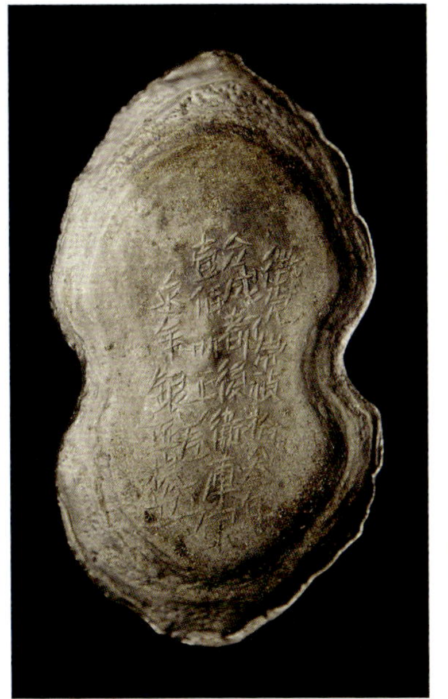

0233 明征完崇祯十三年分成都后卫库银一百两整差江永年银匠阳历一百两型银锭
估　价：RMB 1,200,000～2,400,000
成交价：RMB 1,702,000
重3746g 雍和嘉诚 2011.11.21

8924 光绪“吉”字圆孔厂平五钱银币（齿边）(一枚)
估　价：RMB 2,000,000～3,000,000
成交价：RMB 2,300,000
北京保利 2011.12.8

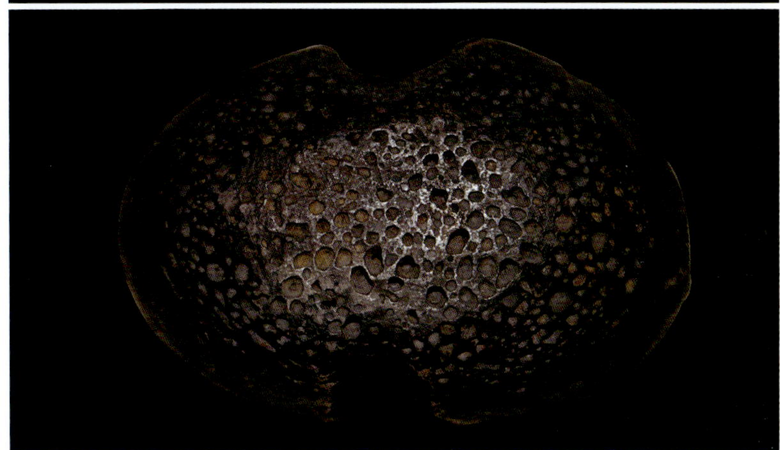

176 明末“大顺贰年、镇库银”两银锭
估　价：RMB 1,500,000～2,500,000
成交价：RMB 2,016,000
重3612g 雍和嘉诚 2011.5.15

500 光绪年贵州官炉造“黔宝”银饼
估　价：RMB 1,500,000
成交价：RMB 1,500,000
北京翰海 2011.5.17

867 光绪三十年湖北省造大清银币库平一两（一枚）
估 价：RMB 200,000
成交价：RMB 1,300,000
北京翰海 2011.5.18

1799 “民国二十一年陕西省银行足宝”
估 价：RMB 350,000～500,000
成交价：RMB 1,725,000
重1854g 华夏国拍 2011.6.11

928 1900年庚子江南省造光绪元宝库平七钱二分银币（一枚）
估 价：RMB 600,000～800,000
成交价：RMB 3,680,000
上海天衡 2011.6.29

1904 1890年广东省造光绪元宝库平七钱二分银币（一枚）
估 价：RMB 65,000～95,000
成交价：RMB 1,265,000
北京诚轩 2011.5.14

8973 民国十八年孙中山像地球版壹元银币（一枚）
估　价：RMB 2,000,000～3,000,000
成交价：RMB 2,300,000
北京保利 2011.12.8

8936 湖北省造光绪元宝“本省”一元银币（一枚）
估　价：RMB 1,500,000～2,500,000
成交价：RMB 1,725,000
北京保利 2011.12.8

1133 战国小型金饼（一枚）
估　价：RMB 30,000～50,000
成交价：RMB 55,200
直径33mm 重55.02g
北京诚轩 2011.11.17

9325 新莽国宝金匮直萬（一枚）
估　价：RMB 800,000～1,200,000
成交价：RMB 1,150,000
高61mm 北京保利 2011.12.9

1134 西汉大型金饼（一枚）
估　价：RMB 120,000～150,000
成交价：RMB 161,000
重247.9g 北京诚轩 2011.11.17

1641 南宋“十分金相五郎重贰拾伍两”金铤
估　价：RMB 1,000,000～1,500,000
成交价：RMB 1,150,000
华夏国拍 2011.6.11

2323 西王赏宫金质
估　价：RMB 2,000,000～3,000,000
成交价：RMB 2,300,000
直径50.4mm 重48.6g 中国嘉德 2011.5.15

94 北宋淳化元宝 供养金钱
估　价：RMB 150,000
成交价：RMB 400,000
北京翰海 2011.5.17

2761 南宋“相二郎•十分金•重贰拾伍两”金铤
估　价：RMB 1,000,000
成交价：RMB 2,185,000
重931g 北京翰海 2011.11.19

1137 清代乾隆年间十两金条（一枚）
估　价：RMB 200,000～300,000
成交价：RMB 517,500
重366.3g 北京诚轩 2011.11.17

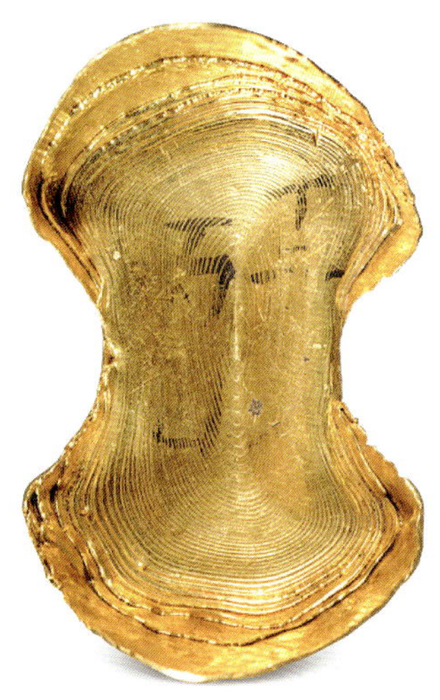

1136 明代十两元宝型金锭（一枚）
估　价：RMB 380,000～480,000
成交价：RMB 632,500
重374g 北京诚轩 2011.11.17

54 1906年光绪丙午年造大清金币库平一两样币
估　价：RMB 800,000～150,000
成交价：RMB 920,000
中国嘉德 2011.5.12

0779 1984年熊猫金质样币（一套五枚）
估　价：RMB 7,500,000
成交价：RMB 8,280,000
直径32mm 重1/2盎司 上海泓盛 2011.12.16

7907 1989年“龙凤呈祥”二金二银（一套）
估　价：RMB 4,000,000
成交价：RMB 4,600,000
上海泓盛 2011.6.21

3946 1916袁世凯像中华帝国洪宪纪元L.GIORGI签字版飞龙金质样币一枚（L&M1115）
估 价：RMB 2,000,000~3,000,000
成交价：RMB 2,702,500
35.09g 北京诚轩 2011.11.16

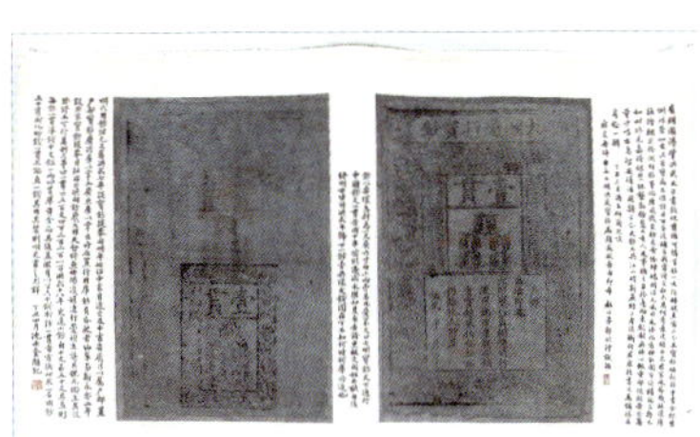

6330 洪武年大明宝钞壹贯
估 价：RMB 35,000
成交价：RMB 529,000
上海泓盛 2011.6.20

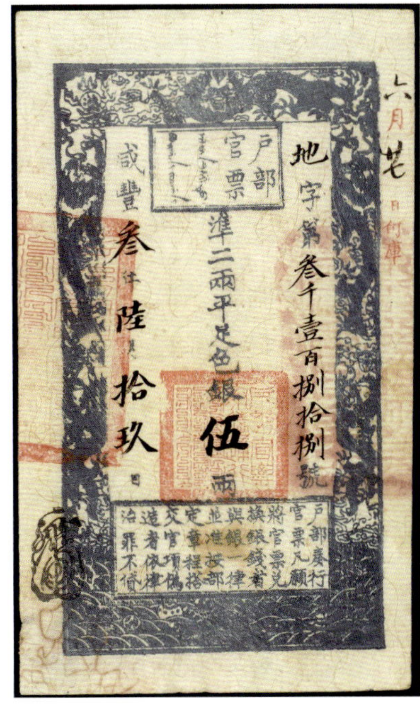

3023 咸丰三年(1853年)户部官票手写体“伍”两
估 价：RMB 180,000~500,000
成交价：RMB 1,150,000
152mm×256mm 中国嘉德 2011.5.16

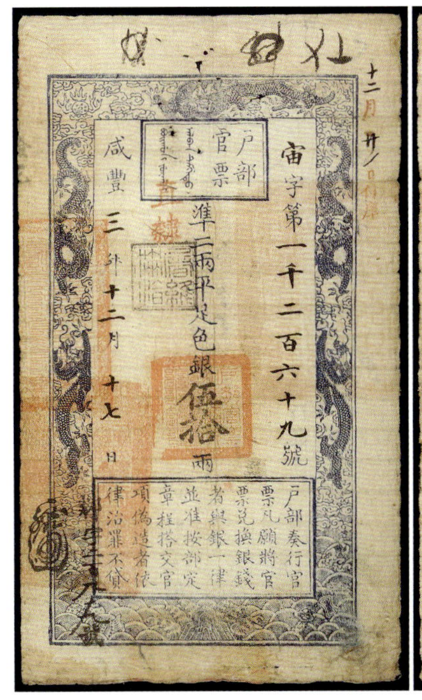

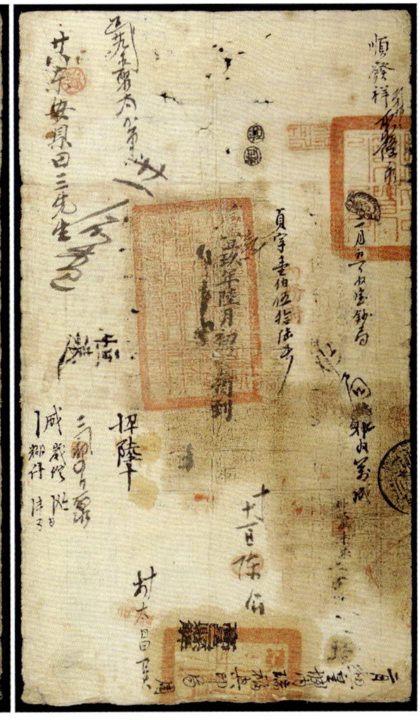

3234 咸丰三年(1853年)户部官票伍拾两
估 价：RMB 150,000~300,000
成交价：RMB 747,500
191mm×320mm 中国嘉德 2011.5.16

4784 1948至1951年第一版人民币（六十枚大全套）
估　价：RMB 5,000,000～6,000,000
成交价：RMB 5,750,000
北京诚轩 2011.11.18

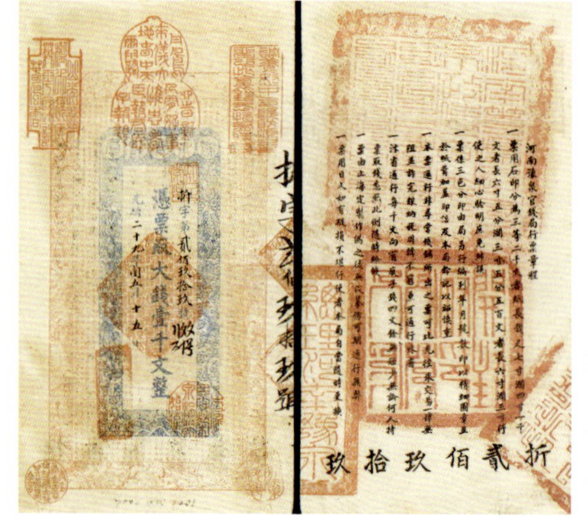

3568 光绪二十九年(1903年)豫泉官钱局壹千文
估　价：RMB 1,200,000～2,500,000
成交价：RMB 1,380,000
中国嘉德 2011.5.16

8906 民国二年浙江地方银行上海伍圆通票（一枚）
估　价：RMB 300,000～500,000
成交价：RMB 1,035,000
北京保利 2011.12.8

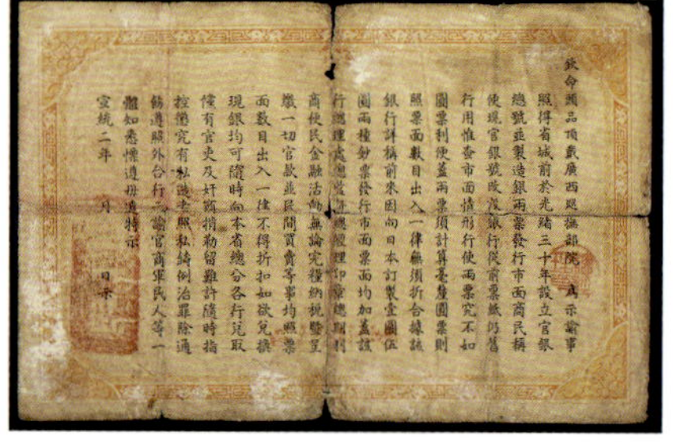

5397 宣统二年(1910年)广西银行梧州壹圆银票
估　价：RMB 800,000～1,500,000
成交价：RMB 920,000
华夏国拍 2011.6.13

3940 第一版人民币（六十枚全）
估　价：RMB 1,200,000～3,000,000
成交价：RMB 4,140,000
中国嘉德 2011.5.16

7005 漳州 农工商信托有限公司壹毫、伍毫、壹圆共3枚大全套
估　价：RMB 200,000
成交价：RMB 1,035,000
上海泓盛 2011.6.20

0391 第四套人民币整版钞
估　价：RMB 3,000,000～3,500,000
成交价：RMB 10,450,000
尾号为888 鼎时国际 2011.12.3

2981 1914年袁世凯像共和纪念壹圆银币“L.GIORGI”签字版样币（一枚）
估 价：RMB 160,000~200,000
成交价：RMB 2,070,000
北京诚轩 2011.5.15

7897 1993年中国古代发明发现(二)组太极图5盎司纪念金币（一枚）
估 价：RMB 650,000
成交价：RMB 1,127,000
上海泓盛 2011.6.21

534 民国十七年张作霖大元帅纪念币一元
估 价：RMB 4,000,000
成交价：RMB 4,000,000
北京翰海 2011.5.17

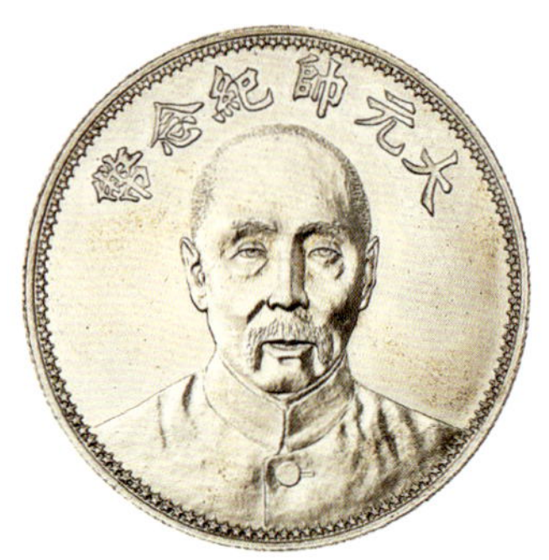

3907 民国十七年张作霖像大元帅纪念币（一枚）
估 价：RMB 700,000~1,000,000
成交价：RMB 1,610,000
北京诚轩 2011.11.16

1830 1994年中国-新加坡友谊纪念金币（一枚）
估　价：RMB 4,200,000～5,500,000
成交价：RMB 5,980,000
北京诚轩 2011.11.17

1820 2000年中国人民银行发行千禧年纪念金币
估　价：RMB 5,800,000～8,000,000
成交价：RMB 7,705,000
中国嘉德 2011.5.14

7838 1995年郑成功5盎司纪念金币（一枚）
估　价：RMB 580,000
成交价：RMB 943,000
上海泓盛 2011.6.21

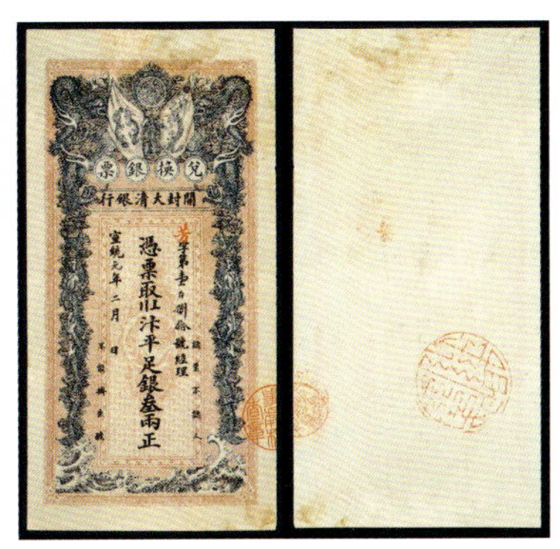

5238 宣统元年(1909年)开封大清银行兑换银票叁两
估　价：RMB 150,000～300,000
成交价：RMB 632,500
华夏国拍 2011.6.13

55 汉代五铢钱范（18格）
估　价：RMB 500,000
成交价：RMB 980,000
通高312mm 北京翰海 2011.5.17

2428 民国元年(1912年)中国银行兑换券李鸿章像汉口拾圆
估　价：RMB 600,000～1,200,000
成交价：RMB 1,092,500
华夏国拍 2011.12.8

2192 1966年中国人民银行壹佰圆设计原稿
估　价：RMB 1,500,000～3,000,000
成交价：RMB 2,357,500
华夏国拍 2011.12.08

6507 民国四年(1915年)中国银行有限公司股票壹股
估　价：RMB 280,000
成交价：RMB 690,000
上海泓盛 2011.6.20

4910 ★ 1953年蓝军邮（未发行）(一枚)
估　价：RMB 1,200,000～2,000,000
成交价：RMB 2,702,500
中国嘉德 2011.11.22

4940 ★ 1949-1983年纪、特、文、编、J、T邮票大全套
估　价：RMB 500,000～800,000
成交价：RMB 690,000
中国嘉德 2011.11.22

5017 ★ 全国山河一片红邮票（撤消发行）(一枚)
估　价：RMB 800,000～1,200,000
成交价：RMB 1,552,500
中国嘉德 2011.11.22

5848 ★1956年特15“首都名胜”　8分天安门图“放光芒”　撤销发行邮票（一枚）
估　价：RMB 1,200,000～1,500,000
成交价：RMB 1,437,500
北京诚轩 2011.11.19

9252 1878年薄纸大龙邮票全套二十五枚全张三件
估　价：RMB 600,000～1,000,000
成交价：RMB 1,552,500
北京保利 2011.12.9

5151 1956年特15首都名胜天安门图“放光芒”撤消发行邮票一枚
估　价：RMB 1,000,000～1,200,000
成交价：RMB 1,495,000
北京诚轩 2011.5.18

4816 1953年紫军邮四方连
估　价：RMB 400,000～600,000
成交价：RMB 747,500
中国嘉德 2011.5.17

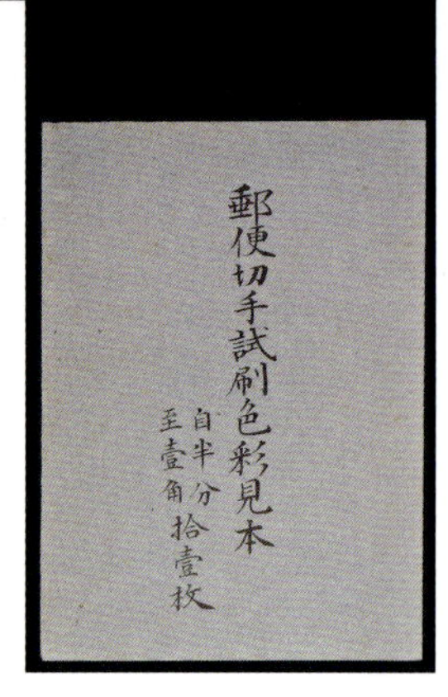

4739 PR 伪满洲国第一版普通邮票半分至壹角试色印样（十一枚）
估　价：RMB 900,000～1,200,000
成交价：RMB 1,092,500
中国嘉德 2011.11.22

4432 PR 北京一版帆船雕刻版无齿印样加盖“中华帝国”样票（十九枚）
估　价：RMB 900,000～1,200,000
成交价：RMB 1,955,000
中国嘉德 2011.11.22

5248 1968年“无产阶级文化大革命的全面胜利万岁”发行邮票（一枚）
估　价：RMB 850,000～1,000,000
成交价：RMB 1,380,000
北京诚轩 2011.5.18

4433 PR 北京一版欠资雕刻版无齿印样加盖“中华帝国”样票（八枚选六）
估　价：RMB 400,000~600,000
成交价：RMB 862,500
中国嘉德 2011.11.22

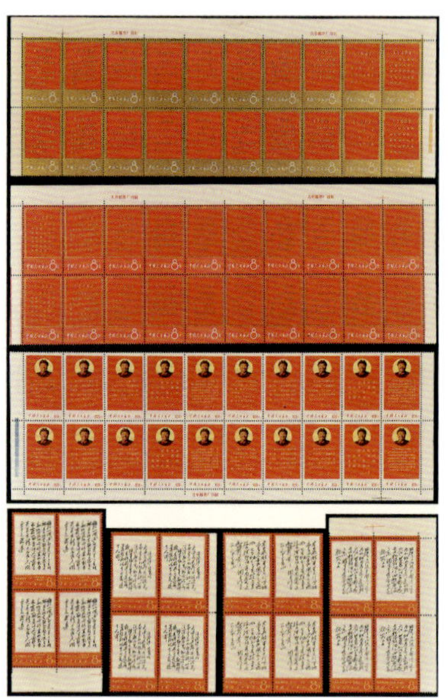

4913 文革邮票四方连大全套
估　价：RMB 1,000,000~1,500,000
成交价：RMB 1,955,000
中国嘉德 2011.5.17

5276 △1901年梧州寄德国巴登“莫斯”挂号封剪片
估　价：RMB 120,000~150,000
成交价：RMB 264,500
北京诚轩 2011.11.19

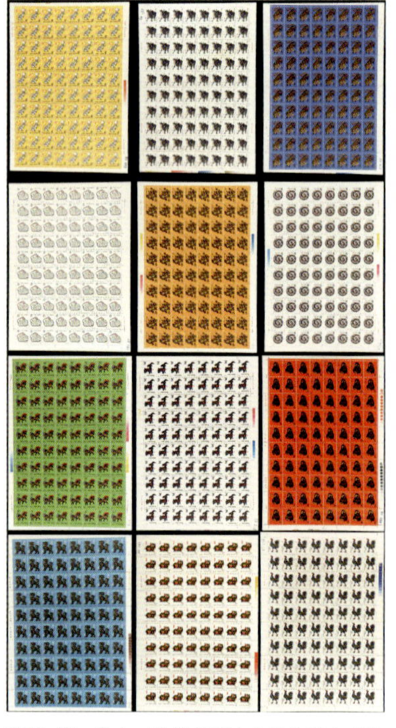

9259 第一轮十二生肖邮票八十枚全张十二件
估　价：RMB 1,000,000~1,300,000
成交价：RMB 1,150,000
北京保利 2011.12.9

5275 1897年天津津海关寄北京翰林院中式封
估 价：RMB 500,000～700,000
成交价：RMB 575,000
北京诚轩 2011.11.19

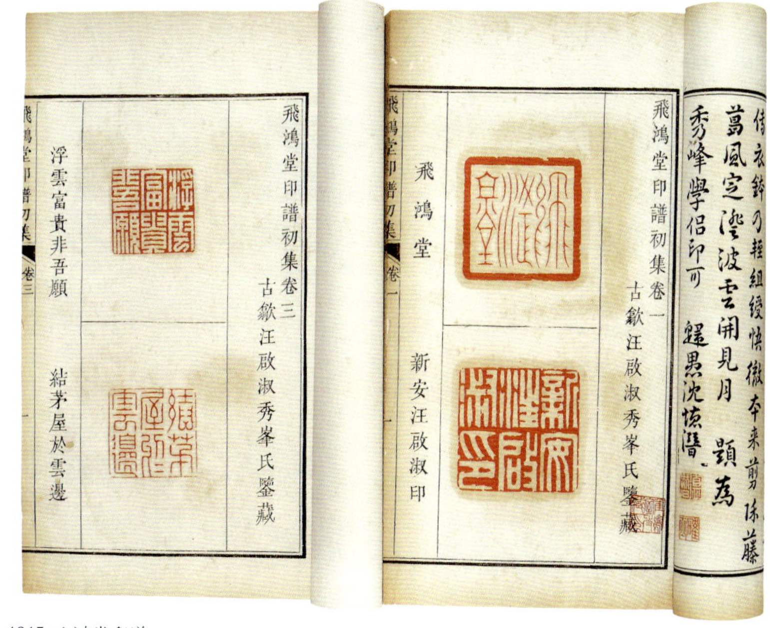

1315 飞鸿堂印谱
估 价：RMB 350,000～550,000
成交价：RMB 1,023,500
泰和嘉成 2011.11.27

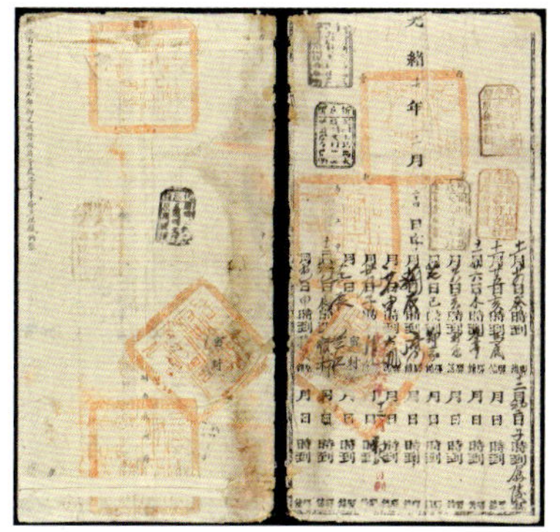

4231 C 光绪十六年(1890年)十一月二十四日
湖南辰州府寄湖北驿站排单式公文封
估 价：RMB 200,000～250,000
成交价：RMB 230,000
中国嘉德 2011.11.22

古籍善本

0101 汉何馈画象刻石
成交价：RMB 1,265,000
61cm×52cm 长风拍卖 2011.12.19

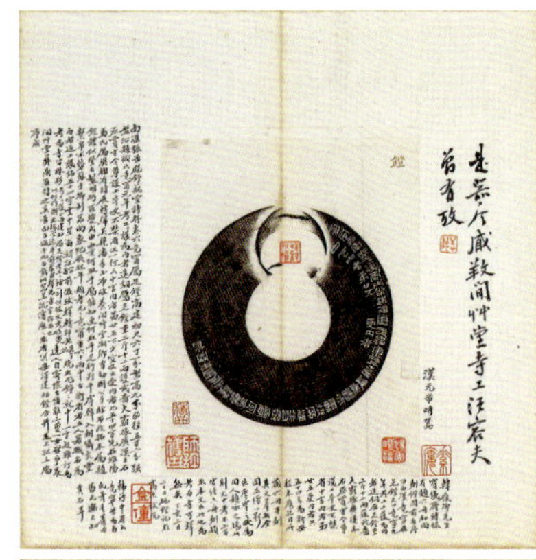

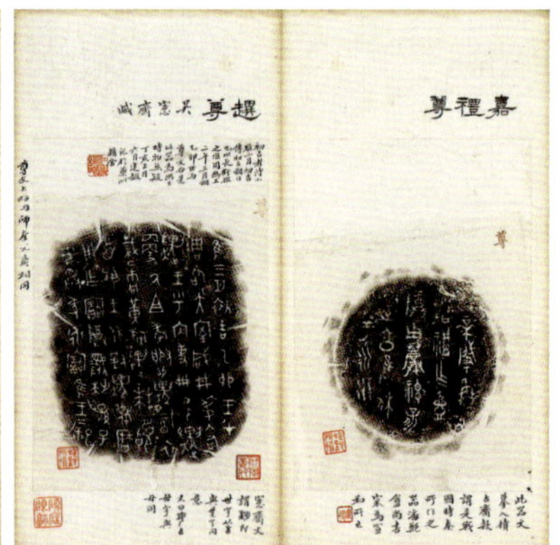

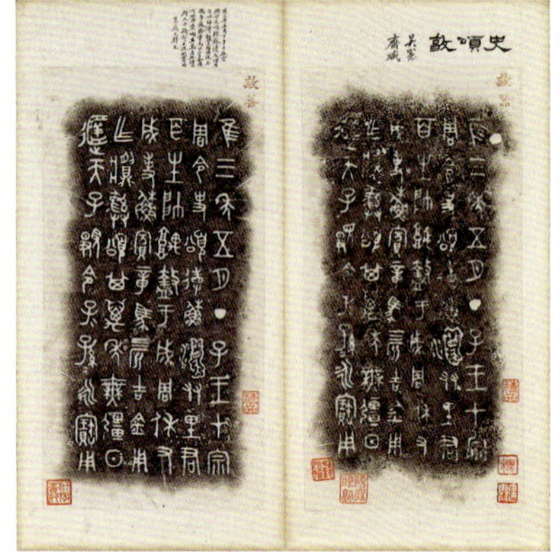

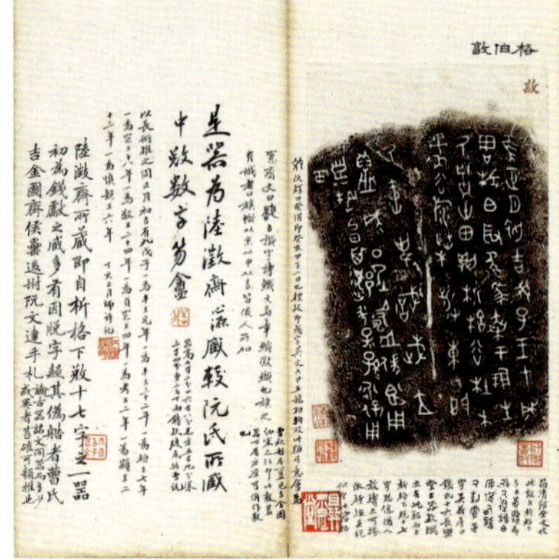

1847 江建霞 集拓 1887年 师鄦室藏古金款识
估　价：RMB 200,000～300,000
成交价：RMB 3,933,120
31cm×15.5cm 香港佳士得 2011.11.28

0103 汉石门李君题记
成交价：RMB 1,380,000
61cm×42.5cm 59cm×42cm 58cm×44cm
60cm×21.5cm
长风拍卖 2011.12.19

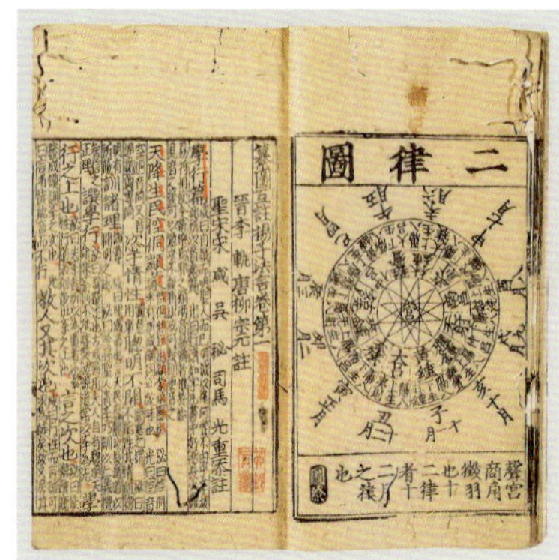

2577 纂图互注扬子法言十卷存二卷
估　价：RMB 600,000～800,000
成交价：RMB 1,265,000
17.9cm×12cm 西泠拍卖 2011.7.18

0126 隋张景略墓志铭
成交价：RMB 690,000
42cm×43cm 长风拍卖 2011.12.19

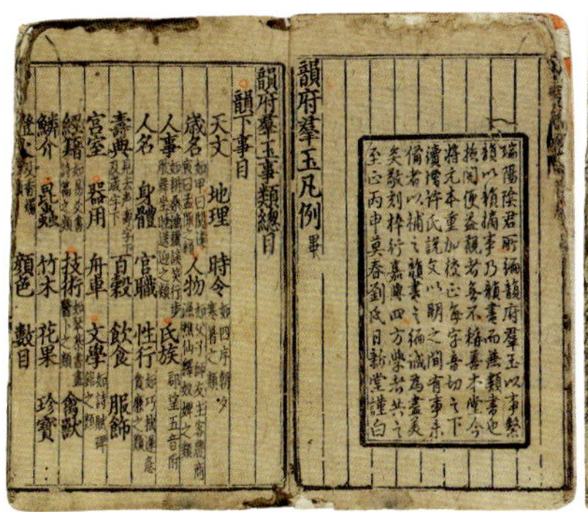
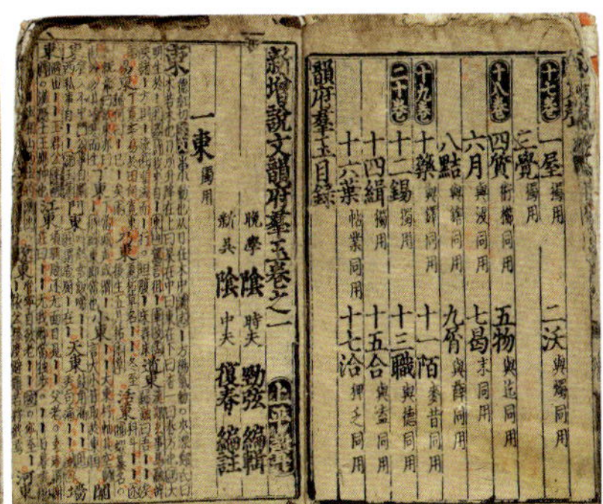
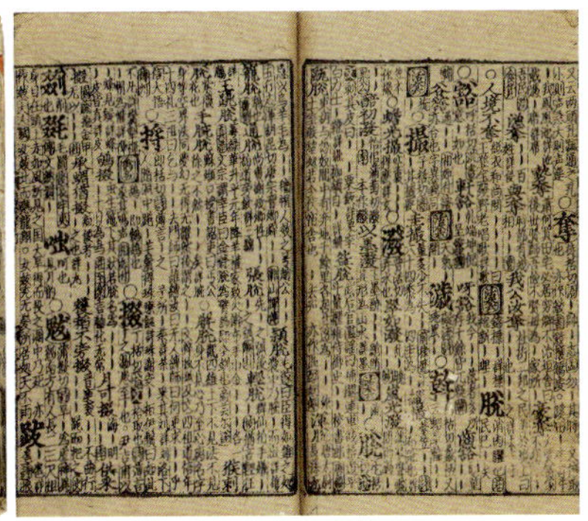

2156 韵府群玉二十卷(元)阴时夫编，阴中夫注
估 价：RMB 4,000,000
成交价：RMB 6,325,000
23.8cm×15.3cm 卓德国际 2011.7.10

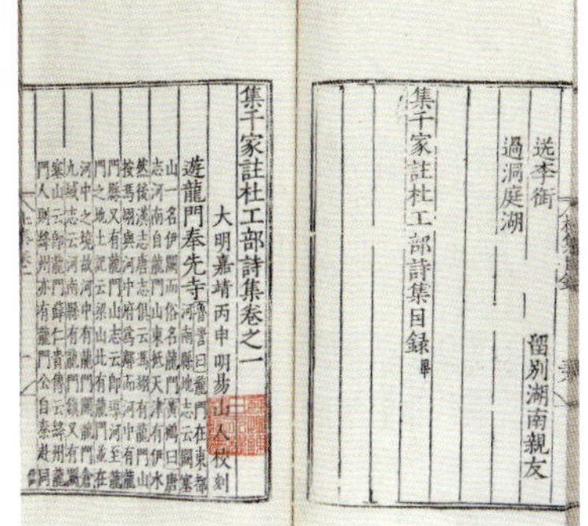
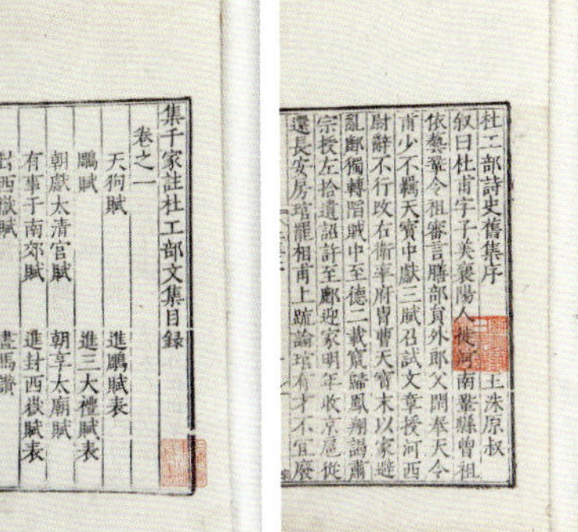

2074 唐杜甫撰 集千家注杜工部诗集二十卷文集二卷附录一卷
估 价：RMB 1,450,000~1,550,000
成交价：RMB 1,725,000
31.5cm×18.3cm
北京保利 2011.6.3

916 王国维跋清内府散氏盘精拓本
估 价：RMB 200,000~300,000
成交价：RMB 4,600,000
160.5cm×66cm 广州艺拍 2011.6.12

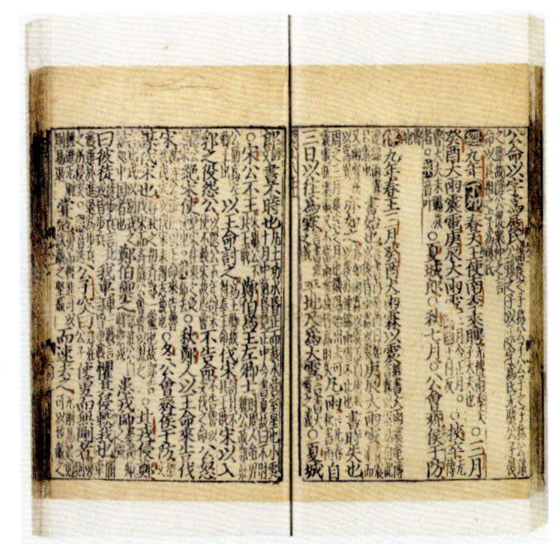

2644 音注全文春秋括例始末左传句读直解七十卷
估 价：RMB 5,000,000~7,000,000
成交价：RMB 5,750,000
15.9cm×10.6cm 西泠拍卖 2011.7.18

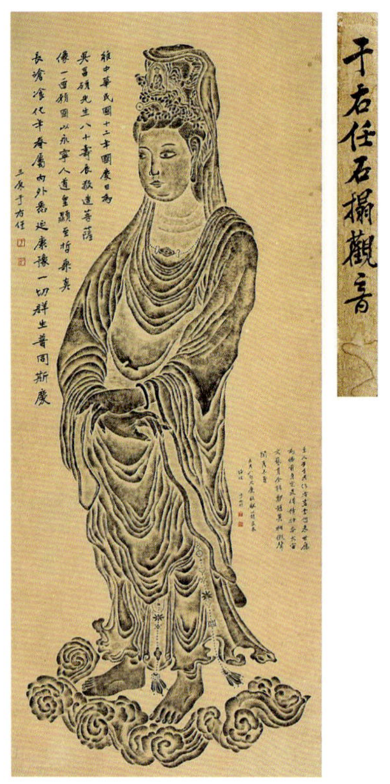

477 于右任 题菩萨像拓片
估 价：RMB 600,000～800,000
成交价：RMB 3,622,500
177cm×76cm 西泠拍卖 2011.7.16

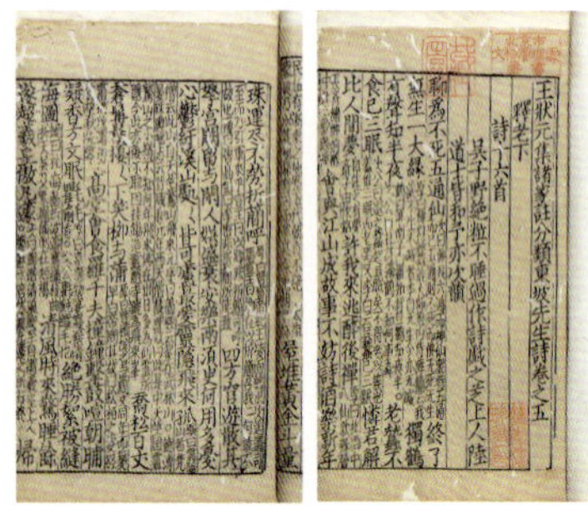

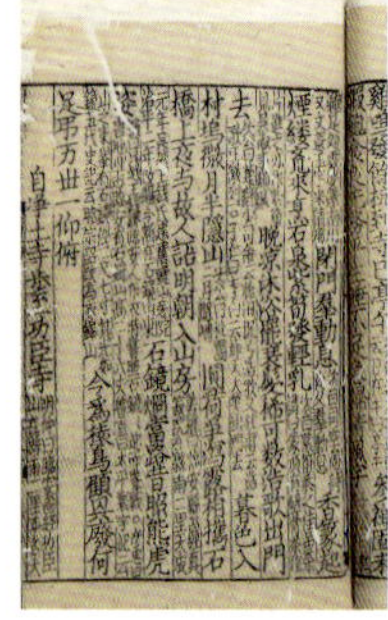

1749 宋苏轼撰、题宋王十朋纂辑 王状元集诸家注分类东坡先生诗二十五卷
估 价：RMB 600,000～700,000
成交价：RMB 1,092,500
24.5cm×15cm 北京保利 2011.6.3

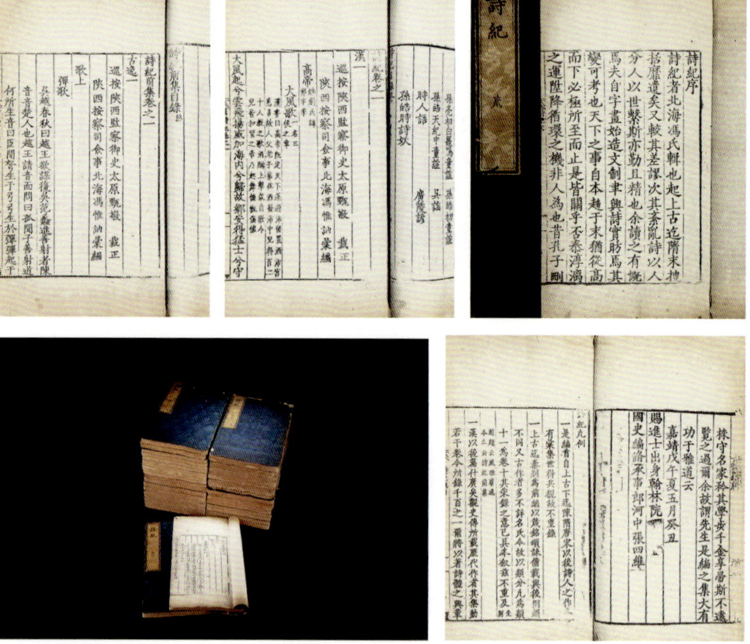

1520 明冯惟讷辑 诗纪一百三十卷前集十卷外集四卷别集十二卷
估 价：RMB 250,000～300,000
成交价：RMB 1,380,000
28.9cm×17.8cm 北京保利 2011.6.3

嘉慶辛酉余計偕北來與朝鮮使臣朴公修其相遇于琉璃廠書肆筆談半日蒙製榅帖以贈并索鄙製余自惟淺陋無所述學近嘗翻雕影宋本國語韋氏解畧附札記思舉以相質而篋中又未攜此遂与諸友人陳簡莊所携者贈之亦以見縞紵之風于斯未墜尔 吳縣黃丕烈識

嘉慶庚申吳門黃氏讀未見書齋開雕 同邑李福書

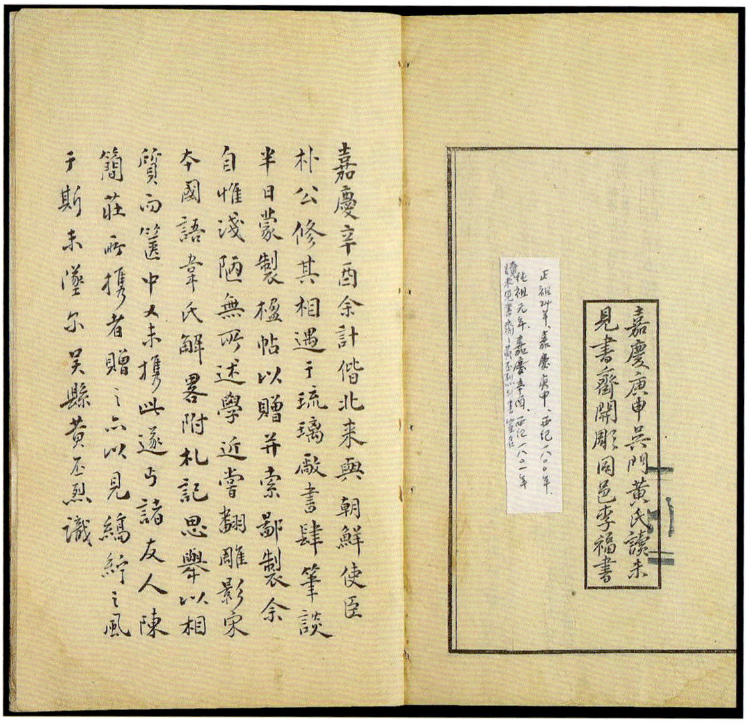

2616 国语二十一卷附校刊明道本韦氏解国语札记一卷
估 价：RMB 4,000,000～8,000,000
成交价：RMB 4,600,000
28.1cm×17.8cm 西泠拍卖 2011.7.18

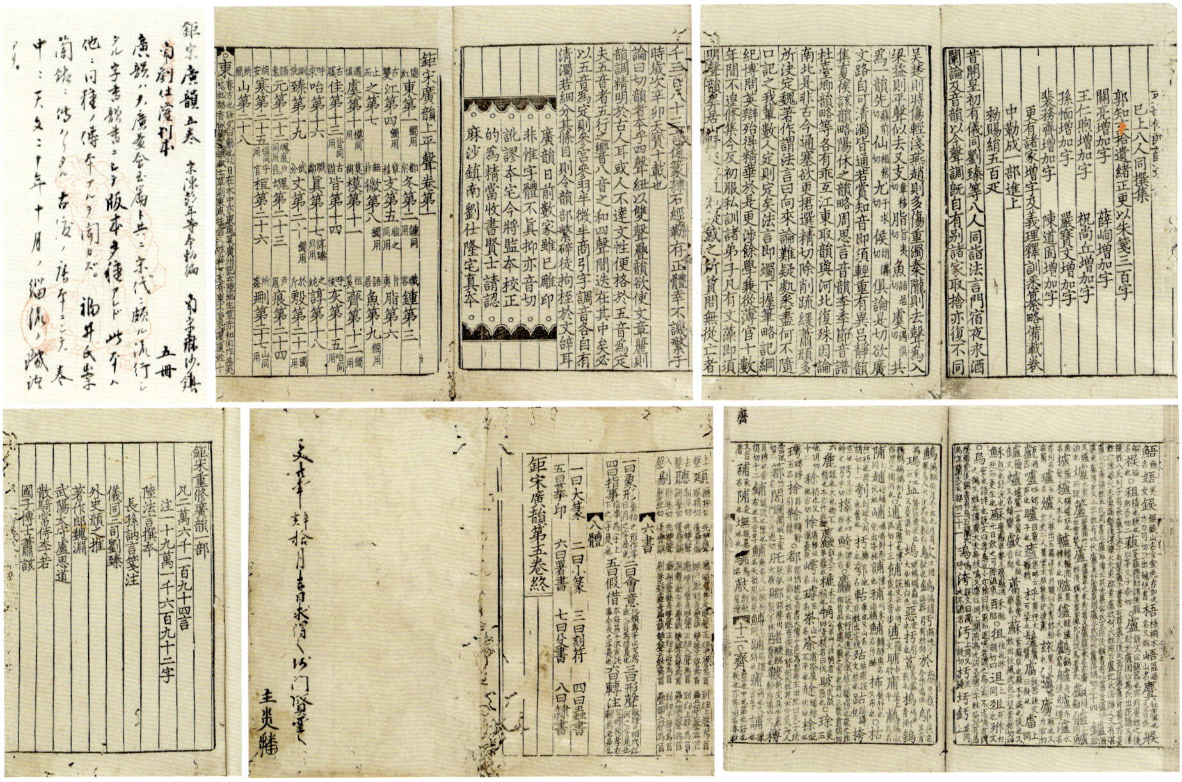

2151 钜宋广韵五卷(晋)陆法言撰，长孙讷言笺注
估 价：RMB 13,000,000
成交价：RMB 33,350,000
25.3cm×17cm 卓德国际 2011.7.10

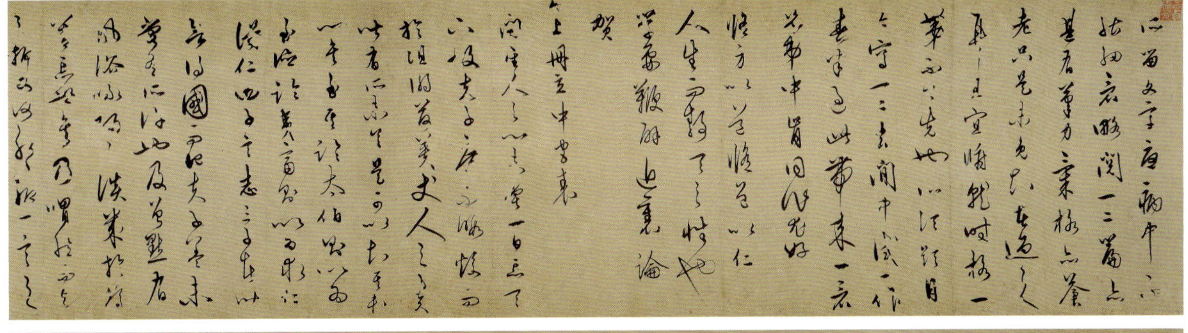

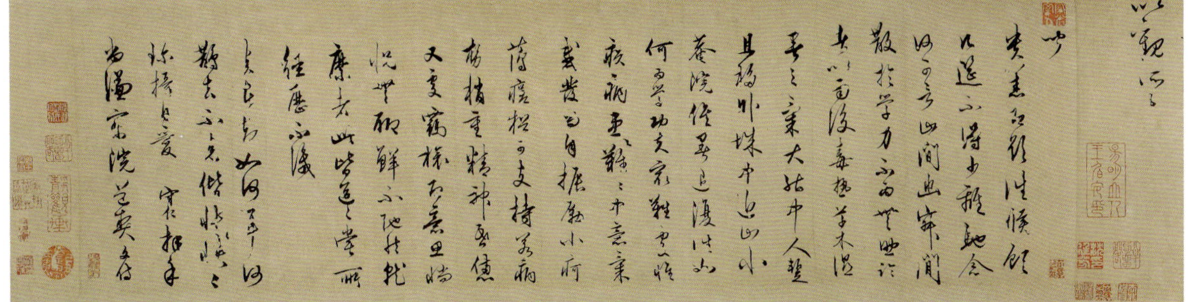

3190 王守仁 信札卷
估 价：RMB 800,000～1,200,000
成交价：RMB 3,680,000
26cm×189cm 中国嘉德 2011.3.22

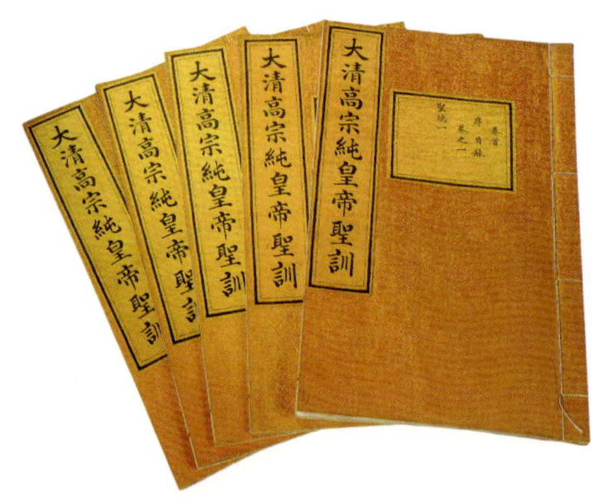

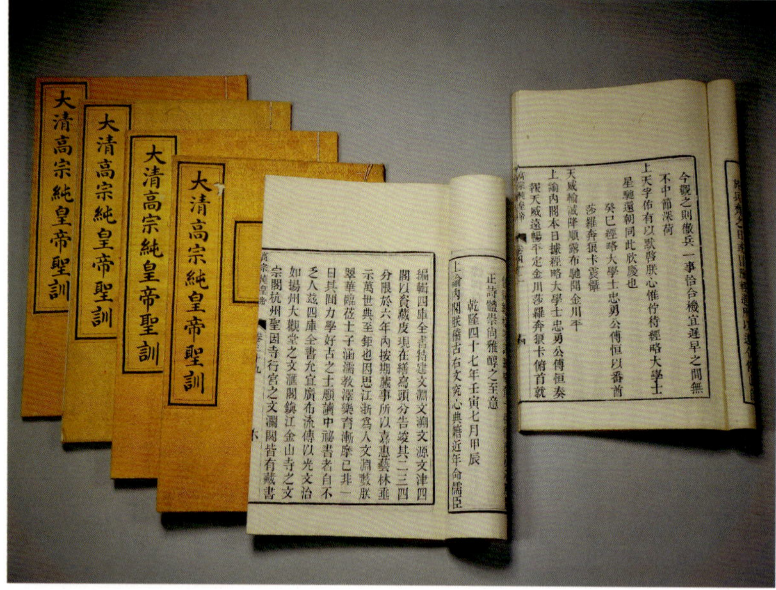

980 大清高宗纯皇帝圣训三百卷
估　价：RMB 9,000,000～12,000,000
成交价：RMB 9,142,500
23.6cm×17cm 北京翰海 2011.5.19

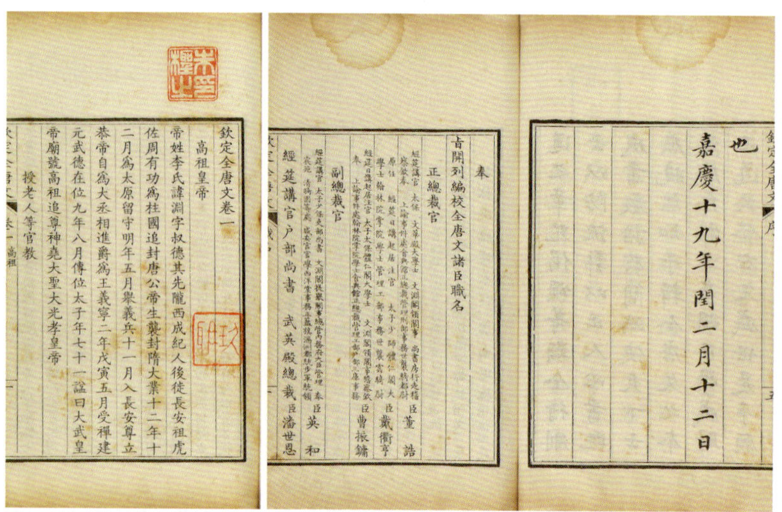

0053 董诰等辑 全唐文一千卷目录三卷
估　价：RMB 800,000～1,200,000
成交价：RMB 4,945,000
14.4cm×20cm 中国嘉德 2011.11.12

955 徐悲鸿致周扬信札（二通）
估　价：RMB 1,000,000～1,200,000
成交价：RMB 2,093,000
28cm×43cm 28 cm×50cm
北京匡时 2011.6.7

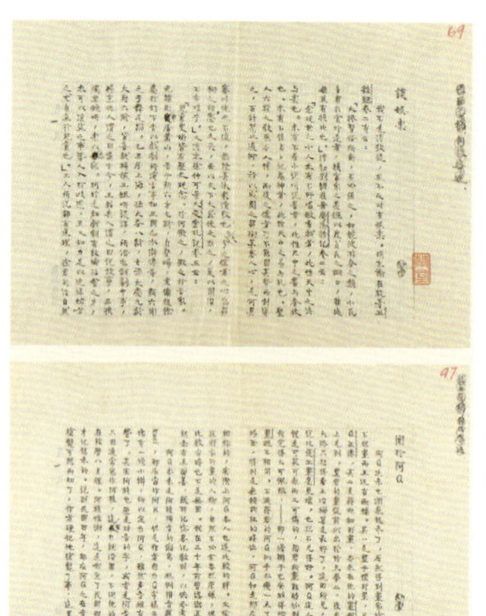

0206 周作人撰书（四选二）
估　价：RMB 1,000,000～1,500,000
成交价：RMB 3,450,000
尺寸不一 中国嘉德 2011.11.12

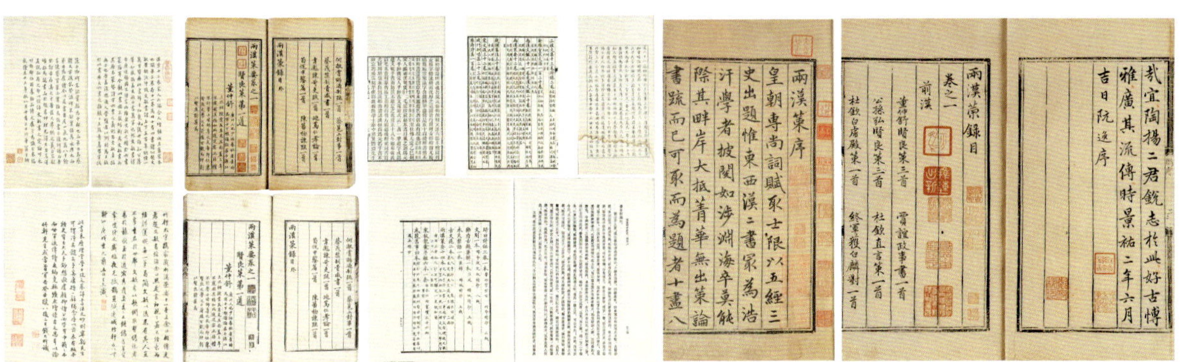
兩漢策序
皇朝專尚詞賦取士限以五經三史出題惟東西漢二書冢為浩汗學者披閱如涉淵海卒莫能際其畔岸大抵著筆無出策論書疏而已可取而為題者十盡八

兩漢策錄目
卷之一
前漢

武宜陶楊二君銳志於此好古博雅廣其流傳時景祐二年六月吉日阮逸序

117 陶叔献辑 两汉策要十二卷
估　价：RMB 9,500,000～15,000,000
成交价：RMB 48,300,000
13.2cm×23.7cm 中国嘉德 2011.5.22

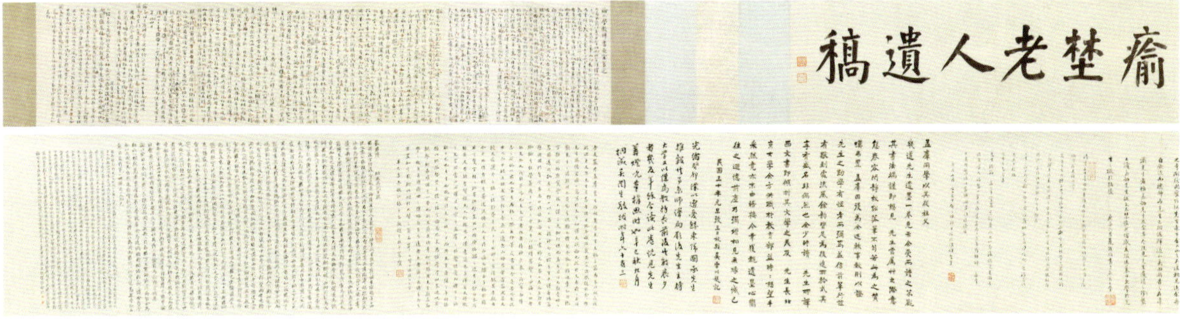

152 严复撰书 瘉壄老人遗稿
估　价：RMB 2,300,000～2,800,000
成交价：RMB 2,875,000
尺寸不一 中国嘉德 2011.5.22

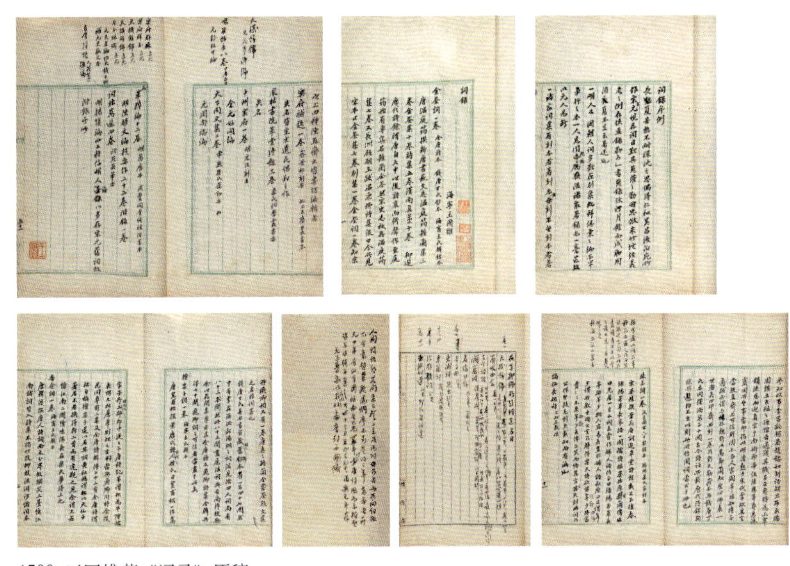

1599 王国维著《词录》原稿
估　价：RMB 80,000～100,000
成交价：RMB 3,450,000
25.3cm×16.2cm 北京保利 2011.6.3

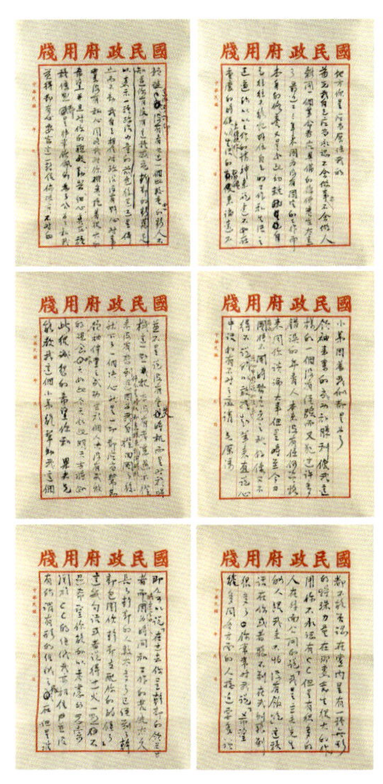

2721 蒋经国 致陈立夫书信（十八选六）
估　价：RMB 20,000～30,000
成交价：RMB 2,070,000
北京保利 2011.6.3

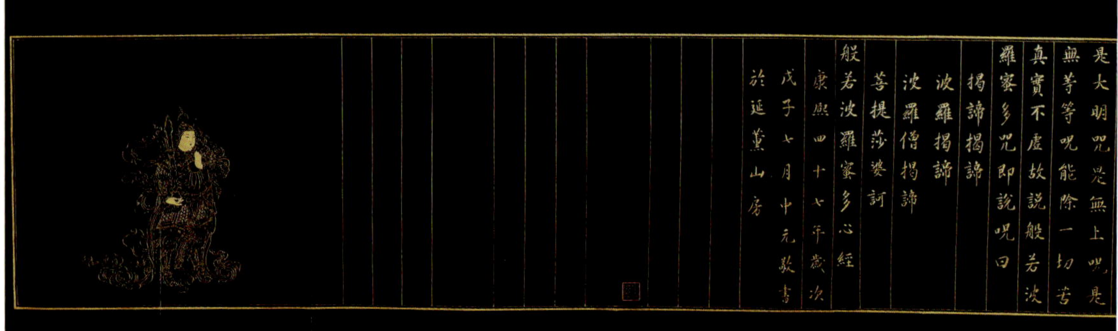

2352 1708年作 康熙帝 般若波罗蜜多心经
估　价：RMB 2,000,000～3,000,000
成交价：RMB 9,775,000
29.5cm×26cm 北京翰海 2011.5.19

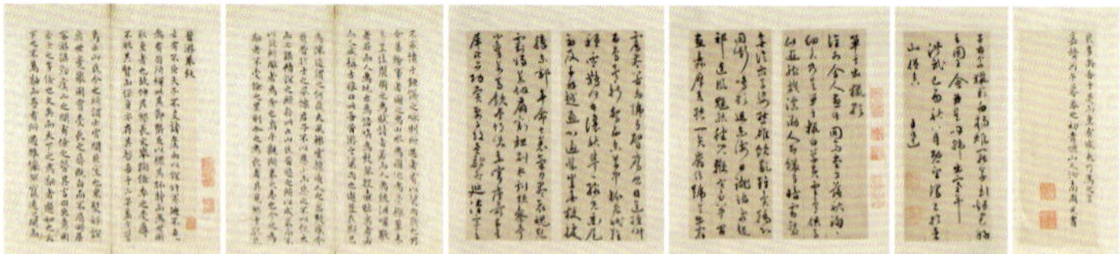

0320 宋濂等 明五贤墨宝
估　价：RMB 3,500,000～5,000,000
成交价：RMB 4,025,000
9.5cm×24cm 中国嘉德 2011.11.12

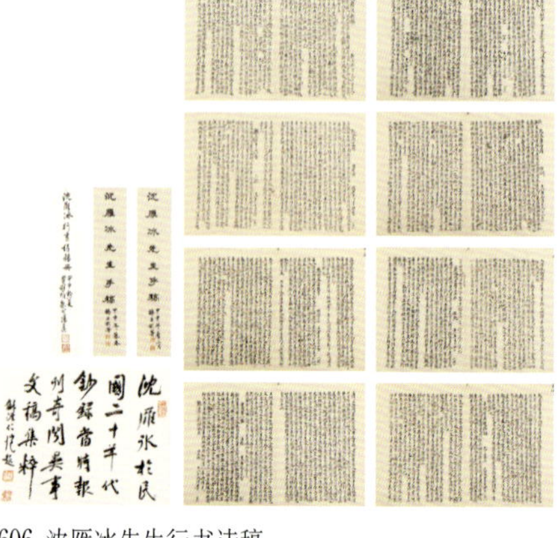

606 沈雁冰先生行书诗稿
估　价：RMB 600,000～800,000
成交价：RMB 2,070,000
北京纳高 2011.7.7

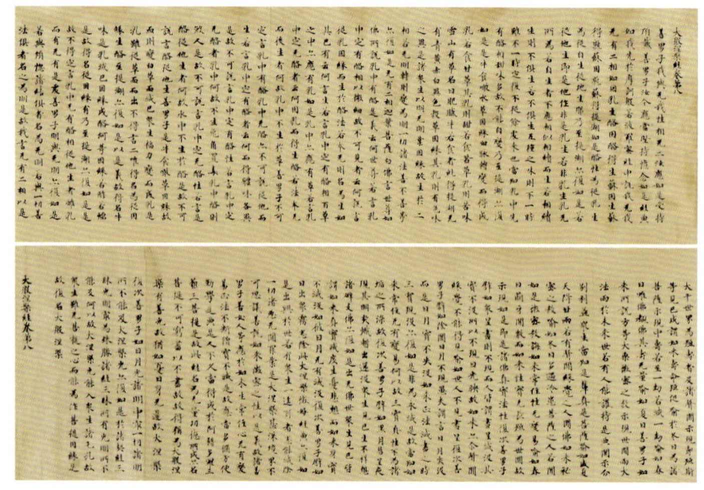

98 大般涅槃经卷第八
估　价：RMB 800,000～1,000,000
成交价：RMB 2,875,000
892cm×19.7cm 中国嘉德 2011.5.22

纸 张

2309 清乾隆 红地金彩绘龙纹宫纸（一百张）
估　价：RMB 1,200,000～1,800,000
成交价：RMB 2,760,000
长65cm 北京翰海 2011.11.17

7251 旧纸（二十张）
估　价：RMB 5,000～8,000
成交价：RMB 105,800
107cm×81cm 中国嘉德 2011.3.22

2314 红地金彩绘龙纹宫绢（五十张）
估　价：RMB 1,500,000～2,500,000
成交价：RMB 2,300,000
64.5cm×64.5cm 北京翰海 2011.5.19

墨

3829 明 墨（三方）
估　价：RMB 200,000～300,000
成交价：RMB 230,000
长7cm 中国嘉德 2011.11.15

2402 清乾隆 “御制咏墨诗”墨
估 价：RMB 600,000~800,000
成交价：RMB 690,000
直径8.5cm 北京匡时 2011.6.8

3830 清嘉庆 御制棉华诗图墨（一盒十六方）
估 价：RMB 500,000~800,000
成交价：RMB 667,000
长9.4cm 中国嘉德 2011.11.15

783 清 御制八卦彩墨
估 价：RMB 28,000
成交价：RMB 560,000
尺寸不一 天津文物 2011.11.12

7173 清乾隆 御题关槐山水加金云龙纹山水墨
估 价：RMB 180,000~250,000
成交价：RMB 402,500
直径14.5cm 北京保利 2011.6.5

藏 酒

6334 格兰冠 1949年 - 桶藏62年 1瓶
估　价：RMB 125,000～225,000
成交价：RMB 273,700
700ml 北京保利 2011.12.3

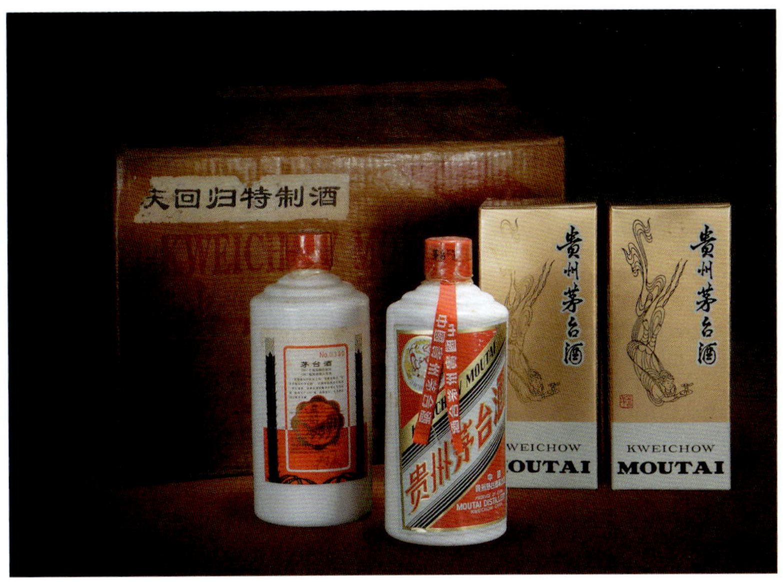

874 1997年香港回归纪念酒 12瓶
估　价：RMB 380,000～450,000
成交价：RMB 1,344,000
500ml/瓶 北京翰海 2011.1.16

4430 约上世纪30年代中期赖茅 1瓶 约54°
估　价：RMB 1,500,000～3,000,000
成交价：RMB 2,645,000
约540ml 北京保利 2011.6.4

1 五粮液72度封坛酒（青花坛）
估　价：RMB 188,000
成交价：RMB 425,600
6升 中贸圣佳 2011.4.30

6157 1956年五星牌贵州茅台酒（1瓶约540ml）
估　价：RMB 180,000～360,000
成交价：RMB 1,840,000
约54度 中国嘉德 2011.3.20

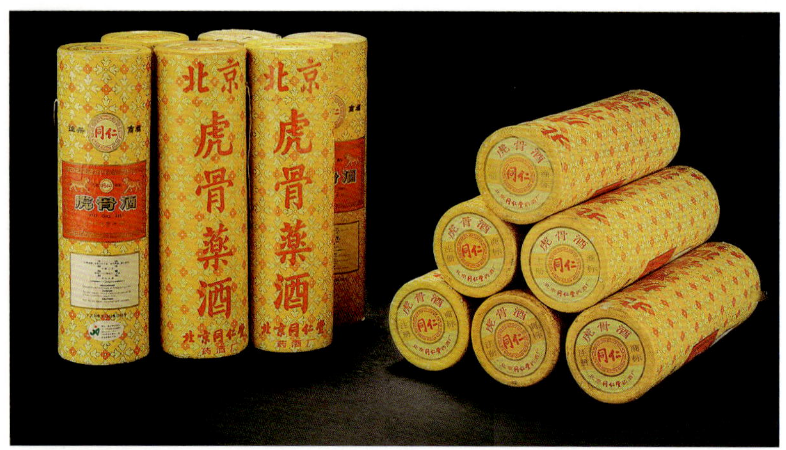

1644 80年代末90年代初 北京同仁堂虎骨酒 12瓶
估　价：RMB 100,000～150,000
成交价：RMB 299,000
375ml/瓶 西泠拍卖 2011.7.17

2060 60-70年代 白沙溪茶厂“千两茶”
估　价：RMB 340,000～380,000
成交价：RMB 358,400
重32500克 北京荣宝 2011.3.18

1595 19世纪初 义泉涌汾酒 1瓶
估　价：RMB 1,200,000～1,500,000
成交价：RMB 1,265,000
朵云轩 2011.7.3

茶 品

3316 清 太极纹盖茶叶大罐壶
估　价：RMB 80,000～150,000
成交价：RMB 184,000
高42cm 直径36cm 西泠拍卖 2011.7.19

1539 文革期间 马帮进贡茶
估　价：RMB 250,000～300,000
成交价：RMB 280,000
重28000克 北京荣宝 2011.8.13

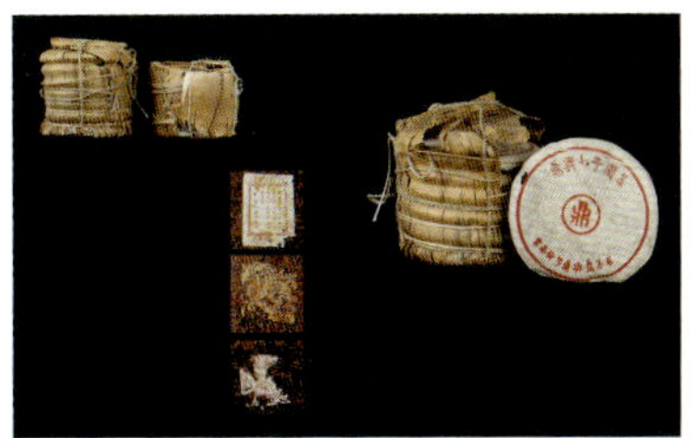

2049 1940-1950年 鼎兴号普洱 7饼
估　价：RMB 900,000～1,200,000
成交价：RMB 918,400
重2600克 北京荣宝 2011.3.18

其他工艺品

107 1900-1905年作 蒂法尼工作室 蜻蜓与水植物图案桌灯
估　价：RMB 46,000～65,000
成交价：RMB 6,368,047
高45.7cm×直径41.0cm　伊斯特 2011.11.28

8765 清乾隆 御制东珠朝珠
估　价：RMB 6,000,000～8,000,000
成交价：RMB 13,225,000
长140cm 北京保利 2011.6.6

281 六眼天珠（一串）
估　价：RMB 500,000
成交价：RMB 375,360
澳门中信 2011.11.25

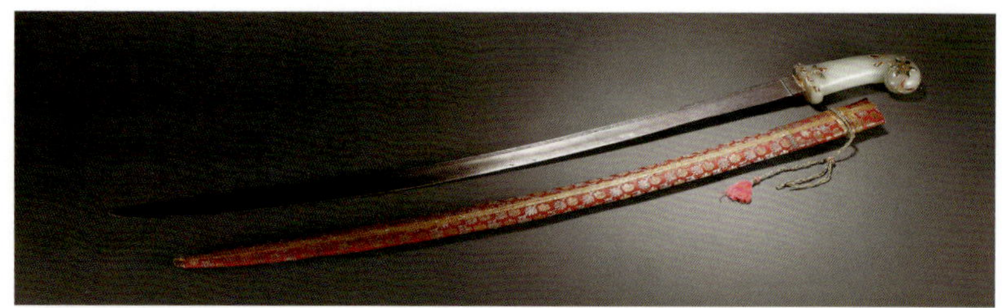

550 清乾隆 痕都斯坦式玉柄刀
估　价：RMB 500,000～600,000
成交价：RMB 667,000
长83.5cm 北京东正 2011.6.5

2445 家族刀（二件）
估　价：RMB 1,000
成交价：RMB 425,600
长105cm 北京翰海 2011.4.9

299 长白山千年野生夫妻参王
估　价：RMB 8,680,000
成交价：RMB 7,038,000
长92cm 澳门中信 2011.11.25

1058 1924年 《阿丽娜》
估　价：RMB 580,000～750,000
成交价：RMB 667,000
高67cm 广州嘉德 2011.6.11

2011杂项拍卖成交汇总

(成交价RMB：5万元以上)

拍品名称	尺寸	成交价RMB	拍卖公司	拍卖日期
一、竹雕				
摆件				
明 竹雕观音坐像	高26cm	172,500	广州嘉德	2011.6.11
明 竹雕和合二仙	高8cm	100,800	北京保利	2011.1.16
明 竹雕刘海戏金蟾配白玉花卉座	直径6.5cm	253,000	北京东正	2011.6.5
明 竹雕瑞兽罗汉摆件		201,600	中贸圣佳	2011.4.29
明 竹雕掏耳罗汉摆件	高13cm	784,000	浙江佳宝	2011.6.23
明 竹根雕刘海戏金蟾	长10cm	172,500	西泠拍卖	2011.7.19
清初 竹雕蟾蜍摆件	长7.3cm	184,000	北京东正	2011.6.5
清初 竹雕刘海戏金蟾摆件	高20cm	230,000	北京东正	2011.6.5
清初 竹雕马上黄石公像	长8.5cm	207,000	北京东正	2011.6.5
清初 竹雕张仙教子	高16cm	103,500	北京歌德	2011.6.3
清乾隆 竹根雕蛮人献宝	高15cm	460,000	北京保利	2011.6.6
清早期 木雕关公立像	高30cm	69,000	北京保利	2011.6.6
清早期 竹雕东方朔偷桃	高23.5cm	165,000	古天一	2011.6.4
清早期 竹雕东方朔坐像	高9.4cm	112,000	古天一	2011.6.4
清早期 竹雕仿奇木灵芝如意	长39.8cm	322,000	西泠拍卖	2011.7.19
清早期 竹雕双鹿	高8.5cm	667,000	北京翰海	2011.11.19
清早期 竹雕童子牧牛摆件	长12.8cm	747,500	北京保利	2011.12.08
清早期 竹根雕魁星点斗摆件	高14.5cm	63,250	北京匡时	2011.6.8
清早期 竹根雕李时珍采药	高12cm	345,000	北京保利	2011.6.6
清早期 竹根雕灵猴罗汉摆件	高14cm	172,500	北京匡时	2011.6.8
清早期 竹根雕刘海戏金蟾摆件	高17cm	69,000	北京匡时	2011.6.8
清早期 竹根雕松下对弈摆件	高10cm	172,500	北京匡时	2011.6.8
清早期 竹根雕西园雅集山子	高8.1cm	138,000	西泠拍卖	2011.7.18
清早期 竹根雕渔翁摆件	高11cm	50,400	北京保利	2011.1.16
清中期 竹雕八仙图小山子	长13.2cm	184,000	北京永乐	2011.11.15
清中期 竹雕布袋和尚	高14cm	224,000	古天一	2011.6.4
清中期 竹雕佛手摆件	长23.3cm	276,000	北京翰海	2011.5.21
清中期 竹雕和谐摆件	长8.5cm	51,750	北京翰海	2011.5.21
清中期 竹雕灵芝如意	长31cm	86,250	北京翰海	2011.5.21
清中期 竹雕刘海戏金蟾	高9cm	115,000	北京翰海	2011.11.19
清中期 竹雕松下翁童山子	高9.3cm	172,500	北京翰海	2011.11.19
清中期 竹雕太平有象	高28cm	115,000	古天一	2011.12.05
清中期 竹雕钟馗	高10.5cm	57,500	北京翰海	2011.11.19
清中期 竹根雕五狮戏绣球	高8cm	126,500	北京诚轩	2011.11.12
清乾隆 竹雕螃蟹和牙雕染色水草底座	长9.7cm	873,600	浙江钱塘	2011.6.12
清 文彭款竹雕摆件	高12.2cm	92,000	西泠拍卖	2011.7.18
清 竹雕东方朔偷桃	高6.5cm	92,000	浙江钱塘	2011.12.04
清 竹雕东方朔偷桃摆件	长16cm	1,610,000	上海大众	2011.08.25
清 竹雕降龙罗汉	高7cm	2,912,000	浙江钱塘	2011.6.12
清 竹雕骏马	高27cm	69,000	北京歌德	2011.09.17
清 竹雕刘海戏金蟾	高5.2cm	345,000	浙江钱塘	2011.12.04
清 竹雕刘海戏金蟾	高34.6cm	61,600	浙江钱塘	2011.6.12
清 竹雕刘海戏金蟾摆件	高5.3cm	552,000	西泠拍卖	2011.7.18
清 竹雕留青如意	长38cm	345,000	西泠拍卖	2011.7.19
清 竹雕弥勒像	高7.6cm	92,000	西泠拍卖	2011.7.18
清 竹雕山水人物摆件	高8.5cm	322,000	浙江钱塘	2011.12.04
清 竹雕狮子	长10.5cm	57,500	浙江钱塘	2011.12.04
清 竹雕寿翁	高8.7cm	224,000	浙江钱塘	2011.6.12
清 竹雕寿星	28cm	134,400	天津文物	2011.11.12
清 竹雕寿星摆件	高32cm	126,500	西泠拍卖	2011.7.18
清 竹雕寿星骑鹿摆件	高26cm	92,000	西泠拍卖	2011.7.18
清 竹雕松荫高士图、寿星图壁挂各一件	尺寸不一	55,200	中国嘉德	2011.3.21
清 竹雕喜上眉梢	高20cm	805,000	北京翰海	2011.5.21
清 竹雕药王像	高13cm	537,600	浙江钱塘	2011.6.12
清 竹根雕瘦骨罗汉	长14cm	322,000	荣宝斋(沪)	2011.11.25
清 竹根雕卧姿罗汉	高10.1cm	230,000	西泠拍卖	2011.7.18
清 根雕饮酒老人	高13cm	115,000	古天一	2011.12.05
清 木雕罗汉	长20cm	195,500	古天一	2011.12.05
俞田 十二生肖 竹根圆雕(一组四件)	尺寸不一	207,000	中国嘉德	2011.5.22
生活用品				
清中期 竹雕开光人物图双兽耳瓶	高28.5cm	690,000	中国嘉德	2011.11.15

拍品名称	尺寸	成交价RMB	拍卖公司	拍卖日期
清 竹雕壶套	高25.5cm	322,000	西泠拍卖	2011.7.19
现代 朱可心制竹节壶	高9.3cm	92,000	西泠拍卖	2011.7.19
明末/清初 竹雕佛狮戏球香炉	宽14cm	397,575	香港佳士得	2011.6.1
清 竹雕冲天耳炉	高5.2cm	57,500	西泠拍卖	2011.7.19
清 竹雕香炉	通高10.8cm	92,000	西泠拍卖	2011.7.19
清 竹根雕熏炉		179,200	中贸圣佳	2011.4.29
明末清初 竹雕少师太师杯	高8cm	134,400	古天一	2011.6.4
清早期 竹仿犀角逍松杯	高9.5cm	172,500	北京匡时	2011.6.8
清早期 竹根雕仿犀角梅花杯	直径13.5cm	138,000	北京匡时	2011.6.8
清早期 竹根雕芙蓉花杯	高9.6cm	57,500	北京匡时	2011.6.8
清 竹雕梅花螭龙杯	宽11.3cm	51,750	中国嘉德	2011.5.22
清 竹雕狮杯	高8.8cm	57,500	西泠拍卖	2011.7.18
清 竹雕松树杯	高7.9cm	74,750	西泠拍卖	2011.7.18
清18世纪 竹雕苍松杯	高8.5cm	105,250	香港苏富比	2011.4.8
清乾隆 御制竹黄贴牙染蔓藤瓜形盖盒	长12.5cm	1,835,560	香港苏富比	2011.4.8
清乾隆 竹根雕瓜形盖盒	长8.2cm	392,000	北京永乐	2011.5.24
清乾隆 竹黄嵌松绿石庭廓人物图内黑描金云蝠捧寿图圆盖盒	长45cm	724,120	香港苏富比	2011.4.8
清早期 竹根雕盖盒	长10cm	51,750	北京匡时	2011.6.8
清中期 竹黄百宝嵌多宝盒	长24.7cm	3,450,000	北京翰海	2011.11.17
清乾隆 竹簧雕如意纹盒	直径7.5cm	92,000	浙江钱塘	2011.12.04
清 竹雕福寿双联盒	6.5cm×5.8cm	74,750	北京歌德	2011.6.3
清 竹雕金铃子印泥盒	长8cm	172,500	浙江钱塘	2011.12.04
清 竹雕嵌象牙蟋蟀盒	高6cm	57,500	浙江钱塘	2011.12.04
清 竹黄嵌八宝文房八棱盒	长30cm	784,000	中贸圣佳	2011.4.29
清18世纪 竹黄莲花图盖盒	长10.5cm	178,925	香港苏富比	2011.4.8
民国 王勋制指日高升竹簧盒	高6.6cm	80,500	西泠拍卖	2011.7.19
明 竹雕礼佛图香筒	高22cm	166,750	古天一	2011.12.05
明末 张希黄款留青竹雕香筒	高35cm	977,500	荣宝斋(沪)	2011.11.25
明末 竹雕竹林七贤纹香筒	长22.2cm	92,000	中国嘉德	2011.11.15
明末清初 竹雕灵芝龙纹香筒	高20cm	92,000	北京诚轩	2011.11.12
明晚期 竹雕高士饮享图香筒	高17.5cm	149,500	中国嘉德	2011.3.21
明晚期 竹雕仕女罗汉图香筒	高16cm	276,000	中国嘉德	2011.3.21
清初 竹雕松下三老香筒	高17.2cm	172,500	中国嘉德	2011.5.22
清初 竹雕莺莺拜月香筒	高18.5cm	230,000	上海大众	2011.08.25
清康熙 桐荫琴挑文君竹香筒	高27cm	713,000	中国嘉德	2011.5.22
清早期 百子图竹香筒	高23.5cm	172,500	北京容海	2011.10.24
清早期 竹雕骑射图小香筒	高12cm	322,000	北京匡时	2011.6.8
清早期 竹透雕刘海戏金蟾香筒	直径18.9cm	379,500	北京匡时	2011.6.8
清早期 竹透雕双螭龙纹香筒	高19.3cm	230,000	北京翰海	2011.11.19
清中期 施天章款竹雕教子图香筒	高8cm	218,500	北京歌德	2011.6.3
清中期 竹雕吹萧引凤图香筒	高21.2cm	155,250	中国嘉德	2011.3.21
清中期 竹雕镂空竹林七贤小香筒	高15cm	97,750	中国嘉德	2011.5.22
清中期 竹透雕二乔共读香筒	高17.8cm	69,000	北京翰海	2011.11.19
清中期 竹透雕老子出关图香筒	高20.2cm	713,000	北京翰海	2011.11.19
清 杜士元款竹雕人物香筒	高18.6cm	57,500	浙江钱塘	2011.12.04
清 竹雕长亭送别香筒	高23cm	184,000	西泠拍卖	2011.7.18
清 竹雕东山报捷香筒	高18.5cm	80,640	浙江钱塘	2011.6.12
清 竹雕二乔共读香筒	高19cm	246,400	浙江钱塘	2011.1.9
清 竹雕范邠款渔樵耕读香筒	高19cm	138,000	荣宝斋(沪)	2011.11.25
清 竹雕老子出关香筒	高17.8cm	115,000	西泠拍卖	2011.7.18
清 竹雕镂空人物香筒	高19cm	89,700	中国嘉德	2011.5.22
清 竹雕七老图香筒	高19.9cm	287,500	荣宝斋(沪)	2011.11.25
清 竹雕山水人物香筒	高24cm	437,000	上海大众	2011.08.25
清 竹雕西厢记香筒	高21.3cm	149,500	西泠拍卖	2011.7.18
清 竹雕竹林读书香筒	高18.8cm	149,500	荣宝斋(沪)	2011.11.25
清 竹香筒	高23cm	92,000	朵云轩	2011.7.4
清 竹透雕观画图香筒	高23cm	299,000	北京匡时	2011.6.8
清18世纪 竹镂雕山水人物图香筒	高20.3cm	156,938	香港佳士得	2011.6.1
清18世纪／19世纪 竹镂雕「科甲连登」图香筒	高19.2cm	143,500	香港苏富比	2011.10.05
清 竹根雕三足小鼎	高7.5cm	230,000	北京保利	2011.6.7

*查看图片请参照凡例4方法

2011杂项拍卖成交汇总

(成交价RMB：5万元以上)

拍品名称	尺寸	成交价RMB	拍卖公司	拍卖日期
清 竹黄兽面纹花觚(一对)	高21cm	51,750	中国嘉德	2011.5.23
清 竹刻七佛内乾隆御题诗文钵	直径19.5cm	101,200	北京纳高	2011.7.6
清 竹镂空雕人物纹香注	高6.3cm	63,250	西泠拍卖	2011.7.19
竹黄彝式花觚(一对)	高21cm×2	84,000	中贸圣佳	2011.1.23
文房用品				
明 沉香雕福禄寿三星笔筒	高10.5cm	253,000	上海大众	2011.08.25
明 朱三松制乾隆御题竹刻七贤图笔筒	高15cm	4,830,000	北京保利	2011.6.5
明 竹雕"王凫观雁"笔筒	高15cm	195,500	上海大众	2011.08.25
明末 竹雕人物故事笔筒	高15cm	74,750	北京歌德	2011.09.17
明末/清初 竹雕松下读书图笔筒	高15.2cm	669,600	香港佳士得	2011.6.1
明晚期 竹雕三松款高士听泉烹茶图笔筒	高16.5cm	2,300,000	中国嘉德	2011.11.15
清初 "吴之璠"竹雕迎鸿图笔筒	高17.5cm	253,000	中国嘉德	2011.5.22
清初 "雪樵"款竹雕携琴访友笔筒	高14.5cm	582,400	古天一	2011.12.05
清初 三老图笔筒	高15.5cm	126,500	荣宝斋(沪)	2011.11.25
清初 深浮雕竹刻二乔并读图笔筒	高14.5cm	161,000	中国嘉德	2011.5.22
清初 吴之璠制竹雕笔筒	高14.5cm	782,000	古天一	2011.12.05
清初 吴之璠竹雕陶渊明爱菊笔筒	高16cm	1,092,500	浙江钱塘	2011.12.04
清初 竹雕"西山放鹤"图笔筒	高13.6cm	172,500	古天一	2011.12.05
清初 竹雕春寒品茗图笔筒	高15.2cm	92,000	中国嘉德	2011.5.22
清初 竹雕李半山八骏图笔筒	高11cm	3,220,000	北京东正	2011.11.17
清初 竹雕易安居士庭院填词图笔筒	高15.5cm	287,500	中国嘉德	2011.5.22
清初 竹刻赤壁赋人物笔筒	高11.5cm	86,250	北京歌德	2011.6.3
17世纪 竹雕竹林七贤图笔筒	高15cm	399,950	香港苏富比	2011.4.8
清早期 竹雕"文姬归汉"笔筒	高15.5cm	575,000	北京保利	2011.12.08
清早期 竹雕芭蕉美人笔筒	高15cm	207,000	北京匡时	2011.6.8
清早期 竹雕布袋和尚诗文笔筒	高15.2cm	1,610,000	北京翰海	2011.5.19
清早期 竹雕道教老子八仙献寿西王母笔筒	高15cm	138,000	北京保利	2011.10.22
清早期 竹雕丁山射雁图笔筒	高15.8cm	66,700	中国嘉德	2011.5.23
清早期 竹雕东山报捷图笔筒	高16cm	195,500	北京匡时	2011.6.8
清早期 竹雕山石花卉纹笔筒	高13.7cm	94,300	北京翰海	2011.5.21
清早期 竹雕文会图笔筒	高18cm	138,000	北京匡时	2011.6.8
清早期 竹雕吴之璠款松溪浴马图笔筒	高15cm	690,000	中国嘉德	2011.11.15
清早期 竹雕喜上眉梢诗文笔筒	高10.5cm	103,500	北京翰海	2011.5.21
清早期 竹雕钟馗引福图笔筒	高14.7cm	69,000	北京翰海	2011.11.19
清早期 竹雕竹林七贤图笔筒	高12.1cm	471,500	北京诚轩	2011.11.12
清早期 竹刻诗文笔筒	高14.5cm	713,000	北京保利	2011.12.08
清早期 竹透雕松下高士对弈图笔筒	高15.5cm	632,500	北京翰海	2011.5.19
清早期 宗玉款竹雕洗马图笔筒	高15.2cm	161,000	北京匡时	2011.6.8
清康熙 鲁珍制竹雕三顾茅庐图笔筒	高15.5cm	862,500	北京东正	2011.6.5
清康熙 邵文右制和合二仙图竹笔筒	高16cm	862,500	中国嘉德	2011.5.23
清康熙 竹雕和合二仙图笔筒	高9.6cm	126,500	北京诚轩	2011.11.12
清康熙 竹雕渔樵问答图笔筒	高11.4cm	115,000	北京诚轩	2011.11.12
清康熙 竹刻董其昌诗文笔筒	高12.5cm	264,500	北京匡时	2011.6.8
清乾隆 竹雕八仙纹笔筒	高15cm	575,000	北京东正	2011.11.18
清乾隆 竹雕胡人洗马图笔筒	高14.2cm	195,500	北京东正	2011.11.17
清乾隆 竹雕人物故事笔筒	长15.5cm	276,000	北京匡时	2011.6.8
清乾隆 竹雕山水人物笔筒	高15.5cm	368,000	北京歌德	2011.6.3
清乾隆 竹雕松下逸士图笔筒	高15cm	149,500	北京东正	2011.6.5
清嘉庆 邓渭制陋室铭竹雕笔筒	高12cm	103,500	西泠拍卖	2011.7.18

拍品名称	尺寸	成交价RMB	拍卖公司	拍卖日期
清嘉庆 王梅邻刻爱莲说小笔筒	高11.5cm	230,000	北京保利	2011.6.7
清道光 王恒款竹林人物笔筒	高12cm	80,500	西泠拍卖	2011.7.18
清中期 王坭制竹雕笔筒	高15cm	69,000	北京容海	2011.10.24
清中期 竹雕"王梅邻"款诗文笔筒	高12.5cm	92,000	北京歌德	2011.6.3
清中期 竹雕"蟹甲传胪"笔筒	高11.8cm	97,750	北京中汉	2011.5.23
清中期 竹雕高士图笔筒	高14cm	218,500	中国嘉德	2011.3.21
清中期 竹雕人物故事笔筒	高15.3cm	253,000	北京翰海	2011.11.19
清中期 竹雕商山四皓笔筒	高12.2cm	126,500	北京翰海	2011.11.19
清中期 竹雕香山九老图笔筒	高15cm	230,000	北京翰海	2011.11.19
清中期 竹雕竹林七贤笔筒	高14.4cm	897,000	北京翰海	2011.5.21
清中期 竹透雕松下高士图笔筒	高15.8cm	632,500	北京翰海	2011.5.21
清中期 竹透雕松下高仕闲趣图笔筒	高14.9cm	172,500	北京翰海	2011.11.19
清 范来宗竹雕竹林七贤笔筒	高12.3cm	672,000	浙江钱塘	2011.1.9
清 凤岩款竹刻农耕图笔筒	高15cm	132,160	天津文物	2011.11.12
清 兰亭序竹雕刻字笔筒		89,600	浙江钱塘	2011.6.12
清 梅兰竹菊纹方形匏器笔筒	高12.4cm	67,200	浙江钱塘	2011.6.12
清 吴之璠款丁山射雁竹雕笔筒	高14.7cm	195,500	西泠拍卖	2011.7.18
清 吴之璠款竹雕笔筒	高15.5cm	138,000	荣宝斋(沪)	2011.11.25
清 竹雕笔筒	高13.2cm	57,500	北京容海	2011.10.24
清 竹雕伯乐相马笔筒	高11.5cm	168,000	浙江钱塘	2011.6.12
清 竹雕大漆开光描金博古图笔筒		112,000	中贸圣佳	2011.4.29
清 竹雕丁山射雁笔筒	高14.5cm	126,500	西泠拍卖	2011.7.18
清 竹雕东山报捷笔筒	高15cm	253,000	上海大众	2011.08.25
清 竹雕东山再起笔筒	高15cm	195,500	荣宝斋(沪)	2011.11.25
清 竹雕抚琴人物笔筒	高15.8cm	92,000	中国嘉德	2011.5.22
清 竹雕滚马图笔筒	高15cm	103,500	上海大众	2011.08.25
清 竹雕蕉荫学书图笔筒	高11cm	53,760	浙江钱塘	2011.1.9
清 竹雕兰亭序诗文笔筒	高14.2cm	747,500	北京翰海	2011.11.19
清 竹雕麻姑献寿笔筒	高13.5cm	92,000	浙江钱塘	2011.12.04
清 竹雕麻姑献寿笔筒	高11.8cm	161,000	西泠拍卖	2011.7.18
清 竹雕人物笔筒	高13.5cm	195,500	西泠拍卖	2011.7.19
清 竹雕人物笔筒	高14cm	151,200	云南典藏	2011.5.14
清 竹雕人物纹笔筒	高15.3cm	55,200	中国嘉德	2011.6.18
清 竹雕三松款雅集笔筒	高15.1cm	172,500	西泠拍卖	2011.7.18
清 竹雕山水人物笔筒	高15.5cm	336,000	浙江钱塘	2011.6.12
清 竹雕山水人物笔筒	高12cm	230,000	西泠拍卖	2011.7.18
清 竹雕山水人物笔筒		64,960	中贸圣佳	2011.4.29
清 竹雕山水人物笔筒	直径13cm	51,750	北京歌德	2011.09.17
清 竹雕山水人物诗文笔筒	高10.6cm	483,000	中国嘉德	2011.11.15
清 竹雕诗文笔筒	高12cm	51,750	北京歌德	2011.12.03
清 竹雕松鹤延年笔筒	高12.8cm	276,000	荣宝斋(沪)	2011.11.25
清 竹雕松下五老笔筒	高13.5cm	276,000	荣宝斋(沪)	2011.11.25
清 竹雕松荫高士图笔筒	高14.6cm	57,500	北京纳高	2011.7.6
清 竹雕苏子赤壁图笔筒	高13.9cm	56,000	浙江钱塘	2011.1.9
清 竹雕夜游赤壁笔筒	高14.8cm	218,500	西泠拍卖	2011.7.18
清 竹雕朱文右款教子图笔筒	高12.5cm	161,000	荣宝斋(沪)	2011.11.25
清 竹雕竹林七贤笔筒	高11.5cm	345,000	浙江钱塘	2011.12.04
清 竹雕竹林婴戏图笔筒	高16.3cm	63,250	中国嘉德	2011.3.21
清 竹雕祝嘏图笔筒	高11.3cm	126,500	中国嘉德	2011.5.22
清 竹刻诗文笔筒	高11.5cm	92,000	北京保利	2011.6.7
清 竹刻诗文笔筒	高12.3cm	66,700	北京匡时	2011.09.17
清18世纪 竹刻题诗「牡丹图」笔筒	高15.5cm	123,000	香港苏富比	2011.10.05
清 竹雕山水人物纹笔筒	高15.2cm	168,000	长风拍卖	2011.1.20
清 竹雕鍾馗笔筒	高14.5cm	184,000	古天一	2011.12.05
清晚期 韩小山制竹雕松下访友图笔筒	高13.2cm	57,500	西泠拍卖	2011.7.18
清晚期 梅花诗文竹笔筒	高13cm	82,800	北京保利	2011.12.08
受之款竹雕笔筒	高11.5cm	57,500	长风拍卖	2011.6.21
张伟忠 松林听琴 竹刻笔筒	高15.8cm	218,500	中国嘉德	2011.5.22
竹刻人物山水纹笔筒	高16cm	124,650	中博文化	2011.7.10
清初 周芷岩刻人物臂搁	长29.5cm	172,500	古天一	2011.12.05

拍品名称	尺寸	成交价RMB	拍卖公司	拍卖日期
清道光 “沈藕船” 刻兰亭序竹臂搁	长30.2cm	207,000	中国嘉德	2011.5.22
清道光 竹刻郭伟绩习书图臂搁	长30cm	322,000	北京保利	2011.6.6
清道光 余三刻张熊画稿游鱼图竹臂搁	长30.5cm	61,600	北京永乐	2011.5.24
清18世纪 竹刻题诗臂搁	长32.5cm	399,950	香港苏富比	2011.4.8
清中期 甫堂款梅花诗文竹臂搁	长31cm	92,000	中国嘉德	2011.5.23
清中期 杨谦刻仕女诗文臂搁	长22.5cm	184,000	北京保利	2011.6.6
清中期 竹留青对弈图臂搁	长6.5cm	55,200	北京匡时	2011.6.8
清 “方絜” 款竹雕持扇仕女臂搁	长27.5cm	224,000	古天一	2011.6.4
清 “鸣远” 款段泥云纹仿竹刻臂搁	长18cm	529,000	中国嘉德	2011.11.12
清 “王勛” 刻班婕妤像竹臂搁	长30.5cm	115,000	中国嘉德	2011.5.22
清 顾西梅画吴湖帆藏竹雕臂搁	长29.3cm	322,000	西泠拍卖	2011.7.18
清 王幼芳制竹雕琴形臂搁	长27.5cm	55,200	西泠拍卖	2011.7.18
清 吴之潘刻竹臂搁	长25.5cm	368,000	北京匡时	2011.6.8
清 湘妃竹臂搁	长26.5cm	63,250	中国嘉德	2011.5.22
清 杨褒制竹雕五老臂搁	长29.4cm	74,750	西泠拍卖	2011.7.18
清 张希黄款竹雕山水纹臂搁 (一组三件)	尺寸不一	345,000	荣宝斋(沪)	2011.11.25
清 芷岩款留青雕山水人物臂搁	长21.5cm	195,500	北京匡时	2011.6.8
清 竹雕拨镫法铭臂搁	长26.7cm	50,600	西泠拍卖	2011.7.18
清 竹雕荷蟹臂搁	长24cm	103,500	中国嘉德	2011.11.15
清 竹雕看剑引杯臂搁	长28cm	51,750	西泠拍卖	2011.7.18
清 竹雕兰亭序诗文臂搁	长32.8cm	138,000	中国嘉德	2011.12.17
清 竹雕马纹臂搁	长15.2cm	287,500	浙江钱塘	2011.12.04
清 竹雕诗文臂搁	长28cm	57,500	浙江钱塘	2011.12.04
清 竹雕竹石图臂搁	长16.4cm	66,700	中国嘉德	2011.3.21
清 竹雕竹纹臂搁	长26cm	149,500	浙江钱塘	2011.12.04
清 竹刻 “云樵” 款刻诗文臂搁	长25cm	57,500	北京歌德	2011.6.3
清 宅莱刻冬心先生像竹臂搁	长29cm	172,500	上海大众	2011.08.25
清 竹制臂搁 (两件)	长19cm	253,000	中国嘉德	2011.11.15
现代 唐云画徐孝穆刻张充仁上款竹雕臂搁	长11cm	74,750	西泠拍卖	2011.7.19
张志渔 沙地留青竹雕臂搁	长13.7cm	57,500	长风拍卖	2011.6.21
周芷岩款竹石诗文臂搁	长20cm	63,250	北京匡时	2011.6.8
竹雕诗文臂搁	长26cm	83,100	中博文化	2011.7.10
董桥、范遥青合制竹诗文臂搁	长26.5cm	59,800	中国嘉德	2011.5.22
高凤翰、潘西凤款竹雕洞石臂搁	高23cm	57,500	荣宝斋(沪)	2011.11.25
黄宏疆 东山月色 竹刻留青臂搁	长45.5cm	230,000	中国嘉德	2011.5.22
近代 “金西崖” 梅花诗文竹臂搁	长28cm	437,000	中国嘉德	2011.5.22
近代 “徐秉方” 刻出浴图留青竹臂搁	长30.6cm	80,500	中国嘉德	2011.5.22
近代 “徐秉方” 刻李时珍采药图留青竹臂搁	长33cm	63,250	中国嘉德	2011.5.22
当代 徐秉方竹刻留青花鸟纹臂搁	长30cm	112,000	北京荣宝	2011.11.11
清中期 竹雕螺形水盂	长6.4cm	86,250	北京东正	2011.6.5
清 竹雕梅花水盂	直径8.5cm	115,000	西泠拍卖	2011.7.18
清 竹根雕松树水盂	通直径7.1cm	97,750	西泠拍卖	2011.7.18
清 竹根雕太白尊水盂	高6cm	92,000	北京歌德	2011.6.3
清乾隆 竹雕松石纹水盂	长6.5cm	230,000	北京东正	2011.11.18
清 仁者寿竹根随形笔架	长14cm	115,000	西泠拍卖	2011.7.18
清 竹雕松枝形小笔洗	长6.5cm	276,000	北京匡时	2011.6.8
清 松竹梅纹笔洗	长50cm	55,200	北京九歌	2011.6.10
清 竹雕山水纹墨床	长7cm	115,000	上海大众	2011.08.25
清 竹雕蟹图墨床	长8cm	92,000	中国嘉德	2011.11.15

拍品名称	尺寸	成交价RMB	拍卖公司	拍卖日期
清 赵之谦款竹瓦砚	长16cm	115,000	北京匡时	2011.6.8
清 竹刻诗文镇纸	长37.2cm	230,000	浙江钱塘	2011.12.04
清 竹雕蚱蜢栖竹镇纸 (一对)	长26cm	230,000	浙江钱塘	2011.12.04
清 竹雕狮纽方章	高6.7cm	56,000	浙江钱塘	2011.6.12
清乾隆 竹、蜜腊、瓷兽钮章 (五方)	尺寸不一	805,000	北京翰海	2011.5.21
清 竹根雕马乐图方章	高6cm	92,000	西泠拍卖	2011.7.19
清 吴昌硕款竹根雕随形章	高11cm	322,000	北京匡时	2011.6.8
清 竹根仿汉圆印	高5cm	51,750	北京匡时	2011.6.8
清 竹根随形闲章 (一组四件)	尺寸不一	161,000	北京匡时	2011.6.8
清 竹钮章	高5.2cm	78,200	中国嘉德	2011.5.23
其他用品				
明 湘妃竹雕山水人物扇骨	高49.5cm	253,000	北京匡时	2011.6.8
明朝作 香妃紫花腊底尺方十三单扇骨	长36cm	1,008,000	长风拍卖	2011.1.20
清早期 湘妃紫花腊地巧雕扇骨	长34cm	313,600	长风拍卖	2011.1.20
清中期 紫花腊地扇骨	长35cm	280,000	长风拍卖	2011.1.20
清 扇骨 (三把)	尺寸不一	74,750	西泠拍卖	2011.7.18
清紫花腊底湘妃竹扇骨		345,000	长风拍卖	2011.12.19
民国 王勋制竹篑扇	长35cm	207,000	西泠拍卖	2011.7.19
金之骏 盛丙云 扇骨 (二柄)	高32cm	74,750	北京诚轩	2011.11.12
近代 徐素白刻仕女诗文扇骨	长31.8cm	115,000	西泠拍卖	2011.7.18
近现代 扇骨 (五把)	尺寸不一	63,250	西泠拍卖	2011.7.18
张志渔 沙地留青竹刻扇骨 吴待秋画 徐昌熙摹古 张志渔刻扇骨	尺寸不一	61,600	长风拍卖	2011.1.20
支慈庵 竹刻扇骨	长33.2cm	56,000	长风拍卖	2011.1.20
支慈厂刻 张大千画扇骨		86,250	长风拍卖	2011.12.19
清 竹雕鸟笼	高32cm	80,500	浙江钱塘	2011.12.04
清 竹雕鸟笼	高23cm	126,500	广州嘉德	2011.6.11
清中期 竹雕人物故事鸟笼	高29cm	115,000	北京匡时	2011.6.8
清 留青雕围棋罐 (一对)	高9.5cm	310,500	荣宝斋(沪)	2011.11.25
清 竹雕佛龛	高29cm	91,840	太平洋	2011.6.18
清 尧臣刻加官晋爵竹制诗筒	高31.5cm	115,000	北京保利	2011.12.07
民国 金西崖刻秋菌图竹拐杖	长103cm	575,000	中国嘉德	2011.11.15
清 竹刻诗文抱柱	长143cm	115,000	上海大众	2011.08.25
清乾隆 贴竹黄「齐戒」牌	长6cm	164,000	香港苏富比	2011.10.05
二、木 雕				
摆件				
宋代 自在观音	高112cm	2,300,000	北京翰海	2011.5.21
元 沉香木雕文官像	高17.5cm	224,000	浙江钱塘	2011.1.9
16至17世纪 大成就者那洛巴	高34.9cm	345,000	北京翰海	2011.5.21
18世纪 紫檀雕大成就佛座像	高15cm	53,760	云南典藏	2011.5.14
明 彩绘木雕佛 (一组三尊)		207,000	北京匡时	2011.6.8
明 沉香雕送子观音像	高22.4cm	805,000	北京东正	2011.11.17
明 沉香雕卧牛摆件	长20.5cm	632,500	北京东正	2011.11.17
明 黄杨木雕如来佛	高20cm	69,000	北京容海	2011.10.24
明 木雕加彩观音送子像	高17.5cm	345,000	北京保利	2011.12.08
明 紫檀雕黄财神像	高24cm	51,750	北京歌德	2011.09.17
明 紫檀雕释迦像	高28cm	552,000	北京保利	2011.6.7
明 紫檀雕药师佛	高21.5cm	145,600	浙江钱塘	2011.1.9
明 紫檀佛像	高11.5cm	69,000	北京歌德	2011.6.3
明 黄奇楠持经观音	高20cm	201,600	中鼎国际	2011.10.15
明末清初 黄杨木雕老者骑龟	高15cm	201,600	古天一	2011.6.4
明晚期 黄杨木雕文昌帝君坐像	高33.8cm	172,500	北京诚轩	2011.11.12
清初 黄杨木雕铁拐李及童子摆件	高129cm	1,840,000	北京东正	2011.11.17
清初 黄杨木雕雪山大师像	高13cm	862,500	上海大众	2011.08.25
清初 紫檀达摩立像	高14cm	112,000	浙江钱塘	2011.6.12
清乾隆 黄杨人物 (一对)	高22cm	80,500	北京容海	2011.10.24
清乾隆 黄杨雕六子戏弥勒	宽6cm	115,000	北京保利	2011.12.08
清乾隆 金漆木雕弥勒菩萨立像	高120cm	3,450,000	北京保利	2011.4.16
清乾隆 木雕金彩观音坐像	高19cm	172,500	北京保利	2011.12.08
清乾隆 木雕漆金菩萨立像	高42.5cm	333,500	北京保利	2011.12.08
清乾隆 檀香木漆金文殊菩萨像	高12.3cm	184,000	西泠拍卖	2011.7.19

2011杂项拍卖成交汇总

(成交价RMB：5万元以上)

拍品名称	尺寸	成交价RMB	拍卖公司	拍卖日期
清乾隆 紫檀雕巴洛克风格立柱 (一对)	高150cm	483,000	北京保利	2011.10.22
清乾隆 紫檀卷草纹小宫灯 (一对)	高39cm	345,000	中国嘉德	2011.11.12
清18世纪/19世纪 檀香木雕佛坐像	高19cm	115,775	香港苏富比	2011.4.8
清18世纪 黄杨木雕童子笑佛坐像	高12cm	136,825	香港苏富比	2011.4.8
清早期 沉香木雕铁拐李立像	高7cm	86,250	北京诚轩	2011.5.22
清早期 红木雕瑞兽摆件	长40cm	126,500	北京保利	2011.4.16
清早期 木雕加漆菩萨像	高23.2cm	57,500	北京保利	2011.12.08
清早期 紫檀雕观音立像	高20.5cm	92,000	北京保利	2011.12.08
清早期 紫檀木雕旃檀佛立像	高21.5cm	80,500	北京歌德	2011.6.3
清中期 沉香雕仙人乘槎	长17.2cm	92,000	北京东正	2011.11.17
清中期 佛手摆件	高10cm	179,200	中鼎国际	2011.10.15
清中期 黄杨木雕刘伶坐像	高9.5cm	94,300	北京诚轩	2011.5.22
清中期 黄杨木雕清官员坐像	高14cm	69,000	北京诚轩	2011.11.12
清中期 黄杨木雕瘦骨罗汉	高11.3cm	69,000	北京容海	2011.10.24
清中期 黄杨木雕张骞孤舟乘槎	高14cm	402,500	北京翰海	2011.11.19
清中期 紫檀雕自在观音像	高25cm	172,500	北京匡时	2011.6.8
清 沉水香太白醉酒雕件	高8cm	560,000	中鼎国际	2011.10.15
清 沉香雕八仙贺寿摆件	高38.5cm	345,000	北京保利	2011.6.7
清 沉香雕铁拐李像	高27.5cm	105,800	广州嘉德	2011.6.11
清 沉香雕仙人乘槎	长14.5cm	201,600	北京荣宝	2011.11.11
清 沉香木雕持如意寿星坐像	高9.5cm	69,000	中国嘉德	2011.11.15
清 沉香送子观音像	高14cm	67,200	浙江钱塘	2011.6.12
清 黄花梨雕瑞鹿呈祥摆件	高22.5cm	55,200	北京匡时	2011.6.8
清 黄杨木雕刘海戏金蟾	高15.8cm	58,240	浙江钱塘	2011.6.12
清 黄杨木雕美人卧榻	长18.5cm	92,000	朵云轩	2011.7.4
清 黄杨木和气生财摆件	长9.7cm	51,750	中国嘉德	2011.3.19
清 刘海戏金蟾	高12.5cm	201,600	中鼎国际	2011.10.15
清 木雕彩绘观音像	高58cm	55,000	中都国际	2011.3.13
清 木金漆文官像	高52cm	184,000	北京保利	2011.4.18
清 楠木根雕鹿摆件	长21cm	92,000	北京保利	2011.12.08
清 漆金木佛 (两件)	尺寸不一	69,000	中国嘉德	2011.3.21
清 茄楠僊人乘槎摆件	长15cm	616,000	天工艺苑	2011.6.26
清 随形沉香摆件	长10.5cm	74,750	西泠拍卖	2011.7.18
清 檀香木雕观音像	高26.5cm	287,500	西泠拍卖	2011.7.18
清 仙人乘槎	高14cm	134,400	中鼎国际	2011.10.15
清 圆雕卧狮莲花佛像座	高15.5cm	63,250	北京匡时	2011.09.17
清 簪花仕女件	高35cm	138,000	北京匡时	2011.6.8
清 紫檀罗汉像	高24cm	86,250	北京歌德	2011.09.17
王笃芳 岁月 黄杨木雕	高34cm	55,200	中国嘉德	2011.5.22
木雕文革题材人物摆件(三件)	高21cm	69,000	长风拍卖	2011.12.20
现代 沉香雕刘海戏蟾	长8cm	504,000	古天一	2011.6.4
现代 海南绿茄楠摆件	高11cm	952,000	天工艺苑	2011.6.26
阴沉木摆件	高217cm	63,250	中国嘉德	2011.3.21
印度尼西亚白奇楠 沉香	高25.5cm	9,384,000	澳门中信	2011.11.25
1993年作 王克平 女人体	高177cm	552,000	北京保利	2011.6.2
沉香摆件 (一组三件)	尺寸不一	109,250	西泠拍卖	2011.7.19
沉香雕千手观音	高40cm	149,500	广州嘉德	2011.6.11
沉香观音像 (越南)	高37.5cm	37,536,000	澳门中信	2011.11.25
沉香木千手观音 (一件)	高120cm	1,792,000	天工艺苑	2011.6.26
根雕松鼠摆件	高39cm	672,000	北京翰海	2011.4.9
洪建华 风雅徽州颂 黄杨木雕	51.5cm×38cm	287,500	中国嘉德	2011.5.22
黄杨木雕麻姑献寿	高58cm	4,986,000	中博文化	2011.7.10
黄杨木佛手		56,000	中贸圣佳	2011.4.29
江晓 古木清音图	长43cm	713,000	福建东南	2011.10.24
江晓 幽兰情思 水沉沉香木摆件	长14cm	112,700	中国嘉德	2011.5.22
明末清初 沉香雕山水纹山子	长13cm	537,600	古天一	2011.6.4
明末清初 枷楠香听松图小山子	高8.5cm	100,800	北京永乐	2011.5.24
清 沉香木观音山子	高39cm	64,960	太平洋	2011.09.17
清 沉香木山子	长33.3cm	207,000	中国嘉德	2011.09.17
清 黄杨木雕人物山子	长26.5cm	230,000	西泠拍卖	2011.7.18
清 施天章款黄杨木雕十八罗汉山子	高33cm	1,380,000	荣宝斋(沪)	2011.11.25

拍品名称	尺寸	成交价RMB	拍卖公司	拍卖日期
清 郑文焯、梁同书等铭木根雕"卷云"山子	高49cm	51,750	北京保利	2011.6.7
清 紫檀山子	高23cm	172,500	浙江钱塘	2011.12.04
沉香木山子	通高40cm	69,000	西泠拍卖	2011.7.19
奇楠香山子	29cm×16cm	460,000	北京容海	2011.10.24
民国 檀香十八罗汉摆件	高37cm	57,500	北京保利	2011.4.18
明末清初 高浮雕大如意	长50cm	616,000	中鼎国际	2011.10.15
清早期 黄杨木如意	长35cm	230,000	古天一	2011.12.05
清早期 黄杨木题诗如意	长40cm	56,000	北京保利	2011.1.16
清早期 灵芝形随形如意	长44cm	51,750	北京保利	2011.10.22
清早期 紫檀雕佛手如意摆件	长38cm	172,500	北京匡时	2011.6.8
清乾隆 沉香木安居乐业大如意	长43cm	336,000	中鼎国际	2011.10.15
清乾隆 黄杨螭龙如意	长31.7cm	115,000	西泠拍卖	2011.7.18
清乾隆 紫檀雕螭龙纹如意 (两柄)	长39cm；长41cm	345,000	北京保利	2011.4.16
清乾隆 紫檀雕灵芝如意	长27.8cm	74,750	中国嘉德	2011.5.22
清乾隆 紫檀嵌白玉螺钿"芝仙祝寿"大如意	长61.5cm	2,070,000	北京保利	2011.6.5
清中期 紫檀三镶福寿多子如意	长59cm	103,500	北京保利	2011.10.23
清 沉香雕八仙千秋如意	长53cm	358,400	天津文物	2011.11.12
清 沉香镂雕八仙如意	长47cm	161,000	北京保利	2011.6.6
清 沉香木雕佛手如意	长38cm	80,500	北京歌德	2011.09.17
清 黄杨灵芝如意	长41cm	172,500	西泠拍卖	2011.7.19
清 黄杨木雕"一束青莲"如意	长39.5cm	184,000	北京匡时	2011.6.8
清 黄杨木雕如意	长36cm	207,000	中贸圣佳	2011.11.06
清 黄杨木雕如意	长45cm	92,000	中贸圣佳	2011.11.06
清 黄杨木雕题诗如意	长34.5cm	92,000	北京保利	2011.6.7
清 黄杨木巧雕灵芝如意	长37cm	391,000	荣宝斋(沪)	2011.11.25
清 黄杨木如意	长29.8cm	76,160	浙江钱塘	2011.6.12
清 金丝楠雕福寿如意	长40.5cm	92,000	中贸圣佳	2011.11.06
清 茄楠佛手如意	长43cm	672,000	天工艺苑	2011.6.26
清 乌木雕灵芝如意	长39.3cm	89,600	浙江钱塘	2011.6.12
清 延寿堂款紫檀如意摆件	长33.5cm	86,250	北京匡时	2011.12.05
清 紫檀错银丝嵌白玉花卉蝴蝶纹如意	长50cm	345,000	上海大众	2011.08.25
清 紫檀错银丝嵌黄杨雕龙纹如意	长39cm	345,000	上海大众	2011.08.25
清 紫檀佛手如意	长34.5cm	560,000	浙江钱塘	2011.6.12
清 紫檀嵌象牙龙纹如意	长48cm	1,046,500	中国嘉德	2011.3.21
清 紫檀嵌银丝镶玉如意	长48cm	230,000	北京歌德	2011.12.03
清 紫檀嵌玉八吉祥如意	长43cm	61,600	太平洋	2011.09.17
清 紫檀三镶象牙如意摆件	长40cm	287,500	北京歌德	2011.6.3
沉香猴子摘桃如意	长40cm	55,200	北京保利	2011.4.18
当代 郑尧锦 雕沉香雕灵芝如意	长28cm	3,220,000	上海大众	2011.08.25
清乾隆 紫檀雕寿面纹插屏底座	长28.5cm	517,500	北京保利	2011.4.16
清乾隆 紫檀夔龙纹插屏座	宽54cm	437,000	北京保利	2011.4.16
清乾隆 紫檀嵌玉婴戏砚屏	宽29cm	287,500	北京保利	2011.12.08
清 黄花梨框青花砚屏 (一对)	高32cm	103,500	北京保利	2011.12.08
清 黄杨木雕宫苑仙人砚屏	长25.5cm	172,500	中贸圣佳	2011.11.06
清 紫檀刻龙纹砚屏	高24cm	1,265,000	荣宝斋(沪)	2011.11.25
清 紫檀吴昌硕款诗文砚屏	高37cm；长23cm	402,500	荣宝斋(沪)	2011.11.25
佩玩件				
清乾隆 伽南香透雕松竹梅斋戒牌	长6.4cm	138,000	北京保利	2011.6.6
清乾隆 伽楠香大吉牌	长6.2cm	207,000	北京保利	2011.6.6
清乾隆 沉香雕松竹人物纹斋戒牌	长6.2cm	80,500	北京东正	2011.11.17
清乾隆 沉香雕云蝠纹斋戒牌	长5.5cm	126,500	北京东正	2011.11.17
清乾隆 紫檀斋戒牌	长6cm	57,500	北京保利	2011.10.22
清中期 伽南香木平安无事牌	长6.2cm	126,500	北京保利	2011.6.6
清 紫檀刻云鹤牌	高20.5cm	51,750	北京保利	2011.10.22
清 奇楠雕双龙斋戒牌	6.5cm×4cm	126,500	上海大众	2011.08.25
清 沉香雕鸳鸯衔荷暖手	长7.5cm	61,600	北京荣宝	2011.11.11

拍品名称	尺寸	成交价RMB	拍卖公司	拍卖日期
清 楠木金漆龙形挂件	长89cm	195,500	北京保利	2011.4.16
清 沉香朝珠	长149cm	67,200	中贸圣佳	2011.4.29
清中期 沉香朝珠108粒	直径1.5cm×108	172,500	北京东正	2011.6.5
清 沉香朝珠		123,200	天津文物	2011.11.12
清 合香瓜形朝珠		67,200	北京荣宝	2011.11.11
清 迦南香朝珠	重123g	280,000	中鼎国际	2011.10.15
清 沉香朝珠	重238g	112,000	中鼎国际	2011.10.15
清 沉香朝珠(108粒)		403,200	天津文物	2011.5.13
清乾隆 沉香朝珠(一副)	长85cm	184,000	北京保利	2011.4.16
清 沉香朝珠108粒	长77cm	575,000	北京保利	2011.6.7
清 沉香木雕手串	长30cm	149,500	中国嘉德	2011.11.15
清 沉香木手串	直径1.8cm	86,250	北京诚轩	2011.11.12
清 沉香十八子(海蓝宝)手串	重102.2g	112,000	中鼎国际	2011.10.15
清 沉香十八子手串	长22cm	184,000	北京保利	2011.6.6
清 筎楠香木手串		425,500	北京翰海	2011.11.19
清乾隆 伽南香金粟寿字十八子手串	长30cm	598,000	北京保利	2011.6.6
清 沉香木团寿108数珠	长145cm	805,000	北京保利	2011.6.6
清 沉香木珠串		207,000	浙江钱塘	2011.12.04
清乾隆 伽南香嵌金粟寿字搬指	直径3.5cm	713,000	北京保利	2011.6.6
清初 沉香雕梅桩形带钩	长11cm	161,000	上海大众	2011.08.25
清 伽南香嵌金、米珠福寿扳指	直径3.5cm	115,000	北京保利	2011.12.08
清 伽南香嵌金、米珠福寿镯(一对)	直径7.8cm	115,000	北京保利	2011.12.08
生活用品				
清早期 沉香木“瓜蝶绵延”挂瓶	长24cm	71,300	中国嘉德	2011.3.21
清乾隆 沉香雕开光松山垂钓纹方瓶	高49.8cm	1,955,000	北京东正	2011.11.17
清乾隆 紫檀宝瓶形座	宽35cm	69,000	北京保利	2011.4.16
清 沉香雕喜鹊登梅瓶	高23cm	86,250	北京保利	2011.4.18
清19世纪 黄杨木四棱瓶	高10cm	84,200	香港苏富比	2011.4.8
明 黄花梨墩式碗	直径15cm	55,200	北京东正	2011.6.5
清 木雕花卉纹盖碗(一对)	高16cm×2	69,000	北京歌德	2011.6.3
清 紫檀香插	高10.9cm	92,000	西泠拍卖	2011.7.19
清 沉香木松竹梅香筒	高21.7cm	460,000	浙江钱塘	2011.12.04
清早期 黄杨木雕人物故事香筒	高19cm	71,300	北京匡时	2011.6.8
清 紫檀双耳狮纹镂空香熏	高26cm	100,800	琴岛荣德	2011.12.10
黄花梨木箱	长34.5cm	56,000	中贸圣佳	2011.1.23
明 黄花梨木官皮箱	长34cm	57,500	北京永乐	2011.11.15
明末清初 黄花梨官皮箱	高36cm	138,000	广州嘉德	2011.6.11
清早期 黄花梨文具箱	高31cm	368,000	中国嘉德	2011.11.12
清早期 紫檀小箱	长33cm	51,750	北京保利	2011.4.18
清中期 紫檀提箱	高33cm	92,000	北京保利	2011.10.22
清 官帽箱	高32cm	218,500	北京容海	2011.10.24
清 黄花梨官皮箱	长32cm	224,000	浙江钱塘	2011.1.9
清 黄花梨箱	长42cm	134,400	浙江钱塘	2011.1.9
清 紫檀文玩箱	尺寸不一	57,500	中国嘉德	2011.3.21
明 沉香木雕商山四皓杯	高7.5cm	89,600	浙江钱塘	2011.1.9
明末 紫檀嵌银丝耳杯	直径9cm	78,200	北京歌德	2011.6.3
清初 沉香雕安居乐业纹杯	高10cm	80,500	北京东正	2011.11.17
清初 沉香雕松山高隐纹杯	直径10cm	667,000	北京东正	2011.11.17
清初 沉香雕松山高隐纹杯	高9.6cm	483,000	北京东正	2011.11.17
清初 沉香雕松纹杯	高11.5cm	161,000	北京东正	2011.11.17
清 沉香木雕菊石图杯	高9cm	156,800	古天一	2011.6.4
清乾隆 沉香刻山水诗文方型把杯	口径9cm	230,000	上海大众	2011.08.25
清乾隆 御制紫檀嵌银丝三足杯	高4.5cm	115,000	北京保利	2011.10.22
清乾隆 紫檀嵌银丝兽面纹出戟银胆杯	高7cm	575,000	上海大众	2011.08.25
清18世纪 沉香木雕山水庭廓图杯		673,600	香港苏富比	2011.4.8
清19世纪 木雕松廓人物图杯	高11.5cm	68,413	香港苏富比	2011.4.8
清早期 沉香雕“搜山图”爵杯	高11.5cm	2,185,000	江苏省拍	2011.12.10
清早期 沉香雕松山访友纹杯	直径9.4cm	575,000	北京东正	2011.11.17
清早期 沉香木雕菊寿纹杯	高9cm	112,000	北京永乐	2011.5.24
清中期 沉香雕瓜果纹杯	高10cm	172,500	北京东正	2011.11.17
清中期 沉香雕菊石纹杯	高8.2cm	161,000	北京东正	2011.11.17
清中期 沉香雕开光松山仿友纹螭耳方杯	长12.5cm	172,500	北京东正	2011.11.17
清中期 沉香雕山水人物纹杯	高11.3cm	230,000	北京东正	2011.11.17
清中期 沉香雕松山童趣纹杯	高12.2cm	287,500	北京东正	2011.11.17
清中期 沉香雕携琴访友纹杯	高13cm	287,500	北京东正	2011.11.17
清中期 沉香木雕松树杯	高11.2cm	115,000	北京保利	2011.6.7
清中期 伽楠香木雕山水图杯	高11cm	345,000	北京永乐	2011.11.15
清中期 伽楠香木雕献寿图小杯(一对)	高5.9cm	109,250	北京永乐	2011.11.15
清中期 伽楠香木雕渔樵耕读图杯	高11.3cm	253,000	北京永乐	2011.11.15
清 沉香木雕方斗式龙耳杯	高6.5cm	134,400	浙江钱塘	2011.1.9
清 沉香木雕仿犀角杯	宽16.7cm	115,000	中国嘉德	2011.11.15
清 沉香木雕山水杯(一对)	高6cm	310,500	中国嘉德	2011.11.15
清 沉香木花卉杯	高9.3cm	230,000	浙江钱塘	2011.12.04
清 高浮雕沈香杯	通高13cm	253,000	西泠拍卖	2011.7.18
清 黄杨木雕秋溪泛舟杯	高9.8cm	74,750	中贸圣佳	2011.11.06
清 紫檀雕梅花玉兰杯(一对)	直径10.5cm×2	63,250	北京匡时	2011.6.8
清 紫檀仿犀角杯(一对)	高6cm×2	134,400	中贸圣佳	2011.4.29
江春波雕山水人物沉香杯	高10.5cm	3,920,000	古天一	2011.6.4
民国 沉香木雕松下人物杯(一对)	直径5.3cm	67,200	云南典藏	2011.10.31
明 黄花梨雕围棋盒(二件)	直径13.5cm	67,200	北京翰海	2011.09.18
明 黄花梨夔龙纹文具盒	长22cm	67,200	天津文物	2011.11.12
明 黄花梨文具盒	长41cm	53,760	南京正大	2011.4.23
明 紫檀仿剔犀印盒	直径7.5cm	57,500	北京保利	2011.12.08
明 紫檀嵌银丝雕狩猎图盖盒	长14cm	207,000	上海大众	2011.08.25
明晚期 紫檀嵌银丝狩猎图盖盒	长13.5cm	280,000	长风拍卖	2011.1.20
清乾隆 御制紫檀嵌百宝绶带鸟海棠纹大套盒	长35cm	5,600,000	浙江钱塘	2011.6.12
清初 黄花梨嵌百宝盒	长15cm	97,750	北京歌德	2011.6.3
清初 紫檀百宝嵌莲藕纹长方盒	长14.8cm	126,500	中国嘉德	2011.5.22
清初 紫檀围棋罐	11cm×8cm	92,000	北京歌德	2011.6.3
清早期 黄花梨提盒	长32cm	50,400	北京保利	2011.1.16
清早期 黄花梨镶螺钿毛笔盒及毛笔(九支)	尺寸不一	172,500	北京保利	2011.6.7
清早期 黄花梨砚台盒	长20cm	57,500	中国嘉德	2011.12.18
清早期 楠木内衬黄绫玺印盒	长16cm	253,000	北京保利	2011.4.16
清早期 紫檀雕桃形盖盒	高7.8cm	115,000	北京匡时	2011.6.8
清早期 紫檀嵌玉松竹梅镂雕香薰盒(一对)	长13.5cm	253,000	北京保利	2011.6.6
清乾隆 “四季花卉”紫檀六方盒	长22cm	74,750	北京保利	2011.4.16
清乾隆 “周玉赤刀诗”紫檀盒	长38cm	1,035,000	北京保利	2011.4.16
清乾隆 螭龙纹“周螭梁盉”紫檀盒	宽20cm	862,500	北京保利	2011.4.16
清乾隆 海水云龙纹紫檀册页盒	长23cm	1,265,000	北京保利	2011.4.16
清乾隆 黄花梨六方形朝珠盒	长18.5cm	57,500	北京诚轩	2011.11.12
清乾隆 黄花梨嵌百宝花卉方盒	高8cm	299,000	北京保利	2011.10.22
清乾隆 黄花梨嵌黄杨缠枝莲玉璧纹盖盒(一对)	宽28cm	345,000	北京保利	2011.6.6
清乾隆 黄杨木雕鱼化龙文房盖盒	高13.5cm	59,800	北京匡时	2011.6.8
清乾隆 双面工紫檀龙形盒	长12cm	51,750	北京保利	2011.4.16
清乾隆 御制紫檀百宝嵌绶带鹊梅海棠纹套盒	高35cm	6,670,000	荣宝斋(沪)	2011.11.25
清乾隆 竹黄雕渔樵耕读大盖盒	直径45.5cm	402,500	北京保利	2011.12.08

2011杂项拍卖成交汇总

(成交价RMB：5万元以上)

拍品名称	尺寸	成交价RMB	拍卖公司	拍卖日期
清乾隆 竹簧嵌绿松渔樵耕读纹大捧盒	腹径45cm	1,380,000	上海大众	2011.08.25
清乾隆 梓檀雕云龙长方盒	长43.5cm	1,120,000	北京翰海	2011.09.18
清乾隆 紫檀“神皋纪庆”御制册页盒	长27.2cm	2,070,000	江苏省拍	2011.12.10
清乾隆 紫檀错银丝开框荷塘清趣盖盒	长33cm	2,300,000	上海大众	2011.08.25
清乾隆 紫檀雕博古图方盒	长23.5cm	299,000	北京保利	2011.10.22
清乾隆 紫檀雕海水游龙方盒	宽16.5cm	172,500	北京保利	2011.4.18
清乾隆 紫檀雕云龙长方盒	长43.5cm	862,500	北京翰海	2011.5.21
清乾隆 紫檀海水云龙纹玺印盒	高15cm	1,092,500	北京保利	2011.4.16
清乾隆 紫檀黑漆描金花卉纹砚台盒	长19cm	345,000	上海大众	2011.08.25
清乾隆 紫檀木雕庭廓人物图方盖盒	长23cm	294,700	香港苏富比	2011.4.8
清乾隆 紫檀嵌百宝“喜鹊登梅”图长方盒	长23cm	69,000	北京保利	2011.4.16
清乾隆 紫檀嵌百宝“携琴访友”文房盒	长21cm	63,250	北京保利	2011.10.22
清乾隆 紫檀嵌金银碧玉双龙纹册页盒	长24cm	690,000	北京保利	2011.10.22
清乾隆 紫檀书函手卷多宝盒	长17cm	322,000	中国嘉德	2011.5.22
清乾隆 紫檀玺印盒方座	宽18cm	391,000	北京保利	2011.4.16
清18世纪 紫檀木雕葵花盖盒	长6cm	57,888	香港苏富比	2011.4.8
清18世纪 紫檀木雕题诗葵花盖盒	长9.2cm	421,000	香港苏富比	2011.4.8
清18世纪 紫檀木嵌杂宝花石瑞鸟图长方盖盒	长26.3cm	572,560	香港苏富比	2011.4.8
清雍正 伽南香雕百寿纹穿带多层香盒	高6cm	2,300,000	北京保利	2011.6.6
清中期 黄花梨百宝嵌梅花长方盒	长9.8cm	69,000	中国嘉德	2011.5.22
清中期 黄花梨长方盒	长35.5cm	97,750	北京保利	2011.10.22
清中期 黄花梨三层提盒	长29.8cm	161,000	中国嘉德	2011.11.15
清中期 黄花梨贴竹太狮少狮盖盒	直径9cm	69,000	北京保利	2011.12.07
清中期 紫檀长方倭角文房盒	长15cm	51,750	北京保利	2011.4.16
清中期 紫檀雕海水龙纹长方盒	长33cm	345,000	北京翰海	2011.5.21
清中期 紫檀雕嵌八宝六棱盒	896,000	中贸圣佳	2011.4.29	
清 “御制万寿寺五百罗汉堂记”楠木盒	长19.5cm	55,200	北京保利	2011.4.16
清 沉香木(一盒)	宽38cm	7,130,000	中国嘉德	2011.11.15
清 沉香木瓜蒂绵绵小盒	长9cm	74,750	北京容海	2011.10.24
清 红木盒瓜虫砚	长14cm	74,750	北京保利	2011.6.7
清 红木嵌螺钿黄玉兽钮香具盒	长15.7cm	115,000	西泠拍卖	2011.7.19
清 黄花梨三层小提盒	长33.5cm	172,500	北京匡时	2011.09.17
清 黄杨木佛手盒	长12.5cm	115,000	北京匡时	2011.6.8
清 檀木盒装玉摆件(四件)	尺寸不一	82,800	北京九歌	2011.6.10
清 髹漆嵌八宝盒	长26cm	57,500	西泠拍卖	2011.7.18
清 硬木经书盒	长33cm	313,600	浙江钱塘	2011.6.12
清 紫檀百宝嵌花蝶长方盒	长11cm	105,800	中国嘉德	2011.5.22
清 紫檀百宝嵌花鸟长方盒	长14.5cm	115,000	中国嘉德	2011.5.22
清 紫檀雕莲蓬、花形盖盒(两件)	尺寸不一	69,000	北京保利	2011.12.07
清 紫檀雕梅方印盒	长10.2cm	92,000	西泠拍卖	2011.7.18
清 紫檀雕云龙纹盒	长22.5cm	201,600	中贸圣佳	2011.4.29
清 紫檀福至心灵盖盒	长26.5cm	86,250	北京保利	2011.6.6
清 紫檀盖盒	长28cm	51,750	北京中汉	2011.5.23
清 紫檀木提盒	长22cm	92,000	中贸圣佳	2011.11.06
清 紫檀嵌八宝盖盒	长14.5cm	402,500	中贸圣佳	2011.11.06
清 紫檀嵌金银丝诗文盖盒	长12cm	115,000	北京匡时	2011.6.8
清 紫檀嵌螺钿错银报春图盒	14.8cm×11.8cm×6.6cm	195,500	中国嘉德	2011.5.22
清 紫檀嵌象牙书卷盒	高17cm	161,000	北京匡时	2011.6.8
清 紫檀嵌云石方盒	长11cm	71,300	浙江钱塘	2011.12.04
清 紫檀三层提盒	高14.7cm	82,800	中国嘉德	2011.5.22
清 紫檀提梁盒	长20cm	230,000	西泠拍卖	2011.7.18
清 紫檀镶象牙如意盒	宽10cm	80,500	中国嘉德	2011.5.22
清 紫檀制围棋盒(一对)	直径12cm	57,500	北京保利	2011.12.07
清 沉香木朝珠带鸡翅木嵌黄杨盒	尺寸不一	103,500	上海大众	2011.08.25
清 紫檀方盒	长12cm	172,500	古天一	2011.12.05
民国 紫檀雕锦地三层提盒(一对)	高26cm×2	115,000	北京匡时	2011.6.8
民国 紫檀雕龙凤纹八方盖盒	长33cm	51,750	北京匡时	2011.6.8
梓檀嵌黄杨木龙纹盒配各式手串(三件)		51,520	北京翰海	2011.09.18
明 “停云馆”款如意云纹紫檀盒	直径8cm	1,150,000	北京保利	2011.4.16
清初 黄花梨松鼠葡萄茶盘	长58cm	92,000	北京容海	2011.10.24
清乾隆 木雕题诗荷叶盘	长37cm	421,000	香港苏富比	2011.4.8
清乾隆 犀皮漆倭角紫檀托盘	直径40cm	74,750	北京保利	2011.4.16
清乾隆 紫檀雕缠枝莲纹承盘	37cm×37cm	115,000	上海大众	2011.08.25
清乾隆 紫檀绳纹呈盘	直径10.4cm	161,000	中国嘉德	2011.11.12
清早期 紫檀文具盘	长31cm	80,500	北京保利	2011.6.6
清中期 紫檀回纹方形文具盘	长44.8cm	172,500	北京保利	2011.12.08
清18世纪 紫檀木雕叶形盘	长36cm	168,400	香港苏富比	2011.4.8
清 沉香雕松鼠葡萄纹盘	长15.5cm	425,600	古天一	2011.6.4
清 红木承盘	长34.8cm	63,250	西泠拍卖	2011.7.19
清 红木竹节托盘	39cm×25cm	51,750	北京歌德	2011.09.17
清 黄杨木雕“福至心灵”盘	长21cm	313,600	古天一	2011.6.4
清 紫檀呈盘	长38cm	59,800	中国嘉德	2011.11.12
清 紫檀棋盘	高16cm	94,300	北京匡时	2011.09.17
卷边根盘真善美	高94cm	1,792,000	北京翰海	2011.4.9
明 紫檀雕树根型花插	高13cm	138,000	上海大众	2011.08.25
清初 沉香雕松鼠纹花插	高17cm	207,000	北京东正	2011.11.17
清中期 沉香雕松干纹花插	高12.2cm	101,200	北京东正	2011.11.17
清 沉香雕松鼠葡萄花插	高17.5cm	69,000	北京保利	2011.6.7
清乾隆 “汉蟠虺鼎”如意形三足器座	宽23cm	103,500	北京保利	2011.4.16
清乾隆 “汉蟠虺鼎”如意形三足器座	宽18.5cm	80,500	北京保利	2011.4.16
清乾隆 “汉蟠虺壶、乾隆御鉴 乙 二”器座	宽22cm	92,000	北京保利	2011.4.16
清乾隆 “汉蟠虺壶乾隆御鉴 乙 二”款紫檀古器座	宽23cm	57,500	北京保利	2011.4.16
清乾隆 “汉三足瓿”古器座	宽23cm	69,000	北京保利	2011.4.16
清乾隆 “汉兽环壶、乾隆御鉴 乙 二”紫檀古器座	直径19cm	69,000	北京保利	2011.4.16
清乾隆 “汉兽环壶、乾隆御鉴 乙 十二”款紫檀六方座	宽26.5cm	57,500	北京保利	2011.4.16
清乾隆 “汉兽环壶、乾隆御玩 乙 六”款紫檀六方座	宽21.5cm	80,500	北京保利	2011.4.16
清乾隆 “汉兽环壶”“乾隆御玩 乙 七”款紫檀古器座座一件“七 乙”	宽28.5cm	80,500	北京保利	2011.4.16
清乾隆 “汉素鼎”“乾隆御鉴 乙”款紫檀古器座	宽19.5cm	63,250	北京保利	2011.4.16
清乾隆 “汉弦纹鼎”“乾隆御鉴、乙”款紫檀古器座	宽21.5cm	74,750	北京保利	2011.4.16
清乾隆 “甲”字款紫檀御题诗器座	直径11cm	517,500	北京保利	2011.4.16
清乾隆 “罍”“乾隆御鉴 乙”款紫檀古器座	宽25.5cm	69,000	北京保利	2011.4.16
清乾隆 “乾隆御鉴”“乾隆御鉴、乙”款紫檀古器座	宽15cm	57,500	北京保利	2011.4.16
清乾隆 “乾隆御鉴”款紫檀带暗屉成对须弥座	长27cm	1,012,000	北京保利	2011.4.16
清乾隆 “周册彝”“乾隆御鉴 乙”款紫檀古器座	宽18cm	57,500	北京保利	2011.4.16
清乾隆 “周蟠虺铺”“乾隆御玩”款古器座	宽23.5cm	69,000	北京保利	2011.4.16
清乾隆 红木嵌银丝如意头大座	直径40cm	103,500	北京保利	2011.4.16
清乾隆 黄花梨嵌螺钿长方座	长30cm	51,750	北京保利	2011.4.16

拍品名称	尺寸	成交价RMB	拍卖公司	拍卖日期
清乾隆 金漆木大佛座	长44cm	287,500	北京保利	2011.4.16
清乾隆 饕餮纹嵌染色象牙红木长方座(一对)	长31cm	253,000	北京保利	2011.4.16
清乾隆 饕餮纹紫檀方座	长36cm	345,000	北京保利	2011.4.16
清乾隆 御制乌木"双兽环洗"器座	直径32.5cm	184,000	北京保利	2011.10.22
清乾隆 御制紫檀"罍"器座	直径25cm	57,500	北京保利	2011.10.22
清乾隆 御制紫檀"周册彝"器座	直径18cm	80,500	北京保利	2011.10.22
清乾隆 御制紫檀"周饕餮觚"器座	直径13cm	230,000	北京保利	2011.10.22
清乾隆 紫檀"乾隆御玩"款周犠尊器座	宽33cm	253,000	北京保利	2011.10.22
清乾隆 紫檀宝座面	长66cm	103,500	北京保利	2011.4.16
清乾隆 紫檀雕饕餮纹器座	长15cm	230,000	北京保利	2011.4.16
清乾隆 紫檀雕饕餮纹椭圆器座	宽18cm	322,000	北京保利	2011.4.16
清乾隆 紫檀佛座	长36cm	112,000	北京保利	2011.1.16
清乾隆 紫檀刻龙纹佛座	宽25cm	184,000	北京保利	2011.4.16
清乾隆 紫檀嵌象牙雕饕餮纹八方须弥座(一对)	宽21cm	632,500	北京保利	2011.4.16
清乾隆 紫檀嵌银丝圆形座	直径46cm	57,500	北京保利	2011.10.22
清乾隆 紫檀如意长方托	长41cm	86,250	北京保利	2011.4.16
清乾隆 紫檀随形原座天然树瘤形器	高16cm	253,000	北京保利	2011.4.16
清乾隆 紫檀玺印方座	长19cm	126,500	北京保利	2011.4.16
清中期 紫檀三弯腿小座(成对)	长39.5cm	483,000	中国嘉德	2011.11.12
清 红木雕海水波浪纹器座	长18.5cm	57,500	北京匡时	2011.09.17
清 红木雕绳纹币纹五足器座	高20cm	66,700	北京匡时	2011.09.17
清 紫檀雕莲瓣纹金刚杵台座	直径9cm	80,500	西泠拍卖	2011.7.19
民国 黄杨木座子	直径11.4cm	55,200	西泠拍卖	2011.7.18
清早期 黄花梨雕螭龙纹磬架	高34cm	109,250	北京保利	2011.4.16
清早期 黄花梨龙首帖架(一组)	高40cm	55,200	北京保利	2011.4.16
清早期 明式黄花梨帖架	长39cm	149,500	北京保利	2011.4.16
清早期 紫檀书架	长37cm	112,000	长风拍卖	2011.1.20
清乾隆 紫檀古器架	高74cm	483,000	北京保利	2011.4.16
清乾隆 紫檀花卉灵芝纹帽架托(一对)	宽18cm	51,750	北京保利	2011.10.22
清乾隆 紫檀帖架	长26cm	63,250	北京保利	2011.4.16
清 红木钟器架	高46cm	66,700	北京匡时	2011.09.17
清 黄杨木花架	高18.5cm	51,750	浙江钱塘	2011.12.04
清 黄杨木随形器架	高24.5cm	80,500	北京匡时	2011.6.8
清 鸂鶒木暗刻描金御制诗嵌浅青玉「云龙」图冠帽架	高30cm	1,295,600	香港苏富比	2011.10.05
清 紫檀嵌黄杨木博古架	高62cm	287,500	浙江钱塘	2011.12.04
清 紫檀帖架	长32cm	74,750	北京保利	2011.6.6
明 黄花梨木雕素钵	直径16cm	92,000	中贸圣佳	2011.11.06
明 黄花梨小卷缸	直径24cm	74,750	北京歌德	2011.12.03
清 红木嵌黄杨木佛龛	高110cm	1,792,000	浙江佳宝	2011.6.23
清乾隆 紫檀雕葫芦形佛龛		1,120,000	中贸圣佳	2011.4.29
清末 沉香雕佛手纹纸镇	长17cm	115,000	北京东正	2011.11.17
清中期 花梨嵌玛瑙凤纹炉盖	直径17cm	481,600	北京保利	2011.1.16
清乾隆 紫檀嵌螺钿「千秋宝鉴」镜	长21.3cm	875,680	香港苏富比	2011.4.8
清早期 黄花梨镜台	长32cm	161,000	北京保利	2011.10.22
清早期 黄花梨龙纹盖	长35.5cm	92,000	北京保利	2011.4.16
清中期红木玻璃画宫灯(一对)	高42cm	57,500	北京保利	2011.4.16
清 红木雕回纹方凳	长34cm	299,000	上海大众	2011.08.25
清 黄花梨雕龙纹小柜	高42cm	94,300	北京保利	2011.10.22
清 紫檀嵌掐丝珐琅桌	长103cm	105,800	中国嘉德	2011.09.17
红木嵌湘妃竹茶海	长57cm	86,250	长风拍卖	2011.6.21
文房用品				
明 黄花梨雕榴纹笔筒	直径23cm	368,000	北京东正	2011.11.17
明 黄花梨木雕竹节笔筒	高18.9cm	230,000	北京翰海	2011.11.19
明 黄花梨嵌百宝六方笔筒	高20cm	1,380,000	北京翰海	2011.11.19
明 黄花梨素身笔筒	直径18.5cm	51,750	北京歌德	2011.09.17
明 黄花梨素纹大笔筒	高19.5cm	80,640	浙江钱塘	2011.6.12
明 朱小松制赤壁夜游笔筒	高15.5cm	1,725,000	北京保利	2011.12.07
明 紫檀素笔筒	高16cm	57,500	上海崇源	2011.7.6

拍品名称	尺寸	成交价RMB	拍卖公司	拍卖日期
明 黄花梨笔筒	高17cm	63,250	北京容海	2011.10.24
明末 黄花梨雕榴形笔筒	直径20.5cm	207,000	北京东正	2011.6.5
明末清初 大笔筒	高18cm	560,000	中鼎国际	2011.10.15
明末清初 黄花梨笔筒	高15cm	92,000	北京诚轩	2011.5.22
明末清初 黄花梨三足笔筒	高15.5cm	207,000	北京保利	2011.6.7
明晚期 枷楠香木雕太白醉酒笔筒	高12.5cm	145,600	长风拍卖	2011.1.20
清早期 沉香木雕松下高士笔筒	高12.8cm	345,000	北京匡时	2011.6.8
清早期 黄花梨笔筒	直径18cm	63,250	中国嘉德	2011.09.19
清早期 黄花梨螭龙海水花瓣口笔筒	高16cm	287,500	北京保利	2011.12.07
清早期 黄花梨大笔筒	直径22cm	126,500	北京保利	2011.12.08
清早期 黄花梨大笔筒	直径28	345,000	中国嘉德	2011.6.20
清早期 黄花梨根瘤笔筒	高25.5cm	138,000	北京保利	2011.10.22
清早期 黄花梨树瘤笔筒	直径22cm	179,200	长风拍卖	2011.1.20
清早期 黄花梨素笔筒	高19cm	57,500	北京歌德	2011.6.3
清早期 黄花梨随形大笔筒	高23cm	115,000	北京保利	2011.4.16
清早期 黄花梨镶紫檀随形笔筒	高15.3cm	782,000	北京诚轩	2011.5.22
清早期 黄杨梅花笔筒	高12.1cm	172,500	西泠拍卖	2011.7.18
清早期 石鹿山人款沉香笔筒	高9.2cm	172,500	荣宝斋(沪)	2011.11.25
清早期 周乃始款黄花梨大笔筒	高21.7cm	1,725,000	荣宝斋(沪)	2011.11.25
清早期 紫檀人物笔筒	高13.5cm	529,000	荣宝斋(沪)	2011.11.25
清早期 紫檀素笔筒	高18cm	134,400	长风拍卖	2011.1.20
清早期 紫檀素身笔筒	高15cm	69,000	北京保利	2011.6.6
清早期 紫檀整挖大笔筒	直径23cm	92,000	北京保利	2011.6.6
清早期 紫檀周芷岩刻诗文文竹花卉笔筒	高11.6cm	1,568,000	长风拍卖	2011.1.20
清乾隆 蔡维勤制黄杨木笔筒	高11.4cm	218,500	长风拍卖	2011.6.21
清初 沉香雕松下对弈纹笔筒	高13cm	230,000	北京东正	2011.11.17
清初 黄花梨整挖三足笔筒	高16cm	115,000	上海大众	2011.08.25
清初 紫檀雕傲风戛石图笔筒	高11.5cm	690,000	北京东正	2011.6.5
清雍正 黑石雕鹦鹉笔筒	高12cm	575,000	北京保利	2011.10.22
清乾隆 沈全林制螳螂秋松图笔筒螳螂秋松图笔筒	高11cm	1,955,000	北京匡时	2011.6.8
清乾隆 檀香木雕缠枝莲方笔筒	高11.5cm	207,000	北京保利	2011.4.16
清乾隆 紫檀刻文字笔筒	高14cm	253,000	北京翰海	2011.5.21
清乾隆 紫檀嵌银丝兽面纹出戟笔筒	高8cm	2,300,000	上海大众	2011.08.25
清乾隆 黄花梨刻钱维城 王际华书画合璧笔筒	高17.8cm	672,000	浙江钱塘	2011.6.12
清中期 程均雕二十四孝故事竹笔筒	高16cm	69,000	北京歌德	2011.12.03
清中期 黄花梨阴刻山水人物笔筒	高12cm	103,500	北京匡时	2011.6.8
清中期 黄杨木雕山水笔筒	高12.2cm	57,500	中国嘉德	2011.5.23
清中期 瘿木根雕随形笔筒	高22cm	138,000	北京保利	2011.6.6
清中期 紫檀百宝嵌喜鹊梅花图笔筒	高10.5cm	161,000	中国嘉德	2011.5.22
清中期 紫檀笔筒	长16.3cm	161,000	北京翰海	2011.11.19
清中期 紫檀笔筒	长16.8cm	89,700	北京翰海	2011.11.19
清中期 紫檀大笔筒	长19.5cm	149,500	北京翰海	2011.11.19
清中期 紫檀雕山水人物笔筒	高12.5cm	51,750	北京匡时	2011.6.8
清 沉香木雕高士图笔筒	高12.4cm	168,000	长风拍卖	2011.1.20
清 黄花梨雕花瓣口笔筒	高15.1cm	58,240	长风拍卖	2011.1.20
清 紫檀笔筒	直径20.5cm	253,000	北京歌德	2011.4.24
清18世纪/19世纪 黄杨木雕松下高士图笔筒	高14.7cm	178,925	香港苏富比	2011.4.8
清18世纪 紫檀木雕梅花笔筒	高15cm	336,800	香港苏富比	2011.4.8
清18世纪 紫檀木嵌杂宝齐眉祝寿图笔筒	高23.5cm	744,328	香港苏富比	2011.4.8
清18世纪 紫檀木树干笔筒	高16cm	147,350	香港苏富比	2011.4.8
清19世纪 黄花梨木棱口笔筒	高18cm	115,775	香港苏富比	2011.4.8
清19世纪 木刻题诗俊驹图笔筒	高14.5cm	115,775	香港苏富比	2011.4.8
清17世纪/18世纪 黄花梨笔筒	直径28cm	441,208	香港苏富比	2011.4.8

2011杂项拍卖成交汇总

(成交价RMB：5万元以上)

拍品名称	尺寸	成交价RMB	拍卖公司	拍卖日期
清 “眉公”款黄花梨百宝嵌花蝶诗文笔筒	高17.8cm	402,500	中国嘉德	2011.5.22
清 百宝嵌清供笔筒	高13.5cm	57,500	西泠拍卖	2011.7.18
清 黄杨木雕松阴品茗图笔筒	高20.3cm	552,000	中贸圣佳	2011.11.06
清 沉香雕安居乐业笔筒	高16.3cm	235,200	北京保利	2011.1.16
清 沉香雕鹤禄同春笔筒	高15cm	224,000	北京荣宝	2011.11.11
清 沉香木雕八仙人物笔筒	高11cm	896,000	浙江钱塘	2011.6.12
清 沉香木雕赤壁图笔筒	高15.5cm	414,000	北京保利	2011.6.7
清 沉香木雕赤壁夜游笔筒	高12.7cm	74,750	中贸圣佳	2011.11.06
清 沉香木雕垂柳飞燕笔筒	高16.6cm	51,750	中贸圣佳	2011.11.06
清 沉香木雕东山报笔筒	高18cm	95,200	太平洋	2011.6.18
清 沉香木雕人物大笔筒	宽24.5cm	345,000	中国嘉德	2011.11.15
清 沉香木雕山水笔筒	高12cm	86,250	中国嘉德	2011.11.15
清 沉香木雕山水人物笔筒	高17cm	149,500	北京歌德	2011.12.03
清 沉香木雕山水人物笔筒	高13.5cm	138,000	朵云轩	2011.7.4
清 沉香木雕松下高士笔筒	高13cm	230,000	浙江钱塘	2011.12.04
清 沉香木雕松下高士笔筒	高11.5cm	100,800	浙江钱塘	2011.1.9
清 沉香木雕喜鹊登梅笔筒	高15.5cm	161,000	中拍国际	2011.7.17
清 沉香木高浮雕山水人物笔筒	高13.4cm	1,610,000	北京翰海	2011.11.19
清 沉香木刻岁寒三友大笔筒	高17.8cm	437,000	荣宝斋(沪)	2011.11.25
清 沉香木小笔筒	高10cm	379,500	荣宝斋(沪)	2011.11.25
清 澄怀园制黄花梨花式笔筒	高11.8cm	172,500	西泠拍卖	2011.7.18
清 雕人物紫檀笔筒	高17.5cm	207,000	北京匡时	2011.6.8
清 仿木纹四方笔筒	高9cm	109,250	荣宝斋(沪)	2011.11.25
清 郭岱款黄花梨笔筒	高11.5cm	92,000	中国嘉德	2011.11.12
清 黄花梨笔筒	高26.7cm	172,500	西泠拍卖	2011.7.18
清 黄花梨笔筒	高17.5cm	92,000	北京匡时	2011.6.8
清 黄花梨笔筒	高17.5cm	63,250	北京容海	2011.10.24
清 黄花梨大笔筒	高22cm	172,500	西泠拍卖	2011.7.18
清 黄花梨雕菱花笔筒	高13.8cm	172,500	中国嘉德	2011.11.15
清 黄花梨雕树瘤大笔筒	高19cm	414,000	荣宝斋(沪)	2011.11.25
清 黄花梨木笔筒	高23.1cm	66,700	北京纳高	2011.7.6
清 黄花梨嵌八宝笔筒	高16.9cm	322,000	浙江钱塘	2011.12.04
清 黄花梨仕女诗文笔筒	高14.3cm	112,000	浙江钱塘	2011.6.12
清 黄花梨树瘤大笔筒	高19.5cm	276,000	浙江钱塘	2011.12.04
清 黄花梨素笔筒	高15.5cm	55,200	北京匡时	2011.09.17
清 黄花梨素纹大笔筒	高20.4cm	235,750	浙江钱塘	2011.12.04
清 黄花梨随形笔筒	高17.5cm	138,000	北京保利	2011.6.7
清 黄花梨镶银嵌铜笔筒	高16.5cm	299,000	荣宝斋(沪)	2011.11.25
清 黄花梨玉兰花花口笔筒	高14.5cm	69,000	中国嘉德	2011.5.22
清 黄花梨赵之谦诗文小笔筒	高11cm	67,200	浙江钱塘	2011.1.9
清 黄杨木笔筒	高19cm	53,760	中贸圣佳	2011.1.23
清 黄杨木雕松泉雅集笔筒	高17cm	682,000	鼎时国际	2011.12.03
清 黄杨木仿竹雕笔筒	高8.9cm	57,500	浙江钱塘	2011.12.04
清 黄杨木松树笔筒	高11.5cm	253,000	中国嘉德	2011.5.22
清 黄杨随形雕山水人物笔筒	高16cm	74,750	西泠拍卖	2011.7.18
清 聚贤图笔筒	高15cm	134,400	中鼎国际	2011.10.15
清 炉钧釉树根型笔筒	高12cm	138,000	上海大众	2011.08.25
清 茄楠山水人物笔筒	高17cm	515,200	天工艺苑	2011.6.26
清 茄楠山水人物大笔筒	高18cm	1,568,000	天工艺苑	2011.6.26
清 沈全林制黄花梨笔筒	高17.5cm	287,500	西泠拍卖	2011.7.18
清 酸枝木梅花笔筒	高12.8cm	149,500	中国嘉德	2011.5.22
清 王文治题诗文紫檀笔筒	高13.8cm	207,000	北京保利	2011.6.7
清 五牛图笔筒	高17cm	224,000	中鼎国际	2011.10.15
清 喜上眉梢笔筒	高13.5cm	112,000	中鼎国际	2011.10.15
清 瘿木嵌楠木锦地寿字笔筒	高20.4cm	92,000	北京匡时	2011.12.05
清 硬木随形大笔筒	高18c	89,600	浙江钱塘	2011.6.12
清 玉泉款人物诗文紫檀笔筒	高14.6cm	172,500	西泠拍卖	2011.7.18
清 周芝山竹雕人物故事笔筒	高14.8cm	517,500	雍和嘉诚	2011.11.27
清 周芷岩制竹石图鸡翅木笔筒	高12.5cm	345,000	北京保利	2011.6.5
清 紫檀百宝嵌花卉六方笔筒	高12.4cm	230,000	中国嘉德	2011.5.22
清 紫檀笔筒	高17.5cm	112,000	江苏万达	2011.5.29
清 紫檀笔筒	高18cm	80,640	天津文物	2011.11.12
清 紫檀大笔筒	高20.5cm	310,500	荣宝斋(沪)	2011.11.25
清 紫檀大笔筒	高18.6cm	51,750	北京容海	2011.10.24
清 紫檀雕胡人驯马图笔筒	高13cm	56,000	北京荣宝	2011.11.11
清 紫檀雕蔓枝笔筒	高13cm	207,000	北京匡时	2011.6.8

拍品名称	尺寸	成交价RMB	拍卖公司	拍卖日期
清 紫檀雕人物笔筒	高12cm	86,250	北京歌德	2011.12.03
清 紫檀雕云龙纹笔筒	直径16.2cm	161,000	北京歌德	2011.6.3
清 紫檀海棠口笔筒	高19.1cm	126,500	西泠拍卖	2011.7.19
清 紫檀花瓣式笔筒	高14.4cm	69,000	中国嘉德	2011.5.22
清 紫檀花鸟纹笔筒	高14.1cm	195,500	荣宝斋(沪)	2011.11.25
清 紫檀葵口笔筒	长19cm	82,800	北京保利	2011.12.08
清 紫檀菱口笔筒	高15cm	224,000	天津文物	2011.11.12
清 紫檀龙纹笔筒	高19.8cm	2,012,500	荣宝斋(沪)	2011.11.25
清 紫檀梅桩笔筒	高17.5cm	109,250	北京匡时	2011.6.8
清 紫檀梅桩纹笔筒	高14cm	333,500	荣宝斋(沪)	2011.11.25
清 紫檀木纹笔筒	高17.5cm	184,000	荣宝斋(沪)	2011.11.25
清 紫檀人物故事笔筒	高22cm	78,200	北京纳高	2011.7.6
清 紫檀三足笔筒	高15.8cm	55,200	北京匡时	2011.09.17
清 紫檀诗文笔筒	高17cm	299,000	北京匡时	2011.6.8
清 紫檀素笔筒	高16cm	92,000	北京匡时	2011.6.8
清 紫檀素笔筒	高14.3cm	80,500	北京中汉	2011.5.23
清 紫檀随形笔筒	高14cm	123,200	北京荣宝	2011.08.13
清 紫檀踏雪寻梅图笔筒	高14cm	862,500	荣宝斋(沪)	2011.11.25
清 紫檀整挖笔筒	高14cm	347,200	浙江钱塘	2011.6.12
清 紫檀种学斋款笔筒	高13.5cm	276,000	荣宝斋(沪)	2011.11.25
清 紫檀竹刻竹纹题诗笔筒	高15.5cm	184,000	北京保利	2011.6.7
清 紫檀竹林七贤笔筒	高14.9cm	57,500	北京容海	2011.10.24
清末 沉香雕太白醉酒纹笔筒	高11.5cm	115,000	北京东正	2011.11.17
民国 紫檀葵口大笔筒	高21cm	69,000	北京保利	2011.10.24
王蓬常款 徐孝穆刻“玉皇飞云”黄花梨笔筒	高14.5cm	172,500	长风拍卖	2011.6.21
吴凝款黄花梨笔筒	高15cm	103,500	长风拍卖	2011.6.21
西苑雅集笔筒	高18cm	616,000	中鼎国际	2011.10.15
现代 陆俨少题沈觉初刻紫檀笔筒	高17.3cm	92,000	西泠拍卖	2011.7.18
张良敬老笔筒	高13cm	201,600	中鼎国际	2011.10.15
梓檀雕人物笔筒	高21.5cm	80,500	北京翰海	2011.12.18
梓檀雕松树笔筒	高12cm	57,500	北京翰海	2011.12.18
紫檀雕百子图大笔筒	高27.7cm	112,000	北京荣宝	2011.3.18
紫檀雕兰花图笔筒	高22cm	1,344,000	古天一	2011.6.4
紫檀雕树瘿大笔筒	高23.5cm	425,600	古天一	2011.6.4
紫檀树干笔筒	高15.5cm	184,000	北京容海	2011.10.24
沉香雕山水笔筒	高17cm	51,750	北京翰海	2011.12.18
沉香木十二生肖图笔筒	高15.5cm	66,700	中国嘉德	2011.3.21
沉香人物笔筒	高13cm	134,400	中鼎国际	2011.10.15
清 黄花梨山水诗文笔海	高20cm	100,800	云南典藏	2011.5.14
明末 紫檀笔架	高42cm	207,000	中国嘉德	2011.11.12
清初 沉香雕灵童献寿纹笔架	长12.3cm	80,500	北京东正	2011.11.17
清 黄杨木仿竹节笔架	长18cm	101,200	浙江钱塘	2011.12.04
清 兰花笔架	长16.5cm	190,400	中鼎国际	2011.10.15
清 仙鹤老人笔架	长23cm	100,800	中鼎国际	2011.10.15
当代 郑尧锦 雕沉香雕树桩笔架	长24cm	2,875,000	上海大众	2011.08.25
清 紫檀斗笔	高22cm	57,500	浙江钱塘	2011.12.04
清 黄花梨素身笔搁	长28.5cm	59,800	中国嘉德	2011.5.22
明 黄杨木雕五峰笔山	长17cm	149,500	北京东正	2011.11.18
清 紫檀雕荷叶笔添	长10cm	67,200	云南典藏	2011.10.31
清 黄杨木玉兰花笔舔	长12.5cm	287,500	浙江钱塘	2011.12.04
清中期 沉香雕灵芝纹笔舔	长5.9cm	207,000	北京东正	2011.11.17
明晚期 红木嵌银丝诗文琴型臂搁	长29cm	89,600	长风拍卖	2011.1.20
清早期 紫檀竹节臂搁	长22cm	56,000	长风拍卖	2011.1.20
清道光 张廷济、沈竹宾铭紫檀竹纹臂搁	长26.5cm	575,000	北京保利	2011.6.7
清18世纪 黄杨木镂雕梅树臂搁	长20.2cm	294,700	香港苏富比	2011.4.8
清 紫檀雕竹节纹臂搁	长51cm	86,250	中贸圣佳	2011.11.06
清 紫檀雕太白醉酒、十八罗汉双面臂搁	长25.2cm	218,500	中国嘉德	2011.5.22
清 紫檀雕老桐款兰石臂搁	长23.6cm	80,500	西泠拍卖	2011.7.18
清 乌木刻书法臂搁	长27cm	195,500	上海大众	2011.08.25
清 黄杨木松树纹臂搁	长20.6cm	230,000	浙江钱塘	2011.12.04
清 沉香木雕蝴蝶松菊臂搁	长21cm	828,000	西泠拍卖	2011.7.19
当代 郑尧锦 雕沉香臂搁	长22.5cm	207,000	上海大众	2011.08.25

拍品名称	尺寸	成交价RMB	拍卖公司	拍卖日期
清乾隆 紫檀木嵌银丝「古铜」图水盂	长6.3cm	112,750	香港苏富比	2011.10.05
清中期 沉香雕佛手纹水盂	长11.6cm	51,750	北京东正	2011.11.17
明 成化款瘿木漆雕九猴水洗	直径13.4cm	92,000	西泠拍卖	2011.7.18
清 紫檀雕"梅花仙人"笔洗	长27cm	123,200	南京正大	2011.4.23
清中期 紫檀漆嵌银丝夔龙纹双联洗	长26.5cm	339,250	北京翰海	2011.5.21
清乾隆 "汉兽环洗""乾隆御鉴 乙一"款古器座	宽32.5cm	172,500	北京保利	2011.4.16
清乾隆 御制夔龙纹紫檀木盖砚	长16cm	358,400	天津文物	2011.11.12
清中期 紫檀雕龙凤呈祥纹镇	长22.4cm	184,000	北京诚轩	2011.11.12
清 黄花梨木刻文字纸镇(二件)	长42.5cm	184,000	北京翰海	2011.11.19
清早期 紫檀随形镇纸	长25cm	103,500	北京保利	2011.10.22
清末 沉香雕螃蟹墨床	长13.2cm	57,500	北京东正	2011.11.17
清乾隆 沉香雕福寿纹墨床	长9cm	126,500	北京东正	2011.11.17
张文涛款紫檀小诗筒	高10cm	86,250	长风拍卖	2011.6.21
清 红木刻山水诗文戒尺	长62cm	51,750	北京匡时	2011.6.8
其他用品				
清中期 楠木刻镂空仕女花板	高28cm	92,000	北京歌德	2011.12.03
毛主席黄杨木浮雕板	长36cm	201,600	江苏万达	2011.5.29
清 硬木诗文禅板	48cm×11cm	529,000	苏州吴门	2011.6.12
清乾隆 双面工黄花梨祥瑞图面板	长64cm	109,250	北京保利	2011.4.16
清乾隆 紫檀雕花卉纹条案束腰板	长92cm	63,250	北京保利	2011.4.16
清乾隆 紫檀雕西番莲纹板	长91.5cm	80,500	北京保利	2011.4.16
清乾隆 紫檀双面工雕山水图宝座侧板	长68cm	276,000	北京保利	2011.4.16
清乾隆 紫檀透雕树藤纹牙板	长55cm	51,750	北京保利	2011.4.16
清雍正 紫檀雕龙纹板	长35cm	138,000	中拍国际	2011.7.17
清早期 紫檀镂雕螭龙纹花板	长49cm	57,500	北京保利	2011.4.16
清乾隆 紫檀雕云龙纹牙板	长38cm	207,000	北京保利	2011.10.22
清乾隆 紫檀浮雕夔龙纹花板	长26cm	92,000	北京保利	2011.10.22
清乾隆 紫檀刻十字杵花板	长34cm	80,500	北京保利	2011.10.22
清乾隆 紫檀刻御制诗残板	长36cm	109,250	北京保利	2011.10.22
清乾隆 紫檀龙纹宝座后背板	长61cm	172,500	北京保利	2011.10.22
清乾隆 紫檀双龙纹压经板	宽32cm	97,750	中国嘉德	2011.11.12
清早期 黄花梨嵌螺钿花鸟板	长49cm	97,750	北京保利	2011.10.22
清早期 黄花梨透雕龙纹板	长90cm	51,750	北京保利	2011.10.22
清中期 沉香雕诗文带板	长6.5cm	80,500	北京东正	2011.11.17
清中期 鸡翅木刻喜上梅梢花板	长105cm	78,200	北京保利	2011.10.22
清 紫檀刻字板 (八件)	尺寸不一	80,500	北京保利	2011.10.22
清早期 鸡翅木刻龙纹桌腿望板 (共四件)	尺寸不一	575,000	北京保利	2011.10.22
清早期 黄花梨花板 (三件)	长60cm	86,250	北京保利	2011.4.16
清乾隆 紫檀嵌金银丝面板 (四件)	尺寸不一	74,750	北京保利	2011.4.16
清乾隆 如意宝相花紫檀板 (一对)	长22cm	51,750	北京保利	2011.4.16
清乾隆 紫檀整料面板 (一对)	长42cm	109,250	北京保利	2011.4.16
清早期 黄花梨框嵌五彩螺钿云龙纹长板 (一对)	长137.5cm	368,000	北京保利	2011.4.16
清中期 红木嵌象牙诗文板 (一对)	长99cm	51,750	北京保利	2011.10.22
清中期 木嵌象牙人物故事板 (一对)	长36cm	51,750	北京保利	2011.10.22
紫花腊底阔板大圆头十四档扇骨	长36.5cm	1,150,000	长风拍卖	2011.6.21
明 沉香金刚杵	高25cm	172,500	中拍国际	2011.12.07
清乾隆 黄杨木雕多子多福扇骨	长31cm	69,000	北京匡时	2011.12.05
清 沉香 (两块)	重108g；重253g	126,500	西泠拍卖	2011.7.18
清 沉香木	高19.5cm	276,000	北京保利	2011.6.7
清 广制黑漆描金山水人物成扇	长41cm	103,500	北京匡时	2011.6.8
清 漆地贴黄琴形木质对联	长147.5cm	115,000	朵云轩	2011.7.4
清乾隆 紫檀刻御粉诗文扇骨	长38cm	149,500	北京中汉	2011.5.23
清乾隆 紫檀漆金佛塔	高32cm	126,500	中国嘉德	2011.3.21
清乾隆 紫檀御制山鸡舞镜诗书法小册页	7.5cm×6.5cm	483,000	中国嘉德	2011.3.19
清18世纪 黄杨木雕葡萄树杆形扇柄	长23.8cm	188,325	香港佳士得	2011.6.1
清早期 黄花梨鞍桥	长32cm	57,500	北京保利	2011.4.16
清早期 紫檀描金佛塔	高30cm	57,500	北京保利	2011.7.28
紫花腊底扇骨	长36cm	132,250	长风拍卖	2011.6.21
紫檀嵌象牙鎏金八宝 (一套)	高28.5cm	63,250	中国嘉德	2011.3.21
宫廷包装用具 (一组十一件)	尺寸不一	126,500	北京匡时	2011.09.17
清 沉香 (四件)	尺寸不一	920,000	北京东正	2011.11.17
清 紫檀柄嵌沉香富贵纹团扇	长42cm	253,000	北京东正	2011.11.17
清乾隆 紫檀嵌象牙龙首杖头	长29cm	69,000	北京保利	2011.10.22
越南芽庄生结白棋		345,000	上海大众	2011.08.25
紫檀嵌百宝耕织图册页	尺寸不一	55,200	中国嘉德	2011.12.17
各式拐杖 (四件)	尺寸不一	89,700	中国嘉德	2011.6.18
三、牙 雕				
摆件				
宋-明 象牙雕嫦娥人物组件	34cm×12cm	2,012,500	北京歌德	2011.6.3
元/明 象牙雕描金仕女立像	高20.5cm	345,000	北京东正	2011.6.5
元 象牙雕人物坐像	高10.5cm	86,250	北京保利	2011.12.07
16世纪 象牙大成就者古古日巴	高5cm	69,000	北京翰海	2011.11.19
明永乐 牙雕长须胡人立像	高36cm	10,120,000	江苏省拍	2011.12.10
明永乐 象牙大黑天	高9.5cm	920,000	中国嘉德	2011.11.15
明晚期 象牙自在观音坐像	高9.5cm	345,000	北京保利	2011.12.07
明晚期 象牙文昌奉像	高23.4cm	89,600	长风拍卖	2011.1.20
明晚期 象牙文昌奉像	高10.8cm	56,000	长风拍卖	2011.1.20
明晚期 象牙雕寿星座像	高10.8cm	123,200	北京永乐	2011.5.24
明晚期 象牙雕寿星立像	高15cm	67,200	北京永乐	2011.5.24
明晚期 象牙雕汉钟离坐像	高13.3cm	253,000	北京诚轩	2011.11.12
明晚期 象牙雕福星立像	高17.4cm	287,500	北京诚轩	2011.11.12
明末清初 象牙雕寿星像	高24.5cm	253,000	广州嘉德	2011.6.11
明末清初 象牙雕持锄仕女摆件	高22.5cm	1,725,000	北京匡时	2011.12.05
明 象牙漆金抱子观音立像	高29cm	246,400	古天一	2011.6.4
明 象牙雕文官	高26cm	115,000	古天一	2011.12.05
明 象牙雕铁拐李坐像	高9cm	190,400	古天一	2011.6.4
明 象牙雕送子观音	高17cm	1,725,000	古天一	2011.12.05
明 象牙雕描金高士立像	高21cm	336,000	古天一	2011.6.4
明 象牙雕裸女卧像	长11cm	156,800	古天一	2011.6.4
明 象牙雕罗汉坐像	高10.5cm	504,000	古天一	2011.6.4
明 象牙雕罗汉立像	高9cm	291,200	古天一	2011.6.4
明 象牙雕魁星立像	高15cm	257,600	古天一	2011.6.4
明 象牙雕观音立像	高28.5cm	694,400	古天一	2011.6.4
明 象牙雕高士坐像	高13cm	358,400	古天一	2011.6.4
明 象牙雕彩绘观音像	高15.5cm	402,500	古天一	2011.12.05
明 象牙雕抱子观音坐像	高14.5cm	550,000	古天一	2011.6.4
明 象牙雕抱子观音立像	高28.5cm	418,000	古天一	2011.6.4
明初 象牙雕文官像	高23cm	5,520,000	北京东正	2011.11.18
明 象牙戏狮罗汉	高25cm	1,344,000	浙江钱塘	2011.6.12
明 象牙文官座像	高6cm	57,500	北京保利	2011.12.07
明 象牙太白魁星像	高32.6cm	1,008,000	浙江钱塘	2011.6.12
明 象牙送子观音像	高27cm	2,016,000	浙江佳宝	2011.6.23
明 象牙送子观音	高25cm	230,000	北京保利	2011.6.6
明 象牙寿星	高29cm	322,000	荣宝斋(沪)	2011.11.25
明 象牙刻寿翁立像	通高29cm	322,000	北京歌德	2011.6.3
明 象牙加彩雕文官像(带托)	高24.5cm	690,000	北京保利	2011.12.07
明 象牙观音像	高14cm	218,500	浙江钱塘	2011.12.04
明 象牙观音像	高12.5cm	126,500	中国嘉德	2011.6.18
明 象牙观音像	高13cm	92,000	西泠拍卖	2011.7.18
明 象牙关公	高5.6cm	57,500	浙江钱塘	2011.12.04
明 象牙伏虎罗汉	高8cm	345,000	北京东正	2011.11.18
明 象牙佛像	高11cm	287,500	荣宝斋(沪)	2011.11.25
明 象牙雕象鼻财神	高9.3cm	115,000	北京歌德	2011.6.3
明 象牙雕无量寿佛	高11.8cm	459,200	浙江钱塘	2011.6.12
明 象牙雕文曲星童子坐像	高7.2cm	299,000	北京匡时	2011.12.05
明 象牙雕文官像	高21.5cm	2,300,000	北京保利	2011.12.07

2011杂项拍卖成交汇总

(成交价RMB：5万元以上)

拍品名称	尺寸	成交价RMB	拍卖公司	拍卖日期
明 象牙雕文官像	高14.3cm	94,300	北京东正	2011.11.18
明 象牙雕文官立像	高22.5cm	1,495,000	北京匡时	2011.12.05
明 象牙雕文昌像	高12.5cm	322,000	北京保利	2011.12.07
明 象牙雕送子观音像	高22.2cm	287,500	北京东正	2011.6.5
明 象牙雕送子观音像	高14.3cm	112,700	北京东正	2011.6.5
明 象牙雕送子观音立像	高24cm	655,500	上海大众	2011.08.25
明 象牙雕寿星立像	高23cm	333,500	上海大众	2011.08.25
明 象牙雕寿星摆件	高9.5cm	345,000	北京东正	2011.6.5
明 象牙雕寿星摆件	高25cm	80,500	北京匡时	2011.6.8
明 象牙雕寿翁立像	高15.5cm	184,000	北京歌德	2011.09.17
明 象牙雕仕女像	长10.5cm	437,000	北京东正	2011.6.5
明 象牙雕瑞兽钮	高4.3cm	51,750	北京东正	2011.11.17
明 象牙雕人物立像	高14cm	53,760	北京翰海	2011.4.9
明 象牙雕漆金送子观音	高29cm	586,500	苏州吴门	2011.6.12
明 象牙雕漆金观音像	高21cm	253,000	北京东正	2011.11.18
明 象牙雕罗汉像	高5cm	115,000	北京东正	2011.6.5
明 象牙雕罗汉像	高5.5cm	55,200	北京东正	2011.11.18
明 象牙雕魁星文侍像	高33cm	2,127,500	江苏省拍	2011.12.10
明 象牙雕魁星点斗立像	高16cm	322,000	上海大众	2011.08.25
明 象牙雕韩湘子立像	高15.5cm	207,000	上海大众	2011.08.25
明 象牙雕观音携童子摆件	高26.5cm；高8cm	1,058,000	北京东正	2011.6.5
明 象牙雕观音像	高12cm	667,000	北京东正	2011.6.5
明 象牙雕观音送子立像	高31cm	1,955,000	北京保利	2011.12.07
明 象牙雕观音立像	高25cm	115,000	北京东正	2011.6.5
明 象牙雕高士像	高28cm	322,000	北京保利	2011.12.07
明 象牙雕伏虎罗汉	高5.3cm	69,000	西泠拍卖	2011.7.19
明 象牙雕佛手	长10cm	313,600	浙江钱塘	2011.6.12
明 象牙雕杜甫像	高17.5cm	805,000	西泠拍卖	2011.7.19
明 象牙雕东方朔	高16cm	69,000	北京保利	2011.12.07
明 象牙雕捣药观音立像	高20cm	1,035,000	上海大众	2011.08.25
明 象牙雕捣药观音	高20cm	552,000	苏州吴门	2011.6.12
明 象牙雕彩绘水月观音像	高20.5cm	4,945,000	北京东正	2011.6.5
明 象牙彩绘龙头摆件	高8.8cm	161,000	西泠拍卖	2011.7.18
明 象牙八仙人物像	高31.3cm	97,750	中国嘉德	2011.09.17
清初 象牙雕卧女	长15cm	207,000	上海大众	2011.08.25
清初 象牙雕送子观音像	高27cm	563,500	北京歌德	2011.6.3
清初 象牙雕高士像	高14.5cm	115,000	北京歌德	2011.6.3
清早期 象牙圆雕弥勒坐像	高4.7cm	166,750	北京匡时	2011.12.05
清早期 象牙雕小布袋和尚	高5cm	74,750	北京保利	2011.6.6
清早期 象牙雕童子观音摆件	高20cm	460,000	北京匡时	2011.6.8
清早期 象牙雕仕女立像	高22cm	504,000	古天一	2011.6.4
清早期 象牙雕人物立像	高21cm	59,800	北京匡时	2011.09.17
清早期 象牙雕高士立像	高23cm	336,000	古天一	2011.6.4
清雍正 象牙雕持如意观音像	高18.5cm	1,725,000	江苏省拍	2011.12.10
清乾隆 杨维占製象牙雕采桑图摆件	长23cm	138,000	北京歌德	2011.6.3
清乾隆 象牙制三娘教子摆件	21cm×20.5cm	1,840,000	北京歌德	2011.6.3
清乾隆 象牙染色雕铁拐李像	高25cm	672,000	浙江钱塘	2011.1.9
清乾隆 象牙茜色雕和合二仙站像	高10.5cm	138,000	上海大众	2011.08.25
清乾隆 象牙雕仙人乘槎摆件	长24cm	632,500	福建拍卖	2011.7.3
清乾隆 象牙雕仙人乘槎摆件	直径4cm	345,000	北京歌德	2011.6.3
清乾隆 象牙雕五谷丰登摆件	高13cm	287,500	北京保利	2011.6.7
清乾隆 象牙雕狮子戏球摆件	长21cm	253,000	中贸圣佳	2011.11.06
清乾隆 象牙雕山羊摆件	长8cm	149,500	北京东正	2011.6.5
清乾隆 象牙雕乳姑不怠立像	高22cm	1,495,000	上海大众	2011.08.25
清乾隆 象牙雕榴开百子摆件	长5cm	230,000	上海大众	2011.08.25
清乾隆 象牙雕刘海立像(带托)	通高11cm	80,500	北京歌德	2011.6.3
清乾隆 象牙雕灵猴献寿	高4cm	598,000	北京保利	2011.6.6
清乾隆 象牙雕鹤鹿同春寿桃形摆件	高10.5cm	862,500	上海大众	2011.08.25
清乾隆 象牙雕观音像	高23cm	2,127,500	北京东正	2011.11.18
清乾隆 象牙雕缠枝牡丹纹葫芦形摆件	高11.3cm	897,000	北京东正	2011.6.5
清乾隆 象牙雕八仙泛槎摆件	长31cm	5,060,000	北京保利	2011.12.07
清乾隆 象牙雕“以乳喂亲”像	高14.5cm	322,000	北京东正	2011.11.18

拍品名称	尺寸	成交价RMB	拍卖公司	拍卖日期
清乾隆 象牙雕“顺风相送”船	长77cm	2,185,000	北京东正	2011.6.5
清乾隆 象牙雕“吉庆有鱼”宫灯(一对)	高41.2cm	5,520,000	福建拍卖	2011.7.3
清乾隆 象牙藏文转经筒	长35cm	1,150,000	中国嘉德	2011.11.15
清乾隆 染色象牙雕花卉摆件	长18cm	1,035,000	北京保利	2011.12.07
清中期 象牙紫檀雕自在度母像	高24cm	138,000	广州嘉德	2011.6.11
清中期 象牙圆雕陶渊明立像	高36.2cm	97,750	北京匡时	2011.12.05
清中期 象牙水仙花掐丝珐琅盆摆件	高41.5cm	1,955,000	浙江钱塘	2011.12.04
清中期 象牙仕女摆件	高6cm	51,750	北京东正	2011.6.5
清中期 象牙泥金大观音	高52cm	103,500	北京纳高	2011.7.6
清中期 象牙雕醉卧美人摆件	长12.6cm	138,000	北京歌德	2011.6.3
清中期 象牙雕自在罗汉	长14cm	195,500	北京匡时	2011.6.8
清中期 象牙雕渔樵耕读摆件	高15cm	207,000	北京保利	2011.6.7
清中期 象牙雕卧狗摆件	长19.5cm	287,500	北京东正	2011.6.5
清中期 象牙雕童子戏蝈蝈佛手形摆件	长15.5cm	92,000	中国嘉德	2011.11.15
清中期 象牙雕四爱图摆件	高15.3cm	345,000	中国嘉德	2011.5.23
清中期 象牙雕释迦牟尼坐像	高10.2cm	138,000	北京翰海	2011.5.21
清中期 象牙雕骑驴人物	高19.5cm	138,000	北京歌德	2011.6.3
清中期 象牙雕罗汉	高54cm	616,000	东方艺都	2011.7.6
清中期 象牙雕刘海戏金蟾像	高22cm	517,500	北京保利	2011.6.7
清中期 象牙雕刘、关、张人物摆件(三件)	高19.5cm–20cm	504,000	苏州东方	2011.4.28
清中期 象牙雕魁星点斗摆件	高26cm	218,500	北京匡时	2011.6.8
清中期 象牙雕官帽配方机	尺寸不一	80,500	北京东正	2011.11.18
清中期 象牙雕关公坐像	高18cm	563,500	北京翰海	2011.5.21
清中期 象牙雕福禄寿星像		168,000	中贸圣佳	2011.4.29
清中期 象牙雕仿生玉米摆件	长19.5cm	207,000	北京歌德	2011.6.3
清中期 象牙雕达摩像	高23cm	69,000	广州嘉德	2011.6.11
清中期 象牙雕达摩立像	高32.5cm	161,000	北京歌德	2011.6.3
清中期 象牙彩绘八仙人物	高17cm	126,500	北京纳高	2011.7.6
清中期 象牙八仙像	尺寸不一	115,000	中国嘉德	2011.6.18
清中 象牙整雕四大天王连座	尺寸不一	1,150,000	苏州吴门	2011.6.12
清光绪 象牙雕仿石碑摆件	高31cm	138,000	北京保利	2011.6.7
清 象牙狮子摆件(一对)	高17.2cm	57,500	北京歌德	2011.4.24
清 象牙雕楼舫	长60cm	649,600	古天一	2011.6.4
清 象牙雕观音立像	高27cm	57,500	北京歌德	2011.4.24
清 象牙雕持穗仕女立像	高19cm	168,000	古天一	2011.6.4
清 象牙雕彩绘携琴仕女像	高14cm	280,000	古天一	2011.6.4
清 象牙雕彩绘跪姿童子	高8cm	179,200	古天一	2011.6.4
清 紫檀柄象牙太平车	长21.6cm	59,800	北京东正	2011.6.5
清 牙雕夏日纳凉人物像	高13.5cm	313,600	浙江钱塘	2011.6.12
清 牙雕掏耳罗汉造像	高23cm	201,600	北京荣宝	2011.11.11
清 牙雕观音	高84cm	149,500	北京容海	2011.10.24
清 牙雕达摩	高14cm	123,200	天津文物	2011.11.12
清 牙雕彩绘敬老摆件	高24cm	649,600	琴岛荣德	2011.12.10
清 象牙自在佛	高15.8cm	80,500	北京纳高	2011.7.6
清 象牙朱漆观音	高52cm	336,000	琴岛荣德	2011.12.10
清 象牙圆雕四季花神摆件	高140cm	560,000	中都国际	2011.6.12
清 象牙圆雕关公立像	高39cm	62,000	中都国际	2011.6.12
清 象牙渔翁	高4.1cm	59,800	浙江钱塘	2011.12.04
清 象牙婴戏葫芦摆件	长20.5cm	94,300	中国嘉德	2011.3.19
清 象牙婴戏摆件	长102cm	172,500	北京容海	2011.10.24
清 象牙倚座戏狮罗汉	高18cm	112,700	中国嘉德	2011.11.15
清 象牙仙人乘槎摆件	长19cm	402,500	荣宝斋(沪)	2011.11.25
清 象牙五子罗汉	高37cm	57,500	北京容海	2011.10.24
清 象牙文官像	高30.2cm	59,800	中国嘉德	2011.6.18
清 象牙透雕乐伎摆件	长28cm	168,000	江苏万达	2011.5.29
清 象牙童子拜观音	36cm×18cm	51,750	北京容海	2011.10.24
清 象牙添彩三星立像(一组三件)	尺寸不一	74,750	北京匡时	2011.09.17
清 象牙送子观音像	高33cm	80,500	中国嘉德	2011.6.18
清 象牙送子观音像	高36cm	80,500	北京容海	2011.10.24
清 象牙送子观音立像	高29cm	253,000	上海大众	2011.08.25
清 象牙送子观音及老奶奶立像(一组)	尺寸不一	299,000	上海大众	2011.08.25

拍品名称	尺寸	成交价RMB	拍卖公司	拍卖日期
清 象牙四臂观音	高19.5cm	63,250	北京纳高	2011.7.6
清 象牙水漫金山摆件	长28cm	106,400	长风拍卖	2011.1.20
清 象牙水果	尺寸不一	74,750	北京保利	2011.7.28
清 象牙一寿星	高49cm	99,000	中都国际	2011.08.28
清 象牙仕女像(二件)	高25.7cm	195,500	北京翰海	2011.5.21
清 象牙仕女立像	高47cm	63,250	北京保利	2011.10.24
清 象牙仕女摆件	长48cm	109,250	北京保利	2011.10.24
清 象牙石榴	长10cm	172,500	北京保利	2011.12.07
清 象牙十八罗汉摆件(一组)	尺寸不一	2,800,000	浙江佳宝	2011.6.23
清 象牙神仙人物摆件(一对)	高32.4cm	82,800	中国嘉德	2011.09.17
清 象牙三面八臂佛	高21cm	69,000	北京保利	2011.10.24
清 象牙人物立像	长75.5cm	207,000	北京翰海	2011.11.19
清 象牙人物立像	高29cm	149,500	北京保利	2011.7.26
清 象牙人物雕件	高30.5cm	115,000	北京歌德	2011.09.17
清 象牙人物摆件	长15cm	166,750	荣宝斋(沪)	2011.11.25
清 象牙人物摆件	高21cm	92,000	中国嘉德	2011.6.18
清 象牙染色柳枝观音	高25cm	218,500	荣宝斋(沪)	2011.11.25
清 象牙染色合钹罗汉像	高30cm	64,960	浙江钱塘	2011.1.9
清 象牙染色蝈蝈叫白菜摆件	高18.5cm	517,500	荣宝斋(沪)	2011.11.25
清 象牙染色多子多福摆件	长21cm	109,250	荣宝斋(沪)	2011.11.25
清 象牙染色度母像	高24.5cm	112,000	浙江钱塘	2011.6.12
清 象牙染绿竹石座	长9cm	74,750	北京保利	2011.12.07
清 象牙嵌宝无量寿佛	高18cm	59,800	北京纳高	2011.7.6
清 象牙茜色雕仕女	高49cm	172,500	北京容海	2011.10.24
清 象牙茜色雕赏花仕女	高27cm	51,750	北京容海	2011.10.24
清 象牙茜色雕关公像	高32cm	63,250	北京容海	2011.10.24
清 象牙茜色雕东方塑像	高31cm	57,500	北京容海	2011.10.24
清 象牙母子	高23.5cm	425,600	浙江钱塘	2011.6.12
清 象牙弥勒佛	高7cm	403,200	浙江钱塘	2011.6.12
清 象牙罗汉像	高16.5cm	59,800	中国嘉德	2011.5.23
清 象牙镂空内雕佛像	高36.5cm	403,200	浙江钱塘	2011.6.12
清 象牙镂雕球形摆件	直径9.5cm	667,000	北京匡时	2011.12.05
清 象牙柳叶观音	高34cm	126,500	北京匡时	2011.6.8
清 象牙莲花生佛像	高22cm	69,000	北京九歌	2011.6.10
清 象牙蓝采和像	高30.2cm	71,300	中国嘉德	2011.6.18
清 象牙开心罗汉	高32cm	291,200	浙江钱塘	2011.6.12
清 象牙镜托戏曲人物图	长36cm	57,500	中国嘉德	2011.3.21
清 象牙皆大欢喜弥勒像	高25cm	103,500	北京纳高	2011.7.6
清 象牙尖(一对)	长53cm	80,000	中都国际	2011.3.13
清 象牙加彩钟馗像	高52.8cm	138,000	中国嘉德	2011.6.18
清 象牙加彩十一罗汉摆件(一组)	尺寸不一	1,120,000	浙江佳宝	2011.6.23
清 象牙加彩十八罗汉摆件(一对)	长82cm	287,500	北京保利	2011.4.18
清 象牙加彩镂空观音	高130cm	1,097,600	琴岛荣德	2011.5.15
清 象牙加彩花神立像	高30cm	64,400	北京歌德	2011.09.17
清 象牙加彩护法像	高29cm	74,750	中国嘉德	2011.3.19
清 象牙加彩观音像	高32.5cm	92,000	中国嘉德	2011.09.17
清 象牙加彩观音像	高30cm	74,750	北京保利	2011.4.18
清 象牙加彩福禄寿南极仙翁立像	高130cm	1,120,000	琴岛荣德	2011.5.15
清 象牙葫芦万代摆件	高11cm	64,960	长风拍卖	2011.1.20
清 象牙葫芦万代	高8cm	172,500	浙江钱塘	2011.12.04
清 象牙和合二仙像	高35cm	172,500	中国嘉德	2011.09.17
清 象牙一观音	高50cm	132,000	中都国际	2011.08.28
清 象牙高仕立像	高47cm	97,750	北京保利	2011.4.18
清 象牙高士立像	高23cm	57,500	北京保利	2011.7.26
清 象牙高浮雕童子戏弥勒	长61cm	55,000	中都国际	2011.3.13
清 象牙高浮雕罗汉摆件	长70cm	336,000	江苏万达	2011.5.29
清 象牙福禄寿三尊	尺寸不一	69,000	北京纳高	2011.7.6
清 象牙福禄寿人物摆件	高26.5cm	138,000	北京纳高	2011.7.6
清 象牙伏虎罗汉像	高27.3cm	94,300	中国嘉德	2011.3.19
清 象牙佛像	高37.5cm	218,500	中国嘉德	2011.09.17
清 象牙佛陀心经龟碑	31cm×13cm	747,500	苏州吴门	2011.6.11
清 象牙佛头	高26cm	103,500	北京纳高	2011.7.6
清 象牙佛	高6.2cm	53,760	长风拍卖	2011.1.20
清 象牙一多子戏弥勒	高35cm	121,000	中都国际	2011.08.28
清 象牙东方朔像	高19cm	51,750	北京保利	2011.10.24
清 象牙雕执扇仕女	高23cm	89,600	海士德	2011.6.17

拍品名称	尺寸	成交价RMB	拍卖公司	拍卖日期
清 象牙雕执花仕女	高55cm	97,750	北京歌德	2011.6.3
清 象牙雕渔家乐摆件	长16cm	63,250	北京九歌	2011.6.10
清 象牙雕祥凤纹摆件(一对)	尺寸不一	82,800	北京东正	2011.6.5
清 象牙雕五老观太极摆件	高6.5cm	115,000	上海大众	2011.08.25
清 象牙雕卧羊摆件	高4.1cm	74,750	西泠拍卖	2011.7.18
清 象牙雕文殊菩萨坐像	高19.5cm	62,720	北京荣宝	2011.08.13
清 象牙雕文殊菩萨像		201,600	中贸圣佳	2011.4.29
清 象牙雕文官像	高60.5cm	95,200	海士德	2011.6.17
清 象牙雕韦陀像	高36cm	57,500	北京保利	2011.12.07
清 象牙雕童子诵经像	高17.5cm	63,250	广州嘉德	2011.6.11
清 象牙雕铁拐李立像	高25cm	74,750	北京匡时	2011.09.17
清 象牙雕套球摆件	高35cm	110,000	中都国际	2011.6.12
清 象牙雕陶渊明立像	高23.5cm	92,000	北京保利	2011.4.18
清 象牙雕太师少狮摆件	长13cm	126,500	北京歌德	2011.6.3
清 象牙雕太白醉酒摆件	高8cm	69,000	北京歌德	2011.6.3
清 象牙雕踏雪寻梅摆件	高18cm	126,500	上海大众	2011.08.25
清 象牙雕送子观音(喜盼福音)	高60cm	103,500	北京歌德	2011.09.17
清 象牙雕四大天王	尺寸不一	172,500	浙江钱塘	2011.12.04
清 象牙雕书生坐像	高17cm	55,200	北京保利	2011.4.18
清 象牙雕寿星像	高102cm	470,000	荣宝斋(沪)	2011.11.25
清 象牙雕誓南山罗汉	高57cm	1,955,000	荣宝斋(沪)	2011.11.25
清 象牙雕仕女立像	长53.5cm	126,500	北京保利	2011.10.24
清 象牙雕仕女摆件(一组两件)	高26cm×2	172,500	北京匡时	2011.09.17
清 象牙雕仕女(一对)	高18.5cm	575,000	北京歌德	2011.09.17
清 象牙雕仕女(一对)	高26.5cm	69,000	北京歌德	2011.09.17
清 象牙雕仕女	高21.5cm	172,500	朵云轩	2011.7.4
清 象牙雕仕女	高41cm	80,500	北京容海	2011.10.24
清 象牙雕十二生肖摆件	高31.5cm	51,750	北京容海	2011.10.24
清 象牙雕十八罗汉立像	尺寸不一	333,500	北京中汉	2011.5.23
清 象牙雕十八罗汉(一组)	高11cm	1,120,000	浙江佳宝	2011.6.23
清 象牙雕圣人孔子立像	高79cm	575,000	福建拍卖	2011.7.3
清 象牙雕散结罗汉	高55cm	1,955,000	荣宝斋(沪)	2011.11.25
清 象牙雕三世佛(三尊)	高20cm	632,500	江苏省拍	2011.12.10
清 象牙雕三娘教子	高30cm	74,750	北京歌德	2011.09.17
清 象牙雕三面金刚像	高21cm	51,750	北京九歌	2011.6.10
清 象牙雕如意观音像	高26cm	57,500	广州嘉德	2011.6.11
清 象牙雕如意观音	高40.5cm	80,000	中都国际	2011.6.12
清 象牙雕人物像	高16cm	105,800	浙江钱塘	2011.12.04
清 象牙雕人物摆件	高22cm	92,000	北京匡时	2011.6.8
清 象牙雕群童闹春摆件	长76cm	75,000	中都国际	2011.3.13
清 象牙雕千手观音	高29.5cm	224,000	江苏万达	2011.5.29
清 象牙雕盘龙摆件	长16.2cm	53,760	中贸圣佳	2011.1.23
清 象牙雕弥勒像	高21cm	115,000	北京歌德	2011.09.17
清 象牙雕弥勒佛摆件	高49cm	560,000	浙江佳宝	2011.6.23
清 象牙雕罗汉像	高11.5cm	92,000	西泠拍卖	2011.7.19
清 象牙雕罗汉(一对)	尺寸不一	173,600	北京荣宝	2011.08.13
清 象牙雕龙纹摆件	长43.5cm	56,000	太平洋	2011.09.17
清 象牙雕刘海戏金蟾站像	高10.5cm	61,600	太平洋	2011.09.17
清 象牙雕灵芝座	长10.5cm	92,000	北京保利	2011.12.07
清 象牙雕立马(一对)	高11.5cm	74,750	北京歌德	2011.09.17
清 象牙雕李白像	高32.5cm	126,500	西泠拍卖	2011.7.19
清 象牙雕老子立像	高25.7cm	126,500	北京翰海	2011.5.21
清 象牙雕蓝采和	高30.5cm	80,500	浙江钱塘	2011.12.04
清 象牙雕莱菔尊	高11.6cm	57,500	中贸圣佳	2011.11.06
清 象牙雕苦行僧	高9.3cm	195,500	荣宝斋(沪)	2011.11.25
清 象牙雕九龙壁摆件	长81cm	616,000	浙江佳宝	2011.6.23
清 象牙雕净水观音	高29cm	65,000	中都国际	2011.6.12
清 象牙雕降龙罗汉立像	高18.2cm	184,000	北京翰海	2011.5.21
清 象牙雕加彩观音立像	高110cm	1,568,000	浙江佳宝	2011.6.23
清 象牙雕济公像	高26cm	126,500	广州嘉德	2011.6.11
清 象牙雕济公	高23.5cm	56,000	海士德	2011.6.17
清 象牙雕鸡群摆件	高31cm	51,750	中贸圣佳	2011.11.06
清 象牙雕花木兰	高38cm	109,760	浙江钱塘	2011.6.12
清 象牙雕花篮观音	高29.6cm	560,000	浙江民和	2011.08.14
清 象牙雕和合二仙像	高30cm	56,350	北京歌德	2011.6.3
清 象牙雕和合二仙摆件	高42cm	172,500	北京匡时	2011.6.8
清 象牙雕和合二仙	高13.3cm	92,000	荣宝斋(沪)	2011.11.25

2011杂项拍卖成交汇总

(成交价RMB：5万元以上)

拍品名称	尺寸	成交价RMB	拍卖公司	拍卖日期
清 象牙雕观音像	高11.8cm	184,000	西泠拍卖	2011.7.18
清 象牙雕观音像	高30cm	57,500	西泠拍卖	2011.7.18
清 象牙雕观音立像	高39cm	414,000	上海大众	2011.08.25
清 象牙雕观音立像	高51cm	230,000	北京翰海	2011.11.19
清 象牙雕观音立像	高32cm	51,750	北京歌德	2011.09.17
清 象牙雕观音	高36.6cm	53,760	中贸圣佳	2011.1.23
清 象牙雕关公像	高24.5cm	358,400	浙江钱塘	2011.1.9
清 象牙雕关公像	高39cm	55,000	中都国际	2011.3.13
清 象牙雕关帝组像	高21.7cm	402,500	北京歌德	2011.6.3
清 象牙雕关帝像	高16cm	368,000	上海大众	2011.08.25
清 象牙雕高士像	高26.5cm	299,000	北京歌德	2011.6.3
清 象牙雕富贵牡丹花卉纹摆件	长68cm	52,800	中都国际	2011.08.28
清 象牙雕富贵长寿摆件	高28cm	134,400	浙江钱塘	2011.6.12
清 象牙雕福禄寿三星立像	尺寸不一	392,000	中鸿信	2011.6.26
清 象牙雕伏虎罗汉立像	高25cm	115,000	上海大众	2011.08.25
清 象牙雕伏虎罗汉	高21cm	61,600	浙江钱塘	2011.1.9
清 象牙雕佛像 (一组三尊)	高13.3cm×3	632,500	荣宝斋(沪)	2011.11.25
清 象牙雕多臂金刚像	高38cm	78,400	太平洋	2011.09.17
清 象牙雕读书高士像	高18cm	109,250	上海大众	2011.08.25
清 象牙雕帝后立像 (一对)	高40.5cm	63,250	北京保利	2011.10.24
清 象牙雕达摩立像	高28cm	138,000	上海大众	2011.08.25
清 象牙雕吹箫引凤摆件	高12cm	132,250	北京歌德	2011.6.3
清 象牙雕除众忧罗汉	高55.5cm	1,955,000	荣宝斋(沪)	2011.11.25
清 象牙雕持卷罗汉立像	高25cm	253,000	上海大众	2011.08.25
清 象牙雕持经观音像	带座高31.3cm	80,500	西泠拍卖	2011.7.18
清 象牙雕持剑武士像	高33cm	161,000	北京歌德	2011.6.3
清 象牙雕持国天王像	高25cm	103,500	北京歌德	2011.09.17
清 象牙雕持拂尘罗汉立像	高24cm	51,750	北京歌德	2011.09.17
清 象牙雕彩绘十二人物像	高25cm	1,680,000	浙江钱塘	2011.6.12
清 象牙雕百鼠球		739,200	中贸圣佳	2011.4.29
清 象牙雕白度母	高23cm	92,000	长风拍卖	2011.6.21
清 象牙雕霸下驰碑	高26cm	172,500	北京东正	2011.6.5
清 象牙雕八仙人物 (一组)	尺寸不一	103,500	北京歌德	2011.09.17
清 象牙雕八仙人物	高21cm×8	149,500	北京容海	2011.10.24
清 象牙雕八仙	尺寸不一	103,500	长风拍卖	2011.6.21
清 象牙雕八方来财摆件 (一对)	长20cm	50,000	中都国际	2011.3.13
清 象牙雕八臂观音像	高31cm	92,000	北京歌德	2011.6.3
清 象牙雕阿弥陀佛站像	高21.2cm	280,000	江苏万达	2011.5.29
清 象牙雕"渔家乐"	高38cm	67,200	海士德	2011.6.17
清 象牙雕"狮子滚绣球"摆件	长45cm	56,000	海士德	2011.6.17
清 象牙雕"和谐"摆件	长46.5cm	138,000	朵云轩	2011.7.4
清 象牙打绡罗汉像	高31.6cm	280,000	浙江钱塘	2011.6.12
清 象牙持花仕女像	高39.8cm	92,000	北京翰海	2011.5.21
清 象牙长者像 (一对)	高35.5cm；高35cm	82,800	中国嘉德	2011.6.18
清 象牙长眉罗汉	高17cm	920,000	浙江钱塘	2011.12.04
清 象牙彩绘三星人物摆件	高26.5cm	78,400	太平洋	2011.09.17
清 象牙彩绘刘海坐像	高11.5cm	80,640	太平洋	2011.09.17
清 象牙彩绘观音	高35cm	55,200	北京保利	2011.4.18
清 象牙彩绘雕渔家乐摆件	长41cm	50,400	太平洋	2011.09.17
清 象牙彩绘持莲仕女像	高66cm	784,000	浙江钱塘	2011.6.12
清 象牙摆件 (一对)	长168cm×2	2,000,000	印千山	2011.6.3
清 象牙摆件	长50cm	51,750	中国嘉德	2011.09.17
清 象牙八仙像	尺寸不一	138,000	中国嘉德	2011.3.19
清 象牙八仙闹海摆件	长41cm	224,000	江苏万达	2011.5.29
清 象牙"渔樵耕读"人物摆件	高19.5cm×4	172,500	北京匡时	2011.6.8
清 象牙(对瓶)弥勒佛	高53cm	319,000	中都国际	2011.08.28
清 象牙(吊瓶)观音	高45cm	143,000	中都国际	2011.08.28
清 犀角雕如意观音坐像	高20.5cm	1,552,500	广州嘉德	2011.6.11
清 犀角摆件	高14cm	345,000	北京歌德	2011.6.3
清 染色象牙雕多宝财神坐像	高16.5cm	80,500	北京保利	2011.7.28
清 潘楚鉅雕象牙龙船摆件	长65cm	1,035,000	上海大众	2011.08.25
清 李春柯雕象牙彩绘麻姑献寿立像	高46cm	620,000	印千山	2011.6.3

拍品名称	尺寸	成交价RMB	拍卖公司	拍卖日期
清 八美八音象牙组雕	尺寸不一	392,000	北京荣宝	2011.11.11
18世纪–19世纪 象牙雕寿星像	高36cm	67,200	太平洋	2011.6.18
19世纪 象牙雕十二生肖	尺寸不一	897,000	北京东正	2011.11.18
19世纪 象牙雕西洋女神像(四件)	尺寸不一	97,750	北京歌德	2011.6.3
清晚期 象牙高士像	高27.5cm	126,500	中国嘉德	2011.5.23
清晚期 象牙雕仕女立像	高41.5cm	134,400	长风拍卖	2011.1.20
清晚期 象牙雕七级佛塔	高52.5cm	425,600	北京永乐	2011.5.24
清晚期 象牙雕裸女卧像	长40cm	97,750	北京保利	2011.10.24
清晚期 象牙雕葫芦摆件	高16cm	149,500	西泠拍卖	2011.7.18
清晚期 象牙彩绘松鹤图大摆件	长82cm	322,000	北京保利	2011.10.24
清晚期 象牙琴棋书画四美像	高23cm	230,000	北京保利	2011.12.07
清末 象牙雕大威德金钩像	高24cm	123,200	北京荣宝	2011.08.13
清末 象牙雕"吉祥有余"童子摆件	高17cm	51,750	北京歌德	2011.6.3
清–民国 象牙雕彩绘大吉摆件 (一对)	尺寸不一	138,000	北京歌德	2011.6.3
民国 牙雕神仙人物	高66cm	172,500	北京容海	2011.10.24
民国 牙雕花篮仙子立像	高22cm	156,800	北京荣宝	2011.11.11
民国 牙雕红楼梦摆件 (一对)	高23.5cm	126,500	北京保利	2011.6.7
民国 牙雕关公	高54cm	437,000	北京容海	2011.10.24
民国 象牙桌球 (一套)	直径7cm×16	54,050	北京歌德	2011.4.24
民国 象牙倚吼观音像	高36cm	253,000	北京纳高	2011.7.6
民国 象牙戏曲人物	高18.2cm	109,250	北京容海	2011.10.24
民国 象牙西厢记摆件	27cm×30cm	115,000	北京容海	2011.10.24
民国 象牙武将像	高50cm	74,750	中国嘉德	2011.3.19
民国 象牙五子戏弥勒	高28cm	109,250	北京纳高	2011.7.6
民国 象牙透雕三多大摆件	长74cm	100,800	北京保利	2011.1.16
民国 象牙水月观音	高25.2cm	460,000	荣宝斋(沪)	2011.11.25
民国 象牙仕女像 (一对)	高35cm；高36cm	51,750	中国嘉德	2011.3.19
民国 象牙仕女像	高57.5cm	63,250	中国嘉德	2011.09.17
民国 象牙神龙戏珠摆件	高52cm	57,500	北京纳高	2011.7.6
民国 象牙染色八仙祝寿	高34cm	460,000	浙江钱塘	2011.12.04
民国 象牙茜色仕女摆件	高28cm	82,800	广州嘉德	2011.6.11
民国 象牙茜色雕文殊菩萨造像	高21cm	63,250	北京容海	2011.10.24
民国 象牙茜色雕穆桂英像	高106cm	862,500	北京容海	2011.10.24
民国 象牙满雕争艳摆设	37cm×21cm	138,000	北京容海	2011.10.24
民国 象牙镂雕满工八面来财摆件	长89cm	112,000	北京保利	2011.1.16
民国 象牙立像观音 (一对)	高116cm	1,127,000	苏州吴门	2011.6.12
民国 象牙金刚萨埵像	高17cm	115,000	北京保利	2011.7.28
民国 象牙加彩刘海戏金蟾	高12.5cm	126,500	北京保利	2011.4.18
民国 象牙加彩和合二仙摆件	高26.4cm	184,000	中国嘉德	2011.09.17
民国 象牙加彩福寿三多摆件	长57cm	103,500	中国嘉德	2011.09.17
民国象牙加彩八仙(一组五件)	尺寸不一	74,750	北京保利	2011.10.24
民国 象牙花卉摆件	长104cm	126,500	中国嘉德	2011.6.18
民国 象牙和合二仙摆件 象牙弥勒摆件各一件	高12.5cm；高20.2cm	51,750	中国嘉德	2011.6.18
民国 象牙观音像	高81cm	322,000	北京纳高	2011.7.6
民国 象牙观音	高36cm	92,000	北京容海	2011.10.24
民国 象牙观音	高10cm	51,750	北京容海	2011.10.24
民国 象牙丰收摆件	长32cm	51,750	北京保利	2011.7.28
民国 象牙雕鸳鸯戏水摆件 (一对)	长11.5cm×2	92,000	北京歌德	2011.6.3
民国 象牙雕西游记摆件	高63.5cm	437,000	北京东正	2011.6.5
民国 象牙雕武将人物 (一对)	高33.5cm×2	195,500	中贸圣佳	2011.11.06
民国 象牙雕童子祝寿摆件 (一对)	长72cm；长73cm	92,000	北京纳高	2011.7.6
民国 象牙雕童子戏佛摆件 (一对)	长55.2cm；长55cm	115,000	北京纳高	2011.7.6
民国 象牙雕童子牧牛摆件 (一对)	长30cm	92,000	北京保利	2011.7.28
民国 象牙雕陶渊明立像	高26.6cm	82,800	北京诚轩	2011.5.22
民国 象牙雕孙思邈立像	高27.1cm	109,250	北京诚轩	2011.5.22

拍品名称	尺寸	成交价RMB	拍卖公司	拍卖日期
民国 象牙雕四大美女	高37cm	207,000	北京容海	2011.10.24
民国 象牙雕水仙花摆件	高21cm	57,500	北京歌德	2011.09.17
民国 象牙雕寿星摆件	高52cm	56,000	北京保利	2011.1.16
民国 象牙雕仕女	带座高33.6cm	86,250	西泠拍卖	2011.7.18
民国 象牙雕十八棍僧救唐王	高58cm	207,000	北京容海	2011.10.24
民国 象牙雕牧牛童子摆件	长24cm	134,400	浙江钱塘	2011.6.12
民国 象牙雕裸女	长39.5cm	57,500	北京歌德	2011.6.3
民国 象牙雕罗汉六尊		72,800	朵云轩	2011.4.1
民国 象牙雕吕仙立像	高31.5cm	74,750	北京歌德	2011.09.17
民国 象牙雕龙纹如意观音	高40cm	70,000	中都国际	2011.3.13
民国 象牙雕刘玄德刘皇后坐像	高19cm	74,750	北京歌德	2011.09.17
民国 象牙雕兰花仕女立像	高30cm	69,000	北京匡时	2011.09.17
民国 象牙雕降龙罗汉像	高16cm	69,000	北京歌德	2011.09.17
民国 象牙雕加彩苏武牧羊	高12cm	80,500	朵云轩	2011.7.4
民国象牙雕加彩佛造像(一组)	尺寸不一	920,000	北京歌德	2011.09.17
民国 象牙雕加彩八仙人物(四组)	尺寸不一	63,250	北京歌德	2011.6.3
民国 象牙雕济公斗蟋蟀摆件	高23.5cm	50,000	中都国际	2011.3.13
民国 象牙雕海水龙纹仙女摆件	高28cm	207,000	北京匡时	2011.09.17
民国 象牙雕观音立像	高48cm	69,000	北京歌德	2011.09.17
民国 象牙雕观音	高44cm	51,750	北京容海	2011.10.24
民国 象牙雕关公像摆件	高20cm	74,750	北京歌德	2011.6.3
民国 象牙雕福禄寿三多百财摆件	长145cm	600,000	中都国际	2011.6.12
民国 象牙雕持扇高仕立像	高30cm	92,000	北京歌德	2011.09.17
民国 象牙雕百财花卉草虫摆件	长93cm	484,000	中都国际	2011.08.28
民国 象牙雕八仙立像(一组)	高24.5cm	179,200	北京保利	2011.1.16
民国 象牙雕八仙过海摆件	长42cm	69,440	太平洋	2011.09.17
民国 象牙持花仕女像(一对)	高46.5cm；高45.5cm	172,500	中国嘉德	2011.6.18
民国象牙彩绘书扇仕女(一对)	高23cm	51,750	北京保利	2011.4.18
民国 象牙财神像	高42.5cm	63,250	北京纳高	2011.7.6
民国 敬业斋制象牙茜色雕唐伯虎灯下夜读	长31cm	552,000	上海大众	2011.08.25
民国 果蔬花卉草虫茜色象牙摆件	长130cm	690,000	北京容海	2011.10.24
牙雕招财进宝	长25cm	67,200	北京荣宝	2011.11.11
牙雕送子财神	高37cm	112,000	琴岛荣德	2011.5.15
牙雕群仙献寿摆件	长84cm	280,000	琴岛荣德	2011.5.15
牙雕清仕女	高23.8cm	72,800	北京翰海	2011.4.10
牙雕福禄寿摆件	高41.5cm	168,000	琴岛荣德	2011.5.15
牙雕佛首	高21.5cm	57,500	北京容海	2011.10.24
牙雕佛首	高24.5cm	51,750	北京容海	2011.10.24
牙雕“群仙祝寿图”	长72.5cm	280,000	北京翰海	2011.4.10
牙雕“百子献寿”摆件	长51cm×2	345,000	北京容海	2011.10.24
血牙财神立像	高37cm	336,000	琴岛荣德	2011.5.15
象牙猪(一对)	长12.5cm；长11.5cm	55,200	中国嘉德	2011.3.19
象牙制鸟笼摆件	30cm×29.5cm	109,250	北京歌德	2011.09.17
象牙站姿如意观音像	高42cm	57,500	北京歌德	2011.6.3
象牙渔翁像	高35.8cm	82,800	中国嘉德	2011.09.17
象牙渔乐图摆件	长77cm	120,750	中国嘉德	2011.3.19
象牙渔家乐摆件	长26cm	115,000	中国嘉德	2011.09.17
象牙有钱能使鬼推磨摆件	长40cm	92,000	中国嘉德	2011.09.17
象牙欣欣向荣摆件	长62cm	66,700	中国嘉德	2011.09.17
象牙蟹笼摆件	长40.4cm	57,500	中国嘉德	2011.09.17
象牙五子登科摆件	长45cm	50,400	广州嘉德	2011.5.2
象牙文革人物摆件	高26.4cm	57,500	中国嘉德	2011.09.17
象牙微雕渔家乐图摆件	长103cm	230,000	北京保利	2011.10.24
象牙微雕彩绘清明上河图摆件	长135cm	92,000	北京保利	2011.4.18
象牙天官像	高57cm	97,750	中国嘉德	2011.09.17
象牙天鹅摆件(两件)	高28cm	63,250	北京保利	2011.7.28
象牙天鹅(一对)	尺寸不一	123,200	北京荣宝	2011.11.11
象牙天鹅(一对)	尺寸不一	67,200	北京保利	2011.1.16

拍品名称	尺寸	成交价RMB	拍卖公司	拍卖日期
象牙松鹤延年摆件	长41cm	59,800	中国嘉德	2011.3.19
象牙松鹤年年大摆件	长72cm	57,500	中国嘉德	2011.6.18
象牙四海升平摆件	长38cm	59,800	中国嘉德	2011.6.18
象牙硕果累累摆件(两件)	长50.5cm	71,300	中国嘉德	2011.09.17
象牙寿星摆件	高17cm	287,500	北京九歌	2011.6.10
象牙释迦立像	高33cm	80,500	北京保利	2011.10.24
象牙仕女像	高60cm	161,000	中国嘉德	2011.09.17
象牙山水摆件(一对)	高11.5cm	55,200	中国嘉德	2011.6.18
象牙三世佛像	高42cm；高37.5cm	345,000	中国嘉德	2011.3.19
象牙三世佛像	尺寸不一	55,200	中国嘉德	2011.09.17
象牙三不猴(一组三件)	尺寸不一	55,200	中国嘉德	2011.6.18
象牙群鹿摆件	长78cm	126,500	中国嘉德	2011.3.19
象牙群鹅摆件	长76cm	74,750	中国嘉德	2011.3.19
象牙千手观音像	高29.6cm	57,500	中国嘉德	2011.09.17
象牙螃蟹(一对)	长24cm	51,750	中国嘉德	2011.3.19
象牙马上封侯摆件	高23cm	80,500	中国嘉德	2011.3.19
象牙龙舟摆件	长40.2cm	80,500	中国嘉德	2011.09.17
象牙龙纹摆件	长73.5cm	57,500	中国嘉德	2011.09.17
象牙刘海戏金蟾摆件	长38.4cm	59,800	中国嘉德	2011.6.18
象牙刻饮中八仙图大摆件	长108cm	57,500	北京保利	2011.10.24
象牙金玉满堂摆件(两件)	尺寸不一	57,500	中国嘉德	2011.09.17
象牙加彩五子闹弥勒摆件	高22.5cm	55,200	中国嘉德	2011.3.19
象牙加彩仕女像(一对)	尺寸不一	713,000	中国嘉德	2011.6.18
象牙加彩仕女摆件	高48cm	92,000	北京歌德	2011.6.3
象牙加彩丰收摆件	长34cm	322,000	中国嘉德	2011.09.17
象牙花卉草虫摆件	长80cm	97,750	中国嘉德	2011.3.19
象牙花虫摆件	长73cm	74,750	中国嘉德	2011.6.18
象牙葫芦万代摆件	高10.5cm	66,700	中国嘉德	2011.6.18
象牙荷塘人物摆件	长35.7cm	57,500	中国嘉德	2011.09.17
象牙观音像	高49.5cm	345,000	中国嘉德	2011.3.19
象牙观音像	高43.8cm	92,000	中国嘉德	2011.6.18
象牙福宝财神立像	高28cm	224,000	琴岛荣德	2011.5.15
象牙浮雕十八罗汉对牙摆件	单支长度55cm	69,000	北京歌德	2011.6.3
象牙浮雕十八罗汉摆件	长78cm	138,000	北京歌德	2011.09.17
象牙浮雕群仙祝寿图摆件	高210cm	1,265,000	北京歌德	2011.6.3
象牙浮雕百子图摆件	高125cm	322,000	北京歌德	2011.6.3
象牙浮雕八仙福禄寿牙尖摆件	高68cm	57,500	北京歌德	2011.6.3
象牙佛像	高16.5cm	51,750	中国嘉德	2011.6.18
象牙多层球龙凤纹托摆件	高37cm	67,200	北京保利	2011.1.16
象牙雕奏乐仕女(四件)	高25cm	69,000	北京保利	2011.10.24
象牙雕自在观音像	长21.5cm	52,640	太平洋	2011.09.17
象牙雕玉米摆件	长19.8cm	56,000	中鸿信	2011.6.26
象牙雕瑶池祝寿摆件	长76cm	92,960	太平洋	2011.09.17
象牙雕五子登科摆件	高44cm	322,000	北京九歌	2011.6.10
象牙雕四面观音坐像	高22cm	58,240	中贸圣佳	2011.1.23
象牙雕四季花卉喜鹊摆件	高36cm	56,000	北京保利	2011.1.16
象牙雕十一面观音立像	高48.5cm	168,000	中贸圣佳	2011.1.23
象牙雕十八罗汉牙尖摆件	长78cm	112,700	北京歌德	2011.6.3
象牙雕十八罗汉摆件(二件)	长53cm	145,600	北京翰海	2011.09.18
象牙雕十八罗汉摆件	长72cm	80,500	北京保利	2011.7.28
象牙雕三娘教子摆件	高37cm	280,000	北京翰海	2011.4.9
象牙雕人物摆件	长40.5cm	67,200	北京翰海	2011.09.18
象牙雕群仙祝寿摆件	长86cm	207,000	北京九歌	2011.6.10
象牙雕千手观音	高27cm	322,000	中贸圣佳	2011.11.06
象牙雕苹果摆件	高6.8cm	56,000	中鸿信	2011.6.26
象牙雕螃蟹摆件(一对)	长24cm×2	76,160	北京荣宝	2011.08.13
象牙雕麻姑献寿连座	长65cm	784,000	琴岛荣德	2011.12.10
象牙雕揭钵图摆件	长153cm	761,600	浙江钱塘	2011.1.9
象牙雕葫芦摆件	高20.2cm	92,000	中贸圣佳	2011.11.06
象牙雕红楼梦摆件	长140cm	784,000	浙江佳宝	2011.6.23
象牙雕观音像、牙雕佛像人物舍利盒	高30.2cm；高7.5cm	112,000	中贸圣佳	2011.1.23
象牙雕福禄寿星摆件(三件)	高18cm	123,200	北京翰海	2011.09.18
象牙雕二甲传胪摆件	高15cm	57,500	北京歌德	2011.6.3
象牙雕打渔乐	长82cm	201,600	琴岛荣德	2011.12.10
象牙雕彩绘花卉草虫摆件	长55cm	80,500	北京保利	2011.4.18

2011杂项拍卖成交汇总

(成交价RMB：5万元以上)

拍品名称	尺寸	成交价RMB	拍卖公司	拍卖日期
象牙雕彩绘长寿摆件	长70cm	86,250	北京保利	2011.4.18
象牙大天鹅摆件	高30cm	51,750	北京保利	2011.10.24
象牙大吉摆件	长45cm	69,000	中国嘉德	2011.3.19
象牙船摆件	长38.7cm	63,250	中国嘉德	2011.09.17
象牙彩绘八仙过海摆件	长62cm	51,750	北京保利	2011.4.18
象牙摆件 (一对)	长250cm	690,000	北京容海	2011.10.24
象牙摆件 (一对)	长120cm	230,000	北京保利	2011.4.18
象牙百花齐放摆件	长82cm	101,200	中国嘉德	2011.6.18
象牙白菜草虫摆件 (六件)	尺寸不一	69,000	中国嘉德	2011.09.17
象牙白菜草虫摆件	长39cm	69,000	中国嘉德	2011.3.19
现代 象牙雕志愿军	高14cm	92,000	朵云轩	2011.7.4
现代 象牙雕文革人物 (七件)	尺寸不一	1,322,500	西泠拍卖	2011.7.18
五十年代 象牙雕福从天将	高42.6cm	172,500	北京歌德	2011.6.3
文革时期 象牙加彩牧羊姑娘	高21cm	287,500	北京保利	2011.12.07
文革时期 象牙雕女拖拉机手	高17cm	172,500	北京保利	2011.12.07
文革 象牙知识青年到农村去	高21cm	713,000	苏州吴门	2011.6.12
文革 象牙小女孩	高14cm	80,500	浙江钱塘	2011.12.04
文革 象牙染色牧羊女	高16.5cm	84,000	浙江钱塘	2011.6.12
文革 象牙牧童与羊	长12.5cm	437,000	上海大众	2011.08.25
文革 象牙精雕毛主席去安源	高22cm	828,000	苏州吴门	2011.6.12
文革 象牙洪湖赤卫队摆件	长46cm	87,360	北京保利	2011.1.16
文革 象牙雕唐伯虎灯下夜读摆件	长33.3cm	1,035,000	福建拍卖	2011.7.3
文革 象牙雕牡丹丰收图摆件	长52cm	172,500	上海大众	2011.08.25
文革 象牙雕红军不怕远征难摆件	长119cm	4,370,000	上海大众	2011.08.25
文革 象牙雕丰收立像	高14.5cm	109,250	上海大众	2011.08.25
文革 象牙采莲摆件	高15.5cm	51,750	北京保利	2011.7.28
素象牙摆件	长77cm	57,500	北京保利	2011.4.18
芒雕山水象牙摆件	长34cm	201,600	琴岛荣德	2011.5.15
镂雕象牙球摆件	高24.5cm	63,250	中国嘉德	2011.09.17
近代 象牙雕富贵满堂摆件	直径50cm	235,200	太平洋	2011.09.17
近代 象牙雕八十七神僊摆件	长114cm	575,000	上海大众	2011.08.25
建国后 红楼梦人物庭院组件	尺寸不一	920,000	苏州吴门	2011.6.12
对牙摆件	高263cm × 2	1,897,500	北京歌德	2011.6.3
大素牙摆件	长74cm	56,000	北京保利	2011.1.16
60年代 象牙庆丰收摆件	长53cm	89,600	北京保利	2011.1.16
60年代 象牙加彩花卉人物摆件	长31cm	67,200	北京保利	2011.1.16
60年代 象牙雕摘葡萄摆件	高34cm	56,000	北京保利	2011.1.16
60年代 象牙雕寿星摆件	高52cm	103,500	北京保利	2011.4.18
60年代 象牙大天鹅摆件	长74cm	63,250	北京保利	2011.4.18
50年代 象牙雕弥勒佛	高28cm	89,600	海士德	2011.6.17
50年代 象牙雕弥勒佛	高22cm	56,000	海士德	2011.6.17
50年代 象牙雕九龙套球摆件	高40cm	76,160	北京荣宝	2011.3.18
50年代 象牙雕嫦娥奔月	高53cm	190,400	海士德	2011.6.17
20世纪中期 象牙富贵满堂摆件	长49cm	253,000	北京纳高	2011.7.6
20世纪60年代 象牙雕捉蟹人物摆件	长29cm	89,600	北京荣宝	2011.11.11
20世纪50年代 杨士惠制象牙雕古典神话故事摆件	长55cm	483,000	北京歌德	2011.6.3
20世纪50年代 象牙雕福禄寿摆件	高27cm	264,500	北京歌德	2011.6.3
20世纪 象牙农讲所旧址摆件	长39cm	172,500	北京保利	2011.10.24
20世纪 象牙雕送子观音像	高45cm	92,000	北京保利	2011.4.18
20世纪 象牙雕观音立像	高55.8cm	437,000	中国嘉德	2011.11.15
20世纪 文革象牙知青人物摆件	长27cm	57,500	中国嘉德	2011.3.19
明末清初 象牙龙纹如意	长50cm	1,495,000	中国嘉德	2011.09.17
清乾隆 象牙雕福寿纹如意	长26cm	1,207,500	北京东正	2011.11.18
清乾隆 象牙透雕福禄花蝶如意	长39cm	2,645,000	北京保利	2011.12.07
清中期 象牙染色雕螭龙纹如意	长35cm	358,400	长风拍卖	2011.1.20
清 象牙雕灵芝如意纹摆件	长35cm	77,000	中都国际	2011.08.28
清 象牙雕嵌八宝如意	长46cm	89,600	中贸圣佳	2011.1.23
清 象牙雕人生如意百财摆件	长43cm	100,000	中都国际	2011.3.13
清 象牙雕人生如意摆件	长48cm	56,000	太平洋	2011.6.18

拍品名称	尺寸	成交价RMB	拍卖公司	拍卖日期
清 象牙雕喜梅报春如意	长29.5cm	82,800	北京匡时	2011.09.17
清 象牙镂空雕福寿如意摆件	长48cm	66,000	中都国际	2011.08.28
清 象牙犀角雕灵芝如意	长28.6cm	1,680,000	浙江钱塘	2011.1.9
民国 象牙吉祥如意摆件	尺寸不一	66,700	北京纳高	2011.7.6
民国 象牙群仙祝寿图如意	长38.3cm	86,250	北京纳高	2011.7.6
明 象牙雕文人出行图山子	高24cm	1,437,500	江苏省拍	2011.12.10
清乾隆 象牙雕山石纹山子	高15.5cm	552,000	北京东正	2011.11.18
清乾隆 象牙雕山子	高18.2cm	224,000	北京永乐	2011.5.24
清 沈君丞制高仕人物象牙山子	高9cm	69,000	北京歌德	2011.6.3
清 象牙彩绘描金福禄寿山子	高32cm	51,750	北京保利	2011.4.18
清 象牙雕人物山子	高16.5cm	95,200	海士德	2011.6.17
清 象牙山子	高9cm	230,000	西泠拍卖	2011.7.19
清 象牙山子	高15.5cm	218,500	荣宝斋(沪)	2011.11.25
民国 象牙雕西游记山子	高70cm	103,500	北京保利	2011.4.18
象牙江南水乡山子	长80cm	63,250	北京保利	2011.7.28
象牙山水人物风景山子	长96cm	69,000	北京保利	2011.10.24
明 象牙瓜棱形花插	高11cm	69,000	北京东正	2011.11.18
明 象牙瓜棱型花插	高10cm	149,500	上海大众	2011.08.25
明 象牙蟠桃花插	高12.7cm	201,600	浙江钱塘	2011.6.12
明 象牙雕人物花插	高11.7cm	276,000	古天一	2011.12.05
明 象牙花插	高11.5cm	1,380,000	古天一	2011.12.05
清乾隆 象牙雕童子戏狮龙纹花插 (一对)	高25.5cm	943,000	北京保利	2011.12.07
清中期 象牙百鸟朝凤花插	高3.2cm	1,150,000	福建拍卖	2011.7.3
清中期 象牙雕松竹人物纹花插	高11.2cm	109,250	北京东正	2011.6.5
清中期 象牙雕小花插	高10.7cm	89,700	北京东正	2011.11.18
清 象牙雕鱼篓花插摆件	高93cm	324,800	太平洋	2011.09.17
清 象牙雕鱼蟹图花插	高57.5cm	78,400	太平洋	2011.09.17
清 象牙山石花卉花插	高13.5cm	195,500	北京保利	2011.6.7
清 象牙雕花鸟花插 (一对)	高18.3cm	184,000	中国嘉德	2011.11.15
清 象牙雕瑞兽童子花插(一对)	高25.1cm	690,000	西泠拍卖	2011.7.18
清 象牙嵌百宝花鸟花插(一对)	高37cm	483,000	北京保利	2011.7.28
清 象牙嵌百宝花鸟满工银口花插 (一对)	高42cm	368,000	北京保利	2011.4.18
19世纪(日本) 象牙人物大花插	高41cm	230,000	北京保利	2011.12.07
民国 象牙梅花花插	高24.5cm	69,000	北京保利	2011.7.28
清 象牙染色镂雕西洋花卉提篮	宽35cm	1,840,000	中国嘉德	2011.5.22
清 象牙透雕佛手纽有提梁提篮	高30cm	230,000	北京保利	2011.12.07
清 象牙透雕花卉人物花篮	高18cm	138,000	北京翰海	2011.11.19
清 象牙透雕石榴纽提篮	高34.5cm	402,500	北京保利	2011.12.07
民国 象牙加彩仿生水果花篮组件	长38cm	517,500	苏州吴门	2011.6.12
清早期 象牙加彩双面工山水诗文砚屏	高21.5cm	63,250	北京保利	2011.4.18
清乾隆 象牙雕染色西厢记图座屏	高26cm	195,500	北京东正	2011.11.18
清中期 象牙雕双龙花鸟纹砚屏	高15.3cm	149,500	北京保利	2011.6.7
清 黄杨木嵌于硕微刻象牙水文字图六扇砚屏	40cm × 31cm	115,000	上海大众	2011.08.25
清 象牙《西厢记》故事插屏 (一对)	高26.5cm	460,000	浙江钱塘	2011.12.04
清 象牙博古纹砚屏	高26.7cm	149,500	浙江钱塘	2011.12.04
清 象牙雕人物纹砚屏	高26cm	224,000	浙江钱塘	2011.6.12
清 象牙雕渔家乐砚屏 (一对)	高22cm	178,250	北京歌德	2011.09.17
清 象牙寅生刻兰石图诗文砚屏	高15cm	560,000	古天一	2011.6.4
民国 于硕象牙雕八仙祝寿砚屏 (一对)	高26.5cm	123,200	浙江钱塘	2011.1.9
五十年代 象牙染色花卉砚屏 (一对)	高15cm	161,000	北京歌德	2011.6.3
象牙雕人物砚屏	高19.8cm	95,200	北京翰海	2011.4.9
清乾隆 象牙茜色如意纹冠架	高17.5cm	230,000	上海大众	2011.08.25
佩玩件				
元 象牙雕云纹金刚杵	8cm × 8cm	190,400	南京正大	2011.4.23

拍品名称	尺寸	成交价RMB	拍卖公司	拍卖日期
明早期 象牙雕螭龙纹牌	长5.5cm	276,000	北京保利	2011.12.07
明晚期 象牙雕路路连科牌	4.6cm×6cm	82,800	北京诚轩	2011.5.22
明晚期 象牙雕荷塘九鹭图牌	6.5cm×4.1cm	184,000	北京诚轩	2011.11.12
明末清初 象牙龙纹嵌件	长9cm	138,000	北京保利	2011.7.28
明末清初 象牙雕辟邪坠	高5.5cm	138,000	北京诚轩	2011.11.12
明末 象牙雕螭龙纹牌	长6cm	97,750	北京东正	2011.11.18
明 象牙雕三友牌	高5.8cm	299,000	古天一	2011.12.05
明 象牙雕“魁星踢斗”牌	高7cm	392,000	古天一	2011.6.4
明 象牙雕“蕉荫仕女”牌	高6.5cm	313,600	古天一	2011.6.4
明 象牙雕“加官进爵”牌	高6.4cm	358,400	古天一	2011.6.4
明崇祯 黄花梨嵌象牙微雕佛牌	高25.5cm	280,000	长风拍卖	2011.1.20
明 象牙透雕螭龙剑饰	长4.5cm	218,500	北京保利	2011.12.07
明 象牙双龙戏珠龙凤佩	直经7.5cm	168,000	南京正大	2011.4.23
明 象牙嵌钧瓷指日可待牌	高6cm	56,000	浙江钱塘	2011.1.9
明 象牙浅刻烙画牌	高5.5cm	97,750	西泠拍卖	2011.7.19
明 象牙梅花清供挂牌	高5.3cm	138,000	西泠拍卖	2011.7.18
明 象牙宫廷用腰牌	长14.2cm	509,600	苏州东方	2011.4.28
明 象牙雕团龙佩	直径5.8cm	166,750	北京东正	2011.11.18
明 象牙雕仕女诗文牌	高20cm	105,800	北京歌德	2011.6.3
明 象牙雕山水人物牙牌	高20.5cm×2	644,000	北京歌德	2011.6.3
明 象牙雕福寿纹牌	长6.7cm	230,000	北京东正	2011.11.18
明 象牙雕持莲童子挂件	高6.5cm	253,000	西泠拍卖	2011.7.19
象牙刻神话故事弯刀	长105cm	437,000	北京匡时	2011.12.05
象牙雕麻将牌(一套)	尺寸不一	100,800	北京荣宝	2011.08.13
清中期 象牙斋戒牌	高5.2cm	86,250	西泠拍卖	2011.7.18
清早期 象牙双面雕状元及第谱牌	长6cm	55,200	北京保利	2011.7.26
清早期 象牙雕梅花牌	高6.5cm	138,000	古天一	2011.12.05
清早期 象牙雕龙纹带扣	高7.9cm	207,000	西泠拍卖	2011.7.18
清乾隆 象牙贴黄折纸刀	长32.4cm	172,500	北京东正	2011.6.5
清乾隆 象牙茜色葫芦形斋戒牌	高6.7cm	575,000	北京保利	2011.6.6
清乾隆 象牙加彩桃蝠玩件	长42.5cm	483,000	中国嘉德	2011.3.19
清乾隆 象牙雕四灵纹葵形镜	直径11.5cm	747,500	北京东正	2011.6.5
清乾隆 象牙雕马头明王金刚镢	长21.3cm	97,750	北京东正	2011.6.5
清乾隆 象牙雕金刚杵	长9cm	195,500	北京东正	2011.6.5
清乾隆 象牙雕加彩蝙蝠挂佩	长16.2cm	63,250	北京东正	2011.11.18
清乾隆 染色象牙镂雕如意坠	长7cm	63,250	北京保利	2011.4.16
清康熙 象牙浮雕携琴访友博古双面插牌	长20cm	78,400	北京保利	2011.1.16
清初 象牙雕梅干纹仗首	长9cm	69,000	北京东正	2011.11.18
清初 象牙雕花卉诗文牌	高6.3cm	69,000	北京歌德	2011.6.3
清 造办处象牙镜挂件	高8.5cm	51,750	北京容海	2011.10.24
清 象牙手杖	长91cm	59,800	中国嘉德	2011.11.15
清 象牙黑漆人物牌	高6cm	172,500	浙江钱塘	2011.12.04
清 象牙雕喜上梅梢牌	直径4.7cm	149,500	浙江钱塘	2011.12.04
清 象牙雕佛珠		51,750	北京歌德	2011.09.17
清 象牙朝珠		56,000	北京荣宝	2011.11.11
清 象牙108颗朝珠		112,000	长风拍卖	2011.1.20
象牙108数珠	直径约2.4cm	537,600	天工艺苑	2011.6.26
民国 于硕刻山水人物诗文牌	4.3cm×7cm	86,250	北京歌德	2011.6.3
民国 于硕雕象牙山水人物纹牌	长5.2cm	51,750	北京东正	2011.11.18
民国 象牙微刻“出师表”牌	高5cm	63,250	上海崇源	2011.7.6
民国 吴南愚象牙微雕江乡渔隐图坠	直径1.9cm	57,500	北京永乐	2011.11.15
近代 薛佛影刻滕王阁图文双面象牙牌	长10cm	287,500	朵云轩	2011.7.4
生活用品				
明 象牙雕插瓶	高8.5cm	156,800	古天一	2011.6.4
象牙人物纹瓶(一对)	高28cm	57,500	中国嘉德	2011.09.17
象牙浮雕诗文小瓶	高15cm	168,000	琴岛荣德	2011.12.10
象牙雕透雕葫芦瓶	高18.6cm	97,750	中贸圣佳	2011.11.06
清中期 象牙开光八仙图双螭耳瓶	高21.3cm	345,000	中国嘉德	2011.11.15

拍品名称	尺寸	成交价RMB	拍卖公司	拍卖日期
清中期 象牙雕喜上眉梢象耳瓶(一对)	高10cm×2	94,300	北京歌德	2011.6.3
清中期 象牙雕双龙戏珠瓶	高15.5cm	55,200	北京歌德	2011.6.3
清中期 象牙雕双龙耳狩猎图瓶	高27.3cm	943,000	北京保利	2011.6.7
清中期 象牙雕人物故事双象耳瓶	高26.5cm	92,000	北京匡时	2011.12.05
清中期 象牙雕人物故事大瓶	高38.5cm	460,000	北京保利	2011.12.07
清中期 象牙雕开光山水纹山羊开泰盖瓶	高18cm	149,500	北京匡时	2011.6.8
清中 象牙茜色雕净瓶观音	高67cm	575,000	北京容海	2011.10.24
清早期 象牙诗文小瓶	高9.4cm	57,500	中国嘉德	2011.3.19
清晚期 象牙雕双狮耳罗汉图瓶	高44.5cm	632,500	北京保利	2011.6.7
清晚期 象牙雕双螭耳夔龙纹瓶	高20.2cm	126,500	北京保利	2011.6.7
清晚期 象牙雕兽耳衔环戏剧故事图狮耳盖瓶(一对)	高51cm	2,530,000	北京保利	2011.6.7
清乾隆 造办处制象牙雕仕女人物象耳活环瓶	高13cm	218,500	北京歌德	2011.6.3
清乾隆 象牙染色镂雕花卉夔龙出戟瓶	高52cm	1,725,000	中国嘉德	2011.5.22
清乾隆 象牙描金饕餮纹双耳瓶	高18.5cm	322,000	荣宝斋(沪)	2011.11.25
清乾隆 象牙雕缠枝捧寿纹瓶	高19.2cm	1,092,500	北京东正	2011.6.5
清道光 象牙雕开光四季花卉纹转心瓶	高14.4cm	977,500	北京东正	2011.6.5
清 象牙人物故事挂屏壁瓶	高45cm	149,500	北京匡时	2011.09.17
清 象牙十八罗汉双耳瓶	高25cm	207,000	北京匡时	2011.6.8
清 象牙狮首衔环方瓶	高30.5cm	246,400	浙江钱塘	2011.6.12
清 象牙狮耳瓶	高17cm	184,000	荣宝斋(沪)	2011.11.25
清 象牙山水瓶(一对)	高18.8cm	138,000	北京容海	2011.10.24
清 象牙人物纹挂瓶	高17.5cm	109,250	荣宝斋(沪)	2011.11.25
清 象牙染色山水人物瓶(一对)	高22.5cm	336,000	浙江钱塘	2011.6.12
清 象牙群仙祝寿图瓶	高27.7cm	287,500	中国嘉德	2011.6.18
清 象牙龙凤纹瓶	高35cm	713,000	中国嘉德	2011.3.19
清 象牙加彩净瓶观音	高30.5cm	149,500	荣宝斋(沪)	2011.11.25
清 象牙活环双耳瓶	高19cm	336,000	浙江钱塘	2011.6.12
清 象牙浮雕108罗汉十二花神大瓶	高56cm	460,000	北京保利	2011.12.08
清 象牙雕饕餮纹狮耳衔环瓶	高12.5cm	57,500	北京东正	2011.6.5
清 象牙雕水浒人物双耳瓶	高21cm	575,000	北京保利	2011.12.07
清 象牙雕双耳瓶	高37.5cm	560,000	浙江民和	2011.08.14
清 象牙雕人物故事盖瓶	高33.5cm	230,000	北京匡时	2011.6.8
清 象牙雕秋趣图纹瓶	高31cm	333,500	上海大众	2011.08.25
清 象牙雕开光山水花鸟六棱瓶	高16.5cm	100,800	浙江钱塘	2011.6.12
清 象牙雕开光人物故事纹瓶(一对)	高50cm×2	336,000	中贸圣佳	2011.1.23
清 象牙雕井冈山大会师瓶	高36cm	299,000	上海大众	2011.08.25
清 象牙雕活环道教故事赏瓶	高13cm	322,000	北京歌德	2011.6.3
清 象牙雕花鸟开光凤耳瓶(一对)	高35cm	517,500	福建拍卖	2011.7.3
清 象牙雕葫芦万代活链瓶(一对)	高17cm	299,000	上海大众	2011.08.25
清 象牙雕螭龙衔灵芝插瓶	高15.8cm	172,500	西泠拍卖	2011.7.18
清 象牙雕螭龙纹活环瓶	高13cm	172,500	北京歌德	2011.6.3
清 象牙彩绘福寿链子瓶	高13.5cm	53,760	太平洋	2011.09.17
民国 象牙兽面纹花卉瓶	高28.3cm	51,750	中国嘉德	2011.3.19
民国 象牙兽耳开光人物瓶	高32.2cm	280,000	浙江钱塘	2011.6.12
民国 象牙人物纹瓶	高40.6cm	59,800	中国嘉德	2011.6.18
民国 象牙人物纹环耳瓶	高58cm	71,300	中国嘉德	2011.09.17
民国 象牙雕山水人物对瓶	高40.5cm×2	195,500	北京匡时	2011.09.17
民国 象牙雕牡丹瓶	高20cm	161,000	中贸圣佳	2011.11.06
民国 象牙雕花鸟方瓶	高28cm	345,000	北京保利	2011.12.07
民国 象牙雕花开富贵纹瓶	高28cm	132,250	中贸圣佳	2011.11.06
民国象牙雕刀马人物瓶(一对)	高31cm	126,500	北京保利	2011.4.18
19世纪 象牙雕人物故事活环瓶(一对)	高27.5cm×2	126,500	北京歌德	2011.6.3

2011杂项拍卖成交汇总

(成交价RMB：5万元以上)

拍品名称	尺寸	成交价RMB	拍卖公司	拍卖日期
清 象牙雕莲瓣纹壶	高19cm	218,500	北京东正	2011.6.5
清 象牙雕龙凤开光刀马人物茶壶	高18cm	920,000	北京匡时	2011.6.8
象牙加彩兽面纹壶	高21cm	82,800	中国嘉德	2011.6.18
清乾隆 象牙雕八卦龙纹三兽足熏炉	高33cm	1,150,000	上海大众	2011.08.25
晚清-民国 象牙雕太平有象熏炉	高29cm	161,000	北京歌德	2011.6.3
明 象牙雕草虫花卉海棠形盖盒	长6cm	126,500	北京保利	2011.12.07
明 象牙雕梅花纹印盒	直径5cm	149,500	北京东正	2011.11.18
明 象牙雕印泥盒	直径5cm	59,800	北京东正	2011.6.5
明 象牙仿剔漆香盒	高2.5cm	368,000	西泠拍卖	2011.7.18
明 象牙雕仿剔犀香盒	直径3.7cm	470,400	古天一	2011.6.4
明 象牙雕鸳鸯盒	长8cm	1,380,000	古天一	2011.12.05
清初 象牙仿剔犀印泥盒	直径7cm	103,500	荣宝斋(沪)	2011.11.25
清早期 象牙雕花卉方文具盒	宽25.5cm	103,500	北京保利	2011.12.07
清早期 象牙雕莲蓬盒	高5.8cm	92,000	西泠拍卖	2011.7.19
清康熙 象牙雕鲤鱼跃龙门图香盒	直径4.2cm	241,500	北京诚轩	2011.5.22
清雍正 象牙雕海水云龙火镰盒	长14.5cm	4,715,000	北京保利	2011.6.6
清雍正-乾隆 御制象牙雕苍龙教子火镰盒	长12.5cm	3,220,000	北京保利	2011.12.06
清乾隆 象牙雕镂空小香盒	直径7cm	134,400	浙江钱塘	2011.6.12
清乾隆 象牙雕镂空小香盒	直径7cm	103,040	浙江钱塘	2011.1.9
清乾隆 象牙雕螭龙牙签盒	长10.7cm	161,000	北京保利	2011.6.6
清乾隆 象牙雕梵文香盒	直径6.5cm	105,800	北京东正	2011.6.5
清乾隆 象牙雕六字真言盖盒	长6.2cm	460,000	北京诚轩	2011.5.22
清乾隆 象牙雕龙纹牙签盒	长10.3cm	86,250	北京保利	2011.6.6
清乾隆 象牙雕松纹盖盒	直径5.5cm	80,500	北京东正	2011.6.5
清乾隆 象牙镂空雕婴戏暗八仙寿星盖盒	直径26cm	2,185,000	北京保利	2011.12.07
清乾隆 象牙茜色花鸟人物长方盒	长23.8cm	2,185,000	北京歌德	2011.6.3
清乾隆 象牙透雕花卉香盒	直径3.8cm	161,000	北京保利	2011.6.6
清乾隆 造办处制象牙雕多子多福葫芦型盒	长20cm	1,380,000	华艺国际	2011.12.11
清乾隆 象牙雕山水人物文具盒(内附十四小件)	长20cm	345,000	中拍国际	2011.7.17
清中期 象牙雕岁岁平安纹盖盒(一对)	长13.5cm	345,000	北京东正	2011.6.5
清中期 象牙龙纹牙签盒	长12cm	207,000	北京保利	2011.6.6
清 象牙刀马人物首饰盒	长24.5cm	313,600	浙江钱塘	2011.6.12
清 象牙雕暗八宝纹印泥盒	直径7.2cm	57,500	北京歌德	2011.6.3
清 象牙雕仿豆荚昆虫花卉盖盒	长13cm×2	207,000	北京歌德	2011.6.3
清 象牙雕凤纹香盒	直径7cm	161,000	上海大众	2011.08.25
清 象牙雕瓜果盒	长16cm	86,250	北京歌德	2011.6.3
清 象牙雕开光庭院山水长方盒	长21.5cm	667,000	苏州吴门	2011.6.12
清 象牙雕人物故事盖盒	直径7.5cm	57,500	北京匡时	2011.6.8
清 象牙雕人物楼阁印盒	直径8cm	55,200	北京九歌	2011.6.10
清 象牙雕人物图抽屉式大盖盒	长30cm	280,000	北京永乐	2011.5.24
清 象牙雕首饰盒	长24.5cm	115,000	广州嘉德	2011.6.11
清 象牙雕亭台楼阁人物名片盒	长10.5cm	51,750	长风拍卖	2011.6.21
清 象牙茜色雕母鸡盖盒	长11cm	149,500	上海大众	2011.08.25
清 象牙人物纹名片盒	长13.9cm	69,000	中国嘉德	2011.6.18
清 象牙双狮纽三友纹印盒	高8cm	72,800	浙江钱塘	2011.1.9
清 象牙透雕庭院人物八棱捧盒	高23cm	168,000	浙江钱塘	2011.1.9
清 象牙雕鹌鹑香盒	长7.5cm	149,500	古天一	2011.12.05
清 象牙雕鹌鹑香盒	长8cm	313,600	古天一	2011.6.4
清 象牙雕盖盒	高4.6cm	448,000	古天一	2011.6.4
清 象牙鹌鹑盒(一对)	长9.3cm	59,800	中国嘉德	2011.3.19
清末 象牙人物图首饰盒	高24.7cm	89,600	北京永乐	2011.5.24
牙雕五福捧寿盒	直径17cm	149,500	北京九歌	2011.6.10

拍品名称	尺寸	成交价RMB	拍卖公司	拍卖日期
清 广东象牙文具及盒(一套)	长21cm	161,000	北京保利	2011.12.07
清象牙镂雕人物首饰盒(一套)	长32cm	575,000	中国嘉德	2011.11.15
清 象牙名片盒(一套五件)	长23cm	172,500	中国嘉德	2011.11.15
民国 象牙雕瓜果形盒	高9cm	56,000	浙江钱塘	2011.1.9
明 螭龙纹象牙杯	宽12.5cm	437,000	中国嘉德	2011.5.22
明 象牙雕小杯	高2.8cm	190,400	古天一	2011.12.05
清 象牙雕螭龙纹杯	高13cm	100,800	北京荣宝	2011.11.11
清 象牙松鹤延年杯	高12.5cm	402,500	荣宝斋(沪)	2011.11.25
清 象牙阴刻山水人物故事纹杯	直径9cm	517,500	北京匡时	2011.6.8
象牙雕松鹤杯	高10cm	649,600	北京翰海	2011.4.9
清雍正 象牙染色花鸟碗	直径12cm	713,000	中国嘉德	2011.5.23
清早期 象牙雕彩绘虫草花卉纹碗	直径11.9cm	896,000	古天一	2011.6.4
清早期 象牙雕彩绘盖碗	直径11.5cm	1,008,000	古天一	2011.6.4
清乾隆 象牙茜色雕福寿碗	直径11.5cm	920,000	上海大众	2011.08.25
清乾隆 御制"渔樵耕读"象牙碗(一对)	直径10cm	2,464,000	天工艺苑	2011.6.26
清中期 象牙小碗	直径9.5cm	80,500	北京保利	2011.10.22
清 象牙嵌螺钿银心碗	直径10cm	287,500	北京纳高	2011.7.6
民国 象牙雕福寿纹碗	直径11.5cm	78,400	北京荣宝	2011.11.11
民国 象牙小碗(一对)	直径8.8cm	207,000	北京中汉	2011.5.23
清康熙 象牙雕花蝶纹盘	长18cm	287,500	北京东正	2011.6.5
清乾隆 象牙雕染色福寿纹香盘	长9.4cm	345,000	北京东正	2011.11.18
清乾隆 象牙雕玉兰花蝶纹香盘	长18.4cm	230,000	北京东正	2011.11.18
清乾隆 象牙菊瓣蜻蜓盘	直径8cm	115,000	北京保利	2011.12.07
清中期 象牙雕荷花人物纹香盘	长17.8cm	690,000	北京东正	2011.11.18
清 象牙凤穿牡丹纹方盘	长25cm	89,600	浙江钱塘	2011.6.12
清 象牙龙纹方盘	长22cm	67,200	浙江钱塘	2011.6.12
清 象牙雕蝙蝠如意纹盘	长8.5cm	291,200	古天一	2011.6.4
清 象牙雕彩绘福禄盘	长19.5cm	280,000	古天一	2011.6.4
清 象牙雕诗文花卉文具盘	长25cm	246,400	古天一	2011.6.4
清 象牙雕人物故事盘(一对)	长17.5cm	105,800	北京歌德	2011.6.3
象牙雕鸟笼		67,200	中贸圣佳	2011.4.29
象牙鸟笼	高42cm	69,000	中国嘉德	2011.09.17
象牙嵌玳瑁鸟笼	直径26cm	53,760	北京荣宝	2011.3.18
民国 玳瑁象牙鸟笼(一对)	高37cm×2	109,760	北京荣宝	2011.08.13
象牙玳瑁鸟笼子	高42.5cm	67,200	北京荣宝	2011.11.11
清 牙雕香囊	7cm×10cm	69,000	北京容海	2011.10.24
清乾隆 象牙雕加彩葫芦香囊	高9cm	66,700	北京歌德	2011.6.3
清乾隆 象牙加彩福寿香囊	高7cm	74,750	北京保利	2011.4.16
清乾隆 象牙透雕花卉荷包式香囊	长6.9cm	184,000	北京保利	2011.6.6
清乾隆 象牙透雕夔龙纹香囊	高10.7cm	69,000	北京保利	2011.6.6
清中期 透雕花鸟象牙斋戒香囊	长5.6cm	368,000	北京保利	2011.6.6
清中期 象牙加彩花鸟香囊	长6.5cm	172,500	北京歌德	2011.6.3
明 象牙透雕花鸟人物香筒	高21.5cm	874,000	北京保利	2011.12.07
清 象牙透雕人物香筒	高17.5cm	172,500	西泠拍卖	2011.7.18
清 象牙透雕香筒	器高22.6cm	80,500	西泠拍卖	2011.7.19
19世纪 象牙雕云龙纹香筒	高30.5cm	72,800	中鸿信	2011.6.26
象牙螭龙纹香筒(一对)	高28.5cm	51,750	中国嘉德	2011.3.19
清 象牙透雕龙纹香熏	高8cm	78,400	浙江钱塘	2011.1.9
清中期 象牙透雕葫芦香熏	长6cm	138,000	北京保利	2011.6.6
清乾隆 象牙龙纹百寿字香熏(一对)	高26cm	483,000	中国嘉德	2011.11.15
象牙雕仙人香熏(一对)	高22cm	51,750	北京保利	2011.7.28
清 周义制象牙花卉扇骨	长32cm	172,500	中国嘉德	2011.11.15
清 广制编丝烧兰象牙人物扇	长56cm	132,250	北京匡时	2011.6.8
清 广制象牙雕开光山水花卉成扇	长35cm	80,500	北京匡时	2011.6.8
清 广制象牙镂雕人物故事成扇	长52cm	105,800	北京匡时	2011.6.8
清 广制象牙镂雕人物故事成扇	高32cm	80,500	北京匡时	2011.6.8
清 广制象牙镂雕人物花鸟纹成扇	长49cm	92,000	北京匡时	2011.6.8

拍品名称	尺寸	成交价RMB	拍卖公司	拍卖日期
民国 吴南愚象牙微雕赤壁赋扇骨	高32.3cm	179,200	北京永乐	2011.5.24
民国 象牙雕人物花卉扇骨	长31.5cm	55,200	西泠拍卖	2011.7.18
清中期 象牙八仙扇骨	长34cm	51,750	北京保利	2011.10.24
清中期 象牙瓜瓞绵绵扇骨	长28.5cm	69,000	北京保利	2011.7.28
民国 于硕象牙微雕山水诗文图扇骨扇	高22.4cm	425,600	北京永乐	2011.5.24
清 象牙扇骨绣花鸟成扇连原装盒	长29.5cm	92,000	北京匡时	2011.09.17
清 象牙雕扇骨绣人物成扇连原装盒	长24cm	92,000	北京匡时	2011.09.17
明万历 象牙雕双凤朝阳插件	长30cm	207,000	上海大众	2011.08.25
明 象牙雕葵花形四瓣香插	高10.5cm	345,000	上海大众	2011.08.25
明 象牙雕八仙纹小罐	高6cm	276,000	北京东正	2011.6.5
清早期 象牙人物香插	长6cm	69,000	北京保利	2011.12.07
清早期 象牙雕茜色菊石底座	长10.5cm	195,500	古天一	2011.12.05
清乾隆 造办处制象牙编丝花蝶宫扇	长52cm	1,150,000	北京保利	2011.12.07
清乾隆 御制象牙彩绘“赏鹤图”盖罐	高9.5cm	207,000	北京保利	2011.10.22
清乾隆 御制染色象牙镂雕福寿绵绵葫芦形花熏	高8cm	2,012,500	北京匡时	2011.12.05
清乾隆 象牙染色松石纹犀角杯座	长9.5cm	207,000	北京东正	2011.11.18
清乾隆 象牙染色山石纹犀角杯座	长15.5cm	195,500	北京东正	2011.11.18
清乾隆 象牙染绿松梅座	长15.5cm	149,500	北京保利	2011.12.07
清乾隆 象牙茜色雕灵芝修竹座	宽12cm	103,500	上海大众	2011.08.25
清乾隆 象牙灵芝座	长20cm	368,000	北京保利	2011.12.07
清乾隆 象牙雕染色松竹纹座	长15.5cm	402,500	北京东正	2011.6.5
清乾隆 象牙雕染色灵芝纹座	长11.5cm	253,000	北京东正	2011.6.5
清乾隆 象牙雕开光山水人物花薰	高10cm	3,136,000	古天一	2011.6.4
清乾隆 象牙雕福禄纹罐	高7.6cm	368,000	北京东正	2011.6.5
清乾隆 象牙雕螭龙纹香薰	高16cm	1,380,000	北京东正	2011.6.5
清中期 象牙雕云龙纹信筒	高8.5cm	57,500	北京歌德	2011.6.3
清中期 象牙雕鸭型盉	长20.5cm	230,000	广州嘉德	2011.6.11
清中期 象牙雕人物信插(一对)	高32.5cm	437,000	北京保利	2011.12.07
清中期 象牙雕莲花盒托	宽7cm	149,500	中国嘉德	2011.5.23
清中期 象牙雕夔凤纹提梁卣	高18.7cm	2,070,000	北京翰海	2011.11.17
清中期 象牙雕花卉小几	长12.3cm	161,000	古天一	2011.12.05
清中期 象牙玳瑁银烧蓝折扇	宽43cm	92,000	北京保利	2011.12.07
清 象牙镂雕团扇	长37cm	425,600	古天一	2011.6.4
清 象牙雕龙纹花薰	高14.8cm	1,344,000	古天一	2011.6.4
清 紫檀嵌象牙柄竹地沉香雕富贵有余宫扇	直径26.5cm	276,000	北京匡时	2011.6.8
清 象牙香插	高12cm	126,500	北京歌德	2011.6.3
清 象牙染色水仙花盆	高42.5cm	115,000	中国嘉德	2011.11.15
清 象牙凉席	长195cm	115,000	北京保利	2011.4.18
清 象牙雕渔樵耕读帽筒(一对)	高25.8cm	253,000	北京纳高	2011.7.6
清 象牙雕提梁卣	高18cm	69,000	北京歌德	2011.6.3
清 象牙雕饕餮纹匜	长21cm	207,000	上海大众	2011.08.25
清 象牙雕人物纹成扇	长45cm	69,000	北京匡时	2011.6.8
清 象牙雕龙纹活环大香薰	高46.5cm	58,240	太平洋	2011.09.17
清 象牙雕锦地开光汉宫春晓蟋蟀罐(一对)	直径11cm	437,000	上海大众	2011.08.25
清 象牙草虫残竹卷筒	高25cm	92,000	北京保利	2011.6.7
清 象牙编织鱼篓	高22cm	784,000	浙江钱塘	2011.6.12
清 象牙编凉席	113.8cm ×194.6cm	322,000	北京纳高	2011.7.6
民国 象牙制蜡烛台(一对)	高16cm	149,500	北京诚轩	2011.5.22
民国 象牙席	179cm×99cm	115,000	北京保利	2011.10.24
象牙仕女图扇	长44.6cm	66,700	中国嘉德	2011.09.17
象牙席	193cm ×114cm	368,000	中国嘉德	2011.3.19
象牙席	193.5cm ×115cm	230,000	中国嘉德	2011.3.19
五十年代 象牙染色蝈蝈葫芦(一对)	长24cm×2	322,000	北京歌德	2011.6.3

拍品名称	尺寸	成交价RMB	拍卖公司	拍卖日期
文房用品				
明 象牙透雕笔	长21.7cm	195,500	北京保利	2011.12.08
清乾隆 象牙百寿纹毛笔	长25.5cm	161,000	北京保利	2011.4.16
清乾隆 象牙毛笔	长20.5cm	109,250	北京保利	2011.10.22
清乾隆 象牙描金彩绘花卉蝙蝠纹毛笔	长21cm	57,500	北京保利	2011.10.22
清乾隆 象牙头紫檀百寿纹毛笔	长25cm	74,750	北京保利	2011.10.22
清乾隆 詹成圭象牙毛笔	笔杆长18.5cm	126,500	西泠拍卖	2011.7.19
清中期 象牙镂雕杵式笔	长21cm	57,500	北京东正	2011.11.17
清 象牙大毛笔	长31cm	87,360	浙江钱塘	2011.6.12
清 象牙龙纹毛笔	长34.5cm	69,000	北京匡时	2011.09.17
清 于硕刻象牙松树诗文笔	长27cm	195,500	北京匡时	2011.12.05
清 于硕刻御题鹤诗象牙笔	长45cm	92,000	北京保利	2011.12.07
清 张之万款象牙斗笔	长35.2cm	97,750	荣宝斋(沪)	2011.11.25
民国 象牙诗文笔	长25.7cm	105,800	中国嘉德	2011.5.23
明初 象牙雕弦纹笔筒	高11cm	368,000	北京东正	2011.6.5
明 象牙雕山水诗文笔筒	高12cm	201,600	古天一	2011.12.05
明 象牙雕山水人物笔筒	高13.5cm	138,000	北京歌德	2011.6.3
明 象牙雕群仙祝寿笔筒	高15.7cm	470,400	古天一	2011.6.4
明 象牙雕花鸟笔筒	高14.9cm	313,600	古天一	2011.6.4
明 象牙山水人物笔筒	高15.7cm	230,000	浙江钱塘	2011.12.04
明 象牙浅刻山水笔筒	高10.2cm	253,000	浙江钱塘	2011.12.04
明 象牙烙画亭台人物故事图笔筒	高10.5cm	322,000	西泠拍卖	2011.7.19
明 象牙刻人物闲趣图笔筒	高13.8cm	264,500	北京翰海	2011.5.21
明 象牙花卉诗文五方笔筒	高11cm	69,000	北京保利	2011.12.07
明 象牙海棠形笔筒	高14.5cm	57,500	北京保利	2011.10.24
明 象牙雕松鹤延年纹笔筒	高15cm	322,000	北京东正	2011.11.18
明 象牙雕诗文人物六方笔筒	高19.5cm	747,500	北京东正	2011.11.18
明 象牙雕人物诗文笔筒	高14.5cm	784,000	浙江钱塘	2011.6.12
明 象牙雕人物故事笔筒	高11cm	632,500	上海大众	2011.08.25
明 象牙雕人物笔筒	高14.4cm	207,000	北京翰海	2011.11.19
明 象牙雕浅刻桃园纹笔筒	高8.7cm	207,000	北京东正	2011.6.5
明 象牙雕花鸟笔筒	高13cm	839,500	江苏省拍	2011.12.10
明 象牙道教仙人遣麒麟送太子笔筒	高17cm	460,000	北京保利	2011.10.22
明 薄意浮雕花鸟蜜蜂笔筒	高14cm	713,000	北京保利	2011.12.07
明 庭园雅集图象牙笔筒	高13.7cm	1,058,000	中国嘉德	2011.5.22
明晚期 象牙素身笔筒	高10cm	483,000	北京诚轩	2011.11.12
明晚期 象牙雕神仙人物图笔筒	高14.3cm	299,000	北京诚轩	2011.11.12
明末清初 象牙雕松荫高仕图笔筒	高8.5cm	425,500	北京歌德	2011.6.3
明末 象牙素笔筒	高14cm	368,000	上海大众	2011.08.25
清初期 象牙雕仿竹刻柳荫高士图笔筒	高9cm	264,500	北京歌德	2011.6.3
清初 象牙浅刻山水诗文笔筒	高13cm	517,500	上海大众	2011.08.25
清初 象牙浅刻山水诗文笔筒	高10.5cm	230,000	上海大众	2011.08.25
清初 象牙浅刻山水人物纹笔筒	高12cm	253,000	上海大众	2011.08.25
清初 象牙浅刻山水人物笔筒	高13cm	322,000	上海大众	2011.08.25
清初 象牙浅刻梅竹双清笔筒	高13cm	828,000	上海大众	2011.08.25
清初 象牙刻山水诗文笔筒	高10cm	598,000	北京歌德	2011.6.3
清初 象牙雕素笔筒	高15.5cm	391,000	北京东正	2011.11.18
清初 象牙雕松山泛舟纹笔筒	高12.5cm	632,500	北京东正	2011.6.5
清初 象牙雕山水诗文笔筒	高9cm	120,750	北京歌德	2011.6.3
清初 象牙雕《西厢记》人物故事笔筒	高13.5cm	471,500	北京歌德	2011.6.3
清早期 象牙阴刻山水人物笔筒	高12.9cm	529,000	福建拍卖	2011.7.3
清早期 象牙庭院人物笔筒	高14.6cm	644,000	中国嘉德	2011.11.15
清早期 象牙松下人物诗文笔筒	高11.5cm	138,000	北京保利	2011.7.26
清早期 象牙人物诗文笔筒	直径12cm	575,000	中国嘉德	2011.11.15
清早期 象牙浅刻山水人物诗文笔筒	高16.8cm	1,254,400	苏州东方	2011.4.28
清早期 象牙梅桩笔筒	高13cm	138,000	北京保利	2011.12.08

2011杂项拍卖成交汇总

(成交价RMB：5万元以上)

拍品名称	尺寸	成交价RMB	拍卖公司	拍卖日期
清早期 象牙雕岁寒三友笔筒	高13cm	368,000	西泠拍卖	2011.7.18
清早期 象牙雕双凤牡丹图纹笔筒	高15.3cm	161,000	北京翰海	2011.11.19
清早期 象牙雕花鸟笔筒	高13.8cm	138,000	西泠拍卖	2011.7.18
清康熙 御制牙雕大笔筒	高17.3cm	1,380,000	江苏省拍	2011.12.10
清康熙 象牙西园雅集象牙笔筒	高14.6cm	805,000	北京保利	2011.12.07
清康熙 象牙诗文笔筒	高8.8cm	287,500	北京保利	2011.6.7
清康熙 象牙雕竹林七贤笔筒	高13.2cm	747,500	福建拍卖	2011.7.3
清康熙 象牙雕携琴访友纹笔筒	高9cm	1,265,000	北京东正	2011.6.5
清乾隆年制款象牙山水人物笔筒	高12cm	667,000	荣宝斋(沪)	2011.11.25
清乾隆 造办处象牙雕樵乐图笔筒	高12cm	3,920,000	浙江钱塘	2011.1.9
清乾隆 象牙渔家乐笔筒	高12cm	322,000	中国嘉德	2011.11.15
清乾隆 象牙嵌螺钿大吉图笔筒	高8.5cm	506,000	北京保利	2011.4.16
清乾隆 象牙浅雕填漆宫苑仕女图笔筒	高14cm	1,495,000	北京保利	2011.6.6
清乾隆 象牙镂雕花木虫兽纹笔筒	高10cm	747,500	福建拍卖	2011.7.2
清乾隆 象牙开光山水人物纹长方形笔筒	高11cm	805,000	上海大众	2011.08.25
清乾隆 象牙高浮雕罗汉图笔筒	高14cm	1,610,000	北京翰海	2011.11.17
清乾隆 象牙雕松下浴马图笔筒	高15cm	1,840,000	北京翰海	2011.5.19
清中期 象牙素花口笔筒	高15cm	89,700	北京匡时	2011.09.17
清中期 象牙人物笔筒	高8cm	103,500	北京保利	2011.4.16
清中期 象牙六方诗文开光花卉笔筒	高13.8cm	89,600	长风拍卖	2011.1.20
清中期 象牙开光雕人物故事方笔筒	高11.5cm	207,000	北京匡时	2011.09.17
清中期 象牙黑漆花瓣笔筒	高10.5cm	253,000	北京保利	2011.12.07
清中期 象牙高浮雕人物故事笔筒	高15.5cm	130,000	中都国际	2011.6.12
清中期 象牙雕直桶诗文笔筒	高12.5cm	713,000	福建拍卖	2011.7.3
清中期 象牙雕田园耕织图笔筒	高11cm	897,000	北京保利	2011.6.7
清中期 象牙雕罗汉图大笔筒	高21.5cm	1,610,000	北京保利	2011.12.07
清中期 象牙雕百鸟朝凤纹笔筒	高13cm	287,500	北京东正	2011.6.5
清晚期 象牙雕西园雅集笔筒	高13.8cm	134,400	长风拍卖	2011.1.20
清末 象牙雕三国故事空城记图笔筒	高13cm	67,200	北京永乐	2011.5.24
清道光 夏小桐刻象牙笔筒	高9cm	74,750	西泠拍卖	2011.7.18
清 象牙雕竹林七贤笔筒(带座)	高13.5cm	140,000	长风拍卖	2011.1.20
清 象牙雕填漆梅花笔筒	高10cm	2,127,500	古天一	2011.12.05
清 象牙雕填彩山水人物诗文笔筒	高13.9cm	1,792,000	古天一	2011.6.4
清 象牙雕梅竹图笔筒	高12.5cm	560,000	古天一	2011.6.4
清18世纪 象牙雕赏荷图笔筒	高15.6cm	750,720	香港佳士得	2011.11.30
清 于硕作象牙四方倭角山水人物笔筒	高12.5cm	747,500	北京保利	2011.12.07
清 象牙月漫清游图笔筒(一套三件)	高12.6cm	402,500	中国嘉德	2011.6.18
清 象牙雪樵款山水诗文笔筒	高12cm	145,600	长风拍卖	2011.1.20
清 象牙镶嵌笔筒	高13.5cm	57,500	北京歌德	2011.09.17
清 象牙吴门梅隐款整挖笔筒	高6.8cm	50,400	长风拍卖	2011.1.20
清 象牙填漆开光博古花卉诗文笔筒	高12.9cm	57,500	北京纳高	2011.7.6
清 象牙诗文山水笔筒	高12cm	437,000	浙江钱塘	2011.12.04
清 象牙山水诗文笔筒	长12.5cm	145,600	浙江钱塘	2011.1.9
清 象牙山水人物笔筒	高12.5cm	115,000	北京匡时	2011.09.17
清 象牙山水人物笔筒	高20cm	97,750	北京纳高	2011.7.6
清 象牙浅刻携琴访友笔筒	高16cm	560,000	浙江钱塘	2011.6.12
清 象牙浅刻山水诗文笔筒	高13.3cm	515,200	浙江钱塘	2011.6.12
清 象牙镂空雕水漫金山笔筒	高13cm	109,250	上海大众	2011.08.25

拍品名称	尺寸	成交价RMB	拍卖公司	拍卖日期
清 象牙镂雕人物开光笔筒	高13cm	56,000	长风拍卖	2011.1.20
清 象牙开框雕荷塘清趣笔筒	高25cm	207,000	上海大众	2011.08.25
清 象牙景物诗文笔筒	高13.8cm	517,500	中国嘉德	2011.5.23
清 象牙高士图四方倭角笔筒	高17cm	92,000	北京纳高	2011.7.6
清 象牙高士笔筒	高9.3cm	59,800	中国嘉德	2011.11.15
清 象牙高浮雕高士图笔筒	高13cm	168,000	江苏万达	2011.5.29
清 象牙雕竹子诗文笔筒	高13.5cm	57,500	北京歌德	2011.6.3
清 象牙雕竹林七贤笔筒	高14cm	313,600	北京翰海	2011.09.18
清 象牙雕御题经文笔筒	高14.7cm	885,500	福建拍卖	2011.7.3
清 象牙雕渔家乐笔筒	高13cm	230,000	北京保利	2011.7.28
清 象牙雕渔家乐笔筒	高12.5cm	87,360	太平洋	2011.09.17
清 象牙雕西园雅集笔筒	高13cm	230,000	上海大众	2011.08.25
清 象牙雕四季花卉纹笔筒	高11.5cm	94,300	北京华辰	2011.5.20
清 象牙雕狩猎图笔筒	高13.5cm	168,000	北京荣宝	2011.11.11
清 象牙雕十八罗汉笔筒	高15.8cm	55,000	中都国际	2011.08.28
清 象牙雕人物故事图笔筒	高11.5cm	101,200	中国嘉德	2011.5.23
清 象牙雕人物笔筒	高13cm	345,000	北京保利	2011.12.07
清 象牙雕琴棋书画开光笔筒	高15.5cm	84,700	中都国际	2011.08.28
清象牙雕琴棋书画笔筒(一对)	高13cm	529,000	北京保利	2011.12.07
清 象牙雕开光松下高士图倭角笔筒	高16.3cm	828,000	北京翰海	2011.5.21
清 象牙雕开光花鸟笔筒	高25.5cm	299,000	北京歌德	2011.6.3
清 象牙雕锦地开光龙纹海棠形笔筒	高13.5cm	51,750	北京纳高	2011.7.6
清 象牙雕古松人物笔筒	高16cm	103,500	朵云轩	2011.7.4
清 象牙雕仿梅桩纹笔筒	高14cm	126,500	荣宝斋(沪)	2011.11.25
清 象牙雕百鹿图笔筒		201,600	中贸圣佳	2011.4.29
清 象牙雕《松鹿图》笔筒	高12cm	230,000	长风拍卖	2011.6.21
清 象牙百宝嵌花鸟笔筒	高17.4cm	78,200	北京纳高	2011.7.6
清 象牙八方山水笔筒	高13.6cm	172,500	浙江钱塘	2011.12.04
民国 象牙阴刻山水诗文笔筒	高13.3cm	59,800	北京匡时	2011.09.17
民国 象牙束腰笔筒	高14.3cm	68,000	中都国际	2011.3.13
民国 象牙浅刻山水诗文笔筒	高15.8cm	69,000	西泠拍卖	2011.7.18
民国 象牙母子猴笔筒	高18cm	78,400	浙江钱塘	2011.6.12
民国 象牙花鸟诗文笔筒	高14cm	69,000	中国嘉德	2011.6.18
民国 象牙雕竹林七贤笔筒	高13.3cm	299,000	中贸圣佳	2011.11.06
民国 象牙雕云龙纹笔筒	高14.5cm	78,400	太平洋	2011.09.17
民国 象牙雕东山报捷笔筒	高16cm	74,750	北京保利	2011.4.18
民国 象牙笔筒	高12.5cm	55,200	北京容海	2011.10.24
60年代 象牙雕罗汉图笔筒	高12cm	67,200	北京保利	2011.1.16
50年代 象牙彩绘花鸟诗文笔筒	高12cm	63,250	北京保利	2011.4.18
18世纪 象牙雕仕女游春图笔筒	高15cm	218,500	北京匡时	2011.6.8
牙雕山水楼阁纹笔筒	高30cm	184,000	北京九歌	2011.6.10
象牙云龙纹笔筒	高11cm	55,200	中国嘉德	2011.3.19
象牙月漫清游整挖笔筒(一对)	高12cm	287,500	北京保利	2011.10.24
象牙渔家乐图笔筒	高13.6cm	69,000	中国嘉德	2011.09.17
象牙阳刻诗文笔筒	高11.5cm	63,250	北京匡时	2011.09.17
象牙唐明皇训马图笔筒	高13cm	74,750	北京保利	2011.10.24
象牙素笔筒	高13cm	69,000	北京保利	2011.7.28
象牙三英战吕布图笔筒	高17.5cm	74,750	中国嘉德	2011.09.17
象牙嵌百宝花蝶纹笔筒	高11.8cm	63,250	中国嘉德	2011.3.19
象牙刻填彩大吉图诗文笔筒	高14cm	53,760	北京荣宝	2011.08.13
象牙开光花鸟纹笔筒	高13.8cm	55,200	中国嘉德	2011.3.19
象牙加彩花鸟纹方棱笔筒	高14cm	51,750	北京歌德	2011.09.17
象牙加彩方棱笔筒	高14cm	55,200	北京歌德	2011.6.3
象牙高浮雕海水龙纹笔筒	高23cm	151,200	琴岛荣德	2011.5.15
象牙浮雕松下对弈笔筒	高11.8cm	101,200	北京歌德	2011.6.3
象牙浮雕山水笔筒	高29cm	56,000	北京保利	2011.1.16
象牙雕竹林七贤、对弈图笔筒(两件)	高12cm; 高13cm	63,250	北京保利	2011.4.18
象牙雕钟馗嫁妹纹笔筒	高12.5cm	56,000	北京荣宝	2011.08.13
象牙雕携琴访友图笔筒	高12.3cm	126,500	中贸圣佳	2011.11.06
象牙雕素笔筒	高15.8cm	69,000	中贸圣佳	2011.11.06
象牙雕松下居士笔筒	高13.5cm	56,000	北京翰海	2011.4.9
象牙雕树石仙人笔筒	高13.5cm	322,000	北京九歌	2011.6.10
象牙雕山水笔筒、对弈图笔筒(两件)	高14cm; 高13cm	63,250	北京保利	2011.4.18

拍品名称	尺寸	成交价RMB	拍卖公司	拍卖日期
象牙雕嵌八宝花鸟纹笔筒	高14cm	63,250	中贸圣佳	2011.11.06
象牙雕嵌八宝博古笔筒	高13.2cm	80,500	中贸圣佳	2011.11.06
象牙雕九龙笔筒	高15.5cm	67,200	北京翰海	2011.4.9
象牙雕花鸟纹笔筒	高12.2cm	224,000	浙江钱塘	2011.6.12
象牙雕观瀑图笔筒	高10cm	69,000	中贸圣佳	2011.11.06
象牙雕《竹林七贤图》笔筒	高17.5cm	86,250	长风拍卖	2011.6.21
象牙雕《钟馗嫁妹图》笔筒	高12cm	230,000	长风拍卖	2011.6.21
明 象牙卷书式臂搁	长12.1cm	126,500	西泠拍卖	2011.7.19
明 象牙臂搁	长19.7cm	276,000	北京保利	2011.12.07
明 象牙雕犀牛镇纸	长5.5cm	207,000	古天一	2011.12.05
明 象牙瑞兽镇纸	长7cm	460,000	北京保利	2011.6.7
清早期 象牙高浮雕龙纹纸镇	长22.5cm	358,400	古天一	2011.6.4
清乾隆 象牙雕瑞兽纸镇	长9cm	172,500	上海大众	2011.08.25
清乾隆 象牙雕双夔纹纸镇	长19.3cm	345,000	北京东正	2011.11.18
清乾隆 象牙灵芝纹纸镇	长8cm	184,000	北京东正	2011.11.17
清中期 象牙罗汉戏狮纸镇	长6cm	115,000	北京保利	2011.6.7
清中期 象牙山水人物纸镇	长24.8cm	57,500	北京翰海	2011.11.19
清 象牙雕二龙戏珠龙狮柄镇宅宝刀	长90cm	78,400	北京保利	2011.1.16
清 象牙雕黑漆地浅雕山水诗文纸镇	宽14.5cm	918,400	古天一	2011.6.4
清 象牙雕松竹梅镇纸	长16cm	50,400	太平洋	2011.09.17
清 象牙雕竹节青蛙纸镇	长11.6cm	115,000	北京中汉	2011.5.23
清乾隆 造办处制象牙雕松下高士图臂搁	高26.3cm	920,000	华艺国际	2011.12.11
清乾隆 象牙花卉人物臂搁	长11cm	57,500	中国嘉德	2011.11.15
清乾隆 象牙荷塘清趣臂搁	23cm×5.4cm	134,400	长风拍卖	2011.1.20
清乾隆 象牙雕竹林七贤纹臂搁	长26.8cm	379,500	北京东正	2011.6.5
清乾隆 象牙雕梧桐仕女臂搁	长25cm	747,500	北京保利	2011.12.07
清乾隆 象牙雕松鹤纹臂搁	长27cm	264,500	北京东正	2011.11.17
清乾隆 象牙雕十八罗汉纹臂搁	长21cm	345,000	北京东正	2011.11.18
清乾隆 象牙雕梅纹臂搁	长15cm	448,000	浙江钱塘	2011.1.9
清中期 象牙竹节形小臂搁(四件)	尺寸不一	55,200	北京保利	2011.10.24
清中期 象牙雕众罗汉图臂搁	高34cm	287,500	北京歌德	2011.6.3
清中期 象牙雕指日高升纹臂搁	长17.5cm	287,500	北京东正	2011.6.5
清中期 象牙雕山水人物臂搁	长25.4cm	575,000	北京匡时	2011.6.8
清中期 象牙雕三国人物臂搁 (一对)	长21cm×2	230,000	北京歌德	2011.6.3
清中期 象牙雕吹箫引凤臂搁	高25cm	172,500	北京歌德	2011.6.3
清 象牙雕竹林七贤臂搁	长20cm	112,000	长风拍卖	2011.1.20
清 象牙雕花卉臂搁	长21.5cm	336,000	古天一	2011.6.4
清 朱蘭铭竹节纹紫檀嵌象牙臂搁	长23cm	253,000	北京保利	2011.6.7
清 牙雕松山策杖图臂搁	长17cm	280,000	天津文物	2011.11.12
清 象牙溪山行旅图臂搁	高14.3cm	57,500	北京歌德	2011.09.17
清 象牙松竹梅臂搁	长17.5cm	57,500	荣宝斋(沪)	2011.11.25
清 象牙十八罗汉臂搁	高29cm	168,000	浙江钱塘	2011.6.12
清 象牙山水人物纹臂搁	高23.3cm	115,000	中国嘉德	2011.09.17
清 象牙人物臂搁	高26.5cm	109,250	北京容海	2011.10.24
清 象牙染色草虫竹节形臂搁	长24cm	230,000	中国嘉德	2011.11.15
清 象牙高士臂搁	长25.7cm	115,000	北京保利	2011.12.07
清 象牙仿竹雕秉烛夜读臂搁 (一对)	长26cm	168,000	浙江钱塘	2011.1.9
清 象牙雕竹林七贤臂搁	长20cm	172,500	长风拍卖	2011.6.21
清 象牙雕折枝草虫臂搁	长27.8cm	80,500	西泠拍卖	2011.7.19
清 象牙雕携琴访友臂搁 (一对)	尺寸不一	218,500	西泠拍卖	2011.7.18
清 象牙雕岁寒三友臂搁	长17cm	101,200	北京匡时	2011.6.8
清 象牙雕寿山福海山水人物图臂搁 (一对)	高23.1cm	57,500	北京纳高	2011.7.6
清 象牙雕十八罗汉古琴形臂搁	长24.8cm	747,500	中国嘉德	2011.5.23
清 象牙雕十八罗汉臂搁	高25cm	138,000	西泠拍卖	2011.7.18
清 象牙雕人物故事臂搁 (一对)	高 24.7cm×2	218,500	北京歌德	2011.6.3

拍品名称	尺寸	成交价RMB	拍卖公司	拍卖日期
清 象牙雕人物故事臂搁 (一对)	长27cm	103,040	太平洋	2011.09.17
清 象牙雕人物故事臂搁	长27cm	92,000	中国嘉德	2011.11.15
清 象牙雕人物臂搁	长17cm	84,000	浙江钱塘	2011.6.12
清 象牙雕群仙祝寿臂搁	长25cm	172,500	上海大众	2011.08.25
清 象牙雕花鸟臂搁 (一对)	高18cm	63,250	北京歌德	2011.09.17
清 象牙雕海屋添筹臂搁	高19.5cm	246,400	浙江钱塘	2011.1.9
清 象牙雕草虫臂搁 (一对)	长26cm	51,750	北京纳高	2011.7.6
清 象牙雕“西园雅集”臂搁 (一对)	长 24.7cm×2	89,600	中贸圣佳	2011.4.29
清 象牙臂搁 (一对)	高14.6cm	134,400	浙江钱塘	2011.6.12
清 象牙臂搁	高34cm	86,250	北京容海	2011.10.24
清 象牙雕高士行旅图臂格 (二件)	长30.6cm	517,500	北京翰海	2011.5.21
清晚期 象牙花卉臂搁	高26.3cm	115,000	西泠拍卖	2011.7.18
象牙山水纹臂搁 (一对)	高11.7cm	105,800	中国嘉德	2011.09.17
象牙人物臂搁	长17.5cm	53,760	浙江钱塘	2011.6.12
民国 象牙十八罗汉臂搁	高42cm	207,000	北京容海	2011.10.24
民国 象牙山水人物臂搁	高19cm	89,600	浙江钱塘	2011.6.12
民国 象牙雕西园雅集臂搁 (一对)	长24.5cm	61,600	海士德	2011.6.17
民国 象牙雕狩猎图臂搁	长25.8cm	63,250	中贸圣佳	2011.11.06
民国 象牙雕仕女臂搁	长18cm	112,000	天津文物	2011.11.12
民国 象牙雕人物臂搁 (一对)	长20cm×2	57,500	北京歌德	2011.6.3
六十年代 象牙加彩游春图臂搁 (一对)	高13cm	57,500	北京歌德	2011.09.17
60年代 象牙十八罗汉臂搁 (一对)	长18.5cm	134,400	北京保利	2011.1.16
明 象牙雕山形笔架	长10cm	506,000	北京东正	2011.6.5
明 象牙浅刻山水人物纹笔架	长11cm	207,000	上海大众	2011.08.25
明末 象牙雕回纹笔舔	长9cm	109,250	北京东正	2011.11.18
清 象牙雕如意云蝠笔舔	长14.8cm	57,500	北京匡时	2011.12.05
清 象牙三羊开泰笔舔	长20cm	218,500	浙江钱塘	2011.12.04
清 象牙桃形笔舔	直径8cm	201,600	浙江钱塘	2011.6.12
清乾隆 象牙茜色雕得利高鸣笔舔	长18cm	345,000	上海大众	2011.08.25
清乾隆 象牙茜色雕福寿灵芝纹笔舔	长19cm	345,000	上海大众	2011.08.25
明–清 象牙墨床 (三件)	尺寸不一	78,400	长风拍卖	2011.1.20
清初 象牙雕墨床	高18cm	437,000	北京东正	2011.11.17
清乾隆 象牙雕虫草纹墨床	13cm×6cm	80,500	北京东正	2011.11.18
清晚期 象牙雕山水花鸟加彩墨床	长13cm	53,760	长风拍卖	2011.1.20
清早期 象牙雕仕女图印泥盒	直径7cm	105,800	北京歌德	2011.6.3
民国 象牙茜色仕女鹦鹉	高34cm	103,500	北京容海	2011.10.24
明 象牙雕佛手纹水盂	长7.5cm	391,000	北京东正	2011.6.5
明 象牙雕菊瓣纹水盂	直径7cm	161,000	北京东正	2011.6.5
明 象牙雕莲藕纹水盂	直径5cm	138,000	北京东正	2011.6.5
清初 象牙雕莲蓬形水盂	长5.5cm	149,500	北京东正	2011.11.18
清乾隆 象牙雕随形水盂	宽12cm	1,092,500	上海大众	2011.08.25
明 象牙雕素砚	9.5cm×6.1cm	92,000	北京东正	2011.6.5
清乾隆 仿唐观象砚	长23.8cm	322,000	古天一	2011.12.05
明万历 “诰封柱国少傅嵋川七十翁印”象牙长方章	66cm×66cm ×49cm	2,012,500	苏州吴门	2011.6.12
明崇祯 象牙雕螭龙钮崇祯皇帝御押	高2.5cm	1,380,000	上海大众	2011.08.25
明 象牙瑞兽纽圆章	高6.5cm	604,800	浙江钱塘	2011.1.9
明 象牙方章	高3.7cm	230,000	西泠拍卖	2011.7.17
明 象牙雕瑞兽象钮方章	高5.5cm	201,250	北京匡时	2011.12.05
明 象牙雕人物钮章	高2.8cm	95,200	北京永乐	2011.5.24
明 象牙雕灵鼠钮印章	高6.5cm	51,750	北京东正	2011.6.5
明 象牙大印章	高7cm	552,000	北京保利	2011.12.08
明 象牙卧象方印	高2.7cm	207,000	北京保利	2011.6.6
明 象牙雕麒麟钮印	高5cm	358,400	古天一	2011.6.4
明末清初 象牙雕双龙钮连珠印	高5.5cm	667,000	古天一	2011.12.05
清初 象牙滚马纽方章	高5.2cm	828,800	浙江钱塘	2011.6.12
清初 象牙雕二龙戏珠钮印章	高4cm	172,500	北京东正	2011.11.18

2011杂项拍卖成交汇总

(成交价RMB：5万元以上)

拍品名称	尺寸	成交价RMB	拍卖公司	拍卖日期
清早期 象牙盘龙四方印	高4.7cm	126,500	北京保利	2011.12.07
清早期 象牙雕蟠螭钮方章	高4cm	94,300	北京诚轩	2011.5.22
清乾隆 象牙雕七星鼎钮护封方章	高2.8cm	460,000	北京诚轩	2011.11.12
清乾隆 象牙雕九龙印章	高14.5cm	230,000	北京匡时	2011.6.8
清中期 象牙加彩福禄寿人物方章	直径2.5cm	97,750	北京歌德	2011.6.3
清 于硕刻山水人物象牙章(一对)	尺寸不一	115,000	朵云轩	2011.7.4
清 象牙渔翁纽圆章	高3.3cm	112,000	浙江钱塘	2011.6.12
清 象牙鱼化龙印章	高4.3cm	55,200	北京东正	2011.6.5
清 象牙兽钮印章	高5.5cm	63,250	中国嘉德	2011.5.22
清 象牙高浮雕九龙纹大印章	高14cm	78,000	中都国际	2011.3.13
清 象牙雕盘龙钮章	高8cm	57,500	北京九歌	2011.6.10
清 象牙雕莲蓬钮章	高5.5cm	51,750	北京九歌	2011.6.10
清 沈近光刻象牙章	高3.6cm	51,750	朵云轩	2011.12.16
清 象牙九龙钮宝玺	高11cm	109,760	太平洋	2011.09.17
清 象牙九龙玉玺	11cm×11cm	57,500	北京纳高	2011.7.6
清 象牙雕“镜心书屋”印(一对)	高7.3cm	582,400	古天一	2011.6.4
清 象牙雕螭龙钮印	高3cm	459,200	古天一	2011.6.4
清 象牙雕螭钮印	高4.5cm	168,000	古天一	2011.6.4
清 象牙雕龙纹印	高3cm	123,200	古天一	2011.6.4
清 象牙雕云龙纹“春晖堂”套印	高4cm	548,800	古天一	2011.6.4
清18世纪 牙雕狮钮方印	高3.5cm	1,027,240	香港苏富比	2011.4.8
象牙龙钮玺	直径11.8cm	66,700	中国嘉德	2011.6.18
民国 象牙微刻图文印章(七件)	尺寸不一	92,000	北京保利	2011.12.07
民国 白高山洗象钮对章	高8.5cm×2	74,750	朵云轩	2011.12.16
朱其石 高甜心 陶寿伯等刻象牙章(三十方)	尺寸不一	161,000	西泠拍卖	2011.7.17
于硕微雕象牙章(四方)	尺寸不一	80,500	西泠拍卖	2011.7.17
薛佛影等刻象牙章(三方)	尺寸不一	97,750	西泠拍卖	2011.7.17
象牙双狮戏球大印章	高5.5cm	57,500	北京歌德	2011.6.4
象牙福禄寿印章	3.7cm×3.7cm	172,500	北京九歌	2011.6.10
王禔刻象牙章(十五方)	尺寸不一	207,000	中国嘉德	2011.5.24
来楚生刻象牙章(三方)	尺寸不一	63,250	中国嘉德	2011.5.24
近现代 弘一法师象牙印章(三盒二十八枚)		3,136,000	中贸圣佳	2011.4.29
韩登安刻象牙章(六方)	尺寸不一	51,750	中国嘉德	2011.5.24
龚心钊自用朱文象牙章	高3cm	690,000	中国嘉德	2011.11.14
方介堪刻象牙章(十二方)	尺寸不一	149,500	中国嘉德	2011.5.24
陈巨来刻张伯驹自用象牙章	高3.6cm	1,610,000	西泠拍卖	2011.7.17
陈巨来刻象牙章(二方)	尺寸不一	74,750	西泠拍卖	2011.7.17
陈巨来刻象牙章(二方)	尺寸不一	51,750	西泠拍卖	2011.7.17
明 象牙雕钵式洗	直径6.5cm	80,500	北京东正	2011.6.5
清 象牙雕荷纹笔洗	高8cm	224,000	浙江钱塘	2011.6.12
清 象牙雕品茗图荷叶洗(一对)	长15.5cm×2	155,250	北京匡时	2011.12.05
清乾隆 象牙雕癞瓜花蝶洗	长19cm	287,500	北京保利	2011.12.07
清中期 象牙雕花卉草虫水洗	长17cm	126,500	北京歌德	2011.6.3
清中期 象牙蝠禄万代洗黄杨透雕木座	直径9.5cm	322,000	北京保利	2011.12.07
象牙松鹤笔洗(一对)	宽15.5cm	57,500	北京保利	2011.7.28
清 象牙彩绘压尺	长26.6cm	57,500	浙江钱塘	2011.12.04
清 象牙雕多子多福纹水丞	直径15cm	103,040	太平洋	2011.09.17
清 象牙文房小台座	高10cm	126,500	荣宝斋(沪)	2011.11.25
清乾隆 茜色象牙仿生佛手形带盖水注	长7.5cm	195,500	北京匡时	2011.6.8
清乾隆 象牙雕三多纹水呈	高7.2cm	460,000	长风拍卖	2011.6.21
清早期 象牙松竹梅笔插	长14cm	195,500	北京东正	2011.6.5
近代 象牙雕文房(一套六件)	尺寸不一	58,240	太平洋	2011.09.17
其他用品				
明 象牙朝板	长53.2cm	69,000	浙江钱塘	2011.12.04
明 象牙雕龙纹花板	长17cm	57,500	北京歌德	2011.09.17
明 象牙刻牡丹图长方板	长10.5cm	57,500	北京保利	2011.4.16
明初 象牙雕二龙戏珠纹带板	长10.4cm	115,000	北京东正	2011.11.18
明中期 象牙雕香草龙纹拍板	长15.7cm	126,500	北京诚轩	2011.5.22
清 象牙雕八仙人物板	33.3cm×8.5cm	92,000	北京歌德	2011.6.3

拍品名称	尺寸	成交价RMB	拍卖公司	拍卖日期
清 象牙雕龙凤纹七巧板	长6.9cm	69,000	浙江钱塘	2011.12.04
清中期 象牙护板	长48.5cm	57,500	北京翰海	2011.11.19
清中期 象牙渔家乐图饰板(一对)	长40cm	322,000	中国嘉德	2011.09.17
民国 象牙微雕西园雅集图板	长21.5cm	897,000	北京保利	2011.10.24
近代 象牙雕志愿军快板书	高18cm	322,000	上海大众	2011.08.25
明 象牙朝笏	长51cm	168,000	浙江钱塘	2011.1.9
明 象牙朝笏	长46.5cm	74,750	西泠拍卖	2011.7.19
明 “皇会证果”款象牙笏板	长48cm	55,200	北京保利	2011.4.16
明 象牙雕笏板	长57cm	80,500	北京东正	2011.11.18
明 象牙笏板	长45cm	57,500	北京匡时	2011.6.8
明 象牙笏板	长56cm	57,500	北京歌德	2011.6.3
明 象牙笏板	长54cm	63,250	北京保利	2011.10.22
明 象牙製笏板	长57.5cm	57,500	北京歌德	2011.6.3
清 象牙笏板	长50.5cm	86,250	长风拍卖	2011.6.21
清 象牙笏板	长52.5cm	69,000	北京匡时	2011.6.8
清 象牙浅刻群仙贺寿笏板	长11.2cm	97,750	北京保利	2011.12.07
明 象牙雕象棋一幅	直径5cm	506,000	福建拍卖	2011.7.2
明 象牙制象棋一副(三十二枚)	直径3.8cm×32	69,000	北京歌德	2011.6.3
象牙象棋	直径4.2cm	63,250	中国嘉德	2011.3.19
象牙象棋	尺寸不一	57,500	中国嘉德	2011.6.18
清 象牙象棋(一幅)	直径6.2cm	66,000	中都国际	2011.08.28
清 象牙象棋(一副)	直径3.6cm	230,000	北京翰海	2011.11.19
清 象牙象棋	直径6cm	55,000	中都国际	2011.3.13
清 象牙制国际象棋	尺寸不一	172,500	北京歌德	2011.6.3
清乾隆 象牙雕花卉纹鬼工球	直径10.5cm	874,000	北京匡时	2011.12.05
清中期 象牙镂雕龙纹同心球	直径16.5	345,000	北京东正	2011.6.5
清中期 象牙制风筝线轴	长22.7cm	207,000	北京诚轩	2011.11.12
清 象牙“皇后册宝”宝匮	长11.6cm	138,000	北京保利	2011.12.07
清 象牙雕云蝠寿桃座	长17cm	172,500	北京保利	2011.12.07
清 象牙透雕人物套球		92,000	浙江钱塘	2011.12.04
清 象牙透雕庭园人物九层套球		690,000	浙江钱塘	2011.12.04
清 象牙“九连环”古典益智玩具	长18cm	80,500	北京保利	2011.4.16
清 象牙雕彩绘凤纹宫镜	长30cm	235,200	古天一	2011.6.4
清 象牙雕彩绘凤纹筒	高19.5cm	616,000	古天一	2011.6.4
清 象牙球	长59cm；高70cm	632,500	古天一	2011.12.05
清晚期 象牙雕人物图玲珑套球	80cm×51cm	345,000	北京永乐	2011.11.15
中国印---北京奥运玉徽宝典藏版 1888号		207,000	北京翰海	2011.11.19
四、角雕				
摆件				
明 犀角摆件	高11.5cm	67,200	北京保利	2011.1.16
明万历 牛角观音	高18cm	1,150,000	北京保利	2011.6.5
明 犀角木鱼	7cm×6.5cm	57,500	北京容海	2011.10.24
明 犀角刻三阳开泰	长3.5cm	51,750	北京华辰	2011.5.20
明 犀角雕弥勒佛	高13.5cm	1,120,000	江苏万达	2011.5.29
明 鲍天成作犀角雕张骞泛槎	长28cm	16,100,000	北京保利	2011.6.5
明 犀角原形器	长15cm	537,600	琴岛荣德	2011.12.10
明晚期 犀角仙人乘槎摆件	长26cm	11,500,000	北京翰海	2011.5.19
清早期 犀角雕荷叶摆件	长16.5cm	1,265,000	北京保利	2011.6.5
清乾隆 鹿角染色雕麻姑献寿摆件	长16cm	460,000	北京保利	2011.4.16
清中期 犀角雕少狮太保摆件	直径10cm	1,100,000	中都国际	2011.3.13
清中期 犀角雕“仙人乘槎”摆件	长24cm	1,322,500	江苏省拍	2011.12.10
清中期 犀角雕青蛙莲藕	长7.5cm	437,000	北京保利	2011.12.08
清中期 犀角雕刘海戏金蟾	长6cm	529,000	北京保利	2011.6.5
清 亚洲犀摆件	长14.5cm	3,360,000	琴岛荣德	2011.12.10
清 犀牛角摆件	宽29cm	952,000	苏州东方	2011.4.28
清 犀牛角摆件	高24.6cm	460,000	北京纳高	2011.7.6
清 犀牛角摆件	长5.5cm	71,300	上海崇源	2011.10.12
清 犀角张骞乘槎摆件	长27.5cm	448,500	中国嘉德	2011.6.18
清 犀角圆形象牙座摆件	长20cm	392,000	琴岛荣德	2011.12.10
清 犀角一帆风顺摆件	高19cm	138,000	中国嘉德	2011.09.17

拍品名称	尺寸	成交价RMB	拍卖公司	拍卖日期
清 犀角仙人乘槎摆件	长18cm	897,000	中国嘉德	2011.6.18
清 犀角仙人乘槎摆件	长11.7cm	109,250	中国嘉德	2011.09.17
清 犀角五子闹弥勒摆件	高11cm	80,500	北京保利	2011.4.18
清 犀角童子摆件	长6.7cm	138,000	长风拍卖	2011.6.21
清 犀角山水人物摆件	高12.5cm	105,800	中国嘉德	2011.6.18
清 犀角山水人物摆件	高23.1cm	57,500	中国嘉德	2011.09.17
清 犀角龙纹摆件	高25.5cm	563,500	中国嘉德	2011.6.18
清 犀角九龙纹摆件	高30cm	2,240,000	琴岛荣德	2011.5.15
清 犀角荷塘双鹭纹摆件	高25cm	432,000	琴岛荣德	2011.5.15
清 犀角荷花摆件	高30cm	414,000	中国嘉德	2011.6.18
清 犀角雕一束莲大摆件	高75cm	1,610,000	北京保利	2011.10.24
清 犀角雕仙人乘槎摆件	长33cm	1,210,000	中都国际	2011.08.28
清 犀角雕仙人乘槎摆件	长35cm	728,000	太平洋	2011.09.17
清 犀角雕仙人乘槎摆件	长18cm	253,000	北京保利	2011.4.18
清 犀角雕五子登科摆件	高10cm	402,500	北京匡时	2011.09.17
清 犀角雕十八罗汉摆件	高24cm	3,335,000	北京保利	2011.12.08
清 犀角雕如意观音摆件	高16.5cm	437,000	北京九歌	2011.6.10
清 犀角雕尼泊尔佛摆件	宽10cm	977,500	北京保利	2011.10.24
清 犀角雕刘海戏金蟾摆件	高8.5cm	106,400	北京荣宝	2011.11.11
清 犀角雕花卉摆件	高90cm	2,070,000	中国嘉德	2011.11.15
清 犀角雕草虫白菜摆件	长22cm	69,000	北京保利	2011.4.18
清 犀角长颈鹿摆件	高40cm	460,000	中拍国际	2011.7.17
清 犀角蝉叶摆件	长5.8cm	253,000	北京翰海	2011.5.21
清 犀角摆件 (两件)	高32cm	1,035,000	中国嘉德	2011.5.23
清 犀角摆件 (两件)	高26.6cm；高26cm	736,000	中国嘉德	2011.6.18
清 犀角摆件 (两件)	高17cm；高23cm	253,000	中国嘉德	2011.3.19
清 犀角摆件 (两件)	高17.5cm；高16cm	105,800	中国嘉德	2011.3.19
清 犀角摆件 (两件)	高17cm；高9cm	97,750	北京保利	2011.4.18
清 犀角摆件	高26cm	299,000	中国嘉德	2011.6.18
清 犀角摆件	高27cm	161,000	北京保利	2011.4.18
清 犀角摆件	长9.6cm	161,000	中国嘉德	2011.09.17
清 犀角摆件	高13.8cm	126,500	中国嘉德	2011.3.19
清 犀角摆件	宽7cm	115,000	中国嘉德	2011.5.23
清 犀角摆件	高22cm	105,800	中国嘉德	2011.3.19
清 犀角摆件	高16cm	80,500	北京保利	2011.4.18
清 犀角摆件	高15.5cm	80,500	北京保利	2011.4.18
清 犀角摆件	高16cm	69,000	北京保利	2011.4.18
清 犀角摆件	高16.5cm	69,000	北京保利	2011.4.18
清 犀角摆件	高14.5cm	63,250	北京保利	2011.4.18
清 素犀角天然摆件	高25cm	3,277,500	上海大众	2011.08.25
清 鹿角摆件	长94cm	172,500	北京保利	2011.12.08
清 犀角鞭	长75cm	69,000	北京容海	2011.10.24
民国 犀角仙人乘槎	长24.5cm	345,000	北京容海	2011.10.24
民国 犀角弥勒佛	重87.2g	161,000	中拍国际	2011.12.07
民国 犀角黄财神	高8.7cm	126,500	北京容海	2011.10.24
民国 犀角佛塔	高19cm	92,000	中国嘉德	2011.3.19
19世纪 犀角摆件	高37cm	276,000	中国嘉德	2011.3.19
19世纪 犀角摆件	高31cm	138,000	北京保利	2011.4.18
19世纪 犀角摆件	高24cm	51,750	北京保利	2011.4.18
犀角小摆件	高6.7cm	149,500	中国嘉德	2011.6.18
犀角香山九老图摆件	高22.3cm	345,000	中国嘉德	2011.09.17
犀角山水人物摆件	长12.8cm	184,000	中国嘉德	2011.6.18
犀角山水人物摆件	高13.7cm	74,750	中国嘉德	2011.6.18
犀角弥勒摆件	长19cm	287,500	中国嘉德	2011.09.17
犀角雕仙人乘槎摆件	长33.5cm	1,150,000	中贸圣佳	2011.11.06
犀角雕山水人物摆件	长41cm	1,035,000	北京保利	2011.10.24
犀角雕花卉龙纹摆件 (三件)	尺寸不一	713,000	北京匡时	2011.09.17
犀角雕荷花满塘图摆件、犀角雕松竹梅图摆件 (三件)	尺寸不一	667,000	北京匡时	2011.09.17
犀角雕 镂空三国人物摆件	长68cm	6,160,000	琴岛荣德	2011.12.10
犀角螭龙纹摆件	高9.5cm	126,500	中国嘉德	2011.3.19
犀角包银花卉纹摆件 (三件)	尺寸不一	322,000	北京匡时	2011.09.17
犀角摆件 (三件)	尺寸不一	598,000	中国嘉德	2011.6.18
犀角摆件 (两件)	尺寸不一	195,500	中国嘉德	2011.6.18
犀角摆件	高47.2cm	713,000	中国嘉德	2011.6.18

拍品名称	尺寸	成交价RMB	拍卖公司	拍卖日期
犀角摆件	高17cm	402,500	中国嘉德	2011.3.19
犀角摆件	高39.7cm	368,000	中国嘉德	2011.6.18
犀角摆件	高41cm	322,000	北京匡时	2011.09.17
犀角摆件	高40.1cm	230,000	中国嘉德	2011.6.18
犀角摆件	高14.3cm	207,000	中国嘉德	2011.3.19
犀角摆件	高22.5cm	149,500	中国嘉德	2011.6.18
犀角摆件	高13cm	149,500	北京保利	2011.7.28
犀角摆件	高15cm	115,000	中国嘉德	2011.3.19
明犀角雕松下高士对弈图山子	高25.5cm	920,000	广州嘉德	2011.6.11
清 犀角山子	高26cm	828,000	中国嘉德	2011.3.19
清 犀角山子	高18.3cm	299,000	中国嘉德	2011.6.18
民国 犀角雕山水人物山子	高15.5cm	67,200	中贸圣佳	2011.1.23
民国 犀角人物纹山子	高15.8cm	241,500	中国嘉德	2011.3.19
民国 犀角山子	18cm × 24cm	1,035,000	北京容海	2011.10.24
犀角八仙过海图山子	高13.5cm	908,500	中国嘉德	2011.6.18
犀角精雕群仙海会图山子	长12cm	2,576,000	琴岛荣德	2011.12.10
犀角山水人物纹山子	长19.5cm	632,500	中国嘉德	2011.3.19
犀角山水山子	高19.2cm	253,000	中国嘉德	2011.09.17
犀角山子	高14.5cm	1,035,000	北京保利	2011.7.28
元 犀角雕释迦牟尼佛像	高14.2cm	3,680,000	北京东正	2011.6.5
清 犀角文殊菩萨像	长12cm	345,000	中国嘉德	2011.3.19
清 犀角文殊菩萨像	高14.2cm	345,000	中国嘉德	2011.09.17
清 犀角如意观音	高19cm	4,536,000	琴岛荣德	2011.5.15
清 犀角人物像	高22cm	1,232,000	雍和嘉诚	2011.6.1
清 犀角弥勒坐像	长6.5cm	184,000	北京保利	2011.7.28
清 犀角弥勒像	高5.7cm	92,000	中国嘉德	2011.09.17
清 犀角净瓶观音	高18cm	560,000	琴岛荣德	2011.5.15
清 犀角观音像	高27cm	1,667,500	中国嘉德	2011.6.18
清 犀角观音像	高14cm	977,500	北京保利	2011.7.28
清 犀角观音像	高22.5cm	977,500	中国嘉德	2011.09.17
清 犀角观音像	高16cm	690,000	中国嘉德	2011.6.18
清 犀角观音像	高19.3cm	287,500	中国嘉德	2011.09.17
清 犀角雕药师佛坐像	高18.5cm	616,000	太平洋	2011.09.17
清 犀角雕药师佛坐像	高8.5cm	145,600	太平洋	2011.6.18
清 犀角雕文殊菩萨像	高25.5cm	728,000	苏州东方	2011.4.28
清 犀角雕弥勒佛像	高16cm	920,000	上海大众	2011.08.25
清 犀角雕罗汉像	高6cm	92,000	北京歌德	2011.6.3
清 犀角雕灵芝纹如意	长29cm	109,250	北京保利	2011.4.18
清 犀角雕观音像	高12cm	2,530,000	北京保利	2011.6.5
清 犀角雕观音像	高16cm	575,000	北京纳高	2011.7.6
清 犀角雕观音像	高12.5cm	287,500	中国嘉德	2011.5.23
清 李春珂雕犀角观音坐像	高23cm	910,000	印千山	2011.6.3
清 犀角自在观音	高23.5cm	1,344,000	琴岛荣德	2011.5.15
清 犀角弥勒佛	高18.5cm	4,256,000	雍和嘉诚	2011.6.1
清 犀角观音	高22cm	1,495,000	雍和嘉诚	2011.11.27
清 犀角佛手	长5cm	55,200	中国嘉德	2011.09.17
清 犀角飞熊	高7.5cm	138,000	中国嘉德	2011.3.19
清 犀角雕仙人乘槎	高11.5cm	3,220,000	浙江钱塘	2011.12.04
清 犀角雕五子闹弥勒	高10cm	560,000	中贸圣佳	2011.4.29
清 犀角雕双狮捧球	6.5cm×4.5cm	72,800	南京正大	2011.4.23
清 犀角雕观音	高16.5cm	713,000	上海大众	2011.08.25
清 犀角雕观音	高16.2cm	280,000	中都国际	2011.6.12
清 犀角雕八仙乘槎	高17.5cm	680,000	中都国际	2011.6.12
清 鹤顶红观音	高8cm	63,250	北京容海	2011.10.24
民国 犀角雕文殊菩萨造像	高13cm	672,000	琴岛荣德	2011.12.10
民国 犀角雕寿星立像	高14cm	207,000	北京保利	2011.10.24
民国 犀角大日如来立像	高16.8cm	207,000	北京容海	2011.10.24
犀角弥勒像	长11.1cm	195,500	中国嘉德	2011.3.19
犀角弥勒像	长9cm	51,750	中国嘉德	2011.6.18
犀角观音坐像	高14.5cm	425,600	琴岛荣德	2011.12.10
犀角观音像	高21.8cm	690,000	中国嘉德	2011.3.19
犀角佛像	高10.1cm	92,000	中国嘉德	2011.09.17
犀角雕文殊像	高18cm	1,380,000	北京歌德	2011.6.3
犀角雕弥勒坐像	长8cm	112,000	北京荣宝	2011.3.18
犀角雕观音像	高26cm	920,000	中国嘉德	2011.5.22
犀角雕观音像	宽20cm	747,500	北京保利	2011.10.24
犀角雕观音立像	高20cm	460,000	北京保利	2011.10.24
犀角 净瓶坐式观音	高12cm	324,800	琴岛荣德	2011.12.10
犀角罗汉	高14.5cm	483,000	北京保利	2011.7.28

2011杂项拍卖成交汇总

(成交价RMB：5万元以上)

拍品名称	尺寸	成交价RMB	拍卖公司	拍卖日期
犀角雕母子狮	长9cm	89,600	北京翰海	2011.4.9
犀角雕观音	高18cm	649,600	北京翰海	2011.4.9
文革时期 犀角雕“毛主席去安源”	高18.5cm	253,000	北京保利	2011.6.6
角雕(天机不可泄露)	直径13cm	2,808,780	中博文化	2011.7.10
佩玩件				
战国 犀角双龙璜	长10.2cm	896,000	琴岛荣德	2011.12.10
清早期 犀角子母南瓜把件	重61g	138,000	中拍国际	2011.12.07
清 犀角雕“多子多孙”手把件	高8cm	51,750	北京歌德	2011.6.3
清乾隆 犀角雕“福庆有余”挂牌	长5.9cm	57,500	中国嘉德	2011.3.21
清 犀角螭龙捧寿图牌	长5.9cm	69,000	中国嘉德	2011.09.17
犀角雕福在眼前牌	高6.5cm	50,400	北京荣宝	2011.08.13
犀角雕羲之爱鹅诗文牌	直径7.5cm	56,000	北京荣宝	2011.08.13
犀角雕福禄寿纹牌	8cm×7.5cm	126,500	北京九歌	2011.6.10
犀角雕饕餮纹牌	长7cm	53,760	北京荣宝	2011.3.18
犀角人物纹牌	高7.9cm	80,500	中国嘉德	2011.6.18
民国 犀角雕人物故事牌	4.5cm×3.5cm	55,200	北京歌德	2011.6.3
民国 各式犀角牌 (四件)	长7.5cm	69,000	北京保利	2011.4.18
清中期 犀角“斋戒”牌、雕花件 (三件)	尺寸不一	138,000	北京保利	2011.12.08
清 犀角雕夔龙纹珮	长8cm	134,400	太平洋	2011.09.17
清 犀角手镯	内径5.6cm	134,400	琴岛荣德	2011.5.15
民国 犀角手镯 (一对)	直径8.5cm	57,500	北京保利	2011.4.18
清乾隆 犀牛角嵌金银丝四夔龙纹扳指	直径3.3cm	828,000	福建拍卖	2011.7.2
犀角心经扳指 勒子各一件	尺寸不一	55,200	中国嘉德	2011.09.17
清 犀角云龙纹刀	长37.8cm	184,000	中国嘉德	2011.3.19
明 犀角雕发冠	长6cm	172,500	上海大众	2011.08.25
清 犀角雕龙纹挂饰	长9.5cm	201,600	琴岛荣德	2011.5.15
清 鹤顶红雕件	6.5cm×9cm	126,500	北京容海	2011.10.24
民国 犀角佛珠		230,000	中拍国际	2011.12.07
民国 犀角大佛珠	长28cm	57,500	北京保利	2011.4.18
民国 犀角佛珠	长93cm	103,500	北京保利	2011.4.18
民国 犀角佛珠		51,750	广州嘉德	2011.6.11
清 犀角朝珠	长85.5cm	94,300	中国嘉德	2011.6.18
清 犀角朝珠	长70cm	69,000	北京保利	2011.4.18
清 犀角佛珠	长62.3cm	92,000	中国嘉德	2011.6.18
清 亚洲犀角朝珠		2,000,000	印千山	2011.6.3
清中期 象牙珊瑚十八子念珠	长24cm	92,000	北京保利	2011.6.6
清 犀角念珠	直径0.8cm×108	67,200	北京荣宝	2011.11.11
犀角大捻珠 (两串)	长110cm；长23cm	103,500	北京保利	2011.4.18
清 犀角手串		50,400	海士德	2011.6.17
民国 犀角手串	直径1.5cm×13	56,000	北京荣宝	2011.11.11
民国 犀角手串 (十八珠)	直径1.4cm	109,250	北京容海	2011.10.24
犀角手串 (四件)	尺寸不一	86,250	北京保利	2011.4.18
犀角手串、兽面纹碗 (两件)	尺寸不一	74,750	北京保利	2011.4.18
生活用品				
清 犀角雕莱菔瓶	高19.5cm	1,380,000	北京保利	2011.12.08
清 犀角雕天球小瓶	高10cm	448,000	琴岛荣德	2011.12.10
清 犀角雕弦纹瓶	高13.5cm	80,500	北京保利	2011.4.18
清乾隆 犀角雕花卉纹小瓶	高7.5cm	1,725,000	北京东正	2011.6.5
民国 犀角观音瓶	高22cm	862,500	北京保利	2011.10.24
犀角莱菔瓶	高16.3cm	57,500	中国嘉德	2011.09.17
清康熙 犀角雕莱菔尊	高14.5cm	1,092,500	上海大众	2011.08.25
清 康熙御制款犀角莱菔尊	高12.5cm	378,000	琴岛荣德	2011.5.15
清 犀角雕莱菔尊	高14.5cm	2,185,000	北京保利	2011.6.7
清 犀角雕兽面仿古小尊	高9cm	805,000	北京保利	2011.12.08
民国 犀角雕莱菔尊	高15cm	504,000	琴岛荣德	2011.12.10
清 犀角云龙纹花觚	高24.7cm	1,322,500	中国嘉德	2011.6.18
清 犀角雕拐子龙纹小花觚 (三件)	高12cm	57,500	北京保利	2011.4.18
清 犀角螭龙兽面纹壶	宽15cm	575,000	北京保利	2011.7.28
清 犀角夔凤纹壶	高24cm	897,000	中国嘉德	2011.3.19
民国 犀角雕慎德堂制对花觚	10cm×2	280,000	琴岛荣德	2011.12.10
民国 犀角浮雕蕉叶纹小花觚	高12cm	57,500	北京保利	2011.10.24

拍品名称	尺寸	成交价RMB	拍卖公司	拍卖日期
犀角壶	长12.5cm	218,500	中国嘉德	2011.3.19
犀角菊瓣壶	长14cm	230,000	中国嘉德	2011.6.18
龚心钊旧藏犀角菊瓣壶及两高足小杯	高7cm	616,000	琴岛荣德	2011.12.10
清乾隆 犀角雕太平有象仿古三足小鼎	高11cm	920,000	北京保利	2011.12.08
清 犀角雕龙纹鼎	高9.4cm	391,000	中国嘉德	2011.11.15
晚清 犀角雕夔龙纹三足鼎	高11.2cm	280,000	中贸圣佳	2011.1.23
犀角雕鼎	高7cm	313,600	北京翰海	2011.4.9
清 犀角雕鼎式炉	高8.5cm	241,500	中国嘉德	2011.11.15
清乾隆 犀角雕莲花碗	直径9.5cm	690,000	北京保利	2011.12.08
清 犀角八宝纹碗	直径11.7cm	500,000	中都国际	2011.3.13
清 犀角螭龙纹碗	直径14cm	80,500	中国嘉德	2011.6.18
清 犀角雕大碗	直径13.2cm	483,000	北京九歌	2011.6.10
清 犀角雕菊花瓣纹碗		560,000	中贸圣佳	2011.4.29
清 犀角雕龙凤纹碗	直径13.5cm	138,000	北京保利	2011.4.18
清 犀角雕兽面纹碗	直径11.5cm	172,500	北京保利	2011.4.18
清 犀角雕碗	直径8.3cm	172,500	北京九歌	2011.6.10
清 犀角莲瓣碗	直径10cm	322,000	中国嘉德	2011.3.19
清 犀角人物纹碗	直径14.2cm	86,250	中国嘉德	2011.6.18
清 犀角素雕小碗	直径11cm	218,500	北京九歌	2011.6.10
清 亚洲犀角大碗		760,000	印千山	2011.6.3
清 犀角太平盛世图碗	直径13.5cm	57,500	中国嘉德	2011.09.17
19世纪 犀角制天目碗	直径8.5cm	172,500	北京歌德	2011.6.3
民国 犀角螭虎纹碗	高9cm	920,000	北京容海	2011.10.24
民国 犀角螭龙纹碗	直径3.9cm	368,000	中国嘉德	2011.09.17
民国 犀角碗	重560g	504,000	琴岛荣德	2011.12.10
民国 犀角雕山水银胎碗	长13cm	201,600	中贸圣佳	2011.1.23
民国 犀角福寿纹碗	高5cm	109,760	琴岛荣德	2011.5.15
民国 犀角碗	直径10cm	345,000	中国嘉德	2011.6.18
民国 犀角碗	直径21cm	276,000	中国嘉德	2011.6.18
近代 犀角雕素碗	直径13cm	492,800	太平洋	2011.09.17
犀角菊瓣碗	直径10.5cm	161,000	中国嘉德	2011.09.17
犀角菊瓣碗	直径8.5cm	55,200	中国嘉德	2011.09.17
犀角莲瓣碗	直径13.6cm	230,000	中国嘉德	2011.09.17
犀角碗	直径7.8cm	184,000	中国嘉德	2011.09.17
犀角八仙人物碗	直径13.5cm	51,750	北京保利	2011.7.28
犀角雕龙纹碗	直径10.5cm	106,400	北京荣宝	2011.3.18
犀角高浮雕开光龙凤大碗	直径13.5cm	380,800	北京保利	2011.1.16
犀角高足碗	高7.8cm	80,500	中国嘉德	2011.6.18
犀角菊瓣碗	直径10.5cm	126,500	中国嘉德	2011.6.18
犀角碗	直径8cm	89,600	北京保利	2011.1.16
犀角碗	直径8.2cm	72,800	北京保利	2011.1.16
犀角碗	直径7.2cm	71,300	中国嘉德	2011.3.19
犀角碗	直径9.2cm	71,300	中国嘉德	2011.6.18
犀角小碗	高8.5cm	784,000	琴岛荣德	2011.5.15
清 犀角碗 (两只)	尺寸不一	149,500	北京保利	2011.4.18
犀角碗 (两只)	尺寸不一	57,500	中国嘉德	2011.09.17
清 犀角花瓣纹碗连象牙底座	高5.5cm	63,250	北京匡时	2011.09.17
元末明初 犀角雕圣水杯	长16.7cm	1,610,000	福建拍卖	2011.7.2
元 犀角雕圣水杯	长16.5cm	3,192,000	苏州东方	2011.4.28
元 犀角雕圣水杯	重131.5g	1,064,000	琴岛荣德	2011.12.10
元 犀角雕葵口纹杯	长15cm	1,012,000	北京东正	2011.6.5
明早期 犀角雕双龙葵口杯	长35cm	2,127,500	江苏省拍	2011.12.10
明万历 项子京旧藏犀角雕玉兰花纹杯	直径14.8cm	1,322,500	北京纳高	2011.7.6
明 犀角雕一把莲杯	高26cm	2,070,000	北京歌德	2011.6.3
明 犀角雕仙人乘槎杯	长13cm	2,990,000	古天一	2011.12.05
明 犀角雕花卉杯	长14.5cm	3,696,000	古天一	2011.6.4
明 犀角雕花卉杯	长17cm	2,990,000	古天一	2011.12.05
明 犀角雕花草秋虫杯	长12cm	4,480,000	古天一	2011.6.4
明 犀角雕荷花杯	长18cm	4,480,000	古天一	2011.6.4
明 犀角雕赤壁杯	长16cm	3,910,000	古天一	2011.12.05
明 犀角雕螭龙纹爵杯	长16cm	3,450,000	古天一	2011.12.05
明初 犀角雕素杯	长11.8cm	437,000	北京东正	2011.11.17
明初 犀角雕四臂观音纹圣水杯	长11.3cm	207,000	北京东正	2011.6.5
明初 犀角雕菩萨纹圣水杯	长8cm	552,000	北京东正	2011.6.5

拍品名称	尺寸	成交价RMB	拍卖公司	拍卖日期
明崇祯 胡星岳制松树纹犀角杯	宽13.4cm	4,025,000	北京保利	2011.6.6
明 直牧款 犀角雕花卉杯	长10cm	2,240,000	琴岛荣德	2011.12.10
明 张骞乘槎杯	长34cm	7,336,000	琴岛荣德	2011.12.10
明 犀牛角镂雕玉兰花纹匜杯	直径13.8cm	715,000	福建拍卖	2011.7.2
明 犀角制玉兰花形杯	长12cm	690,000	北京保利	2011.12.07
明 犀角制梅花树桩杯	长15.5cm	5,175,000	北京保利	2011.12.07
明 犀角玉兰花杯	长13.2cm	1,150,000	中国嘉德	2011.6.18
明 犀角玉兰花杯	长13.6cm	1,150,000	中国嘉德	2011.09.17
明 犀角随形杯	宽15.3cm	4,830,000	北京保利	2011.12.06
明 犀角兽面纹螭龙杯	长14.7cm	2,012,500	中国嘉德	2011.3.19
明 犀角十八学士图杯	直径17.5cm	2,185,000	中国嘉德	2011.3.19
明 犀角花卉纹杯	12cm × 7cm	862,500	苏州吴门	2011.6.12
明 犀角荷莲草虫杯	高10.5cm	2,185,000	北京翰海	2011.5.21
明 犀角海兽纹杯	高9.2cm	2,760,000	北京翰海	2011.5.21
明 犀角雕玉兰题诗杯	长14.5cm	1,897,500	北京保利	2011.12.08
明 犀角雕玉兰花杯	长14.5cm	1,725,000	上海大众	2011.08.25
明 犀角雕玉兰杯	长10cm	920,000	北京保利	2011.12.08
明 犀角雕渔樵耕读图杯	长58.7cm	2,185,000	上海崇源	2011.10.12
明 犀角雕婴戏图大杯	高28cm	17,250,000	北京保利	2011.6.5
明 犀角雕仙人泛槎小杯	长11.5cm	1,610,000	北京保利	2011.6.5
明 犀角雕仙人乘槎杯	长18.5cm	5,520,000	北京东正	2011.6.5
明 犀角雕五伦图杯	长15.2cm	1,840,000	华艺国际	2011.12.11
明 犀角雕童子牧牛杯	宽14cm	2,990,000	北京保利	2011.12.06
明 犀角雕素身杯	宽8.2cm	667,000	北京保利	2011.6.5
明 犀角雕松下高士图杯	高11.8cm	943,000	北京歌德	2011.6.3
明 犀角雕松鼠葡萄杯	长13.3cm	470,400	太平洋	2011.09.17
明 犀角雕寿桃杯	长9.5cm	690,000	上海大众	2011.08.25
明 犀角雕人物故事诗文杯	长15cm	5,175,000	北京保利	2011.6.5
明 犀角雕遒松瘿纹杯	直径16.5cm	2,530,000	北京匡时	2011.6.8
明 犀角雕遒松杯	直径13.3cm	2,012,500	北京匡时	2011.6.8
明 犀角雕葡萄松鼠杯	直径9.5cm	575,000	福建拍卖	2011.7.2
明 犀角雕菩萨纹圣水杯	长19.8cm	1,610,000	北京东正	2011.11.17
明 犀角雕年年和谐杯	长15.3cm	1,265,000	北京保利	2011.6.6
明 犀角雕奈何杯	高18cm	5,290,000	上海大众	2011.08.25
明 犀角雕奈何杯	高17cm	2,530,000	北京东正	2011.6.5
明 犀角雕牧牛童子山水杯	长14cm	5,175,000	上海大众	2011.08.25
明 犀角雕梅花瘿木题诗大杯	长19.5cm	7,360,000	北京保利	2011.6.5
明 犀角雕梅花纹杯	高6cm	287,500	北京东正	2011.6.5
明 犀角雕梅花嶙峋石意杯	直径12cm	1,150,000	北京匡时	2011.12.05
明 犀角雕梅花杯	直径16.2cm	2,576,000	浙江钱塘	2011.1.9
明 犀角雕梅花杯	长12cm	1,322,500	上海大众	2011.08.25
明 犀角雕梅花杯	直径10.4cm	943,000	北京纳高	2011.7.6
明 犀角雕龙海八槎大杯	长17.5cm	13,225,000	北京保利	2011.6.5
明 犀角雕灵芝仙鹿杯	长13.5cm	4,945,000	北京保利	2011.6.5
明 犀角雕灵童献寿纹杯	长12.5cm	1,207,500	北京东正	2011.11.17
明 犀角雕兰花型杯	长12.5cm	1,955,000	中贸圣佳	2011.11.06
明 犀角雕锦地玉兰杯	直径14.5cm	5,290,000	北京保利	2011.6.5
明 犀角雕荷叶螭龙杯	长18cm	2,800,000	浙江佳宝	2011.6.23
明 犀角雕荷叶杯	长16cm	1,955,000	上海大众	2011.08.25
明 犀角雕寒江独钓杯	高9cm	3,622,500	上海大众	2011.08.25
明 犀角雕海水龙凤纹杯	长12.1cm	1,495,000	北京东正	2011.6.5
明 犀角雕海兽龙凤纹杯	长17cm	9,430,000	北京保利	2011.6.6
明 犀角雕海八怪纹杯	长16cm	5,750,000	北京东正	2011.6.5
明 犀角雕瓜果秋叶杯	长10cm	1,495,000	上海大众	2011.08.25
明 犀角雕古树杯	长12cm	1,840,000	北京保利	2011.12.06
明 犀角雕高足杯	高6.5cm	575,000	北京保利	2011.12.06
明 犀角雕赤壁夜游杯	长18cm	6,267,500	上海大众	2011.08.25
明 犀角雕螭纹兰花杯	长15.5cm	1,456,000	浙江钱塘	2011.6.12
明 犀角雕螭龙纹双耳杯	长15cm	977,500	北京东正	2011.6.5
明 犀角雕螭龙纹三足爵杯	长14cm	2,185,000	北京东正	2011.6.5
明 犀角雕螭龙纹耳杯	长14.2cm	1,725,000	北京东正	2011.11.17
明 犀角雕螭龙锦地纹杯	长11.5cm	1,725,000	上海大众	2011.08.25
明 犀角雕螭龙杯	9.5cm×15cm	1,840,000	苏州吴门	2011.6.11
明 犀角雕螭龙杯	长15.8cm	1,725,000	北京歌德	2011.6.3
明 犀角雕螭虎杯	长9.5cm	1,680,000	琴岛荣德	2011.12.10
明 犀角雕苍松杯	高7cm	2,300,000	上海大众	2011.08.25
明 犀角雕蝙蝠灵芝杯	长16cm	1,897,500	上海大众	2011.08.25
明 犀角雕宝相花双螭纹杯	长16cm	2,760,000	上海大众	2011.08.25
明 犀角雕“灵竹戏春风”杯	直经16cm	1,955,000	北京匡时	2011.6.8
明 犀角螭虎杯	长9cm	3,472,000	琴岛荣德	2011.12.10
明 犀角杯	宽17.5cm	11,872,200	香港苏富比	2011.4.8
明 透雕兰花缠枝纹犀牛角杯	高9.5cm	2,441,600	江苏万达	2011.5.29
明 素圆犀角杯	高3.4cm	1,380,000	西泠拍卖	2011.7.19
明 苏门答腊犀角杯	高3cm	598,000	江苏省拍	2011.12.10
明 商铭款 犀角三龙杯 (一对)	长10.5cm × 2	5,600,000	琴岛荣德	2011.12.10
明 灵芝如意杯	高7cm	1,680,000	琴岛荣德	2011.12.10
明 胡星岳制 犀角雕螭龙八角杯	高9cm	4,480,000	琴岛荣德	2011.12.10
明 鹤鹿同春杯	高10cm	5,040,000	琴岛荣德	2011.12.10
明 荷花杯	高8cm	1,680,000	琴岛荣德	2011.12.10
明 海水鹤寿纹犀角杯	15cm×6.5cm	1,667,500	苏州吴门	2011.6.12
明 顾季玉制犀角雕龙生九子大杯	高24.5cm	19,550,000	北京保利	2011.6.6
明 伯弘款镂雕荷叶形犀牛角杯	直径14.5cm	1,725,000	福建拍卖	2011.7.2
明 “敬堂珍藏”犀角雕“英雄”杯	直经13.2cm	4,370,000	北京匡时	2011.6.8
明晚期-清早期 犀角雕奈何杯	17cm×20.1cm	2,875,000	北京诚轩	2011.11.12
明晚期 尤雷复款犀角杯	直径8cm	460,000	荣宝斋(沪)	2011.11.25
明晚期 尤侃款犀角雕“连科甲第”吸杯	长16.4cm	14,000,000	苏州东方	2011.4.28
明晚期 犀角树瘤杯	口径17.4cm	2,296,000	苏州东方	2011.4.28
明晚期 犀角雕竹芝杯	长16.4cm	1,120,000	苏州东方	2011.4.28
明晚期 犀角雕竹纹灵芝螭龙杯	宽15.5cm	1,840,000	北京保利	2011.7.28
明晚期 犀角雕玉兰花杯	高16.5cm	2,875,000	北京保利	2011.12.06
明晚期 犀角雕秋葵杯	长17cm	1,568,000	苏州东方	2011.4.28
明晚期 犀角雕灵芝螭龙杯	长16cm	1,064,000	苏州东方	2011.4.28
明晚期 犀角雕花鸟杯	高14.6cm	2,856,000	苏州东方	2011.4.28
明晚期 犀角雕猴鹿松梅图杯	长16cm	1,176,000	苏州东方	2011.4.28
明晚期 犀角雕荷叶螭龙杯	长18cm	2,185,000	北京保利	2011.4.18
明晚期 犀角雕荷花草虫杯	长16.5cm	3,105,000	北京保利	2011.12.06
明晚期 犀角雕赤壁夜游图杯	长18.5cm	2,990,000	北京诚轩	2011.11.12
明晚期 胡星岳款螭龙纹爵杯	高14.5cm	2,912,000	苏州东方	2011.4.28
明16世纪/17世纪 犀角雕「天禄永昌」卧鹿杯	宽14cm	3,833,460	香港佳士得	2011.6.1
明末清初 尤侃款山水祥瑞犀角杯	高12.8cm	9,660,000	西泠拍卖	2011.7.18
明末清初 尤侃款山水杯	高5.5cm	2,242,500	西泠拍卖	2011.7.18
明末清初 亚洲犀牛角奈何杯	高17.4cm	1,725,000	北京纳高	2011.7.6
明末清初 犀角雕张骞乘槎杯	长12.8cm	5,060,000	北京诚轩	2011.5.22
明末清初 犀角雕五福捧寿纹杯	长12.2cm	1,736,000	中贸圣佳	2011.1.23
明末清初 犀角雕兽面纹龙首杯	直经13.5cm	1,897,500	北京匡时	2011.6.8
明末清初 犀角雕山水人物杯	宽13cm	1,782,500	北京保利	2011.7.28
明末清初 犀角雕梅花诗文杯	长18cm	4,715,000	古天一	2011.12.05
明末清初 犀角雕花卉杯	长17.7cm	2,300,000	古天一	2011.12.05
明末清初 犀角雕荷叶花卉杯	长14cm	2,530,000	北京保利	2011.6.5
明末清初 犀角雕荷塘纹杯	11cm × 7cm	805,000	北京诚轩	2011.11.12
明末清初 犀角雕方柱石制春风得意杯	长17.2cm	18,975,000	北京东正	2011.6.5
明末清初 犀角雕螭龙玉兰杯	直经14.5cm	1,127,000	北京匡时	2011.6.8
明末清初 犀角雕螭龙纹杯	长16.8cm	2,875,000	古天一	2011.12.05
明末清初 犀角雕螭龙杯	宽10.3cm	1,127,000	中国嘉德	2011.5.22
明末清初 犀角雕缠枝莲纹螭耳杯	长12.6cm	1,265,000	北京东正	2011.11.17
明末清初 犀角雕百子杯	长18cm	4,025,000	古天一	2011.12.05
明末清初 商铭制犀角夔龙纹小杯	长10.5cm	1,092,500	北京保利	2011.12.06
明末清 初犀角雕鹿头杯	高9.6cm	2,912,000	琴岛荣德	2011.5.15
明末/清初 犀角雕饕餮纹螭龙耳杯	宽18.1cm	2,660,160	香港佳士得	2011.11.30
明末/清初 犀角雕饕餮螭龙花棱杯	宽13.3cm	1,724,220	香港佳士得	2011.6.1
明末/清初 犀角雕十龙杯	宽15.5cm	3,443,520	香港佳士得	2011.11.30

2011杂项拍卖成交汇总

(成交价RMB：5万元以上)

拍品名称	尺寸	成交价RMB	拍卖公司	拍卖日期
明末 犀角雕龙头觥杯	高17cm	3,335,000	北京东正	2011.6.5
明末 犀角雕灵芝纹杯	长9.3cm	195,500	北京东正	2011.11.17
明末 犀角雕荷叶纹杯	长8.2cm	483,000	北京东正	2011.6.5
明末 犀角雕螭龙杯	宽19cm	3,833,460	香港佳士得	2011.6.1
清初期 犀角梅花杯	高5cm	201,600	北京翰海	2011.4.9
清初 犀角雕海棠春燕杯	宽16.6cm	5,540,940	香港佳士得	2011.6.1
清初 尤侃制犀角雕荷叶纹吸杯	长18.8cm	9,430,000	北京东正	2011.11.17
清初 犀牛角雕荔子莲纹荷叶形杯	直径13.4cm	1,380,000	福建拍卖	2011.7.2
清初 犀角英雄杯	重212g	3,360,000	东方艺都	2011.7.6
清初 犀角雕渔家乐纹杯	长13.5cm	2,587,500	北京东正	2011.11.17
清初 犀角雕鱼化龙杯	高12cm	690,000	上海大众	2011.08.25
清初 犀角雕尤侃款如意云纹杯	长8.6cm	460,000	北京东正	2011.6.5
清初 犀角雕一把清莲纹杯	高26cm	3,220,000	北京东正	2011.6.5
清初 犀角雕松树把杯	长15cm	2,415,000	广州艺拍	2011.6.12
清初 犀角雕松山论道纹杯	长16.7cm	4,140,000	北京东正	2011.6.5
清初 犀角雕四龙莲花杯	宽16cm	1,778,880	香港佳士得	2011.11.30
清初 犀角雕四季平安杯	高19.2cm	4,912,320	香港佳士得	2011.11.30
清初 犀角雕山石牡丹纹杯	长13.6cm	2,185,000	北京东正	2011.6.5
清初 犀角雕葡萄藤蔓杯	长16.7cm	3,029,940	香港佳士得	2011.6.1
清初 犀角雕凌霄花纹杯	长12.2cm	1,150,000	北京东正	2011.6.5
清初 犀角雕枯木逢春杯	长14.5cm	1,058,000	北京东正	2011.6.5
清初 犀角雕菊花纹杯	长13.5cm	1,955,000	北京东正	2011.6.5
清初 犀角雕九龙杯	直径16.5cm	6,720,000	浙江钱塘	2011.1.9
清初 犀角雕九螭龙纹杯	长15cm	805,000	北京歌德	2011.6.3
清初 犀角雕花卉杯	长11cm	333,500	上海大众	2011.08.25
清初 犀角雕荷叶杯	宽17.1cm	3,149,760	香港佳士得	2011.11.30
清初 犀角雕古树杯	直径5.6cm	218,500	北京歌德	2011.6.3
清初 犀角雕芙蓉桂花杯	宽11.2cm	1,495,000	中国嘉德	2011.5.22
清初 犀角雕螭龙纹杯	高13cm	3,220,000	上海大众	2011.08.25
清初 犀角雕螭龙攀壁纹杯	长14cm	2,300,000	北京东正	2011.6.5
清初 犀角雕螭龙花卉纹杯	长11.2cm	379,500	北京东正	2011.6.5
清初 犀角雕苍松杯	高5.8cm	632,500	北京东正	2011.6.5
清初 犀角雕“文枢”款双螭龙纹耳杯	长8.7cm	253,000	北京东正	2011.11.17
清初 松荫人物犀角雕杯	高22.5cm	7,360,000	荣宝斋(沪)	2011.11.25
清初 胡星岳制犀角兽面纹小杯	长7cm	517,500	上海大众	2011.08.25
清初 “胡星岳”款犀角雕螭龙纹杯	直径16.5cm	7,532,500	北京匡时	2011.6.8
清早期 折枝荷莲犀角杯	高43cm	1,344,000	江苏万达	2011.5.29
清早期 尤侃制犀角雕双鹰杯	长15.5cm	8,050,000	北京保利	2011.6.5
清早期 犀牛角雕荷叶九龙杯	直径18.1cm	4,370,000	福建拍卖	2011.7.2
清早期 犀角制螭龙兽面纹杯	长12.7cm	575,000	北京保利	2011.12.07
清早期 犀角玉兰花杯	高9.3cm	805,000	北京翰海	2011.5.21
清早期 犀角透雕梅花纹杯	高15.7cm	896,000	北京永乐	2011.5.24
清早期 犀角兽面纹杯	长9.5cm	460,000	中国嘉德	2011.09.17
清早期 犀角山水人物杯	重100.9g	690,000	中拍国际	2011.12.07
清早期 犀角梅花杯	长15.2cm	1,667,500	中国嘉德	2011.09.17
清早期 犀角镂雕荷花杯	高18cm	2,070,000	北京保利	2011.6.5
清早期 犀角兰亭序巨杯	长25cm	20,720,000	琴岛荣德	2011.12.10
清早期 犀角兰花螭龙纹杯	高25.3cm	3,752,000	苏州东方	2011.4.28
清早期 犀角兰花杯	高5cm	586,500	北京翰海	2011.11.19
清早期 犀角花卉纹杯	长13.5cm	1,265,000	中国嘉德	2011.09.17
清早期 犀角花卉杯	宽14cm	1,955,000	北京保利	2011.10.24
清早期 犀角花果纹杯	长15.6cm	1,495,000	中国嘉德	2011.09.17
清早期 犀角荷塘清趣杯	口径15.2cm	1,344,000	苏州东方	2011.4.28
清早期 犀角荷花杯	宽13.5cm	1,092,500	北京保利	2011.4.18
清早期 犀角雕玉兰花杯	高9.2cm	3,680,000	西泠拍卖	2011.7.18
清早期 犀角雕玉兰花杯	长9cm	168,000	长风拍卖	2011.1.20
清早期 犀角雕西园雅集杯	高18cm	7,820,000	北京匡时	2011.6.8
清早期 犀角雕松树纹杯	口径16cm	3,472,000	苏州东方	2011.4.28
清早期 犀角雕四季花卉纹杯 (一对)	长17.7cm×2	4,600,000	北京诚轩	2011.11.12
清早期 犀角雕山水渔乐杯	高16cm	3,450,000	北京保利	2011.6.7
清早期 犀角雕山水楼阁人物大杯	长17cm	12,650,000	北京保利	2011.6.5
清早期 犀角雕山水杯	高9.6cm	6,670,000	西泠拍卖	2011.7.18
清早期 犀角雕群仙祝寿杯	宽13.7cm	3,565,000	北京保利	2011.12.06
清早期 犀角雕梅花纹杯	长16cm	1,355,200	苏州东方	2011.4.28
清早期 犀角雕梅花杯	高9.6cm	2,300,000	西泠拍卖	2011.7.18
清早期 犀角雕梅花杯	高7cm	2,185,000	西泠拍卖	2011.7.18
清早期 犀角雕梅花杯	宽15.5cm	1,495,000	北京保利	2011.7.28
清早期 犀角雕灵竹螭龙纹杯	长13.2cm	695,750	北京匡时	2011.09.17
清早期 犀角雕九龙杯连座	直经17cm	5,750,000	北京匡时	2011.6.8
清早期 犀角雕九螭杯	高18.8cm	5,060,000	北京诚轩	2011.5.22
清早期 犀角雕花卉虫草杯	高8.8cm	6,670,000	江苏省拍	2011.12.10
清早期 犀角雕花卉杯	宽10.7cm	632,500	北京保利	2011.7.28
清早期 犀角雕荷叶九龙杯	长20cm	3,416,000	苏州东方	2011.4.28
清早期 犀角雕荷叶螭龙纹杯	长18.3cm	3,416,000	苏州东方	2011.4.28
清早期 犀角雕荷花大杯	高24cm	4,140,000	北京保利	2011.12.08
清早期 犀角雕荷花杯	宽15cm	1,610,000	北京保利	2011.10.24
清早期 犀角雕归去来兮雅意杯	直经18cm	5,980,000	北京匡时	2011.6.8
清早期 犀角雕瓜瓞绵绵杯	长9.5cm	1,150,000	北京保利	2011.12.08
清早期 犀角雕凤鸟纹仙人乘槎三足杯	长13cm	4,600,000	北京匡时	2011.12.05
清早期 犀角雕春山图杯	高12cm	540,000	琴岛荣德	2011.5.15
清早期 犀角雕螭龙祥蝠纹杯	直经16cm	2,070,000	北京匡时	2011.6.8
清早期 犀角雕螭龙纹方杯	高8.5cm	1,150,000	北京匡时	2011.12.05
清早期 犀角雕螭龙纹杯	直经15.5cm	2,357,500	北京匡时	2011.6.8
清早期 犀角雕螭龙人物杯	高10.8cm	2,702,500	江苏省拍	2011.12.10
清早期 犀角雕螭龙铺首衔环方杯	宽11.5cm	1,840,000	北京保利	2011.12.06
清早期 犀角雕螭龙杯	高5.5cm	897,000	江苏省拍	2011.12.10
清早期 犀角雕百合穿龙纹杯	长18cm	2,530,000	北京东正	2011.11.17
清早期 犀角雕八骏图杯	直经14.5cm	3,220,000	北京匡时	2011.6.8
清早期 犀角雕“福禄寿”三星花卉杯连座	高49cm	3,450,000	北京匡时	2011.6.8
清早期 犀角螭龙太极杯	宽12cm	977,500	北京保利	2011.7.28
清早期 犀角杯	12cm×7.5cm	1,792,000	东方艺都	2011.7.6
清早期 无雨源制犀角雕太白醉酒杯	长14.5cm	3,220,000	北京保利	2011.12.06
清康熙 尤侃恭制犀角羽觞杯	长12.2cm	2,070,000	北京保利	2011.12.06
清康熙 犀角雕梅花诗文杯	长17.5cm	2,530,000	北京东正	2011.6.5
清康熙 犀角雕九鹤莲花杯	宽15.8cm	1,150,000	北京保利	2011.6.7
清康熙 犀角雕赤壁夜游杯	高15.5cm	6,670,000	北京保利	2011.6.6
清康熙 “尤”字款犀角雕饮中八仙杯	长14cm	5,520,000	北京保利	2011.6.5
清乾隆 犀角雕松鼠葡萄纹杯	长7.4cm	529,000	北京东正	2011.6.5
清乾隆 犀角雕诗文六角杯	长14.3cm	1,150,000	北京东正	2011.6.5
清乾隆 犀角雕商铭款饕餮纹杯	长12cm	1,840,000	北京东正	2011.6.5
清乾隆 犀角雕人物故事大杯	宽16cm	2,990,000	北京保利	2011.12.06
清乾隆 犀角雕龙凤纹合卺杯	高9.5cm	616,000	北京永乐	2011.5.24
清乾隆 犀角雕仿古盘螭杯	长15.5cm	1,725,000	北京保利	2011.12.06
清乾隆 犀角雕螭龙纹杯	长12cm	1,955,000	北京东正	2011.6.5
清乾隆 犀角雕螭虎纹杯	直径12cm	1,380,000	华艺国际	2011.12.11
17世纪 犀角雕仿古螭龙杯	长15cm	2,817,500	广州嘉德	2011.6.11
17世纪 毗湿奴与吉祥天圣杯	长14.3cm	414,000	北京翰海	2011.5.21
17世纪 仿古犀角杯	宽18.5cm	15,644,360	香港苏富比	2011.4.8
清19世纪 巨型犀角镂雕花果仙人杯 (一对)	高65cm	4,235,220	香港佳士得	2011.6.1
清中期 犀角婴戏图杯	高17cm	8,625,000	北京翰海	2011.5.19
清中期 犀角象牙瓜棱杯	高25.7cm	1,150,000	北京保利	2011.12.08
清中期 犀角透雕松鼠葡萄大杯	高60cm	1,380,000	北京保利	2011.6.7
清中期 犀角九龙出戟杯	高11.2cm	4,542,500	北京翰海	2011.5.21
清中期 犀角花卉纹杯	长11cm	575,000	中国嘉德	2011.3.19
清中期 犀角花卉螭龙杯	宽18cm	920,000	北京保利	2011.7.28
清中期 犀角荷蟹杯	长13cm	1,840,000	北京保利	2011.12.06
清中期 犀角雕仙人乘槎杯	长19cm	3,450,000	北京保利	2011.12.06
清中期 犀角雕牛首随身杯	直经4.7cm	483,000	北京匡时	2011.6.8
清中期 犀角雕花卉杯	宽13.5cm	862,500	中国嘉德	2011.5.23
清中期 犀角雕高足杯	8cm×9.9cm	483,000	北京歌德	2011.6.3
清中期 犀角雕“溪山行旅”杯	高14.6cm	2,012,500	江苏省拍	2011.12.10

拍品名称	尺寸	成交价RMB	拍卖公司	拍卖日期
清中期 犀角雕“松下高仕”杯	高9cm	805,000	江苏省拍	2011.12.10
清中期 犀角螭龙杯	高7.5cm	1,955,000	北京翰海	2011.5.21
清中期 雕葡萄松鼠纹犀角杯	高12.8cm	1,232,000	江苏万达	2011.5.29
清 犀角随形杯	长11.4cm	494,500	古天一	2011.12.05
清 犀角雕莲瓣圣水杯	高14.5c	178,250	古天一	2011.12.05
清 犀角雕荷叶杯	长9cm	201,600	长风拍卖	2011.1.20
清18世纪 犀角雕云龙戏珠纹杯	宽16.5cm	5,989,440	香港佳士得	2011.11.30
清18世纪 犀角雕山水人物图杯	宽18.5cm	4,716,480	香港佳士得	2011.11.30
清18世纪 犀角雕梅树桩杯	高19.7cm	6,283,200	香港佳士得	2011.11.30
清 友古轩款犀角杯	高6cm	224,000	琴岛荣德	2011.12.10
清 犀牛角荷叶莲蓬纹杯	高4.5cm	112,000	江苏万达	2011.5.29
清 犀牛角雕十八学士纹人物故事杯	直径15.1cm	3,795,000	福建拍卖	2011.7.2
清 犀角制佛教供杯	高5.2cm	322,000	北京歌德	2011.6.3
清 犀角玉兰葡萄杯	长65cm	828,000	中国嘉德	2011.3.19
清 犀角玉兰花杯	长14.5cm	1,725,000	北京保利	2011.12.08
清 犀角英雄杯	长18cm	2,012,500	中国嘉德	2011.6.18
清 犀角夜游赤壁图杯	长11.2cm	529,000	中国嘉德	2011.3.19
清 犀角雅趣图杯	高11cm	115,000	北京保利	2011.7.28
清 犀角仙鹿杯	高7.5cm	448,000	琴岛荣德	2011.12.10
清 犀角西番莲纹杯	直径8.2cm	184,000	中国嘉德	2011.6.18
清 犀角素杯	直径10.5cm	276,000	北京保利	2011.10.24
清 犀角松鼠葡萄图杯	高33.2cm	828,000	中国嘉德	2011.09.17
清 犀角松鼠葡萄杯	高53cm	880,000	印千山	2011.6.3
清 犀角双耳杯	宽12.5cm	920,000	北京保利	2011.7.28
清 犀角树纹杯	长14cm	195,500	中国嘉德	2011.6.18
清 犀角兽面纹爵杯	高17.3cm	195,500	中国嘉德	2011.6.18
清 犀角兽面纹杯	长13.7cm	230,000	中国嘉德	2011.09.17
清 犀角兽面纹杯	长15cm	172,500	中国嘉德	2011.09.17
清 犀角兽面纹杯	长14.7cm	57,500	中国嘉德	2011.09.17
清 犀角山水人物云龙纹杯	高11.5cm	782,000	中国嘉德	2011.3.19
清 犀角山水人物纹杯	高26cm	649,600	天工艺苑	2011.6.26
清 犀角乳钉纹杯	长13.3cm	218,500	中国嘉德	2011.6.18
清 犀角牛首杯	长9.3cm	115,000	中国嘉德	2011.6.18
清 犀角鹿首对杯	高5.5cm	616,000	琴岛荣德	2011.12.10
清 犀角龙纹杯	宽12.7cm	276,000	中国嘉德	2011.11.15
清 犀角龙纹杯	长7.8cm	149,500	中国嘉德	2011.6.18
清 犀角兰亭图杯	长14.8cm	1,380,000	中国嘉德	2011.6.18
清 犀角菊花纹杯	高6cm	322,000	中国嘉德	2011.3.19
清 犀角九秋莲丰杯	高17.5cm	540,000	琴岛荣德	2011.5.15
清 犀角花卉螭龙纹杯	高24.5cm	92,000	中国嘉德	2011.09.17
清 犀角荷叶杯	高7.5cm	1,127,000	浙江钱塘	2011.12.04
清 犀角荷叶杯	长11.2cm	115,000	中国嘉德	2011.09.17
清 犀角荷叶杯	长7.8cm	109,250	中国嘉德	2011.6.18
清 犀角荷塘清趣图杯	长16cm	1,176,000	琴岛荣德	2011.5.15
清 犀角高士图杯	高59cm	2,760,000	中国嘉德	2011.09.17
清 犀角高浮雕九龙纹杯	高11.5cm	896,000	琴岛荣德	2011.12.10
清 犀角福山寿海图杯	高8.2cm	172,500	中国嘉德	2011.09.17
清 犀角浮雕省亲图大杯	宽16cm	747,500	北京保利	2011.10.24
清 犀角雕玉堂富贵杯	高26.2cm	784,000	中贸圣佳	2011.4.29
清 犀角雕玉兰花杯	高15.5cm	392,000	琴岛荣德	2011.12.10
清 犀角雕玉兰花杯	直径11.5cm	356,500	广州嘉德	2011.6.11
清 犀角雕玉兰花杯	长25cm	69,000	北京保利	2011.4.18
清 犀角雕鱼化龙杯	高11.8cm	1,232,000	苏州东方	2011.4.28
清 犀角雕瀛洲图杯	宽21.7cm	1,610,000	中国嘉德	2011.5.23
清 犀角雕英雄杯	宽15.8cm	322,000	中国嘉德	2011.11.15
清 犀角雕英雄杯	高10cm	92,000	北京保利	2011.7.28
清 犀角雕象纹杯	高20cm	620,000	印千山	2011.6.3
清 犀角雕仙人乘槎杯	长22cm	1,437,500	北京匡时	2011.6.8
清 犀角雕仙人乘槎杯	长35cm	1,035,000	北京九歌	2011.6.10
清 犀角雕仙人乘槎杯	长16cm	336,000	北京荣宝	2011.08.13
清 犀角雕洗桐图杯	高13.3cm	287,500	北京保利	2011.12.08
清 犀角雕藤蔓缠枝树纹杯	直径14.6cm	1,782,500	福建拍卖	2011.7.2
清 犀角雕随身杯	长6cm	448,000	琴岛荣德	2011.12.10
清 犀角雕素身杯	高9cm	437,000	朵云轩	2011.7.4
清 犀角雕松竹群仙杯	长11.5cm	230,000	北京保利	2011.4.18

拍品名称	尺寸	成交价RMB	拍卖公司	拍卖日期
清 犀角雕松树杯	高9cm	3,392,500	上海大众	2011.08.25
清 犀角雕松树杯	宽14cm	97,750	北京保利	2011.7.28
清 犀角雕松鼠葡萄纹杯	高39cm	575,000	北京匡时	2011.6.8
清 犀角雕松鼠葡萄杯	高15cm	500,000	印千山	2011.6.3
清 犀角雕松山隐士图杯	高15cm	800,000	印千山	2011.6.3
清 犀角雕松鹤杯	宽13.5cm	690,000	北京保利	2011.10.24
清 犀角雕山水人物杯	宽12.7cm	747,500	北京保利	2011.4.18
清 犀角雕山水景物杯	宽17cm	1,150,000	中国嘉德	2011.5.23
清 犀角雕三足螭龙纹杯	高17cm	650,000	印千山	2011.6.3
清 犀角雕瑞兽龙纹杯、高士图杯 (两件)	尺寸不一	138,000	北京保利	2011.4.18
清 犀角雕瑞兽杯	宽9.5cm	345,000	中国嘉德	2011.5.23
清 犀角雕葡萄花果荷叶杯	高30cm	805,000	北京纳高	2011.7.6
清 犀角雕葡萄杯	高6.6cm	920,000	西泠拍卖	2011.7.18
清 犀角雕葡萄杯	直径12.6cm	560,000	浙江钱塘	2011.1.9
清 犀角雕攀螭荷莲奈何杯	高23cm	2,185,000	北京保利	2011.6.7
清 犀角雕牛头杯	高8cm	105,800	中国嘉德	2011.5.23
清 犀角雕牧马图杯	长14cm	126,500	北京保利	2011.12.08
清 犀角雕梅花杯	长15.6cm	1,380,000	浙江钱塘	2011.12.04
清 犀角雕梅花杯	直径17cm	1,092,500	北京纳高	2011.7.6
清 犀角雕马蹄杯	长13.3cm	53,760	太平洋	2011.09.17
清 犀角雕镂空莲纹杯	直径13.4cm	2,415,000	福建拍卖	2011.7.2
清 犀角雕龙纹杯	高12cm	3,450,000	朵云轩	2011.7.4
清 犀角雕龙凤杯	高16cm	950,000	印千山	2011.6.3
清 犀角雕灵芝纹杯	口径5.5cm	184,000	上海大众	2011.08.25
清 犀角雕夔龙捧寿纹杯	直径12cm	1,035,000	广州嘉德	2011.6.11
清 犀角雕夔龙螭虎杯	长13.8cm	287,500	北京纳高	2011.7.6
清 犀角雕菊瓣纹杯	直径7.3cm	72,800	北京荣宝	2011.11.11
清 犀角雕菊瓣杯	直径7.4cm	179,200	北京荣宝	2011.08.13
清 犀角雕九龙纹杯	长15.5cm	2,875,000	上海大众	2011.08.25
清 犀角雕九龙杯	高12.5cm	448,000	太平洋	2011.09.17
清 犀角雕荷叶鱼鹤杯	高25.5cm	63,250	北京保利	2011.7.28
清 犀角雕荷叶鹤纹杯	宽20cm	161,000	北京保利	2011.4.18
清 犀角雕荷叶杯	宽16.8cm	1,840,000	中国嘉德	2011.5.23
清 犀角雕荷叶杯	高24cm	460,000	北京保利	2011.4.18
清 犀角雕荷叶杯	宽9.5cm	322,000	北京保利	2011.7.28
清 犀角雕荷花草虫杯	宽19cm	598,000	北京保利	2011.7.28
清 犀角雕荷花杯	高14cm	3,910,000	荣宝斋(沪)	2011.11.25
清 犀角雕荷花杯	宽10.5cm	402,500	中国嘉德	2011.5.23
清 犀角雕和谐杯	长40.3cm	560,000	苏州东方	2011.4.28
清 犀角雕高士雅集纹杯	高9cm	649,600	北京荣宝	2011.08.13
清 犀角雕福禄万代杯	高54cm	2,016,000	琴岛荣德	2011.12.10
清 犀角雕佛手玉兰花纹杯	高8cm	616,000	中贸圣佳	2011.4.29
清 犀角雕仿古神兽杯	高13cm	51,750	北京保利	2011.7.28
清 犀角雕螭龙纹爵形杯	高12.3cm	322,000	北京纳高	2011.7.6
清 犀角雕螭龙纹杯	高28.5cm	172,500	北京保利	2011.4.18
清 犀角雕螭龙纹杯	高13cm	92,000	北京保利	2011.4.18
清 犀角雕螭龙纹八方杯	高19.5cm	800,000	印千山	2011.6.3
清 犀角雕螭龙饕餮纹双耳杯	长15cm	5,175,000	上海大众	2011.08.25
清 犀角雕螭龙饕餮纹杯	长12cm	2,300,000	上海大众	2011.08.25
清 犀角雕螭龙荷叶杯	长16cm	112,000	北京翰海	2011.09.18
清 犀角雕螭龙柄夔龙纹倭角杯	直径15.7cm	3,461,500	福建拍卖	2011.7.2
清 犀角雕螭龙杯	直径17cm	6,720,000	浙江佳宝	2011.6.23
清 犀角雕螭龙杯	高9.8cm	2,415,000	西泠拍卖	2011.7.18
清 犀角雕螭龙杯	长14.2cm	667,000	北京保利	2011.6.7
清 犀角雕螭龙杯	长11.5cm	324,800	北京荣宝	2011.3.18
清 犀角雕螭龙杯	宽12cm	172,500	北京保利	2011.7.28
清 犀角雕长安乐宜子孙款爵杯	高14.1cm	575,000	西泠拍卖	2011.7.18
清 犀角雕苍龙教子纹杯	高12.7cm	728,000	北京荣宝	2011.08.13
清 犀角雕“一路连科”杯	高17.5cm	1,035,000	北京保利	2011.6.7
清 犀角雕“六顺堂”螭龙杯	直径12.2cm	517,500	江苏省拍	2011.12.10
清 犀角雕“八仙过海”杯	高11.5cm	1,322,500	江苏省拍	2011.12.10
清 犀角螭龙纹爵杯	高28.8cm	805,000	中国嘉德	2011.09.17
清 犀角螭龙纹荷叶杯	高28.5cm	149,500	中国嘉德	2011.3.19
清 犀角螭龙纹杯	高17.5cm	897,000	中国嘉德	2011.09.17
清 犀角螭龙纹杯	长18cm	782,000	中国嘉德	2011.09.17
清 犀角螭龙纹杯	直径17cm	690,000	北京华辰	2011.5.20

2011杂项拍卖成交汇总

(成交价RMB：5万元以上)

拍品名称	尺寸	成交价RMB	拍卖公司	拍卖日期
清 犀角螭龙纹杯	高6.5cm	134,400	江苏万达	2011.5.29
清 犀角螭龙三足杯	高12cm	716,800	雍和嘉诚	2011.6.1
清 犀角螭龙荷叶杯	宽8.5cm	115,000	北京保利	2011.10.24
清 犀角螭龙大杯	高14cm	560,000	琴岛荣德	2011.12.10
清 犀角螭龙杯	宽14.5cm	690,000	北京保利	2011.7.28
清 犀角螭龙杯	长12cm	560,000	琴岛荣德	2011.12.10
清 犀角螭龙杯	宽10.5cm	517,500	北京保利	2011.10.24
清 犀角螭龙杯	直径10cm	345,000	北京保利	2011.7.28
清 犀角螭龙杯	长10.5cm	69,000	北京保利	2011.10.24
清 犀角苍松古木杯	长14.3cm	92,000	中国嘉德	2011.09.17
清 犀角薄胎杯	高14.2cm	207,000	中国嘉德	2011.6.18
清 犀角杯 (一对)	高12.5cm	345,000	中国嘉德	2011.5.23
清 犀角杯 (一对)	高11cm	246,400	江苏万达	2011.5.29
清 犀角杯	高12cm	1,035,000	北京容海	2011.10.24
清 犀角杯	直径6.6cm	123,200	太平洋	2011.6.18
清 犀角杯	高7.5cm	115,000	北京匡时	2011.09.17
清 犀角八仙杯	口径18.5cm	1,035,000	北京容海	2011.10.24
清 犀角八仙杯	长15.7cm	184,000	中国嘉德	2011.09.17
清 文枢款犀角镂雕松山聚贤杯		1,150,000	广州嘉德	2011.6.11
清 素犀角杯	高21.5cm	784,000	苏州东方	2011.4.28
清 镂雕高士放鹤图犀角杯	高5.5cm	280,000	琴岛荣德	2011.5.15
清 六方螭龙犀角杯	高6cm	806,400	北京荣宝	2011.11.11
清 灵芝螭龙犀角杯	直径10cm	218,500	北京保利	2011.4.18
清 角高浮雕人物故事杯	长18cm	85,000	中都国际	2011.3.13
清 雕仕女人物犀角杯	高5.5cm	270,000	琴岛荣德	2011.5.15
清 雕龙纹犀角杯	长8cm	126,500	北京九歌	2011.6.10
清晚期 三希堂款犀角杯	重465g	1,380,000	中拍国际	2011.12.07
浅刻饕餮纹犀角杯	高5cm	69,000	北京歌德	2011.09.17
民国 犀角饕餮纹杯	重134g	138,000	中拍国际	2011.12.07
民国 犀角松鼠葡萄杯	高7.5cm	97,750	北京容海	2011.10.24
民国 犀角兽面纹爵杯	高19cm	552,000	中国嘉德	2011.5.23
民国 犀角撇口小杯	高4.5cm	51,750	北京容海	2011.10.24
民国 犀角奈何杯	高14cm	470,400	琴岛荣德	2011.12.10
民国 犀角荷塘图杯	长9.8cm	287,500	中国嘉德	2011.09.17
民国 犀角浮雕龙凤纹杯	宽12cm	138,000	北京保利	2011.10.24
民国 犀角浮雕花鸟杯	宽10.5cm	103,500	北京保利	2011.10.24
民国 犀角浮雕螭龙纹杯	高12cm	69,000	北京保利	2011.10.24
民国 犀角浮雕八仙庆寿大杯	高13cm	483,000	北京保利	2011.10.24
民国 犀角雕仙人杯	高10.8cm	224,000	琴岛荣德	2011.12.10
民国 犀角雕葡萄杯、龙纹碗 (两件)	尺寸不一	57,500	北京保利	2011.7.28
民国 犀角雕龙凤纹杯	长27cm	149,500	中国嘉德	2011.5.23
民国 犀角雕九龙纹大杯	高17.5cm	1,680,000	琴岛荣德	2011.12.10
民国 犀角雕苍龙教子爵杯	高16cm	784,000	琴岛荣德	2011.12.10
民国 犀角杯子六件套	尺寸不一	632,500	北京容海	2011.10.24
民国 犀角杯	高10cm	402,500	北京容海	2011.10.24
民国 螭龙纹犀角杯	高13.5cm	1,380,000	北京容海	2011.10.24
犀角英雄杯	高8.3cm	437,000	中国嘉德	2011.09.17
犀角透雕莲花杯	高27cm	253,000	北京保利	2011.10.24
犀角素杯	直径7.3cm	162,400	太平洋	2011.09.17
犀角松鼠葡萄纹杯	长15.5cm	149,500	中国嘉德	2011.3.19
犀角兽面纹杯	长12.1cm	230,000	中国嘉德	2011.6.18
犀角山水纹杯	长15cm	105,800	中国嘉德	2011.6.18
犀角山水人物杯	高13cm	575,000	北京保利	2011.7.28
犀角秋意图杯	长39cm	2,240,000	琴岛荣德	2011.5.15
犀角奈何杯	长11.5cm	470,400	琴岛荣德	2011.12.10
犀角龙纹瑞兽杯	宽14.5cm	1,380,000	北京保利	2011.7.28
犀角龙纹杯	高12.5cm	345,000	中国嘉德	2011.6.18
犀角莲荷大杯	高34cm	784,000	琴岛荣德	2011.12.10
犀角莲瓣杯	直径6.8cm	105,800	中国嘉德	2011.3.19
犀角花口杯	直径10cm	92,000	中国嘉德	2011.09.17
犀角荷叶杯 (两件)	尺寸不一	57,500	北京保利	2011.10.24
犀角荷叶杯	长18cm	92,000	中国嘉德	2011.3.19
犀角荷花纹杯	长10.5cm	207,000	长风拍卖	2011.6.21
犀角荷花杯	高27.7cm	356,500	中国嘉德	2011.6.18
犀角雕瘿木纹杯	长15.3cm	69,000	北京匡时	2011.09.17
犀角雕素杯	直径7.5cm	184,000	北京保利	2011.10.24
犀角雕松鼠葡萄纹杯	高8.5cm	369,600	北京荣宝	2011.3.18

拍品名称	尺寸	成交价RMB	拍卖公司	拍卖日期
犀角雕松鼠葡萄杯	高24cm	345,000	北京保利	2011.10.24
犀角雕兽面纹杯	宽12.5cm	322,000	北京保利	2011.7.28
犀角雕兽面纹杯	高13cm	184,000	北京九歌	2011.6.10
犀角雕荷花鱼藻纹杯	宽9cm	80,500	北京保利	2011.10.24
犀角雕荷花杯	长37cm	598,000	北京保利	2011.10.24
犀角雕大清乾隆年制款松鼠葡萄纹杯	高11.5cm	201,600	江苏万达	2011.5.29
犀角雕螭龙纹杯	高17cm	1,495,000	中贸圣佳	2011.11.06
犀角雕螭龙纹杯	高15cm	526,400	北京荣宝	2011.08.13
犀角雕螭龙纹杯	长18cm	515,200	北京保利	2011.1.16
犀角雕螭龙纹杯	长9.5cm	69,440	北京荣宝	2011.08.13
犀角雕螭龙杯	高15cm	1,725,000	中贸圣佳	2011.11.06
犀角雕“安居乐业”图杯	高25cm	138,000	北京保利	2011.4.18
犀角雕 镂空莲年多子大杯	高56cm	5,040,000	琴岛荣德	2011.12.10
犀角螭龙纹杯、弥勒像 (三件)	直径10.4cm	80,500	中国嘉德	2011.3.19
犀角螭龙桃纹杯	长30cm	109,250	中国嘉德	2011.6.18
犀角螭虎杯	高19.1cm	287,500	中国嘉德	2011.3.19
犀角杯	直径12cm	207,000	中贸圣佳	2011.11.06
犀角杯	直径8.2cm	126,500	中国嘉德	2011.3.19
晚清 犀角雕龙把杯	长16.7cm	168,000	中贸圣佳	2011.1.23
山水人物犀角杯	高18cm	3,324,000	中博文化	2011.7.10
清 犀角雕高士图酒爵	高12cm	103,500	北京保利	2011.4.18
1894年银柄犀角拐杖	长88.5cm	345,000	中拍国际	2011.12.07
清 犀角拐杖	长80cm	322,000	中拍国际	2011.12.07
清 犀角拐杖	长91cm	345,000	中国嘉德	2011.5.23
清 犀角拐杖	长84cm	322,000	中拍国际	2011.7.17
清 犀角拐杖	长92cm	218,500	北京匡时	2011.6.8
清 犀角权杖	长56cm	552,000	中拍国际	2011.7.17
清 犀角手杖	高89cm	138,000	中国嘉德	2011.5.23
清 镶象牙首犀角拐杖	长78.5cm	161,000	中国嘉德	2011.5.23
清 镶银首犀角拐杖	长89cm	195,500	中国嘉德	2011.5.23
清中期 犀角雕树纹手杖	长87.5cm	264,500	北京东正	2011.6.5
清 犀角拐杖	长91cm	253,000	中国嘉德	2011.11.15
清 犀角拐杖	长85.5cm	230,000	中国嘉德	2011.11.15
清 犀角拐杖	长89.5cm	207,000	中国嘉德	2011.11.15
清 犀角金首拐杖	长91cm	207,000	中国嘉德	2011.11.15
清 犀角手杖	长89cm	161,000	中国嘉德	2011.11.15
清 镶金首犀角手杖	长84.5cm	184,000	中国嘉德	2011.11.15
19世纪 犀角文明杖 (二件)	尺寸不一	345,000	广州嘉德	2011.6.11
19世纪 犀角拐杖	长88cm	230,000	中拍国际	2011.12.07
民国 犀角柄手杖	长89cm	112,700	北京诚轩	2011.5.22
犀角拐杖	长87.5cm	86,250	中国嘉德	2011.3.19
犀角拐杖	长90.4cm	69,000	中国嘉德	2011.6.18
犀角龙头竹节拐杖	长89cm	115,000	中国嘉德	2011.6.18
19世纪 犀角雕玫瑰枝柄绅士伞	长78cm	126,500	北京诚轩	2011.11.12
19世纪 犀角柄折叠式淑女伞	长57cm	184,000	北京诚轩	2011.11.12
清中期 犀角雕盏 (一对)	直径8cm	713,000	北京保利	2011.12.08
明 犀角雕盘	直径13.5cm	3,450,000	古天一	2011.12.05
清 犀角雕兽面纹圭形器	长38cm	2,070,000	北京保利	2011.6.6
清乾隆 犀角雕竹溪六逸纹香筒	高9cm	483,000	北京东正	2011.6.5
清早期 犀角雕五子戏佛香插	重407g	287,500	北京歌德	2011.6.3
清早期 犀牛角饕餮纹匜	直径9cm	1,035,000	福建拍卖	2011.7.2
民国 犀角夔龙纹水器	长12.5cm	51,750	北京容海	2011.10.24
清中期 犀角花卉净水钵	直径7.5cm	322,000	北京翰海	2011.11.19
犀角岁寒三友图盒	直径5.1cm	97,750	中国嘉德	2011.3.19
文房用品				
明 犀角雕饕餮纹笔筒	高7.4cm	437,000	北京东正	2011.6.5
明 犀角雕荷叶纹洗	直径14.5cm	805,000	北京东正	2011.6.5
明 虎骨雕水盂	直径4cm	126,500	北京东正	2011.6.5
明末/清初 犀角雕张骞乘槎水注	长24.5cm	11,048,640	香港佳士得	2011.11.30
清中期 犀角马上封侯嵌牙腰圆章	高5cm	345,000	北京翰海	2011.5.21
清康熙 犀角雕花果包袱洗	长11.5cm	4,830,000	北京保利	2011.6.5
清雍正-乾隆 犀角雕“乐善堂”印	高4.3cm	667,000	北京保利	2011.6.7

拍品名称	尺寸	成交价RMB	拍卖公司	拍卖日期
清乾隆年款犀角雕水盂	高2.9cm	345,000	西泠拍卖	2011.7.19
清乾隆 淳化轩款海水九龙犀角洗	宽9.5cm	2,300,000	中国嘉德	2011.5.22
清初 犀角雕叶形水注	长10.8cm	161,000	北京东正	2011.11.17
清初 犀角雕连科甲第水注		4,715,000	上海大众	2011.08.25
清初 犀角雕荷塘清趣纹双鱼洗	长16.8cm	1,667,500	北京东正	2011.6.5
清 竹节、犀角闲章(一组两件)	犀角高4cm	126,500	北京匡时	2011.6.8
清 早期犀角镂雕秋叶草虫洗	高11cm	5,600,000	琴岛荣德	2011.5.15
清 犀角纸镇	高10cm	58,240	北京保利	2011.1.16
清 犀角印章	高6cm	207,000	中国嘉德	2011.11.15
清 犀角山水纹印盒	直径6.8cm	71,300	中国嘉德	2011.09.17
清 犀角山水人物纹笔筒	高12cm	575,000	中拍国际	2011.12.07
清 犀角荷叶洗	直径8cm	414,000	荣宝斋(沪)	2011.11.25
清 犀角雕纸镇	高6cm	134,400	北京荣宝	2011.11.11
清 犀角雕弦纹三足洗	高6.2cm	805,000	江苏省拍	2011.12.10
清 犀角雕松鹤图笔架	宽11.5cm	51,750	北京保利	2011.10.24
清 犀角雕如意云龙纹笔架	长18cm	69,000	北京保利	2011.7.28
清 犀角雕梅花笔舔	长10.8cm	92,000	北京纳高	2011.7.6
清 犀角雕龙纹镇纸(一对)	长23cm	92,000	北京保利	2011.7.28
清 犀角雕葫芦水盂	长15.6cm	89,600	中贸圣佳	2011.1.23
清 犀角雕荷叶笔舔	长15.5cm	134,400	太平洋	2011.09.17
清 犀角雕高仕图笔筒	高9.7cm	179,200	江苏万达	2011.5.29
清 犀角雕笔掭	长15cm	72,000	中都国际	2011.6.12
民国 犀角松下高仕笔筒	高10.8cm	517,500	北京容海	2011.10.24
民国 犀角雕松柏长青笔筒	重870g	1,008,000	琴岛荣德	2011.12.10
民国 犀角雕南极仙翁纸镇	长8cm	179,200	琴岛荣德	2011.12.10
民国 犀角雕福禄万代水盂	长18cm	448,000	琴岛荣德	2011.12.10
犀角章(四方)	尺寸不一	55,200	中国嘉德	2011.09.17
犀角章(两方)	尺寸不一	51,750	中国嘉德	2011.6.18
犀角原形纸镇	高14.5cm	302,400	琴岛荣德	2011.5.15
犀角岁寒三友图印盒	直径5.1cm	57,500	中国嘉德	2011.09.17
犀角水盂	直径8cm	72,800	北京保利	2011.1.16
犀角葫芦万代砚滴	长18.4cm	184,000	中国嘉德	2011.6.18
犀角雕狮钮印章(一对)	高7.5cm×2	72,800	北京荣宝	2011.08.13
犀角雕荷叶式笔洗	长16cm	291,200	北京荣宝	2011.3.18
犀角雕荷花螭龙水洗	宽20cm	690,000	北京保利	2011.7.28
犀角雕草虫纹笔舔	长15cm	207,000	北京九歌	2011.6.10
五、其它雕刻				
宋代 印度图腾器	长7cm	560,000	琴岛荣德	2011.12.10
19世纪 珊瑚雕仕女花鸟摆件	高31.5cm	195,500	北京歌德	2011.6.3
19世纪 珊瑚雕仕女婴戏摆件	高15cm	138,000	北京歌德	2011.6.3
清 鹤顶红摆件	长23.3cm	80,500	北京纳高	2011.7.6
明 葵口小花插	高10.5cm	161,000	北京保利	2011.12.07
清 染红荷花座	长7cm	57,500	北京保利	2011.12.07
清 湛谷生制核雕船	长4cm	368,000	北京容海	2011.10.24
清 茄楠雕玉兰香珮	长6cm	106,400	北京荣宝	2011.11.11
清中期 鹤顶红斋戒牌	长5cm	149,500	北京保利	2011.6.6
清中期 螺钿斋戒牌	长6cm	101,200	北京保利	2011.4.16
清 玳瑁花鸟插牌(一对)	27cm×17cm	67,850	长风拍卖	2011.6.21
清乾隆 玳瑁金漆缠枝莲纹开光雕松鼠葡萄葫芦瓶		5,600,000	中贸圣佳	2011.4.29
清 模印阴刻题诗「罗汉图」葫芦瓶	高27.5cm	112,750	香港苏富比	2011.10.05
清康熙 七彩螺钿盒	高19cm	69,000	北京歌德	2011.12.03
清 玳瑁雕人物故事盒	直径9.4cm	56,000	长风拍卖	2011.1.20
清中期 玳瑁透雕喜相逢香盒	直径4.1cm	51,750	北京保利	2011.6.6
清 压膜葫芦花卉纹围棋盒(一对)	直径15cm	57,500	北京纳高	2011.7.6
清 玳瑁描银人物纹折扇	长23.5cm	78,200	广州嘉德	2011.6.11
陈缘督画 寿石工刻扇骨	长33cm	172,500	长风拍卖	2011.6.21
清 周义制白檀花卉扇骨	长33cm	172,500	中国嘉德	2011.11.15
1936年作 盛丙云刻 吴湖帆画《十四档扇骨》	长32cm	109,250	长风拍卖	2011.6.21
支慈安刻 张大千画《十四档扇骨》	长33.5cm	552,000	长风拍卖	2011.6.21
清中期 核雕朝珠	长76cm	138,000	北京保利	2011.10.22
清嘉庆 湛谷生刻核雕赤壁泛舟珍玩	长4.5cm	115,000	北京保利	2011.6.6

拍品名称	尺寸	成交价RMB	拍卖公司	拍卖日期
清晚期 官模子双龙纹油壶鲁葫芦	高10cm	151,200	北京永乐	2011.5.24
清早期 嵌螺钿小摇铃尊	高8.5cm	74,750	中国嘉德	2011.3.19
60年代作 贝雕画(七幅)		715,000	远方国拍	2011.09.17
明 阴线刻山水人物笔筒	高14cm	230,000	北京保利	2011.12.07
清 螺钿花鸟纹象牙笔筒	高24.5cm	201,600	江苏万达	2011.5.29
清 沉香雕高士礼佛图笔筒	高12cm	156,800	长风拍卖	2011.1.20
清 纪昀清玩玳瑁笔筒、宋哲元将军狼爪笔(两件)	尺寸不一	50,000	中都国际	2011.6.12
六、石 雕				
摆件				
隋 石灰岩“释迦牟尼佛”诸圣立像碑	高20cm	825,160	香港苏富比	2011.4.8
宋 日月峰灵璧供石	带座高30.5cm	379,500	西泠拍卖	2011.7.19
宋 太湖石瓜棱形井圈	67cm×67cm×47cm	195,500	西泠拍卖	2011.7.17
元 白石莲花圆盆带云纹足石座	尺寸不一	207,000	西泠拍卖	2011.7.17
元 太湖石云纹石座	54cm×54cm×55cm	57,500	西泠拍卖	2011.7.17
元/清 莲花盆 汉白玉莲花座太湖石立峰	尺寸不一	632,500	西泠拍卖	2011.7.17
元–明 “壶中九华”英石山子	高46cm	179,200	古天一	2011.6.4
明 顾广圻旧物石磬连红木架	34.5cm×14cm×24cm	201,600	北京永乐	2011.5.24
明汉白玉福禄寿上马石(一对)	尺寸不一	115,000	西泠拍卖	2011.7.17
明 汉白玉束腰须弥长方形石座(一对)	42cm×23cm×13.5cm	149,500	西泠拍卖	2011.7.17
明 花岗岩石狮	46cm×41cm×86cm	57,500	西泠拍卖	2011.7.17
明 葵形石盆带座 太湖石立峰	总高200cm	2,990,000	西泠拍卖	2011.7.17
明 太湖石莲花盆带座 青金石立峰	总高165cm	2,760,000	西泠拍卖	2011.7.17
明 田黄瑞兽摆件	长6cm	2,300,000	中国嘉德	2011.5.23
明 灵璧石山子摆件	宽29cm	115,000	中国嘉德	2011.11.15
明末 寿山石雕观音坐像	高12cm	272,025	香港佳士得	2011.6.1
清早期 芙蓉石雕曹国舅立像	高29.6cm	97,750	北京诚轩	2011.11.12
清早期 杨玉璇制寿山石雕罗汉像	高7cm	1,150,000	西泠拍卖	2011.7.19
清早期 紫檀嵌寿山石加彩人物诗文砚屏	高22cm	128,800	长风拍卖	2011.1.20
清康熙 芙蓉石雕经卷观音坐像	高9.3cm	287,500	北京诚轩	2011.5.22
清康熙 尚均款寿山石圆雕罗汉卧像	长7.4cm	138,000	北京匡时	2011.12.05
清康熙 魏开通刻芙蓉石持卷罗汉坐像	高10.5cm	230,000	北京匡时	2011.12.05
清康熙 玉琓款圆雕芙蓉石童子拜观音摆件	高19cm	517,500	北京匡时	2011.12.05
清乾隆 寿山石山水人物山子	宽29cm	3,335,000	北京保利	2011.6.5
清乾隆 御制仿古四灵璧摆件	净高8.5cm	4,256,000	长风拍卖	2011.1.20
清乾隆 寿山石人物(一对)	高28cm;高30cm	920,000	江苏省拍	2011.12.10
清乾隆 田黄云蝠纹山子	高12cm	7,130,000	北京保利	2011.12.06
清中期 寿山石雕铁拐李立像	高21cm	115,000	北京匡时	2011.12.05
清中期 寿山石锦鸡玉兰花盆景	高35.5cm	460,000	北京保利	2011.12.07
清中期 寿山雕溪山访友石山子	高11.2cm	134,400	中贸圣佳	2011.4.29
清中期 寿山石雕伏虎罗汉摆件	长9.6cm	805,000	北京翰海	2011.5.21
清中期 寿山石圆雕罗汉	高12.5cm	667,000	北京匡时	2011.6.8
清 “尚均”款芙蓉石雕南极僊翁	高10cm	598,000	苏州吴门	2011.6.11
清 “响玲珑”灵璧供石	73cm×39cm	112,000	中贸圣佳	2011.4.29
清 白芙蓉伏虎罗汉	长13cm	291,200	浙江钱塘	2011.6.12
清 白灵璧供石摆件	长57cm	109,250	北京保利	2011.6.7

2011杂项拍卖成交汇总

(成交价RMB：5万元以上)

拍品名称	尺寸	成交价RMB	拍卖公司	拍卖日期
清 白沙石如意束腰莲花纹石座	65cm×42cm×16cm	63,250	西泠拍卖	2011.7.17
清 晨鸣灵璧供石	通高46.8cm	69,000	西泠拍卖	2011.7.18
清 德化窑文殊菩萨	高22cm	89,600	浙江钱塘	2011.6.12
清 芙蓉石雕弥勒	高11.5cm	138,000	北京翰海	2011.5.21
清 汉白玉猴子献桃方形花台	41cm×41cm×88cm	161,000	西泠拍卖	2011.7.17
清 汉白玉莲花纹圆形石座	45cm×45cm×30cm	80,500	西泠拍卖	2011.7.17
清 汉白玉莲叶纹石座	46cm×46cm×26cm	92,000	西泠拍卖	2011.7.17
清 汉白玉莲叶纹椭圆石座	70cm×47cm×35cm	126,500	西泠拍卖	2011.7.17
清 汉白玉牡丹缠枝纹铺首抱鼓(一对)	71cm×22cm×61cm	460,000	西泠拍卖	2011.7.17
清 汉白玉牌坊狮(一对)	48cm×22cm×158cm	897,000	西泠拍卖	2011.7.17
清 黑太湖供石	通高61.8cm	51,750	西泠拍卖	2011.7.19
清 红木座英石横峰	66cm×65cm×30cm	92,000	中国嘉德	2011.3.21
清 孔雀石雕人物故事御制诗文山子	长20.8cm	66,700	北京纳高	2011.7.6
清 灵璧"神品"供石连座摆件	高87cm	184,000	北京保利	2011.6.7
清 灵璧"雪浪"大供石连座摆件	长70cm	69,000	北京保利	2011.6.7
清 灵璧石摆件	高48cm	80,500	中国嘉德	2011.5.23
清 灵璧石供石摆件(四件)	尺寸不一	126,500	北京保利	2011.6.7
清 灵璧石万象多姿山子	高16.5cm	71,300	北京匡时	2011.6.8
清 灵璧石乌萌磅礴山子	长23cm	287,500	北京匡时	2011.6.8
清 青白石回纹足长方形石盆 青金石立峰	盆长71.5cm	63,250	西泠拍卖	2011.7.17
清 青白石石匾	102cm×33.5cm	195,500	西泠拍卖	2011.7.17
清 寿山罗汉	高9.7cm	552,000	苏州吴门	2011.6.12
清 寿山石雕长眉罗汉	高15cm	672,000	浙江钱塘	2011.1.9
清 寿山石雕持卷罗汉	高17cm	230,000	北京保利	2011.6.7
清 寿山石雕东方朔像	带座高25.2cm	74,750	西泠拍卖	2011.7.18
清 寿山石雕观音像	高14.7cm	100,800	中鸿信	2011.6.26
清 寿山石雕降龙、伏虎罗汉	高11cm	224,000	浙江钱塘	2011.6.12
清 寿山石雕控狮罗汉	高10.5cm	280,000	浙江钱塘	2011.6.12
清 寿山石弥勒佛像	高13.5cm	224,000	浙江钱塘	2011.6.12
清 寿山石描金罗汉	高13cm	784,000	浙江钱塘	2011.6.12
清 寿山石寿星童子雕件	尺寸不一	92,000	西泠拍卖	2011.7.18
清 寿山石随形山子	高32.5cm	230,000	北京匡时	2011.6.8
清 寿山自在观音像	高13cm	224,000	浙江钱塘	2011.6.12
清 太湖石摆件	高94cm	138,000	北京保利	2011.4.18
清 太湖石摆件	高69cm	123,200	中贸圣佳	2011.4.29
清 太湖石静观自得山子	高61cm	55,200	北京匡时	2011.6.8
清 太湖石山子	高42cm	56,000	北京荣宝	2011.3.18
清 田黄随形摆件	335g	1,030,400	雍和嘉诚	2011.6.1
清 田黄香山九老薄意摆件	4.5cm×3cm×9.8cm	4,140,000	中国嘉德	2011.5.23
清 田黄圆雕螭龙摆件	长6cm	1,012,000	北京保利	2011.6.5
清 铜麒麟摆件(一对)	长40cm	57,500	北京保利	2011.7.26
清 文英款灵璧石随形山子	长13cm	207,000	北京匡时	2011.6.8
清 啸天英石供石	通高29.4cm	69,000	西泠拍卖	2011.7.19
清 巽斋藏雨石轩灵芝摆件	通高45.5cm	287,500	西泠拍卖	2011.7.18
清 英石摆件	高11.5cm	97,750	西泠拍卖	2011.7.19
清 朱彝尊铭灵璧石山子	高15cm	112,000	浙江钱塘	2011.6.12
清代 灵璧石山子	高69cm	560,000	古天一	2011.6.4
清 供石山子(一组)	尺寸不一	55,200	中国嘉德	2011.11.15
清 贡石摆件	高138.5cm	230,000	中国嘉德	2011.11.15
清 黄寿山薄意山水人物山子	8cm×5cm×11cm	55,200	北京歌德	2011.09.17
清 林清卿刻寿山石博弈雕三酸图山子	高16cm	195,500	上海大众	2011.08.25
清 灵璧石山子	高71cm	57,500	中贸圣佳	2011.11.06

拍品名称	尺寸	成交价RMB	拍卖公司	拍卖日期
清 灵璧石摆件	长24cm	105,800	中国嘉德	2011.11.15
清 石山子摆件	长70cm	368,000	中国嘉德	2011.11.15
清 石山子摆件	长61cm	115,000	中国嘉德	2011.11.15
清 寿山石持经罗汉坐像	高13cm	115,000	中国嘉德	2011.11.15
清 寿山石巧雕渔舟唱晚山形摆件	高13cm	195,500	上海大众	2011.08.25
清 太湖石摆件	高52cm	287,500	中国嘉德	2011.11.15
清 太湖石山子	高63cm	64,960	北京翰海	2011.09.18
清 田黄雕螭龙钮椭圆形章料	高5cm	172,500	上海大众	2011.08.25
清 田黄随形山子	高6.4cm	2,070,000	北京东正	2011.11.18
清 芙蓉石圆雕伏虎罗汉摆件	高8.5cm	138,000	北京匡时	2011.12.05
清 寿山石雕人物像	高25.2cm	80,500	浙江钱塘	2011.12.04
清代 田黄雕高山流水山子	长8cm	8,625,000	古天一	2011.12.05
清 紫檀座灵璧石山形摆件	长29.2cm	88,550	荣宝斋(沪)	2011.11.25
清 田黄石卧狮摆件	长4.8cm	345,000	西泠拍卖	2011.7.17
清 灵璧石山子摆件	高46.5cm	368,000	中国嘉德	2011.5.23
清 石山子摆件	高160cm	172,500	中国嘉德	2011.5.23
清18世纪 黑灵璧石赏石	高28.5cm	2,239,720	香港苏富比	2011.4.8
清18世纪 唐英制仿灵璧石瓷赏石	高27.5cm	1,835,560	香港苏富比	2011.4.8
清18世纪 白芙蓉罗汉像	高14cm	172,500	北京保利	2011.6.7
清晚期 紫檀嵌寿山石观音坐像	高25cm	109,250	中贸圣佳	2011.11.06
民国 林清卿雕山石菊花纹杜陵坑薄意章料	高8cm	184,000	上海大众	2011.08.25
民国 林友竹雕寿山石二乔共读像	高24cm	172,500	荣宝斋(沪)	2011.11.25
民国 寿山石雕山水人物山子摆件	高5cm	168,000	云南典藏	2011.10.31
"风月醉麒麟"灵璧石	高62cm	157,920	南京正大	2011.4.23
"玄圭"灵璧石	高38cm	50,400	南京正大	2011.4.23
寿山田黄石暗香浮动薄意摆件	长4.5cm	667,000	中国嘉德	2011.11.13
寿山田黄石鳌龙戏珠摆件	高3cm	552,000	中国嘉德	2011.11.13
八仙坐骑 巴林鸡血石摆件	高45cm	2,875,000	中国嘉德	2011.11.13
巴林鸡血石摆件(两件)	高11cm；高8.5cm	71,300	中国嘉德	2011.11.13
巴林鸡血石血王摆件	21.8cm×10.7cm×18.3cm	12,075,000	西泠拍卖	2011.7.17
白芙蓉原石	宽15cm	57,500	北京保利	2011.12.08
白寿山达摩坐像	高8.6cm	66,700	北京保利	2011.12.08
昌化鸡血石摆件	高27cm	2,016,000	江苏万达	2011.5.29
昌化鸡血石雕渔翁摆件	16cm×10.3cm	80,500	北京容海	2011.10.24
昌化田黄五龙戏珠摆件	高12cm	1,320,000	鼎时国际	2011.12.03
昌化田黄原石	重1350g	1,650,000	鼎时国际	2011.12.03
陈祖震雕田黄石聚福图摆件	高6.1cm 54g	471,500	西泠拍卖	2011.7.17
赤壁夜游 寿山田黄石摆件	高10.3cm	20,125,000	中国嘉德	2011.11.13
赤子佛心 寿山田黄石薄意摆件	高4.1cm	51,750	中国嘉德	2011.11.13
大理石雕刻"克丽奥佩特拉"像	高88cm	3,970,665	伊斯特	2011.11.28
风雨归舟 寿山田黄石薄意摆件	高4.3cm	57,500	中国嘉德	2011.11.13
冯志杰 伏狮罗汉雕件	高4.6cm	5,750,000	福建东南	2011.10.23
冯志杰 双狮戏球把玩件	高3.3cm	5,750,000	福建东南	2011.10.23
伏虎罗汉 寿山田黄石摆件	高3.4cm	218,500	中国嘉德	2011.11.13
福寿如意 寿山田黄石摆件(两件)	长5.2cm；长3cm	195,500	中国嘉德	2011.5.24
高山石雕太狮少狮摆件	高12.5cm	166,200	中博文化	2011.7.10
观音 寿山荔枝石摆件	高11.5cm	59,800	中国嘉德	2011.11.13
观音 寿山善伯石摆件	高11cm	69,000	中国嘉德	2011.11.13
观音 寿山芙蓉石摆件	高9.8cm	69,000	中国嘉德	2011.5.24
郭功森 田黄弥勒	长3.6cm	138,000	北京保利	2011.6.5
郭功森刻冰糖地荔枝五龙双凤摆件	高15.5cm	1,495,000	北京保利	2011.6.5
郭功森刻五彩旗降伏虎罗汉摆件	长17cm	299,000	北京保利	2011.6.5
郭功森田黄罗汉洗象	宽6.5cm	3,507,500	北京保利	2011.6.5
郭卓怀 清明诗意薄意摆件	高7cm	1,840,000	福建东南	2011.10.24

(成交价RMB：5万元以上)

拍品名称	尺寸	成交价RMB	拍卖公司	拍卖日期
郭卓怀刻 陈达字 春江水暖薄意摆件	高6.7cm	552,000	福建东南	2011.10.24
海的女儿 寿山田黄石摆件	高2.7cm	69,000	中国嘉德	2011.11.13
海底世界 巴林鸡血石摆件	高36cm	3,680,000	中国嘉德	2011.5.24
寒冬一霸 寿山石白熊摆件	高24cm	483,000	中国嘉德	2011.11.13
黄金黄冻石雕江南湾六德山子摆件	重205.649g	56,100	中都国际	2011.08.28
鸡血石雕山子	长40cm	550,000	鼎时国际	2011.12.03
鸡血石山子	高7.8cm	1,265,000	中拍国际	2011.12.06
鸡血石网网有鱼摆件	通高19cm	494,500	中拍国际	2011.12.06
吉祥如意 巴林鸡血石摆件	高9.5cm	92,000	中国嘉德	2011.11.13
金包银田黄冻薄意摆件	高4.2cm；70g	504,000	琴岛荣德	2011.12.10
劲竹 寿山田黄石摆件	高5.2cm	126,500	中国嘉德	2011.11.13
桔红田黄石雕老子出关摆件		68,000	中都国际	2011.3.13
孔雀石	21cm × 20cm	74,750	北京容海	2011.10.24
老少春秋摆件	高4.5cm	224,000	琴岛荣德	2011.12.10
荔枝冻石踏雪寻梅摆件	18.5cm × 6cm × 14cm	575,000	西泠拍卖	2011.7.17
栗子黄 山居图田黄山子	高6.5cm；177.23g	1,680,000	琴岛荣德	2011.12.10
林东刻田黄满载而归	高5.5cm	805,000	北京保利	2011.6.5
林发述 荔枝洞石罗汉雕件	9cm×10.9cm	598,000	福建东南	2011.10.23
林飞 芙蓉石雕“山鬼”	长23cm	184,000	北京保利	2011.12.08
林飞 巧色芙蓉石雕“含苞待放”	高27cm	161,000	北京保利	2011.12.08
林飞 巧色芙蓉石雕“女娲补天”	高36.5cm	195,500	北京保利	2011.12.08
林飞刻结晶芙蓉“海的女儿”摆件	长17.5 cm	517,500	北京保利	2011.6.5
林飞刻结晶芙蓉贵妃出浴雕件	高12.8cm	483,000	北京保利	2011.6.5
林飞刻巧色二号矿布袋和尚	高11cm	322,000	北京保利	2011.6.5
林金元 田黄石山居之景薄意摆件	高4.8cm	2,415,000	福建东南	2011.10.24
林文举 田黄石双清薄意摆件	高7.2cm	1,725,000	福建东南	2011.10.24
林文举雕田黄石东山报捷薄意摆件	高11.7cm；1052g	6,497,500	西泠拍卖	2011.7.17
林志峰 如意观音雕件	高12.4cm	678,500	福建东南	2011.10.23
灵璧石山子	高9cm	51,750	北京容海	2011.10.24
刘爱珠 各式品种石(十方一组)	尺寸不一	92,000	北京保利	2011.12.08
刘海戏金蟾 寿山田黄石摆件	高4.8cm	92,000	中国嘉德	2011.11.13
柳下高士 寿山田黄石薄意摆件	高4.5cm	345,000	中国嘉德	2011.5.24
六德款薄意子孙乐田黄随形摆件	高8cm；重84.5g	598,000	北京匡时	2011.12.05
罗汉 寿山田黄石摆件	高4.3cm	69,000	中国嘉德	2011.11.13
猫趣 寿山田黄石摆件	长3.3cm	51,750	中国嘉德	2011.11.13
梅兰竹 寿山田黄石薄意摆件	高4.7cm	184,000	中国嘉德	2011.11.13
弥勒 寿山田黄石摆件	高5.1cm	109,250	中国嘉德	2011.11.13
民国17年 孙中山遗像及就职宣言瓷砚屏（一套七块）	高32.6cm × 7	280,000	中贸圣佳	2011.4.29
明宣德 石雕菱花盆	长41.5cm	172,500	古天一	2011.12.05
母子情深 刘海戏金蟾 寿山田黄石摆件(两件)	高3.7cm；高4.5cm	195,500	中国嘉德	2011.11.13
牧牛图 寿山金狮峰石薄意摆件	高5.5cm	51,750	中国嘉德	2011.11.13
暮江归舟图 寿山田黄石摆件	高4.5cm	92,000	中国嘉德	2011.11.13
清 大供石山子	高110cm	931,500	北京保利	2011.12.08
任嘉根 龙凤挂件		134,400	北京荣宝	2011.11.11
山居秋暝 寿山掘性坑头石摆件	高8cm	138,000	中国嘉德	2011.5.24
善佰一皆大欢喜	长9.5cm	82,500	中都国际	2011.08.28
石癫 黄金黄田黄“春竹”	高3.8cm	138,000	北京保利	2011.12.08
石癫 金砂善伯戏狮摆件	长11cm	391,000	北京保利	2011.12.08
石癫 巧色水洞“洋洋得意”摆件	7cm × 8.9cm × 5.5cm	2,300,000	北京保利	2011.12.08
石癫 水洞桃花“九螭穿环”摆件	长14cm	920,000	北京保利	2011.12.08

拍品名称	尺寸	成交价RMB	拍卖公司	拍卖日期
石癫 田黄冻佛手	长7.3cm	1,713,500	北京保利	2011.12.08
石癫 田黄冻双色皮“羲之爱鹅”	高6cm	483,000	北京保利	2011.12.08
石癫 银包金田黄“劲节”	高7.5cm	2,185,000	北京保利	2011.12.08
石癫刻金银田黄伏虎罗汉		92,000	北京保利	2011.6.5
石癫款田黄“四鬼献宝”摆件	长5.5cm	460,000	北京保利	2011.6.5
石卿刻田黄冻弥勒立像	高7cm	2,817,500	北京保利	2011.6.5
时来运转 暮色归舟 寿山田黄石摆件 (两件)	长3.8cm；长4.3cm	57,500	中国嘉德	2011.11.13
寿山芙蓉石把件 (八件)	尺寸不一	63,250	中国嘉德	2011.5.24
寿山芙蓉石雕百鸟报春	25cm × 20cm	358,400	北京翰海	2011.4.9
寿山高山摆件		51,750	北京容海	2011.10.24
寿山荔枝石摆件 (十件)	尺寸不一	69,000	中国嘉德	2011.11.13
寿山山秀圆石雕 猫打盹	11cm × 8cm	78,400	北京翰海	2011.4.9
寿山石春之魅把件	高9.2cm	53,760	北京博观	2011.11.25
寿山石雕弥勒佛	8cm × 12cm	179,200	北京翰海	2011.4.9
寿山石雕弥勒佛	7cm × 7.8cm	56,000	北京翰海	2011.4.9
寿山石雕山水摆件	高37cm	345,000	荣宝斋(沪)	2011.11.25
寿山石芙蓉财神爷	23cm × 6cm × 18cm	190,400	北京翰海	2011.4.9
寿山石弥勒摆件	3.7cm × 2.7cm × 5.3cm 69g	115,000	西泠拍卖	2011.7.17
寿山石巧色罗汉像	高13cm	91,840	北京翰海	2011.4.9
寿山田黄石摆件一组 (四件)		101,200	中国嘉德	2011.5.24
兽面纹开光方牌		78,400	北京荣宝	2011.11.11
绶带鸟玉牌		56,000	北京荣宝	2011.11.11
双熊 寿山石摆件	高22cm	207,000	中国嘉德	2011.5.24
水洞高山古兽 (三件)	尺寸不一	345,000	北京保利	2011.6.5
松鹤延年 巴林鸡血石摆件	高9cm	138,000	中国嘉德	2011.11.13
踏雪寻梅 寿山善伯石摆件	高11.5cm	71,300	中国嘉德	2011.5.24
太湖石	高63cm	2,326,800	中博文化	2011.7.10
泰山玉葫芦		172,500	北京容海	2011.10.24
泰山玉释迦牟尼		138,000	北京容海	2011.10.24
泰山玉渔翁得物		184,000	北京容海	2011.10.24
田黄薄意雕“林间雅趣”山子	11.5cm × 4.5cm × 10cm	3,450,000	北京保利	2011.12.08
田黄薄意松下问童子	高3.8cm	253,000	北京保利	2011.6.5
田黄春游图	7cm × 6cm	2,493,000	中博文化	2011.7.10
田黄达摩像	重150g	560,000	雍和嘉诚	2011.6.1
田黄雕薄意山水人物摆件	高7.5cm	358,400	北京荣宝	2011.3.18
田黄雕瑞兽	长7cm	831,000	中博文化	2011.7.10
田黄冻	高5cm	448,000	琴岛荣德	2011.12.10
田黄一访友图	重25.7g	121,000	中都国际	2011.08.28
田黄金裹银薄意山水纹摆件	高7.5cm	212,800	北京荣宝	2011.3.18
田黄石八仙	尺寸不一	224,000	琴岛荣德	2011.12.10
田黄石达摩	高6cm	112,000	琴岛荣德	2011.12.10
田黄石雕罗汉摆件	高9cm	560,000	浙江佳宝	2011.6.23
田黄石雕牧牛山子	重63.3g	172,500	北京翰海	2011.12.18
田黄石雕牧牛童子	重43.1g	115,000	北京翰海	2011.12.18
田黄石和合二仙	高5.5cm	224,000	琴岛荣德	2011.12.10
田黄石人物 (二件)	尺寸不一	280,000	琴岛荣德	2011.12.10
田黄石十八学士	长28cm	1,120,000	琴岛荣德	2011.12.10
田黄石十八学士	长14.6cm	1,344,000	琴岛荣德	2011.12.10
田黄石十学士	高5cm	560,000	琴岛荣德	2011.12.10
田黄随形雕山水人物摆件	重253g	728,000	雍和嘉诚	2011.6.1
田黄随形山子	长5.6cm	168,000	琴岛荣德	2011.12.10
田黄童子献寿	宽5.5cm	460,000	北京保利	2011.6.5
田黄原石	高5cm	80,500	北京保利	2011.6.5
田黄原石	重389g；高12cm	550,000	鼎时国际	2011.12.03
童子送财 巴林鸡血石摆件	高11.5cm	161,000	中国嘉德	2011.11.13
万象更新 寿山田黄石摆件	高6cm	713,000	中国嘉德	2011.5.24
汪世杰 寿星摆件	高5.3cm	632,500	福建东南	2011.10.24
喜上梅梢 山间问道 虚心若谷 寿山田黄石摆件 (三件)	尺寸不一	86,250	中国嘉德	2011.5.24
霞境仙游 巴林鸡血石摆件	高45cm	2,530,000	中国嘉德	2011.11.13
仙翁祝寿山田黄石摆件 寿山乌鸦皮田黄石摆件	高4.5cm；长4cm	57,500	中国嘉德	2011.11.13

2011杂项拍卖成交汇总

(成交价RMB：5万元以上)

拍品名称	尺寸	成交价RMB	拍卖公司	拍卖日期
现代 巴林石牛角冻济公	通高10cm	672,000	中拍国际	2011.6.5
香山九老薄意雕件	高5.3cm	2,645,000	福建东南	2011.10.24
岩石佛像头	高107cm	3,406,545	纽约苏富比	2011.3.23
叶子贤 刘海戏蟾摆件	高5.4cm	632,500	福建东南	2011.10.24
叶子贤三色荔枝"太白醉酒"摆件	高19.4cm	690,000	北京保利	2011.12.08
叶子贤田黄伏虎罗汉	长4cm	115,000	北京保利	2011.6.5
逸凡刻田黄竹节形摆件	高6.2cm	747,500	北京保利	2011.6.5
英石山子	高134.2cm	115,000	中国嘉德	2011.09.17
英石山子	高15cm	51,750	北京容海	2011.10.24
渔家乐 寿山坑头田石摆件	高8cm	92,000	中国嘉德	2011.11.13
云龙戏金泉 巴林鸡血石摆件	长21.5cm	402,500	中国嘉德	2011.5.24
招财进宝 寿山田黄石摆件	高3cm	71,300	中国嘉德	2011.5.24
郑世斌 薄意套件	高4.4cm；高3cm	517,500	福建东南	2011.10.24
郑幼林 童子献寿摆件	高6.3cm	862,500	福建东南	2011.10.24
郑幼林刻田黄"渔翁得利"	高4.2cm	517,500	北京保利	2011.6.5
郑幼林制田黄罗汉摆件		403,200	中鸿信	2011.6.26
郑幼林制田黄弥勒摆件		246,400	中鸿信	2011.6.26
知音 寿山田黄石薄意摆件(一件)	高4.2cm	207,000	中国嘉德	2011.11.13
指日高升 白玉挂件	高8cm	310,500	荣宝斋(沪)	2011.11.25
把玩件				
石癫 桔皮黄田黄冻双狮戏球手件	长5.5cm	1,725,000	北京保利	2011.12.08
生活用品				
宋 汉白玉乐伎武士方形石盆	63cm × 63cm × 28cm	287,500	西泠拍卖	2011.7.17
宋 青白石海水云龙葵形赏石盆	115cm × 59cm × 35cm	862,500	西泠拍卖	2011.7.17
宋末元初 汉白玉莲花石盆	67cm × 67cm × 23cm	195,500	西泠拍卖	2011.7.17
宋末元初 汉白玉外翻口沿菱花形石盆	38cm × 31cm × 15cm	149,500	西泠拍卖	2011.7.17
元 汉白玉石狮门墩 (一对)	68cm × 46cm × 135cm	1,955,000	西泠拍卖	2011.7.17
明 汉白玉带铭文长方形石盆	66cm × 44cm × 25cm	86,250	西泠拍卖	2011.7.17
明 汉白玉倒趴狮子鼓墩	40cm × 40cm × 44cm	80,500	西泠拍卖	2011.7.17
明 汉白玉雕铺首石鼓墩	45cm × 45cm × 37cm	51,750	西泠拍卖	2011.7.17
明 汉白玉雕铺首石鼓墩(一对)	33cm × 33cm × 45cm	299,000	西泠拍卖	2011.7.17
明 汉白玉高足八面开光花卉纹葵口形石盆	55cm × 55cm × 34cm	460,000	西泠拍卖	2011.7.17
明 汉白玉净瓶花插	30cm × 30cm × 134cm	138,000	西泠拍卖	2011.7.17
明 汉白玉葵形石盆	62cm × 62cm × 21cm	109,250	西泠拍卖	2011.7.17
明 汉白玉葵形圆石盆	42cm × 42cm × 15cm	74,750	西泠拍卖	2011.7.17
明 汉白玉菱花形石盆	43cm × 26cm × 15cm	92,000	西泠拍卖	2011.7.17
明 汉白玉菱花形石盆 青石立峰	盆 64cm × 47cm × 26cm	92,000	西泠拍卖	2011.7.17
明 汉白玉披巾带云纹足石座鼓墩 (一对)	43cm × 43cm × 46cm	368,000	西泠拍卖	2011.7.17
明 汉白玉披巾雕铺首鼓墩	44cm × 44cm × 36cm	69,000	西泠拍卖	2011.7.17
明 汉白玉圈足菱花形石盆	40cm × 25cm × 11cm	74,750	西泠拍卖	2011.7.17
明 汉白玉束腰长方形石盆	66cm × 33cm × 12.5cm	63,250	西泠拍卖	2011.7.17
明 汉白玉双起线口沿长方形石盆 青石立峰	尺寸不一	345,000	西泠拍卖	2011.7.17
明 汉白玉四面花卉纹长方形石盆	88cm × 56cm × 32cm	460,000	西泠拍卖	2011.7.17

拍品名称	尺寸	成交价RMB	拍卖公司	拍卖日期
明 汉白玉四面清供案鼓墩(一对)	35cm × 35cm × 30cm	109,250	西泠拍卖	2011.7.17
明 汉白玉云纹口沿瓜棱形圆石盆	87cm × 87cm × 45cm	1,380,000	西泠拍卖	2011.7.17
明汉白玉竹节扁鼓柱墩(一对)	55cm × 55cm × 37cm	115,000	西泠拍卖	2011.7.17
明 柳叶石菱花形石盆	50cm × 28cm × 14cm	57,500	西泠拍卖	2011.7.17
明 青白石云纹足方形石盆	83cm × 83cm × 44cm	109,250	西泠拍卖	2011.7.17
明 太湖石菱花形石盆 太湖石立峰	总高186cm	1,380,000	西泠拍卖	2011.7.17
明万历 石雕八曲菱花盆	高28cm；直径36.5cm	287,500	古天一	2011.12.05
清乾隆 孔雀石雕花卉纹盒	长12.7cm	391,000	北京东正	2011.6.5
清乾隆 寿山石雕描金花卉瓜棱盖盒 (一对)	直径15.5cm	582,400	云南典藏	2011.5.14
清 芙蓉石暗刻八仙方盒	高9cm	425,600	北京翰海	2011.4.9
清 汉白玉"昆山"铭梅竹长方形石盆	45cm × 29cm × 22cm	207,000	西泠拍卖	2011.7.17
清 汉白玉层迭式长方形石盆	57.5cm × 36.5cm	80,500	西泠拍卖	2011.7.17
清 汉白玉长方形石盆	98cm × 29cm × 9cm	184,000	西泠拍卖	2011.7.17
清 汉白玉长方形石盆	16.5cm×54cm × 121cm	86,250	西泠拍卖	2011.7.17
清 汉白玉长方形石盆	91cm×44.5cm × 15cm	69,000	西泠拍卖	2011.7.17
清 汉白玉带云纹榫插式长方石桌	216cm×84cm × 74cm	368,000	西泠拍卖	2011.7.17
清 汉白玉雕花带铺首石鼓墩 (一对)	32cm × 32cm × 33cm	207,000	西泠拍卖	2011.7.17
清 汉白玉皇家荷叶花墩(一对)	25cm × 25cm × 50cm	138,000	西泠拍卖	2011.7.17
清 汉白玉皇家六角形雕铺首满工石鼓墩 (一对)	32cm × 32cm × 46cm	690,000	西泠拍卖	2011.7.17
清 汉白玉皇家兽耳海波纹石盆 太湖石立峰	总高51cm	575,000	西泠拍卖	2011.7.17
清 汉白玉皇家四面工西洋番花净瓶石台 (一对)	50cm × 51cm × 93cm	4,025,000	西泠拍卖	2011.7.17
清 汉白玉回纹门墩 (一对)	73cm × 14cm × 98cm	287,500	西泠拍卖	2011.7.17
清 汉白玉盆底起线长方形石盆	99cm×50.5cm × 25cm	86,250	西泠拍卖	2011.7.17
清汉白玉狮子戏球抱鼓(一对)	91cm × 21cm × 82cm	172,500	西泠拍卖	2011.7.17
清 汉白玉束腰长方形赏石盆	总高48cm	126,500	西泠拍卖	2011.7.17
清 汉白玉四面葵花纹长方形石盆	94cm × 58cm × 27cm	322,000	西泠拍卖	2011.7.17
清 汉白玉阳线口沿长方形石盆	74cm×37.5cm × 13cm	172,500	西泠拍卖	2011.7.17
清 汉白玉阳线口沿长方形石盆	100cm×53cm × 18cm	92,000	西泠拍卖	2011.7.17
清 汉白玉阳线口沿云纹足长方形石盆	84.5cm×49.5cm × 33cm	345,000	西泠拍卖	2011.7.17
清 汉白玉腰形石盆	59cm × 41cm × 17cm	138,000	西泠拍卖	2011.7.17
清 汉白玉阴线挂角长方形石盆	70cm × 24cm × 5.5cm	57,500	西泠拍卖	2011.7.17
清 汉白玉月影梅石长方形盆	62cm × 42cm × 28cm	138,000	西泠拍卖	2011.7.17
清 汉白玉云龙纹长方形石盆	80cm × 52cm × 38cm	138,000	西泠拍卖	2011.7.17
清 汉白玉云纹足椭圆形石盆	72.5cm×47cm × 26cm	437,000	西泠拍卖	2011.7.17
清 青白石束腰如意云纹石座	64cm × 64cm × 59cm	161,000	西泠拍卖	2011.7.17

拍品名称	尺寸	成交价RMB	拍卖公司	拍卖日期
清 青白石太极云纹方石座	58cm×58cm×43cm	97,750	西泠拍卖	2011.7.17
清 青石带鼓钉鼓墩(一对)	35cm×35cm×49cm	143,750	西泠拍卖	2011.7.17
清 寿山石雕“万寿无疆”倭角盒	11.5cm×11.5cm×5cm	89,600	云南典藏	2011.5.14
清 寿山石雕加彩盒	高5cm；直径12cm	402,500	西泠拍卖	2011.7.18
清代 赵之琛铭“太祝禽鼎”寿山石盒	宽5cm；长5cm	112,000	古天一	2011.6.4
当代 黑胆石石心茶盘	70cm×50cm×3.8cm	55,200	西泠拍卖	2011.7.19
辽东石仿商周青铜器	高12.2cm	57,500	中国嘉德	2011.5.24
刘恩同 秋日虫鸣 仿藤编石刻壶	14cm×8cm×5cm	82,800	中国嘉德	2011.5.22
清早期 菠萝漆长方盒	25cm×14cm×9cm	59,800	中国嘉德	2011.3.21
清 自然石随形花插	高49cm	161,000	北京匡时	2011.6.8
文房用品				
唐 大理石卧兔纸镇	长7.6cm	157,875	香港苏富比	2011.4.8
明代 卧犬镇子	高4.5cm；长6.2cm	145,600	古天一	2011.6.4
明代 螭龙戏水水丞	高2.4cm；长7.2cm	168,000	古天一	2011.6.4
明代 辟邪镇子	高3.5cm；长6.5cm	112,000	古天一	2011.6.4
清康熙 红芙蓉龙纹印盒	8cm×8cm×4cm	414,000	北京歌德	2011.09.17
清康熙丙戌 寿山石「周彬做古」诗文墨床	长6.8cm	1,492,400	香港苏富比	2011.10.05
清乾隆 寿山石雕螭龙洗	16.3cm×10.7cm×3.5cm	310,500	荣宝斋(沪)	2011.11.25
清乾隆 寿山石龙纹方形印盒	13cm×13cm×7cm	110,400	北京歌德	2011.09.17
清乾隆 紫檀寿山福海印盒	15cm×10.8cm×6.8cm	69,000	中国嘉德	2011.5.22
清乾隆 松石绿雕瓷婴戏印盒	直径7.5cm	69,000	北京保利	2011.4.16
清乾隆 芙蓉石乾隆御题《咏文房四事》描金海兽纹镇纸	长12.5cm	690,000	北京保利	2011.12.06
清中期 玉雕如意纹纸镇	6cm×4.7cm×3cm	126,500	北京诚轩	2011.5.22
清中期 田黄雕瑞狮镇纸	高3.5cm	3,450,000	北京匡时	2011.6.8
清中期 浮雕三螭纹田黄镇	4.6cm×4cm	287,500	北京诚轩	2011.5.22
清光绪 金石索大笔洗	高22cm	280,000	中鼎国际	2011.10.15
清晚期 林介侯刻三骏图臂搁	长30cm	57,500	北京保利	2011.6.6
清 寿山石巧雕双桃洗	长11.5cm	448,000	浙江钱塘	2011.6.12
清 寿山石缠枝莲纹水盂	直径5.8cm	51,750	北京保利	2011.6.7
清 芙蓉石雕云龙纹印盒	直径6.3cm	195,500	北京翰海	2011.5.21
清“张志鱼”刻“溥心畬”五言绝句臂搁	长30.3cm	149,500	中国嘉德	2011.5.22
清 端石龙纹笔架	长12cm	195,500	北京匡时	2011.09.17
清 红寿山石雕龙印盒	高3.6cm；直径8.2cm	299,000	荣宝斋(沪)	2011.11.25
清 祁阳石雕二胛传胪砚屏	长22cm	69,000	北京保利	2011.10.24
清 端石老坑大砚板	28cm×19.3cm	138,000	北京歌德	2011.12.03
清 端石鱼脑冻砚板	20.5cm×14.5cm	184,000	北京歌德	2011.12.03
清中期 端石张坑砚板	17cm×11.6cm	69,000	北京歌德	2011.12.03
清 歙石砚板	20cm×13cm	57,500	北京歌德	2011.12.03
王翔刻天合水盂	高5.9cm×宽17.5cm	101,200	上海春秋堂	2011.12.11
蒋喜 林泉高致 文房七件套	尺寸不一	782,000	西泠拍卖	2011.7.16
结晶芙蓉鱼龙水盂	长9.5cm	195,500	北京保利	2011.6.5
潘惊石 青溪赤龙图臂搁	13.1cm×6.7cm	862,500	福建东南	2011.10.23
砚台				
汉 文瑜氏不败砖砚	长18.8cm	149,500	西泠拍卖	2011.7.19
汉砖“石羊”砚	34cm×17cm	63,250	上海崇源	2011.7.6
晋砖砚	长17cm	69,000	上海工美	2011.6.26
晋 永和十一年砖砚	18.6cm×12.5cm	69,000	西泠拍卖	2011.7.19

拍品名称	尺寸	成交价RMB	拍卖公司	拍卖日期
宋 杨诚斋砚	宽13cm	690,000	北京保利	2011.6.5
宋 歙石抄手砚	13cm×9cm	51,750	北京华辰	2011.5.20
宋 郑樵、纪晓岚款抄手端砚	长25.8cm	1,380,000	荣宝斋(沪)	2011.11.25
宋 歙石雕风字砚	长35cm	575,000	上海大众	2011.08.25
元 龙纹歙砚	27.1cm×19.3cm	80,500	西泠拍卖	2011.7.19
明 袁廷梼铭太史端砚	20.3cm×12.5cm	402,500	西泠拍卖	2011.7.19
明 邢侗款夔龙纹砚	19.6cm×10.2cm	69,000	西泠拍卖	2011.7.19
明 兰亭雅集洮河绿石砚	21.8cm×13.4cm	437,000	西泠拍卖	2011.7.19
明 黄任铭画像诗文砚	21.4cm×14cm	402,500	中国嘉德	2011.5.23
明 花中君子端砚	20cm×12cm	97,750	西泠拍卖	2011.7.19
明 虎足双螭金星歙砚	22.3cm×14cm	80,500	西泠拍卖	2011.7.19
明 端石蛙形砚	长14.3cm	57,500	中国嘉德	2011.3.21
明 大喜洞坑梅喜端砚	长21.7cm	95,200	中贸圣佳	2011.4.29
明 蝉形荷叶歙砚	直径25cm	80,500	西泠拍卖	2011.7.19
明 蝉形大歙砚	42.5cm×28cm	310,500	西泠拍卖	2011.7.19
明 端石龙纹砚	18cm×15cm	63,250	中国嘉德	2011.11.15
明 端石雕云龙纹随形端砚	19cm×22cm	2,300,000	上海大众	2011.08.25
明 端石雕王羲之鹅形砚	长19cm	483,000	北京东正	2011.11.18
明 端石雕虎符砚	长11cm	105,800	上海大众	2011.08.25
明 端石雕兰亭诗文砚	18cm×10.5cm	161,000	北京歌德	2011.12.03
明 歙石蝉形三足砚	38cm×23cm	402,500	北京歌德	2011.12.03
明 歙石眉纹犀中望月式砚	18cm×9cm	69,000	北京歌德	2011.12.03
明 歙石太史砚		105,800	北京歌德	2011.12.03
明 端溪子石砚	25cm×23cm	322,000	古天一	2011.12.05
明末 端石朝天岩金星雕荷叶砚	21.8cm×18cm	92,000	北京歌德	2011.12.03
明末清初 端石大西洞随形砚	长18cm	92,000	北京歌德	2011.12.03
晚明 海水波涛纹端砚	24.5cm×21.7cm	1,725,000	荣宝斋(沪)	2011.11.25
清早期 师友小抄手砚	14.3cm×8.8cm	74,750	广州嘉德	2011.6.11
清早期 瑞兽图端砚	长19.5cm	57,500	长风拍卖	2011.6.21
清早期 端石雕松树坑仔砚	16.3cm×12.3cm	103,500	北京歌德	2011.12.03
清早期 端石美无度砚	长24.5cm	460,000	北京保利	2011.12.07
清早期 固陵竹中款老坑端石砚	13cm×11.2cm	195,500	北京歌德	2011.12.03
清康熙 御铭凤纹松花石砚	12.1cm×9cm	5,290,000	西泠拍卖	2011.7.19
清康熙 松花石巧色鹦鹉衔桃砚	长12.5cm	747,500	北京保利	2011.6.7
清康熙 松花石雕苍龙教子松花砚	长9.5cm	3,450,000	北京保利	2011.6.5
清康熙 顾二娘制蘑菇端砚	长12.5cm	115,000	北京保利	2011.6.7
清康熙 鰈纹松花石砚	长12cm	1,610,000	北京保利	2011.12.06
清康熙 松花石鱼龙变化砚	长14.5cm	690,000	北京保利	2011.12.06
清康熙 洮河道教麒麟背太极诗文砚	长33.5cm	103,500	北京保利	2011.10.22
清雍正 御铭寿桃松花石砚	长9.8cm	805,000	北京保利	2011.6.5
清雍正 御制夔蝠端砚	6.6cm×8.6cm	649,600	天津文物	2011.11.12
清雍正 西园款端砚	16.8cm×11.2cm	69,000	荣宝斋(沪)	2011.11.25
清雍正 芦雁纹松花砚	9.2cm×6.6cm	460,000	荣宝斋(沪)	2011.11.25
清乾隆 御制仿唐观象歙砚	14.3cm×14.3cm	109,250	中国嘉德	2011.11.15
清乾隆 御铭“仿汉石渠阁瓦砚”端砚	长15cm	103,500	北京保利	2011.10.22
清乾隆 祥云随形端砚	13.3cm×10.5cm	287,500	中国嘉德	2011.11.15
清乾隆 松花石砚	长16.5cm	126,500	北京容海	2011.10.24
清乾隆 葫芦形松花石砚	11.2cm×7.8cm	873,600	天津文物	2011.11.12
清乾隆 仿汉未央砖海天初月端砚	14.3cm×9.3cm	97,750	中国嘉德	2011.11.15
清乾隆「宝鹅」石砚	长21cm	10,184,400	香港苏富比	2011.10.05
清晚期“太平有象”红丝砚	长22.4cm	92,000	北京保利	2011.6.7
清乾隆戊戌年 御砚八方歙砚	宽8.7cm	261,563	香港佳士得	2011.6.1
清乾隆 云龙纹纪昀款端砚	高30cm	67,200	北京荣宝	2011.3.18
清乾隆 御题仿宋风字砚	长14.3cm	112,000	长风拍卖	2011.1.20
清乾隆 御铭风字形歙砚	11.4cm×10.6cm	109,250	西泠拍卖	2011.7.19
清乾隆 御铭仿古石渠砚	宽12.8cm	805,000	北京保利	2011.6.5
清乾隆 御铭端石仿宋德寿殿犀纹砚	长13cm	1,840,000	北京保利	2011.6.5
清乾隆 御铭八棱歙砚	9.8cm×9.8cm	172,500	西泠拍卖	2011.7.19
清乾隆 御赐宋研洮河砚	15.7cm×10.4cm	59,800	北京华辰	2011.5.20
清乾隆 歙石八方御制诗「仿唐观象砚」	长14.4cm	825,160	香港苏富比	2011.4.8

2011杂项拍卖成交汇总

(成交价RMB：5万元以上)

拍品名称	尺寸	成交价RMB	拍卖公司	拍卖日期
清乾隆 松花石龙纹砚	13.3cm×8.8cm	598,000	中国嘉德	2011.5.23
清乾隆 青鸾献寿松花石砚	8.5cm×12.1cm	425,600	天津文物	2011.5.13
清乾隆 端石鸳鸯小砚连透雕竹节砚盒	长6.5cm；长9cm	207,000	北京保利	2011.6.7
清乾隆 端石“榴开百子”砚	10.5cm×7.8cm	207,000	中国嘉德	2011.5.22
清乾隆 御制仿宋玉兔朝元歙砚	直径11.1cm	172,500	中国嘉德	2011.11.15
清乾隆 端石仿宋未央砖海天初月御铭砚	长13.2cm	51,750	中国嘉德	2011.09.17
清乾隆 端石宝瓶式砚	16cm×11cm	82,800	北京歌德	2011.12.03
清乾隆 端石雕海屋添筹式砚	18cm×12cm	89,700	北京歌德	2011.12.03
清乾隆 端石御题诗风字砚	长17.5cm	345,000	北京保利	2011.12.08
清乾隆 仿古八棱形端砚	宽8.7cm	161,000	北京保利	2011.12.08
清乾隆 刻御题诗纹风字砚	11cm×10cm	172,500	北京歌德	2011.12.03
清乾隆 老坑钟形砚		59,800	北京歌德	2011.12.03
清乾隆 天圆地方式端砚	20cm×20cm	115,000	北京歌德	2011.12.03
清乾隆 歙石仿古六砚	尺寸不一	8,280,000	北京保利	2011.12.06
清乾隆 御铭歙石眉纹风字砚	11cm×10cm	207,000	北京歌德	2011.12.03
清乾隆 御题诗歙石海天初月砚	长14cm	402,500	北京保利	2011.12.06
清中期 端石浮雕青铜纹异型砚	长16.3cm	230,000	北京保利	2011.12.08
清中期 紫端冻石四方素面砚	22.6cm×15.1cm	51,750	北京华辰	2011.5.20
清中期 端石梅花砚	19.5cm×14cm	138,000	北京华辰	2011.5.20
清中期 端石仿宋玉兔朝元砚	直径10.5cm	80,500	中国嘉德	2011.5.23
清18世纪 端石「二龙争珠」图砚	长21.5cm	307,500	香港苏富比	2011.10.05
清 端石山水纹砚	26cm×18cm	103,500	中国嘉德	2011.11.15
清 端石刻诗文抄手砚	19cm×13cm	287,500	上海大众	2011.08.25
清 左宗棠铭三牛图端砚	长19.5cm	69,000	北京保利	2011.6.7
清 紫袍玉带此乐何极端砚	高26cm	67,200	北京荣宝	2011.3.18
清 紫端大西洞蕉石砚	15cm×10cm	71,300	北京华辰	2011.5.20
清 钟形端砚	19.5cm×16.5cm	126,500	朵云轩	2011.7.4
清 钟形端砚	12.7cm×9.8cm	66,700	中国嘉德	2011.5.23
清 张熊铭砚	长19cm	253,000	朵云轩	2011.7.4
清 云纹随形端砚	12.8cm×9.3cm	63,250	西泠拍卖	2011.7.19
清 云纹白石砚	12.6cm×9.8cm	51,750	西泠拍卖	2011.7.19
清 云龙纹水岩端砚	16.3cm×10.7cm	51,750	西泠拍卖	2011.7.19
清 云龙纹坑仔岩端砚	25.3cm×16.9cm	69,000	西泠拍卖	2011.7.19
清 云龙纹端砚	直径9.8cm	97,750	中国嘉德	2011.5.23
清 云龙纹端砚	15.5cm×11cm	57,500	西泠拍卖	2011.7.19
清 袁枚铭、周月尊自用圆璧形端砚	直径11.5cm	322,000	西泠拍卖	2011.7.19
清 浴鹅端砚	长12.2cm	92,000	中国嘉德	2011.5.22
清 玉峰主人铭蕉白藏青大西洞端砚	16.5cm×11.6cm	437,000	西泠拍卖	2011.7.19
清 俞文葆铭两面用长方端砚	18.7cm×12.4cm	230,000	西泠拍卖	2011.7.19
清 余甸铭随形砚	14.9cm×11.8cm	241,500	西泠拍卖	2011.7.19
清 余甸铭、黄任藏云纹随形端砚	21.2cm×12cm	51,750	西泠拍卖	2011.7.19
清 雅雨堂藏竹节端砚	长10.5cm	92,000	北京保利	2011.6.7
清 仙桃形红洮河石砚	14.8cm×12.4cm	86,250	西泠拍卖	2011.7.19
清 细云纹石渠端砚	12.9cm×12.7cm	69,000	西泠拍卖	2011.7.19
清 歙石兰亭雅集砚	28cm×17cm	55,200	北京华辰	2011.5.20
清 吴待秋铭达摩像黑端砚	长15.5cm	51,750	北京保利	2011.6.7
清 吴大澂铭、徐熙刻、陆恢自用随形两面端砚	12.2cm×12.5cm	598,000	西泠拍卖	2011.7.19
清 吴昌硕铭端砚	16cm×24cm	253,000	北京匡时	2011.6.8
清 吴昌硕铭端砚	20cm×13.5cm	89,700	上海崇源	2011.7.6
清 吴秉钧铭、李馥藏凤纹端砚	19.7cm×14.2cm	195,500	西泠拍卖	2011.7.19
清 王宗谦、杨式谷、胡星垣等铭长方淌池砚	46.4cm×32.4cm	138,000	西泠拍卖	2011.7.19
清 王岫君款山水端砚	15.4cm×10.7cm	126,500	西泠拍卖	2011.7.19
清 王惕安藏瓜蝶绵绵端砚	长16.5cm	55,200	北京保利	2011.6.7
清 王洪铭水归洞云纹平板端砚	18.3cm×12.4cm	195,500	西泠拍卖	2011.7.19
清 汪复庆制云雷纹庙前青歙砚	6.8cm×10.8cm	92,000	北京匡时	2011.6.8
清 桃形螺钿砚	8.4cm×6.4cm	529,000	西泠拍卖	2011.7.19
清 唐云画、徐秉方刻夔龙纹淌池端砚	20.7cm×14cm	149,500	西泠拍卖	2011.7.19
清 太白醉酒端砚	15.8cm×10.6cm	55,200	中国嘉德	2011.5.23
清 随形仔石端砚	20.3cm×16.7cm	51,750	西泠拍卖	2011.7.19
清 随形虫蛀端砚	22cm×17.5cm	63,250	西泠拍卖	2011.7.19
清 松花石灵芝纹砚	长8.5cm	322,000	中国嘉德	2011.3.21
清 水归洞浮云纹砚	20.5cm×18cm	345,000	西泠拍卖	2011.7.19
清 书卷式祁阳石砚	16.3cm×10.3cm	115,000	西泠拍卖	2011.7.19
清 山水景物小端砚	长11.5cm	103,500	中国嘉德	2011.5.23
清 三足九如端砚	14.6cm×14.6cm	57,500	北京华辰	2011.5.20
清 阮常生铭紫玉高眼端砚	长24.5cm	57,500	北京保利	2011.6.7
清 钱泳铭心经云纹端砚	直径22cm	126,500	中国嘉德	2011.5.23
清 平板端砚	21.4cm×14.4cm	97,750	西泠拍卖	2011.7.19
清 木居士像长方端砚	25.4cm×16.5cm	230,000	西泠拍卖	2011.7.19
清 麻子坑平板端砚	22.5cm×21.8cm	86,250	西泠拍卖	2011.7.19
清 龙凤纹双面端砚	长12.6cm	55,200	西泠拍卖	2011.7.19
清 龙池洮河绿石砚	18.7cm×12cm	195,500	西泠拍卖	2011.7.19
清 梁同书铭子孙万代端砚	长17cm	57,500	北京保利	2011.6.7
清 老坑云纹两面用端砚	16cm×14cm	51,750	西泠拍卖	2011.7.19
清 老坑平板端砚	25cm×16.6cm	126,500	西泠拍卖	2011.7.19
清 老坑龙纹活眼端砚	15.1cm×10.4cm	63,250	西泠拍卖	2011.7.19
清 老坑夔龙纹瓶形端砚	19.8cm×13cm	172,500	西泠拍卖	2011.7.19
清 老坑虫蛀端砚	19.4cm×12.2cm	63,250	西泠拍卖	2011.7.19
清 兰花纹白石砚	12cm×6.1cm	80,500	西泠拍卖	2011.7.19
清 坑仔岩随形端砚	17.5cm×17cm	149,500	西泠拍卖	2011.7.19
清 坑仔岩平板端砚	21.2cm×13.9cm	80,500	西泠拍卖	2011.7.19
清 坑仔岩平板端砚	18.8cm×11.2cm	63,250	西泠拍卖	2011.7.19
清 康有为铭云纹歙砚	长23.5cm	109,250	北京保利	2011.6.7
清 九如端砚	16.1cm×12cm	207,000	西泠拍卖	2011.7.19
清 金萍馆主藏端石玉堂砚	11.5cm×7cm	51,750	北京华辰	2011.5.20
清 金农为蒋康民所作门字形端砚	12.8cm×8.8cm	145,600	天津文物	2011.5.13
清 金农款端石古泉纹砚	长10.3cm	55,200	中国嘉德	2011.3.21
清 金农款“片云”歙砚	18cm×15.5cm	138,000	北京歌德	2011.6.3
清 纪晓岚、张世准、胡澍铭随形端砚	12.7cm×11.3cm	322,000	西泠拍卖	2011.7.19
清 胡长庚款石渠形歙砚	16.5cm×15.8cm	80,500	西泠拍卖	2011.7.19
清 红丝石制河图献书砚	15.3cm×12.8cm	59,800	北京华辰	2011.5.20
清 红丝石砚两方连盒	长11.5cm；长13cm	80,500	北京保利	2011.6.7
清 弘一法师铭端砚	15.4cm×10.6cm	184,000	中国嘉德	2011.5.23
清 荷塘秋色两面用端砚	17cm×11.8cm	80,500	西泠拍卖	2011.7.19
清 圭形端砚	13.3cm×11cm	184,000	西泠拍卖	2011.7.19
清 瓜瓞形绿衣端砚	17.5cm×13.2cm	55,200	西泠拍卖	2011.7.19
清 顾二娘铭小端砚	长7.5cm	57,500	北京匡时	2011.6.8
清 顾二娘款箕形端砚	直径11.2cm	80,500	西泠拍卖	2011.7.19
清 高士年铭随形云纹端砚	17.1cm×14.1cm	126,500	西泠拍卖	2011.7.19
清 蝠纹随形端砚	18.3cm×13cm	63,250	西泠拍卖	2011.7.19
清 福寿吉祥纹端砚	18cm×12cm	57,500	广州嘉德	2011.6.11
清 仿汉砖长方砚	15.9cm×10.8cm	57,500	西泠拍卖	2011.7.19
清 仿汉“未央宫”瓦形端砚	19cm×12cm	402,500	上海崇源	2011.7.6
清 鹅形仔石端砚	20.5cm×18.1cm	55,200	西泠拍卖	2011.7.19
清 鹅形砚	长19.2cm	89,600	中贸圣佳	2011.4.29
清 端溪松皮砚	长11.7cm	172,500	中国嘉德	2011.5.22
清 端石随形残碑砚	21cm×24.5cm	69,000	北京华辰	2011.5.20

拍品名称	尺寸	成交价RMB	拍卖公司	拍卖日期
清 端石铭文砚	长16cm	51,750	北京保利	2011.6.7
清 端石落角砚	长9.3cm	103,500	北京保利	2011.6.7
清 端石贺寿砚	13cm×8.5cm	55,200	北京华辰	2011.5.20
清 端石雕瓜蔓秋虫随形砚	高13.5cm	105,800	北京匡时	2011.6.8
清 狄葆贤铭云螭纹红丝砚	长16cm	69,000	北京保利	2011.6.7
清 大西洞平板端砚	18.3cm×12.3cm	126,500	西泠拍卖	2011.7.19
清 大西洞夔龙纹端砚	20.8cm×14cm	253,000	西泠拍卖	2011.7.19
清 陈嘉会铭云龙纹麻子坑端砚	21cm×16.8cm	57,500	西泠拍卖	2011.7.19
清 长方平板端砚	21.2cm×14.2cm	57,500	西泠拍卖	2011.7.19
清 长方平板端砚	22.7cm×15.2cm	55,200	西泠拍卖	2011.7.19
清 曹秋舫铭双环端砚	21.3cm×14.2cm	184,000	西泠拍卖	2011.7.19
清 柏叶端砚	16.7cm×13.6cm	713,000	西泠拍卖	2011.7.19
清 八棱鱼水纹端砚	11.1cm×11.1cm	57,500	西泠拍卖	2011.7.19
清 “风”字端砚	17.5cm×11cm	149,500	朵云轩	2011.7.4
清 紫端抄手砚	长20.5cm	87,360	北京荣宝	2011.08.13
清 朱宗恂铭赤壁夜游端砚	18.5cm×20cm	138,000	中国嘉德	2011.11.15
清 张熊藏达摩渡江端砚	17.5cm×12cm	63,250	中国嘉德	2011.11.15
清 叶形端砚	49.1cm×12.9cm	63,250	中国嘉德	2011.11.15
清 吴徵铭子石端砚	12.2cm×15cm	61,600	天津文物	2011.11.12
清 吴昌硕 铭竹形端砚	22cm×8.5cm	69,000	上海崇源	2011.10.12
清 文彭铭嵩山少室抄手端砚	17cm×11.6cm	63,250	中国嘉德	2011.11.15
清 宋坑太史砚	11cm×19cm	80,500	中国嘉德	2011.11.15
清 双龙捧寿纹歙砚	28cm×18cm	299,000	荣宝斋(沪)	2011.11.25
清 琴形端砚	12.4cm×5.8cm	50,400	云南典藏	2011.10.31
清 匏盒松花石砚	11.6cm×8.2cm	517,500	中国嘉德	2011.11.15
清 卢栋制长寿如意漆砂砚	7.9cm×13cm	336,000	天津文物	2011.11.12
清 荔枝形端砚	18cm×11cm	63,250	中国嘉德	2011.11.15
清 吉罗居士铭澄泥砚	12.2cm×7.3cm	345,000	荣宝斋(沪)	2011.11.25
清 黄士陵临散氏盘端砚	20.5cm×22.2cm	87,360	天津文物	2011.11.12
清 黄任藏双燕图端砚	11cm×17.5cm	56,000	天津文物	2011.11.12
清 胡公寿铭蝴蝶兰花图端砚	22.3cm×15.5cm	172,800	天津文物	2011.11.12
清 改琦铭仕女图端砚	11cm×11cm	100,800	天津文物	2011.11.12
清 仿宋天成风字砚	11.5cm×10.3cm	80,500	中国嘉德	2011.11.15
清 方孝儒款白端砚	23.5cm×16.8cm	172,500	荣宝斋(沪)	2011.11.25
清 端溪砚坑图砚	14cm×14cm	126,500	中国嘉德	2011.11.15
清 大西洞板砚	11.8cm×17.4cm	66,700	中国嘉德	2011.11.15
清 长方形诗文歙砚	20cm×13.5cm	55,200	中国嘉德	2011.11.15
清 安岐藏暗八仙纹红丝砚	11.7cm×17.7cm	80,640	天津文物	2011.11.12
清 “张熊”款梅花端砚	15cm×11cm	72,800	云南典藏	2011.10.31
清 “吴大澂”铭端石雕竹节诗文砚	14.5cm×9.5cm	82,800	北京歌德	2011.12.03
清 “伊秉寿”铭端石随形砚	15.5cm×17.5cm	80,500	北京歌德	2011.12.03
清 白端石素池朱砂砚	19.5cm×13.5cm	57,500	北京歌德	2011.12.03
清 陈端友制叶蔾青藏吴湖帆题鹅黄新晴端砚	长17cm	713,000	北京保利	2011.12.06
清 端石编钟形砚	长10.5cm	94,300	北京保利	2011.12.08
清 端石雕太白醉酒砚	22cm×14.5cm	82,800	北京歌德	2011.12.03
清 端石圭形砚	长13.5cm	57,500	北京保利	2011.12.08
清 端石老坑冰纹砚	长24.7cm	89,700	中国嘉德	2011.12.17
清 端石云纹砚	13cm×10cm	63,250	北京歌德	2011.12.03
清 仿古镜端砚	直径13.4cm	172,500	浙江钱塘	2011.12.04
清 坑仔岩端砚	15cm×10.5cm	92,000	北京歌德	2011.12.03
清 老坑端石“碧磵秋荷”砚	19.5cm×14cm	82,800	北京歌德	2011.12.03
清 刘德六藏钟形红丝石砚	长10.5cm	94,300	北京保利	2011.12.08

拍品名称	尺寸	成交价RMB	拍卖公司	拍卖日期
清 汝奇制黄任、果亲王藏芭蕉端砚	长16.5cm	92,000	北京保利	2011.12.08
清 沈嘉林制黄慎铭松鹤图端砚	长18.7cm	55,200	北京保利	2011.12.08
清 图萨布款钟纹贡砚	长14.5cm	172,500	北京保利	2011.12.08
清 袁枚鼓形螭纹端砚	直径9cm	368,000	浙江钱塘	2011.12.04
清末-民国 端石雕提梁卣砚	17.5cm×12cm	1,127,000	北京翰海	2011.5.21
清-民国 端石铭文吴昌硕刻梅花诗文砚	长19.5cm	690,000	北京保利	2011.12.08
民国 黎元洪铭龙门对龟吐祥云端砚	长17.5cm	80,500	北京保利	2011.6.7
民国 张大千 山翁七十后作(一件)	3cm×3cm×2.5cm	149,500	泰和嘉成	2011.11.27
民国 王福厂铭双喜图端砚	长11cm	69,000	北京保利	2011.12.08
陈观酉铭 长方形端砚	14.8cm×10.3cm	310,500	上海工美	2011.6.26
程良 缠禅 新坑仔岩砚台	直径25.8cm	80,500	中国嘉德	2011.5.22
顿立夫铭鱼藻纹端砚	20cm×13cm	57,500	中国嘉德	2011.5.23
李铁民 绿端兰亭砚	20.5cm×13.3cm	57,500	中国嘉德	2011.5.22
李铁民制古兽纹红丝石砚	17.9cm×17.6cm	63,250	西泠拍卖	2011.7.19
李铁民制荷叶端砚	21.5cm×16.6cm	69,000	西泠拍卖	2011.7.19
荔枝冻玩砚	8cm×5.3cm	97,750	朵云轩	2011.12.16
陆俨少 画、白书章刻随形歙砚	16.1cm×14.3cm	299,000	西泠拍卖	2011.7.19
陆俨少铭端砚	16.5cm×11.8cm	51,750	中国嘉德	2011.11.15
唐云铭 蚌形砚	11cm×8.8cm	287,500	上海工美	2011.6.26
唐云铭白书章制 雪之刻 行箧砚	7.5cm×5.8cm	57,500	上海工美	2011.6.26
唐云铭白书章制叶璐渊刻葫芦形歙砚	10.7cm×7.5cm	92,000	上海工美	2011.6.26
唐云铭端石雕瓜瓞绵绵砚	27cm×21cm	89,700	北京歌德	2011.12.03
唐云铭叶璐渊刻 瓶形端砚	10.8cm×8cm	345,000	上海工美	2011.6.26
唐云制并铭白蕉书 随形端砚	8.9cm×7.4cm	138,000	上海工美	2011.6.26
唐云自用 圆形砖砚	直径16.3cm	230,000	上海工美	2011.6.26
椭圆形端砚	19cm×15.8cm	59,800	上海工美	2011.6.26
王耀 焦田半亩 老坑龙尾针叶眉子纹仔料歙砚	26cm×17.5cm	632,500	中国嘉德	2011.5.22
吴昌硕铭、沈石友藏填海补天铭端砚	13.9cm×6.5cm	1,840,000	西泠拍卖	2011.7.19
谢稚柳作、沈觉初刻圆形端砚	直径23cm	69,000	西泠拍卖	2011.7.19
于非闇铭竹节端砚	13.5cm×12.2cm	103,500	中国嘉德	2011.5.23
张得一铭老坑听琴砚	15.1cm×10.3cm	92,000	中国嘉德	2011.11.15
朱彝尊铭 风字形端砚	10.2cm×9.4cm	517,500	上海工美	2011.6.26
印章				
明 端石官印盒套装(一组三件)		207,000	中拍国际	2011.12.07
明坑 田黄石章	高3.7cm	672,000	浙江佳宝	2011.6.23
明末清初 田黄扁方素章	高6cm	7,130,000	北京保利	2011.12.08
清初 尚均铭兽纽田黄印章	高4cm	552,000	北京容海	2011.10.24
清早期 芙蓉石九螭钮印章	高8.5cm	126,500	北京保利	2011.10.22
清早期 田黄雕九龙纹方章	高4.5cm	12,650,000	古天一	2011.12.05
清早期 田黄素身方章	高5cm	1,610,000	北京诚轩	2011.5.22
清康熙 林佶铭黄金黄田黄冻瑞兽钮对章	重47.3g	1,380,000	北京匡时	2011.6.8
清康熙 杨玉璇刻卧兽钮扁章	重44g	2,070,000	北京匡时	2011.6.8
清康熙 周尚均制鲎箕白田三螭钮方章	高5cm	402,500	北京保利	2011.6.5
清康熙 周尚均制田黄冻双凤钮大方章	高7.7cm	13,800,000	北京保利	2011.6.5
清康熙 周尚均制吴国祯夫妇自用田黄印章(一套十一件)	尺寸不一	25,300,000	北京保利	2011.6.5
清乾隆 “乾隆年仿明仁殿纸”田黄素方章	长4.8cm	12,650,000	北京保利	2011.6.5
清乾隆 白芙蓉“庄亲王宝”龙纽章	高4.5cm	460,000	北京保利	2011.6.5
清乾隆 红寿山螭龙拱璧纽闲章	高4.9cm	690,000	北京保利	2011.6.5

2011杂项拍卖成交汇总

(成交价RMB：5万元以上)

拍品名称	尺寸	成交价RMB	拍卖公司	拍卖日期
清乾隆 田黄雕兽钮长方章「人生知足则无忧」	高6.1cm	716,800	北京永乐	2011.5.24
清乾隆 田黄瑞兽纽印章	高5.3cm	172,500	北京保利	2011.6.7
清同治 吴大澂铭田黄方章	高2.6cm	517,500	中国嘉德	2011.5.23
清同治 徐三庚篆刻闲章	高5cm	63,250	朵云轩	2011.7.4
清道光 白芙蓉雕鱼龙变化玉澜堂玺印	高12cm	345,000	北京匡时	2011.6.8
清道光 田黄雕瑞兽钮椭圆型印章	高4cm	747,500	上海大众	2011.08.25
清道光 行有恒堂制红高山六螭钮方章	高7.8cm	253,000	中国嘉德	2011.5.23
清道光 严坤刻田黄瑞钮闲章	高4.2cm	69,000	北京保利	2011.12.08
清道光 赵次闲刻黄金黄田黄石闲章	高4cm	552,000	北京保利	2011.6.7
清中期 瓷仿松石瑞兽钮印	高8cm	138,000	北京保利	2011.4.16
清中期 浮雕云龙纹田黄随形方章	高8cm	1,725,000	北京诚轩	2011.5.22
清中期 兽钮田黄扁方章	高5.6cm	287,500	北京诚轩	2011.5.22
清中期 松石绿釉螭龙印章	高5cm	437,000	中国嘉德	2011.11.14
清中期 田黄薄意雕芦雁纹随形章	高5.5cm	84,000	长风拍卖	2011.1.20
清中期 田黄雕松鼠葡萄纹印	长5cm	345,000	北京东正	2011.11.18
清中期 田黄雕太师少师钮印章	高6.4cm	5,750,000	北京匡时	2011.12.05
清中期 田黄冻瑞兽钮方章	高3cm	575,000	北京保利	2011.12.06
清中期 田黄三螭纽方章	高5.6cm	4,370,000	北京保利	2011.12.06
清 白芙蓉雕洗象钮方章(一对)	高5.6cm×2	138,000	北京匡时	2011.12.05
清 昌化老坑黄冻地鸡血石章	高8.5cm	179,200	江苏万达	2011.5.29
清 陈雷刻青田石章	高3.9cm	138,000	西泠拍卖	2011.7.17
清 楚石兽钮对章	高8.4cm×2	103,500	朵云轩	2011.12.16
清 次闲款田黄随形章	高3.2cm	517,500	中国嘉德	2011.5.23
清 次闲款田黄随形章	高3.3cm	207,000	中国嘉德	2011.5.23
清 戴鸿慈刻青田石对章	尺寸不一	126,500	朵云轩	2011.12.16
清 戴熙私用印(一组二十三件)	尺寸不一	138,000	北京匡时	2011.6.8
清 狄学耕自用寿山芙蓉石双狮钮章	高6.5cm	69,000	西泠拍卖	2011.7.17
清 封门青狮钮章	高14.2cm	57,500	中国嘉德	2011.5.23
清 芙蓉荷花浮雕章	高9.6cm	57,500	朵云轩	2011.12.16
清 浮雕竹节草虫纹田黄方章	高3.9cm	805,000	北京诚轩	2011.5.22
清 鸡血石素方章	高8.1cm	69,000	中国嘉德	2011.5.23
清 鸡血石印	高5.9cm	498,852	香港佳士得	2011.6.1
清 将军洞芙蓉人兽钮对章	高8.2cm×2	115,000	朵云轩	2011.12.16
清 金银地田黄冻方章	高6cm	1,380,000	朵云轩	2011.12.16
清 刻薄意花卉田黄石章	高7.5cm	920,000	北京匡时	2011.6.8
清 坑头冻梅花浮雕闲章	高8.3cm	109,250	朵云轩	2011.12.16
清 老岭子母狮钮方章	高7cm	57,500	朵云轩	2011.12.16
清 李渔款田白印	高5.3cm	2,128,000	浙江民和	2011.08.14
清 曼生款寿山石雕印章	高9.2cm	132,250	荣宝斋(沪)	2011.11.25
清 闵钊刻虚谷用印	高2.8cm	575,000	朵云轩	2011.7.4
清 乾隆"執中含和"芙蓉石辟邪鈕章	高5.5cm	504,000	天津文物	2011.11.12
清 清廷赐盛宣怀"青宫少保"印	高6.2cm	2,070,000	中国嘉德	2011.5.23
清 尚均款寿山石兽钮章	高5cm	74,750	中国嘉德	2011.11.15
清 狮钮寿山田黄石印章	高6.5cm	782,000	中贸圣佳	2011.11.06
清 寿山、鸡血石私印一组连紫檀盒	尺寸不一	172,500	北京匡时	2011.6.8
清 寿山荔枝冻狮钮章料	高8.5cm	64,960	北京荣宝	2011.3.18
清 寿山石雕兽钮印章	高7.2cm	61,600	太平洋	2011.6.18
清 寿山石雕云龙纹印章(一对)	高5.6cm×2	67,200	中贸圣佳	2011.4.29
清 寿山石各式印章(一组六件)	尺寸不一	126,500	北京匡时	2011.6.8
清 寿山石刻荷塘鸳鸯纹印	高5.2cm	272,025	香港佳士得	2011.6.1
清 寿山石龙钮大印	高27cm	138,000	北京歌德	2011.09.17
清 寿山石印章一组五件连漆描金盒	尺寸不一	86,250	北京匡时	2011.6.8
清 寿山石云龙纹方章	高8.8cm	57,500	北京翰海	2011.5.21
清 寿山田黄山水薄意随行章	高8cm	246,400	江苏万达	2011.5.29
清 寿山田黄山水人物随行章	高7cm	403,200	江苏万达	2011.5.29
清 寿山田黄石雕双螭嬉戏钮方章		943,000	福建拍卖	2011.7.3
清 桃花芙蓉双狮钮圆章	长6.5cm	66,700	北京匡时	2011.6.8
清 田黄博古纹章料	高3cm	101,200	中国嘉德	2011.5.23
清 田黄薄易山水纹章料	高4.2cm	89,600	北京永乐	2011.5.24
清 田黄薄意雕秋山行旅印	长7cm	207,000	北京保利	2011.12.08
清 田黄薄意随形印章	高7cm	920,000	上海崇源	2011.10.12
清 田黄薄意随形章	长4.6cm	57,500	中国嘉德	2011.5.23
清 田黄薄意随形章料	高4.2cm	253,000	中国嘉德	2011.5.23
清 田黄螭龙钮方章	高3cm	73,600	北京歌德	2011.09.17
清 田黄雕薄意18世纪罗汉方章	高11.2cm	3,565,000	北京华辰	2011.5.20
清 田黄雕薄意菊纹印章	高4.8cm	333,500	北京东正	2011.6.5
清 田黄雕瑞兽呈祥印	高7c	322,000	上海崇源	2011.10.12
清 田黄雕瑞兽钮印章	高7cm	2,990,000	上海大众	2011.08.25
清 田黄雕狮钮方章	高5cm	195,500	北京匡时	2011.6.8
清 田黄雕云纹方章，螭龙钮方章	尺寸不一	101,200	上海大众	2011.08.25
清 田黄雕竹节形印章	高4.5cm	586,500	上海大众	2011.08.25
清 田黄刻花卉纹印章	高4.5cm	134,400	天津文物	2011.5.13
清 田黄留皮巧雕高僧问答图随形章	长7.8cm	2,760,000	北京保利	2011.12.06
清 田黄平顶方章	高4.7cm	1,840,000	北京保利	2011.6.5
清 田黄平钮扁方章	高2.8cm	55,200	北京歌德	2011.09.17
清 田黄巧雕留皮秋菊舞蝶椭圆印章	高8cm	12,075,000	上海大众	2011.08.25
清 田黄瑞兽纽章	长4cm	126,500	北京保利	2011.10.24
清 田黄三龙戏珠钮章	高3.5cm	345,000	朵云轩	2011.7.4
清 田黄山水人物随行章	高9cm	425,600	江苏万达	2011.5.29
清 田黄狮钮方章	高4.3cm	184,000	北京保利	2011.12.08
清 田黄石螭钮章	高3.5cm	299,000	西泠拍卖	2011.7.17
清 田黄石雕云龙纹章		1,725,000	北京歌德	2011.6.3
清 田黄石浅浮雕湖山渔樵图印章	高4.5cm	299,000	广州嘉德	2011.6.11
清 田黄石瑞兽钮章	高4.2cm	322,000	西泠拍卖	2011.7.17
清 田黄石山水人物薄意章	高4.9cm	690,000	西泠拍卖	2011.7.17
清 田黄石寿星钮方章	高7.3cm	736,000	西泠拍卖	2011.7.17
清 田黄石双龙钮章	高6.6cm	1,725,000	西泠拍卖	2011.7.17
清 田黄兽纽方章(一对)	高6cm	5,290,000	北京保利	2011.6.5
清 田黄素方章	高3.4cm	92,000	朵云轩	2011.12.16
清 田黄随形扁方章	高5.4cm	874,000	北京诚轩	2011.5.22
清 田黄踏雪寻梅章	高3.5cm	69,000	北京保利	2011.7.28
清 田黄银色金薄意山水人物章		67,200	中贸圣佳	2011.4.29
清 田黄英雄钮印章	高4.5cm	345,000	北京保利	2011.12.08
清 田黄章料(三方)	尺寸不一	57,500	西泠拍卖	2011.7.19
清 童叶庚刻青田石章	高11cm	74,750	朵云轩	2011.12.16
清 翁大年刻寿山石瑞兽钮章	高4.3cm	138,000	西泠拍卖	2011.7.17
清 吴昌硕刻四面诗文寿山石印章	高4cm	483,000	中国嘉德	2011.5.23
清 吴让之刻白芙蓉闲章	高4.5cm	97,750	中国嘉德	2011.5.23
清 吴让之刻青田石陈宝晋自用印	高4.4cm	552,000	西泠拍卖	2011.7.17
清 吴让之款竹根雕印章(一组四件)	尺寸不一	55,200	荣宝斋(沪)	2011.11.25
清 奚冈刻田黄章	长4.3cm	402,500	上海崇源	2011.10.12
清 徐三庚刻广东绿石章	高5.3cm	230,000	西泠拍卖	2011.7.17
清 徐三庚刻鸡血石扁章	高2.8cm	74,750	西泠拍卖	2011.7.17
清 徐三庚刻青田石章	高4.9cm	195,500	西泠拍卖	2011.7.17
清 徐三庚篆刻套章(七方)	尺寸不一	368,000	朵云轩	2011.7.4
清 徐三庚篆刻章	高3cm	63,250	朵云轩	2011.7.4
清 佚名刻田黄冻两面印小方章、田黄瑞兽钮扁方章(两方)	尺寸不一	207,000	北京保利	2011.6.7
清 银包金田黄薄意梅花方章	高3.5cm	218,500	北京保利	2011.12.08
清 银裹金田黄三狮鈕印章	高8.5cm	322,000	上海崇源	2011.10.12

拍品名称	尺寸	成交价RMB	拍卖公司	拍卖日期
清 玉璇款寿山石兽钮章料	高5.5cm	138,000	中国嘉德	2011.5.23
清 玉璇款田白洗象钮印章	高3.5cm	575,000	中国嘉德	2011.11.15
清 张燕昌 橘皮红龙钮田黄章	高5.1cm	1,344,000	琴岛荣德	2011.12.10
清 赵次闲篆刻对章	高5.5cm	460,000	朵云轩	2011.12.16
清 赵穆刻青田石对章	高6.8cm	74,750	朵云轩	2011.12.16
清赵之琛刻青田石高学治自用印	高3.1cm	184,000	西泠拍卖	2011.7.17
清赵之琛刻青田石金守正自用印	高4.4cm	63,250	西泠拍卖	2011.7.17
清 赵之琛刻田黄章	高3.2cm	230,000	中国嘉德	2011.11.15
清 赵之谦刻青田石孙憙自用印	高4.9cm	862,500	西泠拍卖	2011.7.17
清/民国 田黄章 (六方)	高2--5.5cm	126,500	中国嘉德	2011.5.23
清18世纪 田黄雕云龙纹随形闲章	高6.5cm	437,000	北京匡时	2011.12.05
清18世纪/19世纪 田黄狮钮方印	高5.7cm	5,239,620	香港佳士得	2011.6.1
清晚期 田黄小流香馆薄意梅花方章	高5cm	575,000	北京匡时	2011.6.8
清代 田黄兽钮印	高4cm	943,000	古天一	2011.12.05
1840年作 张受之刻水洞朱砂石狮钮章 (三方)	尺寸不一	195,500	西泠拍卖	2011.7.17
1859年作 吴让之刻青田石汪鋆自用闲章	高2.8cm	977,500	西泠拍卖	2011.7.17
1867年作 吴让之刻青田石闲章	高4.5cm	1,035,000	西泠拍卖	2011.7.17
1880年作 吴昌硕刻青田石章	高3.2cm	632,500	西泠拍卖	2011.7.17
1883年作 王尔度刻青田石闲章	高6.3cm	86,250	西泠拍卖	2011.7.17
1898年作 吴昌硕刻寿山石云纹薄意王仁东自用印	高5.3cm	402,500	西泠拍卖	2011.7.17
1899年作 吴昌硕刻狮钮寿山石林际康自用对章	尺寸不一	3,105,000	西泠拍卖	2011.7.17
1910年作 丁辅之刻青田石龙钮周浩自用对章	高8.7cm×2	207,000	西泠拍卖	2011.7.17
1912年作 徐新周刻田黄石鱼钮章	高7.5cm	517,500	西泠拍卖	2011.7.17
1915年作 吴昌硕刻芙蓉石李国松自用对章	高6cm×2	690,000	西泠拍卖	2011.7.17
1916年作 唐醉石刻寿山石山水薄意闲章	高9.5cm	80,500	西泠拍卖	2011.7.17
1916年作 唐醉石刻寿山石云龙纹薄意章	高8.8cm	57,500	西泠拍卖	2011.7.17
1918年作 吴昌硕篆 徐新周刻寿山石王叔安自用印	高4cm	172,500	西泠拍卖	2011.7.17
1920年作 徐新周刻白芙蓉石桃花薄意钮章	高7cm	69,000	西泠拍卖	2011.7.17
1921年作 丁佛言刻寿山石鱼钮章	高8cm	109,250	西泠拍卖	2011.7.17
1926年作 金铁芝刻寿山石狮钮章	高12.5cm	63,250	西泠拍卖	2011.7.17
1928年作 钱瘦铁刻芙蓉石螭钮章	高5cm	63,250	西泠拍卖	2011.7.17
1929年作 钱瘦铁刻芙蓉石等印章 (二方)	尺寸不一	138,000	西泠拍卖	2011.7.17
1932年作 王禔刻芙蓉石山水薄意钮章	高6.8cm	184,000	西泠拍卖	2011.7.17
1934年作 齐白石刻青田石章 (二方)	尺寸不一	747,500	西泠拍卖	2011.7.17
1934年作 赵叔孺刻昌化鸡血石狮钮闲章	高8cm	437,000	西泠拍卖	2011.7.17
1934年作 赵叔孺刻寿山石鸾鸟钮章	高4.6cm	920,000	西泠拍卖	2011.7.17
1937年作 寿石工刻寿山石云纹薄意对章	高5.6cm×2	51,750	西泠拍卖	2011.7.17
1941年作 王禔刻寿山石对章	高5.6cm×2	86,250	西泠拍卖	2011.7.17
1944、1945年作 王禔刻汪亚尘自用印 (三方)	尺寸不一	103,500	西泠拍卖	2011.7.19
民国 陈巨来刻白芙蓉博古钮闲章	高6.2cm	69,000	北京保利	2011.6.7
民国 陈巨来刻田黄象钮方章 (一对)	高4.1cm×2	2,990,000	北京东正	2011.6.5
民国 陈巨来为陶湘刻青田石闲章	高5.8cm	57,500	北京保利	2011.6.7
民国 方介堪刻兽纽田黄章	高2cm	1,150,000	荣宝斋(沪)	2011.11.25

拍品名称	尺寸	成交价RMB	拍卖公司	拍卖日期
民国 高山博古钮章等 (二方)	尺寸不一	63,250	朵云轩	2011.12.16
民国 韩登安为陶湘刻白芙蓉太狮少狮钮闲章 (一对)	高5cm	51,750	北京保利	2011.6.7
民国 林清卿雕薄意对章	高10cm×2	437,000	朵云轩	2011.7.4
民国 林清卿雕花卉薄意章	高10.8cm	138,000	朵云轩	2011.12.16
民国 林清卿雕花卉薄意章	高6cm	103,500	朵云轩	2011.12.16
民国 林清卿雕山水薄意章	高5.2cm	368,000	朵云轩	2011.7.4
民国 齐白石芙蓉石古兽钮章	高5.2cm	106,400	天津文物	2011.11.12
民国 乔大壮篆刻潘伯鹰用印	高8.5cm	345,000	朵云轩	2011.12.16
民国 巧色奇艮双螭浮雕章	高6.5cm	63,250	朵云轩	2011.7.4
民国 石香铭田黄印石	高3.4cm	57,500	北京容海	2011.10.24
民国 寿山冻狮钮印章	高7.5cm	166,750	北京匡时	2011.09.17
民国 田白山水薄意章	高3.5cm	97,750	朵云轩	2011.7.4
民国田黄雕赤壁夜游图薄意印章	高3cm	101,200	上海大众	2011.08.25
民国 田黄冻花开富贵薄意章	高5.6cm	2,185,000	北京保利	2011.6.5
民国 田黄方章	高6.5cm	67,200	北京保利	2011.1.16
民国 田黄龙钮方章	高5.5cm	230,000	北京歌德	2011.6.3
民国 田黄平钮小印	高4.2cm	92,000	北京歌德	2011.6.3
民国 田黄兽钮扁方章	高4.5cm	92,000	北京歌德	2011.6.3
民国 田黄兽钮方章	高4.8cm	460,000	北京歌德	2011.6.3
民国 田黄双螭瓦纽方章	高3.5cm	57,500	北京保利	2011.6.7
民国 田黄松下二老随形章	高5cm	880,000	红太阳	2011.5.28
民国 田黄素章	高5cm	89,600	天津文物	2011.11.12
民国 王雷霆刻田黄'临泉论道'印	高6.4cm	805,000	北京东正	2011.6.5
民国 吴昌硕 胡鞠鄰 王福厂等为蒋汝藻治自用印 (一组)	尺寸不一	368,000	北京匡时	2011.12.05
民国 曾绍杰篆刻潘伯鹰用印	高6.5cm	287,500	朵云轩	2011.12.16
民国 周德承为陶湘刻白芙蓉夔龙纹博古钮闲章 (一对)	高3cm	51,750	北京保利	2011.6.7
民国及四九年后法院印 (一组六件)		172,500	中国嘉德	2011.5.24
1979、1980年作 陆俨少 陈巨来 钱君匋 王个簃 邹梦禅 诸乐三 方去疾 李伏雨 高式熊 张寒月 韩天衡 郁重今 余正 蔡谨士刻青田石章 (十六方)		483,000	西泠拍卖	2011.7.17
艾叶绿狮钮章	高5.5cm	83,100	中博文化	2011.7.10
爱菊 寿山荔枝冻石薄意方章	高12.5cm	253,000	中国嘉德	2011.5.24
鳌龙钮 寿山杜陵石方章 (两件)	尺寸不一	57,500	中国嘉德	2011.11.13
鳌龙钮 寿山高山石方章	高9.8cm	59,800	中国嘉德	2011.11.13
鳌龙戏泉 寿山三色荔枝石钮方章	高11.5cm	460,000	中国嘉德	2011.11.13
鳌龙戏珠 巴林石钮章 螭虎巴林石钮章	尺寸不一	59,800	中国嘉德	2011.11.13
鳌龙戏珠 寿山芙蓉石钮章 云龙戏珠 寿山汶洋石钮章	尺寸不一	71,300	中国嘉德	2011.5.24
巴林白玉地鸡血石素章	高8.2cm	69,000	西泠拍卖	2011.7.17
巴林白玉地鸡血石血王章	高12.2cm	782,000	西泠拍卖	2011.7.17
巴林粉冻鸡血石对章	高7.1cm×2;	126,500	西泠拍卖	2011.7.17
巴林粉冻鸡血石章	高12.5cm	253,000	西泠拍卖	2011.7.17
巴林鸡血石博古钮章	高6.8cm	74,750	西泠拍卖	2011.7.17
巴林鸡血石对章	高18.2cm×2	517,500	西泠拍卖	2011.7.17
巴林鸡血石对章	高7.6cm×2	92,000	西泠拍卖	2011.7.17
巴林鸡血石方章 (一对)	高8cm	78,200	中国嘉德	2011.5.24
巴林鸡血石龙钮章	高10.2cm	172,500	西泠拍卖	2011.7.17
巴林鸡血石血王章	高20.5cm	4,370,000	西泠拍卖	2011.7.17
巴林鸡血石章	高10.9cm	195,500	西泠拍卖	2011.7.17
巴林鸡血石章	高12.3cm	172,500	西泠拍卖	2011.7.17
巴林鸡血石章	高17.9cm	149,500	西泠拍卖	2011.7.17
巴林鸡血石章	高6.5cm	69,000	西泠拍卖	2011.7.17
巴林鸡血石章	高8.7cm	51,750	西泠拍卖	2011.7.17
巴林鸡血石章 (三方)	尺寸不一	80,500	西泠拍卖	2011.7.17
巴林鸡血石章 (三方)	尺寸不一	74,750	西泠拍卖	2011.7.17
巴林鸡血石章 (五方)	尺寸不一	109,250	西泠拍卖	2011.7.17

2011杂项拍卖成交汇总

(成交价RMB：5万元以上)

拍品名称	尺寸	成交价RMB	拍卖公司	拍卖日期
巴林鸡血石章(一组三方)	尺寸不一	57,500	西泠拍卖	2011.7.17
巴林美人红石章	高11.2cm	575,000	西泠拍卖	2011.7.17
巴林牛角冻地鸡血石章	高8.1cm	161,000	西泠拍卖	2011.7.17
巴林巧色金砂章	高9cm	134,400	北京翰海	2011.4.9
巴林石方章(一件)	高13.3cm	51,750	中国嘉德	2011.11.13
巴林石瑞兽钮对章	尺寸不一	59,800	中国嘉德	2011.5.24
巴林石印章	高18.5cm	57,500	北京容海	2011.10.24
巴林桃红冻石“五螭献瑞”章	高9.2cm	59,800	中国嘉德	2011.5.24
巴林杨梅冻石对章	高8.8cm×2	57,500	西泠拍卖	2011.7.17
巴林鱼仔对章(二件)	高13.5cm	67,200	北京翰海	2011.4.9
白芙蓉二龙戏珠印章	高9cm	403,200	北京翰海	2011.4.9
白芙蓉马钮方章	高7.3cm	161,000	北京保利	2011.6.5
白芙蓉牛钮方章	高6.8cm	92,000	北京保利	2011.12.08
白芙蓉石螭虎钮章	高6.8cm	437,000	西泠拍卖	2011.7.17
白芙蓉石太狮少狮钮章	高6.8cm	55,200	西泠拍卖	2011.7.17
白芙蓉石太狮少狮钮章	高8.5cm	51,750	西泠拍卖	2011.7.17
白芙蓉石章(二方)	尺寸不一	644,000	西泠拍卖	2011.7.17
白芙蓉石章(三方)	尺寸不一	149,500	西泠拍卖	2011.7.17
白芙蓉素章	高9cm	103,500	北京保利	2011.6.5
白荔枝博古瓦钮章	高7.7cm	161,000	北京保利	2011.6.5
白荔枝双螭龙钮长方章	高10.3cm	80,500	北京保利	2011.6.5
白荔枝双龙戏珠钮长方章	高12.8cm	63,250	北京保利	2011.6.5
白荔枝素章(一套四件)	尺寸不一	1,265,000	北京保利	2011.12.08
白汶洋素方章	高6.3cm	115,000	北京保利	2011.6.5
冰糖地白荔枝博古钮方章	高4.4cm	57,500	北京保利	2011.6.5
冰糖地白荔枝麒麟钮方章	高12.5cm	57,500	北京保利	2011.6.5
冰糖地荔枝博古钮方章	高8.5cm	115,000	北京保利	2011.12.08
冰糖地荔枝长方章	高9cm	437,000	北京保利	2011.12.08
冰糖地荔枝螭龙钮章	高9.8cm	299,000	北京保利	2011.6.5
冰糖地荔枝冻博古钮方章	高8cm	287,500	西泠拍卖	2011.7.17
冰糖地荔枝冻石饕餮钮素章	高8.6cm	322,000	西泠拍卖	2011.7.17
冰糖地荔枝三狮钮方章	高10.8cm	172,500	北京保利	2011.12.08
冰糖地荔枝狮钮方章	高7.5cm	51,750	北京保利	2011.6.5
昌化白玉地鸡血石小红袍章	高6.2cm	103,500	西泠拍卖	2011.7.17
昌化大红袍鸡血石扁章	高5.7cm	63,250	朵云轩	2011.7.4
昌化豆青地鸡血石章	高13.6cm	368,000	西泠拍卖	2011.7.17
昌化豆青冻鸡血石印章	高9cm	74,750	北京容海	2011.10.24
昌化黄地鸡血石章	高9cm	1,035,000	西泠拍卖	2011.7.17
昌化黄冻地鸡血石对章	高8.5cm	97,750	中国嘉德	2011.5.24
昌化鸡血冻方章	高6cm	172,500	朵云轩	2011.7.4
昌化鸡血冻方章	高6.6cm	55,200	朵云轩	2011.7.4
昌化鸡血牛角印章(四枚)	尺寸不一	92,000	北京歌德	2011.6.3
昌化鸡血石(七件套)	尺寸不一	713,000	中国嘉德	2011.5.24
昌化鸡血石扁章	高7cm	86,250	朵云轩	2011.7.4
昌化鸡血石对章	尺寸不一	368,000	中国嘉德	2011.11.13
昌化鸡血石对章	高9.7cm×2	402,500	西泠拍卖	2011.7.17
昌化鸡血石对章	高9.1cm×2	368,000	西泠拍卖	2011.7.17
昌化鸡血石对章	高11.5cm×2	253,000	西泠拍卖	2011.7.17
昌化鸡血石对章	高5.2cm×2	172,500	西泠拍卖	2011.7.17
昌化鸡血石对章	高12.5cm×2	115,000	西泠拍卖	2011.7.17
昌化鸡血石对章	高13cm×2	80,500	西泠拍卖	2011.7.17
昌化鸡血石对章	高10.1cm×2	74,750	西泠拍卖	2011.7.17
昌化鸡血石对章	高9.2cm	57,500	中国嘉德	2011.5.24
昌化鸡血石对章	高7cm	55,200	西泠拍卖	2011.7.17
昌化鸡血石方章	高4.9cm	782,000	中国嘉德	2011.11.13
昌化鸡血石方章	高11.5cm	103,500	中国嘉德	2011.11.13
昌化鸡血石方章	高8.3cm	51,750	中国嘉德	2011.11.13
昌化鸡血石方章	高8cm	322,000	中国嘉德	2011.5.24
昌化鸡血石方章	高7.7cm	109,250	中国嘉德	2011.5.24
昌化鸡血石方章(八件)	尺寸不一	207,000	中国嘉德	2011.5.24
昌化鸡血石方章(两件)	尺寸不一	149,500	中国嘉德	2011.11.13
昌化鸡血石方章(三件)	尺寸不一	402,500	中国嘉德	2011.11.13
昌化鸡血石方章(三件)	尺寸不一	94,300	中国嘉德	2011.11.13
昌化鸡血石方章(三件)	尺寸不一	253,000	中国嘉德	2011.5.24
昌化鸡血石方章(三件)	尺寸不一	112,700	中国嘉德	2011.5.24
昌化鸡血石方章(三件)	尺寸不一	74,750	中国嘉德	2011.5.24
昌化鸡血石方章(四件)	尺寸不一	78,200	中国嘉德	2011.11.13
昌化鸡血石方章(四件)	尺寸不一	552,000	中国嘉德	2011.5.24

拍品名称	尺寸	成交价RMB	拍卖公司	拍卖日期
昌化鸡血石方章(五件)	尺寸不一	230,000	中国嘉德	2011.11.13
昌化鸡血石方章(一对)	高5.7cm	71,300	中国嘉德	2011.11.13
昌化鸡血石方章(一件)	高8.5cm	112,700	中国嘉德	2011.11.13
昌化鸡血石方章(一件)	高4.4cm	57,500	中国嘉德	2011.11.13
昌化鸡血石方章(一组八件)	尺寸不一	78,200	中国嘉德	2011.11.13
昌化鸡血石龟龙钮章	高7.8cm	207,000	西泠拍卖	2011.7.17
昌化鸡血石平龙钮章	高6.5cm	345,000	中国嘉德	2011.5.24
昌化鸡血石双螭钮章	高5.7cm	89,700	中国嘉德	2011.5.24
昌化鸡血石素章	高10.4cm	63,250	西泠拍卖	2011.7.17
昌化鸡血石套章(八方)	尺寸不一	1,610,000	北京容海	2011.10.24
昌化鸡血石印方章	高4.6cm	55,200	中国嘉德	2011.5.24
昌化鸡血石章	高9.9cm	977,500	西泠拍卖	2011.7.17
昌化鸡血石章	高12cm	920,000	西泠拍卖	2011.7.17
昌化鸡血石章	高7.8cm	517,500	西泠拍卖	2011.7.17
昌化鸡血石章	高11.5cm	287,500	西泠拍卖	2011.7.17
昌化鸡血石章	高12.4cm	253,000	西泠拍卖	2011.7.17
昌化鸡血石章	高16.3cm	230,000	西泠拍卖	2011.7.17
昌化鸡血石章	高15.4cm	207,000	西泠拍卖	2011.7.17
昌化鸡血石章	高10.1cm	207,000	西泠拍卖	2011.7.17
昌化鸡血石章	高11.8cm	161,000	西泠拍卖	2011.7.17
昌化鸡血石章	高8cm	149,500	西泠拍卖	2011.7.17
昌化鸡血石章	高5.8cm	138,000	西泠拍卖	2011.7.17
昌化鸡血石章	高10.6cm	138,000	西泠拍卖	2011.7.17
昌化鸡血石章	高8.3cm	138,000	西泠拍卖	2011.7.17
昌化鸡血石章	高7.3cm	126,500	西泠拍卖	2011.7.17
昌化鸡血石章	高6.4cm	126,500	西泠拍卖	2011.7.17
昌化鸡血石章	高10.5cm	126,500	西泠拍卖	2011.7.17
昌化鸡血石章	高10.4cm	115,000	西泠拍卖	2011.7.17
昌化鸡血石章	高7.3cm	103,500	西泠拍卖	2011.7.17
昌化鸡血石章	高8.2cm	97,750	西泠拍卖	2011.7.17
昌化鸡血石章	高7.5cm	63,250	西泠拍卖	2011.7.17
昌化鸡血石章	高8.4cm	57,500	西泠拍卖	2011.7.17
昌化鸡血石章	高8.5cm	55,200	西泠拍卖	2011.7.17
昌化鸡血石章	1.9cm×1.9cm	51,750	西泠拍卖	2011.7.17
昌化鸡血石章(六方)	尺寸不一	69,000	西泠拍卖	2011.7.17
昌化鸡血石章(三方)	尺寸不一	92,000	西泠拍卖	2011.7.17
昌化鸡血石章(三方)	尺寸不一	55,200	西泠拍卖	2011.7.17
昌化鸡血石章(三方)	尺寸不一	51,750	西泠拍卖	2011.7.17
昌化鸡血石章(三方)	尺寸不一	51,750	西泠拍卖	2011.7.17
昌化鸡血石章(五方)	尺寸不一	138,000	西泠拍卖	2011.7.17
昌化鸡血石章(一组十方)	尺寸不一	138,000	西泠拍卖	2011.7.17
昌化鸡血石章(一组四方)	尺寸不一	264,500	西泠拍卖	2011.7.17
昌化牛角地鸡血石对章	高10.1cm×2	1,725,000	西泠拍卖	2011.7.17
昌化牛角地鸡血石章	高10.8cm	368,000	西泠拍卖	2011.7.17
昌化牛角冻鸡血石印章	高12.6cm	402,500	北京容海	2011.10.24
昌化藕粉冻鸡血石印章	高7.8cm	74,750	北京容海	2011.10.24
陈巨来 王个簃 濮康安等刻夏敬观自用印及藏印(三十五方)	尺寸不一	172,500	西泠拍卖	2011.7.19
陈巨来刻芙蓉石瓦钮对章	高4.8cm×2	920,000	西泠拍卖	2011.7.17
陈巨来刻洪洁求自用印(一组十七方)	尺寸不一	862,500	西泠拍卖	2011.7.17
陈巨来刻鸡血印章	高6cm	71,300	中国嘉德	2011.11.14
陈巨来刻将军洞白芙蓉瑞兽钮吉语印	高3.7cm	71,300	中国嘉德	2011.5.23
陈巨来刻青田石 寿山芙蓉石印章(三方)	尺寸不一	51,750	中国嘉德	2011.5.24
陈巨来刻青田石孙瑛自用闲章	高4.7cm	230,000	西泠拍卖	2011.7.17
陈巨来刻任政自用对章	高6cm×2	115,000	西泠拍卖	2011.7.19
陈巨来刻寿山方章	高5.5cm	92,000	北京匡时	2011.12.05
陈巨来刻寿山芙蓉石印章(九方)	尺寸不一	713,000	中国嘉德	2011.5.24
陈巨来刻寿山高山石 寿山芙蓉石 青田石印章(三方)	尺寸不一	195,500	中国嘉德	2011.5.24
陈巨来刻寿山石孙瑛自用印(四方)	尺寸不一	230,000	西泠拍卖	2011.7.17
陈巨来刻寿山石印章	高4cm	368,000	中国嘉德	2011.11.14
陈巨来刻寿山石印章(二件)	尺寸不一	161,000	中国嘉德	2011.11.14
陈巨来刻寿山石章(二方)	尺寸不一	69,000	朵云轩	2011.12.16

拍品名称	尺寸	成交价RMB	拍卖公司	拍卖日期
陈巨来刻桃花芙蓉马钮章	高6.2cm	264,500	中国嘉德	2011.5.23
陈巨来刻田黄石章 (二方)	尺寸不一	575,000	西泠拍卖	2011.7.17
陈巨来为唐肯刻陈端友制钮田黄冻章	高2.7cm	172,500	中国嘉德	2011.3.19
陈巨来篆刻闲章		80,500	朵云轩	2011.7.4
陈巨来篆刻闲章	高5.9cm	195,500	朵云轩	2011.12.16
陈巨来篆刻自用印 (三方)	尺寸不一	172,500	朵云轩	2011.7.4
陈曼生刻印章	高2.7cm	345,000	中国嘉德	2011.11.14
陈庆国刻田黄冻罗汉薄意随形章	高3.8cm	161,000	北京保利	2011.6.5
陈师曾刻芙蓉石印章 (一件)	高3.5cm	80,500	中国嘉德	2011.11.14
陈师曾刻兽钮印章 (一件)	高5cm	138,000	中国嘉德	2011.11.14
陈师曾刻印章 (一对)	高6cm	63,250	中国嘉德	2011.11.14
陈为新刻老性三色芙蓉古兽章	高9.5cm	69,000	北京保利	2011.6.5
陈由义刻三色荔枝花开富贵印章	高9cm	63,250	北京保利	2011.6.5
陈豫钟刻印章 (一件)	高4cm	690,000	中国嘉德	2011.11.14
陈豫钟刻印章 (一件)	高2.7cm	598,000	中国嘉德	2011.11.14
陈子奋刻寿山水洞高山石兽钮印章	高8.6cm	94,300	中国嘉德	2011.11.14
陈子奋刻寿山田黄冻石印章	1.3cm×1.3cm	172,500	中国嘉德	2011.5.24
邓尔疋刻寿山石章	高5.3cm	69,000	西泠拍卖	2011.7.17
邓尔雅刻寿山石章 (一对)	高6.7cm×2	69,000	朵云轩	2011.12.16
邓散木刻白芙蓉太狮少狮钮方章 (一对)	高6.5cm	621,000	北京匡时	2011.6.8
狄曼农自用印等青田 寿山石 (三方)	尺寸不一	63,250	西泠拍卖	2011.7.17
丁辅之刻寿山芙蓉石印章	高6.2cm	138,000	中国嘉德	2011.5.24
丁辅之自用印	高6.7cm	172,500	朵云轩	2011.7.4
丁敬刻寿山石印章	高4cm	977,500	中国嘉德	2011.11.14
丁敬款寿山石印章	高1.6cm	57,500	中国嘉德	2011.11.14
董洵、方镐、陈祖望刻寿山石印章 (三件)	尺寸不一	138,000	中国嘉德	2011.11.14
杜陵九龙钮随形章	高9cm	80,500	北京保利	2011.6.5
顿立夫刻田黄随形方章	高4.3cm	517,500	北京匡时	2011.12.05
方介堪等刻汪亚尘 荣君立夫妇用印 (七方)	尺寸不一	80,500	西泠拍卖	2011.7.19
方介堪刻寿山石印章 (两方)	尺寸不一	55,200	中国嘉德	2011.5.24
方介堪为张大千刻青田石闲章	高9cm	1,897,500	北京匡时	2011.6.8
方介堪篆刻闲章	高5.1cm	86,250	朵云轩	2011.12.16
方去疾刻宋日昌用闲章	高3.8cm	74,750	朵云轩	2011.7.4
冯庚侯刻民国二高山竹节螭钮闲章	高5.2cm	109,250	西泠拍卖	2011.7.17
冯志杰雕坑头洞石饕餮钮章 (二方)	尺寸不一	57,500	西泠拍卖	2011.7.17
冯志杰雕寿山水洞高山石章	高6.7cm	80,500	西泠拍卖	2011.7.17
冯志霖刻田黄薄意荷塘清趣长方章	高5.2cm	747,500	北京保利	2011.6.5
芙蓉冻石印章	高3.5cm	124,650	中博文化	2011.7.10
芙蓉花卉钮三联章	尺寸不一	57,500	北京保利	2011.12.08
芙蓉三排章—太平景象	尺寸不一	110,000	中都国际	2011.08.28
芙蓉石母子狮钮 寿山白芙蓉石方章	高8cm	115,000	中国嘉德	2011.5.24
芙蓉石狮纽印章 (一组)	尺寸不一	69,000	北京歌德	2011.6.3
芙蓉石双螭钮章	高6.2cm	69,000	西泠拍卖	2011.7.17
芙蓉素章	高9.3cm	51,750	北京保利	2011.12.08
芙蓉套章 (二方)	高5cm×2	69,000	北京保利	2011.6.5
簠斋(陈介祺)印 (一方)	高4.5cm	184,000	中国嘉德	2011.09.19
高山黄冻云纹薄意对章	高8cm×2	74,750	朵云轩	2011.7.4
高山石 足达畴村篆刻多字印	高8.3cm	63,250	朵云轩	2011.12.16
高山石—母子情深对章	高14.5cm	165,000	中都国际	2011.08.28
高山桃花洞石<素方章	高6.1cm	897,000	福建东南	2011.10.23
高翔刻寿山芙蓉石印章 陈巨来刻寿山杜陵石印章	尺寸不一	57,500	中国嘉德	2011.5.24
高邕自用蜜蜡螭钮章	高4.5cm	138,000	西泠拍卖	2011.7.17
各式品种石印章 (十二方)	尺寸不一	92,000	北京保利	2011.12.08
各式印章 (一组二十二件)	尺寸不一	322,000	北京匡时	2011.6.8
观音 寿山荔枝石薄意方章	高10.9cm	105,800	中国嘉德	2011.11.13
郭功森雕寿山坑头黄石双螭钮章	高10.2cm	207,000	西泠拍卖	2011.7.17
郭功森雕寿山石螭钮章	高9.6cm	74,750	西泠拍卖	2011.7.17
郭功森刻 黄金黄田黄鳌龙戏珠方章	高4.3cm	1,456,000	琴岛荣德	2011.12.10
郭功森刻水洞桃花九龙钮大方章	高13cm	575,000	北京保利	2011.6.5
郭且南刻寿山芙蓉石印章	高7.9cm	172,500	中国嘉德	2011.11.14
郭祥忍刻巧色汶洋太狮少狮钮章	高8cm	287,500	北京保利	2011.6.5
郭祥雄 三狮钮扁章	高6.6cm	943,000	福建东南	2011.10.23
郭祥鹰刻结晶芙蓉兽钮章	高5.5cm	402,500	北京保利	2011.6.5
郭子伯 水洞桃花薄意长方章	高7cm	322,000	北京保利	2011.12.08
郭子伯刻老性三色芙蓉薄意章	高7.8cm	172,500	北京保利	2011.6.5
韩天衡刻宋日昌用印	高6.8cm	97,750	朵云轩	2011.7.4
红花芙蓉“太平有象”钮方章	高9.5cm	74,750	北京保利	2011.12.08
红花芙蓉石三狮钮章	高11.5cm	161,000	西泠拍卖	2011.7.17
胡澍刻自用章 (六方)	尺寸不一	115,000	中国嘉德	2011.11.14
黄芙蓉瑞兽钮方章	高7.8cm	57,500	北京保利	2011.6.5
黄建林 老性蜡烛红双螭钮方章	高7.8cm	322,000	北京保利	2011.12.08
黄建林刻老性三色芙蓉引首章	高8.2cm	253,000	北京保利	2011.6.5
黄寿山薄意百寿印章	高10.5cm	1,046,500	北京匡时	2011.6.8
黄汶洋古兽扁方章	高5.5cm	138,000	北京保利	2011.12.08
鸡血石大红袍章料	高7.4cm	207,000	中拍国际	2011.12.06
鸡血石方章	高7.5cm	69,000	北京华辰	2011.5.20
鸡血石方章 (两方)	尺寸不一	59,800	中国嘉德	2011.12.17
鸡血石组章 (一套)	尺寸不一	540,000	印千山	2011.6.3
济公钮昌化鸡血石章	高8.4cm	103,500	西泠拍卖	2011.7.17
简经纶刻汪亚尘 荣君立夫妇用印 (六方)	尺寸不一	57,500	西泠拍卖	2011.7.19
蒋维崧 今无其器存其辞(一枚)	高4.2cm	179,200	泰和嘉成	2011.5.29
结晶芙蓉、善伯罗汉章(二方)	尺寸不一	63,250	北京保利	2011.12.08
结晶芙蓉荷叶钮大方章	高7.5cm	448,500	北京保利	2011.12.08
结晶芙蓉素章料	高9cm	322,000	北京保利	2011.12.08
结晶芙蓉素章料	高8cm	322,000	北京保利	2011.12.08
坑头三羊开泰钮方章	高9cm	55,200	北京保利	2011.6.5
来楚生 唐云刻汪亚尘自用印 (三方)	尺寸不一	63,250	西泠拍卖	2011.7.19
来楚生刻“农家乐”印章	高6.7cm	287,500	中国嘉德	2011.11.14
来楚生刻溪蛋黄薄意章	高4cm	80,500	中国嘉德	2011.5.23
蓝星青田石素章	高6cm	149,500	西泠拍卖	2011.7.17
老性红花芙蓉古兽对章	高11cm×2	97,750	北京保利	2011.6.5
李伏雨 刘江等刻商向前自用印 (18世纪方)	尺寸不一	63,250	西泠拍卖	2011.7.17
荔枝冻观音钮章	高10.3cm	109,250	朵云轩	2011.7.4
荔枝冻石古兽钮章	高12.4cm	862,500	西泠拍卖	2011.7.17
荔枝洞石螭龙护珠 寿山荔枝冻石方章	高11.5cm	322,000	中国嘉德	2011.5.24
荔枝洞石素章胚	高13.6cm	1,610,000	福建东南	2011.10.23
荔枝石“连年有余”钮方章	高3.3cm	57,500	中国嘉德	2011.11.13
廖德良雕杜陵晶石狮钮章	高5.3cm	74,750	西泠拍卖	2011.7.17
廖德良雕寿山石瑞兽钮章 (二方)	尺寸不一	51,750	西泠拍卖	2011.7.17
林承弼刻寿山水洞高山石印章 (一对)	高6.5cm	126,500	中国嘉德	2011.5.24
林国俤 陈为新刻双色杜陵三联章	尺寸不一	1,495,000	北京保利	2011.6.5
林千石刻寿山白芙蓉石螭钮章	高5.7cm	66,700	中国嘉德	2011.5.24
林清卿薄意雕田黄方章	高5cm	1,680,000	古天一	2011.6.4
林清卿薄意雕田黄菊鸡纹印	高4cm	358,400	古天一	2011.6.4
林清卿薄意雕田黄山水纹印	高3.5cm	336,000	古天一	2011.6.4
林清卿雕高山石罗汉薄意对章	高7.8cm×2	94,300	西泠拍卖	2011.7.17

拍品名称	尺寸	成交价RMB	拍卖公司	拍卖日期
林清卿雕田黄石荷塘宿鹭薄意章	高5.9cm	8,107,500	西泠拍卖	2011.7.17
林清卿刻乌鸦皮田黄薄意章	高7cm	2,127,500	北京保利	2011.6.5
林寿煁寿山高山石“耄耋富贵”薄意章	高7.5cm	69,000	西泠拍卖	2011.7.17
林文举 红善伯“湘云醉卧芍药园”长方章	高16cm	345,000	北京保利	2011.12.08
林文举 黄荔枝薄意雕“高山流水”长方章	高16.2cm	552,000	北京保利	2011.12.08
林文举 梅雀争春薄意章	高11.3cm	632,500	福建东南	2011.10.23
林文举 赏竹薄意方章	高9.8cm	747,500	福建东南	2011.10.23
林文举 巧色红荔枝岁朝清供薄意章	高9cm	805,000	北京保利	2011.6.5
林文举雕黄荔枝石“游春图”薄意章	高13.7cm	345,000	西泠拍卖	2011.7.17
林文举雕荔枝冻石观音薄意章	高11.6cm	437,000	西泠拍卖	2011.7.17
林文举雕寿山石“寒江垂钓”“海屋添筹”薄意章(二方)	尺寸不一	172,500	西泠拍卖	2011.7.17
林文举雕寿山石“颐性养寿”薄意章	高9.8cm	115,000	西泠拍卖	2011.7.17
林文举雕寿山石山水人物薄意章	高10.2cm	218,500	西泠拍卖	2011.7.17
林文举雕田白“寒江垂钓”薄意章	高4.8cm	287,500	西泠拍卖	2011.7.17
刘纪文田黄三螭钮私章	高3cm	713,000	北京匡时	2011.12.05
刘明亮 老性芙蓉清供图扁章	高7.3cm	92,000	北京保利	2011.12.08
刘石开青田石章	高5cm	51,750	朵云轩	2011.12.16
刘一闻刻鸡血石印章	高6.8cm	63,250	上海工美	2011.11.26
刘一闻刻鸡血石印章	高7cm	51,750	上海工美	2011.11.26
缪素筠刻青田夹板石对章对章	高4.6cm	149,500	中国嘉德	2011.11.14
潘惊石 古兽方章	高10.3cm	517,500	福建东南	2011.10.23
潘惊石 古兽章	高4.5cm	575,000	福建东南	2011.10.23
潘惊石 四灵套章(四件套)	尺寸不一	3,910,000	福建东南	2011.10.23
潘惊石 麈钮方章	高6.6cm	862,500	福建东南	2011.10.23
齐白石刻白高山石太狮少狮钮章	高5cm	920,000	西泠拍卖	2011.7.17
齐白石刻冻石章	高4.2cm	172,500	中国嘉德	2011.5.23
齐白石刻酱地朱砂俏色五螭钮章	高8.5cm	89,700	中国嘉德	2011.5.23
齐白石刻龙骨章	高4.2cm	59,800	中国嘉德	2011.5.24
齐白石刻龙钮印章(三方)	尺寸不一	460,000	中国嘉德	2011.11.14
齐白石刻青田白果冻石方章	高3.6cm	112,700	中国嘉德	2011.5.23
齐白石刻青田冻石章	高4.8cm	80,500	中国嘉德	2011.5.23
齐白石刻青田章	高3.5cm	105,800	中国嘉德	2011.5.23
齐白石刻青田章	高4.5cm	69,000	中国嘉德	2011.5.23
齐白石刻寿山白芙蓉狮钮章(一对)	高9cm	207,000	中国嘉德	2011.5.23
齐白石刻寿山白芙蓉石螭钮印章	高6cm	195,500	中国嘉德	2011.5.24
齐白石刻寿山薄意山水章	高7.8cm	529,000	中国嘉德	2011.5.23
齐白石刻寿山薄意山水章(一对)	高7.5cm	103,500	中国嘉德	2011.5.23
齐白石刻寿山芙蓉石印章(三方)	尺寸不一	391,000	中国嘉德	2011.5.24
齐白石刻寿山高山冻狮钮章	高5.1cm	172,500	中国嘉德	2011.5.23
齐白石刻寿山高山冻云纹章	高2.2cm	94,300	中国嘉德	2011.5.23
齐白石刻寿山高山石俏色渔童钮章	高6.4cm	82,800	中国嘉德	2011.5.23
齐白石刻寿山高山石狮钮章	高7.8cm	109,250	中国嘉德	2011.5.23
齐白石刻寿山高山石天禄钮章	高9.6cm	126,500	中国嘉德	2011.5.23
齐白石刻寿山高山石鱼钮章	高6cm	71,300	中国嘉德	2011.5.23
齐白石刻寿山红芙蓉锦字纹雕顶章	高3.8cm	195,500	中国嘉德	2011.5.23
齐白石刻寿山红芙蓉双桃钮章	高3.3cm	74,750	中国嘉德	2011.5.23

拍品名称	尺寸	成交价RMB	拍卖公司	拍卖日期
齐白石刻寿山石龙钮章	高8.9cm	552,000	西泠拍卖	2011.7.17
齐白石刻寿山石狮钮方章(一对)	高6.1cm	402,500	中国嘉德	2011.11.14
齐白石刻寿山石兽钮印章	高3.8cm	322,000	中国嘉德	2011.5.24
齐白石刻寿山石兽钮印章	高5.7cm	184,000	中国嘉德	2011.11.14
齐白石刻寿山石兽钮章(一对)	高9.3cm	207,000	中国嘉德	2011.5.23
齐白石刻寿山石仙人钮章	高6.5cm	67,200	天津文物	2011.5.13
齐白石刻寿山石章	高3.3cm	184,000	西泠拍卖	2011.7.17
齐白石刻寿山双鱼钮章	高6.5cm	69,000	中国嘉德	2011.5.23
齐白石刻寿山朱砂章	高4.7cm	115,000	中国嘉德	2011.5.23
齐白石刻印章(两对)	尺寸不一	3,105,000	中国嘉德	2011.11.14
齐白石刻印章(一件)	高4.4cm	517,500	中国嘉德	2011.11.14
齐白石刻印章(一件)	高7cm	172,500	中国嘉德	2011.11.14
齐白石款田黄方章	高5cm	392,000	江苏万达	2011.5.29
齐白石为王冠吾刻田黄兽钮章	高5.4cm	82,800	中国嘉德	2011.3.19
齐白石为翟维淇制寿山印	高7.5cm	115,000	中国嘉德	2011.5.23
齐白石印章	高4.5cm	92,000	北京匡时	2011.6.8
齐白石印章	高6.2cm	74,750	北京匡时	2011.6.8
齐白石篆刻鸡血石方章(八方)	尺寸不一	2,300,000	北京翰海	2011.5.19
齐白石篆刻刘半农用印	高5.8cm	241,500	朵云轩	2011.7.4
齐白石篆刻刘半农用印	高5.3cm	92,000	朵云轩	2011.7.4
齐白石篆刻汪亚尘用印	高4.7cm	230,000	朵云轩	2011.12.16
齐白石篆刻闲章	高3.8cm	1,035,000	朵云轩	2011.12.16
齐白石篆刻闲章	高5.7cm	322,000	朵云轩	2011.12.16
齐白石篆刻闲章	高7cm	69,000	朵云轩	2011.12.16
齐白石篆刻闲章	高5.3cm	115,000	朵云轩	2011.7.4
齐白石篆刻闲章	高5.2cm	92,000	朵云轩	2011.7.4
齐白石篆刻章	高7.3cm	63,250	朵云轩	2011.7.4
旗降“五福临门”长方章	高9.5cm	138,000	北京保利	2011.6.5
钱君匋藏印(一组六枚)	尺寸不一	69,000	荣宝斋(沪)	2011.11.25
钱瘦铁刻昌化鸡血 青田石自用印(二方)	尺寸不一	63,250	西泠拍卖	2011.7.17
钱瘦铁刻昌化鸡血石 寿山石章(二方)	尺寸不一	97,750	西泠拍卖	2011.7.17
钱瘦铁刻寿山 青田石章(三方)	尺寸不一	63,250	西泠拍卖	2011.7.17
钱瘦铁刻汪亚尘等自用印等(四方)	尺寸不一	74,750	西泠拍卖	2011.7.19
钱瘦铁刻印章(两方)	尺寸不一	51,750	中国嘉德	2011.5.24
钱松、童大年、张辛、王禔、方介堪刻印章(九方)	尺寸不一	1,058,000	中国嘉德	2011.11.14
钱松刻青田石对章	高3.4cm	460,000	中国嘉德	2011.11.14
钱松刻印章	高3.6cm	460,000	中国嘉德	2011.11.14
钱松刻印章(一件)	高3.6cm	287,500	中国嘉德	2011.11.14
乔大壮刻昌化鸡血石印章	高8.8cm	126,500	中国嘉德	2011.5.24
巧色芙蓉石二仙钮章	高13.5cm	103,500	西泠拍卖	2011.7.17
巧色金砂善伯石螭钮章	高12.6cm	92,000	西泠拍卖	2011.7.17
巧色荔枝冻石花开富贵钮章	高12cm	103,500	西泠拍卖	2011.7.17
巧色荔枝刘海戏金蟾长方章	高9.8cm	69,000	北京保利	2011.6.5
巧色荔枝瑞兽钮长方章	高11cm	322,000	北京保利	2011.6.5
巧色汶洋古兽章	高8cm	126,500	北京保利	2011.6.5
巧色汶洋双螭钮章	高8cm	86,250	北京保利	2011.6.5
青田封门龙钮方章	高12cm	58,240	北京翰海	2011.4.9
青田封门青(十六件)	尺寸不一	63,250	中国嘉德	2011.5.24
青田封门石龙钮印章	高15cm	78,400	北京翰海	2011.4.9
任伯年 寿山石高士随形章	高7cm	580,000	红太阳	2011.5.28
三色高山石花鸟薄意章	高10.1cm	287,500	西泠拍卖	2011.7.17
三色水洞高山石狮钮对章	高11.5cm×2	172,500	西泠拍卖	2011.7.17
三色水洞高山腰圆章	高7.4cm	115,000	北京保利	2011.12.08
三色太极素章料	高5.8cm	138,000	北京保利	2011.6.5
三色汶洋章料	高15cm	69,000	北京保利	2011.12.08
桑名铁成刻寿山虎岗石马钮印章	高3cm	57,500	中国嘉德	2011.5.24
山秀园、二号矿章(二方)	尺寸不一	57,500	北京保利	2011.12.08
善伯冻方章—和合二仙	高12.4cm	198,000	中都国际	2011.08.28
善伯洞古狮钮方章	高14.4cm	103,500	北京保利	2011.6.5
善伯洞石母子情深 寿山巧色善伯石方章	高8.2cm	207,000	中国嘉德	2011.5.24
善伯洞石瑞兽戏金 母子情深 寿山善伯石章(两件)	尺寸不一	59,800	中国嘉德	2011.5.24

拍品名称	尺寸	成交价RMB	拍卖公司	拍卖日期
赏竹图 寿山芙蓉石薄意方章	高18cm	437,000	中国嘉德	2011.11.13
沈觉初刻寿山田黄石印章	高4.9cm	59,800	中国嘉德	2011.5.24
石癫 都成坑鳌凤钮腰圆章	高5cm	69,000	北京保利	2011.12.08
石癫 芙蓉双凤钮方章	高7.8cm	92,000	北京保利	2011.12.08
石癫 芙蓉鱼钮、龙钮章(三方)	尺寸不一	86,250	北京保利	2011.12.08
石癫 高山朱砂冻“七星獭”扁方章	高7.5cm	51,750	北京保利	2011.12.08
石癫 金砂善伯洞“三鳌鱼”扁方章	高7.1cm	69,000	北京保利	2011.12.08
石癫 金砂善伯洞螭虎钮方章	高4.5cm	172,500	北京保利	2011.12.08
石癫 李红善伯“七星獭”扁方章	高11.8cm	207,000	北京保利	2011.12.08
石癫 水洞桃花“刘海戏蟾”方章	高11cm	575,000	北京保利	2011.12.08
石癫 水洞桃花“骆驼鸡”长方章	高8.7cm	195,500	北京保利	2011.12.08
石癫 天蓝冻鳌鱼钮方章	高8cm	63,250	北京保利	2011.12.08
石癫 汶洋“三龙戏珠”腰圆章	高11.5cm	126,500	北京保利	2011.12.08
石癫 汶洋“洗象”钮方章	高12cm	115,000	北京保利	2011.12.08
石卿 田黄薄意“春江水暖”随形章	高6.2cm	1,667,500	北京保利	2011.12.08
石卿雕昌化鸡血屏风对章	高20cm×2	1,980,000	鼎时国际	2011.12.03
寿山白芙蓉石瑞兽钮章	高7.5cm	109,250	中国嘉德	2011.5.24
寿山白芙蓉石素章(二方)	尺寸不一	149,500	西泠拍卖	2011.7.17
寿山白荔枝石博古钮方章(一件)	高11.9cm	322,000	中国嘉德	2011.11.13
寿山杜陵石狮钮对章	高5.6cm	172,500	中国嘉德	2011.11.14
寿山二号矿鳌龙钮章	高10.5cm	109,250	北京保利	2011.6.5
寿山二号矿石“寻梅”方章(一件)	高11.3cm	97,750	中国嘉德	2011.11.13
寿山芙蓉 瓷印等(一组十五方)	尺寸不一	195,500	西泠拍卖	2011.7.17
寿山芙蓉石 霸王貔貅钮章	高11cm	59,800	中国嘉德	2011.5.24
寿山芙蓉石 高山石瑞兽钮章(十二件)	尺寸不一	103,500	中国嘉德	2011.5.24
寿山芙蓉石“荷塘鸳鸯”方章(两件)	尺寸不一	55,200	中国嘉德	2011.11.13
寿山芙蓉石“旅夜书怀 桃园问津”方章(两件)	尺寸不一	51,750	中国嘉德	2011.5.24
寿山芙蓉石方章(一对)	尺寸不一	57,500	中国嘉德	2011.5.24
寿山芙蓉石古兽钮章	高9cm	63,250	中国嘉德	2011.5.24
寿山芙蓉石平头方章	高14.3cm	287,500	中国嘉德	2011.5.24
寿山芙蓉石瑞兽钮方章	高7cm	78,200	中国嘉德	2011.11.14
寿山芙蓉石瑞兽钮印章	高7cm	115,000	中国嘉德	2011.11.14
寿山芙蓉石瑞兽钮章 太平喜象 寿山芙蓉石章(两件)	尺寸不一	109,250	中国嘉德	2011.5.24
寿山芙蓉石狮钮章	高6.8cm	55,200	西泠拍卖	2011.7.17
寿山芙蓉石狮钮章(五件)	尺寸不一	71,300	中国嘉德	2011.5.24
寿山芙蓉石双螭钮章	高9.8cm	66,700	中国嘉德	2011.5.24
寿山芙蓉石素章(三件)	尺寸不一	94,300	中国嘉德	2011.11.13
寿山芙蓉石太狮少狮印章(一对)	高9cm	78,200	中国嘉德	2011.5.24
寿山芙蓉石印章(六件)	尺寸不一	74,750	中国嘉德	2011.11.14
寿山芙蓉石印章(三件)	高4.5cm	115,000	中国嘉德	2011.5.24
寿山芙蓉石子母兽钮方章	高11cm	80,500	中国嘉德	2011.11.14
寿山高山石“秋意浓”花卉薄意方章	高9.5cm	78,200	中国嘉德	2011.5.24
寿山高山石方章	高11cm	101,200	中国嘉德	2011.5.24
寿山高山水洞桃花石方章	高5.5cm	218,500	中国嘉德	2011.11.13
寿山红芙蓉石螭虎钮章	高5cm	55,200	中国嘉德	2011.5.24
寿山黄白汶洋石狮钮方章	高8.5cm	109,250	中国嘉德	2011.11.13
寿山黄芙蓉石古兽钮章(十二件)	尺寸不一	92,000	中国嘉德	2011.5.24
寿山黄红杜陵石螭虎钮章	高6.3cm	172,500	中国嘉德	2011.5.24
寿山黄荔枝冻石螭钮章	高5.8cm	57,500	西泠拍卖	2011.7.17
寿山黄荔枝石狮钮方章(两件)	尺寸不一	253,000	中国嘉德	2011.11.13
寿山金砂善伯石“和合二仙”钮章	高11.5cm	184,000	中国嘉德	2011.5.24
寿山金玉冻石山水人物薄意章	高5.3cm	57,500	西泠拍卖	2011.7.17
寿山老岭独石雕 踏青印章	高15cm	56,000	北京翰海	2011.4.9

拍品名称	尺寸	成交价RMB	拍卖公司	拍卖日期
寿山荔枝冻石瑞兽钮方章	高9.4cm	126,500	中国嘉德	2011.11.13
寿山荔枝石“有求必应”薄意章“观音”寿山荔枝石钮章	尺寸不一	92,000	中国嘉德	2011.11.13
寿山荔枝石瑞兽钮方章	高10.5cm	138,000	中国嘉德	2011.11.13
寿山荔枝石瑞兽钮章	高11cm	74,750	中国嘉德	2011.5.24
寿山荔枝石章(两件)	尺寸不一	184,000	中国嘉德	2011.5.24
寿山荔枝石章(三件)	尺寸不一	57,500	中国嘉德	2011.11.13
寿山品种石(十件)	尺寸不一	63,250	中国嘉德	2011.5.24
寿山品种石(十件)	尺寸不一	57,500	中国嘉德	2011.5.24
寿山旗降石“祥瑞麒麟”“螭虎戏金泉”方章(两件)	尺寸不一	63,250	中国嘉德	2011.5.24
寿山旗降石薄意“寻梅”方章(一件)	高8.6cm	71,300	中国嘉德	2011.11.13
寿山三色荔枝“福寿无边”石章 博古钮寿山荔枝石钮章	尺寸不一	97,750	中国嘉德	2011.11.13
寿山善伯洞石 春江水暖 薄意方章	高12.1cm	97,750	中国嘉德	2011.11.13
寿山善伯环冻石素方章	高8cm	57,500	中国嘉德	2011.11.13
寿山善伯石“秋香图”薄意方章	高10.8cm	149,500	中国嘉德	2011.5.24
寿山善伯石渔舟唱晚方章	高9.1cm	55,200	中国嘉德	2011.5.24
寿山善伯兽钮印章	高12.5cm	56,000	北京翰海	2011.4.9
寿山石雕山水诗文印章	高7.5cm	287,500	中国嘉德	2011.11.14
寿山石鼎瓶系打印章(一套五件)	尺寸不一	64,960	北京博观	2011.11.25
寿山石杜陵对章(二件)	高11.3cm	134,400	北京翰海	2011.4.9
寿山石芙蓉龙首印章	高5.5cm	100,800	北京翰海	2011.4.9
寿山石古兽钮章	高4cm	86,250	西泠拍卖	2011.7.17
寿山石顾洛自用印章(二方)	尺寸不一	126,500	西泠拍卖	2011.7.17
寿山石龙钮章	高15cm	138,000	西泠拍卖	2011.7.17
寿山石罗汉薄意章	高5cm	207,000	西泠拍卖	2011.7.17
寿山石双螭钮章	高9.1cm	97,750	西泠拍卖	2011.7.17
寿山石印章(三方)	尺寸不一	149,500	西泠拍卖	2011.7.17
寿山石章(六方)	尺寸不一	195,500	西泠拍卖	2011.7.17
寿山石章(四方)	尺寸不一	253,000	西泠拍卖	2011.7.17
寿山水洞高山石“秋高气爽”薄意方章	高8.6cm	80,500	中国嘉德	2011.5.24
寿山水晶冻石“瑞屿祥云”方章(一对)	高8cm	322,000	中国嘉德	2011.5.24
寿山水晶冻石太狮少狮钮方章	高8.4cm	94,300	中国嘉德	2011.11.13
寿山桃红芙蓉石子母狮钮方章	高9.7cm	78,200	中国嘉德	2011.5.24
寿山桃花冻石螭虎钮对章	高9.5cm	80,500	中国嘉德	2011.5.24
寿山田黄冻石“深山问道”薄意章	高8.3cm	4,255,000	中国嘉德	2011.5.24
寿山田黄冻石瑞兽钮章(两件)	尺寸不一	115,000	中国嘉德	2011.5.24
寿山田黄冻石狮钮章	高4.2cm	82,800	中国嘉德	2011.11.13
寿山田黄石 荔枝石薄意竹石章(两件)	尺寸不一	57,500	中国嘉德	2011.11.13
寿山田黄石“归牧图”薄意章	高4.2cm	69,000	中国嘉德	2011.5.24
寿山田黄石“君子之交”薄意随形章	高2.8cm	69,000	中国嘉德	2011.5.24
寿山田黄石赑屃钮方章	高2.5cm	115,000	中国嘉德	2011.5.24
寿山田黄石薄意印章(两件)	尺寸不一	138,000	中国嘉德	2011.5.24
寿山田黄石龙钮印章(一件)	高6.5cm	3,105,000	中国嘉德	2011.11.14
寿山田黄石瑞兽钮章 好事连连 寿山田黄石乌鸦皮 银包金方章(三件)		218,500	中国嘉德	2011.11.13
寿山田黄石狮钮方章	高4.2cm	460,000	中国嘉德	2011.5.24
寿山田黄石双兽钮章	高2.6cm	138,000	中国嘉德	2011.11.13
寿山田黄石竹节随形章	高4.2cm	69,000	中国嘉德	2011.5.24
寿山田黄石竹节章	高5.5cm	195,500	中国嘉德	2011.5.24
寿山汶洋石鹿钮章	高10.2cm	82,800	中国嘉德	2011.5.24
寿山汶洋石瑞兽钮方章	高9.8cm	207,000	中国嘉德	2011.11.13
寿山汶洋石瑞兽钮方章(三件)	尺寸不一	82,800	中国嘉德	2011.11.13
寿山五彩房栊岩印章	高6.6cm	134,400	北京翰海	2011.4.9

2011杂项拍卖成交汇总

(成交价RMB：5万元以上)

拍品名称	尺寸	成交价RMB	拍卖公司	拍卖日期
寿山五彩芙蓉石 汶洋石瑞兽钮章 (五件)	尺寸不一	71,300	中国嘉德	2011.5.24
寿山印章 (一组十二件)	尺寸不一	276,000	荣宝斋(沪)	2011.11.25
寿石工等刻齐治源等用印 (二十三方)	尺寸不一	138,000	西泠拍卖	2011.7.17
寿石工刻寿山黄芙蓉石印章 (一对)	高5.1cm	74,750	中国嘉德	2011.5.24
寿石工刻田黄石云纹薄意章	高3.5cm	57,500	西泠拍卖	2011.7.17
兽钮寿山白芙蓉石长方章	高4.8cm	57,500	中国嘉德	2011.11.14
熟栗黄双螭钮方章	高3.3cm	560,000	琴岛荣德	2011.12.10
双色芙蓉石博古纹章	高9.7cm	80,500	西泠拍卖	2011.7.17
水洞高山太极头薄意印章 (一组)	尺寸不一	66,700	北京歌德	2011.6.3
水洞桃花童子寿星印章	高14cm	74,750	北京保利	2011.6.5
水洞桃花鱼龙钮三联章	尺寸不一	138,000	北京保利	2011.12.08
水洞朱砂博古钮对章	高6cm	322,000	北京保利	2011.12.08
水洞朱砂石狮钮章	高8.7cm	57,500	西泠拍卖	2011.7.17
松下高士 寿山水洞桃花石薄意方章	高8.8cm	138,000	中国嘉德	2011.11.13
孙洁鸣 白高山年年有余钮腰圆章	高4.2cm	97,750	北京保利	2011.12.08
孙洁鸣 福黄夔龙博古钮方章	高4.2cm	149,500	北京保利	2011.12.08
孙慰祖刻老坑鸡血石印章	高7.7cm	51,750	上海工美	2011.11.26
孙文自用印一枚	高3.5cm	2,185,000	北京匡时	2011.6.6
太平喜象 寿山杜陵石对章	高11cm	51,750	中国嘉德	2011.5.24
桃花芙蓉对章	高8cm×2	74,750	北京保利	2011.6.5
田黄白芙蓉昌化鸡血石章一组	尺寸不一	184,000	西泠拍卖	2011.7.17
田黄 昌化鸡血 玛瑙印章一组	尺寸不一	172,500	西泠拍卖	2011.7.17
田黄 螭虎传钱桂花黄圆章	高5cm	168,000	琴岛荣德	2011.12.10
田黄 伏虎罗汉 松下高士 螭虎钮石章 (三件)	尺寸不一	69,000	中国嘉德	2011.5.24
田黄薄意荷塘鸳鸯图章	高6.5cm	172,500	中国嘉德	2011.12.17
田黄薄意花卉竹石纹随形方章	高6.7cm	1,840,000	北京匡时	2011.12.05
田黄薄意山水人物扁章	高5cm	69,000	北京保利	2011.12.08
田黄薄意套章 (三方)	尺寸不一	115,000	朵云轩	2011.7.4
田黄冻松鹤延年薄意章	通高5.8cm	207,000	朵云轩	2011.12.16
田黄凤钮方章	高3.9cm	1,610,000	福建东南	2011.10.24
田黄三色 瓦钮方章	高6cm	1,456,000	琴岛荣德	2011.12.10
田黄山水人物薄意随形章	高8.8cm	805,000	北京保利	2011.12.08
田黄石 伏虎罗汉 方章	高7.5cm	632,500	中国嘉德	2011.5.24
田黄石薄意章 (一组三方)	尺寸不一	379,500	西泠拍卖	2011.7.17
田黄石螭钮方章	高4.2cm	517,500	福建东南	2011.10.24
田黄石福寿薄意章	高4.3cm	414,000	西泠拍卖	2011.7.17
田黄石梅石薄意章	高4.3cm	69,000	西泠拍卖	2011.7.17
田黄石瑞兽钮方章	高4.7cm	2,300,000	福建嘉南	2011.10.23
田黄石瑞兽钮章	高4cm	115,000	西泠拍卖	2011.7.17
田黄石山水人物薄意章	高6.2cm	552,000	西泠拍卖	2011.7.17
田黄石山水人物薄意章 (一组五方)	尺寸不一	97,750	西泠拍卖	2011.7.17
田黄石双龙戏金泉钮章	高5.5cm	184,000	中国嘉德	2011.5.24
田黄石素扁章	高3.4cm	138,000	西泠拍卖	2011.7.17
田黄石素椭圆章	高5.7cm	1,955,000	福建东南	2011.10.24
田黄石素章	高5.5cm	11,845,000	福建东南	2011.10.23
田黄石腰圆章	高3cm	392,000	中贸圣佳	2011.4.29
田黄石章 (三方)	尺寸不一	92,000	西泠拍卖	2011.7.17
田黄兽钮方章	高3.5cm	97,750	北京匡时	2011.12.05
田黄素方章	高6cm	1,329,600	中博文化	2011.7.10
童大年 叶潞渊刻任政自用印 (三方)	尺寸不一	51,750	西泠拍卖	2011.7.19
童大年刻凤钮石章	高5cm	57,500	朵云轩	2011.7.4
童大年刻青田石等闲章 (四方)	尺寸不一	69,000	西泠拍卖	2011.7.17
童大年刻田黄冻石俞凤韶自用印章 (三方)	尺寸不一	4,255,000	西泠拍卖	2011.7.17
童衍方刻渔翁得利钮寿山石印章	高7cm	51,750	上海工美	2011.11.26
王福庵、陈巨来刻寿山田黄石钮印章 (二件)	尺寸不一	69,000	中国嘉德	2011.11.14
王福厂 欲求缥渺反幽深(一枚)	高4cm	168,000	泰和嘉成	2011.5.29
王福厂刻白芙蓉兽钮方章	高4.5cm	63,250	北京匡时	2011.12.05

拍品名称	尺寸	成交价RMB	拍卖公司	拍卖日期
王禔 陈巨来刻寿山田黄石印章	高3.9cm	71,300	中国嘉德	2011.5.24
王禔刻寿山芙蓉石印章	高4.3cm	138,000	中国嘉德	2011.5.24
王学刻三方四面套章	高4.8cm	172,500	中国嘉德	2011.11.14
王炎铨 狮戏球方章	高10.5cm	575,000	福建东南	2011.10.23
王炎铨雕狮钮章	高8.2cm	55,200	朵云轩	2011.7.4
王禔等刻寿山 青田石章 (二方)	尺寸不一	126,500	西泠拍卖	2011.7.17
王禔刻任政自用印 (四方)	尺寸不一	80,500	西泠拍卖	2011.7.19
微黄荔枝弥勒钮长方章	高9cm	345,000	北京保利	2011.12.08
汶洋 天兰冻印章 (三方)	尺寸不一	55,200	北京保利	2011.6.5
汶洋古兽对章	高10.3cm	57,500	北京保利	2011.12.08
汶洋荷塘图对章	尺寸不一	115,000	北京保利	2011.12.08
汶洋石螭钮章	高9.3cm	55,200	西泠拍卖	2011.7.17
汶洋石双鱼钮章	高5.8cm	69,000	西泠拍卖	2011.7.17
汶洋素章 (二方)	尺寸不一	86,250	北京保利	2011.6.5
卧牛 寿山水洞高山石钮方章	高4.8cm	59,800	中国嘉德	2011.11.13
乌鸦皮田黄薄意梅花随形章	高2.9cm	51,750	北京保利	2011.6.5
乌鸦皮田黄螭虎章	高7.5cm	224,000	琴岛荣德	2011.12.10
乌鸦皮田黄螭龙随形章	长5.3cm	253,000	北京保利	2011.6.5
吴昌硕刻白芙蓉辟邪钮章	高6.5cm	74,750	中国嘉德	2011.5.23
吴昌硕刻鸡血石印章	高6.2cm	161,000	中国嘉德	2011.5.24
吴昌硕刻青田石印章	高5.9cm	149,500	中国嘉德	2011.5.24
吴昌硕刻寿山芙蓉石章	高5cm	345,000	中国嘉德	2011.11.15
吴昌硕刻寿山石鸾凤献寿薄意葛昌楹自用印	高5.5cm	1,150,000	西泠拍卖	2011.7.17
吴昌硕刻寿山石印章	高5.1cm	207,000	中国嘉德	2011.11.14
吴昌硕刻寿山石印章 (两件)	高6.1cm	287,500	中国嘉德	2011.11.14
吴昌硕刻田黄石李国松自用印	高4.9cm	1,150,000	西泠拍卖	2011.7.17
吴昌硕刻田黄章	高6.4cm	2,415,000	北京匡时	2011.6.8
吴朴刻任政自用印 (四方)	尺寸不一	57,500	西泠拍卖	2011.7.19
吴朴堂刻白芙蓉平方章	高4.3cm	51,750	中国嘉德	2011.5.23
吴朴堂刻青田章	高6.4cm	86,250	朵云轩	2011.12.16
吴朴堂刻寿山薄意章	高6.1cm	322,000	中国嘉德	2011.5.23
吴朴堂刻宋日昌用对章	高8.2cm×2	74,750	朵云轩	2011.7.4
吴朴堂篆刻对章		80,500	朵云轩	2011.7.4
吴朴堂篆刻章	高6.3cm	86,250	朵云轩	2011.12.16
吴让之刻印章	高4.7cm	1,265,000	中国嘉德	2011.11.14
吴隐刻龙钮寿山石金同淇自用印	高3.9cm	51,750	西泠拍卖	2011.7.17
吴隐刻青田石严信厚自用对章	尺寸不一	805,000	西泠拍卖	2011.7.17
西安绿麒麟钮方章	高5.5cm	57,500	北京保利	2011.12.08
谢麟雕巴林鸡血石龙钮章	高7cm	368,000	西泠拍卖	2011.7.17
谢麟雕芙蓉石童子洗象钮章	高16.9cm	57,500	西泠拍卖	2011.7.17
徐三庚刻青田石印章	高4.3cm	322,000	中国嘉德	2011.11.14
徐三庚刻青田石印章	高4.8cm	101,200	中国嘉德	2011.11.14
徐三庚刻寿山芙蓉石印章	高4cm	57,500	中国嘉德	2011.5.24
徐三庚刻寿山石荷花薄意闲章	高4cm	230,000	西泠拍卖	2011.7.17
徐三庚刻印章	高4cm	138,000	中国嘉德	2011.11.14
徐新周刻昌化鸡血石 寿山石章 (二方)	尺寸不一	55,200	西泠拍卖	2011.7.17
徐新周刻寿山芙蓉石狮钮印章	高4.9cm	109,250	中国嘉德	2011.5.24
徐新周刻寿山石章 (四方)	尺寸不一	126,500	西泠拍卖	2011.7.17
杨传烈刻瓷白芙蓉鼎瓶五连章	尺寸不一	69,000	北京保利	2011.6.5
杨明雕汶洋石童子弥勒钮章 (二方)	尺寸不一	172,500	西泠拍卖	2011.7.17
杨其光刻寿山芙蓉石印章	高3.9cm	69,000	中国嘉德	2011.5.24
杨其光刻寿山石闲章 (三方)	尺寸不一	80,500	西泠拍卖	2011.7.17
杨其光刻寿山石章 (二方)	尺寸不一	57,500	西泠拍卖	2011.7.17
杨玉璇刻太平喜象寿山田黄石印章	高3.6cm	8,050,000	中国嘉德	2011.5.24
叶鸿翰、吴泽刻鸡血石章(二方)	尺寸不一	57,500	朵云轩	2011.12.16
叶为铭 朱芾刻寿山芙蓉石等章 (二方)	尺寸不一	80,500	西泠拍卖	2011.7.17
益田香远等刻白芙蓉石章 (四方)	尺寸不一	230,000	西泠拍卖	2011.7.17
益田香远等刻昌化鸡血石章 (六方)	尺寸不一	126,500	西泠拍卖	2011.7.17
益田香远等刻寿山石等章 (二十一方)	尺寸不一	161,000	西泠拍卖	2011.7.17
益田香远等刻寿山石章 (六方)	尺寸不一	103,500	西泠拍卖	2011.7.17

拍品名称	尺寸	成交价RMB	拍卖公司	拍卖日期
益田香远等刻寿山石章(一组二十六方)	尺寸不一	230,000	西泠拍卖	2011.7.17
益田香远等刻寿山石章(一组十一方)	尺寸不一	368,000	西泠拍卖	2011.7.17
益田香远等刻田黄石章(二方)	尺寸不一	55,200	西泠拍卖	2011.7.17
益田香远刻白芙蓉石荷花钮闲章	高6cm	310,500	西泠拍卖	2011.7.17
益田香远刻白芙蓉石山水人物钮章	高6.5cm	86,250	西泠拍卖	2011.7.17
益田香远刻寿山石章(八方)	尺寸不一	74,750	西泠拍卖	2011.7.17
益田香远刻寿山石章(十三方)	尺寸不一	218,500	西泠拍卖	2011.7.17
益田香远刻寿山石章(十一方)	尺寸不一	322,000	西泠拍卖	2011.7.17
益田香远刻寿山石章(一组六方)	尺寸不一	138,000	西泠拍卖	2011.7.17
益田香远刻寿山石章(一组六方)	尺寸不一	92,000	西泠拍卖	2011.7.17
应野平 薛佛影 潘德熙等刻任政自用印(五方)	尺寸不一	74,750	西泠拍卖	2011.7.17
余正刻青田石对章	高10.5cm×2	63,250	上海工美	2011.11.26
鱼脑冻印章(一组)	尺寸不一	59,800	北京歌德	2011.6.3
袁馨刻寿山田黄石鳌龙钮印章	高3.7cm	230,000	中国嘉德	2011.11.14
张樾丞刻田黄石椭圆印章	高3cm	2,127,500	中国嘉德	2011.11.14
招财进宝 巴林洞石方章	高10.5cm	59,800	中国嘉德	2011.5.24
赵古泥篆刻对章	高6.5cm×2	69,000	朵云轩	2011.7.4
赵穆刻寿山石印章	高5cm	82,800	中国嘉德	2011.5.24
赵叔孺刻对章	高5.2cm	253,000	中国嘉德	2011.11.14
赵叔孺刻红芙蓉凤钮章	高6cm	80,500	中国嘉德	2011.5.23
赵叔孺刻青田石方章(一对)	高8cm×2	97,750	朵云轩	2011.12.16
赵叔孺刻印章	高4.3cm	59,800	中国嘉德	2011.5.24
赵叔孺刻印章(一件)	高3.9cm	71,300	中国嘉德	2011.11.14
赵之琛刻青田石鲍慎斋自用印	高6cm	184,000	西泠拍卖	2011.7.17
赵之谦刻印章	高5.8cm	1,058,000	中国嘉德	2011.11.14
郑明刻老性红芙蓉瑞兽钮扁方章	高6.6cm	368,000	北京保利	2011.6.5
郑颖芝三色水洞瑞兽钮长方章	高7cm	230,000	北京保利	2011.12.08
郑幼林刻田黄冻竹节形章	高5.2cm	575,000	北京保利	2011.6.5
郑则金刻田黄云龙戏珠随形章	高5cm	172,500	北京保利	2011.6.5
钟以敬篆刻闲章	高3cm	51,750	朵云轩	2011.12.16
周处除三害黄金黄长方大章	高9cm	3,584,000	琴岛荣德	2011.12.10
朱其石 马棠等刻倪田 程璋等自用印(三方)	尺寸不一	69,000	西泠拍卖	2011.7.17
朱砂冻镂雕七螭钮章	高14cm	109,250	朵云轩	2011.7.4
朱砂芙蓉麒麟钮方章	高7.3cm	55,200	北京保利	2011.12.08
诸乐三 金禹民刻寿山石闲章(二方)	尺寸不一	80,500	西泠拍卖	2011.7.17
诸乐三刻青田石瑞兽钮章	高5.2cm	74,750	西泠拍卖	2011.7.17
六、澄泥				
明 澄泥蝉形砚	32cm×23cm	55,200	北京歌德	2011.12.03
明 澄泥石渠阁仿瓦型砚	30.4cm×20cm	59,800	北京华辰	2011.5.20
明 澄泥寿方砚	长21cm	184,000	北京保利	2011.12.08
明 澄泥心经砚	14.3cm×8.8cm	82,800	北京华辰	2011.5.20
明 童子卧牛澄泥砚	长17cm；宽11cm	92,000	西泠拍卖	2011.7.19
明代 牧牛澄泥砚	长15.5cm	172,500	北京保利	2011.6.7
清乾隆 补庭款澄泥砚	17.5cm×10.6cm	92,000	中国嘉德	2011.5.23
清乾隆 澄泥仿汉御题诗砚	长12cm	5,060,000	北京保利	2011.6.5
清乾隆澄泥御题诗"太平"砚	长12cm	184,000	北京保利	2011.6.6
清乾隆 仿宋御题澄泥玉兔朝元砚	直径12cm	224,000	长风拍卖	2011.1.20
清乾隆 仿宋紫砂德寿殿犀纹澄泥砚	长14.5cm	1,127,000	北京保利	2011.6.7
清乾隆 仿唐八棱澄泥歙砚	10cm×4cm	140,000	天津文物	2011.5.13
清乾隆 乾隆御铭澄泥砚	长15cm	74,750	北京保利	2011.6.7
清乾隆 御铭澄泥钟型砚	长13cm	138,000	北京保利	2011.12.08
清 澄泥佛手砚	22cm×14cm	80,500	北京歌德	2011.12.03

拍品名称	尺寸	成交价RMB	拍卖公司	拍卖日期
清 丁敬款澄泥玉堂砚	18cm×11.5cm	92,000	北京华辰	2011.5.20
清 董沧门制十六应真过海图澄泥砚	长19.5cm	322,000	北京保利	2011.6.7
清 夔龙纹澄泥砚	17.8cm×10.5cm	241,500	西泠拍卖	2011.7.19
清 莲花纹斗字形澄泥砚	17.6cm×11.5cm	63,250	中国嘉德	2011.5.23
清 刘墉铭澄泥砚	直径16cm	63,250	北京匡时	2011.6.8
清 吴昌硕铭澄泥砚	长14.5cm；宽10cm	71,300	上海崇源	2011.7.6
清 徐渭仁铭、赵世骏、刘体智题长方澄泥砚	18.9cm×11.3cm	345,000	西泠拍卖	2011.7.19
方形澄砚	11.5cm×10.5cm	115,000	上海工美	2011.6.26
张寅款太平有象澄泥砚	17.2cm×10.5cm	126,500	西泠拍卖	2011.7.19
七、钟 表(成交50万元以上)				
清乾隆 御制铜鎏金转花转水法大吉葫芦钟	高86.4cm	78,200,000	北京保利	2011.6.5
清乾隆 铜鎏金转花西洋童子打乐钟	高64cm	18,400,000	北京保利	2011.6.5
清乾隆 皇家鎏金铜嵌金古希腊里拉琴式座钟	高52cm	4,025,000	北京华辰	2011.5.20
清中期 光彩开光人物花卉故事瓶式钟		1,344,000	中贸圣佳	2011.4.29
清乾隆 铜鎏金独占鳌头座钟	高36.5cm	920,000	北京匡时	2011.6.8
青金石及宝石「Tutti Frutti」神秘时钟		3,532,140	香港佳士得	2011.5.31
20世纪初 西洋钟	高38cm	517,500	北京匡时	2011.6.8
DIMIER 限量版铂金镶钻石镂空自动上链陀飞轮两地及世界时间腕表 NO8/50 年份2009	直径4.8cm	572,560	香港苏富比	2011.4.7
F.P.JOURNE限量钛金属及18k粉红金手动上链陀飞轮跳秒腕表 NO1/5 年份2007	直径4cm	1,077,760	香港苏富比	2011.4.7
F.P.JOURNE精致罕有铂金手动上链腕表 年份2004	直径3.8cm	501,832	香港苏富比	2011.4.7
FRANCK MULLER 18k白金手动上链三问万年历计时腕表 年份1997	直径3.7cm	724,120	香港苏富比	2011.4.7
FRANCK MULLER「CONQUISTADOR」18k黄金手动上链三问万年历追针计时腕表 NO 00 年份1995	直径3.8cm	542,248	香港苏富比	2011.4.7
爱彼 18k粉红金手动上链三问陀飞轮计时腕表 年份2005	直径4.3cm	1,835,560	香港苏富比	2011.4.7
爱彼 碳及陶瓷手动上链陀飞轮计时腕表No 88，年份约2008。		1,098,800	香港苏富比	2011.10.06
百达翡 镂空腕表，型号3878		575,000	中国嘉德	2011.11.13
百达翡丽 18K白金 全镶钻腕表 型号4908/113	表径2.4cm×2cm	5,175,000	北京保利	2011.6.6
百达翡丽18K白金手动上弦腕表三问功能陀飞轮碗表型号3939H	表径3.33cm	3,450,000	北京保利	2011.6.6
百达翡丽 18K白金 手动上弦腕表 万年历 飞返计时功能 型号5970G	直径4cm	977,500	北京保利	2011.6.6
百达翡丽 18k白金，镶钻石，年历，大三针，月相显示，珠贝母表盘女装腕表，型号4937G		529,000	中国嘉德	2011.5.24
百达翡丽 3970ER型号 18k粉红金手动上链万年历计时腕年份2002	直径3.6cm	673,600	香港苏富比	2011.4.7
百达翡丽 3990P型号非凡罕有铂金镶钻石手动上链万年历计时腕表 年份1996	直径3.6cm	1,532,440	香港苏富比	2011.4.7
百达翡丽 5004P型号精美及罕有铂金手动上链万年历双追针计时腕表 年份2003	直径3.6cm	1,734,520	香港苏富比	2011.4.7
百达翡丽 5040P型号铂金自动上链万年历腕表 年份2008	宽3.55cm	602,872	香港苏富比	2011.4.7
百达翡丽 5070R型号型号精致18k粉红金手动上链计时腕表 年份2006	直径4.2cm	522,040	香港苏富比	2011.4.7

2011杂项拍卖成交汇总

(成交价RMB：5万元以上)

拍品名称	尺寸	成交价RMB	拍卖公司	拍卖日期
百达翡丽 5102PR 「CELESTIAL」铂金及18k粉红金自动上链腕表 年份2010	直径4.3cm	1,734,520	香港苏富比	2011.4.7
百达翡丽 533型号精美及罕有18k粉红手动上链计时腕表 年份1947	直径3.3cm	673,600	香港苏富比	2011.4.7
百达翡丽 5970R型号18k粉红金手动上链万年历计时腕表 年份2009	直径4cm	1,128,280	香港苏富比	2011.4.7
百达翡丽 961型号极精美18k黄金手动上链三问万年历怀表 年份1990	直径5.8cm	1,380,880	香港苏富比	2011.4.7
百达翡丽 铂金手动上链三问万年历陀飞轮腕表，备逆跳飞返日期及月相盈亏显示 年份2004 型号5016P	直径3.65cm	4,311,040	香港苏富比	2011.4.7
百达翡丽 铂金镶钻石手动上链万年历计时腕表 年份2010 型号5971P	直径4cm	2,138,680	香港苏富比	2011.4.7
百达翡丽 计时码表，型号5959P		2,530,000	中国嘉德	2011.5.24
百达翡丽 蓝宝石 钻石 女士腕表	长16cm	636,805	伊斯特	2011.11.28
百达翡丽 镂空怀表，型号894		690,000	中国嘉德	2011.11.13
百达翡丽 皮带 黄金腕表	长19cm	561,887	伊斯特	2011.11.28
百达翡丽 天文腕表，型号5102J		1,380,000	中国嘉德	2011.5.24
百达翡丽 万年历计时码表，型号3990		1,725,000	中国嘉德	2011.11.13
百达翡丽 万年历计时码表，型号5970R	直径4cm	1,092,500	中国嘉德	2011.5.24
百达翡丽 星月陀飞轮天文腕表，型号5002P	表径4.28cm	8,280,000	中国嘉德	2011.5.24
百达翡丽 型号1436 18K黄金 手动上弦腕表 1969年制		2,472,500	北京保利	2011.12.09
百达翡丽 型号3939P 950铂金 手动上弦腕表 三问 陀飞轮 2006年制		3,852,500	北京保利	2011.12.09
百达翡丽 型号3940 18K黄金自动上弦腕表 1987年制		667,000	北京保利	2011.12.09
百达翡丽 型号5050 第一代弹跳式万年历腕表		552,000	北京保利	2011.6.6
百达翡丽 型号5070R 18K玫瑰金 手动上弦腕表		575,000	北京保利	2011.6.6
百达翡丽 型号5075 18K白金自动上弦腕表 珐琅彩绘 2002年制		575,000	北京保利	2011.12.09
百达翡丽 型号5075 18K白金自动上弦腕表珐琅彩绘 2002年制		575,000	北京保利	2011.12.09
百达翡丽 型号5075 18K白金自动上弦腕表珐琅彩绘 2002年制		563,500	北京保利	2011.12.09
百达翡丽 型号5104P 950铂金镂空自动上弦腕表 2008年制		5,175,000	北京保利	2011.12.09
百达翡丽 型号5131G 18K白金 自动上弦腕表		1,104,000	北京保利	2011.12.09
百达翡丽 型号5131J 18K黄金 自动上弦腕表		1,035,000	北京保利	2011.12.09
百达翡丽 型号5159 18K白金自动上弦腕表 2007年制		575,000	北京保利	2011.12.09
百达翡丽 型号5722G 18K白金自动上弦镶钻腕表 2009年制		828,000	北京保利	2011.12.09
百达翡丽 型号5722G腕表，		862,500	中国嘉德	2011.11.13
百达翡丽1387型号 黄金及珐琅彩绘太阳能座钟		1,689,200	香港苏富比	2011.10.06
百达翡丽1415型号 手动上链世界时间腕表，年份1948。		1,098,800	香港苏富比	2011.10.06
百达翡丽1463型号 粉红金手动上链计时腕表，年份1970。		1,738,400	香港苏富比	2011.10.06
百达翡丽1518型号 粉红金手动上链万年历计时腕表，年份1951。		4,542,800	香港苏富比	2011.10.06

拍品名称	尺寸	成交价RMB	拍卖公司	拍卖日期
百达翡丽2524/1型号 黄金手动上链三问腕表，年份1954。		2,574,800	香港苏富比	2011.10.06
百达翡丽3939J型号 黄金手动上链三问陀飞轮腕表 年份1996。		3,460,400	香港苏富比	2011.10.06
百达翡丽3970ER型号 粉红金手动上链万年历计时腕表 年份约2003。		1,000,400	香港苏富比	2011.10.06
百达翡丽3970E型号 黄金万年历计时腕表 年份约2005。		724,880	香港苏富比	2011.10.06
百达翡丽5004型号 粉红金手动上链万年历双追针计时腕表 年份1996。		1,640,000	香港苏富比	2011.10.06
百达翡丽5059P型号 铂金自动上链万年历腕表 年份约2006。		557,600	香港苏富比	2011.10.06
百达翡丽5100P型号 限量版铂金手动上链腕表 年份约2001。		508,400	香港苏富比	2011.10.06
百达翡丽5101P型号 铂金手动上链陀飞轮腕表 年份约2004。		1,787,600	香港苏富比	2011.10.06
百达翡丽5102J型号 黄金自动上链腕表 年份约2008。		1,443,200	香港苏富比	2011.10.06
百达翡丽5102PR型号 铂金及粉红金自动上链腕表 年份约2010。		1,689,200	香港苏富比	2011.10.06
百达翡丽5250G型号 限量版白金自动上链年历腕表 年份2005。		734,720	香港苏富比	2011.10.06
百达翡丽5350R型号 限量粉红金自动上链年历大三针腕表 年份2007。		656,000	香港苏富比	2011.10.06
百达翡丽5450P型号 限量版铂金自动上链年历大三针腕表 年份2008。		656,000	香港苏富比	2011.10.06
百达翡丽5970G型号 白金万年历计时腕 年份2007。		951,200	香港苏富比	2011.10.06
百达翡丽5970J型号 黄金手动上链万年历计时腕表 年份约2008。		1,000,400	香港苏富比	2011.10.06
百达翡丽5970P型号 铂金万年历计时腕表 年份2009。		1,394,000	香港苏富比	2011.10.06
柏芝 铂金镂空手动上链三问三金桥陀飞轮腕表 年份约2004。		1,295,600	香港苏富比	2011.10.06
宝玑 1808年大师亲制22K黄金 掐丝珐琅精雕内外双壳大、小自鸣二问报时功能土耳其市场表		4,370,000	北京保利	2011.12.09
宝玑 3356型号18k白金镶钻石镂空手动上链陀飞轮腕表 年份2002	直径4.05cm	1,835,560	香港苏富比	2011.4.7
宝玑 950铂金 自动上弦腕表	直径4cm	517,500	北京保利	2011.6.6
宝玑 全球限量7只，第1只 钥匙上弦 银镀金嵌水晶 手工雕花 计时温度计旅行钟 型号6243AG/12/CR	高度18cm	517,500	北京保利	2011.6.6
宝玑 陀飞轮腕表，型号Tourbillon Power-Reserve		575,000	中国嘉德	2011.5.24
宝玑3755型号 铂金镂空手动上链万年历陀飞轮腕表 年份约2008。		852,800	香港苏富比	2011.10.06
宝玑5359「Flying B」型号 白金镶钻石手动上链陀飞轮腕表 年份2008。		1,197,200	香港苏富比	2011.10.06
宝珀 三问，日月星三历，活动人偶春宫腕表	直径3.4cm	724,500	中国嘉德	2011.5.24
播威 18K玫瑰金 怀表、手表两用 1822系列	直径4.2cm	575,000	北京保利	2011.6.6
播喊“夏日花束”银鎏金 钥匙上弦怀表 珐琅 珍珠镶嵌表壳中国市场表 约1850年制		690,000	北京保利	2011.12.09
伯爵 红宝石钻石 黄金女士腕表	长15cm	599,346	伊斯特	2011.11.28
伯爵 华丽女装18k白金石英炼带腕表 年份2010	长16.2cm	623,080	香港苏富比	2011.4.7

拍品名称	尺寸	成交价RMB	拍卖公司	拍卖日期
伯爵 女装黄金、红宝及钻石手动上链炼带腕表 年份约1983。		656,000	香港苏富比	2011.10.06
梵克雅宝 钻石 黄金 女士腕表	2cm×2cm	749,182	伊斯特	2011.11.28
富硕 白鸽与花海 黄金掐丝填彩微绘珐瑯表壳中国市场表 约1840年制		1,667,500	北京保利	2011.12.09
豪爵 18K白金 手动上弦腕表	2.3cm×3cm	690,000	北京保利	2011.6.6
豪爵一套4枚限量18k白金手动上链腕表，珐琅表盘 年份2005	直径4.2cm	522,040	香港苏富比	2011.4.7
积家 18K白金 女款珠宝腕表 镶钻可翻转表盘	全表长约20cm	667,000	北京保利	2011.6.6
积家 限量版钛金属镂空手动上链三问腕表 No 79/200，年份约2006。		508,400	香港苏富比	2011.10.06
积家 限量生产镂空三问腕表，型号Master Minute Repeater	直径4.4cm	690,000	中国嘉德	2011.5.24
江诗丹顿 950铂金 手动上弦陀飞轮腕表	表径3.8cm	632,500	北京保利	2011.6.6
江诗丹顿 PAGODE KALLA系列 18K白金全镶钻手动上弦腕表1996年制		3,220,000	北京保利	2011.12.09
江诗丹顿 铂金镶钻石镂空手动上链陀飞轮腕表 年份2004。		1,394,000	香港苏富比	2011.10.06
江诗丹顿 粉红金镂空手动上链三问腕表 No 2, 年份约1995。		1,590,800	香港苏富比	2011.10.06
杰拉尔德查理尊达 18K白金自动上弦腕表 2006年制		920,000	北京保利	2011.12.09
杰拉尔德查理尊达 珠宝小座钟 2000年制	高度11.5cm	2,070,000	北京保利	2011.12.09
据考为Henri Maillardet制「中国丝蚕」黄金、珐琅、珍珠、钻石及宝石手动上链活动蚕虫 年份约1820。		1,984,400	香港苏富比	2011.10.06
卡地亚 陀飞轮腕表，型号Diabolo		552,000	中国嘉德	2011.11.13
卡地亚 限量版白金及全钻石手动上链腕表 No 16/20, 年份2008。		1,394,000	香港苏富比	2011.10.06
朗格 白金手动上链跳时跳分腕表 年份约2010。		557,600	香港苏富比	2011.10.06
朗格 铂金手动上链双追针飞返计时腕表 年份2006	直径4.3cm	623,080	香港苏富比	2011.4.7
朗格 铂金手动上链双追针飞返计时腕表 年份约2008。		508,400	香港苏富比	2011.10.06
朗格 铂金手动上链万年历计时腕表 年份2006	直径41mm	774,640	香港苏富比	2011.4.7
朗格 限量手动上链陀飞轮腕表 NO74/250 年份2002	直径3.85cm	623,080	香港苏富比	2011.4.7
朗格 一套两支限量版 白金及粉红金手动上链腕表 No 25/101，年份约2003。		803,600	香港苏富比	2011.10.06
劳力士6036型号 粉红金手动上链计时腕表 年份约1950。		705,200	香港苏富比	2011.10.06
劳力士6262/6239型号 精钢手动上链计时炼带腕表 年份约1970。		528,080	香港苏富比	2011.10.06
劳力士6263型号 手动上链计时炼带腕表 年份约1997。		724,880	香港苏富比	2011.10.06
罗杰杜彼 18K白金 珐琅彩绘赛车套表 2005年制		632,500	北京保利	2011.12.09
萧邦 女装 石英白金镶钻石炼带腕表 年份约2005。		1,148,000	香港苏富比	2011.10.06
肖邦 18K黄金 女款珠宝腕表 全镶钻与红宝石	全表长约18cm	575,000	北京保利	2011.6.6
肖邦 粉色钻石经典女士腕表	长19cm	1,273,609	伊斯特	2011.11.28
雅典 18K白金 手动上弦腕表 圣马可自鸣单问报时系列		529,000	北京保利	2011.6.6
雅典 奇想FREAK卡罗素陀飞轮		552,000	北京保利	2011.6.6
伊士架金币腕表(14K黄金)		990,000	鼎时国际	2011.12.03
尊达珍贵蓝宝石配钻石女款腕表	表径2.6cm	943,000	北京保利	2011.6.6
八、铜器				
陈设件				

拍品名称	尺寸	成交价RMB	拍卖公司	拍卖日期
宋 青铜卧狮	长9.2cm	713,000	中国嘉德	2011.5.22
宋代 卧牛摆件	长20.5cm	156,800	古天一	2011.6.4
明 铜鎏金瑞兽	长5.7cm	402,500	中国嘉德	2011.12.17
明 铜鎏金瑞兽摆件	高16cm	1,955,000	浙江钱塘	2011.12.04
明 铜鎏金狮子摆件	长21cm	94,300	中国嘉德	2011.11.15
明 铜鎏金兽	长13.3cm	690,000	中国嘉德	2011.5.22
明 铜鎏金行龙摆件	长27.5cm	156,800	北京永乐	2011.5.24
明成化 鎏金铜「兽面游龙」图交龙钮编钟	高48.5cm	32,685,200	香港苏富比	2011.10.05
明嘉靖 御制铜鎏金龙纹钟	高34cm	2,185,000	荣宝斋(沪)	2011.11.25
明末 铜塑胡人骑象摆件	长7cm	99,394	香港佳士得	2011.6.1
清康熙 御制铜鎏金交龙钮“无射”编钟	高30cm	15,120,000	浙江钱塘	2011.6.12
清乾隆 铜鎏金嵌宝石天鸡摆件 (一对)	高19.5cm	4,485,000	北京保利	2011.12.06
清乾隆 铜狮 (一对)	高37.7cm	713,000	福建拍卖	2011.7.2
清乾隆 铜游龙形立件	长38cm	74,750	北京保利	2011.4.16
清中期 青铜狮子	高24cm×2	92,000	北京歌德	2011.6.3
清 铜丹顶鹤 (一对)	高42cm	98,560	浙江钱塘	2011.6.12
清 铜雕大犀牛摆件	长77cm	287,500	北京保利	2011.4.18
清 铜雕富贵兔摆件	高30cm	55,200	北京保利	2011.4.18
清 铜雕瑞兽 (一对)	高19.5cm	112,000	浙江钱塘	2011.1.9
清 铜雕瑞兽摆件 (一对)	高14cm	55,200	北京保利	2011.7.28
清 铜红皮蚰龙	直径10cm	920,000	苏州吴门	2011.6.12
清 铜京狮 (一对)	高90cm	58,240	太平洋	2011.6.18
清 铜鎏金大公鸡	高76cm	115,000	北京保利	2011.4.18
清 铜鎏金交龙纽八卦纹编钟	高30cm	358,400	北京保利	2011.1.16
清 铜嵌八宝太平有象摆件 (一对)	高25cm×2	195,500	北京匡时	2011.6.8
清 铜嵌松石太平有象摆件 (二件)	高19.6cm	103,500	北京翰海	2011.5.21
清 铜瑞兽 (一对)	高46cm	138,000	中国嘉德	2011.09.17
清 铜狮子 (一对)	高161cm	575,000	中国嘉德	2011.09.17
1870年作 象牙铜雕“莉斯”	高60cm	636,805	伊斯特	2011.11.28
铜鎏金交龙钮八卦纹钟	高31cm	80,500	中国嘉德	2011.3.21
铜鎏金交龙钮钟	高30cm	74,750	中国嘉德	2011.09.17
清早期 铜錾花题诗如意	长44cm	61,600	北京保利	2011.1.16
清中期 铜胎画珐琅八宝万寿康宁如意	长39.5cm	230,000	北京匡时	2011.6.8
清 铜鎏金八宝纹镶红珊瑚龙纹如意	长44.5cm	1,344,000	古天一	2011.6.4
清 铜鎏金嵌表如意	长46cm	747,500	北京保利	2011.6.7
清 铜鎏金嵌珍珠松鹤延年图如意 (一对)	长37cm	172,500	中国嘉德	2011.09.17
清 铜万寿如意	长46cm	56,000	浙江钱塘	2011.6.12
饰件				
清 铜鎏金狮形铺首 (一对)	高24.8cm	69,000	西泠拍卖	2011.7.18
清初 铜鎏金嵌象牙龙纹带扣 (一对)	长7cm	80,500	浙江钱塘	2011.12.04
清乾隆 皇帝吉服带原配铜鎏金嵌彩料带扣	长212cm	287,500	北京保利	2011.6.6
清乾隆 皇帝吉服带原配铜鎏金錾花碧玺蓝料带扣(红地织金衬里)	长180cm	345,000	北京保利	2011.6.6
清乾隆 铜鎏金嵌白玉乾隆御制诗带扣	长8.5cm	230,000	北京保利	2011.6.6
清乾隆 铜鎏金天马行空挂件	高45cm	977,500	北京东正	2011.6.5
清乾隆 铜烧蓝“延年益寿”扳指	高3cm	89,600	海士德	2011.6.17
龙首错金银带钩 (一对)	高15.5cm	575,000	雍和嘉诚	2011.11.21
铜铸龙爪	长45.2cm	931,500	北京中汉	2011.5.23
铸铜云龙纹火钵	直径17cm	59,800	北京匡时	2011.12.05
瓶				
唐 铜帛纱瓶挂	直径26cm	57,500	北京匡时	2011.12.05
唐 铜鎏金璎珞纹敞口莲瓣瓶	高14.5cm	287,500	北京匡时	2011.6.8
唐 铜鎏金莲瓣纹净瓶	高14cm	172,500	西泠拍卖	2011.7.19
明正德 铜阿文瓶	高21.5cm	322,000	北京歌德	2011.6.3
明正德 阿拉伯纹炉瓶三事	尺寸不一	16,800,000	浙江佳宝	2011.6.23
明正德 铜阿拉伯文炉瓶盒三事	尺寸不一	896,000	浙江钱塘	2011.6.12

2011杂项拍卖成交汇总

(成交价RMB：5万元以上)

拍品名称	尺寸	成交价RMB	拍卖公司	拍卖日期
明 铜鎏金錾刻花卉纹香瓶	高10cm	115,000	上海大众	2011.08.25
明 铜错金银夔龙纹双耳大瓶	高61cm	805,000	北京匡时	2011.6.8
清中期 铜螭龙双耳香瓶	高8.8cm	69,000	北京翰海	2011.11.19
清早期 绳索纹错银小铜瓶	高8.3cm	80,500	北京诚轩	2011.5.22
清康熙铜点金双龙耳寿字大瓶	高69.5cm	1,035,000	北京匡时	2011.6.8
清乾隆宣德款铜点金双耳大瓶	高64.5cm	575,000	西泠拍卖	2011.7.19
清乾隆 铜西蕃莲纹兔耳瓶(一对)	高16cm	207,000	上海大众	2011.08.25
清乾隆 铜胎掐丝珐琅花卉纹双飞龙耳六方瓶 (一对)	高50cm×2	1,150,000	北京匡时	2011.6.8
清乾隆 铜洒金葫芦瓶	高38.5cm	920,000	北京翰海	2011.11.19
清乾隆铜鎏金夔龙纹双连小瓶	9.4cm×12cm	460,000	北京诚轩	2011.11.12
清乾隆 铜鎏金雕花鸟纹炉瓶盒 (一套)	尺寸不一	336,000	北京永乐	2011.5.24
清 宣德款双螭耳铜瓶	高39.6cm	172,500	西泠拍卖	2011.7.18
清 铜双龙耳三足瓶	直径19.3cm	56,000	太平洋	2011.09.17
清 铜嵌银丝双兽耳花瓶	高10.5cm	89,600	北京荣宝	2011.11.11
清 铜龙纹瓶	高63cm	230,000	中国嘉德	2011.5.23
清 铜六方凤耳瓶	高54cm	425,600	浙江钱塘	2011.1.9
清 铜鎏银嵌宝石龙纹瓶(一对)	高230cm	55,200	北京保利	2011.4.18
清 铜鎏金葫芦双钱瓶花插	高13.1cm	56,000	浙江钱塘	2011.6.12
清 铜福山寿海纹瓶	高51cm	537,600	云南典藏	2011.5.14
清 阿拉伯文双耳瓶	高22.2cm	368,000	中国嘉德	2011.11.15
幕府末期 铸铜蝉兜花瓶	高30.7cm	59,800	北京匡时	2011.12.05
银盛上菊花镶嵌黄铜花瓶	高29.3cm	92,000	西泠拍卖	2011.7.19
铜鎏金龙纹瓶	高162cm	195,500	中国嘉德	2011.6.18
铜刻云龙纹双耳盘口瓶	高71cm	69,440	云南典藏	2011.10.31
尊				
唐 铜鎏金仿青铜双耳四方尊	高38cm	60,000	中都国际	2011.3.13
宋 龙凤纹铜尊	高21cm	575,000	上海崇源	2011.7.6
明晚期 岁寒三友纹铜尊	长17cm	195,500	长风拍卖	2011.6.21
清雍正 铜象耳小尊	高11.6cm	63,250	北京翰海	2011.5.21
清乾隆 铜瑞兽平安尊	高34.5cm×2	1,840,000	北京匡时	2011.6.8
清中期 铜错金银双凤耳尊	高46.5cm	253,000	北京东正	2011.6.5
清 紫金红铜兽耳凤尾尊(一对)	高35cm	672,000	江苏万达	2011.5.29
清 铜錾缠枝莲花方尊	高64.8cm	425,600	北京翰海	2011.4.9
烛 台				
清乾隆 铜朱雀形烛台 (一对)	高27.5cm	575,000	北京东正	2011.6.5
清乾隆 铜鎏金錾花龙头烛台(一对)	长44cm	126,500	北京保利	2011.4.16
清嘉庆 铜龙纹蜡台 (2件)	高37cm	874,000	北京翰海	2011.12.18
合金铜西洋座钟及烛台(一套)	尺寸不一	517,500	北京容海	2011.10.24
香 熏				
宋 铜万寿纹镂空长方香熏	14cm×11cm	138,000	上海大众	2011.08.25
明万历 局部鎏金骡形香薰	宽20cm	104,625	香港佳士得	2011.6.1
明代 兔形香薰	高15.5cm	425,600	古天一	2011.6.4
明代 兔形香薰	高21.5cm	168,000	古天一	2011.6.4
明代 鹿形香薰	高17.5cm	134,400	古天一	2011.6.4
明 铜银嵌牺尊香熏	长23cm	195,500	中国嘉德	2011.11.15
明 铜牧牛香熏	高21.5cm	92,000	长风拍卖	2011.12.20
明 嵌宝石双螭耳角端童子鎏金铜香熏	高33cm	4,025,000	西泠拍卖	2011.7.18
清中期 铜鎏金兽耳香熏	高10cm	138,000	中拍国际	2011.12.07
清早期 铜龟鹤齐寿香熏(一对)	高43cm	276,000	北京保利	2011.10.22
清乾隆 造办处麒麟铜香薰	高40cm	632,500	江苏省拍	2011.12.10
清乾隆 铜镶宝瑞兽香薰	长36.6cm	713,000	北京东正	2011.6.5
清乾隆 铜狮耳海棠形香熏	高22cm	728,000	苏州东方	2011.4.28
清乾隆 铜鎏金嵌宝石香熏	高21cm	3,220,000	北京东正	2011.6.5
清乾隆 铜鎏金嵌百宝瑞兽香熏	高26cm	10,695,000	北京东正	2011.6.5
清乾隆 铜鎏金角端铜香熏	高20cm	138,000	西泠拍卖	2011.7.19
清乾隆 铜鎏金开光花卉香薰	高11cm	115,000	北京歌德	2011.12.03
清乾隆 鎏金錾花开光花卉纹朝冠耳四足香熏	直径12.2cm	667,000	福建拍卖	2011.7.2
清代 铜鹿形香熏	高16.5cm	57,500	北京翰海	2011.11.19
清 铜兔形香熏	高19cm	138,000	北京匡时	2011.6.8
清 铜狮香熏	高43cm	103,500	上海崇源	2011.7.6
清 铜洒金胡人香薰	高32cm	57,500	北京翰海	2011.12.18
清 铜瑞兽香熏 (一对)	高31cm	101,200	中国嘉德	2011.11.15
清 铜瑞兽香熏	高33.5cm	391,000	北京匡时	2011.12.05
清 铜瑞兽香熏	高125cm	1,127,000	北京匡时	2011.6.8
清 铜麒麟仙人像香熏	高32cm	92,000	长风拍卖	2011.12.20

拍品名称	尺寸	成交价RMB	拍卖公司	拍卖日期
清 铜鎏金嵌百宝香熏	高34cm	345,000	荣宝斋(沪)	2011.11.25
清 铜鎏金麒麟香薰摆件	长81cm	58,240	太平洋	2011.09.17
清 铜局部鎏金镂空太平有象香薰	高48cm	61,600	北京保利	2011.1.16
清 白铜嵌白玉龙纹四足香熏	长11cm	115,000	北京保利	2011.12.08
铜鸭形香薰	高25cm	172,500	北京九歌	2011.6.10
鼎				
商 青铜兽面鼎	高32cm	3,105,000	中国嘉德	2011.5.23
晚商 公元前12-前11世纪 青铜鼎	高23cm	4,352,625	纽约佳士得	2011.3.24
西周 公元前10世纪 青铜鼎	高20cm	4,352,625	纽约佳士得	2011.3.24
清雍正 洒金铜龙纹出战方鼎	高14.5cm	1,623,780	香港佳士得	2011.6.1
清乾隆 铜鎏金夔凤三足鼎	高18.5cm	78,400	北京永乐	2011.5.24
清乾隆 铜夔龙纹方鼎	高48.5cm	3,680,000	北京东正	2011.6.5
缸				
清中期 铜鎏银錾刻嵌白玉十二生肖大缸 (一对)	直径95cm	50,400	北京保利	2011.1.16
清 铜雕双狮耳大缸	直径66cm	57,500	北京保利	2011.10.24
清 铜铺首缸	长44cm	138,000	中国嘉德	2011.3.21
清 铜海水云龙纹缸	高27.5cm	109,250	中国嘉德	2011.3.21
清 铜兽耳缸 (一对)	直径66cm	828,000	中国嘉德	2011.6.18
壶				
商晚 宁壶	高25cm	9,200,000	上海崇源	2011.7.6
西周 周宜壶	高58cm	28,750,000	上海崇源	2011.7.6
明 铜鎏金执壶	高21.5cm	57,500	北京歌德	2011.6.3
明 铜错金银仿青铜壶	高44cm	632,500	北京匡时	2011.6.8
明代 八楞錾花龙首执壶	高17cm	224,000	江苏万达	2011.5.29
清18世纪/19世纪 鎏金铜夔凤耳六方壶	高44.5cm	230,175	香港佳士得	2011.6.1
清 铜鎏金画珐琅多穆壶	高53cm	110,000	中都国际	2011.08.28
清 铜错金银兽面纹双耳方壶	高28.5cm	57,500	北京匡时	2011.6.8
清18世纪 洒金铜兽面环耳方壶	高13.2cm	104,625	香港佳士得	2011.6.1
南镣霰形小急须壶	高14cm；	51,750	北京匡时	2011.12.05
宁壶	高25cm	9,085,000	北京保利	2011.12.08
龙凤纹铜方壶 (一对)	高44.7cm×2	336,000	中贸圣佳	2011.1.23
隈本清藏造 金摘钮铁包银盖清嘉庆瓷盖金银铜铁银壶	高16cm	690,000	西泠拍卖	2011.7.19
杯				
清乾隆 铜饕餮纹爵杯	高17.5cm	253,000	上海大众	2011.08.25
铜制仿古爵杯 (一对)	高17.5cm×2	218,500	北京九歌	2011.6.10
盒				
明 胡文明制铜鎏金雕梅花香盒	直径7cm	112,000	北京荣宝	2011.08.13
明正德 铜伊斯兰文盖盒	高5.5cm	230,000	北京匡时	2011.6.8
清早期 铁嵌白银红铜龙纹御用瓷器套盒	直径14cm	51,750	北京保利	2011.10.22
清乾隆 铜鎏金错金银花卉山水纹葫芦形盖盒	长14cm	345,000	上海大众	2011.08.25
清 黄铜编丝蟹钮盖盒	直径13.5cm	80,500	北京匡时	2011.6.8
清 铜鎏金婴戏图瓜形盒	直径36cm	80,500	中国嘉德	2011.09.17
清 银鎏金嵌宝石八角盒	宽15cm	598,000	北京保利	2011.12.06
炉				
元 铜制三足炉	直径10.5cm	281,750	北京华辰	2011.5.20
宋-明 铜错金银兽面纹双耳炉连座	直径10cm	713,000	北京匡时	2011.6.8
明初 洒金铜兽形香炉	高23.5cm	1,824,660	香港佳士得	2011.6.1
明宣德 鎏金铜铸「穿云游龙」图双象耳炉	高17cm	1,984,400	香港苏富比	2011.10.05
明宣德 铜雪花金朝冠耳方炉	长28cm	31,360,000	苏州东方	2011.4.28
明正德 阿拉伯文鬲式炉	长12.5cm	3,136,000	浙江佳宝	2011.6.23
明正德 铜阿拉伯文三足炉	长17cm	575,000	北京东正	2011.6.5
明正德 铜阿拉伯纹筒式香炉	口径12.7cm	2,990,000	上海大众	2011.08.25
明正德 铜阿文炉	直径15.2cm	907,200	苏州东方	2011.4.28
明正德 铜开光回押经三足炉	高8.3cm	1,782,500	北京翰海	2011.5.21
明正德 铜鎏金阿拉伯文三足炉	直径15.5cm	2,185,000	北京东正	2011.11.17
明万历 胡文明制铜鎏金海兽簋式炉	长22cm	246,400	长风拍卖	2011.1.20
明 铜嵌银鎏金香炉	高11.7cm	672,000	天工艺苑	2011.6.26
明 成化年制款桥耳炉	高18cm	345,000	西泠拍卖	2011.7.18
明 冲耳炉	12cm×6cm	632,500	苏州吴门	2011.6.12
明 错金银鼎式熏炉	宽16cm	172,500	北京保利	2011.6.7
明 鬲式炉	直径13.2cm	103,500	广州嘉德	2011.6.11
明 胡文明制海八兽纹簋式炉	高9.1cm	345,000	西泠拍卖	2011.7.18
明 胡文明制铜鎏金龙纹双耳炉	直径12.5cm	437,000	北京匡时	2011.12.05

拍品名称	尺寸	成交价RMB	拍卖公司	拍卖日期
明 黄铜双戟耳炉	直径16cm	138,000	北京华辰	2011.5.20
明 金铜制炉	直径15.5cm	184,000	北京华辰	2011.5.20
明 明兹家藏款铜马槽炉	高7.3cm	276,000	西泠拍卖	2011.7.19
明 铜阿拉伯文三足炉	直径15cm	172,500	北京保利	2011.12.08
明 铜冲耳香炉	腹径16.5cm	2,012,500	上海大众	2011.08.25
明 铜冲天大炉	直径14.5cm	598,000	苏州吴门	2011.6.12
明 铜点金三足香炉	高15cm	246,400	云南典藏	2011.5.14
明 铜鬲式炉	腹径17cm	517,500	上海大众	2011.08.25
明 铜筒式如意耳炉	14cm×8cm	943,000	苏州吴门	2011.6.12
明 铜鎏金八宝纹香炉	口径11cm	230,000	上海大众	2011.08.25
明 铜鎏金锦地海兽纹香炉	直径17.5cm	690,000	福建拍卖	2011.7.2
明 铜鎏金兽面纹双耳炉	宽14.5cm	92,000	中国嘉德	2011.11.15
明 铜鎏金四季花卉三足炉	直径9.5cm	322,000	北京保利	2011.12.06
明 铜鎏金宣德款香炉	21.5cm×20cm	896,000	天工艺苑	2011.6.26
明 铜盘口三足炉	24cm	896,000	天津文物	2011.11.12
明 铜洒金立耳四足炉	高11cm	1,600,000	红太阳	2011.5.28
明 铜洒金凸雕云龙纹象耳炉	直径19.2cm	632,500	中国嘉德	2011.09.17
明 铜三足鬲式炉	直径18.5cm	67,200	长风拍卖	2011.1.20
明 铜三足双耳炉	高13.5cm	336,000	江苏万达	2011.5.29
明 铜狮耳香炉	高25cm	3,360,000	江苏万达	2011.5.29
明 铜竖耳三足炉	15cm	145,600	天津文物	2011.11.12
明 铜双螭龙耳长方炉	长16cm	690,000	上海大众	2011.08.25
明 铜天鸡法盏炉	15cm×8.5cm	1,092,500	苏州吴门	2011.6.12
明 铜压经香炉	腹径16cm	782,000	上海大众	2011.08.25
明 铜蚰龙耳香炉	腹径14.5cm	437,000	上海大众	2011.08.25
明 铜云鹤纹筒式炉	高12.2cm	470,400	浙江钱塘	2011.6.12
明 铜錾金海兽纹炉	直径17.2cm	63,250	中国嘉德	2011.12.17
明 铜錾开光回纹三足筒式炉	高8.2cm	149,500	北京翰海	2011.11.19
明 铜錾刻花卉纹筒式炉	口径9cm	345,000	上海大众	2011.08.25
明 铜制双冲耳炉	直径16cm	92,000	北京华辰	2011.5.20
明 铜制雪花金鬲式炉	直径18cm	218,500	北京华辰	2011.5.20
明 吴邦佑款冲天耳炉	宽15cm	322,000	中国嘉德	2011.11.15
明 宣德款桥耳炉	高7.6cm	97,750	西泠拍卖	2011.7.19
明 宣德款狮耳琮式炉	高17.1cm	287,500	西泠拍卖	2011.7.19
明 云龙纹兽耳铜香炉	直径13cm	115,000	北京匡时	2011.6.8
明17世纪 局部鎏金铜刻饕餮纹香炉	宽8cm	261,563	香港佳士得	2011.6.1
明崇祯 冲天耳炉	直径14.5cm	616,000	浙江佳宝	2011.6.23
明崇祯 平口素身三乳足炉	直径13.2cm	3,024,000	浙江佳宝	2011.6.23
明崇祯 铜'崇祯乙亥云台主人制'北瓜形炉	长22cm	1,782,500	北京东正	2011.6.5
明崇祯 铜冲耳三足炉	宽17cm	690,000	北京保利	2011.6.7
明代 朝冠耳炉	长11.5cm	134,400	古天一	2011.6.4
明代 冲耳四足方炉	高16.5cm	115,000	古天一	2011.12.05
明代 台儿式炉	长11cm	369,600	古天一	2011.6.4
明代 筒式炉	高6.6cm	168,000	古天一	2011.6.4
明代 小蚰耳炉	高3.8cm	392,000	古天一	2011.6.4
明代 压经簋式炉	高5.6cm	385,000	古天一	2011.6.4
明代 蚰耳炉	高5.5cm	690,000	古天一	2011.12.05
明代 錾花鎏金筒式炉	高6.5cm	358,400	古天一	2011.6.4
明弘治 嵌银丝龙纹铜炉		56,000	中贸圣佳	2011.4.29
明15世纪 铜鎏金朝冠耳三足炉	宽19.7cm	397,575	香港佳士得	2011.6.1
明晚期 冲天耳炉	直径13.3cm	2,016,000	浙江佳宝	2011.6.23
明晚期 天鸡耳炉	直径8.6cm	728,000	浙江佳宝	2011.6.23
明晚期 铜鎏金簋式炉	长11.3cm	287,500	中拍国际	2011.12.07
明末 局部鎏金铜双耳香炉	宽19cm	397,575	香港佳士得	2011.6.1
明末/清初 局部鎏金铜云龙纹螭龙耳香炉	宽15.2cm	569,160	香港佳士得	2011.6.1
明末/清初 洒金铜双耳三足香炉	直径20cm	334,800	香港佳士得	2011.6.1
清初 洒金天鸡耳三思炉	宽13.8cm	230,000	中国嘉德	2011.5.22
清初 铜冲天耳九狮炉	高9.4cm	862,500	北京东正	2011.6.5
清初 铜仿宋弦纹三足炉	直径14.1cm	552,000	北京东正	2011.6.5
清初 铜洒金兽耳炉	宽18cm	138,000	中国嘉德	2011.5.22
清初 铜三足圆炉	10.5cm×4.5cm	115,000	北京歌德	2011.6.3
清早 铜竹节纹盖炉	18cm×28cm	977,500	苏州吴门	2011.6.12
清早期 阿拉伯文戟耳炉	高12.4cm	299,000	西泠拍卖	2011.7.18
清早期 螭龙耳押经炉	长19cm	126,500	北京匡时	2011.09.17
清早期 冲耳炉	高8cm	690,000	中拍国际	2011.12.07
清早期 冲天耳三足铜炉	15.6cm×9.7cm	80,500	北京诚轩	2011.11.12

拍品名称	尺寸	成交价RMB	拍卖公司	拍卖日期
清早期 冲耳炉	长10cm	560,000	古天一	2011.6.4
清早期 鬲式炉	高5.8cm	103,500	古天一	2011.12.05
清早期 鬲式炉	高5cm	112,000	古天一	2011.6.4
清早期 鬲式铜炉	15.2cm×5.7cm	57,500	北京诚轩	2011.5.22
清早期 黄铜桥耳三足炉	直径15cm	322,000	北京华辰	2011.5.20
清早期 黄铜洒金双耳炉	直径13cm	172,500	北京华辰	2011.5.20
清早期 黄铜双耳炉	直径31cm	132,250	北京华辰	2011.5.20
清早期 戟耳炉	高7cm	425,600	古天一	2011.6.4
清早期 鎏金兽耳簋式炉	高7.5cm	224,000	古天一	2011.6.4
清早期 镂雕龙凤盖海兽纹双耳簋式铜熏炉	高17cm	92,000	北京保利	2011.6.7
清早期 马槽炉	高6.8cm	1,344,000	古天一	2011.6.4
清早期 马槽炉	高5.8cm	448,000	古天一	2011.6.4
清早期 铜冲耳炉	长15cm	575,000	北京永乐	2011.11.15
清早期 铜冲天耳三足炉	宽21.3cm	940,800	北京永乐	2011.5.24
清早期 铜冲天耳香炉	长21cm	230,000	北京匡时	2011.09.17
清早期 铜鬲式炉	宽10.7cm	230,000	中国嘉德	2011.11.15
清早期 铜局部鎏金暗八仙海兽簋式炉	宽24cm	161,000	北京保利	2011.6.7
清早期铜局部鎏金海八怪簋式炉	宽25cm	207,000	北京保利	2011.6.7
清早期 铜马槽炉	长13.3cm	862,500	中国嘉德	2011.3.21
清早期 铜平口三足炉	长11cm	207,000	北京永乐	2011.11.15
清早期 铜桥耳三足炉	6cm×19.5cm	184,000	北京歌德	2011.6.3
清早期铜洒金夔凤纹狮耳大香炉	长30.5cm	425,600	北京永乐	2011.5.24
清早期 铜洒金蚰耳香炉	长15cm	336,000	北京荣宝	2011.11.11
清早期 铜洒金蚰耳香炉	长33cm	1,150,000	北京匡时	2011.6.8
清早期 铜三足双冲耳大炉(佛道堂前置用)	宽29cm	368,000	北京保利	2011.10.22
清早期 铜兽足炉	直径20cm	184,000	北京保利	2011.6.7
清早期 铜双耳三足炉	高12cm	109,250	北京匡时	2011.12.05
清早期 铜双耳三足炉	长16.5cm	59,800	北京匡时	2011.09.17
清早期铜双耳衔环钵式炉连座	高18.5cm	943,000	北京匡时	2011.12.05
清早期 铜双铺首三足鼓形炉	长26cm	172,500	北京匡时	2011.09.17
清早期 铜双鱼耳炉	通耳长11.5cm	172,500	北京永乐	2011.11.15
清早期 铜索耳马槽炉	9cm×7cm	80,500	北京歌德	2011.6.3
清早期 铜太平有象三足炉	高8cm	368,000	北京中汉	2011.5.23
清早期 铜蚰耳炉	直径16.8cm	437,000	中国嘉德	2011.12.17
清早期 铜蚰耳炉	长18cm	287,500	中国嘉德	2011.09.17
清早期 铜蚰耳炉	直径24cm	57,500	中国嘉德	2011.6.18
清早期 铜蚰龙耳炉	高7cm	195,500	北京歌德	2011.6.3
清早期 铜制钵型三足炉	直径23.5cm	172,500	北京华辰	2011.5.20
清早期 铜制冬瓜清三足炉	直径14.5cm	51,750	北京华辰	2011.5.20
清早期 铜制洒金双冲耳炉	直径16cm	59,800	北京华辰	2011.5.20
清早期 铜制双戟耳弦纹炉	直径14cm	55,200	北京华辰	2011.5.20
清早期 铜制双桥耳琴炉	直径9cm	69,000	北京华辰	2011.5.20
清早期 铜制双桥耳三足炉	直径16cm	57,500	北京华辰	2011.5.20
清早期 铜制双狮耳炉	直径27cm	112,700	北京华辰	2011.5.20
清早期 徐氏清玩款鬲式炉	高4.9cm	402,500	西泠拍卖	2011.7.18
清早期玉堂清玩洒金双耳押经炉	宽16.3cm	322,000	中国嘉德	2011.5.22
清早期 枣红皮铜制双桥耳炉	直径15cm	78,200	北京华辰	2011.5.20
清早期 枣皮红双耳香炉	直径17.5cm	402,500	北京匡时	2011.6.8
清早期 珍舍永宝款鬲式炉	高5.1cm	115,000	西泠拍卖	2011.7.19
清早期 篆书宣德款压经炉	高6.6cm	115,000	西泠拍卖	2011.7.18
清康熙 鎏金刻龙兽钮熏炉	高15cm	560,000	江苏万达	2011.5.29
清康熙 铜"焕文堂藏"点金桥耳三足炉	直径21.5cm	667,000	北京东正	2011.6.5
清康熙 铜"一统万年"炉	直径11cm	517,500	中国嘉德	2011.09.17
清康熙 铜方香炉	宽17.5cm	92,000	中国嘉德	2011.11.14
清康熙 铜鎏金百寿文炉	长81cm	12,650,000	北京东正	2011.11.17
清康熙铜万寿无疆款三足筒式炉	直径11cm	728,000	长风拍卖	2011.1.20
清康熙 蚰耳炉	高6cm	2,800,000	古天一	2011.6.4
清康熙 蚰耳炉	直径10cm	952,000	浙江佳宝	2011.6.23
清雍正 铜垂耳炉	长10cm	575,000	北京东正	2011.6.5
清雍正 铜仿汝窑洗式炉	长13cm	149,500	上海大众	2011.08.25
清乾隆 冲天耳炉	直径15.5cm	3,360,000	浙江佳宝	2011.6.23
清乾隆 错金银仿古簋式炉	高12.6cm	149,500	西泠拍卖	2011.7.18
清乾隆 仿青铜器山形钮盖炉	高62cm	2,300,000	中国嘉德	2011.5.22
清乾隆 乾清宫款乳足鬲式炉	直径10.7cm	207,000	西泠拍卖	2011.7.18

2011杂项拍卖成交汇总

(成交价RMB：5万元以上)

拍品名称	尺寸	成交价RMB	拍卖公司	拍卖日期
清乾隆 黄铜带座双铺首炉	直径17cm	92,000	北京华辰	2011.5.20
清乾隆 黄铜雪花金纹双狮兽耳三足炉	直径24cm	189,750	北京华辰	2011.5.20
清乾隆 金带围冲耳炉	高6.2cm	207,000	西泠拍卖	2011.7.18
清乾隆 鎏金铜嵌宝石「五象宝鼎」三足盖炉	长51cm	1,000,400	香港苏富比	2011.10.05
清乾隆 洒金钵式炉	长8.5cm	504,000	浙江佳宝	2011.6.23
清乾隆 铜"西园"款扳耳炉	高6.2cm	1,344,000	苏州东方	2011.4.28
清乾隆 铜钵式大炉	直径49cm	920,000	北京保利	2011.6.7
清乾隆 铜海八怪云龙纹熏炉	高23.8cm	460,000	北京东正	2011.6.5
清乾隆 铜鎏金"太平有象"熏炉	高17cm	115,000	北京保利	2011.10.22
清乾隆 铜鎏金四龙足双兽耳炉	高12.5cm	402,500	上海大众	2011.08.25
清乾隆 铜鎏金錾刻花鸟纹炉、瓶、盒(三式一套)	尺寸不一	517,500	上海大众	2011.08.25
清乾隆 铜鎏錾道教八仙纹方炉(道观堂前置用)	宽19cm	184,000	北京保利	2011.10.22
清乾隆 铜嵌银丝鎏金古币纹方炉	宽16.5cm	230,000	北京保利	2011.6.7
清乾隆 铜洒金狮耳炉	宽39cm	4,600,000	中国嘉德	2011.11.15
清乾隆 铜狮纽大熏炉	高30cm	368,000	荣宝斋(沪)	2011.11.25
清乾隆 铜鱼耳洒金炉	长14cm	264,500	北京东正	2011.6.5
清乾隆 铜制带座刻云龙戏珠纹炉	直径31cm	391,000	北京华辰	2011.5.20
清乾隆 铜制双耳炉	直径19cm	80,500	北京华辰	2011.5.20
清乾隆 铜制双兽耳炉	直径12cm	66,700	北京华辰	2011.5.20
清乾隆 铜制象首足弦纹炉	直径17cm	115,000	北京华辰	2011.5.20
清乾隆 铜双龙钮三足炉	高8.7cm	253,000	浙江钱塘	2011.12.04
清中期 朝冠耳四足炉	高14.5cm	145,600	古天一	2011.6.4
清中期 缶式炉	高5.5cm	336,000	古天一	2011.6.4
清中期 海水龙纹熏炉	高26cm	322,000	中国嘉德	2011.5.23
清中期 錾耳压经炉	18.7cm×7.3cm	103,500	北京诚轩	2011.11.12
清中期 平口三足乳铜炉	长13cm	184,000	北京永乐	2011.11.15
清中期 洒金蚰大耳铜炉	长16.5cm	632,500	长风拍卖	2011.6.21
清中期 私家款铜双耳炉	直径17cm	402,500	北京匡时	2011.6.8
清中期 铜凤眼双眼三足炉	高17cm	356,500	北京翰海	2011.5.21
清中期 铜虎眼三足炉	高18.7cm	322,000	北京翰海	2011.5.21
清中期 铜戟耳红皮三足炉	高7.5cm	253,000	北京翰海	2011.5.21
清中期 铜戟耳洒金香炉	高6cm	138,000	北京翰海	2011.11.19
清中期 铜戟耳三足炉	高14cm	690,000	北京翰海	2011.5.21
清中期 铜戟耳三足炉	高11.7cm	575,000	北京翰海	2011.5.21
清中期 铜刻卷云纹螭璧耳三足炉	长14.8cm	358,400	北京永乐	2011.5.24
清中期 铜鎏金錾云龙纹双耳炉	高7.5cm	112,700	北京翰海	2011.5.21
清中期 铜龙耳三足炉	高12.8cm	517,500	北京翰海	2011.5.21
清中期 铜铺首耳炉	高9.3cm	55,200	北京翰海	2011.5.21
清中期 铜铺首耳三足炉	高12.2cm	195,500	北京翰海	2011.5.21
清中期 铜桥耳炉	长11cm	471,500	北京永乐	2011.11.15
清中期 铜三足炉	高7.4cm	149,500	北京翰海	2011.11.19
清中期 铜狮耳炉	高6.5cm	69,000	北京歌德	2011.6.3
清中期 铜兽耳圈足炉	直径4.5cm	126,500	北京翰海	2011.11.19
清中期 铜兽面纹鼎式炉		280,000	中贸圣佳	2011.4.29
清中期 铜双耳炉	高9.4cm	115,000	北京翰海	2011.5.21
清中期 铜双耳炉	高6.7cm	101,200	北京翰海	2011.5.21
清中期 铜双耳象足炉	高8.8cm	94,300	北京翰海	2011.5.21
清中期 铜象足法盏炉	长13cm	69,000	北京永乐	2011.11.15
清中期 铜雪花金压经炉	宽20cm	57,500	北京保利	2011.6.7
清中期 铜押经三足炉	高8.2cm	402,500	北京翰海	2011.5.21
清中期 铜蚰龙耳炉	20cm×7cm	322,000	北京歌德	2011.6.3
清中期 铜錾云龙双耳象足炉	高22.2cm	552,000	北京翰海	2011.11.19
清中期 铜制双耳马槽炉	直径13.5cm	172,500	北京华辰	2011.5.20
清中期 雪花金双耳炉	宽18cm	207,000	北京保利	2011.6.7
清中期 压经三足炉	长11cm	165,000	古天一	2011.6.4
清中期 蚰龙耳簋式铜炉	21cm×11.6cm	149,500	北京诚轩	2011.5.22
清中期 蚰龙耳簋式铜炉	17cm×6.6cm	115,000	北京诚轩	2011.5.22
清中期 枣红皮双耳炉	宽15cm	276,000	北京保利	2011.6.7
清 白铜嵌银三国故事手炉	长15.7cm	138,000	荣宝斋(沪)	2011.11.25
清 大明宣德款铜炉	直径12.2cm	138,000	中拍国际	2011.7.17
清 飞云阁龙凤纹狮耳炉	高10.4cm	115,000	西泠拍卖	2011.7.18
清 胡文明款铜鎏金香炉	直径7cm	368,000	北京匡时	2011.6.8
清 莲纹象足双耳洒金铜熏炉		1,680,000	中贸圣佳	2011.4.29
清 鸣凤庵造狮耳凤纹筒式炉	高10cm	69,000	西泠拍卖	2011.7.18
清 牧元清玩款鬲式炉	高5.6cm	69,000	西泠拍卖	2011.7.18

拍品名称	尺寸	成交价RMB	拍卖公司	拍卖日期
清 牧元清玩款戟耳炉	高8.3cm	80,500	西泠拍卖	2011.7.18
清 嵌银丝八卦纹竹节铜炉	长41cm	134,400	天津文物	2011.5.13
清 洒金片蚰耳炉	宽15.5cm	149,500	中国嘉德	2011.5.23
清 洒金三足铜炉		896,000	中贸圣佳	2011.4.29
清 三足开光象耳炉	高7.4cm	57,500	荣宝斋(沪)	2011.11.25
清 省吾斋款点金钵式炉	高7cm	92,000	西泠拍卖	2011.7.19
清 世古款马槽炉	直径10.6cm	230,000	荣宝斋(沪)	2011.11.25
清 双龙耳铜炉	宽33.5cm	69,000	中国嘉德	2011.5.23
清 双象耳洒金炉	宽21.5cm	92,000	北京保利	2011.6.7
清 双蚰耳铜炉	直径20cm	72,800	中贸圣佳	2011.1.23
清 桐堑花山水熏炉	13cm×6.5cm	1,265,000	苏州吴门	2011.6.12
清 铜"曼珠沙室"款马槽炉	直径16cm	1,120,000	浙江钱塘	2011.6.12
清 铜"琴书侣"铭立耳鬲式炉	高10.5cm	56,000	浙江钱塘	2011.1.9
清 铜"清玩"鬲式炉	高10.8cm	67,200	浙江钱塘	2011.6.12
清 铜"玩竹斋"桥耳鬲式炉	高12.5cm	112,000	浙江钱塘	2011.6.12
清 铜"宣"字款戟耳炉	直径5.5cm	184,000	北京歌德	2011.6.3
清 铜"宣德"款立耳香炉	直径11cm	56,000	浙江钱塘	2011.1.9
清 铜"永世宝用"压经炉	高9cm	246,400	浙江钱塘	2011.6.12
清 铜"玉堂珍玩"款压经炉	直径10cm	76,160	浙江钱塘	2011.6.12
清 铜阿拉伯文六方炉	宽13.5cm	299,000	北京保利	2011.4.18
清 铜阿拉伯文炉	宽17cm	368,000	北京保利	2011.4.18
清 铜阿拉伯文炉	直径15.3cm	92,000	中国嘉德	2011.3.21
清 铜阿拉伯文香炉	高8.6cm	134,400	浙江钱塘	2011.6.12
清 铜阿拉伯文压经炉	长29.5cm	92,000	中国嘉德	2011.3.21
清 铜八宝双耳四方炉连座	长11.3cm	63,250	北京匡时	2011.09.17
清 铜钵式炉	长21.5cm	179,200	天津文物	2011.5.13
清 铜钵式炉	高13.5cm	94,300	中国嘉德	2011.3.21
清 铜钵式炉	直径20cm	72,800	云南典藏	2011.5.14
清 铜钵式炉	直径12.6cm	59,800	中国嘉德	2011.3.21
清 铜长方炉	直径19cm	80,500	中国嘉德	2011.3.21
清 铜朝天耳炉	直径18.5cm	103,500	中国嘉德	2011.3.21
清 铜冲耳香炉	腹径14cm	230,000	上海大众	2011.08.25
清 铜冲耳香炉	腹径17cm	207,000	上海大众	2011.08.25
清 铜冲天双龙耳鼓钉纹兽腿三足炉	高17.5cm	123,200	长风拍卖	2011.1.20
清 铜错金兽面纹三足鼎式炉	高15.5cm	184,000	北京保利	2011.6.7
清 铜错金银鼎式炉	高24cm	115,000	上海大众	2011.08.25
清 铜错银福寿纹衔环象耳鬲式炉	高21cm	134,400	浙江钱塘	2011.1.9
清 铜点金三足鼎式香炉	高19cm	172,500	上海大众	2011.08.25
清 铜点金兽耳炉	高6.2cm	264,500	北京翰海	2011.11.19
清 铜掇指耳炉	高19cm	123,200	天津文物	2011.5.13
清 铜鬲式炉	腹径14cm	264,500	上海大众	2011.08.25
清 铜鬲式炉	直径9.8cm	55,200	中国嘉德	2011.09.17
清 铜鬲式炉	直径16cm	391,000	北京匡时	2011.6.8
清 铜鬲式炉	直径12.5cm	145,600	浙江钱塘	2011.6.12
清 铜簋式大香炉	直径18.5cm	95,200	浙江钱塘	2011.1.9
清 铜海兽纹四方香炉	高10cm	145,600	云南典藏	2011.5.14
清 铜回纹朝板耳香炉	腹径29cm	172,500	上海大众	2011.08.25
清 铜回纹三足炉	直径13.5cm	67,200	长风拍卖	2011.1.20
清 铜戢耳炉	腹径9cm	115,000	上海大众	2011.08.25
清 铜戟耳斑铜炉	9cm×18cm	563,500	苏州吴门	2011.6.12
清 铜戟耳炉	直径10cm	504,000	天津文物	2011.11.12
清 铜刻三清图三足炉	直径8cm	56,000	天津文物	2011.11.12
清 铜莲花形炉	直径15.5cm	89,600	天津文物	2011.11.12
清 铜鎏金龙耳炉	长15cm	59,800	中国嘉德	2011.09.17
清 铜鎏金铺首三足炉	高11cm	69,000	广州嘉德	2011.6.11
清 铜鎏金兽面鼎式炉	高26.5cm	112,000	北京翰海	2011.4.9
清 铜鎏金錾花开光三足炉	直径8.5cm	89,600	天津文物	2011.11.12
清 铜龙纹炉	高32.4cm	55,200	中国嘉德	2011.6.18
清 铜龙纹三足香炉	高31cm	56,000	浙江钱塘	2011.6.12
清 铜炉(十一件)	尺寸不一	86,250	中国嘉德	2011.6.18
清 铜马槽炉	直径10.5cm	483,000	北京匡时	2011.6.8
清 铜马槽炉	高9.5cm	92,000	北京歌德	2011.6.3
清 铜马槽炉带原座	口径16cm	4,140,000	上海大众	2011.08.25
清 铜马槽香炉	长9.5cm	1,150,000	上海大众	2011.08.25
清 铜马槽香炉	长10cm	230,000	上海大众	2011.08.25
清 铜马槽形炉	长18cm	672,000	天津文物	2011.5.13
清 铜马槽形炉	长13.5cm	179,200	天津文物	2011.5.13
清 铜盘口三足炉	长14cm	504,000	天津文物	2011.11.12
清 铜盘口三足炉	长15cm	123,200	天津文物	2011.11.12

拍品名称	尺寸	成交价RMB	拍卖公司	拍卖日期
清 铜盘口三足炉	长13cm	112,000	天津文物	2011.11.12
清 铜盘口三足炉	长14.5cm	95,200	天津文物	2011.5.13
清 铜铺首耳炉	宽12.5cm	253,000	中国嘉德	2011.5.23
清 铜掐丝珐琅龙耳香炉	高45cm	90,000	中都国际	2011.6.12
清 铜嵌银丝福寿纹炉	高24.5cm	67,200	中贸圣佳	2011.1.23
清 铜嵌银丝三足炉	高15cm	92,000	北京保利	2011.6.7
清 铜敲金狮耳炉	17cm×7cm	672,000	天工艺苑	2011.6.26
清 铜桥耳鬲式炉	高15cm；直径12.5cm	69,440	浙江钱塘	2011.6.12
清 铜桥耳炉	腹径28cm	575,000	上海大众	2011.08.25
清 铜桥耳三足香炉	直径12cm	89,600	云南典藏	2011.5.14
清 铜如意耳双环钵式炉	直径23cm	134,400	云南典藏	2011.5.14
清 铜瑞兽炉	高38.2cm	66,700	中国嘉德	2011.09.17
清 铜洒金簋式大香炉	高30cm	448,000	浙江钱塘	2011.6.12
清 铜洒金狮耳炉	高7cm	950,000	红太阳	2011.5.28
清 铜洒金兽面纹炉	宽43cm	690,000	北京保利	2011.12.08
清 铜洒金双耳炉	直径23cm	69,000	北京华辰	2011.5.20
清 铜洒金双耳三足炉	宽13.8cm	322,000	中国嘉德	2011.5.22
清 铜洒金压经炉	直径15.5cm	63,250	中国嘉德	2011.3.21
清 铜三如意足双狮耳鼓式炉	直径10.5cm	74,750	北京匡时	2011.6.8
清 铜三足扁鬲炉	直径16cm	149,500	北京匡时	2011.09.17
清 铜三足鬲式炉	直径11cm	64,960	云南典藏	2011.5.14
清 铜三足双耳炉	高22.5cm	69,000	浙江钱塘	2011.12.04
清 铜三足双狮耳乳丁炉	直径19.5cm	253,000	北京匡时	2011.6.8
清 铜狮象双兽耳簋式炉	直径13cm	56,000	浙江钱塘	2011.1.9
清 铜兽耳炉	长19.5cm	69,000	中国嘉德	2011.3.21
清铜兽面纹冲天耳龙纹三足炉		1,680,000	中贸圣佳	2011.4.29
清 铜兽面纹簋式炉	长16.5cm	67,200	天津文物	2011.11.12
清 铜竖耳三足炉	长13.5cm	660,800	天津文物	2011.11.12
清 铜竖耳三足炉	长16cm	134,400	天津文物	2011.11.12
清 铜竖耳三足炉	长17cm	560,000	天津文物	2011.5.13
清 铜竖耳三足炉	长17cm	61,600	天津文物	2011.5.13
清 铜竖耳三足炉	长17cm	56,000	天津文物	2011.5.13
清 铜双螭龙耳香炉	直径15.5cm	358,400	浙江钱塘	2011.1.9
清 铜双冲耳大香炉	直径27cm	598,000	北京匡时	2011.09.17
清 铜双耳炉	宽25cm	253,000	中国嘉德	2011.11.15
清 铜双耳炉	宽24cm	172,500	中国嘉德	2011.11.15
清 铜双耳炉	直径17.5cm	230,000	北京华辰	2011.5.20
清 铜双耳三足炉	高16cm	67,200	北京翰海	2011.09.18
清 铜双耳三足炉	长17.5cm	63,250	北京匡时	2011.09.17
清 铜双凤耳炉	直径13cm	100,000	北京匡时	2011.6.8
清 铜双龙戏珠狮首耳簋式炉	直径11.5cm	80,640	浙江钱塘	2011.1.9
清 铜双铺首三足炉	宽27.7cm	207,000	中国嘉德	2011.11.15
清 铜双绳耳三足炉	高12.5cm	72,800	北京荣宝	2011.11.11
清 铜双狮耳琮式炉	直径3.5cm	86,250	北京匡时	2011.6.8
清 铜双狮耳花式四足炉	直径13cm	63,250	北京匡时	2011.6.8
清 铜双狮耳三足炉	直径12cm	1,380,000	北京匡时	2011.6.8
清 铜双狮铺首炉	直径11cm	103,500	北京匡时	2011.09.17
清 铜双兽首环钵式炉	腰径11.5cm	276,000	上海大众	2011.08.25
清 铜双象耳炉	直径15cm	100,000	北京匡时	2011.6.8
清 铜双鱼耳炉	高8cm	57,500	北京翰海	2011.11.19
清 铜四足鼎式炉	直径15cm	92,000	北京匡时	2011.6.8
清 铜索耳乳钉炉	腹径11cm	483,000	上海大众	2011.08.25
清 铜筒式炉	口径10.5cm	138,000	上海大众	2011.08.25
清 铜弦纹象足炉	高7.8cm	92,000	北京翰海	2011.5.21
清 铜香炉	直径18.5cm	115,000	北京保利	2011.12.08
清 铜象耳香炉	长23cm	230,000	长风拍卖	2011.12.20
清 铜象耳香炉	腹径16cm	218,500	上海大众	2011.08.25
清 铜压经炉	直径10.3cm	184,000	浙江钱塘	2011.12.04
清 铜压经炉	直径28cm	126,500	中国嘉德	2011.09.17
清 铜压经炉	直径11.5cm	705,600	浙江钱塘	2011.1.9
清 铜压经炉	直径16.2cm	57,500	中国嘉德	2011.3.21
清 铜压经铜炉	腹径18cm	345,000	上海大众	2011.08.25
清 铜压经香炉	腹径18cm	207,000	上海大众	2011.08.25
清 铜蚰耳炉	直径10.3cm	51,750	浙江钱塘	2011.12.04
清 铜蚰耳炉	直径17cm	123,200	天津文物	2011.11.12
清 铜蚰耳炉	宽11.7cm	92,000	中国嘉德	2011.11.15
清 铜蚰耳炉	直径12.6cm	212,800	浙江钱塘	2011.1.9
清 铜蚰耳炉	直径24cm	89,600	浙江钱塘	2011.1.9

拍品名称	尺寸	成交价RMB	拍卖公司	拍卖日期
清 铜蚰龙耳炉	腹径19cm	126,500	上海大众	2011.08.25
清 铜蚰龙耳炉带原座	外径32cm	575,000	上海大众	2011.08.25
清 铜蚰龙耳香炉	腹径26cm	253,000	上海大众	2011.08.25
清 铜蚰龙耳圆炉	14.5cm×6.5cm	63,250	北京歌德	2011.6.3
清 铜游龙耳簋式炉	直径19cm	89,600	云南典藏	2011.5.14
清 铜云龙纹双耳三足炉	直径53cm	78,200	中国嘉德	2011.3.21
清 铜錾花瓜棱手炉	高8.9cm	149,500	北京翰海	2011.11.19
清 铜錾花卉弦纹双耳三足炉、铜双耳炉(二件)	尺寸不一	161,000	北京翰海	2011.11.19
清 铜制连座双耳炉	直径22cm	78,200	北京华辰	2011.5.20
清 铜制寿桃型炉	直径14cm	86,250	北京华辰	2011.5.20
清 铜制双耳炉	直径19cm	66,700	北京华辰	2011.5.20
清 铜制双龙耳炉	直径21cm	172,500	北京华辰	2011.5.20
清 宣德款点金冲耳炉	高10.1cm	92,000	西泠拍卖	2011.7.18
清 宣德款鬲式炉	直径14.2cm	69,000	西泠拍卖	2011.7.18
清 宣德款戟耳仰钟式三足炉	直径14.9cm	138,000	西泠拍卖	2011.7.18
清 宣德款桥耳大铜炉	直径11.7cm	172,500	荣宝斋(沪)	2011.11.25
清 宣德款铜压经炉	直径16.8cm	63,250	荣宝斋(沪)	2011.11.25
清 宣德款雪花金蚰耳炉	尺寸不一	69,000	西泠拍卖	2011.7.18
清 宣德款压经炉	直径10.5cm	51,750	西泠拍卖	2011.7.18
清 宣德款蚰耳炉	直径18cm	97,750	西泠拍卖	2011.7.18
清 蚰龙耳铜香炉	直径27.3cm	690,000	福建拍卖	2011.7.2
清 玉荀堂款雪花金竹节炉	直径10.7cm	92,000	西泠拍卖	2011.7.19
清 珍舍永宝款压经炉	高6cm	115,000	西泠拍卖	2011.7.19
清代 龙耳簋式炉	高9cm	178,250	古天一	2011.12.05
清18世纪 铜刻卷龙赶珠纹香炉	宽21cm	334,800	香港佳士得	2011.6.1
19世纪 铜错金麒麟香炉	高16cm	84,000	云南典藏	2011.5.14
19世纪 铜饕餮纹簋式炉	高10cm	56,000	云南典藏	2011.5.14
19世纪 铜铀耳簋式炉	直径26cm	89,600	云南典藏	2011.5.14
铜梵文簋式炉	直径16cm	97,750	北京九歌	2011.6.10
铜梵文炉	直径13cm	109,250	北京九歌	2011.6.10
铜梵文象耳炉	直径12cm	63,250	北京九歌	2011.6.10
铜过桥耳炉	直径31cm	230,000	北京九歌	2011.6.10
铜过桥耳炉	直径22cm	115,000	北京九歌	2011.6.10
铜炉(两件)	尺寸不一	63,250	中国嘉德	2011.3.21
铜洒金立耳鬲式炉	高12cm	392,000	浙江钱塘	2011.1.9
铜三足敦式炉	直径14cm	172,500	北京九歌	2011.6.10
铜三足梵文炉(一组三件)	直径14.5cm×3	253,000	北京九歌	2011.6.10
铜三足环耳炉	直径10cm	69,000	北京九歌	2011.6.10
铜三足炉	直径18cm	138,000	北京九歌	2011.6.10
铜三足桥耳炉	直径15cm	115,000	北京九歌	2011.6.10
铜三足桥耳炉	直径13cm	59,800	北京九歌	2011.6.10
铜三足桥耳炉	直径13cm	57,500	北京九歌	2011.6.10
铜兽耳簋式香炉	17cm×10cm	63,250	北京九歌	2011.6.10
铜双耳炉	高7cm	61,600	北京翰海	2011.09.18
铜双鱼耳炉	直径11cm	230,000	北京九歌	2011.6.10
铜折耳簋式炉	直径19cm	82,800	北京九歌	2011.6.10
铜折耳炉	直径14cm	230,000	北京九歌	2011.6.10
其他生活用品				
商代 公元前11世纪 青铜提梁卣	高29.5cm	4,352,625	纽约佳士得	2011.3.24
商代公元前12–前11世纪 青铜瓿	高27.9cm	6,717,825	纽约佳士得	2011.3.24
商晚 旗卣	高25cm	2,530,000	上海崇源	2011.7.6
晚商—西周早期 公元前12—前11世纪 青铜盂	直径25.5cm	5,141,025	纽约佳士得	2011.3.24
西汉 青铜鉴	高11.7cm	69,000	上海崇源	2011.7.6
西周中期 太师虘簋	高19cm	41,975,000	中国嘉德	2011.5.23
战国 乳钉纹青铜簋	高15cm	2,240,000	江苏万达	2011.5.29
阳燧	直径7.7cm	92,000	北京保利	2011.12.08
明 点金饕餮纹斑铜爵	高22.3cm	517,500	福建拍卖	2011.7.2
明 铜错金银提梁卣	高33cm	230,000	荣宝斋(沪)	2011.11.25
明 铜雕嵌银象形香插	长6.5cm	138,000	上海大众	2011.08.25
明 铜凤首盉	宽22cm	86,250	中国嘉德	2011.5.23
明 铜鎏金高浮雕云鹤纹花觚	高21cm	1,814,400	云南典藏	2011.5.14
明 铜铸兽面纹双耳簋	宽16cm	115,000	北京保利	2011.6.6
明成化十八年 铜爵	高14cm	575,000	上海崇源	2011.7.6
清乾隆 铜错金饕餮纹出戟提梁卣	高26.4cm	212,800	北京永乐	2011.5.24
清乾隆 铜鎏金镂雕宫灯(一对)	高14.5cm	63,250	北京保利	2011.10.22
清乾隆 铜鎏金嵌玉松石烧蓝花插	高27cm	690,000	北京匡时	2011.6.8

2011杂项拍卖成交汇总

(成交价RMB：5万元以上)

拍品名称	尺寸	成交价RMB	拍卖公司	拍卖日期
清乾隆 铜鎏金喜鹊登梅纹香盘	长12cm	632,500	北京东正	2011.6.5
清乾隆 铜胎丝缠枝莲纹渣斗	高4cm	115,000	上海大众	2011.08.25
清乾隆 御制铜鎏金錾花八方宫灯 (一对)	高51.5cm×2	3,450,000	中贸圣佳	2011.11.06
清中期 铜回纹豆	高26cm	246,400	云南典藏	2011.5.14
清中期 铜漆金兽面仿古斝	高42.5cm	172,500	北京保利	2011.12.08
金缧丝嵌宝石凤纹簪 (一对)	长16cm	69,000	中国嘉德	2011.12.17
清 仿古铜豆	长18cm	392,000	天津文物	2011.11.12
清 铜宫灯 (一对)	高115cm	149,500	中国嘉德	2011.6.18
清 铜鎏金凤嵌百宝花插 (一对)	高18cm	82,800	中国嘉德	2011.5.23
清铜鎏金嵌玉柄刀及象牙筷(一组)	长29cm	230,000	上海大众	2011.08.25
清 铜鎏金兽面纹渣斗	长8.5cm	504,000	天津文物	2011.11.12
清 铜鎏金兽面纹渣斗	直径10cm	402,500	北京东正	2011.6.5
清 铜胎掐丝珐琅鸟笼	高58cm	82,500	中都国际	2011.08.28
清 铜錾花鎏金龙纹匜	长11cm	50,400	天津文物	2011.11.12
清 铜制《梅竹双清图》花插	高28.5cm	65,550	长风拍卖	2011.6.21
清18世纪 藏式水晶镶鎏金铜嵌宝石盖罐	长14.3cm	153,750	香港苏富比	2011.10.05
铜鎏金花觚	高24.8cm	115,000	中拍国际	2011.12.07
其他用品				
秦 始皇诏文铜权	高5.5cm	9,775,000	中国嘉德	2011.5.23
汉(新莽) 清中期陈介祺旧藏常乐卫士铜量	长38.8cm	672,000	北京永乐	2011.5.24
明 铜鎏金龙纹权杖	长74cm	560,000	浙江钱塘	2011.6.12
清乾隆 铜鎏金嵌玛瑙提携忠孝带(帉)	长62.5cm	69,000	北京保利	2011.6.6
清乾隆 铜鎏金人物镶百宝刀	长32cm	632,500	北京保利	2011.6.6
清乾隆 铜鎏金云龙纹围棋罐 (一对)	直径12.2cm	582,400	云南典藏	2011.5.14
清18世纪 鎏金铜铸透雕「云龙」纹柄把 (一对)	长53.5cm	2,845,960	香港苏富比	2011.4.8
清中期 铜十八节鞭	长64cm	172,500	北京保利	2011.6.7
青铜剑	长56cm	831,000	中博文化	2011.7.10
清 铜花卉龙纹围棋罐 (一对)	直径11.5cm	57,500	中国嘉德	2011.6.18
清 铜鎏金绿鲨鱼皮嵌珊瑚龙纹斩马刀	长124cm	368,000	北京保利	2011.6.7
清 铜鎏金嵌珍珠龙纹天球仪	高86cm	230,000	中国嘉德	2011.09.17
清 铜鎏金云蝠腰刀	长28.8cm	414,000	北京保利	2011.6.6
铜 镜				
“长乐未央”草叶纹镜	直径18.3cm	425,500	中国嘉德	2011.5.13
“长乐未央”四乳四神镜	直径18.7cm	253,000	中国嘉德	2011.11.17
“长乐未央”四神四乳四虺镜	直径16.5cm	80,500	中国嘉德	2011.5.13
“长勿相忘”博局连弧纹镜	直径11.5cm	71,300	中国嘉德	2011.11.17
“长宜子孙”博局镜	直径16.5cm	529,000	北京翰海	2011.11.18
“长宜子孙”博局镜	直径16.4cm	460,000	中国嘉德	2011.11.17
“长宜子孙”博局镜	直径14.1cm	59,800	中国嘉德	2011.5.13
“长宜子孙”连弧纹镜	直径21.1cm	86,250	北京保利	2011.12.08
“长宜子孙”连弧纹镜	直径23.2cm	94,300	中国嘉德	2011.5.12
“长宜子孙”连弧纹镜	直径22cm	59,800	中国嘉德	2011.5.12
“长宜子孙”瑞兽铭文镜	直径18.4cm	55,200	中国嘉德	2011.11.17
“长宜子孙”四乳四神镜	直径16.5cm	575,000	中国嘉德	2011.11.17
“长宜子孙”四神博局镜	直径13.9cm	460,000	中拍国际	2011.12.07
“陈萌”龙虎镜	直径11.3cm	166,750	北京保利	2011.12.08
“陈氏”四乳神兽镜	直径16.4cm	115,000	中拍国际	2011.12.07
“池氏作镜”六乳龙虎镜	直径20.2cm	115,000	中国嘉德	2011.5.12
“大乐贵富”蟠螭纹镜	直径16cm	2,070,000	中国嘉德	2011.5.13
“端午”十二生肖八卦镜	直径20.9cm	230,000	中国嘉德	2011.5.13
“高丘”花卉镜	直径30.9cm	287,500	中国嘉德	2011.5.13
“光流素月”伽陵频伽禽鸟纹镜	直径11.4cm	57,500	中国嘉德	2011.5.13
“光流素月”瑞兽镜	直径14.5cm	172,500	中拍国际	2011.12.07
“光流素月”瑞兽鸾鸟铭文镜	直径15.2cm	69,000	中国嘉德	2011.11.17
“光流素月”瑞兽铭文镜	直径13.8cm	161,000	北京翰海	2011.11.18
“光流素月”五瑞兽镜	直径14.8cm	805,000	中国嘉德	2011.5.12
“光流素月”五瑞兽铭文镜	直径15.2cm	287,500	中国嘉德	2011.5.13
“汉宫知本姓”铭瑞兽镜	直径12.3cm	161,000	中拍国际	2011.12.07
“汉有名铜”博局镜	直径14cm	552,000	中国嘉德	2011.5.13
“汉有善铜”四神熊纹博局镜	直径16.3cm	575,000	中国嘉德	2011.11.17
“花发”铭团花镜	直径13.2cm	253,000	中拍国际	2011.12.07
“花发”铭团花镜	直径13.4cm	89,700	中国嘉德	2011.5.12

拍品名称	尺寸	成交价RMB	拍卖公司	拍卖日期
“淮南起照”神兽镜	直径25cm	5,635,000	北京保利	2011.12.08
“黄羊”龙虎镜	直径13.7cm	74,750	中国嘉德	2011.5.13
“迦陵频伽”填漆镜	直径:24cm	1,150,000	中国嘉德	2011.5.12
“家常富贵”镜	直径17.5cm	115,000	中拍国际	2011.12.07
“见之光”龙纹博局镜	直径13.8cm	109,250	中国嘉德	2011.5.13
“建安十年”重列式神兽镜	直径13.3cm	195,500	中国嘉德	2011.5.13
“绝照览心”瑞兽十二生肖镜	直径21.6cm	1,035,000	中国嘉德	2011.5.13
“君宜高官”四凤纹铭文镜	直径21.1cm	57,500	中国嘉德	2011.5.13
“来言”八乳博局镜	直径14cm	184,000	中国嘉德	2011.5.12
“来言”博局镜	直径14.2cm	287,500	中国嘉德	2011.5.13
“来言”四神博局镜	直径14.3cm	57,500	中国嘉德	2011.11.17
“炼冶清明”博局纹镜	直径18.5cm	66,700	中国嘉德	2011.5.12
“湅治铜华”单圈铭文镜	直径17.5cm	207,000	中国嘉德	2011.11.17
“湅治铜华”单圈铭文镜	直径15cm	115,000	中国嘉德	2011.11.17
“临水”双龙镜	直径12.5cm	3,335,000	北京保利	2011.12.08
“灵山孕宝”瑞兽天马镜	直径20.3cm	230,000	中国嘉德	2011.11.17
“灵山孕宝”团花镜	直径18.5cm	368,000	中国嘉德	2011.5.13
“明齐秋月”瑞兽镜	直径14.6cm	126,500	中国嘉德	2011.5.13
“明逾满月”跑兽镜	直径24.2cm	8,970,000	中国嘉德	2011.5.12
“潘师作镜”环状乳环绕式神兽镜	直径12.5cm	161,000	中国嘉德	2011.11.17
“盘龙丽匣”瑞兽铭文镜	直径18.6cm	414,000	北京翰海	2011.11.18
“盘龙丽匣”双龙双鸾瑞兽镜	直径20.2cm	1,840,000	中国嘉德	2011.5.12
“盘龙丽闸”瑞兽铭文镜	直径18.7cm	402,500	中国嘉德	2011.5.13
“泰言”博局纹镜	直径14cm	132,250	北京保利	2011.12.08
“泰言之纪”博局镜	直径18.7cm	402,500	北京保利	2011.12.08
“千秋万岁”铭文手镜	直径7cm	57,500	中国嘉德	2011.5.12
“千秋万岁”委角阳燧镜	直径12cm	51,750	中国嘉德	2011.5.13
“巧工作镜”龙虎镜	直径12.7cm	71,300	中国嘉德	2011.11.17
“青龙”博局镜	直径11.6cm	126,500	中国嘉德	2011.5.12
“青胜”龙虎铭文镜	直径12cm	71,300	中国嘉德	2011.5.12
“青羊”半圆方枚镜	直径20cm	5,175,000	北京保利	2011.12.08
“清白”单圈铭文镜	直径17.4cm	230,000	中国嘉德	2011.5.13
“清白”铭单圈铭文镜	直径18cm	782,000	中拍国际	2011.12.07
“清质”四乳四虺铭文镜	直径18.9cm	63,250	中国嘉德	2011.5.13
“秋风起”四乳草叶纹镜	直径18.5cm	598,000	中国嘉德	2011.11.17
“日有熹”单圈铭文镜	直径18.5cm	230,000	中国嘉德	2011.5.13
“善佳竟”简化博局镜	直径15.2cm	287,500	中国嘉德	2011.5.13
“赏得”瑞兽铭文镜	直径13.1cm	59,800	中国嘉德	2011.5.13
“赏得秦王”铭瑞兽镜	直径8.7cm	322,000	北京翰海	2011.11.18
“赏得秦王”铭瑞兽镜	直径9.6cm	78,200	北京翰海	2011.11.18
“赏得秦王”四瑞兽铭文镜(两面)	尺寸不一	57,500	中国嘉德	2011.11.17
“赏得秦王”四兽镜	直径17cm	126,500	北京保利	2011.12.08
“上大山”博局镜 (二面)	尺寸不一	69,000	中国嘉德	2011.5.13
“上大山”六乳神兽镜	直径14cm	218,500	中国嘉德	2011.11.17
“尚方”博局镜	直径16.2cm	161,000	北京保利	2011.12.08
“尚方”博局镜	直径23.5cm	1,092,500	中国嘉德	2011.5.13
“尚方”博局镜	直径18cm	92,000	中国嘉德	2011.5.13
“尚方”博局镜	直径18.5cm	71,300	中国嘉德	2011.5.13
“尚方”环绕式神人神兽镜	直径19cm	138,000	中国嘉德	2011.5.12
“尚方”龙虎镜	直径14.4cm	109,250	中国嘉德	2011.5.13
“尚方”七乳神兽镜	直径17.2cm	287,500	中国嘉德	2011.5.13
“尚方”七乳神兽铭文镜	直径17cm	80,500	中国嘉德	2011.5.12
“尚方”禽鸟纹博局镜	直径14cm	69,000	中国嘉德	2011.11.17
“尚方”四神博局镜	直径18.3cm	218,500	中国嘉德	2011.5.13
“尚方佳镜”瑞兽规矩纹镜	直径16.5cm	287,500	中拍国际	2011.12.07
“尚方佳镜”瑞兽规矩纹镜	直径18.3cm	103,500	中拍国际	2011.12.07
“尚方御”铭规矩镜	直径18.8cm	253,000	中拍国际	2011.12.07
“尚方御镜”博局镜	直径21.2cm	1,150,000	中国嘉德	2011.5.13
“寿如金石”连弧纹镜	直径21.8cm	115,000	中国嘉德	2011.5.13
“王氏”博局镜	直径20.6cm	402,500	中国嘉德	2011.5.13
“王氏”博山炉画像镜	直径18.2cm	115,000	中国嘉德	2011.11.17
“王氏”龙虎铭文镜	直径14.1cm	598,000	中国嘉德	2011.5.13
“吾作”对置式神人神兽镜	直径14.6cm	345,000	中国嘉德	2011.11.17
“吾作”四叶纹兽面镜	直径11.5cm	115,000	中国嘉德	2011.11.17
“吾作”重列式神人神兽镜	直径19.3cm	368,000	中国嘉德	2011.5.12
“吾作”重列式神兽镜	直径11.9cm	195,500	中国嘉德	2011.5.13
“五月五日午时”花卉手镜	直径5.8cm	195,500	中国嘉德	2011.5.13
“仙来照月”瑞兽镜	直径16.7cm	195,500	中国嘉德	2011.11.17
“新有善铜”博局镜	直径13.7cm	230,000	中国嘉德	2011.11.17

(成交价RMB：5万元以上)

拍品名称	尺寸	成交价RMB	拍卖公司	拍卖日期
“新有善铜”博局镜	直径14cm	230,000	中国嘉德	2011.5.13
“新有善铜”博局镜	直径13cm	92,000	中国嘉德	2011.5.12
“新有善铜”博局镜	直径12cm	57,500	中国嘉德	2011.5.13
“徐氏”天禄镜	直径13.7cm	1,265,000	中国嘉德	2011.11.17
“宜子孙”七乳神兽镜	直径14.3cm	71,300	中国嘉德	2011.11.17
“玉匣”四瑞兽镜	直径16cm	63,250	中国嘉德	2011.11.17
“御酒高官”草叶纹博局镜	直径13.7cm	115,000	中国嘉德	2011.5.13
“湛若止水”四瑞兽镜	直径13.8cm	126,500	中国嘉德	2011.5.12
“张六博”单圈铭文镜	直径17.8cm	161,000	中国嘉德	2011.11.17
“昭明”单圈铭文镜	直径13.1cm	69,000	中国嘉德	2011.11.17
“照日”五瑞兽镜	直径12.7cm	667,000	中国嘉德	2011.5.12
“至元四年”双龙镜	直径22.4cm	598,000	中国嘉德	2011.5.13
“驺氏”龙虎铭文镜	直径11.3cm	115,000	中国嘉德	2011.5.13
“作佳竟”博局镜	直径18.8cm	149,500	中国嘉德	2011.5.13
“作佳镜”铭博局镜	直径16.3cm	78,200	中国嘉德	2011.5.12
汉 神兽纹铜镜	直径18.7cm	156,938	香港佳士得	2011.6.1
汉 兽纹镜	直径18cm	50,400	北京翰海	2011.1.16
汉至唐 铜镜（一组九枚）	尺寸不一	3,230,820	香港佳士得	2011.6.1
唐 瑞兽葡萄镜	直径17.5cm	575,000	上海崇源	2011.7.6
唐 鸳鸯纹菱花式镀银铜镜	宽23.5cm	272,025	香港佳士得	2011.6.1
唐王游月宫故事镜	直径18.6cm	575,000	北京翰海	2011.11.18
八连枝宝相花镜	直径12.5cm	138,000	上海泓盛	2011.6.27
八乳博局镜	直径13.2cm	207,000	中国嘉德	2011.5.13
八乳博局纹镜	直径16.5cm	575,000	北京保利	2011.12.08
八乳规矩镜	直径14cm	230,000	北京翰海	2011.11.18
八乳规矩镜	直径16.4cm	172,500	北京翰海	2011.11.18
八乳瑞兽规矩镜	直径14.3cm	195,500	北京翰海	2011.11.18
百乳镜	直径13.1cm	57,500	中国嘉德	2011.11.17
百岁团圆吉语大镜	直径39.5cm	230,000	上海泓盛	2011.6.27
半圆方枚神兽镜	直径15.3cm	2,300,000	中拍国际	2011.12.07
半圆方枚神兽镜	直径13.7cm	2,300,000	中拍国际	2011.12.07
半圆方枚神兽镜	直径13.8cm	115,000	北京翰海	2011.11.18
半圆方枚神兽镜	直径15.3cm	69,000	中国嘉德	2011.5.13
半圆方枚四神兽镜	直径13.1cm	86,250	中国嘉德	2011.5.12
半圆连弧纹镜	直径12cm	149,500	中国嘉德	2011.5.12
宝相花镜	直径26cm	632,500	北京翰海	2011.11.18
宝相花镜	直径19.1cm	149,500	中国嘉德	2011.11.17
宝相花镜	直径19.5cm	287,500	中国嘉德	2011.5.12
宝相花镜	直径23.8cm	230,000	中国嘉德	2011.5.12
宝相花镜	直径18.4cm	149,500	中国嘉德	2011.5.13
宝相花菱花镜	直径16.3cm	253,000	中国嘉德	2011.5.12
宝相花菱花镜	直径12.9cm	105,800	中国嘉德	2011.5.13
变形龙凤纹阳燧镜	直径8.9cm	667,000	中国嘉德	2011.11.17
变形三龙纹镜	直径14.5cm	184,000	上海泓盛	2011.6.27
变异形四山镜	直径11.9cm	322,000	中拍国际	2011.12.07
丙午戊日铭四兽镜	直径11.1cm	112,700	上海泓盛	2011.6.27
并蒂缠枝莲花纹镜	直径16cm	230,000	中国嘉德	2011.5.13
博局镜	直径16.4cm	207,000	北京翰海	2011.11.18
博局神兽镜	直径12cm	103,500	北京翰海	2011.11.18
草叶纹镜	直径16.2cm	115,000	中国嘉德	2011.5.13
缠枝宝相花镜	直径24.5cm	609,500	北京翰海	2011.11.18
缠枝花卉镜	直径15.9cm	287,500	北京翰海	2011.11.18
长宜子孙四龙镜	直径13cm	414,000	北京翰海	2011.11.18
嫦娥玉兔月宫镜	直径17.5cm	920,000	华夏国拍	2011.6.10
吹笙引凤故事镜	直径12.9cm	345,000	中拍国际	2011.12.07
错金镶松石几何纹镜	直径18.8cm	690,000	中国嘉德	2011.5.13
大花枝镜	直径19cm	57,500	中国嘉德	2011.5.12
单龙镜	直径18.8cm	287,500	中拍国际	2011.12.07
单龙镜	直径15.2cm	310,500	北京翰海	2011.11.18
单龙纹镜	直径17.1cm	345,000	上海泓盛	2011.6.27
单龙纹镜	直径11.2cm	253,000	中国嘉德	2011.5.12
单圈八鸟纹镜	直径10.6cm	94,300	中国嘉德	2011.5.13
单圈铭文镜	直径17.6cm	207,000	北京翰海	2011.11.18
单圈铭文镜	直径17.5cm	161,000	北京翰海	2011.11.18
单圈铭文镜	直径13.8cm	105,800	北京翰海	2011.11.18
单圈铭文镜	直径17.5cm	977,500	上海泓盛	2011.6.27
单圈铭文镜	直径16.8cm	66,700	中国嘉德	2011.5.13
单圈铭文镜	直径17.8cm	57,500	中国嘉德	2011.5.13
地藏菩萨菱花镜	直径27.3cm	59,800	中国嘉德	2011.5.13

拍品名称	尺寸	成交价RMB	拍卖公司	拍卖日期
叠压缠绕蟠螭凤纹镜	直径28cm	115,000	中国嘉德	2011.5.13
东王公西王母画像镜	直径14.7cm	115,000	北京翰海	2011.11.18
方枚神兽镜	直径12cm	115,000	北京翰海	2011.11.18
方形八叶羽状地纹镜	边长8.5cm	126,500	北京翰海	2011.11.18
方形海兽葡萄镜	边长9.2cm	172,500	北京翰海	2011.11.18
方形瑞兽葡萄纹镜	直径9.2cm	402,500	中拍国际	2011.12.07
方正铭诗文方镜	边长14.1cm	109,250	上海泓盛	2011.6.27
飞龙镜	直径18cm	368,000	中拍国际	2011.12.07
飞龙镜	直径18.7cm	230,000	上海泓盛	2011.6.27
蜂蝶花枝镜	直径22cm	126,500	中国嘉德	2011.5.12
凤鸟菱纹镜二面	尺寸不一	166,750	北京保利	2011.12.08
符箓纹镜	直径11.2cm	276,000	中国嘉德	2011.11.17
观音摩羯镜	直径17.2cm	632,500	华夏国拍	2011.6.10
龟纹镜	直径9.3cm	230,000	中拍国际	2011.12.07
过梁海兽葡萄镜	直径12.0cm	287,500	上海泓盛	2011.6.27
过梁海兽葡萄镜	直径11.8cm	115,000	上海泓盛	2011.6.27
海兽葡萄方镜	边长9.5cm	1,495,000	上海泓盛	2011.6.27
海兽葡萄镜	直径19.2cm	747,500	北京翰海	2011.11.18
海兽葡萄镜	直径12.5cm	345,000	北京翰海	2011.11.18
海兽葡萄镜	直径10.2cm	138,000	北京翰海	2011.11.18
海兽葡萄镜	直径11.4cm	126,500	北京翰海	2011.11.18
海兽葡萄镜	直径10.5cm	66,700	北京翰海	2011.11.18
海兽葡萄镜	直径10.7cm	51,750	北京翰海	2011.11.18
海兽葡萄镜	直径17.0cm	1,840,000	上海泓盛	2011.6.27
海兽葡萄镜	直径17.6cm	575,000	华夏国拍	2011.6.10
海兽葡萄镜	直径15.2cm	517,500	华夏国拍	2011.6.10
海兽葡萄镜	直径17.0cm	207,000	上海泓盛	2011.6.27
海兽葡萄镜	直径17.6cm	78,400	中贸圣佳	2011.1.23
海兽葡萄镜	直径17.5cm	56,000	中贸圣佳	2011.1.23
荷塘鸳鸯镜	直径23cm	690,000	北京保利	2011.12.08
鸿雁鸳鸯花枝镜	直径13.2cm	138,000	中拍国际	2011.12.07
花卉纹镜	直径31cm	126,500	中国嘉德	2011.5.12
花卉纹葵花镜	直径18.6cm	63,250	中国嘉德	2011.11.17
花卉纹铭文镜	直径12.7cm	402,500	上海泓盛	2011.6.27
花鸟纹镜	直径23cm	78,400	中贸圣佳	2011.1.23
淮南起照神兽镜	直径23.5cm	4,830,000	中拍国际	2011.12.07
环绕式半圆方枚神人神兽镜	直径15cm	2,070,000	中国嘉德	2011.5.12
环绕式半圆方枚神兽镜	直径14.4cm	402,500	中国嘉德	2011.5.13
环绕式半圆方枚神兽镜	直径13.3cm	57,500	中国嘉德	2011.5.13
环绕式神人神兽镜	直径15.4cm	57,500	中国嘉德	2011.11.17
环状乳神兽镜	直径13.5cm	253,000	中国嘉德	2011.5.12
环状乳神兽镜	直径13.9cm	184,000	上海泓盛	2011.6.27
尖八角海兽葡萄镜	直径12.0cm	1,058,000	上海泓盛	2011.6.27
简易博局镜	直径11.5cm	92,000	中国嘉德	2011.5.13
简易博局镜	直径11.5cm	69,000	中国嘉德	2011.5.13
简易博局镜（二面）	尺寸不一	89,700	中国嘉德	2011.5.13
孔雀镜	直径24.0cm	161,000	上海泓盛	2011.6.27
孔雀鸾鸟镜	直径18.4cm	71,300	北京翰海	2011.11.18
孔雀瑞兽镜	直径12.5cm	66,700	中国嘉德	2011.11.17
孔雀瑞兽葡萄镜	直径13.9cm	115,000	中国嘉德	2011.11.17
孔雀瑞兽葡萄镜	直径12.5cm	97,750	中国嘉德	2011.5.13
夔凤纹镜	直径15.5cm	195,500	中国嘉德	2011.5.12
连弧龙纹镜	直径16.5cm	115,000	上海泓盛	2011.6.27
菱格纹镜	直径11cm	80,500	中国嘉德	2011.5.12
菱纹镜	直径13cm	90,850	北京保利	2011.12.08
鎏金千手观音像铜镜	直径9.6cm	322,000	中国嘉德	2011.5.13
六乳神兽画像镜	直径15.1cm	1,667,500	北京保利	2011.12.08
六瑞兽铭文镜	直径18.5cm	943,000	雍和嘉诚	2011.11.21
六瑞兽葡萄镜	直径13.9cm	218,500	中国嘉德	2011.11.17
六瑞兽葡萄镜	直径19.2cm	1,035,000	中国嘉德	2011.5.13
六瑞兽葡萄镜	直径15cm	517,500	中国嘉德	2011.5.13
六瑞兽葡萄镜	直径11.4cm	345,000	中国嘉德	2011.5.13
六瑞兽葡萄镜	直径13.4cm	322,000	中国嘉德	2011.5.13
六瑞兽葡萄镜	直径12.7cm	149,500	中国嘉德	2011.5.13
六兽葡萄镜	直径13.9cm	747,500	上海泓盛	2011.6.27
六兽雀鸟葡萄镜	直径15.0cm	575,000	上海泓盛	2011.6.27
六狻猊葡萄镜	直径14.8cm	1,725,000	中国嘉德	2011.5.13
六狻猊葡萄镜	直径14.3cm	920,000	中国嘉德	2011.5.13
龙凤纹镜	直径18.4cm	105,800	中国嘉德	2011.5.13

2011杂项拍卖成交汇总

(成交价RMB：5万元以上)

拍品名称	尺寸	成交价RMB	拍卖公司	拍卖日期
龙虎画像镜	直径22.2cm	207,000	中国嘉德	2011.5.12
龙虎画像镜	直径17.8cm	172,500	上海泓盛	2011.6.27
龙虎镜	直径11.3cm	230,000	中国嘉德	2011.11.17
龙虎镜	直径9cm	218,500	中国嘉德	2011.5.13
龙虎铭文镜	直径14.2cm	57,500	中国嘉德	2011.5.13
龙虎西王母镜	直径14.5cm	115,000	上海泓盛	2011.6.27
龙纹镜	直径16.5cm	184,000	中国嘉德	2011.5.12
龙纹神兽镜	直径10cm	1,265,000	中国嘉德	2011.5.12
镂空螭龙方镜	边长7.7cm	115,000	上海泓盛	2011.6.27
鸾鸟鸳鸯菱花镜	直径17cm	138,000	中国嘉德	2011.11.17
螺钿花卉镜	直径9.1cm	69,000	北京保利	2011.12.08
梅花形手镜	直径5.5cm	103,500	中国嘉德	2011.5.12
明万历戗金彩漆龙凤纹镜	直径26.3cm	632,500	中国嘉德	2011.11.17
铭文博局镜	直径13.5cm	51,750	中国嘉德	2011.5.13
摩羯禽鸟六瑞兽镜	直径15cm	287,500	中国嘉德	2011.5.12
摩羯纹菱花镜	直径6cm	57,500	中国嘉德	2011.5.12
鸟兽纹镜	直径15.8cm	828,000	中国嘉德	2011.11.17
盘龙铭瑞兽镜	直径18.4cm	517,500	上海泓盛	2011.6.27
盘蛇钮瑞兽镜	直径9.3cm	94,300	中国嘉德	2011.11.17
盘蛇纹镜	直径8cm	80,500	中国嘉德	2011.5.13
蟠螭镜	直径13.6cm	149,500	北京翰海	2011.11.18
蟠螭菱纹镜	直径19.5cm	1,138,500	北京保利	2011.12.08
蟠螭钮龙纹镜	直径8.2cm	184,000	北京翰海	2011.11.18
蟠螭纹镜	直径15.3cm	166,750	北京翰海	2011.11.18
蟠螭纹镜	直径15cm	345,000	中国嘉德	2011.5.13
蟠螭纹镜	直径14.5cm	287,500	中国嘉德	2011.5.12
跑兽铭文镜	直径19.8cm	920,000	华夏国拍	2011.6.10
七乳禽兽镜	直径18.7cm	402,500	上海泓盛	2011.6.27
七乳瑞兽镜	直径18.7cm	690,000	北京翰海	2011.11.18
七乳瑞兽纹镜	直径17cm	172,500	中拍国际	2011.12.07
七乳神兽镜	直径19cm	172,500	中拍国际	2011.12.07
七乳神兽镜	直径18.7cm	345,000	北京翰海	2011.11.18
七乳神兽镜	直径18.6cm	207,000	中国嘉德	2011.11.17
七乳神兽镜	直径16.3cm	195,500	北京翰海	2011.11.18
七乳神兽镜	直径19cm	1,265,000	中国嘉德	2011.5.13
七乳神兽镜	直径18.7cm	552,000	华夏国拍	2011.6.10
七乳神兽镜	直径16.3cm	89,700	中国嘉德	2011.5.12
七乳神兽镜	直径14.2cm	74,750	中国嘉德	2011.5.13
七乳神兽镜	直径18.2cm	63,250	中国嘉德	2011.5.13
七乳神兽镜	直径14cm	57,500	中国嘉德	2011.5.13
七乳神兽镜	直径18cm	51,750	中国嘉德	2011.5.13
七乳神兽铭文镜	直径20.5cm	402,500	中国嘉德	2011.11.17
泰言几何纹简化博局镜	直径13.7cm	207,000	中拍国际	2011.12.07
漆绘双凤纹镜	直径12cm	115,000	中国嘉德	2011.5.12
千秋镜	直径22.2cm	67,200	中贸圣佳	2011.1.23
清 玉柄铜胎烧蓝持镜	长34.5cm	89,600	中鸿信	2011.6.26
清中期 朱漆勾填龙凤纹宫廷大喜铜镜	直径20cm	172,500	北京保利	2011.4.16
雀鸟瑞兽镂空腿菱花镜	直径21.2cm	632,500	北京翰海	2011.11.18
人物故事镜	直径18cm	517,500	北京翰海	2011.11.18
瑞兽博局镜	直径18.6cm	241,500	北京翰海	2011.11.18
瑞兽凤纹菱花镜	直径23cm	977,500	中国嘉德	2011.5.13
瑞兽规矩镜	直径14.5cm	149,500	北京翰海	2011.11.18
瑞兽规矩镜	直径12.9cm	115,000	北京翰海	2011.11.18
瑞兽规矩镜	直径16.3cm	161,000	上海泓盛	2011.6.27
瑞兽鸾鸟葡萄镜	直径10cm	172,500	中国嘉德	2011.5.12
瑞兽葡萄方镜	直径9cm	287,500	北京保利	2011.12.08
瑞兽葡萄镜	直径20.8cm	1,840,000	北京保利	2011.12.08
瑞兽葡萄镜	直径17.8cm	747,500	北京保利	2011.12.08
瑞兽葡萄镜	直径14.6cm	552,000	北京保利	2011.12.08
瑞兽葡萄镜	直径12.7cm	471,500	北京保利	2011.12.08
瑞兽葡萄镜	直径9cm	368,000	北京保利	2011.12.08
瑞兽葡萄镜	直径12cm	57,500	北京保利	2011.12.08
瑞兽葡萄镜	直径9.8cm	57,500	北京保利	2011.12.08
瑞兽葡萄镜	直径11.8cm	345,000	上海泓盛	2011.6.27
瑞兽禽鸟银壳镜	直径5.8cm	57,500	中国嘉德	2011.5.12
瑞兽十二生肖镜	直径12.1cm	1,495,000	中拍国际	2011.12.07
三乐镜	直径13cm	598,000	中国嘉德	2011.5.12
三龙海兽葡萄镜	直径21.2cm	1,265,000	中国嘉德	2011.5.12

拍品名称	尺寸	成交价RMB	拍卖公司	拍卖日期
三龙镜	直径14.3cm	195,500	中国嘉德	2011.5.13
三龙铭文镜	直径13.8cm	66,700	中国嘉德	2011.11.17
三龙瑞兽葡萄镜	直径21cm	575,000	华夏国拍	2011.6.10
三乳三龙镜	直径11.5cm	86,250	中国嘉德	2011.11.17
三山镜	直径9.1cm	126,500	中国嘉德	2011.5.13
尚方铭四灵规矩镜	直径18.3cm	575,000	上海泓盛	2011.6.27
尚方铭四灵规矩镜	直径18.0cm	126,500	上海泓盛	2011.6.27
尚方铭四灵规矩镜	直径16.3cm	115,000	上海泓盛	2011.6.27
神龟八卦方镜	边长11.6cm	230,000	上海泓盛	2011.6.27
神人龙兽画像镜	直径20.7cm	345,000	北京保利	2011.12.08
神兽博局镜	直径9.8cm	57,500	中国嘉德	2011.5.13
神兽方枚镜	直径18.8cm	1,150,000	华夏国拍	2011.6.10
狮子花卉纹方镜	边长13.9cm	552,000	华夏国拍	2011.6.10
十二龙纹镜	直径16.8cm	126,500	北京翰海	2011.11.18
十二龙纹镜	直径7.5cm	57,500	中国嘉德	2011.5.12
十二生肖八卦铭文镜	直径17.6cm	1,127,000	中国嘉德	2011.11.17
十二生肖四瑞兽镜	直径12cm	575,000	中国嘉德	2011.5.13
十二生肖四神镜	直径17cm	112,700	中国嘉德	2011.5.12
市井人物故事镜	直径9.2cm	230,000	中国嘉德	2011.11.17
双龙宝鼎镜	直径21.3cm	230,000	北京翰海	2011.11.18
双龙海兽葡萄镜	直径21cm	2,300,000	中拍国际	2011.12.07
双龙海兽葡萄镜	直径21.4cm	2,645,000	华夏国拍	2011.6.10
双龙花卉纹手镜	直径6.2cm	82,800	中国嘉德	2011.11.17
双龙孔雀海兽葡萄镜	直径24.0cm	2,300,000	上海泓盛	2011.6.27
双龙葡萄镜	直径11cm	3,565,000	中国嘉德	2011.5.12
双龙十二生肖镜	直径19.5cm	230,000	中国嘉德	2011.11.17
双龙双孔雀瑞兽葡萄镜	直径20.6cm	1,380,000	中国嘉德	2011.11.17
双龙四凤镜	直径20.9cm	345,000	中国嘉德	2011.5.13
双鸾花卉镜	直径16cm	195,500	北京翰海	2011.11.18
双鸾花卉镜	直径20cm	345,000	中国嘉德	2011.5.12
双鸾花卉镜	直径13.3cm	184,000	中国嘉德	2011.5.13
双鸾花鸟镜 双凤双蝶亚字镜	直径21.8cm	103,500	北京保利	2011.12.08
双鸾镜	直径18.6cm	94,300	北京保利	2011.12.08
双鸾灵龟八卦纹镜	直径18.2cm	172,500	中国嘉德	2011.11.17
双鸾雀鸟镜	直径12cm	59,800	中国嘉德	2011.11.17
双鸾双花镜	直径13.5cm	138,000	北京翰海	2011.11.18
双鸾双鸟祥云镜	直径11.1cm	138,000	北京翰海	2011.11.18
双鸾双雀镜	直径16.5cm	57,500	中国嘉德	2011.5.13
双鸾双狮菱花镜	直径16cm	299,000	中国嘉德	2011.11.17
双鸾双兽镜	直径15.5cm	287,500	中拍国际	2011.12.07
双鸾双兽菱花镜	直径16cm	2,070,000	中国嘉德	2011.5.13
双鸾鸳鸯镜	直径19.5cm	172,500	中国嘉德	2011.11.17
双鸾鸳鸯莲花镜	直径15.7cm	89,700	中国嘉德	2011.5.13
双马凤纹连弧纹镜	直径14.8cm	92,000	中国嘉德	2011.11.17
双圈画纹带十二方枚神兽镜	直径14.3cm	2,875,000	中拍国际	2011.12.07
双圈铭文镜	直径18.1cm	184,000	中拍国际	2011.12.07
双圈铭文镜	直径10.7cm	115,000	北京翰海	2011.11.18
双圈铭文镜	直径15cm	253,000	中国嘉德	2011.5.13
双圈铭文镜	直径11.1cm	57,500	中国嘉德	2011.5.13
双雀鸳鸯镜	直径11.0cm	218,500	上海泓盛	2011.6.27
双鹊衔绶云龙纹月宫镜	直径20.3cm	402,500	中国嘉德	2011.5.13
双鹊鸳鸯葵花镜	直径19.4cm	345,000	中国嘉德	2011.11.17
双鹊月宫盘龙镜	直径20.2cm	1,150,000	上海泓盛	2011.6.27
双狮花卉菱花镜	直径19.3cm	437,000	中国嘉德	2011.5.12
双狮双鹿镜	直径14.3cm	345,000	中拍国际	2011.12.07
双狮双鹿菱花镜	直径14.5cm	230,000	北京翰海	2011.11.18
双鱼镜	直径21.2cm	322,000	上海泓盛	2011.6.27
双鸳鸯花卉镜	直径22cm	598,000	中国嘉德	2011.5.12
水月观音镜	直径24.1cm	575,000	中国嘉德	2011.5.12
四凤镜	直径12.5cm	57,500	中国嘉德	2011.11.17
四花四瑞兽镜	直径10.5cm	63,250	中国嘉德	2011.5.12
四灵规矩镜	直径21.0cm	2,300,000	上海泓盛	2011.6.27
四灵规矩镜	直径14.0cm	575,000	上海泓盛	2011.6.27
四灵十二生肖镜	直径24.2cm	920,000	北京翰海	2011.11.18
四灵十二生肖镜	直径14.3c	287,500	北京翰海	2011.11.18
四龙连弧纹镜	直径14.5cm	51,750	北京翰海	2011.11.18
四龙云雷纹镜	直径22.8cm	264,500	北京保利	2011.12.08
四雀菱花镜	直径11.1cm	92,000	北京翰海	2011.11.18
四乳八瑞兽镜	直径18.5cm	230,000	中国嘉德	2011.5.13

拍品名称	尺寸	成交价RMB	拍卖公司	拍卖日期
四乳博局镜	直径13cm	218,500	中国嘉德	2011.5.13
四乳博局镜	直径16.4cm	55,200	中国嘉德	2011.5.13
四乳花瓣草叶纹镜	直径20.8cm	253,000	北京翰海	2011.11.18
四乳瑞兽镜	直径12.8cm	161,000	北京翰海	2011.11.18
四乳神兽镜	直径20cm	9,085,000	北京保利	2011.12.08
四乳神兽镜	直径16.3cm	149,500	中拍国际	2011.12.07
四乳神兽镜	直径18.9cm	402,500	中国嘉德	2011.5.13
四乳神兽镜	直径17.7cm	126,500	中国嘉德	2011.5.13
四乳神兽铭文镜	直径13.2cm	115,000	北京翰海	2011.11.18
四乳四猴镜	直径13.8cm	57,500	北京翰海	2011.11.18
四乳四虺镜	直径18.7cm	172,500	中拍国际	2011.12.07
四乳四虺镜	直径18.9cm	690,000	北京翰海	2011.11.18
四乳四虺镜	直径15.0cm	207,000	上海泓盛	2011.6.27
四乳四虺镜	直径17.4cm	109,250	中国嘉德	2011.5.12
四乳四灵镜	直径14.3cm	368,000	中国嘉德	2011.5.12
四乳四神镜	直径13.2cm	253,000	北京翰海	2011.11.18
四乳四神镜	直径19.4cm	80,500	中国嘉德	2011.5.13
四瑞兽铭文镜	直径14.7cm	138,000	上海泓盛	2011.6.27
四瑞兽葡萄方镜	边长9.4cm	828,000	中国嘉德	2011.5.13
四瑞兽葡萄方镜	边长10cm	161,000	中国嘉德	2011.5.13
四瑞兽葡萄方镜	直径9cm	149,500	中国嘉德	2011.5.12
四瑞兽葡萄镜	直径12.2cm	172,500	中国嘉德	2011.11.17
四瑞兽葡萄镜	直径11.4cm	69,000	中国嘉德	2011.11.17
四瑞兽葡萄镜	直径11.2cm	66,700	中国嘉德	2011.11.17
四瑞兽葡萄镜	直径12.5cm	897,000	中国嘉德	2011.5.13
四瑞兽葡萄镜	直径12.3cm	828,000	中国嘉德	2011.5.13
四瑞兽葡萄镜	直径11.8cm	172,500	中国嘉德	2011.5.13
四瑞兽葡萄镜	直径9.6cm	86,250	中国嘉德	2011.5.13
四瑞兽葡萄镜	直径10.7cm	57,500	中国嘉德	2011.5.13
四瑞兽葡萄镜 (二面)	尺寸不一	55,200	中国嘉德	2011.5.13
四瑞兽禽鸟葡萄镜	直径12cm	63,250	中国嘉德	2011.11.17
四瑞兽雀鸟葡萄镜	直径13.3cm	368,000	中国嘉德	2011.5.13
四瑞兽双孔雀葡萄镜	直径14cm	112,700	中国嘉德	2011.5.13
四山镜	直径10.8cm	138,000	中拍国际	2011.12.07
四山镜	直径16.6cm	57,500	北京翰海	2011.11.18
四山镜	直径13.5cm	667,000	中国嘉德	2011.5.13
四山镜	直径13.1cm	241,500	中国嘉德	2011.5.12
四山镜	直径13.9cm	126,500	中国嘉德	2011.5.13
四神博局镜	直径13.8cm	287,500	中拍国际	2011.12.07
四神博局镜	直径13.8cm	805,000	北京翰海	2011.11.18
四神博局镜	直径16cm	69,000	中国嘉德	2011.11.17
四神博局镜	直径14.2cm	862,500	中国嘉德	2011.5.12
四神博局镜	直径21cm	241,500	中国嘉德	2011.5.13
四神规矩镜	直径13cm	51,750	北京翰海	2011.11.18
四神画像镜	直径21.3cm	2,645,000	中国嘉德	2011.11.17
四神简易博局镜	直径18.5cm	92,000	中国嘉德	2011.5.13
四神十二生肖镜	直径19.1cm	138,000	中国嘉德	2011.5.13
四兽镜	直径14.2cm	1,725,000	北京翰海	2011.11.18
四仙骑镜	直径11.7cm	112,700	中拍国际	2011.12.07
四叶四花镜	直径10.5cm	71,300	中国嘉德	2011.11.17
四叶羽状地纹镜	直径9.8cm	207,000	中拍国际	2011.12.07
四叶羽状地纹镜	直径8.8cm	105,800	中拍国际	2011.12.07
四叶羽状地纹镜	直径9.8cm	138,000	上海泓盛	2011.6.27
四叶羽状纹镜	直径12cm	253,000	中国嘉德	2011.5.13
四鸳鸯菱花镜	直径13.5cm	126,500	中国嘉德	2011.5.13
四猿四龙四叶纹镜	直径14.5cm	57,500	中国嘉德	2011.5.13
松鹤齐寿镜(附镜盒)	直径12.3cm	55,200	中国嘉德	2011.5.13
狻猊瑞兽葡萄镜	直径13cm	1,840,000	中国嘉德	2011.5.13
狻猊瑞兽葡萄镜	直径12.5cm	345,000	中国嘉德	2011.5.12
天马孔雀瑞兽葡萄镜	直径20.5cm	460,000	中国嘉德	2011.5.12
天马双鸾镜	直径14.7cm	230,000	中国嘉德	2011.11.17
童子攀花枝镜	直径14.9cm	57,500	中国嘉德	2011.5.13
五瑞兽镜	直径12.7cm	253,000	北京翰海	2011.11.18
五瑞兽摩羯纹镜	直径10.3cm	287,500	中国嘉德	2011.11.17
五瑞兽葡萄镜	直径13.4cm	195,500	中国嘉德	2011.11.17
五瑞兽葡萄镜	直径13.2cm	126,500	中国嘉德	2011.11.17
五瑞兽葡萄镜	直径11.6cm	126,500	中国嘉德	2011.11.17
五瑞兽葡萄镜	直径12.2cm	105,800	中国嘉德	2011.11.17
五瑞兽葡萄镜	直径13.2cm	78,200	中国嘉德	2011.11.17

拍品名称	尺寸	成交价RMB	拍卖公司	拍卖日期
五瑞兽葡萄镜	直径14.3cm	575,000	中国嘉德	2011.5.13
五瑞兽葡萄镜	直径13.5cm	103,500	中国嘉德	2011.5.13
五瑞兽葡萄镜	直径13.2cm	82,800	中国嘉德	2011.5.12
五山镜	直径17cm	908,500	北京保利	2011.12.08
五山镜	直径14.5cm	517,500	中国嘉德	2011.11.17
五山镜	直径17cm	71,300	中国嘉德	2011.5.13
五岳花鸟菱花镜	直径11cm	94,300	中国嘉德	2011.5.12
五岳镜	直径15.2cm	4,025,000	北京翰海	2011.11.18
舞兽纹花卉菱花镜	直径16cm	1,840,000	中国嘉德	2011.5.13
犀牛镜	直径8.8cm	57,500	中国嘉德	2011.11.17
仙骑镜	直径12.3cm	149,500	北京翰海	2011.11.18
仙骑纹菱花镜	直径22cm	8,740,000	中国嘉德	2011.5.13
仙人贺寿月宫镜	直径16.8cm	379,500	中国嘉德	2011.5.12
线刻宝相花纹镜	直径17.5cm	51,750	中国嘉德	2011.5.12
小手镜 (一组)	尺寸不一	57,500	北京翰海	2011.11.18
星相符箓纹镜	直径19.1cm	115,000	中国嘉德	2011.5.13
星云镜	直径15.6cm	138,000	中拍国际	2011.12.07
星云镜	直径17.8cm	172,500	中国嘉德	2011.11.17
星云镜	直径17cm	172,500	中国嘉德	2011.11.17
熊钮变形龙纹阳燧镜	直径6.3cm	460,000	中国嘉德	2011.5.13
熊纹博局镜	直径13.6cm	184,000	中国嘉德	2011.5.12
玄武钮博局镜	直径16.7cm	172,500	中国嘉德	2011.5.13
悬针篆铭规矩镜	直径11.8cm	71,300	北京翰海	2011.11.18
瑶池故事人物镜	长20.6cm	460,000	北京翰海	2011.11.18
银壳双雀双瑞兽葡萄镜	直径6.4cm	322,000	中国嘉德	2011.5.13
银质錾花镜盒一套内置双凤“夏道人”方镜	直径17.3cm	517,500	华夏国拍	2011.6.10
婴戏舞鸾镜	直径26.2cm	483,000	北京保利	2011.12.08
鹦鹉葡萄镜	直径15.2cm	747,500	中拍国际	2011.12.07
鹦鹉葡萄镜	直径14.5cm	1,150,000	中国嘉德	2011.5.13
鹦鹉衔绶镜	直径28.3cm	575,000	上海泓盛	2011.6.27
鱼化龙镜	边长16.9cm	94,300	北京翰海	2011.11.18
羽人神兽博局镜	直径16.6cm	828,000	中拍国际	2011.12.07
羽状纹四叶镜	直径9.5cm	66,700	北京翰海	2011.11.18
鸳鸯禽鸟镜	直径19.3cm	207,000	中国嘉德	2011.11.17
鸳鸯雀鸟花卉菱花镜	直径22cm	713,000	中国嘉德	2011.5.12
鸳鸯雀鸟花枝镜	直径16.4cm	172,500	中拍国际	2011.12.07
鸳鸯雀鸟菱花镜	直径14cm	92,000	中国嘉德	2011.5.12
鸳鸯衔绶镜	直径18.8cm	230,000	上海泓盛	2011.6.27
月宫镜	直径14.1cm	310,500	中国嘉德	2011.11.17
云雷纹镜	直径14cm	149,500	中国嘉德	2011.11.17
云龙纹镜	直径25.5cm	368,000	中拍国际	2011.12.07
云龙纹镜	直径15.3cm	71,300	中国嘉德	2011.5.13
云纹镜	直径6.1cm	57,500	中国嘉德	2011.11.17
张氏作辟邪天禄相交镜	直径12.6cm	184,000	上海泓盛	2011.6.27
真子飞霜镜	直径17.1cm	55,200	北京翰海	2011.11.18
仲甫神龙亚方镜	直径11cm	115,000	北京保利	2011.12.08
重列式半圆方枚神人神兽镜	直径14.1cm	92,000	中国嘉德	2011.5.12
17世纪 铜鎏金犀牛望月镜架	长24.2cm	268,800	北京永乐	2011.5.24
佛教文物				
北魏 观音菩萨	高16.8cm	69,000	北京翰海	2011.11.19
隋 铜鎏金观音菩萨像	高20.5cm	161,000	中贸圣佳	2011.11.06
隋 铜鎏金观音菩萨像	高12.2cm	92,000	中贸圣佳	2011.11.06
唐 铜鎏金观音站像	高26.5cm	187,680	澳门中信	2011.11.25
5世纪-6世纪 弥勒佛	高24.6cm	2,070,000	北京翰海	2011.11.19
7世纪-8世纪 释迦牟尼	高19.5cm	6,900,000	北京翰海	2011.11.19
9世纪 莲花观音立像	高40.5cm	4,692,000	澳门中信	2011.11.25
9世纪 提篮观音	高19.5cm	3,335,000	北京翰海	2011.5.21
9世纪 弥勒佛	高30cm	2,070,000	古天一	2011.12.05
11-12世纪 大日如来像	高29cm	1,552,500	古天一	2011.12.05
10世纪 大理国护法像	高10cm	103,500	古天一	2011.12.05
宋代 普贤菩萨、观音菩萨和文殊菩萨	高56cm	6,900,000	北京翰海	2011.11.19
辽 铜鎏金站像	高14cm	253,000	上海大众	2011.08.25
辽 铜佛立像	高59cm	1,800,000	红太阳	2011.5.28
辽代 大日如来	高18cm	1,725,000	北京翰海	2011.5.21
宋—元 铜男相自在观音	高25.1cm	172,500	浙江钱塘	2011.12.04
元鎏金铜“释迦牟尼佛”坐像	高49.4cm	3,048,040	香港苏富比	2011.4.8
元 铜鎏金莲花手菩萨立像	高27cm	1,035,000	中拍国际	2011.7.17

(成交价RMB：5万元以上)

拍品名称	尺寸	成交价RMB	拍卖公司	拍卖日期
12世纪 绿度母	高11.1cm	690,000	北京翰海	2011.11.19
12世纪 上乐金刚	高7.6cm	172,500	北京翰海	2011.11.19
12世纪 铜鎏金观音像	高45.4cm	26,296,425	纽约佳士得	2011.3.24
12世纪 喜金刚	高12.8cm	230,000	北京翰海	2011.11.19
13世纪 释迦牟尼	高19.6cm	287,500	北京翰海	2011.11.19
13世纪 铜鎏金噶当塔	高19cm	212,800	云南典藏	2011.10.31
14世纪 金刚手菩萨	高14cm	230,000	北京翰海	2011.11.19
14世纪 骑马护法	高18cm	1,150,000	北京翰海	2011.11.19
14世纪 上乐金刚	高19cm	57,500	北京翰海	2011.11.19
14世纪-15世纪 大鹏金翅鸟与龙女背光	长45cm	97,750	北京翰海	2011.11.19
14世纪-15世纪 密集金刚	高37cm	805,000	北京翰海	2011.11.19
14世纪-15世纪 摩羯鱼	长47.5cm	74,750	北京翰海	2011.11.19
14世纪-15世纪 尊胜佛母佛塔	高27.5cm	805,000	北京翰海	2011.11.19
14世纪晚期 财神	高45cm	1,725,000	北京翰海	2011.11.19
14至15世纪 喜金刚佛首	高19cm	172,500	北京翰海	2011.11.19
15世纪 大威德金刚	高19.5cm	805,000	北京翰海	2011.5.21
15世纪 金刚萨埵	高21cm	632,500	北京翰海	2011.5.21
15世纪 米拉日巴	高19.5cm	1,035,000	北京翰海	2011.5.21
15世纪 那若卡居空行母	高16cm	690,000	北京翰海	2011.5.21
15世纪 释迦牟尼	高22.7cm	517,500	北京翰海	2011.5.21
15世纪 铜鎏金文官立像	高48cm	2,242,500	福建拍卖	2011.7.2
15世纪 智行佛母	高12.2cm	4,370,000	北京翰海	2011.5.21
16世纪 莲花生	高40.5cm	828,000	北京翰海	2011.5.21
16世纪 玛吉拉准	像高12.6cm	598,000	北京翰海	2011.5.21
16世纪 桑吉坚赞	高15.5cm	862,500	北京翰海	2011.5.21
明初 木漆金财宝天王坐像	高52cm	460,000	北京保利	2011.10.22
明早期 铜鎏金八臂观音	高37cm	896,000	天工艺苑	2011.6.26
明早期 铜鎏金观音菩萨坐像	高32cm	828,000	中国嘉德	2011.11.14
明早期 铜鎏金锻造佛手	高25cm	516,120	澳门中信	2011.11.25
明早期 铜鎏金莲花手菩萨像	高24cm	656,880	澳门中信	2011.11.25
明洪武 铜鎏金释迦牟尼佛像	高5.5cm×2	109,250	中贸圣佳	2011.11.06
明永乐 铜鎏金自在观音像	高21cm	6,325,000	北京保利	2011.6.5
明永乐 铜鎏金金刚萨埵坐像	高26cm	6,900,000	华艺国际	2011.12.11
明永乐 铜鎏金供养菩萨	高14cm	3,680,000	北京保利	2011.12.06
明永乐 金刚杵	长18cm	97,750	北京翰海	2011.11.19
明永乐 金刚铃	高22cm	69,000	北京翰海	2011.11.19
明永乐 铜鎏金四臂观音	高40cm	6,720,000	浙江民和	2011.08.14
明永乐鎏金铜「释迦摩尼」坐像	29.5cm	2,968,400	香港苏富比	2011.10.05
明永乐 铜鎏金思维菩萨	高32.5cm	9,384,000	澳门中信	2011.11.25
明宣德 铜鎏金无量寿佛	20cm	1,344,000	雍和嘉诚	2011.6.1
明宣德十年鎏金铜南海观音坐像	高78cm	27,903,880	香港苏富比	2011.4.8
明宣德 铜鎏金弥勒菩萨立像	高19cm	402,500	北京保利	2011.12.06
明宣德 铜鎏金毗卢巴尊者像	高30cm	9,315,000	中国嘉德	2011.11.15
大明宣德款 绿度母	高30cm	11,200,000	江苏万达	2011.5.29
明弘治 铜雕罗汉乘槎摆件	高40.5cm	977,500	北京保利	2011.12.06
明正统 铜鎏金药师琉璃光佛	高31.3cm	3,284,400	澳门中信	2011.11.25
明中期 木漆金男相观音坐像	高54cm	115,000	北京保利	2011.10.22
明中期 铜鎏金释迦牟尼坐像	高28.5cm	1,322,500	中国嘉德	2011.11.15
明中期 铜鎏金嵌宝石无量寿佛坐像	高54cm	537,600	北京保利	2011.1.16
明中期 铜鎏金自在观音	高47cm	2,875,000	北京保利	2011.12.06
明万历10年 释迦牟尼	高85cm	1,725,000	北京翰海	2011.5.21
明晚期 铜释迦牟尼佛坐像	高153cm	4,255,000	北京保利	2011.12.06
明晚期 铜鎏金释迦坐像	高47.5cm	1,150,000	北京保利	2011.12.08
明 铜银鎏金绿度母像	高13cm	402,500	北京保利	2011.12.07
明 铜鎏金释迦诞生像	高25cm	172,500	北京保利	2011.12.07
明 铜鎏金观音佛	高21.5cm	161,000	北京保利	2011.12.08
明 铜鎏金大持金刚像	高22cm	253,000	北京保利	2011.12.07
明 铜鎏金不动像	高15cm	299,000	北京保利	2011.12.07
明 铜阿弥陀佛造像	高53cm	1,150,000	江苏省拍	2011.12.10
明 青铜造泷见观音像	高23cm	1,344,000	江苏万达	2011.5.29
明 青铜张仙像	高49cm	437,000	中国嘉德	2011.5.23
明 青铜铸自在观音像	高60cm	896,000	江苏万达	2011.5.29
明 铜关公坐像	高74.5cm	690,000	北京翰海	2011.5.21
明 铜观音菩萨像	高26.5cm	1,120,000	中贸圣佳	2011.4.29
明 铜鎏金阿弥陀佛	高51cm	3,680,000	北京保利	2011.6.5
明 铜鎏金阿弥陀佛像	高48cm	2,688,000	中贸圣佳	2011.4.29
明 铜鎏金宝冠释迦牟尼佛像	高21.5cm	1,008,000	中贸圣佳	2011.4.29
明 铜鎏金多杰殿巴像	高21.5cm	1,344,000	中贸圣佳	2011.4.29
明 铜鎏金观音菩萨像	高49cm	896,000	中贸圣佳	2011.4.29
明 铜鎏金十一面观音像	高51cm	627,200	中贸圣佳	2011.4.29
明 铜鎏金释迦牟尼	高38cm	560,000	天工艺苑	2011.6.26
明 铜鎏金释迦牟尼佛像	高48cm	1,120,000	苏州东方	2011.4.28
明 铜鎏金无量寿佛	高23cm	560,000	天工艺苑	2011.6.26
明 铜鎏金药师佛像	高28cm	33,600,000	中贸圣佳	2011.4.29
明 铜鎏金簪花观音菩萨坐像	高32.5cm	575,000	福建拍卖	2011.7.2
明 铜泥金弥勒佛	高88cm	672,000	天工艺苑	2011.6.26
明 铜漆金文殊菩萨坐像	高34cm	78,200	中国嘉德	2011.11.14
明 铜韦驮护法尊天菩萨像	高54.5cm	728,000	中贸圣佳	2011.4.29
明 铜无量寿佛	高49cm	575,000	北京歌德	2011.6.3
明 铜真武大帝坐像	高37.4cm	552,000	北京中汉	2011.5.23
明 紫铜罗汉坐像	高7.3cm	103,500	中国嘉德	2011.5.22
明 合金铜嵌红铜白银大成就者黑鲁嘎像	高17.5cm	299,000	中贸圣佳	2011.11.06
明 铜达摩坐像	高14cm	161,000	北京保利	2011.10.22
明 铜大轮金刚手像	高16.5cm	218,500	中贸圣佳	2011.11.06
明 铜雕关公坐像	高26cm	92,000	北京保利	2011.10.24
明 铜迦牟尼坐像	高25cm	103,500	中贸圣佳	2011.11.06
明 铜鎏金阿閦佛	高20.5cm	56,000	太平洋	2011.09.17
明 铜鎏金阿弥陀佛像	高58cm	2,300,000	中贸圣佳	2011.11.06
明 铜鎏金阿难陀达摩师利像	高22.5cm	138,000	中贸圣佳	2011.11.06
明 铜鎏金布顿仁波切像	高27.9cm	690,000	中贸圣佳	2011.11.06
明 铜鎏金达摩站像	高26cm	230,000	北京保利	2011.10.22
明 铜鎏金大日如来佛造像	高57cm	747,500	荣宝斋(沪)	2011.11.25
明 铜鎏金道教神官像	高32.7cm×2	172,500	中贸圣佳	2011.11.06
明 铜鎏金度母	高26.7cm	2,815,200	澳门中信	2011.11.25
明 铜鎏金度母	高21.2cm	2,346,000	澳门中信	2011.11.25
明 铜鎏金佛首	高43cm	517,500	中贸圣佳	2011.11.06
明 铜鎏金观音菩萨像	高54.5cm	4,025,000	中贸圣佳	2011.11.06
明 铜鎏金观音菩萨像	高22.5cm	517,500	中贸圣佳	2011.11.06
明铜鎏金莲花手菩萨像透雕背光	高17cm	750,720	澳门中信	2011.11.25
明 铜鎏金弥勒菩萨像	高18cm	69,000	中贸圣佳	2011.11.06
明 铜鎏金男相坐观音像	高19cm	161,000	北京保利	2011.10.22
明 铜鎏金毗卢巴像	高13.3cm	74,750	中贸圣佳	2011.11.06
明 铜鎏金菩萨像	高27.5cm	69,000	中国嘉德	2011.09.17
明 铜鎏金菩提塔	高27cm	460,000	中贸圣佳	2011.11.06
明 铜鎏金嵌银绿度母像	高13.5cm	172,500	中贸圣佳	2011.11.06
明 铜鎏金燃灯佛像	高35.5cm	690,000	中贸圣佳	2011.11.06
明 铜鎏金上师像	高28.5cm	230,000	中贸圣佳	2011.11.06
明 铜鎏金上师像	高43.5cm	207,000	中贸圣佳	2011.11.06
明 铜鎏金释迦牟尼佛头残像	高38cm	2,815,200	澳门中信	2011.11.25
明 铜鎏金释迦像	高18.5cm	138,000	中国嘉德	2011.09.17
明 铜鎏金文殊菩萨像	高19.5cm	2,760,000	中贸圣佳	2011.11.06
明 铜鎏金杨柳观音像	高14cm	207,000	中贸圣佳	2011.11.06
明 铜鎏金药师佛带莲花座座像	高47cm	632,500	上海大众	2011.08.25
明 铜鎏金药师佛像	高28cm	230,000	中贸圣佳	2011.11.06
明 铜鎏金药师佛像	高36.5cm	138,000	中贸圣佳	2011.11.06
明 铜鎏金月光菩萨像	高39cm	2,760,000	中贸圣佳	2011.11.06
明 铜鎏金周仓、关平像	尺寸不一	368,000	中贸圣佳	2011.11.06
明 铜鎏金自在观音像	高48cm	2,760,000	中贸圣佳	2011.11.06
明 铜弥勒像	宽21cm	172,500	中国嘉德	2011.11.15
明 铜泥金密集金刚像	高21.5cm	345,000	中贸圣佳	2011.11.06
明 铜漆金骑犼观音像	高37cm	483,000	中贸圣佳	2011.11.06
明 铜漆金真武大帝像	高44.5cm	368,000	中贸圣佳	2011.11.06
明 铜铸「观音菩萨」坐像	高29.2cm	61,500	香港苏富比	2011.10.05
明 真武大帝像	高32cm	184,000	荣宝斋(沪)	2011.11.25
明17世纪 鎏金铜文殊菩萨坐像	高33cm	1,984,400	香港苏富比	2011.10.05
明代 毗卢遮那佛	高75cm	4,600,000	北京翰海	2011.11.19
明代 狮吼观音	高45cm	1,955,000	北京翰海	2011.11.19
明代 铜鎏金阿弥陀佛	高31cm	207,000	北京翰海	2011.11.19
明代 铜鎏金观音菩萨	高35cm	207,000	北京翰海	2011.11.19
明代 铜鎏金释迦牟尼	高35cm	540,500	北京翰海	2011.11.19
明代 铜鎏金自在观音菩萨	高16cm	172,500	北京翰海	2011.11.19
15世纪 弥勒菩萨	高18cm	184,000	北京翰海	2011.11.19
15世纪 米拉日巴	高11.5cm	172,500	北京翰海	2011.11.19
15世纪 密集金刚	高26cm	2,760,000	北京翰海	2011.11.19
15世纪 四臂观音	高13cm	149,500	北京翰海	2011.11.19

拍品名称	尺寸	成交价RMB	拍卖公司	拍卖日期
15世纪 铜鎏金大日如来像	高12.5cm	253,000	北京东正	2011.11.17
15世纪 铜鎏金嵌宝石文殊菩萨	高17cm	207,000	北京翰海	2011.11.19
15世纪 铜鎏金文殊菩萨	高28cm	11,260,800	澳门中信	2011.11.25
15世纪 铜嵌银嵌红铜绿度母	高35cm	172,500	北京翰海	2011.11.19
15世纪、18世纪、18世纪 绿度母、马头明王和吉祥天母	尺寸不一	172,500	北京翰海	2011.11.19
15世纪–16世纪 无量寿佛	高59cm	1,380,000	北京翰海	2011.11.19
15世纪至–16世纪 金刚萨埵	高49.5cm	1,725,000	北京翰海	2011.11.19
15至16世纪 上师	高23.5cm	230,000	北京翰海	2011.11.19
16世纪 噶玛巴上师	高9.9cm	57,500	北京翰海	2011.11.19
16世纪 宗喀巴	高33.6cm	920,000	北京翰海	2011.11.19
16世纪–17世纪 魁星	高24cm	115,000	北京翰海	2011.11.19
16世纪–17世纪 铺首门环(一对)	直径14.2cm	69,000	北京翰海	2011.11.19
16世纪–17世纪 燃灯佛	高23cm	115,000	北京翰海	2011.11.19
16世纪–17世纪 上乐金刚	高21.6cm	115,000	北京翰海	2011.11.19
17世纪 大红司命主	高9.5cm	138,000	北京翰海	2011.11.19
17世纪 根敦嘉措	高20.5cm	138,000	北京翰海	2011.11.19
17世纪 宗喀巴	高27.5cm	345,000	北京翰海	2011.11.19
17世纪–18世纪铜鎏金吉祥天母	高28cm	7,507,200	澳门中信	2011.11.25
17世纪–18世纪 自在观音	高16cm	92,000	北京翰海	2011.11.19
17世纪晚期至18世纪早期大日如来	高16cm	1,495,000	北京翰海	2011.11.19
明15世纪/16世纪 鎏金铜“释迦牟尼佛”坐像	高94cm	17,530,440	香港苏富比	2011.4.8
明16世纪 鎏金铜“观音菩萨”坐像	高66cm	5,068,840	香港苏富比	2011.4.8
明16世纪 鎏金铜“观音菩萨”坐像	高59cm	542,248	香港苏富比	2011.4.8
明16世纪 鎏金铜“水月观音”坐像	高52cm	875,680	香港苏富比	2011.4.8
明16世纪 鎏金铜大日如来坐像	高110cm	9,926,820	香港佳士得	2011.6.1
明17世纪 鎏金铜“千手观音”坐像	高23cm	572,560	香港苏富比	2011.4.8
17世纪铜鎏金释迦牟尼头像	高31cm	598,000	中拍国际	2011.12.07
明代 观音菩萨	高37cm	575,000	北京翰海	2011.5.21
明代 戒博迦尊者	高75cm	1,955,000	北京翰海	2011.5.21
明代 铜佛像	高57.1cm	4,116,105	纽约佳士得	2011.3.24
明代 文殊菩萨和狮吼观音	高39cm；高40cm	1,380,000	北京翰海	2011.5.21
明代 真武帝铜像	高50.8cm	14,522,985	纽约佳士得	2011.3.24
明代 准提观音	高70cm	4,715,000	北京翰海	2011.5.21
明末清初 铜泥金长寿三尊像	尺寸不一	287,500	中贸圣佳	2011.11.06
明晚期 赖布衣铜立像	高36cm	92,000	北京诚轩	2011.11.12
清初 铜鎏金白度母像	高16.4cm	920,000	北京东正	2011.6.5
清早期 铜鎏金释迦牟尼	高69cm	920,000	中拍国际	2011.12.07
清早期 铜鎏金女官像	高29.5cm	195,500	北京保利	2011.12.08
清早期 铜鎏金八臂观音佛像	高44cm	1,126,080	澳门中信	2011.11.25
清早期 铜鎏金蒙古佛像(无量寿佛)	高21cm	375,360	澳门中信	2011.11.25
清早期 铜鎏金释迦牟尼成道座像	高35cm	469,200	澳门中信	2011.11.25
清早期 铜鎏金释迦牟尼座像	高21cm	769,488	澳门中信	2011.11.25
清早期 铜鎏金释迦牟尼座像	高21.5cm	469,200	澳门中信	2011.11.25
清康熙 鎏金铜嵌宝石「无量寿佛」坐像	高43cm	4,936,400	香港苏富比	2011.10.05
清康熙 漆金无量寿佛夹纻像	高26.5cm	172,500	中贸圣佳	2011.11.06
清康熙 释迦牟尼	高17.4cm	517,500	北京翰海	2011.11.19
清康熙 铜鎏金无量寿佛像	高43.5cm	9,775,000	北京东正	2011.11.17
清康熙 无量寿佛	高10.8cm	103,500	北京翰海	2011.11.19
清康熙 五世达赖喇嘛蒙藏文法敕	158cm×69cm	207,000	中贸圣佳	2011.11.06
清康熙 释迦牟尼	高38cm	2,415,000	北京翰海	2011.5.21
清康熙 铜鎏金金刚总持像	高36cm	582,400	长风拍卖	2011.1.20
清康熙 铜鎏金释迦坐像	高65cm	3,450,000	北京保利	2011.6.5
清康熙 文殊菩萨	高27cm	1,012,000	北京翰海	2011.5.21
清康熙 铜鎏金四臂观音像	高24cm	667,000	中国嘉德	2011.12.17
清乾隆降阎魔尊	高32cm	2,645,000	中拍国际	2011.12.07
清乾隆 铜漆金成救像	高14cm	368,000	北京保利	2011.12.07
清乾隆 铜鎏金无量寿佛	高30.5cm	195,500	北京保利	2011.12.08
清乾隆 铜鎏金天降宝塔	高23.5cm	632,500	北京匡时	2011.12.05
清乾隆 铜鎏金上师像	高17cm	92,000	北京保利	2011.12.07
清乾隆 金彩法轮	高28cm	2,070,000	北京匡时	2011.12.05
清乾隆 财宝天王铜像	高17.5cm	57,500	西泠拍卖	2011.7.18

拍品名称	尺寸	成交价RMB	拍卖公司	拍卖日期
清乾隆 六品佛楼铜“明点尊母”像	高19cm	1,840,000	北京保利	2011.6.5
清乾隆 密那天	高19.2cm	1,955,000	北京翰海	2011.5.21
清乾隆 铜雕烈声金刚	高13.5cm	828,000	北京保利	2011.6.5
清乾隆 铜鎏金巴沽拉尊者	高25.5cm	920,000	北京翰海	2011.5.21
清乾隆 铜鎏金除毒佛母	高21.5cm	560,000	浙江钱塘	2011.6.12
清乾隆 铜鎏金毒严金刚 阎摩天 财宝天王像(一组)	尺寸不一	7,475,000	北京东正	2011.6.5
清乾隆 铜鎏金关公像	高19cm	575,000	西泠拍卖	2011.7.18
清乾隆 铜鎏金关公组像	尺寸不一	1,150,000	北京保利	2011.6.5
清乾隆 铜鎏金观音像	高34cm	517,500	中国嘉德	2011.5.23
清乾隆 铜鎏金观音像	高16cm	672,000	浙江佳宝	2011.6.23
清乾隆 铜鎏金戒博迦尊者	高26.5cm	920,000	北京翰海	2011.5.21
清乾隆 铜鎏金夔龙纹五供	尺寸不一	10,925,000	上海大众	2011.08.25
清乾隆 铜鎏金菩萨立像	高63cm	10,580,000	北京保利	2011.6.5
清乾隆 铜鎏金释迦坐像	高30.5cm	230,000	中国嘉德	2011.11.14
清乾隆 铜鎏金四臂观音像	高18cm	552,000	北京东正	2011.6.5
清乾隆 铜鎏金文殊菩萨像连银錾八宝莲纹龛	高25cm	1,782,500	北京匡时	2011.6.8
清乾隆 铜泥金燃灯佛像	高19.5cm	560,000	中贸圣佳	2011.4.29
清乾隆 铜泥金庄严母像	高16.5cm	560,000	中贸圣佳	2011.4.29
清乾隆御制铜鎏金兽面纹双耳大尊	高78.5cm	5,750,000	北京保利	2011.6.5
清乾隆 自在观音	高51cm	4,600,000	北京翰海	2011.5.21
清乾隆/嘉庆 鎏金铜布袋和尚坐像	宽35.5cm	719,820	香港佳士得	2011.6.1
清乾隆 金彩法轮	高27.5cm	1,725,000	中国嘉德	2011.11.13
清乾隆咖啡釉描金无量寿佛坐像	高22cm	172,500	北京保利	2011.10.22
清乾隆 鎏金铜嵌宝石「无量寿佛」坐像 连铜胎掐丝珐琅背光及莲座	高31cm	4,936,400	香港苏富比	2011.10.05
清乾隆 千手观音	高63.5cm	4,025,000	北京翰海	2011.11.19
清乾隆 舍利佛	高17cm	920,000	北京翰海	2011.11.19
清乾隆 十一面观音	高17.9cm	126,500	北京翰海	2011.11.19
清乾隆 释迦牟尼	高22cm	207,000	荣宝斋(沪)	2011.11.25
清乾隆 铜不虚超越菩萨	高14cm	103,500	北京东正	2011.11.17
清乾隆 铜鎏金时轮金刚像	高12.5cm	253,000	中贸圣佳	2011.11.06
清乾隆 铜鎏金释迦说法像	高19cm	207,000	中国嘉德	2011.09.17
清乾隆 铜鎏金文殊菩萨	高56cm	750,720	澳门中信	2011.11.25
清乾隆 铜鎏金旃檀佛	高21cm	207,000	北京保利	2011.10.22
清乾隆 铜鎏金旃檀佛立像	高23.9cm	322,000	北京诚轩	2011.11.12
清乾隆 铜鎏金尊胜佛母	高38cm	690,000	上海大众	2011.08.25
清乾隆 铜鎏金尊胜佛母像	高17cm	109,250	北京保利	2011.10.22
清乾隆 铜泥金佛像	高15cm	322,000	中贸圣佳	2011.11.06
清乾隆 铜泥金现无愚佛	高20cm	230,000	上海大众	2011.08.25
清乾隆 御制铜鎏金无量寿佛像	高20.5cm	69,000	中贸圣佳	2011.11.06
清乾隆 紫檀漆金佛塔	高30cm	63,250	北京保利	2011.10.22
清中期 蒙古铜鎏金十一面八手观音像镶宝石	高27.5cm	938,400	澳门中信	2011.11.25
清中期 铜鎏金宗喀巴大师像	高16.7cm	563,040	澳门中信	2011.11.25
清中期 铜鎏金绿度母像	高22.5cm	793,500	北京东正	2011.6.5
清中期 铜鎏金无量寿佛	高17.2cm	149,500	北京保利	2011.12.08
清中期 纯金带珠饰念佛珠	长110cm	690,000	北京保利	2011.12.08
清道光 铜十八罗汉经盒	长39.5cm	616,000	浙江钱塘	2011.6.12
清同治 铜龙纹交龙钮戈财钟	高26.2cm	82,800	北京纳高	2011.7.6
清 铜鎏金自在观音	高24.5cm	92,000	北京翰海	2011.12.18
清 铜鎏金四壁观音	高26cm	172,500	北京翰海	2011.12.18
清 铜鎏金白财神	高19.5cm	115,000	长风拍卖	2011.12.20
清 大威德金刚铜像	高63.5cm	2,530,000	中国嘉德	2011.5.23
清 七世达赖喇嘛法敕	57cm×327.5cm	784,000	中贸圣佳	2011.4.29
清 铜鎏金财宝天王像	高17cm	672,000	中贸圣佳	2011.4.29
清 铜鎏金大黑天像	高25cm	134,400	浙江钱塘	2011.1.9
清 铜鎏金斗胜佛母	高32cm	3,047,500	苏州吴门	2011.6.12
清 铜鎏金观音像	高36cm	672,000	江苏万达	2011.5.29
清 铜鎏金千手观音像	高21cm	880,000	红太阳	2011.5.28
清铜鎏金嵌玉八宝纹六角香亭	高65cm	138,000	中国嘉德	2011.11.15
清 铜鎏金嵌玉七珍	高31cm	84,000	太平洋	2011.6.18
清 铜鎏金释迦牟尼说法像	高18cm	2,600,000	红太阳	2011.5.28
清 铜鎏金无量寿佛像	高19cm	728,000	中贸圣佳	2011.4.29
清 铜鎏金五贡	尺寸不一	84,000	北京保利	2011.1.16

2011杂项拍卖成交汇总

(成交价RMB：5万元以上)

拍品名称	尺寸	成交价RMB	拍卖公司	拍卖日期
清 铜鎏金自在观音像	高16cm	616,000	中贸圣佳	2011.4.29
清 铜鎏金宗喀巴像	高26cm	650,000	红太阳	2011.5.28
清 铜嵌金银无量寿佛像	高38.2cm	952,000	中贸圣佳	2011.4.29
清 铜镶碧玉七珍(一套)	高30cm	69,000	北京纳高	2011.7.6
清代 关公	高36cm	1,380,000	北京翰海	2011.5.21
清代 关公	高40.5cm	1,150,000	北京翰海	2011.5.21
清 鎏金铜「刘海戏蟾」立像	42.5cm	606,800	香港苏富比	2011.10.05
清 释迦牟尼、宗喀巴和观音	尺寸不一	126,500	北京翰海	2011.11.19
清 唐卡白度母	95cm×60cm	138,000	上海崇源	2011.10.12
清 铜佛立像	高47cm	747,500	中国嘉德	2011.11.15
清 铜局部鎏金观音座像	高39cm	517,500	上海大众	2011.08.25
清 铜局部鎏金观音座像	高31cm	253,000	上海大众	2011.08.25
清 铜鎏金财宝天王像	高16.5cm	230,000	中贸圣佳	2011.11.06
清 铜鎏金财神	高35cm	750,720	澳门中信	2011.11.25
清 铜鎏金达摩座像	高50cm	1,380,000	上海大众	2011.08.25
清 铜鎏金大威德金刚佛	高58cm	165,000	中都国际	2011.08.28
清 铜鎏金大威德金刚像	高25cm	632,500	中贸圣佳	2011.11.06
清 铜鎏金大威德金刚像	高16.5cm	207,000	中贸圣佳	2011.11.06
清 铜鎏金度母	高23.8cm	2,815,200	澳门中信	2011.11.25
清 铜鎏金二菩萨像	高20cm	115,000	中贸圣佳	2011.11.06
清 铜鎏金二世章嘉像	高17.5cm	172,500	荣宝斋(沪)	2011.11.25
清 铜鎏金关公座像	高18.5cm	287,500	上海大众	2011.08.25
清 铜鎏金观音菩萨像	高23.5cm	207,000	中贸圣佳	2011.11.06
清 铜鎏金黄财神像	高13cm	115,000	中贸圣佳	2011.11.06
清 铜鎏金金刚菩萨像	高32.5cm	368,000	中贸圣佳	2011.11.06
清 铜鎏金莲花生佛造像	高5.7cm	437,000	荣宝斋(沪)	2011.11.25
清 铜鎏金六世班禅像	高23cm	322,000	中贸圣佳	2011.11.06
清 铜鎏金绿度母	高17.5cm	575,000	荣宝斋(沪)	2011.11.25
清 铜鎏金罗汉像	高40.5cm	460,000	中贸圣佳	2011.11.06
清 铜鎏金玛哈嘎拉像	高38cm	207,000	中贸圣佳	2011.11.06
清 铜鎏金蒙古财神像	高13.2cm	115,000	中贸圣佳	2011.11.06
清 铜鎏金弥勒菩萨像	高36.5cm	207,000	中贸圣佳	2011.11.06
清 铜鎏金弥勒菩萨像	高22.5cm	57,500	中贸圣佳	2011.11.06
清 铜鎏金密宗双身造像	高43.5cm	552,000	北京匡时	2011.09.17
清 铜鎏金七世达赖喇嘛像	高23cm	149,500	中贸圣佳	2011.11.06
清 铜鎏金嵌宝石佛塔	高91cm	149,500	中国嘉德	2011.09.17
清 铜鎏金萨锤	高24.5cm	168,000	北京翰海	2011.09.18
清 铜鎏金神变塔	高48.3cm	80,500	中贸圣佳	2011.11.06
清 铜鎏金胜乐金刚像	高18.5cm	195,500	中贸圣佳	2011.11.06
清 铜鎏金释迦摩尼座像	高17cm	115,000	上海大众	2011.08.25
清 铜鎏金托履达摩像	高15.2cm	126,500	中贸圣佳	2011.11.06
清 铜鎏金文殊菩萨像	高33cm	345,000	中贸圣佳	2011.11.06
清 铜鎏金文殊菩萨像	高18cm	184,000	上海大众	2011.08.25
清 铜鎏金文殊菩萨像	高118cm	121,000	中都国际	2011.08.28
清 铜鎏金文殊菩萨坐像	高19.5cm	103,500	中贸圣佳	2011.11.06
清 铜鎏金文殊菩萨座像	高18cm	115,000	上海大众	2011.08.25
清 铜鎏金作明佛母	高17.5cm	161,000	荣宝斋(沪)	2011.11.25
清 铜泥金关公像	高22.2cm	322,000	中贸圣佳	2011.11.06
清 铜泥金三面观音像	高20cm	230,000	中贸圣佳	2011.11.06
清 铜泥金坐佛	高33cm	138,000	北京保利	2011.10.24
清 铜嵌银丝持经观音	高32cm	402,500	荣宝斋(沪)	2011.11.25
清 铜胎珐琅嵌青金玉石佛塔	高72cm	268,800	太平洋	2011.09.17
清 铜文殊菩萨像	高16.8cm	161,000	中贸圣佳	2011.11.06
清代 阿弥陀佛	高35cm	57,500	北京翰海	2011.11.19
清代 金刚锤	长38cm	109,250	北京翰海	2011.11.19
清代 铜鎏金财宝天王	高24.3cm	3,284,400	澳门中信	2011.11.25
清末 铜鎏金萨迦班智达像	高13cm	126,500	中贸圣佳	2011.11.06
17世纪 释迦牟尼	高20.5cm	517,500	北京翰海	2011.5.21
17世纪 铜鎏金绿度母像	高25.5cm	582,400	云南典藏	2011.5.14
17世纪 铜鎏金象鼻财神	高32cm	632,500	广州嘉德	2011.6.11
17世纪 铜罗汉立像	高25cm	276,750	香港苏富比	2011.10.05
18世纪 阿弥陀佛	高22.2cm	97,750	北京翰海	2011.11.19
18世纪 财宝天王	高17.5cm	253,000	北京翰海	2011.11.19
18世纪 财宝天王	高16cm	74,750	北京翰海	2011.11.19
18世纪 大红司命主	高20.7cm	690,000	北京翰海	2011.5.21
18世纪 金刚萨埵	高53cm	2,875,000	北京翰海	2011.11.19
18世纪 莲花手观音	高31.5cm	74,750	北京翰海	2011.11.19
18世纪 六臂大黑天	高37cm	920,000	北京翰海	2011.5.21
18世纪 绿度母	高35.5cm	632,500	北京翰海	2011.11.19
18世纪 千手观音	高55cm	483,000	北京翰海	2011.11.19
18世纪 上师	高50.5cm	207,000	北京翰海	2011.11.19
18世纪 舍利弗	高16cm	115,000	北京翰海	2011.11.19
18世纪 四臂观音	高18.4cm	483,000	北京翰海	2011.11.19
18世纪 铜鎏金弥勒佛	高24cm	184,000	北京翰海	2011.11.19
18世纪 无量寿佛	高17.5cm	103,500	北京翰海	2011.11.19
18世纪 无量寿佛	高19.7cm	86,250	北京翰海	2011.11.19
18世纪 药师佛	高17.5cm	92,000	北京翰海	2011.11.19
18世纪 宗喀巴	高17cm	92,000	北京翰海	2011.11.19
19世纪 铸铜虎猎鹿雕像	长51.5cm	100,800	中鸿信	2011.6.26
程淑美、冯国升 花丝镶嵌吉祥观音	高150cm	575,000	北京翰海	2011.11.19
鎏金佛塔	高20cm	831,000	中博文化	2011.7.10
释迦摩尼佛	高50c	9,314,480	陕西秦商	2011.6.12
铜佛像	高39cm	1,662,000	中博文化	2011.7.10
铜鎏金嵌八宝龙纹佛像经盒	长33cm	8,100,000	印千山	2011.6.3
铜鎏金嵌宝法器(盖罐)(一对)	高17cm	5,400,000	印千山	2011.6.3
铜鎏金嵌宝佛塔	高66cm	8,600,000	印千山	2011.6.3
铜鎏金嵌宝十一面观音立像	高46.5cm	1,568,000	北京纳高	2011.7.6
铜鎏金四臂观音像	高25.5cm	552,000	北京纳高	2011.7.6
铜绿度母像	高19cm	747,900	中博文化	2011.7.10
铜洒金释迦像	高90.5cm	126,500	中国嘉德	2011.12.17
铜鎏金财宝天王像	高16.5cm	750,720	澳门中信	2011.11.25
铜鎏金锻造佛脚掌心有锤碟置法轮凸出	高62cm	50,873,520	澳门中信	2011.11.25
铜鎏金锻造佛手掌心有锤碟置法轮凸出	高32cm	375,360	澳门中信	2011.11.25
铜鎏金吉祥天母像	高59cm	112,000	北京翰海	2011.09.18
铜鎏金莲花手观音	高38cm	1,407,600	澳门中信	2011.11.25
铜鎏金上师	高14cm	938,400	澳门中信	2011.11.25
铜鎏金四臂文殊菩萨	高68cm	328,440	澳门中信	2011.11.25
铜鎏金无量寿佛	高21cm	750,720	澳门中信	2011.11.25
文房用品				
战国晚期 巴蜀青铜蟠龙纽玺	宽3.5cm	460,000	北京保利	2011.6.6
"大利羊巨君"青铜玺印		57,500	中国嘉德	2011.5.24
"贺州之印"铜制官印		345,000	中国嘉德	2011.5.24
"万户之印"铜制官印		59,800	中国嘉德	2011.5.24
南阳邑宰印青铜官印 军曲侯之印青铜官印 天帝神印青铜道教印		1,552,500	中国嘉德	2011.5.24
东汉 铜鎏金骆驼钮印	高3.2cm	66,700	中国嘉德	2011.5.23
宋 铜错银嵌百宝玉龙首水盂	长13.2cm	1,610,000	北京保利	2011.6.6
唐-宋 青铜瑞兽纸镇	长7cm	50,400	长风拍卖	2011.1.20
唐-宋 羊镇子	高6cm；长9cm	403,200	古天一	2011.6.4
元 兽纽"于一丘一山"铜印	高4.3cm	138,000	荣宝斋(沪)	2011.11.25
明 铜辟邪砚滴	长13cm	207,000	中国嘉德	2011.11.15
明 铜雕獬豸镇纸	长8cm	103,500	上海大众	2011.08.25
明 铜鎏金蕉叶形笔舔	长12.6cm	92,000	西泠拍卖	2011.7.19
明 铜鎏金天禄镇纸	长7cm	184,000	上海大众	2011.08.25
明 铜鎏金童子戏象纸镇	长4.3cm	51,750	西泠拍卖	2011.7.19
明 铜龙钮方印	高6cm	115,000	北京保利	2011.12.08
明 铜瑞兽镇纸	宽7cm	460,000	荣宝斋(沪)	2011.11.25
明 铜瑞兽纸镇	长4cm	51,750	中国嘉德	2011.12.17
明 铜兽钮象牙梵文章	高5cm	115,000	中国嘉德	2011.11.15
明 铜透雕鹭连山形笔架	高9.8cm	460,000	北京翰海	2011.11.19
明 铜游龙笔架	长11cm	59,800	中国嘉德	2011.5.22
明 宣德 铜鎏金神兽镇纸	长6.7cm	322,000	浙江钱塘	2011.12.04
明代 走龙笔架	长16cm	123,200	古天一	2011.6.4
明末清初铜雕人物故事山型笔架	长22cm	92,000	北京保利	2011.6.6
明永乐 铜鎏金太平有象铜镇	高5cm	97,750	西泠拍卖	2011.7.19
清初 铜鎏金海水瑞兽纹笔筒	高13cm	805,000	上海大众	2011.08.25
清初 铜鎏金狮纹镇纸	长9.5cm	207,000	北京东正	2011.11.17
清初 铜耄耋纹纸镇	长6.3cm	138,000	北京东正	2011.11.17
清代 母子牛镇子	长6.6cm	168,000	古天一	2011.6.4
清乾隆 礼部造铜官印	高9.4cm	115,000	西泠拍卖	2011.7.17
清乾隆 三狮戏球钮铜镇	7.4cm×7.1cm	345,000	北京诚轩	2011.11.12
清乾隆 四十八年十二月礼部造铜官印	高9.5cm	195,500	北京匡时	2011.6.8

拍品名称	尺寸	成交价RMB	拍卖公司	拍卖日期
清乾隆 铜鎏金夔龙纹方笔筒	高10cm	218,500	北京保利	2011.10.22
清早期 铜鎏金卧牛砚滴	8.5cm×5.7cm	172,500	北京诚轩	2011.11.12
清 青铜笔架	长32.3cm	126,500	西泠拍卖	2011.7.18
清 铜雕牧牛镇纸	长15cm	66,700	浙江钱塘	2011.12.04
清 铜鎏金春色满塘图笔筒	高22.5cm	63,250	中国嘉德	2011.09.17
清 铜双螭耳象足洗	宽36.5cm	138,000	中国嘉德	2011.5.23
唐云绘 吴蘅刻 黄铜圆镇纸(一对)	直径6.5cm	161,000	上海工美	2011.6.26
铜加彩文房供奉(一套六件)	尺寸不一	63,250	北京九歌	2011.6.10
铜鎏金镶百宝海螺洗	长9.3cm	195,500	北京保利	2011.12.08
铜玄武砚滴	长12.5cm	57,500	北京保利	2011.12.08
子母狮铜印	高9cm	74,750	西泠拍卖	2011.7.17
民国白铜刻齐白石观音像印盒	高9.5cm	58,240	浙江钱塘	2011.1.9
九、铁器、锡器				
北魏 双狮钮错银“宁远将军章”铁印	长6cm	207,000	北京匡时	2011.6.8
明宣德 铁错金凤穿花纹香炉香瓶(一套)	尺寸不一	552,000	北京保利	2011.12.06
明 铁错铜嵌银金刚橛	高18cm	92,000	中贸圣佳	2011.11.06
明 铸铁错金海水龙纹头鍪		943,000	北京匡时	2011.6.8
清早期 沈存周制盉形锡壶	宽15.5cm	230,000	中国嘉德	2011.11.12
清早期 沈存周制诗文锡壶	宽14.5cm	402,500	中国嘉德	2011.11.12
清早期 沈存周制锡茶叶罐(一对)	高9.3cm	71,300	北京保利	2011.12.06
清乾隆 铁错金银锦纹笔筒	高10.5cm	161,000	北京保利	2011.10.22
清乾隆 铁鎏金镂空錾花马鞍(六件套)	尺寸不一	690,000	北京保利	2011.12.06
清乾隆 铁鎏金瑞兽香熏	高16.8cm	322,000	中国嘉德	2011.5.23
清中期 朱石梅锡炉	高5.3cm	345,000	西泠拍卖	2011.7.19
清 铁错金汉藏文释迦汪秋印	长2.3cm	55,200	中贸圣佳	2011.11.06
清 朱石梅三镶壶	高7cm	86,250	西泠拍卖	2011.7.19
清道光符生铭三镶玉匏瓜锡壶	高13cm	172,500	北京匡时	2011.12.04
19世纪 铁错金银事事如意纹提梁壶	高14cm	172,500	上海大众	2011.08.25
19世纪(日本)铁镶金龙纹提梁壶	高18cm	517,500	北京保利	2011.12.08
错银高浮雕铁瓶	高22cm	138,000	北京匡时	2011.12.05
龟文堂 造锉金近江风景嵌银灵芝蝙蝠提梁铁壶	高23cm	230,000	西泠拍卖	2011.7.19
龟文堂第一代波多野正平造兽口壶嘴双螭龙提把枣形铁壶	高20cm	437,000	西泠拍卖	2011.7.19
龟文堂东巡图铁瓶	高20.5cm	71,300	北京匡时	2011.12.05
龟文堂铁壶	长15cm	517,500	北京翰海	2011.12.18
龟文堂造 山水家屋高浮雕宝袋形灵芝摘钮铁壶	高20cm	230,000	西泠拍卖	2011.7.19
龟文堂造水乡居琵琶湖铁瓶	高22cm	69,000	北京匡时	2011.12.05
金龙堂名人大国寿朗造 错金银玉钮铁壶	高20cm	550,000	北京更乐	2011.11.23
金寿堂雨宫宗造 花开富贵宝袋铁壶	高23cm	115,000	西泠拍卖	2011.7.19
金银铜宝钱错铁瓶	高23cm	345,000	北京匡时	2011.12.05
龙文堂安之介造嵌金银樱花纹铁壶	高22cm	575,000	北京匡时	2011.6.8
梅泉造 高肉浮雕金螃蟹嵌银梅枝提梁铁壶	高21cm	402,500	西泠拍卖	2011.7.19
日本铁壶(三把)	尺寸不一	55,200	北京保利	2011.4.18
如意百合柿镶嵌铁瓶	高19.5cm	667,000	北京匡时	2011.12.05
扇形花鸟金银错铁瓶	高21.7cm	92,000	北京匡时	2011.12.05
铁锉银趣味壶	长17cm	92,000	北京翰海	2011.12.18
十、紫 砂				
陈设件				
明代 陈子畦款 张良造像	高17.5cm	4,485,000	北京保利	2011.12.06
明万历33年 “大彬”款绞胎施釉弥勒佛	宽9cm	6,900,000	中国嘉德	2011.5.21
清 “陈鸣远”款紫泥拼砂蚕食桑叶形盘	长14cm	483,000	中国嘉德	2011.5.21
清 “李茂林”款紫泥弥勒佛	宽197cm	782,000	中国嘉德	2011.5.21
清 “鸣远”款青灰砂梧桐甲虫盘	宽13cm	299,000	中国嘉德	2011.5.21
清 陈鸣远荔枝	高3cm	172,500	北京匡时	2011.12.04
清 紫砂仿生栗子	长3.5cm	86,250	中国嘉德	2011.3.19

拍品名称	尺寸	成交价RMB	拍卖公司	拍卖日期
1944年作 顾景舟制紫泥假山摆件	高16cm	230,000	中国嘉德	2011.11.12
1980年作 吕尧臣 牧童计时器	直径14.3cm	517,500	北京保利	2011.6.2
1986年作 徐秀棠 弥勒座像	长21.5cm	57,500	北京保利	2011.6.2
蒋蓉 雕塑牛	长13cm	115,000	北京保利	2011.12.06
蒋蓉 狗摆件	长7.5cm	55,200	北京保利	2011.6.2
蒋蓉 牛摆件	19cm×10.5cm	161,000	北京传是	2011.12.05
刘景制 禅	宽11.8cm	109,250	上海春秋堂	2011.12.11
吕尧臣制段泥童子牧牛计时器	高12.5cm	138,000	中国嘉德	2011.11.12
欧正春制鸳鸯	8cm×15.5cm	2,070,000	上海春秋堂	2011.12.11
邵家声 济公	高29cm	100,800	江苏和信	2011.10.23
现代 蒋蓉制九件象真果品	尺寸不一	172,500	上海大众	2011.08.25
徐秀棠 大亨制壶雕塑	高45cm	460,000	北京匡时	2011.12.04
徐秀堂 供春雕塑	32cm×25cm	322,000	长风拍卖	2011.6.21
徐秀堂 观音像	高64cm	291,200	长风拍卖	2011.1.20
徐秀堂 济公摆件	48cm×40cm	218,500	长风拍卖	2011.6.21
徐秀堂 如意观音摆件	净高29cm	322,000	长风拍卖	2011.12.20
徐秀堂 十一面观音雕塑	高67.5cm	448,500	长风拍卖	2011.6.21
徐秀棠 等等 陶塑	高24cm	109,250	中国嘉德	2011.11.12
徐秀棠 等等我摆件	10cm×22.5cm	115,000	北京传是	2011.12.05
徐秀棠 雕塑“究竟”	高19.5cm	126,500	北京匡时	2011.12.04
徐秀棠 佛法无边济公像	高42cm	287,500	北京匡时	2011.12.04
徐秀棠 供春像陶塑	高26.5cm	230,000	中国嘉德	2011.11.12
徐秀棠 关公立像	高30cm	100,800	琴岛荣德	2011.12.10
徐秀棠 济公摆件	长43cm	201,600	长风拍卖	2011.1.20
徐秀棠 济公摆件	高43cm	280,000	江苏和信	2011.10.23
徐秀棠 乐也融融	高215.5cm	92,000	北京保利	2011.6.2
徐秀棠 乐也融融 紫砂雕塑(一对)	尺寸不一	103,500	中国嘉德	2011.5.21
徐秀棠 始陶异僧 紫砂雕塑	高53cm	230,000	中国嘉德	2011.11.12
徐秀棠 四大书法家(四件)	尺寸不一	817,600	江苏和信	2011.10.23
徐秀棠 丈天摆件	高26cm	280,000	江苏和信	2011.10.23
徐秀棠 煮酒论英雄	高19.5cm	112,000	北京容海	2011.4.23
徐秀棠 尊珠摆件	高12cm	134,400	江苏和信	2011.10.23
徐秀棠款钟馗“有朝一日”紫砂雕塑	高32cm	230,000	江苏万达	2011.5.28
张正中 紫砂观音雕塑	高38.5cm	69,000	北京匡时	2011.12.04
生活用品				
明 茶叶罐	高12cm	69,000	长风拍卖	2011.11.24
明 陈仲美制 紫砂犀尊	高18.5cm	9,072,000	琴岛荣德	2011.5.15
明代 陈用卿 紫砂茶叶罐	高21.5cm	230,000	北京匡时	2011.6.7
明嘉靖 董梁作紫砂双耳小尊	高7cm	1,380,000	北京保利	2011.6.7
明 李茂林紫砂钵	高14.5cm	69,000	西泠拍卖	2011.7.19
明末 黑泥方盆方孔	长41cm	299,000	上海大众	2011.08.25
明末 乌泥切方盆	30cm×30cm	690,000	上海大众	2011.08.25
明末 乌泥圆孔圆盆	50cm×21cm	287,500	上海大众	2011.08.25
明末清初 紫砂四方花盆	长18cm	126,500	北京保利	2011.12.06
清早期 茶叶罐	高23.5cm	103,500	长风拍卖	2011.12.20
清早期 陈鸣远款腰圆束口盆	长43.5cm	138,000	北京保利	2011.12.06
清早期陈鸣远制长方凹奎花盆	宽24.5cm	690,000	北京保利	2011.6.7
清早期 紫泥四方茶叶罐	高14.5cm	82,800	中国嘉德	2011.11.12
清乾隆 杨季元泥绘花鸟双耳四方瓶	高21cm	3,360,000	海士德	2011.6.17
清乾隆 “愕怡斋”款紫泥泥绘山水纹攒盘	直径42.5cm	747,500	中国嘉德	2011.11.12
清乾隆 绿地满彩牡丹纹大盘	直径37cm	287,500	北京匡时	2011.12.04
清雍正 紫泥刻心经盖钵	宽15cm	92,000	中国嘉德	2011.11.12
清早期 项圣思制紫砂雕葡萄题诗杯	长7cm	483,000	北京保利	2011.6.7
清早期 张君德制紫泥盖钵	直径14.8cm	184,000	中国嘉德	2011.11.12
清早期 朱泥贴花花卉纹龙首军持	高20.5cm	115,000	中国嘉德	2011.11.12
清早期 紫泥盖钵	直径16.8cm	92,000	中国嘉德	2011.11.12
清康熙 无款四方贴花罐	高17cm	149,500	北京匡时	2011.12.04
清康熙 紫砂模印花卉纹六方茶叶罐	高23.5cm	63,250	中国嘉德	2011.3.20
清乾隆陈汉侯制紫泥莲瓣纹碗	直径13cm	86,250	中国嘉德	2011.5.21
清乾隆 陈砺成 绫花盆	20cm×20cm	149,500	北京传是	2011.12.05
清乾隆 粉彩花卉紫砂尊	高23cm	1,769,600	江苏万达	2011.5.28

2011杂项拍卖成交汇总

(成交价RMB：5万元以上)

拍品名称	尺寸	成交价RMB	拍卖公司	拍卖日期
清乾隆 枪足漂口红泥本色泥绘长方盆	长36.5cm	3,450,000	上海大众	2011.08.25
清乾隆 徐苔邦选桐荫轩制墨彩白泥蒲包口椭圆盆	长47.5cm	322,000	北京匡时	2011.12.04
清乾隆 紫泥泥绘山水纹茶叶罐	高7.6cm	195,500	中国嘉德	2011.11.12
清中期 阿曼陀堂款蔓生刻紫砂花盆	长18.5cm	109,250	北京保利	2011.6.7
清中期 李鲤款诗文四方花盆	宽15.5cm	207,000	北京保利	2011.12.06
清中期 紫泥八方盆	长29cm	97,750	北京匡时	2011.6.7
清中期 紫泥贴花八宝纹碗	直径11.7cm	57,500	中国嘉德	2011.11.12
清中期 紫砂施釉描金风水缸	23cm×18cm	552,000	北京传是	2011.12.05
清中期 无款 黄釉炉紫砂	直径30cm	123,200	南京经典	2011.6.5
清中期 "吉安"款紫泥描金皮球花玉兰杯	宽17cm	287,500	中国嘉德	2011.11.12
清中期 志远款紫砂小杯	尺寸不一	126,500	上海春秋堂	2011.10.23
清中期 紫砂"亨慎"款把杯(五只)	尺寸不一	105,800	北京保利	2011.12.06
清道光 "符生仿古"款印花双象耳花盆	宽27.5cm	253,000	中国嘉德	2011.11.12
清道光 珐琅彩紫砂碗	15cm×8cm	57,500	北京传是	2011.12.05
清道光 何心舟 紫砂盆	直径16cm	115,000	北京保利	2011.12.06
清道光 杨凤年制松鼠葡萄树桩形花盆	长21.5cm	138,000	北京保利	2011.12.06
清道光杨彭年制紫泥梅椿花盆	高12.5cm	161,000	中国嘉德	2011.11.12
清道光 紫泥四方双耳盖炉	宽16.5cm	51,750	中国嘉德	2011.11.12
清道光 "行有恒堂"款朱泥刻梅花纹小蝶	长11.8cm	57,500	中国嘉德	2011.11.12
清光绪 黄玉麟制段泥金蟾小盆	长16.7cm	172,500	中国嘉德	2011.11.12
清光绪四年 玉成窑王东石制长宜子孙花盆(一对)	长21cm	713,000	中国嘉德	2011.11.12
清同治 玉成窑王东石制金石文字高足碗	直径15.2cm	101,200	中国嘉德	2011.11.12
清同治 玉成窑王东石制金石文字花盆	宽18cm	184,000	中国嘉德	2011.11.12
清晚期 陈文居款虚谷刻紫砂长方盆	长25.5cm	57,500	北京保利	2011.12.06
清晚期 曼陀华馆款花盆	长17cm	115,000	北京匡时	2011.12.04
清晚期 东溪刻帽筒(一对)	高24cm	69,000	北京保利	2011.6.7
清 "陈鸣远"款紫泥仿古簋	宽185cm	655,500	中国嘉德	2011.5.21
清 "陈鸣远"款紫泥爵	高20.3cm	713,000	中国嘉德	2011.11.12
清 "霍邨"款段泥双桃形盖盒	长105cm	437,000	中国嘉德	2011.5.21
清 "霍邨"款段泥桃形盒	直径57cm	78,200	中国嘉德	2011.5.21
清 葫芦式加彩酒器	高16cm	92,000	北京保利	2011.6.2
清 项圣思制松鼠葡萄杯	高4.8cm	805,000	上海春秋堂	2011.10.23
清 玉成窑山农款花插	高16.5cm	138,000	上海春秋堂	2011.10.23
清 紫砂小经钵	直径16cm	69,000	北京保利	2011.6.7
清"陈汉文"款紫泥仿古饕餮纹簠	宽14cm	1,955,000	中国嘉德	2011.5.21
清 "陈鸣远"款紫泥长方花盆	长36.2cm	1,265,000	中国嘉德	2011.11.12
清"为善最乐"款朱泥长方花盆	宽36cm	82,800	中国嘉德	2011.11.12
清 边寿民诗文玉成窑花盆	直径19cm	126,500	北京保利	2011.6.7
清 陈鸣远竹节像生紫砂茶具(一套)	尺寸不一	1,184,500	中翰清花	2011.09.10
清大明宣德年制款紫砂三足炉	高12cm	134,400	琴岛荣德	2011.12.10
清 段泥寿字贴花对碗	直径10.5cm×2	92,000	北京匡时	2011.12.04
清 葛明祥制 束腰花盆	直径26cm	80,500	广州嘉德	2011.6.11
清 古铜彩紫砂伏羲尊(一对)	高33.8cm×2	517,500	北京匡时	2011.12.04
清 何心舟刻"素影"水仙盆	长18.6cm	287,500	中国嘉德	2011.3.20
清 红砂白釉双螭纹盆	高9.1cm	112,000	江苏万达	2011.5.28
清 少峰制紫砂盆	长40cm	57,500	西泠拍卖	2011.7.18
清 王东石做何心舟摹戎都鼎茗暖炉	高13.8cm	506,000	中国嘉德	2011.3.20
清 徐友泉款三足圆盆	直径33.5cm	69,000	北京保利	2011.12.06
清 周永龄制"爱闲老人"款朱泥长方花盆	长30cm	55,200	中国嘉德	2011.11.12
清初 红泥梨皮正方盆	长27.5cm	230,000	上海大众	2011.08.25
清末 吴德生段泥刻金文盖碗(一对)	直径19.5cm×2	57,500	北京匡时	2011.12.04

拍品名称	尺寸	成交价RMB	拍卖公司	拍卖日期
清末 泥绘寿桃仙草对杯	直径8.5cm×2	207,000	北京保利	2011.12.06
清末民初 钱盘根 任淦庭合作 延年益寿锅	长25cm	55,200	北京保利	2011.6.2
民国 刻诗文瓜果盘(一套)	尺寸不一	138,000	北京匡时	2011.12.04
民国 任淦庭 段泥上釉赏盘	长22.5cm	51,750	北京匡时	2011.12.04
民国 任淦庭 山水人物帽筒	高26.5cm	80,500	北京匡时	2011.12.04
民国《大花盆》	高24cm	184,000	长风拍卖	2011.12.20
民国 韩太刻六方花盆	宽36.5cm	103,500	北京保利	2011.6.7
民国 荆南游刻葵花盆连托(一对)	宽15cm	63,250	北京保利	2011.6.7
民国 六方刻诗文花卉盆	宽23.5cm	230,000	北京保利	2011.6.7
民国 裴石民制长方花盆	长31.8cm	57,500	北京保利	2011.12.06
民国 裴石民制紫砂粉绿泥竹节小盆	高10.3cm	115,000	上海春秋堂	2011.10.23
民国 任淦庭 刻绘棱形花盆	17cm×34cm	240,800	南京经典	2011.6.5
民国 任淦庭刻对盆	高19cm	115,000	北京保利	2011.12.06
民国 任淦庭刻海棠形花盆	长43cm	63,250	北京保利	2011.6.7
民国 任淦庭刻山水长方马槽盆	长35.5cm	74,750	北京保利	2011.6.7
民国 任淦庭刻紫砂花盆	直径40cm	57,500	北京保利	2011.12.06
民国 吴德盛制段泥竹节香炉	宽20.8cm	92,000	中国嘉德	2011.11.12
民国 吴云根制长方翻口盆	长29.5cm	126,500	北京保利	2011.6.7
民国吴云根制红泥长方翻口盆	长31.5cm	69,000	北京保利	2011.12.06
民国 紫砂八方开光绞泥花盆	长36cm	69,000	北京保利	2011.12.06
民国初期金鼎商标款紫砂方炉	高23.5cm	172,500	北京保利	2011.12.06
"歸四情趣"套组		571,200	东方艺都	2011.7.6
顾景舟 紫砂花盆	15.5cm×10.7cm	345,000	中国嘉德	2011.11.12
顾景舟 紫砂四方花盆	11cm×7cm	460,000	中国嘉德	2011.11.12
顾绍培 锻泥花盆(一对)	高9.6cm	115,000	中国嘉德	2011.5.21
顾绍培 铺砂花盆(一对)	高9.9cm	55,200	中国嘉德	2011.5.21
顾绍培 千筒花盆	高19cm	168,000	南京经典	2011.6.5
顾绍培 三足竹花盆	直径18.5cm	66,700	中国嘉德	2011.11.12
顾绍培 小花盆(一对)	尺寸不一	63,250	北京容海	2011.10.22
近现代 任淦庭 朱泥花盆	高30cm	74,750	北京匡时	2011.6.7
1969年作 清末民初 裴石民款 高腰线花盆	高10cm	57,500	北京保利	2011.6.2
1972年作 许成权 金鼎调梅炉	高22cm	172,500	北京保利	2011.12.06
1988年作 何道洪制、一粟铭 小花器(一对)	高11.3cm×2	264,500	北京保利	2011.12.06
钵	高10cm	172,500	长风拍卖	2011.11.24
陈盘根 鼓形温酒器	长12.3cm	67,200	北京容海	2011.4.23
当代 顾绍培 象鼻三足对盆	高13cm×2	138,000	北京匡时	2011.12.04
当代 顾绍培 紫泥树桩盆	24cm×11cm	253,000	北京匡时	2011.6.7
当代 潘持平 段泥花盆	10.5cm×7.2cm	55,200	北京匡时	2011.6.7
当代 王石耕 九头希菊套件	长22.5cm	149,500	北京匡时	2011.6.7
高海庚 茶叶桶	高12.5cm	138,000	北京保利	2011.6.2
顾景舟 云纹对杯	高3.5cm	94,300	中国嘉德	2011.3.20
顾景舟制 竹节紫砂杯	直径7cm	63,250	上海工美	2011.6.26
何挺初徐新妹合作双鱼五头组	尺寸不一	55,200	北京保利	2011.6.2
花款 酒器	长18cm	57,500	北京保利	2011.6.2
李昌鸿 沈蘧华 竹筒(一套)	长14.8cm	280,000	长风拍卖	2011.1.20
李昌鸿 沈蘧华合作 竹筒陶具	尺寸不一	80,500	北京保利	2011.6.2
吕俊杰 天下粮仓	长16cm	747,500	长风拍卖	2011.6.21
裴石民 蚕桑杯	高4.3cm	368,000	中国嘉德	2011.5.21
裴石民 小花盆(三件)	尺寸不一	57,500	中国嘉德	2011.5.21
任淦庭、徐秀棠 扦筒(一对)	高43cm	322,000	中国嘉德	2011.11.12
任淦庭/六方花盆	高17.5cm	57,500	北京翰海	2011.11.17
沈建民 六方古墩盆	高14.5cm	80,500	北京歌德	2011.12.03
谭泉海 石翁 百寿延年大盘	直径90cm	253,000	北京传是	2011.12.05
文革 名家花盆五头	尺寸不一	92,000	北京匡时	2011.12.04
吴鸣 往事	长14cm	253,000	长风拍卖	2011.6.21
现代裴石民小花盆(五只一组)	尺寸不一	80,500	北京匡时	2011.12.04
徐汉棠 花盆	9cm×9cm	53,760	长风拍卖	2011.1.20
徐汉棠 花盆(4件)	尺寸不一	149,500	北京传是	2011.12.05
徐汉棠 六方小盆	长9cm	51,750	北京容海	2011.10.22
徐汉棠 四方花盆	10.3cm×10.3cm	51,750	中国嘉德	2011.5.21
徐汉棠 小花盆(四件套)	尺寸不一	358,400	江苏和信	2011.10.23
徐汉棠 小盆三件组	尺寸不一	109,250	长风拍卖	2011.12.20
徐汉棠 竹节花盆(三件)	尺寸不一	66,700	中国嘉德	2011.11.12

拍品名称	尺寸	成交价RMB	拍卖公司	拍卖日期
周桂珍 长方如意花盆	长18cm	63,250	长风拍卖	2011.12.20
1990年作 季益顺 养 康 益寿茶具套组	尺寸不一	172,500	北京保利	2011.6.2
1998年作 周桂珍 五兴权玉茶具	尺寸不一	632,500	北京保利	2011.6.2
鲍仲梅 金蟾戏水器皿(两件套)	尺寸不一	109,250	长风拍卖	2011.6.21
曹亚麟 绿泥五头狮华盖茶具	长16.6cm	53,760	北京容海	2011.4.23
陈洪平 鱼化龙茶具(共计九件)	尺寸不一	322,000	北京保利	2011.12.06
程辉 和面同乐套		287,500	长风拍卖	2011.11.24
丁亚平 桂林山水套具	长13.5cm	195,500	长风拍卖	2011.12.20
葛军 "旭日"壶杯(套件)	尺寸不一	56,000	北京荣宝	2011.08.13
葛陶中《觚形茶具》	壶高14.4cm	402,500	长风拍卖	2011.12.20
葛陶中 汉君套组	高6.3cm	184,000	中国嘉德	2011.11.12
葛陶中 五头华锦茶具		694,400	江苏和信	2011.10.23
顾景舟 四方抽角三件组茶具	高9cm	4,600,000	中国嘉德	2011.11.12
何道洪 春华组合茶具	高13.3cm	3,565,000	中国嘉德	2011.11.12
何道洪 菊形叠式组合茶具	高17cm	2,300,000	中国嘉德	2011.11.12
江建翔 挚友套具	壶长16.5cm	667,000	长风拍卖	2011.12.20
蒋蓉 荷花茶具	尺寸不一	977,500	北京保利	2011.6.2
蒋蓉 荷花套具		504,000	江苏和信	2011.10.23
蒋蓉 荷花套具(九件)	尺寸不一	392,000	长风拍卖	2011.1.20
近现代 王寅春 筋纹壁鼓套具	长17.5cm	230,000	北京匡时	2011.6.7
李昌鸿 沈遽华 竹简茶具(九件)		537,600	江苏和信	2011.10.23
刘建平制、谭泉海刻饰 金牛套具	壶长19.5cm	253,000	长风拍卖	2011.12.20
吕尧臣、吕俊杰合作《子非鱼茶具》	壶长15cm	3,220,000	长风拍卖	2011.12.20
民国 冯济民制 供春套组	壶腹径18.5cm	80,500	北京华辰	2011.5.20
民国初期 吴纯耿款 五头套组	尺寸不一	172,500	北京保利	2011.6.2
倪顺生 松鼠葡萄五头茶具	长16.6cm	72,800	北京容海	2011.4.23
汪寅仙 渔翁套具	高7cm	747,500	长风拍卖	2011.11.24
王石耕 菱花套组(五件)	壶长15.5cm	69,440	长风拍卖	2011.1.20
王石耕 五件裙风茶具	高10cm	66,700	中国嘉德	2011.5.21
韦钟云 圣桃茶具		112,000	江苏和信	2011.10.23
吴鸣 上古遗声套具		190,400	南京经典	2011.6.5
徐达明 灵芝供春套组(两件)	长17cm	184,000	长风拍卖	2011.6.21
许艳春 菱花套组	尺寸不一	195,500	北京保利	2011.6.2
朱可心 报春套组	高6.2cm	3,696,000	长风拍卖	2011.1.20
朱可心 云龙套具	高10.2cm	1,150,000	长风拍卖	2011.11.24
当代 顾景舟 "玉露"诗文五头茶具	长15cm	9,430,000	北京匡时	2011.6.7
当代顾景舟云肩如意三头茶具	长18cm	10,235,000	北京匡时	2011.6.7
当代 何道洪 松风组合茶具	长21cm	1,725,000	北京匡时	2011.6.7
当代 江建翔 硕彦五头茶具	长16cm	345,000	北京匡时	2011.6.7
当代 刘建平 金晓茶具(一套九件)	长14.5cm	149,500	北京匡时	2011.6.7
当代刘建平开元通宝五头套具	尺寸不一	115,000	北京匡时	2011.12.04
当代 刘建平 太极八卦套具	长21.5cm×2	112,700	北京匡时	2011.12.04
当代 吕尧臣 六方套具	尺寸不一	207,000	北京匡时	2011.12.04
当代 吕尧臣款沙漠之舟茶具	高10cm	392,000	江苏万达	2011.5.28
壶				
明万历 蒋觐侯 朱泥六角壶	长13.3cm	6,670,000	长风拍卖	2011.6.21
明万历 时大彬制紫砂扁壶	长14cm	1,322,500	北京保利	2011.12.07
明 陈和之制紫砂锦囊壶	宽14cm	3,220,000	北京保利	2011.6.7
明 陈用卿 包袱壶	长15cm	89,600	北京荣宝	2011.11.11
明 陈正明 直型壶	21cm×14cm	195,500	长风拍卖	2011.6.21
明 陈子畦制仿古紫砂匏形壶	高11.8cm	575,000	西泠拍卖	2011.7.19
明 邵恒昌制 铺砂大圆珠壶	高14cm	168,000	琴岛荣德	2011.5.15
明 时大彬款如意纹盖三足壶	高12cm	649,600	江苏万达	2011.5.28
明 时大彬制紫砂壶	宽16.5cm	920,000	北京保利	2011.6.7
明 徐友泉制梨皮仿古虎金亨紫砂壶	长15cm	690,000	上海大众	2011.08.25
明代李茂林款、文嘉铭僧帽壶	长15.5cm	1,610,000	北京保利	2011.12.06
明末清初 陈用卿制 圆钮大壶	长21cm	184,000	北京华辰	2011.5.20
明末清初 陈仲美 造横云壶	长18cm	51,750	北京华辰	2011.5.20
明末清初 陈子畦 松鼠葡萄壶	长16cm	425,600	北京荣宝	2011.11.11
明末清初 李仲芳制圆钮壶	宽16.5cm	299,000	北京保利	2011.6.7
明末清初 徐恒茂款紫砂壶	高10cm	172,500	古天一	2011.12.05
明末清初 朱泥大壶	高18.4cm	403,200	江苏万达	2011.5.28
明末清初 朱泥提梁壶	高20cm	575,000	长风拍卖	2011.11.24
清初陈天瑞紫砂葵花龙流壶壶	高17cm	145,600	琴岛荣德	2011.5.15
清初淡然斋《如意盖莲子壶》	高12.8cm	1,092,500	长风拍卖	2011.11.24
清初 澹然斋 加彩紫砂汉方壶	容量1520ml	112,000	南京经典	2011.6.5
清初 董清元《粉彩汉方壶》	高21.6cm	57,500	长风拍卖	2011.11.24
清初 方曾三紫泥神灯壶	长14.5cm	69,000	北京匡时	2011.12.04
清初 佛手龙旦玲珑壶	高17.6cm	345,000	长风拍卖	2011.11.24
清初 古莲子朱泥大壶	高13cm	280,000	琴岛荣德	2011.12.10
清初 惠汉公款 铺砂泰宝壶	长17.5cm	287,500	北京保利	2011.12.06
清初 加彩莲子壶	高11.8cm	63,250	长风拍卖	2011.11.24
清初邵元祥满彩开光花鸟紫砂壶	高18cm	126,500	北京匡时	2011.12.04
清初 水仙筋纹壶	高18cm	805,000	长风拍卖	2011.11.24
清初 无款 彩泥绘赏瓶	高43cm	1,120,000	南京经典	2011.6.5
清初 无款 朱泥贴花瓶	高27cm	504,000	南京经典	2011.6.5
清初 朱元熙制大汉方壶	宽22.5cm	74,750	北京保利	2011.12.06
清早期"大彬"款朱泥文旦壶	宽12cm	115,000	中国嘉德	2011.11.12
清早期 "汉臣"款紫泥椭圆形狮钮大壶	宽28.7cm	402,500	中国嘉德	2011.11.12
清早期 "荆溪自省"款紫泥汉方壶	宽12.3cm	345,000	中国嘉德	2011.11.12
清早期 "鸣远"款紫泥四方小壶	宽11cm	345,000	中国嘉德	2011.11.12
清早期 陈汉文制紫砂四方瓶	高18.1cm	218,500	西泠拍卖	2011.7.19
清早期 陈汉章款紫砂壶	高10cm	172,500	古天一	2011.12.05
清早期 陈鸣远制朱泥泥绘提梁壶	宽16cm	862,500	北京保利	2011.12.06
清早期 陈子连制紫泥平盖莲子壶	宽34.5cm	172,500	中国嘉德	2011.11.12
清早期 葫芦形款铺砂四方壶	高10cm	299,000	北京匡时	2011.12.04
清早期 李玉树制紫泥提梁壶	宽225cm	195,500	中国嘉德	2011.5.21
清早期 六方贴花壶	长11cm	172,500	北京保利	2011.12.06
清早期 邵亨裕紫砂壶	高8.5cm	69,000	西泠拍卖	2011.7.19
清早期邵旭茂制紫泥横把大壶	宽355cm	172,500	中国嘉德	2011.5.21
清早期 沈存周制锡制诗文茶壶及茶叶罐	高155cm	1,380,000	中国嘉德	2011.5.21
清早期 诗句款朱泥折肩壶	宽14.1cm	207,000	中国嘉德	2011.11.12
清早期 诗句款朱砂龙旦壶	宽13cm	126,500	中国嘉德	2011.5.21
清早期 诗文款紫泥宫灯壶	宽19cm	172,500	中国嘉德	2011.5.21
清早期 诗文款紫泥莲子式壶	宽188cm	101,200	中国嘉德	2011.5.21
清早期 史维高制紫泥八方抽角大壶	宽25cm	82,800	中国嘉德	2011.5.21
清早期 四方描金泥绘山水人物纹壶	长15.5cm	448,000	北京荣宝	2011.11.11
清早期 贴花双龙拱寿纹紫砂多穆壶	长21.5cm	57,500	北京匡时	2011.6.7
清早期 贴花提梁壶	长12cm	172,500	北京匡时	2011.6.7
清早期 朱泥凤卷葵壶	宽13.5cm	103,500	中国嘉德	2011.11.12
清早期 朱泥十四竹壶	宽16.5cm	253,000	中国嘉德	2011.11.12
清早期 紫泥贴花花卉纹方壶	宽10cm	184,000	中国嘉德	2011.5.21
清早期朱泥贴花狮球式长方壶	16cm×10.3cm	138,000	北京诚轩	2011.11.12
清早期 朱泥贴花松鼠葡萄壶	宽21.3cm	437,000	中国嘉德	2011.11.12
清早期 朱泥贴花五瓣莲花壶	宽14cm	112,700	中国嘉德	2011.5.21
清早期 朱泥贴花折肩小壶	宽13.3cm	74,750	中国嘉德	2011.11.12
清早期 子孙宝之平盖莲子壶	高12cm	280,000	中鼎国际	2011.10.15
清早期 紫泥酱釉绳钮提梁壶	宽21cm	287,500	中国嘉德	2011.11.12
清早期 紫泥金钱如意壶	宽30.2cm	230,000	中国嘉德	2011.11.12
清早期 紫泥刻花圆形扁壶	宽18cm	172,500	中国嘉德	2011.11.12
清早期 紫泥莲子壶	宽22.4cm	207,000	中国嘉德	2011.11.12
清早期 紫泥菱花形大壶	宽215cm	575,000	中国嘉德	2011.5.21
清早期 紫泥十六竹壶	宽15cm	253,000	中国嘉德	2011.5.21
清早期紫泥贴花龙凤纹提梁壶	宽17cm	184,000	中国嘉德	2011.5.21
清早期 紫泥贴花狮纹段泥椭圆形提梁壶	长14cm	66,700	北京匡时	2011.6.7
清早期 紫砂开光四方壶	高13cm	2,530,000	北京诚轩	2011.5.22
清康熙 华凤翔《如意汉方壶》	高17.3cm	345,000	长风拍卖	2011.11.24
清康熙 华凤翔款 大汉方壶	长20cm	92,000	北京保利	2011.12.06
清康熙 康熙御制款印花大壶	长25cm	218,500	北京华辰	2011.5.20
清康熙 宜兴窑镂空开光描金梅纹六方壶		460,000	长风拍卖	2011.11.24

2011杂项拍卖成交汇总

(成交价RMB：5万元以上)

拍品名称	尺寸	成交价RMB	拍卖公司	拍卖日期
清康熙/雍正 陈鸣远作宜兴紫砂南瓜式壶	宽17.8cm	7,047,540	香港佳士得	2011.6.1
清雍正 惠孟臣《高虚扁壶》	高7cm	322,000	长风拍卖	2011.11.24
清雍正 紫泥合菊壶	宽165cm	253,000	中国嘉德	2011.5.21
清雍正 紫砂菊瓣壶	宽19cm	63,250	北京保利	2011.10.22
清乾隆“大方”款紫泥八卦壶	宽17.8cm	92,000	中国嘉德	2011.11.12
清乾隆 “澹然斋”款紫泥粉彩花卉纹方壶	宽205cm	78,200	中国嘉德	2011.5.21
清乾隆 “发祥印制”款朱泥笠帽壶	宽95cm	66,700	中国嘉德	2011.5.21
清乾隆“凤翼”款紫泥笠帽壶	宽154cm	276,000	中国嘉德	2011.5.21
清乾隆 “汉章”款紫泥竹节蟾钮壶	宽20.5cm	828,000	中国嘉德	2011.11.12
清乾隆 “乾隆年制”款紫泥开光四方壶	宽18cm	172,500	中国嘉德	2011.11.12
清乾隆“顺昌”款朱泥扁圆壶	宽10cm	57,500	中国嘉德	2011.5.21
清乾隆陈荫千红泥竹节提梁壶	高21cm	299,000	北京匡时	2011.12.04
清乾隆 陈荫千款大三足竹节提梁壶	高19cm	425,500	江苏万达	2011.5.28
清乾隆 陈荫千制紫泥竹节提梁壶	宽22cm	322,000	中国嘉德	2011.5.21
清乾隆 陈荫芊绞竹提梁壶	高22cm	313,600	中鼎国际	2011.10.15
清乾隆 抽角菱花壶	高9.5cm	322,000	北京传是	2011.12.05
清乾隆 方曾三制紫泥提梁壶	宽21.5cm	115,000	中国嘉德	2011.11.12
清乾隆 龚心钊藏王南林制紫砂俱轮珠壶	长23cm	2,415,000	中国嘉德	2011.3.20
清乾隆 瓜形朱泥小壶	长9.5cm	224,000	中鸿信	2011.6.26
清乾隆 华凤翔炉钧釉大汉方	高21cm	504,000	中鼎国际	2011.10.15
清乾隆 砺成《汉方壶》	高22.5cm	5,957,000	长风拍卖	2011.11.24
清乾隆 莲子式朱泥壶	高8.3cm	126,500	北京诚轩	2011.11.12
清乾隆 描金山水壶	高10cm	4,600,000	北京传是	2011.12.05
清乾隆 描金山水诗文四方壶	高9.5cm	3,565,000	北京匡时	2011.12.04
清乾隆 钱彭年《汉方壶》	高23cm	345,000	长风拍卖	2011.11.24
清乾隆邵春元制紫泥大宫灯壶	宽22cm	149,500	中国嘉德	2011.5.21
清乾隆 邵观书制紫泥泥绘花卉纹壶	宽174cm	138,000	中国嘉德	2011.5.21
清乾隆 邵亨裕制紫泥笠帽壶	宽129cm	138,000	中国嘉德	2011.5.21
清乾隆 邵旭茂 大提梁壶	高21cm	201,600	琴岛荣德	2011.12.10
清乾隆邵旭茂款平盖莲子大壶	长32.5cm	161,000	北京保利	2011.12.06
清乾隆 邵友兰款 平盖柱壶	长15cm	63,250	北京保利	2011.6.2
清乾隆 诗句款朱泥翁形壶	宽116cm	82,800	中国嘉德	2011.5.21
清乾隆 诗句款紫泥折肩大壶	宽32.5cm	207,000	中国嘉德	2011.11.12
清乾隆 史维高《束腰葫芦方壶》	高16.2cm	598,000	长风拍卖	2011.11.24
清乾隆 四方铺砂壶	高18cm	575,000	长风拍卖	2011.11.24
清乾隆 贴花狮钮提梁壶	高14cm	55,200	北京保利	2011.6.7
清乾隆 王南林制紫泥泥绘山水人物纹壶	宽233cm	460,000	中国嘉德	2011.5.21
清乾隆 徐顺芳制紫泥粉彩诗文花卉纹方壶	宽203cm	115,000	中国嘉德	2011.5.21
清乾隆 杨履康制紫泥泥绘山水人物纹圆壶	宽18cm	1,725,000	中国嘉德	2011.5.21
清乾隆 杨彭年《三足玉璧曼生壶》	高6.4cm	1,150,000	长风拍卖	2011.11.24
清乾隆 御制紫泥御题诗金银彩山水纹方壶	宽143cm	8,625,000	中国嘉德	2011.5.21
清乾隆御制紫砂山水诗文茶壶	长15.5cm	3,105,000	北京保利	2011.12.07
清乾隆 御制紫砂山水诗文竹节束腰茶壶	长16cm	1,955,000	北京保利	2011.12.07
清乾隆 周发祥制合欢壶	长16cm	103,500	北京匡时	2011.12.04
清乾隆 周发祥紫砂宫灯壶	高12cm	92,000	西泠拍卖	2011.7.19
清乾隆朱林全制紫泥炉钧釉圆壶	宽21cm	80,500	中国嘉德	2011.5.21
清乾隆 朱泥直流瓮形壶	高5.2cm	74,750	北京诚轩	2011.5.22
清乾隆 朱元熙满彩四方壶	高17.5cm	402,500	北京匡时	2011.12.04
清乾隆 紫泥粉彩诗句纹六角大壶	宽29.3cm	195,500	中国嘉德	2011.11.12
清乾隆 紫泥瓜棱形叶钮壶	宽18.3cm	345,000	中国嘉德	2011.11.12
清乾隆 紫泥金彩山水诗文壶	宽16.3cm	782,000	中国嘉德	2011.11.12
清乾隆 紫泥泥绘蝙蝠纹壶	宽166cm	184,000	中国嘉德	2011.5.21
清乾隆 紫泥拼砂汉方壶	宽138cm	345,000	中国嘉德	2011.5.21
清乾隆 紫泥贴花螭龙纹壶	宽17.5cm	230,000	中国嘉德	2011.11.12
清乾隆 紫泥腰线竹节壶	宽23cm	138,000	中国嘉德	2011.5.21
清乾隆 紫泥印花莲瓣纹六方茶壶	宽19.5cm	115,000	中国嘉德	2011.11.12
清乾隆 紫砂大莲子壶	宽23cm	138,000	北京保利	2011.12.06
清乾隆 紫砂高身酒壶	高17cm	172,500	北京匡时	2011.12.04
清乾隆 紫砂菊瓣壶	高8.7cm	552,000	西泠拍卖	2011.7.19
清乾隆 紫砂刻御制诗梅花图扁圆壶	高7cm	1,495,000	北京诚轩	2011.11.12
清乾隆 紫砂炉钧釉汉方壶	高18cm	598,000	北京诚轩	2011.5.22
清乾隆 紫砂描金朗岑铭山水题诗书卷式双联壶	宽19cm	1,380,000	北京保利	2011.6.5
清乾隆 紫砂泥绘山水方壶	宽15cm	598,000	北京保利	2011.6.7
清乾隆 紫砂胎炉钧釉汉方壶	高19cm	115,000	北京保利	2011.4.16
清乾隆 紫砂一粒珠茶壶	宽14.5cm	57,500	北京保利	2011.12.06
清乾隆 紫砂芝硕壶	长17cm	230,000	中国嘉德	2011.3.20
清乾隆 紫砂制朱泥大壶	宽22cm	57,500	北京保利	2011.12.06
清乾隆年制 圆贡壶		112,000	南京经典	2011.6.5
清嘉庆 朱泥菊瓣壶	高9cm	161,000	上海春秋堂	2011.10.23
清嘉庆 朗岑制、曼生书 宜兴窑倒把嵌盖描金井栏壶	长15cm	1,495,000	北京保利	2011.12.06
清嘉庆 潘志龙制紫泥粉彩山水圆壶	宽15.5cm	55,200	中国嘉德	2011.11.12
清嘉庆 邵正来制紫泥粉彩山水纹茶壶	宽13.2cm	161,000	中国嘉德	2011.11.12
清嘉庆 朱石梅制飞鸿延年锡包壶	高12.2cm	149,500	上海春秋堂	2011.10.23
清嘉庆 紫泥绿彩山水纹方壶	宽153cm	460,000	中国嘉德	2011.5.21
清嘉庆道光 冯彩霞制掇球壶	长16.5cm	57,500	北京匡时	2011.12.04
清道光 潘志茂《三足段泥壶》	高9cm	253,000	长风拍卖	2011.11.24
清道光 “步朗”刻金石文字四方锡包壶	宽135cm	161,000	中国嘉德	2011.5.21
清道光 “孟臣”款朱泥古莲子壶	宽115cm	94,300	中国嘉德	2011.5.21
清道光 “孟臣”款朱泥诗文莲子壶	宽125cm	103,500	中国嘉德	2011.5.21
清道光 “潘”款朱泥线瓢壶	宽95cm	109,250	中国嘉德	2011.5.21
清道光 “晓山”刻花卉纹六棱锡包壶	宽155cm	103,500	中国嘉德	2011.5.21
清道光二泉刻诗文朱泥瓢形壶	宽138cm	138,000	中国嘉德	2011.5.21
清道光 合欢壶	长14cm	92,000	长风拍卖	2011.12.20
清道光 何心舟、王东石合作乳鼎宝盘壶	长15.5cm	402,500	北京匡时	2011.12.04
清道光吉安制瞿子冶铭石瓢壶	高7.5cm	5,175,000	上海春秋堂	2011.10.23
清道光 瞿子冶制石瓢壶	高8cm	345,000	古天一	2011.12.05
清道光 瞿子冶制紫泥拼砂石瓢壶	宽155cm	690,000	中国嘉德	2011.5.21
清道光 潘仕成《潘壶》	高11cm	149,500	长风拍卖	2011.11.24
清道光 邵大亨制紫泥六方掇球壶	高12cm	3,220,000	上海春秋堂	2011.10.23
清道光 邵大赦制大圆竹壶	高10.3cm	115,000	上海春秋堂	2011.10.23
清道光 邵景南鼎盛监制掇球对壶	尺寸各一	126,500	上海春秋堂	2011.10.23
清道光 邵景南段泥石瓢	长16.5cm	97,750	北京匡时	2011.12.04
清道光 邵景南款 石瓢壶	长16.5cm	69,000	北京保利	2011.6.2
清道光 邵景南制春圆壶	高8.4cm	115,000	上海春秋堂	2011.10.23
清道光 邵景南制紫泥诗文扁石壶	宽17.2cm	71,300	中国嘉德	2011.11.12
清道光 邵权寅 合欢壶	高6cm	57,500	广州嘉德	2011.6.11
清道光 邵友兰制紫泥金石文字壶	宽15.7cm	345,000	中国嘉德	2011.11.12
清道光邵友兰制紫泥刻诗文壶	宽155cm	184,000	中国嘉德	2011.5.21
清道光 邵友庭款 光明提梁壶	长17cm	74,750	北京保利	2011.6.2
清道光 申锡五铢钱壶	高6cm	246,400	中鼎国际	2011.10.15
清道光申锡制子冶铭白泥四方壶	高7.5cm	241,500	北京匡时	2011.12.04
清道光 申锡制紫泥泥绘花草纹小壶	宽9cm	782,000	中国嘉德	2011.5.21
清道光 万泉《捆竹八卦河洛壶》	高11.3cm	460,000	长风拍卖	2011.11.24

拍品名称	尺寸	成交价RMB	拍卖公司	拍卖日期
清道光 香莲女史堆泥莲子壶		358,400	南京经典	2011.6.5
清道光 杨彭年款包锡紫砂壶	宽19cm	57,500	北京保利	2011.12.06
清道光 杨彭年款包锡紫砂梅花壶	宽16.5cm	69,000	北京保利	2011.12.06
清道光 杨彭年款云生刻三镶玉方壶	宽14.5cm	86,250	北京保利	2011.12.06
清道光 杨彭年制“桑连理馆”款紫泥扁石壶	宽17.2cm	1,955,000	中国嘉德	2011.11.12
清道光 杨彭年制段泥诗文扁圆壶	宽16cm	115,000	中国嘉德	2011.11.12
清道光 杨彭年制符生铭锡包秦权壶	高10.7cm	149,500	上海春秋堂	2011.10.23
清道光 杨彭年制三镶玉锡壶	宽15cm	126,500	北京保利	2011.12.06
清道光 杨彭年制石梅铭紫砂胎三镶锡壶	宽16cm	184,000	北京保利	2011.6.6
清道光 杨彭年制竹隐铭紫砂胎三镶锡壶	宽13cm	92,000	北京保利	2011.6.6
清道光 杨彭年制子冶、符生刻石瓢壶	长16cm	517,500	北京保利	2011.12.06
清道光 杨彭年柱础壶	高9cm	1,840,000	北京匡时	2011.12.04
清道光 朱泥紫砂小壶(一对)	高10cm×2	115,000	北京匡时	2011.12.04
清道光 子冶《六方竹节壶》	高9.3cm	460,000	长风拍卖	2011.11.24
清道光 紫泥风卷葵壶	宽175cm	253,000	中国嘉德	2011.5.21
清道光13年 杨彭年制紫泥台笠壶	宽155cm	1,127,000	中国嘉德	2011.5.21
清道光20年“小石刻”诗文八棱锡包壶	宽155cm	103,500	中国嘉德	2011.5.21
清道光-同治 王东石制何心舟刻玉成窑仙瓢壶	宽15cm	437,000	北京保利	2011.12.06
清中 邵广远 点彩灯笼壶	容量280ml	112,000	南京经典	2011.6.5
清中期“伴闲人”款紫泥小宫灯壶	宽137cm	86,250	中国嘉德	2011.5.21
清中期“伯元”款朱泥壶	长14cm	195,500	北京匡时	2011.6.7
清中期“壶痴”款紫泥包袱壶	宽17.5cm	69,000	中国嘉德	2011.11.12
清中期“乾隆年制”款朱泥壶	长10.5cm	80,500	北京匡时	2011.6.7
清中期“少峰款”段泥壶	宽137cm	230,000	中国嘉德	2011.5.21
清中期“敝记”款紫泥荷叶形壶	宽18.8cm	59,800	中国嘉德	2011.11.12
清中期“逸公”款朱泥平盖圆壶	宽13cm	86,250	中国嘉德	2011.5.21
清中期“逸公”作朱泥绘山水小壶	宽6.5cm	51,750	北京保利	2011.6.7
清中期 陈鸿寿款三足锡包壶	高12cm	299,000	上海春秋堂	2011.10.23
清中期 大彬款 龙旦壶	高8.5cm	448,000	琴岛荣德	2011.12.10
清中期 大亨款加彩瓜瓞绵绵莲子壶	宽17cm	230,000	北京保利	2011.12.06
清中期 斗彩提梁壶	长17cm	57,500	长风拍卖	2011.6.21
清中期 何心舟制一粒珠壶	高9.8cm	747,500	上海春秋堂	2011.10.23
清中期 曼生刻延年半月壶	宽15cm	97,750	北京保利	2011.12.06
清中期 孟臣款朱泥梨形壶	高6.4cm	172,500	上海春秋堂	2011.10.23
清中期孟臣款紫砂诗文壶(一对)	宽12cm	92,000	北京保利	2011.6.7
清中期 青云款古莲子壶	宽18cm	69,000	北京保利	2011.6.7
清中期 清德堂款 平盖圆柱壶	长15.5cm	51,750	北京保利	2011.6.2
清中期 清德堂款平盖壶	长13cm	69,000	北京匡时	2011.12.04
清中期 清德堂款双层盖壶	高18cm	109,250	北京匡时	2011.12.04
清中期 邵大亨 德钟壶	长18cm	977,500	北京匡时	2011.6.7
清中期 邵大亨 掇球壶	长15cm	69,000	北京匡时	2011.6.7
清中期 邵景南制蓝釉加白诗文壶(一对)	宽11.5cm	69,000	北京保利	2011.6.7
清中期 双龙壶	长18.5cm	57,500	长风拍卖	2011.12.20
清中期 双圈壶	长18cm	57,500	长风拍卖	2011.12.20
清中期 万泉款段泥方砖壶	高15cm	172,500	上海春秋堂	2011.10.23
清中期 无款风卷葵壶	高8.8cm	253,000	上海春秋堂	2011.10.23
清中期 徐恒茂制六方朱泥壶	高5.9cm	109,250	北京诚轩	2011.11.12
清中期 延年款 半瓦壶	长15cm	57,500	北京保利	2011.6.2
清中期 杨彭年、钱杜鹭洲合作合欢壶	高6.5cm	2,127,500	北京匡时	2011.12.04
清中期杨彭年制陈曼生铭合欢壶	长18cm	92,000	北京华辰	2011.5.20
清中期杨彭年制陈曼生铭镜瓦壶	长14cm	184,000	北京华辰	2011.5.20
清中期杨彭年制梅花纹石瓢壶	长20cm	207,000	北京华辰	2011.5.20
清中期朱泥“春水堂”款仿古壶	长13.5cm	161,000	北京匡时	2011.6.7
清中期 朱泥矮梨式壶	高6cm	66,700	北京诚轩	2011.5.22
清中期 紫泥莲子壶	高10cm	149,500	北京匡时	2011.12.04
清中期 紫泥铺砂高筒壶	宽19cm	86,250	中国嘉德	2011.11.12
清中期 紫砂泥绘山水纹暖壶	长15.5cm	74,750	中国嘉德	2011.3.20
清同治 林园款王东石制赧翁铭三叉提梁壶	高16.4cm	517,500	上海春秋堂	2011.10.23
清同治 何心舟制徐陠刻紫砂锡包壶	宽17cm	138,000	北京保利	2011.12.06
清同治 王成窑何心舟制段泥诗文扁石壶	宽16cm	575,000	中国嘉德	2011.5.21
清同治 玉成窑半月壶	宽16.5cm	115,000	北京保利	2011.6.7
清同治 玉成窑何心舟制紫泥乳鼎壶	宽148cm	1,840,000	中国嘉德	2011.5.21
清同治 玉成窑王东石制方壶	宽10.3cm	253,000	中国嘉德	2011.11.12
清同治 韵石制赫翁铭玉成窑秦权壶	宽13cm	333,500	北京保利	2011.12.06
清光绪“窸斋”款紫泥汉君壶	宽175cm	138,000	中国嘉德	2011.5.21
清光绪 何心舟、王东石刻仿汉镜铭文壶	宽15cm	402,500	北京保利	2011.12.06
清光绪 黄玉麟制紫泥桃钮壶	宽17.5cm	253,000	中国嘉德	2011.11.12
清光绪黄玉麟制紫泥鱼化龙壶	宽20cm	747,500	中国嘉德	2011.5.21
清光绪 金士恒制印、刻竹、茶壶(一组三件)	宽10.7cm	230,000	中国嘉德	2011.11.12
清光绪 窸斋款潜陶刻字紫泥孤棱壶	宽17.2cm	78,200	中国嘉德	2011.11.12
清光绪 俞国良制紫泥四方传炉壶	宽157cm	276,000	中国嘉德	2011.5.21
清光绪19年 黄玉麟制紫泥刻诗文汉君壶	宽18cm	437,000	中国嘉德	2011.5.21
清光绪26年 程寿珍制段泥汉扁壶	宽21cm	86,250	中国嘉德	2011.5.21
清光绪4年“冰壶道人”款紫泥刻三友图提梁壶	宽165cm	172,500	中国嘉德	2011.5.21
清光绪4年 金士恒制朱泥刻诗文壶	宽107cm	207,000	中国嘉德	2011.5.21
清光绪6年 金士恒制紫泥刻诗文汉瓦小壶	宽84cm	103,500	中国嘉德	2011.5.21
清光绪二十二年“庆林”款紫泥一粒珠壶	宽17cm	59,800	中国嘉德	2011.11.12
清光绪四年 金士恒制紫泥诗文小壶	宽10.7cm	115,000	中国嘉德	2011.11.12
清代“听天顺时”款朱泥壶	高11cm	103,500	古天一	2011.12.05
清代 徐飞龙制 提梁壶	高12.5cm	80,500	北京华辰	2011.5.20
清代 朱泥包金壶	长13.5cm	59,800	北京匡时	2011.6.7
清代贴塑出戟长颈紫砂方瓶	高30.5cm	660,000	鼎时国际	2011.12.03
清“陈鸣远”款段泥莲蓬蟾钮壶	长12.5cm	1,725,000	中国嘉德	2011.11.12
清“陈鸣远”款紫泥仿古壶(一对)	高215cm	1,725,000	中国嘉德	2011.5.21
清“陈仲美”款紫泥天鸡壶	宽84cm	529,000	中国嘉德	2011.5.21
清“供春”款段泥树瘿壶	宽28.2cm	1,035,000	中国嘉德	2011.11.12
清“乾隆”款紫泥小壶及煎茶器具(一套)	宽84cm	149,500	中国嘉德	2011.5.21
清“逸公”款朱泥梨皮扁腹壶	宽10cm	55,200	中国嘉德	2011.5.21
清“子冶”款紫泥刻竹诗文石瓢壶	宽145cm	920,000	中国嘉德	2011.5.21
清 1852年作 吉安款 宜兴窑行有恒堂诗文款嵌盖式圆壶	长16cm	2,530,000	北京保利	2011.12.06
清 阿曼陀室款葫芦壶	高12cm	168,000	江苏万达	2011.5.28
清阿曼陀室款三足石瓢提梁壶	高12.5cm	172,500	江苏万达	2011.5.28
清 阿曼陀室款圆珠壶	高9cm	115,000	江苏万达	2011.5.28
清 安吉款 汉瓦壶	长14.5cm	92,000	北京保利	2011.12.06
清 陈光明款青釉球韵壶	高11.5cm	168,000	江苏万达	2011.5.28
清 陈觐侯款黑铁砂虚扁壶	高8.5cm	218,500	江苏万达	2011.5.28
清 陈鸣远款 束柴三友壶	长15.5cm	667,000	北京保利	2011.12.06
清 陈鸣远款 束柴三友壶	长15cm	747,500	北京保利	2011.6.2
清 陈鸣远款葵花瓣壶	高9cm	246,400	江苏万达	2011.5.28
清 陈荫千款绿釉乳钉壶	高12cm	172,500	江苏万达	2011.5.28

2011杂项拍卖成交汇总

(成交价RMB：5万元以上)

拍品名称	尺寸	成交价RMB	拍卖公司	拍卖日期
清 陈玉良紫泥壶	长18cm	322,000	北京匡时	2011.6.8
清 陈子畦 莲子壶	长13.5cm	3,220,000	长风拍卖	2011.6.21
清 程寿珍款汉扁壶	高9cm	134,400	江苏万达	2011.5.28
清 储铭款如意仿古壶	高7.8cm	201,600	江苏万达	2011.5.28
清 冯彩霞款泥绘壶	高10cm	358,400	江苏万达	2011.5.28
清 黑泥绘紫砂温酒壶	高11.5cm	149,500	上海春秋堂	2011.10.23
清 恒茂款朱泥古莲子式壶	长12.5cm	80,500	北京匡时	2011.12.04
清 黄玉麟 鱼化龙壶	长19cm	126,500	长风拍卖	2011.6.21
清 黄玉麟款升方壶	高9.6cm	168,000	江苏万达	2011.5.28
清 黄玉麟制 鱼化龙壶	长20cm	184,000	北京华辰	2011.5.20
清黄玉麟制吴昌硕刻诗文紫砂壶	宽17cm	1,150,000	北京保利	2011.6.7
清 惠孟臣制朱泥梨形壶	高7.4cm	109,250	上海春秋堂	2011.10.23
清 惠孟臣朱泥矮梨壶	高6cm	149,500	上海春秋堂	2011.10.23
清 加彩十八学士图赏瓶	高27cm	402,500	北京匡时	2011.12.04
清 江案卿款供春壶	长18cm	138,000	北京匡时	2011.6.8
清 江案卿款狮球壶	高11.5cm	253,000	江苏万达	2011.5.28
清 江案卿款狮球壶	高14cm	138,000	江苏万达	2011.5.28
清 蒋燕亭 三鼠壶	长15.5cm	100,800	北京荣宝	2011.11.11
清 荆溪陈制款 竹节大壶	高17.5cm	598,000	北京保利	2011.6.2
清 荆溪华亦林制紫砂加彩皮球花汉方壶	高18.1cm	172,500	上海春秋堂	2011.10.23
清 荆溪若林制大虚扁壶	宽28.1cm	1,092,500	上海春秋堂	2011.10.23
清 荆溪邵用修制扁圆灯壶	高8.6cm	149,500	上海春秋堂	2011.10.23
清荆溪吴天禄款铺砂平盖大壶	高19cm	299,000	上海春秋堂	2011.10.23
清 瞿子治刻四方紫砂壶	长15cm	644,000	北京匡时	2011.6.8
清 莲蓬壶	长17cm	78,400	北京荣宝	2011.11.11
清 林园 南瓜壶		747,500	长风拍卖	2011.6.21
清 龙凤壶	长18cm	55,200	北京容海	2011.10.22
清 炉均汉方壶	高17.5cm	747,500	上海春秋堂	2011.10.23
清 梅生 木瓜壶	高10.5cm	201,600	北京荣宝	2011.11.11
清 南瓜藤紫砂壶	高10cm	874,000	江苏万达	2011.5.28
清 彭年铭百果壶	长17cm	69,000	北京保利	2011.6.2
清 三镶玉锡壶 (一套三件)		92,000	长风拍卖	2011.6.21
清 善宝 善宝梨形壶	长10.2cm	172,500	长风拍卖	2011.6.21
清 邵大亨款八卦壶	高8.5cm	6,944,000	江苏万达	2011.5.28
清 邵大亨制 菱花壶	长18cm	184,000	北京华辰	2011.5.20
清 邵大敕 永宝壶	长16.5cm	80,500	长风拍卖	2011.6.21
清 邵鼎裕 四方桥盖壶	高6.5cm	84,000	北京荣宝	2011.11.11
清 邵景南款高灯壶	高12.8cm	112,000	江苏万达	2011.5.28
清 邵景南款青绿釉井栏壶	高10cm	103,500	江苏万达	2011.5.28
清 邵景南制 泥绘仿古扁腹壶	高8cm	212,800	琴岛荣德	2011.5.15
清邵俊根制紫砂彩绘山水纹壶	高9.7cm	184,000	上海春秋堂	2011.10.23
清 邵友兰款二泉铭壶	高12.2cm	336,000	江苏万达	2011.5.28
清 邵友廷 程寿珍款 掇球壶	长16.5cm	80,500	北京保利	2011.6.2
清 申锡 方柱壶	高8.2cm	575,000	长风拍卖	2011.11.24
清 申锡制朱石梅刻柱形方壶	高15cm	345,000	北京保利	2011.6.7
清 诗句款朱泥龙蛋壶	高11cm	138,000	上海春秋堂	2011.10.23
清 诗句款紫泥留佩式大壶	高8.5cm	287,500	上海春秋堂	2011.10.23
清 时大彬款铺砂汲直壶	长19cm	89,700	北京匡时	2011.12.04
清 双圈壶	长22.3cm	72,800	北京容海	2011.4.23
清 唐英款白釉青花山水壶	高10cm	241,500	江苏万达	2011.5.28
清 王东石款石瓢壶	高11cm	112,000	江苏万达	2011.5.28
清 文旦款 朱泥文旦壶	长16.5cm	69,000	北京保利	2011.6.2
清 无款高灯壶	长17.5cm	80,500	北京匡时	2011.12.04
清 无款石榴壶	高11cm	230,000	上海春秋堂	2011.10.23
清 徐友泉制富贵牡丹诗文壶	高23cm	104,500	中都国际	2011.08.28
清 杨凤年 东坡笠帽壶	长17cm	4,370,000	长风拍卖	2011.6.21
清杨彭年制三镶玉锡包紫砂壶	高14.6cm	61,600	浙江钱塘	2011.6.12
清 逸公款掺砂紫泥大圆壶	高16.5cm	207,000	上海春秋堂	2011.10.23
清 友兰款花樽壶	高12.7cm	201,600	江苏万达	2011.5.28
清 俞国良 掇球式朱泥壶	长16cm	161,000	长风拍卖	2011.6.21
清 俞国良 金文双耳大瓶	长50.5cm	313,600	琴岛荣德	2011.12.10
清 俞国良款传炉	长16cm	80,500	北京匡时	2011.6.8
清 俞国良款大仿古壶	高11.5cm	280,000	江苏万达	2011.5.28
清俞国良款黄金黄梨皮砂汉君壶	高8.4cm	316,250	江苏万达	2011.5.28
清俞国良款歧陶刻梅花六方壶	高11.5cm	207,000	江苏万达	2011.5.28
清 俞国良款紫砂壶	高9.5cm	172,500	江苏万达	2011.5.28
清 郑板桥提梁壶	长17.5cm	460,000	北京匡时	2011.6.8
清 周永福掇球壶	高11.5cm	161,000	北京匡时	2011.12.04

拍品名称	尺寸	成交价RMB	拍卖公司	拍卖日期
清 朱泥平盖圆壶	长11.5cm	89,600	中鸿信	2011.6.26
清 朱泥贴花介字提梁壶	高16.5cm	126,500	上海春秋堂	2011.10.23
清 朱泥贴花镂空四方壶	高10.8cm	115,000	上海春秋堂	2011.10.23
清 朱泥贴花椭圆壶	高9.4cm	356,500	上海春秋堂	2011.10.23
清 子冶刻百果壶	长16cm	287,500	上海大众	2011.08.25
清 子冶石瓢壶	长16cm	782,000	北京匡时	2011.6.8
清 紫泥瓜棱形宫灯壶	高16.5cm	172,500	北京匡时	2011.12.04
清 紫砂大彬提梁壶	高23.5cm	246,400	琴岛荣德	2011.5.15
清 紫砂菱花大壶	高22cm	460,000	北京匡时	2011.12.04
清紫砂胎包锡三镶玉梅花纹壶	长15.3cm	57,500	中国嘉德	2011.12.17
清 紫砂胎炉钧釉山子	高18.5cm	57,500	北京保利	2011.12.06
清晚期"二泉"铭"万泉"款石瓢壶	长17.5cm	103,500	北京匡时	2011.6.7
清晚期"贡局"款朱泥对壶	宽128cm	138,000	中国嘉德	2011.5.21
清晚期 "孟臣"款刻"诚子书"青灰砂君德壶	宽115cm	57,500	中国嘉德	2011.5.21
清晚期 "墨缘斋制"款朱泥平盖壶	宽12cm	71,300	中国嘉德	2011.5.21
清晚期 "旭斋"款汪宝根仿古葵壶	长19cm	138,000	北京匡时	2011.6.7
清晚期"逸公"款朱泥鹅蛋壶	宽106cm	66,700	中国嘉德	2011.5.21
清晚期 程寿珍 掇球壶	长15.5cm	598,000	北京匡时	2011.6.7
清晚期 程寿珍制紫砂壶	高8.2cm	97,750	西泠拍卖	2011.7.19
清晚期 范大生制紫泥刻诗文鱼罩壶	宽17cm	92,000	中国嘉德	2011.11.12
清晚期 胡小山制紫泥诗文壶	宽16.5cm	80,500	中国嘉德	2011.11.12
清晚期 黄玉麟 供春壶	长16cm	201,600	北京荣宝	2011.11.11
清晚期 黄玉麟仿供春树瘿壶	高11.5cm	977,500	上海春秋堂	2011.10.23
清晚期 黄玉麟制供春式树瘿壶	高11.2cm	598,000	北京诚轩	2011.5.22
清晚期 黄玉麟制紫泥匏瓜壶	高11.5cm	517,500	上海春秋堂	2011.10.23
清晚期 江案卿制段泥树瘿壶	宽18.3cm	92,000	中国嘉德	2011.11.12
清晚期 蒋裕泰 竹坪刻直桶如意纽壶	长15cm	115,000	北京匡时	2011.6.7
清晚期 龙凤印款朱泥壶(两件)	尺寸不一	115,000	中国嘉德	2011.5.21
清晚期 磨光六方梨形壶(一对)	宽9cm	105,800	中国嘉德	2011.5.21
清晚期 磨光青灰砂提梁壶及青花诗文大碗	宽19cm	74,750	中国嘉德	2011.5.21
清晚期 潘德根制朱泥瓮形壶	宽148cm	115,000	中国嘉德	2011.5.21
清晚期 清灰砂净瓶	高29cm	69,000	中国嘉德	2011.5.21
清晚期 邵友廷制紫泥鼓腹壶	宽19.3cm	63,250	中国嘉德	2011.11.12
清晚期 申锡 段泥方础壶	长14cm	713,000	北京匡时	2011.6.7
清晚期 石泉款紫砂加彩壶	宽15cm	57,500	北京保利	2011.6.7
清晚期 束金寿 三叉提梁壶	长15.5cm	115,000	北京匡时	2011.6.7
清晚期 泰王挂玛六世折肩提梁壶 (一对)	宽15cm	115,000	中国嘉德	2011.5.21
清晚期 泰王挂玛五世三足圆壶 (一对)	宽137cm	126,500	中国嘉德	2011.5.21
清晚期 万泉制少山刻太湖石提梁壶	高18cm	92,000	北京保利	2011.12.06
清晚期朱泥梨形壶及青花茶具	宽13cm	97,750	中国嘉德	2011.5.21
清晚期 朱泥六方壶	高8.8cm	253,000	北京诚轩	2011.5.22
清晚期 紫砂彩绘大瓶	高30cm	67,200	北京保利	2011.1.16
清宣统 匋斋 四方传炉壶	长13cm	345,000	北京保利	2011.12.06
清宣统元年 端方订制紫泥四方传炉壶	宽13.5cm	402,500	中国嘉德	2011.11.12
清末《一粒珠磨光壶》	长19cm	63,250	长风拍卖	2011.12.20
清末《直筒磨光壶》	高16cm	149,500	长风拍卖	2011.12.20
清末 段泥传炉壶	高14cm	86,250	北京匡时	2011.12.04
清末 冯桂林 柿圆壶	长20cm	299,000	长风拍卖	2011.6.21
清末 何心舟 小石瓢壶		1,680,000	南京经典	2011.6.5
清末 黄玉麟 鱼化龙壶	高10.5cm	1,610,000	长风拍卖	2011.11.24
清末 黄玉麟、吴昌硕鼓腹壶	高11cm	1,150,000	北京匡时	2011.12.04
清末 黄玉麟款 供春壶	长18.5cm	345,000	北京保利	2011.12.06
清末 江案卿 卧狮壶	长19cm	74,750	长风拍卖	2011.6.21
清末 江案卿款 供春壶	长18.5cm	57,500	北京保利	2011.6.2
清末 窸斋款段泥石瓢壶(吴大徵定制)	高6cm	241,500	北京匡时	2011.12.04
清末 王东石制、何心舟刻兰草诗文壶玉成窑	高9.5cm	253,000	广州嘉德	2011.6.11

（成交价RMB：5万元以上）

拍品名称	尺寸	成交价RMB	拍卖公司	拍卖日期
清末 耀庭款 木瓜壶	长18.5cm	57,500	北京保利	2011.6.2
清末民初 裴石民款 海棠壶	长17cm	126,500	北京保利	2011.6.2
清末民初 裴石民款 葫芦壶	长18cm	552,000	北京保利	2011.12.06
清末民初裴石民款牛盖莲子壶	长17.5cm	138,000	北京保利	2011.6.2
清末民初裴石民款牛盖莲子壶	长16cm	253,000	北京保利	2011.12.06
清末民初 裴石民款 柿子壶	长17cm	115,000	北京保利	2011.6.2
清末民初 王寅春款 侧把壶	长16cm	230,000	北京保利	2011.12.06
清末民初王寅春款绿泥周盘壶	长16cm	207,000	北京保利	2011.12.06
清末民初 王寅春款 四方脚线传炉壶	长16.5cm	483,000	北京保利	2011.6.2
清末民初 王寅春款 洋桶壶	宽15.5cm	172,500	北京保利	2011.12.06
清末民初 王寅春款 柱楚壶	长15.5cm	322,000	北京保利	2011.6.2
清末民初 吴云根款 弧菱壶	长20cm	92,000	北京保利	2011.6.2
清末民初 吴云根款 柿子壶	长17.5cm	80,500	北京保利	2011.6.2
清末民初 吴云根款 鱼化龙壶	宽17.5cm	138,000	北京保利	2011.12.06
清末民初 俞国良款、溥心畬题字画 传炉壶	宽23cm	5,750,000	北京保利	2011.12.06
民初 吴纯耿 《八卦束竹壶》	高10.6cm	69,000	长风拍卖	2011.11.24
民国 “南林监制”款段泥刻人物提梁壶	宽197cm	74,750	中国嘉德	2011.5.21
民国 “星辰”款段泥刻山水东坡提梁壶	宽29cm	460,000	中国嘉德	2011.5.21
民国安吉制琢如刻段泥方丰壶	高7.5cm	59,800	北京匡时	2011.12.04
民国 昌记 水平壶	长15cm	57,500	长风拍卖	2011.6.21
民国 陈光明提梁壶	高15cm	156,800	中鼎国际	2011.10.15
民国 陈光明制印包壶	宽17cm	69,000	北京保利	2011.6.7
民国 陈光明制竹节线圆壶	高10.5cm	161,000	上海春秋堂	2011.10.23
民国 陈少亭制彩刻高士冠瀑图紫砂盘口瓶	高38cm	92,000	北京保利	2011.12.06
民国 程寿珍 掇球壶	长17cm	84,000	海士德	2011.6.17
民国 程寿珍 仿鼓壶		112,000	南京经典	2011.6.5
民国 程寿珍掇球壶	高13cm	94,300	北京匡时	2011.12.04
民国 程寿珍制诗文扁腹壶	宽165cm	69,000	中国嘉德	2011.5.21
民国 程寿珍制紫泥掇球壶	宽18cm	126,500	中国嘉德	2011.5.21
民国 程寿珍制紫泥掇球壶	宽17.7cm	57,500	中国嘉德	2011.11.12
民国 程寿珍制紫泥圆扁壶	宽175cm	63,250	中国嘉德	2011.5.21
民国 储铭 竹段壶		156,800	南京经典	2011.6.5
民国 储铭制德钟式紫砂壶	高9.6cm	184,000	北京诚轩	2011.11.12
民国 储铭制紫泥德钟壶	宽175cm	161,000	中国嘉德	2011.5.21
民国 范大生 竹鼓壶		179,200	南京经典	2011.6.5
民国范大生制段泥八卦一捆竹壶	宽17cm	66,700	中国嘉德	2011.5.21
民国 范大生制竹鼎隐角四方壶	宽175cm	112,700	中国嘉德	2011.5.21
民国 范大生制紫泥合菱壶	宽20cm	112,700	中国嘉德	2011.5.21
民国 范大生制紫泥鱼化龙壶	宽20cm	57,500	中国嘉德	2011.5.21
民国 范锦甫制翻边柿子壶	宽22cm	57,500	北京保利	2011.12.06
民国 范祖德制 1948年作 柿壶	高8.5cm	63,250	广州嘉德	2011.6.11
民国 冯桂林 大四方传炉壶	长23.5cm	336,000	北京荣宝	2011.11.11
民国 冯桂林 段泥诗文传炉壶	长23cm	109,250	长风拍卖	2011.6.21
民国 冯桂林 提梁梅桩壶	高18.5cm	313,600	北京荣宝	2011.11.11
民国冯桂林高士诗文传炉大壶	高14cm	224,000	琴岛荣德	2011.5.15
民国冯桂林款1933年作桥盖壶	长20.5cm	115,000	北京保利	2011.6.2
民国 冯桂林梅桩五件套壶	高9.5cm	201,600	中鼎国际	2011.10.15
民国 冯桂林松鼠葡萄大壶	高13cm	280,000	琴岛荣德	2011.5.15
民国 冯桂林制金鼎商标紫砂大竹鼓壶	高13.4cm	253,000	上海春秋堂	2011.10.23
民国 冯桂林制任淦庭刻紫泥四方传炉壶	高14cm	138,000	北京匡时	2011.12.04
民国 冯桂林制如意则角圆壶	宽18cm	92,000	北京保利	2011.12.06
民国 福记松桩壶(一对)	高9cm	358,400	中鼎国际	2011.10.15
民国 汉君壶	宽19cm	69,000	北京保利	2011.6.7
民国 胡耀庭制段泥四方茶壶及茶炉	宽15cm	89,700	中国嘉德	2011.11.12
民国 江安卿制狮钮瓜棱壶	长20cm	115,000	上海大众	2011.08.25
民国 江案卿制绿泥树瘿壶	宽19cm	71,300	中国嘉德	2011.11.12
民国 蒋蓉 彩泥青蛙古木壶	高10cm	313,600	琴岛荣德	2011.12.10
民国 蒋蓉 段泥青蛙莲心壶	高10cm	201,600	琴岛荣德	2011.12.10
民国 蒋蓉 荷蛙加彩壶	高12cm	168,000	琴岛荣德	2011.12.10
民国 蒋蓉 天青泥荷蛙壶	高9cm	201,600	琴岛荣德	2011.12.10
民国 金鼎商标天球瓶	高54cm	246,400	中鼎国际	2011.10.15

拍品名称	尺寸	成交价RMB	拍卖公司	拍卖日期
民国 锦甫制任淦庭刻竹节柿子壶	宽21.5cm	69,000	北京保利	2011.12.06
民国 凯长(朱可心)鱼化龙五件套壶	高9cm	504,000	中鼎国际	2011.10.15
民国 李宝珍 鱼化龙壶	长21cm	172,500	长风拍卖	2011.6.21
民国 李宝珍制 德昌刻 传胪壶	高10cm	69,000	广州嘉德	2011.6.11
民国李宝珍制紫砂葵花仿古壶	高9.2cm	195,500	北京诚轩	2011.5.22
民国 李葆珍红泥传炉壶	高11cm	92,000	北京匡时	2011.12.04
民国 卢元璋制紫泥铺砂供春式树瘿壶	宽16cm	92,000	中国嘉德	2011.11.12
民国墨缘斋意堂制朱泥汤婆壶	高8.9cm	115,000	上海春秋堂	2011.10.23
民国 裴石民 百果壶	长15cm	84,000	北京荣宝	2011.11.11
民国 裴石民 段泥福寿壶	高10cm	201,600	琴岛荣德	2011.12.10
民国 裴石民 仿古壶	高9cm	280,000	中鼎国际	2011.10.15
民国 裴石民 松鼠葡萄壶	长16.5cm	112,000	北京荣宝	2011.11.11
民国 裴石民制紫砂树桩花瓶	高32cm	115,000	北京保利	2011.6.7
民国 跂匋刻紫砂四方传炉壶	长19.5cm	71,300	中国嘉德	2011.3.20
民国 任淦庭刻兽首衔环瓶	高21cm	109,250	北京保利	2011.6.7
民国任淦庭刻紫泥狮钮瓜棱壶	宽22cm	57,500	中国嘉德	2011.11.12
民国 邵宝琴青灰砂海棠壶	高6.5cm	57,500	北京匡时	2011.12.04
民国 双线竹骨壶	宽18cm	57,500	北京保利	2011.6.7
民国 铁画轩款六方寿耳花瓶	高27.5cm	71,300	北京匡时	2011.12.04
民国 汪宝根制陈少亭刻字紫泥线圆壶	高6.5cm	161,000	上海春秋堂	2011.10.23
民国汪宝根制青灰砂上合桃壶	宽20cm	172,500	中国嘉德	2011.5.21
民国 汪升义 供春壶		123,200	南京经典	2011.6.5
民国 王寅春 仿古壶	长18.5cm	437,000	长风拍卖	2011.6.21
民国 王寅春 梅花周盘壶	高8cm	402,500	北京匡时	2011.12.04
民国 王寅春 牛盖莲子壶	高17.5cm	106,400	北京荣宝	2011.11.11
民国 王寅春 捂灰汉君壶	高9cm	201,600	琴岛荣德	2011.12.10
民国 王寅春 紫泥汉君壶	高9cm	402,500	北京匡时	2011.12.04
民国 王寅春花口汉君壶	高9cm	224,000	琴岛荣德	2011.5.15
民国 王寅春制石瓢壶	长17cm	230,000	上海大众	2011.08.25
民国 闻才 《大洋筒壶》	高22cm	92,000	长风拍卖	2011.11.24
民国闻才制任淦庭刻大洋桶壶	宽26cm	172,500	北京保利	2011.6.7
民国 吴德盛制紫砂贯耳瓶	高34cm	207,000	北京保利	2011.12.06
民国 吴云根 传炉壶	高10cm	89,700	北京匡时	2011.12.04
民国 吴云根 紫泥诗文传炉壶	高12cm	134,400	琴岛荣德	2011.12.10
民国 吴云根制鱼化龙紫砂壶	宽19.8cm	69,000	北京保利	2011.12.06
民国 吴云根制紫泥孤菱壶	宽178cm	598,000	中国嘉德	2011.5.21
民国 吴云山 八卦捆竹壶	长19.5cm	126,500	北京匡时	2011.6.7
民国 熙臣石瓢壶(任淦庭刻)	高7.5cm	97,750	北京匡时	2011.12.04
民国 杨阿时制段泥刻花卉诗文柿子壶	宽18.3cm	59,800	中国嘉德	2011.11.12
民国 冶陶宝藏 梅桩壶		224,000	南京经典	2011.6.5
民国 叶得喜款 梅桩壶	宽13cm	92,000	北京保利	2011.12.06
民国 俞国良 传炉壶		112,000	南京经典	2011.6.5
民国 俞国良 汉君壶		201,600	南京经典	2011.6.5
民国 俞国良 合欢壶	长17.5cm	235,200	海士德	2011.6.17
民国 俞国良 朱泥线圆壶		560,000	南京经典	2011.6.5
民国 俞国良制梅花周盘壶	宽19cm	103,500	中国嘉德	2011.5.21
民国俞国良制任淦庭刻洋桶壶	宽17.5cm	51,750	北京保利	2011.6.7
民国 俞国良制碗灯壶	宽17cm	69,000	北京保利	2011.6.7
民国 俞国良制捂灰仿鼓壶	高7.6cm	149,500	上海春秋堂	2011.10.23
民国俞国良制朱泥四方传炉壶	高10.5cm	1,725,000	上海春秋堂	2011.10.23
民国 俞国良制朱泥线圆壶	宽182cm	690,000	中国嘉德	2011.5.21
民国 俞国良制朱泥线圆壶	宽17.3cm	437,000	中国嘉德	2011.11.12
民国 俞国良紫泥线圆壶	高8cm	287,500	北京匡时	2011.12.04
民国 赵松亭磨光青灰砂特大提梁壶	高18cm	74,750	北京匡时	2011.12.04
民国芝莱款紫砂绿泥绘柿子壶	宽18.5cm	97,750	北京保利	2011.12.06
民国 朱可心 雅竹提梁壶	高13.5cm	100,800	琴岛荣德	2011.12.10
民国 朱可心 鱼化龙壶	高8.7cm	560,000	琴岛荣德	2011.12.10
民国 朱泥小品壶(两只)	尺寸不一	55,200	北京华辰	2011.5.20
民国 紫砂刻汉砖诗文提梁壶	高19.5cm	149,500	上海大众	2011.08.25
民国13年 “潜陶”款段泥刻花鸟诗文方瓶	宽255cm	97,750	中国嘉德	2011.5.21
民国13年 江案卿制段泥牛灯壶	宽24cm	71,300	中国嘉德	2011.5.21
民国初期 冯桂林 竹节壶	长20.5cm	69,000	北京保利	2011.6.2

2011杂项拍卖成交汇总

(成交价RMB：5万元以上)

拍品名称	尺寸	成交价RMB	拍卖公司	拍卖日期
民国初期 开祥款 鱼化龙壶	长18.5cm	97,750	北京保利	2011.6.2
民国初期 吴德盛款 乳鼎壶	长17cm	207,000	北京保利	2011.6.2
"虎泉"款太湖石提梁壶	长14.5cm	115,000	北京匡时	2011.6.7
"时来运转"紫砂壶	高11cm	218,500	北京翰海	2011.12.18
"文旦"款文旦壶	高9.5cm	145,600	古天一	2011.6.4
"心中有佛"紫砂壶		264,500	北京翰海	2011.12.18
鲍廷博 粉墨乾坤壶	长15.5cm	63,250	北京容海	2011.10.22
鲍廷博 鸡血砂玺壶	长12cm	63,250	北京容海	2011.10.22
鲍廷博 六方壶	长15cm	57,500	北京容海	2011.10.22
鲍庭博 七宝僧帽壶	高7.6cm	55,200	长风拍卖	2011.11.24
鲍志强 福寿对壶	尺寸不一	241,500	中国嘉德	2011.5.21
鲍志强 福寿壶	高12.5cm	123,200	长风拍卖	2011.1.20
鲍志强 汉灵壶	高12.5cm	172,500	北京传是	2011.12.05
鲍志强 金声玉振壶		470,400	江苏和信	2011.10.23
鲍志强 石飘壶	长18cm	67,200	长风拍卖	2011.1.20
鲍志强 释尊壶	长19cm	63,250	北京匡时	2011.6.7
鲍志强 陶缘壶	长17cm	368,000	北京保利	2011.6.2
鲍志强 提梁紫砂		51,750	北京歌德	2011.12.04
鲍志强 五代诗韵留香壶		358,400	江苏和信	2011.10.23
鲍志强 西施壶		123,200	江苏和信	2011.10.23
鲍志强 玉璧对壶	尺寸不一	253,000	长风拍卖	2011.6.21
鲍志强 紫砂壶	长8cm	56,000	北京荣宝	2011.11.11
鲍志强 玉璧壶	高9.5cm	51,750	长风拍卖	2011.11.24
鲍志强、沈汉生 福禄寿康壶	高12.5cm	51,750	中国嘉德	2011.5.21
鲍志强、魏紫熙书画《乐人壶》	高10cm	218,500	长风拍卖	2011.11.24
鲍志强/天香壶	高7cm	138,000	北京翰海	2011.11.17
鲍志强刻高旭峰制六方鼓腹壶		322,000	上海春秋堂	2011.12.11
鲍志强刻许艳春制凤鸣壶		172,500	上海春秋堂	2011.12.11
鲍志强制 龙香提梁壶匣	尺寸不一	172,500	广州嘉德	2011.6.11
鲍仲梅 环宇壶		109,250	北京歌德	2011.12.03
鲍仲梅 宝革壶	长16.8cm	97,750	北京保利	2011.6.2
鲍仲梅 博浪槌壶	宽11.5cm	63,250	北京保利	2011.12.06
鲍仲梅 称砣壶	高11.6cm	74,750	北京容海	2011.10.22
鲍仲梅 错金狮纽壶	高10cm	57,500	北京匡时	2011.12.04
鲍仲梅 龙头老大壶	高12cm	218,500	北京匡时	2011.12.04
鲍仲梅 龙头老大壶		224,000	江苏和信	2011.10.23
鲍仲梅 潜鳞升华壶		190,400	南京经典	2011.6.5
鲍仲梅 三足龙头壶	长18cm	61,600	北京容海	2011.4.23
鲍仲梅 神鸟出九州岛壶	高9.5cm	92,000	北京匡时	2011.12.04
鲍仲梅 施秀春合作 1999年作 玲珑双龙壶	长17cm	115,000	北京保利	2011.6.2
鲍仲梅、施秀春 1989年作 灵芝如意壶	长18cm	92,000	北京保利	2011.12.06
鲍仲梅、施秀春 神鸟出九州壶	高9.3cm	97,750	中国嘉德	2011.11.12
鲍仲梅、施秀春、范曾 1990年作 三羊喜壶	长14cm	483,000	北京保利	2011.12.06
薄胎石榴花壶	长14cm	56,000	北京荣宝	2011.3.18
蔡秀华《吴经提梁壶》		69,000	北京歌德	2011.12.03
曹婉芬 矮僧帽壶	长16cm	51,750	北京匡时	2011.6.7
曹婉芬 段泥龙蛋壶	长14.6cm	57,500	北京容海	2011.10.22
曹婉芬 高虚扁壶	长17cm	74,750	长风拍卖	2011.6.21
曹婉芬 壶艺掇英(十件组)	尺寸不一	345,000	中国嘉德	2011.5.21
曹婉芬 壶艺掇英(十件组)	尺寸不一	291,200	长风拍卖	2011.1.20
曹婉芬 历史十大名壶套组	尺寸不一	310,500	长风拍卖	2011.6.21
曹婉芬 菱花线圆壶		112,000	南京经典	2011.6.5
曹婉芬 僧帽对壶		92,000	北京容海	2011.10.22
曹婉芬 僧帽壶	高11.5cm	59,800	中国嘉德	2011.3.20
曹婉芬 僧帽壶		134,400	江苏和信	2011.10.23
曹婉芬 僧帽壶	高17cm	69,000	北京传是	2011.12.05
曹婉芬 僧帽壶	长15.5cm	92,000	长风拍卖	2011.6.21
曹婉芬 小品壶(十件套)		313,600	江苏和信	2011.10.23
曹婉芬制 范建军 刻 点犀壶		201,600	江苏和信	2011.10.23
曹婉芬制范建军刻 一粒珠壶		201,600	江苏和信	2011.10.23
曹婉芬 汉铎壶	高10cm	103,500	长风拍卖	2011.11.24
曹亚麟 战国璧壶(一套)	尺寸不一	80,640	长风拍卖	2011.1.20
曹亚麟 玉璧壶	高9.2cm	57,500	长风拍卖	2011.11.24
陈国宏 怀隐壶	长16.5cm	149,500	北京保利	2011.6.2
陈国宏 清韵壶		106,400	江苏和信	2011.10.23
陈国宏 圣珠提壶	长12.4cm	63,250	北京容海	2011.10.22

拍品名称	尺寸	成交价RMB	拍卖公司	拍卖日期
陈国宏 知竹提梁壶		134,400	江苏和信	2011.10.23
陈国良《矮潘壶》		80,500	北京歌德	2011.12.03
陈国良《系三友壶》	长16.5cm	747,500	长风拍卖	2011.12.20
陈国良 1983年作 砖方壶	长10.5cm	80,500	北京保利	2011.6.2
陈国良 1993年作 大供春壶	长24cm	402,500	北京保利	2011.12.06
陈国良 1993年作 石春壶	长17cm	109,250	北京保利	2011.6.2
陈国良 1995年作 一帆风顺壶	长15cm	184,000	北京保利	2011.6.2
陈国良 1996年制 谭泉海刻 一粒珠壶	高9.5cm	253,000	广州嘉德	2011.6.11
陈国良 1996年作 迎春壶	长15.5cm	437,000	北京保利	2011.6.2
陈国良 扁腹壶	高8cm	184,000	中国嘉德	2011.5.21
陈国良 薄胎朱泥壶	12cm×8cm	51,750	北京传是	2011.12.05
陈国良 大竹节壶	长30cm	1,725,000	长风拍卖	2011.6.21
陈国良 瓜菱壶	高7.5cm	345,000	北京匡时	2011.12.04
陈国良 华颖提梁壶	高17.5cm	230,000	北京匡时	2011.12.04
陈国良 火鸟壶	高10cm	97,750	中国嘉德	2011.11.12
陈国良 火鸟壶	长14.5cm	287,500	长风拍卖	2011.6.21
陈国良 井栏壶	高9cm	299,000	中国嘉德	2011.5.21
陈国良 梅椿壶	长25cm	1,725,000	长风拍卖	2011.6.21
陈国良 三羊开泰壶	高9.3cm	402,500	中国嘉德	2011.5.21
陈国良 三羊开泰壶	高10cm	345,000	北京传是	2011.12.05
陈国良 三羊开泰壶	长15cm	168,000	长风拍卖	2011.1.20
陈国良 僧帽壶	高11.5cm	345,000	中国嘉德	2011.11.12
陈国良 僧帽壶	高16cm	920,000	江苏省拍	2011.12.10
陈国良 僧帽壶	高8.5cm	322,000	长风拍卖	2011.12.20
陈国良 束柴三友壶		448,000	南京经典	2011.6.5
陈国良 四方铺砂壶	高16.5cm	51,750	北京容海	2011.10.22
陈国良 香玉壶	高10.5cm	230,000	中国嘉德	2011.11.12
陈国良 一洞天壶		156,800	江苏和信	2011.10.23
陈国良 一帆风顺壶	长14cm	299,000	长风拍卖	2011.6.21
陈国良 一粒珠	长17.5cm	195,500	长风拍卖	2011.6.21
陈国良 迎宾壶	长10cm	80,500	北京容海	2011.10.22
陈国良 圆香壶	长18.5cm	230,000	北京匡时	2011.6.7
陈国良 云顶壶	高7cm	195,500	长风拍卖	2011.6.21
陈国良 祝福壶	长14cm	345,000	长风拍卖	2011.12.20
陈国良《南瓜壶》	高8.4cm	345,000	长风拍卖	2011.11.24
陈国良 日月同辉壶	高8.8cm	690,000	长风拍卖	2011.11.24
陈国良 亦松壶	高9cm	402,500	长风拍卖	2011.11.24
陈国良 陈平 福缘壶	高9.3cm	184,000	中国嘉德	2011.5.21
陈国良 韩敏绘 合欢壶	高9cm	184,000	中国嘉德	2011.11.12
陈国良 何加林 紫泉壶	高10.4cm	184,000	中国嘉德	2011.5.21
陈国良 天鸡壶	高12.5cm	563,500	北京翰海	2011.11.17
陈国良制 1992年作 供春壶	高8.5cm	402,500	广州嘉德	2011.6.11
陈国良制 2006年作 翼松壶	高7.2cm	103,500	广州嘉德	2011.6.11
陈国良制 2007年作 天池壶	高8cm	184,000	广州嘉德	2011.6.11
陈国良制 一粒珠壶		126,500	上海春秋堂	2011.12.11
陈国良制、程十发书画、丁伟明刻 龙珠壶	高18.5cm	1,955,000	长风拍卖	2011.11.24
陈国良制僧帽壶		552,000	上海春秋堂	2011.12.11
陈国良制小梅桩壶		345,000	上海春秋堂	2011.12.11
陈洪平 笑婴壶	高12.5cm	69,000	长风拍卖	2011.11.24
陈盘根 民国壶	长15cm	92,000	北京容海	2011.10.22
陈佩秋书画鲍志强刻季益顺制瓜梨壶		322,000	上海春秋堂	2011.12.11
陈寿珍 上桃壶	长17.7cm	53,760	北京容海	2011.4.23
陈寿珍 紫砂壶	长20.1cm	53,760	北京容海	2011.4.23
陈文南 供春壶		112,000	北京荣宝	2011.08.13
陈文南 荷趣壶		112,000	北京荣宝	2011.08.13
程辉 智辉壶		134,400	南京经典	2011.6.5
程寿珍《紫泥掇球壶》	长18cm	172,500	长风拍卖	2011.12.20
程寿珍 掇球壶	长17.5cm	112,000	北京容海	2011.4.23
程寿珍仿古壶		55,200	北京歌德	2011.09.17
程寿珍款 掇球壶		69,000	北京歌德	2011.6.3
程寿珍制 茄段壶	高9cm	172,500	广州嘉德	2011.6.11
程悬 汉方壶	高12cm	172,500	长风拍卖	2011.11.24
储集泉 四君子壶(一组四件)	尺寸不一	82,800	中国嘉德	2011.11.12
储铭 如意仿鼓壶	长17cm	287,500	长风拍卖	2011.12.20
储亦斌 梅桩壶		100,800	南京经典	2011.6.5
储亦斌 月色蛙莲壶	高8cm	92,000	北京传是	2011.12.05

拍品名称	尺寸	成交价RMB	拍卖公司	拍卖日期
储亦斌 莲心壶	高11.3cm	184,000	长风拍卖	2011.11.24
春水堂 朱泥高瓢壶	高9cm	1,058,000	北京传是	2011.12.05
大清乾隆年款 大书扁壶	长16.5cm	575,000	北京保利	2011.6.2
淡然斋堆泥高旦壶	长15cm	2,800,000	长风拍卖	2011.1.20
澹然斋 魁方满彩壶	高10cm	92,000	北京传是	2011.12.05
邓癸 方山以乐壶	长15.7cm	53,760	北京容海	2011.4.23
丁亚平 喻方壶	高7.5cm	69,000	长风拍卖	2011.11.24
丁亚平制太极提梁壶		253,000	上海春秋堂	2011.12.11
董永君制鱼跃龙门壶		115,000	上海春秋堂	2011.12.11
端方 六棱掇球壶	高13cm	115,000	上海工美	2011.6.26
范大生 汉君壶	长18cm	51,750	长风拍卖	2011.12.20
范大生 鱼化龙壶	长20.5cm	89,600	北京容海	2011.4.23
范大生牛钮壶		55,200	北京歌德	2011.09.17
范国华制寿桃壶		115,000	上海春秋堂	2011.12.11
范洪泉 大报春壶	高15cm	345,000	北京匡时	2011.12.04
范洪泉 梅桩壶(一对)	尺寸不一	92,000	北京匡时	2011.12.04
范洪泉 束柴三友壶	长18cm	253,000	北京保利	2011.12.06
范洪泉 仙瓢提梁壶	高19cm	218,500	北京保利	2011.12.06
范洪泉 朱泥南瓜壶	高5.5cm	63,250	中国嘉德	2011.5.21
范洪泉 东坡提梁壶	高19.2cm	126,500	长风拍卖	2011.11.24
范洪泉制潭泉海刻 圆珠壶	高11cm	63,250	北京匡时	2011.12.04
范建华 陆君 清香美玉壶		224,000	江苏和信	2011.10.23
范建华 陆君 一品茗香壶		268,800	江苏和信	2011.10.23
范建荣 九狮滚球遍地锦州壶		123,200	江苏和信	2011.10.23
范黎明 农家乐壶	长18cm	149,500	长风拍卖	2011.6.21
范伟群 代代有侯壶		161,000	北京歌德	2011.12.03
范伟群 四方竹鼎壶		392,000	江苏和信	2011.10.23
范伟群 至尊壶		291,200	江苏和信	2011.10.23
范伟群 竹鼎壶		195,500	北京歌德	2011.12.03
范伟群 持续紫砂壶	高7.5cm	115,000	西泠拍卖	2011.7.19
范永良 西瓜壶	长26cm	575,000	北京容海	2011.10.22
范泽锋 大心灵的智慧壶		313,600	江苏和信	2011.10.23
范泽锋 四方菊半壶	长25cm	138,000	北京容海	2011.10.22
范泽军 春胜壶	高8cm	74,750	长风拍卖	2011.11.24
范曾书画张红华制玉笠壶		172,500	上海春秋堂	2011.12.11
房云《薄胎传炉壶》		51,750	北京歌德	2011.12.03
仿古壶	长17.5cm	50,400	北京荣宝	2011.3.18
仿曼生八壶		138,000	上海工美	2011.6.26
风卷葵壶	长18.5cm	89,600	北京荣宝	2011.3.18
冯桂林 大五竹壶	高12cm	207,000	北京传是	2011.12.05
冯桂林 竹段壶	高8cm	69,000	中国嘉德	2011.11.12
冯桂林 竹鼓壶	高12cm	172,500	中国嘉德	2011.11.12
冯桂林制、任淦庭刻、吴汉文画 传炉壶	长23cm	460,000	长风拍卖	2011.12.20
冯桂林制鱼化龙壶	高10.7cm	253,000	上海春秋堂	2011.12.11
高海庚 鼓腹紫砂壶	高16cm	172,500	北京九歌	2011.6.10
高海庚 雅竹弦纹壶	高9cm	134,400	琴岛荣德	2011.12.10
高海庚 竹叶青壶	长19.5cm	115,000	北京保利	2011.6.2
高海庚制竹古壶		55,200	北京歌德	2011.09.17
高建芳 荷叶青蛙壶	长15cm	53,760	海士德	2011.6.17
高建芳 西瓜壶	长18cm	51,750	北京容海	2011.10.22
高金寿 大圆腹壶	长16.9cm	95,200	北京容海	2011.4.23
高群制 李昌鸿铭 2011年作龙凤对壶	尺寸不一	92,000	北京保利	2011.6.2
高旭峰 大享掇只壶	长11cm	218,500	长风拍卖	2011.6.21
高旭峰 掇球壶	长16cm	207,000	长风拍卖	2011.12.20
高旭峰 掇子壶		109,250	北京歌德	2011.12.03
高旭峰 汉铎壶	高10.9cm	253,000	中国嘉德	2011.5.21
高旭峰 汉韵壶		179,200	南京经典	2011.6.5
高旭峰 浑方竹壶	高9.5cm	218,500	中国嘉德	2011.5.21
高旭峰 六方鼓腹壶		74,750	北京歌德	2011.12.03
高旭峰 君玉壶	高9cm	241,500	北京翰海	2011.11.17
高旭峰制静月壶		115,000	上海春秋堂	2011.12.11
高振宇 大龙壶		313,600	南京经典	2011.6.5
高振宇 单壶		459,200	江苏和信	2011.10.23
高振宇 掇只壶	长15.5cm	287,500	长风拍卖	2011.12.20
高振宇 掇子壶		246,400	江苏和信	2011.10.23
高振宇 方圆壶	长19cm	184,000	北京保利	2011.6.2
高振宇 方钟德壶	高13.5cm	1,380,000	中国嘉德	2011.11.12

拍品名称	尺寸	成交价RMB	拍卖公司	拍卖日期
高振宇 方卓壶	高12cm	2,300,000	中国嘉德	2011.5.21
高振宇 仿大彬扁腹壶		425,600	江苏和信	2011.10.23
高振宇 耕读壶	长13.5cm	184,000	长风拍卖	2011.12.20
高振宇 古莲子壶		448,000	江苏和信	2011.10.23
高振宇 红泥巨轮珠壶	长13.5cm	80,500	北京保利	2011.6.2
高振宇 龙蛋壶	高10cm	100,800	中鼎国际	2011.10.15
高振宇 龙虎提梁壶		560,000	南京经典	2011.6.5
高振宇 瑞兽壶	长18.5cm	552,000	北京容海	2011.10.22
高振宇 山上人家壶		280,000	南京经典	2011.6.5
高振宇 山上人家壶	长14.3cm	310,500	长风拍卖	2011.12.20
高振宇 柿圆壶	长19cm	97,750	长风拍卖	2011.12.20
高振宇 寿星壶	长13.2cm	123,200	长风拍卖	2011.1.20
高振宇 宋韵壶	长18cm	667,000	北京匡时	2011.6.7
高振宇 唐风 元韵 清韵壶(三头一组)	尺寸不一	1,840,000	北京匡时	2011.12.04
高振宇 朱泥莲瓣壶	高7.5cm	667,000	中国嘉德	2011.11.12
高振宇 紫玉壶	高10.8cm	805,000	中国嘉德	2011.5.21
高振宇《神龟壶》	高7cm	115,000	长风拍卖	2011.11.24
高振宇 君乐壶	高12cm	345,000	长风拍卖	2011.11.24
高振宇、冯其庸刻字 子冶石瓢壶	高8.7cm	402,500	长风拍卖	2011.11.24
高振宇制 高梨式壶	高9.5cm	63,250	广州嘉德	2011.6.11
高振宇制 掇球壶-徐秀棠刻字顾景舟合作		402,500	上海春秋堂	2011.10.23
高振宇制 山野之趣壶		109,250	上海春秋堂	2011.12.11
高振宇制 藤萝壶		149,500	上海春秋堂	2011.12.11
葛军设计、季益顺1997年作制 牛劲十足壶	长16cm	184,000	北京保利	2011.12.06
葛明仙 弧菱壶	长18cm	97,750	长风拍卖	2011.12.20
葛明仙 葡萄提梁壶	高21.5cm	71,300	中国嘉德	2011.5.21
葛陶中 陶缶壶	长13.5cm	58,240	北京荣宝	2011.08.13
葛陶中《莲子壶》	长14cm	126,500	长风拍卖	2011.12.20
葛陶中《桑扁壶》		207,000	北京歌德	2011.12.03
葛陶中《僧帽壶》		517,500	北京歌德	2011.12.03
葛陶中《硕瓜壶》	高11.5cm	80,500	长风拍卖	2011.12.20
葛陶中 半月壶	高5cm	172,500	中国嘉德	2011.5.21
葛陶中 扁石壶	高6.5cm	322,000	北京匡时	2011.12.04
葛陶中 扁石壶		168,000	南京经典	2011.6.5
葛陶中 扁四方壶		190,400	南京经典	2011.6.5
葛陶中 扁四方壶	长16cm	115,000	北京匡时	2011.6.7
葛陶中 扁四方壶	高5.8cm	94,300	中国嘉德	2011.11.12
葛陶中 大掇球壶	高8cm	149,500	中国嘉德	2011.11.12
葛陶中 大口扁腹壶	长19cm	156,800	长风拍卖	2011.1.20
葛陶中 方菊壶		268,800	南京经典	2011.6.5
葛陶中 仿古如意壶		368,000	北京歌德	2011.12.03
葛陶中 高僧帽壶	长17.5cm	103,500	北京保利	2011.6.2
葛陶中 瓜菱乐花壶		100,800	南京经典	2011.6.5
葛陶中 汉韵壶	长14cm	149,500	长风拍卖	2011.12.20
葛陶中 花蕾壶	高11.8cm	115,000	中国嘉德	2011.5.21
葛陶中 葵花壶	长17cm	92,000	北京容海	2011.10.22
葛陶中 乐升壶	高10.8cm	115,000	中国嘉德	2011.5.21
葛陶中 乐陶壶	长14.6cm	149,500	北京容海	2011.10.22
葛陶中 菱花壶		179,200	南京经典	2011.6.5
葛陶中 六方云琮壶	高9.2cm	345,000	中国嘉德	2011.11.12
葛陶中 绿瓜壶		97,750	北京歌德	2011.12.03
葛陶中 铺砂方壶	长16cm	86,250	北京匡时	2011.6.7
葛陶中 三足水平壶	高7.3cm	138,000	中国嘉德	2011.11.12
葛陶中 升方壶	长15.5cm	264,500	北京容海	2011.10.22
葛陶中 四方书扁壶	长15cm	184,000	北京保利	2011.6.2
葛陶中 塔竹壶	长15.5cm	230,000	长风拍卖	2011.6.21
葛陶中 陶方壶(一组五件)	高11.8cm	253,000	中国嘉德	2011.5.21
葛陶中 小元壶	长16cm	190,400	海士德	2011.6.17
葛陶中 圆钲壶	长18cm	230,000	长风拍卖	2011.12.20
葛陶中 子冶石瓢壶	长13.8cm	230,000	北京容海	2011.10.22
葛陶中 高天柱壶	高14.5cm	230,000	长风拍卖	2011.11.24
葛陶中 高玉柱壶	高12.2cm	322,000	长风拍卖	2011.11.24
葛陶中 花蕾壶	高11.2cm	161,000	长风拍卖	2011.11.24
葛陶中 陶斧壶	高13.5cm	172,500	长风拍卖	2011.11.24
葛陶中、范曾1990年作咏鹅壶	长17cm	241,500	北京保利	2011.12.06

拍品名称	尺寸	成交价RMB	拍卖公司	拍卖日期
葛陶中/印包壶	高9.5cm	207,000	北京翰海	2011.11.17
葛陶中徐秀堂刻饰 茄段壶	长17.5cm	172,500	长风拍卖	2011.12.20
葛陶中制 1993年作 紫圆壶	高9cm	155,250	广州嘉德	2011.6.11
葛陶中制 长方扁壶	高6cm	126,500	广州嘉德	2011.6.11
葛陶中制 汉虚扁壶	高6cm	201,250	广州嘉德	2011.6.11
葛陶中制 钵盂提梁壶		402,500	上海春秋堂	2011.10.23
葛陶中制 光明提梁壶	宽14.5cm	57,500	北京保利	2011.12.06
葛陶中制 合菊壶		299,000	上海春秋堂	2011.10.23
葛陶中制 塔竹壶		161,000	上海春秋堂	2011.12.11
葛陶中制 徐秀棠刻 茄段壶	长16.5cm	184,000	北京匡时	2011.6.7
葛政豪制 阮文辉刻 大合欢紫砂壶	高9.8cm	57,500	西泠拍卖	2011.7.19
鼓腹壶	长19.5cm	471,500	北京匡时	2011.12.05
顾斌武《荷莲呈祥壶》		63,250	北京歌德	2011.12.03
顾斌武 风卷葵壶		74,750	北京歌德	2011.12.03
顾道荣 大南瓜壶		291,200	江苏和信	2011.10.23
顾道荣 大三友壶		168,000	江苏和信	2011.10.23
顾道荣 大松鼠葡萄壶	长21cm	253,000	长风拍卖	2011.12.20
顾道荣 小英雄壶	高8.2cm	92,000	北京传是	2011.12.05
顾道荣 鹰松壶 (一对)	尺寸不一	61,600	北京容海	2011.4.23
顾景舟 三足乳鼎壶	长15.1cm	2,875,000	长风拍卖	2011.12.20
顾景舟 矮八方壶	长16.5cm	4,025,000	北京保利	2011.12.06
顾景舟 矮井栏壶	高8cm	2,875,000	中国嘉德	2011.11.12
顾景舟 矮僧帽壶	长16cm	1,610,000	北京保利	2011.6.2
顾景舟 大口扁腹壶		6,720,000	南京经典	2011.6.5
顾景舟 段泥汉云诗文壶	高10cm	672,000	琴岛荣德	2011.12.10
顾景舟 段泥牛盖莲子壶	高9cm	1,064,000	琴岛荣德	2011.12.10
顾景舟 段泥弦纹三足提梁壶	高16cm	1,680,000	琴岛荣德	2011.12.10
顾景舟 仿古壶	高8cm	1,840,000	北京传是	2011.12.05
顾景舟 仿鼓壶	长20cm	3,795,000	长风拍卖	2011.12.20
顾景舟 高线三足套壶		12,880,000	江苏和信	2011.10.23
顾景舟 供春壶(树樱)	高9cm	2,530,000	中国嘉德	2011.3.20
顾景舟 顾泉壶	高5.5cm	3,450,000	中国嘉德	2011.5.21
顾景舟 汉铎壶	高10.5cm	4,256,000	中鼎国际	2011.10.15
顾景舟 汉铎壶	长15.5cm	6,555,000	长风拍卖	2011.6.21
顾景舟 合欢壶	高8.8cm	2,300,000	中国嘉德	2011.11.12
顾景舟 合欢壶	长16.5cm	2,800,000	长风拍卖	2011.1.20
顾景舟 井栏壶	高5.5cm	7,475,000	中国嘉德	2011.5.21
顾景舟 绿泥迴纹竹壶	长19cm	2,240,000	长风拍卖	2011.1.20
顾景舟 绿泥石瓢壶	高7cm	4,255,000	中国嘉德	2011.5.21
顾景舟 绿泥双色高瓜壶	高13.5cm	806,400	琴岛荣德	2011.5.15
顾景舟 墨泥仿古如意壶	高9.5cm	392,000	琴岛荣德	2011.12.10
顾景舟 墨缘斋意堂制朱泥壶	高7.5cm	201,600	琴岛荣德	2011.12.10
顾景舟 墨缘斋制朱泥水平壶	高7cm	168,000	琴岛荣德	2011.12.10
顾景舟 木瓜壶		4,480,000	江苏和信	2011.10.23
顾景舟 牛盖莲子壶		5,824,000	江苏和信	2011.10.23
顾景舟 牛盖洋桶壶		3,360,000	江苏和信	2011.10.23
顾景舟 盘钟壶	长17cm	690,000	北京保利	2011.12.06
顾景舟 匏瓜壶	高10cm	3,450,000	中国嘉德	2011.5.21
顾景舟 茄段壶	高12cm	7,475,000	北京匡时	2011.12.04
顾景舟 秦权壶	长16.5cm	2,185,000	北京保利	2011.12.06
顾景舟 如意壶	高9cm	3,220,000	中国嘉德	2011.11.12
顾景舟 乳鼎三足诗文壶	高11cm	336,000	琴岛荣德	2011.12.10
顾景舟 软耳圆珠壶	高8cm	1,380,000	北京容海	2011.10.22
顾景舟 三足乳钉壶		2,576,000	南京经典	2011.6.5
顾景舟 三足乳鼎壶	长15cm	4,370,000	北京保利	2011.6.2
顾景舟 三足乳鼎壶	高10cm	1,840,000	中国嘉德	2011.11.12
顾景舟 上肩线圆壶	高10.3cm	1,840,000	中国嘉德	2011.5.21
顾景舟 上新桥壶	高8.5cm	5,175,000	中国嘉德	2011.11.12
顾景舟 石瓢壶 仿古 (一对)	尺寸不一	6,600,000	鼎时国际	2011.12.03
顾景舟 四方回纹竹壶	宽18cm	4,600,000	北京保利	2011.12.06
顾景舟 提璧壶	高14cm	4,256,000	琴岛荣德	2011.12.10
顾景舟 提璧组壶(共计十一件)	尺寸不一	17,825,000	北京保利	2011.12.06
顾景舟 提梁壶茶具套组	高13.5cm	4,715,000	中国嘉德	2011.11.12
顾景舟 天青泥汉风诗文壶	高11.5cm	896,000	琴岛荣德	2011.12.10
顾景舟 为全国省银行第六次座谈会特别纪念紫砂壶	高8.3cm	483,000	北京九歌	2011.6.10
顾景舟 魏紫熙合作 1989年作 矮井栏壶	长17cm	10,350,000	北京保利	2011.6.2
顾景舟 捂灰上新桥壶	高7.5cm	896,000	琴岛荣德	2011.12.10
顾景舟 捂灰柱形诗文壶	高8cm	672,000	琴岛荣德	2011.12.10
顾景舟 小仿古壶	高14cm	207,000	北京九歌	2011.6.10
顾景舟 小合欢壶	长11cm	437,000	北京保利	2011.6.2
顾景舟 小六方井壶	高5.5cm	1,840,000	中国嘉德	2011.11.12
顾景舟 笑缨壶	长20cm	1,955,000	北京保利	2011.6.2
顾景舟 笑罂壶		5,520,000	北京歌德	2011.12.03
顾景舟 洋桶壶	高13.7cm	672,000	琴岛荣德	2011.12.10
顾景舟 洋桶壶	高13.5cm	2,300,000	中国嘉德	2011.5.21
顾景舟 洋桶壶	长15.7cm	1,456,000	北京容海	2011.4.23
顾景舟 洋桶壶	长16.5cm	1,150,000	长风拍卖	2011.6.21
顾景舟 雨露天星提梁壶	高16cm	7,616,000	琴岛荣德	2011.12.10
顾景舟 云肩如意壶	高10cm	600,000	琴岛荣德	2011.5.15
顾景舟 鹧鸪提梁壶	高11.5cm	8,050,000	中国嘉德	2011.5.21
顾景舟 朱泥合欢壶	高5.7cm	1,725,000	中国嘉德	2011.5.21
顾景舟 朱砂仿古扁腹壶	高10cm	672,000	琴岛荣德	2011.5.15
顾景舟 朱砂如意仿鼓壶	高9.5cm	3,976,000	琴岛荣德	2011.5.15
顾景舟 子冶石瓢壶	高7.8cm	2,875,000	中国嘉德	2011.11.12
顾景舟 紫泥矮井栏壶	高8cm	448,000	琴岛荣德	2011.12.10
顾景舟 紫泥藏六壶		5,376,000	江苏和信	2011.10.23
顾景舟 紫砂仿古扁腹壶	高10cm	1,008,000	琴岛荣德	2011.5.15
顾景舟 紫砂仿古如意壶	高10cm	4,256,000	琴岛荣德	2011.12.10
顾景舟 紫砂汉铎壶	高8cm	3,136,000	琴岛荣德	2011.5.15
顾景舟 紫砂汉铎壶	高8cm	672,000	琴岛荣德	2011.5.15
顾景舟紫砂花鸟诗文小石瓢壶	高7cm	470,400	琴岛荣德	2011.5.15
顾景舟 紫砂井栏壶	高10cm	2,072,000	琴岛荣德	2011.5.15
顾景舟 紫砂三线咖啡壶	高13.5cm	560,000	琴岛荣德	2011.5.15
顾景舟 紫砂上新桥壶	高9cm	2,352,000	琴岛荣德	2011.5.15
顾景舟 紫砂诗文花鸟石瓢壶	高9cm	504,000	琴岛荣德	2011.5.15
顾景舟 紫砂石瓢壶	高8cm	1,702,400	琴岛荣德	2011.5.15
顾景舟 紫砂雅竹鼓纹壶	高8cm	672,000	琴岛荣德	2011.5.15
顾景舟 紫砂圆珠直流壶	高9cm	560,000	琴岛荣德	2011.5.15
顾景舟 宝菱壶	高8.6cm	4,830,000	长风拍卖	2011.11.24
顾景舟 高虚扁壶	高7.8cm	5,980,000	长风拍卖	2011.11.24
顾景舟 僧帽壶	高10.9cm	6,670,000	长风拍卖	2011.11.24
顾景舟、韩美林 提梁盘壶	高12.8cm	11,500,000	中国嘉德	2011.5.21
顾景舟 笑樱壶	高10cm	5,002,500	北京翰海	2011.11.17
顾景舟 座有兰言壶	高8.5cm	3,047,500	北京翰海	2011.11.17
顾景舟"座有兰言"紫砂壶	高8cm	632,500	中国嘉德	2011.3.20
顾景舟款 双线竹壶		690,000	北京歌德	2011.6.3
顾景舟款大仿古壶	高9.3cm	1,552,500	江苏万达	2011.5.28
顾景舟款匏尊壶	高12cm	724,500	江苏万达	2011.5.28
顾景舟款鹧鸪提梁壶	高12.5cm	1,955,000	江苏万达	2011.5.28
顾景舟墨缘斋制紫砂壶	高12.8cm	425,500	江苏万达	2011.5.28
顾景舟如意仿古壶	高17.5cm	540,500	雍和嘉诚	2011.11.27
顾景舟制 牛盖洋桶壶	高14cm	2,760,000	广州嘉德	2011.6.11
顾景舟制方壶		322,000	北京歌德	2011.09.17
顾景舟制仿鼓如意壶		3,450,000	上海春秋堂	2011.10.23
顾景舟制费新我刻汉铎壶	宽15cm	1,150,000	北京保利	2011.12.06
顾景舟制汉铎壶		3,335,000	上海春秋堂	2011.12.11
顾景舟制秦权壶		3,335,000	上海春秋堂	2011.12.11
顾景舟制吴湖帆书画石瓢壶	长17.8cm	448,000	北京保利	2011.1.16
顾景舟制朱泥线圆壶		598,000	上海春秋堂	2011.12.11
顾景舟制朱泥线圆壶		345,000	上海春秋堂	2011.10.23
顾景洲石瓢壶	长13.5cm	672,000	中鸿信	2011.6.26
顾佩伦 1997年作 双色南瓜壶	长17.5cm	74,750	北京保利	2011.6.2
顾佩伦 包袱壶	长15.5cm	69,000	北京保利	2011.6.2
顾佩伦 掇球壶	高12.5cm	51,750	北京匡时	2011.12.04
顾佩伦 福寿双全壶	长15.5cm	51,750	北京保利	2011.12.06
顾佩伦 莲蓬壶	长14.5cm	69,000	北京保利	2011.12.06
顾佩伦 南瓜壶	长16.4cm	57,500	北京容海	2011.10.22
顾佩伦 三足宣德提梁壶	高15cm	57,500	北京匡时	2011.12.04
顾佩伦 双色蚕宝壶	长14.5cm	80,500	北京保利	2011.12.06
顾绍培 伴君长乐壶	长17cm	76,160	北京荣宝	2011.08.13
顾绍培 线元壶	长15.5cm	112,000	北京荣宝	2011.08.13
顾绍培 1985年作 线元壶	长16.5cm	69,000	北京保利	2011.6.2
顾绍培 2008年作 长乐永泉壶	长18.5cm	253,000	北京保利	2011.12.06
顾绍培 2011年作 福福壶	长13cm	126,500	北京保利	2011.12.06
顾绍培 百寿瓶 (一对)	高17.4cm	345,000	中国嘉德	2011.5.21

拍品名称	尺寸	成交价RMB	拍卖公司	拍卖日期
顾绍培 百寿图大花瓶(一对)	高63.5cm	598,000	中国嘉德	2011.11.12
顾绍培 璧泉壶	高9cm	149,500	长风拍卖	2011.6.21
顾绍培 扁腹壶	高7.6cm	78,200	中国嘉德	2011.5.21
顾绍培 长乐永泉壶	长19cm	195,500	长风拍卖	2011.12.20
顾绍培 长乐永泉壶	长18.5cm	179,200	海士德	2011.6.17
顾绍培 长乐永泉紫砂壶	高13cm	149,500	西泠拍卖	2011.7.19
顾绍培 大供春壶	长28cm	322,000	长风拍卖	2011.12.20
顾绍培 旦园壶	高10.4cm	103,500	中国嘉德	2011.5.21
顾绍培 对弈壶		504,000	江苏和信	2011.10.23
顾绍培 福君壶	长16cm	207,000	北京保利	2011.12.06
顾绍培 高风亮节大壶	高25cm	201,600	琴岛荣德	2011.12.10
顾绍培 高风亮节壶	长14cm	1,437,500	北京匡时	2011.6.7
顾绍培 供春壶		190,400	江苏和信	2011.10.23
顾绍培 汉铎壶	高9cm	149,500	中国嘉德	2011.5.21
顾绍培 虎卧凤阁壶		515,200	江苏和信	2011.10.23
顾绍培 华亭壶	高9.5cm	115,000	中国嘉德	2011.5.21
顾绍培 华亭壶	高11cm	126,500	中国嘉德	2011.11.12
顾绍培 华香壶	长12cm	138,000	北京匡时	2011.6.7
顾绍培 华颖壶	高9.5cm	138,000	中国嘉德	2011.5.21
顾绍培 怀宝壶	长9.5cm	287,500	北京匡时	2011.6.7
顾绍培 景舟式雪花壶	高9cm	345,000	中国嘉德	2011.11.12
顾绍培 聚泉壶	长13cm	322,000	长风拍卖	2011.12.20
顾绍培 刘守本合作花鸟诗文大香泉壶		460,000	北京匡时	2011.12.04
顾绍培 六方雪华壶	长18cm	448,500	长风拍卖	2011.6.21
顾绍培 妙泉壶		123,200	江苏和信	2011.10.23
顾绍培 润泉壶	长17.5cm	100,800	海士德	2011.6.17
顾绍培 三足石瓢壶	高8cm	207,000	北京匡时	2011.12.04
顾绍培 天地方圆壶	长22cm	920,000	北京保利	2011.6.2
顾绍培 天方地圆壶	高15cm	529,000	中国嘉德	2011.5.21
顾绍培 天龙戏水对壶		369,600	南京经典	2011.6.5
顾绍培 寅方壶	高9.6cm	460,000	中国嘉德	2011.11.12
顾绍培 珍珍对壶	长12cm	115,000	北京容海	2011.10.22
顾绍培 供春壶	高10.5cm	230,000	长风拍卖	2011.11.24
顾绍培 润泉壶	高10cm	161,000	长风拍卖	2011.11.24
顾绍培 天地方圆壶	高15.3cm	1,035,000	长风拍卖	2011.11.24
顾绍培、谭泉海刻 周处除三害方瓶	高19cm	184,000	中国嘉德	2011.11.12
顾绍培制 源泉壶		402,500	上海春秋堂	2011.10.23
顾绍培制、沈汉生陶刻《百寿花瓶》	高17.5cm	126,500	长风拍卖	2011.12.20
顾绍培制拼砂觚菱壶		138,000	上海春秋堂	2011.10.23
顾婷 汤杰合作 平安如意壶	长18cm	184,000	北京保利	2011.6.2
顾婷、汤杰合作、刘守本画、毛国强刻《四方大传炉》		184,000	长风拍卖	2011.12.20
管唯皓 周菊芳 大地系列壶	长14.7cm	212,800	北京容海	2011.4.23
管唯皓 周菊芳 圣桃提梁壶	长14cm	313,600	北京容海	2011.4.23
光绪六年 金士恒制紫泥延年小壶(一对)	宽11cm	230,000	中国嘉德	2011.11.12
光绪四年 金士恒刻字拼砂茶壶(一对)	宽11cm	57,500	中国嘉德	2011.11.12
光绪四年 金士恒制紫泥梨形壶(一对)	宽10.3cm	57,500	中国嘉德	2011.11.12
郭纪成 金丝九龙壶		212,800	南京经典	2011.6.5
郭纪成 小平盖莲子壶		123,200	南京经典	2011.6.5
韩敏书画谭泉海刻季益顺制腰圆莲子壶		322,000	上海春秋堂	2011.12.11
何道洪"五式之三"壶		977,500	北京歌德	2011.12.03
何道洪《长乐壶》		575,000	北京歌德	2011.12.03
何道洪《六方圆口壶–五式之三》	长13cm	782,000	长风拍卖	2011.12.20
何道洪《小六方古井壶–五式之五》	长10cm	598,000	长风拍卖	2011.12.20
何道洪 八角灯笼壶	长22cm	2,300,000	北京容海	2011.10.22
何道洪 报春壶	长21cm	632,500	长风拍卖	2011.6.21
何道洪 碧液壶	长10cm	1,058,000	长风拍卖	2011.6.21
何道洪 长乐壶	高6.2cm	460,000	中国嘉德	2011.11.12
何道洪 大涵壶	高26cm	7,820,000	北京匡时	2011.12.04
何道洪 大韵壶		3,360,000	南京经典	2011.6.5
何道洪 大韵壶	长17cm	1,380,000	北京匡时	2011.6.7
何道洪 大韵壶	高10.2cm	977,500	中国嘉德	2011.5.21
何道洪 大韵壶	长18cm	1,495,000	长风拍卖	2011.6.21
何道洪 砥砺壶	高10cm	1,058,000	中国嘉德	2011.11.12
何道洪 仿古壶	长18cm	1,035,000	北京匡时	2011.6.7
何道洪 汉君壶	高10cm	201,600	琴岛荣德	2011.12.10
何道洪 合桃壶	长20cm	2,530,000	长风拍卖	2011.6.21
何道洪 疾风壶	高10cm	667,000	中国嘉德	2011.11.12
何道洪 金律壶	高6cm	425,600	琴岛荣德	2011.5.15
何道洪 聚丰壶	长15cm	1,012,000	长风拍卖	2011.6.21
何道洪 梅桩式壶		1,344,000	江苏和信	2011.10.23
何道洪 米匝壶	长7.5cm	805,000	长风拍卖	2011.6.21
何道洪 纳洪智提梁壶	高16cm	2,070,000	北京匡时	2011.12.04
何道洪 牛盖洋桶壶		1,064,000	江苏和信	2011.10.23
何道洪 盘泉壶	高10cm	1,150,000	北京匡时	2011.12.04
何道洪 嵌泥长乐壶		896,000	江苏和信	2011.10.23
何道洪 嵌泥圆玉壶	长13.5cm	828,000	长风拍卖	2011.12.20
何道洪 秦朴壶	长15.5cm	943,000	北京保利	2011.6.2
何道洪 秦朴壶		896,000	南京经典	2011.6.5
何道洪 秦朴壶		1,680,000	江苏和信	2011.10.23
何道洪 三色绿梅壶	高8cm	4,082,500	北京匡时	2011.12.04
何道洪 三色松竹梅提梁	高24cm	7,705,000	北京匡时	2011.12.04
何道洪 圣珠提梁壶	长16cm	1,725,000	北京匡时	2011.6.7
何道洪 圣珠提梁壶	高18cm	1,120,000	琴岛荣德	2011.5.15
何道洪 四方抽角壶	高10.8cm	460,000	中国嘉德	2011.5.21
何道洪 四方抽角壶	高10cm	345,000	中国嘉德	2011.5.21
何道洪 四方抽角壶	高10cm	322,000	中国嘉德	2011.11.12
何道洪 四季如意壶	高7.9cm	402,500	中国嘉德	2011.11.12
何道洪 岁寒三友壶	高11cm	313,600	琴岛荣德	2011.12.10
何道洪 岁寒三友壶	高9.5cm	4,370,000	中国嘉德	2011.5.21
何道洪 谭泉海刻 四方瓶	高42cm	896,000	长风拍卖	2011.1.20
何道洪 卧狮壶	高8.2cm	977,500	北京传是	2011.12.05
何道洪 小八方壶	高4.6cm	437,000	中国嘉德	2011.5.21
何道洪 小松壶	长13cm	1,610,000	长风拍卖	2011.6.21
何道洪 洋桶壶	长15cm	403,200	北京容海	2011.4.23
何道洪 洋筒壶		1,035,000	北京歌德	2011.12.03
何道洪 饮水思源壶	高8.5cm	598,000	中国嘉德	2011.5.21
何道洪 玉扁壶	长13cm	392,000	长风拍卖	2011.1.20
何道洪 玉扁壶		896,000	江苏和信	2011.10.23
何道洪 竹圆壶		1,012,000	北京容海	2011.10.22
何道洪 鼎馨壶	高10.6cm	2,300,000	长风拍卖	2011.11.24
何道洪、范曾1990年作寓圆壶	长18cm	1,667,500	北京保利	2011.12.06
何道洪、刘一闻刻字 集思壶	高26.5cm	7,475,000	长风拍卖	2011.6.21
何道洪/井栏壶	高9cm	1,150,000	北京翰海	2011.11.17
何道洪制 嵌泥清心壶(紫泥)	高9cm	1,552,500	华艺国际	2011.12.10
何道洪制 圣珠壶(紫泥)	高8.5cm	1,150,000	华艺国际	2011.12.10
何道洪制 小周盘壶	高5cm	989,000	广州嘉德	2011.6.11
何道洪制、魏紫熙书画《秦璧壶》	长18.3cm	2,875,000	长风拍卖	2011.12.20
何道洪制大韵壶		1,150,000	上海春秋堂	2011.10.23
何道洪制砥砺壶		1,150,000	上海春秋堂	2011.12.11
何道洪制六瓣梅壶		1,150,000	上海春秋堂	2011.12.11
何道洪制六方抽角壶		920,000	上海春秋堂	2011.12.11
何道洪制六方抽角壶		1,380,000	上海春秋堂	2011.10.23
何道洪制松鼠葡萄壶		552,000	上海春秋堂	2011.12.11
何道洪制玄珠壶		862,500	上海春秋堂	2011.12.11
何道鸿 掐丝填彩紫砂壶	长14cm	89,600	海士德	2011.6.17
何敏 双色柿竹壶	长17cm	69,000	长风拍卖	2011.6.21
何挺初 大双鱼壶	高14.5cm	69,000	中国嘉德	2011.11.12
何挺初 枇杷套壶(一组五件)	高10.5cm	92,000	中国嘉德	2011.11.12
何心舟 瓜瓢壶	高11cm	207,000	北京传是	2011.12.05
何燕萍《宝鼎壶》		59,800	北京歌德	2011.12.03
何燕萍 牛盖壶	长16.5cm	57,500	北京容海	2011.10.22
何燕萍 小润泽壶	高8.4cm	59,800	中国嘉德	2011.5.21
何叶"闲静之乐"壶	高8.5cm	63,250	北京匡时	2011.12.04
洪彬 宝莲壶		109,250	北京歌德	2011.12.03
胡永成制、程十发书画 井栏壶	长18cm	51,750	北京保利	2011.12.06
壶叟款 茄段壶	高11cm	218,500	中国嘉德	2011.3.20
华凤翔制方印壶	高13.8cm	253,000	上海春秋堂	2011.12.11

2011杂项拍卖成交汇总

(成交价RMB：5万元以上)

拍品名称	尺寸	成交价RMB	拍卖公司	拍卖日期
华健、程十发书画、徐勇良刻饰《亚明四方壶》	长14cm	172,500	长风拍卖	2011.12.20
华健《敦方壶》		109,250	北京歌德	2011.12.03
华健 传炉壶	高9.3cm	126,500	中国嘉德	2011.5.21
华健 大彬六方壶	高6.9cm	149,500	中国嘉德	2011.5.21
华健 鼎立壶		358,400	江苏和信	2011.10.23
华健 方钟壶		156,800	江苏和信	2011.10.23
华健 高筒洁壶	高11cm	149,500	北京匡时	2011.12.04
华健 古莲子壶	高14.7cm	82,800	中国嘉德	2011.11.12
华健 韩美林 四方壶	长14.5cm	76,160	长风拍卖	2011.1.20
华健 华棱壶		179,200	南京经典	2011.6.5
华健 葵花仿古壶	高13cm	172,500	北京传是	2011.12.05
华健 六方壶	长14cm	106,400	北京容海	2011.4.23
华健 六方壶	高8.9cm	103,500	中国嘉德	2011.5.21
华健 六方平安壶	长14.5cm	97,750	长风拍卖	2011.12.20
华健 绿狮壶	长15.5cm	97,750	北京保利	2011.6.2
华健 鸣远四方壶	高11.8cm	161,000	中国嘉德	2011.5.21
华健 绍明四方壶	长18.8cm	336,000	北京容海	2011.4.23
华健 四方壶	长15.5cm	145,600	北京容海	2011.4.23
华健 四方壶	长14cm	67,200	北京容海	2011.4.23
华健 四方壶	长15cm	92,000	北京容海	2011.10.22
华健 四方壶	长15cm	74,750	北京容海	2011.10.22
华健 四方折角壶		201,600	南京经典	2011.6.5
华健 四面八方壶	长20cm	138,000	长风拍卖	2011.12.20
华健 亚明四方壶	高8cm	115,000	北京匡时	2011.12.04
华健《豹方壶》	高6.3cm	57,500	长风拍卖	2011.11.24
华健《高方壶》	高11.6cm	115,000	长风拍卖	2011.11.24
华健《坦克壶》	高7.6cm	57,500	长风拍卖	2011.11.24
华健《小六方壶》	高6cm	161,000	长风拍卖	2011.11.24
华健 四方折角壶	高7.8cm	103,500	长风拍卖	2011.11.24
华健、谭泉海四方倭角诗文壶	高13cm	78,200	中国嘉德	2011.11.12
华健/方钟壶	高13cm	94,300	北京翰海	2011.11.17
华健/鸣远 抽角四方壶	高7.5cm	80,500	北京翰海	2011.11.17
华健/亚明 四方壶	高9cm	103,500	北京翰海	2011.11.17
华健制钵方壶		230,000	上海春秋堂	2011.12.11
华健制毛国强刻 亚明四方壶	高8cm	63,250	北京匡时	2011.12.04
华健制鸣远四方壶		253,000	上海春秋堂	2011.10.23
华健制星韵六方壶		149,500	上海春秋堂	2011.12.11
黄玉麟 扁柿壶	高7.5cm	437,000	上海工美	2011.6.26
黄玉麟制吴昌硕刻铭紫砂方壶	长16cm	402,500	北京匡时	2011.09.17
黄云芸制十三竹壶		172,500	上海春秋堂	2011.12.11
惠祥云 鱼化龙壶	长18.5cm	149,500	长风拍卖	2011.6.21
季益顺 "秋鼠" 壶	长23cm	575,000	北京匡时	2011.6.7
季益顺《新篁壶》		218,500	北京歌德	2011.12.03
季益顺 八面玲珑壶	高10.8cm	805,000	中国嘉德	2011.11.12
季益顺 报春壶		728,000	南京经典	2011.6.5
季益顺 楚汉风韵壶	长21cm	552,000	北京匡时	2011.6.7
季益顺 处处如意壶	高5.5cm	172,500	北京匡时	2011.12.04
季益顺 春风壶		280,000	南京经典	2011.6.5
季益顺 掇球壶	长16cm	56,000	长风拍卖	2011.1.20
季益顺 仿古壶	长19cm	92,000	北京容海	2011.10.22
季益顺 葛军合作 菏塘嬉鸭壶	高9cm	172,500	北京匡时	2011.12.04
季益顺 海棠如意壶		694,400	江苏和信	2011.10.23
季益顺 锦上添花壶		425,600	江苏和信	2011.10.23
季益顺 劲竹壶	长14.5cm	95,200	长风拍卖	2011.1.20
季益顺 龙蛋壶	长22cm	241,500	北京容海	2011.10.22
季益顺 葡萄壶	长19cm	161,000	长风拍卖	2011.12.20
季益顺 气宇宜昂壶	长25.5cm	109,250	北京保利	2011.12.06
季益顺 清和莲心壶		1,232,000	江苏和信	2011.10.23
季益顺 秋趣壶	高22cm	897,000	江苏省拍	2011.12.10
季益顺 狮钮嵌银丝套壶	壶长高12cm	161,000	北京匡时	2011.12.04
季益顺 寿星提梁壶	高13.5cm	230,000	北京传是	2011.12.05
季益顺 五子登科壶	长18cm	575,000	北京匡时	2011.6.7
季益顺 新篁壶	长17cm	109,760	长风拍卖	2011.1.20
季益顺 雪中情壶	长7.5cm	218,500	长风拍卖	2011.6.21
季益顺 玉兔提梁壶	长14cm	172,500	长风拍卖	2011.6.21
季益顺 知足常乐壶(代表作)	高19.5cm	437,000	北京匡时	2011.12.04
季益顺 制 龚涛 画 大东坡提梁壶		896,000	江苏和信	2011.10.23

拍品名称	尺寸	成交价RMB	拍卖公司	拍卖日期
季益顺 朱泥壶	高11cm	172,500	北京传是	2011.12.05
季益顺 竹海情歌壶		1,680,000	江苏和信	2011.10.23
季益顺 紫气东来壶	长18cm	112,000	北京荣宝	2011.11.11
季益顺 紫气东来壶	长18cm	97,750	长风拍卖	2011.6.21
季益顺 冰梅壶	高9.2cm	690,000	长风拍卖	2011.11.24
季益顺 双竹顺提壶	高21.5cm	747,500	长风拍卖	2011.11.24
季益顺［当代］紫气东来紫砂壶	高7.7cm	80,500	西泠拍卖	2011.7.19
季益顺制 双波玉蝉壶	腹径15cm	86,250	北京华辰	2011.5.20
季益顺制 玉兔同乐套壶	高8.5cm	74,750	广州嘉德	2011.6.11
季益顺制 紫玉金砂壶	高8cm	86,250	广州嘉德	2011.6.11
季益顺制、蒋君设计 天宫团圆壶	长19cm	2,300,000	北京保利	2011.12.06
季益顺制、毛国强刻饰 鸭先知壶	长17.5cm	97,750	长风拍卖	2011.12.20
季益顺制、谭泉海刻饰《提梁壶》	高16cm	207,000	长风拍卖	2011.12.20
季益顺制蝉衣斑竹壶		667,000	上海春秋堂	2011.12.11
季益顺制荷塘戏鸭壶		207,000	上海春秋堂	2011.10.23
季益顺竹节壶	长22cm	91,840	中鸿信	2011.6.26
加彩莲子壶		1,680,000	东方艺都	2011.7.6
江案卿 狮球壶	高10cm	55,200	北京传是	2011.12.05
江建祥《沁园壶》		322,000	北京歌德	2011.12.03
江建祥 政和通宝壶	壶长19cm	552,000	长风拍卖	2011.6.21
江建祥制扁葵壶		149,500	上海春秋堂	2011.10.23
江建祥制风卷葵壶		437,000	上海春秋堂	2011.12.11
江建祥制牛盖莲子壶		138,000	上海春秋堂	2011.12.11
江建祥制陶精壶		172,500	上海春秋堂	2011.12.11
江建翔 春风三友壶	长17.5cm	690,000	长风拍卖	2011.12.20
江建翔 竹运香提壶	高15.5cm	690,000	长风拍卖	2011.12.20
江建翔 1990年作 挚友壶(共计五件)	尺寸不一	460,000	北京保利	2011.12.06
江建翔 1990年作 挚友壶套组	尺寸不一	598,000	北京保利	2011.6.2
江建翔 2009年作 青香壶	长19cm	368,000	北京保利	2011.12.06
江建翔 藏碧壶		145,600	江苏和信	2011.10.23
江建翔 陈韵芳露壶	高19.5cm	1,610,000	中国嘉德	2011.5.21
江建翔 段泥亚明四方壶	高10cm	201,600	琴岛荣德	2011.12.10
江建翔 风卷葵壶	高12cm	168,000	琴岛荣德	2011.12.10
江建翔 风卷葵壶	长15cm	103,500	北京匡时	2011.6.7
江建翔 高节壶	高15.5cm	690,000	长风拍卖	2011.6.21
江建翔 供春壶	高8.9cm	161,000	中国嘉德	2011.5.21
江建翔 广口梅花壶	高8cm	112,000	琴岛荣德	2011.12.10
江建翔 好兆壶	高8.5cm	138,000	北京传是	2011.12.05
江建翔 红泥仿古壶	长15.5cm	63,250	北京保利	2011.12.06
江建翔 凛娟壶	长14.5cm	402,500	北京匡时	2011.6.7
江建翔 梅花壶	长17cm	287,500	长风拍卖	2011.12.20
江建翔 梅花套壶	尺寸不一	345,000	北京保利	2011.6.2
江建翔 梅花圆壶		392,000	江苏和信	2011.10.23
江建翔 牛盖莲子壶	高6.2cm	86,250	中国嘉德	2011.11.12
江建翔 牛盖莲子壶	长17.5cm	80,500	长风拍卖	2011.12.20
江建翔 铺砂红壶	高6.5cm	89,700	中国嘉德	2011.11.12
江建翔 葡萄桩壶	高16cm	920,000	江苏省拍	2011.12.10
江建翔 朴玉壶	长15.6cm	172,500	北京容海	2011.10.22
江建翔 双色梅桩壶	长14cm	207,000	北京保利	2011.12.06
江建翔 岁寒三友壶	高14.3cm	230,000	中国嘉德	2011.11.12
江建翔 陶情壶	高7.5cm	230,000	北京传是	2011.12.05
江建翔 田园情趣壶	高9.5cm	172,500	北京匡时	2011.12.04
江建翔 田园情趣壶		257,600	南京经典	2011.6.5
江建翔 雪梅壶五件套	高7.3cm	322,000	中国嘉德	2011.5.21
江建翔 一团和气壶	长12cm	69,000	北京匡时	2011.6.7
江建翔 一线蛋包壶	长19cm	92,000	长风拍卖	2011.12.20
江建翔 又一春壶	高10.5cm	287,500	中国嘉德	2011.11.12
江建翔 风卷葵壶	高10.3cm	690,000	长风拍卖	2011.11.24
江建翔 天下君子壶	高8.4cm	690,000	长风拍卖	2011.11.24
江建翔 祥竹壶	高13.2cm	598,000	长风拍卖	2011.11.24
江建翔/松皮壶	高8cm	690,000	北京翰海	2011.11.17
江建翔制、唐云画、徐孝穆刻 鱼乐壶	长16.5cm	402,500	长风拍卖	2011.6.21
蒋蓉 牡丹壶	长19cm	322,000	长风拍卖	2011.12.20

拍品名称	尺寸	成交价RMB	拍卖公司	拍卖日期
蒋蓉 1993年作 犀灯壶	宽14.5cm	230,000	北京保利	2011.12.06
蒋蓉 白藕酒具	长20.8cm	1,150,000	长风拍卖	2011.6.21
蒋蓉 百果(十件)	尺寸不一	287,500	中国嘉德	2011.5.21
蒋蓉 百果、灵犬、仙桃小壶(一组)	尺寸不一	207,000	中国嘉德	2011.11.12
蒋蓉 百果壶	长14cm	368,000	北京保利	2011.6.2
蒋蓉 百果壶	高8.8cm	402,500	中国嘉德	2011.11.12
蒋蓉 柏树桩壶	高10cm	224,000	中鼎国际	2011.10.15
蒋蓉 长寿碧桃壶	长19cm	368,000	北京保利	2011.6.2
蒋蓉 佛手壶	高10.5cm	322,000	北京传是	2011.12.05
蒋蓉 佛手壶	高8.7cm	253,000	中国嘉德	2011.11.12
蒋蓉 高节壶	高9cm	402,500	北京传是	2011.12.05
蒋蓉 蛤蟆石榴桩壶	长14.2cm	632,500	长风拍卖	2011.12.20
蒋蓉 蛤蟆树椿壶	高9.5cm	1,035,000	北京匡时	2011.12.04
蒋蓉 蛤蟆树桩壶	长17cm	184,000	北京保利	2011.6.2
蒋蓉 荷花酒具(十一件套)	尺寸不一	632,500	中国嘉德	2011.11.12
蒋蓉 荷花青蛙壶	长19cm	230,000	长风拍卖	2011.12.20
蒋蓉 荷塘月色壶	长15.5cm	517,500	北京保利	2011.6.2
蒋蓉 荷叶壶	高9.5cm	145,600	中鼎国际	2011.10.15
蒋蓉 荷叶青蛙壶	高7.2cm	287,500	中国嘉德	2011.11.12
蒋蓉 荷叶青蛙壶	高10cm	483,000	北京传是	2011.12.05
蒋蓉 荷叶蛙声壶	长15.5cm	280,000	海士德	2011.6.17
蒋蓉 绿泥茨菇花壶	高9cm	368,000	中国嘉德	2011.11.12
蒋蓉 绿泥荷叶壶	高6.8cm	460,000	中国嘉德	2011.5.21
蒋蓉 绿泥壶	长16.5cm	805,000	北京容海	2011.10.22
蒋蓉 牡丹壶	长20cm	690,000	北京匡时	2011.6.7
蒋蓉 牡丹壶	高10.8cm	517,500	中国嘉德	2011.5.21
蒋蓉 牡丹壶	长19cm	517,500	北京保利	2011.6.2
蒋蓉 牡丹壶	长19cm	358,400	长风拍卖	2011.1.20
蒋蓉 牡丹壶	高11cm	920,000	北京容海	2011.10.22
蒋蓉 牡丹壶	长18.5cm	806,400	海士德	2011.6.17
蒋蓉 牡丹蝴蝶壶	高12.5cm	345,000	北京传是	2011.12.05
蒋蓉 南瓜壶	长13.5cm	207,000	北京保利	2011.12.06
蒋蓉 石榴钮紫砂壶	高7.6cm	80,500	北京九歌	2011.6.10
蒋蓉 寿桃倒到壶	高12.5cm	690,000	中国嘉德	2011.5.21
蒋蓉 树桩金蟾壶	高9cm	632,500	中国嘉德	2011.11.12
蒋蓉 双色南瓜壶	长13.5cm	369,600	北京容海	2011.4.23
蒋蓉 松果壶	长15cm	149,500	北京匡时	2011.6.7
蒋蓉 万寿树桩壶	长15.7cm	575,000	北京容海	2011.10.22
蒋蓉 万寿树桩壶	高9.2cm	322,000	北京传是	2011.12.05
蒋蓉 小荸荠壶		560,000	南京经典	2011.6.5
蒋蓉 小松果壶		168,000	南京经典	2011.6.5
蒋蓉 圆梦壶	高13cm	345,000	北京传是	2011.12.05
蒋蓉 圆梦壶	高10.5cm	345,000	中国嘉德	2011.11.12
蒋蓉 月色蛙莲壶	高7.7cm	345,000	中国嘉德	2011.11.12
蒋蓉 朱泥兔纽玲珑壶	长12cm	92,000	北京匡时	2011.6.7
蒋蓉 竹根壶	高8.2cm	253,000	中国嘉德	2011.5.21
蒋蓉 竹根壶		336,000	江苏和信	2011.10.23
蒋蓉 竹根壶	高8.5cm	345,000	北京匡时	2011.12.04
蒋蓉 紫泥佛手瓜壶	长20.5cm	345,000	北京保利	2011.6.2
蒋蓉 西瓜壶	高10cm	1,265,000	长风拍卖	2011.11.24
蒋蓉 万寿桩壶	高8.8cm	690,000	长风拍卖	2011.11.24
蒋蓉 牡丹壶	高11cm	552,000	北京翰海	2011.11.17
蒋蓉款 国色天香白釉壶	高8cm	224,000	江苏万达	2011.5.28
蒋蓉款树蛙壶	高7.7cm	392,000	江苏万达	2011.5.28
蒋蓉制 狮登壶	腹径20cm	345,000	北京华辰	2011.5.20
蒋蓉制百果壶		483,000	上海春秋堂	2011.10.23
蒋蓉制程十发书 冬瓜枕头壶	长30cm	345,000	北京匡时	2011.12.04
蒋蓉制荷花壶	尺寸不一	782,000	上海大众	2011.08.25
蒋蓉制老南瓜壶		2,300,000	上海春秋堂	2011.12.11
蒋蓉制牡丹壶	长19cm	690,000	上海大众	2011.08.25
蒋蓉制青蛙荷叶壶		322,000	上海春秋堂	2011.12.11
蒋蓉制石榴树蛙壶		402,500	上海春秋堂	2011.12.11
蒋蓉制寿桃壶	长19cm	230,000	上海大众	2011.08.25
蒋新安 百録壶	长15.5cm	57,500	长风拍卖	2011.6.21
蒋兴宜 百寿金蟾壶	长40cm	100,800	海士德	2011.6.17
蒋兴宜 龙缘壶	长18.5cm	53,760	海士德	2011.6.17
蒋兴宜 母子壶套		51,750	北京容海	2011.10.22

拍品名称	尺寸	成交价RMB	拍卖公司	拍卖日期
蒋兴宜 生命之源壶	尺寸不一	58,240	海士德	2011.6.17
蒋彦《知足常乐提梁壶》		161,000	北京歌德	2011.12.03
蒋彦 金秋漫步壶		126,500	北京歌德	2011.12.03
蒋彦制 知足提梁壶	高19cm	51,750	广州嘉德	2011.6.11
蒋燕亭 绿泥提梁壶	长15cm	56,000	北京容海	2011.4.23
蒋艺华 青蛙壶	长15.3cm	57,500	北京容海	2011.10.22
近现代 程寿珍 仿古壶	长17cm	82,800	北京匡时	2011.6.7
近现代 程寿珍 牛盖莲子壶	长16.5cm	184,000	北京匡时	2011.6.7
近现代 顾景舟 刻书画平盖莲子壶	高8.5cm	2,530,000	北京匡时	2011.12.04
近现代 裴石民 荷花蜜蜂壶	长18cm	437,000	北京匡时	2011.6.7
近现代 裴石民制紫砂钟形壶	宽18cm	552,000	北京保利	2011.6.7
近现代 王寅春 紫泥高梅壶	高21cm	862,500	北京匡时	2011.12.04
近现代 吴云根 鱼化龙壶	长19cm	184,000	北京匡时	2011.6.7
近现代 俞国良 六瓣筋纹周盘壶	长17cm	230,000	北京匡时	2011.6.7
近现代 朱可心 奖杯壶	高18cm	184,000	北京匡时	2011.6.7
近现代 朱可心 双线竹鼓壶	长18cm	138,000	北京匡时	2011.6.7
近现代 朱可心 鱼化龙壶	高12cm	253,000	北京匡时	2011.12.04
近现代 朱可心制鱼化龙壶	宽18cm	69,000	北京保利	2011.6.7
瞿子冶铭 缀球壶	高14.8cm	1,552,500	上海工美	2011.6.26
孔春华 渔乐壶	高7.9cm	51,750	长风拍卖	2011.11.24
李宝珍《竹鼠壶》	长28cm	69,000	长风拍卖	2011.12.20
李碧芳 云龙壶	长16cm	78,400	北京荣宝	2011.08.13
李碧芳 大传炉		112,000	江苏和信	2011.10.23
李碧芳 冠军壶	高19.5cm	57,500	中国嘉德	2011.11.12
李碧芳 龙凤紫砂壶	高17cm	78,200	北京九歌	2011.6.10
李碧芳 如意泰权壶	高14cm	57,500	中国嘉德	2011.5.21
李碧芳 象鼻壶	高16.7cm	74,750	中国嘉德	2011.5.21
李碧芳 迎宾酒壶	高21cm	126,500	中国嘉德	2011.5.21
李碧芳 祥云献瑞壶	高16cm	115,000	长风拍卖	2011.11.24
李碧芳、范曾书《腰线提梁壶》	高16.7cm	218,500	长风拍卖	2011.11.24
李碧芳、张守智 机缘壶	高9.5cm	66,700	中国嘉德	2011.5.21
李昌鸿 2010年作 八方福壶	长17.5cm	287,500	北京保利	2011.6.2
李昌鸿 德钟壶	长18cm	59,800	北京匡时	2011.6.7
李昌鸿 范曾 方钟壶	长14.8cm	448,000	长风拍卖	2011.1.20
李昌鸿 井栏壶	高10.5cm	51,750	中国嘉德	2011.5.21
李昌鸿 卢星堂画石瓢壶	长18cm	80,500	北京匡时	2011.6.7
李昌鸿 秦权壶	长21.5cm	89,600	长风拍卖	2011.1.20
李昌鸿 秦权壶		106,400	江苏和信	2011.10.23
李昌鸿 青玉四方壶	尺寸不一	437,000	长风拍卖	2011.6.21
李昌鸿 沈邃华 雍容华贵对壶	尺寸不一	61,600	北京容海	2011.4.23
李昌鸿 徐秀棠合作 1989年作 井兰壶	长16.5cm	51,750	北京保利	2011.6.2
李昌鸿 一衡壶	长17cm	61,600	海士德	2011.6.17
李昌鸿 印包壶	长20cm	67,200	长风拍卖	2011.1.20
李昌鸿 制 盖茂森 画 谭泉海 刻 点彩高掇钟壶		106,400	江苏和信	2011.10.23
李昌鸿*沈遽华 荣华富贵(对壶)		100,800	南京经典	2011.6.5
李昌鸿、吴群祥 2008年作 履源方壶	长18cm	109,250	北京保利	2011.12.06
李昌鸿款凤雕狮盖壶	高9cm	201,600	江苏万达	2011.5.28
李昌鸿制 亚明书铜砣四方壶	长15.5cm	920,000	北京保利	2011.6.2
李涵鸣 情浓浓壶	长17cm	138,000	北京容海	2011.10.22
李涵鸣 群聚壶组		313,600	江苏和信	2011.10.23
李涵鸣 听雨壶		448,000	南京经典	2011.6.5
李涵鸣 五福齐寿壶	高9.4cm	287,500	中国嘉德	2011.5.21
李涵鸣 印花包袱壶	长18cm	184,000	北京容海	2011.10.22
李涵鸣 鱼戏荷池壶	长15cm	172,500	长风拍卖	2011.12.20
李涵鸣 井中蛙壶	高8.5cm	207,000	长风拍卖	2011.11.24
李涵鸣 上合桃壶	高9.5cm	138,000	长风拍卖	2011.11.24
李涵鸣 松鼠葡萄壶	高9.3cm	402,500	长风拍卖	2011.11.24
李涵鸣制河池蛙塘壶		126,500	上海春秋堂	2011.12.11
李涵鸣制石瓢提梁壶		161,000	上海春秋堂	2011.12.11
李寒勇 镜瓦壶	高9cm	69,000	中国嘉德	2011.5.21
李寒勇 子冶石瓢壶	长15.5cm	80,500	长风拍卖	2011.12.20
李寒勇制禅钟壶		126,500	上海春秋堂	2011.12.11

2011杂项拍卖成交汇总

(成交价RMB：5万元以上)

拍品名称	尺寸	成交价RMB	拍卖公司	拍卖日期
李寒勇制子冶石瓢壶		161,000	上海春秋堂	2011.12.11
李慧芳 六方夔龙壶	高6.5cm	69,000	北京匡时	2011.12.04
李慧芳 五小福壶	尺寸不一	172,500	长风拍卖	2011.12.20
李霓 南瓜壶	长15cm	69,000	北京保利	2011.6.2
李霓 随方就圆壶	长17cm	69,000	北京保利	2011.6.2
李霞制 2006年作 李昌鸿铭如意佃盒壶	长18cm	57,500	北京保利	2011.6.2
李雪娥制谭建丞题［当代］紫砂圆壶	高10.8cm	138,000	西泠拍卖	2011.7.19
凌锡苟 谈跃伟合作 石泉刻荷塘青蛙壶	长28cm	126,500	北京保利	2011.6.2
刘建平 八卦葫芦壶	高13cm	115,000	北京匡时	2011.12.04
刘建平 八掛龙头一捆竹壶	高8.5cm	89,700	中国嘉德	2011.11.12
刘建平 半圆提梁壶	长12cm	92,000	北京容海	2011.10.22
刘建平 船壶	长17.5cm	69,440	长风拍卖	2011.1.20
刘建平 大金牛壶	高10.5cm	195,500	中国嘉德	2011.5.21
刘建平 大乐善壶		358,400	江苏和信	2011.10.23
刘建平 掇只壶		112,000	江苏和信	2011.10.23
刘建平 火牛图壶	长22cm	80,500	长风拍卖	2011.6.21
刘建平 荆竹提梁壶	长14.6cm	115,000	北京容海	2011.10.22
刘建平 牧趣壶	长15cm	61,600	长风拍卖	2011.1.20
刘建平 清风壶		560,000	江苏和信	2011.10.23
刘建平 四方玉璧壶	长16.5cm	69,000	长风拍卖	2011.12.20
刘建平 碗灯壶	长17cm	92,000	长风拍卖	2011.6.21
刘建平 闻鸡起舞套壶(八件)	尺寸不一	172,500	中国嘉德	2011.5.21
刘建平 圆润壶	长15cm	84,000	海士德	2011.6.17
刘建平 圆竹壶	长17.5cm	92,000	长风拍卖	2011.6.21
刘建平 韵香壶	长16.5cm	92,000	北京匡时	2011.6.7
刘建平 竹节壶	长18cm	63,250	北京保利	2011.6.2
刘建平 茄段壶	高9.5cm	63,250	长风拍卖	2011.11.24
刘建平 玉璧壶	高5.6cm	63,250	长风拍卖	2011.11.24
刘建平/圆润壶	高9.5cm	86,250	北京翰海	2011.11.17
刘剑飞 喜从天降套壶		156,800	江苏和信	2011.10.23
六方宫城壶	长16.5cm	56,000	北京荣宝	2011.3.18
鲁逸俊 圆珠壶	长17cm	333,500	长风拍卖	2011.6.21
陆俨少绘稿 毛国强制［当代］杜甫诗意花鸟六壶	尺寸不一	862,500	西泠拍卖	2011.7.19
路朔良 仿景舟石瓢壶	高7cm	230,000	北京匡时	2011.12.04
吕俊杰 步步高壶	长15cm	91,840	长风拍卖	2011.1.20
吕俊杰 海眼壶		172,800	江苏和信	2011.10.23
吕俊杰 绞泥壶	长17cm	69,000	北京保利	2011.12.06
吕俊杰 绞泥壶	长16.7cm	106,400	北京容海	2011.4.23
吕俊杰 绞泥壶	长15.5cm	115,000	北京容海	2011.10.22
吕俊杰 绞泥紫砂壶	高7.5cm	80,500	北京匡时	2011.12.04
吕俊杰 金牛壶	长14.5cm	64,960	长风拍卖	2011.1.20
吕俊杰 牛壶		168,000	江苏和信	2011.10.23
吕俊杰 菩提壶	长18cm	109,760	长风拍卖	2011.1.20
吕俊杰 舒逸壶	高8cm	105,800	中国嘉德	2011.5.21
吕俊杰 天波壶	高8.8cm	92,000	中国嘉德	2011.11.12
吕俊杰 天柱壶	长17.5cm	172,500	长风拍卖	2011.12.20
吕俊杰 小石壶	长15.5cm	123,200	长风拍卖	2011.1.20
吕俊杰 小石冷泉壶	长12cm	74,750	北京保利	2011.12.06
吕俊杰 小石冷泉壶		324,800	南京经典	2011.6.5
吕俊杰 御玺壶	高12.5cm	80,500	中国嘉德	2011.11.12
吕俊杰 紫气东来壶		1,080,000	江苏和信	2011.10.23
吕俊杰 《金牛壶》	高5cm	51,750	长风拍卖	2011.11.24
吕俊杰 《树魂壶》	高8.6cm	138,000	长风拍卖	2011.11.24
吕俊杰 石瓢壶	高7cm	97,750	长风拍卖	2011.11.24
吕俊杰、陈平 天际壶	长19cm	56,000	北京荣宝	2011.11.11
吕俊杰、范曾合作 怀古壶	长31cm	2,208,000	长风拍卖	2011.6.21
吕俊杰/春灯壶	高8.5cm	101,200	北京翰海	2011.11.17
吕俊杰制小石冷泉壶		103,500	上海春秋堂	2011.12.11
吕尧臣《冰纹古井移木壶》	长16.5cm	287,500	长风拍卖	2011.12.20
吕尧臣《玉带提梁壶》	高11cm	253,000	长风拍卖	2011.12.20
吕尧臣 1989年作 华径壶	长17cm	460,000	北京保利	2011.12.06
吕尧臣 1989年作 秦权冰纹壶	长14.5cm	253,000	北京保利	2011.12.06
吕尧臣 1993年作 天外天壶	长20.5cm	828,000	北京保利	2011.6.2
吕尧臣 1996年作 天外天壶	长13.8cm	402,500	北京保利	2011.6.2
吕尧臣 1999年作 华径壶	高6.5cm	517,500	广州嘉德	2011.6.11

拍品名称	尺寸	成交价RMB	拍卖公司	拍卖日期
吕尧臣 爱之欲壶	长14cm	369,600	长风拍卖	2011.1.20
吕尧臣 冰片石瓢壶	高8cm	437,000	北京匡时	2011.12.04
吕尧臣 冰片石瓢壶	高8cm	145,600	中鼎国际	2011.10.15
吕尧臣 冰提壶	高10.4cm	494,500	中国嘉德	2011.5.21
吕尧臣 冰纹秦权壶	长14.5cm	333,500	长风拍卖	2011.12.20
吕尧臣 草原之夜壶	高8cm	460,000	中国嘉德	2011.5.21
吕尧臣 池趣壶	高12cm	437,000	北京传是	2011.12.05
吕尧臣 大素心壶	高22cm	2,912,000	江苏和信	2011.10.23
吕尧臣 大天际壶	高9.3cm	920,000	中国嘉德	2011.5.21
吕尧臣 大熊猫壶		1,344,000	南京经典	2011.6.5
吕尧臣 斗笠壶	长16cm	184,000	北京保利	2011.12.06
吕尧臣 掇球壶	长13.5cm	207,000	北京匡时	2011.6.7
吕尧臣 仿古扁腹壶	长17cm	69,000	北京保利	2011.6.2
吕尧臣 仿古壶	高8cm	92,000	中国嘉德	2011.11.12
吕尧臣 贵妃出浴壶	长16cm	414,000	长风拍卖	2011.6.21
吕尧臣 贵妃出浴壶		392,000	江苏和信	2011.10.23
吕尧臣 贵妃壶	高7.3cm	322,000	中国嘉德	2011.5.21
吕尧臣 国宝壶		560,000	江苏和信	2011.10.23
吕尧臣 合欢壶	高7cm	63,250	中国嘉德	2011.5.21
吕尧臣 合欢壶	高8.3cm	126,500	中国嘉德	2011.11.12
吕尧臣 合欢壶	长17cm	280,000	海士德	2011.6.17
吕尧臣 绞泥壶	长15.5cm	212,800	长风拍卖	2011.1.20
吕尧臣 绞泥华轻壶	长17.5cm	575,000	北京匡时	2011.6.7
吕尧臣 绞泥鸳鸯壶	高8cm	336,000	琴岛荣德	2011.12.10
吕尧臣 金蟾玉璧壶	高7.2cm	172,500	中国嘉德	2011.11.12
吕尧臣 井兰壶	长13.5cm	324,800	北京容海	2011.4.23
吕尧臣 井中蛙壶		313,600	江苏和信	2011.10.23
吕尧臣 龙砂茗砂壶	长13.2cm	115,000	北京容海	2011.10.22
吕尧臣 牛盖壶	宽15cm	402,500	北京保利	2011.12.06
吕尧臣 牛壶	长14.5cm	103,500	长风拍卖	2011.12.20
吕尧臣 嵌筋石瓢壶		287,500	北京歌德	2011.12.03
吕尧臣 秦权壶	长16cm	287,500	北京匡时	2011.6.7
吕尧臣 秦权壶	高9.3cm	276,000	中国嘉德	2011.11.12
吕尧臣 秦权壶	长15cm	402,500	长风拍卖	2011.6.21
吕尧臣 容天壶	高8.8cm	103,500	中国嘉德	2011.11.12
吕尧臣 容天壶	高9cm	92,000	中国嘉德	2011.11.12
吕尧臣 三友壶	长15.7cm	1,092,500	北京容海	2011.10.22
吕尧臣 上新桥壶	高8.5cm	402,500	中国嘉德	2011.11.12
吕尧臣 尚翁壶	长16.5cm	368,000	北京保利	2011.6.2
吕尧臣 神韵壶	长11.5cm	92,000	北京保利	2011.6.2
吕尧臣 神韵壶	长13.2cm	134,400	长风拍卖	2011.1.20
吕尧臣 石瓢壶	长15.5cm	345,000	长风拍卖	2011.6.21
吕尧臣 天际壶	长15cm	459,200	长风拍卖	2011.1.20
吕尧臣 天笠壶	高14.5cm	437,000	北京传是	2011.12.05
吕尧臣 天外天壶	长14cm	575,000	北京匡时	2011.6.7
吕尧臣 西施壶	高7.7cm	92,000	中国嘉德	2011.11.12
吕尧臣 小容天壶	长11.5cm	56,000	北京容海	2011.4.23
吕尧臣 小四方绞泥壶	高4.3cm	345,000	中国嘉德	2011.11.12
吕尧臣 小天宝壶		448,000	南京经典	2011.6.5
吕尧臣 熊猫壶	高7.6cm	598,000	中国嘉德	2011.5.21
吕尧臣 尧臣掇球壶	长15.5cm	230,000	长风拍卖	2011.12.20
吕尧臣 渔归茶壶	高11.8cm	437,000	中国嘉德	2011.5.21
吕尧臣 玉玺壶	高12.5cm	161,000	中国嘉德	2011.5.21
吕尧臣 御玺壶 (五件套)		2,464,000	江苏和信	2011.10.23
吕尧臣 圆瓜壶	长15cm	92,000	北京容海	2011.10.22
吕尧臣 云泉壶	高9.3cm	782,000	中国嘉德	2011.5.21
吕尧臣 竹段壶	高15cm	483,000	中国嘉德	2011.5.21
吕尧臣 紫砂壶	长15.5cm	61,600	北京荣宝	2011.11.11
吕尧臣 回娘家壶	高7.9cm	517,500	长风拍卖	2011.11.24
吕尧臣 神韵壶	高8cm	184,000	长风拍卖	2011.11.24
吕尧臣 稀世壶	高7.3cm	632,500	长风拍卖	2011.11.24
吕尧臣 玉屏移山壶	高6.2cm	632,500	长风拍卖	2011.11.24
吕尧臣/御玺壶	高5.5cm	517,500	北京翰海	2011.11.17
吕尧臣［当代］倒把半棱紫砂壶	高7cm	253,000	西泠拍卖	2011.7.19
吕尧臣款一节竹段壶	高7.5cm	253,000	江苏万达	2011.5.28
吕尧臣制 紫竹套壶(紫泥)(九/套)	高9.5cm	828,000	华艺国际	2011.12.10
吕尧臣制 高竹鼓壶	长18.5cm	138,000	北京华辰	2011.5.20

(成交价RMB：5万元以上)

拍品名称	尺寸	成交价RMB	拍卖公司	拍卖日期
吕尧臣制、唐云书画，许四海刻 沪上三友壶	长15cm	920,000	长风拍卖	2011.6.21
吕尧臣制秋蝉壶		345,000	上海春秋堂	2011.12.11
吕尧臣制神韵壶		184,000	上海春秋堂	2011.10.23
吕尧臣制天际壶		345,000	上海春秋堂	2011.12.11
吕尧臣制阴阳太极壶	直径13cm	575,000	北京歌德	2011.09.17
吕尧臣制阴阳太极紫砂壶	直径13cm	299,000	北京歌德	2011.4.24
吕尧臣制玉带提梁壶	宽13cm	115,000	北京保利	2011.12.06
吕尧辰 回娘家壶	长7.5cm	517,500	长风拍卖	2011.6.21
马璟辉制六方鼓腹壶		126,500	上海春秋堂	2011.12.11
毛国强 得福壶	长17.5cm	138,000	长风拍卖	2011.6.21
毛国强 得福壶	长17.5cm	69,000	北京容海	2011.10.22
毛国强 国色天香壶		280,000	江苏和信	2011.10.23
毛国强 秦古瓶	高60cm	336,000	江苏和信	2011.10.23
毛国强 茹砂壶		168,000	江苏和信	2011.10.23
毛国强 神舟提梁壶	高17cm	149,500	长风拍卖	2011.6.21
毛国强 提梁壶	长16cm	80,500	北京容海	2011.10.22
毛国强 潇逸壶	长15.5cm	112,700	长风拍卖	2011.6.21
毛国强 竹露生香壶		145,600	南京经典	2011.6.5
毛国强 竹露生香壶	高14cm	92,000	北京翰海	2011.11.17
毛国强《神州提梁壶》	高17.5cm	184,000	长风拍卖	2011.11.24
毛国强 龙凤呈祥壶	高11.6cm	57,500	长风拍卖	2011.11.24
牡丹壶	长18.8cm	552,000	北京匡时	2011.12.05
倪顺生 风卷槐壶	长19cm	61,600	北京容海	2011.4.23
倪顺生 风卷葵大壶	高14cm	80,500	中国嘉德	2011.11.12
倪顺生 风卷葵壶	长19cm	69,000	北京容海	2011.10.22
倪顺生 龙头如意壶	长18cm	66,700	北京匡时	2011.6.7
倪顺生 梅桩壶	长14cm	57,500	北京容海	2011.10.22
倪顺生、毛国强 文房壶	高10.5cm	59,800	中国嘉德	2011.11.12
潘持平《魁芳壶》		195,500	北京歌德	2011.12.03
潘持平 1992年作 黑虎壶	宽16.5cm	103,500	北京保利	2011.12.06
潘持平 晨钟壶	高9cm	172,500	北京传是	2011.12.05
潘持平 大亚明方壶		291,200	南京经典	2011.6.5
潘持平 大砖方壶	高7.5cm	230,000	北京传是	2011.12.05
潘持平 方钟壶	高12.5cm	184,000	北京匡时	2011.12.04
潘持平 方钟壶		156,800	南京经典	2011.6.5
潘持平 方砖壶	高15.5cm	126,500	长风拍卖	2011.12.20
潘持平 芳菲壶	长17cm	115,000	长风拍卖	2011.6.21
潘持平 芳菲壶	高12cm	92,000	中国嘉德	2011.11.12
潘持平 黑虎壶		156,800	南京经典	2011.6.5
潘持平 黑虎壶	长16.5cm	207,000	长风拍卖	2011.6.21
潘持平 红亚明方壶	长10.5cm	172,500	长风拍卖	2011.6.21
潘持平 刻新方壶	长19cm	145,600	海士德	2011.6.17
潘持平 魁方壶	长18cm	67,200	长风拍卖	2011.1.20
潘持平 绿砂奎方壶		246,400	江苏和信	2011.10.23
潘持平 鸾圣对壶 (一对)	长16cm	253,000	北京匡时	2011.6.7
潘持平 鸣远四方壶	高10cm	92,000	北京传是	2011.12.05
潘持平潘持平制谭泉海刻秋实壶	长15.5cm	138,000	北京匡时	2011.6.7
潘持平 青狮壶	长15cm	126,500	长风拍卖	2011.12.20
潘持平 石泉壶	长17cm	92,000	长风拍卖	2011.12.20
潘持平 四方壶	长19.3cm	72,800	北京容海	2011.4.23
潘持平 四方壶	长17cm	149,500	北京容海	2011.10.22
潘持平 四方壶	长13.1cm	69,000	北京容海	2011.10.22
潘持平 新魁壶	高7.5cm	92,000	北京传是	2011.12.05
潘持平 雅芳壶	高10.5cm	115,000	北京匡时	2011.12.04
潘持平 亚明四方壶	长18.5cm	126,500	北京保利	2011.12.06
潘持平 亚明四方壶	高11cm	126,500	中国嘉德	2011.5.21
潘持平 制 毛国强 刻 四方壶		168,000	江苏和信	2011.10.23
潘持平 方钟壶	高13.2cm	207,000	长风拍卖	2011.11.24
潘持平 秋实壶	高9.8cm	207,000	长风拍卖	2011.11.24
潘持平、谭泉海 方钟壶	高12cm	57,500	中国嘉德	2011.11.12
潘持平、张捷 萧山市隐壶	高8.2cm	161,000	中国嘉德	2011.5.21
潘持平、张捷 砖方壶	高7.5cm	138,000	中国嘉德	2011.5.21
潘持平 青狮壶	高8cm	172,500	北京翰海	2011.11.17
潘持平/线韵壶	高10cm	80,500	北京翰海	2011.11.17
潘持平制 1993年作 新方础壶	高8cm	103,500	广州嘉德	2011.6.11
潘持平制1997年作石泉刻方钟壶	长17cm	103,500	北京保利	2011.6.2
潘持平制、鲍志强刻 砖方壶	长15cm	218,500	长风拍卖	2011.6.21
潘持平制、谭泉海刻饰大方钟壶	长18cm	207,000	长风拍卖	2011.12.20

拍品名称	尺寸	成交价RMB	拍卖公司	拍卖日期
潘持平制仿鸣远四足方壶		115,000	上海春秋堂	2011.12.11
潘持平制金字塔形壶	宽15cm	92,000	北京保利	2011.12.06
潘持平制清和壶		115,000	上海春秋堂	2011.10.23
潘持平制坦然壶		103,500	上海春秋堂	2011.10.23
潘持平制天乐壶		138,000	上海春秋堂	2011.12.11
潘持平制亚明四方壶		184,000	上海春秋堂	2011.10.23
潘春芳 杨留海 清泉香茗壶	长14cm	56,000	北京容海	2011.4.23
潘跃明 八卦龙头一捆竹壶	高12cm	92,000	北京传是	2011.12.05
潘跃明 咏梅提梁壶	高14.2cm	55,200	中国嘉德	2011.5.21
抛光紫砂壶 (三件)	尺寸不一	57,500	广州嘉德	2011.6.11
裴石民 松桩壶	高11cm	123,200	北京荣宝	2011.08.13
裴石民 蚕蛹提梁壶	高10cm	483,000	中国嘉德	2011.5.21
裴石民 牛盖莲子壶	长17.6cm	391,000	长风拍卖	2011.12.20
裴石民 匏尊壶		470,400	南京经典	2011.6.5
裴石民 三足传炉壶	长19cm	1,725,000	长风拍卖	2011.6.21
裴石民 田螺壶	高7cm	63,250	长风拍卖	2011.12.20
裴石民 悟奇壶 (一对)	高13cm×2	437,000	北京匡时	2011.12.04
裴石民 鱼罩壶	长17cm	299,000	长风拍卖	2011.12.20
裴石民 柿花壶	高8.9cm	920,000	长风拍卖	2011.11.24
裴石民 松鼠葡萄壶	高9.6cm	1,150,000	长风拍卖	2011.11.24
裴石民 竹节花插壶	高20cm	195,500	长风拍卖	2011.11.24
裴石民款三足石瓢壶	高10.1cm	115,000	江苏万达	2011.5.28
裴石民制 松段壶	长20cm	51,750	北京华辰	2011.5.20
裴石民制矮石瓢壶		207,000	上海春秋堂	2011.10.23
裴石民制汲直壶		345,000	上海春秋堂	2011.12.11
裴石民制牛盖莲子壶		253,000	上海春秋堂	2011.10.23
裴石民制双色三足炉壶		515,700	上海春秋堂	2011.12.11
裴石民制线圆壶		494,500	上海春秋堂	2011.12.11
钱丽媛 荆溪提梁壶		123,200	江苏和信	2011.10.23
钱丽媛 梅桩壶		106,400	江苏和信	2011.10.23
嵌盖圆壶	长15.5cm	50,400	北京荣宝	2011.3.18
强治章 仿邵友兰款窑变套胆壶	长15.5cm	69,440	北京荣宝	2011.08.13
邱玉林 紫玉瓶	高38cm	425,600	江苏和信	2011.10.23
任备安 汉君壶	宽17cm	287,500	北京保利	2011.12.06
任备安 舒和壶	长17cm	138,000	长风拍卖	2011.12.20
任备安 舒源壶	长14cm	92,000	长风拍卖	2011.12.20
任备安 双圈壶	宽17cm	402,500	北京保利	2011.12.06
任淦庭 画 徐秀棠 刻 白元瓶	高16cm	212,800	江苏和信	2011.10.23
桑黎兵 荷塘清趣紫砂壶	高8cm	57,500	西泠拍卖	2011.7.19
少山款描金灯笼壶	高12cm	207,000	上海春秋堂	2011.12.11
邵大亨 扁壶	长20.2cm	212,800	北京容海	2011.4.23
邵大亨 掇球壶	高10.5cm	460,000	北京传是	2011.12.05
邵大亨 掇球壶		246,400	南京经典	2011.6.5
邵大亨 掇球壶	长16.9cm	694,400	北京容海	2011.4.23
邵大亨 炉钧釉紫砂壶	高12cm	207,000	北京九歌	2011.6.10
邵全章 供春壶		201,600	南京经典	2011.6.5
邵权衡 圆鼓壶	长19cm	89,600	北京容海	2011.4.23
邵瑞元 三弯嘴壶	长14.2cm	53,760	北京容海	2011.4.23
邵顺生 诗情画意		280,000	江苏和信	2011.10.23
邵毓芬 德子壶		57,500	北京歌德	2011.12.03
沈蘧华 报春	长17.5cm	63,250	北京容海	2011.10.22
沈蘧华 大彬提梁壶	长16cm	92,000	长风拍卖	2011.6.21
沈蘧华 仿古壶	高9cm	57,500	北京匡时	2011.12.04
沈蘧华 提梁壶	长15.5cm	57,500	北京容海	2011.10.22
沈蘧华/掇圆壶	高10cm	57,500	北京翰海	2011.11.17
沈蘧华 树段壶	高14cm	51,750	中国嘉德	2011.3.20
施小马 抽角四方壶	长14cm	67,200	北京荣宝	2011.08.13
施小马《珏提壶》	高16.5cm	276,000	长风拍卖	2011.12.20
施小马《六方禅钟壶》	长18.2cm	287,500	长风拍卖	2011.12.20
施小马《玉带提梁壶》		92,000	北京歌德	2011.12.03
施小马 1990年作 段泥提梁壶	高14.5cm	149,500	北京保利	2011.12.06
施小马 1993年作 大丰收壶	长21cm	299,000	北京保利	2011.12.06
施小马 宝菱壶	高8.5cm	253,000	北京匡时	2011.12.04
施小马 宝菱壶	长17.5cm	168,000	海士德	2011.6.17
施小马 抱阳负阴壶	长16cm	218,500	北京容海	2011.10.22
施小马 扁方壶	高12cm	155,250	北京传是	2011.12.05
施小马 禅钟壶	高10cm	322,000	北京匡时	2011.12.04
施小马 大明方壶	高12.3cm	149,500	中国嘉德	2011.5.21
施小马 方圆壶	高9.5cm	138,000	北京传是	2011.12.05

2011杂项拍卖成交汇总

(成交价RMB：5万元以上)

拍品名称	尺寸	成交价RMB	拍卖公司	拍卖日期
施小马 方韵壶	长15cm	138,000	北京匡时	2011.6.7
施小马 方钟壶	高10.7cm	138,000	中国嘉德	2011.5.21
施小马 仿古圆线壶	高9.6cm	80,500	中国嘉德	2011.5.21
施小马 丰收壶	高10.5cm	322,000	中国嘉德	2011.5.21
施小马 高四方壶	高12cm	184,000	北京匡时	2011.12.04
施小马 荷花壶	高18cm	253,000	中国嘉德	2011.5.21
施小马 黑三角壶	长16cm	253,000	长风拍卖	2011.6.21
施小马 红四方壶	高8.4cm	138,000	中国嘉德	2011.5.21
施小马 花荷魁壶	高18.5cm	287,500	中国嘉德	2011.11.12
施小马 珏提壶	高17cm	276,000	北京翰海	2011.11.17
施小马 菱花壶		336,000	江苏和信	2011.10.23
施小马 菱花套壶	尺寸不一	897,000	江苏省拍	2011.12.10
施小马 菱花套壶		504,000	南京经典	2011.6.5
施小马 菱花套壶(五件)	高7cm	437,000	中国嘉德	2011.11.12
施小马 六方灯塔壶	高13.3cm	138,000	中国嘉德	2011.5.21
施小马 六方壶	长14cm	92,000	长风拍卖	2011.6.21
施小马 六方石瓢壶	长14.8cm	195,500	长风拍卖	2011.12.20
施小马 龙头一捆竹		616,000	江苏和信	2011.10.23
施小马 龙头一捆竹壶	长20cm	483,000	北京匡时	2011.6.7
施小马 权成壶		112,000	江苏和信	2011.10.23
施小马 雀啼提梁壶	长14cm	322,000	北京匡时	2011.6.7
施小马 雀提壶	长14cm	299,000	长风拍卖	2011.6.21
施小马 三头构成壶	高5.5cm	287,500	中国嘉德	2011.11.12
施小马 三足传炉壶	长20cm	207,000	北京匡时	2011.6.7
施小马 四方夺魁壶	长16.5cm	168,000	海士德	2011.6.17
施小马 四方鼓腹壶	长17cm	63,250	北京保利	2011.6.2
施小马 四方壶	高12cm	287,500	中国嘉德	2011.5.21
施小马 四面八方壶	高7.6cm	132,250	中国嘉德	2011.5.21
施小马 四足方壶	高9.5cm	172,500	北京传是	2011.12.05
施小马 蟋蟀壶	长15cm	138,000	北京容海	2011.10.22
施小马 小传炉	长13.5cm	92,000	长风拍卖	2011.6.21
施小马 小传炉壶	高7.8cm	112,700	中国嘉德	2011.11.12
施小马 玉璧紫韵壶		230,000	北京歌德	2011.12.03
施小马 战车壶	高7.8cm	82,800	中国嘉德	2011.11.12
施小马《钰方壶》	高12.4cm	207,000	长风拍卖	2011.11.24
施小马 四方玉扁壶	高7.2cm	138,000	长风拍卖	2011.11.24
施小马 扬帆壶	高9cm	218,500	长风拍卖	2011.11.24
施小马 鱼化龙壶	高10.2cm	287,500	长风拍卖	2011.11.24
施小马、徐维明 双竹提梁套壶	高12.8cm	368,000	中国嘉德	2011.11.12
施小马 奎方壶	高12cm	172,500	北京翰海	2011.11.17
施小马 铜陀六方壶	高9.5cm	201,250	北京翰海	2011.11.17
施小马制、张守智设计 智方壶	高10cm	172,500	长风拍卖	2011.12.20
施小马制宝菱壶		276,000	上海春秋堂	2011.12.11
施小马制方硕壶		230,000	上海春秋堂	2011.12.11
施小马制六方禅钟壶		207,000	上海春秋堂	2011.10.23
施小马制四方壶	宽15cm	57,500	北京保利	2011.12.06
施小马制四方腰线壶		149,500	上海春秋堂	2011.10.23
石榴蛤蟆椿壶	长13cm	67,200	北京荣宝	2011.3.18
史继长制汉方壶	高16.5cm	483,000	上海春秋堂	2011.12.11
史云棠《南瓜壶》	高10.2cm	115,000	长风拍卖	2011.11.24
史志鹏 翘把松鼠葡萄壶		212,800	江苏和信	2011.10.23
束竹半彩金蟾壶	高12cm	80,500	北京传是	2011.12.05
束竹壶	高12cm	345,000	长风拍卖	2011.11.24
双龙报喜壶	长18cm	56,000	北京荣宝	2011.3.18
谭泉海 江南春壶	长19.5cm	138,000	长风拍卖	2011.6.21
谭泉海 万字壶	高7.5cm	71,300	中国嘉德	2011.5.21
谭泉海刻《橄榄瓶》	高29cm	74,750	长风拍卖	2011.12.20
谭泉海刻汪寅仙制滔滔提梁壶		1,150,000	上海春秋堂	2011.12.11
谭晓君 花翎壶	长15.5cm	67,200	长风拍卖	2011.1.20
谭晓君制谭泉海刻 紫玉心经壶		425,600	江苏和信	2011.10.23
谭晓君制 谭海泉铭 古灯壶	高13cm	172,500	北京匡时	2011.12.04
汤泽新 掇球百虎壶		71,300	北京歌德	2011.12.03
唐彬杰 龙头玉顶壶		268,800	南京经典	2011.6.5
唐彬杰 梅花周盘壶		145,600	南京经典	2011.6.5
唐彬杰/单角壶	高9cm	287,500	北京翰海	2011.11.17
唐彬杰/印方壶	高8cm	310,500	北京翰海	2011.11.17
唐彬杰制斑竹壶		460,000	上海春秋堂	2011.12.11
唐彬杰制觚菱壶		230,000	上海春秋堂	2011.12.11
唐彬杰制文旦壶		184,000	上海春秋堂	2011.12.11

拍品名称	尺寸	成交价RMB	拍卖公司	拍卖日期
唐云铭、石羽刻、乐泉生制 井栏壶	高10.4cm	207,000	上海工美	2011.6.26
唐云题徐孝穆刻绘［当代］竹段紫砂壶	高10.5cm	115,000	西泠拍卖	2011.7.19
团山泥虚扁壶 紫砂茶叶罐	壶高6cm	672,000	古天一	2011.6.4
晚清 王东石 东石提梁壶	长13.5cm	632,500	长风拍卖	2011.6.21
汪宝根款龙纹如意壶	高11cm	103,500	江苏万达	2011.5.28
汪宝根制壶		73,600	北京歌德	2011.09.17
汪福庭 绿泥四方竹壶	长15cm	61,600	北京容海	2011.4.23
汪寅仙《罗汉松桩壶》	长16cm	805,000	长风拍卖	2011.12.20
汪寅仙《墨绿调砂东陵南瓜壶》	长14.3cm	460,000	长风拍卖	2011.12.20
汪寅仙《圣桃壶》	长16.5cm	1,495,000	长风拍卖	2011.12.20
汪寅仙《松椿对壶》	尺寸不一	1,265,000	长风拍卖	2011.12.20
汪寅仙 1996年作 丰衣足食壶	长19.5cm	977,500	北京保利	2011.12.06
汪寅仙 百寿壶	高11cm	112,000	琴岛荣德	2011.12.10
汪寅仙 百寿提梁壶	高21cm	1,725,000	中国嘉德	2011.5.21
汪寅仙 斑竹提梁壶	长19cm	2,932,500	北京匡时	2011.6.7
汪寅仙 半月瓦当壶	高5.5cm	322,000	北京传是	2011.12.05
汪寅仙 蝉衣斑竹壶	长20cm	2,300,000	长风拍卖	2011.6.21
汪寅仙 传世瓦当壶	高6cm	109,250	北京匡时	2011.12.04
汪寅仙 大彬印包壶	高6.5cm	460,000	中国嘉德	2011.5.21
汪寅仙 大掇球壶	高13.5cm	782,000	中国嘉德	2011.11.12
汪寅仙 大束柴三友壶	高10cm	1,495,000	中国嘉德	2011.11.12
汪寅仙 供春壶	壶长19cm	1,610,000	长风拍卖	2011.6.21
汪寅仙 荷花青蛙壶	高10cm	632,500	中国嘉德	2011.11.12
汪寅仙 红虚扁壶	长14.5cm	345,000	北京容海	2011.10.22
汪寅仙 浣纱童子壶	长14.5cm	230,000	北京容海	2011.10.22
汪寅仙 金秋南瓜壶	高17cm	4,600,000	中国嘉德	2011.11.12
汪寅仙 款 松鼠葡萄紫砂壶		57,500	北京歌德	2011.12.04
汪寅仙 夔龙青铜纹四足壶	长20cm	1,322,500	北京匡时	2011.6.7
汪寅仙 绿泥高流金钟壶	高13cm	345,000	中国嘉德	2011.5.21
汪寅仙 绿泥夔龙供春壶	长18cm	667,000	北京匡时	2011.6.7
汪寅仙 绿泥流金钟壶	高13.5cm	460,000	北京匡时	2011.12.04
汪寅仙 南瓜壶	长16cm	851,200	北京容海	2011.4.23
汪寅仙 南瓜壶	高12cm	943,000	中国嘉德	2011.11.12
汪寅仙 南瓜壶	长15cm	224,000	长风拍卖	2011.1.20
汪寅仙 曲壶	高16.5cm	2,300,000	长风拍卖	2011.6.21
汪寅仙 曲壶提梁	高20cm	1,097,600	琴岛荣德	2011.12.10
汪寅仙 三友壶		2,240,000	南京经典	2011.6.5
汪寅仙 圣桃壶	高21cm	134,400	琴岛荣德	2011.5.15
汪寅仙 石瓢壶	高8.5cm	322,000	中国嘉德	2011.11.12
汪寅仙 柿子壶	长20.5cm	403,200	长风拍卖	2011.1.20
汪寅仙 树樱壶	长17cm	425,600	海士德	2011.6.17
汪寅仙 水利壶		448,000	南京经典	2011.6.5
汪寅仙 水利壶	长10.5cm	112,000	北京荣宝	2011.11.11
汪寅仙 硕宝壶	宽15.5cm	149,500	北京保利	2011.12.06
汪寅仙 硕宝壶	长16cm	190,400	北京容海	2011.4.23
汪寅仙 松椿壶		644,000	北京匡时	2011.12.04
汪寅仙 天鸡壶	高8.6cm	161,000	中国嘉德	2011.5.21
汪寅仙 天鸡壶	长9.5cm	207,000	长风拍卖	2011.12.20
汪寅仙 天乐壶	高12cm	1,840,000	北京匡时	2011.12.04
汪寅仙 弯錾椿壶	高15cm	1,150,000	中国嘉德	2011.5.21
汪寅仙 吴青霞 荷塘月色壶	高18cm	1,897,500	江苏省拍	2011.12.10
汪寅仙 西瓜壶	高10.3cm	747,500	中国嘉德	2011.5.21
汪寅仙 仙桃壶		952,000	南京经典	2011.6.5
汪寅仙 仙桃提樑壶	高20cm	2,530,000	北京容海	2011.10.22
汪寅仙 象脚壶	高8.7cm	195,500	中国嘉德	2011.11.12
汪寅仙 小佛手壶		302,400	南京经典	2011.6.5
汪寅仙 虚扁壶	长14.5cm	253,000	长风拍卖	2011.6.21
汪寅仙 有余图 银提梁壶	高15.5cm	1,058,000	中国嘉德	2011.11.12
汪寅仙 渔翁壶	高12.5cm	224,000	琴岛荣德	2011.12.10
汪寅仙 渔翁壶套具	长13cm	598,000	北京匡时	2011.6.7
汪寅仙 圆珠壶	高7.5cm	184,000	中国嘉德	2011.5.21
汪寅仙 朱泥扁南瓜壶	长13.5cm	230,000	北京保利	2011.12.06
汪寅仙 紫泥上梅段桩壶	高9cm	1,150,000	北京匡时	2011.12.04
汪寅仙 紫泥天鸡壶	长11.5cm	138,000	北京保利	2011.6.2
汪寅仙《墨绿南瓜壶》	高10cm	1,840,000	长风拍卖	2011.11.24
汪寅仙《曲壶》	高16.5cm	3,220,000	长风拍卖	2011.11.24
汪寅仙《印包壶》	高6.5cm	460,000	长风拍卖	2011.11.24

拍品名称	尺寸	成交价RMB	拍卖公司	拍卖日期
汪寅仙、范曾 1990年作 滔瓜提梁壶	高20cm	1,495,000	北京保利	2011.12.06
汪寅仙、韩美林 竹节提梁壶	高17.5cm	1,667,500	中国嘉德	2011.5.21
汪寅仙、谭泉海刻双竹提梁壶	长11.5cm	1,092,500	长风拍卖	2011.6.21
汪寅仙、姚志源 映山红壶	高11.8cm	287,500	中国嘉德	2011.11.12
汪寅仙、姚志源 松鼠葡萄壶	高11.2cm	862,500	长风拍卖	2011.11.24
汪寅仙/仿古壶	高8cm	287,500	北京翰海	2011.11.17
汪寅仙/夔龙树瘿壶	高11.5cm	920,000	北京翰海	2011.11.17
汪寅仙款 石瓢壶		690,000	北京歌德	2011.6.3
汪寅仙款独钓壶	高10.5cm	414,000	江苏万达	2011.5.28
汪寅仙款寿桃壶	高8cm	168,000	江苏万达	2011.5.28
汪寅仙寿桃提梁壶	高23.5cm	660,000	鼎时国际	2011.12.03
汪寅仙制 红虚扁壶	高7.5cm	195,500	广州嘉德	2011.6.11
汪寅仙制 石泉刻石瓢壶	长15.5cm	437,000	北京保利	2011.6.2
汪寅仙制 水利壶	长19cm	172,500	上海大众	2011.08.25
汪寅仙制 松桩壶	高10.5cm	920,000	广州嘉德	2011.6.11
汪寅仙制 姚志源刻 程十发书画 大一粒珠提梁壶(紫泥)	高16cm	920,000	华艺国际	2011.12.10
汪寅仙制 姚志源刻 南瓜壶	高6.2cm	552,000	广州嘉德	2011.6.11
汪寅仙制、姚志源字并刻《高南瓜壶》	长16.5cm	862,500	长风拍卖	2011.12.20
汪寅仙制供春套壶	尺寸不一	690,000	上海春秋堂	2011.12.11
汪寅仙制九头高梅套壶	尺寸不一	3,450,000	上海春秋堂	2011.12.11
汪寅仙制罗汉松壶		920,000	上海春秋堂	2011.12.11
汪寅仙制南瓜、木瓜小品壶(两件)		230,000	上海春秋堂	2011.10.23
汪寅仙制牛盖莲子壶		322,000	上海春秋堂	2011.12.11
汪寅仙制虬松树桩壶		1,265,000	上海春秋堂	2011.10.23
汪寅仙制小天鸡壶		149,500	上海春秋堂	2011.12.11
汪寅仙制姚志源刻书画圆只壶		253,000	上海春秋堂	2011.10.23
汪寅僊 金沙僧壶		392,000	江苏和信	2011.10.23
汪寅僊 绿南瓜壶		470,400	江苏和信	2011.10.23
汪寅僊制谭泉海刻滔滔提梁壶		1,792,000	江苏和信	2011.10.23
汪寅僊制张守智设计小曲壶		3,248,000	江苏和信	2011.10.23
汪寅僊 罗汉松壶		1,680,000	江苏和信	2011.10.23
王东石 椰子壶	高10.5cm	92,000	北京传是	2011.12.05
王辉 石玩壶		115,000	北京歌德	2011.12.03
王辉 石玩系列壶	高9.5cm	138,000	中国嘉德	2011.5.21
王铭东、申石伽、丁伟鸣 1994年作 通灵逸士壶	宽16cm	57,500	北京保利	2011.12.06
王强 圆菊壶		123,200	南京经典	2011.6.5
王强、王翔 贡珠壶	高9.6cm	94,300	中国嘉德	2011.5.21
王强制瓜语壶		138,000	上海春秋堂	2011.12.11
王石耕 菊花套壶	尺寸不一	57,500	北京传是	2011.12.05
王石耕 麻姑献寿壶	高29cm	109,250	北京传是	2011.12.05
王石耕 满掇只壶	长16cm	106,400	北京荣宝	2011.11.11
王石耕 曲提对壶	高10.5cm×4	57,500	北京匡时	2011.12.04
王石耕 砂珠套壶	长14cm	57,500	北京匡时	2011.6.7
王石耕 石瓢壶	高11cm	57,500	北京传是	2011.12.05
王石耕 印包壶	高11cm	55,200	北京匡时	2011.12.04
王熙臣 秋入五潭壶	长18.5cm	56,000	北京容海	2011.4.23
王翔 刻字画花瓶	高22cm	168,000	南京经典	2011.6.5
王翔 双耳瓶	高24cm	161,000	中国嘉德	2011.5.21
王小龙 八卦捆竹壶		280,000	南京经典	2011.6.5
王小龙制蝉衣南瓜壶		138,000	上海春秋堂	2011.10.23
王小龙制龙头一捆竹壶		218,500	上海春秋堂	2011.10.23
王寅春 六方高瓜壶	长14cm	91,840	北京荣宝	2011.08.13
王寅春 仿大生莲子壶	高9cm	195,500	中国嘉德	2011.11.12
王寅春 瓜梨壶	长16cm	92,000	长风拍卖	2011.12.20
王寅春 汉铎壶	高10cm	195,500	中国嘉德	2011.11.12
王寅春 汉君壶	长20cm	324,800	长风拍卖	2011.1.20
王寅春 六方井壶	高8.3cm	460,000	中国嘉德	2011.5.21
王寅春 绿泥鼓腹四方壶	高9cm	598,000	中国嘉德	2011.5.21
王寅春 梅花周盘壶	高7.5cm	368,000	中国嘉德	2011.11.12
王寅春 牛盖洋桶壶	高13.5cm	138,000	中国嘉德	2011.11.12
王寅春 洋桶壶	高14cm	134,400	长风拍卖	2011.1.20
王寅春 圆腹壶	长16.5cm	89,600	北京容海	2011.4.23
王寅春 朱泥仿鼓壶		784,000	南京经典	2011.6.5
王寅春 六方菱花壶	高11cm	1,150,000	长风拍卖	2011.11.24
王寅春 玉笠壶	高11.5cm	552,000	长风拍卖	2011.11.24

拍品名称	尺寸	成交价RMB	拍卖公司	拍卖日期
王寅春款 大汉君壶	长20cm	437,000	北京匡时	2011.12.05
王寅春款回纹四方瓶	高18.5cm	112,000	江苏万达	2011.5.28
王寅春款寿字提梁壶	高12.5cm	145,600	江苏万达	2011.5.28
王寅春款线圆壶	高8cm	168,000	江苏万达	2011.5.28
王寅春制 高分壶	高14cm	345,000	北京华辰	2011.5.20
王寅春制 六方鼓腹壶	高9cm	1,035,000	广州嘉德	2011.6.11
王寅春制 笑樱壶	高10.5cm	517,500	广州嘉德	2011.6.11
王寅春制半菊套壶	尺寸不一	1,380,000	上海春秋堂	2011.12.11
王寅春制合欢壶		460,000	上海春秋堂	2011.10.23
王寅春制莲子仿鼓壶		172,500	上海春秋堂	2011.10.23
王寅春制四方壶	长17cm	161,000	中贸圣佳	2011.11.06
王寅春制桶型壶		322,000	上海春秋堂	2011.12.11
王友元款 汉方加彩壶	高24cm	253,000	北京保利	2011.6.2
味泉 六方壶	长19.4cm	56,000	北京容海	2011.4.23
吴纯耿 八棱壶	长17.5cm	92,000	北京容海	2011.10.22
吴纯耿 葵瓣壶	长21.2cm	56,000	北京容海	2011.4.23
吴德盛、范锦甫 柿子壶	高11cm	80,500	上海工美	2011.6.26
吴东元 相知壶	长15cm	51,750	长风拍卖	2011.12.20
吴东元制大恒吉壶		115,000	上海春秋堂	2011.12.11
吴东元制永享套壶	尺寸不一	138,000	上海春秋堂	2011.12.11
吴界明 扁腹壶		89,700	北京歌德	2011.12.03
吴界明 蟾蜍方壶	高9.3cm	126,500	中国嘉德	2011.5.21
吴界明 合桃壶		313,600	南京经典	2011.6.5
吴界明 匏尊壶	长13cm	63,250	长风拍卖	2011.12.20
吴界明《神灯壶》	高9cm	69,000	长风拍卖	2011.11.24
吴界明/三足柱础壶	高8cm	80,500	北京翰海	2011.11.17
吴界明制神宁壶		368,000	上海春秋堂	2011.12.11
吴廉身 扁灯壶	长17.9cm	56,000	北京容海	2011.4.23
吴鸣 北瓢壶	长14.8cm	80,500	北京容海	2011.10.22
吴鸣 编花双鱼壶	高9cm	80,500	中国嘉德	2011.11.12
吴鸣 辫子壶		106,400	江苏和信	2011.10.23
吴鸣 蟾蜍壶	高8.8cm	69,000	中国嘉德	2011.5.21
吴鸣 供春壶	长16cm	80,500	北京容海	2011.10.22
吴鸣 荷塘听雨壶	高21.5cm	483,000	北京匡时	2011.6.7
吴鸣 怀日套壶	尺寸不一	115,000	中国嘉德	2011.5.21
吴鸣 涧栽线枚壶	高15cm	149,500	中国嘉德	2011.5.21
吴鸣 君平壶		134,400	江苏和信	2011.10.23
吴鸣 觅壶		470,400	江苏和信	2011.10.23
吴鸣 南瓜壶	长16.5cm	56,000	长风拍卖	2011.1.20
吴鸣 朴君子壶	高11cm	115,000	中国嘉德	2011.5.21
吴鸣 谦谦君子对壶	尺寸不一	402,500	北京匡时	2011.12.04
吴鸣 青灰樱桃壶	长17cm	287,500	北京匡时	2011.6.7
吴鸣 秋韵壶	长18.5cm	138,000	长风拍卖	2011.6.21
吴鸣 陶杆壶	高6cm	57,500	中国嘉德	2011.11.12
吴鸣 天人合一壶 之二	直径15.5cm	392,000	海士德	2011.6.17
吴鸣 五件套壶	尺寸不一	336,000	海士德	2011.6.17
吴鸣 西瓜壶	高7.8cm	149,500	中国嘉德	2011.11.12
吴鸣 一叶知千秋壶	高10cm	138,000	北京匡时	2011.12.04
吴鸣 幼竹君子壶	长16cm	322,000	北京匡时	2011.6.7
吴鸣 幼竹君子壶	长15.5cm	69,440	长风拍卖	2011.1.20
吴鸣 与先贤对话壶		436,800	江苏和信	2011.10.23
吴鸣 驭日壶	长17cm	392,000	海士德	2011.6.17
吴鸣 远古童心壶	高23.4cm	69,000	北京容海	2011.10.22
吴鸣 直筒壶	长12cm	117,600	北京荣宝	2011.11.11
吴鸣 种瓜得鱼壶	高7cm	78,200	中国嘉德	2011.11.12
吴鸣 竹林寻贤壶	长34cm	368,000	北京匡时	2011.6.7
吴鸣 北瓢壶	高7cm	80,500	长风拍卖	2011.11.24
吴鸣、胡永成 山水画壶	长15cm	97,750	北京容海	2011.10.22
吴鸣/布纹樱桃壶	高8cm	63,250	北京翰海	2011.11.17
吴培林 浪花壶		336,000	江苏和信	2011.10.23
吴群祥《提璧壶》	高14cm	92,000	长风拍卖	2011.12.20
吴群祥 1995年作 双龙提梁壶	长17cm	195,500	北京保利	2011.6.2
吴群祥 掇球壶		106,400	江苏和信	2011.10.23
吴群祥 仿古壶	长18.5cm	92,000	北京匡时	2011.6.7
吴群祥 供春套壶	尺寸不一	184,000	中国嘉德	2011.5.21
吴群祥 古泉壶	长16.5cm	92,000	长风拍卖	2011.6.21
吴群祥 汉方壶	长20cm	69,000	北京保利	2011.6.2
吴群祥 合欢壶	高10cm	57,500	北京匡时	2011.12.04
吴群祥 合欢壶		212,800	南京经典	2011.6.5

2011杂项拍卖成交汇总

(成交价RMB：5万元以上)

拍品名称	尺寸	成交价RMB	拍卖公司	拍卖日期
吴群祥 葫芦壶	长16cm	138,000	长风拍卖	2011.6.21
吴群祥 井栏壶		134,400	江苏和信	2011.10.23
吴群祥 莲籽壶		109,250	北京歌德	2011.12.03
吴群祥 菱花壶	长16cm	51,750	北京匡时	2011.6.7
吴群祥 三足传炉壶		126,500	北京歌德	2011.12.03
吴群祥 砂大方壶	高9cm	92,000	中国嘉德	2011.5.21
吴群祥 双龙提梁壶	长17cm	115,000	北京保利	2011.12.06
吴群祥 谭泉海刻 圆珠壶	高10cm	51,750	北京匡时	2011.12.04
吴群祥 提璧组壶(共计十三件)	尺寸不一	287,500	北京保利	2011.12.06
吴群祥 提梁壶	高14cm	172,500	中国嘉德	2011.5.21
吴群祥 一团和气壶	长18.5cm	138,000	长风拍卖	2011.6.21
吴群祥 隐筋竹顶壶	长18cm	78,200	北京匡时	2011.6.7
吴群祥 玉带壶	高11.5cm	69,000	北京匡时	2011.12.04
吴群祥 竹段壶	高10.3cm	71,300	中国嘉德	2011.5.21
吴群祥 紫气东来壶	高8cm	92,000	中国嘉德	2011.11.12
吴群祥《莲子壶》	高9.5cm	69,000	长风拍卖	2011.11.24
吴群祥《直流壶》	高9.8cm	69,000	长风拍卖	2011.11.24
吴群祥 子冶石瓢壶	高8.5cm	109,250	长风拍卖	2011.11.24
吴群祥、何加林 石瓢壶	高8.3cm	161,000	中国嘉德	2011.5.21
吴群祥、张守智/群智提梁壶	高16cm	149,500	北京翰海	2011.11.17
吴群祥/掇球壶	高9.5cm	103,500	北京翰海	2011.11.17
吴群祥制 此乐提梁壶	高19cm	78,200	广州嘉德	2011.6.11
吴群祥制大西施壶		161,000	上海春秋堂	2011.12.11
吴群祥制梅竹双清壶		172,500	上海春秋堂	2011.12.11
吴群祥制谭泉海刻 南瓜壶	高10cm	161,000	北京匡时	2011.12.04
吴亚亦制、毛国强刻饰《文房四宝壶》	高34cm	264,500	长风拍卖	2011.12.20
吴亚亦制毛国强刻 福禄寿壶	高19cm	184,000	北京匡时	2011.12.04
吴云根 木瓜壶	长17.5cm	112,000	北京荣宝	2011.08.13
吴云根 传炉壶		201,600	南京经典	2011.6.5
吴云根 传炉壶	长15.5cm	69,000	长风拍卖	2011.12.20
吴云根 大竹段五件套壶	高10cm	560,000	中鼎国际	2011.10.15
吴云根 合盘壶	长18cm	138,000	长风拍卖	2011.12.20
吴云根 刻字大传炉壶		280,000	南京经典	2011.6.5
吴云根 线圆壶	长19.5cm	92,000	长风拍卖	2011.12.20
吴云根 线圆壶	长11cm	172,500	北京容海	2011.10.22
吴云根 竹段壶	长18cm	106,400	北京荣宝	2011.11.11
吴云根 传炉壶	高10cm	1,035,000	长风拍卖	2011.11.24
吴云根 云肩壶	高10cm	402,500	长风拍卖	2011.11.24
吴云根款四方弧棱壶	高9cm	126,500	江苏万达	2011.5.28
吴云根制 鱼化龙壶	高10.5cm	345,000	广州嘉德	2011.6.11
吴云根制觚棱提梁壶		253,000	上海春秋堂	2011.12.11
吴云山制 线圆壶	高7cm	51,750	广州嘉德	2011.6.11
夏洪西制陈复澄刻 八方井栏紫砂壶	高8.3cm	63,250	西泠拍卖	2011.7.19
谢曼仑 大佛手壶	长30.5cm	218,500	长风拍卖	2011.12.20
谢曼仑 小桑宝壶	长13cm	51,750	长风拍卖	2011.12.20
谢曼伦 蚕宝壶	长14.5cm	51,750	北京保利	2011.6.2
谢曼伦 大桑宝壶	高8.7cm	78,200	中国嘉德	2011.11.12
谢曼伦 佛手桩壶		168,000	南京经典	2011.6.5
谢曼伦 绞竹提梁壶	高16.5cm	69,000	北京匡时	2011.12.04
谢曼伦 泉源壶		69,000	北京歌德	2011.12.04
谢曼伦 桑宝壶(二件)	尺寸不一	126,500	中国嘉德	2011.11.12
谢曼伦 一泉壶		69,000	北京歌德	2011.12.04
谢曼伦 竹段壶	高9.5cm	80,500	北京传是	2011.12.05
谢曼伦 竹子壶	长15cm	50,400	长风拍卖	2011.1.20
谢曼伦 迎客松壶	高8.7cm	51,750	长风拍卖	2011.11.24
谢曼伦/新梅壶	高13cm	63,250	北京翰海	2011.11.17
谢曼伦制石羽刻字四方圆竹顶壶	长17cm	86,250	北京保利	2011.6.2
徐秉方 圆珠壶	高10.3cm	55,200	中国嘉德	2011.5.22
徐达明 汉韵红木提梁壶	高15cm	69,000	北京匡时	2011.12.04
徐达明 石瓢壶	长15cm	82,800	北京匡时	2011.6.7
徐达明 石瓢壶		106,400	江苏和信	2011.10.23
徐达明 石瓢壶三代同堂	尺寸不一	156,800	长风拍卖	2011.1.20
徐达明 陶木壶	长10cm	57,500	长风拍卖	2011.12.20
徐达明 虚扁壶	高13.5cm	92,000	北京传是	2011.12.05
徐达明 虚扁壶	长19cm	56,000	长风拍卖	2011.1.20
徐达明 冰梅壶	高7cm	69,000	长风拍卖	2011.11.24
徐达明 马蹬壶	高10.5cm	184,000	长风拍卖	2011.11.24

拍品名称	尺寸	成交价RMB	拍卖公司	拍卖日期
徐达明 子冶石瓢壶	高8.5cm	115,000	长风拍卖	2011.11.24
徐达明、徐维明 石瓢壶	长24cm	67,200	北京荣宝	2011.08.13
徐达明、徐维明 石瓢壶	高10.4cm	82,800	中国嘉德	2011.5.21
徐达明、徐维明 树韵壶	高19cm	82,800	中国嘉德	2011.5.21
徐达明、徐维明合作 大石瓢壶	长24cm	106,400	海士德	2011.6.17
徐达明/汉韵红木提梁壶	高18cm	92,000	北京翰海	2011.11.17
徐达明/太白尊壶	高7cm	57,500	北京翰海	2011.11.17
徐达明/幽思壶	高9cm	63,250	北京翰海	2011.11.17
徐飞龙款 僧帽壶		115,000	北京歌德	2011.6.3
徐汉堂 鼓腹壶	高8cm	287,500	北京匡时	2011.12.04
徐汉棠《菱花提梁壶》	高14.5cm	345,000	长风拍卖	2011.12.20
徐汉棠《四方开片高石瓢壶》	高11cm	368,000	长风拍卖	2011.12.20
徐汉棠 扁腹壶	高8cm	207,000	中国嘉德	2011.5.21
徐汉棠 大彬提梁壶	高19.8cm	322,000	中国嘉德	2011.11.12
徐汉棠 大掇只壶	高14cm	805,000	北京传是	2011.12.05
徐汉棠 掇球壶	高11.5cm	172,500	中国嘉德	2011.11.12
徐汉棠 掇球壶	高10.5cm	138,000	中国嘉德	2011.11.12
徐汉棠 掇球壶		336,000	江苏和信	2011.10.23
徐汉棠 掇子壶	高9.5cm	112,700	北京传是	2011.12.05
徐汉棠 古兽窥今壶	高12.5cm	322,000	中国嘉德	2011.5.21
徐汉棠 葵花提梁壶	高11.5cm	402,500	北京传是	2011.12.05
徐汉棠 葵花提梁壶	高15.5cm	460,000	中国嘉德	2011.5.21
徐汉棠 灵芝提梁壶	长13.5cm	598,000	北京保利	2011.6.2
徐汉棠 菱方壶	长19cm	287,500	长风拍卖	2011.6.21
徐汉棠 菱花提梁壶		728,000	江苏和信	2011.10.23
徐汉棠 牛盖提梁壶	长15.5cm	425,500	长风拍卖	2011.6.21
徐汉棠 群花提梁壶	高14.2cm	322,000	中国嘉德	2011.11.12
徐汉棠 三足如意壶	高10.5cm	322,000	北京匡时	2011.12.04
徐汉棠 砂四方壶	长18cm	517,500	北京匡时	2011.6.7
徐汉棠 石瓢壶	长14.5cm	134,400	海士德	2011.6.17
徐汉棠 石瓢壶	高8.5cm	230,000	中国嘉德	2011.5.21
徐汉棠 石瓢壶		224,000	南京经典	2011.6.5
徐汉棠 石瓢壶	高6.7cm	195,500	中国嘉德	2011.11.12
徐汉棠 石瓢壶	长13cm	84,000	北京容海	2011.4.23
徐汉棠 石瓢壶		358,400	江苏和信	2011.10.23
徐汉棠 四世同堂壶	尺寸不一	806,400	长风拍卖	2011.1.20
徐汉棠 提梁壶	高17cm	172,500	上海工美	2011.6.26
徐汉棠 王庭梅合作 微型砂壶小品(八件)		69,000	北京匡时	2011.12.04
徐汉棠 小掇球壶	长16.5cm	138,000	北京保利	2011.12.06
徐汉棠 小圆盘壶	高9cm	207,000	北京传是	2011.12.05
徐汉棠 虚扁提梁壶	长19cm	281,750	北京保利	2011.12.06
徐汉棠 朱泥菊蕾壶	高5.5cm	138,000	中国嘉德	2011.5.21
徐汉棠《裙花提梁壶》	高14.5cm	690,000	长风拍卖	2011.11.24
徐汉棠、韩天衡刻画 秦权壶	长16cm	862,500	长风拍卖	2011.6.21
徐汉棠、谢稚柳书画、谭泉海刻《秦权壶》	高13cm	529,000	长风拍卖	2011.12.20
徐汉棠/大石瓢壶	高7cm	264,500	北京翰海	2011.11.17
徐汉棠/均玉壶	高9.3cm	195,500	北京翰海	2011.11.17
徐汉棠款大亨式仿鼓壶	高8.5cm	392,000	江苏万达	2011.5.28
徐汉棠款如意钟式壶	高7.5cm	313,600	江苏万达	2011.5.28
徐汉棠制、韩天衡刻 秦权壶	高16cm	575,000	长风拍卖	2011.11.24
徐汉棠紫砂壶	长17cm	89,600	中鸿信	2011.6.26
徐维明 1988年作 乐胜桃花源壶	宽39cm	172,500	北京保利	2011.12.06
徐维明 关良 掇球壶	长17.3cm	67,200	北京容海	2011.4.23
徐维明 远古文明壶	高10cm	92,000	北京传是	2011.12.05
徐秀堂《执权壶》	长17cm	74,750	长风拍卖	2011.12.20
徐秀堂 饮八仙壶	高29.5cm	230,000	长风拍卖	2011.6.21
徐秀棠 1988年作 四方壶	长13.5cm	57,500	北京保利	2011.6.2
徐秀棠 伴我不倦壶	高8.3cm	69,000	中国嘉德	2011.5.21
徐秀棠 大扁壶	高9cm	126,500	中国嘉德	2011.5.21
徐秀棠 鼎彝壶	高9cm	115,000	中国嘉德	2011.11.12
徐秀棠 供春制壶	长31cm	115,000	北京保利	2011.12.06
徐秀棠 老子出关壶	高34cm	172,500	长风拍卖	2011.12.20
徐秀棠 灵豹壶		112,000	江苏和信	2011.10.23
徐秀棠 灵豹壶	长12.5cm	50,400	北京容海	2011.4.23
徐秀棠 凌翔壶	长13cm	105,800	北京匡时	2011.6.7
徐秀棠 三足壶壶	长14cm	61,600	北京容海	2011.4.23
徐秀棠 四足兽钮壶		63,250	北京容海	2011.10.22

拍品名称	尺寸	成交价RMB	拍卖公司	拍卖日期
徐秀棠 天伦之乐壶	高15cm	92,000	长风拍卖	2011.12.20
徐秀棠 休闲自得壶	长16.5cm	55,200	长风拍卖	2011.12.20
徐秀棠 寅运朱泥壶	长13cm	57,500	北京匡时	2011.6.7
徐秀棠 紫砂艺人大亨颂壶	高31cm	460,000	北京传是	2011.12.05
徐秀棠 紫鸳鸯壶	高10.4cm	59,800	中国嘉德	2011.5.21
徐秀棠 坐八怪壶	尺寸不一	1,456,000	南京经典	2011.6.5
徐秀棠 坐八怪探地壶	长14cm	69,000	北京保利	2011.6.2
徐秀棠 神兽壶	高10.2cm	74,750	长风拍卖	2011.11.24
徐秀棠 天威壶	高8.5cm	86,250	长风拍卖	2011.11.24
徐秀棠/灵豹壶	高8cm	138,000	北京翰海	2011.11.17
徐秀棠［当代］灵豹紫砂壶	高11cm	138,000	西泠拍卖	2011.7.19
徐秀棠刻周桂珍制曼生提梁壶		437,000	上海春秋堂	2011.12.11
徐秀棠制 2001年作 大灵豹壶	高10cm	172,500	广州嘉德	2011.6.11
徐秀棠制 吹毛断发壶	高35cm	149,500	上海春秋堂	2011.12.11
徐秀棠制树瘿供春壶		138,000	上海春秋堂	2011.10.23
徐秀棠制削铁如泥壶	高38cm	184,000	上海春秋堂	2011.12.11
徐徐 1989年作 御鲲壶	宽15cm	184,000	北京保利	2011.12.06
徐徐 段泥井栏壶	高8cm	287,500	中国嘉德	2011.11.12
徐徐 高朋壶	长14cm	89,600	长风拍卖	2011.1.20
徐徐 合欢壶 (两把)	尺寸不一	402,500	中国嘉德	2011.5.21
徐徐 乐园壶	长16cm	69,000	北京容海	2011.10.22
徐徐 龙蛋壶	长16cm	51,750	北京容海	2011.10.22
徐徐 匏瓜提梁壶		179,200	江苏和信	2011.10.23
徐徐 千禧如意壶	长16cm	69,000	北京匡时	2011.6.7
徐徐/掇子壶	高10cm	86,250	北京翰海	2011.11.17
徐徐/花蕾壶	高9cm	86,250	北京翰海	2011.11.17
徐远明 寿桃壶	高12.8cm	86,250	长风拍卖	2011.11.24
许成权 段泥竹段酒具(一套九件)	高20cm	57,500	中国嘉德	2011.11.12
许成权 秦泉壶	高11cm	82,800	中国嘉德	2011.5.21
许四海 四足壶	长14.5cm	69,000	北京容海	2011.10.22
许卫良 上合桃壶	高18cm	207,000	长风拍卖	2011.11.24
许卫良制大葫芦壶		184,000	上海春秋堂	2011.12.11
许亚均 龙头一捆竹壶		57,500	北京歌德	2011.12.03
许艳春 宝顶如意壶	长18cm	86,250	北京容海	2011.10.22
许艳春 凤鸣壶	高8.7cm	71,300	中国嘉德	2011.11.12
许艳春 四大美人套件	尺寸不一	483,000	北京匡时	2011.12.04
许艳春制 如意仿古壶	高8.5cm	92,000	广州嘉德	2011.6.11
许艳春制 一品香茗壶	腹径15cm	69,000	北京华辰	2011.5.20
许艳春制、毛国强刻 虚扁壶	长17cm	103,500	长风拍卖	2011.6.21
薛卫平 得水壶	高9.1cm	161,000	中国嘉德	2011.5.21
杨彭年制、子繁铭合欢提梁壶	高12cm	5,520,000	上海工美	2011.6.26
杨勤芳 汉凤紫砂壶	高8.8cm	57,500	西泠拍卖	2011.7.19
杨陶 大竹节壶	长20cm	51,750	长风拍卖	2011.12.20
杨陶 松桩壶	高12.5cm	322,000	长风拍卖	2011.11.24
姚志泉 海棠迎春壶	长14.3cm	55,200	北京容海	2011.10.22
姚志泉 绿泥南瓜壶	长15.5cm	69,000	北京容海	2011.10.22
姚志源 常乐提梁壶	高11.5cm	69,000	中国嘉德	2011.11.12
姚志源 鈲壶	长13cm	115,000	北京容海	2011.10.22
姚志源 锦宝壶	长14.7cm	80,500	北京容海	2011.10.22
姚志源 巧色木瓜壶	高9.4cm	66,700	中国嘉德	2011.5.21
姚志源 双色木瓜壶	高9cm	80,500	北京匡时	2011.12.04
姚志源 玉梅壶	高8cm	97,750	长风拍卖	2011.11.24
姚志源制石榴壶		115,000	上海春秋堂	2011.12.11
悠哉壶	长16cm	67,200	北京荣宝	2011.3.18
余秋雨书画鲍志强刻陈国良制香瓜壶		402,500	上海春秋堂	2011.12.11
俞国良 线圆壶	长18.5cm	126,500	长风拍卖	2011.12.20
俞国良［民国］大虚扁紫砂壶	高9cm	92,000	西泠拍卖	2011.7.19
俞国良款 德钟壶		230,000	北京歌德	2011.6.3
俞荣骏 莲壶		134,400	江苏和信	2011.10.23
袁小强 合菱壶	长8cm	149,500	长风拍卖	2011.6.21
袁小强 梅花周盘壶	高9.7cm	115,000	中国嘉德	2011.5.21
袁小强 梅竹双清壶		168,000	南京经典	2011.6.5
袁小强 鸣远四方壶	长15.5cm	103,500	长风拍卖	2011.12.20
袁小强 无垢壶	长17cm	103,500	长风拍卖	2011.12.20
袁云龙《十六瓣菊蕾壶》	高11.6cm	747,500	长风拍卖	2011.11.24
月泉款六角莲子壶	高11.2cm	345,000	上海春秋堂	2011.12.11
张红华 松竹提梁壶	高16.2cm	109,250	中国嘉德	2011.5.21
张红华制 陆一飞画 大石瓢壶		212,800	江苏和信	2011.10.23

拍品名称	尺寸	成交价RMB	拍卖公司	拍卖日期
张红华 葵掇球壶	高12cm	69,000	长风拍卖	2011.11.24
张红华 玉笠壶	高12.5cm	69,000	长风拍卖	2011.11.24
张红华、毛国强 石瓢提梁壶	高11.7cm	126,500	中国嘉德	2011.5.21
张红华、启功 秦权壶	高12cm	69,000	中国嘉德	2011.11.12
张红华、杨仁恺书 飞月壶	高11.8cm	69,000	长风拍卖	2011.11.24
张红华制、李可染书法玉笠壶	长17cm	172,500	长风拍卖	2011.12.20
张红华制、汪更新书画装饰《四方壶》	长16cm	69,000	长风拍卖	2011.12.20
张红华制玉笠壶		195,500	上海春秋堂	2011.10.23
张庆臣 1980年作制 吕章申书 刘克唐铭八面玲珑壶	长18cm	230,000	北京保利	2011.6.2
张庆臣 1993年作 园珠壶	长16cm	57,500	北京保利	2011.6.2
张庆臣、曹辛之合作 1992年作 长乐鼓腹壶	长16cm	51,750	北京保利	2011.12.06
张正中 美林壶	长13cc	59,800	北京匡时	2011.6.7
张正中 南瓜壶	长18.2cm	253,000	长风拍卖	2011.12.20
张正中 年轮壶	长13.5cm	172,500	长风拍卖	2011.12.20
张正中 年轮提梁壶	高13.5cm	437,000	中国嘉德	2011.5.21
张正中 竹趣壶	高4.8cm	92,000	长风拍卖	2011.11.24
张正中制年轮壶		276,000	上海春秋堂	2011.12.11
赵江华 石瓢壶	长16.5cm	51,750	北京匡时	2011.6.7
赵江华、毛国强 石瓢壶	高7.6cm	115,000	中国嘉德	2011.5.21
赵曦鹏 霓裳天姿五件组壶		392,000	江苏和信	2011.10.23
智竹提梁壶		582,400	东方艺都	2011.7.6
中国当代紫砂名人仿制系列		1,955,000	北京传是	2011.12.05
周定华 八方壶	高7.5cm	55,200	中国嘉德	2011.5.21
周定华 六方壶	高8.9cm	71,300	中国嘉德	2011.5.21
周定华 提樑壶	长13.5cm	57,500	北京容海	2011.10.22
周定华 钻石壶	高14cm	80,500	中国嘉德	2011.5.21
周定华/鸣远四方壶	高12.5cm	51,750	北京翰海	2011.11.17
周桂珍《纯泉壶》		322,000	北京歌德	2011.12.03
周桂珍 1993年制 串顶壶	高12cm	195,500	广州嘉德	2011.6.11
周桂珍 1998年作 一粒珠壶	长18cm	218,500	北京保利	2011.12.06
周桂珍 2010年作 吴经提梁壶	高16cm	437,000	广州嘉德	2011.6.11
周桂珍 八珍壶	长16.5cm	115,000	北京匡时	2011.6.7
周桂珍 碧波壶	长21.5cm	358,400	长风拍卖	2011.1.20
周桂珍 扁灯壶	高10cm	358,400	中鼎国际	2011.10.15
周桂珍 扁竹提梁壶		336,000	南京经典	2011.6.5
周桂珍 成音壶	高16cm	2,185,000	北京传是	2011.12.05
周桂珍 大彬如意壶	高13.5cm	368,000	北京传是	2011.12.05
周桂珍 大彬如意壶	高10cm	230,000	北京传是	2011.12.05
周桂珍 地球壶	长11cm	224,000	长风拍卖	2011.1.20
周桂珍 段泥环龙三足壶	长18cm	168,000	长风拍卖	2011.1.20
周桂珍 段泥曼生提梁壶	高15cm	414,000	北京匡时	2011.12.04
周桂珍 掇球壶	长18.5cm	253,000	长风拍卖	2011.12.20
周桂珍 掇球壶	长18cm	89,600	长风拍卖	2011.1.20
周桂珍 范曾合作 段泥单圈三足环龙壶	高11cm	1,380,000	北京匡时	2011.12.04
周桂珍 凤鸣壶	长21cm	336,000	长风拍卖	2011.1.20
周桂珍 高海庚合作 高圆壶	长12cm	80,500	北京保利	2011.6.2
周桂珍 古珍提梁壶	长16.5cm	460,000	北京保利	2011.6.2
周桂珍 瓜蔓壶	长15cm	126,500	北京保利	2011.6.2
周桂珍 汉璧壶	长19.5cm	212,800	海士德	2011.6.17
周桂珍 黑碗灯壶	长16cm	92,000	北京保利	2011.6.2
周桂珍 红泥葫芦壶	高11cm	57,500	北京匡时	2011.12.04
周桂珍 红小掇壶		246,400	江苏和信	2011.10.23
周桂珍 华寿壶	高16cm	2,277,000	北京传是	2011.12.05
周桂珍 集玉壶	长17cm	92,000	北京保利	2011.12.06
周桂珍 集玉壶	长17.3cm	207,000	北京保利	2011.6.2
周桂珍 乐水壶	高11.5cm	207,000	北京传是	2011.12.05
周桂珍 联璧壶	高11cm	253,000	北京传是	2011.12.05
周桂珍 六方抽角壶	长21.5cm	89,600	长风拍卖	2011.1.20
周桂珍 绿泥小僧帽壶	高9cm	368,000	北京传是	2011.12.05
周桂珍 绿砂大淋壶	长18cm	235,200	长风拍卖	2011.1.20
周桂珍 绿砂碗灯壶	长16cm	172,500	长风拍卖	2011.6.21
周桂珍 曼生提梁壶		2,240,000	南京经典	2011.6.5
周桂珍 梅花提梁壶	高15.8cm	690,000	中国嘉德	2011.5.21
周桂珍 拼紫石瓢壶	高7.2cm	224,000	江苏和信	2011.10.23
周桂珍 朴玉壶	高11cm	437,000	中国嘉德	2011.11.12

2011杂项拍卖成交汇总

(成交价RMB：5万元以上)

拍品名称	尺寸	成交价RMB	拍卖公司	拍卖日期
周桂珍 沁泉壶	长21cm	230,000	长风拍卖	2011.12.20
周桂珍 清江一壶	高10.5cm	253,000	北京传是	2011.12.05
周桂珍 如意壶	长17.5cm	207,000	北京保利	2011.12.06
周桂珍 如意壶	长16cm	56,000	北京容海	2011.4.23
周桂珍 僧帽壶	高10.5cm	253,000	北京传是	2011.12.05
周桂珍 僧帽壶	高9cm	322,000	中国嘉德	2011.3.20
周桂珍 僧帽壶	长13cm	287,500	北京保利	2011.6.2
周桂珍 上新桥壶	长17.5cm	276,000	长风拍卖	2011.6.21
周桂珍 双线壶	16cm×10.3cm	207,000	北京传是	2011.12.05
周桂珍 提梁壶	长15cm	195,500	北京保利	2011.6.2
周桂珍 提樑壶	长15cm	224,000	北京容海	2011.4.23
周桂珍 万象更新壶	长16cm	230,000	长风拍卖	2011.6.21
周桂珍 吴经提梁壶		392,000	南京经典	2011.6.5
周桂珍 小六宝壶	长13cm	115,000	北京匡时	2011.6.7
周桂珍 小六宝壶	长13.4cm	115,000	北京容海	2011.10.22
周桂珍 徐秀棠合作 1992年作 紫泥圆壶	长15.8cm	138,000	北京保利	2011.6.2
周桂珍 徐秀棠合作 龙生九子古兽提梁壶	高18cm	402,500	北京保利	2011.6.2
周桂珍 徐秀棠合作 乳鼎壶	长14.5cm	230,000	北京保利	2011.6.2
周桂珍 韵竹提梁壶	高13.5cm	690,000	长风拍卖	2011.6.21
周桂珍 珍方壶	高8cm	313,600	中鼎国际	2011.10.15
周桂珍 珍珍提梁壶	高14cm	517,500	江苏省拍	2011.12.10
周桂珍 制 高海庚 设计 环龙三足壶		336,000	江苏和信	2011.10.23
周桂珍制高海庚设计追月壶		336,000	江苏和信	2011.10.23
周桂珍 制 顾景舟 监制 回纹圈盖壶		2,688,000	江苏和信	2011.10.23
周桂珍 制 宋文治 画 紫泥曼生提梁壶		1,680,000	江苏和信	2011.10.23
周桂珍 竹段壶	长15.5cm	172,500	北京保利	2011.6.2
周桂珍 紫逸公壶	长17cm	123,200	长风拍卖	2011.1.20
周桂珍《掇只壶》	高9cm	230,000	长风拍卖	2011.11.24
周桂珍《菊蕾壶》	高8.5cm	253,000	长风拍卖	2011.11.24
周桂珍《神灯壶》	高7.5cm	230,000	长风拍卖	2011.11.24
周桂珍、冯其庸书、徐秀棠刻《凤鸣壶》	长16cm	402,500	长风拍卖	2011.12.20
周桂珍、冯其庸书画《汉鼓圈盖壶》	高16cm	437,000	长风拍卖	2011.12.20
周桂珍、顾景舟 仿古壶	高12cm	2,415,000	中国嘉德	2011.5.21
周桂珍、徐秀棠刻饰 双圈壶	高16cm	690,000	长风拍卖	2011.12.20
周桂珍/弧棱提梁壶	高14.2cm	172,500	北京翰海	2011.11.17
周桂珍/梅花提梁壶	高17cm	632,500	北京翰海	2011.11.17
周桂珍/砂四方壶	高7.5cm	310,500	北京翰海	2011.11.17
周桂珍［当代］三足大彬如意紫砂壶	高11.2cm	138,000	西泠拍卖	2011.7.19
周桂珍款难得胡涂紫砂壶	高8cm	112,000	江苏万达	2011.5.28
周桂珍制 冯其庸书 徐秀棠刻 回纹双圈壶	长17cm	552,000	北京匡时	2011.6.7
周桂珍制、韩敏书画、鲍志强刻饰 三足仿大彬壶	长22cm	667,000	长风拍卖	2011.12.20
周桂珍制掇球壶		207,000	上海春秋堂	2011.12.11
周桂珍制汉君壶		218,500	上海春秋堂	2011.12.11
周桂珍制集玉壶		184,000	上海春秋堂	2011.10.23
周桂珍制绿泥四方壶		115,000	上海春秋堂	2011.12.11
周桂珍制拼砂僧帽壶		276,000	上海春秋堂	2011.10.23
周桂珍制三线提梁壶		207,000	上海春秋堂	2011.10.23
周桂珍制石瓢壶		115,000	上海春秋堂	2011.12.11
周桂珍制甜瓜壶		115,000	上海春秋堂	2011.10.23
周桂珍制线圆壶		184,000	上海春秋堂	2011.12.11
周桂珍制紫润壶		218,500	上海春秋堂	2011.12.11
周菊芳 玉兰壶	长15.8cm	201,600	北京容海	2011.4.23
周菊芳 玉兰套壶	长15.8cm	224,000	北京容海	2011.4.23
周菊英、吴为山合作 牛盖壶	长15cm	74,750	长风拍卖	2011.6.21
周琴娣 三足线韵壶	长15.5cm	95,200	北京荣宝	2011.11.11
周勤龙 魁方壶	长18cm	84,000	海士德	2011.6.17
周勤龙 六方钟形壶	长18cm	78,400	海士德	2011.6.17
周勤龙 年喜壶	高18cm	84,000	海士德	2011.6.17
周宇杰制岁月遗痕套壶		138,000	上海春秋堂	2011.12.11

拍品名称	尺寸	成交价RMB	拍卖公司	拍卖日期
周尊严制、毛国强刻/双耳扁方瓶	高40cm	59,800	北京翰海	2011.11.17
朱可心《报春壶》	长20cm	1,380,000	长风拍卖	2011.12.20
朱可心 大报春壶	高15.5cm	1,840,000	中国嘉德	2011.3.20
朱可心 大报春壶	长16.5cm	392,000	北京荣宝	2011.11.11
朱可心 大梅报春壶	高9cm	134,400	琴岛荣德	2011.5.15
朱可心 大竹段壶	长23.5cm	425,600	北京荣宝	2011.11.11
朱可心 岁寒三友壶	长19.5cm	190,400	海士德	2011.6.17
朱可心 碗盅壶	长18.5cm	89,600	海士德	2011.6.17
朱可心 线圆壶	高8cm	92,000	中国嘉德	2011.3.20
朱可心 线圆壶	高8cm	190,400	中鼎国际	2011.10.15
朱可心 小木瓜壶	高8cm	138,000	中国嘉德	2011.5.21
朱可心 肖樱壶	长18cm	483,000	长风拍卖	2011.6.21
朱可心 洋桶壶	高13cm	190,400	长风拍卖	2011.1.20
朱可心 鱼化龙壶	长16.7cm	145,600	北京容海	2011.4.23
朱可心 鱼化龙壶	长19cm	97,750	长风拍卖	2011.12.20
朱可心 朱泥云龙壶		616,000	南京经典	2011.6.5
朱可心 竹段壶	长20.5cm	172,500	北京保利	2011.12.06
朱可心《鲤鱼跃龙门壶》	高11.5cm	126,500	长风拍卖	2011.11.24
朱可心 两节竹段壶	高9cm	1,150,000	长风拍卖	2011.11.24
朱可心 松竹梅壶	高9cm	1,150,000	长风拍卖	2011.11.24
朱可心 鱼化龙壶	高10.5cm	345,000	长风拍卖	2011.11.24
朱可心传炉	高22cm	517,500	江苏省拍	2011.12.10
朱可心款高梅椿壶	高16cm	333,500	江苏万达	2011.5.28
朱可心款上园竹节壶	高9.8cm	241,500	江苏万达	2011.5.28
朱可心款线圆壶	高4.8cm	103,500	江苏万达	2011.5.28
朱可心制 高峰壶	高18.5cm	632,500	北京华辰	2011.5.20
朱可心制 高梅壶	高17cm	161,000	北京华辰	2011.5.20
朱可心制 绿泥矮竹壶	长19cm	138,000	北京华辰	2011.5.20
朱可心制 松鼠葡萄壶	长21.5cm	218,500	北京华辰	2011.5.20
朱可心制双色柿子壶		690,000	上海春秋堂	2011.12.11
朱可心制双线竹鼓壶		73,600	北京歌德	2011.09.17
朱可心制窑变鱼化龙紫砂壶	直径19cm	690,000	北京歌德	2011.4.24
朱泥“孟臣”款粗砂壶	长15.5cm	92,000	北京匡时	2011.6.7
朱泥菊瓣壶	长9cm	57,500	北京匡时	2011.6.7
朱泥梨形壶	长11cm	55,200	北京匡时	2011.6.7
朱勤勇 仿古扁腹壶	高8.5cm	57,500	中国嘉德	2011.5.21
朱勤勇 朱泥大德钟壶		347,200	南京经典	2011.6.5
朱勤勇制觚菱壶		230,000	上海春秋堂	2011.12.11
朱勤勇制圆珠壶		379,500	上海春秋堂	2011.12.11
朱石梅制 方钟壶	高12.5cm	402,500	上海工美	2011.6.26
朱晓东《四方菱花壶》		97,750	北京歌德	2011.12.03
朱晓东 此乐提梁壶	长17cm	115,000	长风拍卖	2011.6.21
朱晓东 仿古壶		51,750	北京歌德	2011.12.03
朱晓东 丰登壶	长16.5cm	97,750	长风拍卖	2011.12.20
朱晓东 葵仿鼓壶		179,200	南京经典	2011.6.5
朱晓东 菱花莲子壶	高8.9cm	126,500	中国嘉德	2011.5.21
朱晓东 龙头如意壶		86,250	北京歌德	2011.12.03
子冶壶	高14.8cm	3,910,000	北京传是	2011.12.05
子冶刻申锡制南瓜壶	高9.5cm	437,000	上海春秋堂	2011.12.11
紫砂覆斗壶	长16cm	89,600	中鸿信	2011.6.26
紫砂刻花鸟诗文提梁壶	高20cm	195,500	上海大众	2011.08.25
紫砂天球瓶	高57cm	230,000	北京容海	2011.10.24
邹跃君 供春壶		168,000	江苏和信	2011.10.23
邹跃君 林语系列之生机壶	高8.7cm	184,000	中国嘉德	2011.5.21
座有兰言壶		784,000	东方艺都	2011.7.6
文房用品				
明 宝颜堂款紫砂绞胎砚	长23.5cm	66,700	北京保利	2011.12.06
清初 陈鸣远石榴四时果水盂	长12cm	1,092,500	北京匡时	2011.12.04
清雍正 陈砺成款 段泥仿湘妃竹笔筒	直径16.5cm	1,495,000	北京保利	2011.6.2
清乾隆 彩泥堆绘花鸟鱼虫图笔筒	高15.3cm	1,495,000	北京诚轩	2011.11.12
清乾隆 梅桩笔筒	高10cm	218,500	北京保利	2011.6.7
清乾隆色泥堆绘花鸟纹四方笔筒	高15.5cm	632,500	中国嘉德	2011.11.12
清乾隆 杨季初制色泥堆绘段泥山水纹笔筒	高14cm	1,495,000	中国嘉德	2011.5.21
清乾隆 紫砂制海天初月砚	长16cm	166,750	上海大众	2011.08.26
清中期段泥彩绘花鸟湖石图笔筒	高14cm	2,645,000	北京匡时	2011.12.04
清“爱闲老人”款段泥桃形洗	宽19.7cm	161,000	中国嘉德	2011.11.12
清“陈鸣远”款段泥桃形三足洗	长10cm	402,500	中国嘉德	2011.11.12

拍品名称	尺寸	成交价RMB	拍卖公司	拍卖日期
清 “陈鸣远”款紫泥螃蟹荷叶形笔洗	长18cm	747,500	中国嘉德	2011.5.21
清 “鸣远”款段泥笋状水呈	长19cm	2,300,000	中国嘉德	2011.5.21
清 “文金”款紫泥铺首方洗	长10cm	276,000	中国嘉德	2011.5.21
清 陈鸣远款 紫砂臂搁	长17.4cm	230,000	北京保利	2011.6.2
清 东石作心舟刻玉成窑笔筒	直径14.2cm	149,500	北京保利	2011.6.7
清 何心舟款清供图笔筒	高13.6cm	112,000	江苏万达	2011.5.28
清 黑泥绘山水笔筒	高12.5cm	172,500	北京匡时	2011.12.04
清 邵景南制紫砂水盂	高9.2cm	201,600	江苏万达	2011.5.28
清 王东石刻金文紫砂笔筒	高20.6cm	103,040	琴岛荣德	2011.5.15
清 王东石紫砂笔筒	高9cm	57,500	西泠拍卖	2011.7.19
清 无款彩泥堆绘花虫纹笔筒	高15.1cm	747,500	上海春秋堂	2011.10.23
清 杨凤年制紫砂竹笋水注	高6cm	74,750	西泠拍卖	2011.7.19
清18世纪 宜兴紫砂「双石榴」题诗水盂	长11.3cm	1,492,400	香港苏富比	2011.10.05
清末民初 任淦庭 吴汉文合作 人物笔筒	高27.5cm×2	598,000	北京保利	2011.6.2
1994年作 蒋蓉 一粟合作 陋室铭笔筒	高15cm	161,000	北京保利	2011.6.2
当代 蒋蓉款紫砂笔洗	高6.5cm	201,600	江苏万达	2011.5.28
顾绍培 铺砂三足洗	直径21.5cm	59,800	中国嘉德	2011.11.12
顾绍培、毛国强 神韵六方笔筒	高13.4cm	74,750	中国嘉德	2011.11.12
蒋蓉 梅花园砚	直径14.1cm	71,300	中国嘉德	2011.11.12
近代 裴石民款紫砂水盂	高9cm	201,600	江苏万达	2011.5.28
民国 蒋彦亭制段泥牧童骑牛水滴	长16.2cm	57,500	中国嘉德	2011.11.12
裴石民 水洗	高7.5cm	69,000	长风拍卖	2011.12.20
清 杨季初 笔筒	直径14.6cm	1,344,000	北京容海	2011.4.23
杨季初制紫砂笔筒	高12.2cm	207,000	江苏万达	2011.5.28
紫砂笔筒	高12.5cm	56,000	北京翰海	2011.4.9
十一、漆 器				
清乾隆 金漆彩绘如意形“卍”字挂件(一对)	长48cm	138,000	北京保利	2011.4.16
清乾隆剔红海水螭龙双寿如意	长47.5cm	598,000	北京保利	2011.6.7
清中期 剔红人物故事如意	长30cm	67,200	北京荣宝	2011.11.11
清中期 剔红“莲升三戟”如意	长35cm	112,000	长风拍卖	2011.1.20
生活用品				
宋元 黑漆都承盘	高6.3cm	391,000	荣宝斋(沪)	2011.11.25
宋 朱漆芙蓉花口盘	宽18.6cm	690,000	北京保利	2011.6.7
元 剔犀盏托	直径17cm	920,000	北京保利	2011.6.7
元 剔红花鸟四方盘	宽18.5cm	1,127,000	北京保利	2011.6.7
元 剔黑富贵牡丹大盘	直径30cm	2,875,000	北京保利	2011.6.7
元 剔彩漆牡丹盖盒	直径8.5cm	552,000	北京保利	2011.6.7
元 张成造剔犀云纹盖盒	直径8.6cm	747,500	北京保利	2011.12.08
元黑漆描金嵌白玉龙凤纹盖盒	长11.8cm	828,000	北京东正	2011.11.17
元末明初 剔红牡丹绶带图葵瓣式盘	高6.3cm	1,150,000	荣宝斋(沪)	2011.11.25
元末/明初 剔犀如意云纹圆盒	直径8.5cm	156,938	香港佳士得	2011.6.1
元—明 张成造剔红花卉盘	高17.7cm	828,000	北京保利	2011.12.06
元-明 剔红如意纹盖盒	直径6.5cm	126,500	北京华辰	2011.5.20
明早期 剔红人物纹香盒	直径5cm	138,000	北京保利	2011.12.08
明早期 剔红雕携琴访友图套盒	高19cm	460,000	北京匡时	2011.6.8
明永乐 剔红雕漆「牡丹图」盖盒	直径26cm	9,725,200	香港苏富比	2011.10.05
明初剔红雕牡丹鹦鹉菱形香盒	长29cm	701,500	上海大众	2011.08.25
明永乐 剔红松下高士图圆盒	直径9.1cm	820,260	香港佳士得	2011.6.1
明嘉靖 朱漆戗金杂宝龙纹六方盘	直径17.5cm	517,500	北京保利	2011.6.7
明嘉靖 剔红云鹤寿字纹圆盒	直径28.2cm	2,427,300	香港佳士得	2011.6.1
明嘉靖 剔红雕漆“三多”图杯(一对)	直径10.8cm	273,650	香港苏富比	2011.4.8
明嘉靖 戗金填彩双龙纹捧盒	长32.5cm	805,000	西泠拍卖	2011.7.19
明嘉靖 戗金彩漆鹤寿菊瓣盘	直径21cm	483,000	北京保利	2011.6.7
明嘉靖 龙纹雕填漆盖盒	直径19cm	230,000	北京保利	2011.6.7
明嘉靖 红地剔黄多层漆云鹤菱形盘	长29.5cm	2,990,000	北京保利	2011.6.7
明万历 剔彩云龙纹盘	直径44.5cm	9,458,100	香港佳士得	2011.6.1

拍品名称	尺寸	成交价RMB	拍卖公司	拍卖日期
明万历 雕填漆龙凤纹盘	直径22.5cm	322,000	北京保利	2011.12.06
明万历 雕漆云龙纹方盘	长32cm	3,910,000	北京保利	2011.12.06
明晚期 剔红梅花盖盒	直径8cm	115,000	中国嘉德	2011.5.23
明晚期 剔红泛舟夜游倭角盘	长36cm	59,800	中国嘉德	2011.5.23
明15世纪/16世纪 剔红花鸟纹瓶	高10.9cm	397,575	香港佳士得	2011.6.1
明14/15世纪 剔犀长方盘	长56.5cm	272,025	香港佳士得	2011.6.1
明14世纪/15世纪 剔红莲宝小圆盒	直径8cm	719,820	香港佳士得	2011.6.1
明隆庆 红地金漆三国故事长方盘	长36.8cm	552,000	北京保利	2011.12.06
明代 剔红山水人物故事纹长方盒	长40.8cm	106,400	长风拍卖	2011.1.20
明中期 剔红衣锦还乡花口盘	宽32.5cm	172,500	北京保利	2011.6.7
明中期 剔红斗茶图方盘	宽19cm	345,000	北京保利	2011.6.7
明中期 剔黑牡丹纹长方盒	长19cm	218,500	中国嘉德	2011.5.23
明16世纪 剔红栀子花纹图盒	直径11cm	292,950	香港佳士得	2011.6.1
明16世纪 剔红童子戏弥勒小圆盒	直径5.8cm	83,700	香港佳士得	2011.6.1
明15世纪 剔红兰花纹圆盒	直径7cm	518,940	香港佳士得	2011.6.1
明 剔漆圆盖盒	直径9cm	69,000	西泠拍卖	2011.7.19
明 剔红婴戏双面盖盒	直径13.8cm	172,500	北京保利	2011.12.08
明 剔红螳螂纹香盒	直径5.7cm	138,000	北京保利	2011.12.08
明 剔红仕官巡游八棱盘	直径31cm	1,092,500	西泠拍卖	2011.7.18
明 剔红牡丹盖盒	直径7cm	74,750	北京匡时	2011.12.05
明 剔红荔枝纹圆盒	直径6.7cm	145,600	浙江钱塘	2011.6.12
明 剔红凤穿牡丹三重盒		91,840	中贸圣佳	2011.4.29
明 剔红步步高升盖盒	直径7.5cm	57,500	北京匡时	2011.12.05
明 剔红“羲之爱鹅”套盒	长14cm	299,000	北京匡时	2011.12.05
明 嵌八宝喜鹊闹春图漆盒	长26.7cm	115,000	西泠拍卖	2011.7.19
明 红漆描金刻龙纹大捧盒	直径46cm	230,000	北京保利	2011.6.7
明 黑漆嵌螺钿花卉纹盘	长40.3cm	69,000	西泠拍卖	2011.7.19
明 雕漆玉兰盖盒	直径8cm	322,000	北京保利	2011.6.7
明 雕漆剔红百花托盘	宽25.7cm	134,400	江苏万达	2011.5.29
明 雕漆高士图盖盒	长13.5cm	218,500	北京保利	2011.6.7
明 雕漆八仙祝寿方盘	宽19.5cm	172,500	北京保利	2011.6.7
明 大明万历款戗金填彩捧盒	通径24.5cm	69,000	西泠拍卖	2011.7.19
清初 剔红花卉小盒	直径6cm	575,000	中国嘉德	2011.11.15
清初 江千里制黑漆嵌锣钿葵形香盒	长6cm	161,000	上海大众	2011.08.25
清早期 银胎黑漆螺钿百寿茶叶罐	高8cm	172,500	北京保利	2011.6.7
清雍正 朱漆彩绘戗金缠枝莲纹梵文方盒	长20cm	51,750	北京保利	2011.10.22
清乾隆款剔彩捧盒	高9cm	115,000	西泠拍卖	2011.7.18
清乾隆 御题诗文仿漆菊瓣盘	直径16.6cm	6,900,000	北京翰海	2011.11.17
清乾隆 御题诗珊瑚红釉仿朱漆刻填金菊瓣盘	直径16.8cm	1,265,000	北京保利	2011.6.5
清乾隆 脱胎朱漆御题诗菊瓣形盖盒	直径15cm	9,200,000	中国嘉德	2011.5.22
清乾隆 铜胎剔红缠枝花卉纹高足盘	高17.5cm	86,250	北京匡时	2011.12.05
清乾隆 铜胎雕漆对凤纹双耳三足炉	高20cm	690,000	北京匡时	2011.6.8
清乾隆 剔漆人物山水图盘	长33.5cm	172,500	北京保利	2011.12.08
清乾隆 剔红云龙纹盖盒	直径31cm	345,000	中国嘉德	2011.5.23
清乾隆 剔红云龙纹大盘	直径46cm	61,600	太平洋	2011.09.17
清乾隆 剔红御题诗碗盖	直径11.5cm	172,500	北京保利	2011.6.7
清乾隆 剔红婴戏图盖盒	长8cm	230,000	北京诚轩	2011.5.22
清乾隆 剔红亭台楼阁莲塘童子盖盒	宽16.5cm	92,000	中国嘉德	2011.11.15
清乾隆 剔红松下烹茶图圆盒	直径25.1cm	870,480	香港佳士得	2011.6.1
清乾隆 剔红群仙祝寿盖盒	直径28.5cm	483,000	北京保利	2011.6.7
清乾隆剔红嵌松石大吉葫芦瓶	高37cm	138,000	北京保利	2011.6.7
清乾隆 剔红米芾拜石图倭角方盒	长14.2cm	207,000	北京翰海	2011.5.21
清乾隆 剔红开光嵌百宝花鸟纹天球瓶(一对)	高47.5cm	616,000	苏州东方	2011.4.28
清乾隆 剔红九龙纹盖盒	直径28.8cm	167,400	香港佳士得	2011.6.1

2011杂项拍卖成交汇总

(成交价RMB：5万元以上)

拍品名称	尺寸	成交价RMB	拍卖公司	拍卖日期
清乾隆 剔红锦地书卷盒	高24cm	3,795,000	北京匡时	2011.6.8
清乾隆 剔红花卉八宝五蝠捧寿纹车形盒	长33cm	3,105,000	北京翰海	2011.5.19
清乾隆 剔红高士图盖盒	直径28.5cm	207,000	北京保利	2011.6.7
清乾隆 剔红多子多寿花篮形壁瓶 (一对)	高24.5cm×2	172,500	北京匡时	2011.12.05
清乾隆 剔红雕漆云蝠「万寿」宝盒	长36cm	875,680	香港苏富比	2011.4.8
清乾隆 剔红雕漆九龙宝盒	长28.2c	1,128,280	香港苏富比	2011.4.8
清乾隆 剔红雕漆福寿双全图双桃形盖盒	长53cm	2,845,960	香港苏富比	2011.4.8
清乾隆 剔红雕漆「水波游龙」图瓶	高41cm	1,689,200	香港苏富比	2011.10.05
清乾隆 剔红雕海龙龙纹宝盒	直径18.5cm	1,495,000	北京匡时	2011.6.8
清乾隆 剔红雕百吉人物纹瓶 (一对)	高38.5cm	368,000	上海大众	2011.08.25
清乾隆 剔红刀马人物故事图八方套盒	直径32cm	690,000	北京纳高	2011.7.6
清乾隆 剔红博古花卉盒	宽28.8cm	719,820	香港佳士得	2011.6.1
清乾隆 剔红八仙宝盒	长20.9cm	1,725,000	北京容海	2011.10.24
清乾隆 剔红「仙山宝盒」	直径9.2cm	313,875	香港佳士得	2011.6.1
清乾隆 剔彩洗砚宝盒	直径18.4cm	230,000	北京匡时	2011.12.05
清乾隆金属胎剔红人物印盒(一对)	直径7.8cm	149,500	北京保利	2011.12.08
清乾隆 黄花梨胎剔红方盒	宽11.4cm	218,500	长风拍卖	2011.6.21
清乾隆 褐漆嵌螺钿如意云形盒	宽6.6cm	770,040	香港佳士得	2011.6.1
清乾隆 仿朱漆柳条工"火珠云龙"图盖盒	长12.8cm	10,184,400	香港苏富比	2011.10.05
清乾隆 雕漆英雄壁瓶 (一对)	高15cm	322,000	北京保利	2011.6.7
清乾隆 雕漆三清茶诗碗	直径11cm	358,400	北京保利	2011.1.16
清乾隆雕漆缠枝莲方盆(一对)	尺寸不一	287,500	北京保利	2011.12.08
清乾隆 大漆斋戒牌带明黄地包装盒	长5cm	218,500	北京保利	2011.4.16
清乾隆彩漆戗金云龙纹菊瓣式盘	长38cm	345,000	上海大众	2011.08.25
清嘉庆 仿红漆描金彩御制诗菊瓣盘 (一对)	直径16.7cm	6,904,400	香港苏富比	2011.10.05
清中期 剔红供盘	长39cm	92,000	北京歌德	2011.6.3
清中期 剔红福寿双全桃形盖盒	长12cm	74,750	北京匡时	2011.12.05
清中期 剔红访友图纹海棠盒		112,000	中贸圣佳	2011.4.29
清中期 剔红雕多子多福盖盒	长10cm	97,750	北京匡时	2011.12.05
清中期 剔红大吉图四层盒	长8.4cm	80,500	中国嘉德	2011.3.19
清中期 螭虎耳剔红宝瓶	高38cm	336,000	江苏万达	2011.5.29
清18世纪 剔红雕漆夔凤饕餮纹双耳盖炉	高18cm	623,080	香港苏富比	2011.4.8
清18世纪 剔红雕漆"富贵喜福"图盖盒	长45cm	572,560	香港苏富比	2011.4.8
清 锡制诗文茶叶罐及盏托	直径10.4cm	230,000	北京保利	2011.6.7
清 锡制茶叶罐 (三件)	尺寸不一	230,000	北京保利	2011.6.7
清 剔红心形盖盒	高25cm	425,600	江苏万达	2011.5.29
清 剔红倭角方盒	30cm×30cm	80,500	北京容海	2011.10.24
清 剔红龙纹圆盒		280,000	中贸圣佳	2011.4.29
清 剔红高士图扇骨	长34cm	80,500	中国嘉德	2011.09.17
清 剔红福寿纹鼎	高23.5cm	172,500	中国嘉德	2011.3.21
清 剔红芙蓉花漆瓶	高51.5cm	149,500	北京纳高	2011.7.6
清漆嵌百宝花鸟福寿六方捧盒	直径32cm	69,440	北京保利	2011.1.16
清 木胎漆红山水人物提盒	高30.5cm	134,400	江苏万达	2011.5.29
清 雕漆人物大天球瓶	高63cm	80,000	中都国际	2011.6.12
清 彩绘漆盒	长35.2cm	63,250	西泠拍卖	2011.7.19
漆雕花卉纹盘	直径23.5cm	57,500	北京九歌	2011.6.10
漆雕春字捧盒	直径27cm	51,750	北京九歌	2011.6.10
金漆镶嵌八吉祥套盒	高43.5cm	78,400	北京翰海	2011.4.10
现代 剔红花篮大盘	直径38.2cm	460,000	北京翰海	2011.5.21
团蝶纹漆盒 (一对)	口径14cm	182,820	中博文化	2011.7.10
剔红胡人戏狮图方盒	长12.4cm	201,600	长风拍卖	2011.1.20
琴				
唐"大圣遗音"伏羲式琴	长121cm	115,000,000	中国嘉德	2011.5.22
唐-宋"云和"琴	长123cm	9,200,000	北京匡时	2011.12.05
南宋 彩凤孤鸣琴	长119cm	13,800,000	北京翰海	2011.5.19
宋或更早 神农式「一池波」古琴	通长124cm	17,250,000	北京保利	2011.12.06
宋 仲尼式"蕉桐遗韵"古琴	琴长119cm	4,025,000	北京保利	2011.6.5
宋 铁鹤舞古琴	135cm	1,960,000	雍和嘉诚	2011.6.1
宋 钧天雅奉琴	长121cm	12,650,000	北京翰海	2011.5.19
宋 金声琴	长119cm	1,265,000	北京匡时	2011.12.05
宋 查阜西赠张充和寒泉琴	琴长123.5cm	5,175,000	西泠拍卖	2011.7.17
宋元 仲尼式朱致远琴	长113.4cm	24,150,000	北京华辰	2011.5.20
宋-元 仲尼式虎啸琴 杉木制	长124cm	65,550,000	北京华辰	2011.5.20
宋-元 杨宗稷旧藏松风琴	琴长123.5cm	4,600,000	西泠拍卖	2011.7.17
元 朱致远製"龙吟"款仲尼式古琴	琴长120cm	3,220,000	北京歌德	2011.6.3
元"江雁"仲尼式琴	高120cm	3,335,000	北京匡时	2011.6.8
明万历「清风徐来」琴	琴长120cm	1,725,000	北京保利	2011.12.06
明崇祯 潞王制中和琴	长124cm	2,530,000	北京匡时	2011.6.8
明 仲尼式"灵钟"古琴	琴长121.5cm	1,380,000	北京保利	2011.6.5
明 中和仲尼式琴	长122cm	2,300,000	北京匡时	2011.6.8
明 潞王中和琴	长120.5cm	4,025,000	西泠拍卖	2011.7.17
明 潞王制 仲尼式"中和"琴	琴长120cm	7,820,000	广州嘉德	2011.6.11
明 沸涛落霞式古琴	琴长121cm	582,400	天工艺苑	2011.6.26
明"听梅"仲尼式琴	高121cm	1,725,000	北京匡时	2011.6.8
明"轰雷"仲尼式琴	高122cm	1,610,000	北京匡时	2011.6.8
明末 褐漆连珠式古琴	长122cm	460,000	上海大众	2011.08.25
清早期 仲尼式天籁琴	琴长119cm	460,000	西泠拍卖	2011.7.17
清乾隆 仲民式诗文古琴	琴长122.4cm	672,000	江苏万达	2011.5.29
清晚期 双声迭韵仲尼式琴	琴长125cm	230,000	西泠拍卖	2011.7.17
清 双月式琴	琴长124cm	230,000	西泠拍卖	2011.7.17
清 黄宾虹铭孙慕唐藏仲尼式水云琴	琴长125cm	1,380,000	西泠拍卖	2011.7.17
清 褐漆"绿绮"素琴	长124.5cm	345,000	北京保利	2011.6.7
清 变体凤势伴云琴	琴长117.5cm	667,000	西泠拍卖	2011.7.17
清"九霄环珮"古琴	通长126cm	460,000	北京保利	2011.12.08
意大利：雅克布斯泰纳在佩厄尼蓬图姆1756年制小提琴	琴长58cm	1,495,000	上海崇源	2011.10.12
18世纪小提琴德国 格斯帕罗达萨罗1590年制小提琴	琴长58.5cm	1,495,000	上海崇源	2011.10.12
1838年制 瓜达尼尼		3,105,000	北京保利	2011.12.09
1835年制 皮卡		632,500	北京保利	2011.12.09
1901年制 施坦威 虎王(朱利亚) 全球唯一	琴长188cm	2,185,000	北京保利	2011.12.09
张玉新蕉叶古琴	长120cm	109,760	北京翰海	2011.09.18
当代 张玉新制蕉叶式琴	琴长123cm	115,000	西泠拍卖	2011.7.17
当代 倪诗韵制伏羲式琴	琴长123.5cm	126,500	西泠拍卖	2011.7.17
当代 马维衡制仲尼式颂雅琴	琴长122cm	149,500	西泠拍卖	2011.7.17
文房用品				
元末/明初漆嵌螺钿荷塘鸳鸯砚盒	长28.1cm	518,940	香港佳士得	2011.6.1
明嘉靖 剔红云龙纹笔	长23.8cm	782,000	中国嘉德	2011.5.22
明万历 剔红人物故事图毛笔	长22.7cm	92,000	中国嘉德	2011.11.15
明 雕漆婴戏弥勒毛笔	长22.8cm	322,000	北京保利	2011.12.08
明 剔红雕牡丹纹印泥盒	直径6cm	80,500	北京歌德	2011.6.3
明 剔红龙纹笔	长26.2cm	230,000	北京保利	2011.6.7
明15世纪初 剔红雕漆"梅花"图印泥盒盖	长5.5cm	178,925	香港苏富比	2011.4.8
明16世纪 剔红梅花纹毛笔	长25.8cm	146,475	香港佳士得	2011.6.1
清康熙 褐漆浅刻仕女渔舟笔筒	直径17.5cm	230,000	北京保利	2011.6.6
清乾隆剔红皮球花三多纹文具箱	长34.5cm	336,000	长风拍卖	2011.1.20
清乾隆御制咏雪诗黑底描金毛笔	长25cm	517,500	北京保利	2011.6.5
清乾隆御玩款簸箩漆砂砚	直径11cm	276,000	中国嘉德	2011.5.23
清乾隆剔红万寿纹笔筒带象牙座	高10cm	241,500	上海大众	2011.08.25
清中期黑漆百宝嵌马纹双面砚屏	高21cm	207,000	北京保利	2011.6.7
清道光 菠萝漆南瓜形漆砂砚	长15.2cm	115,000	北京保利	2011.12.08
清 卢葵生环渠形漆砂砚	直径10.4cm	184,000	西泠拍卖	2011.7.19
清 卢葵生制抄手形漆砂砚	长12.5cm	253,000	中国嘉德	2011.5.23
清 漆雕海水龙纹水盂	直径27cm	63,250	北京九歌	2011.6.10
清 剔红雕"羲之爱鹅"图毛笔	长27cm	103,500	上海大众	2011.08.25
清 剔红毛笔	高21.5cm	69,000	北京容海	2011.10.24
清18世纪 嵌螺钿毛笔 (一对)	长27.3cm	50,220	香港佳士得	2011.6.1
家具				
清 黑漆嵌象牙梅花纹长方箱	长39cm	63,250	北京保利	2011.10.22
清乾隆 剔红缠枝莲冠架	高29cm	897,000	北京保利	2011.6.6
清乾隆 沥粉金漆龙凤纹宝册箱	长45.2cm	280,000	北京永乐	2011.5.24

拍品名称	尺寸	成交价RMB	拍卖公司	拍卖日期
清早期 剔犀香台	高8.8cm；边长18.6cm	69,000	西泠拍卖	2011.7.18
清 剔漆人物故事小柜(一对)	高62cm	920,000	北京保利	2011.12.08
清中期 雕漆嵌玉四方小几	长21.4cm	207,000	北京保利	2011.12.08
清 剔红雕人物故事柜	高64cm	184,000	北京匡时	2011.6.8
戗金彩漆龙凤纹官皮箱	高32cm	448,000	长风拍卖	2011.1.20
十二、匏器				
清 巧雕匏器	通径8.5cm	690,000	西泠拍卖	2011.7.19
清秋山访友图草虫纹蝈蝈罐(两件)	高16cm	55,200	广州嘉德	2011.6.11
开光螭花卉纹葫芦形匏器	高18cm	112,000	江苏万达	2011.5.29
十三、织绣				
明 金兰织绣团龙纹锦	140cm×60cm	253,000	中国嘉德	2011.11.15
明 缂丝飞虎圆徽	19cm×23.5cm	105,800	中国嘉德	2011.11.15
明 缂丝花鸟山水	443cm×37.8cm	621,000	中国嘉德	2011.11.15
明15/16世纪 彩绢"十相自在"八吉祥纹哈哒	133cm×52cm	102,500	香港苏富比	2011.10.04
明末/清初 刺绣罗汉祝福图册页	21.75.5cm	73,238	香港佳士得	2011.6.1
清早期顾绣道教八仙祝寿老子图	124cm×38cm	69,000	北京保利	2011.10.22
清早期 顾绣道教商山四皓观太极诗文图	114cm×38cm	51,750	北京保利	2011.10.22
清早期 缀绣彩云金龙纹妆花纱围幔	144cm×138cm	156,800	北京永乐	2011.5.24
清雍正 褐地龙纹妆花缎(三件)	尺寸不一	918,400	北京永乐	2011.5.24
清雍正 织锦加官封冕圣旨卷轴	265cm	441,208	香港苏富比	2011.4.8
清雍正/乾隆 缂丝红地缠枝莲纹挂幅	340cm×165cm	518,940	香港佳士得	2011.6.1
清乾隆 各式织锦缂丝裱绫(十四件)	尺寸不一	57,500	北京保利	2011.4.16
清乾隆 缂丝葫芦大吉镜心	74.5cm×45cm	56,000	中贸圣佳	2011.4.29
清乾隆 缂丝莲托释迦牟尼座像	长92cm	276,000	北京保利	2011.10.22
清乾隆缂丝乾隆御诗书法条幅	长115cm	63,250	北京保利	2011.10.22
清乾隆 龙纹织锦	71cm×74.5cm	92,000	北京东正	2011.6.5
清乾隆 明黄地毡绒画花炕毯	长200cm	115,000	北京保利	2011.4.16
清乾隆 苏绣麻姑献寿图	149cm×20cm	379,500	北京东正	2011.6.5
清乾隆 御制刺绣耕织图(八开)	37cm×45cm	10,235,000	北京翰海	2011.5.19
清乾隆 御制针绣百禽呈瑞图四卷	104cm×37cm	63,250	北京保利	2011.10.22
清中期 白色缎粤绣孔雀百鸟花卉纹座屏	73.5cm×110cm	218,500	北京永乐	2011.11.15
清中期 皇帝冬吉服冠	长30cm	299,000	北京保利	2011.6.6
清中期黄地"群仙祝寿"大挂帐	320cm×220cm	862,500	北京歌德	2011.12.03
清中期 绛红地片金云蝠织金绸	980cm×78cm	168,000	北京永乐	2011.5.24
清中期 缂丝东方朔偷桃	165cm×83cm	1,322,500	北京匡时	2011.12.05
清中期 缂丝福禄寿三星像	203cm×109cm	368,000	北京保利	2011.6.6
清中期蓝地盘金绣云蝠八宝龙袍	194cm×143cm	345,000	北京保利	2011.6.6
清中晚期 黄地缂丝云海八宝吉祥纹龙袍	221cm×139cm	1,265,000	华艺国际	2011.12.11
清道光 红色缎绣八团喜相逢花卉纹宫廷吉服袍	袖长186cm	414,400	北京永乐	2011.5.24
清道光 黄缎万字地十二章刺绣龙袍	长190cm	805,000	北京保利	2011.6.6
清道光 蓝地缂丝团龙女吉服	长148cm	402,500	北京保利	2011.6.6
清道光 石青色缎绣八团喜相逢纹宫廷吉服褂	袖长115.5cm	56,000	北京永乐	2011.5.24
清同治"万字"十二章皇帝龙袍	长133cm	575,000	江苏省拍	2011.12.10
清同治 宝蓝色缎打籽绣团博古花卉纹女褂 石青色缎绣牡丹蝴蝶纹女马褂(共两件)	尺寸不一	64,960	北京永乐	2011.5.24
清同治 金黄缎地云龙纹女龙袍	宽220cm	632,500	江苏省拍	2011.12.10
清同治蓝色缎绣蝴蝶花卉纹女褂	长134cm	89,600	北京永乐	2011.5.24
清同治 绿色缎绣四季花卉纹宫廷衬衣	身长135cm	72,800	北京永乐	2011.5.24
清同治青色缎绣花卉瓜蝶纹女褂	身长110cm	72,800	北京永乐	2011.5.24
清同治 石青色缎绣凤凰花卉纹女褂 米色云蝠纹暗花绉绸绣荷花纹百褶裙(共两件)	袖长150cm	67,200	北京永乐	2011.5.24
清同治 紫色团龙纹暗花纱宫廷敞衣	身长134cm	53,760	北京永乐	2011.5.24
清同治-光绪 缂丝粉蓝地三仙祝寿女氅衣	长150cm	345,000	北京保利	2011.6.6
清光绪 红色绸绣藤萝蝴蝶纹宫廷敞衣	袖长136cm	78,400	北京永乐	2011.5.24
清光绪 红色缎绣云龙纹吉服袍	袖长132cm	112,000	北京永乐	2011.5.24
清光绪蓝色团龙纹鸳鸯缎敞衣	袖长128cm	80,640	北京永乐	2011.5.24
清光绪 清晚期 黄色暗八仙纹暗花绸镶人物花卉纹绣边女短袍 石青色缎绣喜相逢花卉纹女褂(共两件)	袍袖长170cm	56,000	北京永乐	2011.5.24
清光绪 石青色云纹暗花缎绣云龙纹官员朝袍	袖长216cm	246,400	北京永乐	2011.5.24
清光绪 杏黄色绸绣云龙纹宫廷龙袍	袖长206cm	145,600	北京永乐	2011.5.24
清光绪 紫色绸绣彩云金龙纹吉服袍	袖长220cm	168,000	北京永乐	2011.5.24
清光绪 紫色绸绣云龙纹宫廷棉吉服袍	袖长207cm	168,000	北京永乐	2011.5.24
清"德政兴歌"绣品		172,500	北京容海	2011.10.24
清 蓝地刺繍龙纹吉服	140cm×218cm	599,346	伊斯特	2011.11.28
清 百蝶团凤纹女服	138cm×202cm	66,700	中国嘉德	2011.6.18
清 板绫	1920cm×73cm	78,200	中国嘉德	2011.12.17
清 板绫(一匹)	256cm×70cm	80,500	北京保利	2011.10.24
清 彩绣团龙框(一对)	直径28cm	57,500	中国嘉德	2011.11.15
清 凤纹毯	248cm×158cm	59,800	中国嘉德	2011.3.21
清 佛像图缂丝(两件)	尺寸不一	112,700	中国嘉德	2011.12.17
清 福星绣品中堂		138,000	北京容海	2011.10.24
清 高士图缂丝	197cm×154cm	51,750	中国嘉德	2011.09.17
清 宫廷蓝地四则缠枝宝相花织金妆花缎一匹	长850cm	86,250	北京保利	2011.4.18
清 红地金丝龙纹云锦	836cm×78cm	55,200	中国嘉德	2011.09.17
清 红地描金彩绘龙纹宫绢	65cm×65cm×2	103,500	北京诚轩	2011.11.12
清 红地团花人物旗袍	156cm×142cm	69,000	北京匡时	2011.12.05
清 红地云龙云锦(一匹)	长600cm	57,500	北京保利	2011.7.28
清 黄底织锦 一匹	长415cm	55,200	北京保利	2011.4.18
清 黄地宝相花纹金丝云锦	960cm×65.5cm	115,000	中国嘉德	2011.12.17
清 黄地宝相花纹云锦	984cm×66cm	97,750	中国嘉德	2011.12.17
清 黄地几何纹云锦	960cm×66cm	86,250	中国嘉德	2011.12.17
清 黄地龙纹云锦	872cm×76cm	59,800	中国嘉德	2011.09.17
清 黄地织锦	976cm×66cm	218,500	中国嘉德	2011.09.17
清 绛红地大凤莲孔雀羽织金妆花缎	长79cm	67,200	北京荣宝	2011.11.11
清 金丝海水龙纹龙袍	150cm×140cm	106,400	南京正大	2011.4.23
清 缂丝、刺绣补子(十件)	尺寸不一	63,250	北京保利	2011.7.28
清 缂丝粉地绿彩花蝶氅衣	长190cm	172,500	北京保利	2011.6.6
清 缂丝四大天王(四件)	102cm×75cm	64,960	北京翰海	2011.4.9
清 缂丝唐伯虎山水	68cm×28cm	410,000	中都国际	2011.6.12
清 蓝地龙纹云锦	960cm×70cm	184,000	中国嘉德	2011.12.17
清 蓝地纳纱绣龙袍	215cm×140cm	80,500	北京匡时	2011.12.05
清 蓝地织锦	长903cm	207,000	中国嘉德	2011.6.18
清 龙纹织锦	880cm×68cm	161,000	中国嘉德	2011.09.17
清 龙纹织锦(两件)	尺寸不一	74,750	中国嘉德	2011.6.18
清 绿地织锦	长968cm	230,000	中国嘉德	2011.6.18
清明黄地龙纹孔雀羽织金妆花缎	长79cm	106,400	北京荣宝	2011.11.11
清 明黄地织锦正龙纹云锦	长700cm	71,300	北京保利	2011.7.28
清 御用编织龙纹绒地毯	237cm×162cm	63,250	北京匡时	2011.12.05
清 粤绣百鸟争鸣图裱片(两幅)	41cm×36cm	276,000	中国嘉德	2011.11.15
清 粤绣双面五伦图宫扇(一对)	长42.5cm	276,000	北京保利	2011.6.6
清 赭地刺绣龙袍	高139cm	69,000	北京翰海	2011.5.21
清 织锦	宽77cm	74,750	中国嘉德	2011.3.21
清 织绣龙袍	高234cm	80,500	中国嘉德	2011.6.18
清18／19世纪 栀黄地彩绢「水波云龙」图挂帐	75cm×164.3cm	133,250	香港苏富比	2011.10.05
清18世纪 刺绣观音像挂幅	88cm×177cm	1,021,140	香港佳士得	2011.6.1
清18世纪 明黄缎九龙屏幅	119cm×206cm	673,600	香港苏富比	2011.4.8
清19世纪 苏绣"园林人物"图对屏	148.5cm×42.5cm	123,000	香港苏富比	2011.10.04
清19世纪晚期 缂丝蓝地万寿纹女常服袍	长139.7cm	62,775	香港佳士得	2011.6.1
清晚期 米色暗花绸绣牡丹万福纹怀裆 蓝色缎绣缠枝莲纹怀裆(共两件)	尺寸不一	67,200	北京永乐	2011.5.24

拍品名称	尺寸	成交价RMB	拍卖公司	拍卖日期
清晚期 刺绣西湖十景册页	26.5cm×23.3cm	218,500	中国嘉德	2011.5.23
清晚期 粉红色缎绣百蝶团牡丹纹女褂	袖长136cm	91,840	北京永乐	2011.5.24
清晚期 红色缎绣团龙凤纹椅垫折片（四件）	45cm×44cm	156,800	北京永乐	2011.5.24
清晚期 湖蓝色缂丝团花纹宫廷敞衣	袖长123cm	95,200	北京永乐	2011.5.24
清晚期 湖色缎绣折枝海棠蝴蝶纹衬衣	袖长130cm	64,960	北京永乐	2011.5.24
清晚期 灰色牡丹纹暗花纱绣花蝶纹女褂	袖长122cm	78,400	北京永乐	2011.5.24
清晚期蓝色缎绣蓝云金龙纹门帘	91cm×80cm	78,400	北京永乐	2011.5.24
清晚期青色缎打籽绣牡丹纹女袍	袖长110cm	50,400	北京永乐	2011.5.24
清晚期 青色折枝花卉纹暗花缎男褂	袖长150cm	69,440	北京永乐	2011.5.24
清晚期 清同治 清晚期 蓝色缎绣牡丹凤凰纹女褂 红色缎绣博古花卉纹裙 石青色缎绣三蓝花蝶纹女褂 茶色缎绣花卉纹裙（共四件）	尺寸不一	50,400	北京永乐	2011.5.24
清晚期 石青色缎绣博古花蝶纹女褂 红色暗花纱绣蝴蝶牡丹纹裙（共两件）	褂袖长140cm	98,560	北京永乐	2011.5.24
清晚期 石青色缎绣博古花卉纹女褂	袖长152cm	134,400	北京永乐	2011.5.24
清晚期 石青色缎绣地景人物花卉纹女褂	袖长144cm	212,800	北京永乐	2011.5.24
清晚期 杏黄色缎平金绣团八骏云蝠纹道袍	袖长178cm	336,000	北京永乐	2011.5.24
清晚期 紫色缎平金绣团八卦花鸟纹道袍	袖长144.5cm	168,000	北京永乐	2011.5.24
民国 织锦哼哈二将图（一对）	320cm×180cm	112,000	云南典藏	2011.10.30
缂丝墨云室记手卷	360cm×28cm	69,000	中国嘉德	2011.09.17
朱克柔(款) 缂丝八仙图	146cm×58cm	161,000	北京保利	2011.4.21
紫地织锦陀罗经	220cm×150cm	425,600	北京翰海	2011.4.9
十四、珐琅器				
陈设件				
清康熙 铜胎掐丝珐琅「荷塘鱼藻」纹海螺法器	长15.3cm	1,394,000	香港苏富比	2011.10.05
清乾隆 雕漆掐丝珐琅太平有象（一对）	高29cm	575,000	北京匡时	2011.12.05
清乾隆 掐丝珐琅“大吉”七珍宝（一对）	高39cm	667,000	北京保利	2011.12.08
清乾隆 掐丝珐琅缠枝莲纹豆	高25.5cm	172,500	中国嘉德	2011.3.19
清乾隆 掐丝珐琅红珊瑚大摆件	高35cm	552,000	苏州吴门	2011.6.12
清乾隆 掐丝珐琅花卉海浪纹方桌灯（一对）	高49cm	1,782,500	北京保利	2011.12.06
清乾隆掐丝珐琅嵌白玉福寿如意	长42cm	874,000	北京保利	2011.12.06
清乾隆 烧蓝百宝花卉盆景	高46cm	322,000	北京保利	2011.4.16
清乾隆 铜胎掐丝珐琅八宝之一		728,000	中贸圣佳	2011.4.29
清乾隆 铜胎掐丝珐琅宫灯（一对）	高49.8cm	3,450,000	上海大众	2011.08.25
清乾隆 铜胎掐丝珐琅嵌玉寿桃如意		190,400	中贸圣佳	2011.4.29
清乾隆 铜胎掐丝珐琅香插	宽10.5cm	207,000	中国嘉德	2011.11.15
清中期 珐琅座“花开富贵”盆景摆件（一对）	高63cm	69,000	北京保利	2011.4.16
清中期 掐丝珐琅嵌玉三供	尺寸不一	1,035,000	北京歌德	2011.6.3
清中期 铜鎏金掐丝珐琅甪端	高98cm	103,500	北京匡时	2011.09.17
清中期 铜鎏金掐丝珐琅嵌红蓝宝石“三星献瑞”珠宝盆景	高69cm	1,207,500	北京保利	2011.7.28
清 景泰蓝宝座	107cm×100cm	287,500	北京歌德	2011.09.17
清 景泰蓝碧玉盆景	高31cm	115,000	荣宝斋(沪)	2011.11.25
清 景泰蓝仙鹤（一对）	高196cm	230,000	北京歌德	2011.09.17
清掐丝珐琅八宝纹三镶白玉如意	长44cm	69,000	中国嘉德	2011.3.19
清 掐丝珐琅百宝婴戏盆景	长41.5cm	55,200	中国嘉德	2011.6.18
清 掐丝珐琅碧玉太平有象摆件	高46cm	89,600	太平洋	2011.09.17
清 掐丝珐琅兵马战车	长202cm	63,250	北京保利	2011.4.18
清 掐丝珐琅螭龙纹（一对）	高35cm	59,800	中国嘉德	2011.3.19
清 掐丝珐琅宫灯（一对）	高134cm	112,700	中国嘉德	2011.3.19
清 掐丝珐琅嵌百宝太平有象	高93cm	644,000	中国嘉德	2011.3.19
清 掐丝珐琅狮子（一对）	高85cm	184,000	中国嘉德	2011.3.19
清 掐丝珐琅太平有象（一对）	高46cm	253,000	中国嘉德	2011.6.18
清 掐丝珐琅太平有象（一对）	高43cm	106,400	北京保利	2011.1.16
清 掐丝珐琅太平有象（一对）	高114cm	101,200	中国嘉德	2011.09.17
清掐丝珐琅太平有象摆件（一对）	高26.5cm	112,000	太平洋	2011.09.17
清 掐丝珐琅仙鹤（一对）	高194cm	828,000	中国嘉德	2011.09.17
清 掐丝珐琅仙鹤（一对）	高245cm	109,250	中国嘉德	2011.09.17
清 铜鎏金掐丝珐琅大甪端	高98cm	103,500	北京保利	2011.10.24
清 铜鎏金掐丝珐琅贡器（五件）	尺寸不一	60,000	中都国际	2011.3.13
清铜鎏金掐丝珐琅太平有象（一对）	高26cm	149,500	中国嘉德	2011.3.19
清铜鎏金掐丝珐琅太平有象（一对）	高28cm	60,000	中都国际	2011.6.12
清 铜掐丝珐琅佛手	长13cm	230,000	浙江钱塘	2011.12.04
清 铜胎珐琅盆景（一对）		145,600	太平洋	2011.09.17
清铜胎掐丝珐琅地藏菩萨和佛龛	高27cm	168,000	浙江钱塘	2011.1.9
清 铜胎掐丝珐琅三镶红珊瑚吉子如意	长34cm	80,640	浙江钱塘	2011.6.12
清 铜胎掐丝珐琅珊瑚象牙盆景	高26cm	358,400	北京荣宝	2011.11.11
清 铜胎掐丝珐琅小花插	高12.5cm	79,520	浙江钱塘	2011.1.9
清 掐丝珐琅金玉满堂铺首大缸（一对）	直径95cm	179,200	北京保利	2011.1.16
清掐丝珐琅青金石太平有象摆件	高41cm	89,700	中国嘉德	2011.6.18
清18世纪 铜胎画广东珐琅蓝料「八吉祥」纹供器（一套 十三件）	尺寸不一	4,936,400	香港苏富比	2011.10.05
清光绪 铜胎画珐琅黄地博古开光（一对）	直径12.5cm	230,000	北京翰海	2011.11.19
民国掐丝珐琅嵌象牙帝后像（一对）	尺寸不一	57,500	中国嘉德	2011.6.18
民国 铜胎珐琅鸦形摆件（一对）	高81cm	95,200	云南典藏	2011.10.30
民国 铜胎珐琅玛瑙盆景（一对）	高49cm	50,400	云南典藏	2011.10.30
铜鎏金无射编钟	高26cm	287,500	北京九歌	2011.6.10
铜胎掐丝珐琅如意	长40cm	84,000	中贸圣佳	2011.1.23
碧玉嵌掐丝珐琅太平有象摆件	高70.5cm	69,000	中国嘉德	2011.12.17
景泰蓝嵌玉“神鹿聚宝”	高66cm	109,760	北京翰海	2011.4.10
掐丝珐琅八宝	高42.6cm	59,800	中国嘉德	2011.3.19
掐丝珐琅甪端	高96cm	66,700	中国嘉德	2011.6.18
掐丝珐琅甪端	高96cm	57,500	中国嘉德	2011.6.18
掐丝珐琅嵌百宝盆景	高93cm	69,000	中国嘉德	2011.6.18
掐丝珐琅十二生肖像	尺寸不一	828,000	中国嘉德	2011.3.19
掐丝珐琅仙鹤（一对）	高211cm	80,500	中国嘉德	2011.12.17
掐丝珐琅仙鹤（一对）	高150cm	71,300	中国嘉德	2011.12.17
掐丝珐琅仙鹤（一对）	高240cm	437,000	中国嘉德	2011.6.18
掐丝珐琅仙鹤（一对）	高241.5cm	253,000	中国嘉德	2011.6.18
掐丝珐琅朱雀摆件	高70cm	92,000	中国嘉德	2011.3.19
瓶				
清康熙 掐丝珐琅缠枝莲龙耳玉壶春瓶	高52.5cm	4,140,000	北京保利	2011.6.5
清乾隆 掐丝珐琅缠枝托牡丹纹英雄双联瓶	高35.7cm	2,645,000	北京东正	2011.11.17
清乾隆 掐丝珐琅福寿吉庆图龙纹葫芦瓶（一对）	17cm×2	460,000	北京歌德	2011.6.3
清乾隆 掐丝珐琅花卉双如意耳瓶（一对）	高35.7cm	5,980,000	中国嘉德	2011.5.22
清乾隆 掐丝珐琅双联瓶	高22.3cm	3,680,000	北京东正	2011.6.5
清乾隆 掐丝珐琅喜上眉梢灯笼瓶（一对）	高35cm	1,207,500	北京匡时	2011.6.8
清乾隆 铜鎏金珐琅西番莲纹六方瓶	高15.5cm	57,500	北京保利	2011.10.24
清乾隆 铜掐丝珐琅兽耳圆瓶炉	高8.5cm	280,000	浙江钱塘	2011.6.12
清乾隆 铜胎珐琅皮球花灯笼瓶	高11cm	92,000	北京华辰	2011.5.20
清乾隆 铜胎画珐琅开光小人物小直颈瓶	高14cm	57,500	北京保利	2011.6.6
清乾隆 铜胎掐丝珐琅壁瓶	高39.5cm	179,200	浙江钱塘	2011.6.12
清乾隆 铜胎掐丝珐琅缠枝花卉铺首衔环盖瓶（一对）	高56.5cm×2	134,400	中贸圣佳	2011.4.29
清乾隆 铜胎掐丝珐琅缠枝莲纹胆瓶（一对）	高13.7cm	448,000	北京永乐	2011.5.24
清乾隆 铜胎掐丝珐琅开光式嵌碧玉暗刻描金御制诗壁瓶（一对）	高19.2cm	852,800	香港苏富比	2011.10.05

拍品名称	尺寸	成交价RMB	拍卖公司	拍卖日期
清乾隆 铜胎掐丝珐琅龙耳瓶	高25.5cm	782,000	浙江钱塘	2011.12.04
清乾隆 铜胎掐丝珐琅龙纹八方瓶		1,568,000	中贸圣佳	2011.4.29
清乾隆 铜胎掐丝珐琅嵌玉梅瓶	高30cm	805,000	中贸圣佳	2011.11.06
清乾隆 铜胎掐丝珐琅兽耳凤纹瓶 (一对)	高47.5cm	74,750	中国嘉德	2011.11.15
清乾隆 御制掐丝珐琅八卦纹琮式瓶	高36.6cm	3,220,000	北京东正	2011.6.5
清早期掐丝珐琅蓝地花卉纹梅瓶	高26cm	57,500	北京保利	2011.10.24
清中期 掐丝珐琅抱月大瓶	高53.5cm	1,380,000	北京歌德	2011.6.3
清中期掐丝珐琅琮式方瓶(一对)	高41cm	172,500	北京保利	2011.12.07
清中期 铜胎掐丝珐琅缠枝花鸟纹瓶	高68cm	437,000	中贸圣佳	2011.11.06
清中期 铜胎掐丝珐琅如意耳葫芦瓶		358,400	中贸圣佳	2011.4.29
清中期 铜胎掐丝珐琅双龙耳花蝶纹扁瓶 (一对)	高31cm	115,000	北京保利	2011.12.08
清 掐丝珐琅百鸟朝凤大瓶	高79cm	78,400	北京保利	2011.1.16
清掐丝珐琅缠枝莲蒜头瓶(一对)	高32cm	67,200	太平洋	2011.09.17
清 掐丝珐琅缠枝莲纹瓶	高25.5cm	66,700	中国嘉德	2011.3.19
清掐丝珐琅赤壁图扁瓶(一对)	高37.5cm	161,000	中国嘉德	2011.3.19
清 掐丝珐琅大瓶	高50cm	322,000	北京歌德	2011.6.3
清 掐丝珐琅海水龙纹大天球瓶	高61cm	97,750	北京保利	2011.4.18
清 掐丝珐琅海水龙纹大天球瓶	高63cm	63,250	北京保利	2011.7.28
清 掐丝珐琅花卉灵芝方瓶	高51.5cm	74,750	北京保利	2011.4.18
清掐丝珐琅花卉兽面纹活环耳瓶	高74cm	55,200	中国嘉德	2011.3.19
清掐丝珐琅花鸟纹双联瓶(一对)	高32.7cm	51,750	中国嘉德	2011.3.19
清 掐丝珐琅开光云龙纹葫芦瓶 (一对)	高27.2cm	74,750	中国嘉德	2011.3.19
清 掐丝珐琅嵌白玉龙纹天球瓶	高62cm	253,000	中国嘉德	2011.3.19
清 掐丝珐琅嵌玉葫芦瓶	高27.2cm	57,500	中国嘉德	2011.6.18
清 掐丝珐琅嵌玉玉壶春瓶	高55cm	67,200	太平洋	2011.09.17
清 掐丝珐琅四季花卉纹方瓶 (一对)	高49.8cm	51,750	中国嘉德	2011.3.19
清 铜鎏金掐丝珐琅红福天隆橄榄瓶	高57cm	51,750	北京保利	2011.4.18
清 铜鎏金錾刻掐丝珐琅宝相花兽面纹双耳活环大瓶	高75cm	80,500	北京保利	2011.7.28
清 铜掐丝珐琅螭虎纹纹赏瓶 (一对)	高20cm	65,000	中都国际	2011.3.13
清铜胎掐丝珐琅“大吉”葫芦瓶	高31.5cm	230,000	北京匡时	2011.12.05
清 铜胎掐丝珐琅玉壶春瓶	高10cm	172,500	浙江钱塘	2011.12.04
清 铜胎填珐琅嵌白玉葫芦瓶	高77cm	103,500	中国嘉德	2011.09.17
民国掐丝珐琅龙纹天球瓶(一对)	高60cm	74,750	中国嘉德	2011.3.19
民国 掐丝珐琅嵌玉花卉纹玉壶春瓶 (一对)	高31.5cm	51,750	中国嘉德	2011.3.19
民国 掐丝珐琅鱼藻纹转心瓶	高38cm	89,700	中国嘉德	2011.5.23
明 景泰蓝胆式瓶	高17cm	57,500	北京保利	2011.10.24
掐丝珐琅凤纹方瓶 (一对)	高53.1cm	57,500	中国嘉德	2011.6.18
掐丝珐琅嵌玉葫芦瓶	高27cm	138,000	中国嘉德	2011.3.19
掐丝珐琅双联包袱瓶	高32cm	80,500	中国嘉德	2011.3.19
铜胎画珐琅芦雁图瓶 (一对)	高7.5cm	57,500	中国嘉德	2011.3.19
觚				
明晚期 掐丝珐琅缠枝莲花觚	高46cm	168,000	北京保利	2011.1.16
清乾隆年制款画珐琅青花觚	高10.9cm	184,000	西泠拍卖	2011.7.18
清中期 掐丝珐琅缠枝捧寿纹花觚 (一对)	高32.5cm	138,000	北京东正	2011.6.5
清嘉庆 掐丝珐琅八吉祥缠枝莲纹花觚一对	高25.2cm	125,550	香港佳士得	2011.6.1
清 掐丝珐琅花觚	高6.9cm	69,000	西泠拍卖	2011.7.19
清掐丝珐琅兽面纹花觚(一对)	高33cm	57,500	中国嘉德	2011.3.19
清铜胎鎏金掐丝珐琅出戟小花觚	高12cm	112,000	浙江钱塘	2011.1.9
清 铜掐丝珐琅花觚	高28.5cm	483,000	浙江钱塘	2011.12.04
尊				
明 铜胎掐丝珐琅缠枝莲花纹琵琶尊	高17cm	253,000	上海大众	2011.08.25
明 铜胎掐丝珐琅双铺首衔环缠枝莲纹尊	高42cm	460,000	北京匡时	2011.6.8
清乾隆 掐丝珐琅缠枝纹铺首尊	高46.5cm	2,300,000	北京东正	2011.11.17
清乾隆 掐丝珐琅天鸡尊	高25cm	1,344,000	长风拍卖	2011.1.20

拍品名称	尺寸	成交价RMB	拍卖公司	拍卖日期
清中期 掐丝珐琅铺首尊	高40cm	172,500	北京保利	2011.12.07
清中期 掐丝珐琅兽耳尊	高37.5cm	1,035,000	北京歌德	2011.6.3
清 掐丝珐琅百鹿尊	高50cm	95,200	北京保利	2011.1.16
清 掐丝珐琅嵌玉牺尊	高31.5cm	51,750	中国嘉德	2011.6.18
清 掐丝珐琅如意耳尊 (一对)	高29cm	53,760	北京保利	2011.1.16
清 掐丝珐琅十八罗汉图狮钮尊	高70cm	51,750	中国嘉德	2011.3.19
清 铜掐丝珐琅鹿头尊 (一对)	高52cm	920,000	浙江钱塘	2011.12.04
掐丝珐琅兽面纹尊	高91cm	138,000	中国嘉德	2011.3.19
掐丝珐琅兽面纹尊	高91cm	103,500	中国嘉德	2011.3.19
壶				
明晚期掐丝珐琅饕餮纹双环耳壶	高18cm	61,600	长风拍卖	2011.1.20
清康熙掐丝珐琅缠枝莲双兽耳壶	高39cm	1,725,000	北京保利	2011.6.7
清 掐丝珐琅开光人物多穆壶	高60cm	98,560	太平洋	2011.6.18
清 掐丝珐琅嵌百宝开光画珐琅人物执壶	高34cm	50,400	北京保利	2011.1.16
清 掐丝珐琅嵌玉执壶	高42.5cm	92,000	中国嘉德	2011.09.17
清 掐丝珐琅兽面纹提梁卣	高32cm	56,000	太平洋	2011.09.17
铜胎珐琅执壶 (一套)	高33cm	140,760	澳门中信	2011.11.25
炉				
明 掐丝珐琅缠枝莲纹炉	直径24cm	138,000	中国嘉德	2011.6.18
清康熙 铜胎掐丝珐琅「缠枝蕃莲」纹嵌宝石三象足双耳盖炉	高67cm	9,725,200	香港苏富比	2011.10.05
清乾隆 景泰蓝狮钮兽面纹炉	高17cm	149,500	北京保利	2011.7.26
清乾隆 掐丝珐琅缠枝花托八吉祥双夔龙耳盖炉	高29.2cm	586,500	北京诚轩	2011.5.22
清乾隆 掐丝珐琅鼎式炉	高41cm	172,500	北京歌德	2011.6.3
清乾隆 铜胎鎏金掐丝珐琅阿拉伯文香炉	高10.3cm	582,400	浙江钱塘	2011.6.12
清乾隆 铜胎掐丝珐琅缠枝花卉纹双龙耳三足盖炉	长54.5cm	1,229,320	香港苏富比	2011.4.8
清乾隆 铜胎掐丝珐琅缠枝莲纹三兽足双耳炉	高37.4cm	920,000	北京匡时	2011.12.05
清乾隆 铜胎掐丝珐琅鼎式炉	宽11.8cm	345,000	中国嘉德	2011.11.15
清乾隆 铜胎掐丝珐琅香炉	高35cm	2,070,000	浙江钱塘	2011.12.04
清乾隆 铜胎掐丝珐琅香炉	长14cm	322,000	荣宝斋(沪)	2011.11.25
清乾隆 御制铜胎画珐琅番莲纹六方炉	高45.5cm	3,220,000	北京保利	2011.12.07
清中期 广东画珐琅手炉	宽17.5cm	57,500	中国嘉德	2011.5.23
清中期 铜鎏金錾刻掐丝珐琅夔龙宝相花纹龙狮钮三足盖炉	高57cm	74,750	北京保利	2011.7.28
清中期 铜鎏金錾刻掐丝珐琅龙纹四方大暖炉	高73cm	92,000	北京保利	2011.7.28
清 景泰蓝八宝三足炉	高60cm	230,000	北京保利	2011.12.07
清景泰蓝缠枝莲纹狮钮三足熏炉	高99cm	134,400	天津文物	2011.5.13
清 景泰蓝三鹤炉 (一对)	高130cm	230,000	北京歌德	2011.09.17
清 景泰蓝天坛元炉	高106cm	115,000	北京歌德	2011.09.17
清 掐丝珐琅缠枝花卉炉	高5.6cm	1,610,000	北京翰海	2011.11.19
清掐丝珐琅缠枝莲纹六方三足炉	高35.5cm	51,750	中国嘉德	2011.6.18
清 掐丝珐琅螭龙花卉纹狮钮炉	高102cm	89,700	中国嘉德	2011.3.19
清 掐丝珐琅福寿纹炉 (一对)	高77cm	138,000	中国嘉德	2011.6.18
清掐丝珐琅花卉纹龙耳炉(一对)	高130cm	92,000	中国嘉德	2011.09.17
清掐丝珐琅花卉纹象耳炉(一对)	直径94cm	55,200	中国嘉德	2011.3.19
清 掐丝珐琅龙纹方炉	长72cm	51,750	中国嘉德	2011.3.19
清 掐丝珐琅三鹤炉 (一对)	高84cm	103,500	北京保利	2011.7.28
清 掐丝珐琅三鹤炉 (一对)	高130cm	57,500	北京保利	2011.4.18
清掐丝珐琅狮球纹狮钮炉(一对)	高101cm	184,000	中国嘉德	2011.3.19
清 掐丝珐琅亭式香炉 (一对)	高270cm	224,000	北京保利	2011.1.16
清 铜鎏金掐丝珐琅鼓式香炉	高12cm	224,000	浙江钱塘	2011.6.12
清 铜鎏金掐丝珐琅龙耳鹤足盖炉 (一对)	高133cm	109,250	北京保利	2011.4.18
清 铜鎏金錾花炉瓶三事	尺寸不一	156,800	浙江钱塘	2011.6.12
清铜胎掐丝珐琅鎏金双凤耳式炉	高27cm	690,000	上海大众	2011.08.25
清18世纪 掐丝珐琅莲纹龙耳三足盖炉	高35.5cm	719,820	香港佳士得	2011.6.1
掐丝珐琅凤纹兽足炉	高95cm	78,200	中国嘉德	2011.3.19
掐丝珐琅福寿花卉纹炉(一对)	高167cm	69,000	中国嘉德	2011.12.17
掐丝珐琅花卉纹象足炉	高128cm	126,500	中国嘉德	2011.6.18
掐丝珐琅花卉纹云龙钮象足炉	高128cm	345,000	中国嘉德	2011.3.19
掐丝珐琅花卉纹云龙钮象足炉	高128cm	333,500	中国嘉德	2011.3.19

2011杂项拍卖成交汇总

（成交价RMB：5万元以上）

拍品名称	尺寸	成交价RMB	拍卖公司	拍卖日期
掐丝珐琅兽面纹炉（一对）	高162cm	149,500	中国嘉德	2011.3.19
掐丝珐琅兽面纹三足炉（一对）	高196cm	59,800	中国嘉德	2011.3.19
缸				
清乾隆 掐丝珐琅西番莲纹蝠耳大缸	高25.5cm	460,000	北京保利	2011.6.7
清乾隆 铜胎掐丝珐琅缠枝莲纹卷缸	高42cm	134,400	北京永乐	2011.5.24
清景泰蓝九龙闹海大缸（一对）	直径100cm	230,000	北京歌德	2011.09.17
清 掐丝珐琅阿弥陀佛卷缸	直径36.5cm	82,800	中国嘉德	2011.6.18
清 掐丝珐琅金玉满堂缸一对连底座	直径80cm	161,000	北京匡时	2011.09.17
清 掐丝珐琅龙纹缸（一对）	直径127cm	253,000	中国嘉德	2011.6.18
清 掐丝珐琅龙纹缸（一对）	直径86cm	69,000	中国嘉德	2011.09.17
清 掐丝珐琅山水卷缸（一对）	宽55cm	74,750	北京保利	2011.7.28
清 掐丝珐琅云龙缸（一对）	宽80cm	207,000	北京保利	2011.7.28
清掐丝珐琅云龙纹大缸（一对）	直径110cm	112,000	北京保利	2011.1.16
清 掐丝珐琅云龙纹缸（一对）	直径110cm	92,000	中国嘉德	2011.09.17
民国掐丝珐琅荷塘图缸（一对）	直径89cm	322,000	中国嘉德	2011.3.19
民国 掐丝珐琅九龙闹海图缸（一对）	高95cm	115,000	中国嘉德	2011.3.19
掐丝珐琅海兽纹缸（一对）	直径89cm	126,500	中国嘉德	2011.09.17
掐丝珐琅龙纹大缸（一对）	直径110cm	86,250	北京保利	2011.4.18
罐、簋				
清乾隆 掐丝珐琅缠枝莲纹罐	高15cm	115,000	北京歌德	2011.6.3
清乾隆 铜胎画珐琅胭脂红瓜棱双系罐	高10cm	2,990,000	北京保利	2011.6.5
清 掐丝珐琅酥油茶罐	高65cm	322,000	中国嘉德	2011.5.23
清铜胎掐丝珐琅将军罐（一对）	高58cm	336,000	江苏万达	2011.5.29
掐丝珐琅兽面纹簋	宽17.5cm	51,750	北京保利	2011.4.18
盒				
明 景泰蓝捧盒	直径38cm	517,500	北京保利	2011.7.28
清乾隆 掐丝珐琅春字桃形捧盒（一对）	直径46cm	1,725,000	北京匡时	2011.6.8
清乾隆 掐丝珐琅龙纹墨盒	长11cm	224,000	长风拍卖	2011.1.20
清乾隆 掐丝珐琅龙纹圆盒	直径10.4cm	51,750	中贸圣佳	2011.11.06
清乾隆 掐丝珐琅鹿鹤同春捧盒	直径39.7cm	1,725,000	北京保利	2011.12.08
清乾隆 铜胎鎏金掐丝珐琅圆盒	直径6.5cm	64,960	浙江钱塘	2011.1.9
清乾隆 铜胎掐丝珐琅「松下高仕」图长方盖盒	高9.5cm	51,250	香港苏富比	2011.10.05
清乾隆 铜胎掐丝珐琅缠枝番莲纹盖盒	高7cm	205,000	香港苏富比	2011.10.05
清乾隆 御制鎏金铜胎掐丝珐琅「春寿」宝盒（一对）	直径36cm×2	42,737,220	香港佳士得	2011.6.1
清中期 铜胎画珐琅缠枝花卉纹攒盒	直径36.5cm	92,000	北京匡时	2011.09.17
清 掐丝珐琅花卉纹镶嵌和田白玉方形胭脂盒	高8cm	134,400	江苏万达	2011.5.29
清 铜胎鎏金掐丝珐琅香盒	高6.5cm	78,400	浙江钱塘	2011.1.9
清 铜胎掐丝珐琅圆盒	直径7cm	67,200	浙江钱塘	2011.6.12
掐丝珐琅嵌玉方盒	长11cm	56,000	北京翰海	2011.09.18
瑞士“田园爱情”鸟音盒		149,500	北京保利	2011.6.6
杯、碗、钵				
明 景泰蓝缠枝花卉钵	直径17.5cm	402,500	北京保利	2011.12.08
清乾隆 铜胎掐丝珐琅西潘莲梵文金钟杯		134,400	中贸圣佳	2011.4.29
清乾隆 铜胎画珐琅莲瓣纹小杯	高7.5cm	172,500	北京保利	2011.12.08
清乾隆 掐丝珐琅花卉纹杯	直径5.1cm	69,000	中国嘉德	2011.09.17
清中期 掐丝珐琅兽面纹爵杯	高24.5cm	138,000	北京保利	2011.12.07
清乾隆 黄地铜胎画珐琅粉彩盌	直径17.1cm	1,121,580	香港佳士得	2011.6.1
清乾隆 铜胎画珐琅蓝地描金花卉盖碗	直径10.6cm	92,000	中国嘉德	2011.11.15
清雍正 黄地铜胎珐琅龙纹盖碗	直径12.4cm	1,150,000	北京保利	2011.6.5
清中期铜胎掐丝珐琅西番莲纹碗		56,000	中贸圣佳	2011.4.29
清中期 铜胎画珐琅缠枝花卉开光竹石盖碗（九件）	直径12cm	207,000	北京保利	2011.12.08
清乾隆 掐丝珐琅开光缠枝莲纹碗（一对）	直径16.2cm	529,000	北京保利	2011.12.06
清铜胎画珐琅八仙人物故事纹碗	直径16.4cm	2,500,000	红太阳	2011.5.28
清铜胎画珐琅三多八仙人物纹碗	直径15.5cm	2,200,000	红太阳	2011.5.28

拍品名称	尺寸	成交价RMB	拍卖公司	拍卖日期
清 铜胎掐丝珐琅大碗	高13.5cm	168,000	江苏万达	2011.5.29
清 铜胎掐丝珐琅海马纹碗	直径16cm	89,600	浙江钱塘	2011.1.9
盘、盆				
明万历 铜胎掐丝珐琅缠枝花卉纹高足香盘	直径18cm	345,000	上海大众	2011.08.25
清乾隆 景泰蓝龙纹大盘	直径53cm	504,000	浙江民和	2011.08.14
清乾隆 铜胎画珐琅万寿无疆纹盘	直径22.5cm	212,800	北京永乐	2011.5.24
清 掐丝珐琅供盘（一对）	长21.5cm	69,000	北京歌德	2011.6.3
清 掐丝珐琅花卉纹大盘	长36cm	57,500	北京歌德	2011.6.3
清康熙 掐丝珐琅杏园雅图葵口盆	宽55.6cm	1,021,140	香港佳士得	2011.6.1
清乾隆 掐丝珐琅缠枝莲纹花盆	23.2cm×17.8cm	138,000	北京诚轩	2011.5.22
清中期 铜鎏金掐丝花卉百鸟纹大浴盆	宽90cm	89,600	北京保利	2011.1.16
清 掐丝珐琅花鸟纹大浴盆	长97cm	230,000	中国嘉德	2011.6.18
鼎、香熏				
清乾隆 掐丝珐琅饕餮纹方鼎	高37.5cm	1,725,000	北京东正	2011.6.5
清乾隆 掐丝珐琅立耳狮钮盖方鼎	高34cm	724,120	香港苏富比	2011.4.8
清乾隆 掐丝珐琅双龙耳鹤足瑞鹿大香熏	高65cm	4,140,000	北京保利	2011.12.08
清乾隆 铜胎鎏金掐丝珐琅龙耳香熏	高28cm	672,000	浙江钱塘	2011.1.9
清乾隆 铜胎掐丝珐琅海棠形象鼻足香熏	高34cm	168,000	浙江钱塘	2011.1.9
清中期 铜鎏金掐丝珐琅缠枝莲纹双耳香熏	高36.5cm	212,800	北京永乐	2011.5.24
清 掐丝珐琅方鼎香熏	高12.5cm	313,600	浙江钱塘	2011.6.12
清 掐丝珐琅嵌碧玉云龙纹香薰	高77cm	230,000	中国嘉德	2011.09.17
清 掐丝珐琅瑞兽香熏	高56cm	69,000	中国嘉德	2011.6.18
清 掐丝珐琅双鹤香薰（一对）	高200cm	517,500	中国嘉德	2011.6.18
清 掐丝珐琅象足花卉大香熏	高95cm	598,000	北京保利	2011.6.7
掐丝珐琅嵌碧玉云龙纹香薰	高136cm	63,250	中国嘉德	2011.12.17
掐丝珐琅瑞兽香熏（一对）	高63cm	69,000	中国嘉德	2011.3.19
掐丝珐琅香熏（一对）	高58cm	92,000	中国嘉德	2011.6.18
盏托、帽架				
清铜胎掐丝珐琅茶盏托（一对）	高15cm	100,800	浙江钱塘	2011.1.9
清乾隆 御用铜胎画珐琅花卉 吉祥如意纹大婚帽架	高31cm	156,800	北京永乐	2011.5.24
清掐丝珐琅嵌白玉帽架（一对）	高30.5cm	345,000	中国嘉德	2011.3.19
清 掐丝珐琅嵌玉帽架（一对）	高30.5cm	82,800	中国嘉德	2011.6.18
墩、烛台				
清 掐丝珐琅荷花绣敦（一对）	高46cm	57,500	北京保利	2011.4.18
清掐丝珐琅花卉纹鼓墩（一对）	高44cm	71,300	中国嘉德	2011.6.18
掐丝珐琅荷塘图鼓墩（一对）	高46.5cm	57,500	中国嘉德	2011.3.19
清铜胎掐丝珐琅鼓钉秀墩（一对）	高45cm	88,000	中都国际	2011.08.28
清乾隆 御制掐丝珐琅海晏河清烛台（一对）	高24cm	1,495,000	北京保利	2011.12.06
清晚期 铜鎏金掐丝珐琅仙鹤烛台	高89cm	179,200	长风拍卖	2011.1.20
清中期 掐丝珐琅缠枝花卉烛台（一对）	高45cm	115,000	北京保利	2011.12.07
清嘉庆 掐丝珐琅喜字烛台（一对）	高21cm	101,200	中国嘉德	2011.5.23
清 掐丝珐琅花卉纹烛台	高77cm	57,500	中国嘉德	2011.6.18
清掐丝珐琅嵌碧玉喜字烛台（一对）	高31.5cm	69,440	太平洋	2011.09.17
民国 掐丝珐琅龙形烛台	高82.5cm	78,200	中国嘉德	2011.3.19
民国掐丝珐琅仙鹤烛台（一对）	高185cm	63,250	中国嘉德	2011.3.19
民国掐丝珐琅仙鹤烛台（一对）	高185cm	74,750	中国嘉德	2011.09.17
掐丝珐琅仙鹤烛台（一对）	高240cm	437,000	中国嘉德	2011.3.19
掐丝珐琅仙鹤烛台（一对）	高190cm	126,500	中国嘉德	2011.3.19
文房用品				
清康熙 掐丝珐琅双龙捧寿大洗	直径51cm	575,000	北京保利	2011.6.6
清乾隆 蝙蝠形珐琅铜镇	长18cm	92,000	北京保利	2011.4.16
清乾隆 珐琅鎏金庙宇图经书匣	长29cm	112,000	太平洋	2011.09.17
清乾隆 掐丝珐琅三峰小笔山	宽3.5cm	125,550	香港佳士得	2011.6.1
清乾隆 掐丝珐琅铜镜式纸镇	直径8.2cm	161,000	北京诚轩	2011.11.12
清乾隆 铜胎珐琅笔架	高13cm	115,000	北京容海	2011.10.24
清乾隆御製鎏金景泰蓝镇纸	长11.2cm	920,000	上海崇源	2011.10.12
清乾隆 铜胎掐丝珐琅云蝠纹水洗	长43cm	1,610,000	上海大众	2011.08.25
清乾隆 御制铜胎画珐琅鸳鸯双燕图六瓣花式小洗	长7.5cm	976,720	香港苏富比	2011.4.8

拍品名称	尺寸	成交价RMB	拍卖公司	拍卖日期
清中期 铜胎掐丝珐琅花卉图笔床	长8.7cm	100,800	北京永乐	2011.5.24
清中期 铜胎掐丝珐琅砚屏	高27cm	172,500	北京华辰	2011.5.20
清中期 铜鎏金嵌珊瑚带扣	长8cm	74,750	北京歌德	2011.6.3
清 铜胎掐丝珐琅山水图纹红木嵌黄杨砚屏		896,000	中贸圣佳	2011.4.29
清 珐琅底座青金石雕龙笔山	长14cm	53,760	太平洋	2011.6.18
清 掐丝珐琅花口洗	直径14cm	80,500	北京保利	2011.10.24
民国 珐琅彩加彩鱼藻纹水盂	直径13.5cm	138,000	长风拍卖	2011.6.21
其他用品				
清乾隆 锦地珐琅葫芦纹背板	长88cm	69,000	北京保利	2011.4.16
清 掐丝珐琅花几 (一对)	高94cm	64,960	太平洋	2011.6.18
清掐丝珐琅花鸟纹冰箱(一对)	48cm×73cm	161,000	中国嘉德	2011.09.17
清 掐丝珐琅提篮	高15.5cm	134,400	浙江钱塘	2011.6.12
清 铜胎鎏金掐丝珐琅大香筒	高90cm	168,000	浙江钱塘	2011.1.9
清 铜胎掐丝珐琅蓝转经筒	高26cm	57,500	中国嘉德	2011.5.23
掐丝珐琅花卉纹冰箱 (一对)	长104.3cm	126,500	中国嘉德	2011.6.18
十五、金银器				
汉代 银马	高34cm	2,627,520	澳门中信	2011.11.25
“校尉之印”银质官印		690,000	中国嘉德	2011.11.14
金质蟠虺纹镶松石阳燧	直径6.3cm	3,910,000	中国嘉德	2011.5.13
唐 金粉盒	高2.2cm	126,500	西泠拍卖	2011.7.18
唐代金质瓜棱对瓶	高173cm	3,450,000	中国嘉德	2011.11.17
唐代莲叶伏龟金质对盘	口径14.8cm	9,200,000	中国嘉德	2011.11.17
明 崇祯皇帝钦赐银盏	口径7.6cm	168,000	中拍国际	2011.6.5
明 金累丝嵌宝石球路纹盒	直径9.2cm	896,000	中拍国际	2011.6.5
明 金累丝嵌红宝石飞凤纹簪 (一对)	直径21.5cm	138,000	北京纳高	2011.7.6
明 金制葫芦耳环 (一对)	高8cm×2	57,500	北京歌德	2011.6.3
明 青白玉飞鸟金簪 (一对)	长24cm；长19.5cm	138,000	北京保利	2011.12.08
明治时期 菊花纹银壶	高24cm	172,500	广州嘉德	2011.6.11
清乾隆 锤银「嘎巴拉」盌连金胎如意花卉纹嵌绿松石莲瓣钮盖及铜胎画北京珐琅黄地缠枝花卉纹三角座托	直径12cm	1,295,600	香港苏富比	2011.10.05
清乾隆 金累丝点翠嵌红宝龙凤呈祥大金簪	长19.5cm	161,000	北京保利	2011.6.6
清乾隆 金累丝嵌红蓝宝一路连升金簪 (一对)	长14cm	138,000	北京保利	2011.6.6
清乾隆 金累丝如意花篮嵌红宝石簪 (一对)	长11.5cm	63,250	北京保利	2011.6.6
清乾隆 金镶百宝斋戒葫芦佩	长7.5cm	1,725,000	北京保利	2011.6.6
清乾隆 龙头金簪 (一对)	长12cm	86,250	北京保利	2011.6.6
清乾隆 银刻寿字山水人物图执壶	高18.8cm	425,600	北京永乐	2011.5.24
清乾隆 银胎椰壳碗	直径17.5cm	80,500	北京保利	2011.4.16
清乾隆 银錾刻龙纹御赐养老牌	长14cm	253,000	北京保利	2011.4.16
清嘉庆 银鎏金嵌宝石碗	直径16.8cm	1,955,000	北京翰海	2011.5.21
清中期 金累丝镶宝石龙纹头饰	长11cm	138,000	北京保利	2011.6.6
清中期 银鎏金花鸟龙纹马饰	尺寸不一	57,500	北京保利	2011.4.16
清中期 银鎏金金边丝嵌红蓝宝石五福捧寿盒	直径17.5cm	575,000	北京保利	2011.12.08
清中期 银鎏金嵌松石龙纹马鞍	长55cm	230,000	北京保利	2011.4.16
清中期 银马饰 (一组九件)	尺寸不一	63,250	北京保利	2011.4.16
清中期 银质诗文提梁壶	高12cm	89,700	北京歌德	2011.6.3
清 “青宫少保”桥钮银印	高1.9cm	74,750	朵云轩	2011.12.16
清同治(1869年) 银錾刻戏曲人物图双耳高足盘	高26.6cm	53,760	北京永乐	2011.5.24
清晚期 银錾刻十八罗汉图盖盒	直径24cm	230,000	北京永乐	2011.11.15
清 18K金嵌宝石蟠龙长颈瓶	高20cm	418,000	中都国际	2011.08.28
清 18K金嵌宝石云龙纹执壶	高20cm	429,000	中都国际	2011.08.28
清 金刻花卉嵌宝石直颈瓶	高18cm	649,600	太平洋	2011.09.17
清 金累丝画珐琅斋戒牌、金累丝点翠“一鸣惊人”钗 (一对)	高9cm	126,500	北京保利	2011.6.7
清 金累丝嵌宝八吉祥福寿如意	长37.8cm	977,500	北京纳高	2011.7.6
清 金累丝嵌宝石如意	长29cm	560,000	太平洋	2011.09.17
清 金嵌宝凤薰	高25.3cm	1,035,000	北京纳高	2011.7.6
清 金嵌宝石桃形洗	高19.2cm	112,000	太平洋	2011.09.17
清 金砖	长72cm	53,760	南京正大	2011.4.23

拍品名称	尺寸	成交价RMB	拍卖公司	拍卖日期
清 木胎银鎏金藏传碗	高6.5cm	336,000	江苏万达	2011.5.29
清 银茶具 (一组)	尺寸不一	101,200	广州嘉德	2011.6.11
清 银刻龙须纹印玺	高11cm	77,000	中都国际	2011.08.28
清 银胎掐丝珐琅兽足双耳香熏	高24cm	84,000	云南典藏	2011.5.14
清 银胎嵌玉暗八宝仙瓶		190,400	中贸圣佳	2011.4.29
清 银质海水江崖龙纹摆件	长24cm	74,750	北京保利	2011.4.16
清 银质三足鼎熏炉	高20cm	57,500	广州嘉德	2011.6.11
清18世纪 金瓜楞式云凤纹手炉连长柄器	宽12.8cm	572,560	香港苏富比	2011.4.8
清代 纯金七世达赖	高11.8cm	784,000	长风拍卖	2011.1.20
18世纪/19世纪初 南镣霰望月形汤沸	长18.5cm	115,000	北京匡时	2011.12.05
19世纪 纯金“玉霰汤沸”	高17cm	862,500	北京翰海	2011.11.19
19世纪 梅兰竹菊纯银茶具(九件套)	尺寸不一	72,800	北京保利	2011.1.16
19世纪 日本制错金银花鸟提梁壶	高18.5cm	184,000	北京保利	2011.12.07
19世纪 银质龙纹茶壶	高19cm	74,750	北京保利	2011.4.18
19世纪(日本) 24K金盖银壶	高22cm	53,760	北京保利	2011.1.16
20世纪 银凤首提梁壶	高18cm	61,600	北京保利	2011.1.16
20世纪 银錾金四季花卉纹壶	高17.5cm	53,760	北京保利	2011.1.16
20世纪(日本) 金壶	高17cm	448,500	北京保利	2011.12.08
No Brand 纯金雾霰纹茶壶	高17cm	2,771,973	伊斯特	2011.11.28
No Brand 纯金雾霰纹象牙把手壶	高8.5cm	1,648,200	伊斯特	2011.11.28
宝相纹双耳足银瓶	高29cm	115,000	北京九歌	2011.6.10
宝珠型雾霰纹银壶	高27.5cm	72,450	西泠拍卖	2011.7.19
北村静香造 口打出金点银钮银壶	高18.3cm	230,000	中国嘉德	2011.12.18
北村静香造 铁把点金钮银壶	高17.5cm	207,000	中国嘉德	2011.12.18
藏六宝珠形银瓶	高17.5cm	80,500	北京匡时	2011.12.05
藏六四世造 阿古陀银壶	高18.9cm	92,000	中国嘉德	2011.12.18
藏六四世造 纯银霰打银壶	高15.3cm	92,000	中国嘉德	2011.12.18
车轴形银瓶	高19.5cm	57,500	北京匡时	2011.12.05
纯金嵌龙纹蒜头瓶	高12.5cm	750,000	印千山	2011.6.3
翠钮银壶	高16cm	190,400	中贸圣佳	2011.1.23
大正时期 鸿池造满工菊花地纹银汤沸	高22.5cm	207,000	上海春秋堂	2011.10.23
雕心经银瓶	高14.5cm	86,250	北京匡时	2011.12.05
定恒造 木提梁雕松银壶	高17.3cm	368,000	中国嘉德	2011.12.18
宫本谨制华光镌 雁纹样银花瓶	高22cm	57,500	西泠拍卖	2011.7.19
光南二世造 霰打大银壶	高28.8cm	138,000	中国嘉德	2011.12.18
光南二世造 霰打银壶	高22.2cm	112,700	中国嘉德	2011.12.18
光南造 纯金急须	高16cm	935,000	北京更乐	2011.11.23
光秋造 纯银茶具 (一组九件)	尺寸不一	80,500	中国嘉德	2011.12.18
鬼霰形纯金瓶	高14cm	690,000	北京匡时	2011.12.05
黑川荣胜(款) 蓬莱金釜	高21cm	1,667,500	中国嘉德	2011.12.18
洪宪元年 香熏	高25.5cm	172,500	北京翰海	2011.11.19
葫芦松梅大汤沸	高28.4cm	80,500	北京匡时	2011.12.05
花木雕图银花瓶	高21cm	57,500	西泠拍卖	2011.7.19
花丝镶嵌仿明金丝皇冠	高23cm	67,200	北京翰海	2011.4.10
花丝镶嵌金瓯永固杯	高12.5cm	667,000	北京翰海	2011.11.19
迦陵频伽鸟纹银函	高6cm	72,800	北京荣宝	2011.11.11
金累丝镶宝花卉纹盆景	高28cm	520,000	印千山	2011.6.3
金钮苹果形银瓶	高18cm	80,500	北京匡时	2011.12.05
金掐丝珊瑚盆景	高26.5cm	1,725,000	中贸圣佳	2011.11.06
金嵌宝石象耳扁壶	高20cm	580,000	印千山	2011.6.3
金寿堂雨宫宗造 高肉银镶嵌菊花白银舞蝶如意纹提把	高22cm	402,500	西泠拍卖	2011.7.19
久进造 霰打金壶	高18.3cm	632,500	中国嘉德	2011.12.18
菊瓣钮雾霰银瓶	高19.5cm	74,750	北京匡时	2011.12.05
克里斯托夫 威德曼 银制刀具 (全136件)	尺寸不一	1,723,119	伊斯特	2011.11.28
厉宝华，冯国升 花丝镶嵌 福禄万代基业常青葫芦 (一对)		345,000	北京翰海	2011.11.19
莲瓣纹金碗	上高6cm	414,000	北京九歌	2011.6.10
鎏金钮南镣霰形银瓶	高20cm	51,750	北京匡时	2011.12.05
镂空樱花摘宝袋型银壶	高22cm	172,500	西泠拍卖	2011.7.19
鹿岛一谷刻 紫皮刻花银壶	高20.8cm	138,000	中国嘉德	2011.12.18
美秀造 类金银壶	高23cm	69,000	中国嘉德	2011.12.18
民国 银錾刻双龙人物诗文图海棠形大碗	直径23.2cm	78,400	北京永乐	2011.5.24

2011杂项拍卖成交汇总

(成交价RMB：5万元以上)

拍品名称	尺寸	成交价RMB	拍卖公司	拍卖日期
木村节三造 竹节把口打出银壶	高18cm	115,000	中国嘉德	2011.12.18
南瓜形银瓶	高20.5cm	80,500	北京匡时	2011.12.05
南镣宝珠形银瓶	高17.5cm	55,200	北京匡时	2011.12.05
南镣霰宝珠形银瓶	高18.5cm	103,500	北京匡时	2011.12.05
平泽正英纯金菊纹肋差(外装小刀)	长46.5cm	4,495,092	伊斯特	2011.11.28
契丹贵族狩猎图金片	长39.5cm	600,000	中都国际	2011.6.12
乔治三世时代 纯银制烛台套(四件)	高25cm	51,750	北京保利	2011.7.28
秦藏六二世造 水滴银壶	高7.6cm	207,000	中国嘉德	2011.12.18
日本 银壶	高22cm	57,500	中国嘉德	2011.3.21
日本金菊花纹茶托	直径13.5cm	86,250	北京匡时	2011.12.05
森川荣月造 草花雕(响片)银壶	高22.5cm	57,500	中国嘉德	2011.12.18
山川孝次造 土瓶形银壶	高22.3cm	57,500	中国嘉德	2011.12.18
上海世博会场馆大全999金印(三百二十一方)		21,850,000	西泠拍卖	2011.7.16
尚古堂造 铁包银壶	高19.3cm	713,000	中国嘉德	2011.12.18
尚美堂造纯银制纯金仕上银壶	高21.4cm	55,200	中国嘉德	2011.12.18
石川 光一 纯金龙纹香炉	高10cm	1,872,955	伊斯特	2011.11.28
石川 光一 纯金雾霰纹盖杯	高10cm	1,423,446	伊斯特	2011.11.28
石川 光一 纯金雾霰纹盖杯	高10cm	1,423,446	伊斯特	2011.11.28
石川 光一 纯金雾霰纹壶	高15.8cm	2,846,892	伊斯特	2011.11.28
石川 光一 纯金雾霰纹壶	高11.5cm	2,097,710	伊斯特	2011.11.28
石川 光一 纯金雾霰纹雾象牙把手壶	高8.5cm	2,472,301	伊斯特	2011.11.28
石川 光一 纯金雾霰纹枣型罐	高6.3cm	824,100	伊斯特	2011.11.28
石川 光一 纯金象牙把手壶	高7.5cm	1,798,037	伊斯特	2011.11.28
石川 光一 纯金象牙把手壶	高7.5c	1,348,528	伊斯特	2011.11.28
石黑光南纯金酒壶酒杯3件套	壶高12.9cm	2,846,892	伊斯特	2011.11.28
石黑 光南 纯金雾霰纹壶	高12.5cm	1,947,873	伊斯特	2011.11.28
石黑光男制纯金茶叶罐	高9.8cm	368,000	上海春秋堂	2011.12.11
石黑光南一世造 霰打金壶	高15.7cm	483,000	中国嘉德	2011.12.18
四分之一银雕金芦菊闲鹤月梅鸳鸯图器局	高40.7cm	402,500	北京匡时	2011.12.05
松荣堂造熏银南瓜壶	高21cm	80,500	西泠拍卖	2011.7.19
铁平造 槌目银壶	高16.8cm	57,500	中国嘉德	2011.12.18
铜包银竹节柄花型壶	长15cm	207,000	北京匡时	2011.6.8
丸形草花雕银瓶	高19cm	80,500	北京匡时	2011.12.05
望月形槌目银瓶	高19cm	69,000	北京匡时	2011.12.05
维多利亚时代纯银制烛台(一对)	高49cm	63,250	北京保利	2011.7.28
维多利亚时代(A.D1837-1901)纯银制四件套茶具	咖啡壶高24cm；茶壶高17cm；奶油壶高16.5cm；糖罐高13cm	71,300	北京保利	2011.4.18
维多利亚时代(A.D1837-1901)纯银质托盘	长63.5cm	78,200	北京保利	2011.4.18
雾霰纹银壶	高20.5cm	57,500	西泠拍卖	2011.7.19
霰宝珠形银瓶	高21.5cm	115,000	北京匡时	2011.12.05
霰形纯金急须	高15cm	747,500	北京匡时	2011.12.05
霰形纯金瓶	高19.2cm	862,500	北京匡时	2011.12.05
霰形纯金瓶	高16.5cm	747,500	北京匡时	2011.12.05
霰形纯金瓶	高17cm	747,500	北京匡时	2011.12.05
霰型七宝钮纯金壶	高16cm	792,000	北京更乐	2011.11.23
宣威将军款龟钮金印	高2.5cm	55,200	北京纳高	2011.7.6
延寿造*云樵山人刻 "七香之图"银壶	高19cm	920,000	中国嘉德	2011.12.18
一鹤斋造 大槌目望月银壶	高23.5cm	103,500	中国嘉德	2011.12.18
一鹤斋造 小槌目丸形银壶	高23.3cm	161,000	中国嘉德	2011.12.18
一鹤斋造 小槌目银壶	高19.7cm	55,200	中国嘉德	2011.12.18
一鹤斋制望月型银壶	高23.5cm	115,000	上海春秋堂	2011.12.11
银雕花卉纹茶具(一组五件)	尺寸不一	92,000	北京匡时	2011.6.8
银壶(两把)	尺寸不一	92,000	中国嘉德	2011.6.18
银鎏金花丝嵌宝龙纹法器	高16cm	18,100,000	印千山	2011.6.3
银鎏金嵌宝石龙纹执壶	高18.5cm	57,500	中国嘉德	2011.09.17
银嵌宝石佛像	高13cm	69,000	北京翰海	2011.12.18
银嵌宝石坛城	高96cm	575,000	北京翰海	2011.12.18
银天使双耳盖罐(一对)	高28cm×2	80,500	北京匡时	2011.6.8
银质"北村静香"款茶壶	长16cm	105,800	北京匡时	2011.6.8
银质"藏六四世"款茶壶	长15cm	97,750	北京匡时	2011.6.8
银质"金星堂"款茶壶	长14cm	51,750	北京匡时	2011.6.8
银质"真锅静良"款茶壶	长14cm	103,500	北京匡时	2011.6.8
玉霰银瓶	高19cm	94,300	北京匡时	2011.12.05
云龙纹足金熏香炉	高17.5cm	1,035,000	北京九歌	2011.6.10
云龙纹足银瓶	高29.5cm	115,000	北京九歌	2011.6.10
真锅敬良造 铁制提梁纯银壶	高16.5cm	550,000	北京更乐	2011.11.23
中川净益造凤首龙纹玉环纯金壶	高18cm	1,980,000	北京更乐	2011.11.23
中川净益九世造花鸟金银银壶	高18cm	207,000	中国嘉德	2011.12.18
中川净益十世造 纯银茶具(一组十三件)	尺寸不一	667,000	中国嘉德	2011.12.18
中川净益十世造 菊桐刻花银壶(一对)	高15.5cm	161,000	中国嘉德	2011.12.18
中川净益十世造紫皮刻花银壶	高22.4cm	80,500	中国嘉德	2011.12.18
中川净益十一世造 南镣桔梗雕四方银壶(一组九件)	高15.5cm	105,800	中国嘉德	2011.12.18
中国印——北京奥运徽宝黄金珍藏版 1888号		218,500	北京翰海	2011.11.19
中国印——北京奥运徽宝黄金珍藏版 4682号		149,500	北京翰海	2011.11.19
中国印——北京奥运徽宝黄金珍藏版 4689号		149,500	北京翰海	2011.11.19
中国印——北京奥运徽宝黄金珍藏版 4868号		126,500	北京翰海	2011.11.19
中国印——北京奥运徽宝黄金珍藏版 4952号		126,500	北京翰海	2011.11.19
中国印——北京奥运徽宝黄金珍藏版 4956号		149,500	北京翰海	2011.11.19
中国印——北京奥运徽宝黄金珍藏版 4959号		149,500	北京翰海	2011.11.19

十六、玻璃器

拍品名称	尺寸	成交价RMB	拍卖公司	拍卖日期
清雍正 茶色透明料刻寿字花卉纹束腰碗	直径17cm	1,422,900	香港佳士得	2011.6.1
清雍正 黄料八棱瓶	高13cm	719,820	香港佳士得	2011.6.1
清雍正 黄料水盂	高12.1cm	397,575	香港佳士得	2011.6.1
清雍正 蓝料多棱瓶	高29.5cm	414,000	北京保利	2011.6.7
清雍正 柠檬黄料碗	直径12.5cm	517,500	北京东正	2011.11.17
清乾隆 白料扎斗	高9.5cm	253,000	北京翰海	2011.5.21
清乾隆 宝石蓝料盘	直径20cm	334,800	香港佳士得	2011.6.1
清乾隆 多色玻璃撇口瓶	高23.5cm	552,000	北京容海	2011.10.24
清乾隆 仿白玉料棒槌瓶	直径17cm	418,500	香港佳士得	2011.6.1
清乾隆 仿红宝石料"春风得意"风字佩	长4.5cm	368,000	北京保利	2011.6.6
清乾隆 仿琥珀料直颈瓶	高21.2cm	92,000	北京保利	2011.12.08
清乾隆仿蓝宝石料节节高升佩	长4.7cm	92,000	北京保利	2011.6.6
清乾隆 仿玛瑙红料碗	直径12.2cm	69,000	中国嘉德	2011.12.17
清乾隆 仿青金蓝料洗	直径13cm	460,000	北京保利	2011.6.5
清乾隆 仿松石绿料橄榄瓶	高18.5cm	92,000	北京歌德	2011.12.03
清乾隆 仿雄黄料渣斗	高40cm	1,322,460	香港佳士得	2011.6.1
清乾隆 粉红料长颈胆瓶	高26.4cm	115,775	香港苏富比	2011.4.8
清乾隆 红料胆瓶	高22.5cm	287,500	北京东正	2011.11.17
清乾隆 红料水盂	直径8cm	184,000	中国嘉德	2011.6.18
清乾隆 红色套料缠枝莲纹碗(一对)	直径13cm×2	392,000	中贸圣佳	2011.4.29
清乾隆 黄色莲瓣纹玻璃碗(一对)	直径11.8cm	1,035,000	中国嘉德	2011.5.23
清乾隆 蓝料赏瓶	高14cm	57,500	中国嘉德	2011.3.21
清乾隆 蓝料双耳瓶(一对)	高35cm	517,500	北京保利	2011.6.7
清乾隆 蓝料五蝠纹瓜形盖碗	长16.2cm	195,500	北京东正	2011.11.17
清乾隆 蓝料直颈瓶	高22.5cm	287,500	中国嘉德	2011.11.15
清乾隆 蓝色玻璃水呈	宽6.5cm	71,300	中国嘉德	2011.5.23
清乾隆 蓝透明料方觚	高25cm	438,588	香港佳士得	2011.6.1
清乾隆 蓝透明料菊瓣盘	直径18.5cm	719,820	香港佳士得	2011.6.1
清乾隆 蓝透明料盘	直径11.1cm	156,938	香港佳士得	2011.6.1
清乾隆 绿料海棠式水仙盆	高7.2cm	172,500	北京翰海	2011.5.21
清乾隆 绿料六棱水呈	高3.8cm	207,000	北京翰海	2011.5.21
清乾隆 浅蓝料长颈胆瓶	高24cm	572,560	香港苏富比	2011.4.8
清乾隆 浅蓝料长颈撇口胆瓶	高27.5cm	189,450	香港苏富比	2011.4.8
清乾隆 松绿料瓶	高23cm	418,500	香港佳士得	2011.6.1
清乾隆 套料道教八卦纹水洗	宽6.5cm	230,000	北京保利	2011.10.22

拍品名称	尺寸	成交价RMB	拍卖公司	拍卖日期
清乾隆 透明红料橄榄瓶	高18.4cm	189,450	香港苏富比	2011.4.8
清乾隆祥云凤鸟纹套料摇铃尊	高19cm	1,782,500	北京保利	2011.10.22
清乾隆 烟色橄榄料瓶 (一对)	高18.5cm	437,000	北京保利	2011.6.6
清乾隆 玉白点红玻璃槌把瓶	高24.5cm	437,000	中国嘉德	2011.5.23
清乾隆 紫红料小盌	直径11.2cm	518,940	香港佳士得	2011.6.1
清乾隆 紫料花卉盘	直径16.2cm	218,500	北京翰海	2011.5.21
清乾隆年制款福云纹料胎画珐琅杯	高3.1cm	207,000	西泠拍卖	2011.7.18
清乾隆年制款蓝料瓶	高23.2cm	92,000	西泠拍卖	2011.7.18
清中期 海棠形老料锡座花盆 (一对)	宽19cm	57,500	北京保利	2011.4.16
清中期 蓝料花蝶纹卧足碗	直径10.3cm	57,500	中国嘉德	2011.3.19
清中期 涅白地套多色料螭龙纹小长颈瓶	高15cm	184,800	北京永乐	2011.5.24
清嘉庆 茶色透明料棒槌瓶	高18.4cm	619,380	香港佳士得	2011.6.1
清嘉庆 绿料长颈瓶 (一对)	高21.5cm	448,500	北京保利	2011.10.24
清光绪 红料彩云龙纹觚	高40cm	184,000	广州艺拍	2011.6.12
清 仿琥珀料胆瓶	高26cm	74,750	北京歌德	2011.6.3
清 鸡油黄小杯	高7cm	57,500	北京容海	2011.10.24
清 蓝玻璃鱼藻纹水呈	直径8.5cm	69,000	中国嘉德	2011.11.15
清 蓝料芦蟹直颈瓶	高28cm	828,000	北京九歌	2011.6.10
清 料胎画珐琅婴戏图三足炉	直径7.5cm	138,000	北京华辰	2011.5.20
清 绿料海棠洗	高6.8cm	57,500	北京容海	2011.10.24
清 浅绿色料胎印盒	直径7cm	69,000	北京保利	2011.12.08
清 套双色料云纹螭龙印盒	直径6.8cm	92,000	北京翰海	2011.11.19
清 天蓝色玻璃橄榄瓶	高18.5cm	92,000	中国嘉德	2011.5.23
清 透雕料器香熏	高18.6cm	1,840,000	西泠拍卖	2011.7.19
清 五彩套料螭龙纹瓶	高25.5cm	59,800	中国嘉德	2011.09.17
清 银镜架茶晶眼镜	长12.5cm	57,500	北京保利	2011.6.6
1910年作 A沃特 变色龙图型镇纸	高8.5cm	524,427	伊斯特	2011.11.28
十七、鼻烟壶				
玉石类				
清雍正 水晶柳编纹鼻烟壶	高7.1cm	78,200	中国嘉德	2011.11.14
清乾隆 白玉 黄玉 翡翠雕鼻烟壶各一	尺寸不一	345,000	北京东正	2011.11.17
清乾隆 白玉雕“含青斋“款鼻烟壶	高6.5cm	517,500	北京东正	2011.11.17
清乾隆 白玉雕螭龙纹鼻烟壶	高8cm	207,000	中国嘉德	2011.5.23
清乾隆 白玉雕莲藕形鼻烟壶	高5cm	92,000	北京匡时	2011.12.05
清乾隆 白玉雕牡丹纹鼻烟壶	高7.5cm	575,000	北京东正	2011.6.5
清乾隆 白玉花卉诗文鼻烟壶	高6.1cm	632,500	中国嘉德	2011.11.14
清乾隆 白玉吉祥纹鼻烟壶	高8.5cm	138,000	中国嘉德	2011.11.14
清乾隆白玉留皮博古螭龙烟壶	高7cm	517,500	北京保利	2011.6.6
清乾隆白玉留皮螭龙足鼻烟壶	高7cm	356,500	中国嘉德	2011.11.14
清乾隆 白玉留皮瓜蝶绵绵烟壶、烟碟 (两件)	高7cm	345,000	北京保利	2011.6.7
清乾隆 白玉铺首烟壶	高5cm	92,000	中国嘉德	2011.3.19
清乾隆白玉御制菊花诗文鼻烟壶	高7cm	172,500	中国嘉德	2011.11.14
清乾隆 翡翠雕饕餮纹烟壶(一对)	长5.5cm	537,600	苏州东方	2011.4.28
清乾隆 黑白玉巧雕高士大烟壶	高8.5cm	1,035,000	北京保利	2011.12.07
清乾隆 黄玉带皮巧雕鼻烟壶	高7.1cm	94,300	北京歌德	2011.12.03
清乾隆珊瑚雕“耄耋”图鼻烟壶	高7cm	184,000	北京歌德	2011.12.03
清乾隆苏作白玉雕松鹿纹鼻烟壶	高6.5cm	1,092,500	北京歌德	2011.12.03
清乾隆 苏作琥珀雕人物故事鼻烟壶	高8cm	253,000	北京歌德	2011.12.03
清乾隆 苏作玛瑙巧雕花鸟图鼻烟壶	高7cm	575,000	北京歌德	2011.12.03
清乾隆 苏作水晶雕御马诗意图鼻烟壶	高9cm	109,250	北京歌德	2011.12.03
清晚期 白玉雕鱼形鼻烟壶	高5.5cm	224,000	古天一	2011.6.4
清中期 白玉螭龙鼻烟壶	高7.6cm	115,000	中国嘉德	2011.5.23
清中期 白玉带皮烟壶	高7.5cm	92,000	北京歌德	2011.12.03
清中期 白玉雕鼻烟壶	高7.6cm	103,500	北京东正	2011.11.17
清中期 白玉雕鼻烟壶 (三件)	尺寸不一	115,000	北京东正	2011.11.17
清中期白玉浮雕人物故事鼻烟壶	高9.5cm	218,500	北京匡时	2011.12.05
清中期 白玉莲蓬鼻烟壶	高6.5cm	69,000	北京翰海	2011.11.19
清中期 白玉留皮瓜蝶烟壶	高7cm	287,500	北京保利	2011.12.08
清中期 白玉留皮籽料烟壶	高7cm	161,000	北京保利	2011.12.07
清中期 白玉无双谱人物烟壶	高6cm	184,000	中国嘉德	2011.11.14

拍品名称	尺寸	成交价RMB	拍卖公司	拍卖日期
清中期 白玉烟壶	高9.5cm	345,000	北京保利	2011.12.07
清中期茶晶雕神仙人物鼻烟壶	高9cm	69,000	北京歌德	2011.12.03
清中期 端石花卉诗文鼻烟壶	高7.1cm	322,000	北京歌德	2011.12.03
清中期 海蓝宝石如意童子形鼻烟壶	高6.3cm	172,500	中国嘉德	2011.11.14
清中期 黑发晶鼻烟壶	高4.9cm	69,000	中国嘉德	2011.11.14
清中期 红珊瑚狩猎图烟壶	高8.4cm	195,500	北京保利	2011.12.07
清中期 琥珀地套黄料荷花图鼻烟壶	高7cm	69,000	北京歌德	2011.12.03
清中期琥珀雕松鼠葡萄鼻烟壶	高8.5cm	112,700	北京歌德	2011.12.03
清中期 琥珀料菱式鼻烟壶	高7cm	112,700	北京歌德	2011.12.03
清中期 琥珀料梅纹鼻烟壶	高7cm	218,500	北京歌德	2011.12.03
清中期 黄玛瑙巧雕动物鼻烟壶	高9cm	276,000	北京歌德	2011.12.03
清中期 黄玉巧雕高士烟壶	高6.8cm	218,500	北京保利	2011.6.6
清中期 玛瑙巧雕“可追风”鼻烟壶	高8cm	69,000	北京歌德	2011.12.03
清中期 玛瑙巧雕“旗开得胜”鼻烟壶	高8cm	71,300	北京歌德	2011.12.03
清中期 玛瑙巧雕骏马鼻烟壶	高8cm	101,200	北京歌德	2011.12.03
清中期玛瑙巧雕三羊开泰鼻烟壶	高6.5cm	55,200	北京歌德	2011.12.03
清中期玛瑙巧雕早生贵子鼻烟壶	高6.5cm	92,000	北京歌德	2011.12.03
清中期 玛瑙俏色巧雕福在眼前、松鹰烟壶 (三件)	尺寸不一	184,000	北京保利	2011.12.08
清中期 玛瑙俏色巧雕花鸟烟壶 (二件)	尺寸不一	94,300	北京保利	2011.12.08
清中期 玛瑙俏色巧雕游鸭图、金玉满堂烟壶 (二件)	尺寸不一	57,500	北京保利	2011.12.08
清中期蜜腊雕山水人物鼻烟壶	高7cm	402,500	北京翰海	2011.11.19
清中期 巧色玛瑙刻巧作张骞乘槎鼻烟壶	高5.5cm	115,000	北京保利	2011.12.08
清中期 珊瑚云龙纹鼻烟壶	高6.8cm	89,700	中国嘉德	2011.11.14
清中期松石地粉彩雕瓷鼻烟壶	高7cm	57,500	北京歌德	2011.12.03
清中期影子玛瑙松风水月鼻烟壶	高7.1cm	253,000	中国嘉德	2011.11.14
清嘉庆 白玉留皮人物烟壶	高9.5cm	1,495,000	北京保利	2011.6.5
清嘉庆 黄蜜蜡鼻烟壶	高8cm	71,300	中国嘉德	2011.11.14
清道光 冰糖玛瑙鼻烟壶	高6cm	345,000	北京保利	2011.12.06
清 白玉百宝嵌博古图方烟壶	高7.3cm	115,000	北京保利	2011.6.6
清 白玉鼻烟壶	高9cm	184,000	北京匡时	2011.6.8
清 白玉鼻烟壶	高5.5cm	89,600	海士德	2011.6.17
清 白玉鼻烟壶	高7.4cm	89,600	海士德	2011.6.17
清 白玉鼻烟壶	高7.6cm	89,700	北京匡时	2011.09.17
清 白玉鼻烟壶	高5.3cm	71,300	北京翰海	2011.11.19
清 白玉鼻烟壶 (一组十只)	尺寸不一	920,000	浙江钱塘	2011.12.04
清 白玉带皮鼻烟壶	高6.5cm	115,000	中国嘉德	2011.11.14
清 白玉雕八宝纹烟壶	高7cm	89,600	天津文物	2011.5.13
清 白玉雕包袱纹烟壶	高5.7cm	64,960	天津文物	2011.5.13
清 白玉雕瓜瓞绵绵纹烟壶	高6.5cm	50,400	天津文物	2011.5.13
清 白玉雕花神纹兽耳烟壶	高5.3cm	78,400	天津文物	2011.5.13
清 白玉雕诗文鼻烟壶	高5.8cm	56,000	北京荣宝	2011.08.13
清 白玉雕寿字纹烟壶	高5.8cm	69,440	天津文物	2011.11.12
清 白玉雕双骏纹琢字烟壶	高6.3cm	56,000	天津文物	2011.11.12
清 白玉雕一路连科纹烟壶	高5.4cm	448,000	天津文物	2011.11.12
清 白玉瓜瓞鼻烟壶	长9.5cm	51,750	西泠拍卖	2011.7.18
清 白玉贯耳烟壶	高8.3cm	138,000	中国嘉德	2011.09.17
清 白玉莲蓬鼻烟壶	高6cm	69,000	北京翰海	2011.11.19
清 白玉留皮雕花蝶纹烟壶	高6cm	56,000	天津文物	2011.5.13
清 白玉留皮随形烟壶	高8.5cm	172,500	北京保利	2011.12.08
清 白玉留皮烟壶	高6.4cm	172,800	天津文物	2011.5.13
清 白玉龙纹鼻烟壶	高9.5cm	207,000	中国嘉德	2011.5.23
清 白玉嵌八宝鼻烟	高5.7cm	184,000	西泠拍卖	2011.7.18
清 白玉嵌百宝和靖爱梅烟壶	高8.5cm	109,250	北京保利	2011.4.17
清 白玉巧作羲之爱鹅鼻烟壶	高6.5cm	103,500	北京翰海	2011.11.19
清 白玉人物鼻烟壶	高8cm	161,000	中国嘉德	2011.5.23
清 白玉洒金皮鼻烟壶	高7.8cm	172,500	北京诚轩	2011.11.12
清 白玉素身烟壶 (两件)	高7.2cm	94,300	中国嘉德	2011.11.14
清 白玉素烟壶	高6cm	57,500	北京歌德	2011.12.03
清 白玉烟壶	高6.5cm	112,000	天津文物	2011.5.13
清 白玉烟壶	高5.5cm	72,800	天津文物	2011.5.13
清 白玉烟壶	高6cm	69,440	天津文物	2011.5.13

(成交价RMB：5万元以上)

拍品名称	尺寸	成交价RMB	拍卖公司	拍卖日期
清 白玉烟壶	高7.5cm	69,440	天津文物	2011.5.13
清 白玉烟壶	高5.5cm	64,960	天津文物	2011.5.13
清 白玉烟壶	高6.5cm	61,600	天津文物	2011.5.13
清 白玉烟壶	高5.5cm	58,240	天津文物	2011.5.13
清 白玉烟壶	高8cm	172,500	北京保利	2011.12.07
清 白玉烟壶	高7.4cm	59,800	中国嘉德	2011.12.17
清 白玉烟壶	高7cm	224,000	天津文物	2011.11.12
清 白玉烟壶	高6.5cm	78,400	天津文物	2011.11.12
清 白玉烟壶	高6.4cm	67,200	天津文物	2011.11.12
清 白玉鱼形鼻烟壶	高5.5cm	57,500	北京翰海	2011.11.19
清 翠烟壶	高5.5cm	87,360	天津文物	2011.5.13
清 翠烟壶	高6cm	70,560	天津文物	2011.5.13
清 翡翠雕鼻烟壶(一组)	尺寸不一	437,000	中贸圣佳	2011.11.06
清 翡翠双鱼纹鼻烟壶	高7cm	112,000	浙江钱塘	2011.6.12
清翡翠烟壶翡翠瓶玉雕猴各一件	尺寸不一	184,000	中国嘉德	2011.09.17
清 黑白玉雕烟壶	高6cm	201,600	中贸圣佳	2011.4.29
清 琥珀烟壶(三件)	尺寸不一	69,000	中国嘉德	2011.6.18
清 黄地龙纹缠枝莲鼻烟壶	高6.7cm	126,500	中国嘉德	2011.11.14
清 黄玉留皮雕渔耕图烟壶	高7cm	86,400	天津文物	2011.5.13
清黄玉留皮雕载来花甲纹烟壶	高6.3cm	280,000	天津文物	2011.5.13
清 黄玉烟壶	高6.5cm	84,000	天津文物	2011.5.13
清 黄玉烟壶	高6.9cm	97,750	中国嘉德	2011.12.17
清 玛璃雕品茗图鼻烟壶	高7.5cm	61,600	中贸圣佳	2011.1.23
清 玛瑙巧雕瑞兽鼻烟壶	高8.5cm	92,000	北京歌德	2011.12.03
清 玛瑙巧作马上封侯鼻烟壶	高6.8cm	66,700	北京翰海	2011.11.19
清 玛瑙人物烟壶	高7.3cm	78,400	中贸圣佳	2011.4.29
清 玛瑙烟壶	高8.2cm	71,300	中国嘉德	2011.09.17
清 南红玛瑙巧作鼻烟壶	高10cm	126,500	北京歌德	2011.6.3
清 佩扣式白玉鼻烟壶	高6cm	562,100	浙江民和	2011.08.14
清 青白玉留皮福禄万代烟壶	高7.3cm	57,500	北京保利	2011.12.07
清 青白玉山水御题诗文烟壶	长6.5cm	51,750	北京保利	2011.10.23
清 水晶双联光素鼻烟壶	高7cm	92,000	北京歌德	2011.12.03
清18世纪/19世纪 白玉雕竹篓纹鼻烟壶	高6.5cm	104,625	香港佳士得	2011.6.1
清代 白玉鼻烟壶	高6.2cm	1,435,545	纽约佳士得	2011.3.24
清代 白玉鼻烟壶	高5.2cm	528,885	纽约佳士得	2011.3.24
清代白玉雕“四君子”鼻烟壶	高7cm	224,000	古天一	2011.6.4
清代 黄玉鼻烟壶	高7.4cm	883,665	纽约佳士得	2011.3.24
民国 水晶金鱼满堂鼻烟壶	尺寸不一	66,700	北京纳高	2011.7.6
白玉长方形素鼻烟壶	高5.7cm	56,000	北京荣宝	2011.08.13
珊瑚雕动物烟壶	高6.5cm	53,760	北京保利	2011.1.16
马进贵 瓜棱壶	高8.4cm	92,000	西泠拍卖	2011.7.16
马进贵 荷塘秋意	高7.2cm	51,750	西泠拍卖	2011.7.16
马进贵 金寿同春	高8cm	92,000	西泠拍卖	2011.7.16
马进贵 双龙戏凤	高8cm	126,500	西泠拍卖	2011.7.16
马进贵 五福捧寿	高8.8cm	69,000	西泠拍卖	2011.7.16
马进贵 玉里春风壶	高8.1cm	80,500	西泠拍卖	2011.7.16
陶瓷类				
清康熙 粉彩五吉图鼻烟壶	高7.5cm	80,500	中国嘉德	2011.11.14
清乾隆 瓷塑粉彩鼻烟壶	高8.1cm	607,725	纽约佳士得	2011.3.24
清乾隆 珐琅彩云龙纹烟壶	高8cm	483,000	北京歌德	2011.12.03
清乾隆 粉彩百子图鼻烟壶	高6.4cm	138,000	中国嘉德	2011.11.14
清乾隆粉彩雕瓷博古图鼻烟壶	高7.5cm	57,500	北京歌德	2011.12.03
清乾隆粉彩福禄寿三星鼻烟壶	高6.5cm	81,650	北京歌德	2011.12.03
清乾隆 粉彩花卉烟壶	高7cm	172,500	北京保利	2011.12.08
清乾隆 洒蓝描金开光人物花卉烟壶	高7cm	690,000	中国嘉德	2011.11.14
清乾隆素三彩浮雕夔龙纹鼻烟壶	高7.1cm	74,750	中国嘉德	2011.11.14
清乾隆 御制描红菊花图御题诗文烟壶	高6cm	368,000	中国嘉德	2011.5.23
清雍正 矾红釉花卉纹鼻烟壶	高6.8cm	172,500	中国嘉德	2011.11.14
清雍正青花八棱灵芝纹鼻烟壶	高6cm	138,000	中国嘉德	2011.11.14
清中期瓷雕美人形鼻烟壶(一对)	长8.2cm	97,750	中国嘉德	2011.11.14
清中期 青花火锅形鼻烟壶	高5.2cm	264,500	中国嘉德	2011.11.14
清嘉庆 粉彩花鸟纹鼻烟壶	高7cm	89,600	云南典藏	2011.5.14
清道光 粉彩蝈蝈纹鼻烟壶	高6.6cm	78,200	中国嘉德	2011.11.14
清道光 青花粉彩螃蟹花鸟纹鼻烟壶	高6.8cm	103,500	中国嘉德	2011.11.14
青花釉裹红人物故事鼻烟壶	高8cm	157,890	中博文化	2011.7.10

拍品名称	尺寸	成交价RMB	拍卖公司	拍卖日期
清 粉彩花鸟纹烟壶	高5.9cm	72,800	天津文物	2011.11.12
清 黄地粉彩开光花卉纹葫芦式鼻烟壶	高7cm	57,500	上海崇源	2011.10.12
清 青花粉彩开花庭院人物图鼻煙壶	高6.2cm	92,000	上海崇源	2011.10.12
清 仕女瓷鼻烟壶	高4.8cm	207,000	西泠拍卖	2011.7.18
清 釉里红龙纹烟壶	高7.6cm	57,500	北京保利	2011.12.08
胭脂红地粉彩婴戏图鼻烟壶	高6cm	240,990	中博文化	2011.7.10
内画类				
清汤子川製教子图内畫鼻煙壶	高8cm	57,500	上海崇源	2011.10.12
清19世纪 丁二仲内画烟壶	高7cm	575,000	中国嘉德	2011.11.14
1901-1902年作 丁二仲作“三寿作朋”内画鼻烟壶	高7.4cm	149,500	北京诚轩	2011.5.22
马少宣水晶内画八破二乔图鼻烟壶	高8.7cm	166,750	北京歌德	2011.12.03
民国 马少宣製黄忠像、诗文内画鼻烟壶	高7.8cm	287,500	上海崇源	2011.10.12
民国 内画人物仕女烟壶	高8cm	69,000	北京保利	2011.12.07
叶仲三水晶内画人物鼻烟壶	高7cm	143,750	北京歌德	2011.12.03
料器类				
清道光 御制白玉洒金仔料天狗纹随形烟壶	高8.5cm	4,025,000	北京保利	2011.12.06
清中期 白套蓝料双套料龙纹鼻烟壶	高7.5cm	943,000	北京歌德	2011.12.03
清中期 仿雄黄料素身鼻烟壶	高6.5cm	59,800	北京歌德	2011.12.03
清中期 蓝料套六色“福禄寿”“莲年有余”纹鼻烟壶	高8.5cm	67,200	北京荣宝	2011.11.11
清中期料仿玛瑙光素鼻烟壶	高7.5cm	92,000	北京歌德	2011.12.03
清中期 涅白地套蓝料八仙人物鼻烟壶	高6.5cm	253,000	北京歌德	2011.12.03
清中期 涅白地套五色料博古纹鼻烟壶	高7cm	101,200	北京歌德	2011.12.03
清中期 透明玻璃套蓝料荷花图鼻烟壶	高6.5cm	74,750	北京歌德	2011.12.03
清中期 雪地套宝石蓝料人物鼻烟壶	高7.5cm	494,500	北京歌德	2011.12.03
清中期 雪地套红料八仙人物鼻烟壶	高7cm	322,000	北京歌德	2011.12.03
清中期 雪地套红料鼻烟壶	高7cm	59,800	北京歌德	2011.12.03
清中期雪地套红料牧牛图鼻烟壶	高7.5cm	379,500	北京歌德	2011.12.03
清中期 雪地套红料亭台楼阁鼻烟壶	高8cm	230,000	北京歌德	2011.12.03
清中期 雪地套红色料亭台人物鼻烟壶	高8cm	115,000	北京歌德	2011.12.03
清中期雪地套绿色料三花鼻烟壶	高6.5cm	264,500	北京歌德	2011.12.03
清 红套料苍龙教子纹烟壶	高6.5cm	58,240	天津文物	2011.5.13
清 红套料龙纹烟壶	高6.5cm	56,000	天津文物	2011.5.13
清 料仿青金石鼻烟壶	高8cm	71,300	北京歌德	2011.6.3
清 乾隆 红套白料山楂形鼻烟壶	直径5cm	820,260	香港佳士得	2011.6.1
清行有恒堂款白玻璃双面雕烟壶	高6.7cm	57,500	北京歌德	2011.6.3
清 雪地套红料鼻烟壶	高7cm	86,250	北京歌德	2011.12.03
白地套红料螭龙纹鼻烟壶	高6cm	132,960	中博文化	2011.7.10
黄料喜鹊登梅烟壶	高6cm	201,600	北京翰海	2011.4.9
民国料胎涅白地珐琅花卉鼻烟壶	高6cm	224,000	云南典藏	2011.5.14
雪地套四彩花卉纹鼻烟壶	高6.6cm	141,270	中博文化	2011.7.10
鼻烟壶其它类				
清雍正 黑地铜胎画珐琅牡丹花卉烟壶	高4.7cm	4,600,000	北京保利	2011.6.5
清光绪 周乐元款清供、秋虫图鼻煙壶	高7.4cm	115,000	上海崇源	2011.10.12
清乾隆 翡翠巴洛克纹荷包形鼻烟壶	高5.1cm	1,380,000	中国嘉德	2011.11.14
清乾隆 翡翠鼻烟壶	高4.7cm	517,500	北京保利	2011.12.08
清乾隆黄地铜胎画珐琅彩鼻烟壶	高5.5cm	402,500	中国嘉德	2011.11.14
清乾隆 乾隆款御制铜胎画珐琅彩欧式仕女图鼻烟壶	高5.5cm	7,820,000	中国嘉德	2011.11.14
清乾隆贴竹簧六方夔龙纹烟壶	高6cm	345,000	北京保利	2011.6.6
清乾隆铜胎画珐琅西洋人物烟壶	高6.5cm	2,875,000	北京保利	2011.6.5
清乾隆象牙染色人物诗文鼻烟壶	高7.3cm	138,000	中国嘉德	2011.11.14

拍品名称	尺寸	成交价RMB	拍卖公司	拍卖日期
清中期 象牙雕仕女图鼻烟壶	高7.6cm	123,200	长风拍卖	2011.1.20
清中期 象牙染色多子图烟壶	高10.5cm	74,750	北京歌德	2011.6.3
清 碧玺鼻烟壶	高5cm	74,750	中国嘉德	2011.11.14
清 翠雕兽耳烟壶、碟	尺寸不一	64,960	天津文物	2011.11.12
清 翠烟壶	高5.2cm	100,800	天津文物	2011.11.12
清 翡翠白菜鼻烟壶	长7.2cm	51,750	西泠拍卖	2011.7.18
清 翡翠鼻烟壶	高6cm	115,000	浙江钱塘	2011.12.04
清 翡翠鼻烟壶	高5cm	115,000	北京翰海	2011.11.19
清 翡翠雕一路连科烟壶	高7.3cm	112,000	北京翰海	2011.09.18
清 翡翠铺耳鼻烟壶	高6.8cm	92,000	北京翰海	2011.11.19
清 各式烟壶 (七十九件)	尺寸不一	63,250	中国嘉德	2011.6.18
清 鹤顶红教子图鼻烟壶	高7cm	97,750	北京纳高	2011.7.6
清 金雕人物纹烟壶	高6.9cm	71,300	中国嘉德	2011.09.17
清 掐丝珐琅鼻烟壶	高6.8cm	230,000	上海崇源	2011.10.12
清 掐丝珐琅开光鹤鹿纹狮首鼻烟壶	高8.5cm	287,500	上海崇源	2011.10.12
清 乾隆款掐丝珐琅鼻烟壶	高6.5cm	69,000	西泠拍卖	2011.7.18
清 珊瑚松鹤延年烟壶	高4.5cm	71,300	中国嘉德	2011.3.19
清 象牙雕人物故事鼻烟壶	高10cm	74,750	北京歌德	2011.6.3
清 象牙雕十八罗汉烟壶	高10.8cm	57,500	北京保利	2011.12.07
清象牙茜色雕人物故事鼻烟壶	高10cm	184,000	上海大众	2011.08.25
清 象牙十八罗汉图烟壶	高10cm	69,000	中国嘉德	2011.6.18
清 紫罗兰烟壶	高6cm	112,000	天津文物	2011.11.12
铜胎珐琅虫草纹鼻烟壶	高6.5cm	116,340	中博文化	2011.7.10
十八、翡翠珠宝				
摆件				
清早期 翡翠雕童子观音摆件		276,000	北京匡时	2011.12.05
清乾隆 翡翠雕仕女立像	高41cm	5,060,000	北京保利	2011.6.5
清乾隆 翡翠圆雕净瓶观音立像	高28cm	4,600,000	北京匡时	2011.6.8
清中期 翡翠雕观音立像		4,485,000	北京保利	2011.12.06
清19世纪 翠玉媒人像	高30.2cm	167,400	香港佳士得	2011.6.1
清中期 翡翠雕观音立像	高22.7cm	1,610,000	北京东正	2011.6.5
清 翡翠雕莲荷鸳鸯摆件	长9.3cm	59,800	北京纳高	2011.7.6
清 翡翠雕提篮仕女像	高25.6cm	115,000	北京纳高	2011.7.6
清 翡翠蓝水冰糯种巧雕钟馗纳福像	高9.8cm	109,250	北京纳高	2011.7.6
清 翡翠如意	长16cm	92,000	北京保利	2011.4.17
清 翡翠如意	长11.2cm	61,600	中贸圣佳	2011.4.29
清 紫罗兰翡翠山子摆件	长35cm	53,760	北京荣宝	2011.3.18
清 翡翠雕独角瑞兽	长13cm	483,000	北京保利	2011.12.06
清 翠玉雕麻姑献寿立像	高33cm	517,500	北京保利	2011.12.07
19世纪 翡翠雕贵妃醉酒摆件	高15cm	53,760	云南典藏	2011.5.14
19世纪 翡翠雕童子拜观音摆件	高20cm	560,000	云南典藏	2011.5.14
19世纪 翡翠雕仙果仕女	高18cm	207,000	北京歌德	2011.6.3
民国 翠雕香熏摆件	高18.5cm	57,500	北京保利	2011.7.26
冰种翡翠紫彩光“渔樵耕读”摆件	高29.5cm	448,000	安华白云	2011.3.6
翠玉灵芝仙鹤 (一对)	高30.5cm	83,700	香港佳士得	2011.6.1
翡翠白菜(百财)	长20cm	109,250	北京九歌	2011.6.10
翡翠白金乌龟摆件	长9cm	840,000	中鸿信	2011.6.26
翡翠雕百花富贵摆件	高56cm	201,600	中贸圣佳	2011.4.29
翡翠雕花鸟花篮摆件	高30cm	145,600	中贸圣佳	2011.1.23
翡翠雕连年有余摆件	高28.2cm	179,200	中贸圣佳	2011.1.23
翡翠观音像	高15cm	4,986,000	中博文化	2011.7.10
翡翠苦尽甘来摆件	长17cm	253,000	北京九歌	2011.6.10
翡翠刘海戏金蟾	长14.5cm	50,400	海士德	2011.6.17
翡翠千年灵芝摆件	高11.5cm	126,500	北京九歌	2011.6.10
翡翠山子摆件	高29.3cm	415,500	中博文化	2011.7.10
翡翠岁寒三友满色摆件	高16cm	138,000	北京九歌	2011.6.10
翡翠五子登科摆件	高23cm	415,500	中博文化	2011.7.10
翡翠原石	高40cm	4,180,000	海南泰达	2011.3.27
翡翠招财进宝摆件	长23.5cm	728,000	天工艺苑	2011.6.26
翡翠九龙观音摆件	长58.5cm	2,576,000	天工艺苑	2011.6.26
老坑白瓷底阳俏绿翡翠观音摆件	高46cm	896,000	江苏万达	2011.5.29
人生富贵翡翠山子摆件	高38.5cm	415,500	中博文化	2011.7.10
天然翡翠人参如意满翠画件	高3.1cm	156,800	北京容海	2011.4.23
天然翡翠玉米	长8.01cm	53,760	北京容海	2011.4.23
晚清 翠玉观音像	高25.2cm	2,025,540	香港佳士得	2011.6.1

拍品名称	尺寸	成交价RMB	拍卖公司	拍卖日期
现代 翡翠雕荷花鸳鸯摆件	长40cm	64,960	北京荣宝	2011.3.18
现代 翡翠雕兰花摆件	高19cm	212,800	云南典藏	2011.5.14
现代 翡翠雕兰花摆件	高12.5cm	201,600	云南典藏	2011.5.14
叶金龙 大福报 翠玉摆件 翡翠雕蝴蝶牡丹摆件	高11cm	92,000	中国嘉德	2011.5.22
翡翠仕女像	高17.4cm	92,000	中国嘉德	2011.12.17
翡翠俏雕龙凤纹摆件	高10.5cm	218,500	中拍国际	2011.12.06
翡翠蝶恋花摆件	通高28cm	253,000	中拍国际	2011.12.06
翠玉福寿摆件		168,000	琴岛荣德	2011.12.10
CARRERA Y CARRERA，‘蓝色的梦’珠宝雕塑		1,380,000	北京保利	2011.12.09
挂件				
清乾隆 绿碧玺兽钮印章形坠	高4.4cm	184,000	北京保利	2011.6.6
清 碧玺兔	长3cm	126,500	北京保利	2011.4.17
清 粉碧玺雕桃实挂件	长7cm	109,250	西泠拍卖	2011.7.19
清 老坑翡翠翎管		943,000	北京保利	2011.6.6
白金镶翡翠观音坠		425,600	北京翰海	2011.4.9
碧玺金镶钻挂坠	长2.2cm	257,600	中鸿信	2011.6.26
冰种翡翠雕弥勒挂坠	长5.3cm	87,360	中鸿信	2011.6.26
冰种翡翠俏色紫罗福寿观音	高7cm	51,750	北京纳高	2011.7.6
翡翠白金镶钻卜方挂坠	长4.4cm	728,000	中鸿信	2011.6.26
翡翠白金镶钻桃心挂坠	长2.8cm	112,000	中鸿信	2011.6.26
翡翠雕方形挂件	直径4cm	161,000	北京九歌	2011.6.10
翡翠雕富贵豆挂坠		84,000	北京荣宝	2011.3.18
翡翠雕树叶挂件	长3.6cm	690,000	北京九歌	2011.6.10
翡翠弥勒坠	长3.7cm	103,500	中国嘉德	2011.6.18
翡翠镶18K金葫芦项链坠	高3cm	425,600	中鸿信	2011.6.26
翡翠镶钻平安扣吊坠	长3.12cm	896,000	天工艺苑	2011.6.26
翡翠钻石项坠	高4.25cm	1,150,000	中国嘉德	2011.5.24
翡翠钻石项坠	高3.8cm	368,000	中国嘉德	2011.5.24
翡翠钻石项坠		368,000	中国嘉德	2011.5.24
翡翠钻石项坠	高2.4cm	138,000	中国嘉德	2011.5.24
翡翠钻石项坠	高3.6cm	97,750	中国嘉德	2011.5.24
翡翠钻石项坠	长4.5cm	57,500	中国嘉德	2011.5.24
海蓝宝石钻石吊坠——“蓝色经典”	总重22.95g	134,400	北京荣宝	2011.3.18
金镶钻石冰种翡翠弥勒挂坠	高4cm	103,500	北京纳高	2011.7.6
老坑玻璃种翡翠“福寿双全”吊坠	长4.2cm	1,176,000	苏州东方	2011.4.27
三色翡翠吊坠		69,000	北京保利	2011.6.6
珊瑚佛珠		89,600	北京荣宝	2011.3.18
天然冰种翡翠观音吊坠	长4.93cm	103,500	北京保利	2011.6.6
天然翡翠‘辣椒与如意’配钻石吊坠	长3.68cm	345,000	北京保利	2011.6.6
天然翡翠吊坠	长6.6cm	1,064,000	北京容海	2011.4.23
天然翡翠吊坠	长5.5cm	840,000	北京容海	2011.4.23
天然翡翠佛	长3.2cm	750,400	北京容海	2011.4.23
天然翡翠佛	长4.6cm	616,000	北京容海	2011.4.23
天然翡翠佛	长4.2cm	212,800	北京容海	2011.4.23
天然翡翠福豆	长5.1cm	98,560	北京容海	2011.4.23
天然翡翠观音	长5.1cm	134,400	北京容海	2011.4.23
天然翡翠观音配钻石挂坠	翡翠长4.73cm	5,750,000	北京保利	2011.6.6
天然翡翠金玉满堂	长4.4cm	50,400	北京容海	2011.4.23
天然翡翠兰花观音挂件(五件)	尺寸不一	179,200	北京容海	2011.4.23
天然翡翠绿叶挂坠	5.77cm×4.56cm	10,465,000	北京保利	2011.6.6
天然翡翠狮子印章吊坠(一对)		103,500	北京保利	2011.6.6
天然翡翠笑佛	2.45cm×2.58cm	179,200	北京容海	2011.4.23
天然翡翠圆环吊坠	5.1cm×3.32cm	1,725,000	北京保利	2011.6.6
天然翡翠招财进宝吊坠	5.55cm×2.58cm	3,990,500	北京保利	2011.6.6
天然红翡佛套装		201,600	北京容海	2011.4.23
天然黄翡佛		403,200	北京容海	2011.4.23
天然墨翠观音	6cm×4cm	190,400	北京容海	2011.4.23
天然水晶雕自在观音		7,056,000	江苏嘉恒	2011.7.10
天然紫罗兰翡翠如意挂坠		123,200	北京容海	2011.4.23
18K铂金伴钻镶翠玉观音坠		120,750	广州艺拍	2011.6.12
75.04克拉蓝宝石和钻石吊坠项链		3,250,120	香港苏富比	2011.4.6
天然翡翠观音配钻石吊坠	翡翠 6cm×3.63cm	10,120,000	北京保利	2011.12.09
天然翡翠配钻石吊坠		1,725,000	北京保利	2011.12.09

2011杂项拍卖成交汇总

(成交价RMB：5万元以上)

拍品名称	尺寸	成交价RMB	拍卖公司	拍卖日期
天然翡翠福禄配钻石吊坠		920,000	北京保利	2011.12.09
天然翡翠配钻石吊坠		690,000	北京保利	2011.12.09
天然翡翠花件配珊瑚珠吊坠		632,500	北京保利	2011.12.09
天然翡翠蟠龙配钻石吊坠		575,000	北京保利	2011.12.09
天然翡翠观音配钻石吊坠		230,000	北京保利	2011.12.09
天然翡翠花件配钻石吊坠		207,000	北京保利	2011.12.09
翡翠水滴吊坠		126,500	中拍国际	2011.12.06
天然翡翠弥勒佛配钻石吊坠		92,000	北京保利	2011.12.09
天然翡翠配钻石吊坠		80,500	北京保利	2011.12.09
天然双桃红碧玺瓜形吊坠		63,250	北京保利	2011.12.09
天然翡翠弥勒佛配钻石吊坠		57,500	北京保利	2011.12.09
天然翡翠游龙葫芦挂件		2,070,000	北京保利	2011.12.09
龚遵慈作品，天然翡翠观音配天然玛瑙、钻石挂件		690,000	北京保利	2011.12.09
天然翡翠寿桃如意挂件		92,000	北京保利	2011.12.09
白冰树叶翠坠		92,000	北京歌德	2011.12.04
冰种翡翠 (四件套)		138,000	中拍国际	2011.12.06
冰种镶白金背光观音		112,000	琴岛荣德	2011.12.10
玻璃种弥勒佛		747,500	北京歌德	2011.12.04
翡翠包金满绿叶子		184,000	北京歌德	2011.12.04
翡翠包金叶子坠		92,000	北京歌德	2011.12.04
翡翠大吉龙纹坠		74,750	中国嘉德	2011.12.17
翡翠福寿如意坠		253,000	北京歌德	2011.12.04
翡翠满绿包金树叶坠		109,250	北京歌德	2011.12.04
翡翠满绿包金叶子坠		106,950	北京歌德	2011.12.04
翡翠满绿包金云形坠		90,850	北京歌德	2011.12.04
翡翠平安豆		563,500	中拍国际	2011.12.06
红翡包金弥勒佛		402,500	北京歌德	2011.12.04
黄翡包金叶子		322,000	北京歌德	2011.12.04
绿冰种树叶翠坠		69,000	北京歌德	2011.12.04
清中期 老坑翡翠翎管		575,000	北京保利	2011.12.06
18K金翡翠项坠		828,000	北京翰海	2011.12.18
翠玉挂件冰种观音(一组十三件)		224,000	琴岛荣德	2011.12.10
天然翡翠葫芦配钻石挂坠	翡翠 5.2cm×2.65cm	3,105,000	北京保利	2011.12.09
罗启妍作品，天然翡翠绿叶配钻石、粉色蓝宝石、黄色钻石、水晶可拆卸三用挂坠		816,500	北京保利	2011.12.09
满色福豆镶嵌挂坠		299,000	北京歌德	2011.12.04
罗启妍作品，天然和田白玉、翡翠、珊瑚配钻石挂坠		138,000	北京保利	2011.12.09
天然和田白玉灵芝配翡翠、钻石两用式挂坠		51,750	北京保利	2011.12.09
现代 翡翠雕弥勒佛	高4cm；长4.5cm	436,800	云南典藏	2011.5.14
现代 翡翠雕弥勒佛	高3.5cm	268,800	云南典藏	2011.5.14
紫罗兰色翡翠钻石项坠	直径3cm	69,000	中国嘉德	2011.5.24
牌、佩				
清乾隆 双色碧玺节节高升佩		184,000	北京保利	2011.6.6
清中期 翠雕灵芝佩		207,000	北京保利	2011.6.6
清中期 翡翠雕荷花牌		253,000	北京保利	2011.12.08
清中期 翡翠雕福寿纹牌	高8.8cm	287,500	北京翰海	2011.5.21
清 翠雕福在眼前纹佩	长5.8cm	56,000	天津文物	2011.5.13
清 翠雕山水牌 (一对)	长9cm	86,250	北京保利	2011.4.17
清 翠雕喜报三元纹佩	长6cm	106,400	天津文物	2011.5.13
清 翡翠雕福禄万代佩	长5cm	138,000	北京保利	2011.6.6
清 翡翠花蝶纹珮	直径7cm	89,600	太平洋	2011.6.18
清 翡翠镂雕人物插牌(一对)	高11cm×2	156,800	北京荣宝	2011.3.18
清 老坑翡翠双龙抢珠牌	长5.5cm	1,725,000	北京保利	2011.6.6
清老坑翡翠山水人物牌(三件)	高5cm	3,450,000	北京保利	2011.12.06
清末民初翡翠透雕麻姑献寿牌	长4.7cm	246,400	北京永乐	2011.5.24
18K金镶钻翡翠桃形佩		195,500	上海工美	2011.6.26
冰种飘蓝翡翠玉牌(一组四件)		230,000	北京九歌	2011.6.10
翡翠龙纹佩	长4.1cm	56,000	中鸿信	2011.6.26
翡翠牌	长5.9cm	56,000	中鸿信	2011.6.26
翡翠树叶形珮	长5.3cm	246,400	浙江钱塘	2011.1.9
翡翠叶形佩		345,000	上海工美	2011.6.26
翡翠叶形佩		207,000	上海工美	2011.6.26
翡翠毛主席手把件	长6cm	690,000	北京歌德	2011.12.04

拍品名称	尺寸	成交价RMB	拍卖公司	拍卖日期
老坑玻璃种翡翠“寿桃”珮	长5.1cm	896,000	苏州东方	2011.4.27
三彩翡翠福寿牌		72,800	北京博观	2011.6.12
现代 翡翠雕花鸟纹佩	6.5cm×5cm	64,960	云南典藏	2011.5.14
瓶				
清中期 翡翠雕喜上眉梢瓶		184,000	北京匡时	2011.6.8
清中期 翡翠镂雕牡丹纹双耳瓶 (一对)	高33cm	1,380,000	北京东正	2011.6.5
清中期翡翠巧雕花卉草虫盖瓶	高19.5cm	1,012,000	北京保利	2011.6.5
清 翠雕兽面出戟链式盖瓶		552,000	北京翰海	2011.5.21
清 翡翠雕三羊开泰瓶		448,000	北京荣宝	2011.3.18
清 翡翠挂瓶		336,000	中贸圣佳	2011.4.29
清 翡翠花卉方瓶一对连座		575,000	北京匡时	2011.6.8
清 翡翠龙纹盖瓶		92,000	北京歌德	2011.6.3
清 翡翠双环螭耳瓶(带盖)		53,760	四川嘉禾	2011.1.23
清 翡翠雕夔龙双狮耳瓶	高25.5cm	230,000	北京保利	2011.12.08
清 翡翠雕兽面纹盖瓶	高22cm	230,000	北京保利	2011.12.08
晚清 翠玉雕兽面纹盖瓶	高24cm	209,250	香港佳士得	2011.6.1
冰种翡翠紫彩兽耳瓶 (一对)	高27cm×2	2,016,000	安华白云	2011.3.6
翠玉雕兽面龙纹活环耳盖瓶	高26cm	209,250	香港佳士得	2011.6.1
翡翠雕象耳活环瓶	高32cm	392,000	中鸿信	2011.6.26
翡翠狮钮活耳瓶	高22cm	896,000	江苏万达	2011.5.29
碗、杯				
清中期 翡翠碗 (一对)		368,000	北京保利	2011.6.7
清中期 翡翠盖碗 (一对)		184,000	北京匡时	2011.6.8
清嘉庆 翠玉盖碗 (一对)	直径10.7cm	448,000	长风拍卖	2011.1.20
清 翡翠雕云蝠九如杯		92,000	西泠拍卖	2011.7.18
清 翡翠花卉螭龙杯		57,500	中国嘉德	2011.3.19
清 玉雕花鸟人物大盖碗		345,000	北京保利	2011.12.07
清 翡翠碗 (一对)		345,000	浙江钱塘	2011.12.04
翡翠双龙杯	高10cm	672,000	北京翰海	2011.4.9
炉、鼎				
清乾隆翡翠雕夔龙纹双狮钮鼎	高28.1cm	28,112,000	中贸圣佳	2011.4.29
清乾隆 翡翠雕龙钮螭龙耳衔活环三足盖炉(连座)	高19cm	9,200,000	上海崇源	2011.7.6
清 翠雕三足炉	高7cm	80,640	天津文物	2011.5.13
清翡翠雕龙钮双耳衔环盖炉连座		598,000	北京匡时	2011.6.8
清 翡翠雕狮纽活环炉	长14cm	2,990,000	北京保利	2011.6.5
清 翡翠雕兽耳狮钮炉		299,000	北京东正	2011.6.5
清 翡翠雕兽面纹龙纽活环炉		690,000	北京保利	2011.6.7
清 翡翠雕双活环耳簋式炉		138,000	北京诚轩	2011.5.22
清 翡翠龙纹三足香炉	高17cm	2,016,000	江苏万达	2011.5.29
清 翡翠狮钮鼎式炉		616,000	浙江佳宝	2011.6.23
清19世纪 翠玉活环耳香炉	宽14cm	3,833,460	香港佳士得	2011.6.1
清19世纪 翡翠浮雕仿古兽面纹双耳活环三足炉	高19.5cm	421,000	香港苏富比	2011.4.8
清中期翠雕狮耳衔环三足盖炉	高13.8cm	575,000	北京翰海	2011.5.21
晚清 翠玉镂雕痕都斯坦式三足香炉	宽15.5cm	177,863	香港佳士得	2011.6.1
翡翠雕四足方炉	高20cm	649,600	中鸿信	2011.6.26
翡翠凤耳三足炉	高11cm	918,400	北京博观	2011.6.12
翡翠四足龙纹方炉	高14cm	72,800	中鸿信	2011.6.26
花插				
清中期 翡翠雕竹节花插		402,500	北京匡时	2011.6.8
清 翡翠鱼化龙花插	高13.5cm	92,000	北京保利	2011.7.26
清 翡翠巧雕双龙戏珠花插	高12.5cm	862,500	西泠拍卖	2011.7.19
清 翡翠雕佛手草虫花插	高18.5cm	172,500	北京翰海	2011.5.21
手镯				
清 翡翠手镯		189,750	西泠拍卖	2011.7.18
清 翡翠手镯 (一对)		126,500	北京匡时	2011.6.8
清 翡翠镯		575,000	北京保利	2011.6.6
清 翡翠镯 (一对)		402,500	中国嘉德	2011.5.23
清 翡翠镯子 (两对)		92,000	北京保利	2011.7.27
清 金镶翠、珍珠镯花	内径5.5cm	56,000	天津文物	2011.5.13
翡翠雕手镯	直径5.9cm	782,000	北京九歌	2011.6.10
翡翠雕手镯	直径5.6cm	437,000	北京九歌	2011.6.10
翡翠雕手镯	直径5.7cm	345,000	北京九歌	2011.6.10
翡翠雕手镯	直径5.7cm	310,500	北京九歌	2011.6.10
翡翠手镯		2,070,000	上海工美	2011.6.26
翡翠手镯	直径7.2cm	761,600	中鸿信	2011.6.26

拍品名称	尺寸	成交价RMB	拍卖公司	拍卖日期
翡翠手镯		322,000	中国嘉德	2011.5.24
翡翠手镯	直径7.3cm	145,600	中鸿信	2011.6.26
缅甸天然翡翠手镯一对	内径 5.57cm,5.46cm	3,833,460	香港佳士得	2011.5.31
天然春带彩翡翠手镯		291,200	北京容海	2011.4.23
天然翡翠手镯	内径5.92cm	5,750,000	北京保利	2011.6.6
天然翡翠手镯	内径5.94cm	1,495,000	北京保利	2011.6.6
万宝宝作品，'马蹄莲'系列白金钻石手镯		575,000	北京保利	2011.6.6
现代 翡翠手镯	直径7cm	672,000	云南典藏	2011.5.14
钻石红蓝宝18K金手镯	总重80.32克	53,760	北京荣宝	2011.3.18
天然翡翠手镯	内径6.37cm	11,500,000	北京保利	2011.12.09
天然翡翠手镯	内径5.83cm	4,370,000	北京保利	2011.12.09
天然翡翠手镯	内径5.29cm	4,025,000	北京保利	2011.12.09
天然翡翠手镯	内径5.49	3,220,000	北京保利	2011.12.09
天然翡翠手镯	内径5.62cm	2,070,000	北京保利	2011.12.09
1880年作 蓝宝石黄金手镯	钻石约2.5克拉	550,000	鼎时国际	2011.12.03
清 翡翠镯	直径7cm	345,000	北京保利	2011.12.07
翠玉镯		224,000	琴岛荣德	2011.12.10
翠玉白金镶钻手镯		168,000	琴岛荣德	2011.12.10
翡翠手镯		138,000	北京歌德	2011.12.04
冰种玉小贵妃镯		112,000	琴岛荣德	2011.12.10
清 冰种翡翠手镯 (二件)	直径8cm	55,200	北京翰海	2011.12.18
清 冰种翡翠手镯 (二件)	直径8cm	51,750	北京翰海	2011.12.18
天然紫罗兰翡翠手镯 (一对)	内径5.75cm	2,990,000	北京保利	2011.12.09
卡地亚 CARTIER 彩色宝石配钻石手镯、戒指套装		161,000	北京保利	2011.12.09
翡翠手镯飘绿		5,175,000	北京歌德	2011.12.04
清 翡翠镯子	直径7.5cm	172,500	中拍国际	2011.12.06
扳指				
清中期 翡翠搬指、粉晶搬指配剔红银锭盒	直径2.7cm	287,500	北京保利	2011.6.6
清 翠扳指	直径2.7cm	134,400	天津文物	2011.5.13
清 翠扳指	尺寸不一	67,200	天津文物	2011.5.13
清18世纪/19世纪 翠玉光素扳指 (一组五件)	直径2.8cm	569,160	香港佳士得	2011.6.1
珠串				
清中期 翠玉莲子形十八子手串	长24cm	253,000	北京保利	2011.6.6
清 翡翠108子数珠	长103cm	184,000	北京保利	2011.6.6
清 翡翠十八子手串	长26cm	1,725,000	北京保利	2011.6.6
清 红珊瑚、翡翠手串		145,600	中鸿信	2011.6.26
清 黄碧玺108子数珠	长86cm	115,000	北京保利	2011.6.6
清 黄碧玺十八子手串	长24cm	207,000	北京保利	2011.6.6
清 蓝宝石十八子提珠		92,000	西泠拍卖	2011.7.18
清双桃红碧玺、翡翠十八子手串	长22cm	506,000	北京保利	2011.6.6
清 蓝宝石手串 (一件)	长13.5cm	230,000	北京保利	2011.12.08
清18世纪 粉红碧玺朝珠	长152cm	1,027,240	香港苏富比	2011.4.8
22.83克拉黄色钻石手链	长约17.8cm	437,000	北京保利	2011.6.6
29.6克拉红宝石钻石手链		3,755,320	香港苏富比	2011.4.6
玻璃种翡翠瑰金手链		56,000	北京荣宝	2011.3.18
翡翠18K金镶钻手链		67,200	中鸿信	2011.6.26
克什米尔天然蓝宝石及钻石手炼(蓝宝石共重46.44克拉)		6,244,020	香港佳士得	2011.5.31
缅甸天然翡翠珠炼(33颗翡翠珠直径12.7mm-15.8mm)	项链长度 48cm	6,043,140	香港佳士得	2011.5.31
双行天然珍珠炼，配以钻石镶铂金扣	项链长45.6cm	9,645,588	香港佳士得	2011.5.31
天然珍珠炼镶18k黄金钻石	长34.8cm	16,020,180	香港佳士得	2011.5.31
镶18k白金钻石手炼(钻石共重32.65克拉)	手炼长17cm	4,436,100	香港佳士得	2011.5.31
15粒翠镶钻石白金链		990,000	鼎时国际	2011.12.03
蓝宝石项饰(镶钻石白K金链)		280,000	琴岛荣德	2011.12.10
1.75克拉天然红宝石手链，约1950年	手链长19cm	69,000	北京保利	2011.12.09
翡翠佛珠108颗		402,500	中拍国际	2011.12.06
清 红宝石双喜手串	长13cm	345,000	北京保利	2011.12.06
带钩				
清乾隆 翠玉子母龙带钩	长11.7cm	690,000	北京保利	2011.6.6
清乾隆 翡翠雕龙勾	长12.5cm	368,000	北京保利	2011.12.08

拍品名称	尺寸	成交价RMB	拍卖公司	拍卖日期
清乾隆 翡翠雕龙勾	长9.7cm	195,500	北京保利	2011.12.08
清 翡翠龙纹带钩	长11cm	56,000	太平洋	2011.6.18
清 翡翠苍龙教子带钩	长10.2cm	86,250	西泠拍卖	2011.7.18
清 翠雕螭纹龙首带钩	长9.2cm	67,200	天津文物	2011.5.13
清 翠雕螭纹龙首带钩	长10.5cm	56,000	天津文物	2011.5.13
清18世纪/19世纪 翠玉雕螭龙带扣	长10cm	1,121,580	香港佳士得	2011.6.1
清 翠龙带勾	长9cm	87,360	北京翰海	2011.1.16
清 翠雕龙钩	长12.5cm	241,500	北京保利	2011.7.27
清 翡翠龙纹带钩 (三件)	尺寸不一	71,300	浙江钱塘	2011.12.04
清 翡翠龙纹带钩 (一对)	尺寸不一	212,750	浙江钱塘	2011.12.04
其他用品				
清翡翠贝壳一组配黄花梨托盘	尺寸不一	437,000	浙江钱塘	2011.12.04
清乾隆 翡翠雕金玉满堂盖盒	长6cm	4,370,000	北京保利	2011.12.06
清中期 翡翠巧雕蟠桃昆虫盖盒	长13.5cm	1,840,000	北京保利	2011.12.06
清 白玉翡翠簪 (一对)	长20cm	437,000	中国嘉德	2011.5.23
清翡翠俏色巧雕福在眼前卷筒	高51cm	805,000	北京纳高	2011.7.6
清 翡翠刻双龙戏珠纹镜	长16cm	103,500	中拍国际	2011.7.17
清 翡翠山水香筒	高25cm	1,456,000	江苏万达	2011.5.29
清 翠马镫	长2.5cm	89,600	天津文物	2011.5.13
清 翠雕山水插屏	长18.5cm	57,500	北京保利	2011.7.26
翡翠圆珠颈饰	总重267g	17,250,000	上海工美	2011.6.26
翡翠满绿喜上眉梢香囊	高5.8cm	57,500	北京歌德	2011.7.30
白色南洋珍珠 (一颗)		66,700	北京保利	2011.6.6
清 翡翠箫	长56.3cm	690,000	北京保利	2011.12.08
1925年作 卡地亚百宝匣		1,760,000	鼎时国际	2011.12.03
74.35克拉八角形缅甸天然尖晶石	74.35克拉	3,431,700	香港佳士得	2011.5.31
文房用品				
清中期 翡翠螭龙蝠纹洗	长12.3cm	517,500	中国嘉德	2011.09.17
清中期 翡翠雕虫葫芦洗	长9.5cm	402,500	北京东正	2011.11.17
清乾隆 翡翠雕童趣纹洗	长10.3cm	506,000	北京东正	2011.11.18
清 翡翠牡丹花鸟笔洗	长8.5cm	51,750	北京匡时	2011.09.17
清 翡翠俏色雕荷叶形笔掭	7.6×4.3cm	575,000	北京诚轩	2011.11.12
翡翠狮钮章	高2.7cm	115,000	北京东正	2011.11.18
清乾隆 三色翡翠雕秋虫戏果笔洗连座	宽17.5cm	1,207,500	北京匡时	2011.6.8
清乾隆 翡翠雕婴戏双鱼洗	长10cm	276,000	北京匡时	2011.6.8
清乾隆 翡翠雕螭龙纹洗连座	高9cm	575,000	北京匡时	2011.6.8
清中期 翡翠雕荷花鸳鸯洗	长23cm	1,840,000	北京匡时	2011.6.8
清中期 翡翠雕「合欢」洗	长12cm	105,800	北京匡时	2011.6.8
清光绪 翡翠双连环纽方章	高2.9cm	322,000	北京保利	2011.6.6
清 翡翠荷叶翠鸟笔添	长19cm	58,240	浙江钱塘	2011.1.9
清 翡翠龟钮章	高2.5cm	207,000	西泠拍卖	2011.7.17
清 翡翠雕叶形砚	高3cm	103,500	北京匡时	2011.6.8
清 翡翠笔洗	长14.5cm	67,200	浙江钱塘	2011.1.9
清 翡翠笔筒		896,000	浙江钱塘	2011.1.9
清 翡翠雕竹节双耳洗	宽25cm	575,000	北京保利	2011.12.07
翡翠三联章	尺寸不一	58,240	北京博观	2011.6.12
19世纪 翡翠雕螭龙笔洗	长11.5cm	138,000	北京歌德	2011.6.3
戒指				
翡翠白金戒指		61,600	中鸿信	2011.6.26
翡翠白金镶钻戒指		134,400	中鸿信	2011.6.26
翡翠铂金镶钻石戒指		64,960	北京荣宝	2011.3.18
翡翠女戒指	长1.3cm	78,400	海士德	2011.6.17
翡翠钻戒		3,048,040	香港苏富比	2011.4.6
翡翠钻石PT900铂金戒指	总重18.6g	190,400	北京荣宝	2011.3.18
翡翠钻石环戒		92,000	中国嘉德	2011.5.24
翡翠钻石戒指		57,500	中国嘉德	2011.5.24
翡翠钻石戒指	钻石8.88克拉	8,100,040	香港苏富比	2011.4.6
翡翠钻石戒指 耳钉套装		414,000	中国嘉德	2011.5.24
老坑菠菜绿翡翠戒面		313,600	江苏万达	2011.5.29
缅甸天然翡翠蛋面戒指，配以小钻，镶18k白金		3,833,460	香港佳士得	2011.5.31
缅甸天然翡翠蛋面戒指及耳环套装		3,532,140	香港佳士得	2011.5.31
缅甸天然翡翠双蛋面戒指		8,051,940	香港佳士得	2011.5.31
墨翠镶钻戒指		56,000	北京荣宝	2011.3.18
天然蛋面形翡翠配钻石戒指		724,500	北京保利	2011.6.6
天然蛋面形翡翠配钻石戒指		276,000	北京保利	2011.6.6
天然翡翠戒指	长3cm	168,000	北京容海	2011.4.23

2011杂项拍卖成交汇总

(成交价RMB：5万元以上)

拍品名称	尺寸	成交价RMB	拍卖公司	拍卖日期
天然翡翠配钻石戒指、耳环套装		287,500	北京保利	2011.6.6
天然翡翠配钻石戒指及耳环套装	戒指蛋面 1.51cm×1.27cm	2,760,000	北京保利	2011.6.6
天然马鞍形翡翠配钻石戒指	翡翠 2.43cm×1.01cm	1,322,500	北京保利	2011.6.6
万宝宝作品，'马蹄莲'系列双金钻石戒指		57,500	北京保利	2011.6.6
清 红宝石金戒指	宽2.2cm	69,000	北京保利	2011.6.6
清 蓝宝石金戒指	宽3.5cm	57,500	北京保利	2011.6.6
红宝石白金镶钻戒指		56,000	中鸿信	2011.6.26
红宝石钻石戒指	红宝石27.67克拉	14,701,320	香港苏富比	2011.4.6
黄绿钻石戒指		5,068,840	香港苏富比	2011.4.6
黄色钻石戒指	25.26克拉	11,872,200	香港苏富比	2011.4.6
金镶翠戒指		123,200	天津文物	2011.5.13
碧玺白金镶钻戒指	9.38克拉。	56,000	中鸿信	2011.6.26
冰种翡翠白金镶钻戒指		89,600	中鸿信	2011.6.26
陈世英作品，天然翡翠配水晶座白金钻石戒指		5,692,500	北京保利	2011.6.6
卡地亚18K白金自动上弦镶钻腕表及贝壳形铂金钻石戒指		189,750	北京保利	2011.6.6
祖母绿白金镶钻戒指、挂坠两用		89,600	中鸿信	2011.6.26
钻石白金套戒	钻石1.01克拉	58,240	中鸿信	2011.6.26
钻石戒指	11.6克拉	15,644,360	香港苏富比	2011.4.6
1.09克拉橄榄形无瑕钻石戒指		149,500	北京保利	2011.6.6
10.05克拉钻石戒子		12,815,240	香港苏富比	2011.4.6
10.09克拉椭圆形浓彩黄色钻石戒指		2,990,000	北京保利	2011.6.6
11.03克拉盾形蓝宝石戒指		69,000	北京保利	2011.6.6
11.25克拉圆形戈尔康达D/IF Type IIa钻石戒指		15,082,740	香港佳士得	2011.5.31
11.91克拉方形D/VVS2 Type IIa钻石戒指		11,332,980	香港佳士得	2011.5.31
13.15克拉枕形D/FL Type IIa钻石戒指	红宝石27.67克拉	14,145,300	香港佳士得	2011.5.31
13.39克拉榄尖形彩蓝色VVS2钻石戒指		49,299,300	香港佳士得	2011.5.31
13.57克拉钻戒		3,149,080	香港苏富比	2011.4.6
14.01克拉方形彩橙粉红色VS2钻石戒指		9,176,868	香港佳士得	2011.5.31
17.56克拉方形彩黄色钻石戒指		3,507,500	北京保利	2011.6.6
18k金嵌冰种阳绿翡翠戒指		95,000	中都国际	2011.6.12
2.02克拉祖母绿形浓彩紫粉红色天然钻石戒指		6,095,000	北京保利	2011.6.6
2.64克拉枕形彩黄色天然钻石戒指		207,000	北京保利	2011.6.6
22.92克拉方形J/VS2钻石戒指		3,833,460	香港佳士得	2011.5.31
23.19克拉猫眼石钻戒		9,986,120	香港苏富比	2011.4.6
24.01克拉枕形缅甸天然蓝宝石戒指		3,532,140	香港佳士得	2011.5.31
29.2克拉蓝宝石镶2.75克拉钻石戒指		3,553,240	香港苏富比	2011.4.6
3.03克拉心形钻石戒指		460,000	北京保利	2011.6.6
3.05克拉方形浓彩紫粉红色天然钻石戒指		10,350,000	北京保利	2011.6.6
36克拉椭圆形斯里兰卡天然帕德玛刚玉戒指		7,047,540	香港佳士得	2011.5.31
4.19克拉梨形钻石戒指		69,000	北京保利	2011.6.6
5.35克拉方形钻石戒指		1,840,000	北京保利	2011.6.6
5.76克拉方形浓彩黄色钻石戒指		1,955,000	北京保利	2011.6.6
5.89克拉蓝宝石和钻戒		3,452,200	香港苏富比	2011.4.6
6.01克拉红宝石钻戒		4,765,720	香港苏富比	2011.4.6
6.26克拉圆形钻石戒指		1,322,500	北京保利	2011.6.6
7.01克拉圆形钻石戒指		2,472,500	北京保利	2011.6.6
7.02克拉彩色钻戒		3,048,040	香港苏富比	2011.4.6
7.21克拉圆形钻石戒指		1,667,500	北京保利	2011.6.6
7.23克拉卡地亚钻石戒指		5,068,840	香港苏富比	2011.4.6
7.87克拉椭圆形红宝石配钻石戒指		195,500	北京保利	2011.6.6
8.01克拉钻戒		6,079,240	香港苏富比	2011.4.6
8.56克拉椭圆形蓝宝石配钻石戒指		241,500	北京保利	2011.6.6
9.07克拉钻戒		6,483,400	香港苏富比	2011.4.6

拍品名称	尺寸	成交价RMB	拍卖公司	拍卖日期
9.08克拉正方形鲜彩黄色VS1钻石戒指		7,449,300	香港佳士得	2011.5.31
9.29克拉方形D/VVS2钻石戒指		4,034,340	香港佳士得	2011.5.31
白金镶翡翠钻石男戒		770,000	鼎时国际	2011.12.03
1790年作 玫瑰琢型钻戒		528,000	鼎时国际	2011.12.03
翡翠包金花戒		59,800	北京歌德	2011.12.04
10.63克拉心形天然彩棕粉色钻石戒指		4,600,000	北京保利	2011.12.09
8.02克拉椭圆形天然鸽血红红宝石配钻石戒指		3,220,000	北京保利	2011.12.09
5.03克拉祖母绿形钻石戒指		2,415,000	北京保利	2011.12.09
10.70克拉椭圆形天然红宝石配钻石戒指		2,415,000	北京保利	2011.12.09
8.02克拉圆形钻石戒指		2,415,000	北京保利	2011.12.09
5.01克拉梨形钻石戒指		1,840,000	北京保利	2011.12.09
天然马鞍形翡翠戒指		1,380,000	北京保利	2011.12.09
7.91克拉长方形天然彩黄色钻石戒指		1,265,000	北京保利	2011.12.09
6.02克拉方形彩黄色钻石戒指		1,035,000	北京保利	2011.12.09
书卷芙蓉满绿翡翠戒指		977,500	北京歌德	2011.12.04
10.37克拉天然海螺珠配钻石戒指		977,500	北京保利	2011.12.09
3.31克拉圆形钻石戒指		897,000	北京保利	2011.12.09
21.45克拉椭圆形天然蓝宝石配钻石戒指		793,500	北京保利	2011.12.09
10.68克拉椭圆形天然蓝宝石配钻石戒指		690,000	北京保利	2011.12.09
2.41克拉梨形彩棕粉色钻石戒指		575,000	北京保利	2011.12.09
满绿翡翠包金戒指		517,500	北京歌德	2011.12.04
天然翡翠配钻石戒指		460,000	北京保利	2011.12.09
熔岩翡翠戒指		437,000	北京歌德	2011.12.04
天然翡翠配钻石戒指		437,000	北京保利	2011.12.09
陈世英作品，'滴露花开' 2.05克拉钻石配粉色蓝宝石戒指		402,500	北京保利	2011.12.09
翡翠包金满绿戒指		310,500	北京歌德	2011.12.04
3.00克拉椭圆形浓彩黄色钻石戒指		230,000	北京保利	2011.12.09
5.23克拉绿宝石配钻石戒指		207,000	北京保利	2011.12.09
天然翡翠配钻石戒指		207,000	北京保利	2011.12.09
红宝石戒指		179,200	琴岛荣德	2011.12.10
0.41克拉心形浓彩粉色钻石戒指		172,500	北京保利	2011.12.09
马鞍形天然翡翠配钻石戒指		138,000	北京保利	2011.12.09
天然翡翠配钻石戒指		138,000	北京保利	2011.12.09
足色全美1.00克拉椭圆形钻石戒指		126,500	北京保利	2011.12.09
3.36克拉垫形天然绿宝石配钻石戒指		115,000	北京保利	2011.12.09
8.16克拉椭圆形天然绿色碧玺配钻石戒指		115,000	北京保利	2011.12.09
3.04克拉椭圆形天然红宝石配钻石戒指		98,900	北京保利	2011.12.09
1.71克拉枕形天然彩黄色钻石戒指		86,250	北京保利	2011.12.09
15.14克拉糖果形天然靛蓝色碧玺配钻石戒指		78,200	北京保利	2011.12.09
香奈儿 CHANEL 18K黄金镶嵌天然紫水晶配海蓝宝石、橄榄石戒指		63,250	北京保利	2011.12.09
1.01克拉祖母绿形钻石戒指		57,500	北京保利	2011.12.09
4.5克拉梨形天然蓝宝石配钻石戒指		57,500	北京保利	2011.12.09
天然翡翠配钻石戒指		57,500	北京保利	2011.12.09
蒂芙尼 TIFFANY 2.10克拉钻石戒指，约1965年		55,200	北京保利	2011.12.09
哈利温斯顿 HARRY WINSTON 11.02克拉祖母绿形天然亚历山大石配钻石戒指，约1970年		1,782,500	北京保利	2011.12.09
天然翡翠配钻石戒指、耳环套装		575,000	北京保利	2011.12.09
天然翡翠配钻石戒指、耳环套装		529,000	北京保利	2011.12.09
天然翡翠配钻石戒指、耳环套装		101,200	北京保利	2011.12.09
项链				
大溪地南洋珠项链		201,600	北京荣宝	2011.3.18
啡黄色的钻石和钻石项链		6,079,240	香港苏富比	2011.4.6

拍品名称	尺寸	成交价RMB	拍卖公司	拍卖日期
翡翠白金镶钻项链		56,000	中鸿信	2011.6.26
翡翠凤凰项链		504,000	天工艺苑	2011.6.26
翡翠葫芦形组链		437,000	北京九歌	2011.6.10
翡翠龙雕珠配珊瑚、玛瑙项链		632,500	北京保利	2011.6.6
翡翠项链、耳钉、戒指(一组)		784,000	浙江钱塘	2011.1.9
翡翠钻石项链 戒指 耳坠套装		1,127,000	中国嘉德	2011.5.24
橄榄形配方形及圆形钻石项链、耳钉套装		115,000	北京保利	2011.6.6
红宝石钻石项链及耳坠	长40.5cm	11,872,200	香港苏富比	2011.4.6
红宝钻石PT900铂金戒指、吊坠项链——“华丽家族”戒指(套装)		134,400	北京荣宝	2011.3.18
红珊瑚钻石项链		100,800	中鸿信	2011.6.26
黄色钻石及钻石项链	长17cm	5,574,040	香港苏富比	2011.4.6
卡地亚 CARTIER 绿松石配钻石鹰头吊坠项链		115,000	北京保利	2011.6.6
克什米尔及缅甸天然蓝宝石项链，配以钻石，镶铂金	主石重13.96克拉	7,449,300	香港佳士得	2011.5.31
绿宝石镶钻项链一条耳坠一对		460,000	北京九歌	2011.6.10
缅甸34颗天然红宝石及钻石项链(红宝石共重56.71克拉)	项链长40.5cm	5,641,380	香港佳士得	2011.5.31
缅甸天然翡翠树叶吊坠项链	项链长68cm	4,837,860	香港佳士得	2011.5.31
缅甸天然红宝石项链，镶18k黄金，吊坠主石重10.02克拉		15,551,460	香港佳士得	2011.5.31
南洋珍珠项链		92,000	北京保利	2011.6.6
南洋珍珠项链		80,500	北京保利	2011.6.6
南洋珍珠项链		69,000	北京保利	2011.6.6
清 御制翡翠朝珠项链(“黄仲涵项链”)		23,000,000	北京保利	2011.6.5
天然碧玺配绿宝石项链		287,500	北京保利	2011.6.6
天然翡翠翡翠项链		67,200	北京容海	2011.4.23
天然翡翠配钻石项链	长40cm	2,300,000	北京保利	2011.6.6
天然翡翠配钻石项链，戒指及耳环套装	项链蛋面 19.51mm×16.50mm×7.65mm	21,850,000	北京保利	2011.6.6
天然翡翠配钻石项链及戒指套装	翡翠 0.9cm×1.06cm	402,500	北京保利	2011.6.6
天然翡翠珠链(珠粒直径约8.35mm)	长80cm	3,450,000	北京保利	2011.6.6
天然翡翠珠项链(珠粒直径约15.03mm)	长54cm	24,725,000	北京保利	2011.6.6
镶18k白金及粉红金钻石项链(中间主石重7.58克拉，其中26颗梨形D/IF钻石共重67.63克拉)	长39.6cm	23,050,980	香港佳士得	2011.5.31
镶铂金钻石项链(中间主石重4.50克拉)		4,134,780	香港佳士得	2011.5.31
亚历山大变石、钻石18K白金项链、手链项链(套装)	总重22.2克	336,000	北京荣宝	2011.3.18
珍珠钻石18K金吊坠项链——“皎月”	总重16.95克	72,800	北京荣宝	2011.3.18
12.48克拉方形吕宋玉配钻石项链		460,000	北京保利	2011.6.6
12.87克拉圆形哥伦比亚天然祖母绿吊坠项链		4,837,860	香港佳士得	2011.5.31
48.77克拉红宝石项链、耳环套装		862,500	北京保利	2011.6.6
48.88克拉黄色钻石项链		874,000	北京保利	2011.6.6
83.71克拉椭圆形蓝宝石配钻石项链		678,500	北京保利	2011.6.6
紫罗兰色天然翡翠珠项链	长63cm	437,000	北京保利	2011.6.6
钻石项链 手链 耳坠套装		345,000	北京九歌	2011.6.10
钻石项链，镶铂金，中间主石重5.68克拉		4,837,860	香港佳士得	2011.5.31
翡翠珠链（直径12mm-14mm)共41颗	长55cm	24,150,000	华艺国际	2011.12.10
天然翡翠珠配钻石项链		17,020,000	北京保利	2011.12.09
44.08克拉枕形天然蓝宝石配钻石两用式项链		3,795,000	北京保利	2011.12.09
天然彩色钻石项链		2,530,000	北京保利	2011.12.09
31.98克拉梨形天然绿宝石配钻石项链		1,380,000	北京保利	2011.12.09

拍品名称	尺寸	成交价RMB	拍卖公司	拍卖日期
24.03克拉椭圆形天然蓝宝石配钻石可拆卸式项链		1,035,000	北京保利	2011.12.09
1820年作 十字形黄宝石项链		660,000	鼎时国际	2011.12.03
天然翡翠珠项链		655,500	北京保利	2011.12.09
紫罗兰珠子项链		540,500	北京歌德	2011.12.04
翡翠葫芦形项链		460,000	北京歌德	2011.12.04
天然冰种翡翠珠项链		287,500	北京保利	2011.12.09
天然紫罗兰翡翠配钻石项链		230,000	北京保利	2011.12.09
白色南洋珍珠配钻石项链		207,000	北京保利	2011.12.09
伯爵 PIAGET 18K黄金可替换宝石款项链		161,000	北京保利	2011.12.09
春娇百艳翡翠项链		115,000	北京歌德	2011.12.04
白色南洋珍珠配钻石项链		75,900	北京保利	2011.12.09
金色南洋珍珠项链		69,000	北京保利	2011.12.09
大溪地珍珠项链		57,500	北京保利	2011.12.09
天然珍珠配钻石项链，约1905年		69,000	北京保利	2011.12.09
约7.00克拉天然黑欧泊石配钻石、珍珠项链，约1910年		287,500	北京保利	2011.12.09
5.31克拉天然红宝石配钻石项链，约1980年		437,000	北京保利	2011.12.09
天然翡翠配钻石项链、戒指及耳环套装	翡翠项链坠: 17.22mm×14.87mm×6.62mm	20,470,000	北京保利	2011.12.09
天然翡翠配钻石心形项链、耳环套装		4,255,000	北京保利	2011.12.09
天然翡翠配钻石项链、戒指及耳环套装		4,025,000	北京保利	2011.12.09
263.65克拉随形天然红宝石配钻石项链、耳环套装		1,725,000	北京保利	2011.12.09
25.45克拉天然红宝石配钻石项链、戒指及耳环套装		862,500	北京保利	2011.12.09
98.32克拉天然绿宝石配钻石项链、耳环套装		575,000	北京保利	2011.12.09
大溪地孔雀绿黑珍珠配彩色蓝宝石项链、耳环套装		368,000	北京保利	2011.12.09
17.65克拉椭圆形天然红宝石配钻项链、戒指及耳环套装		172,500	北京保利	2011.12.09
耳饰				
粉红钻石及钻石吊坠耳环一对		3,048,040	香港苏富比	2011.4.6
缅甸天然翡翠蛋面耳坠，配以钻石		3,431,700	香港佳士得	2011.5.31
缅甸天然翡翠豆荚耳坠，配以钻石		3,431,700	香港佳士得	2011.5.31
三色翡翠耳环 (一对)		51,750	北京保利	2011.6.6
天然冰种翡翠葫芦配钻石耳环 (一对)		69,000	北京保利	2011.6.6
天然蛋面形翡翠配钻石耳环(一对)		690,000	北京保利	2011.6.6
天然翡翠配钻石耳环 (一对)	翡翠 1.99cm×0.98cm	977,500	北京保利	2011.6.6
天然红宝石配钻石耳环(一对)		241,500	北京保利	2011.6.6
天然佩斯里披肩形翡翠配钻石耳钉 (一对)		63,250	北京保利	2011.6.6
天然珍珠耳坠，配以2.05克拉旧工切割G/VVS1及2.03克拉枕形G/IF钻石		3,130,380	香港佳士得	2011.5.31
祖母绿钻石耳坠一对	重10.73克拉，9.52克拉	7,594,840	香港苏富比	2011.4.6
钻石吊坠耳环		3,250,120	香港苏富比	2011.4.6
钻石耳钉 (一对)		86,250	北京九歌	2011.6.10
钻石耳环，镶18k白金，10颗榄尖形及梨形D/IF钻石共重17.55克拉		3,230,820	香港佳士得	2011.5.31
10.16克拉及10.09克拉椭圆形缅甸天然蓝宝石耳坠		4,235,220	香港佳士得	2011.5.31
13.03克拉及12.86克拉心形D/IF Type IIa钻石耳坠		22,113,540	香港佳士得	2011.5.31
14.42克拉14.04克拉钻石耳坠		31,676,040	香港苏富比	2011.4.6
14.84及13.47克拉枕形克什米尔天然蓝宝石耳坠		26,800,740	香港佳士得	2011.5.31

2011杂项拍卖成交汇总

(成交价RMB：5万元以上)

拍品名称	尺寸	成交价RMB	拍卖公司	拍卖日期
18.11克拉及18.11克拉方形彩黄色SI1钻石耳坠		4,335,660	香港佳士得	2011.5.31
2.22克拉及1.24克拉浓彩蓝色VVS1–VS1钻石及2.06、1.53克拉D/IF Type IIa钻石耳坠		8,989,380	香港佳士得	2011.5.31
23.49及23.11克拉枕形戈尔康达D/VVS1〔可成完美〕Type Iia 钻石耳坠		60,548,580	香港佳士得	2011.5.31
3.06及3.07克拉圆形钻石耳钉(一对)		690,000	北京保利	2011.6.6
4.20克拉及4.04克拉圆形D/IF钻石耳环		6,043,140	香港佳士得	2011.5.31
4.52克拉及4.25克拉钻石耳钉一对		3,553,240	香港苏富比	2011.4.6
5.20克拉方形F/VVS2及5.06克拉方形E/VS1钻石耳坠		3,230,820	香港佳士得	2011.5.31
5.23克拉及5.13克拉椭圆形缅甸天然鸽血红红宝石耳坠		13,676,580	香港佳士得	2011.5.31
5.60克拉、5.54克拉、2.02克拉、2.01克拉、1.26克拉及1.25克拉榄尖形及梨形D/IF钻石耳坠		7,047,540	香港佳士得	2011.5.31
6.09克拉及6.20克拉圆形钻石耳环 (一对)		2,012,500	北京保利	2011.6.6
6.51克拉及5.88克拉枕形克什米尔天然蓝宝石耳坠		6,846,660	香港佳士得	2011.5.31
7.51克拉及6.85克拉枕形哥伦比亚天然祖母绿耳坠		6,645,780	香港佳士得	2011.5.31
7.74克拉椭圆形蓝宝石配钻石耳环 (一对)		86,250	北京保利	2011.6.6
9.12克拉及8.84克拉正方形哥伦比亚天然祖母绿及天然珍珠耳坠		12,739,140	香港佳士得	2011.5.31
7.56克拉及7.78克拉梨形天然绿宝石配钻石耳环 (一对)		1,150,000	北京保利	2011.12.09
陈世英作品，‘红叶凝华’1.43克拉及1.37克拉祖母绿形钻石配粉色蓝宝石秋叶耳环 (一对)		632,500	北京保利	2011.12.09
陈世英作品，‘紫微星夜’37.27克拉天然紫水晶配钻石耳环 (一对)		552,000	北京保利	2011.12.09
天然翡翠花件“母子螭虎”配钻石耳环 (一对)		517,500	北京保利	2011.12.09
天然翡翠配钻石耳环 (一对)		345,000	北京保利	2011.12.09
天然翡翠配钻石耳环 (一对)		287,500	北京保利	2011.12.09
16.70克拉方形天然坦桑石配钻石耳环 (一对)		253,000	北京保利	2011.12.09
卡地亚 CARTIER 天然翡翠配钻石、珍珠耳环 (一对)		241,500	北京保利	2011.12.09
11.00克拉天然红宝石配钻石草莓耳环 (一对)		207,000	北京保利	2011.12.09
1.37克拉及1.39克拉垫形天然浓彩黄色钻石耳环 (一对)		207,000	北京保利	2011.12.09
1.52克拉及1.50克拉钻石耳环 (一对)		103,500	北京保利	2011.12.09
天然翡翠配钻石耳环 (一对)		69,000	北京保利	2011.12.09
天然翡翠配钻石元币形耳环 (一对)		57,500	北京保利	2011.12.09
4.8克拉枕形钻石配绿宝石耳环一对，约1920年		322,000	北京保利	2011.12.09
胸饰、发饰				
可拆解冰种翡翠配彩色宝石胸针		103,500	北京保利	2011.6.6
18K黑金镂空紫绿花胸针		55,200	北京保利	2011.6.6
翡翠钻石胸针 项坠		230,000	中国嘉德	2011.5.24
钻石「猎豹」胸针，配以蓝宝石、祖母绿及黑玛瑙，镶铂金	胸针长11.1cm	3,833,460	香港佳士得	2011.5.31
天然雕花翡翠配钻石别针		782,000	北京保利	2011.6.6
珍珠碧玺18K金胸花——“爱的憧憬”	总重29.55克	201,600	北京荣宝	2011.3.18
约1940年作 卡地亚海水蓝胸针		3,850,000	鼎时国际	2011.12.03

拍品名称	尺寸	成交价RMB	拍卖公司	拍卖日期
1920–1930年代作 翡翠铂金蓬莱仙境胸针		862,500	北京保利	2011.12.06
翡翠满绿三花胸针		517,500	北京歌德	2011.12.04
天然绿宝石配钻石胸针		138,000	北京保利	2011.12.09
20.48克拉彩色宝石配钻石、珍珠胸针		51,750	北京保利	2011.12.09
梵克雅宝 VAN CLEEF & ARPELS 天然彩色蓝宝石胸针，约1940年		172,500	北京保利	2011.12.09
蒂芙尼 TIFFANY 14K黄金镶天然红宝石配钻石胸针，约1945年		63,250	北京保利	2011.12.09
卡地亚 CARTIER 18K黄金镶天然蓝宝石配钻石胸针，约1950年		51,750	北京保利	2011.12.09
梵克雅宝 VAN CLEEF & ARPELS 18K黄金镶天然黑玛瑙、祖母绿配钻石猫咪胸针，约1960年		92,000	北京保利	2011.12.09
蒂芙尼 TIFFANY 天然红宝石配钻石草帽胸针，约1960年		51,750	北京保利	2011.12.09
18K白金镶天然红宝石配钻石胸针、耳环一套，约1980年		322,000	北京保利	2011.12.09
翡翠蛋面 (三颗)		2,185,000	北京歌德	2011.12.04
18K白金镶钻石套装		1,127,000	华艺国际	2011.12.10
18K金镶钻套装		287,500	北京歌德	2011.12.04
18K金镶钻套装		115,000	北京歌德	2011.12.04
天然紫罗兰翡翠蛋面(十一颗)		1,380,000	北京保利	2011.12.09
18K白金镶钻翡翠蛋面佩件		782,000	华艺国际	2011.12.10
钻石				
25.5克拉钻石		33,562,120	香港苏富比	2011.4.6
18.88克拉圆形D/FL Type IIa钻石		25,863,300	香港佳士得	2011.5.31
裸钻		2,016,000	天工艺苑	2011.6.26
5.01克拉及5.02克拉钻石		9,986,120	香港苏富比	2011.4.6
6.64克拉钻石		6,584,440	香港苏富比	2011.4.6
足色全美 3.85克拉圆形TYPE Ⅱ a钻石		3,910,000	北京保利	2011.12.09
2.01克拉橄榄形钻石		126,500	北京保利	2011.12.09
无色无暇全美3.02克拉梨形钻石		1,322,500	北京保利	2011.12.09

十九、古典家具

拍品名称	尺寸	成交价RMB	拍卖公司	拍卖日期
床				
明式 三围板式罗汉床	78.5cm × 201.5cm × 103cm	6,900,000	福建东南	2011.10.24
明末清初 紫檀四柱灯笼锦围子架子床	228cm × 211cm × 141cm	11,500,000	中国嘉德	2011.11.12
明末清初 榆木黑漆禅床	100cm × 70cm × 52cm	51,750	中国嘉德	2011.09.19
明末清初 黄花梨攒斗围子六柱架子床	201.6cm × 135.7cm × 209.5cm	9,430,000	中国嘉德	2011.5.21
明末清初 黄花梨福寿纹六柱式架子床	227cm × 156cm × 226cm	4,370,000	中国嘉德	2011.11.12
明末清初 黄花梨螭龙纹六柱式架子床	225cm × 155cm × 232cm	9,200,000	中国嘉德	2011.11.12
明末 黄花梨独板围子马蹄足罗汉床	203cm × 90.2cm × 73.7cm	32,200,000	中国嘉德	2011.5.21
明 紫檀嵌云母石玉屏七石独极罗汉大床	215.5cm × 156cm × 110cm	8,400,000	江苏万达	2011.5.29
明 紫檀几何纹三围屏罗汉床	106cm × 96cm × 84cm	5,600,000	江苏万达	2011.5.29
明 黄花梨透雕莲塘荷花罗汉大床	235cm × 155cm × 108cm	8,400,000	江苏万达	2011.5.29
明 黄花梨龙纹罗汉床	200cm × 100cm × 74cm	1,568,000	江苏万达	2011.5.29
明 黄花梨六柱龙纹架子床	218cm × 148cm × 227cm	17,825,000	北京保利	2011.6.6
明 黄花梨灵芝如意月洞门架子床	247.5cm × 187.8cm × 227cm	35,840,000	江苏万达	2011.5.29
明 黄花梨独板围子马蹄足罗汉床	209cm × 111.5cm × 78.7cm	14,614,020	香港佳士得	2011.6.1

拍品名称	尺寸	成交价RMB	拍卖公司	拍卖日期
明 黄花梨编席罗汉床	200cm×126cm×90cm	2,016,000	江苏万达	2011.5.29
紫檀雕云龙纹三屏风攒接围子罗汉床	225cm×130cm×81cm	3,680,000	华艺国际	2011.12.11
清早期 柞木井字格大罗汉床	216cm×135cm×89cm	149,500	中国嘉德	2011.09.19
清早期 榆木独板围子罗汉床	206.5cm×94cm×73cm	94,300	中国嘉德	2011.12.18
清早期 榉木直腿内翻马蹄腿小罗汉床	196cm×83cm×68cm	55,200	中国嘉德	2011.09.19
清早期 榉木有束腰马蹄腿螭龙纹罗汉床	199cm×88cm×83cm	92,000	中国嘉德	2011.12.18
清早期 榉木黑漆攒海棠花拔步床	234cm×266cm×240cm	287,500	中国嘉德	2011.12.18
清初期 黄花梨雕福寿龙纹架子床	231cm×145cm×230cm	5,175,000	北京翰海	2011.12.18
清 紫檀嵌绿端罗汉床	205.5cm×101cm×80.5cm	4,256,000	南京正大	2011.4.23
清 紫檀嵌八宝罗汉床	220cm×112cm×160cm	4,704,000	江苏万达	2011.5.29
清 紫檀罗汉床	105cm×202cm×85cm	517,500	雍和嘉诚	2011.11.27
清 梓檀雕夔龙炕床	66cm×30cm×25cm	345,000	北京翰海	2011.12.18
清 鸡翅木架子床	213cm×126cm×194cm	437,000	中国嘉德	2011.09.19
清 黄花梨罗汉床	138cm×210cm×93cm	632,500	雍和嘉诚	2011.11.27
清 黄花梨雕西番莲踏床小交椅	50.5cm×45cm×110cm	672,000	南京正大	2011.4.23
清 黄花梨雕花罗汉床	207cm×137cm×93cm	483,000	北京翰海	2011.12.18
清 红木有束腰马蹄腿独板围子罗汉床	191cm×105cm×70cm	161,000	中国嘉德	2011.12.18
民国 紫檀罗汉床	213cm×133cm×96cm	1,064,000	南京正大	2011.4.23
民国 梓檀席面凉床	206cm×56cm×48cm	92,000	北京翰海	2011.12.18
民国 红木七开光罗汉床	181cm×111cm×106cm	76,160	北京翰海	2011.09.18
黄花梨罗汉床	198cm×80cm×73cm	873,600	南京正大	2011.4.23
榻				
明 黄花梨榻	245cm×85cm	806,400	雍和嘉诚	2011.6.1
清中期 黄花梨雕螭龙榻	197cm×99cm×97cm	517,500	北京翰海	2011.12.18
柜、橱				
紫檀方角顶箱柜(一对)	94cm×213cm	690,000	华艺国际	2011.12.11
梓檀雕夔龙书柜(二件)	81cm×168cm	97,750	北京翰海	2011.12.18
梓檀雕勾莲纹小宝柜(两件)	42cm×47cm	145,600	北京翰海	2011.09.18
17世纪 鸡翅木圆角柜	高173cm	690,000	古天一	2011.12.05
17世纪 黄花梨小柜	高59.5cm	667,000	古天一	2011.12.05
17世纪 黄花梨方角大柜	高167cm	3,450,000	古天一	2011.12.05
清中期 黄花梨小柜(一对)	高54cm	115,000	北京保利	2011.10.22
清中期 红木朝服柜	高217cm	57,500	北京保利	2011.10.22
清中期 红木朝服柜	高216cm	57,500	北京保利	2011.10.22
清早期 榉木朱红漆大圆角柜	高240cm	66,700	中国嘉德	2011.09.19
清早期 榉木圆角柜	高174cm	59,800	中国嘉德	2011.12.18
清早期 榉木有柜膛圆角柜	高190cm	57,500	中国嘉德	2011.12.18
清早期 榉木透雕螭龙纹圆角柜	高141.3cm	667,000	中国嘉德	2011.12.18
清早期 榉木书柜	高194cm	55,200	中国嘉德	2011.12.18
清早期 榉木瓜棱腿圆角柜	高167.2cm	78,200	中国嘉德	2011.12.18
清早期 榉木带座圆角柜	高162cm	92,000	中国嘉德	2011.12.18
清早期 黄花梨圆角柜(一对)	高130cm	1,288,000	南京正大	2011.4.23
清早期黄花梨四面平马蹄腿方角柜	高112cm	1,150,000	中国嘉德	2011.11.12
清早期 黄花梨嵌乌木透格门方角书柜	高180.5cm	2,300,000	中国嘉德	2011.5.21
清早期 黄花梨花卉纹带翘头联二闷户橱	高91cm	4,025,000	中国嘉德	2011.5.21

拍品名称	尺寸	成交价RMB	拍卖公司	拍卖日期
清早期 黄花梨黑漆地嵌宝石顶箱柜(一对)	高220cm	3,920,000	江苏万达	2011.5.29
清早期 黄花梨顶箱柜	高230cm	4,370,000	中国嘉德	2011.5.21
清早期 黄花梨矮朝服柜	高102cm	5,175,000	中国嘉德	2011.5.21
清早期 红漆描金山水人物大柜	高194cm	230,000	中国嘉德	2011.12.18
清乾隆 紫檀文房小面条柜(二件)	高73cm	517,500	北京翰海	2011.5.21
清乾隆 紫檀嵌玉嵌鸡翅木雕龙纹小柜	高83cm	2,530,000	北京保利	2011.6.5
清乾隆 紫檀木镂雕灵仙祝寿图多宝格柜	高44.5cm	1,532,440	香港苏富比	2011.4.8
清乾隆 御制紫檀楠木仙鹤灵芝云纹炕柜(一对)	高81.5cm	13,800,000	北京匡时	2011.6.8
清乾隆 剔红山水人物小柜	高63cm	336,000	北京翰海	2011.09.18
清乾隆黄花梨雕云龙纹大柜门板	128cm×74cm	828,000	北京诚轩	2011.5.22
清乾隆 黑漆描金加彩花卉小柜	高35cm	299,000	北京保利	2011.10.22
清乾隆 雕漆红楼人物故事多宝柜(一对)	高64.5cm	1,610,000	北京匡时	2011.12.05
清 紫檀云龙纹柜(一对)	高86cm	51,750	中国嘉德	2011.09.17
清 紫檀云龙顶箱柜(一对)	高240cm	149,500	北京保利	2011.10.24
清 紫檀云蝠纹竖柜(一对)	高224cm	4,480,000	江苏万达	2011.5.29
清 紫檀多屉小柜	27cm×27cm	55,200	上海崇源	2011.10.12
清 梓檀嵌影木圆角柜	高105cm	89,600	北京翰海	2011.09.18
清 朱漆剔红龙纹小柜	高53cm	747,500	北京保利	2011.6.7
清雍正 黄花梨云龙纹柜(一对)	高147cm	3,532,140	香港佳士得	2011.6.1
清 楠木亮格方角柜	高193.5cm	78,200	中国嘉德	2011.12.18
清 黄花梨小方角柜	高50cm	207,000	中国嘉德	2011.09.19
清 黄花梨亮格柜(一对)	高130cm	772,800	南京正大	2011.4.23
清 红木亮隔柜	高157cm	112,700	上海大众	2011.08.25
明末清初 乌木嵌紫檀圆角柜	高118.6cm	2,070,000	中国嘉德	2011.5.21
明末清初 黄花梨圆角柜	高134.6cm	5,750,000	中国嘉德	2011.5.21
明末清初 黄花梨圆角柜	高171cm	2,070,000	中国嘉德	2011.5.21
明末清初 黄花梨十六屉药柜	高37cm	460,000	中国嘉德	2011.11.12
明末清初 黄花梨嵌斑竹圆角柜成对	高115.8cm	5,520,000	中国嘉德	2011.5.21
明末清初 黄花梨龙凤纹上格券口带栏杆亮格柜	高192cm	15,525,000	中国嘉德	2011.5.21
明末清初 黄花梨方角矮柜	高69.5cm	1,495,000	中国嘉德	2011.5.21
明末清初 黄花梨雕麒麟花鸟书柜(一对)	高160.5cm	4,600,000	北京保利	2011.6.7
明末清初黄花梨大四件柜成对	高259cm	29,900,000	中国嘉德	2011.11.12
明末 黄花梨圆角柜	高109.5cm	1,012,000	中国嘉德	2011.11.12
明末 黄花梨有柜膛大圆角柜	高180cm	2,875,000	中国嘉德	2011.11.12
明末 黄花梨小方角柜	高83.9cm	1,495,000	中国嘉德	2011.5.21
明末 黄花梨方材圆角柜	高178.3cm	3,450,000	中国嘉德	2011.5.21
明末 黄花梨冰绽纹柜	高197.4cm	14,375,000	中国嘉德	2011.5.21
明 黄花梨圆角柜(一对)	高150cm	1,120,000	江苏万达	2011.5.29
明 黄花梨圆角柜	高114cm	4,025,000	福建拍卖	2011.7.3
明 黄花梨圆角橱(一对)	高159cm	6,720,000	江苏万达	2011.5.29
明 黄花梨有柜膛方角柜	高199cm	6,900,000	北京保利	2011.6.6
明 黄花梨无柜膛面条柜	高109cm	920,000	北京保利	2011.6.6
明 黄花梨双层亮格柜(一对)	高190cm	3,850,000	江苏万达	2011.5.29
明黄花梨嵌玉双层亮格柜(一对)	高178cm	4,080,000	江苏万达	2011.5.29
明 黄花梨木柜	高66cm	977,500	西泠拍卖	2011.7.19
明 黄花梨木雕凤纹顶箱大柜(一对)	高184cm	3,180,000	江苏万达	2011.5.29
明 黄花梨面条柜(一对)	高130cm	658,560	南京正大	2011.4.23
明 黄花梨亮格柜(一对)	高190cm	896,000	江苏万达	2011.5.29
明 黄花梨花卉三节柜(一对)	高218cm	6,720,000	江苏万达	2011.5.29
明 黄花梨方材圆角柜	高123cm	1,380,000	北京保利	2011.6.6
民国 黄花梨明式圆角柜(二件)	高110cm	977,500	北京翰海	2011.12.18
民国 黄花梨明式圆角柜	高200cm	437,000	北京翰海	2011.12.18
黄花梨五抹门圆角柜(一对)	高181cm	1,725,000	华艺国际	2011.12.11
18世纪 黄花梨镶嵌紫檀柜(一对)	高174cm	3,450,000	北京华辰	2011.5.20
18世纪 黄花梨方角大柜	高193cm	2,066,265	纽约佳士得	2011.3.24
格				
明 黄花梨三层架格	高171cm	5,520,000	北京保利	2011.6.6
清 紫檀四季花鸟柜格	高179cm	3,584,000	江苏万达	2011.5.29
清康熙 紫檀嵌百宝山水纹多宝格	高63.5cm	6,785,000	北京匡时	2011.6.8
清梓檀镶金丝楠木玉器纹亮格	高119cm	920,000	北京翰海	2011.12.18

2011杂项拍卖成交汇总

(成交价RMB：5万元以上)

拍品名称	尺寸	成交价RMB	拍卖公司	拍卖日期
清乾隆 紫檀描金彩绘小多宝格	长70cm	621,000	北京保利	2011.10.22
紫檀雕攒接品字栏杆加卡子花架格(一对)	高183cm	828,000	华艺国际	2011.12.11
清早期 黄花梨上格加券口亮格柜	高148cm	1,092,500	中国嘉德	2011.5.21
清早期 黄花梨上格加券口四门亮格柜	高174.5cm	3,220,000	中国嘉德	2011.5.21
清乾隆 紫檀卍字福寿亮格书柜(一对)	高169cm	11,500,000	北京保利	2011.12.06
桌				
明晚期黄花梨有束腰卷草纹方桌	高96cm	920,000	北京保利	2011.6.6
明末清初 黄花梨有束腰顶牙罗锅枨大方桌	高82cm	1,840,000	中国嘉德	2011.11.12
明末清初黄花梨龙纹折叠炕桌	高30cm	977,500	中国嘉德	2011.11.12
明末清初 黄花梨两用条/炕桌	高80cm	5,520,000	中国嘉德	2011.5.21
明末清初 黄花梨高罗锅枨条桌	高86.6cm	4,140,000	中国嘉德	2011.5.21
明末清初 黄花梨仿竹材套环条桌成对	高88.6cm	4,600,000	中国嘉德	2011.5.21
明末 黄花梨折叠式炕桌	高28.7cm	1,495,000	中国嘉德	2011.5.21
明末黄花梨有束腰展腿式半桌	高83.9cm	8,050,000	中国嘉德	2011.5.21
明末 黄花梨有束腰小桌	高71.8cm	3,565,000	中国嘉德	2011.5.21
明末 黄花梨有束腰小炕桌	高22cm	897,000	中国嘉德	2011.11.12
明末 黄花梨有束腰三弯腿螭虎龙纹炕桌	高30cm	920,000	中国嘉德	2011.11.12
明末黄花梨有束腰马蹄足琴桌	高84.4cm	2,127,500	中国嘉德	2011.5.21
明末 黄花梨有束腰马蹄腿罗锅枨长条桌	高86cm	3,220,000	中国嘉德	2011.11.12
明末 黄花梨四面平绿纹石面马蹄腿半桌	高83cm	690,000	中国嘉德	2011.11.12
明末黄花梨三弯腿卷草花纹炕桌	高27.1cm	782,000	中国嘉德	2011.5.21
明末 黄花梨仿竹八仙桌	高85.7cm	920,000	中国嘉德	2011.11.12
明末黄花梨独板变体四面平桌	高84.8cm	4,025,000	中国嘉德	2011.5.21
明末 黄花梨雕龙纹石面马蹄足半桌	高87.3cm	2,530,000	中国嘉德	2011.5.21
明末 黄花梨雕螭虎龙纹炕桌	高22.5cm	2,012,500	中国嘉德	2011.5.21
明末 黄花梨八仙桌	高83.5cm	2,530,000	中国嘉德	2011.5.21
明嘉靖 石雕卷草纹足方桌	高62.5cm	138,000	古天一	2011.12.05
明 紫檀嵌瘿木独板书桌	高83cm	1,344,000	江苏万达	2011.5.29
明 紫檀罗锅枨画桌	长154cm	3,220,000	北京保利	2011.6.6
明紫檀灵芝纹有束腰几形画桌	长120cm	4,256,000	江苏万达	2011.5.29
明 紫檀夹头榫酒桌	高81.5cm	552,000	北京保利	2011.6.6
明 黄花梨直枨半桌	宽100cm	920,000	华艺国际	2011.12.11
明 黄花梨圆包圆条桌	长111cm	761,600	南京正大	2011.4.23
明 黄花梨有束腰马蹄足带套环卡子花桌	高173cm	2,070,000	北京保利	2011.6.6
明 黄花梨翘头琴桌	长129cm	750,000	江苏万达	2011.5.29
明 黄花梨嵌云石古形圆桌(五件套)	高72cm	10,080,000	江苏万达	2011.5.29
明 黄花梨炕桌	宽70cm	1,380,000	中国嘉德	2011.11.12
明 黄花梨炕桌	宽81.9cm	977,500	中国嘉德	2011.5.21
明 黄花梨画桌	高122cm	1,610,000	北京保利	2011.6.6
明 黄花梨仿竹六仙桌	宽87cm	5,175,000	北京保利	2011.6.6
明 黄花梨方桌	高84cm	1,725,000	北京翰海	2011.12.18
梓檀雕龙纹条桌	长111cm	123,200	北京翰海	2011.09.18
16世纪 黄花梨小方茶桌	高69cm	667,000	古天一	2011.12.05
清中期柞榛木嵌楠木马蹄腿条桌	长205cm	207,000	中国嘉德	2011.12.18
清中期紫檀有束腰龙纹六方桌	高86cm	2,070,000	中国嘉德	2011.11.12
清中期 红木方桌	高99cm	86,250	北京容海	2011.10.24
清早期 紫檀嵌黄花梨琴桌	长123cm	805,000	北京保利	2011.6.7
清早期 楠木四面平马蹄腿直枨攒矮老方桌	高78cm	57,500	中国嘉德	2011.12.18
清早期 榉木有束腰马蹄腿霸王枨方桌及玫瑰椅(四只)	尺寸不一	78,200	中国嘉德	2011.12.18
清早期 鸡翅木带托泥翘头竹节纹三屉条桌	长146cm	115,000	中国嘉德	2011.12.18
清早期 黄花梨龙纹三屉桌	宽139.7cm	3,450,000	中国嘉德	2011.11.12
清早期 黄花梨炕桌	长94cm	540,500	中国嘉德	2011.6.20
清早期 黄花梨雕花方桌	宽95.5cm	1,150,000	北京保利	2011.6.6
清早期彩漆戗金鸾凤牡丹纹琴桌	长133cm	943,000	上海大众	2011.08.25

拍品名称	尺寸	成交价RMB	拍卖公司	拍卖日期
清雍正 紫檀镶漆面条桌(一对)	高81cm	7,549,740	香港佳士得	2011.6.1
清式 回纹束腰桌几套件(三件套)	尺寸不一	690,000	福建东南	2011.10.24
清乾隆 紫檀喷面琴桌(二件)	长108cm	3,450,000	北京翰海	2011.5.21
清乾隆 梓檀喷面琴桌(二件)	长108cm	3,136,000	北京翰海	2011.09.18
清乾隆 剔红描油填彩福寿双全炕桌	长97.3cm	805,000	北京匡时	2011.6.8
清乾隆 黄花梨拐子龙画桌	长173cm	5,980,000	北京保利	2011.12.06
清 紫檀圆包圆书桌	长113cm	649,600	南京正大	2011.4.23
清 紫檀有束腰拐子纹方桌	高87cm	1,012,000	中国嘉德	2011.11.12
清 紫檀素工长画桌	长181.5cm	873,600	南京正大	2011.4.23
清 紫檀书房桌	高81cm	873,600	南京正大	2011.4.23
清 紫檀大画桌	长178.5cm	1,120,000	南京正大	2011.4.23
清 嵌螺钿描金花卉琴桌	长126.5cm	690,000	北京保利	2011.12.06
清乾隆 御制酸枝玉璧拉绳纹铜包角条桌(一对)	高85.7cm	8,239,428	香港佳士得	2011.6.1
清 黄花梨琴桌	长120cm	1,904,000	江苏万达	2011.5.29
清 黄花梨雕花卉炕桌	长93cm	287,500	北京翰海	2011.12.18
清 黄花梨带屉马蹄腿小桌	长85cm	218,500	中国嘉德	2011.09.19
清 花梨条桌	长110cm	97,750	北京翰海	2011.12.18
清 红木雕三果大条桌	长210cm	112,000	北京翰海	2011.09.18
清 红木半圆桌(一对)	高77cm	57,500	北京容海	2011.10.24
掐丝珐琅花卉纹桌	高83cm	51,750	中国嘉德	2011.09.17
民国 紫檀画桌	长197cm	884,800	南京正大	2011.4.23
民国 紫檀缠枝莲六角大方桌(一桌六凳)	尺寸不一	1,523,200	南京正大	2011.4.23
民国红木雕花嵌大理石长方桌	高84cm	53,760	北京翰海	2011.09.18
黄花梨高束腰霸王枨画桌	长172cm	512,960	南京正大	2011.4.23
黄花梨霸王枨大画桌	长219.5cm	963,200	南京正大	2011.4.23
海南老料作 黄花梨雕花半圆桌(一套)	尺寸不一	287,500	北京保利	2011.10.22
海南黄花梨花方桌(一张)	长89cm	680,000	东方艺都	2011.2.28
海南黄花梨花方桌(一张)	长107cm	500,000	东方艺都	2011.2.28
17世纪 黄花梨束腰琴桌	长104cm	920,000	古天一	2011.12.05
17世纪 黄花梨炕桌	长106cm	460,000	古天一	2011.12.05
台				
汉代 青黄玉龙凤纹梳妆台、坐凳(两件)	尺寸不一	220,000,000	北京中嘉	2011.1.9
明黄花梨夔龙纹五屏风式镜台	高66cm	920,000	北京保利	2011.6.6
清早期黄花梨五屏式云龙纹镜台	高70cm	460,000	中国嘉德	2011.12.18
民国 红木嵌螺钿欧式画台	长137cm	50,400	北京翰海	2011.09.18
民国 红木写字台	长161cm	53,760	北京翰海	2011.09.18
清中期 黄花梨五屏式镜台	高85.5cm	57,500	北京保利	2011.10.22
民国 红木雕花嵌大理石花台(两件)	高80cm	50,400	北京翰海	2011.09.18
清 红木长方台(一套)	尺寸不一	51,750	北京保利	2011.10.22
椅				
小叶檀皇宫椅(一套三件)	高100cm×3	575,000	北京九歌	2011.6.10
清中期 榆木有束腰回纹马蹄腿禅椅	高97.5cm	71,300	中国嘉德	2011.12.18
清中期 剔红五子登科龙凤扶手椅(一对)	高101cm	2,990,000	北京保利	2011.6.5
清中期红木雕福寿太师椅(三件)	尺寸不一	616,000	北京翰海	2011.1.16
清中 红木太师椅(一对)	高68cm	74,750	北京容海	2011.10.24
清早期 紫檀圈椅(一对)	高100cm	1,150,000	北京保利	2011.6.6
清早期榆木高南官帽椅(六只)	高121cm	94,300	中国嘉德	2011.12.18
清早期 榉木矮躺椅	高52cm	57,500	中国嘉德	2011.12.18
清早期 黄花梨嵌云石靠背椅(一对)	高95cm	560,000	江苏万达	2011.5.29
清早期 黄花梨出头榫梳背玫瑰椅	高90cm	782,000	中国嘉德	2011.11.12
清晚期 黄花梨狮子绣球(四椅二几)	椅高109cm	2,990,000	北京保利	2011.6.7
清乾隆 紫檀雕海水螭龙纹扶手椅(一对)	高86cm	5,750,000	北京匡时	2011.6.8
清乾隆 鸡翅木嵌紫檀描金雕龙纹扶手椅(一对)	高97cm	6,210,000	北京匡时	2011.6.8
清乾隆 黑鸡翅嵌云石四平小章背椅(四件)	高83cm	253,000	北京保利	2011.12.08
清初 黄花梨四出头官帽椅	高100.5cm	1,265,000	中贸圣佳	2011.11.06

拍品名称	尺寸	成交价RMB	拍卖公司	拍卖日期
清18世纪初 紫檀木雕「螭变龙」纹玫瑰椅(四张)	高89cm	2,476,400	香港苏富比	2011.10.05
清 紫檀座椅(一对)	高99cm	1,092,500	雍和嘉诚	2011.11.27
清 紫檀双龙戏珠紫檀龙椅	高135cm	1,680,000	江苏万达	2011.5.29
清 梓檀雕麒麟圈椅(两件)	高107cm	145,600	北京翰海	2011.09.18
清 榆木四出头官帽椅成对	高105cm	63,250	中国嘉德	2011.12.18
清 榉木夔龙纹圈椅成对	高94cm	57,500	中国嘉德	2011.12.18
清 鸡翅木直棂玫瑰椅成对	高84.3cm	92,000	中国嘉德	2011.12.18
清 鸡翅木矮南官帽椅	高93cm	74,750	中国嘉德	2011.12.18
清 黄花梨圆后背交椅	高98cm	1,150,000	北京保利	2011.6.6
清 黄花梨圈椅(一对)	高89cm	92,000	北京保利	2011.10.22
清 黄花梨交椅	高105cm	1,120,000	北京翰海	2011.09.18
清 黄花梨雕夔龙圈椅(二件)	高101cm	138,000	北京翰海	2011.12.18
清 黄花梨螭龙纹圈椅	高93cm	537,600	南京正大	2011.4.23
清 红木官帽椅(一套)	高97cm	69,000	北京保利	2011.10.22
清 红木拐子纹圈椅成对	高101cm	207,000	中国嘉德	2011.12.18
清红木福从天降太师椅(四件)	高98cm	50,400	北京翰海	2011.09.18
清红木雕龙四出头官帽椅(四件)	高105cm	178,250	中国嘉德	2011.09.19
清 红木雕花太师椅成对	高101.5cm	57,500	中国嘉德	2011.12.18
明末清初 黄花梨圈椅	高94cm	2,185,000	中国嘉德	2011.5.21
明末清初黄花梨玫瑰椅(一对)	高58cm	1,840,000	北京保利	2011.6.6
明末清初 黄花梨六角梳背椅	高84.3cm	1,840,000	中国嘉德	2011.5.21
明末清初 黄花梨仿竹材玫瑰椅成对	高90.5cm	4,600,000	中国嘉德	2011.5.21
明末清初 黄花梨方材矮靠背素南官帽椅成对	高92cm	2,530,000	中国嘉德	2011.11.12
明末 黄花梨透雕靠背玫瑰椅	高87.5cm	4,025,000	中国嘉德	2011.5.21
明末 黄花梨四出头官帽椅	高108cm	920,000	中国嘉德	2011.11.12
明末 黄花梨圈椅成对	高99.8cm	5,175,000	中国嘉德	2011.5.21
明末 黄花梨高四出头官帽椅	高121.5cm	6,670,000	中国嘉德	2011.5.21
明末 黄花梨雕龙纹四出头官帽椅成对	高110cm	23,000,000	中国嘉德	2011.5.21
明黄花梨四出头官帽椅(一对)	高113.5cm	2,530,000	北京保利	2011.6.6
明黄花梨四出头官帽椅(一对)	高107cm	504,000	江苏万达	2011.5.29
明黄花梨四出头高靠背官帽椅	高112cm	5,750,000	北京保利	2011.6.6
明 黄花梨圈椅(一对)	高98cm	2,070,000	北京保利	2011.6.6
明 黄花梨圈椅	高97cm	690,000	北京保利	2011.6.6
明 黄花梨雕如意纹靠背椅(四件一套)	高52cm	2,070,000	北京保利	2011.6.6
明 黄花梨螭纹圈椅(一对)	高103cm	938,000	江苏万达	2011.5.29
明 黄花梨螭龙纹透雕靠背交椅(一对)	高160cm	1,881,600	江苏万达	2011.5.29
明 黄花梨矮靠背南官帽椅	高95cm	1,150,000	北京保利	2011.6.6
民国 黄花梨椅子(三对)		80,500	北京容海	2011.10.24
民国黄花梨雕草龙圈椅(三件)	尺寸不一	230,000	北京翰海	2011.12.18
民国黄花梨雕草龙圈椅(二件)	高98cm	149,500	北京翰海	2011.12.18
民国红木嵌大理石荷花椅(三件)	尺寸不一	51,750	北京翰海	2011.12.18
民国 红木雕荷花广式靠背椅(六件)	尺寸不一	69,000	北京翰海	2011.12.18
老料作 紫檀雕花扶手椅、茶几(一套)	尺寸不一	172,500	北京保利	2011.10.22
客厅椅(一组四件)	高99cm	78,200	中国嘉德	2011.09.19
黄花梨官帽椅	高95cm	74,750	中国嘉德	2011.09.19
黄花梨雕花鸟扶手椅(五件套)	长椅166cm	14,300,000	海南泰达	2011.12.18
红木镶大理石圆桌椅(七件套)	尺寸不一	126,500	北京保利	2011.10.22
红木欧式椅 长方几(八件)	尺寸不一	92,000	北京翰海	2011.12.18
18世纪 黄花梨官帽椅(一对)	高109.2cm×2	2,381,625	纽约佳士得	2011.3.24
17世纪 黄花梨官帽椅(一对)	高117.5cm	18,202,185	纽约苏富比	2011.3.23
凳				
清中期 梓檀雕明式二人凳	长99cm	84,000	北京翰海	2011.09.18
清早期 紫檀有束腰直足直枨大方凳	宽63cm	862,500	中国嘉德	2011.11.12
清早期 黄花梨直足罗锅枨劈料长方凳	宽41cm	977,500	中国嘉德	2011.11.12
清早期 黄花梨有束腰马蹄腿罗锅枨方凳成对	宽60cm	977,500	中国嘉德	2011.11.12
清早期 黄花梨三弯腿长方凳(一对)	长64cm	207,000	北京保利	2011.10.22
清 紫檀有束腰长方凳成对	长70cm	1,610,000	中国嘉德	2011.09.19

拍品名称	尺寸	成交价RMB	拍卖公司	拍卖日期
清 黄花梨矮靠禅凳	长86cm	69,000	北京保利	2011.10.24
明末清初 黄花梨有束腰装卡子花马蹄足长方凳成对	宽54.8cm	1,840,000	中国嘉德	2011.5.21
明末 黄花梨有束腰三弯腿长方凳	宽51cm	2,070,000	中国嘉德	2011.5.21
明末 黄花梨有束腰马蹄足长方凳成对	长50.5cm	2,415,000	中国嘉德	2011.5.21
明末 黄花梨无束腰圆腿长方凳成对	宽53.3cm	920,000	中国嘉德	2011.5.21
明末 黄花梨交杌	宽56cm	2,185,000	中国嘉德	2011.5.21
明末 黄花梨仿竹材方凳成对	长53.3cm	3,220,000	中国嘉德	2011.5.21
明末 黄花梨仿竹材方凳	宽57cm	598,000	中国嘉德	2011.5.21
明 梓檀花瓣式凳	长56cm	322,000	北京翰海	2011.12.18
明 黄花梨藤面禅凳	长59.8cm	575,000	北京匡时	2011.12.05
民国 梓檀鼓凳(二件)	高51cm	92,000	北京翰海	2011.12.18
老料作 紫檀雕花禅凳	长75cm	57,500	北京保利	2011.10.22
座				
清紫檀木雕福如寿山龙纹云宝座	长140cm	9,520,000	江苏万达	2011.5.29
清乾隆 紫檀嵌掐丝珐琅夔龙纹宝座	长106.4cm	11,500,000	北京保利	2011.6.5
清乾隆 紫檀透雕巴洛克风格宝座	长132cm	40,250,000	北京保利	2011.6.5
清雍正 紫檀列屏式有束腰宝座	长109cm	21,850,000	北京保利	2011.12.06
清乾隆 紫檀雕漆云龙纹宝座	长119cm	20,700,000	北京保利	2011.12.06
清乾隆 紫檀雕夔龙饕餮纹宝座	长110cm	1,840,000	北京保利	2011.4.16
清 红木宝座	长107cm	172,500	北京容海	2011.10.24
清 红木雕竹叶纹器座	直径82cm	264,500	北京匡时	2011.09.17
清 红木展座	高51.5cm	230,000	北京匡时	2011.09.17
清 黄花梨神座	直径85c	575,000	北京容海	2011.10.24
清乾隆 紫檀雕西番莲"庆寿"纹宝座	高115cm	57,500,000	中国嘉德	2011.11.12
清乾隆 紫檀雕云龙纹宝座	长104.1cm	9,315,000	北京翰海	2011.11.17
清早期 木仿雅石盆景座	高66cm	103,500	北京保利	2011.10.22
清 剔红雕龙纹宝座间	尺寸不一	12,765,000	北京匡时	2011.6.8
清乾隆 紫檀雕螭龙座双凤呈寿纹磬	高50cm	109,250	北京保利	2011.10.22
案				
明式 拐子杖平头案	长210cm	747,500	福建东南	2011.10.24
明末清初 黄花梨小书案	高83cm	1,008,000	南京正大	2011.4.23
明末清初 黄花梨独板翘头案	宽194cm	3,450,000	中国嘉德	2011.11.12
明末 黄花梨透雕牙头平头案	宽231cm	4,600,000	中国嘉德	2011.5.21
明末 黄花梨透雕档板翘头案	长226.1cm	8,625,000	中国嘉德	2011.5.21
明末 黄花梨嵌桦木小画案	长143cm	4,600,000	中国嘉德	2011.5.21
明末 黄花梨嵌桦木平头案	宽93.7cm	2,702,500	中国嘉德	2011.5.21
明末 黄花梨夹头榫云纹牙头平头案	宽144cm	2,300,000	中国嘉德	2011.11.12
明末 黄花梨夹头榫带屉板小平头案	宽63.9c	1,610,000	中国嘉德	2011.5.21
明末 黄花梨独板云纹牙头翘头案	宽116.4cm	3,335,000	中国嘉德	2011.5.21
明 榉木圆腿书案	长202cm	59,800	中国嘉德	2011.09.19
明 榉木圆腿平头案	长171cm	59,800	中国嘉德	2011.09.19
明 榉木圆腿平头案	长212cm	59,800	中国嘉德	2011.09.19
明 榉木夹头榫带暗仓大画案	长203cm	195,500	中国嘉德	2011.09.19
明金丝楠木嵌仿哥窑瓷面翘头案	长271cm	105,800	中国嘉德	2011.09.19
明 黄花梨翘头案	长240cm	560,000	江苏万达	2011.5.29
明 黄花梨嵌瘿木平头案	长83cm	1,127,000	北京保利	2011.6.6
明 黄花梨嵌独板面芯小画案	长91cm	2,242,500	中贸圣佳	2011.11.06
明 黄花梨平头案	长110cm	784,000	南京正大	2011.4.23
明黄花梨灵芝挡板小型翘头案	宽45cm	782,000	中国嘉德	2011.5.21
明 黄花梨夹头榫平头案	长167.5cm	2,530,000	北京保利	2011.6.6
明 黄花梨插肩榫翘头案	长149cm	1,792,000	江苏万达	2011.5.29
紫檀条案	长126cm	517,500	中贸圣佳	2011.11.06
紫檀雕西番莲架几案	宽283cm	2,300,000	华艺国际	2011.12.11
梓檀嵌黄杨明式条案	长175cm	55,200	北京翰海	2011.12.18
梓檀雕莲瓣纹画案	长150cm	168,000	北京翰海	2011.09.18
梓檀雕夔龙平头案	长139cm	57,500	北京翰海	2011.12.18
梓檀雕回纹条案	长176cm	69,000	北京翰海	2011.12.18
如意牙头夹头榫平头案	长135.5cm	920,000	福建东南	2011.10.24
清早期 铁梨木灵芝纹翘头案	长173cm	115,000	中国嘉德	2011.12.18
清早期榉木夔龙纹带托泥翘头案	长221.5cm	94,300	中国嘉德	2011.12.18
清早期榉木瓜棱腿带牙板平头案	长152.5cm	57,500	中国嘉德	2011.12.18

2011杂项拍卖成交汇总

(成交价RMB：5万元以上)

拍品名称	尺寸	成交价RMB	拍卖公司	拍卖日期
清早期 榉木独板小翘头案	长119.5cm	69,000	中国嘉德	2011.12.18
清早期榉木带托泥灵芝纹翘头案	长205cm	63,250	中国嘉德	2011.12.18
清早期 黄花梨案上案	长49cm	138,000	北京诚轩	2011.11.12
清早期 红漆带托泥翘头案	长139cm	78,200	中国嘉德	2011.12.18
清式 雕西番莲太平头案	长259cm	1,035,000	福建东南	2011.10.24
清乾隆 紫檀梅花锦地纹平头案	长175.5cm	16,675,000	北京匡时	2011.6.8
清乾隆 紫檀龙纹御案	长167cm	55,200,000	中国嘉德	2011.11.12
清乾隆 紫檀独板巴洛克风西番莲下卷式琴案	长195cm	11,500,000	北京保利	2011.12.06
清初期 黄花梨条画案 (二件)	长180cm	4,025,000	北京翰海	2011.12.18
清初 圆包圆黄花梨条案	长90.2cm	1,610,000	中贸圣佳	2011.11.06
清17世纪 黄花梨长方案	长191.5cm	2,378,000	香港苏富比	2011.10.05
清 紫檀画案	长150cm	3,360,000	中贸圣佳	2011.4.29
清 紫檀画案	长207cm	943,000	雍和嘉诚	2011.11.27
清 紫檀画案	长173cm	874,000	雍和嘉诚	2011.11.27
清 紫檀画案	长160cm	69,000	北京保利	2011.10.24
清 梓檀小翘头案 (二件)	长64.5cm	560,000	北京翰海	2011.09.18
清 梓檀雕夔龙条案	长135cm	172,500	北京翰海	2011.12.18
清 梓檀雕带子上朝翘头案	长168cm	207,200	北京翰海	2011.09.18
清山核桃木雕花如意云头翘头案	长279cm	57,500	中国嘉德	2011.09.19
清乾隆御用宫廷黄花梨雕博古图画案	长198cm	7,280,000	江苏万达	2011.5.29
清 鸡翅木翘头案	长237cm	126,500	中国嘉德	2011.09.19
清 鸡翅木翘头案	长182cm	71,300	中国嘉德	2011.09.19
清 花梨木架几案	长305cm	287,500	中国嘉德	2011.09.19
清 红木条案		57,500	北京容海	2011.10.24
清 红木雕瑞兽大画案	长190cm	89,600	北京翰海	2011.09.18
清 红木雕花果平头案	长280cm	126,500	北京翰海	2011.12.18
红木平头案	长219cm	257,600	北京翰海	2011.09.18
17世纪 黄花梨桌案	长212.7cm	3,958,425	纽约苏富比	2011.3.23
17世纪 黄花梨桌案	宽71.1cm	3,170,025	纽约佳士得	2011.3.24
16世纪 鸡翅木平头案	长142.5cm	207,000	古天一	2011.12.05
几				
清早期 黄花梨小炕几	长78cm	115,000	北京匡时	2011.12.05
清乾隆 紫檀高束腰蕉叶云蝠纹三弯腿带托泥香几 (成对)	高95cm	12,650,000	中国嘉德	2011.11.12
清乾隆 紫檀雕如意夔龙纹香几	高90cm	2,760,000	北京匡时	2011.6.8
清乾隆 紫檀螭龙长方香几	高84cm	2,300,000	北京保利	2011.12.06
清乾隆 御制夔龙纹紫檀方几	长64cm	483,000	北京保利	2011.10.22
清光绪 紫檀雕螭纹香几	高84.5cm	483,000	中贸圣佳	2011.11.06
清代 酸枝木石面香几	高72.5cm	253,000	古天一	2011.12.05
清初 黄花梨香几	高84cm	782,000	中贸圣佳	2011.11.06
清初 黄花梨雕蟠螭纹炕几	长70cm	4,600,000	中贸圣佳	2011.11.06
清 紫檀云纹翘头几	长157cm	1,904,000	南京正大	2011.4.23
清 紫檀无束腰攒拐子花几 (成对)	高86cm	977,500	中国嘉德	2011.11.12
清 紫檀随形几	长61cm	207,000	北京保利	2011.12.08
清 紫檀嵌云石花几	高80cm	690,000	西泠拍卖	2011.7.19
清 紫檀花几 (一对)	高85.5cm	126,500	北京保利	2011.10.22
清 紫檀花几	长24cm	92,000	北京容海	2011.10.24
清 硬木小桌几	长49.5cm	115,000	北京保利	2011.12.08
清 楠木黑漆香几	高86cm	51,750	中国嘉德	2011.09.19
清 康熙 黑漆嵌螺钿香几	高41cm	11,801,700	香港佳士得	2011.6.1
清榉木有束腰马蹄腿花几成对	高79.5cm	57,500	中国嘉德	2011.12.18
清 黄杨木嵌影子香几	高55cm	126,500	北京歌德	2011.12.03
清 红木马蹄腿花几成对	高91cm	59,800	中国嘉德	2011.12.18
明末清初 黄花梨有束腰绿石面马蹄腿香几	高78cm	3,220,000	中国嘉德	2011.11.12
明末 黄花梨四面平几	高80.3cm	1,840,000	中国嘉德	2011.5.21
明末 黄花梨三弯腿方香几	高80.7cm	5,980,000	中国嘉德	2011.5.21
明末黄花梨高束腰霸王枨翘头几	长110.5cm	11,500,000	中国嘉德	2011.5.21
明末 黄花梨长方香几	高85.3cm	7,130,000	中国嘉德	2011.5.21
明 黄花梨炕几	高127cm	678,500	北京保利	2011.6.6
明 雕漆泛舟图花几	高53.5cm	667,000	北京保利	2011.6.7
明 大漆几	长145cm	149,500	北京容海	2011.10.24
明 大漆几	长145cm	86,250	北京容海	2011.10.24
民国 紫檀花几 (一对)	高92cm	627,200	南京正大	2011.4.23
黄花梨雕螭龙纹琴几	长108cm	103,040	北京翰海	2011.09.18
架				
清中期 红木脸盆架	高178cm	82,800	中国嘉德	2011.09.19

拍品名称	尺寸	成交价RMB	拍卖公司	拍卖日期
清早期 黄花梨贴架	长45.5cm	103,500	北京匡时	2011.12.05
清早期 黄花梨天平架	高70cm	345,000	中国嘉德	2011.12.18
清乾隆 紫檀雕六方须弥座宫灯架	高200cm	1,610,000	北京保利	2011.10.22
清乾隆 紫檀缠枝花卉座屏架	长78cm	51,750	北京保利	2011.10.22
清乾隆 红木嵌象牙如意搁架	长64cm	115,000	北京保利	2011.10.22
清康熙 紫檀灯架 (一对)	高167cm	2,300,000	古天一	2011.12.05
清 紫檀博古钟架	高69cm	103,500	北京匡时	2011.09.17
清 紫檀博古架	高58cm	115,000	北京容海	2011.10.24
清 梓檀雕龙插屏架	高79cm	115,000	北京翰海	2011.12.18
清 御制紫檀雕岁寒三友磬架	高64cm	616,000	北京康泰	2011.12.11
清 红木博古器架	高70cm	51,750	北京匡时	2011.09.17
明末清初 黄花梨折叠式六足面盆架	高70.6cm	1,955,000	中国嘉德	2011.5.21
明末清初 黄花梨大磬架	高170.8cm	8,051,940	香港佳士得	2011.6.1
明末 金漆几架	高102.2cm	2,618,145	纽约苏富比	2011.3.23
明 小叶紫檀架几式书案	长256cm	4,256,000	江苏万达	2011.5.29
海南老料作 黄花梨雕花大衣架	长190cm	57,500	北京保利	2011.10.22
17世纪 黄花梨鸡翅木架(一对)	长57cm	345,000	古天一	2011.12.05
箱				
清中期 紫檀雕花鸟纹官皮箱	长36.5cm	1,380,000	北京保利	2011.6.5
清中期 黄花梨轿箱	长75cm	69,000	北京保利	2011.10.22
清中期 黄花梨官帽箱	高44cm	115,000	北京匡时	2011.09.17
清早期 黄花梨衣箱成对	长40cm	287,500	中国嘉德	2011.12.18
清早期 黄花梨文具箱	长41.5cm	207,000	北京诚轩	2011.11.12
清早期 黄花梨双门式书箱	高35.5cm	253,000	中国嘉德	2011.11.12
清早期 黄花梨轿箱	长72cm	506,000	中国嘉德	2011.12.18
清早期 黄花梨官皮箱	长34cm	299,000	中国嘉德	2011.12.18
清早期 黄花梨官皮箱	长33.5cm	184,000	北京保利	2011.12.08
清早期 黄花梨大衣箱	宽83cm	598,000	中国嘉德	2011.5.21
清早期 黄花梨变体官皮箱	长28.8cm	94,300	中国嘉德	2011.12.18
清早期 黄花梨矮官皮箱	长20cm	172,500	中国嘉德	2011.12.18
清乾隆 紫檀雕龙凤纹长方箱	长49cm	4,830,000	北京翰海	2011.5.19
清乾隆 竹黄嵌寿山石人物图多宝格箱	长40.8cm	2,542,840	香港苏富比	2011.4.8
清乾隆 云蝠纹黄花梨大储箱	长178.5cm	1,552,500	北京保利	2011.4.16
清乾隆 御制雕漆十二花神图宫车式文具箱	长33cm	1,840,000	北京永乐	2011.11.15
清乾隆 绿漆沥粉龙凤纹宝册箱 (一对)	长29cm	57,500	北京永乐	2011.11.15
清康熙 黑漆嵌螺钿开光百宝官帽箱	长39cm	1,150,000	北京匡时	2011.6.8
清 紫檀官箱		368,000	北京容海	2011.10.24
清 紫檀官箱	长34cm	63,250	北京容海	2011.10.24
清 黄花梨箱	长32.5cm	51,750	中国嘉德	2011.09.17
清 黄花梨凹面轿箱	长53cm	149,500	中国嘉德	2011.09.19
明末清初 黄花梨箱	长42cm	92,000	北京诚轩	2011.11.12
明末清初 黄花梨书香箱	长38cm	264,500	中贸圣佳	2011.11.06
明末清初黄花梨嵌纹石面官皮箱	长31.5cm	230,000	北京诚轩	2011.11.12
明末清初 黄花梨盝顶官皮箱	宽38.7cm	782,000	中国嘉德	2011.5.21
明末清初 黄花梨官皮箱	长32cm	460,000	中贸圣佳	2011.11.06
明末 黄花梨衣箱	宽69.2cm	1,380,000	中国嘉德	2011.5.21
明末 黄花梨轿箱	宽74.9cm	632,500	中国嘉德	2011.5.21
明 黄花梨药箱	长34.5cm	552,000	北京保利	2011.6.6
明 黄花梨官皮箱	长35cm	2,464,000	江苏万达	2011.5.29
17世纪 紫檀药箱	长34.7cm	425,500	古天一	2011.12.05
16世纪至17世纪 黄花梨官皮箱	长27.7cm	310,500	古天一	2011.12.05
盒				
明末清初 黄花梨提盒	宽37.6cm	1,150,000	中国嘉德	2011.5.21
清 彩漆戗金鹤鹿同春方盒	长52cm	672,000	中贸圣佳	2011.4.29
清乾隆 剔红云蝠纹三层提盒	高35.6cm	8,989,380	香港佳士得	2011.6.1
清乾隆 紫檀龙纹"神皋纪庆"册页盒	长27cm	1,782,500	中国嘉德	2011.3.21
清中期 黄花梨宫廷册页盒	长54.2cm	560,000	中贸圣佳	2011.4.29
17世纪 黄花梨长方盒	长57cm	345,000	古天一	2011.12.05
17世纪 紫檀四层提盒	长38.5cm	287,500	古天一	2011.12.05
17世纪 黄花梨三层提盒	长33cm	253,000	古天一	2011.12.05
17世纪 黄花梨三层提盒	长29cm	184,000	古天一	2011.12.05
清早期 黄花梨提盒	长35cm	172,500	中国嘉德	2011.12.18
明 大漆描金竹篾长方盒	长70cm	149,500	中国嘉德	2011.12.18

拍品名称	尺寸	成交价RMB	拍卖公司	拍卖日期
清早期 黄花梨书盒	长37cm	115,000	中国嘉德	2011.12.18
清早期 黄花梨半盒	长28cm	59,800	中国嘉德	2011.12.18
清早期 黄花梨方盒	长22cm	57,500	中国嘉德	2011.12.18
清早期 黄花梨半盒	长22cm	57,500	中国嘉德	2011.12.18
明末清初 黄花梨画轴盒	长50.8cm	57,500	北京诚轩	2011.11.12
明末清初 黄花梨四撞提盒	高38cm	920,000	中国嘉德	2011.11.12
明末清初 黄花梨携带式秤盒	长37.3cm	138,000	北京诚轩	2011.11.12
清 红木大画盒	长105cm	97,750	北京保利	2011.10.22
清 黄花梨长方盒	长27.6cm	51,750	中国嘉德	2011.09.17
清 黄花梨提盒		184,000	北京容海	2011.10.24
清 黄花梨提盒		126,500	北京容海	2011.10.24
17世纪/18世纪 黄花梨嵌宝石长条盒(一对)	长69.5cm	2,381,625	纽约佳士得	2011.3.24
屏				
紫檀屏风十二屏	宽663cm	2,933,505	纽约佳士得	2011.3.24
紫檀框漆嵌百宝花鸟纹挂屏 (一对)	高98cm	69,000	中国嘉德	2011.12.17
紫檀雕漆嵌百宝龙舟图挂屏	长126cm	55,200	中国嘉德	2011.12.17
张庆强 和田玉观瀑图插屏	高36cm；	660,800	北京博观	2011.6.12
徐亚凤 水点桃花 粉彩四条屏	21.5cm×91.7cm	575,000	中国嘉德	2011.5.25
戊辰嘉平(1929)年作 于硕雕象牙后赤壁赋屏	直径5.7cm	264,500	北京诚轩	2011.11.12
文革 象牙“祖国的花朵”大立屏 (一对)	38cm×12cm	1,012,000	苏州吴门	2011.6.12
王芝文 微书“宋词”山水插屏	24.5cm×34cm	322,000	北京保利	2011.12.07
清中期 紫檀镶白玉雕耕织图两面挂屏	83.2cm×79.2cm	667,000	福建拍卖	2011.7.3
清中期 紫檀框嵌剔红百宝博古图御题诗插屏	高89cm	1,495,000	北京保利	2011.6.7
清中期 紫檀框嵌磁青地描金俞宗礼绘十八罗汉屏风八扇	长224cm	667,000	北京保利	2011.6.5
清中期 紫檀框玻璃画博古清供大挂屏	高143cm	1,150,000	北京保利	2011.12.06
清中期 紫檀锦纹框浮雕山水人物大挂屏	长159cm	3,450,000	北京保利	2011.6.6
清中期 紫檀雕观瀑图插屏	高65.6cm	552,000	北京保利	2011.6.5
清中期 紫檀大理石插屏	高25cm	207,000	北京歌德	2011.12.03
清中期 紫檀玻璃小插屏成对	高17cm	161,000	中国嘉德	2011.12.18
清中期 梓檀镶海水龙纹四扇屏	高208cm	784,000	北京翰海	2011.1.16
清中期 云石插屏	高99cm	287,500	北京永乐	2011.11.15
清中期象牙浅浮雕花鸟人物插屏	高26cm	184,000	北京匡时	2011.09.17
清中期 象牙雕携琴访友图黄花梨插屏	高89cm	552,000	北京保利	2011.10.22
清中期象牙雕山水人物故事屏风	69cm×32cm	1,495,000	北京东正	2011.6.5
清中期铜胎掐丝珐琅博古图插屏	高81cm	115,000	中国嘉德	2011.11.15
清中期 剔红山水诗文插屏	高81cm	616,000	云南典藏	2011.5.14
清中期剔红春字插屏连剔犀架	高63cm	690,000	北京匡时	2011.6.8
清中期 嵌象牙“无量寿佛赞”御题诗挂屏	长78cm	345,000	北京保利	2011.12.08
清中期嵌碧玉云龙硬木三扇屏	高79.5cm	345,000	北京保利	2011.12.08
清中期 漆地嵌象牙花鸟挂屏	高84cm	575,000	北京保利	2011.6.5
清中期 缂丝花鸟挂屏 (一对)	134cm×90.5cm	552,000	北京保利	2011.12.08
清中期 黄花梨雕花围屏	275cm×50cm	230,000	北京保利	2011.10.22
清中期 红木点翠挂屏	82cm×53cm	345,000	中国嘉德	2011.12.18
清中期 黑大漆嵌粉彩梅花扇紫檀挂屏	高72cm	230,000	北京保利	2011.10.22
清中期彩绘堆锦官员游乐图挂屏	高85cm	402,500	北京保利	2011.10.22
清中期 白玉雕双狮戏球插屏	高26cm	897,000	北京匡时	2011.6.8
清中期 寿山石雕《西厢记》故事图挂屏	25cm×11.7cm	345,000	中国嘉德	2011.11.15
清早期 紫檀石面插屏	高53cm	862,500	中国嘉德	2011.11.12
清早期 楠木嵌钧窑瓷片挂屏四扇	104cm×34cm	253,000	上海大众	2011.08.25
清早期 黄花梨五抹八扇围屏	高148.6cm	2,185,000	中国嘉德	2011.5.21
清早期 黄花梨花鸟纹五屏风式镜台	高67cm	1,012,000	中国嘉德	2011.11.12
清早期 红漆嵌螺钿百寿挂屏	长93cm	575,000	北京保利	2011.4.16
清早期 黑漆嵌剔红龙纹及百宝桌屏	高38cm	126,500	中国嘉德	2011.12.18

拍品名称	尺寸	成交价RMB	拍卖公司	拍卖日期
清早期 黑漆描金松鹿 松鹤挂屏 (一对)	长116cm	92,000	北京保利	2011.10.22
清早期 白玉雕“松下老人，福山寿海”插屏	直径21cm	1,840,000	福建拍卖	2011.7.2
清晚期 鸡翅木框嵌瘿木黄杨花鸟大插屏	高140cm	126,500	北京保利	2011.12.08
清晚期 红木镶粉彩“大吉”葫芦插屏	高55cm	115,000	北京保利	2011.12.08
清晚期 粉彩山水人物插屏	46.5cm×61.5cm	61,600	北京荣宝	2011.08.13
清十九世纪 木嵌点翠寿石杂宝锦上添花图插屏	高107cm	744,328	香港苏富比	2011.4.8
清十八世纪 松花石雕松下高士图题诗插屏		1,027,240	香港苏富比	2011.4.8
清乾隆 紫檀竹丝框百宝嵌周子爱莲座屏	高89.5cm	3,220,000	北京保利	2011.6.6
清乾隆 紫檀御题诗嵌金银片翠玉挂屏	长106.5cm	460,000	北京保利	2011.12.06
清乾隆 紫檀双面工夔龙花蝶挂屏心	长52cm	126,500	北京保利	2011.10.22
清乾隆紫檀嵌玉人物龙船纹挂屏	高105cm	1,380,000	上海大众	2011.08.25
清乾隆紫檀嵌银御笔书法挂屏	高101.5cm	3,105,000	北京保利	2011.12.06
清乾隆 紫檀嵌象牙“二甲传胪”插屏	高31cm	1,380,000	北京保利	2011.4.16
清乾隆 紫檀嵌百宝挂屏	高113cm	4,600,000	中国嘉德	2011.11.12
清乾隆 紫檀框嵌白玉插屏	长39.4cm	3,136,000	中贸圣佳	2011.4.29
清乾隆 紫檀框漆地嵌珐琅象牙园景挂屏 (一对)	直径68cm	3,220,000	北京匡时	2011.6.8
清乾隆 紫檀框漆地嵌百宝博古御题诗文挂屏	71cm×54.5cm	1,012,000	北京匡时	2011.12.05
清乾隆 紫檀框雕漆百宝嵌御题诗挂屏	105cm×67.5cm	2,530,000	北京保利	2011.6.5
清乾隆 紫檀柜百宝嵌御题诗插屏 (一对)	高69.5cm	2,530,000	北京保利	2011.12.06
清乾隆紫檀雕云龙纹三扇屏风	高203cm	8,050,000	北京保利	2011.6.5
清乾隆 紫檀雕御题诗文象牙婴戏人物插屏	高37.5cm	862,500	江苏省拍	2011.12.10
清乾隆 紫檀雕海水云龙纹挂屏 (一对)	51cm×44cm	345,000	上海大众	2011.08.25
清乾隆 紫檀雕插屏框	长87.5cm	138,000	北京保利	2011.10.22
清乾隆紫檀雕苍龙出海挂屏(一对)	长51cm	345,000	浙江钱塘	2011.12.04
清乾隆 紫檀雕宝相花围树屏风 (六片)	96cm×58cm×6	460,000	北京歌德	2011.12.03
清乾隆紫檀雕八宝福禄寿挂屏	长79.5cm	345,000	北京保利	2011.10.22
清乾隆 紫檀百宝嵌御题诗博古座屏	高71.5cm	3,105,000	北京保利	2011.12.06
清乾隆 御制紫檀镶缂丝挂屏 (一对)	63.5cm×31cm×2	5,175,000	北京匡时	2011.6.8
清乾隆御制象牙花鸟插屏(二件)	高47.3cm	2,530,000	北京翰海	2011.5.19
清乾隆 御制铜鎏金花丝嵌百宝人物故事挂屏	44cm×34cm	13,440,000	中鸿信	2011.6.26
清乾隆 御制剔红雕漆嵌白玉御制诗水波纹九龙图插屏	117.5cm×95cm	14,950,000	北京保利	2011.6.5
清乾隆 硬木云龙纹大地屏	高225.5cm	3,680,000	北京保利	2011.12.08
清乾隆象牙染色万国来朝雕插屏	54cm×80cm	1,725,000	上海大众	2011.08.25
清乾隆象牙雕加彩荷塘春色插屏	高40cm	368,000	上海大众	2011.08.25
清乾隆 文徵明洛神赋白玉插屏	高26cm	1,680,000	古天一	2011.6.4
清乾隆 剔红祝寿图插屏	高67.5cm	2,070,000	中国嘉德	2011.6.18
清乾隆 青玉填金乾隆御书《海赋》插屏	高29.5cm	1,725,000	北京保利	2011.12.06
清乾隆 青玉描金刻「御制渔樵耕读诗」座屏	宽30.3cm	619,380	香港佳士得	2011.6.1
清乾隆 青白玉《御制开泰说》插屏	长13.5cm	6,670,000	北京保利	2011.6.5
清乾隆 嵌螺钿框栗黄地花鸟挂屏 (一对)	高112cm	437,000	北京保利	2011.10.22
清乾隆 漆嵌紫檀御题诗百宝博古挂屏	高90cm	345,000	北京保利	2011.12.08
清乾隆 绿松石镶拼“海屋添筹”冰梅插屏	高32cm	460,000	北京保利	2011.12.08

2011杂项拍卖成交汇总

(成交价RMB：5万元以上)

拍品名称	尺寸	成交价RMB	拍卖公司	拍卖日期
清乾隆缂丝博古纹挂屏(二件)	高121.5cm	1,725,000	北京翰海	2011.5.21
清乾隆 黄花梨框嵌象牙百宝仙人贺寿大挂屏	高172cm	8,050,000	北京保利	2011.6.5
清乾隆 红木嵌掐丝珐琅「三多长寿」图插屏	高30cm	517,500	北京匡时	2011.6.8
清乾隆 粉彩山水紫檀木插屏	高121cm	690,000	福建拍卖	2011.7.3
清乾隆 粉彩山水竹黄贴沉香嵌银丝插屏	高79cm	1,667,500	北京保利	2011.12.07
清乾隆 粉彩山水人物纹瓷板挂屏 (一对)	高124.5cm	667,000	中拍国际	2011.12.06
清乾隆 点翠嵌染色象牙“昭君出塞”图宫廷挂屏	长64cm	322,000	北京保利	2011.10.22
清乾隆 碧玉雕童子庆寿纹插屏 (一对)	20.2cm×14.8cm	2,300,000	北京东正	2011.11.17
清乾隆 百宝嵌博古图挂屏	110cm×75cm	4,025,000	北京诚轩	2011.5.22
清乾隆白玉御制诗山水人物插屏	高34.7cm	3,220,000	荣宝斋(沪)	2011.11.25
清乾隆 白玉御题诗山水插屏	长25.5cm	2,300,000	北京保利	2011.12.06
清乾隆 白玉婴戏图插屏	20.5cm×16.5cm	11,801,700	香港佳士得	2011.6.1
清乾隆 白玉双面雕仙人献寿图插屏	直径21.5cm	5,750,000	中国嘉德	2011.5.22
清乾隆 白玉描金楼阁花卉插屏 (二件)	高24cm	3,680,000	北京翰海	2011.5.21
清乾隆 白玉浮雕山水高士诗文图屏	高19.5cm×2cm	1,380,000	广州艺拍	2011.6.12
清乾隆 白玉浮雕“鹤鹿同春”插屏 (一对)	高12.5cm×2	920,000	北京匡时	2011.6.8
清乾隆 白玉雕竹菊纹小插屏	高15.9cm	1,150,000	福建拍卖	2011.7.2
清乾隆 白玉雕松山访友纹插屏	高19.8cm	1,138,500	北京东正	2011.6.5
清乾隆 白玉雕高士图砚屏	13cm×11cm	195,500	上海大众	2011.08.25
清乾隆 白玉雕“御题赋得羲之换鹅”插屏	长20.4cm	3,105,000	江苏省拍	2011.12.10
清乾隆 白玉暗刻填金御题诗“群峰秀景”图屏	长11.5cm	897,000	江苏省拍	2011.12.10
清乾隆“五福临门”碧玉屏	长19.5cm	57,500	北京保利	2011.10.22
清末 金品卿 浅绛彩《春山溪舟图》瓷板挂屏屏	长39cm	690,000	长风拍卖	2011.12.20
清康熙 紫檀百宝嵌框缂丝龙舟竞渡葫芦挂屏 (一对)	高91cm	2,990,000	北京保利	2011.6.5
清康熙 五彩二十四孝瓷板屏风 (四块)	高192cm	402,500	上海大众	2011.08.25
清康熙 彩绘墨漆供奉贺寿十二扇硬木围屏	高268cm	4,140,000	北京匡时	2011.6.8
清道光 粉彩佛教十八罗汉渡江瓷插屏	长66cm	87,400	北京保利	2011.10.22
清代 象牙雕花鸟诗文插屏	高27cm	345,000	古天一	2011.12.05
清初 象牙浅刻山水人物故事插屏 (一对)	高28cm	828,000	上海大众	2011.08.25
清初 象牙浅浮雕人物故事纹插屏 (一对)	高26cm	391,000	上海大众	2011.08.25
清初 黑漆嵌竹雕梅竹双清挂屏 (一对)		207,000	上海大众	2011.08.25
清乾隆 紫檀嵌黄杨御题诗词纹案屏 (一件)	68cm×49cm	1,019,200	上海国拍	2011.6.24
清乾隆 粉彩《瑶池赴会》中堂瓷板挂屏 (一套)	中堂高78cm	1,380,000	长风拍卖	2011.12.20
清光绪 王少维 浅绛彩《溪山归舟图》瓷板挂屏	41cm×30.5cm	1,150,000	长风拍卖	2011.12.20
清紫檀填漆嵌八宝博古图挂屏		2,240,000	中贸圣佳	2011.4.29
清 紫檀石面插牌	高62.5cm	368,000	中国嘉德	2011.11.12
清 紫檀嵌螺钿花蝶挂屏	43.2cm×64.5cm	97,750	北京容海	2011.10.24
清 紫檀嵌百宝太平有象诗文葫芦形挂屏	高95cm	126,500	中国嘉德	2011.09.17
清 紫檀嵌百宝岁寒三友图挂屏 (一对)	98cm×66cm	402,500	中国嘉德	2011.09.17
清 紫檀嵌百宝花鸟纹挂屏	高103cm	57,500	中国嘉德	2011.09.17
清 紫檀嵌八宝清供图挂屏	高140cm	2,800,000	浙江佳宝	2011.6.23
清紫檀木铜胎画珐琅博古纹插屏	高31cm	580,000	红太阳	2011.5.28
清 紫檀框填漆嵌八宝挂屏		5,600,000	中贸圣佳	2011.4.29
清紫檀框漆地楼阁人物诗文挂屏	高83.5cm	138,000	中国嘉德	2011.11.15

拍品名称	尺寸	成交价RMB	拍卖公司	拍卖日期
清 紫檀雕御制诗文挂屏		4,480,000	中贸圣佳	2011.4.29
清 紫檀雕山水人物挂屏	高71cm	402,500	北京歌德	2011.09.17
清 紫檀雕群仙人物故事图圆形座屏		3,920,000	中贸圣佳	2011.4.29
清紫檀雕蓬莱仙境图案屏(一件)	高62.5cm	548,800	上海国拍	2011.12.16
清 紫檀雕龙纹镶嵌云石座屏	高25cm	172,500	上海大众	2011.08.25
清 紫檀插屏	高40.5cm	57,500	浙江钱塘	2011.12.04
清 竹刻挂屏 (一对)	高87cm	80,500	北京容海	2011.10.24
清 玉雕太平有象插屏 (一对)	高38cm	1,380,000	荣宝斋(沪)	2011.11.25
清 象牙微雕山水人物插屏	5cm×4cm	667,000	上海大众	2011.08.25
清象牙剔黑山水插屏(一组四件)	高18.8cm	632,500	北京匡时	2011.12.05
清 象牙诗文布秧图双面工挂屏	长33cm	63,250	北京保利	2011.10.24
清 象牙人物故事座屏 (一对)	高43cm	172,500	北京保利	2011.12.07
清 象牙茜色“渔樵耕读”图插屏连座	高67.5cm	575,000	北京匡时	2011.09.17
清 象牙雕庭院宴乐图插屏	长39cm	161,000	中贸圣佳	2011.11.06
清 象牙雕双龙耳采莲图插屏	长50.2cm	506,000	福建拍卖	2011.7.2
清 象牙雕人物故事插屏	长43cm	172,500	中贸圣佳	2011.11.06
清 象牙雕农忙图插屏	长23cm	138,000	上海大众	2011.08.25
清 象牙雕赤壁夜游插屏	高26cm	69,000	中贸圣佳	2011.11.06
清 吴阜生制雕银四季山水挂屏 (四件)	高43cm	747,500	北京保利	2011.12.08
清 踏雪寻梅云石挂屏 (一套)	高94cm	276,000	荣宝斋(沪)	2011.11.25
清 松石雕海水松鹤延年插屏	高24.4cm	828,000	北京翰海	2011.5.21
清松花石雕王羲之爱鹅图插屏	高26cm	287,500	北京保利	2011.12.07
清 四条屏	高126cm	63,250	北京容海	2011.10.24
清 掐丝珐琅暗八仙花卉纹大吉挂屏	高62.8cm	71,300	中国嘉德	2011.09.17
清 祁阳石雕二甲传胪红木插屏	高32.5cm	80,500	中贸圣佳	2011.11.06
清 漆嵌螺钿群仙祝寿大插屏	长80cm	172,500	北京保利	2011.10.24
清漆器描金嵌百宝屏风(六扇)	高183cm	748,160	南京正大	2011.4.23
清 漆雕屏风 (一套)	高297cm	207,000	北京容海	2011.10.24
清 漆地百宝嵌博古图屏风	高196cm	3,450,000	北京保利	2011.6.6
清 楠木剔漆百宝屏风	高183cm	2,240,000	天工艺苑	2011.6.26
清 木嵌大理石诗文插屏	高59cm	80,500	中国嘉德	2011.09.17
清鸡翅木嵌瘿木白玉兰花屏风	高188cm	161,000	上海大众	2011.08.25
清 黄花梨屏风 (十扇)	高180cm	575,000	雍和嘉诚	2011.11.27
清 花梨白玉嵌八宝插屏	高77.8cm	80,500	中贸圣佳	2011.11.06
清 红漆“鸿禧”挂屏	长113cm	63,250	北京保利	2011.10.22
清 红木云石面大插屏	高92cm	358,400	北京翰海	2011.09.18
清红木镶紫檀镂雕独占鳌头座屏	高243cm	2,070,000	中国嘉德	2011.11.15
清 红木镶云石插屏	高71cm	138,000	上海大众	2011.08.25
清 红木镶瘿木云石四屏条	高71cm	322,000	上海大众	2011.08.25
清红木嵌宝郑板桥兰竹图四条屏	高40cm	2,016,000	浙江佳宝	2011.6.23
清 红木框大理石挂屏	高99cm	195,500	北京保利	2011.12.08
清 红木大漆彩绘归舟图插屏	高90cm	560,000	中贸圣佳	2011.1.23
清 官造象牙五联花鸟屏风	高50cm	1,058,000	苏州吴门	2011.6.12
清 翡翠雕雅集图御题诗双面插屏 (一对)	高23cm	287,500	北京保利	2011.12.08
清 雕漆白鹰挂屏	高152cm	253,000	上海崇源	2011.10.12
清大漆五色雕海水云龙纹漆屏		1,120,000	中贸圣佳	2011.4.29
清 大漆嵌白玉雕御制诗文黄花梨插屏		896,000	中贸圣佳	2011.4.29
清 螭龙白玉大璧插屏	直径10.5cm	336,000	北京荣宝	2011.11.11
清 沉香木插屏	高88cm	172,500	中国嘉德	2011.09.17
清 碧玉描金山水人物座屏	长64.5cm	287,500	中国嘉德	2011.11.15
清 白玉御题诗万寿菊插屏	10.5cm×7.5cm	123,200	北京荣宝	2011.11.11
清 白玉花鸟人物插屏	长10cm	69,000	北京保利	2011.10.23
清 白玉雕山水人物插屏连碧玉座 (一对)	高23.5cm×2	747,500	北京匡时	2011.12.05
清“吴之璠”款竹屏	47cm×39cm	552,000	苏州吴门	2011.6.12
祁阳石人物插屏	高53cm	78,200	北京翰海	2011.12.18
明晚期黄花梨木嵌云石小座屏风	长18.8cm	184,000	北京匡时	2011.09.17
明末清初 黄花梨嵌大理石屏风	高184.4cm	5,520,000	中国嘉德	2011.5.21
明末 黄花梨镶祁阳石插屏	高41.5cm	322,000	中贸圣佳	2011.11.06
明 黄花梨富贵牡丹插屏	高207cm	4,600,000	雍和嘉诚	2011.11.27
明 黄花梨大理石插屏	高95.5cm	4,715,000	北京翰海	2011.11.17
明 白玉双龙抢珠福禄寿三星挂屏	9cm×9cm	134,400	北京荣宝	2011.11.11

拍品名称	尺寸	成交价RMB	拍卖公司	拍卖日期
民国 段子安 粉彩四季山水瓷板挂屏(一套)	38cm×24cm	1,150,000	长风拍卖	2011.12.20
民国 王大凡 粉彩《东山丝竹图》瓷板挂屏	48cm×30.5cm	5,060,000	长风拍卖	2011.12.20
民国 郑瘦梅 粉彩绘传统人物故事扇形瓷板挂屏(一对)	35cm×27cm	517,500	长风拍卖	2011.12.20
民国 刘雨岑 粉彩《愿作鸳鸯不羡仙》瓷板挂屏	48cm×33cm	460,000	长风拍卖	2011.12.20
民国 何许人 粉彩四季山水人物四条屏	46.5cm×19.5cm	6,900,000	长风拍卖	2011.12.20
民国邓碧珊墨彩鱼藻纹瓷板挂屏	39cm×26cm	230,000	长风拍卖	2011.12.20
民国 王琦 粉彩《布袋和尚》瓷板挂屏	37cm×25cm	3,450,000	长风拍卖	2011.12.20
民国 紫檀雕山水挂屏	125cm×85.5cm	616,000	南京正大	2011.4.23
民国 于硕象牙微雕六扇屏	长56.6cm	784,000	北京永乐	2011.5.24
民国 象牙仕女图屏	高30.4cm	138,000	中国嘉德	2011.09.17
民国 象牙刻山水纹屏风	长53cm	253,000	上海大众	2011.08.25
民国 象牙花鸟案屏	长35cm	92,000	北京容海	2011.10.24
民国 王琦 粉彩人物挂屏(一对)	高62cm	862,500	北京匡时	2011.6.7
民国 王步(传) 青花人物扇形瓷板挂屏(一对)	高52cm	1,955,000	长风拍卖	2011.12.20
民国 王步 粉彩对石传经图桌屏	31cm×22cm	4,255,000	北京匡时	2011.12.02
民国 汪野亭 粉彩《春意盎然图》中堂瓷板挂屏(一对)	75cm×44cm	5,060,000	长风拍卖	2011.12.20
民国 汪晓棠 珊瑚红描金粉彩山水人物双面插屏	18.5cm×22.5cm	287,500	北京匡时	2011.12.02
民国 汪大沧 粉彩春夏秋冬山水桌屏	高19cm	460,000	北京匡时	2011.12.02
民国 汪大沧 粉彩《独坐扁舟望流泉》瓷板挂屏	39cm×26cm	402,500	长风拍卖	2011.12.20
民国李明亮粉彩贝叶草虫台屏	21cm×13cm	322,000	长风拍卖	2011.12.20
民国 红木嵌大理石蝠纹插屏	宽121cm	80,640	北京翰海	2011.09.18
民国 粉彩麻姑献寿插屏	25cm×39cm	218,500	上海大众	2011.08.25
民国 仿古山水插屏	19.5cm×12cm	57,500	北京保利	2011.12.07
民国 段子安粉彩山水人物纹挂屏(一对)	高82cm	897,000	中拍国际	2011.12.06
民国 陈秋英象牙微雕四扇屏风	宽60cm	345,000	北京保利	2011.12.08
民国 "汪野亭"绘粉彩山水纹瓷板小屏风四扇	长34cm	816,500	中国嘉德	2011.11.14
红木诗文挂屏	117cm×55cm	1,380,000	中国嘉德	2011.3.21
当代 李进 粉彩《赤壁赋》插屏	57cm×37.5cm	1,150,000	北京匡时	2011.6.7
程水金 粉彩仙人图插屏	37.5cm×23cm	138,000	北京保利	2011.12.07
2010年作 张松茂 新粉彩《仙女湖》、隶书《饮湖上初晴后雨》大瓷板座屏	130cm×60cm	4,945,000	长风拍卖	2011.12.20
1997年作 李进 粉彩《渊明爱菊图》瓷板挂屏	81cm×48cm	1,380,000	长风拍卖	2011.12.20
1994年作 汪昆荣 粉彩《瑞雪迎春图》大瓷板挂屏	81cm×44cm	1,265,000	长风拍卖	2011.12.20
1984年作 毕渊明 粉彩《虎啸图》大中堂瓷板拍屏	95cm×49cm	5,980,000	长风拍卖	2011.12.20
1980年作 王云泉 粉彩山水瓷板挂屏(一套)	26cm×41.5cm	805,000	长风拍卖	2011.12.20
1955年作 汪以俊 粉彩《春江水暖鸭先知》、《十全报喜庆丰收》瓷板挂屏(二屏)	54cm×33cm	1,955,000	长风拍卖	2011.12.20
1941年作 田鹤仙 粉彩寒梅独傲图桌屏	19cm×12.5cm	322,000	北京匡时	2011.12.02
1924年作 王琦 粉彩福禄寿三星贺寿图大挂屏	75cm×44cm	5,175,000	北京匡时	2011.12.02
匾				
清乾隆 海水云龙纹黄花梨挂匾	长104cm	805,000	北京保利	2011.4.16
其他家具				
清 黄杨木雕人物戏台花板(一对)	长88cm	616,000	江苏万达	2011.5.29
海南花梨-神盂	高83cm	748,000	海南泰达	2011.3.27
海南黄花梨木料(一根)	长357cm	667,000	中国嘉德	2011.6.20
民国 紫檀佛龛	高117cm	985,600	南京正大	2011.4.23
明 黄花梨雕吉祥如意蝙蝠纹八件组合		4,480,000	江苏万达	2011.5.29

拍品名称	尺寸	成交价RMB	拍卖公司	拍卖日期
明末清初 黄花梨脚踏	宽82cm	517,500	中国嘉德	2011.5.21
清 黄花梨嵌云石(六件套)	高115cm	560,000	江苏万达	2011.5.29
清十八世纪剔红博古图长方提匣	高34.8cm	518,940	香港佳士得	2011.6.1
清中期 明式黄花梨夔龙纹塌	长197cm	896,000	北京翰海	2011.1.16
紫檀木料(三根)	尺寸不一	632,500	中国嘉德	2011.6.20
紫檀木料(三根)	尺寸不一	598,000	中国嘉德	2011.6.20
清早期紫檀竹节式龙凤加漆神龛	高60cm	2,300,000	北京保利	2011.12.08
清早期 硬木镜框	高74.5cm	138,000	北京歌德	2011.12.03
清早期 黄花梨螭龙纹花板(两件)	长144cm	115,000	中国嘉德	2011.12.18
清中期 核桃木下卷	长78cm	66,700	中国嘉德	2011.12.18
清早期 核桃木下卷	长49cm	63,250	中国嘉德	2011.12.18
清初期 黄花梨雕花卉竹枕	长106cm	63,250	北京翰海	2011.12.18
民国 畢渊明绘猛虎图瓷板	长55cm	69,000	上海崇源	2011.10.12
清红木雕花博古纹绦环板(九块)	长49cm	57,500	中国嘉德	2011.09.19
清 红木树叶式大托盘	宽55cm	57,500	北京歌德	2011.09.17
清 红木衣镜	高213cm	63,250	北京保利	2011.10.22
清 花窗(六扇)	长288cm	51,750	中国嘉德	2011.09.19
清木贴金嵌花鸟纹玉宫灯(一对)	高68.5cm	230,000	中国嘉德	2011.09.17
清乾隆 黄花梨杆铜龙头灯杆(两件)	长213cm	506,000	北京保利	2011.10.22
清乾隆 御用狩猎箭匣	长102cm	80,500	北京保利	2011.10.22
清乾隆 紫檀雕回龙纹方框	长112cm	138,000	北京保利	2011.10.22
清乾隆 紫檀雕卷云纹銮扇柄托	高63cm	115,000	北京保利	2011.10.22
清乾隆 紫檀仪仗钩	长106cm	322,000	中国嘉德	2011.11.12
清中期红木玻璃画宫灯(一对)	高96cm	63,250	北京保利	2011.10.22

二十、古籍善本

拍品名称	尺寸	成交价RMB	拍卖公司	拍卖日期
碑帖印谱				
《古今印则》		69,000	西泠拍卖	2011.7.17
《童子雕瑑》印谱(一函四册)	25.5cm×14.5cm	57,500	西泠拍卖	2011.7.17
■■拓本	53cm×35cm	55,200	朵云轩	2011.7.4
1939年作 丁辅之 鸳湖四山印蜕	15.5cm×50cm	161,000	北京诚轩	2011.5.21
1961年作 溥儒 题古镜拓片	85cm×38cm	184,000	上海泓盛	2011.6.25
悲庵印胜		56,000	北京翰海	2011.4.9
北齐韩君相妻刘造像	27cm×42cm	437,000	长风拍卖	2011.12.19
北魏常季繁墓志		103,500	朵云轩	2011.7.4
辟支迦罗集印	26×16cm	161,000	泰和嘉成	2011.11.27
碧玉翻刻清世宗《朗吟阁法帖》御临赵孟俯书道德经		253,000	北京保利	2011.10.22
陈介祺 黄宾虹 拓片 题跋		55,200	北京传是	2011.12.06
陈亦清旧拓甲骨朱拓册页		57,500	北京纳高	2011.7.7
楚将画像		184,000	泰和嘉成	2011.11.27
褚德彝题跋玉刀拓片		184,000	北京翰海	2011.11.17
淳化阁帖		218,500	西泠拍卖	2011.7.18
淳化阁帖十卷	16.5cm×25cm	92,000	中国嘉德	2011.11.12
大观帖十卷	13.5cm×30cm	977,500	中国嘉德	2011.11.12
大林和钟	103cm×44cm	368,000	泰和嘉成	2011.11.27
大唐三藏圣教序	15cm×24.7cm	115,000	中国嘉德	2011.09.19
大盂鼎	217cm×95cm	1,012,000	泰和嘉成	2011.11.27
大盂鼎	94.5cm×212.5cm	105,800	中国嘉德	2011.11.12
大盂鼎(一轴)	170cm×90cm	253,000	泰和嘉成	2011.11.27
道殷等造像碑侧	152cm×14cm	322,000	长风拍卖	2011.12.19
东魏武定元年高归彦造像	180cm×64.5cm	69,000	北京保利	2011.12.05
读雪斋泉币拓本	29.5cm×21.5cm	138,000	泰和嘉成	2011.11.27
二弩精舍印赏不分卷(清)赵叔孺纂	23.2cm×13.5cm	109,250	卓德国际	2011.7.10
方节庵辑古今名人印谱	26cm×15cm	86,250	朵云轩	2011.7.4
飞鸿堂印谱	29cm×17.5cm	1,023,500	泰和嘉成	2011.11.27
佛顶尊胜大悲心陀罗尼之幢	103.5cm×24cm	138,000	长风拍卖	2011.12.19
扶风出土青铜器部分照片及铭文拓片	37.2cm×26cm	517,500	中国嘉德	2011.11.12
簠斋藏古册	尺寸不一	80,500	西泠拍卖	2011.7.18
簠斋藏古封泥拓本	尺寸不一	218,500	中国嘉德	2011.11.12
甘旸辑 明万历24年(1596) 集古印谱五卷、印正附说一卷	25.8cm×15.8cm	184,000	北京保利	2011.12.05
高二适行草题拓片册附扇骨竹刻		299,000	北京纳高	2011.7.7
高丽致清国请谥玉册文	29.2cm×18.3cm	57,500	北京保利	2011.6.3
葛昌楹编辑 傅朴堂藏印精华十二卷(一函六册)		86,250	中国嘉德	2011.3.22
各家旧藏秦量秦权拓片		287,500	中国嘉德	2011.5.22
汉曹全碑阴	137cm×69cm	908,500	长风拍卖	2011.12.19

2011杂项拍卖成交汇总

(成交价RMB：5万元以上)

拍品名称	尺寸	成交价RMB	拍卖公司	拍卖日期
汉范式碑阴	88cm×51cm	690,000	长风拍卖	2011.12.19
汉更封画象碑	84cm×80cm	885,500	长风拍卖	2011.12.19
汉何馈画象刻石	61cm×52cm	1,265,000	长风拍卖	2011.12.19
汉镜并砚拓片	尺寸不一	63,250	北京保利	2011.6.3
汉孔彪碑	尺寸不一	989,000	长风拍卖	2011.12.19
汉孔子见老子画象	166cm×38cm	931,500	长风拍卖	2011.12.19
汉礼器碑等八种 旧拓本	尺寸不一	74,750	中国嘉德	2011.11.12
汉礼器碑阴	160cm×74cm	552,000	长风拍卖	2011.12.19
汉李崧残石	62cm×35cm	138,000	长风拍卖	2011.12.19
汉刘曜残碑	94cm×82cm	552,000	长风拍卖	2011.12.19
汉射阳湖孔子见老子画像	121cm×45cm	874,000	长风拍卖	2011.12.19
汉石门李君题记	尺寸不一	1,380,000	长风拍卖	2011.12.19
汉堂溪嵩高山请雨铭	尺寸不一	931,500	长风拍卖	2011.12.19
汉王稚子阙	原石 91cm×39cm	483,000	长风拍卖	2011.12.19
汉西狭颂碑等四种 旧拓本	尺寸不一	69,000	中国嘉德	2011.11.12
汉延光残碑	110cm×62cm	747,500	长风拍卖	2011.12.19
汉元孙残碑	尺寸不一	690,000	长风拍卖	2011.12.19
汉诸葛琴拓片	122cm×30cm	759,000	长风拍卖	2011.12.19
胡介祉 许荣 清康熙25年(1686)谷园印谱六卷	27.6cm×18.7cm	86,250	北京保利	2011.12.05
贾文忠 手拓青铜器并题文	136cm×68cm	57,500	北京保利	2011.12.05
江建霞 集拓 1887年 师鄦室藏古金款识	31cm×15.5cm	3,933,120	香港佳士得	2011.11.28
金文铜镜残石拓等(八册)		138,000	中国嘉德	2011.3.22
近代 "二十四字汉砖""延益寿砖"拓片	206cm×60cm	575,000	中国嘉德	2011.5.23
近代 周伯鲜鼎全角拓片	41cm×109cm	66,700	中国嘉德	2011.5.23
晋大公吕望表碑阴	129cm×72.5cm	345,000	长风拍卖	2011.12.19
晋冯恭墓门楣(二张)	尺寸不一	51,750	中国嘉德	2011.3.22
晋郛休碑阴	72cm×90cm	793,500	长风拍卖	2011.12.19
晋好太王碑	23.5cm×38cm	253,000	中国嘉德	2011.11.12
九成宫醴泉铭(一册)	13.5cm×24.5cm	92,000	中国嘉德	2011.3.22
旧拓碑帖八种	尺寸不一	69,000	北京保利	2011.6.3
旧拓唐殷夫人碑	32cm×19cm	299,000	泰和嘉成	2011.11.27
君车画像	101cm×134cm×2	207,000	泰和嘉成	2011.11.27
窓斋所藏吉金文字	43.5cm×24.5cm	264,500	泰和嘉成	2011.11.27
孔伯英画像残石	83cm×58cm	100,800	泰和嘉成	2011.5.29
朗吟阁法帖十六卷	17.7cm×30.5cm	920,000	中国嘉德	2011.11.12
李嘉福手拓毛公鼎拓片 吴湖帆 朱竹	124.5cm×65cm	299,000	广州艺拍	2011.6.12
刘半农拓并书 刘半农赠周作人双砚瓦拓片	34.3cm×50.5cm	230,000	中国嘉德	2011.11.12
六朝造像四种	28.5cm×15cm	74,750	朵云轩	2011.7.4
陆恢旧藏孔子庙碑拓本	25.2cm×15.2cm	138,000	西泠拍卖	2011.7.18
陆恢题跋云峯山石刻拓片	尺寸不一	86,250	西泠拍卖	2011.7.18
麻姑山仙坛记	7.6cm×16.5cm	322,000	中国嘉德	2011.09.19
毛公鼎	173cm×71.5cm	460,000	泰和嘉成	2011.11.27
孟蜀张匡翊题名	62cm×52cm	57,500	长风拍卖	2011.12.19
麋研斋 民国 麋研斋印存	25.5cm×15cm	51,750	朵云轩	2011.12.16
民国 石庐古铜印赏	25cm×14.5cm	195,500	朵云轩	2011.12.16
民国丙子年(1936) 麋砚斋印存四集附续集	26cm×15.5cm	437,000	朵云轩	2011.12.16
明清名家印存	29.5cm×107.5cm	161,000	中国嘉德	2011.5.22
明拓秦琅耶台刻石	72cm×64cm	310,500	广州艺拍	2011.6.12
明益王府兰亭修禊图帖	1780cm×35cm	184,000	朵云轩	2011.12.16
南宋拓绛帖		92,000	北京纳高	2011.7.7
欧阳询书九歌	29.5cm×19cm	402,500	中国嘉德	2011.11.12
普照寺造像	108cm×30cm×2	322,000	长风拍卖	2011.12.19
溥儒 题比目鱼拓片	38cm×26cm	218,500	上海泓盛	2011.6.25
齐白石印草	一函五册	92,000	北京翰海	2011.5.19
钦定重刻淳化阁帖	33.5cm×19.5cm	638,400	泰和嘉成	2011.5.29
秦权(一张)	56cm×66cm	126,500	中国嘉德	2011.3.22
秦诏量瓦残片	18.2cm×31.4cm	195,500	中国嘉德	2011.09.19
青铜器全形拓	尺寸不一	80,500	朵云轩	2011.7.4
青州默曹残碑	62cm×55cm	805,000	长风拍卖	2011.12.19
清 龙门刻石十三种	31.5cm×18.6cm	63,250	北京保利	2011.12.05
清 孙家鼎辑《陆润庠钦定书经图说》	二函十六册	253,000	北京纳高	2011.7.7

拍品名称	尺寸	成交价RMB	拍卖公司	拍卖日期
清 御制砚铭(十四开)	23cm×30.5cm×14	69,000	西泠拍卖	2011.7.19
清18世纪/19世纪《三希堂记》册	长30.5cm	522,040	香港苏富比	2011.04.08
清孙思敬辑 淑芳书屋集古印谱四卷	29.5cm×17.5cm	57,500	北京保利	2011.6.3
清汪启淑辑临学山堂印谱六卷	27.5cm×17.4cm	322,000	北京保利	2011.6.3
三代古陶文拓(一册)	尺寸不一	86,250	中国嘉德	2011.3.22
三代两汉吉金集拓	40cm×27cm	63,250	朵云轩	2011.7.4
三老讳字忌日记石刻	136cm×53cm	806,400	泰和嘉成	2011.5.29
三希堂法帖(八函三十二册)	17.7cm×29.2cm	253,000	中国嘉德	2011.3.22
散氏盘	138cm×68cm	598,000	泰和嘉成	2011.11.27
散氏盘拓本	136cm×70cm	57,500	朵云轩	2011.7.4
十六金符精拓本	23.5cm×27.2cm	828,000	西泠拍卖	2011.7.18
石鼓文	33cm×19cm	598,000	朵云轩	2011.12.16
石鼓文	尺寸不一	586,500	泰和嘉成	2011.11.27
石鼓文	33.9cm×17.9cm	253,000	北京保利	2011.12.05
石鼓文拓	37.2cm×19.1cm	287,500	北京保利	2011.6.3
食齐祠园画象	63cm×37cm	115,000	长风拍卖	2011.12.19
双虞壶斋金文集	40cm×35.5cm	51,750	朵云轩	2011.7.4
双虞壶斋印存	27cm×16cm	345,000	泰和嘉成	2011.11.27
宋耿佺妻宫氏等造像	30cm×34cm	253,000	长风拍卖	2011.12.19
宋刘大郎墓碣	42cm×34cm	92,000	长风拍卖	2011.12.19
宋拓化度寺舍利塔铭	11.5cm×22cm	59,800	中国嘉德	2011.09.19
宋中兴颂题名摩崖	15cm×28.5cm	483,000	中国嘉德	2011.11.12
隋成公志额	40cm×42cm	517,500	长风拍卖	2011.12.19
隋唐墓志九十一种(一函九十一张)		253,000	中国嘉德	2011.3.22
隋张景略墓志铭	42cm×43cm	690,000	长风拍卖	2011.12.19
唐宝庆寺塔上造像记	52cm×20cm	287,500	长风拍卖	2011.12.19
唐程氏塔铭	77cm×41cm	207,000	长风拍卖	2011.12.19
唐爨君协造像记	37cm×21cm	368,000	长风拍卖	2011.12.19
唐大法师行记	125cm×88cm	690,000	长风拍卖	2011.12.19
唐端州石室记	96cm×74cm	287,500	长风拍卖	2011.12.19
唐段志元碑	255cm×96.5cm	575,000	长风拍卖	2011.12.19
唐法门寺塔庙记	165cm×87.5cm	805,000	长风拍卖	2011.12.19
唐高景圭碑	97cm×216.5cm	828,000	长风拍卖	2011.12.19
唐故居士赵府君墓志	44cm×46cm	517,500	长风拍卖	2011.12.19
唐光启四年陁罗尼经幢	60cm×68cm	230,000	长风拍卖	2011.12.19
唐归义军节度索勋纪德碑	138.5cm×78.5cm	839,500	长风拍卖	2011.12.19
唐敬爱寺法玩禅师塔铭	48cm×86cm	460,000	长风拍卖	2011.12.19
唐李当等朝阳洞诗并书事、唐解慧寺三门楼赞	尺寸不一	793,500	长风拍卖	2011.12.19
唐李良臣碑	85cm×265.5cm	345,000	长风拍卖	2011.12.19
唐李氏等造像	50cm×43cm	322,000	长风拍卖	2011.12.19
唐李氏先茔记	160cm×76.5cm	701,500	长风拍卖	2011.12.19
唐临高寺重修碑	140cm×63cm	632,500	长风拍卖	2011.12.19
唐灵严寺碑	112cm×94cm	747,500	长风拍卖	2011.12.19
唐柳本尊传	152cm×91cm	575,000	长风拍卖	2011.12.19
唐陇西李大宾修功德记	150cm×67cm	598,000	长风拍卖	2011.12.19
唐洛州思顺坊老幼等造弥勒像碑	144cm×62cm	816,500	长风拍卖	2011.12.19
唐明令移丹河记	151cm×79cm	322,000	长风拍卖	2011.12.19
唐少林寺碑阴	61cm×74cm	460,000	长风拍卖	2011.12.19
唐神福山寺灵迹记	111cm×59.3cm	460,000	长风拍卖	2011.12.19
唐石默墓志铭	63cm×63cm	552,000	长风拍卖	2011.12.19
唐侍郎窦韩泰题名	61cm×35cm	103,500	长风拍卖	2011.12.19
唐侍郎窦李吉甫题名	74cm×45cm	345,000	长风拍卖	2011.12.19
唐司马处璧等造像残碑	50cm×79cm×2	632,500	长风拍卖	2011.12.19
唐思恒律师志文	72cm×71.5cm	345,000	长风拍卖	2011.12.19
唐嵩山景贤大师身塔石记	70cm×89cm	483,000	长风拍卖	2011.12.19
唐宋公墓志篆盖	48cm×48cm	253,000	长风拍卖	2011.12.19
唐隋柱国皇甫诞碑	13.5cm×24.6cm	322,000	中国嘉德	2011.11.12
唐唐贞休德政碑	97cm×142.5cm	667,000	长风拍卖	2011.12.19
唐王景秀墓志铭	64cm×60cm	368,000	长风拍卖	2011.12.19
唐王居士砖塔铭	23cm×11.5cm	230,000	朵云轩	2011.7.4
唐修曲阜文庙碑	122.5cm×69.5cm	517,500	长风拍卖	2011.12.19
唐杨君植与妻萧造像记	45cm×32cm	287,500	长风拍卖	2011.12.19
唐义福禅师墓志铭	61cm×61cm×2	690,000	长风拍卖	2011.12.19
唐颍州开元寺新钟铭	319cm×29cm	437,000	长风拍卖	2011.12.19
唐幽州昭仁寺碑	258cm×106cm	690,000	长风拍卖	2011.12.19
唐张琮碑	279cm×99cm	690,000	长风拍卖	2011.12.19

拍品名称	尺寸	成交价RMB	拍卖公司	拍卖日期
唐张维岳碑	200cm×105cm	483,000	长风拍卖	2011.12.19
唐张延赏碑	115cm×94cm	632,500	长风拍卖	2011.12.19
唐张湛投龙璧词	43cm×72cm	460,000	长风拍卖	2011.12.19
唐张尊师探元遗烈碑	173cm×120cm	632,500	长风拍卖	2011.12.19
唐赵则妻造像	22cm×49cm	230,000	长风拍卖	2011.12.19
唐真化寺多宝塔尼如愿律师墓志	55cm×54cm	517,500	长风拍卖	2011.12.19
唐诸葛府君夫人韩氏墓志	77cm×60cm	598,000	长风拍卖	2011.12.19
匋斋旧藏莽量造像金文(十七张)	尺寸不一	57,500	中国嘉德	2011.3.22
童佩手札余绍宋跋文	25.4cm×34.6cm	126,500	北京保利	2011.12.05
晚香堂苏帖八卷	13.5cm×27.5cm	51,750	中国嘉德	2011.11.12
汪启淑集 秋室印粹	10cm×16.5cm	126,500	中国嘉德	2011.5.22
王国维跋清内府散氏盘精拓本	160.5cm×66cm	4,600,000	广州艺拍	2011.6.12
王国维等 青铜器拓片	125cm×45cm	1,265,000	北京传是	2011.6.17
王同愈旧藏孔子庙堂碑	23.2cm×14.7cm	57,500	西泠拍卖	2011.7.18
魏景烈王清墓志等六种	尺寸不一	57,500	中国嘉德	2011.09.19
魏孔羡碑等十四种 旧拓本	尺寸不一	149,500	中国嘉德	2011.11.12
魏司马景和妻墓志铭	27cm×15.5cm	92,000	朵云轩	2011.7.4
闻琴阁印谱	21cm×12cm	63,250	朵云轩	2011.7.4
吴昌硕 题砖拓	27.5cm×161cm	1,265,000	西泠拍卖	2011.7.16
吴昌硕 杨岘 吴大澂 题爵拓		575,000	西泠拍卖	2011.7.16
吴昌硕等 行书青铜器拓片(一件)	102cm×41cm	161,000	上海大众	2011.08.26
吴昌硕题东魏造像(一轴)	45cm×60cm	115,000	中国嘉德	2011.3.22
吴昌硕题砖拓	40cm×75cm	552,000	中国嘉德	2011.09.19
吴大澂 清 金文临钟鼎款识		224,400	香港佳士得	2011.11.28
吴谷郎碑等十五种	尺寸不一	59,800	中国嘉德	2011.09.19
吴湖帆题跋窓斋旧藏秦汉瓦当拓本	33.5cm×33.5cm	632,500	朵云轩	2011.7.4
吴廷康跋汉洗	106cm×48cm	103,500	泰和嘉成	2011.11.27
吴廷康拓先秦礼器四种	100cm×44cm	115,000	朵云轩	2011.7.4
西周五器铭文拓本	52cm×135cm	437,000	中国嘉德	2011.09.19
新安休邑程衙发刻古今印章	28cm×17cm	138,000	泰和嘉成	2011.11.27
新莽量拓本	133cm×67cm	667,000	泰和嘉成	2011.11.27
徐郙 临虞恭公碑		57,500	北京保利	2011.10.25
徐同柏藏虹桥题柱册子	22.5cm×13.5cm	230,000	朵云轩	2011.12.16
宣愚公所藏元小泉拓	23.5cm×14.5cm	345,000	泰和嘉成	2011.11.27
颜鲁公争座位帖	16cm×32cm	552,000	中国嘉德	2011.5.22
颜平原坐位帖	42cm×23cm	172,500	朵云轩	2011.12.16
颜真卿祭姪文稿	29cm×25.8cm	517,500	中国嘉德	2011.5.22
扬州府学刻本石鼓文	31cm×46.5cm	115,000	中国嘉德	2011.5.22
杨岘 凌霞等 题砖拓		287,500	西泠拍卖	2011.7.16
一百家印谱	25.9cm×15.2cm	63,250	北京保利	2011.6.3
伊阙佛龛碑	28cm×16.5cm	782,000	朵云轩	2011.7.4
印英	21cm×11.5cm	115,000	朵云轩	2011.7.4
于右任 草书跋蒋经国临于书长卷稿本暨致贾景德(韬园 函稿)	尺寸不一	276,000	上海泓盛	2011.6.25
于右任 题菩萨像拓片	177cm×76cm	3,622,500	西泠拍卖	2011.7.16
于右任 致张大千札	29cm×22cm×3	115,000	北京保利	2011.12.05
玉版十三行	14.4cm×6.8cm	86,250	西泠拍卖	2011.7.18
玉虹楼法帖十二卷石刻四卷	26.5cm×30cm	112,700	中国嘉德	2011.11.12
御刻三希堂石渠宝笈法帖	17.6cm×29cm	230,000	中国嘉德	2011.09.19
御刻三希堂石渠宝笈法帖三十二卷	17.5cm×28cm	368,000	中国嘉德	2011.11.12
御制三希堂石渠宝笈法帖	30.2cm×17.8cm	575,000	卓德国际	2011.7.10
越州石氏阴符经	18.7cm×30cm	184,000	中国嘉德	2011.09.19
造像 残石等(十五张)		63,250	中国嘉德	2011.3.22
瞻麓斋古玺印选	30cm×18cm	253,000	泰和嘉成	2011.11.27
瞻麓斋古玺印选	27cm×15.5cm	172,500	泰和嘉成	2011.11.27
张猛龙碑	32.5cm×16.8cm	805,000	北京保利	2011.12.05
赵善等造象	120cm×64cm	207,000	长风拍卖	2011.12.19
赵之谦著 二金蜨堂印谱	10.5cm×19.5cm	115,000	中国嘉德	2011.11.12
争座位帖	14.5cm×30.5cm	78,200	中国嘉德	2011.5.22
智永真草千字文	31cm×17.5cm	172,500	朵云轩	2011.12.16
周季木藏汉魏残石	尺寸不一	57,500	西泠拍卖	2011.7.18
周泉墓志铭		69,000	长风拍卖	2011.12.19
周石鼓文	32cm×17cm	184,000	朵云轩	2011.12.16
周吴延陵季子墓碑	237cm×103cm	632,500	长风拍卖	2011.12.19
古籍善本其它				
艺文类聚一百卷 唐欧阳询辑	23cm×15.5cm	336,000	博古斋	2011.6.26
百衲本二十四史		280,000	博古斋	2011.6.26

拍品名称	尺寸	成交价RMB	拍卖公司	拍卖日期
齐白石 徐悲鸿等润格单	尺寸不一	230,000	中国嘉德	2011.11.12
徐悲鸿 吴作人等润格单	9.2cm×21.5cm	218,500	中国嘉德	2011.11.12
英使谒见乾隆纪实	尺寸不一	161,000	北京保利	2011.6.3
玉海 宋王应麟撰	22cm×13cm	134,400	博古斋	2011.6.26
文选沦注三十卷 明孙月峰评阅 闵赤如沦注		134,400	博古斋	2011.6.26
山谷内外集 宋黄庭坚撰		112,000	博古斋	2011.6.26
载沣辛丑出使德国照片(底片)及使德经费簿(一册四张)		101,200	中国嘉德	2011.3.22
裘曰修殿试卷	13.3cm×46.3cm	92,000	中国嘉德	2011.5.22
笺纸一批	尺寸不一	92,000	北京保利	2011.6.3
齐白石 徐悲鸿 等 20世纪50至70年代作 润笔单		92,000	长风拍卖	2011.12.19
明 明缂丝	73.5cm×179cm	92,000	中国嘉德	2011.09.19
清19世纪 佚名《微书上论》科举夹带	41.3cm×42cm	87,125	香港苏富比	2011.10.04
民国年罗纹纸	136cm×69.5cm	63,250	北京保利	2011.6.3
着色木刻名迹版画	52.5cm×40cm	63,250	北京保利	2011.6.3
空白撒金宣		62,100	北京纳高	2011.7.7
大清乾隆三十三年御制笺纸	30.3cm×43cm	57,500	北京保利	2011.6.3
齐白石 润笔单一则		57,500	长风拍卖	2011.12.19
二十世纪80年代紫砂设计手稿；70年代末紫砂制作图稿		51,750	中国嘉德	2011.5.21
近代书刊				
中国画汇编		50,400	北京荣宝	2011.3.18
张大千重要画册六册		66,700	北京匡时	2011.12.05
张大千展览画册(10本)		80,640	北京荣宝	2011.08.12
张大千展览16册		112,000	北京荣宝	2011.3.18
张大千书画集等32册		89,600	北京荣宝	2011.3.18
张大千书画集等(72册)		75,040	北京荣宝	2011.08.12
张大千画展图录10种		58,240	北京荣宝	2011.3.18
张大千画展等(十六册)		51,750	中国嘉德	2011.3.22
张大千画集等(7本)		61,600	北京荣宝	2011.08.12
张大千画集16册		56,000	北京荣宝	2011.3.18
张大千画集、画展图录等36册		156,800	北京荣宝	2011.3.18
张大千画集(16本)		78,400	北京荣宝	2011.08.12
张大千画册(十本)		109,250	北京匡时	2011.09.17
张大千 书画集		86,250	北京保利	2011.12.05
张大千20世纪张大千画册九种		57,500	朵云轩	2011.12.16
原盒原函精装《支那美术工艺图鉴》，一套五函		92,000	中国嘉德	2011.5.23
原盒原函精装《宋画精华》一套三卷全		66,700	北京匡时	2011.09.17
原盒原函精装《宋瓷名品图录》《明瓷名品图录》《故宫清瓷图录》三套九卷全		149,500	北京匡时	2011.12.05
原盒原函精装《宋瓷名品》、《明瓷名品》、《故宫青瓷》图录，共计9册		207,000	中国嘉德	2011.5.23
原盒原函精装《明瓷名品图录》三册		59,800	中国嘉德	2011.5.23
原盒原函精装《东洋陶瓷》一套十二册全		57,500	北京匡时	2011.09.17
原函线装《支那名画集》两册全		132,250	北京匡时	2011.12.05
原函线装《窓斋集古录》二十六卷全		59,800	北京匡时	2011.12.05
原函精装《唐宋精华》二册全		105,800	北京匡时	2011.12.05
原函精装《书道全集》一套二十八册全		80,500	北京匡时	2011.09.17
原函精装《书道全集》二十七册全		57,500	北京匡时	2011.12.05
原函精装《国宝》六册全		69,000	北京匡时	2011.12.05
原函《齐白石作品集》(诗、书、画)三册全		195,500	北京匡时	2011.12.05
原布面函精装《石涛书画集》一套四卷全		59,800	北京匡时	2011.09.17
岩窟藏镜四集		51,750	北京翰海	2011.11.17
徐悲鸿画展图录10种		76,160	北京荣宝	2011.3.18
徐悲鸿画集(4册)		98,560	北京荣宝	2011.08.12

2011杂项拍卖成交汇总

(成交价RMB：5万元以上)

拍品名称	尺寸	成交价RMB	拍卖公司	拍卖日期
香港美术家杂志82册		70,560	北京荣宝	2011.3.18
限量精装《J.P.摩根收藏之中国瓷器图录》上下卷		57,500	北京匡时	2011.12.05
限量编号原盒原函精装《东京国立博物馆》三册全		57,500	北京匡时	2011.12.05
限量编号原函精装《古名砚》五卷全		86,250	北京匡时	2011.12.05
限量编号精装《沙逊牙雕》一套三册全		172,500	北京匡时	2011.12.05
线装《小万柳堂剧集》		50,600	北京匡时	2011.12.05
吴冠中画集系列6册		69,440	北京荣宝	2011.3.18
吴冠中海内外展览画集等(50册)		112,000	北京荣宝	2011.08.12
苏富比图录1970-1981年十五本		97,750	北京保利	2011.4.18
苏富比瓷器工艺品拍卖图录(一百二十五册) 1969-1983年作		103,500	中国嘉德	2011.12.17
石涛 20世纪70年代 石涛书画集		78,200	朵云轩	2011.12.16
荣宝斋画谱200册		78,400	北京荣宝	2011.3.18
清乾隆御制诗全集10本		56,000	北京荣宝	2011.3.18
齐白石作品集(全套3册)		61,600	北京荣宝	2011.3.18
齐白石画集等19册		100,800	北京荣宝	2011.3.18
齐白石画集11册		50,400	北京荣宝	2011.3.18
齐白石画集、研究著作等30册		112,000	北京荣宝	2011.3.18
齐白石画册七本		56,000	北京荣宝	2011.3.18
齐白石画册		50,400	北京荣宝	2011.3.18
齐白石等 (十六册)		69,000	中国嘉德	2011.3.22
齐白石、张大千、徐悲鸿等画册4种		67,200	北京荣宝	2011.3.18
潘天寿画集等五本		56,000	北京荣宝	2011.3.18
潘天寿画集等(14册)		84,000	北京荣宝	2011.08.12
诺顿玉器名著系列六部		71,300	中国嘉德	2011.5.23
南宗名画苑(全5函25册)		69,440	北京荣宝	2011.3.18
明清名画集(全3巨册)		89,600	北京荣宝	2011.3.18
伦敦、纽约，两家拍卖行拍卖图录(1954-2000年)		101,200	中国嘉德	2011.5.23
陆俨少画集等(11本)		53,760	北京荣宝	2011.08.12
林风眠展览画集(28册)		58,240	北京荣宝	2011.08.12
林风眠画展图录12种		95,200	北京荣宝	2011.3.18
林风眠画集5册		58,240	北京荣宝	2011.3.18
精装《云冈石窟》一套三十二卷全		287,500	北京匡时	2011.09.17
精装《清宫档案总汇》一套，共计五十五册		94,300	中国嘉德	2011.5.23
霍布森陶瓷专著系列七部		126,500	中国嘉德	2011.5.23
国立故宫博物院清高宗御制诗文全集十册		57,500	北京保利	2011.4.18
傅抱石画集10册		87,360	北京荣宝	2011.3.18
傅抱石画册系列(9本)		64,960	北京荣宝	2011.08.12
朵云杂志一至四十期		74,750	朵云轩	2011.7.4
陈逸飞展览画集(18册)		53,760	北京荣宝	2011.08.12
陈宝琛辑 澄秋馆印存十卷		109,250	北京保利	2011.6.3
白石诗草二集八卷		50,600	北京翰海	2011.11.17
20世纪 海外张大千画图录六种		103,500	朵云轩	2011.12.16
2008年 精装《清宫瓷器档案全集》五十二册全		63,250	北京永乐	2011.11.15
2005年作 原箱精装《清宫内务府造办处档案总汇》一至五十五册全		67,200	北京永乐	2011.5.24
2005年《清宫内务府造办处档案总汇》(一套五十五册)		80,500	中国嘉德	2011.09.17
2005年 原箱精装《清宫内务府造办处档案总汇》一至五十五册全		63,250	北京永乐	2011.11.15
1993年限量版《清高宗(乾隆)御制诗文全集》一套十册、限量版《乾隆御制文物鉴赏诗》一册		253,000	中国嘉德	2011.3.21
1989年作徐肖冰、侯波《路》		55,200	北京华辰	2011.5.21
1986年作 限量编号原函精装《伊斯坦布尔托普卡比宫殿珍藏中国陶瓷全集》三卷全		58,240	北京永乐	2011.5.24
1984年、1993年《康熙起居注》一套三册、限量版《雍正朝起居注册》一套五册		89,700	中国嘉德	2011.3.21
1983-2010年《故宫文物月刊》(三百三十六册)		69,000	北京中汉	2011.5.23
1980年作 张大千书画集(1-7册)		115,000	北京华辰	2011.5.20
1980年作 原盒原函精装《故宫清瓷图录》一套两卷全		98,560	北京永乐	2011.5.24
1980-2008年 苏富比佳士得东西方收藏家		66,700	北京中汉	2011.5.23
1978-1982年作《中国竹刻艺术》两册全		72,800	北京永乐	2011.5.24
1977-1978年作 原盒原函精装《明瓷名品图录》一套三卷全		50,400	北京永乐	2011.5.24
1976年作 台北故宫精装影印乾隆武英殿版《清高宗御制诗文全集》十册全		84,000	北京永乐	2011.5.24
1976年《清高宗御制诗文全集》(一套十册)		51,750	中国嘉德	2011.09.17
1976年限量编号《御制》签名版		89,700	北京中汉	2011.5.23
1975-1986年 精装原函《世界陶磁全集》(一套二十三册全)		57,500	北京中汉	2011.5.23
1974-1978年作 限量原盒精装《东洋陶瓷大观》十二册全		106,400	北京永乐	2011.5.24
1974-1978年作 限量编号原盒精装英文版《东洋陶瓷大观》十二册全		156,800	北京永乐	2011.5.24
1974—1978年 限量原盒精装《东洋陶磁大观》十二册全		59,800	北京永乐	2011.11.15
1974-1978年 限量原盒精装《东洋陶瓷大观》(十二册全)		368,000	北京中汉	2011.5.23
1974—1976年 限量编号原函精装《古名砚》五卷全		161,000	北京永乐	2011.11.15
1973-1980年作 原盒原函精装《宋瓷名品图录》、《明瓷名品图录》、《故宫清瓷图录》三套九卷全		201,600	北京永乐	2011.5.24
1973-1980年作 宋瓷(1-4册)明瓷(1-3册)清瓷(1-2册)(共九本)		230,000	北京华辰	2011.5.20
1973—1980年 原盒原函精装《宋瓷名品图录》、《明瓷名品图录》、《故宫清瓷图录》三套九卷全		172,500	北京永乐	2011.11.15
1970—2011年 佳士得、苏富比中国艺术品拍卖图录九四十册		575,000	北京永乐	2011.11.15
1964-1976年《台北故宫文物选萃》(一套二十五册)		86,250	中国嘉德	2011.3.21
1963-1999年苏富比佳士得瓷器 (一百二十本)		97,750	北京中汉	2011.5.23
1962-2006年作 中国古典家具著作 (十三册)		61,600	北京永乐	2011.5.24
1961—2011年 佳士得、苏富比重要收藏专场图录一五七册		402,500	北京永乐	2011.11.15
1961-1969年作 原函精装《故宫藏瓷》三十三册全		537,600	北京永乐	2011.5.24
1961-1969年作 故宫藏瓷(1-33册)		345,000	北京华辰	2011.5.20
1961—1969年 原函精装《故宫藏瓷》三十三册全		276,000	北京永乐	2011.11.15
1952年限量版《十竹斋笺谱》		51,750	北京匡时	2011.12.05
1950年作 签名限量编号精装《沙逊所藏象牙雕刻》三册全		218,400	北京永乐	2011.5.24
1950年 签名限量编号精装《沙逊牙雕刻》三册全		92,000	北京永乐	2011.11.15
1944年 艾克著《中国黄花梨家具图考》		156,938	香港佳士得	2011.6.1
1940-1947年作 限量编号精装乐提中国玉器著作四种		56,000	北京永乐	2011.5.24
1936年《参加伦敦中国艺术国际展览会出品图说》(一套四册)		80,500	中国嘉德	2011.3.21

拍品名称	尺寸	成交价RMB	拍卖公司	拍卖日期
1934年作 限量编号精装《大维德所藏中国陶瓷图录》		112,000	北京永乐	2011.5.24
1934年 霍布森著限量版伦敦精装版大维德《中国陶瓷图录》		97,750	中国嘉德	2011.5.23
1931年作 原函线装《校注项氏历代名瓷图谱》		112,000	北京永乐	2011.5.24
1928–1943年作 山中商会日本、美国展览图录五种		268,800	北京永乐	2011.5.24
1927年作 赫伯特C怀特《燕京胜迹》		69,000	北京华辰	2011.5.21
1927年作 1928年作 1929–1932年作 限量编号精装《乔治欧默福普洛斯所藏中国壁画》限量编号精装《乔治欧默福普洛斯所藏中国、朝鲜和暹罗绘画》限量编号精装《乔治欧默福普洛斯所藏中国和朝鲜青铜器、雕塑、玉器、珠宝和杂项》三卷 共五卷		91,840	北京永乐	2011.5.24
1925–1928年作 限量编号原函精装《乔治欧默福普洛斯所藏中国、朝鲜和波斯陶瓷器》六卷全		134,400	北京永乐	2011.5.24
1925–1928年 作者签名特限量编号原函精装《乔治欧默福普洛斯所藏中国、朝鲜和波斯陶瓷器》六卷全		172,500	北京永乐	2011.11.15
1924–1940年作 卢芹斋青铜器、石雕展览图录三种		78,400	北京永乐	2011.5.24
1922年作《卢浮宫藏中国瓷器》两册全		50,400	北京永乐	2011.5.24
1922–2005年《东方陶瓷学会会刊》58卷		80,500	北京永乐	2011.11.15
1921–1999年作 精装东方陶瓷学会会刊30册及英译期刊12期		56,000	北京永乐	2011.5.24
1911年作 精装《1910年伯灵顿美术俱乐部中国早期陶瓷展览图录》		58,240	北京永乐	2011.5.24
1911年 限量编号精装《中国瓷器与玉石》两册全		57,500	北京永乐	2011.11.15
1911年 精装限量版《中国瓷器与玉石》两册		125,550	香港佳士得	2011.6.1
1911年 J.F.B.LACKER著《中国瓷器与玉石》2卷全		94,163	香港佳士得	2011.6.1
1908年作 英译线装《历代名磁图谱》		69,440	北京永乐	2011.5.24
1904–1911年 限量精装《摩根珍藏中国瓷器图录》两卷全		57,500	北京永乐	2011.11.15
《中国竹刻艺术》一套两册全		71,300	北京匡时	2011.12.05
《中国画》全册共计37本		72,800	北京荣宝	2011.3.18
《张大千画集》九本		58,240	北京荣宝	2011.3.18
《徐悲鸿水墨画集》、《徐悲鸿油画》两本		61,600	北京荣宝	2011.3.18
《石涛书画集》六册全		59,800	北京匡时	2011.12.05
《清宫内务府造办处档案总汇》(一套五十五册)		74,750	中国嘉德	2011.6.18
《齐白石画集》(第一、二辑)		58,240	北京荣宝	2011.08.12
《名家翰墨》四十八期全		71,300	北京匡时	2011.12.05
《梅云堂藏张大千画》		61,600	北京荣宝	2011.08.12
《故宫历代法书全集》		50,400	北京荣宝	2011.08.12
《故宫藏画大系》(1–16册)		95,200	北京荣宝	2011.08.12
《古名砚》砚谱(一套五册)		86,250	西泠拍卖	2011.7.19
《高家兄弟》连环画原稿镜心	尺寸不一	402,500	长风拍卖	2011.06.21
《傅抱石画集》等14本		134,400	北京荣宝	2011.3.18
《朵云》全册共计65本		95,200	北京荣宝	2011.3.18
《朵云》18本		56,000	北京荣宝	2011.3.18
历代刻本				
左圭 民国丁卯年(1927)左氏百川学海一百七十七卷(零种全)		55,200	北京保利	2011.12.05
醉古堂剑扫		280,000	泰和嘉成	2011.5.29

拍品名称	尺寸	成交价RMB	拍卖公司	拍卖日期
纂图互注扬子法言十卷存二卷	17.9cm×12cm	1,265,000	西泠拍卖	2011.7.18
宗镜录卷第七十六(五代)释延寿集	28.7cm×11.3cm	1,437,500	卓德国际	2011.7.10
资治通鉴卷第十五	28cm×16.5cm	218,500	北京歌德	2011.6.4
资治通鉴纲目五十九卷 宋朱熹撰		481,600	博古斋	2011.6.26
缀白裘三集	27cm×15cm	59,800	北京翰海	2011.5.19
状元图考	31cm×18cm	2,240,000	泰和嘉成	2011.5.29
篆文仪礼春秋	29cm×19cm	504,000	泰和嘉成	2011.5.29
篆文金刚般若波罗蜜经	31cm×14.5cm	287,500	泰和嘉成	2011.11.27
朱熹撰 资治通鉴纲目存卷三十至三十七(四册)	18.5cm×27cm	78,200	中国嘉德	2011.3.22
朱熹集 清 四书朱注	17cm×11.1cm	218,500	北京保利	2011.12.05
朱文公校昌黎先生集四十卷外集十卷集传一卷遗文一卷遗诗一卷(唐)韩愈撰，李汉编集，(宋)朱熹考异，王伯大音释	28.4cm×15.9cm	2,990,000	卓德国际	2011.7.10
朱文公台寓录(明)高纨编	24.2cm×14.7cm	460,000	卓德国际	2011.7.10
周易本义十二卷易图一卷五赞筮仪一卷	33cm×20.8cm	379,500	北京歌德	2011.6.4
周易本义	32cm×20cm	369,600	泰和嘉成	2011.5.29
周密撰 宋周公谨云烟过眼录四卷	13cm×20cm	57,500	中国嘉德	2011.11.12
周礼十二卷(四册)	16.6cm×22.7cm	207,000	中国嘉德	2011.3.22
周礼集说	25.5cm×16.7cm	517,500	卓德国际	2011.7.10
周馥撰周悫慎公全集	15cm×20.2cm	172,500	中国嘉德	2011.09.19
重校正唐文粹一百卷(宋)姚铉辑	27.5cm×17.4cm	1,150,000	卓德国际	2011.7.10
重校正唐文粹一百卷 宋姚铉纂		571,200	博古斋	2011.6.26
重刊千家注杜诗全集二十卷文集二卷(唐)杜甫撰	26.4cm×16.2cm	253,000	卓德国际	2011.7.10
重编广韵五卷(宋)陈彭年等撰(明)朱祐槟重编	31.4cm×18.1cm	517,500	卓德国际	2011.7.10
中州集	25cm×16.5cm	126,500	北京歌德	2011.6.4
中庸一卷中庸或问一卷(二册)	16.7cm×21.7cm	115,000	中国嘉德	2011.3.22
中庸或问	35cm×20.5cm	368,000	北京歌德	2011.6.4
知不足斋丛书二十四集 清鲍廷博辑		392,000	博古斋	2011.6.26
支那南画大成正集	尺寸不一	97,750	朵云轩	2011.7.4
郑学士 夹漈先生六经奥论六卷 附释奠礼图	15.8cm×24.8cm	94,300	中国嘉德	2011.11.12
郑玄注 孔颖达疏 礼记注疏存卷十四至卷六十三	15cm×23cm	437,000	中国嘉德	2011.09.19
郑玄 清嘉庆戊寅年(1818)周礼十二卷	28.5cm×17.9cm	69,000	北京保利	2011.12.05
郑樵 明嘉靖29年(1550)通志略五十二卷	27.3cm×16.7cm	506,000	北京保利	2011.12.05
真德秀心经政经	33.8cm×21cm	179,200	泰和嘉成	2011.5.29
贞观政要十卷 唐吴兢撰 元戈直集论		772,800	博古斋	2011.6.26
贞观政要	35cm×22.5cm	575,000	泰和嘉成	2011.11.27
赵晔撰 吴越春秋吴太伯传十卷 札记一卷(一函六册)	13.8cm×18.6cm	105,800	中国嘉德	2011.3.22
赵崇祚 花间集十卷	32.2cm×20.3cm	103,500	北京保利	2011.12.05
昭明文选六臣汇注疏解十九卷	20.8cm×14.7cm	69,000	西泠拍卖	2011.7.18
章氏丛书	28.6cm×16.8cm	92,000	北京歌德	2011.6.4
章樵注 古文苑二十一卷	14.2cm×21.7cm	575,000	中国嘉德	2011.09.19
张祖翼 清宣统3年百花诗笺谱	29.3cm×18.2cm	63,250	北京保利	2011.12.05
张湛注 冲虚至德真经八卷	14.3cm×20.4cm	149,500	中国嘉德	2011.11.12
张元济等辑 四部丛刊	13.cm×10cm	224,000	北京翰海	2011.4.9
张元济 1994年 续古逸丛书二十二种	33.3cm×22cm	57,500	北京保利	2011.12.05
张玉书等人奉敕编撰 佩文韵府一百六卷	11.7cm×16cm	59,800	中国嘉德	2011.09.19
张介山等较 花间正集上下卷 续集一卷(一册)	13cm×19cm	74,750	中国嘉德	2011.3.22
张大千港台和海外出版画集、展览展销图录等27册		184,000	朵云轩	2011.10.13
增广注释音辩唐柳先生集(存四卷)(唐)柳宗元撰	31.2cm×16.3cm	115,000	卓德国际	2011.7.10
增广注释音辩唐柳先生集	29.5cm×16cm	690,000	泰和嘉成	2011.11.27
曾益谦注 温飞卿诗集九卷	15cm×18.8cm	71,300	中国嘉德	2011.11.12
曾文正公全集一百八十七卷	21.5cm×13.8cm	63,250	西泠拍卖	2011.7.18

2011杂项拍卖成交汇总

(成交价RMB：5万元以上)

拍品名称	尺寸	成交价RMB	拍卖公司	拍卖日期
曾文正公全集	29.2cm×17cm	196,000	泰和嘉成	2011.5.29
在园杂志（四册）	26cm×15.5cm	201,600	泰和嘉成	2011.5.29
杂阿含经卷第二十一	30cm×11.5cm	172,500	泰和嘉成	2011.11.27
韵府群玉二十卷(元)阴时夫编，阴中夫注	23.8cm×15.3cm	6,325,000	卓德国际	2011.7.10
云台象印汇辑等四种（四册）	14cm×21cm.	103,500	中国嘉德	2011.3.22
云南苗族风俗图		345,000	北京保利	2011.6.3
袁燮撰 絜斋集二十四卷	12.5cm×19cm	207,000	中国嘉德	2011.5.22
元稹撰 马元调校 元氏长庆集六十卷补遗六卷	14.7cm×20.6cm	92,000	中国嘉德	2011.11.12
元文类七十卷(元)苏天爵编	25.2cm×16.1cm	112,700	卓德国际	2011.7.10
元史二百十卷明宋濂等奉敕撰		280,000	博古斋	2011.6.26
元刘鉴撰 新编经史正音切韵指南一卷附新增篇韵拾遗并藏经字义一卷	31cm×18.8cm	138,000	北京保利	2011.6.3
元好问集 中州集十卷 中州乐府一卷（一函十二册）	13.5cm×19cm	71,300	中国嘉德	2011.3.22
元富大用辑新编古今事文类聚	22.2cm×14cm	184,000	北京保利	2011.6.3
元 王恽撰 清 徐郙、李文田补图与校订《钦定元承华事略补图六卷》		59,800	北京纳高	2011.7.7
元 方回编选《瀛奎律髓》		598,000	北京纳高	2011.7.7
渊颖吴先生集十二卷附录一卷	29.5cm×17cm	1,380,000	北京歌德	2011.6.4
渊鉴斋御纂朱子全书六十六卷(清)李光地等编	28.1cm×17.3cm	1,495,000	卓德国际	2011.7.10
御制资政要览三卷序一卷	29.3cm×17.8cm	402,500	卓德国际	2011.7.10
御制资政要览三卷(清)顺治撰	21.5cm×13cm	184,000	卓德国际	2011.7.10
御制资政要览三卷	12cm×18cm	345,000	中国嘉德	2011.09.19
御制朱子全书	28.8cm×17.5cm	1,127,000	北京歌德	2011.6.4
御制诗文全集十卷	27.5cm×17.1cm	149,500	卓德国际	2011.7.10
御制全韵诗五卷(清)高宗弘历撰	25.1cm×14.1cm	241,500	卓德国际	2011.7.10
御制全韵诗四卷(清)高宗弘历撰	19.7cm×11.9cm	253,000	卓德国际	2011.7.10
御制满汉西番合璧大藏全咒不空羂索神变真言经卷十六至二十	36cm×12.5cm	115,000	泰和嘉成	2011.11.27
御制道德经	31.5cm×19.5cm	437,000	泰和嘉成	2011.11.27
御制避暑山庄诗上下卷	13.3cm×19.7cm	368,000	中国嘉德	2011.5.22
御选唐宋诗醇 四十七卷	26cm×17cm	515,200	泰和嘉成	2011.5.29
御选唐诗三十二卷 目录三卷	18.8cm×12.5cm	1,265,000	中国嘉德	2011.5.22
御选唐诗三十二卷	18.9cm×12.6cm	678,500	北京翰海	2011.5.19
御选唐诗	28.5cm×16.5cm	1,142,400	泰和嘉成	2011.5.29
御题平定伊犁回部得胜全图	55.4cm×90.8cm	2,240,000	上海国拍	2011.6.24
御定历代题画诗类一百二十卷 清陈邦彦敕编		134,400	博古斋	2011.6.26
玉台新咏	30.3cm×20.5cm	172,500	泰和嘉成	2011.11.27
玉茗堂还魂记二卷(明)汤显祖撰	28.4cm×17.4cm	218,500	卓德国际	2011.7.10
渔隐丛话	27.6cm×17cm	97,750	北京歌德	2011.6.4
渔洋文集	26.2cm×17.3cm	66,700	北京歌德	2011.6.4
俞安期纂 唐类函二百卷	14.7cm×20.7cm	322,000	中国嘉德	2011.11.12
友林乙稿	尺寸不一	184,000	泰和嘉成	2011.11.27
营造法式	33cm×23cm	168,000	泰和嘉成	2011.5.29
印存玄览	26cm×16.5cm	368,000	北京歌德	2011.6.4
尹文瑞公诗集	28cm×18.2cm	149,500	北京歌德	2011.6.4
音注全文春秋括例始末左传句读直解七十卷	15.9cm×10.6cm	5,750,000	西泠拍卖	2011.7.18
阴时夫辑 韵府群玉	13cm×21.4cm	74,750	中国嘉德	2011.09.19
艺文类聚一百卷(唐)欧阳询撰	17.8cm×27.5cm	1,127,000	卓德国际	2011.7.10
仪礼郑注	26cm×17.5cm	149,500	泰和嘉成	2011.11.27
仪礼疏五十卷	23cm×16.3cm	459,200	泰和嘉成	2011.5.29
伊川击壤集	25.4cm×17.2cm	55,200	北京歌德	2011.6.4
一如等集注 大明三藏法数五十卷（十六册）		92,000	中国嘉德	2011.3.22
姚培谦 清乾隆11年(1746) 春秋左传杜注三十卷卷首一卷	27.2cm×17.4cm	55,200	北京保利	2011.12.05
姚鼐撰 惜抱先生尺牍（一函四册）	13cm×20.5cm	59,800	中国嘉德	2011.3.22
尧山堂外纪	27.5cm×17cm	632,500	北京歌德	2011.6.4
养正图解	32cm×19.5cm	529,000	泰和嘉成	2011.11.27
杨亿 等 清康熙47年(1708) 西昆训唱集二卷	25.5cm×17.1cm	138,000	北京保利	2011.12.05

拍品名称	尺寸	成交价RMB	拍卖公司	拍卖日期
杨雄撰 朱熹 明嘉靖14年(1535) 楚辞集注八卷辩证二卷后语六卷反离骚一卷	25.7cm×17.6cm	770,500	北京保利	2011.12.05
杨文骢 明崇祯 洞庭唱和四卷	26.3cm×16.5cm	138,000	北京保利	2011.12.05
杨维桢明杨铁崖先生文集十卷	27.2cm×17cm	52,900	北京保利	2011.12.05
杨铁崖先生文集十二卷(元)杨维桢撰	27.3cm×17.4cm	138,000	卓德国际	2011.7.10
杨齐贤注 李太白诗分类补注三十卷	14cm×20.5cm	460,000	中国嘉德	2011.11.12
杨朝英集 朝野新声太平乐府九卷	11cm×16.3cm	57,500	中国嘉德	2011.09.19
扬州八怪书画集全套8巨册		52,900	朵云轩	2011.10.13
扬雄撰 新纂门目五臣音注扬子法言十卷	14.4cm×20.2cm	230,000	中国嘉德	2011.11.12
俨山外集四十卷 明陆深撰	25cm×17.6cm	1,568,000	上海国拍	2011.6.24
学福斋诗集	25.6cm×16cm	69,000	北京歌德	2011.6.4
选赋六卷	27cm×18cm	728,000	泰和嘉成	2011.5.29
续泛槎图三集不分卷	27.5cm×18cm	74,750	朵云轩	2011.7.4
许慎撰说文解字十二卷(一函八册)	17.3cm×23.8cm	78,200	中国嘉德	2011.3.22
许慎 清 说文解字十五卷	29.3cm×18.7cm	51,750	北京保利	2011.12.05
徐世昌著 水竹邨人诗选二十七卷	12cm×17.7cm	63,250	中国嘉德	2011.11.12
徐世昌 民国年 明清八家文抄	28.9cm×18.2cm	86,250	北京保利	2011.12.0
徐陵撰玉台新咏十卷(一函二册)	13.2cm×17.5cm	66,700	中国嘉德	2011.3.22
徐继畬辑著 瀛环志略十卷	18.5cm×25cm	51,750	中国嘉德	2011.11.1
徐公文集三十卷(宋)徐铉撰	29.5cm×20cm	287,500	卓德国际	2011.7.10
徐公文集	32.5cm×22cm	156,800	泰和嘉成	2011.5.29
徐悲鸿画集全套3册		103,500	朵云轩	2011.10.1
绣谱二卷	23.8cm×13.6cm	74,750	北京保利	2011.6.3
性命圭旨全书(明)尹真人著	30.2cm×23.2cm	322,000	卓德国际	2011.7.10
性理大全五十二卷	20cm×14.6cm	115,000	北京翰海	2011.5.19
性理大全书七十卷 明胡广纂		201,600	博古斋	2011.6.26
性理大全书七十卷(五函三十册)	14.8cm×20.8cm	115,000	中国嘉德	2011.3.22
性理大全	26.1cm×16.2cm	105,800	北京歌德	2011.6.4
新纂门目五臣音注扬子法言十卷(汉)扬雄撰	26.7cm×18cm	230,000	卓德国际	2011.7.10
新纂六臣注汉文选二十四卷(明)张凤翼纂注	32cm×18.7cm	322,000	卓德国际	2011.7.10
新刊群书考正性理大全七十卷(二函十二册)	12.2cm×19.4cm	195,500	中国嘉德	2011.3.22
新镌全像通俗演义隋炀帝艳史八卷存七卷	20cm×13.7cm	126,500	西泠拍卖	2011.7.18
新镌古今大雅南宫词纪六卷北宫词纪六卷(二函十二册)	14cm×21.5cm	97,750	中国嘉德	2011.3.22
新镌古今大雅南北宫词纪	25cm×16.2cm	172,500	北京歌德	2011.6.4
新镌古今大雅北宫词纪六卷(明)陈所闻粹选，陈邦泰辑次	25.2cm×16.3cm	115,000	卓德国际	2011.7.10
新疆图志	28.5cm×17.5cm	517,500	泰和嘉成	2011.11.2
新笺决科古今源流至论续集卷一	25.5cm×15.5cm	368,000	朵云轩	2011.12.1
新定三礼图	30cm×20cm	109,250	泰和嘉成	2011.11.2
心经(一册)	18.7cm×23cm	59,800	中国嘉德	2011.3.2
孝经(一册)	16.6cm×22.7cm	63,250	中国嘉德	2011.3.2
小石山房印谱六卷		71,300	北京翰海	2011.11.
销释孟姜忠烈贞洁贤良宝卷二卷	33.9cm×11.6cm	86,250	北京保利	2011.6.3
萧子显 宋元明 南齐书五十九卷	29.8cm×20.5cm	184,000	北京保利	2011.12.0
咸淳临安志	29.2cm×17.5	172,500	北京歌德	2011.6.4
先儒像赞	29cm×18.2cm	51,750	北京歌德	2011.6.4
仙机武库	28.6cm×24cm	51,750	北京歌德	2011.6.4
西厢记(五本)	28.5cm×18.3cm	1,782,500	泰和嘉成	2011.11.2
西山读书记乙集上大学衍义四十三卷 宋真德秀撰		324,800	博古斋	2011.6.2
西清古鉴钱录(十六卷)	37cm×26cm	333,500	泰和嘉成	2011.11.2
西泠印存	21cm×15cm	55,200	朵云轩	2011.7.4
西京职官印录	29.7cm×18.2cm	264,500	北京歌德	2011.6.4
西京杂记六卷 晋葛洪编		392,000	博古斋	2011.6.2
西湖志四十八卷 清傅玉露撰		112,000	博古斋	2011.6.2
武侯八阵宏书(一册)	11cm×15.8cm	155,250	中国嘉德	2011.3.2
五礼通考二百六十二卷首四卷附读礼通考一百二十卷 清秦蕙田 徐乾学辑		134,400	博古斋	2011.6.2

拍品名称	尺寸	成交价RMB	拍卖公司	拍卖日期
五经文字上中下卷（三册）	16.6cm×22.7cm	126,500	中国嘉德	2011.3.22
五代　吴越国国王钱俶造《宝箧印陀罗尼经》手卷	长225cm；宽11cm；宽7.5cm	392,000	中拍国际	2011.06.06
五车韵瑞	27.2cm×17.5cm	109,250	北京歌德	2011.6.4
吴兆骞著 秋笳集	15.2cm×19.6cm	287,500	中国嘉德	2011.09.19
吴文英撰 梦窗甲稿一卷 乙稿一卷 丙稿一卷 丁稿一卷 补遗一卷（二册）	10.5cm×14.5cm	55,200	中国嘉德	2011.3.22
吴氏双照楼景刊宋元本词十七种		621,000	北京翰海	2011.11.17
吴勉 明 儒门事亲十五卷	23.9cm×16.2cm	51,750	北京保利	2011.12.05
文字会宝	29cm×19cm	115,000	泰和嘉成	2011.11.27
文中子中说	28cm×17cm	172,500	泰和嘉成	2011.11.27
文章辨体五十卷外集五卷总论一卷(明)吴讷辑	26.6cm×17.8cm	1,127,000	卓德国际	2011.7.10
文选纂注十二卷　梁萧统撰　明张凤翼纂注		235,200	博古斋	2011.6.26
文选纂注评苑	33.7cm×19cm	168,000	泰和嘉成	2011.5.29
文选章句二十八卷　梁萧统撰　唐李善注　明陈与郊编		190,400	博古斋	2011.6.26
文选六十卷	29.7cm×18cm	134,400	泰和嘉成	2011.5.29
文选锦字录十六卷(明)凌迪知辑凌稚隆校	25.7cm×17.9cm	460,000	卓德国际	2011.7.10
文人画粹编	37cm×26.5cm	57,500	朵云轩	2011.7.4
文清公薛先生集	23.8cm×15.6cm	80,500	北京歌德	2011.6.4
魏源撰 海国图志一百卷	12cm×16.2cm	51,750	中国嘉德	2011.11.12
魏书一百一十四卷北齐魏收撰		627,200	博古斋	2011.6.26
魏书一百十四卷(北齐)魏收撰	25.5cm×16.3cm	149,500	卓德国际	2011.7.10
魏曹植撰 曹子建集十卷	26.7cm×16.4cm	80,500	北京保利	2011.6.3
渭南文集	27cm×17cm	230,000	北京歌德	2011.6.4
韦苏州集十卷拾遗一卷	26cm×17.5cm	448,000	泰和嘉成	2011.5.29
王穉登 尺牍册	28cm×35cm×10	368,000	中国嘉德	2011.6.20
王应麟撰 困学纪闻二十卷	13.5cm×21cm	1,552,500	中国嘉德	2011.5.22
王维撰 类笺唐王右丞诗集	15.5cm×20.5cm	161,000	中国嘉德	2011.5.22
王士祯撰 蚕尾集十卷（一函四册）	13.3cm×16.5cm	80,500	中国嘉德	2011.3.22
王圻撰 三才图会存卷地理七至十二	14cm×20.7cm	71,300	中国嘉德	2011.09.19
王圻 王思义 明万历 三才图会存六十四卷　明・上海王圻、王思义编纂	28.5cm×18.1cm	616,000	上海国拍	2011.12.16
王摩诘诗集七卷	27cm×18cm	672,000	泰和嘉成	2011.5.29
王鸣鹤编辑 袁世忠校正 登坛必究（一函十册）	14cm×21cm	97,750	中国嘉德	2011.3.22
王畿 李贽 明万历 卓吾先生批评龙溪王先生语录钞八卷	29cm×17.5cm	172,500	北京保利	2011.12.05
汪启淑辑 汉铜印丛十二卷	12cm×19cm	57,500	中国嘉德	2011.11.12
汪立名编订 白香山诗长庆集二十卷后集十七卷别集一卷补遗上下卷年谱一卷	15cm×18.5cm	112,700	中国嘉德	2011.11.12
汪近圣撰 墨薮四卷附录一卷	13.6cm×20cm	115,000	中国嘉德	2011.11.12
晚香堂小品	26.5cm×17cm	195,500	北京歌德	2011.6.4
晚邨先生家训真迹五卷	22.4cm×14.9cm	184,000	西泠拍卖	2011.7.18
通鉴总类二十卷	30.2cm×19cm	1,120,000	上海国拍	2011.6.24
通鉴纪事本末(存卷四十二)(宋)袁枢撰	31.3cm×23.6cm	172,500	卓德国际	2011.7.10
通典二百卷(唐)李翰撰	21.8cm×15cm	155,250	卓德国际	2011.7.10
铁华馆丛书 一函六册		113,850	北京翰海	2011.5.19
天主教奏折 线装1册 纸本	25.5cm×16cm	100,800	泰和嘉成	2011.5.29
天文大成辑要	23.8cm×15.5cm	80,500	北京歌德	2011.6.4
天乐鸣空集上中下卷（二册）	14.5cm×19.9cm	55,200	中国嘉德	2011.3.22
天后圣像	14.5cm×19.9cm	63,250	北京保利	2011.6.3
题梦鹤居士编 小忽雷二卷附大忽雷一卷	29.4cm×17.5cm	51,750	北京保利	2011.6.3
陶渊明集十卷附录上下卷	14.5cm×18.8cm	632,500	中国嘉德	2011.11.12
陶渊明集八卷卷首一卷卷末一卷	14.6cm×18.4cm	322,000	中国嘉德	2011.11.12
陶渊明集八卷		138,000	北京翰海	2011.11.17
陶苏合璧诗三卷	26cm×16cm	57,500	朵云轩	2011.12.16
唐赵崇祚集、明吴勉学校花间集十卷补二卷	28.1cm×17.4cm	51,750	北京保利	2011.6.3

拍品名称	尺寸	成交价RMB	拍卖公司	拍卖日期
唐文粹	26cm×16.5cm	470,400	泰和嘉成	2011.5.29
唐王右丞诗集六卷(明)顾可久注	25.9cm×16cm	517,500	卓德国际	2011.7.10
唐顺之编纂 荆州先生右编四十卷	14.7cm×22.2cm	172,500	中国嘉德	2011.11.12
唐书直笔新例	33cm×22cm	57,500	北京歌德	2011.6.4
唐诗正声二十二卷(明)高棅辑	22.8cm×15cm	138,000	卓德国际	2011.7.10
唐诗品汇九十卷拾遗十卷(明)高棅编辑	16.5cm×25.5cm	184,000	卓德国际	2011.7.10
唐诗纪事八十一卷(宋)计有功撰	27cm×17.7cm	299,000	卓德国际	2011.7.10
唐诗归二十四卷	14.6cm×20.5cm	598,000	中国嘉德	2011.5.22
唐诗鼓吹十卷 元郝天挺注		3,360,000	博古斋	2011.6.26
唐诗鼓吹十卷	19.1cm×13.8cm	2,070,000	西泠拍卖	2011.7.18
唐三藏法师玄奘译 大般波罗蜜多经卷第四百八十四	30.2cm×11.3cm	184,000	北京保利	2011.6.3
唐人三家集	11.3cm×18.4cm	126,500	中国嘉德	2011.11.12
唐人八家诗	13.7cm×19.2cm	287,500	中国嘉德	2011.11.12
唐陆宣公集二十二卷 唐陆贽撰		112,000	博古斋	2011.6.26
唐李白撰、宋杨齐贤集注、元萧士赟补注 分类补注李太白诗二十五卷年谱一卷	26.5cm×16.8cm	57,500	北京保利	2011.6.3
唐荆川先生文集十二卷(明)唐顺之撰	31.1cm×18.8cm	230,000	卓德国际	2011.7.10
唐韩昌黎集(唐)韩愈著，(明)蒋之翘辑注	16.6cm×25.5cm	138,000	卓德国际	2011.7.10
唐二家诗钞十二卷(明)梅鼎祚辑	28cm×16.3cm	690,000	卓德国际	2011.7.10
唐杜甫撰 集千家注杜工部诗集二十卷文集二卷附录一卷	31.5cm×18.3cm	1,725,000	北京保利	2011.6.3
唐杜甫撰 杜工部集二十卷	30cm×17cm	80,500	北京保利	2011.6.3
唐杜甫著 杜工部集二十卷	29.4cm×15.7cm	86,250	北京保利	2011.6.3
唐大家韩文公文钞十六卷明茅坤撰		291,200	博古斋	2011.6.26
唐大家韩文公文抄十六卷(唐)韩昌黎著	26.7cm×16.9cm	402,500	卓德国际	2011.7.10
汤显祖 清乾隆50年(1785)玉茗堂还魂记二卷	29cm×17.8cm	126,500	北京保利	2011.12.05
太史升庵文集八十一卷存六十八卷	21.3cm×13.5cm	69,000	西泠拍卖	2011.7.18
太上感应篇集传四卷（四册）	16.3cm×20.4cm	57,500	中国嘉德	2011.3.22
苏轼撰新刻苏长公诗文选胜六卷	14.6cm×22.5cm	69,000	中国嘉德	2011.5.22
苏轼撰 苏文	16.9cm×26.4cm	161,000	中国嘉德	2011.5.22
苏轼撰 东坡七集一百十卷（四十八册）	13.3cm×20cm	563,500	中国嘉德	2011.3.22
苏氏孟子二卷	26.7cm×17.3cm	224,000	泰和嘉成	2011.5.29
苏米志林不分卷	13.2cm×20.4cm	253,000	中国嘉德	2011.5.22
苏长公小品四卷	26.7cm×17.7cm	448,000	泰和嘉成	2011.5.29
苏长公合作八卷补遗二卷	27cm×17cm	772,800	泰和嘉成	2011.5.29
宋祝穆撰 新编方舆胜览七十卷	22.4cm×14.3cm	172,500	北京保利	2011.6.3
宋祝穆 元泰定丙寅(1326)作新编古今事文类聚外集十五卷　元・南江富大用编	23.9cm×15.2cm	1,344,000	上海国拍	2011.12.16
宋朱熹撰 晦庵先生朱文公文集一百卷目録二卷续集十一卷别集十卷	20.5cm×16cm	207,000	北京保利	2011.6.3
宋朱熹集注 孟子十四卷	23.5cm×15.4cm	92,000	北京保利	2011.6.3
宋周邦彦著 清真集二卷	32.6cm×16.8cm	55,200	北京保利	2011.6.3
宋姚铉辑 重校正唐文粹一百卷	25.3cm×16.3cm	667,000	北京保利	2011.6.3
宋五家诗话五卷	17cm×30.7cm	368,000	卓德国际	2011.7.10
宋文同撰 陈眉公先生订正丹渊集四十卷 拾遗上下卷附录一卷（一函六册）	14cm×20.5cm	115,000	中国嘉德	2011.3.22
宋王安石撰、李壁笺注 王荆文公诗五十卷		51,750	北京保利	2011.6.3
宋太夫人七旬寿言汇编	29.6cm×18.1cm	138,000	北京歌德	2011.6.4
宋苏轼撰、题宋王十朋纂辑 王状元集诸家注分类东坡先生诗二十五卷	24.5cm×15cm	1,092,500	北京保利	2011.6.3
宋苏轼撰东坡先生全集七十五卷	24.9cm×15.8cm	115,000	北京保利	2011.6.3
宋苏诗撰 施注苏诗四十二卷总目二卷续补遗二卷附正注正伪一卷年谱一卷	25.5cm×16.8cm	63,250	北京保利	2011.6.3

2011杂项拍卖成交汇总

(成交价RMB：5万元以上)

拍品名称	尺寸	成交价RMB	拍卖公司	拍卖日期
宋史纪事本末二十八卷(明)冯琦撰	27.1cm×16.7cm	195,500	卓德国际	2011.7.10
宋沈枢辑 通鉴总类二十卷	32.3cm×21.6cm	483,000	北京保利	2011.6.3
宋人画册等早期古代书画图录19册		55,200	朵云轩	2011.10.13
宋吕祖谦撰 吕氏家塾读诗记三十二卷	22.8cm×14.9cm	483,000	北京保利	2011.6.3
宋吕原明著 岁时杂记	37.9cm×17.9cm	57,500	北京保利	2011.6.3
宋刻书影 周叔弢题汪士鋐书法 (一开一页)	尺寸不一	86,250	中国嘉德	2011.3.22
宋江贽撰 少微通鉴节要五十卷外纪四卷	32cm×20cm	172,500	北京保利	2011.6.3
宋黄庭坚著 山谷诗集注二十卷、山谷外集诗注十七卷、山谷别集二卷	31cm×21cm	115,000	北京保利	2011.6.3
宋黄庭坚著 黄诗全集五十八卷	27.1cm×17cm	80,500	北京保利	2011.6.3
宋高似孙撰 砚笺四卷	25.5cm×14.1cm	51,750	北京保利	2011.6.3
宋大家苏文公文抄十卷 苏文忠公文抄二十八卷 苏文定公文抄二十卷	19.6cm×14cm	57,500	西泠拍卖	2011.7.18
宋伯仁 民国年 雪岩吟草甲卷忘机集	33.1cm×22.1cm	74,750	北京保利	2011.12.05
宋板书影三种(史记、诸臣奏议、翰墨大全)	尺寸不一	55,200	北京翰海	2011.5.19
松江府志	24.5cm×15.5cm	78,200	北京歌德	2011.6.4
四书蒙引论语	26cm×15.5cm	149,500	北京歌德	2011.6.4
四库全书珍本	20cm×13cm	828,000	泰和嘉成	2011.11.27
四库简明目录标注二十卷	32.3cm×20.7cm	80,500	北京翰海	2011.5.19
四部丛刊续编	9.5cm×13.9cm	207,000	中国嘉德	2011.11.12
四部丛刊附二十四史	10.7cm×14cm	1,380,000	中国嘉德	2011.11.12
司马迁著 史记七十卷 (一函二十四册)	14.8cm×21cm	402,500	中国嘉德	2011.3.22
司马迁 明 史记一百三十卷(存卷七十九至八十六)	31cm×18.5cm	425,500	北京保利	2011.12.05
司马光撰 胡三省音注资治通鉴二百九十四卷辨误十二卷	14.5cm×21cm	195,500	中国嘉德	2011.11.12
水经注笺 拍品1323-1351整体起拍成交价为：1064000	26cm×16.5cm	1,063,972	泰和嘉成	2011.5.29
书传大全十卷明胡广等撰(10册)		1,008,000	博古斋	2011.6.26
世说新语补二十卷 明何良俊撰		190,400	博古斋	2011.6.26
史记纂	25.7cm×16.5cm	548,800	泰和嘉成	2011.5.29
史记一百三十卷存七十卷(汉)司马迁撰	30.4cm×17.6cm	241,500	卓德国际	2011.7.10
史记一百三十卷(汉)司马迁撰	29.9cm×17.5cm	109,250	卓德国际	2011.7.10
史记一百三十卷 汉司马迁撰		560,000	博古斋	2011.6.26
史记七十卷(汉)司马迁著	31cm×21.8cm	207,000	卓德国际	2011.7.10
史记评林一百三十卷 明凌稚隆辑校		112,000	博古斋	2011.6.26
史记评林(存卷一至三十八、卷六十七至一百三十)(明)凌稚隆辑	30cm×20cm	264,500	卓德国际	2011.7.10
史记卷四十五	27.5cm×18.5cm	460,000	北京歌德	2011.6.4
史记卷四十七	27.5cm×18.5cm	632,500	北京歌德	2011.6.4
史记卷第四十六(汉)司马迁著	27.6cm×18.6cm	552,000	卓德国际	2011.7.10
史记	26.5cm×17cm	179,200	泰和嘉成	2011.5.29
史荟	26.5cm×17cm	253,000	北京歌德	2011.6.4
十竹斋书画谱	27cm×30cm	333,500	泰和嘉成	2011.11.27
十竹斋书画谱	30cm×17cm	138,000	朵云轩	2011.7.4
十竹斋笺谱第一册	35cm×23cm	149,500	泰和嘉成	2011.11.27
十竹斋笺谱初集	34.5cm×23cm	80,500	北京保利	2011.6.3
十三经注疏三百三十三卷	23.9cm×15.8cm	287,500	北京保利	2011.6.3
十三经注疏	22.2cm×15.3cm	138,000	西泠拍卖	2011.7.18
十三经注疏	12.5cm×18cm	80,500	中国嘉德	2011.09.19
十七史详节二百七十三卷宋吕祖谦辑		862,400	博古斋	2011.6.26
十家宫词 (一函二册)	13.8cm×17cm	195,500	中国嘉德	2011.3.22
圣祖玄烨 清康熙52年(1713)御选唐诗三十二卷目録三卷	27.4cm×16.1cm	241,500	北京保利	2011.12.05
圣谕像解	30cm×18cm	172,500	泰和嘉成	2011.11.27
圣门传诗嫡冢十六卷(明)凌蒙初撰	27.6cm×17cm	105,800	卓德国际	2011.7.10

拍品名称	尺寸	成交价RMB	拍卖公司	拍卖日期
沈约撰 宋书一百卷	15cm×22.7cm	218,500	中国嘉德	2011.11.12
沈德潜撰 古诗源十四卷	13.7cm×17cm	109,250	中国嘉德	2011.09.19
少微先生资治通鉴外纪节要五卷、少微先生节要二十卷卷首四卷、四明先生续资治通鉴节要二十卷	24cm×14.4cm	896,000	上海国拍	2011.6.24
少微通鉴节要五十卷外纪四卷(宋)江贽撰	30.9cm×19.1cm	2,530,000	卓德国际	2011.7.10
尚书注疏	26.4cm×16cm	218,500	北京歌德	2011.6.4
尚书周书	35cm×23.5cm	51,750	北京歌德	2011.6.4
赏奇轩四种合编 (一函四册)	17.8cm×28.5cm	80,500	中国嘉德	2011.3.22
商浚校 东坡先生志林十二卷	14.4cm×21cm	59,800	中国嘉德	2011.5.22
剡川姚氏本战国策附札记	30.2cm×18cm	195,500	泰和嘉成	2011.11.27
山带阁集三十三卷	25.7cm×16.6cm	138,000	北京歌德	2011.6.4
三经评注	29.5cm×19.5cm	1,176,000	泰和嘉成	2011.5.29
三教搜神大全	26.7cm×15.5cm	138,000	北京歌德	2011.6.4
三国志六十五卷(晋)陈寿撰	32.7cm×21.9cm	241,500	卓德国际	2011.7.10
三国志六十五卷(晋)陈寿著	30.3cm×18cm	172,500	卓德国际	2011.7.10
三国志六十五卷	21.3cm×14.3cm	57,500	西泠拍卖	2011.7.18
三国绘像	20.5cm×14cm	109,250	北京歌德	2011.6.4
三古图三十卷	24.2cm×15.4cm	207,000	卓德国际	2011.7.10
三藏法师玄奘译 大般若波罗密多经卷第一百七十七	29.8cm×928cm	299,000	北京保利	2011.6.3
儒学警悟	30cm×18cm	112,700	泰和嘉成	2011.11.27
容斋随笔十六卷续笔十六卷三笔十六卷四笔十六卷五笔十卷(南宋)洪迈著	26.9cm×16.9cm	138,000	卓德国际	2011.7.10
日本昭和10(1935)年 支那南画大成正续集	尺寸不一	103,500	朵云轩	2011.12.16
纫斋画賸不分卷	22.4cm×11.7cm	55,200	西泠拍卖	2011.7.18
任熊绘 列仙酒牌 (一册)	7.4cm×17.3cm	86,250	中国嘉德	2011.3.22
任渭长酒牌 三十三剑客 高士传三种	17.4cm×17.5cm	94,300	中国嘉德	2011.09.19
阙里志	31.5cm×19.7cm	138,000	北京歌德	2011.6.4
区奉政遗稿	31.2cm×17cm	103,500	卓德国际	2011.7.10
邱海二公集	26cm×17cm	92,000	北京歌德	2011.6.4
清遵义郑珍撰 巢经巢诗钞九卷、巢经巢诗抄后集四卷	26.9cm×16.3cm	57,500	北京保利	2011.6.3
清朱彝尊辑 明诗综一百卷	25cm×15.9cm	69,000	北京保利	2011.6.3
清袁宫桂撰 洴澼百金方十四卷	27.6cm×18.3cm	80,500	北京保利	2011.6.3
清袁栋撰 书隐丛说十九卷	26cm×16.5cm	253,000	北京保利	2011.6.3
清许琏编选 六朝文絜四卷	30cm×17cm	368,000	北京保利	2011.6.3
清徐乃昌辑 小檀乐室汇刻闺秀词十集	29.5cm×17.2cm	109,250	北京保利	2011.6.3
清吴平斋鉴藏 二百兰亭斋古印考藏六卷		57,500	北京保利	2011.6.3
清吴见思撰 杜诗论文五十六卷	25.2cm×16.4cm	57,500	北京保利	2011.6.3
清吴焕采绘 兰石画谱四卷	45.5cm×29.5cm	149,500	北京保利	2011.6.3
清吴大澂撰 古玉图考	31.8cm×20.4cm	149,500	北京保利	2011.6.3
清王士祯撰 西城别墅记	25.7cm×16.9cm	55,200	北京保利	2011.6.3
清上官周著 晚笑堂画传三卷	32cm×21cm	57,500	北京保利	2011.6.3
清钱谦益撰、钱曾注 牧斋初学集诗注二十卷有学集诗注十四卷	26.3cm×16.5cm	97,750	北京保利	2011.6.3
清潘锦摹写、秦祖永鉴定三国画像二卷	20.8cm×14.2cm	92,000	北京保利	2011.6.3
清末民国年石印本九种	尺寸不一	55,200	北京保利	2011.6.3
清罗振玉类次 三代吉金文存	36.2cm×24.4cm	69,000	北京保利	2011.6.3
清李宜开篆刻 师古堂印谱五卷附印说一卷	28.9cm×19.9cm	80,500	北京保利	2011.6.3
清刻书籍一批 103册 纸本	尺寸不一	92,000	北京保利	2011.6.3
清金和著 秋蟪吟馆诗钞七卷	32.3cm×20.3cm	115,000	北京保利	2011.6.3
清嘉庆年 百宋一廛赋注一卷、汪本隶释刊误一卷	28.3cm×17.7cm	109,250	北京保利	2011.12.05
清黄鹓辑篆 诗篆存稿八卷	25.4cm×15.3cm	80,500	北京保利	2011.6.3
清胡介祉辑、许容篆刻 谷园印谱六卷	28.3cm×19.1cm	402,500	北京保利	2011.6.3
清高宗弘历辑 御选唐宋诗醇四十七卷目录二卷	28.5cm×16.5cm	92,000	北京保利	2011.6.3

拍品名称	尺寸	成交价RMB	拍卖公司	拍卖日期
清曹雪芹、高鹗撰、王希廉评 红楼梦一百二十卷	19.6cm×13.3cm	253,000	北京保利	2011.6.3
清鄂尔泰等辑《钦定授时通考》		89,700	北京纳高	2011.7.7
青琐高议前集十卷后集十卷别集七卷	30.6cm×18.5cm	63,250	北京翰海	2011.5.19
青山集	32cm×22cm	460,000	泰和嘉成	2011.11.27
琴学丛书二十四卷	26.5cm×17.5cm	69,000	朵云轩	2011.7.4
秦汉文归(明)钟惺辑	26cm×14cm	230,000	卓德国际	2011.7.10
秦汉文定	25.5cm×16cm	51,750	北京歌德	2011.6.4
钦定元承华事略补图六卷	25cm×17.4cm	184,000	北京翰海	2011.5.19
钦定西清古鉴四十卷钱録十六卷	25.7cm×15.5cm	74,750	北京保利	2011.6.3
钦定书经图说五十卷(清)孙家鼐等奉敕撰	32.2cm×21.4cm	276,000	卓德国际	2011.7.10
钦定明鉴二十四卷首一卷(清)托津等撰	29cm×17.1cm	138,000	卓德国际	2011.7.10
钦定古今图书集成明伦汇编闺媛典存二十九卷	21.2cm×14.8cm	287,500	西泠拍卖	2011.7.18
钦定古今图书集成 山川典罗浮山部汇考 (一册)	21.3cm×14.9cm	115,000	中国嘉德	2011.3.22
乾隆抄本百二十回红楼梦稿等五种 (四十三册)	尺寸不一	59,800	中国嘉德	2011.3.22
钱君匋获印录	25.5cm×15cm	172,500	朵云轩	2011.7.4
钱胡两家印辑	19.5cm×13cm	109,250	朵云轩	2011.7.4
钱坫 民国年 十六长乐堂古器款识考四卷	32.5cm×22.1cm	80,500	北京保利	2011.12.05
前后汉书	29.3cm×19.7cm	55,200	北京歌德	2011.6.4
棋经十三篇	28cm×27.6cm	207,000	北京歌德	2011.6.4
齐白石早期画集等48册		126,500	朵云轩	2011.10.13
齐白石印集	12.2cm×28cm	66,700	中国嘉德	2011.09.19
齐白石画集	31.5cm×22cm	92,000	朵云轩	2011.7.4
齐白石港台和海外出版画集、展览展销图录等28册		94,300	朵云轩	2011.10.13
葡萄牙耶稣会士阳玛诺译、清吕若翰注释 轻世金书便览四卷	27.3cm×16.1cm	63,250	北京保利	2011.6.3
坡仙集	26.7cm×16.5cm	105,800	北京歌德	2011.6.4
平津馆丛书三十二种		575,000	北京翰海	2011.5.19
佩文斋咏物诗选四百八十六卷(清)张玉书等编	22.8cm×14.5cm	402,500	卓德国际	2011.7.10
佩文斋书画谱一百卷 清孙岳颁等纂		173,600	博古斋	2011.6.26
佩文斋书画谱	23cm×14.5cm	134,400	泰和嘉成	2011.5.29
佩文韵府一百六卷清张玉书等撰		425,600	博古斋	2011.6.26
佩文韵府	21.5cm×13.5cm	138,000	泰和嘉成	2011.11.27
攀古楼彝器款识	30cm×18cm	63,250	北京歌德	2011.6.4
潘天寿李可染画册10册		70,150	朵云轩	2011.10.13
欧子健集	25.7cm×15.2cm	74,750	北京歌德	2011.6.4
欧阳询撰 艺文类聚一百卷	15.8cm×22.5cm	805,000	中国嘉德	2011.11.12
欧阳修 元大德9年(1305) 唐书二百二十五卷(零本)	31.5cm×19cm	55,200	北京保利	2011.12.05
欧阳修清宣统年五代史七十四卷	29.8cm×17.5cm	74,750	北京保利	2011.12.05
欧阳文忠公全集 宋欧阳修撰		100,800	博古斋	2011.6.26
农政全书六十卷(明)徐光启著	27cm×16.7cm	161,000	卓德国际	2011.7.10
南史八十卷北史一百卷 唐李延寿撰		201,600	博古斋	2011.6.26
南史	26.7cm×17cm	299,000	北京歌德	2011.6.4
南华真经十卷(晋)郭象注	26cm×17.3cm	402,500	卓德国际	2011.7.10
南华经	26.5cm×17cm	504,000	泰和嘉成	2011.5.29
南丰先生元丰类稿五十一卷 宋曾巩撰	26.4cm×16.6cm	616,000	上海国拍	2011.6.24
纳兰性德 清同治12年(1873) 通志堂经解一百四十种一千八百六十卷	28.9cm×17.6cm	517,500	北京保利	2011.12.05
明张介宾类注 类经三十二卷	25.3cm×15.9cm	74,750	北京保利	2011.6.3
明叶向高辑 叶太史参补古今大方诗经大全十五卷小序一卷图一卷纲领一卷	27cm×16.5cm	69,000	北京保利	2011.6.3
明王畿撰、李贽评 卓吾先生批评龙溪王先生语录钞八卷	26.4cm×16.6cm	69,000	北京保利	2011.6.3

拍品名称	尺寸	成交价RMB	拍卖公司	拍卖日期
明宋侃篆刻 新安休邑程衙发刻古今印章一卷	27cm×16.4cm	86,250	北京保利	2011.6.3
明邵经邦撰弘简録二百五十四卷	25.2cm×16.5cm	69,000	北京保利	2011.6.3
明清画苑尺牍等珂罗版画册	尺寸不一	112,700	朵云轩	2011.7.4
明清画苑尺牍	32.7cm×22cm	97,750	西泠拍卖	2011.7.18
明彭泽、汪舜民纂修 徽州府志十二卷	28.2cm×16.7cm	345,000	北京保利	2011.6.3
明茅坤辑 唐宋八大家文抄	26.3cm×16.8cm	161,000	北京保利	2011.6.3
明毛晋编 三家宫词三卷、二家宫词二卷	24.6cm×15.7cm	55,200	北京保利	2011.6.3
明刘效祖等纂修四镇三关志十卷	31.1cm×19.3cm	356,500	北京保利	2011.6.3
明凌稚隆辑 史记纂二十四卷	27cm×17.5cm	483,000	北京保利	2011.6.3
明凌稚隆辑 汉书评林一百卷	29.1cm×17.8cm	92,000	北京保利	2011.6.3
明李载贽撰 藏书六十八卷	27cm×17cm	172,500	北京保利	2011.6.3
明李廷机精选 精选举业切要百子粹言分类注释文海波澜二卷	24.2cm×14cm	161,000	北京保利	2011.6.3
明乐韶凤、宋濂等撰 洪武正韵十六卷	30.9cm×19.4cm	109,250	北京保利	2011.6.3
明刻套色西厢记图册	32cm×39cm	80,500	朵云轩	2011.7.4
明刻套色西厢记	32cm×40cm	63,250	北京歌德	2011.6.4
明景宋刊童蒙训三卷(宋)吕本中撰	29.8cm×20cm	103,500	卓德国际	2011.7.10
明归有光撰 震川先生集三十卷别集十卷附录一卷	32.1cm×19cm	92,000	北京保利	2011.6.3
明冯惟讷辑 诗纪一百三十卷前集十卷外集四卷别集十二卷	28.9cm×17.8cm	1,380,000	北京保利	2011.6.3
明方于鲁著 方氏墨谱六卷	27.9cm×18cm	667,000	北京保利	2011.6.3
明代 宋珏尺牍		172,500	北京翰海	2011.5.19
明陈仁锡评阅资治通鉴二百九十四卷、通鉴释文辨误十二卷、资治通鉴目录三十卷、宋元通鉴一百五十七卷、甲子会纪五卷	27cm×17.8cm	264,500	北京保利	2011.6.3
明陈仁锡评 新刻明卿陈太史校正古本历史大方通鉴四十一卷	26.1cm×15.8cm	115,000	北京保利	2011.6.3
明陈阶辑 日涉编十二卷	27.1cm×16.9cm	172,500	北京保利	2011.6.3
明王鏊 王文恪公集三十六卷附鹃音一卷白社诗草一卷	28cm×18cm	287,500	朵云轩	2011.7.4
明高启撰 青丘高季迪先生诗集	25.5cm×17.5cm	55,200	朵云轩	2011.7.4
明 熊宗立撰《居家必用事类全集》		97,750	北京纳高	2011.7.7
名山图	19.2cm×14.3cm	207,000	中国嘉德	2011.11.12
名人书画集三十集	40cm×28cm	59,800	朵云轩	2011.7.4
民国年 明清藏书家尺牍(有吴湖帆题文)	33.2cm×22.7cm	80,500	北京保利	2011.12.05
民国贾恩绂撰南宫县志二十六卷	28cm×17.4cm	51,750	北京保利	2011.6.3
民国36年(1947) 域外所藏中国古画集正续编	38.5cm×26.5cm	89,700	朵云轩	2011.12.16
民国22年(1933) 兰陵笑笑生著 金瓶梅词话一百回		132,250	北京保利	2011.12.05
民国 喜咏轩丛书五编	30cm×18.5cm	1,176,000	上海国拍	2011.12.16
妙法莲花经七卷 (一函七册)	12cm×25.2cm	94,300	中国嘉德	2011.3.22
米海岳书史 (一册)	24cm×16cm	380,800	泰和嘉成	2011.5.29
梦轩变古笺谱	31.5cm×21cm	287,500	朵云轩	2011.7.4
梦窗丙稿一卷 丁稿一卷 绝笔一卷 补遗一卷		3,220,000	西泠拍卖	2011.7.18
孟子十四卷	24cm×17.2cm	86,250	北京翰海	2011.5.19
孟子十四卷	24cm×17.2cm	82,800	北京翰海	2011.5.19
孟子七卷 (四册)	16.6cm×22.7cm	195,500	中国嘉德	2011.3.22
孟子集注大全 (五册)	17.7cm×26.2cm	149,500	中国嘉德	2011.3.22
孟浩然诗集上下卷	26.5cm×18cm	414,400	泰和嘉成	2011.5.29
孟浩然集	24.5cm×16.6cm	264,500	北京歌德	2011.6.4
孟东野集十卷附一卷(唐)孟郊著	26.9cm×17.4cm	230,000	卓德国际	2011.7.10
美人书	16.5cm×10.8cm	115,000	北京翰海	2011.5.19
湄湖吟集十一卷	25cm×15cm	92,000	北京歌德	2011.6.4
梅苑十卷(宋)黄大舆纂	24.3cm×15.8cm	345,000	卓德国际	2011.7.10
茅坤辑 史记钞 (十六册)	14.5cm×20cm	253,000	中国嘉德	2011.3.22
茅坤 明万历7年(1579) 唐宋八大家文抄一百四十四卷	25cm×16cm	92,000	北京保利	2011.12.05
毛晋订 孙可之集十卷	14.2cm×18.5cm	115,000	中国嘉德	2011.5.22
洛阳伽蓝记五卷(后魏)杨玄之撰	16.2cm×25.4cm	138,000	卓德国际	2011.7.10

2011杂项拍卖成交汇总

(成交价RMB：5万元以上)

拍品名称	尺寸	成交价RMB	拍卖公司	拍卖日期
洛阳伽蓝记	24.5cm×16cm	179,200	泰和嘉成	2011.5.29
萝轩变古笺谱	31.5cm×21cm	172,500	泰和嘉成	2011.11.27
萝轩变古笺谱	15.2cm×21.2cm	161,000	中国嘉德	2011.5.22
论语十卷（五册）	16.7cm×21.7cm	310,500	中国嘉德	2011.3.22
论语十卷（二册）	16.6cm×22.7cm	126,500	中国嘉德	2011.3.22
论语十卷	24cm×17.2cm	71,300	北京翰海	2011.5.19
论语集注十卷序说一卷 宋·朱熹集注		896,000	博古斋	2011.6.26
论语	31.2cm×21cm	55,200	北京歌德	2011.6.4
陆宣公集	27.5cm×17.5cm	195,500	泰和嘉成	2011.11.27
陆西星撰 南华真经副墨八卷	13cm×20.5cm	92,000	中国嘉德	2011.11.12
陆润庠 等 清光绪31年(1905) 钦定书经图说五十卷	32.3cm×21.5cm	172,500	北京保利	2011.12.05
陆德明 清嘉庆11年(1806) 礼记二十卷附考异二卷附礼记释文	29.6cm×18.7cm	276,000	北京保利	2011.12.05
卢见曾纂 国朝山左诗抄六十卷（一函二十册）	14.3cm×18.2cm	109,250	中国嘉德	2011.3.22
卢见曾编 北梦琐言二十卷	14.4cm×18.2cm	149,500	中国嘉德	2011.5.22
六书分类增编	21cm×11.7cm	103,500	北京歌德	2011.6.4
六度集经八卷	26.7cm×17.6cm	115,000	卓德国际	2011.7.10
六臣注文选六十卷诸儒议论一卷 唐李善等注		672,000	博古斋	2011.6.26
六臣注文选六十卷(梁)昭明太子撰	28.4cm×17.5cm	1,092,500	卓德国际	2011.7.10
六朝文絜四卷 清许梿撰		168,000	博古斋	2011.6.26
六朝文絜	28cm×16cm×6	168,000	泰和嘉成	2011.5.29
柳宗元 蒋之翘 明崇祯6年(1633) 唐柳河东集四十五卷外集五卷遗文一卷	26.2cm×17.3cm	86,250	北京保利	2011.12.05
柳文四十三卷别集二卷外集二卷附录一卷	29cm×16.5cm	747,500	北京歌德	2011.6.4
柳河东集四十五卷外集上下卷龙城录上下卷附录上下卷	13.5cm×19.8cm	805,000	中国嘉德	2011.11.12
刘义庆撰 王世懋批点 世说新语八卷	14.6cm×20.7cm	598,000	中国嘉德	2011.11.12
刘义庆撰 刘孝標注 世说新语上中下卷	15.2cm×20cm	552,000	中国嘉德	2011.11.12
刘向说苑(汉)刘向撰	26.7cm×17.5cm	109,250	卓德国际	2011.7.10
刘宋王义庆撰、梁刘孝标注、明王世懋批点 世说新语八卷	26.3cm×15.9cm	86,250	北京保利	2011.6.3
刘宋范晔撰后汉书一百三十卷	34cm×21.5cm	74,750	北京保利	2011.6.3
刘长卿撰 唐刘随州诗集十一卷外集一卷	14.1cm×20.1cm	253,000	中国嘉德	2011.11.12
凌稚隆 明万历 史记纂二十四卷 明吴兴凌稚隆辑	26.5cm×17cm	504,000	上海国拍	2011.12.16
林纾译著巴黎茶花女遗事(一册)	11.8cm×15.4cm	109,250	中国嘉德	2011.3.22
林和靖著《林和靖集四卷》		86,250	北京纳高	2011.7.7
林风眠画集、全集等18册		104,650	朵云轩	2011.10.13
列子冲虚真经	31cm×20cm	425,600	泰和嘉成	2011.5.29
列朝诗集小传十卷	26cm×17cm	134,400	泰和嘉成	2011.5.29
辽史一百十六卷(元)脱脱等撰	27.8cm×18.6cm	690,000	卓德国际	2011.7.10
两汉纪六十卷 汉荀况 晋袁宏 撰		414,400	博古斋	2011.6.26
梁萧统辑、唐李善注 文选六十卷	25.5cm×15.9cm	92,000	北京保利	2011.6.3
梁诗正 蒋溥等撰 西清古鉴四十卷 钱录十六卷		161,000	中国嘉德	2011.09.19
梁沈约撰 宋书一百卷	32.5cm×22cm	1,725,000	北京保利	2011.6.3
隶辨	27.5cm×19cm	92,000	北京歌德	2011.6.4
励廷仪撰 双清阁诗稿八卷	13.7cm×17.7cm	103,500	中国嘉德	2011.09.19
丽楼丛书	26cm×17cm	207,000	泰和嘉成	2011.11.27
历代史约不分卷	29.7cm×20cm	896,000	上海国拍	2011.6.24
历代神仙通鉴	25.5cm×15.5cm	55,200	北京歌德	2011.6.4
历代画像传（四册）	16.8cm×22.8cm	101,200	中国嘉德	2011.3.22
历代画像传	28.8cm×20.5cm	149,500	北京歌德	2011.6.4
历代画像传	16.8cm×22.5cm	92,000	中国嘉德	2011.09.19
理学类编八卷	28.5cm×19.5cm	287,500	北京歌德	2011.6.4
李卓吾先生批评西游记绣像	25cm×16cm	356,500	泰和嘉成	2011.11.27
李卓吾先生批评红拂记	27.5cm×17.5cm	874,000	泰和嘉成	2011.11.27
李贞绘 十八罗汉、观音三十二应身画像	30.2cm×16.8cm	460,000	北京翰海	2011.5.19
李义山诗集十六卷	14.5cm×19cm	103,500	中国嘉德	2011.11.12
李太白文集三十卷	11.3cm×18cm	94,300	中国嘉德	2011.11.12
李鹏飞 明 三元延寿参赞书五卷	28.3cm×15.9cm	299,000	北京保利	2011.12.05
李明仲营造法式	21.5cm×18.5cm	184,000	北京翰海	2011.5.19
李君虞诗集	23.2cm×16cm	276,000	泰和嘉成	2011.11.27
李昉等奉敕撰 太平御览一千卷	13.5cm×18.2cm	368,000	中国嘉德	2011.11.12
李焘 明弘治14年(1501) 重刊许氏说文解字五音韵谱十二卷	30.7cm×20.7cm	149,500	北京保利	2011.12.05
李长吉歌诗		347,200	泰和嘉成	2011.5.29
李白 杨齐贤 郭云鹏 等 明嘉靖22年(1543) 分类补注李太白诗二十五卷、分类编次李太白文五卷	28.8cm×18.3cm	805,000	北京保利	2011.12.05
李白 清康熙56年(1717) 李太白文集三十卷	29.3cm×18.3cm	391,000	北京保利	2011.12.05
礼记二十卷存二卷，毛诗二十卷存十卷郑氏注	27.7cm×16.7cm	138,000	卓德国际	2011.7.10
梨云馆类定袁中郎全集	27.5cm×17cm	253,000	北京歌德	2011.6.4
雷峰塔经卷	244cm×16cm	126,500	朵云轩	2011.7.4
乐善堂全集四十卷	19.1cm×14.1cm	189,750	北京翰海	2011.5.19
乐府诗集一百卷（二函十二册）	14.4cm×19cm	59,800	中国嘉德	2011.3.22
乐府诗集一百卷		1,840,000	北京翰海	2011.11.17
老子道德经上下两卷	20cm×14.2cm	138,000	卓德国际	2011.7.10
兰陵笑笑生撰 金瓶梅一百回	24.8cm×16cm	253,000	北京保利	2011.6.3
恐高寒斋诗(民国)袁励准著	29.1cm×17cm	103,500	卓德国际	2011.7.10
孔子圣迹图	38.5cm×55.5cm	138,000	北京歌德	2011.6.4
康有为撰 伪经考十四卷（一函六册）	12.5cm×16cm	92,000	中国嘉德	2011.3.22
康麟辑 雅音会编	15cm×20cm	345,000	中国嘉德	2011.5.22
聚学轩丛书 清刘世衍辑(100册)		134,400	博古斋	2011.6.26
钜宋广韵五卷（晋）陆法言撰，长孙讷言笺注	25.3cm×17cm	33,350,000	卓德国际	2011.7.10
居家必用事类全集存丁集(一册)		80,500	中国嘉德	2011.3.22
居家必用事类大全	29cm×17.8cm	80,500	北京歌德	2011.6.4
旧约全书	24cm×14.5cm	55,200	北京歌德	2011.6.4
九经字样（一册）	16.6cm×22.7cm	59,800	中国嘉德	2011.3.22
九经三传沿革例	33cm×22cm	57,500	北京歌德	2011.6.4
鸠摩罗什译 妙法莲花经七卷	15.6cm×21.8cm	80,500	中国嘉德	2011.11.12
景宋蜀本孔子家语附札记	38.5cm×24cm	109,760	泰和嘉成	2011.5.29
荆川文集十八卷(明)唐顺之撰	28.1cm×18.1cm	161,000	卓德国际	2011.7.10
经史证类大观本草三十一卷	29.8cm×17.9cm	92,000	北京翰海	2011.5.19
经史证类大观本草本草衍义	29cm×17cm	103,040	泰和嘉成	2011.5.29
晋书	26.3cm×17cm	101,200	北京歌德	2011.6.4
近光集	25.5cm×17.5cm	86,250	北京歌德	2011.6.4
近代缶庐印存初集二集三集四集	29.3cm×13cm	74,750	北京保利	2011.12.05
金元好问辑 中州集十卷卷首一卷	26.7cm×17.3cm	63,250	北京保利	2011.6.3
金石索十二卷	35.5cm×24cm	63,250	朵云轩	2011.12.16
金石索	35.5cm×25cm	78,200	北京歌德	2011.6.4
金瓶梅	31cm×17cm	2,185,000	泰和嘉成	2011.11.27
金刚恐怖集会方广轨仪观自在菩萨三世最胜心明王经	35cm×22.5cm	862,500	泰和嘉成	2011.11.27
金丹正理大全金丹大要十卷	25.8cm×16cm	184,000	卓德国际	2011.7.10
焦延寿清嘉庆年 焦氏易林十六卷	28.3cm×17.6cm	63,250	北京保利	2011.12.05
焦氏 易林上下卷	14.7cm×19.3cm	218,500	中国嘉德	2011.11.12
焦竑撰 玉堂丛语八卷（一函八册）	14.4cm×20.1cm	94,300	中国嘉德	2011.3.22
椒园诗钞	26.5cm×17.3cm	92,000	北京歌德	2011.6.4
蒋良骐著 奕赓校证 东华录三十二卷（二函十六册）	13.2cm×19cm	195,500	中国嘉德	2011.3.22
蒋凤藻辑 铁华馆丛书	18.5cm×29.3cm	115,000	中国嘉德	2011.11.12
姜夔 清乾隆8年(1743) 白石道人歌曲四卷别集一卷、白石道人诗集二卷集外诗一卷诗说一卷	27.3cm×17.1cm	138,000	北京保利	2011.12.05
剑侠传四卷	26.5cm×15cm	74,750	朵云轩	2011.7.4
剑南诗稿八十五卷(宋)陆游撰	23.5cm×15.7cm	172,500	卓德国际	2011.7.10
剑南诗稿八十五卷	19cm×14.4cm	690,000	西泠拍卖	2011.7.18
纪昀评点 苏文忠公诗集五十卷	13cm×17.4cm	51,750	中国嘉德	2011.11.12
集千家注杜工部诗集	25cm×17cm	920,000	北京歌德	2011.6.4
绘像列仙传	25.5cm×15cm	57,500	北京歌德	2011.6.4
挥麈录二卷(宋)王明清撰	25.9cm×17.1cm	115,000	卓德国际	2011.7.10

拍品名称	尺寸	成交价RMB	拍卖公司	拍卖日期
黄休复 民国 茅亭客话十卷	31.7cm×22.1cm	74,750	北京保利	2011.12.05
黄庭坚撰 豫章先生遗文十二卷	14.2cm×20.2cm	322,000	中国嘉德	2011.11.12
黄庭坚 清光绪乙未年(1895)山谷诗集注二十卷、山谷外集诗注十七卷、山谷别集二卷	31cm×21cm	69,000	北京保利	2011.12.05
黄山志二卷	20.5cm×14.7cm	97,750	西泠拍卖	2011.7.18
黄山谷内外集	32cm×21cm	149,500	北京歌德	2011.6.4
黄瑞杰附录 朱子成书西铭一卷(一册)	12.5cm×20cm	322,000	中国嘉德	2011.3.22
黄汝成撰 日知录集释三十二卷刊误上下卷	13.3cm×18.8cm	94,300	中国嘉德	2011.11.12
黄潜撰 金华黄先生文集 存卷十三	14.4cm×23.2cm	92,000	中国嘉德	2011.09.19
黄达云先生藏《钱南园杜甫客至诗》底稿	40cm×23cm	207,000	泰和嘉成	2011.11.27
黄宾虹早期画册4册		57,500	朵云轩	2011.10.13
皇朝通志一百二十六卷(清)嵇璜等纂	29cm×17cm	172,500	卓德国际	2011.7.10
皇朝词林典故	26cm×16.5cm	74,750	北京歌德	2011.6.4
淮南鸿烈解二十一卷 汉高诱注		302,400	博古斋	2011.6.26
淮南鸿烈解二十一卷	27cm×18cm	918,400	泰和嘉成	2011.5.29
淮南鸿烈解	27cm×18cm	943,000	北京歌德	2011.6.4
画禅室随笔	24cm×15cm	230,000	北京歌德	2011.6.4
花间集	26.5cm×16.5cm	690,000	泰和嘉成	2011.11.27
花间集	26cm×18cm	448,000	泰和嘉成	2011.5.29
虎禅师论佛杂文一卷 续一卷 二续一卷	31.5cm×19cm	92,000	朵云轩	2011.12.16
胡广等撰 大学章句大全	18.1cm×26.2cm	57,500	中国嘉德	2011.09.19
胡凤丹辑 韦苏州集十卷 柳柳州集四卷(一函六册)	12.5cm×17.9cm	69,000	中国嘉德	2011.3.22
后秦鸠摩罗什译 妙法莲华经卷七卷	33.5cm×12.2cm	161,000	北京保利	2011.6.3
鸿雪因缘图记(二函十册)	13.2cm×19.9cm	471,500	中国嘉德	2011.3.22
鸿雪因缘图记(二册)	13cm×20.1cm	59,800	中国嘉德	2011.3.22
鸿雪因缘记初二集	30cm×17cm	224,000	泰和嘉成	2011.5.29
洪遵 清嘉庆己卯年(1819)洪氏集验方五卷	28.3cm×17.7cm	57,500	北京保利	2011.12.05
洪武正韵十六卷(明)乐韶凤、宋濂撰	29.7cm×17.3cm	460,000	卓德国际	2011.7.10
洪武正韵十六卷	27.4cm×16.2cm	402,500	卓德国际	2011.7.10
洪莲撰 容斋随笔十六卷 续笔十六卷 三笔十六卷 四笔十六卷 五笔十卷	13.8cm×19cm	115,000	中国嘉德	2011.5.22
红楼梦一百二十回 清王希廉评		280,000	博古斋	2011.6.26
红楼梦图咏	33cm×22.3cm	115,000	北京歌德	2011.6.4
红楼梦图咏	22.5cm×14.8cm	109,250	西泠拍卖	2011.7.18
红楼梦	16.5cm×11cm	80,500	北京歌德	2011.6.4
何湛之校刊 韦苏州集十卷	14.3cm×19.8cm	74,750	中国嘉德	2011.11.12
何士信 明嘉靖33年(1554)草堂诗余前集二卷(存卷上)	27.5cm×16.5cm	71,300	北京保利	2011.12.05
何景明撰 何氏集二十六卷	13.5cm×16.8cm	287,500	中国嘉德	2011.11.12
汉制考四卷(宋)王应麟撰	27.4cm×17cm	230,000	卓德国际	2011.7.10
汉魏六朝百三名家集 明张溥辑		672,000	博古斋	2011.6.26
汉魏丛书八十六种四百四十八卷	20cm×13.5cm	1,380,000	北京翰海	2011.5.19
汉魏丛书	10.1cm×14.5cm	57,500	中国嘉德	2011.11.12
汉铜印丛十二卷	19cm×11.5cm	63,250	朵云轩	2011.7.4
汉书评林一百卷 明凌稚隆辑		201,600	博古斋	2011.6.26
汉书地理志校本二卷	29.9cm×17.7cm	92,000	北京翰海	2011.5.19
汉书后汉书	28cm×19cm	268,800	泰和嘉成	2011.5.29
汉隶字源五卷碑目一卷(宋)娄机撰	30.9cm×19.5cm	345,000	卓德国际	2011.7.10
汉班固撰、唐颜师古注、明钟人杰评 汉书一百卷	26.6cm×16.6cm	86,250	北京保利	2011.6.3

拍品名称	尺寸	成交价RMB	拍卖公司	拍卖日期
汉班固撰 汉书一百卷	28cm×18.5cm	2,185,000	北京保利	2011.6.3
韩文四十卷外集十卷遗集一卷集传一卷	29.5cm×16.7cm	1,035,000	北京歌德	2011.6.4
韩非子二十卷(周)韩非著	25.6cm×16cm	552,000	卓德国际	2011.7.10
韩非撰 韩非子二十卷 识误三卷	13.3cm×18.1cm	82,800	中国嘉德	2011.5.22
寒山子诗	33.5cm×22.5cm	184,000	泰和嘉成	2011.11.27
邯郸记二卷	22.1cm×13.8cm	86,250	西泠拍卖	2011.7.18
国语九卷(明)闵齐伋注	30.8cm×18.6cm	747,500	卓德国际	2011.7.10
国语九卷	21.3cm×15.1cm	103,500	西泠拍卖	2011.7.18
国语二十一卷附校刊明道本韦氏解国语札记一卷	28.1cm×17.8cm	4,600,000	西泠拍卖	2011.7.18
国语二十一卷 札记一卷	14.6cm×20.4cm	74,750	中国嘉德	2011.5.22
国语二十一卷 吴韦昭解 宋宋庠补音	20cm×15cm	134,400	博古斋	2011.6.26
国语	26cm×16.5cm	345,000	北京歌德	2011.6.4
国朝山左诗钞	27cm×17.5cm	138,000	北京歌德	2011.6.4
郭氏刊经丛书	32.8cm×22cm	437,000	北京保利	2011.6.3
广韵(五册)	15.8cm×21.2cm	82,800	中国嘉德	2011.3.22
广汉魏丛书 明何允中辑		347,200	博古斋	2011.6.26
古逸丛书二十六种 清黎庶昌编		448,000	博古斋	2011.6.26
古逸丛书二百卷		402,500	卓德国际	2011.7.10
古文约选(清)方苞编	28.3cm×17.5cm	276,000	卓德国际	2011.7.10
古文约选	28cm×18.3cm	402,500	北京歌德	2011.6.4
古文渊鉴六十四卷 清徐乾学等辑		716,800	博古斋	2011.6.26
古文渊鉴六十四卷 清徐乾学等编注	27cm×15cm	201,600	博古斋	2011.6.26
古诗归十五卷(明)锺惺撰	26.6cm×17.4cm	920,000	卓德国际	2011.7.10
古诗归十五卷	27cm×18cm	1,008,000	泰和嘉成	2011.5.29
古今治平略三十三卷	19.3cm×14.1cm	241,500	北京翰海	2011.5.19
古今名家诗学会海大成	24.5cm×15cm	115,000	北京歌德	2011.6.4
古欢录	25.1cm×16.5cm	63,250	北京歌德	2011.6.4
古本戏曲丛刊一、二、三、四、九集		218,500	北京翰海	2011.5.19
高士传	30cm×18cm	253,000	泰和嘉成	2011.11.27
高青邱先生集	26.4cm×17.5cm	63,250	北京歌德	2011.6.4
改琦绘 红楼梦图咏(一函四册)	15.2cm×22.3cm	82,800	中国嘉德	2011.3.22
改琦绘 红楼梦图咏	16cm×22.5cm	138,000	中国嘉德	2011.11.12
覆宋淳佑本四书	37.5cm×23cm	241,500	泰和嘉成	2011.11.27
覆宋淳 民国 覆宋淳佑本四书	31.6cm×20.7cm	115,000	北京保利	2011.12.05
傅征君各体书法真迹		230,000	北京翰海	2011.5.19
傅抱石早期出版物6册		64,400	朵云轩	2011.10.13
傅抱石 中国篆刻史述略		2,240,000	江苏万达	2011.5.30
福庵藏印三集、五集	24.5cm×14.5cm	57,500	朵云轩	2011.7.4
缶庐印存初集二集三集四集(四函十六册)	9cm×15.2cm	161,000	中国嘉德	2011.3.22
佛说造塔功德经一卷	24.3cm×11.1cm	218,500	卓德国际	2011.7.10
佛说七俱胝佛母准提大明陀罗尼经	29.5cm×11.5cm	287,500	泰和嘉成	2011.11.27
佛顶心大陀罗尼经	32.5cm×11.5cm	437,000	泰和嘉成	2011.11.27
冯贽编 云仙散录十卷	13cm×20.3cm	57,500	中国嘉德	2011.11.12
分类补注李太白诗集二十五卷分类编次李太白文集五卷 唐李白撰；宋杨齐贤注；元萧士赟补注	26.2cm×17.2cm	560,000	上海国拍	2011.6.24
方正学先生逊志斋集二十四卷，拾补一卷，外纪一卷，年谱一卷	26cm×17cm	112,000	泰和嘉成	2011.5.29
方于鲁编 方氏墨谱六卷 序一卷	15cm×24.2cm	460,000	中国嘉德	2011.5.22
方孝孺 明崇祯16年(1643)方正学先生逊志斋集二十四卷拾补一卷外纪一卷年谱一卷	26.6cm×17.6cm	86,250	北京保利	2011.12.05
范晔撰 后汉书一百二十卷	14.2cm×19.4cm	517,500	中国嘉德	2011.5.22
泛槎图一卷续泛槎图一卷	21.8cm×16.1cm	115,000	西泠拍卖	2011.7.18

2011杂项拍卖成交汇总

(成交价RMB：5万元以上)

拍品名称	尺寸	成交价RMB	拍卖公司	拍卖日期
樊川文集二十卷外集一卷别集一卷 唐杜牧撰	19cm×13cm	448,000	博古斋	2011.6.26
尔雅上中下卷(一册)	16.6cm×22.7cm	66,700	中国嘉德	2011.3.22
尔雅三卷	28cm×22.6cm	63,250	西泠拍卖	2011.7.18
蛾术编八十二卷	23.8cm×15.2cm	149,500	北京翰海	2011.5.19
敦煌掇琐	13.5cm×17cm	69,000	中国嘉德	2011.11.12
对影闲吟草	26.6cm×16cm	57,500	北京歌德	2011.6.4
杜子美七言律	27cm×17.5cm	246,400	泰和嘉成	2011.5.29
杜诗选	27cm×18cm	368,000	北京歌德	2011.6.4
杜诗镜全二十卷读书堂杜工部文集注解二卷(唐)杜甫著	20cm×31cm	172,500	卓德国际	2011.7.10
杜牧撰 樊川文集二十卷 外集一卷 别集一卷	12.8cm×19cm	51,750	中国嘉德	2011.5.22
杜工部集	28.5cm×15.5cm	134,400	泰和嘉成	2011.5.29
杜甫 清光绪丙子(1876) 杜工部集二十卷	30cm×17cm	69,000	北京保利	2011.12.05
杜甫 清道光甲午年(1834)杜工部集二十卷	27cm×15.4cm	80,500	北京保利	2011.12.05
董诰等辑 全唐文一千卷目录三卷	14.4cm×20cm	4,945,000	中国嘉德	2011.11.12
冬心先生集	29.5cm×16.5cm	55,200	朵云轩	2011.7.4
东巡水路程站总图	21.5cm×224cm	69,000	北京歌德	2011.6.4
东西洋考	27.5cm×17.5cm	322,000	泰和嘉成	2011.11.27
东坡先生全集	26cm×16.6cm	287,500	北京歌德	2011.6.4
东坡(七集)	30cm×18cm	460,000	泰和嘉成	2011.11.27
东莱先生史记详节二十卷宋吕祖谦辑	19cm×13cm	229,600	博古斋	2011.6.26
东莱先生南史详节二十五卷 宋吕祖谦辑	19cm×14cm	134,400	博古斋	2011.6.26
丁日昌辑 百将图传上下卷(一函六册)		92,000	中国嘉德	2011.3.22
登坛必究	24cm×16cm	92,000	北京歌德	2011.6.4
大学一卷大学或问一卷(一册)	16.7cm×21.7cm	82,800	中国嘉德	2011.3.22
大学衍义通略卷一至卷二十一	25.5cm×16cm	224,000	泰和嘉成	2011.5.29
大学衍义补一百六十卷 明丘浚撰	17cm×13cm	492,800	博古斋	2011.6.26
大清律例	29.5cm×18cm	69,000	北京歌德	2011.6.4
大清高宗纯皇帝圣训三百卷	23.6cm×17cm	9,142,500	北京翰海	2011.5.19
大明正德乙亥重刊改併五音集韵十五卷【超大型本】金韩道昭重编	40.8cm×22.3cm	548,800	上海国拍	2011.6.24
大风堂名迹四集	39.5cm×29cm	287,500	西泠拍卖	2011.7.18
大方广佛华严经卷四十五	30.9cm×11.2cm	57,500	西泠拍卖	2011.7.18
大方广佛华严经卷第六十五 唐于阗国三藏沙门实叉难陀译	31.3cm×11.3cm	1,243,200	上海国拍	2011.6.24
大乘无量寿宗要经	31cm×671cm	322,000	西泠拍卖	2011.7.18
大藏一览集	23.5cm×13.5cm	862,500	北京歌德	2011.6.4
大波若波罗蜜多经卷第四百四十七	30cm×11.2cm	161,000	西泠拍卖	2011.7.18
大般若波罗蜜多经卷四百二十六	30.5cm×11.4cm	92,000	西泠拍卖	2011.7.18
大般若波罗蜜多经卷第八十三(一册)	11.4cm×24cm	632,500	中国嘉德	2011.3.22
大般涅盘经卷第七 北凉天竺三藏昙无谶于姑臧译	28.3cm×11.3cm	560,000	上海国拍	2011.6.24
淳化秘阁法帖考正	29cm×17.5cm	69,000	北京歌德	2011.6.4
春秋左氏经传集解	28cm×17.5cm	747,500	北京歌德	2011.6.4
春秋左传详节句解三十五卷(宋)朱申注释	27cm×17.8	897,000	卓德国际	2011.7.10
春秋左传十五卷	26.3cm×17.3cm	1,092,500	卓德国际	2011.7.10
春秋经传集解三十卷	28cm×17cm	230,000	朵云轩	2011.7.4
春秋经传集解	27.5cm×17.2cm	336,000	泰和嘉成	2011.5.29
春秋集传大全三十七卷附三卷(明)胡广等撰	26.9cm×15.9cm	1,150,000	卓德国际	2011.7.10
春秋胡传三十卷 宋胡安国撰		560,000	博古斋	2011.6.26
春秋谷梁传	25cm×16.5cm	112,000	泰和嘉成	2011.5.29
船山遗书(一箱一百二十七册)	12.5cm×19cm	69,000	中国嘉德	2011.3.22
褚藏言 民国年 窦氏联珠集	33.1cm×22.1cm	80,500	北京保利	2011.12.05
楚辞十七卷附录一卷	30.5cm×17.5cm	616,000	泰和嘉成	2011.5.29
楚辞八卷辩证二卷后语六卷	15.8cm×25.8cm	402,500	中国嘉德	2011.11.12
楚辞	27.5cm×18.2cm	310,500	泰和嘉成	2011.11.27
初学人物十八则	29cm×20.2cm	69,000	北京歌德	2011.6.4
崇百药斋文集二十卷续集四卷三集四卷	25.7cm×16.3cm	149,500	北京歌德	2011.6.4
赤水玄珠	25.8cm×16.3cm	126,500	北京歌德	2011.6.4
程氏墨苑	30cm×18.5cm	1,400,000	泰和嘉成	2011.5.29
程颢 程颐撰 二程先生书五十一卷	15.6cm×22.3cm	506,000	中国嘉德	2011.11.12
程敦 清乾隆丁未(1787)年秦汉瓦当文字二卷	30cm×20.5cm	155,250	北京保利	2011.12.05
诚斋先生易传二十卷(宋)杨万里著	28.5cm×17.5cm	575,000	卓德国际	2011.7.10
陈寅恪撰 元白诗笺证稿	12cm×19cm	92,000	中国嘉德	2011.11.12
陈寿 清 三国志六十五卷	27cm×17.2cm	368,000	北京保利	2011.12.05
陈仁锡评资治通鉴二百九十四卷、通鉴释文辩误十二卷、宋元通鉴一百五十七卷、甲子会纪五卷	20.7cm×15.1cm	690,000	北京翰海	2011.5.19
陈启源撰 毛诗稽古编三十卷(一函八册)	14.5cm×21cm	218,500	中国嘉德	2011.3.22
陈东 清 宋少阳公文集十卷	27.7cm×17.5cm	69,000	北京保利	2011.12.05
朝野新声太平乐府	32.5cm×21.5cm	115,000	泰和嘉成	2011.11.27
晁氏客语一卷，书断列传四卷，宝章待访录一卷，米元章书史一卷(宋)米芾等撰	25.4cm×17.2cm	184,000	卓德国际	2011.7.10
昌黎先生诗集注	26cm×17cm	92,000	北京歌德	2011.6.4
昌黎先生集四十卷遗文一卷集传一卷	13.5cm×20.5cm	805,000	中国嘉德	2011.11.12
昌黎先生集四十卷外集十卷遗文一卷朱子校昌黎先生集传一卷(唐)韩愈撰	30.7cm×17.3cm	1,035,000	卓德国际	2011.7.10
昌黎先生集四十卷外集十卷 唐韩愈撰	25.5cm×17cm	212,800	博古斋	2011.6.26
昌黎先生集四十卷外集十卷	13.6cm×20.5cm	89,700	中国嘉德	2011.11.12
茶史	28cm×17.5cm	184,000	泰和嘉成	2011.11.27
草堂诗余	26cm×17cm	436,800	泰和嘉成	2011.5.29
草堂诗余	29cm×18cm	80,500	北京歌德	2011.6.4
曹植撰 曹子建集十卷 疑字音释一卷	14.5cm×19.5cm	517,500	中国嘉德	2011.5.22
曹昭著 舒敏编校 新增格古要论十三卷	12.5cm×19.6cm	57,500	中国嘉德	2011.09.19
苍梧词十二卷		92,000	北京翰海	2011.11.17
沧溟先生集三十卷附录一卷(明)李攀龙著	22.7cm×17.9cm	1,058,000	卓德国际	2011.7.10
蚕尾续集	26.2cm×17cm	74,750	北京歌德	2011.6.4
蚕尾文集	26cm×17.3cm	51,750	北京歌德	2011.6.4
蚕尾诗集	26cm×17.3cm	66,700	北京歌德	2011.6.4
博古图三十卷(宋)王黼编	35.2cm×18.7cm	155,250	卓德国际	2011.7.10
泊如斋重修考古图十卷(宋)吕大临撰	28.7cm×14.7cm	460,000	卓德国际	2011.7.10
比丘开慧 清光绪7年(1881)释迦如来应化事迹	41.3cm×33cm	126,500	北京保利	2011.12.05
本草纲目	27cm×16.7cm	89,700	北京歌德	2011.6.4
北魏贾思勰撰 齐民要术十卷	26.3cm×17.1cm	109,250	北京保利	2011.6.3
北平笺谱	32.2cm×21cm	851,000	泰和嘉成	2011.11.27
北平笺谱	32cm×21.5cm	460,000	泰和嘉成	2011.11.27
北京荣宝斋诗笺谱四卷	31.2cm×21.3cm	69,000	北京保利	2011.6.3
鲍彪校 吴师道 张文耀 明万历 战国策谭椒十卷附录一卷	30.5cm×18.8cm	460,000	北京保利	2011.12.05
稗海四十八种二百八十八卷续二十二种一百六十一卷	21cm×14cm	920,000	北京翰海	2011.5.19
百纳本二十四史	20cm×13cm	280,000	泰和嘉成	2011.5.29
百花齐放	26cm×33cm	402,500	泰和嘉成	2011.11.27

拍品名称	尺寸	成交价RMB	拍卖公司	拍卖日期
白居易著 重刻白氏长庆集六十一卷	14.6cm×20.5cm	207,000	中国嘉德	2011.11.12
《资治通鉴》		172,500	北京纳高	2011.7.7
《真西山心经》		63,250	北京纳高	2011.7.7
《真西山读书记》第四十一卷		57,500	北京纳高	2011.7.7
《赵之谦悲庵胜墨》十册全		460,000	北京匡时	2011.12.05
《张太岳文集》		69,000	北京纳高	2011.7.7
《御制古文渊鉴》		184,000	北京纳高	2011.7.7
《渔洋山人感旧集》十六卷		69,000	北京纳高	2011.7.7
《续资治通鉴纲目卷之七十五》		92,000	北京纳高	2011.7.7
《吴诗集览》		101,200	北京纳高	2011.7.7
《棋经十三篇》		101,200	北京纳高	2011.7.7
《孟子》		299,000	北京纳高	2011.7.7
《陵阳先生诗集》		51,750	北京纳高	2011.7.7
《梁书列传》第五十六		103,500	北京纳高	2011.7.7
《楞严真经》		69,000	北京纳高	2011.7.7
《金石索》		115,000	中国嘉德	2011.5.13
《黄山谷诗集注》		105,800	北京纳高	2011.7.7
《皇明鸿猷录》		253,000	北京纳高	2011.7.7
《东洋陶瓷》一套十二本		97,750	北京匡时	2011.6.8
《白虎通》		51,750	北京纳高	2011.7.7
书札文牍				
王守仁 信札卷	26cm×189cm	3,680,000	中国嘉德	2011.3.22
周作人撰书	尺寸不一	3,450,000	中国嘉德	2011.11.12
王国维 宋代之金石学手稿六页	22.5cm×33cm	2,300,000	北京匡时	2011.6.6
周作人撰书《药堂杂文》手稿	尺寸不一	2,300,000	中国嘉德	2011.11.12
陈介祺撰书 簠斋致吴平斋书札	尺寸不一	2,185,000	中国嘉德	2011.11.12
徐悲鸿致周扬信札(二通)	尺寸不一	2,093,000	北京匡时	2011.6.7
蒋经国 致陈立夫书信		2,070,000	北京保利	2011.6.3
廖仲恺 致胡适信札(二十页)		2,070,000	北京传是	2011.12.06
何绍基 行书 汉书补注手稿	30cm×19cm	2,012,500	西泠拍卖	2011.7.17
奏办江西瓷器公司章程清折	10.6cm×24.1cm	218,500	中国嘉德	2011.11.12
祝允明 奏疏稿二札(款)	21cm×164cm	402,500	中国嘉德	2011.6.20
祝允明 致廷用信札(一通)	24.5cm×14.6cm	218,500	北京匡时	2011.12.03
祝允明 致李应祯信札一通	25cm×13cm	1,495,000	北京匡时	2011.6.7
祝允明 诗札	24cm×28cm	805,000	中国嘉德	2011.11.12
朱彝尊*黄易*吴大澂等 清贤手札册	尺寸不一	207,000	北京匡时	2011.6.7
周作人撰书 周作人致陈梦熊书札	尺寸不一	402,500	中国嘉德	2011.5.22
周作人撰书 周作人致鲍耀明书札	尺寸不一	86,250	中国嘉德	2011.11.12
周作人撰书《书房一角桑下丛谈》手稿	尺寸不一	977,500	中国嘉德	2011.11.12
周作人撰书	尺寸不一	747,500	中国嘉德	2011.11.12
中国共产党参加中国国民党参议任命名单	18×23cm	241,500	西泠拍卖	2011.7.18
致张修信札(一通)		112,700	北京匡时	2011.6.6
致张目寒信札(一通)		172,500	北京匡时	2011.6.6
致张目寒信札(一通)		172,500	北京匡时	2011.6.6
赵之谦书札	12.5cm×23.5cm	55,200	中国嘉德	2011.09.19
赵之谦、翁同龢、潘祖荫、潘奕隽、俞樾 清代名人信札(五通)	尺寸不一	195,500	西泠拍卖	2011.7.17
赵之谦 致魏稼孙信札(一通)	25cm×29cm	92,000	北京匡时	2011.6.7
赵之谦 信札菁华		345,000	长风拍卖	2011.12.19
赵之谦 信札二通	12cm×24cm	230,000	中国嘉德	2011.3.21
赵之谦 书札四通	22.2cm×12cm	862,500	中国嘉德	2011.5.21
赵之谦 尺牍	尺寸不一	1,344,000	南京经典	2011.1.1
赵绪成 1993年作 致毛泽东的一封信	105cm×66cm	1,840,000	北京保利	2011.12.03
赵朴初 致虞愚信札		287,500	北京华辰	2011.5.21
赵朴初 致君健书信一通	34cm×67cm	333,500	长风拍卖	2011.6.21
赵朴初 信札贺卡	尺寸不一	51,750	北京传是	2011.12.06

拍品名称	尺寸	成交价RMB	拍卖公司	拍卖日期
赵朴初 1988年6月17日、1994年2月19日作 致长沼基之等信札三通		92,000	长风拍卖	2011.12.19
赵孟頫 信札一通(款)	尺寸不一	460,000	中国嘉德	2011.6.20
章士钊撰并书 章士钊致陈澄中书札及书法	尺寸不一	80,500	中国嘉德	2011.11.12
章炳麟 篆书诗稿并致张溥泉书札		138,000	北京匡时	2011.6.6
张之洞手札一册	32.2cm×17.7cm	368,000	北京保利	2011.6.3
张之洞 墨迹精品册		287,500	长风拍卖	2011.12.19
张照 书札集锦		368,000	长风拍卖	2011.12.19
张照 明清书札十三帧 等	尺寸不一	322,000	中国嘉德	2011.6.20
张裕钊 信札一通	23cm×13cm	89,700	中国嘉德	2011.09.19
张学良 致陈果夫、陈立夫等书信		575,000	北京保利	2011.6.3
张学良 戴季陶 等 致易培基信札(四页)	尺寸不一	138,000	北京传是	2011.12.06
张謇 信札十二函	尺寸不一	207,000	上海泓盛	2011.12.16
张大千信札	尺寸不一	190,400	南京经典	2011.1.1
张大千 致张目寒信札		230,000	中国嘉德	2011.5.24
张大千 致张目寒信札	19.5cm×104.2cm	138,000	北京诚轩	2011.11.11
张大千 致李抱枕信札(一通)	26cm×68.5cm	57,500	北京匡时	2011.09.15
张大千 行书致目寒信札	28cm×80cm	299,000	北京传是	2011.6.17
张大千 行书致目寒信札	24cm×49cm	195,500	北京传是	2011.6.17
张大千 行书信札一通	26cm×39cm	69,000	北京保利	2011.4.20
张大千 信札五通	尺寸不一	322,000	中国嘉德	2011.6.18
张大千 信札	21.5cm×27.5cm	517,500	中国嘉德	2011.5.23
张大千 信札		61,600	北京容海	2011.4.22
张大千 信笺(六帧)		575,000	北京保利	2011.6.3
张伯驹 诗札(二页)	24cm×21cm	63,250	北京传是	2011.12.06
张彪赛尚阿等清人名贤手札		59,800	长风拍卖	2011.12.19
翟云昇 致怡堂信札一通		74,750	长风拍卖	2011.12.19
曾国荃 信札(二十四页)	30.4cm×21cm	57,500	北京保利	2011.12.06
曾国藩 致申夫信札一通		69,000	长风拍卖	2011.12.19
曾国藩 书札	28cm×16cm×17	291,200	中贸圣佳	2011.4.29
恽寿平、孙岳颁等 信札 诗文稿		345,000	西泠拍卖	2011.7.17
岳钟琪、阮元、姚元之、曾国藩、左宗棠、李鸿章、王懿荣、吴昌硕等名家书札册		560,000	中贸圣佳	2011.4.28
袁世凯 致陶公手札	28cm×29cm	494,500	北京传是	2011.6.17
袁世凯 致李鸿藻信札		368,000	上海泓盛	2011.6.25
袁世凯 信札	尺寸不一	57,500	北京传是	2011.12.06
袁世凯 瞿鸿禨 日俄条约稿本	尺寸不一	690,000	北京传是	2011.12.06
袁克文 致方地山信札一通		69,000	长风拍卖	2011.12.19
余觉 余觉杂稿手迹	29.5cm×18cm	74,750	北京纳高	2011.7.7
余觉 余觉手书札记	28.2cm×17.5cm	80,500	北京纳高	2011.7.7
余觉 余觉论书法	28.2cm×17.5cm	80,500	北京纳高	2011.7.7
余觉 余觉八十手书册	29.5cm×18cm	78,200	北京纳高	2011.7.7
余觉 南通痛感实录	29cm×16.2cm	86,250	北京纳高	2011.7.7
于右任先生杂记、友人书信、名册等	尺寸不一	115,000	上海泓盛	2011.6.25
于右任书札(一通二页附封)	尺寸不一	59,800	中国嘉德	2011.3.22
于右任 信札(八页)	26cm×19cm	345,000	北京传是	2011.12.06
佚名 手札册	32cm×19cm	57,500	北京保利	2011.10.23
佚名 乾隆诰命	29.5cm×170.5cm	59,800	北京匡时	2011.12.04
艺术家手写简历及作品收藏同意函(七十帧)	尺寸不一	63,250	北京翰海	2011.11.18
伊秉绶 张廷济 等 清中晚期清名贤十家札册		828,000	长风拍卖	2011.12.19
伊秉绶 查士标 陈奕禧 赵之谦 曾国藩等 名人书札	尺寸不一	537,600	北京永乐	2011.5.23
叶圣陶 俞平伯 信(三页)	尺寸不一	97,750	北京传是	2011.12.06
叶浅予等撰书 方去疾存札	尺寸不一	55,200	中国嘉德	2011.5.22
叶恭绰、曾熙撰书 叶恭绰、曾熙致李宗仁书札	尺寸不一	66,700	中国嘉德	2011.5.22
叶恭绰 致 俞诚之书札	尺寸不一	57,500	朵云轩	2011.12.16
杨沂孙 濠叟家书书札卷	33cm×10000cm	112,700	北京纳高	2011.7.7

2011杂项拍卖成交汇总

(成交价RMB：5万元以上)

拍品名称	尺寸	成交价RMB	拍卖公司	拍卖日期
杨一清、冯恩 草书 信札(二通)	尺寸不一	230,000	西泠拍卖	2011.7.17
杨守敬 张謇 叶恭绰 致沈曾植 张謇 胡怀琛信札(三通)	尺寸不一	55,200	西泠拍卖	2011.7.18
杨守陈 章懋 等 翰札		69,000	长风拍卖	2011.12.19
阎锡山 致贾景德信札(六通)	尺寸不一	253,000	西泠拍卖	2011.7.18
严讷 信札	26cm×39cm	51,750	北京纳高	2011.7.7
亚明 致蒋风白信札五通		115,000	长风拍卖	2011.12.19
徐志摩 信札	25cm×16.5cm	253,000	北京传是	2011.6.17
徐用仪致王懿荣书札	尺寸不一	105,800	中国嘉德	2011.11.12
徐悲鸿行书 论画手札	尺寸不一	460,000	西泠拍卖	2011.7.18
徐悲鸿 致福文书札	尺寸不一	172,500	北京匡时	2011.12.02
徐悲鸿 行书致王少陵信札一通(Ⅺ)		264,500	北京匡时	2011.12.03
徐悲鸿 行书致王少陵信札一通(Ⅵ)		149,500	北京匡时	2011.12.03
徐悲鸿 行书致王少陵信札一通(Ⅳ)		149,500	北京匡时	2011.12.03
徐悲鸿 行书致王少陵信札一通(Ⅲ)		161,000	北京匡时	2011.12.03
徐悲鸿 行书致王少陵信札一通(Ⅱ)		218,500	北京匡时	2011.12.03
徐悲鸿 行书致王少陵信札一通(Ⅰ)		368,000	北京匡时	2011.12.03
徐悲鸿 蒋碧薇 信札二通		57,500	长风拍卖	2011.12.19
徐悲鸿 1947年作 行书致王少陵信札一通(Ⅴ)	27.6cm×19.7cm	161,000	北京匡时	2011.12.03
谢无量 致目寒信札	27cm×55cm	69,000	北京传是	2011.6.17
咸丰七年骆秉章奏折(一本)	9.5cm×20.8cm	161,000	中国嘉德	2011.3.22
吴作人、徐悲鸿撰书 吴作人、徐悲鸿书札	尺寸不一	207,000	中国嘉德	2011.5.22
吴玉章 书法		57,500	北京保利	2011.6.3
吴伟业 致朱明镐信札(二通)	28cm×13cm	368,000	北京匡时	2011.6.7
吴铁城、胡汉民致陈立夫书信		126,500	北京保利	2011.6.3
吴鼒 顾氏 等 书牍集锦		207,000	北京匡时	2011.12.04
吴宽 致王鏊信札(一通)	21.5cm×26cm	299,000	北京匡时	2011.12.03
吴冠中《卢沟桥的身价》手稿(共三页)	28cm×21cm	184,000	北京传是	2011.6.16
吴冠中《贺丁聪》手稿(共三页)	28cm×21cm	172,500	北京传是	2011.6.16
吴苐之、期祺寿、怀见、墨移、陈直、邦福、陈邦怀等 致吉城 吉荣泰 吉伊畴行草书函册	尺寸不一	51,750	北京纳高	2011.7.7
吴大澂致清弼书札(十通十九页)	尺寸不一	115,000	中国嘉德	2011.3.22
吴昌硕 致诸宗元信札(二通)	23cm×13cm	299,000	北京匡时	2011.12.03
吴昌硕 致吴石潜信札(两通)	81.5cm×12.5cm	126,500	北京匡时	2011.09.15
吴昌硕 信札(一通)	23.5cm×12.5cm	138,000	北京匡时	2011.09.15
吴昌硕 信札	尺寸不一	134,400	北京永乐	2011.5.23
吴昌硕 信札	23cm×12.5cm	67,200	北京永乐	2011.5.23
吴昌硕 吴徵 胡朴安 行书 信札(三通)	尺寸不一	92,000	西泠拍卖	2011.7.16
吴昌硕 1927年作 致沈石友信札一通	33cm×35cm	322,000	北京匡时	2011.12.03
翁同龢、曾国藩等 名人书札	尺寸不一	168,000	天津文物	2011.11.12
翁同龢 行书信札	26cm×22.5cm	69,000	北京歌德	2011.4.24
翁同龢 信札	尺寸不一	230,000	北京翰海	2011.5.19
翁同龢 谭嗣同 瞿秋白 白蕉等 名贤手札		103,500	长风拍卖	2011.12.19
翁同龢 手札(一通)	尺寸不一	92,000	北京匡时	2011.6.7
翁同和 皮锡瑞 等 翁同和等书札	尺寸不一	57,500	中国嘉德	2011.11.12
翁方纲 致黄易手札三通(二十四页)	23cm×11cm×24	63,250	中国嘉德	2011.11.12
文徵明书札	26.7cm×21.3cm	74,750	中国嘉德	2011.09.19
文徵明 致琴山先生信札一通	23.5cm×10.5cm×2	287,500	北京匡时	2011.6.7
文徵明 行书 中秋诗帖及致彭年信札一通	尺寸不一	1,840,000	西泠拍卖	2011.7.17

拍品名称	尺寸	成交价RMB	拍卖公司	拍卖日期
文徵明 信札五通	24cm×11cm	161,000	中国嘉德	2011.3.21
文徵明 信札二通	25cm×13cm	126,500	中国嘉德	2011.3.21
文徵明 书札	23.9cm×44.8cm	345,000	北京中汉	2011.5.23
文震孟、郑元标、安希范、王心一 东林格臣书札六通(十二页)	尺寸不一	253,000	中国嘉德	2011.11.12
文彭 信札二通	24cm×11cm	230,000	中国嘉德	2011.3.21
魏坤、陆元辅、陈大章、徐乾学等名人信札	尺寸不一	207,000	北京保利	2011.6.3
卫聚贤、吴稚鹤 致张希鲁信札七函十三通	尺寸不一	78,400	广州嘉德	2011.2.27
卫聚贤 吴稚鹤致张希鲁信札六函十三通		76,160	广州嘉德	2011.5.2
王穉登 致觉甫诗札(一开二页)		57,500	中国嘉德	2011.5.21
王禔 札记墨迹		92,000	上海工美	2011.6.26
王懿荣书札		115,000	北京翰海	2011.5.19
王献堂 致张希鲁信札三函八通附著述一件		78,400	广州嘉德	2011.2.27
王献唐 致杜明甫 景宋信札(五通)		126,500	西泠拍卖	2011.7.18
王先谦 致自修仁弟信札		138,000	西泠拍卖	2011.7.18
王文治 行书书札		179,200	天津文物	2011.11.12
王时敏、恽寿平、永瑆 信札		195,500	中国嘉德	2011.11.12
王国维 信札		69,000	朵云轩	2011.12.16
王縠祥 行书诗札(一开)		115,000	中国嘉德	2011.5.21
王个簃 致谷牧等信札底稿(二十九页)		115,000	西泠拍卖	2011.7.16
王铎 信札一通		345,000	中国嘉德	2011.3.21
王宠 翁方纲 等 信札		109,250	北京翰海	2011.11.17
汪增祺致林斤澜书札沈定庵四言篆书联		57,500	中国嘉德	2011.5.22
汪声玲 芦阳轩尺素録		126,500	北京纳高	2011.7.7
汪精卫 信札(四页)		57,500	北京传是	2011.12.06
万上遴、翁同龢、陈希祖信札杂画册 等		105,800	中国嘉德	2011.6.20
万历诰命		112,000	博古斋	2011.6.26
铁保、孙星衍、伊秉绶、钱泳、吴锡麒等八家 清代名人信札(十三通)		1,437,500	西泠拍卖	2011.7.17
题奏全稿(八十册)	9.6cm×20.8cm	63,250	中国嘉德	2011.3.22
陶行知 致王云五信札	尺寸不一	82,800	北京传是	2011.12.06
谭嗣同 行书瘗鹤铭考		287,500	北京纳高	2011.7.7
台湾蒋氏家书资料一批		92,000	北京保利	2011.6.3
孙中山致赵公璧书札 赵公璧生平委任状汇集		575,000	中国嘉德	2011.11.12
孙中山 黄兴 段祺瑞 蔡锷 张勋 唐绍仪等民国政要致吕公望信札册		1,955,000	西泠拍卖	2011.7.18
宋文治 致蒋风白信札四通		138,000	长风拍卖	2011.12.19
宋美龄 梁实秋 谷正纲 黄君璧 董作宾等 信札 诗文稿		161,000	西泠拍卖	2011.7.18
盛宣怀 费念慈 汪鸣銮 等 清代信札		172,500	北京传是	2011.12.06
沈曾植 行书手札、诗稿		368,000	中国嘉德	2011.11.13
沈尹默手稿		69,000	中国嘉德	2011.09.19
沈尹默、章士钊 唱和诗札		276,000	北京诚轩	2011.5.21
沈雁冰 信札		97,750	北京纳高	2011.7.7
沈雁冰辛未季夏日记(第一册)		552,000	北京纳高	2011.7.7
沈钧儒 行书信札(四帧)		63,250	北京纳高	2011.7.7
沈葆桢撰书 沈葆桢致丁日昌书札		632,500	中国嘉德	2011.5.22
沙孟海 致王个簃信札(二通三页)		138,000	西泠拍卖	2011.7.16
沙孟海 致王个簃等信札(三十通三十二页)		207,000	西泠拍卖	2011.7.16
沙孟海 行书 致王个簃信札(一通四页)		287,500	西泠拍卖	2011.7.16
沙孟海 行书 致王个簃信札(一通二页)		126,500	西泠拍卖	2011.7.16

拍品名称	尺寸	成交价RMB	拍卖公司	拍卖日期
沙孟海 信札 (二页)		109,250	北京传是	2011.12.06
阮元 行书大唐扬州铁像碑颂		71,300	北京纳高	2011.7.7
区天民 陈启祥 孙开华 等 清代闽台官员尺牍		74,750	长风拍卖	2011.12.19
清雍正至咸丰朝承袭诰命		207,000	北京保利	2011.6.3
清雍正四年他金泰诰命(一卷)		184,000	中国嘉德	2011.3.22
清人张建勋书札册		74,750	北京保利	2011.6.3
清乾隆时期大学士管云贵总督杨应琚请安奏折 (一件)		69,000	中国嘉德	2011.5.17
清乾隆六十年刘栋诰命(一卷)		184,000	中国嘉德	2011.3.22
清乾隆50年(1785年) 乾隆五十年恩封太医院鲁维淳之父母诰命		69,000	北京保利	2011.12.05
清李瀚章、李鸿章家书信札册		109,250	北京保利	2011.6.3
清康熙年 诰命二封		126,500	北京保利	2011.12.05
清康熙6年(1667年) 清康熙年恩封盛京工部郎中加一级胡兎父母诰命		97,750	北京保利	2011.12.05
清嘉庆至光绪年世袭承封诰命		184,000	北京保利	2011.6.3
清嘉庆四年 织锦加官封冕圣旨卷轴		205,000	香港苏富比	2011.10.05
清 雍正诰命		179,200	琴岛荣德	2011.5.14
清 康熙诰命		179,200	琴岛荣德	2011.5.14
清 嘉庆诰命		179,200	琴岛荣德	2011.5.14
清 嘉庆 织锦加官封冕圣旨		313,875	香港佳士得	2011.6.1
峭岩 蔡景康 等 致潘仁山信札十八通		74,750	长风拍卖	2011.12.19
乾隆十六年恩封朱尔旁阿夫妇诰命		138,000	北京保利	2011.6.3
钱锺书 杨绛 行书 诗稿信札		109,250	西泠拍卖	2011.7.18
钱钟书致虞愚信札(附实寄封)	25cm × 17.5cm	126,500	北京华辰	2011.5.21
钱钟书 诗札		253,000	广州艺拍	2011.6.12
钱钟书 1947年作致黄裳信札二通		149,500	长风拍卖	2011.12.19
钱玄同撰书钱玄同致周作人书札		287,500	中国嘉德	2011.11.12
钱维乔等 信札		56,000	北京永乐	2011.5.23
钱君匋、沈鹏等撰书 钱君匋、沈鹏等致方去疾书札		51,750	中国嘉德	2011.5.22
启功致张中行等书札		149,500	中国嘉德	2011.5.22
启功 致李铁应信札		126,500	北京传是	2011.12.06
耆英等撰书 晚清名贤书札		253,000	中国嘉德	2011.5.22
齐白石致张次溪信札一通	27cm × 19cm	920,000	北京匡时	2011.6.7
齐白石致娄师白书札一通	27cm × 15.5cm	126,500	北京匡时	2011.6.7
齐白石、启功等 信札	尺寸不一	644,000	中贸圣佳	2011.11.05
齐白石 杨昭儁 樊增祥 袁世凯 端方 张树声 等 书札	尺寸不一	86,250	北京传是	2011.12.06
齐白石 行书信札	28cm × 16cm	402,500	北京传是	2011.6.17
齐白石 1930年代 致伊藤为雄手札三十二通半(另附信封三枚)		701,760	香港佳士得	2011.11.29
溥儒 信札	26.4cm × 81.6cm	80,500	北京永乐	2011.11.16
片冈铁兵 等 周作人手抄片冈铁兵信等	尺寸不一	322,000	中国嘉德	2011.11.12
彭玉麟、刘坤一等书尺书集锦	尺寸不一	94,300	中国嘉德	2011.5.22
彭年 手札一通 (一开二页)	24.2cm × 11.2cm	69,000	中国嘉德	2011.5.21
滂喜斋友生书札	17cm × 29.5cm	218,500	中国嘉德	2011.09.19
潘天寿 行书 致苏干英信札	23.5cm × 16.5cm	92,000	西泠拍卖	2011.7.18
潘天寿 1947年1月30日作 致蒋风白信札五通		1,012,000	长风拍卖	2011.12.19
民国政要名人信札一批	尺寸不一	86,250	北京保利	2011.6.3
冒广生 致屐斋信札三通		138,000	长风拍卖	2011.12.19
茅盾等致李鲁歌信札(三十通)		667,000	西泠拍卖	2011.7.18
茅盾 致沙汀信札十三通		115,000	长风拍卖	2011.12.19
茅盾 关于小学生拼音问题手稿	尺寸不一	632,500	北京匡时	2011.6.6
满洲名人墨札 (一册)	30cm × 21cm	63,250	北京保利	2011.12.06
满洲国执政溥仪任罗振玉任命书 (一张)	43cm × 24.6cm	101,200	中国嘉德	2011.3.22
马一浮 致拙存札	30.5cm × 84cm	149,500	北京诚轩	2011.11.11
马一浮 致钟山先生札	33cm × 47cm	69,000	北京诚轩	2011.11.11
骆绮兰所作诗文钞	18cm × 12.1cm	74,750	北京保利	2011.6.3
陆润庠 信札册 等	尺寸不一	80,500	中国嘉德	2011.09.19
陆丹林、费天健等 南社存札	尺寸不一	80,500	中国嘉德	2011.11.12
鲁可藻、王用极、张思九等书札		392,000	海士德	2011.6.16
卢象升 致帆翁书札一通		483,000	长风拍卖	2011.12.19
柳诒征藏晚清名人进士信札册	27.9cm × 20cm	126,500	北京保利	2011.6.3
柳亚子 信札	尺寸不一	103,500	北京传是	2011.12.06
刘墉(古) 行书信札 (二开)		64,400	北京华辰	2011.5.21
刘墅 周镐 莫友芝 翁同龢 等书札集锦		207,000	北京匡时	2011.12.04
刘国钧等书札 (一份)	尺寸不一	92,000	中国嘉德	2011.3.22
刘伯承 致丁芒信札	26.5cm × 19cm	57,500	北京传是	2011.12.06
林则徐 手札一通 (二十开)	23cm × 12.5cm	897,000	荣宝斋(沪)	2011.11.25
林则徐 林文忠公戒烟良方	20.5cm × 21.7cm	184,000	北京纳高	2011.7.7
林语堂 信札	26.5cm × 16.3cm	184,000	中国嘉德	2011.5.23
林语堂 信札	24.5cm × 16cm	92,000	北京传是	2011.12.06
梁同书 书札菁华		57,500	长风拍卖	2011.12.19
梁同书 1835年作 书札集锦		86,250	长风拍卖	2011.12.19
梁漱溟 梁济 信札 (二页)		69,000	北京传是	2011.12.06
梁实秋 致胡适信札	29cm × 20.5cm	138,000	北京传是	2011.12.06
梁庆桂、张京华、钱振煌、张元济等十三人等 名人手札册页		63,250	北京保利	2011.10.23
梁启超致孔希伯书札(五通附封)		264,500	中国嘉德	2011.3.22
李应祯 行书信札 (一通)		287,500	北京匡时	2011.12.03
李详 行书书信札册		52,900	北京纳高	2011.7.7
李可染 林风眠 关良 丁衍庸 赵延绪 吴茀之 冯玉祥 李鸿文 赵不廉 熊梦宾 王缵绪 贾景德 致艺圃先生书画信札 (十二件)		784,000	东方艺都	2011.7.6
李鸿章撰书 李鸿章致李瀚章书札册		1,495,000	中国嘉德	2011.11.12
李鸿章手书信札册		345,000	北京保利	2011.6.3
李鸿章 左宗棠等书 中兴将帅十七家书札 (一册)		172,500	中国嘉德	2011.3.22
李鸿章 致兄弟李瀚章 李昭庆书 (四通)		80,500	西泠拍卖	2011.7.17
李鸿章 彭玉麟 等 名人书札		207,000	长风拍卖	2011.12.19
李鸿藻书至袁镜堂信札册		345,000	北京保利	2011.6.3
李鸿藻、潘祖荫、夏同善等五家 致徐用仪信札		57,500	西泠拍卖	2011.7.17
李大钊 致王超群信札		172,500	北京传是	2011.6.17
老舍 叶圣陶 钱仲联 王蘧常 谢国桢 俞平伯 赵景深 王力等致郑逸梅 张国瀛信札 钱学森郑逸梅 程千帆 周退密 信笺		782,000	西泠拍卖	2011.7.18
赖少其 亚明 李政道等 致王个簃 唐云信札 (十五页)		80,500	西泠拍卖	2011.7.16
康生、郭沫若等撰书名人信札		1,207,500	中国嘉德	2011.5.22
康生致赵万里冯仲云信札(八通)		1,610,000	西泠拍卖	2011.7.18
瞿启甲、王仁堪、余成普、仲容、丁林森、丁立棠、陈汝玉、李寅恭、戈铭猷、梁公约、吕传元、张锡恭、徐谦、杨承熙、朱杰等行草书信札及书札册页		55,200	北京纳高	2011.7.7
近代政要致金昌熙信札		437,000	泰和嘉成	2011.11.27
近代名贤手札册		161,000	北京保利	2011.6.3
金农致王士骊信札 (一通)		287,500	北京匡时	2011.6.7
蒋中正 致陈立夫书信		1,495,000	北京保利	2011.6.3
蒋中正 致陈立夫书信		322,000	北京保利	2011.6.3
蒋中正 致陈立夫书信		161,000	北京保利	2011.6.3
蒋中正致陈立夫论党内人才事宜		1,495,000	北京保利	2011.6.3
蒋中正 致陈果夫、陈立夫书信		1,150,000	北京保利	2011.6.3
蒋中正 至吴忠信书札(一通四页)		115,000	北京保利	2011.12.06
蒋中正 信札		322,000	北京保利	2011.6.3
蒋兆和、阎锡山、周怀民、张群等、刘东岩 旧藏书画、信札集		322,000	上海泓盛	2011.6.25
蒋纬国致陈立夫商酌冯君之事		161,000	北京保利	2011.6.3
蒋廷黼 陶孟和 等 蒋廷黼等致陶孟和书札		51,750	中国嘉德	2011.11.12

2011杂项拍卖成交汇总

(成交价RMB：5万元以上)

拍品名称	尺寸	成交价RMB	拍卖公司	拍卖日期
蒋介石致阎锡山 贾景德信札各一通		713,000	西泠拍卖	2011.7.18
蒋介石等 行书信札		253,000	朵云轩	2011.7.2
蒋介石 致周国创信札		69,000	北京诚轩	2011.5.21
蒋介石 手札三通		57,500	中国嘉德	2011.5.23
蒋介石 手札		230,000	中国嘉德	2011.5.23
蒋介石 孔祥熙 戴季陶 白崇禧 等三十一家致贾景德 贾元茂信札		1,380,000	西泠拍卖	2011.7.18
甲辰(1904年)作 孙诒让 信札一通		253,000	中国嘉德	2011.6.20
季羡林 致虞愚信札(附实寄封)		55,200	北京华辰	2011.5.21
黄遵宪 至再芗信札三通		184,000	广州艺拍	2011.6.12
黄胄致白雪石书札	41×25cm	74,750	中国嘉德	2011.5.22
黄胄 赵少昂 吴青霞 杨之光 李琦 致程十发信扎 (六通)	尺寸不一	97,750	西泠拍卖	2011.7.18
黄兴、邹鲁撰书 黄兴、邹鲁致陈护黄书札		92,000	中国嘉德	2011.5.22
黄体芳等撰书 黄体芳等书札		51,750	中国嘉德	2011.5.22
黄宾虹、吴徵、郑午昌、陶冷月等 致吴仲垌信札册		55,200	北京诚轩	2011.5.21
黄宾虹 致汪孝文信札一通		74,750	长风拍卖	2011.12.19
黄宾虹 致帅铭初信札 (两通)		276,000	西泠拍卖	2011.7.18
户部银票		437,000	北京保利	2011.6.3
胡永年 致各家书札		115,000	长风拍卖	2011.12.19
胡适撰书 胡适致张宗祥书札		74,750	中国嘉德	2011.5.22
胡适 致李宗仁信札 (一通三页)		287,500	北京保利	2011.12.06
胡适 信札		92,000	北京传是	2011.12.06
胡林翼手书信札册		460,000	北京保利	2011.6.3
胡林翼 清贤书札		80,500	长风拍卖	2011.12.19
胡峻 刘士志 翰札菁华		66,700	长风拍卖	2011.12.19
弘一 玉泉居士墓碣铭		149,500	长风拍卖	2011.12.19
弘一 书札	34cm×24.5cm	56,000	海士德	2011.6.16
贺天健 文稿信札资料		138,000	西泠拍卖	2011.7.18
何香凝 致郭嘉信札		78,200	北京传是	2011.6.17
何绍基手札册		253,000	北京保利	2011.6.3
何绍基、包世臣等 行书书札		112,000	天津文物	2011.11.12
何绍基 信札一通		59,800	中国嘉德	2011.3.22
国朝掌故讲义		138,000	北京保利	2011.6.3
郭沫若信札	25.7cm×15.9cm	138,000	北京保利	2011.6.3
郭沫若、茅盾撰书 书牍	尺寸不一	57,500	中国嘉德	2011.5.22
光绪三十四年正月经筵讲官度支部尚书奉恩镇国公戴泽、度支部左侍郎绍英、度支部右侍陈邦瑞奏折(戊字第壹号)及所附清单(戊字第壹号)		1,725,000	中国嘉德	2011.5.16
龚贤 行书 诗册	尺寸不一	1,092,500	西泠拍卖	2011.7.17
高凤翰 信札一通	21cm×98cm	414,000	北京翰海	2011.11.17
高二适 致章士钊信札	33cm×123cm	747,500	南京经典	2011.7.24
高二适 致章士钊信札	28.5cm×92.5cm	414,000	南京经典	2011.7.25
高二适 致高月秋札	28.2cm92.5cm 70cm	80,500	北京诚轩	2011.11.11
高二适 行草信札集锦 附高二适签名本《江苏徐州汉画象石》一本		402,500	北京纳高	2011.7.7
高二适 信札五件		150,650	南京经典	2011.7.25
高二适 信札		333,500	南京经典	2011.7.25
高二适 信札		92,000	江苏嘉恒	2011.11.19
高二适 1965年作 “兰亭论辩”致章士钊五札		862,500	北京匡时	2011.12.04
傅斯年 台静农 劳干 王叔岷信札		172,500	北京传是	2011.12.06
傅抱石 1957年5月作 致蒋风白信札一通		460,000	长风拍卖	2011.12.19
范文澜 华罗庚等撰书 书简别存		149,500	中国嘉德	2011.5.22
段祺瑞、冯汉、刘冠雄等 行书书札		224,000	天津文物	2011.11.12
董作宾 信札		103,500	中国嘉德	2011.5.23
董其昌书札		57,500	中国嘉德	2011.09.19
董其昌书 书札		287,500	中国嘉德	2011.5.22
董其昌 致岳丈书札四通		575,000	中国嘉德	2011.5.21
董其昌 草书 信札一通		287,500	西泠拍卖	2011.7.17
丁立均、李国松、李国药、陈邦怀等 名家致吉曾甫书信封笺 另附康有为、俞樾等名家名刺共计50张		74,750	北京纳高	2011.7.7
丁立均 致吉曾甫信札		74,750	北京纳高	2011.7.7
丁辅之 行书跋东魏冀州刺史关胜碑册页		52,900	北京纳高	2011.7.7
邓中夏 谢晋 信札各一通		230,000	上海泓盛	2011.12.16
道光圣旨		80,500	上海崇源	2011.10.12
戴季陶撰书 戴季陶致李宗仁书札		74,750	中国嘉德	2011.5.22
戴传贤 致陈立夫书信		86,250	北京保利	2011.6.3
戴传贤 致陈立夫书信		86,250	北京保利	2011.6.3
戴传贤 致陈立夫书信		69,000	北京保利	2011.6.3
戴传贤 致陈立夫书信		63,250	北京保利	2011.6.3
大清康熙五十二年毕曰澪诰命		172,500	中国嘉德	2011.09.19
大清德宗景皇帝实录		138,000	中国嘉德	2011.11.12
崇厚撰书 崇厚奏折		161,000	中国嘉德	2011.5.22
程十发 1959年9月25日作 致蒋风白信札四通		345,000	长风拍卖	2011.12.19
程其相、黄次辰、张公选、缪歌起等 古竹圃藏札十一通		287,500	中国嘉德	2011.11.12
陈香泉太守尺牍		71,300	中国嘉德	2011.09.19
陈师曾 信札		75,040	北京翰海	2011.4.9
陈立夫致郑向恒 李殿魁信札 (六十六通)		368,000	西泠拍卖	2011.7.18
陈立夫、于右任、吴敬恒、丁惟汾等 信札		207,000	北京保利	2011.6.3
陈立夫 致蒋中正书信		345,000	北京保利	2011.6.3
陈立夫 致蒋经国书信		483,000	北京保利	2011.6.3
陈立夫温故以知新与研新以证故		322,000	北京保利	2011.6.3
陈立夫 论“修身与齐家”		184,000	北京保利	2011.6.3
陈立夫论“文艺与文化复兴”		207,000	北京保利	2011.6.3
陈立夫论“文艺与社会风气”		184,000	北京保利	2011.6.3
陈立夫论“如何复兴中国文化”		322,000	北京保利	2011.6.3
陈立夫 教育回忆		172,500	北京保利	2011.6.3
陈立夫 陈果夫 等 陈果夫、陈立夫等致梅嶙高书札		402,500	中国嘉德	2011.11.12
陈鸿寿、钱大昕、吴省钦等清人信札		149,500	北京保利	2011.6.3
陈洪绶 与汪汝谦札		575,000	中国嘉德	2011.11.12
陈独秀录黎副总统鄂督呈文		92,000	北京翰海	2011.5.19
陈淳 致小溪信札一通		126,500	北京匡时	2011.6.7
陈布雷等 致陈立夫手札		115,000	北京保利	2011.6.3
朝鲜国书		345,000	中国嘉德	2011.09.19
查士标 手札精品册		103,500	长风拍卖	2011.12.19
蔡元培致易顺鼎书札(一通一页)		82,800	中国嘉德	2011.3.22
蔡元培、陈布雷、叶公绰致王云五信札		391,000	北京传是	2011.6.17
蔡元培 致声梁先生信札		86,250	北京传是	2011.6.17
蔡元培 致钱化佛信札一通		74,750	长风拍卖	2011.12.19
包世臣 致吴熙载信札(一通二纸)		51,750	北京匡时	2011.6.7
包世臣行书致丁晏信札(七通)		126,500	西泠拍卖	2011.7.17
包世臣 翁同龢等书札		55,200	中国嘉德	2011.09.19
白蕉 信札一通		109,250	上海工美	2011.6.26
白蕉 1940年作 行书札记		109,250	北京匡时	2011.12.03
跋张目寒信札 (一通)		126,500	北京匡时	2011.6.6
1988年作 吴作人 致何善云信札 (一通)		253,000	西泠拍卖	2011.7.18
1988年作 范曾 致虞愚信札(附实寄封)		253,000	北京华辰	2011.5.21
1984年作 林散之 草书信札		71,300	北京传是	2011.6.17
1982年作 王蘧常《在孤岛上所作和所见诗文的回忆》手稿及致陈梦熊实寄封 (四枚)		437,000	西泠拍卖	2011.7.18
1974年作 陆俨少 许麟庐张辛稼等 致陆抑非信札 (五通)		63,250	西泠拍卖	2011.7.18

拍品名称	尺寸	成交价RMB	拍卖公司	拍卖日期
1963年作 沈尹默《二王法书管窥》手稿		172,500	北京匡时	2011.6.6
1963年作潘天寿 雏鸡 信札一通		943,000	中国嘉德	2011.3.19
1959年作 沈尹默 周公墓碑		53,760	北京翰海	2011.4.9
1959年、1973年、1984年作 胡适、林语堂等致毛子水信札		103,500	中国嘉德	2011.5.23
1958、1988年作 程十发致张瑞林等人信札		57,500	西泠拍卖	2011.7.18
1953年作 马一浮 致丰子恺信札(两通)		184,000	西泠拍卖	2011.7.18
1951年、1953年作 蒋介石手札三通		253,000	中国嘉德	2011.5.23
1951-1953年作 手稿收据(六帧)		69,000	北京翰海	2011.11.18
1950年作于右任行书辞职信稿		437,000	上海泓盛	2011.6.25
1948年作 徐悲鸿 信札一通		460,000	北京保利	2011.6.4
1940年作蒋介石致叶秋书信札		66,700	北京传是	2011.6.17
1936年作 陈独秀 信札		84,000	北京永乐	2011.5.23
1910年作 孙中山致何天炯信札册(十二页)		1,035,000	西泠拍卖	2011.7.18
1850年作 琦善 奏折		74,750	西泠拍卖	2011.7.17
1844年作 1845年作 何绍基*何绍京 杂书册		678,500	西泠拍卖	2011.7.17
1825年作 1850年作 钱泳、文鼎、朱为弼等 信札(二十一通)		287,500	西泠拍卖	2011.7.17
1796年作 刘墉(古) 行书 致曹文埴信札(七通)		747,500	西泠拍卖	2011.7.17
1751年作 乾隆十六年诰封	30cm×150cm	55,200	北京匡时	2011.6.7
1543年作 文徵明(传) 信札		97,750	北京永乐	2011.11.16
1412年作胡濙 永乐帝祭张三丰文		1,495,000	中国嘉德	2011.3.21
《清康熙诰命》		132,250	北京纳高	2011.7.7
写本写经				
朱自清 行书文稿册	尺寸不一	977,500	北京纳高	2011.7.7
朱自清 楷书诗文手稿		782,000	长风拍卖	2011.12.19
周作人撰书《石板路》文稿	40.7cm×28cm	138,000	中国嘉德	2011.5.22
周作人 徐志摩 等著 周作人赠鲍公绝版书	尺寸不一	713,000	中国嘉德	2011.11.12
郑孝胥等撰书 逊帝遗民书笺	22.2cm×32.5cm	322,000	中国嘉德	2011.5.22
赵真斋撰书 明赵真斋先生撰书赠公行状	17cm×32.8cm	115,000	中国嘉德	2011.5.22
赵朴初 手稿	尺寸不一	207,000	北京翰海	2011.5.20
章太炎手稿黎元洪大总统碑	29cm×16cm	103,040	泰和嘉成	2011.5.29
张志淳撰 南园漫录十卷	14cm×19cm	71,300	中国嘉德	2011.11.12
张文敏公小楷四书	11.3cm×24cm	161,000	中国嘉德	2011.09.19
张嘉璈 唐圭璋等 民国政要致叶恭绰信(十通)	尺寸不一	109,250	西泠拍卖	2011.7.18
袁枚 曲词文稿		368,000	北京纳高	2011.7.7
袁枚抄录后代名家诗文杂稿集	尺寸不一	425,500	北京纳高	2011.7.7
元末明初 佛顶心陀罗尼经	28.7cm×330cm	92,000	北京保利	2011.12.05
御览西湖志纂十五卷首一卷	17.3cm×12.2cm	149,500	西泠拍卖	2011.7.18
玉历祥异赋图注	13.2cm×21.7cm	80,500	中国嘉德	2011.09.19
瑜伽师地论卷第一百	29.3cm×832cm	1,150,000	北京翰海	2011.5.19
余觉 手稿(五册)	尺寸不一	63,250	北京保利	2011.12.06
雍正五年大出黄册	29.3cm×32.5cm	195,500	中国嘉德	2011.5.22
佚名 写经一段	27cm×56cm	57,500	中国嘉德	2011.6.20
佚名 写经	24cm×43cm	149,500	中国嘉德	2011.3.21
伊秉绶撰书 伊墨卿寒玉斋诗草	19cm×23.5cm	322,000	中国嘉德	2011.5.22
一山房集陶二卷	14.4cm×10.8cm	92,000	北京翰海	2011.5.19
叶圣陶 行书手稿		2,070,000	北京纳高	2011.7.7
砚语汇编四册	25cm×14.5cm	69,000	北京保利	2011.6.3
严复撰书 痛埜老人遗稿	尺寸不一	2,875,000	中国嘉德	2011.5.22
徐吁《风潇潇》稿本	尺寸不一	172,500	北京传是	2011.12.06
徐世昌年谱稿本	尺寸不一	280,000	博古斋	2011.6.26
信札(九封)	尺寸不一	109,250	北京翰海	2011.5.20
谢无量诗册(一册)		840,000	泰和嘉成	2011.5.29
小万卷斋诗稿		126,500	北京歌德	2011.6.4
小绿天钞藏书目		57,500	朵云轩	2011.7.4
西凉写经卷		977,500	中国嘉德	2011.5.22
吴仰贤书 明清学者佚事		69,000	中国嘉德	2011.11.12

拍品名称	尺寸	成交价RMB	拍卖公司	拍卖日期
吴梅 行书元魏荥阳郑文公摩崖碑跋	30.5cm×24cm	74,750	北京纳高	2011.7.7
吴梅 行书诗友渊源记	25cm×31.5cm	78,200	北京纳高	2011.7.7
吴梅 行书善本传奇十种	30.5cm×24cm	52,900	北京纳高	2011.7.7
吴梅 行书南献遗徵笺跋	24cm×31cm	74,750	北京纳高	2011.7.7
吴梅行书愙斋(吴大澂)自订年谱	23.4cm×30cm	82,800	北京纳高	2011.7.7
吴梅 行书仇英山水人物册	24cm×30.5cm	71,300	北京纳高	2011.7.7
吴湖帆 手录《富春山居图》相关文献考(五页)	35.6cm×29.5cm	218,500	北京保利	2011.12.06
吴冠中 手稿文章《身家性命烈火中——读<亲爱的提奥>》		218,500	北京翰海	2011.5.20
吴大澂 行书诗稿册		345,000	长风拍卖	2011.12.19
吴大澂 行书诗稿册	28*21	264,500	北京纳高	2011.7.7
文章手稿(七份)		69,000	北京翰海	2011.5.20
王文治书 文昌帝君阴骘文		80,500	中国嘉德	2011.5.22
王文治 快雨堂临书册		218,500	西泠拍卖	2011.7.17
王国维著《词録》原稿	25.3×16.2cm	3,450,000	北京保利	2011.6.3
王个簃 诗文稿(二十五页)		161,000	西泠拍卖	2011.7.16
王个簃 诗文稿(二十四页)		69,000	西泠拍卖	2011.7.16
王昌龄集上下卷		80,500	中国嘉德	2011.11.12
桐阴论画六卷附画诀二卷		115,000	西泠拍卖	2011.7.18
天象总论		63,250	西泠拍卖	2011.7.18
天文图注祥异赋		57,500	北京歌德	2011.6.4
题隋大业三年手绘佛像		218,500	北京保利	2011.6.3
陶叔献辑 两汉策要十二卷	13.2cm×23.7cm	48,300,000	中国嘉德	2011.5.22
唐玄奘奉译 药师琉璃光如来本愿功德经		575,000	北京保利	2011.6.3
唐写经《灵飞经》二十六开		918,400	博古斋	2011.6.26
唐写经(一卷)		195,500	中国嘉德	2011.3.22
唐写经(二张)		126,500	中国嘉德	2011.3.22
唐绍仪 记事文稿		78,200	北京纳高	2011.7.7
唐人写经 大般若波罗密多经卷第一百廿七		168,000	南京经典	2011.1.1
唐人写经 大般若波罗密多经卷第三百九十八		168,000	南京经典	2011.1.1
唐人写经		862,500	华艺国际	2011.12.11
唐人 大般若波罗蜜经		575,000	苏州吴门	2011.6.11
唐开成石经		739,200	博古斋	2011.6.26
唐代写经《佛说诸福田经》一卷		224,000	博古斋	2011.6.26
谭嗣同 章草急就章 附西汉金石记跋		690,000	北京纳高	2011.7.7
谭嗣同 楷书古诗三格		632,500	北京纳高	2011.7.7
宋谈钥撰 吴兴志十五卷		115,000	北京保利	2011.6.3
宋濂 等 明五贤墨宝	9.5cm×24cm	4,025,000	中国嘉德	2011.11.12
宋伯鲁海棠仙馆诗集手抄本		291,200	陕西诚挚	2011.5.29
史记文钞		92,000	西泠拍卖	2011.7.18
十世纪宗参墨书大般若波罗蜜多经113、117卷		134,400	博古斋	2011.6.26
沈尹默临倪宽赞(十三页)		560,000	泰和嘉成	2011.5.29
沈雁冰 先生行书诗稿		2,070,000	北京纳高	2011.7.7
沈士远 阙疑录		63,250	北京传是	2011.12.06
沈钧儒 行书唐杜甫诗注文稿		483,000	北京纳高	2011.7.7
沈钧儒 楷书苏锡游记		322,000	北京纳高	2011.7.7
尚友图		632,500	北京翰海	2011.5.19
膳房办买肉斤鸡鸭清册		115,000	朵云轩	2011.7.4
山木居士文集不分卷		230,000	西泠拍卖	2011.7.18
请安折官封等		80,500	中国嘉德	2011.09.19
清咸丰间叶名琛 柏贵奏折七十七封		345,000	西泠拍卖	2011.7.18
清王澍临 九成宫醴泉铭		57,500	北京保利	2011.6.3
清拓无量义经		112,000	北京永乐	2011.5.23
清人词类手札钞本一批		57,500	北京保利	2011.6.3
清精钞宋翔凤书目六种		97,750	北京保利	2011.6.3
清纪昀等编 钦定四库全书		230,000	北京保利	2011.6.3
清 刻图书零册一批		69,000	北京保利	2011.12.05
钦定书经图说五十卷 清孙家鼐等纂 詹秀林等绘		145,600	博古斋	2011.6.26
钱南园临争座位帖册页		299,000	北京保利	2011.12.05

2011杂项拍卖成交汇总

(成交价RMB：5万元以上)

拍品名称	尺寸	成交价RMB	拍卖公司	拍卖日期
前明流日遗臣书法卷		690,000	中国嘉德	2011.5.22
起世因本经(一函十册)		66,700	北京翰海	2011.12.17
齐白石题画册一页		82,800	中国嘉德	2011.5.22
溥仪书 清宣统皇帝书朝鲜尹德荣书法		977,500	中国嘉德	2011.5.22
溥儒书易庐选写五言佳句集五卷		184,000	中国嘉德	2011.5.22
瓶庐诗稿		66,700	北京歌德	2011.6.4
庞熏琹 手稿文章《再论工艺美术》庞熏琹《论工艺美术》关良《简谈我的水墨画戏的过程》		55,200	北京翰海	2011.5.20
潘祖荫 楷书苏州府志长洲县人物篇		78,200	北京纳高	2011.7.7
潘祖荫 楷书北齐书文苑传		81,650	北京纳高	2011.7.7
潘伯鹰《却曲翁笔乘》手稿		402,500	西泠拍卖	2011.7.18
潘伯鹰《观古纪余》及《象罔收遗》手稿		230,000	西泠拍卖	2011.7.18
墨苑碎金 (五册)		179,200	泰和嘉成	2011.5.29
缪荃孙 楷书诗文稿册		327,750	北京纳高	2011.7.7
明刘侗、于奕正撰 帝京景物略八卷		63,250	北京保利	2011.6.3
明钞《类说》残卷		103,500	北京保利	2011.6.3
妙法莲花经卷第六		920,000	中国嘉德	2011.09.19
苗族生活俚俗图		436,800	泰和嘉成	2011.5.29
毛晋书法		761,600	泰和嘉成	2011.5.29
罗振玉临孔宙碑文		126,500	中国嘉德	2011.5.22
罗振玉等撰书罗振玉等致藤根诗		92,000	中国嘉德	2011.5.22
罗振玉 篆书论语册		782,000	北京纳高	2011.7.7
刘墉撰书 杜预传		138,000	中国嘉德	2011.5.22
刘墉书 刘文清公书《太上感应篇》		149,500	中国嘉德	2011.11.12
刘铭传 行书外省年节贺稿		126,500	北京纳高	2011.7.7
梁巘书 清乾隆46年(1781年)《重修北楼记》册页		92,000	北京保利	2011.12.05
梁同书撰书 梁山舟小楷真迹		253,000	中国嘉德	2011.11.12
梁同书书 表忠观碑铭		437,000	中国嘉德	2011.5.22
莲客自书诗集四种		63,250	北京保利	2011.6.3
莲客自书诗		57,500	北京保利	2011.6.3
莲客手录诗文集十种		63,250	北京保利	2011.6.3
历代词选		97,750	朵云轩	2011.7.4
李详 瓦当碑文考略		72,450	北京纳高	2011.7.7
柯灵 赵梦蕤［近代］ 等八家 致谢蔚明信札 (三十一通)		74,750	西泠拍卖	2011.7.18
瞿鸿机撰书《圣德纪略》等四稿		345,000	中国嘉德	2011.5.22
近代 晚清军政文献档案一批		55,200	北京保利	2011.12.05
近代 高二适録稿		207,000	北京保利	2011.12.05
金光明经三身分别品第三		230,000	中国嘉德	2011.11.12
金刚般若波罗蜜经(秦)鸠摩罗什译		2,070,000	卓德国际	2011.7.10
金刚般若波罗蜜经 (四册)	11.5cm × 22cm	460,000	中国嘉德	2011.3.22
姜亮夫 遗稿一批		149,500	西泠拍卖	2011.7.18
姜宸英临王行书		313,600	泰和嘉成	2011.5.29
江标 读书杂记		69,000	北京纳高	2011.7.7
简先生读书堂集五卷		184,000	中国嘉德	2011.09.19
纪晓岚集吴下俗语得诗十五首卷		189,750	北京纳高	2011.7.7
黄丕烈等书法		504,000	泰和嘉成	2011.5.29
黄道周书 石斋先生小简真迹		1,265,000	朵云轩	2011.12.16
黄道周 行书 孝经本义		172,500	西泠拍卖	2011.7.17
黄宾虹 金石学残稿		74,750	长风拍卖	2011.12.19
胡适 楷书百家姓注解手稿		667,000	长风拍卖	2011.12.19
胡适 百家姓字课注解		529,000	北京纳高	2011.7.7
胡和撰书 试赎奇缘		2,070,000	中国嘉德	2011.11.12
后山诗集		632,500	泰和嘉成	2011.11.27
后秦释佛陀耶舍、竺佛念等译 四分律删补羯磨卷上		115,000	北京保利	2011.6.3
洪钧等撰书 翰林遗墨		402,500	中国嘉德	2011.5.22
洪钧 陆润庠 等 陆润庠等十名家楷书册		71,300	中国嘉德	2011.11.12
红楼集咏六卷		138,000	北京翰海	2011.5.19
何绍基书 何子贞先生墨迹		713,000	中国嘉德	2011.11.12
何绍基书何绍基太史临礼器碑		782,000	中国嘉德	2011.11.12

拍品名称	尺寸	成交价RMB	拍卖公司	拍卖日期
寒玉堂类稿八卷		149,500	北京翰海	2011.5.19
海虞钱氏家乘		86,250	西泠拍卖	2011.7.18
国朝词综摘录		89,700	中国嘉德	2011.5.22
谷音二卷花间集十卷词林万选四卷何汾诸老诗集八卷尊前集二卷月泉吟社不分卷 元杜本等撰		112,000	博古斋	2011.6.26
恭亲王 罗振玉 等 书画合册		161,000	泰和嘉成	2011.11.27
隔云集底稿 (三册)		100,800	泰和嘉成	2011.5.29
高上玉皇本行集经		101,200	北京歌德	2011.6.4
高凤翰撰书 高凤翰诗册		115,000	中国嘉德	2011.5.22
高二适 高二适手稿		1,265,000	北京纳高	2011.7.7
高二适 草书自书诗集锦		2,070,000	北京纳高	2011.7.7
感旧集四卷		230,000	西泠拍卖	2011.7.18
佛祖统纪五十四卷		57,500	北京翰海	2011.11.17
佛说随求即得大自在陁罗尼神咒经		1,610,000	北京翰海	2011.11.17
佛顶心大陀罗尼经		291,200	博古斋	2011.6.26
方回撰 文选颜鲍谢评四卷		92,000	中国嘉德	2011.09.19
二乡亭词三卷(清)宋琬著		143,750	卓德国际	2011.7.10
敦煌写经残卷存真		230,000	北京保利	2011.6.3
董其昌 戏鸿堂墨妙册		460,000	西泠拍卖	2011.7.17
帝王无双谱		138,000	中国嘉德	2011.09.19
邓承修 清 书文一册		207,000	北京保利	2011.12.05
邓承修 清 书汉晋文(康有为题文一篇)		276,000	北京保利	2011.12.05
大清文宗显皇帝实录卷二百五十二		347,200	泰和嘉成	2011.5.29
大清穆宗毅皇帝圣训		1,150,000	中国嘉德	2011.09.19
大方广佛华严经		828,000	北京歌德	2011.6.4
大般若波罗蜜多经第三百六十三卷		82,800	中国嘉德	2011.12.19
大般若波罗密经一百一拾叁卷一百一拾柒		207,000	泰和嘉成	2011.11.27
大般若波罗密多经卷		195,500	朵云轩	2011.12.16
大般若波罗密多经第一百廿五		80,500	北京保利	2011.6.3
大般涅槃经卷第四		368,000	中国嘉德	2011.5.22
大般涅槃经卷第八	892cm × 19.7cm	2,875,000	中国嘉德	2011.5.22
大般泥洹经		345,000	中国嘉德	2011.5.22
瓷青泥金绘释迦说法图		138,000	中国嘉德	2011.5.22
程十发 文稿		69,000	西泠拍卖	2011.7.18
陈鳣 楷书诗稿		402,500	北京纳高	2011.7.7
陈虬 行书洗冤录祥义卷四		132,250	北京纳高	2011.7.7
陈独秀 行书诗文稿三种		879,750	北京纳高	2011.7.7
陈璧君 小楷诗抄 (一本)		161,000	北京匡时	2011.6.6
陈邦彦书 陈邦彦书法册		207,000	中国嘉德	2011.11.12
八千颂般若经		2,415,000	卓德国际	2011.7.10
20世纪 陈巨来《安持精舍印话》稿本 (十三张)		287,500	朵云轩	2011.7.2
1981年作 吴冠中诗与画及其它		322,000	北京保利	2011.6.4
1939年作 乔大壮《波外诗存》手稿		184,000	西泠拍卖	2011.7.18
1913年作 吴昌硕 行书自作诗稿		230,000	上海工美	2011.6.26
1812年作 毛怀［清］ 李福［清］ 陆绍景［清］ 致黄丕烈丛札集卷		207,000	西泠拍卖	2011.7.18
1708年作 康熙帝 般若波罗蜜多心经	29.5cm × 26cm	9,775,000	北京翰海	2011.5.19
印刷文物				
云庄印话一卷、印典八卷、宝印集六卷	29.1cm × 17.1cm	97,750	北京保利	2011.6.3
P文革时期大型宣传海报一组九件		71,300	北京诚轩	2011.5.18
瞿鸿機 珍藏笺纸一批		138,000	北京保利	2011.12.05
李世雄 清道光丙戌年(1826)钱神志七卷	25.2cm × 15.8cm	55,200	北京保利	2011.12.05
北京荣宝斋新记诗笺谱	19.3cm × 31cm	51,750	中国嘉德	2011.11.12
舆图照片				
长江地图之蜀中段	43cm × 1263cm	414,000	泰和嘉成	2011.11.27
海疆图	845cm × 28cm	1,150,000	泰和嘉成	2011.11.27

拍品名称	尺寸	成交价RMB	拍卖公司	拍卖日期
萨空了存一九六三年北京京剧团赴港演出史料	尺寸不一	3,450,000	泰和嘉成	2011.11.27
章宗祥写真等	尺寸不一	632,500	中国嘉德	2011.5.22
佚名 大清国台湾海路布防图		470,400	中贸圣佳	2011.4.30
五口沿海水路全图	644cm×29.5cm	460,000	中国嘉德	2011.5.22
元朱思本撰、明罗洪先、胡松增补 广舆图不分卷		345,000	北京保利	2011.6.3
1916年作 佚名 孙中山肖像	16.1cm×26.1cm	126,500	北京华辰	2011.5.21
贾景德七六寿辰与于右任等签名黑白照片 (两帧)	尺寸不一	126,500	西泠拍卖	2011.7.18
1999年作 黄岩 中国山水系列	53cm×63cm	126,500	北京保利	2011.6.2
大清万年一统地理全图	248cm×134cm	115,000	中国嘉德	2011.5.22
黄河夺淮入海及湖、河、堤、坝情形图	63cm×105cm	109,250	北京保利	2011.6.3
1950年代 侯波 毛泽东与邓小平在郑州	59cm×47cm	103,500	北京华辰	2011.5.21
2003年作 邱志杰 纹身系列I	103cm×82cm	103,500	北京保利	2011.6.2
大清邮政舆图	47.2cm×32.1cm	97,750	北京保利	2011.6.3
1949年作 徐肖冰 毛泽东主席与家人在香山	55cm×61cm	94,300	北京华辰	2011.5.21
1961年作8月 袁毅平 东方红	76.2cm×91.6cm	92,000	北京华辰	2011.5.21
1949年作 侯波 中国人民政治协商会议第一次全国委员会的中国共产党代表	46cm×59cm	71,300	北京华辰	2011.5.21
1900年代 佚名 驻扎山东的德国私人摄影册散页 (八十九张)	尺寸不一	71,300	北京华辰	2011.5.21
1961年作 侯波 中共八届九中全会主席台上	37cm×53cm	69,000	北京华辰	2011.5.21
1998年作 王庆松 冥想者	180cm×90cm	69,000	北京保利	2011.6.2
1996年作 荣荣 北京东村之五	163.5cm×112.5cm	69,000	北京保利	2011.6.2
2001年作 向利庆 房屋系列	72cm×152cm	69,000	北京保利	2011.6.2
胡崇贤 摩耶精舍荷花照片	50cm×39cm	69,000	广州嘉德	2011.6.11
黄山老照片 (六张)	14.2cm×9.1cm	61,600	北京永乐	2011.5.23
1966年作10月1日 孟昭瑞 向人民致敬		57,500	北京华辰	2011.5.21
1870年代 埃米尔 瑞斯菲尔德/佚名 女乐师/戏装照 (二张)		57,500	北京华辰	2011.5.21
二十一、钱币邮品				
铜币				
“T”大型耸肩尖足空首布	通长142.8mm	94,300	中国嘉德	2011.5.15
“安藏”小型平肩弧裆空首布	通长67mm	82,800	中国嘉德	2011.5.15
“安阳之大刀”背“卜”五字刀	通长184mm	86,250	中国嘉德	2011.11.20
“安阳之大刀”背“草”五字刀	通长185.4mm	89,700	中国嘉德	2011.11.20
“安阳之大刀”背“刀”五字刀	通长176.9mm	57,500	中国嘉德	2011.11.20
“安阳之大刀”五字刀背“草”	通长184.1mm	207,000	中国嘉德	2011.5.15
“安阳之大刀”五字刀背“大昌”	通长184mm	126,500	中国嘉德	2011.5.15
“安阳之大刀”五字刀背“日”	通长185.3mm	101,200	中国嘉德	2011.5.15
“安邑半”桥裆布	高49.2mm	105,800	中国嘉德	2011.5.15
“安周”小型平肩弧裆空首布	通长72.2mm	287,500	中国嘉德	2011.11.20
“百涅”大型锐角布	高71mm	51,750	中国嘉德	2011.5.15
“半寰”圜钱	直径29mm	94,300	中国嘉德	2011.5.15
“半寰”圜钱	直径29.6mm	89,700	中国嘉德	2011.11.20
“半两”	直径42.2mm	63,250	中国嘉德	2011.11.20
“半两第二十”酒令筹	直径37.4mm	230,000	中国嘉德	2011.11.20
“草刀”背“百”针首刀	通长149.2mm	89,700	中国嘉德	2011.11.20
“草六”针首刀	通长150mm	138,000	中国嘉德	2011.5.15
“长垣一”圜钱	通长37.9mm	55,200	中国嘉德	2011.5.15
“呈欠”大型平肩空首布	通长100.2mm	69,000	中国嘉德	2011.11.20
“崇宁通宝”大字版试铸铁母	直径33.2mm	57,500	中国嘉德	2011.5.15
“大型平肩弧裆空首布”	通长100.9mm	82,800	中国嘉德	2011.5.15
“大型平肩弧裆空首布”	通长98mm	66,700	中国嘉德	2011.5.15
“第十八”酒令筹	直径33.8mm	74,750	中国嘉德	2011.11.20
“鼎”大型平肩弧裆空首布	通长94.1mm	71,300	中国嘉德	2011.11.20
“东周”小型平肩弧裆空首布	通长67.6mm	299,000	中国嘉德	2011.11.20
“甘丹白人”直刀一组二枚	尺寸不一	51,750	中国嘉德	2011.5.15
“高安一”桥裆布	高57.4mm	391,000	中国嘉德	2011.5.15
“共半”桥裆布	高48.6mm	460,000	中国嘉德	2011.5.15

拍品名称	尺寸	成交价RMB	拍卖公司	拍卖日期
“禾”大型平肩弧裆空首布	通长95.9mm	74,750	中国嘉德	2011.5.15
“洪武通宝”折三背“济”一枚	直径32mm	103,500	北京翰海	2011.11.19
“寰”圜钱	直径56.0mm	109,250	中国嘉德	2011.11.20
“儿刀”背“千”针首刀	通长149.1mm	92,000	中国嘉德	2011.11.20
“节墨大刀”背“日”四字刀	通长160.1mm	80,500	中国嘉德	2011.11.20
“节墨大刀”四字刀背“大”	通长156mm	105,800	中国嘉德	2011.5.15
“节墨之大刀”背“刀”“五字刀	通长186.6mm	69,000	中国嘉德	2011.11.20
“节墨之大刀”背“刀”五字刀	通长185.8mm	101,200	中国嘉德	2011.11.20
“节墨之大刀”背“日”五字刀	通长181.9mm	57,500	中国嘉德	2011.5.15
“节墨之大刀”背“日”五字刀	通长185.9mm	230,000	中国嘉德	2011.11.20
“节墨之大刀”五字刀背“大行”	通长185.2mm	82,800	中国嘉德	2011.5.15
“节墨之大刀”五字刀背“刀”	通长180.6mm	94,300	中国嘉德	2011.5.15
“金”大型平肩弧裆空首布	通长97.8mm	80,500	中国嘉德	2011.11.20
“乐无事、宜酒食”花钱	直径28.9mm	80,500	中国嘉德	2011.5.15
“离石”小型圆足布	高53mm	552,000	中国嘉德	2011.5.15
“离石”小型圆足布	高53.2mm	94,300	中国嘉德	2011.5.15
“梁充釿五二十当寽”桥裆布一枚	高63mm	57,500	北京诚轩	2011.5.16
“梁二”桥裆布	高66mm	184,000	中国嘉德	2011.5.15
“梁二釿”桥裆布	通长67.4mm	126,500	中国嘉德	2011.11.20
“梁一”桥裆布	高56mm	59,800	中国嘉德	2011.5.15
“蔺”大型圆足布	高72mm	92,000	中国嘉德	2011.5.15
“蔺”字圆足布一枚	高75mm	63,250	北京诚轩	2011.5.16
“明四”圆钱	直径30.5mm	94,300	中国嘉德	2011.5.15
“蒲返一”桥裆布	高54mm	103,500	中国嘉德	2011.5.15
“齐大刀”背“草”三字刀	通长182.2mm	57,500	中国嘉德	2011.11.20
“齐大刀”三字刀背“刀”	通长183mm	92,000	中国嘉德	2011.5.15
“齐大刀”三字刀背“土”	通长181mm	51,750	中国嘉德	2011.5.15
“齐法化”背“亻”三字刀一枚	高182mm	59,800	北京诚轩	2011.5.16
“齐返邦长大刀”背“草”六字刀	通长186.1mm	977,500	中国嘉德	2011.11.20
“齐返邦长大刀”六字刀背“日”	通长185mm	1,495,000	中国嘉德	2011.5.15
“齐之大刀”背“卜”	通长183.7mm	161,000	中国嘉德	2011.11.20
“齐之大刀”背“上”四字刀	通长185.6mm	138,000	中国嘉德	2011.11.20
“齐之大刀”四字刀背“刀”	通长185.5mm	207,000	中国嘉德	2011.5.15
“祺祥重宝、同治重宝”合背	直径33.8mm	207,000	中国嘉德	2011.5.15
“契刀五百”	通长75.3mm	63,250	中国嘉德	2011.11.20
“契刀五百”	通长75.2mm	101,200	中国嘉德	2011.11.20
“契刀五百”一组三枚	尺寸不一	86,250	中国嘉德	2011.11.20
“乾坎艮震”花钱及“家国永安”花钱一组两枚	尺寸不一	51,750	中国嘉德	2011.5.15
“桡比当”背“七傎”楚布	高106mm	59,800	中国嘉德	2011.5.15
“桡比四”背“一傎三傎”楚系小布	高53.7mm	115,000	中国嘉德	2011.5.15
“三川釿”斜肩弧裆空首布	通长88.2mm	126,500	中国嘉德	2011.11.20
“水”大型耸肩尖足空首布	通长148mm	126,500	中国嘉德	2011.5.15
“太平天国”背“圣宝”小花钱一枚		1,840,000	北京保利	2011.12.08
“太平天国”背“圣宝”镇库大钱一枚	直径76mm	690,000	北京保利	2011.12.08
“同治通宝”宝泉局牙雕祖钱一枚		920,000	北京保利	2011.12.08
“统和元宝”大字版背上月	直径25.3mm	51,750	中国嘉德	2011.5.15
“土”大型平肩弧裆空首布	通长99.3mm	69,000	中国嘉德	2011.5.15
“文信”圆钱	直径23.5mm	103,500	中国嘉德	2011.5.15
“武”小型平斜肩弧裆空首布	通长74mm	103,500	中国嘉德	2011.5.15
“西周”圜钱	直径27.4mm	161,000	中国嘉德	2011.11.20
“喜”大型平肩弧裆空首布	通长99.1mm	63,250	中国嘉德	2011.5.15
“幺”小型耸肩尖足空首布	通长119.5mm	69,000	中国嘉德	2011.5.15
“冶”大型平肩弧裆空首布	通长93.8mm	51,750	中国嘉德	2011.5.15
“一刀平五千、契刀五百”一组两枚	尺寸不一	138,000	中国嘉德	2011.5.15
“一刀平五千”及“一刀”刀环一组两枚	尺寸不一	115,000	中国嘉德	2011.11.20
“一少朱”圜钱	直径33.5mm	690,000	中国嘉德	2011.5.15

2011杂项拍卖成交汇总

(成交价RMB：5万元以上)

拍品名称	尺寸	成交价RMB	拍卖公司	拍卖日期
一刀平五千	通长73.2mm	57,500	中国嘉德	2011.5.15
一刀平五千	通长73.2mm	55,200	中国嘉德	2011.5.15
“阴晋一”桥裆布	高55.3mm	51,750	中国嘉德	2011.5.15
“永通泉货”篆书	直径30.6mm	57,500	中国嘉德	2011.11.20
“月”大型平肩弧裆空首布	通长96mm	51,750	中国嘉德	2011.11.20
“朕”小型耸肩尖足空首布	通长114mm	101,200	中国嘉德	2011.5.15
“止幺”小型耸肩尖足空首布	通长119.2mm	66,700	中国嘉德	2011.5.15
“中泉三十”	直径23.4mm	57,500	中国嘉德	2011.5.15
“祝”大型平肩弧裆空首布	通长100.1mm	57,500	中国嘉德	2011.5.15
王莽十布一组十枚	尺寸不一	287,500	中国嘉德	2011.5.15
先秦一汉，半两系列(三本/组)战国至汉，半两一组		207,000	北京翰海	2011.11.19
战国“齐返邦长大刀”背上“六字刀币”	长18.5cm	920,000	中国嘉德	2011.5.23
战国时期“幺金”小型耸肩尖足空首布一枚	高120mm	69,000	北京诚轩	2011.11.17
战国早中期尖足布“鄤玖”		50,000	北京翰海	2011.5.17
战国中晚期方足布“离石”		50,000	北京翰海	2011.5.17
东周时期“安臧”空首布		60,000	北京翰海	2011.5.17
唐代 无诸灾獐 长命富贵		50,000	北京翰海	2011.5.18
唐代马钱一组		180,000	北京翰海	2011.5.18
唐代咸通玄宝		200,000	北京翰海	2011.5.17
魏征斩龙十二生肖图		250,000	北京翰海	2011.5.18
北宋“政和通宝”折三铁母真书、篆书一组两枚	直径32.1mm；33.2mm	105,800	中国嘉德	2011.11.20
北宋“政和重宝”折三铁母	直径31.1mm	138,000	中国嘉德	2011.11.20
北宋“重和通宝”真书、篆书一组两枚	直径25.8mm；25.7mm	74,750	中国嘉德	2011.11.20
南宋“仁义道德”背“行”花钱	直径45.9mm	51,750	中国嘉德	2011.11.20
宋“胡人乐舞图”大型花钱	直径54.8mm	287,500	中国嘉德	2011.11.20
宋“龙骧将军”花钱	直径31.7mm	69,000	中国嘉德	2011.11.20
宋“寿星”背十二生肖花钱	直径59.5mm	71,300	中国嘉德	2011.11.20
宋“泗州大圣”背十二生肖花钱	直径61.4mm	230,000	中国嘉德	2011.11.20
宋“征西将军”花钱	直径31.9mm	69,000	中国嘉德	2011.11.20
宋“忠孝传家”花钱	直径38.3mm	59,800	中国嘉德	2011.11.20
宋 十六罗汉花钱	直径62.6mm	195,500	中国嘉德	2011.11.20
宋 钟馗斩鬼花钱	直径47.8mm	66,700	中国嘉德	2011.11.20
宋代三教合流 人物图		200,000	北京翰海	2011.5.18
宋代宣和五铢光背	直径101mm	60,000	北京翰海	2011.5.18
辽代福德长寿宫钱		190,000	北京翰海	2011.5.18
辽代福神神仙人物		500,000	北京翰海	2011.5.18
辽代千秋万岁		60,000	北京翰海	2011.5.18
辽代清白传家 背穿四出		480,000	北京翰海	2011.5.18
辽代清白传家 光背		400,000	北京翰海	2011.5.18
辽金时期千里送京娘		270,000	北京翰海	2011.5.18
元佑通宝大字版铁母	直径34.2mm	59,800	中国嘉德	2011.5.15
至和重宝折二母钱	直径30.5mm	78,200	中国嘉德	2011.5.15
至正通宝花草纹		290,000	北京翰海	2011.5.18
至正之宝背权钞壹钱五分	直径61mm	94,300	中国嘉德	2011.5.15
明末清初张献忠铸“西王赏功”铜质	直径49mm	862,500	华夏国拍	2011.6.10
明末兴朝通宝壹分		900,000	北京翰海	2011.5.17
万历通宝背“矿银”银质	直径15.7mm	55,200	中国嘉德	2011.5.15
康熙重宝背“宝泉”龙凤花钱	直径61.5mm	92,000	中国嘉德	2011.5.15
康熙重宝背“宝泉”龙凤花钱	直径60.8mm	51,750	中国嘉德	2011.5.15
乾隆通宝 龙凤	直径23.5mm	80,000	北京翰海	2011.5.18
乾隆通宝 天下太平		100,000	北京翰海	2011.5.18
乾隆通宝背“天下太平”宫钱雕母	直径38mm	805,000	中国嘉德	2011.5.15
嘉靖通宝背“三钱”	直径33.1mm	345,000	中国嘉德	2011.5.15
嘉靖通宝背“十一两”	直径44.9mm	368,000	中国嘉德	2011.5.15
嘉庆通宝 宝泉		100,000	北京翰海	2011.5.18
嘉庆通宝宝川局大钱	直径48.1mm	57,500	中国嘉德	2011.5.15
嘉庆通宝背“天下太平”大型宫钱	直径63.7mm	207,000	中国嘉德	2011.5.15
嘉庆通宝及嘉庆万年背吉语花钱一组十一枚		78,200	中国嘉德	2011.5.15

拍品名称	尺寸	成交价RMB	拍卖公司	拍卖日期
清“财阜民康”背“时和岁有”花钱	直径38.2mm	78,200	中国嘉德	2011.11.20
清“富贵康宁”大型宫钱	直径55mm	69,000	中国嘉德	2011.11.20
清“富贵荣华”背八卦特大型花钱	直径94.6mm	69,000	中国嘉德	2011.11.20
清“千祥云集”背“百福骈臻”花钱	直径38.2mm	66,700	中国嘉德	2011.11.20
清“千祥云集”背“百福骈至”大型花钱	直径69.4mm	63,250	中国嘉德	2011.11.20
清“天聪之钱”满文背“折十”	直径44.8mm	80,500	中国嘉德	2011.11.20
清“五铢”玉制		57,500	中国嘉德	2011.11.20
清“咸丰通宝”背“宝泉当十”戴书铁母	直径38.9mm	55,200	中国嘉德	2011.11.20
清“咸丰重宝”背“宝福五十”外记重	直径58.3mm	51,750	中国嘉德	2011.11.20
清“咸丰重宝”背“宝南当十”部颁样钱	直径38.5mm	86,250	中国嘉德	2011.11.20
清“咸丰重宝”背“宝泉当十”“珍”字宝铁母	直径38.0mm	82,800	中国嘉德	2011.11.20
清“咸丰重宝”背“宝苏当十”手雕鎏金花钱	直径40.8mm	69,000	中国嘉德	2011.11.20
清“允升大吉”背“如意”	直径49.4mm	94,300	中国嘉德	2011.11.20
清代“宣统通宝”背“天下太平”阔缘花钱一枚	直径50mm	57,500	北京诚轩	2011.5.16
清代安徽省造光绪元宝十文铜币合背一枚		82,800	北京诚轩	2011.5.14
清代安徽省造光绪元宝五文铜币一枚	直径23mm	103,500	北京诚轩	2011.5.14
清代宝局“光绪通宝”小平钱双排四十四枚钱树一棵	高567mm	241,500	北京诚轩	2011.5.16
清代宝局“光绪通宝”小平钱四排八十六枚钱树一棵	高658mm	218,500	北京诚轩	2011.5.16
清代宝局“光绪通宝”小平钱四排八十枚钱树一棵	高613mm	345,000	北京诚轩	2011.5.16
清代宝泉局“光绪通宝”小平钱四排九十七枚钱树一棵	高659mm	276,000	北京诚轩	2011.5.16
清代宝泉局“光绪通宝”小平钱四排六十八枚钱树一棵	高605mm	322,000	北京诚轩	2011.5.16
清代宝泉局“光绪通宝”小平钱四排七十四枚钱树一棵	高615mm	575,000	北京诚轩	2011.5.16
清代宝泉局“同治通宝”小平钱双排二十二枚钱树一棵	高325mm	184,000	北京诚轩	2011.5.16
清代宝泉局“同治通宝”小平钱双排四十六枚钱树一棵	高657mm	230,000	北京诚轩	2011.5.16
清代宝泉局“同治通宝”小平钱双排四十三枚钱树一棵	高630mm	161,000	北京诚轩	2011.5.16
清代宝泉局“咸丰通宝”当一铁钱双排四十枚钱树一棵	高555mm	57,500	北京诚轩	2011.5.16
清代宝泉局“咸丰元宝”背星月当千一枚	直径60mm	74,750	北京诚轩	2011.5.16
清代宝泉局“咸丰元宝”当百背星月双排钱树局部四枚	高143mm	414,000	北京诚轩	2011.5.16
清代宝源局“光绪通宝”小平钱二排三十枚钱树一棵		218,500	北京诚轩	2011.5.16
清代宝源局“光绪通宝”小平钱双排四十九枚钱树一棵	高662mm	264,500	北京诚轩	2011.5.16
清代宝源局“光绪重宝”当十双排三十二枚钱树一棵	高655mm	218,500	北京诚轩	2011.5.16
清代宝源局“光绪重宝”当十双排三十二枚钱树一棵	高653mm	115,000	北京诚轩	2011.5.16
清代宝源局“光绪重宝”当十双排三十二枚钱树一棵	高641mm	59,800	北京诚轩	2011.5.16
清代宝源局“光绪重宝”当十四排六十三枚钱树一棵	高624mm	230,000	北京诚轩	2011.5.16
清代宝源局光绪通宝背新十机制方孔钱一枚		51,750	北京保利	2011.12.09
清代光绪通宝小平宝源雕母		70,000	北京翰海	2011.5.17
清代铜币收藏册一本		80,500	北京保利	2011.12.09
清咸丰“咸丰重宝”瓷质宫钱	直径16cm	126,500	北京保利	2011.4.16

拍品名称	尺寸	成交价RMB	拍卖公司	拍卖日期
安徽方孔		470,000	北京翰海	2011.5.18
半两权钱	直径35.2mm	126,500	中国嘉德	2011.5.15
包青天夜审郭槐		160,000	北京翰海	2011.5.18
宝庆元宝背“汉、下月”折二铁母	直径28.2mm	517,500	中国嘉德	2011.5.15
本命元神 神仙十二生肖图		140,000	北京翰海	2011.5.18
1906年光绪年造大清铜币当制钱二十文，中心“苏”		55,200	中国嘉德	2011.5.12
1906年光绪年造户部大清铜币二十文		63,250	中国嘉德	2011.11.18
博山刀背“坪阳冶□□”	通长138.6mm	333,500	中国嘉德	2011.5.15
大观通宝花钱一组四枚		126,500	中国嘉德	2011.5.15
大康通宝折五银质	直径35.8mm	97,750	中国嘉德	2011.5.15
大清万年，暗八仙图	直径50.79mm	140,000	北京翰海	2011.5.18
大元国宝背龙纹	直径47.3mm	138,000	中国嘉德	2011.5.15
单龙大型花钱	直径81mm	747,500	华夏国拍	2011.6.10
道德慈俭花钱	直径62.1mm	195,500	中国嘉德	2011.5.15
道光通宝 天下太平		80,000	北京翰海	2011.5.18
道光通宝 天下太平		50,000	北京翰海	2011.5.18
道光通宝背天下太平大样母钱	直径46.7mm	80,500	中国嘉德	2011.5.15
德华银行 北京 一百圆		200,000	北京翰海	2011.5.17
东三省壹分 大写大字		380,000	北京翰海	2011.5.18
鄂字二文		80,000	北京翰海	2011.5.18
二十四孝人物故事图		180,000	北京翰海	2011.5.18
富贵康宁特大型宫钱	直径56.6mm	195,500	中国嘉德	2011.5.15
富寿康宁八卦图大型宫钱	直径90.1mm	1,500,000	北京翰海	2011.5.18
官考小型平肩弧裆空首布	通长69mm	57,500	中国嘉德	2011.5.15
光绪二十九至三十年湖南省造光绪元宝当十黄铜元样币		100,000	北京翰海	2011.5.18
光绪三十年(1904年)四川铜元局壹千文		78,200	中国嘉德	2011.5.16
光绪三十三年(1907年)江西官银钱总号贰两		1,495,000	华夏国拍	2011.12.08
光绪通宝 天下太平		250,000	北京翰海	2011.5.18
光绪通宝 天下太平		80,000	北京翰海	2011.5.18
光绪通宝宝川局一文机制铜币样币一枚	直径24mm	63,250	北京诚轩	2011.5.14
光绪通宝宝武机制小字样币		50,000	北京翰海	2011.5.18
光绪通宝宝源	真径61.75mm	780,000	北京翰海	2011.5.18
光绪通宝宝源局特大型宫钱	直径62mm	230,000	中国嘉德	2011.5.15
光绪通宝背天下太平宫钱	直径47.1mm	59,800	中国嘉德	2011.5.15
光绪通宝奉天当十		280,000	北京翰海	2011.5.18
光绪通宝山东壹文黄铜圆穿样币一枚		345,000	北京保利	2011.12.08
同治通宝背“长命富贵”宫钱	直径37.6mm	69,000	中国嘉德	2011.5.15
咸丰通宝宝福一百 大型		65,000	北京翰海	2011.5.17
咸丰通宝背“二十壹两五钱”宝福局试铸样钱	直径50.8mm	402,500	中国嘉德	2011.5.15
咸丰元宝宝川局当五百面双龙背双凤开炉试铸钱	直径62.5mm	161,000	中国嘉德	2011.5.15
咸丰元宝宝河		58,000	北京翰海	2011.5.17
咸丰元宝宝河局当百样钱		345,000	中国嘉德	2011.5.15
咸丰元宝宝泉当千呈样钱		200,000	北京翰海	2011.5.17
咸丰元宝宝泉局尔宝版当千样钱	直径62.4mm	747,500	中国嘉德	2011.5.15
咸丰元宝宝陕局当千	直径69.8mm	80,500	中国嘉德	2011.5.15
咸丰元宝宝源局当百手雕花钱	直径50mm	126,500	中国嘉德	2011.5.15
咸丰重宝宝福五十		65,000	北京翰海	2011.5.17
咸丰重宝宝福一十、外记重二十、外记重五十、一百一组共四枚	尺寸不一	89,700	中国嘉德	2011.5.15
咸丰重宝宝福一十外记重五钱样钱	直径38.4mm	103,500	中国嘉德	2011.5.15
咸丰重宝宝巩当五十阔缘母钱		92,000	北京翰海	2011.5.17
咸丰重宝宝泉局当五十手雕花钱	直径57.5mm	105,800	中国嘉德	2011.5.15
咸丰重宝宝源试样当五		50,000	北京翰海	2011.5.17
咸丰重宝当十		90,000	北京翰海	2011.5.17
宣统年造大清铜币一分样币一枚		55,200	北京诚轩	2011.11.16
宣统年造大清铜币一厘样币一枚		51,750	北京诚轩	2011.11.16
宣统三年大清铜币五文样币一枚		63,250	北京诚轩	2011.11.16

拍品名称	尺寸	成交价RMB	拍卖公司	拍卖日期
宣统三年铜币		747,900	中博文化	2011.7.10
宣统通宝 天下太平	直径48.3mm	1,700,000	北京翰海	2011.5.18
广东省造五羊图一仙		450,000	北京翰海	2011.5.18
贵州铜元		750,000	北京翰海	2011.5.18
汉代“五铢”钱树、钱范各一件	树高185mm	276,000	北京诚轩	2011.5.16
河南光绪元宝黄铜十文样币		350,000	北京翰海	2011.5.18
湖北光绪元宝当十圆珠龙白铜		150,000	北京翰海	2011.5.18
湖南黄铜元德国试打样币		805,000	华夏国拍	2011.6.11
湖南双面英文		280,000	北京翰海	2011.5.18
户部乾益官号钱帖		74,750	中国嘉德	2011.5.16
货泉背“长乐未央”花钱	直径23.1mm	57,500	中国嘉德	2011.5.15
吉语花钱钱树一棵		207,000	中国嘉德	2011.5.15
江南试造当十制钱一统万年，珍稀罕见，品相精美，带局部底光，近未使用，极具收藏价值		220,000	北京翰海	2011.5.18
军政府双旗五文		50,000	北京翰海	2011.5.18
历代古钱一组近五十枚		51,750	中国嘉德	2011.5.15
满汉文天下太平鎏金，珍稀手雕宫钱		150,000	北京翰海	2011.5.18
邱思达旧藏先秦空首布、尖足布一批		1,800,000	北京翰海	2011.5.17
三字大型尖首刀		59,800	中国嘉德	2011.5.15
山东光绪元宝十文米字星		72,000	北京翰海	2011.5.18
绍圣通宝隶书小平铁母	直径25.5mm	57,500	中国嘉德	2011.5.15
绍圣元宝隶书折二	直径25.6mm	241,500	中国嘉德	2011.5.15
双螭虎纹花钱	直径38.9mm	51,750	中国嘉德	2011.5.15
双面天下太平		200,000	北京翰海	2011.5.18
顺天元宝背“千”鎏金	直径37.5mm	1,150,000	中国嘉德	2011.5.15
四川马兰钱三十文背党徽梅花图样币一枚		80,500	北京诚轩	2011.5.14
四川省铜元一组(4本) 清末民国四川铜圆一组四册144种		207,000	北京翰海	2011.11.19
特大型双面凤鸟纹花钱	直径63.5mm	345,000	中国嘉德	2011.5.15
天聪之钱	直径44.2mm	299,000	中国嘉德	2011.5.15
天聪之钱	直径45.2mm	184,000	中国嘉德	2011.5.15
天聪之钱	直径45.5mm	172,500	中国嘉德	2011.5.15
天聪之钱	直径44.7mm	57,500	中国嘉德	2011.5.15
天聪之钱	直径45.1mm	55,200	中国嘉德	2011.5.15
天德重宝背“殷”	直径32.6mm	253,000	中国嘉德	2011.5.15
天下太平 光背	直径66mm	100,000	北京翰海	2011.5.18
天下太平背吉语花钱钱树	通长452mm	115,000	中国嘉德	2011.5.15
民国24年(1935年)青海财政厅维持券壹圆、伍圆、拾圆共3枚全套		207,000	上海泓盛	2011.6.18
民国二十五年(宋哲元)“津”字嘉禾拾枚 贰枚壹枚铜元样币各一枚(共3枚)		5,750,000	北京保利	2011.12.08
民国二十五年(宋哲元)“平”字嘉禾拾枚 贰枚壹枚铜元样币各一枚(共3枚)		5,750,000	北京保利	2011.12.08
民国二十五年党徽布图壹分“平”红铜样币一枚		94,300	北京诚轩	2011.11.16
民国二十五年广东人像一仙		1,800,000	北京翰海	2011.5.18
民国二十五年广东省造五羊图壹仙铜币一枚		322,000	北京诚轩	2011.5.14
民国二十五年孙中山像背布图伍分镍币样币一枚		57,500	北京诚轩	2011.5.15
民国三十七年蒋介石像伍角试铸铜样币一枚	直径24mm	195,500	北京诚轩	2011.5.14
民国三十四年“中央造币厂”铸古布图五两厂条一枚	重154.4g	207,000	北京诚轩	2011.5.16
民国十九年四川党徽梅花图贰分铜辅币一枚	直径29.5mm	69,000	北京诚轩	2011.5.14
民国十九年四川梅花党徽二分铜辅币		120,000	北京翰海	2011.5.18
民国十九年四川省造背党徽梅花贰分铜辅币一枚		115,000	北京诚轩	2011.11.16
民国时期中央造币厂制孙中山像古布厂徽五两厂条一枚	重159g	184,000	北京诚轩	2011.5.16

拍品名称	尺寸	成交价RMB	拍卖公司	拍卖日期
民国通宝当十母钱		950,000	北京翰海	2011.5.17
民国元年四川省造双旗背狮子五文铜币一枚		63,250	北京诚轩	2011.11.16
民国元年四川省造双旗背狮子五文铜币一枚		161,000	北京诚轩	2011.11.16
祺祥通宝宝泉局小平	直径27.7mm	86,250	中国嘉德	2011.5.15
祺祥通宝宝源局小平	直径28.3mm	310,500	中国嘉德	2011.5.15
应圣元宝背“拾”鎏金	直径34.1mm	575,000	中国嘉德	2011.5.15
永通泉货	直径38.7mm	80,500	中国嘉德	2011.5.15
袁世凯像伍分镍币铜样		100,000	北京翰海	2011.5.18
浙字十文大清铜币厚版样币、普品(一对)		55,000	北京翰海	2011.5.18
1902年江苏省造光绪元宝背飞龙二十文铜币一枚		86,250	北京诚轩	2011.5.14
1903年癸卯奉天省造光绪元宝十文铜币一枚		69,000	北京诚轩	2011.5.14
1903年四川省造光绪元宝二十文铜币一枚		51,750	北京诚轩	2011.11.16
1906年户部丙午大清铜币中心“滇”二十文铜币一枚		69,000	北京诚轩	2011.11.16
1906年户部丙午大清铜币中心“鄂”二十文一枚		105,800	北京诚轩	2011.5.14
1906年户部丙午大清铜币中心“鄂”二十文一枚		59,800	北京诚轩	2011.5.14
1906年户部丙午大清铜币中心“鄂”十文、五文各一枚		57,500	北京诚轩	2011.5.14
1906年户部丙午大清铜币中心“苏”二文黄铜币一枚		71,300	北京诚轩	2011.5.14
1906年户部丙午大清铜币中心“苏”五文一枚		57,500	北京诚轩	2011.11.16
1906年户部丙午大清铜币中心“湘”十文一枚		184,000	北京诚轩	2011.5.14
1906年户部丙午大清铜币中心“湘”十文一枚		59,800	北京诚轩	2011.5.14
1908年戊申光绪“総”字一文铜币样币一枚		57,500	北京诚轩	2011.5.14
1928年河南双旗壹百文铜币一枚		115,000	北京诚轩	2011.5.14
中华民国十九年(1930年)党徽图贰分铜辅币		63,250	中国嘉德	2011.5.12
重熙通宝小平、折二一组两枚		287,500	中国嘉德	2011.5.15
银 币				
战国时期秦银质半两大钱一枚	直径66毫米	2,070,000	北京保利	2011.12.08
大唐镇库	直径48.1mm	713,000	中国嘉德	2011.5.15
唐代 船型五十两银铤	重1678g	115,000	中国嘉德	2011.11.19
唐代船型五十两银铤，保存完好	重1971g	230,000	中国嘉德	2011.5.14
南宋“霸北街东赵孙宅重十二两半”六排戳银铤一枚，加刻“惠州经制银”	重436.8g	92,000	北京诚轩	2011.5.16
南宋“霸北街东赵宅重十二两半××验”刻“广州经制银”银铤一枚	重445.7g	184,000	北京诚轩	2011.5.16
南宋“霸东街南 姚七郎 重贰拾伍两”六排戳银铤一枚	重933.7g	78,200	北京诚轩	2011.11.17
南宋“霸东街南 姚七郎匠重贰拾伍两”六排戳银铤	重935g	115,000	中国嘉德	2011.11.19
南宋“霸南街东 王一郎 重贰拾伍两”六排戳银铤一枚	重942.0g	57,500	北京诚轩	2011.11.17
南宋“霸西王二郎 京销铤银 贰拾伍两”六排戳银铤	重903g	92,000	中国嘉德	2011.11.19
南宋“京销铤银”六戳记十二两半银铤一枚	重491.2g	66,700	北京诚轩	2011.5.16
南宋“京销铤银陈铺重弍拾五两”六排戳银铤一枚	重908.3g	97,750	北京诚轩	2011.5.16
南宋“京销铤银广东库银梁平验”、刻“南安军蔡照”十二两半银铤一枚	重450.4g	195,500	北京诚轩	2011.5.16
南宋“京销铤银赵宅渗银重壹拾弍两半”六排戳银铤一枚	重464.8g	149,500	北京诚轩	2011.5.16

拍品名称	尺寸	成交价RMB	拍卖公司	拍卖日期
南宋“聂北铺出门税”二十五两银铤	重981g	115,000	中国嘉德	2011.5.14
南宋“聂二郎聚造”出门税五十两银铤	重1992g	207,000	中国嘉德	2011.5.14
南宋“水巷里角 王六郎记 贰拾伍两”六排戳二十五两银铤	重937g	230,000	中国嘉德	2011.11.19
南宋“水巷里角王六郎记”六排戳二十五两银铤	重937g	333,500	中国嘉德	2011.5.14
南宋“铁线巷 陈二郎 重贰拾伍两”六排戳银铤一枚	重931.2g	71,300	北京诚轩	2011.11.17
南宋“永州解淮西银”二十五两银铤	重1002g	1,150,000	华夏国拍	2011.6.11
南宋“真花银路和家”二十五两银铤	重983g	138,000	中国嘉德	2011.5.14
南宋二十五两银铤		747,500	华夏国拍	2011.6.11
南宋二十五两银铤		506,000	华夏国拍	2011.6.11
南宋二十五两银铤	重965g	667,000	北京翰海	2011.11.19
南宋绍定元年(1228年)重庆府天基节进奉五十两银铤		517,500	华夏国拍	2011.6.11
南宋绍定元年(1228年)重庆府天基节进倖五十两银铤	重1989g	632,500	北京翰海	2011.11.19
南宋双戳加刻“广州经制银”、“×验”十二两银铤一枚	重428g	59,800	北京诚轩	2011.5.16
南宋五十两素面银铤一枚	重1964.8g	138,000	北京诚轩	2011.5.16
南宋五十两银铤	重1978g	1,725,000	华夏国拍	2011.6.11
宋金时期济南府出门税二十五两银铤—铭文“济南府真花银出门税王家销”	重988.9g	195,500	北京翰海	2011.11.19
元代“兴国路”五十两银铤	重1961g	3,105,000	中国嘉德	2011.5.14
元代五十两银铤	重1947g	1,725,000	华夏国拍	2011.6.11
泰定元年刻字五十两银铤	重1845.8g	448,500	北京翰海	2011.11.19
元代真定路课五十两银锭	重1920克	690,000	华夏国拍	2011.6.11
西王赏功银质	重37.8g	552,000	中国嘉德	2011.5.15
“大安元宝”折五大钱一枚		345,000	北京保利	2011.12.08
辽“天庆元宝”折五	直径41.8mm	184,000	中国嘉德	2011.11.20
辽天庆元宝折十一枚		253,000	北京保利	2011.12.09
金代“上等银重伍拾两”银铤	重1924g	218,500	中国嘉德	2011.5.14
金代“张德成”五十两银铤	重1952g	402,500	中国嘉德	2011.5.14
金代铭文“使匠”五十两银铤一枚	重1953.6g	322,000	北京诚轩	2011.11.17
明代 银作局五十两银锭	重1881g	1,150,000	中国嘉德	2011.11.19
明代“当涂县”五十两银锭	重1877g	609,500	中国嘉德	2011.5.14
明代“江陵县粳米银”五十两银锭	重1818g	218,500	中国嘉德	2011.5.14
明代民铸螺丝纹银锭十一枚	重1770g	97,750	北京保利	2011.12.09
明代四川五十两银锭	重1833.5g	138,000	北京翰海	2011.11.19
明代四川五十两银锭	重1908.3g	161,000	北京翰海	2011.11.19
明代四川五十两银锭	重1915.4g	161,000	北京翰海	2011.11.19
明代四川一百两银锭	重3547克	1,955,000	华夏国拍	2011.6.11
明代早期素面束腰五十两银铤一枚	重1840.8g	230,000	北京诚轩	2011.5.16
明末“大顺贰年、镇库银”壹佰两银锭	重3612g	2,016,000	雍和嘉诚	2011.5.15
明末清初 河北“吴桥县 匠冯志喜”五十两银锭	重1888g	253,000	中国嘉德	2011.11.19
明末西王赏功银钱		500,000	北京翰海	2011.5.17
明末张献忠大顺政权铸军饷银五十两		300,000	北京翰海	2011.5.17
明征完崇祯十三年分成都后卫库银一百两整差江永年银匠阳历一百两型银锭	重3746g	1,702,000	雍和嘉诚	2011.11.21
明治时期日本龙银一圆银币一批(无图)		80,500	北京诚轩	2011.11.16
“顺天元宝”背仰月、“得一元宝”背仰月一组两枚	尺寸不一	78,200	中国嘉德	2011.11.20
顺天元宝、得一元宝一组两枚	尺寸不一	138,000	中国嘉德	2011.5.15
清乾隆江苏“三十二年三月长洲县苏品仁倪德升”五十两阴刻锭一枚	重1868.6g	460,000	北京诚轩	2011.5.16

拍品名称	尺寸	成交价RMB	拍卖公司	拍卖日期
半两	重22.2g	115,000	中国嘉德	2011.5.15
本品应属云南地方为宫廷祝寿之用		280,000	北京翰海	2011.5.17
丙午(1906年)光绪年造户部大清银币“中”字壹两银质样币(LM16)		977,500	中国嘉德	2011.11.18
大清光绪二十四年(1898年)奉天造币局造一圆银币(LM471)		59,800	中国嘉德	2011.11.18
当银币伍元、当银币拾元，云南军用金币一对	合重9.4g	350,000	北京翰海	2011.5.17
道光十三年粤海关十两		70,000	北京翰海	2011.5.17
丁未(1907年)大清银币水波纹壹圆银币		667,000	华夏国拍	2011.12.07
丁未(1907年)光绪年造大清银币壹圆银质精制样币(LM20)		172,500	中国嘉德	2011.11.18
丁未(1907年)光绪年造大清银币壹圆银质样币(LM20)		287,500	中国嘉德	2011.5.12
丁未(1907年)吉林省造光绪元宝库平三钱六分银币(LM568)		92,000	中国嘉德	2011.5.12
二十九年(1903年)北洋造光绪元宝七钱二分银币(LM462)		74,750	中国嘉德	2011.5.12
二十九年(1903年)北洋造光绪元宝七钱二分银币(LM462)		207,000	中国嘉德	2011.11.18
二十六年(1900年)北洋造光绪元宝库平七钱二分银币(LM459)		126,500	中国嘉德	2011.5.12
二十五年(1899年)安徽省造光绪元宝三分六厘银币(LM209)		345,000	中国嘉德	2011.11.18
二十五年(1899年)北洋造光绪元宝七钱二分银币(LM454)		112,700	中国嘉德	2011.11.18
奉天省造光绪元宝库平一钱四分四厘		184,000	中国嘉德	2011.5.12
甘肃“镇番王×”二两花生锭一枚	重91.2g	50,600	北京诚轩	2011.5.16
庚申年乙威天亨银钱号钱帖		74,750	中国嘉德	2011.5.16
古丝路银币不同品种二百六十四枚		109,250	北京诚轩	2011.5.15
光绪“吉”字圆孔厂平五钱银币(齿边)一枚		2,300,000	北京保利	2011.12.08
光绪丁未年造大清银币五角一枚		105,800	北京诚轩	2011.5.14
光绪丁未年造大清银币壹圆样币一枚		483,000	北京诚轩	2011.5.14
光绪二十二年北洋机器局造二角银币一枚		74,750	北京诚轩	2011.5.14
光绪二十二年北洋机器局造壹圆银币一枚		575,000	北京诚轩	2011.5.14
光绪二十二年北洋机器局造壹圆银币一枚		575,000	上海天衡	2011.6.29
光绪二十二年北洋机器局造壹圆银币一枚		345,000	北京诚轩	2011.5.14
光绪二十九年(1903年)户部光绪元宝库平一钱银币金质样币一枚		138,000	北京诚轩	2011.5.14
光绪二十九年北洋造光绪元宝库平七钱二分银币一枚		483,000	北京诚轩	2011.5.14
光绪二十九年北洋造光绪元宝库平七钱二分银币一枚		105,800	北京诚轩	2011.5.14
光绪二十九年北洋造光绪元宝库平七钱二分银币一枚		149,500	北京诚轩	2011.11.16
光绪二十九年北洋造光绪元宝库平七钱二分银币一枚		138,000	北京诚轩	2011.11.16
光绪二十九年户部光绪元宝库平五分银币样币一枚		69,000	北京诚轩	2011.11.16
光绪二十九年户部光绪元宝库平一钱银币样币一枚		195,500	北京诚轩	2011.5.14
光绪二十六年北洋造光绪元宝库平七钱二分银币一枚		207,000	北京诚轩	2011.5.14
光绪二十三年北洋机器局造一角银币一枚		149,500	北京诚轩	2011.5.14

拍品名称	尺寸	成交价RMB	拍卖公司	拍卖日期
光绪二十三年北洋机器局造壹圆银币一枚		74,750	北京诚轩	2011.5.14
光绪二十三年北洋机器局造壹圆银币一枚		69,000	北京诚轩	2011.5.14
光绪二十三年北洋机器局造壹圆银币一枚		138,000	北京诚轩	2011.11.16
光绪二十四年(1898年)北洋机器局造壹圆银币(LM449)		57,500	中国嘉德	2011.5.12
光绪二十四年安徽省造光绪元宝A.S.T.C.库平七钱二分银币一枚		101,200	北京诚轩	2011.5.14
光绪二十四年安徽省造光绪元宝A.S.T.C.库平一钱四分四厘银币一枚		299,000	北京诚轩	2011.5.14
光绪二十四年安徽省造光绪元宝库平七钱二分银币一枚		759,000	北京诚轩	2011.11.15
光绪二十四年北洋机器局造半角银币一枚		82,800	北京诚轩	2011.5.14
光绪二十四年北洋机器局造一角银币一枚		195,500	北京诚轩	2011.5.14
光绪二十四年北洋机器局造壹圆银币一枚		149,500	北京诚轩	2011.5.14
光绪二十四年北洋机器局造壹圆银币一枚		71,300	北京诚轩	2011.5.14
光绪二十四年奉天机器局造五角银币一枚		109,250	北京诚轩	2011.5.14
光绪二十四年奉天机器局造壹圆银币一枚		92,000	北京诚轩	2011.11.15
光绪二十五年安徽省造光绪元宝库平三分六厘银币一枚		115,000	北京诚轩	2011.11.15
光绪二十五年北洋造光绪元宝库平七钱二分银币一枚		690,000	北京诚轩	2011.5.14
光绪二十五年北洋造光绪元宝库平七钱二分银币一枚		322,000	北京诚轩	2011.5.14
光绪二十五年北洋造光绪元宝库平七钱二分银币一枚		82,800	北京诚轩	2011.11.16
光绪二十五年北洋造光绪元宝库平七钱二分银币一枚		59,800	北京诚轩	2011.11.16
光绪二十五年北洋造光绪元宝库平三分六厘银币一枚		80,500	北京诚轩	2011.11.16
光绪二十五年北洋造光绪元宝库平三钱六分银币一枚		57,500	北京诚轩	2011.5.14
光绪二十五年奉天机器局造一圆银币一枚		71,300	北京诚轩	2011.11.15
光绪二十五年奉天机器局造壹圆银币一枚		94,300	北京诚轩	2011.11.15
光绪二十五年奉天省造半角银币一枚		115,000	北京诚轩	2011.5.14
光绪二十五年湖北银元局光绪元宝重库平七钱二分银元票壹大元一枚		218,500	北京诚轩	2011.5.17
光绪年贵州官炉造“黔宝”银饼		1,500,000	北京翰海	2011.5.17
光绪年造丁未大清银币壹圆样币一枚		299,000	北京诚轩	2011.5.14
光绪年造丁未大清银币壹圆样币一枚		140,000	北京翰海	2011.5.17
光绪年造户部丙午大清银币“中”字贰钱样币	重7.5g;	115,000	中国嘉德	2011.5.12
光绪年造户部丙午大清银币“中”字伍钱样币	直径33.5mm	276,000	中国嘉德	2011.5.12
光绪年造户部丙午大清银币“中”字壹两样币	重37.5g	747,500	中国嘉德	2011.5.12
光绪年造户部丙午大清银币“中”字壹钱样币	直径21mm	161,000	中国嘉德	2011.5.12
光绪年造户部大清银币“中”字伍钱银币样币一枚	直径34.5mm	184,000	北京诚轩	2011.11.15
光绪三十(1904)年湖北省造大清银币库平一两样币(LM180)		276,000	中国嘉德	2011.5.12

(成交价RMB：5万元以上)

拍品名称	尺寸	成交价RMB	拍卖公司	拍卖日期
光绪三十年(1904年)北京和华银行足银贰万两		460,000	中国嘉德	2011.11.21
光绪三十年(1904年)湖北官钱局银两票样票		598,000	中国嘉德	2011.5.16
光绪三十年湖北省造大清银币库平一两一枚		1,300,000	北京翰海	2011.5.18
光绪三十年湖北省造大清银币库平壹两一枚		862,500	上海天衡	2011.6.29
光绪三十年湖北省造大清银币库平壹两一枚		230,000	北京诚轩	2011.5.14
光绪三十年湖北省造大清银币库平壹两一枚		149,500	北京诚轩	2011.11.15
光绪三十年湖北省造大清银币库平壹两一枚		310,500	北京诚轩	2011.11.15
光绪三十年湖北省造大清银币库平壹两一枚		138,000	北京诚轩	2011.11.15
光绪三十年湖北省造大清银币库平壹两一枚		1,115,500	北京诚轩	2011.11.15
光绪三十三年北洋造光绪元宝库平七钱二分银币一枚		782,000	北京诚轩	2011.5.14
光绪三十三年北洋造光绪元宝库平七钱二分银币一枚		82,800	北京诚轩	2011.5.14
光绪三十三年北洋造光绪元宝库平七钱二分银币一枚		51,750	北京诚轩	2011.5.14
光绪三十三年北洋造光绪元宝库平七钱二分银币一枚		299,000	北京诚轩	2011.11.16
光绪三十三年奉天牛庄公立劝业银号伍圆银票样票一枚		230,000	北京诚轩	2011.5.17
光绪三十三年广东钱局银元票拾元一枚		82,800	北京诚轩	2011.5.17
光绪三十三年户部大清银币“中”字伍钱银币样币一枚		112,700	北京诚轩	2011.11.16
光绪三十四年(1908年)湖南官钱局省平足银伍两		86,250	中国嘉德	2011.5.16
光绪三十四年北洋造光绪元宝库平七钱二分银币一枚		483,000	北京诚轩	2011.5.14
光绪三十四年北洋造光绪元宝库平七钱二分银币一枚		345,000	北京诚轩	2011.5.14
光绪三十四年北洋造光绪元宝库平七钱二分银币一枚		276,000	北京诚轩	2011.5.14
光绪三十四年北洋造光绪元宝库平七钱二分银币一枚		172,500	北京诚轩	2011.5.14
光绪三十四年北洋造光绪元宝库平七钱二分银币一枚		126,500	北京诚轩	2011.5.14
光绪三十四年北洋造光绪元宝库平七钱二分银币一枚		92,000	北京诚轩	2011.5.14
光绪三十四年北洋造光绪元宝库平七钱二分银币一枚		86,250	北京诚轩	2011.5.14
光绪三十四年北洋造光绪元宝库平七钱二分银币一枚		74,750	北京诚轩	2011.5.14
光绪三十四年北洋造光绪元宝库平七钱二分银币一枚		51,750	北京诚轩	2011.5.14
光绪三十四年北洋造光绪元宝库平七钱二分银币一枚		149,500	北京诚轩	2011.11.16
光绪三十四年北洋造光绪元宝库平七钱二分银币一枚		51,750	北京诚轩	2011.11.15
光绪三十一年广东钱局银元票拾元一枚		92,000	北京诚轩	2011.5.17
光绪三十一年广东钱局银元票伍元一枚		207,000	北京诚轩	2011.5.17
光绪三十一年广东钱局银元票伍元一枚		86,250	北京诚轩	2011.5.17
“民国丙寅年 新疆伊宁 德生祥银局”五十两银锭一枚	重1718.9g	172,500	北京诚轩	2011.11.17
“民国丙寅年新疆伊宁德生祥银局”五十两银锭一枚	重1705.6g	195,500	北京诚轩	2011.5.16
“民国二十一年陕西省银行足宝”	重1854g	1,725,000	华夏国拍	2011.6.11
“民国年月日 京都 天福盛字号”五十两银锭一枚	重1887.5g	138,000	北京诚轩	2011.11.17
“民国年月日京都天福记字号”五十两银锭一枚	重1797.2g	184,000	北京诚轩	2011.5.16
“民国壬戌年新疆伊宁王[illegible]THE祥银局”五十两银锭一枚	重1772.7g	184,000	北京诚轩	2011.5.16
“民国壬戌年新疆伊甯王甡祥银局”五十两银锭一枚	重1811.3g	172,500	北京诚轩	2011.5.16
“民国壬戌年月林盛银局”五十两银锭一枚	重1798.9g	161,000	北京诚轩	2011.5.16
“清代湖北“宜昌关 光绪二十一年 正义官银号 匠洪顺”五十两银锭	重1858g	1,610,000	华夏国拍	2011.12.06
“香港永亨银号”五两金条	重187g	74,750	中国嘉德	2011.5.14
“宣统二年裕隆号十足纹银”五十两私锭一枚	重1903.5g	138,000	北京诚轩	2011.5.16
1867年上海壹两有射线版银币样币一枚	重36.69g	782,000	北京诚轩	2011.5.14
1867年上海壹两有射线版银币样币一枚	重36.9g	345,000	北京诚轩	2011.5.14
1890年广东省造光绪元宝、1909年宣统元宝库平七钱二分银币各一枚		55,200	北京诚轩	2011.5.14
1890年广东省造光绪元宝库平七钱二分银币一枚		1,265,000	北京诚轩	2011.5.14
1890年广东省造光绪元宝库平七钱二分银币一枚		109,250	北京诚轩	2011.5.14
1890年广东省造光绪元宝库平七钱二分银币一枚		103,500	北京诚轩	2011.5.14
1890年广东省造光绪元宝库平七钱二分银币一枚		92,000	北京诚轩	2011.11.15
1890年广东省造光绪元宝库平七钱二分银币一枚		195,500	北京诚轩	2011.11.15
1890年广东省造光绪元宝库平三分六厘银币一枚		57,500	北京诚轩	2011.5.14
1890年广东省造光绪元宝库平三钱六分银币一枚		322,000	北京诚轩	2011.5.14
1890年广东省造光绪元宝库平三钱六分银币一枚		230,000	北京诚轩	2011.5.14
1890年广东省造光绪元宝库平三钱六分银币一枚		69,000	北京诚轩	2011.5.14
1890年广东省造光绪元宝库平三钱六分银币一枚		59,800	北京诚轩	2011.11.15
1893年台湾制造光绪元宝库平七分二厘银币一枚		184,000	北京诚轩	2011.5.14
1894年湖北省造“本省”光绪元宝库平七分二厘银币一枚		172,500	北京诚轩	2011.5.14
1895年湖北省造光绪元宝库平七钱二分银币一枚		460,000	北京诚轩	2011.5.14
1895年湖北省造光绪元宝库平七钱二分银币一枚		126,500	北京诚轩	2011.5.14
1895年湖北省造光绪元宝库平七钱二分银币一枚		74,750	北京诚轩	2011.5.14
1895年湖北省造光绪元宝库平七钱二分银币一枚		241,500	北京诚轩	2011.11.15
1895年湖北省造光绪元宝库平三分六厘银币一枚		161,000	北京诚轩	2011.5.14
1895年湖北省造光绪元宝库平三分六厘银币一枚		69,000	北京诚轩	2011.5.14
1895年湖北省造光绪元宝库平三钱六分银币一枚		253,000	北京诚轩	2011.5.14
1895年湖北省造光绪元宝库平三钱六分银币一枚		126,500	北京诚轩	2011.11.15
1896年福建官局造光绪元宝库平七分二厘银币一枚		126,500	北京诚轩	2011.11.15
1897年安徽省造光绪元宝库平一钱四分四厘银币一枚		126,500	北京诚轩	2011.5.14
1897年安徽省造光绪元宝七分二厘银币(LM197)		59,800	中国嘉德	2011.5.12

拍品名称	尺寸	成交价RMB	拍卖公司	拍卖日期
1897年江南省造光绪元宝库平七钱二分、库平一钱四分四厘、库平七分二厘、库平三分六厘银币各一枚		1,380,000	上海天衡	2011.6.29
1897年江南省造光绪元宝库平七钱二分银币人字边(LM210a)、七分二厘银币(LM213)各一枚		55,200	中国嘉德	2011.5.12
1897年江南省造光绪元宝三钱六分银币(LM211)		1,012,000	中国嘉德	2011.11.18
1897年江南省造光绪元宝无纪年库平七钱二分银币一枚		253,000	北京诚轩	2011.5.14
1897年无纪年江南省造光绪元宝库平七钱二分银币一枚		62,100	北京诚轩	2011.11.15
1897年无纪年江南省造光绪元宝库平七钱二分银币一枚		101,200	北京诚轩	2011.11.15
1897年无纪年江南省造光绪元宝库平一钱四分四厘银币一枚		64,400	北京诚轩	2011.11.15
1897年无纪年江南省造光绪元宝库平一钱四分四厘银币一枚		112,700	北京诚轩	2011.11.15
1898年陕西省造光绪元宝库平三分六厘银质样币(LM377)		471,500	中国嘉德	2011.11.18
1898年四川省造光绪元宝库平七钱二分银币一枚		78,200	北京诚轩	2011.5.14
1898年四川省造光绪元宝库平七钱二分银币一枚		71,300	北京诚轩	2011.5.14
1898年四川省造光绪元宝库平三分六厘银币一枚		57,500	北京诚轩	2011.11.15
1898年四川省造光绪元宝库平三钱六分银币一枚		69,000	北京诚轩	2011.5.14
1898年无纪年吉林省造光绪元宝库平七分二厘银币一枚		51,750	北京诚轩	2011.5.14
1898年无纪年吉林省造光绪元宝库平七钱二分银币一枚		276,000	北京诚轩	2011.5.14
1898年无纪年吉林省造光绪元宝库平七钱二分银币一枚		241,500	北京诚轩	2011.5.14
1898年无纪年江南省造光绪元宝库平三分六厘银币一枚		101,200	北京诚轩	2011.11.15
1898年戊戌江南省造光绪元宝库平七分二厘银币一枚		52,900	北京诚轩	2011.11.15
1898年戊戌江南省造光绪元宝库平七钱二分银币一枚		184,000	北京诚轩	2011.5.14
1898年戊戌江南省造光绪元宝库平七钱二分银币一枚		59,800	北京诚轩	2011.5.14
1898年戊戌江南省造光绪元宝库平七钱二分银币一枚		57,500	北京诚轩	2011.5.14
1898年戊戌江南省造光绪元宝库平一钱四分四厘银币一枚		71,300	北京诚轩	2011.11.15
1898年浙江省造光绪元宝库平三钱六分银币一枚		50,000	北京翰海	2011.5.17
1899年己亥江南省造光绪元宝库平七分二厘银币一枚		80,500	北京诚轩	2011.11.15
1899年己亥江南省造光绪元宝库平七钱二分银币一枚		51,750	北京诚轩	2011.5.14
1899年己亥江南省造光绪元宝库平七钱二分银币一枚		86,250	北京诚轩	2011.11.15
1899年己亥江南省造光绪元宝库平三分六厘银币一枚		276,000	北京诚轩	2011.11.15
1900年庚子吉林省造光绪元宝太极图库平七钱二分银币一枚		97,750	北京诚轩	2011.11.15
1900年庚子江南省造光绪元宝库平七钱二分银币一枚		3,680,000	上海天衡	2011.6.29
1900年庚子江南省造光绪元宝库平七钱二分银币一枚		82,800	北京诚轩	2011.5.14
1900年庚子江南省造光绪元宝库平三分六厘银币一枚		57,500	北京诚轩	2011.11.15
1901年四川省造光绪元宝库平三分六厘银币一枚		51,750	北京诚轩	2011.5.14
1901年辛丑吉林省造光绪元宝、1900年庚子吉林省造光绪元宝库平三钱六分银币各一枚		55,200	北京诚轩	2011.5.14
1901年辛丑吉林省造光绪元宝库平七钱二分银币一枚		115,000	北京诚轩	2011.5.14
1901年辛丑江南省造光绪元宝库平七钱二分一枚		55,200	北京诚轩	2011.5.14
1901年辛丑江南省造光绪元宝库平七钱二分银币一枚		78,200	北京诚轩	2011.5.14
1901年辛丑江南省造光绪元宝库平七钱二分银币一枚		78,200	北京诚轩	2011.5.14
1901年辛丑江南省造光绪元宝库平七钱二分银币一枚		51,750	北京诚轩	2011.5.14
1901年辛丑江南省造光绪元宝库平七钱二分银币一枚		1,552,500	北京诚轩	2011.11.15
1902年壬寅吉林省造光绪元宝库平七钱二分银币一枚		115,000	北京诚轩	2011.5.14
1902年壬寅江南省造光绪元宝库平七钱二分银币一枚		161,000	北京诚轩	2011.5.14
1902年壬寅江南省造光绪元宝库平七钱二分银币一枚		59,800	北京诚轩	2011.11.15
1903年光绪二十九年户部库平二钱银币一枚		57,500	北京保利	2011.12.09
1903年癸卯奉天省造光绪元宝库平七钱二分银币一枚		460,000	北京诚轩	2011.5.14
1903年癸卯奉天省造光绪元宝库平七钱二分银币一枚		105,800	北京诚轩	2011.5.14
1903年癸卯奉天省造光绪元宝库平七钱二分银币一枚		59,800	北京诚轩	2011.5.14
1903年癸卯奉天省造光绪元宝库平七钱二分银币一枚		82,800	北京诚轩	2011.11.15
1903年癸卯吉林省造光绪元宝库平七钱二分银币一枚		161,000	北京诚轩	2011.11.15
1903年癸卯吉林省造光绪元宝库平七钱二分银币一枚		50,600	北京诚轩	2011.11.15
1904年甲辰吉林省造光绪元宝库平七钱二分银币一枚		92,000	北京诚轩	2011.11.15
1904年甲辰吉林省造光绪元宝库平三钱六分银币一枚		149,500	北京诚轩	2011.5.14
1904年甲辰吉林省造光绪元宝库平一钱四分四厘银币一枚		50,600	北京诚轩	2011.11.15
1904年甲辰江南省造光绪元宝库平七钱二分银币一枚		97,750	北京诚轩	2011.5.14
1904年甲辰江南省造光绪元宝库平七钱二分银币一枚		78,200	北京诚轩	2011.5.14
1904年甲辰江南省造光绪元宝库平七钱二分银币一枚		63,250	北京诚轩	2011.5.14
1904年甲辰江南省造光绪元宝库平七钱二分银币一枚		57,500	北京诚轩	2011.5.14
1904年甲辰江南省造光绪元宝库平七钱二分银币一枚		57,500	北京诚轩	2011.5.14
1904年甲辰江南省造光绪元宝库平七钱二分银币一枚		51,750	北京诚轩	2011.5.14
1904年甲辰江南省造光绪元宝库平七钱二分银币一枚		149,500	北京诚轩	2011.11.15
1904年甲辰江南省造光绪元宝库平七钱二分银币一枚		747,500	北京诚轩	2011.11.15
1904年四川省造光绪像二分之一卢比银币一枚		460,000	北京诚轩	2011.5.14
1904年四川省造光绪像二分之一卢比银币一枚		57,500	北京诚轩	2011.11.15
1904年四川省造光绪像四分之一卢比银币一枚		253,000	北京诚轩	2011.5.14
1904年四川省造光绪像一卢比银币一枚		89,700	北京诚轩	2011.5.14
1905年新疆省造饷银五钱银币一枚		101,200	北京诚轩	2011.5.14
1905年新疆省造饷银一两银币一枚		897,000	北京诚轩	2011.5.14
1905年新疆省造饷银一两银币一枚		57,500	北京诚轩	2011.5.14

2011杂项拍卖成交汇总

(成交价RMB：5万元以上)

拍品名称	尺寸	成交价RMB	拍卖公司	拍卖日期
1905年乙巳吉林省造光绪元宝库平七钱二分银币一枚		172,500	北京诚轩	2011.5.14
1906年丙午吉林省造光绪元宝库平七分二厘银币一枚		126,500	北京诚轩	2011.5.14
1907年德华银行京平足银北京伍两		94,300	中国嘉德	2011.11.21
1907年东三省造光绪元宝库平七钱二分银币(LM487)		66,700	中国嘉德	2011.11.18
1907年东三省造光绪元宝库平三钱六分银币一枚		59,800	北京诚轩	2011.5.14
1907年东三省造光绪元宝库平三钱六分银币一枚		71,300	北京诚轩	2011.11.15
1907年光绪三十三年北洋造光绪元宝库平壹两样币("入两"配"三大点")一枚		1,207,500	上海天衡	2011.6.29
1907年新疆省造喀什大清银币湘平五钱一枚		80,500	北京诚轩	2011.11.15
1907年云南省造光绪元宝库平三钱六分银币一枚		101,200	北京诚轩	2011.5.14
1907年云南省造光绪元宝库平三钱六分银币一枚		55,200	北京诚轩	2011.5.14
1907年云南省造光绪元宝库平三钱六分银币一枚		51,750	北京诚轩	2011.5.14
1908年戊申吉林省造光绪元宝库平七钱二分中心"11"银币一枚		115,000	北京诚轩	2011.5.14
1908年戊申吉林省造光绪元宝中心满文库平七钱二分银币一枚		448,500	北京诚轩	2011.11.15
1908年造币总厂光绪元宝库平七分二厘银币一枚		149,500	北京诚轩	2011.5.14
1908年造币总厂光绪元宝库平七分二厘银币一枚		82,800	北京诚轩	2011.11.16
1908年造币总厂光绪元宝库平七钱二分银币一枚		632,500	北京诚轩	2011.5.14
1908年造币总厂光绪元宝库平七钱二分银币一枚		460,000	北京诚轩	2011.5.14
1908年造币总厂光绪元宝库平七钱二分银币一枚		299,000	北京诚轩	2011.5.14
1908年造币总厂光绪元宝库平七钱二分银币一枚		276,000	北京诚轩	2011.5.14
1908年造币总厂光绪元宝库平七钱二分银币一枚		138,000	北京诚轩	2011.5.14
1908年造币总厂光绪元宝库平七钱二分银币一枚		115,000	北京诚轩	2011.5.14
1908年造币总厂光绪元宝库平七钱二分银币一枚		97,750	北京诚轩	2011.5.14
1908年造币总厂光绪元宝库平一钱四分四厘银币一枚		105,800	北京诚轩	2011.5.14
1909年广东省造宣统元宝库平七钱二分银币一枚		57,500	北京诚轩	2011.11.15
1909年广东省造宣统元宝库平七钱二分银币一枚		57,500	北京诚轩	2011.11.15
1909年湖北省造宣统元宝库平七钱二分银币一枚		253,000	北京诚轩	2011.5.14
1909年湖北省造宣统元宝库平七钱二分银币一枚		52,900	北京诚轩	2011.5.14
1909年湖北省造宣统元宝库平七钱二分银币一枚		50,600	北京诚轩	2011.5.14
1909年湖北省造宣统元宝库平七钱二分银币一枚		276,000	北京诚轩	2011.11.15
1909年湖北省造宣统元宝库平七钱二分银币一枚		299,000	北京诚轩	2011.11.15
1909年湖北省造宣统元宝库平七钱二分银币一枚		126,500	北京诚轩	2011.11.15
1909年四川省造宣统元宝库平七钱二分银币一枚		230,000	北京诚轩	2011.5.14
1909年西藏大狮子图一两银币一枚(L&M656)，PCGSXF45，此币入盒极少，此评分已属难得		57,500	北京诚轩	2011.5.14

拍品名称	尺寸	成交价RMB	拍卖公司	拍卖日期
1909年西藏桑康果木一两银币		78,200	中国嘉德	2011.5.12
1909年云南省造宣统元宝库平七钱二分银币一枚		115,000	北京诚轩	2011.5.14
1909年云南省造宣统元宝库平七钱二分银币一枚		69,000	北京诚轩	2011.5.14
1909年云南省造宣统元宝库平七钱二分银币一枚		69,000	北京诚轩	2011.5.14
1911年江南省造宣统元宝库平一钱四分四厘、七分二厘银币各一枚		80,500	北京诚轩	2011.11.15
1911年四川省造光绪像一卢比银币一枚		172,500	北京诚轩	2011.5.14
1911年新版云南省造光绪元宝库平七分二厘银币一枚		66,700	北京诚轩	2011.5.14
1911年新版云南省造光绪元宝库平七钱二分银币一枚		184,000	北京诚轩	2011.11.15
1911年新版云南省造宣统元宝库平七钱二分银币一枚		55,200	北京诚轩	2011.5.14
1911年宣统三年大清银币伍角银币(LM39)		402,500	中国嘉德	2011.5.12
1914年德华银行银元票壹佰圆一枚		207,000	北京诚轩	2011.5.17
1914年中法实业银行龙银壹圆、伍圆、拾圆共3枚大全套		230,000	上海泓盛	2011.6.20
1916年袁世凯像中华帝国洪宪纪元飞龙银币一枚		126,500	北京诚轩	2011.5.15
1916年袁世凯像中华帝国洪宪纪元飞龙银币一枚		55,200	北京诚轩	2011.5.15
1916年袁世凯像中华帝国洪宪纪元飞龙银币一枚		82,800	北京诚轩	2011.11.16
1916年袁世凯像中华帝国洪宪纪元飞龙银币一枚		138,000	北京诚轩	2011.11.16
1916年袁世凯像中华帝国洪宪纪元飞龙银币一枚		92,000	北京诚轩	2011.11.15
1916年袁世凯像中华帝国洪宪纪元飞龙银币一枚		115,000	北京诚轩	2011.11.15
清"咸丰元宝"背"宝河当百"样钱	直径49.7mm	57,500	中国嘉德	2011.11.20
清代 福建"盐课 二年二月林正和"三排戳十两银锭	重360g	149,500	中国嘉德	2011.11.19
清代 宫廷铸八宝赏赐银锭	重34g	58,650	中国嘉德	2011.11.19
清代 河北"蔚州 光绪年月万盛隆"五十两银锭	重1876g	115,000	中国嘉德	2011.11.19
清代 河南"滑县 刘公""光绪年月"五十两银锭	重1873g	172,500	中国嘉德	2011.11.19
清代 湖北"湖北省造 光绪元宝"五十两银锭	重1865g	230,000	中国嘉德	2011.11.19
清代 吉林"匠高明 光绪三十一年 宽城同顺成"五十两大翅银锭	重1912g	115,000	中国嘉德	2011.11.19
清代 吉林"匠高明 光绪三十一年 辛未 宽城同顺成"五十两大翅银锭	重1913g	138,000	中国嘉德	2011.11.19
清代 江苏"二年十一月 溧水县 徐鼎裕"三排戳五两银锭	重179g	78,200	中国嘉德	2011.11.19
清代 江苏"如皋县 刘公大"双排戳五两银锭	重184g	94,300	中国嘉德	2011.11.19
清代 江西"万年县 光绪贰拾陆年冬月 祥泰银伍拾两"方锭	重1882g	460,000	中国嘉德	2011.11.19
清代 江西"万载县 光绪叁拾贰年正月 江西官银号伍拾两"方锭	重1882g	322,000	中国嘉德	2011.11.19
清代 江西"馀干县 道光伍年伍月 伍拾两匠罗振"方锭	重1886g	460,000	中国嘉德	2011.11.19
清代 山东"德庆炉 一本万利 招财童子至 利市仙官来"五十两吉语锭	重1938g	241,500	中国嘉德	2011.11.19
清代 山东"德州衛光绪年月 匠许缠"十两银锭	重361g	172,500	中国嘉德	2011.11.19

拍品名称	尺寸	成交价RMB	拍卖公司	拍卖日期
清代 山东“福山 光绪年月义昌银炉”十两银锭	重307g	103,500	中国嘉德	2011.11.19
清代 山东“黄县 咸丰年月匠王荣”五十两银锭	重1828g	195,500	中国嘉德	2011.11.19
清代 山东“历城县 同裕银炉”十两银锭	重328g	82,800	中国嘉德	2011.11.19
清代 山东“临邑 鸿茂炉”十两银锭	重391g	89,700	中国嘉德	2011.11.19
清代 山东“临淄 光绪年月”十两银锭	重363g	71,300	中国嘉德	2011.11.19
清代 山西“光绪年恒月 平遥县恒裕长”五十两银锭	重1837g	195,500	中国嘉德	2011.11.19
清代 山西“归化城 兴盛号光绪年月”五十两银锭	重1844g	172,500	中国嘉德	2011.11.19
清代 山西“太谷县 鲜宗谟道光年祥月”五十两银锭	重1877g	230,000	中国嘉德	2011.11.19
清代 山西“咸丰年月 阳曲县乔大元”五十两银锭	重1871g	195,500	中国嘉德	2011.11.19
清代 陕西“光绪年月 会镇魁兴”五十两银锭	重1879g	402,500	中国嘉德	2011.11.19
清代 四川“简州土厘局 光绪二十二年 匠翕和永”三排戳十两银锭	重355g	322,000	中国嘉德	2011.11.19
清代 西北地区“义丰银局”五十两银锭	重1840g	115,000	中国嘉德	2011.11.19
清代 新疆“道验”五十两银锭	重1773g	115,000	中国嘉德	2011.11.19
清代 云南“道光十八年 白井课 陈邦”十两大槽锭	重360g	207,000	中国嘉德	2011.11.19
清代云南“昭通府”十两大槽锭	重388g	74,750	中国嘉德	2011.11.19
清代“光绪二十六年九月湖北盐饷官钱局”五十两银锭一枚	重1863.5g	1,265,000	北京诚轩	2011.5.16
清代“囍寿”吉语一两锭(二枚)	尺寸不一	59,800	中国嘉德	2011.5.14
清代“华俄银行”双排戳五两银锭	重238g	184,000	中国嘉德	2011.5.14
清代“江滩关”川锭形十两圆锭一枚	重338.3g	63,250	北京诚轩	2011.11.17
清代“库银”二两银锭	重50.2g	59,800	中国嘉德	2011.5.14
清代“山东盐课尚光文”十两银锭	重371.8g	80,500	北京翰海	2011.11.19
清代“山东盐课李金城”十两银锭一枚	重391.1g	103,500	北京诚轩	2011.5.16
清代“山东盐课李文汉”十两银锭一枚	重355.6g	66,700	北京诚轩	2011.5.16
清代“山东盐课赵舒君”十两银锭一枚	重349.3g	97,750	北京诚轩	2011.5.16
清代“顺天兵饷 会源足银”三两银锭	重109g	55,200	中国嘉德	2011.11.19
清代“宣统年月 库伦 大清银行”五十两银锭一枚		1,150,000	北京保利	2011.12.09
清代“牙厘总局 光绪十八年 荣昌”五十两银锭	重1890g	126,500	中国嘉德	2011.11.19
清代“牙厘总局宣统二年十一月官钱局”五十两银锭	重1865g	782,000	中国嘉德	2011.5.14
清代“云南省造源记官银炉足什”五十两银锭一枚	重1706.8g	126,500	北京诚轩	2011.5.16
清代安徽“光绪年月 淮南盐课升记”五十两银锭一枚	重1862.5g	575,000	北京诚轩	2011.11.17
清代安徽“光绪年月 省号舒富润”五十两银锭一枚	重1865.9g	310,500	北京诚轩	2011.11.17
清代安徽“光绪年月省号舒大成”五十两银锭	重1868.3g	184,000	北京翰海	2011.11.19
清代安徽“光绪年月舒城县匠高升”五十两银锭	重1873.3g	184,000	北京翰海	2011.11.19
清代安徽“光绪年月省号舒大成”五十两银锭一枚	重1867.9g	218,500	北京诚轩	2011.5.16
清代安徽五十两银锭		920,000	华夏国拍	2011.6.11
清代道光年台湾府铸库平七二“卍”字寿星银饼一枚		195,500	北京诚轩	2011.11.15

拍品名称	尺寸	成交价RMB	拍卖公司	拍卖日期
清代东北“光绪二十二年营口义顺”五十两银锭	重1888g	138,000	中国嘉德	2011.5.14
清代东北“光绪年月□会盛德匠张恺恒记”五十两大翅银锭	重1926g	172,500	中国嘉德	2011.5.14
清代东北“三十年吉林军饷”五十两银锭	重1920g	161,000	中国嘉德	2011.5.14
清代东北“营口大盛亨”五十两小翅锭	重1916g	172,500	中国嘉德	2011.5.14
清代福建“二年十一月龙溪县周春蒲”三戳十两闽圆锭一枚	重364.5g	264,500	北京诚轩	2011.5.16
清代宫廷铸八宝赏赐银锭	重35.1g	105,800	中国嘉德	2011.5.14
清代宫廷铸八宝赏赐银锭(一枚)	重36.9g	161,000	中国嘉德	2011.5.14
清代宫廷铸八宝赏赐银锭(一枚)	重35.2g	149,500	中国嘉德	2011.5.14
清代宫廷铸八宝赏赐银锭(一枚)	重37g	149,500	中国嘉德	2011.5.14
清代宫廷铸八宝赏赐银锭(一枚)	重34.8g	149,500	中国嘉德	2011.5.14
清代宫廷铸八宝赏赐银锭(一枚)	重35.2g	149,500	中国嘉德	2011.5.14
清代宫廷铸八宝赏赐银锭(一枚)	重36.3g	126,500	中国嘉德	2011.5.14
清代宫廷铸八宝赏赐银锭(一枚)	重37.2g	115,000	中国嘉德	2011.5.14
清代官钱局制银锭砝码壹分至伍拾两全套二十七枚		101,200	北京诚轩	2011.11.17
清代广东“道光六年连阳正月茂和”十两砝码锭一枚	重379.7g	112,700	北京诚轩	2011.5.16
清代广东“道光三十年八月王福昌粤海关”十两砝码锭一枚	重366.4g	69,000	北京诚轩	2011.5.16
清代广东“光绪九年六月周永兴粤海关”十两砝码锭一枚	重377.5g	80,500	北京诚轩	2011.5.16
清代广东“光绪四年 粤海关四月高合益”十两砝码锭一枚	重375.9g	172,500	北京诚轩	2011.11.17
清代广东“六月吉日永昌”十两砝码锭一枚，为清早期开炉吉语锭	重366.9g	74,750	北京诚轩	2011.5.16
清代广东“太平关道光十年大顺号记”十两银锭	重362g	115,000	中国嘉德	2011.5.14
清代广东“咸丰元年 粤海关”十两砝码锭一枚	重360.8g	71,300	北京诚轩	2011.11.17
清代广东“粤海关 光绪八年十一月沈贞祥”十两砝码锭	重380g	115,000	中国嘉德	2011.5.14
清代广东广州十三行商铸关税银“道光四年十月大隆怡和”十两砝码锭一枚	重393.5g	1,265,000	北京诚轩	2011.5.16
清代广东乾隆“四十九年五月东记广府”十两砝码锭一枚	重353.5g	138,000	北京诚轩	2011.5.16
清代广西“道光二十六年三月日 苍梧县 江永泰”十两砝码锭一枚	重385.1g	69,000	北京诚轩	2011.11.17
清代广西“道光二十一年十一月日 浔州府 周拱興 江永泰”十两砝码锭一枚	重388.0g	75,900	北京诚轩	2011.11.17
清代广西“光绪廿三年十一月日浔州府以诚信库银”十两砝码锭一枚	重374.9g	86,250	北京诚轩	2011.5.16
清代广西“光绪十七年二月日梧州府苍梧县盛泰来”十两砝码锭一枚	重373.5g	112,700	北京诚轩	2011.5.16
清代广西“嘉庆二十一年平南县银匠伍忠义”三戳十两砝码锭一枚，另打“黄宜中”匠名戳记	重374.5g	149,500	北京诚轩	2011.5.16
清代广西“同治九年三月日横州黄富国黄同胜”十两砝码锭一枚	重415.1g	97,750	北京诚轩	2011.5.16

拍品名称	尺寸	成交价RMB	拍卖公司	拍卖日期
清代广西“梧州府道光十八年五月同茂”十两银锭	重438g	55,200	中国嘉德	2011.5.14
清代贵州“遵义丁粮官匠刘真”双戳十两圆锭一枚	重339.5g	391,000	北京诚轩	2011.5.16
清代河北“遍山线朱翼将监制十成足色银”五十两银锭	重1895.7g	402,500	北京翰海	2011.11.19
清代河北“光绪二十五年蔚州王金成”五十两银锭一枚	重1880.5g	149,500	北京诚轩	2011.11.17
清代河北“光绪年月 蔚州福庆昌”五十两银锭一枚	重1885.4g	132,250	北京诚轩	2011.11.17
清代河北“光绪年月蔚州”五十两银锭	重1881g	161,000	中国嘉德	2011.5.14
清代河北“光绪年月蔚州大顺玉”五十两银锭	重1883g	356,500	中国嘉德	2011.5.14
清代河北“南宫县咸丰年月匠三义”五十两银锭	重1892g	345,000	中国嘉德	2011.5.14
清代河北“谦和成十足色”十两银锭一枚	重369.8g	66,700	北京诚轩	2011.5.16
清代河北“顺天兵饷会源足银”三两方锭一枚	重108.1g	97,750	北京诚轩	2011.5.16
清代河北“宣统年 张隆秀月 蔚州 德瑞隆”五十两银锭一枚	重1868.1g	115,000	北京诚轩	2011.11.17
清代河北“宣统年月 束鹿县天裕炉”五十两银锭一枚	重1860.1g	287,500	北京诚轩	2011.11.17
清代河北“宣统年月蔚州映日恒”五十两银锭	重1897.3g	195,500	北京翰海	2011.11.19
清代河北“宣统年月蔚州德顺成”五十两银锭	重1888g	207,000	中国嘉德	2011.5.14
清代河南“道光年月荣阳县匠恒升升”五十两银锭	重1813g	184,000	中国嘉德	2011.5.14
清代河南“光绪年月 匠益兴炉”五十两银锭一枚	重1804.3g	109,250	北京诚轩	2011.11.17
清代河南“光绪年月日安阳县彰信炉”五十两银锭	重1878g	345,000	中国嘉德	2011.5.14
清代河南“光绪年月阌乡县德兴和”五十两银锭一枚	重1871.1g	184,000	北京诚轩	2011.5.16
清代河南“光绪年月新乡县王同义”五十两银锭一枚	重1830.2g	172,500	北京诚轩	2011.5.16
清代河南“利市仙官来”五十两吉语开炉锭	重1814g	368,000	中国嘉德	2011.5.14
清代河南“灵宝县”三两花型银锭	重80g	82,800	中国嘉德	2011.5.14
清代河南“同治卍年月河内县河内县”五十两银锭	重1870g	310,500	北京翰海	2011.11.19
清代河南五十两银锭	重1867g	747,500	华夏国拍	2011.6.11
清代黑龙江“宣统年月日造江省天成钜银号”五十两大翅宝银一枚	重1794.3g	218,500	北京诚轩	2011.5.16
清代湖北“光绪九年江汉关有成号匠罗芝”五十两银锭	重1868.3g	517,500	北京翰海	2011.11.19
清代湖北“光绪十六年 信记盖库银 四川 江苏 上海 成都 开封”五十两银锭	重1800g	862,500	华夏国拍	2011.12.06
清代湖北“光绪五年 五月 广济县 匠大兴”五十两银锭一枚	重1869g	575,000	北京诚轩	2011.11.17
清代湖北“湖北上游滇捐总局”五两圆锭一枚	重177g	172,500	北京诚轩	2011.5.16
清代湖北“湖北省造 光绪元宝 香港 海防 上海 南京 开封”五十两银锭一枚	重2097.2g	287,500	北京诚轩	2011.11.17
清代湖北“湖北省造永川正庄足银”三排戳十两银锭	重378g	63,250	中国嘉德	2011.5.14
清代湖北“湖北下游滇捐总局”五两银锭	重191g	69,000	中国嘉德	2011.5.14
清代湖北“江汉关 光绪二十六年 有成号匠王明”五十两银锭一枚	重1863.8g	575,000	北京诚轩	2011.11.17

拍品名称	尺寸	成交价RMB	拍卖公司	拍卖日期
清代湖北“江汉关光绪三十年协成号匠王松”五十两银锭一枚	重1874.9g	747,500	北京诚轩	2011.5.16
清代湖北“江滩关江苏上海东京”十二两银锭一枚	重438.6g	92,000	北京诚轩	2011.5.16
清代湖北“蕲水县 光绪三十一年月 义泰”五十两银锭	重1864g	747,500	华夏国拍	2011.09.10
清代湖北“荆南”双戳五两圆锭一枚	重183g	57,500	北京诚轩	2011.5.16
清代湖北“通山县 光绪二十六年十一月 官钱局”五十两银锭	重1858g	747,500	华夏国拍	2011.09.10
清代湖北“宣统二年 十月 钟祥县 官钱局”五十两银锭一枚	重1859.3g	195,500	北京诚轩	2011.11.17
清代湖北“应城县光绪五年五月公济益”五十两银锭一枚	重1859.1g	667,000	北京诚轩	2011.5.16
清代湖北“永成记”三戳五十两银锭一枚	重1864.6g	184,000	北京诚轩	2011.5.16
清代湖北五十两银锭	重1858g	632,500	华夏国拍	2011.6.11
清代湖北五十两银锭	重1860g	506,000	华夏国拍	2011.6.11
清代湖南“光绪二十九年湘乡县四月熊新盛”五十两龟宝一枚	重1883g	529,000	北京诚轩	2011.5.16
清代湖南“浏阳县 光绪二十四年叁月 李万生”五十两银锭	重1867g	1,265,000	华夏国拍	2011.09.10
清代湖南“同治十三年十一月长沙县张秉文”五十两龟宝一枚	重1889.1g	920,000	北京诚轩	2011.5.16
清代湖南“湘省 光绪年月冬月 傅聚顺”五十两龟宝	重1866g	632,500	华夏国拍	2011.12.06
清代湖南“湘省色介 光绪三十年 传聚顺”五十两龟宝	重1898g	943,000	华夏国拍	2011.12.06
清代湖南“湘乡县熊新盛”十两砝码锭一枚	重368.1g	52,900	北京诚轩	2011.5.16
清代湖南“新宁县 光绪十捌年十二月 万全源”五十两银锭		575,000	华夏国拍	2011.09.10
清代湖南“新宁县光绪十捌年十二月万逢源”五十两银锭	重1863g	460,000	中国嘉德	2011.5.14
清代湖南“兴宁县 光绪二十七年二月 熊新盛”五十两龟宝	重1864g	747,500	华夏国拍	2011.09.10
清代湖南“益利湘号益利湘号”五十两银锭	重1825.9g	207,000	北京翰海	2011.11.19
清代湖南“芝南 光绪二十二年柒月 洪泰兴”五十两龟宝	重1877g	690,000	华夏国拍	2011.12.06
清代湖南“足纹银足纹银”十两砝码锭一枚	重379g	71,300	北京诚轩	2011.5.16
清代吉林“宝利兴”双戳十两银锭一枚	重392.0g	51,750	北京诚轩	2011.11.17
清代吉林“光绪年月匠××吉林敦昇源”五十两大翅宝银一枚	重1920.4g	230,000	北京诚轩	2011.5.16
清代吉林“光绪三十一年匠高明 宽城同顺成”五十两大翅宝一枚	重1918.8g	115,000	北京诚轩	2011.11.17
清代吉林“光绪三十一年匠高明宽城同顺城”五十两大翅宝一枚	重1921g	149,500	北京诚轩	2011.5.16
清代吉林“光绪三十一年宽城同顺成匠高明”五十两大翅宝一枚	重1918.1g	172,500	北京诚轩	2011.5.16
清代吉林“光绪三十一年宽城同顺成匠高明”五十两大翅宝一枚	重1909g	172,500	北京诚轩	2011.5.16
清代吉林“光绪三十一年宽城同顺成匠高明”五十两大翅宝一枚	重1871g	161,000	北京诚轩	2011.5.16
清代吉林“匠高明光绪三十一年宽城同顺城”五十两大翅银锭	重1774g	97,750	中国嘉德	2011.5.14
清代吉林“宣统年月日杨晓山长春益发钱”五十两大翅银锭	重1906g	195,500	中国嘉德	2011.5.14

拍品名称	尺寸	成交价RMB	拍卖公司	拍卖日期
清代江苏“八年七月武进县王鼎来”五两圆锭一枚	重115.8g	155,250	北京诚轩	2011.5.16
清代江苏“萃泰”五十两夷场新一枚，另打“人”字戳	重1828.1g	184,000	北京诚轩	2011.5.16
清代江苏“全泰和记全泰和记”五十两银锭	重1872.7g	149,500	北京翰海	2011.11.19
清代江苏“上海县”单排戳五两银锭	重182g	51,750	中国嘉德	2011.5.14
清代江苏“宣统二年十二月两淮京饷聚盛吴忠”五十两阴刻字银锭一枚	重1860.3g	322,000	北京诚轩	2011.5.16
清代江苏乾隆“十四年七月丹阳县孙节勋钱元丰”五十两阴刻锭一枚	重1873.1g	575,000	北京诚轩	2011.5.16
清代江西“安仁县 道光二十五年十二月 伍十两 匠万成”五十两方宝		1,817,000	华夏国拍	2011.09.10
清代江西“道光二十五年五月 兴国县 伍拾两 匠朱森”方宝一枚	重1887g	828,000	北京诚轩	2011.11.17
清代江西“道光十八年 庐陵县 匠李廷”伍拾两方宝一枚	重1880.8g	690,000	北京诚轩	2011.11.17
清代江西“光绪二十六年五月 万安县 五十两 郭同福”方宝一枚	重1878.8g	690,000	北京诚轩	2011.5.16
清代江西“光绪二十三年捌月 万载县 五十两 匠刘春”方宝一枚	重1878.7g	517,500	北京诚轩	2011.11.17
清代江西“光绪二十五年冬月 万年县 五十两匠林海”方宝一枚	重1874.1g	402,500	北京诚轩	2011.11.17
清代江西“光绪二十五年拾月 万年县 伍拾两匠聂恒”方宝一枚	重1881.4g	368,000	北京诚轩	2011.11.17
清代江西“光绪年月九江新关永昌银号”五十两银锭一枚	重1847.5g	920,000	北京诚轩	2011.5.16
清代江西“光绪三十一年冬月万年县江西官银号”五十两方宝一枚	重1882.8g	690,000	北京诚轩	2011.5.16
清代江西“闰肆月财寿桅兴”十两镜面锭一枚	重381.6g	101,200	北京诚轩	2011.5.16
清代江西“同治伍年拾月高安县伍拾两匠高安”方宝一枚	重1866.1g	943,000	北京诚轩	2011.5.16
清代江西“万安县 嘉庆十七年三月 伍十两 匠江绅”五十两方宝	重1886g	690,000	华夏国拍	2011.12.06
清代江西“万安县 嘉庆十七年三月 伍拾两 匠江绅”伍拾两方宝一枚	重1880克	563,500	上海泓盛	2011.09.23
清代江西“万安县 宣统元年贰月 江西官银号五十两”方宝	重1875克	805,000	华夏国拍	2011.09.10
清代江西“万安县光绪贰拾玖年十月江西官银号五十两”方锭	重1883g	690,000	中国嘉德	2011.5.14
清代江西“万年县 光绪贰拾叁年冬月 伍拾两 匠林海”五十两银锭		632,500	华夏国拍	2011.09.10
清代江西“万年县光绪二十九年冬月江西官银号五十两”、“乾”方锭		690,000	华夏国拍	2011.6.11
清代江西“万年县光绪拾伍年玖月伍拾两匠余顺”五十两方锭	重1886g	437,000	中国嘉德	2011.5.14
清代江西“万载县 光绪二十年九月 伍十两 匠刘春”五十两方宝	重1878克	667,000	华夏国拍	2011.09.10
清代江西“万载县 光绪十二年十一月 五十两 匠刘春”五十两方宝	重1883克	517,500	华夏国拍	2011.09.10

拍品名称	尺寸	成交价RMB	拍卖公司	拍卖日期
清代江西“万载县光绪拾捌年正月伍拾两匠刘春”五十两方锭	重1884g	345,000	中国嘉德	2011.5.14
清代江西“万载县同治伍年拾月伍拾两匠万载”五十两方锭	重1829g	483,000	中国嘉德	2011.5.14
清代江西“万载县宣统贰年正月江西官银号伍拾两”五十两方锭	重1885g	517,500	中国嘉德	2011.5.14
清代江西“新淦县嘉庆五年九月五十两匠卢”五十两方锭	重1883g	598,000	中国嘉德	2011.5.14
清代江西“有德有德”十两镜面圆锭一枚	重337.6g	51,750	北京诚轩	2011.5.16
清代江西五十两方宝		862,500	华夏国拍	2011.6.11
清代江西五十两方宝	重1884g	747,500	华夏国拍	2011.6.11
清代江西五十两方宝	重1880g	747,500	华夏国拍	2011.6.11
清代江西五十两方宝	重1881g	667,000	华夏国拍	2011.6.11
清代江西五十两方宝		1,265,000	华夏国拍	2011.6.11
清代江西五十两银锭	重1884.4g	747,500	北京翰海	2011.11.19
清代李鸿章像北洋天津银号库平足银叁两银票一枚		55,200	北京诚轩	2011.5.17
清代辽宁“光绪十三年营口义顺号”五十两银锭一枚	重1920.6g	161,000	北京诚轩	2011.5.16
清代蒙古“光绪年月日 西包镇赵步云 足色”五十两银锭一枚	重1859.7g	149,500	北京诚轩	2011.11.17
清代蒙古“宣统年月 归化城黄登仕”五十两银锭一枚	重1886.7g	126,500	北京诚轩	2011.11.17
清代蒙古“宣统年月足色归化城黄登仕”五十两银锭	重1871g	218,500	中国嘉德	2011.5.14
清代内蒙“光绪年月归化城德成新”五十两银锭	重1874g	138,000	北京翰海	2011.11.19
清代内蒙“光绪年月日西包镇赵步云”五十两银锭	重1860.9g	178,250	北京翰海	2011.11.19
清代内蒙古“光绪年月归化城元成号”五十两银锭一枚	重1859.6g	230,000	北京诚轩	2011.5.16
清代山东“朝城县道光廿七年月间兰桂”五十两银锭	重1887.3g	299,000	北京翰海	2011.11.19
清代山东“朝城县光绪年月光绪年月”五十两银锭	重1829.2g	212,750	北京翰海	2011.11.19
清代山东“茌平县匠×中”十两银锭一枚	重363.5g	149,500	北京诚轩	2011.5.16
清代山东“德庆炉”五十两银锭	重1859g	184,000	中国嘉德	2011.5.14
清代山东“东海关光绪年月匠鲁协中”五十两银锭	重1861.4g	391,000	北京翰海	2011.11.19
清代山东“东海关光绪年月匠鲁协中”五十两银锭	重1858g	241,500	中国嘉德	2011.5.14
清代山东“东海关匠鲁协中光绪年月”五十两银锭	重1876g	517,500	华夏国拍	2011.6.11
清代山东“福山同升银炉同升银炉”三戳十两银锭一枚	重301g	69,000	北京诚轩	2011.5.16
清代山东“高唐 协祥银炉”十两银锭一枚	重393g	66,700	北京诚轩	2011.11.17
清代山东“光绪年月 东海关匠鲁协中”五十两银锭一枚	重1870.6g	483,000	北京诚轩	2011.11.17
清代山东“光绪年月 掖县匠张述曾”五十两银锭一枚	重1889.9g	172,500	北京诚轩	2011.11.17
清代山东“光绪年月东海关匠鲁协中”五十两银锭一枚	重1842.3g	483,000	北京诚轩	2011.5.16
清代山东“光绪年月东海关匠鲁协中”五十两银锭一枚	重1829.2g	345,000	北京诚轩	2011.5.16
清代山东“光绪年月东海关匠鲁协中”五十两银锭一枚	重1840.8g	230,000	北京诚轩	2011.5.16
清代山东“光绪年月莒州匠于立”三戳十两银锭一枚	重381.3g	78,200	北京诚轩	2011.5.16
清代山东“光绪年月莒州银匠于立”五十两银锭一枚	重1886.6g	345,000	北京诚轩	2011.5.16
清代山东“光绪年月莱阳县银匠姜升”五十两银锭	重1889g	264,500	中国嘉德	2011.5.14
清代山东“光绪十一年月光绪十一年月”五十两银锭	重1862.5g	218,500	北京翰海	2011.11.19

2011杂项拍卖成交汇总

(成交价RMB：5万元以上)

拍品名称	尺寸	成交价RMB	拍卖公司	拍卖日期
清代山东“厚记炉”双戳十两银锭一枚	重366.5g	80,500	北京诚轩	2011.5.16
清代山东“惠民县福顺昌炉福顺昌炉”十两银锭	重408.9g	86,250	北京翰海	2011.11.19
清代山东“历城 光绪年月”十两银锭	重368g	59,800	中国嘉德	2011.5.14
清代山东“历城 同治年月”十两银锭	重359g	51,750	中国嘉德	2011.5.14
清代山东“历城同昌银炉同昌银炉”十两银锭	重370g	57,500	北京翰海	2011.11.19
清代山东“历城县光绪年月吉祥银炉”十两银锭	重341.4g	103,500	北京翰海	2011.11.19
清代山东“历城县光绪年月顺昌银炉”十两银锭	重309.6g	89,700	北京翰海	2011.11.19
清代山东“历城县同升银炉同升银炉”五十两银锭一枚	重1837.3g	322,000	北京诚轩	2011.5.16
清代山东“历城元昌银号元昌银号”十两银锭一枚	重380.8g	103,500	北京诚轩	2011.5.16
清代山东“歷城 裕升银炉”十两银锭一枚	重357.5g	51,750	北京诚轩	2011.11.17
清代山东“聊城县顺昌银炉顺昌银炉”十两银锭	重395.6g	66,700	北京翰海	2011.11.19
清代山东“临邑 鸿庆炉”十两银锭	重367g	69,000	中国嘉德	2011.5.14
清代山东“临邑”十两银锭一枚	重360.9g	92,000	北京诚轩	2011.5.16
清代山东“全聚恒记全聚恒记”双戳十两银锭一枚	重370.6g	51,750	北京诚轩	2011.5.16
清代山东“山东盐课 李金城”十两银锭一枚	重304.5g	63,250	北京诚轩	2011.11.17
清代山东“山东盐课 李金城”十两银锭一枚	重362.6g	57,500	北京诚轩	2011.11.17
清代山东“山东盐课 李金城”十两银锭	重374g	89,700	中国嘉德	2011.5.14
清代山东“山东盐课 裕盛公”十两银锭	重375g	112,700	中国嘉德	2011.5.14
清代山东“藤县 匠同利元”五十两银锭一枚	重1877.9g	149,500	北京诚轩	2011.11.17
清代山东“天德炉”五十两银锭	重1844g	207,000	中国嘉德	2011.5.14
清代山东“万宝来”五十两银锭一枚	重1834.6g	218,500	北京诚轩	2011.5.16
清代山东“武城大祥银炉大祥银炉”十两银锭	重384g	51,750	北京翰海	2011.11.19
清代山东“咸丰年月黄县匠王荣”五十两银锭一枚	重1830.6g	172,500	北京诚轩	2011.5.16
清代山东“咸丰年月咸丰年月復源”五十两银锭一枚	重1825.5g	149,500	北京诚轩	2011.5.16
清代山东“祥记”五十两银锭	重1835.6g	126,500	北京翰海	2011.11.19
清代山东“协吉”单戳十两银锭一枚	重393.3g	86,250	北京诚轩	2011.5.16
清代山东“信记”十两银锭	重365.7g	51,750	北京翰海	2011.11.19
清代山东“宣统年月 临清州”五十两银锭一枚	重1841.5g	138,000	北京诚轩	2011.11.17
清代山东“裕源”五十两银锭	重1851g	138,000	中国嘉德	2011.5.14
清代山东“元祥”五十两银锭一枚	重1847.4g	184,000	北京诚轩	2011.5.16
清代山东“源顺银局源顺银局”双戳五十两银锭一枚	重1842.7g	184,000	北京诚轩	2011.5.16
清代山东“增记”五十两银锭一枚	重1878g	149,500	北京诚轩	2011.5.16
清代山东“正立”五十两银锭	重1822.1g	201,250	北京翰海	2011.11.19
清代山东三排“济宁州”十两银锭	重361.3g	63,250	北京翰海	2011.11.19
清代山东五十两银锭	重1851g	920,000	华夏国拍	2011.6.11
清代山西“道光年月凤台县段文彬”五十两银锭	重1846.6g	264,500	北京翰海	2011.11.19
清代山西“光绪年库祁县王万里”五十两银锭一枚	重1848.1g	184,000	北京诚轩	2011.5.16
清代山西“光绪年老毛月蔚州恒盛裕”五十两银锭一枚	重1882.4g	195,500	北京诚轩	2011.5.16
清代山西“光绪年有福月蔚州福顺堂”五十两银锭一枚	重1877.2g	161,000	北京诚轩	2011.5.16
清代山西“光绪年月 孟县赵根润”五十两银锭一枚	重1882.4g	172,500	北京诚轩	2011.11.17
清代山西“光绪年月 忻州广庆长”五十两银锭一枚	重1866.6g	201,250	北京诚轩	2011.11.17
清代山西“光绪年月东口永义德”五十两银锭一枚	重1895g	241,500	北京诚轩	2011.5.16
清代山西“光绪年月太谷县恒庆银局”五十两银锭一枚	重1905.8g	230,000	北京诚轩	2011.5.16
清代山西“光绪年月阳曲县生瑞”五十两银锭	重1879g	264,500	中国嘉德	2011.5.14
清代山西“光绪三年)月 祁县公盛德”五十两银锭一枚	重1843.4g	126,500	北京诚轩	2011.11.17
清代山西“光绪三年一O月祁县×时成”五十两银锭一枚	重1850g	253,000	北京诚轩	2011.5.16
清代山西“咸丰六年六月汾阳县马永年”五十两银锭一枚	重1857.9g	287,500	北京诚轩	2011.5.16
清代山西“咸丰年.)月 徐沟县王仲元”五十两银锭一枚	重1839.5g	109,250	北京诚轩	2011.11.17
清代山西“咸丰年月太谷县广丰庆”足色五十两银锭一枚	重1857.8g	310,500	北京诚轩	2011.5.16
清代山西“咸丰元年六月孝义县张兴盛”五十两银锭	重1878.9g	287,500	北京翰海	2011.11.19
清代山西“宣统二年平遥县郝成旺”五十两银锭一枚	重1880g	322,000	北京诚轩	2011.5.16
清代山西“宣统年德月祁县晋盛号”五十两银锭一枚	重1867.7g	195,500	北京诚轩	2011.5.16
清代山西“宣统年祥月太谷县瑞泰生”五十两银锭一枚	重1883.2g	149,500	北京诚轩	2011.5.16
清代山西“宣统年月 太谷县万厚永”五十两银锭一枚	重1844.3g	138,000	北京诚轩	2011.11.17
清代山西五十两银锭	重1881.9g	1,035,000	北京翰海	2011.11.19
清代陕西“龙驹寨 厘金局吉”四两槽锭一枚	重143.8g	71,300	北京诚轩	2011.11.17
清代陕西“同治三年同治三年渭南德盛”五十两银锭一枚	重1760.9g	276,000	北京诚轩	2011.5.16
清代陕西“宜君县封元以”四两槽锭一枚	重136.8g	66,700	北京诚轩	2011.5.16
清代陕西“长安正全合”十两川锭型圆锭一枚	重311.7g	57,500	北京诚轩	2011.5.16
清代上海“光绪二年月 萃泰和记”五十两银锭一枚	重1831.1g	575,000	北京诚轩	2011.11.17
清代上海“光绪二十六年增记俄国道胜银行”五十两银锭	重1834g	218,500	中国嘉德	2011.5.14
清代上海“久泰丰”五十两银锭	重1831g	172,500	中国嘉德	2011.5.14
清代上海“久泰丰”五十两银锭一枚	重1830g	149,500	北京保利	2011.12.09
清代上海“慎记光绪二十四年”五十两银锭	重1871g	172,500	中国嘉德	2011.5.14
清代上海“生源”五十两银锭	重1834g	115,000	中国嘉德	2011.5.14
清代上海“同九”五十两银锭	重1830g	172,500	中国嘉德	2011.5.14
清代上海“戊子联甡源”五十两银锭	重1835g	109,250	中国嘉德	2011.5.14
清代上海“协泰丰”五十两银锭	重1829g	195,500	中国嘉德	2011.5.14
清代上海“裕丰成”五十两银锭	重1835g	161,000	中国嘉德	2011.5.14
清代上海“源大叁叁”五十两银锭	重1830.6g	115,000	北京翰海	2011.11.19
清代上海“源大成记上海肆”五十两银锭	重1821.2g	149,500	北京翰海	2011.11.19
清代四川“崇庆州盐本商益丰合匠两益合”三排戳十两银锭	重354g	51,750	中国嘉德	2011.5.14
清代四川“二十九年地丁大竹县匠恒足生”三戳十两圆锭一枚	重377.1g	63,250	北京诚轩	2011.5.16
清代四川“二十六年津贴匠恒足生达县”三戳十两圆锭一枚	重369.9g	69,000	北京诚轩	2011.5.16
清代四川“富源县 宣统二年李德平”三排戳十两银锭	重387g	57,500	中国嘉德	2011.5.14

拍品名称	尺寸	成交价RMB	拍卖公司	拍卖日期
清代四川“光绪二十八年兴顺号”三排戳十两银锭	重365g	66,700	中国嘉德	2011.5.14
清代四川“光绪年匠世兴捐输”方戳十两圆锭一枚	重364.5g	57,500	北京诚轩	2011.5.16
清代四川“光绪三十二年盐本裕川公郫县计商”三排戳十两银锭	重345g	103,500	中国嘉德	2011.5.14
清代四川“光绪十六年富官引局广生同振兴绍记”十两银锭	重358.7g	71,300	北京翰海	2011.11.19
清代四川“会理州兴隆号宣统三年”三排戳十两银锭	重355g	69,000	中国嘉德	2011.5.14
清代四川“嘉庆五年中江县”双戳十两圆锭一枚	重363.3g	69,000	北京诚轩	2011.5.16
清代四川“捐输四年匠裕成贞”双排戳十两银锭	重399g	59,800	中国嘉德	2011.5.14
清代四川“厘金局”双戳十两圆锭一枚	重366.9g	149,500	北京诚轩	2011.11.17
清代四川“南部县三十年地丁匠周源义”十两圆锭一枚	重382.3g	80,500	北京诚轩	2011.5.16
清代四川“蓬溪县二十五年匠兴隆号”三戳十两圆锭一枚	重389.9g	59,800	北京诚轩	2011.5.16
清代四川“仁寿县 光绪三十四年 匠兴顺源”三排戳十两银锭		101,200	中国嘉德	2011.5.14
清代四川“三十年捐输垫江县匠周源义”三戳十两圆锭一枚	重347.9g	63,250	北京诚轩	2011.5.16
清代四川“什邡县十一年匠裕通厚”方戳十两川锭一枚	重347.2g	69,000	北京诚轩	2011.5.16
清代四川“五年匠兴隆永捐输”十两圆锭一枚	重342.9g	71,300	北京诚轩	2011.5.16
清代四川“戊子十月正兴恒荣记羌县计岸”四排戳十两银锭	重382g	55,200	中国嘉德	2011.5.14
清代四川“宣统二年绵州匠裕盛”十两圆锭一枚	重367.7g	51,750	北京诚轩	2011.5.16
清代四川“宣统二年遂宁县匠兴顺源”三戳十两圆锭一枚	重364g	71,300	北京诚轩	2011.5.16
清代四川“宣统元年捐输江油县匠周源义”三戳十两圆锭一枚	重347.4g	55,200	北京诚轩	2011.5.16
清代四川“宜宾县五年匠裕成贞”双排戳十两银锭	重352g	80,500	中国嘉德	2011.5.14
清代四川“院平县”双排戳十两银锭	重366g	74,750	中国嘉德	2011.5.14
清代四川光绪“二年匠兴隆永捐输”十两圆锭一枚	重336.3g	74,750	北京诚轩	2011.5.16
清代新疆“道验”三戳五十两银锭一枚	重1795.4g	92,000	北京诚轩	2011.11.17
清代新疆“道验”五十两银锭一枚	重1790.2g	230,000	北京诚轩	2011.5.16
清代新疆“道验”五十两银锭一枚	重1784.3g	195,500	北京诚轩	2011.5.16
清代云南“白井课匠布裕泰”十两大槽锭一枚	重319.3g	172,500	北京诚轩	2011.5.16
清代云南“抱香井 匠李柄”“课银”十两大槽锭一枚	重379.5g	253,000	北京诚轩	2011.11.17
清代云南“陈元昌号汇号纹银”公议公估、汇号公估、官公估、公估牌坊锭一组四枚	尺寸不一	66,700	北京诚轩	2011.5.16
清代云南“陈元昌号足色盐课”五两牌坊锭一枚	重163.1g	66,700	北京诚轩	2011.5.16
清代云南“道光二十九年 白井课 王聚 星”十两大槽锭一枚		149,500	北京诚轩	2011.11.17
清代云南“道光六年宜川课匠章春”十两三戳大槽锭一枚	重348.2g	138,000	北京诚轩	2011.5.16
清代云南“道光拾年课永吉张建”十两双槽锭一枚	重306.4g	57,500	北京诚轩	2011.5.16
清代云南“黑井匠何承”大三槽锭一枚	重204.1g	55,200	北京诚轩	2011.5.16
清代云南“嘉庆十二年邓川戴三卿”三槽银锭一枚	重264.6g	184,000	北京诚轩	2011.5.16
清代云南“景东厅银匠何荣昌课银”十两大槽锭一枚	重385.4g	184,000	北京诚轩	2011.5.16

拍品名称	尺寸	成交价RMB	拍卖公司	拍卖日期
清代云南“马云瑞号足纹银”五两牌坊锭一枚	重183g	64,400	北京诚轩	2011.5.16
清代云南“蒙化厅 嘉庆十六年 匠李芳”十两大槽锭	重367g	195,500	中国嘉德	2011.5.14
清代云南“权衡万鎰”三槽吉语锭一枚	重200.5g	115,000	北京诚轩	2011.5.16
清代云南“镕盛盐课”双排戳五两大槽锭	重173g	138,000	中国嘉德	2011.5.14
清代云南“太和太和课”十两双槽锭一枚	重324.9g	92,000	北京诚轩	2011.5.16
清代云南“永昌”三排戳五十两银锭一枚	重1840g	149,500	上海泓盛	2011.09.23
清代云南记月五两牌坊银锭“冯世友号 正月纹银”、“富宝王记 贰月纹银”、“庆盛余记 叁月纹银”、“郭源裕号 肆月纹银”、“恒泰任记 伍月纹银”、“吕鼎泰号 陆月纹银”、“永裕马记 柒月纹银”、“雷庆泰号 捌月纹银”、“刘应宝号 玖月纹银”、“通宝段记 拾月纹银”、“陈元昌号 冬月纹银”、“雷庆源号 腊月纹银”全套十二枚		172,500	北京诚轩	2011.11.17
清代云南记月五两牌坊银锭全套十二枚	尺寸不一	184,000	北京诚轩	2011.11.17
清代云南五两牌坊锭(一组两枚)	尺寸不一	51,750	中国嘉德	2011.5.14
清代云南五两牌坊锭(一组三枚)	尺寸不一	71,300	中国嘉德	2011.5.14
清代早期云南“白井课匠布裕泰”十两方形漕锭一枚	重413g	108,100	上海泓盛	2011.09.23
清代浙江“鼎裕三”五两圆锭一枚，另打花押一个	重188.1g	55,200	北京诚轩	2011.5.16
清代浙江“光绪廿九年乐清振元”五两圆锭一枚	重180.4g	63,250	北京诚轩	2011.5.16
清代浙江“十六年余杭万和”三戳五两圆锭一枚	重184.8g	80,500	北京诚轩	2011.5.16
清光绪三十一年(1905年)五十两吉林大翅银元宝	高10.2cm	112,000	北京永乐	2011.5.24
清吉林“匠高明光绪三十一年宽城同顺城”五十两大翅锭	重1915g	149,500	中国嘉德	2011.5.14
清末“华俄银行 库平二两十足色”三戳小锭一枚	重74.7g	57,500	北京诚轩	2011.11.17
清末“华俄银行库平二两十足色”三戳小锭一枚	重74.6g	59,800	北京诚轩	2011.5.16
清末蒙古“宣统年月 归化城宋耀森”五十两银锭一枚	重1896.5g	115,000	北京诚轩	2011.11.17
清末民初江西“日进斗金”十两方锭一枚		55,200	北京诚轩	2011.11.17
清末民初江西四“囍”十两方锭一枚		63,250	北京诚轩	2011.11.17
清末民初陕西“西安省城庆义公号足色宝”五十两银锭一枚	重1876.2g	460,000	北京诚轩	2011.5.16
清末民初上海“方记”五十两夷场新一枚	重1827.2g	115,000	北京诚轩	2011.11.17
清末民初上海“勤泰 茂记”五十两夷场新一枚	重1830.6g	149,500	北京诚轩	2011.11.17
清末民初上海“泰亨源”五十两夷场新一枚	重1824.9g	126,500	北京诚轩	2011.11.17
清末民初上海“文昇 □”五十两夷场新一枚	重1832.4g	126,500	北京诚轩	2011.11.17
清末民初上海“协泰豊”五十两夷场新一枚	重1830.0g	149,500	北京诚轩	2011.11.17
清末民初云南“乾永记”三戳五十两商锭一枚	重1973.7g	218,500	北京诚轩	2011.5.16
清末民初云南“乾永记”双戳五十两商锭一枚	重1992.5g	184,000	北京诚轩	2011.5.16

2011杂项拍卖成交汇总

(成交价RMB：5万元以上)

拍品名称	尺寸	成交价RMB	拍卖公司	拍卖日期
清山东“山东盐课李金成”十两银锭	重364g	69,000	中国嘉德	2011.5.14
清云南“式拾五年罗次县匠王永”三戳银锭一枚	重148.3g	80,500	北京诚轩	2011.5.16
三十四年(1908年)北洋造光绪元宝七钱二分银币(LM465)		78,200	中国嘉德	2011.11.18
山东“历城同德银炉同德银炉”十两银锭	重346g	51,750	北京翰海	2011.11.19
山东十两		90,000	北京翰海	2011.5.17
山东十两商锭		65,000	北京翰海	2011.5.17
陕西四两槽锭一组九枚	尺寸不一	138,000	北京诚轩	2011.5.16
四川十两锭成都县裕国便民		62,000	北京翰海	2011.5.17
四川十两锭灌县盐本光绪三十四年		50,000	北京翰海	2011.5.17
四川十两锭汉州厘局吴光绪三十一年		52,000	北京翰海	2011.5.17
四川十两锭江巴盐务局		140,000	北京翰海	2011.5.17
四川十两锭厘金局天德大		58,000	北京翰海	2011.5.17
四川十两锭厘经分局厘经分局		50,000	北京翰海	2011.5.17
四川十两锭邻水县十九年捐输		50,000	北京翰海	2011.5.17
四川十两锭隆昌县五十八年一对		350,000	北京翰海	2011.5.17
四川十两锭泸州局程 十六年		62,000	北京翰海	2011.5.17
四川十两锭泸州厘局刘光绪二十一年		78,000	北京翰海	2011.5.17
四川十两锭蒲江县二十一年津贴		60,000	北京翰海	2011.5.17
四川十两锭万昌银炉一组		190,000	北京翰海	2011.5.17
四川十两锭万县道光地丁		58,000	北京翰海	2011.5.17
四川十两锭雅安县三十二年地丁		52,000	北京翰海	2011.5.17
四川十两锭渝盐厘易 商必泰恒		80,000	北京翰海	2011.5.17
四川十两锭岳池县三十二年捐输		55,000	北京翰海	2011.5.17
四川十两锭再捐“十三年匠义成亨”		200,000	北京翰海	2011.5.17
孙中山头像银币	直径3.16cm	1,329,600	中博文化	2011.7.10
1908年吉林省造光绪元宝七钱二分银币(LM572)		195,500	中国嘉德	2011.5.12
1898年江南省造光绪元宝七钱二分银币(LM216)		1,150,000	中国嘉德	2011.11.18
咸丰六年上海县号商经正记匠丰年造足纹一两银饼一枚		345,000	北京诚轩	2011.5.14
咸丰六年上海县号商经正记匠丰年造足纹一两银饼一枚		109,250	北京诚轩	2011.11.15
咸丰六年上海县号商王永盛匠万全造足纹一两银饼一枚		92,000	北京诚轩	2011.5.14
咸丰六年上海县号商郁森盛匠丰年造足纹一两银饼一枚		161,000	北京诚轩	2011.5.14
咸丰年造黑龙江制钱两串机制方锭一枚		690,000	北京保利	2011.12.08
辛酉年东四牌楼天亨银钱号(二串)		172,500	中国嘉德	2011.5.16
新疆“塔城民国乙丑光华银炉”五十两银锭一枚	重1794.4g	345,000	北京诚轩	2011.5.16
新疆省银行银圆票共10枚大全套		172,500	上海泓盛	2011.6.18
新疆省银行银圆券(一组十三枚)		207,000	中国嘉德	2011.5.16
宣统宝藏“缶”宝一钱银币一枚		690,000	北京保利	2011.12.08
宣统二年大清银币贰角伍分一枚		184,000	北京诚轩	2011.5.14
宣统年月北洋保商银行银两票拾两样票一枚		66,700	北京诚轩	2011.5.17
宣统年月北洋保商银行银元票伍拾圆样票一枚		172,500	北京诚轩	2011.5.17
宣统年月北洋保商银行银元票壹佰圆样票一枚		149,500	北京诚轩	2011.5.17
宣统年造大清银币“$1”壹圆样币一枚		529,000	北京诚轩	2011.5.14
宣统年造大清银币“$1”壹圆样币一枚		94,300	北京诚轩	2011.5.14
宣统年造大清银币“$1”壹圆样币一枚		241,500	北京诚轩	2011.11.16
宣统年造大清银币贰角伍分一枚		230,000	北京诚轩	2011.11.16
宣统年造大清银币伍角一枚		172,500	北京诚轩	2011.5.14
宣统三年(1911年)大清银币“长须龙”壹圆样币		1,265,000	华夏国拍	2011.12.07
宣统三年(1911年)大清银币“反龙”版壹圆银币样币		506,000	华夏国拍	2011.6.11
宣统三年(1911年)大清银币贰角(LM40)		105,800	中国嘉德	2011.11.18
宣统三年(1911年)大清银币伍角样币(LM39)		529,000	中国嘉德	2011.11.18
宣统三年(1911年)大清银币壹角(LM41)		89,700	中国嘉德	2011.5.12
宣统三年(1911年)大清银币壹圆样币(LM31)		747,500	中国嘉德	2011.11.18
宣统三年大清银币“长须龙”壹圆样币一枚		598,000	北京诚轩	2011.5.14
宣统三年大清银币“反龙”版壹圆样币一枚		759,000	北京诚轩	2011.5.14
宣统三年大清银币“反龙”版壹圆样币一枚		322,000	北京诚轩	2011.5.14
宣统三年大清银币“反龙”版壹圆样币一枚		621,000	北京诚轩	2011.11.16
宣统三年大清银币“反龙”版壹圆银币样币一枚		345,000	北京诚轩	2011.11.16
宣统三年大清银币贰角一枚		264,500	北京诚轩	2011.11.16
宣统三年大清银币壹角一枚		71,300	北京诚轩	2011.5.14
宣统三年大清银币壹角一枚		69,000	北京诚轩	2011.5.14
宣统三年大清银币壹圆一枚		460,000	北京诚轩	2011.5.14
宣统三年大清银币壹圆一枚		276,000	北京诚轩	2011.5.14
宣统三年大清银币壹圆一枚		218,500	北京诚轩	2011.5.14
宣统三年大清银币壹圆一枚		195,500	北京诚轩	2011.5.14
宣统三年大清银币壹圆一枚		195,500	北京诚轩	2011.5.14
宣统三年大清银币壹圆一枚		172,500	北京诚轩	2011.5.14
宣统三年大清银币壹圆一枚		172,500	北京诚轩	2011.5.14
宣统三年大清银币壹圆一枚		161,000	北京诚轩	2011.5.14
宣统三年大清银币壹圆一枚		138,000	北京诚轩	2011.5.14
宣统三年大清银币壹圆一枚		94,300	北京诚轩	2011.5.14
宣统三年大清银币壹圆一枚		89,700	北京诚轩	2011.5.14
宣统三年大清银币壹圆一枚		74,750	北京诚轩	2011.5.14
宣统三年大清银币壹圆一枚		69,000	北京诚轩	2011.5.14
宣统三年大清银币壹圆一枚		63,250	北京诚轩	2011.5.14
宣统三年大清银币壹圆一枚		57,500	北京诚轩	2011.5.14
宣统三年大清银币壹圆一枚		57,500	北京诚轩	2011.5.14
宣统三年大清银币壹圆一枚		50,600	北京诚轩	2011.11.16
宣统三年大清银币壹圆一枚		94,300	北京诚轩	2011.11.16
宣统三年大清银币壹圆一枚		50,600	北京诚轩	2011.11.16
宣统三年大清银币壹圆一枚		89,700	北京诚轩	2011.11.16
宣统三年大清银币壹圆一枚		126,500	北京诚轩	2011.11.16
宣统三年大清银币壹圆一枚		69,000	北京诚轩	2011.11.16
宣统三年大清银币壹圆一枚		86,250	北京诚轩	2011.11.16
宣统三年大清银币壹圆一枚		218,500	北京诚轩	2011.11.16
宣统三年大清银币壹圆一枚		138,000	北京诚轩	2011.11.16
宣统三年大清银币壹圆一枚		345,000	北京诚轩	2011.11.16
宣统三年大清银币壹圆一枚		59,800	北京诚轩	2011.11.15
宣统三年大清银币壹圆一枚		101,200	北京诚轩	2011.11.15
宣统三年湖北省造大清银币壹角镍质样币一枚(L&M190)		391,000	北京诚轩	2011.5.14
宣统元年交通银行银元票上海壹圆样票正、反单面印刷各一枚		78,200	北京诚轩	2011.5.17
云南“江宁县课”单槽锭一枚	重90.4g	89,700	北京诚轩	2011.5.16
云南“李源鑫号冬月纹银”五两牌坊锭一枚	重181.3g	59,800	北京诚轩	2011.5.16
云南“通宝课银”三戳牌坊锭一枚	重187.7g	63,250	北京诚轩	2011.5.16
云南“应昌课锭”、“镕盛课银”、“镕盛课锭”、“福盛课银”各一枚，计四枚	尺寸不一	138,000	北京诚轩	2011.5.16
云南“正裕课锭”三戳大型牌坊银锭一枚	重229.2g	69,000	北京诚轩	2011.5.16

(成交价RMB：5万元以上)

拍品名称	尺寸	成交价RMB	拍卖公司	拍卖日期
云南早期银锭的著名代表品种		110,000	北京翰海	2011.5.17
奉天省造光绪元宝库平七钱二分银币(LM483)		74,750	中国嘉德	2011.5.12
汉州肉厘三十三年捐输		280,000	北京翰海	2011.5.17
河南“民国甲子年 林盛官银局”五十两银锭一枚	重1699g	138,000	北京诚轩	2011.11.17
河南“民国甲子年 林盛官银局”五十两银锭一枚	重1793.7g	115,000	北京诚轩	2011.11.17
河南“民国甲子年 林盛官银局”五十两银锭一枚	重1874.3g	161,000	北京诚轩	2011.11.17
河南“民国甲子年 林盛官银局”五十两银锭一枚	重1682.5g	138,000	北京诚轩	2011.11.17
河南“中华民国年月 陈州府焦祥云”五十两银锭一枚	重1873.5g	184,000	北京诚轩	2011.11.17
河南五十两元兴银局宣统年		350,000	北京翰海	2011.5.17
湖北省造光绪元宝“本省”一元银币一枚		1,725,000	北京保利	2011.12.08
湖北省造光绪元宝库平三分六厘银币一枚	直径15mm	97,750	北京翰海	2011.11.19
湖北省造宣统元宝库平一钱四分四厘背龙银币一枚	直径23mm	552,000	北京翰海	2011.11.19
吉林省造光绪元宝每元当制钱十个铜币		59,800	中国嘉德	2011.11.18
吉林省造戊申光绪元宝库平三钱六分银币一枚	直径33mm	89,700	北京翰海	2011.11.19
嘉庆宝藏三年五分银币一枚		575,000	北京保利	2011.12.08
吉林省造光绪元宝库平七钱二分银币(LM552)		55,200	中国嘉德	2011.11.18
江南省造光绪元宝库平七钱二分银币		66,700	中国嘉德	2011.5.12
江南省造光绪元宝库平一钱四分四厘银币		75,900	中国嘉德	2011.5.12
江南省造光绪元宝库平七钱二分银币一组		51,750	北京诚轩	2011.11.15
历叁拾捌年分奉节县100两银锭	重3668.5g	1,322,500	北京翰海	2011.11.19
1923年中华民国十二年造龙凤壹圆银币样币(LM81)		138,000	中国嘉德	2011.5.12
1923年中华民国十二年造龙凤壹圆银币样币(LM81)		69,000	中国嘉德	2011.11.18
1931年鄂西北革命根据地苏维埃共和国列宁像壹圆银币一枚(L&M883)		253,000	北京诚轩	2011.11.16
1932年鄂豫皖省苏维埃政府工农银行壹圆银币一枚(L&M888)		655,500	北京诚轩	2011.5.15
1932年鄂豫皖省苏维埃政府工农银行壹圆银币一枚(L&M888)		322,000	北京诚轩	2011.11.16
1932年造中华苏维埃共和国壹圆银币一枚(L&M887)		713,000	北京诚轩	2011.5.15
1933年中华苏维埃共和国贰角银币一枚		57,500	北京诚轩	2011.11.16
1934年川陕省造币厂造中华苏维埃共和国壹圆银币(LM891)		55,200	中国嘉德	2011.11.18
1934年川陕省造币厂造中华苏维埃共和国壹圆银币一枚(L&M889)		506,000	北京诚轩	2011.5.15
1934年川陕省造币厂造中华苏维埃共和国壹圆银币一枚(L&M889)		345,000	北京诚轩	2011.11.16
1934年川陕省造币厂造中华苏维埃共和国壹圆银币一枚(L&M890)		368,000	北京诚轩	2011.5.15
1934年川陕省造币厂造中华苏维埃共和国壹圆银币一枚(L&M890)		109,250	北京诚轩	2011.11.16
1934年川陕省造币厂造中华苏维埃共和国壹圆银币一枚(L&M891)		264,500	北京诚轩	2011.5.15
1934年川陕省造币厂造中华苏维埃共和国壹圆银币一枚(L&M891)		253,000	北京诚轩	2011.5.15
1934年川陕省造币厂造中华苏维埃共和国壹圆银币一枚(L&M891)		172,500	北京诚轩	2011.5.15
1934年川陕省造币厂造中华苏维埃共和国壹圆银币一枚(L&M891)		138,000	北京诚轩	2011.5.15

拍品名称	尺寸	成交价RMB	拍卖公司	拍卖日期
1934年川陕省造币厂造中华苏维埃共和国壹圆银币一枚(L&M891)		101,200	北京诚轩	2011.5.15
1934年川陕省造币厂造中华苏维埃共和国壹圆银币一枚(L&M891)		82,800	北京诚轩	2011.5.15
1934年川陕省造币厂造中华苏维埃共和国壹圆银币一枚(L&M891)		69,000	北京诚轩	2011.11.16
1934年川陕省造币厂造中华苏维埃共和国壹圆银币一枚(L&M891)		74,750	北京诚轩	2011.11.16
1934年川陕省造币厂造中华苏维埃共和国壹圆银币一枚(L&M891)		105,800	北京诚轩	2011.11.16
1934年川陕省造币厂造中华苏维埃共和国壹圆银币一枚(L&M891)		55,200	北京诚轩	2011.11.16
1934年川陕省造币厂造中华苏维埃共和国壹圆银币一枚(L&M891)		94,300	北京诚轩	2011.11.16
1934年川陕省造币厂造中华苏维埃共和国壹圆银币一枚(L&M891)		69,000	北京诚轩	2011.11.16
1934年川陕省造币厂造中华苏维埃共和国壹圆银币一枚(L&M891)		78,200	北京诚轩	2011.11.15
1934年中华苏维埃共和国川陕省造币厂造壹圆银币一枚		184,000	北京诚轩	2011.5.15
1935年中华苏维埃共和国五年制壹圆银币(L&M892)之币模正、反各一件		414,000	北京诚轩	2011.11.16
1935年中华苏维埃共和国五年制壹圆银币一枚(L&M892)		253,000	北京诚轩	2011.11.16
1943年云南大“富”字一两正银银币一枚		276,000	北京诚轩	2011.5.15
1943年云南小“富”字半两正银银币一枚		82,800	北京诚轩	2011.5.15
民国八年袁世凯像壹圆银币一枚		368,000	北京诚轩	2011.5.15
民国八年袁世凯像壹圆银币一枚		115,000	北京诚轩	2011.5.15
民国八年袁世凯像壹圆银币一枚		89,700	北京诚轩	2011.5.15
民国八年袁世凯像壹圆银币一枚		51,750	北京诚轩	2011.5.15
民国八年袁世凯像壹圆银币一枚		57,500	北京诚轩	2011.11.16
民国八年袁世凯像壹圆银币一枚		57,500	北京诚轩	2011.11.16
民国八年袁世凯像壹圆银币一枚		287,500	北京诚轩	2011.11.16
民国初年陕西“秦丰银行”五两槽锭一枚	重201.5g	63,250	北京诚轩	2011.11.17
民国二十二年孙中山像背帆船壹圆银币一枚		51,750	北京诚轩	2011.5.15
民国二十三年孙中山像背帆船壹圆银币十枚		138,000	北京诚轩	2011.5.15
民国二十三年孙中山像背帆船壹圆银币一枚		94,300	北京诚轩	2011.5.15
民国二十三年孙中山像背帆船壹圆银币一枚		66,700	北京诚轩	2011.11.16
民国二十三年孙中山像背帆船壹圆银币原卷五十枚		253,000	北京诚轩	2011.5.15
民国二十三年新疆“甲戌年造 元合银炉”五十两银锭一枚		115,000	北京诚轩	2011.11.17
民国二十五年孙中山像古布壹圆 中圆银币各一枚(共2枚)		1,725,000	北京保利	2011.12.08
民国二十一年(1932年)孙中山像三鸟壹圆银币(LM108)		101,200	中国嘉德	2011.5.12
民国二十一年(1932年)孙中山像三鸟壹圆银币(LM108)		55,200	中国嘉德	2011.5.12
民国二十一年孙中山像背帆船三鸟壹圆银币一枚		149,500	北京诚轩	2011.5.15
民国二十一年孙中山像背帆船三鸟壹圆银币一枚		115,000	北京诚轩	2011.5.15
民国二十一年孙中山像背帆船三鸟壹圆银币一枚		109,250	北京诚轩	2011.5.15
民国二十一年孙中山像背帆船三鸟壹圆银币一枚		82,800	北京诚轩	2011.5.15
民国二十一年孙中山像背帆船三鸟壹圆银币一枚		59,800	北京诚轩	2011.5.15
民国二十一年孙中山像背帆船三鸟壹圆银币一枚		71,300	北京诚轩	2011.11.16

(成交价RMB：5万元以上)

拍品名称	尺寸	成交价RMB	拍卖公司	拍卖日期
民国二十一年孙中山像背帆船三鸟壹圆银币一枚		57,500	北京诚轩	2011.11.16
民国二十一年孙中山像背帆船三鸟壹圆银币一枚		89,700	北京诚轩	2011.11.16
民国二十一年孙中山像背帆船三鸟壹圆银币一枚		69,000	北京诚轩	2011.11.16
民国二十一年孙中山像背帆船三鸟壹圆银币一枚		57,500	北京诚轩	2011.11.16
民国二十一年孙中山像背帆船三鸟壹圆银币一枚		126,500	北京诚轩	2011.11.16
民国二十一年孙中山像背帆船三鸟壹圆银币一枚		287,500	北京诚轩	2011.11.16
民国二十一年孙中山像背帆船三鸟银币一枚		138,000	北京诚轩	2011.5.15
民国二十一年孙中山像金本位壹元银币一枚		1,725,000	北京保利	2011.12.08
民国河南“林盛官银局民国甲子年”五十两银锭	重1815g	161,000	中国嘉德	2011.5.14
民国河南“民国年月聚顺祥记”五十两银锭	重1802.8g	166,750	北京翰海	2011.11.19
民国吉林“张相国民国年月日长春鸿典金店”五十两大翅银锭	重1895g	207,000	中国嘉德	2011.5.14
民国九年袁世凯像壹圆银币五枚		59,800	北京诚轩	2011.5.15
民国九年袁世凯像壹圆银币五枚		59,800	北京诚轩	2011.5.15
民国九年袁世凯像壹圆银币一枚		74,750	北京诚轩	2011.5.15
民国九年袁世凯像壹圆银币一枚		71,300	北京诚轩	2011.5.15
民国九年袁世凯像壹圆银币一枚		66,700	北京诚轩	2011.11.16
民国壬戌年(1922年)“民国壬戌年月 林盛银局”五十两银锭	重1873g	138,000	中国嘉德	2011.11.19
民国三年(1914年)袁世凯像“七分脸”壹圆银币		667,000	华夏国拍	2011.12.07
民国三年(1914年)袁世凯像壹圆银币(LM63)		59,800	中国嘉德	2011.5.12
民国三年(1914年)袁世凯像壹圆银质样币(LM72)		782,000	中国嘉德	2011.11.18
民国三年袁世凯像“甘肃”壹圆银币一枚		149,500	北京诚轩	2011.5.15
民国三年袁世凯像“甘肃”壹圆银币一枚		109,250	北京诚轩	2011.5.15
民国三年袁世凯像“甘肃”壹圆银币一枚		86,250	北京诚轩	2011.5.15
民国三年袁世凯像“甘肃”壹圆银币一枚		78,200	北京诚轩	2011.5.15
民国三年袁世凯像“甘肃”壹圆银币一枚		78,200	北京诚轩	2011.5.15
民国三年袁世凯像“甘肃”壹圆银币一枚		55,200	北京诚轩	2011.5.15
民国三年袁世凯像“甘肃”壹圆银币一枚		89,700	北京诚轩	2011.11.15
民国三年袁世凯像“甘肃”壹圆银币一枚		59,800	北京诚轩	2011.11.15
民国三年袁世凯像“甘肃”壹圆银币一枚		78,200	北京诚轩	2011.11.15
民国三年袁世凯像“甘肃”壹圆银币一枚		74,750	北京诚轩	2011.11.15
民国三年袁世凯像“甘肃”壹圆银币一枚		126,500	北京诚轩	2011.11.15
民国三年袁世凯像“甘肃”壹圆银币一枚		69,000	北京诚轩	2011.11.15
民国三年袁世凯像“甘肃”壹圆银币一枚		57,500	北京诚轩	2011.11.15
民国三年袁世凯像“七分脸”L.GIORGI签字版壹圆银币样币一枚		598,000	上海天衡	2011.6.29
民国三年袁世凯像壹角银币一枚		115,000	北京诚轩	2011.5.15
民国三年袁世凯像壹圆银币一枚		230,000	北京诚轩	2011.5.15
民国三年袁世凯像壹圆银币一枚		195,500	北京诚轩	2011.5.15
民国三年袁世凯像壹圆银币一枚		138,000	北京诚轩	2011.5.15

拍品名称	尺寸	成交价RMB	拍卖公司	拍卖日期
民国三年袁世凯像壹圆银币一枚		126,500	北京诚轩	2011.5.15
民国三年袁世凯像壹圆银币一枚		80,500	北京诚轩	2011.5.15
民国三年袁世凯像壹圆银币一枚		74,750	北京诚轩	2011.5.15
民国三年袁世凯像壹圆银币一枚		69,000	北京诚轩	2011.5.15
民国三年袁世凯像壹圆银币一枚		63,250	北京诚轩	2011.5.15
民国三年袁世凯像壹圆银币一枚		59,800	北京诚轩	2011.5.15
民国三年袁世凯像壹圆银币一枚		55,200	北京诚轩	2011.5.15
民国三年袁世凯像壹圆银币一枚		55,200	北京诚轩	2011.5.15
民国三年袁世凯像壹圆银币一枚		50,600	北京诚轩	2011.5.15
民国三年袁世凯像壹圆银币一枚		57,500	北京诚轩	2011.11.16
民国三年袁世凯像壹圆银币一枚		57,500	北京诚轩	2011.11.16
民国三年袁世凯像壹圆银币一枚		86,250	北京诚轩	2011.11.16
民国三年袁世凯像壹圆银币一枚		52,900	北京诚轩	2011.11.16
民国三年袁世凯像壹圆银币一枚		230,000	北京诚轩	2011.11.16
民国三年袁世凯像中圆“L.GIORGI”签字版银币样币一枚		126,500	北京诚轩	2011.5.15
民国三年袁世凯像中圆银币一枚		74,750	北京诚轩	2011.11.16
民国三年袁世凯像中圆银币一枚		57,500	北京诚轩	2011.11.16
民国三年袁世凯像中圆银币一枚		161,000	北京诚轩	2011.11.16
民国三年袁世凯像中圆银币一枚		92,000	北京诚轩	2011.11.16
民国三十八年贵州省造“竹子”壹圆银币一枚		253,000	北京诚轩	2011.11.15
民国三十八年贵州省造壹圆银币(俗称贵州竹子币)一枚，民国三十八年贵州省造壹圆银币(俗称贵州竹子币)一枚		1,437,500	上海天衡	2011.6.29
民国三十八年贵州省造竹子壹圆银币一枚	直径39mm	299,000	北京翰海	2011.11.19
民国山东“壬子年月东海关匠鲁协中义胜”五十两银锭	重1859g	184,000	中国嘉德	2011.5.14
民国山西“中华民国)元月太谷县谦源胜”五十两银锭一枚	重1857.9g	218,500	北京诚轩	2011.5.16
民国上海“大亨源”五十两银锭	重1835g	161,000	中国嘉德	2011.5.14
民国上海“增记”五十两银锭	重1833g	138,000	中国嘉德	2011.5.14
民国十八年(1929年)孙中山像帆船银币(意大利版)		1,092,500	华夏国拍	2011.6.12
民国十八年奥地利版孙中山像背三帆船壹圆银币样币一枚		575,000	北京诚轩	2011.5.15
民国十八年奥地利版孙中山像背三帆船壹圆银币样币一枚		51,750	北京诚轩	2011.11.16
民国十八年美国版孙中山像背三帆船壹元银币样币一枚		126,500	北京诚轩	2011.5.15
民国十八年美国版孙中山像背三帆船壹圆银币样币一枚		166,750	北京诚轩	2011.11.16
民国十八年日本版孙中山像背三帆船壹圆样币一枚		103,500	北京诚轩	2011.11.16
民国十八年日本版孙中山像背三帆船壹圆银币样币一枚		345,000	北京诚轩	2011.5.15
民国十八年日本版孙中山像背三帆船壹圆银币样币一枚		92,000	北京诚轩	2011.5.15
民国十八年日本版孙中山像背三帆船壹圆银币样币一枚		89,700	北京诚轩	2011.5.15
民国十八年孙中山像地球版壹元银币一枚		2,300,000	北京保利	2011.12.08
民国十八年意大利版孙中山像背三帆船壹圆银币样币一枚		115,000	北京诚轩	2011.11.16
民国十八年英国版孙中山像背三帆船壹圆银币样币一枚		402,500	北京诚轩	2011.5.15
民国十八年英国版孙中山像背三帆船壹圆银币样币一枚		207,000	北京诚轩	2011.11.16
民国十八年英国版孙中山像背三帆船壹圆银币样币一枚		161,000	北京诚轩	2011.11.16
民国十八年英国版孙中山像背三帆船壹圆银币样币一枚		161,000	北京诚轩	2011.11.16
民国十二年(1923年)龙凤壹圆银币(LM80)		345,000	中国嘉德	2011.11.18
民国十二年龙凤壹圆银币样币一枚		345,000	北京诚轩	2011.5.15

拍品名称	尺寸	成交价RMB	拍卖公司	拍卖日期
民国十二年龙凤壹圆银币样币一枚		253,000	北京诚轩	2011.5.15
民国十二年龙凤壹圆银币样币一枚		138,000	北京诚轩	2011.5.15
民国十二年龙凤壹圆银币样币一枚		78,200	北京诚轩	2011.5.15
民国十二年龙凤壹圆银币样币一枚		805,000	北京诚轩	2011.11.16
民国十二年龙凤壹圆银币一枚		82,800	北京诚轩	2011.11.16
民国十二年龙凤壹圆银币一枚		105,800	北京诚轩	2011.11.16
民国十二年龙凤壹圆银币一枚		138,000	北京诚轩	2011.11.16
民国十二年龙凤壹圆银币一枚		126,500	北京诚轩	2011.11.15
民国十年袁世凯像壹圆银币一枚		345,000	北京诚轩	2011.5.15
民国十年袁世凯像壹圆银币一枚		253,000	北京诚轩	2011.5.15
民国十年袁世凯像壹圆银币一枚		105,800	北京诚轩	2011.5.15
民国十年袁世凯像壹圆银币一枚		59,800	北京诚轩	2011.5.15
民国十七年(1928年)贵州省政府造贵州银币壹圆(LM609)		63,250	中国嘉德	2011.5.12
民国十七年(1928年)贵州省政府造壹圆银币(LM609)		86,250	中国嘉德	2011.11.18
民国十七年甘肃省造孙中山像壹圆银币一枚		230,000	北京诚轩	2011.5.15
民国十七年甘肃省造孙中山像壹圆银币一枚		161,000	北京诚轩	2011.11.15
民国十七年贵州省政府造壹圆银币一枚		230,000	北京诚轩	2011.5.15
民国十七年贵州省政府造壹圆银币一枚		109,250	北京诚轩	2011.5.15
民国十七年贵州省政府造壹圆银币一枚		63,250	北京诚轩	2011.5.15
民国十七年贵州省政府造壹圆银币一枚		69,000	北京诚轩	2011.11.15
民国十五年“新疆伊宁 民国丙寅年 德生祥银炉”五十两银锭一枚	重1743.5g	109,250	北京诚轩	2011.11.17
民国十五年龙凤壹角银币一枚		55,200	北京诚轩	2011.11.16
民国十五年张作霖像背嘉禾图壹元银币一枚		2,300,000	北京保利	2011.12.08
民国十一年，长生官五十两		120,000	北京翰海	2011.5.17
民国时期“京都 民国年月日天福记字号”五十两银锭一枚	重1791.7g	138,000	北京诚轩	2011.11.17
民国时期银楼制“睢溪官钱局”足金壹两金锭一枚	重31.06g	51,750	北京诚轩	2011.5.16
民国五年(1916年)广东官银钱总局通用毫洋壹圆		598,000	上海泓盛	2011.6.20
民国五年袁世凯像二角银币一枚		253,000	北京诚轩	2011.5.15
民国元年军政府造四川银币壹圆一枚		126,500	北京诚轩	2011.5.15
民国元年军政府造四川银币壹圆一枚		126,500	北京诚轩	2011.11.15
民国中央造币厂造“天丰恒台银A9290成色991市两9.997”十两金条	重313g	322,000	中国嘉德	2011.5.14
中华民国十八年(1929年)孙中山像帆船壹元银币奥地利版样币(LM97)		105,800	中国嘉德	2011.5.12
1985年中国造币公司发行乙丑(牛)年生肖福牛银样章		218,500	中国嘉德	2011.11.19
1989年中国人民银行发行己巳(蛇)年生肖银币		172,500	中国嘉德	2011.5.14
1992古代发明加厚银币10套共50枚		448,500	上海泓盛	2011.6.21
1994年中国造币总公司发行熊猫银样章		66,700	中国嘉德	2011.11.19
1995年12盎司麒麟大字版银币		138,000	上海泓盛	2011.12.16
1995年中国人民银行发行熊猫银币		66,700	中国嘉德	2011.11.19

拍品名称	尺寸	成交价RMB	拍卖公司	拍卖日期
1996年中国人民银行发行熊猫银币		82,800	中国嘉德	2011.5.14
1996年中国人民银行发行熊猫银币		71,300	中国嘉德	2011.11.19
1997年慕尼黑国际硬币展销会12盎司熊猫银章一枚		241,500	上海泓盛	2011.6.21
1997年齐白石12盎司银币一枚		172,500	上海泓盛	2011.6.21
1997年齐白石1公斤银币一枚		747,500	上海泓盛	2011.6.21
1997年中国人民银行发行熊猫银币		57,500	中国嘉德	2011.5.14
2000年中国京剧艺术第二组龙凤呈祥彩色银币一枚		287,500	北京诚轩	2011.5.15
2000年中国人民银行发行熊猫银币		59,800	中国嘉德	2011.11.19
金币				
战国小型金饼一枚	直径33mm	55,200	北京诚轩	2011.11.17
新莽国宝金匮直萬一枚	高61mm	1,150,000	北京保利	2011.12.09
西汉大型金饼一枚	重247.9g	161,000	北京诚轩	2011.11.17
西汉金饼“十”	重248g	150,000	北京翰海	2011.5.17
西汉金饼“王”	重249g	140,000	北京翰海	2011.5.17
西王赏宫金质	直径50.4mm	2,300,000	中国嘉德	2011.5.15
北宋淳化元宝 供养金钱		400,000	北京翰海	2011.5.17
北宋淳化元宝佛像金钱一枚	直径23mm	218,500	北京诚轩	2011.5.16
南宋“天水桥东周五郎铺”一两金叶子(十片)	重37.2g	172,500	中国嘉德	2011.5.14
南宋“天水桥东周五郎铺”一两金叶子(十片)	重38.2g	172,500	中国嘉德	2011.5.14
南宋 “铁线巷陈二郎十分金”一两金叶子	重38.4g	103,500	中国嘉德	2011.5.14
南宋“十分金相五郎重贰拾伍两”金铤		1,150,000	华夏国拍	2011.6.11
南宋“铁线巷陈二郎十分金”一两金条一枚	重37.2g	82,800	北京诚轩	2011.5.16
南宋二十五两金铤		690,000	华夏国拍	2011.6.11
南宋切半使用十两金铤一枚	重407g	184,000	北京诚轩	2011.5.16
南宋十七两金铤		632,500	华夏国拍	2011.6.11
南宋 “铁线巷 陈二郎 十分金”一两金条	重37.3g	80,500	中国嘉德	2011.11.19
南宋 烧验讫二十五两金铤(切半)	重485.2g	690,000	中国嘉德	2011.11.19
南宋 “清河坊西 阮六郎铺”一两金叶子 (十片)	重37.3g	149,500	中国嘉德	2011.11.19
南宋 “天水桥东 周五郎铺”一两金叶子) (十片	重37.2g	138,000	中国嘉德	2011.11.19
南宋“相二郎十分金重贰拾伍两”金铤	重931g	2,185,000	北京翰海	2011.11.19
金“泰和重宝”篆书折十	直径44.4mm	57,500	中国嘉德	2011.11.20
明代十两元宝型金锭一枚	重374g	632,500	北京诚轩	2011.11.17
明代无文十两金锭	重375g	345,000	中国嘉德	2011.5.14
清代乾隆年间十两金条一枚	重366.3g	517,500	北京诚轩	2011.11.17
清代乾隆年间十两金元宝一枚	重369.0g	828,000	北京诚轩	2011.11.17
清代河南“招财童子至利市仙官来日进斗金”五十两开炉吉语锭一枚	重1826.5g	460,000	北京诚轩	2011.5.16
光绪二十九年户部光绪元宝库平一钱金质样币一枚		92,000	北京诚轩	2011.11.16
户部光绪元宝库平一两金币试铸样币		575,000	华夏国拍	2011.12.07
利昌金铺千足金条	重187.3g	62,000	北京翰海	2011.5.17
“宝光丰”五两金条	重157g	55,200	中国嘉德	2011.5.14
“湖北厘金同治捌年十二月官钱局”五十两银锭	重1826g	184,000	中国嘉德	2011.5.14
“景福金铺千足纯条”五两金条	重187g	103,500	中国嘉德	2011.5.14
“兰州宝丰裕上上足赤”十两金条	重331g	126,500	中国嘉德	2011.5.14
“利昌金铺千足纯条”五两金条	重187g	138,000	中国嘉德	2011.5.14
“郢”金版一枚	重16.2g	57,500	中国嘉德	2011.11.20
1887年英国维多利亚女王像马剑一盎司、半盎司金币各一枚		59,800	中国嘉德	2011.5.12

2011杂项拍卖成交汇总

(成交价RMB：5万元以上)

拍品名称	尺寸	成交价RMB	拍卖公司	拍卖日期
1906年光绪丙午年造大清金币库平一两样币		920,000	中国嘉德	2011.5.12
1911年中华民国金币壹百圆		105,800	中国嘉德	2011.5.16
1916年袁世凯像中华帝国洪宪纪元飞龙金质样币一枚	重39.4g	180,000	北京翰海	2011.5.17
1916年袁世凯像中华帝国洪宪纪元飞龙拾圆金币一枚		126,500	北京诚轩	2011.11.16
1916年袁世凯中华帝国洪宪纪元飞龙金币一枚	重37.58g	172,500	北京诚轩	2011.11.16
1916袁世凯像中华帝国洪宪纪元L.GIORGI签字版飞龙金质样币一枚(L&M1115)	35.09g	2,702,500	北京诚轩	2011.11.16
1918年西藏色章果木金币20SHO(LM1064)	重11.15g	82,800	中国嘉德	2011.5.12
1924年印度新金山中国渣打银行伍拾员		138,000	上海泓盛	2011.09.23
1932年伪满洲国"福"字金币一枚		59,800	北京诚轩	2011.11.15
俄华道胜银行1917年足色库平金贰分		132,250	上海泓盛	2011.09.23
俄华道胜银行1917年足色库平金壹钱		184,000	上海泓盛	2011.09.23
吉林"民国年月日 张相国长春鸿兴金店"五十两大翅宝一枚	重1898.7g	138,000	北京诚轩	2011.11.17
金饼	重；250g	149,500	中国嘉德	2011.11.20
金饼、铜饼一对	尺寸不一	310,500	中国嘉德	2011.11.20
清末民初"福"字元宝形二两吉语金锭一枚	重59.07g	55,200	北京诚轩	2011.11.17
清末民初宝成加炼赤金半两金锭(一对)	长2cm	50,400	北京永乐	2011.5.24
清末民初甘肃"兰州永庆丰上上足赤"五两金锭一枚	重155.2g	69,000	北京诚轩	2011.5.16
清末民初天津三阳十足一两金锭(一对)	长2cm	72,800	北京永乐	2011.5.24
清末民国 大连建华赤金一两金锭 (一对)	长23mm	71,300	北京永乐	2011.11.15
清末民国 大连建华十足赤金、营口世祥赤金一两金锭 (两枚)	尺寸不一	69,000	北京永乐	2011.11.15
清末民国 锦州东祥赤金、沈阳惠经足赤一两金锭 (两枚)	尺寸不一	71,300	北京永乐	2011.11.15
清末民国 青岛震华足赤一两金锭 (一对)	长20mm	71,300	北京永乐	2011.11.15
清末民国 青岛震华足赤壹两金锭 (一对)	长20mm	74,750	北京永乐	2011.11.15
清末民国 青岛震华足赤壹两金锭 (一对)	长20mm	69,000	北京永乐	2011.11.15
清末民国 庆福星、老凤祥足赤一两金锭 (两枚)	长26mm	74,750	北京永乐	2011.11.15
清末民国沈阳东祥足赤十两金条	长75mm	253,000	北京永乐	2011.11.15
清末民国 沈阳奉兴加炼足赤、沈阳奉宝盛足赤一两金锭 (两枚)	长21mm	74,750	北京永乐	2011.11.15
清末民国 沈阳宏兴葫芦印赤金、沈阳天兴加炼赤金一两金锭 (两枚)	尺寸不一	71,300	北京永乐	2011.11.15
清末民国 沈阳鸿兴加炼赤金、沈阳和平葫芦印赤金一两金锭 (两枚)	尺寸不一	82,800	北京永乐	2011.11.15
清末民国 沈阳鸿兴加炼赤金一两金锭 (一对)	尺寸不一	92,000	北京永乐	2011.11.15
清末民国 沈阳聚华足赤一两金锭 (一对)	长22mm	92,000	北京永乐	2011.11.15
清末民国 沈阳天华加炼赤金、沈阳泰华加炼足赤一两金锭 (两枚)	尺寸不一	69,000	北京永乐	2011.11.15
清末民国 生源永、新宝成足赤一两金锭 (两枚)	尺寸不一	71,300	北京永乐	2011.11.15
清末民国 生源永足赤一两金锭 (一对)	长27mm	71,300	北京永乐	2011.11.15
清末民国 天津宝恒诚加炼赤金壹两金锭一枚、沈阳兴顺赤金壹两金锭 (壹对)	长20mm	94,300	北京永乐	2011.11.15
清末民国 天津恒孚赤金一两金锭 (一对)	长22mm	71,300	北京永乐	2011.11.15
清末民国 天津鸿祥足赤一两金锭 (一对)	长21mm	71,300	北京永乐	2011.11.15
清末民国 天津庆阳赤金一两金锭 (两枚)	长21mm	71,300	北京永乐	2011.11.15
清末民国 天津庆云加炼金料、天津三阳加炼赤金壹两金锭 (两枚)	长20mm	69,000	北京永乐	2011.11.15
清末民国 天津三义赤金、天津万德加炼赤金一两金锭 (两枚)	长22mm	71,300	北京永乐	2011.11.15
清末民国 天津太和加炼金料、青岛同丰足赤一两金锭 (两枚)	长22mm	69,000	北京永乐	2011.11.15
清末民国 天津同丰赤金、天津瑞源十足一两金锭 (两枚)	长21mm	71,300	北京永乐	2011.11.15
清末民国 天津同丰赤金一两金锭 (一对)	尺寸不一	71,300	北京永乐	2011.11.15
清末民国 天津同丰加炼赤金壹两金锭 (两枚)	长20mm	71,300	北京永乐	2011.11.15
清末民国 天津正阳加炼赤金一两金锭 (一对)	尺寸不一	74,750	北京永乐	2011.11.15
民国 "寅 足赤 台北 金瑞山"五两金条	重188g	92,000	中国嘉德	2011.11.19
民国 "中央造币厂制" 五两金条	重158g	115,000	中国嘉德	2011.11.19
民国 中央造币厂十两金条	重316g	287,500	中国嘉德	2011.11.19
民国 "兰州永庆丰上上足赤" 五两金条	重157g	80,500	中国嘉德	2011.5.14
民国"中央造币厂制"国父像及古布厂徽五两金条	重157g	230,000	中国嘉德	2011.5.14
民国 "中央造币厂制" 十两金制厂条	重157g	172,500	北京翰海	2011.11.19
民国"中央造币厂制" 五两金条	重157g	138,000	中国嘉德	2011.11.19
民国34年(1945) "中央造币厂铸 民国卅四年" 三两金条	重94g	82,800	中国嘉德	2011.11.19
民国34年(1945) "中央造币厂铸" 三两金条	重91g	69,000	中国嘉德	2011.11.19
民国八年(1919年)袁世凯像背嘉禾图贰拾圆金质样币(LM1029)		74,750	中国嘉德	2011.11.18
民国八年(1919年)袁世凯像背嘉禾图拾圆金质样币(LM1030)		63,250	中国嘉德	2011.11.18
民国八年袁世凯像背嘉禾贰拾圆金币一枚		57,500	北京保利	2011.12.09
民国八年袁世凯像背嘉禾图贰拾圆金币一枚		218,500	北京诚轩	2011.5.15
民国八年袁世凯像背嘉禾图贰拾圆金币一枚		138,000	北京诚轩	2011.5.15
民国上海宝成丰记足赤一两金锭(两枚)	长20mm	67,200	北京永乐	2011.5.24
民国上海杨庆和方九霞足赤一两金锭(两枚)	长26mm	67,200	北京永乐	2011.5.24
民国沈阳宏兴葫芦印赤金一两金锭(一对)	长20mm	91,840	北京永乐	2011.5.24
民国十五年(1926年)山东省嘉禾图背龙凤金币贰拾圆样币(LM1065)		345,000	中国嘉德	2011.11.18
民国十五年嘉禾图背龙凤山东省金币拾圆样币一枚		345,000	北京诚轩	2011.5.15
民国时期中央造币厂孙中山像布图五两厂条一枚	重5.000市两	110,400	北京诚轩	2011.11.17
民国时期中央造币厂制孙中山像布图五两厂条一枚	重156.4g	149,500	北京诚轩	2011.11.17
民国时期中央造币厂制孙中山像布图五两厂条一枚	重155.3g	166,750	北京诚轩	2011.11.17
民国时期中央造币厂制孙中山像布图五两饰金原料一枚	重155.6g	80,500	北京诚轩	2011.11.17

拍品名称	尺寸	成交价RMB	拍卖公司	拍卖日期
民国时期中央造币厂铸布图五两厂条一枚	重156.4g	80,500	北京诚轩	2011.11.17
民国时期中央造币厂铸布图一两厂条0115、0116二枚连号	重31.49g；31.60g	51,750	北京诚轩	2011.11.17
民国台湾金条“大丰恒焓赤”	重306g	155,250	北京翰海	2011.11.19
香港“宝生金银号”五两金条	重187g	74,750	中国嘉德	2011.5.14
香港“利昌金铺千足纯条”五两一枚	重187.2g	82,800	北京诚轩	2011.5.16
越南“吕创发造正宗龙标五两”金锭一枚	重187.1g	78,200	北京诚轩	2011.5.16
中国金币总公司发行第29届奥林匹克运动会吉祥物运动造型金牌三十八枚全		115,000	中国嘉德	2011.5.14
香港“瑞和银号 九九标准”五两金条	重188g	74,750	中国嘉德	2011.11.19
“香港恒信金铺标准九九金”五两金条	重187g	80,500	中国嘉德	2011.5.14
“香港生祥金铺囍九九标准成色”五两金条	重187g	74,750	中国嘉德	2011.5.14
1979年国际儿童年加厚金银币二枚		1,058,000	上海泓盛	2011.12.16
1981年出土文物青铜器(第一组)金币一套四枚		253,000	上海泓盛	2011.12.16
1984-1993年中国杰出历史人物金币一套十枚		126,500	上海泓盛	2011.12.16
1984年12盎司熊猫金币		218,500	上海泓盛	2011.12.16
1984年-1991年中国杰出历史人物金银币一套		126,500	上海泓盛	2011.6.21
1984年熊猫金质样币一套五枚	直径32mm	8,280,000	上海泓盛	2011.12.16
1984年中国人民银行发行熊猫金币一组13枚		59,800	中国嘉德	2011.11.19
1986年中国人民银行发行熊猫金币		172,500	中国嘉德	2011.5.14
1986年中国人民银行发行熊猫金币		161,000	中国嘉德	2011.11.19
1988年版龙年铂金记念币一枚	直径32mm	51,750	北京翰海	2011.11.19
1988年中国人民银行发行熊猫金币		207,000	中国嘉德	2011.5.14
1989年“龙凤呈祥”二金二银一套		4,600,000	上海泓盛	2011.6.21
1990年庚午(马)年铂金记念币一枚	直径32mm	51,750	北京翰海	2011.11.19
1992-1996年中国古代科技发明发现金币全五套共二十五枚		1,150,000	上海泓盛	2011.12.16
1993-2004年第一轮梅花形生肖金币一套十二枚		276,000	上海泓盛	2011.12.16
1993年5盎司毛泽东诞辰100周年金币		1,150,000	上海泓盛	2011.12.16
1993年孔雀开屏1盎司金币、银币(各一枚)		78,200	北京诚轩	2011.11.17
1993年孔雀开屏1盎司金币、银币(各一枚)		71,300	北京诚轩	2011.11.17
1993年孔雀开屏1盎司金币、银币(各一枚)		138,000	北京诚轩	2011.11.17
1993年孔雀开屏1盎司金币、银币(各一枚)		109,250	北京诚轩	2011.11.17
1993年孔雀开屏1盎司金币、银币(各一枚)		143,750	北京诚轩	2011.11.17
1994年中国人民银行发行中国古代绘画“婴戏图”金银币一组六枚：分别为金币重1/4盎司		138,000	中国嘉德	2011.5.14
1994年中国人民银行发行中国古代绘画“婴戏图”金银币一组六枚：分别为金币重1/4盎司		138,000	中国嘉德	2011.5.14
1994年中国人民银行发行中国古代绘画“婴戏图”金银币一组六枚：分别为金币重1/4盎司		138,000	中国嘉德	2011.5.14
1995年12盎司熊猫金币		966,000	上海泓盛	2011.12.16
1996年鼠年生肖1盎司金币一枚		161,000	上海泓盛	2011.6.21

拍品名称	尺寸	成交价RMB	拍卖公司	拍卖日期
1997年1/3盎司丝绸之路(第三组)金币		138,000	上海泓盛	2011.12.16
1999年中国人民银行发行熊猫普制套装金币五枚全		55,200	中国嘉德	2011.5.14
纸币				
洪武年大明宝钞壹贯		529,000	上海泓盛	2011.6.20
洪武年大明宝钞壹贯		161,000	上海泓盛	2011.09.22
大明通行宝钞壹贯	222mm×340mm	103,500	中国嘉德	2011.5.16
大明通行宝钞壹贯	224mm×342mm	101,200	中国嘉德	2011.5.16
大明通行宝钞壹贯	221mm×341mm	66,700	中国嘉德	2011.5.16
大明通行宝钞壹贯	223mm×342mm	63,250	中国嘉德	2011.5.16
大明通行宝钞壹贯	223mm×342mm	51,750	中国嘉德	2011.11.21
大明通行宝钞壹贯	223mm×340mm	89,700	中国嘉德	2011.11.21
道光二十八年(1848年)通彩(高记)叁百千文		69,000	中国嘉德	2011.5.16
咸丰八年(1858年)大清宝钞百千文	147mm×276mm	172,500	中国嘉德	2011.5.16
咸丰八年(1858年)大清宝钞百千文	147mm×275mm	172,500	中国嘉德	2011.5.16
咸丰八年(1858年)大清宝钞百千文	148mm×280mm	207,000	中国嘉德	2011.11.21
咸丰八年(1858年)大清宝钞拾千文	137mm×244mm	57,500	中国嘉德	2011.11.21
咸丰八年(1858年)大清宝钞拾千文	137mm×247mm	55,200	中国嘉德	2011.11.21
咸丰八年(1858年)大清宝钞伍千文	138mm×248mm	51,750	中国嘉德	2011.11.21
咸丰八年(1858年)大清宝钞伍千文	138mm×252mm	55,200	中国嘉德	2011.11.21
咸丰八年(1858年)大清宝钞伍拾千文	146mm×278mm	86,250	中国嘉德	2011.5.16
咸丰八年(1858年)大清宝钞伍拾千文	142mm×283mm	82,800	中国嘉德	2011.5.16
咸丰八年(1858年)大清宝钞伍拾千文	147mm×278mm	74,750	中国嘉德	2011.5.16
咸丰九年大清宝钞伍千文(一枚)		115,000	北京诚轩	2011.11.18
咸丰六年(1856年)大清宝钞伍千文	131mm×243mm	103,500	中国嘉德	2011.5.16
咸丰六年(1856年)户部官票伍两	151mm×249mm	112,700	中国嘉德	2011.5.16
咸丰七年(1857年)大清宝钞伍拾千文	147mm×274mm	115,000	中国嘉德	2011.11.21
咸丰七年(1857年)大清宝钞伍拾千文	145mm×277mm	105,800	中国嘉德	2011.11.21
咸丰七年(1857年)永丰官局伍百文		402,500	中国嘉德	2011.11.21
咸丰三年(1853年)户部官票拾两	190mm×314mm	66,700	中国嘉德	2011.11.21
咸丰三年(1853年)户部官票手写体“叁”两	162mm×256mm	563,500	中国嘉德	2011.5.16
咸丰三年(1853年)户部官票手写体“拾”两	190mm×316mm	333,500	中国嘉德	2011.11.21
咸丰三年(1853年)户部官票手写体“伍”两	152mm×256mm	1,150,000	中国嘉德	2011.5.16
咸丰三年(1853年)户部官票手写体“壹”两	156mm×256mm	379,500	中国嘉德	2011.5.16
咸丰三年(1853年)户部官票伍拾两	191mm×320mm	747,500	中国嘉德	2011.5.16
咸丰三年(1853年)户部官票壹两	155mm×254mm	105,800	中国嘉德	2011.5.16
咸丰三年户部官票三两(一枚)		299,000	北京诚轩	2011.11.18
咸丰三年户部官票拾两(一枚)		92,000	北京诚轩	2011.11.18
咸丰三年七月初七日户部官票手写体叁两一枚		575,000	北京诚轩	2011.5.17
咸丰三年五月十五日户部官票手写体壹两(一枚)		345,000	北京诚轩	2011.11.18
咸丰四年(1854年)大清宝钞壹千文、宇恒号贰千文各一枚	126mm×231mm 75mm×162mm	172,500	中国嘉德	2011.11.21

2011杂项拍卖成交汇总

(成交价RMB：5万元以上)

拍品名称	尺寸	成交价RMB	拍卖公司	拍卖日期
咸丰四年(1854年)户部官票叁两	149mm×252mm	109,250	中国嘉德	2011.5.16
咸丰四年(1854年)户部官票叁两	144mm×247mm	82,800	中国嘉德	2011.11.21
咸丰四年(1854年)户部官票叁两		115,000	上海泓盛	2011.09.22
咸丰四年(1854年)户部官票伍两	152mm×254mm	105,800	中国嘉德	2011.5.16
咸丰四年(1854年)户部官票伍拾两	183mm×314mm	207,000	中国嘉德	2011.5.16
咸丰四年(1854年)户部官票伍拾两	185mm×318mm	195,500	中国嘉德	2011.5.16
咸丰四年(1854年)户部官票伍拾两		230,000	上海泓盛	2011.6.20
咸丰四年(1854年)户部官票伍拾两	179mm×307mm	333,500	中国嘉德	2011.11.21
咸丰四年(1854年)户部官票伍拾两	179mm×306mm	230,000	中国嘉德	2011.11.21
咸丰四年(1854年)户部官票伍拾两		575,000	上海泓盛	2011.09.22
咸丰四年(1854年)户部官票伍拾两		678,500	华夏国拍	2011.09.10
咸丰四年大清宝钞伍百文(一枚)		74,750	北京诚轩	2011.11.18
咸丰四年大清宝钞壹千伍百文(一枚)		52,900	北京诚轩	2011.11.18
咸丰四年户部官票叁两(一枚)		63,250	北京诚轩	2011.11.18
咸丰四年户部官票叁两(一枚)		103,500	北京诚轩	2011.11.18
咸丰四年户部官票叁两一枚		149,500	北京诚轩	2011.5.17
咸丰四年户部官票叁两一枚		57,500	北京保利	2011.12.09
咸丰四年户部官票伍两(一枚)		138,000	北京诚轩	2011.11.18
咸丰四年户部官票伍两(一枚)		345,000	北京诚轩	2011.11.18
咸丰四年户部官票伍两一枚		218,500	北京诚轩	2011.5.17
咸丰四年户部官票伍拾两(一枚)		540,500	北京诚轩	2011.11.18
咸丰四年户部官票伍拾两一枚		276,000	北京诚轩	2011.5.17
咸丰四年户部官票伍拾两一枚		287,500	北京保利	2011.12.09
咸丰天元银钱号叁仟吊钱票一枚		345,000	北京保利	2011.12.08
咸丰五年(1855年)福建永丰官局壹佰文		690,000	华夏国拍	2011.12.08
咸丰五年(1855年)户部官票拾两	179mm×311mm	66,700	中国嘉德	2011.11.21
咸丰五年户部官票叁两(一枚)		59,800	北京诚轩	2011.11.18
咸丰五年户部官票叁两(一枚)		63,250	北京诚轩	2011.11.18
咸丰五年户部官票拾两(一枚)		59,800	北京诚轩	2011.11.18
咸丰五年户部官票拾两一枚		69,000	北京保利	2011.12.09
咸丰五年户部官票壹两(二枚连号)		94,300	北京诚轩	2011.11.18
大清光绪三十四年(1908年)上海和畅银行伍圆、拾圆共2枚		149,500	上海泓盛	2011.6.20
东三省军用票壹圆、伍圆、拾圆样票各一枚		184,000	北京诚轩	2011.5.17
光绪二十九年(1903年)豫泉官钱局壹千文		1,380,000	中国嘉德	2011.5.16
光绪二十一年护理台南府正堂忠台南官银票拾大员一枚		103,500	北京诚轩	2011.5.17
光绪二十一年护理台南府正堂忠台南官银票拾大员一枚		74,750	北京诚轩	2011.5.17
光绪年福建官银行龙洋壹元银票一枚		138,000	北京诚轩	2011.5.17
光绪二十七年(1901年)豫泉官钱局伍百文		1,380,000	中国嘉德	2011.11.21
光绪二十四年(1898年)山海关内外铁路局伍圆		57,500	中国嘉德	2011.11.21
光绪二十一年官银钱票总局台南官银票拾大员(一枚)		402,500	北京诚轩	2011.11.18
光绪二十一年台湾官银钱票总局台南官银票拾大员(一枚)		80,500	北京诚轩	2011.11.18
光绪三十二年(1906年)四川铜元局制钱壹千文		287,500	上海泓盛	2011.09.22
光绪三十三年(1907年)江南裕宁官银钱局银元钞票龙洋拾圆		51,750	中国嘉德	2011.11.21
光绪三十三年(1907年)江西官银钱总号平市银伍拾两		276,000	中国嘉德	2011.11.21

拍品名称	尺寸	成交价RMB	拍卖公司	拍卖日期
光绪三十年(1904年)和华银行银票足银五万两	110mm×213mm	598,000	中国嘉德	2011.5.16
宣统二年哈尔滨华俄道胜银行伍百元流通票一枚		230,000	北京保利	2011.12.08
宣统元年(1909年)百川通记京松江银伍百两		57,500	中国嘉德	2011.11.21
宣统元年(1909年)百川通记京足银、京松江银伍拾两兑票各一枚		57,500	中国嘉德	2011.11.21
宣统元年(1909年)交通银行拾圆		333,500	上海泓盛	2011.09.22
宣统元年(1909年)伊犁官钱总局贰千文		345,000	中国嘉德	2011.11.21
宣统元年新疆伊犁官钱总局制钱票壹千文(一枚)		115,000	北京诚轩	2011.11.18
清代、民国钱庄票一组七枚		63,250	中国嘉德	2011.11.21
清代末期发行(1907年)华俄道胜银行壹圆、伍圆、拾圆样本券共3枚全套		667,000	上海泓盛	2011.09.22
清代天字号官钱票五枚全		632,500	中国嘉德	2011.11.21
北洋天津银号李鸿章像拾两		115,000	上海泓盛	2011.09.22
山东省军用票山东伍圆		66,700	中国嘉德	2011.5.16
四川马兰钱三十文牛图背牡丹花样币一枚		63,250	北京诚轩	2011.5.14
四川十两锭井研票厘光绪二十五年协泰森		100,000	北京翰海	2011.5.17
四川十两锭井研票厘十五年协泰森		90,000	北京翰海	2011.5.17
宣统二年(1910年)广西银行梧州壹圆银票		920,000	华夏国拍	2011.6.13
宣统元年(1909年)百川通记兑票京足银叁百两		55,200	中国嘉德	2011.5.16
民国19年(1930年)粮契税券壹千圆		115,000	上海泓盛	2011.6.18
民国二十七年(1938年)华兴商业银行拾圆		66,700	中国嘉德	2011.5.16
民国二十三年(1934年)中国农民银行贵阳壹圆		80,500	中国嘉德	2011.5.16
民国二十五年(1936年)中央银行壹圆(红牌坊)		51,750	中国嘉德	2011.5.16
民国九年(1920年)中国通商银行上海样票(一组七枚)		126,500	中国嘉德	2011.5.16
民国九年美国钞票公司印制中国通商银行财神像上海通用银元票壹圆、伍圆棕、伍圆紫、拾圆赭黄、拾圆玫红、伍拾圆、壹百圆样票全套七枚		126,500	北京诚轩	2011.5.17
民国三年(1914年)袁世凯像甘肃壹圆(LM617)		74,750	中国嘉德	2011.5.12
民国三年袁世凯像壹圆"节点版"		52,000	北京翰海	2011.5.18
民国三年袁世凯像中国银行国币壹圆、伍圆、拾圆、伍拾圆、壹佰圆样票各一枚		207,000	北京诚轩	2011.5.17
民国三十八年华中银行本票单面印刷华中币拾万圆一枚		64,400	北京诚轩	2011.5.17
民国三十三年(1944年)江淮银行贰拾圆		94,300	中国嘉德	2011.5.16
民国三十三年(1944年)中央银行壹百圆		63,250	中国嘉德	2011.5.16
民国三十一年(1942年)中央银行壹百圆(十枚连号)		57,500	中国嘉德	2011.5.16
民国十七年(1928年)福建东南银行壹圆、伍圆、拾圆共3枚样本券大全套		105,800	上海泓盛	2011.6.20
民国元年(1912年)贵州银行拾圆		57,500	中国嘉德	2011.5.16
民国中央银行纸币(一组一百二十四枚)		69,000	中国嘉德	2011.5.16

拍品名称	尺寸	成交价RMB	拍卖公司	拍卖日期
民国二年交通银行银圆券壹圆一枚		51,750	北京保利	2011.12.09
民国二年新疆司库官票红钱肆百文(一枚)		66,700	北京诚轩	2011.11.18
民国二年浙江地方银行上海伍圆流通票一枚		1,035,000	北京保利	2011.12.08
民国二十年(1931年)裕通银行壹圆、伍圆、拾圆共3枚大全套		230,000	上海泓盛	2011.09.22
民国二十七年中国联合准备银行钞票样本(一册)		51,750	北京诚轩	2011.11.18
民国二十四年(1935年)青海财政厅维持券壹圆、伍圆、拾圆共3枚全套		195,500	上海泓盛	2011.09.22
民国二十五年(1936年)中央银行德纳罗版伍圆		138,000	上海泓盛	2011.09.22
民国九年(1920年)直隶省银行本地版伍圆、拾圆共2枚		103,500	上海泓盛	2011.09.22
民国九年(1920年)中国通商银行上海单正、反试样票一组十四张		51,750	中国嘉德	2011.11.21
民国九年中华懋业银行上海拾圆银圆票一枚		287,500	北京保利	2011.12.08
民国三年北京财政部平市官钱局伍拾枚当拾铜圆直型试样票一枚		172,500	北京保利	2011.12.08
民国三十三年(1944年)江淮银行贰拾圆		51,750	中国嘉德	2011.11.21
民国十一年(1922年)福建银行台伏票伍拾员		103,500	上海泓盛	2011.09.23
民国十一年(1922年)福建银行台伏票伍员		149,500	上海泓盛	2011.09.23
民国十一年(1922年)农商银行北京伍圆		241,500	中国嘉德	2011.11.21
民国时期振兴储蓄银行大洋壹圆		207,000	上海泓盛	2011.09.23
民国时期淮海实业银行国币汇兑券壹圆、伍圆、拾圆一枚		161,000	北京保利	2011.12.09
民国时期淮海实业银行国币汇兑券壹圆、伍圆、拾圆一枚		161,000	北京保利	2011.12.09
民国四年(1915年)交通银行伍拾角		112,700	上海泓盛	2011.09.22
民国五年李鸿章像北洋天津银号改天津直隶省银行银元票伍拾圆样票(一枚)		115,000	北京诚轩	2011.11.18
民国元年山东银行通用银圆票济南壹圆(一枚)		172,500	北京诚轩	2011.11.18
民国元年新疆藩库官票红钱肆百文(合银一两)(一枚)		92,000	北京诚轩	2011.11.18
1904年英商香港上海汇丰银行伍圆、拾圆样本券共2枚全套		115,000	上海泓盛	2011.09.23
1907年德华银行杭平化宝拾两样票		207,000	上海泓盛	2011.09.23
1907年德华银行银两票伍两打孔样票(一枚)		105,800	北京诚轩	2011.11.18
1909年交通银行广东伍圆样票四枚		92,000	中国嘉德	2011.11.21
1914年德华银行伍圆		115,000	上海泓盛	2011.6.20
1918年美商花旗银行上海伍圆、拾圆、壹百圆样票各一枚		138,000	中国嘉德	2011.11.21
1921年华比银行汉口伍圆、拾圆、伍拾圆样票各一枚		57,500	中国嘉德	2011.11.21
1931年江西万载县工农兵银行银洋壹圆		89,700	中国嘉德	2011.11.21
1932年伪满洲中央银行纸币壹仟圆一枚		172,500	北京诚轩	2011.5.17
1934年中华苏维埃共和国川陕省三串		55,200	中国嘉德	2011.11.21
1948—1950年第一版人民币六十枚大全套		5,520,000	上海天衡	2011.6.29

拍品名称	尺寸	成交价RMB	拍卖公司	拍卖日期
1948-1953年第一版人民币样票一组		172,500	北京诚轩	2011.5.17
1948年中央银行壹角、贰角单正反样票各一张		218,500	中国嘉德	2011.11.21
1948至1951年第一版人民币(六十枚大全套)		5,750,000	北京诚轩	2011.11.18
1948至1951年第一版人民币收藏集(一册)		172,500	北京诚轩	2011.11.18
1948至1951年第一版人民币样票六十三枚大全套		1,495,000	北京诚轩	2011.5.17
1948至1951年第一版人民币样票收藏(一册)		1,150,000	北京诚轩	2011.11.18
1948至1953年第一版人民币样票收藏集一册		89,700	北京诚轩	2011.5.17
1948至1972年第一版、第二版、第三版人民币样票八十五种收藏集一部		920,000	北京诚轩	2011.5.17
1948至1972年第一版、第二版、第三版人民币一百零四枚收藏集一部		2,415,000	北京诚轩	2011.5.17
1949年第一版人民币旧仿壹万圆“双马耕地”(六十枚)		126,500	北京诚轩	2011.11.18
1949年第一版人民币伍圆“水牛”一枚		161,000	北京诚轩	2011.5.17
1949年第一版人民币壹佰圆“北海角楼(黄面)”三枚		66,700	北京诚轩	2011.5.17
1949年第一版人民币壹佰圆“大帆船”(一枚)		126,500	北京诚轩	2011.11.18
1949年新疆省银行陆拾亿圆		109,250	中国嘉德	2011.5.16
1950年第一版人民币伍万圆“收割机”(一枚)		172,500	北京诚轩	2011.11.18
1950年东北银行地方流通券拾万圆		66,700	中国嘉德	2011.5.16
1951年第一版人民币伍百圆“瞻德城”一枚		678,500	北京诚轩	2011.5.17
1951年第一版人民币伍千圆“蒙古包”正、反单面印刷样票各一枚		97,750	北京诚轩	2011.5.17
1951年第一版人民币伍仟圆“蒙古包”一枚		713,000	北京诚轩	2011.5.17
1951年第一版人民币伍仟圆“蒙古包”正、反单面样票(各一枚)		172,500	北京诚轩	2011.11.18
1951年第一版人民币伍仟圆“牧羊”(一枚)		78,200	北京诚轩	2011.11.18
1951年第一版人民币伍仟圆“牧羊”(一枚)		161,000	北京诚轩	2011.11.18
1951年第一版人民币伍仟圆牧羊一枚		97,750	北京保利	2011.12.09
1951年第一版人民币壹千圆“马饮水”一枚		299,000	北京诚轩	2011.5.17
1951年第一版人民币壹仟圆“马饮水”一枚		345,000	北京诚轩	2011.5.17
1951年第一版人民币壹仟圆“马饮水”正、反单面样票(各一枚)		63,250	北京诚轩	2011.11.18
1951年第一版人民币壹仟圆马饮水一枚		161,000	北京保利	2011.12.09
1951年第一版人民币壹万圆“骆驼队”一枚		230,000	北京诚轩	2011.5.17
1951年第一版人民币壹万圆“骆驼队”一枚		51,750	北京诚轩	2011.5.17
1951年第一版人民币壹万圆“骆驼队”正、反单面样票(各一枚)		59,800	北京诚轩	2011.11.18
1951年第一版人民币壹万圆“骆驼队”正、反单面样票(各一枚)		69,000	北京诚轩	2011.11.18

2011杂项拍卖成交汇总

(成交价RMB：5万元以上)

拍品名称	尺寸	成交价RMB	拍卖公司	拍卖日期
1951年第一版人民币壹万圆“牧马”正、反单面样票(各一枚)		299,000	北京诚轩	2011.11.18
1951年第一版人民币壹万圆“牧马”正、反单面印刷样票各一枚		126,500	北京诚轩	2011.5.17
1951年第一版人民币壹萬圆骆驼队一枚		287,500	北京保利	2011.12.09
1953年-1956年第二版人民币全套十九枚		184,000	北京保利	2011.12.09
1953年第二版人民币大全套精装珍藏册一部		253,000	北京诚轩	2011.5.17
1953年第二版人民币贰圆“宝塔山”一百枚		517,500	北京诚轩	2011.5.17
1953年第二版人民币贰圆“宝塔山”一百枚连号		483,000	北京诚轩	2011.5.17
1953年第二版人民币叁圆(二枚连号)		80,500	北京诚轩	2011.11.18
1953年第二版人民币叁圆二枚		66,700	北京诚轩	2011.5.17
1953年第二版人民币叁圆一枚		112,700	北京诚轩	2011.5.17
1953年第二版人民币拾圆(一枚)		161,000	北京诚轩	2011.11.18
1953年第二版人民币拾圆(一枚)		97,750	北京诚轩	2011.11.18
1953年第二版人民币拾圆样票一枚		69,000	北京诚轩	2011.5.17
1953年第二版人民币拾圆样票一枚		57,500	北京诚轩	2011.5.17
1953年第二版人民币伍角一千枚连号一捆		126,500	北京诚轩	2011.5.17
1953年第二版人民币伍圆一枚		115,000	北京诚轩	2011.5.17
1953年第二版人民币样本册一套		103,500	北京保利	2011.12.09
1953年至1972年第三版人民币 (二十七枚大全套)		126,500	北京诚轩	2011.11.18
1953年至1972年第三版人民币 (三十二枚大全套)		80,500	北京诚轩	2011.11.18
1953至1956年第二版人民币十七枚全套		253,000	北京诚轩	2011.11.18
1953至1956年第二版人民币十五枚大全套		253,000	北京诚轩	2011.11.18
1953至1972年第三版人民币(二十七枚大全套)		57,500	北京诚轩	2011.11.18
1953至1972年第三版人民币二十七枚大全套		92,000	北京诚轩	2011.5.17
1956年第二版人民币拾圆(一枚)		82,800	北京诚轩	2011.11.18
1962年第三版人民币壹角“背绿水印”(四枚连号)		195,500	北京诚轩	2011.11.18
2008年8月8日中国银行发行澳门元连体钞珍藏册		161,000	中国嘉德	2011.11.21
长城第四套人民币整版钞＋澳门整版钞 9950号		2,200,000	鼎时国际	2011.12.03
第二版人民币1953年大拾圆		322,000	上海泓盛	2011.09.23
第二版人民币1953年伍圆(二枚连号)		74,750	中国嘉德	2011.5.16
第二版人民币1956年伍圆三枚连号		82,800	中国嘉德	2011.11.21
第二版人民币全套收藏册		92,000	中国嘉德	2011.11.21
第二版人民币叁圆二枚连号		57,500	中国嘉德	2011.11.21
第二版人民币拾圆		195,500	中国嘉德	2011.11.21
第二版人民币拾圆四枚连号		920,000	华夏国拍	2011.12.08
第二版人民币伍角五十枚		184,000	中国嘉德	2011.11.21
第二版人民币伍角一千枚连号		241,500	中国嘉德	2011.11.21
第二套人民币大全册精品珍藏册1本		172,500	上海泓盛	2011.09.22
第三版人民币1960年“布币水印”壹圆共100枚连号		103,500	上海泓盛	2011.09.23
第三版人民币贰角一千枚连号		86,250	中国嘉德	2011.11.21
第三版人民币贰角一万张连号		218,500	中国嘉德	2011.11.21
第三版人民币贰圆(一百枚)		184,000	中国嘉德	2011.5.16
第三版人民币红壹角(七枚连号)		66,700	中国嘉德	2011.5.16
第三版人民币拾圆		92,000	中国嘉德	2011.11.21
第三版人民币拾圆一千枚连号		667,000	中国嘉德	2011.11.21
第三版人民币一组三百枚		253,000	中国嘉德	2011.11.21
第三版人民币壹角(十二枚)		55,200	中国嘉德	2011.5.16
第三版人民币壹角背绿水印(二枚连号)		92,000	中国嘉德	2011.5.16
第三版人民币壹角背绿水印(二枚连号)		82,800	中国嘉德	2011.5.16
第三版人民币壹角背绿水印(六枚连号)		253,000	中国嘉德	2011.5.16
第三版人民币壹角背绿水印(四枚连号)		172,500	中国嘉德	2011.5.16
第三版人民币壹角背绿水印(四枚连号)		161,000	中国嘉德	2011.5.16
第三套人民币壹角背绿水印三枚连号		149,500	中国嘉德	2011.11.21
第三套人民币壹角背绿水印三枚连号		149,500	中国嘉德	2011.11.21
第三套人民币壹角背绿水印四枚连号		195,500	中国嘉德	2011.11.21
第一、二、三、四版人民币(一组三十六枚)		66,700	中国嘉德	2011.5.16
第一版人民币(六十枚全)		4,140,000	中国嘉德	2011.5.16
第一版人民币(一组三十四枚)		138,000	中国嘉德	2011.5.16
第一版人民币“大帆船”壹佰圆		115,000	上海泓盛	2011.09.23
第一版人民币“大帆船”壹佰圆		115,000	上海泓盛	2011.09.22
第一版人民币“大帆船”壹佰圆		115,000	上海泓盛	2011.09.22
第一版人民币“大帆船”壹佰圆		103,500	上海泓盛	2011.09.22
第一版人民币“狭长版双马耕地”壹仟圆		103,500	上海泓盛	2011.09.22
第一版人民币1949年“蓝工厂”伍圆票样，正背共2枚		345,000	上海泓盛	2011.09.23
第一版人民币1951年蒙文版“蒙古包”伍仟元票样，正背共2枚		149,500	上海泓盛	2011.09.23
第一版人民币1951年蒙文版“牧马图”壹万圆1枚		1,725,000	上海泓盛	2011.6.20
第一版人民币伍佰圆“瞻德城”		517,500	华夏国拍	2011.12.08
第一版人民币伍佰圆瞻德城		747,500	中国嘉德	2011.5.16
第一版人民币伍仟圆“蒙古包”		517,500	华夏国拍	2011.12.08
第一版人民币伍仟圆牧羊		218,500	中国嘉德	2011.5.16
第一版人民币样票(一组四十七种)		149,500	中国嘉德	2011.5.16
第一版人民币样票(一组五十四种)		80,500	中国嘉德	2011.5.16
第一版人民币样票一册		1,150,000	中国嘉德	2011.11.21
第一版人民币一组五十八枚		207,000	中国嘉德	2011.11.21
第一版人民币一组五十三枚		161,000	中国嘉德	2011.11.21
第一版人民币壹佰圆帆船		138,000	中国嘉德	2011.11.21
第一版人民币壹仟圆马饮水单正、反样票各一枚		51,750	中国嘉德	2011.11.21
第一版人民币壹万圆“牧马”		1,380,000	华夏国拍	2011.12.08
解放区纸币收藏集(一部一百七十余枚)		80,500	中国嘉德	2011.5.16
第四套人民币整版钞	尾号为888	10,450,000	鼎时国际	2011.12.03
一版马群1万元(0409425)(一件)		1,008,000	上海国拍	2011.12.15
漳州 农工商信托有限公司壹毫、伍毫、壹圆共3枚大全套		1,035,000	上海泓盛	2011.6.20
中华民国中央银行钞票壹圆		207,000	上海泓盛	2011.09.23

拍品名称	尺寸	成交价RMB	拍卖公司	拍卖日期
纪念币、章				
光绪己酉年造(1885年)光绪帝成婚纪念金质纪念章一枚		80,500	北京诚轩	2011.11.16
洪宪元年(1916年)湖南中华银币开国纪念壹角银币(LM857)		218,500	中国嘉德	2011.11.18
唐继尧正面像拥护共和纪念库平三钱六分银币(一组三枚)		100,000	北京翰海	2011.5.18
民国十六年褚玉璞像背双旗纪念币一枚		598,000	北京诚轩	2011.11.16
民国十六年褚玉璞像四月七日周年纪念银币一枚，		575,000	上海天衡	2011.6.29
民国十六年福建省造总理纪念币贰角银币一枚		59,800	北京诚轩	2011.11.16
民国十年(1921年)九月徐世昌像仁寿同登纪念币(LM864)		115,000	中国嘉德	2011.11.18
民国十年(1921年)九月徐世昌像仁寿同登纪念银币(LM956)		86,250	中国嘉德	2011.5.12
民国十年徐世昌像仁寿同登纪念银币一枚		184,000	北京诚轩	2011.5.15
民国十年徐世昌像仁寿同登纪念银币一枚		89,700	北京诚轩	2011.5.15
民国十年徐世昌像仁寿同登纪念银币一枚		78,200	北京诚轩	2011.5.15
民国十年徐世昌像仁寿同登纪念银币一枚		66,700	北京诚轩	2011.5.15
民国十年徐世昌像仁寿同登纪念银币一枚		89,700	北京诚轩	2011.11.16
民国十七年张作霖大元帅纪念币一元		4,000,000	北京翰海	2011.5.17
民国十七年张作霖像大元帅纪念币一枚		1,610,000	北京诚轩	2011.11.16
民国十一年湖南省宪成立纪念壹圆银币一枚		276,000	北京诚轩	2011.5.15
民国十一年湖南省宪成立纪念壹圆银币一枚		69,000	北京诚轩	2011.5.15
民国十一年湖南省宪成立纪念壹圆银币一枚		105,800	北京诚轩	2011.11.16
民国十一年湖南省宪成立纪念壹圆银币一枚		97,750	北京诚轩	2011.11.15
民国时期云南省造唐继尧像纪念铜币五十文一枚		57,500	北京诚轩	2011.5.14
上海造币厂铸造发行伟大的文学家、思想家和革命家鲁迅先生纪念银样章1枚		92,000	中国嘉德	2011.11.19
孙中山百年纪念壹千元、贰千元金币各一枚		63,250	北京诚轩	2011.5.15
徐世昌像仁寿同登纪念银币		50,000	北京翰海	2011.5.18
袁世凯像中华民国共和纪念十文铜币		71,300	中国嘉德	2011.5.12
1912年黎元洪像(戴帽)中华民国开国纪念币壹圆银币(LM44a)		59,800	中国嘉德	2011.5.12
1912年黎元洪像戴帽开国纪念壹圆银币一枚		138,000	北京诚轩	2011.5.15
1912年黎元洪像戴帽开国纪念壹圆银币一枚		86,250	北京诚轩	2011.11.16
1912年黎元洪像戴帽开国纪念壹圆银币一枚		92,000	北京诚轩	2011.11.16
1912年黎元洪像戴帽开国纪念壹圆银币一枚		391,000	北京诚轩	2011.11.16
1912年黎元洪像戴帽开国纪念壹圆银币一枚		97,750	北京诚轩	2011.11.15
1912年黎元洪像无帽开国纪念壹圆银币一枚		97,750	北京诚轩	2011.5.15

拍品名称	尺寸	成交价RMB	拍卖公司	拍卖日期
1912年黎元洪像无帽开国纪念壹圆银币一枚		80,500	北京诚轩	2011.5.15
1912年黎元洪像无帽开国纪念壹圆银币一枚		57,500	北京诚轩	2011.5.15
1912年黎元洪像无帽开国纪念壹圆银币一枚		161,000	北京诚轩	2011.11.16
1912年孙中山像开国纪念壹圆“上五星”版银币一枚		103,500	北京诚轩	2011.5.15
1912年孙中山像开国纪念壹圆银币一枚		402,500	北京诚轩	2011.5.15
1912年孙中山像开国纪念壹圆银币一枚		161,000	北京诚轩	2011.5.15
1912年孙中山像开国纪念壹圆银币一枚		138,000	北京诚轩	2011.5.15
1912年孙中山像开国纪念壹圆银币一枚		63,250	北京诚轩	2011.5.15
1912年孙中山像开国纪念壹圆银币一枚		322,000	北京诚轩	2011.11.16
1912年孙中山像中华民国开国纪念币壹圆银币(LM42)		92,000	中国嘉德	2011.5.12
1912年天津造币厂铸铜质中华民国共和纪念币十文		299,000	中国嘉德	2011.11.18
1914年袁世凯像共和纪念币壹圆银币一枚		63,250	北京诚轩	2011.5.15
1914年袁世凯像共和纪念壹圆银币“L.GIORGI”签字版样币一枚		2,070,000	北京诚轩	2011.5.15
1914年袁世凯像共和纪念壹圆银币“L.GIORGI”签字版样币一枚		1,035,000	北京诚轩	2011.5.15
1914年袁世凯像共和纪念壹圆银币“L.GIORGI”签字版样币一枚		218,500	北京诚轩	2011.11.16
1914年袁世凯像共和纪念壹圆银币一枚		345,000	北京诚轩	2011.5.15
1914年袁世凯像共和纪念壹圆银币一枚		253,000	北京诚轩	2011.5.15
1914年袁世凯像共和纪念壹圆银币一枚		207,000	北京诚轩	2011.5.15
1914年袁世凯像共和纪念壹圆银币一枚		172,500	北京诚轩	2011.5.15
1914年袁世凯像共和纪念壹圆银币一枚		115,000	北京诚轩	2011.5.15
1914年袁世凯像共和纪念壹圆银币一枚		57,500	北京诚轩	2011.5.15
1914年袁世凯像共和纪念壹圆银币一枚		55,200	北京诚轩	2011.5.15
1914年袁世凯像共和纪念壹圆银币一枚		51,750	北京诚轩	2011.5.15
1914年袁世凯像共和纪念壹圆银币一枚		55,200	北京诚轩	2011.11.16
1914年袁世凯像共和纪念壹圆银币一枚		66,700	北京诚轩	2011.11.16
1914年袁世凯像共和纪念壹圆银币一枚		105,800	北京诚轩	2011.11.16
1914年袁世凯像共和纪念壹圆银币一枚		75,900	北京诚轩	2011.11.15
1914年袁世凯像共和纪念壹圆银币一枚		50,600	北京诚轩	2011.11.15
1914年袁世凯像共和纪念壹圆银币一枚		103,500	北京诚轩	2011.11.15
1914年袁世凯像中华民国共和纪念币(LM858)壹圆		55,200	中国嘉德	2011.5.12
1914年袁世凯像中华民国共和纪念币壹圆(LM858)		264,500	中国嘉德	2011.11.18
1914年袁世凯像中华民国共和纪念币壹圆银币		437,000	中国嘉德	2011.5.12
1914年袁世凯像中华民国共和纪念币壹圆银币签字版		632,500	华夏国拍	2011.12.07

2011杂项拍卖成交汇总

(成交价RMB：5万元以上)

拍品名称	尺寸	成交价RMB	拍卖公司	拍卖日期
1916年唐继尧像拥护共和纪念金币当银币伍圆(LM1058)，拾圆(LM1057)各一枚		74,750	中国嘉德	2011.5.12
1916年唐继尧像拥护共和纪念金币一套	合重21.9g	150,000	北京翰海	2011.5.17
1916年袁世凯像中华帝国洪宪纪元飞龙纪念银章(LM1114)		138,000	中国嘉德	2011.5.12
1916年袁世凯像中华帝国洪宪纪元飞龙银章(LM942)		112,700	中国嘉德	2011.11.18
1917年唐继尧正面像拥护共和纪念库平三钱六分银币一枚		51,750	北京诚轩	2011.5.15
1919年唐继尧像拥护共和纪念拾圆金币一枚		89,700	北京诚轩	2011.5.15
1921年徐世昌像仁寿同登纪念银币一枚		161,000	北京诚轩	2011.5.15
1922年湖南省宪成立纪念壹圆银币一枚		253,000	北京诚轩	2011.5.15
1922年湖南省宪成立纪念壹圆银币一枚		207,000	北京诚轩	2011.5.15
1922年中华民国十一年一月一日湖南省宪成立纪念壹圆银币(LM867)		82,800	中国嘉德	2011.5.12
1923年曹锟戎装像纪念章(LM960)		57,500	中国嘉德	2011.5.12
1923年曹锟文装像宪法成立纪念银币一枚		80,500	北京诚轩	2011.5.15
1923年曹锟文装像宪法成立纪念银币一枚		66,700	北京诚轩	2011.11.16
1923年曹锟文装像宪法成立纪念银币一枚		66,700	北京诚轩	2011.11.16
1923年曹锟武装像宪法成立纪念银币一枚		57,500	北京诚轩	2011.5.15
1923年曹锟武装像宪法成立纪念银币一枚		66,700	北京诚轩	2011.11.16
1923年曹锟武装像宪法成立纪念银币一枚		57,500	北京诚轩	2011.11.16
1923年曹锟武装像宪法成立纪念银币一枚		51,750	北京诚轩	2011.11.16
1923年曹锟武装像宪法成立纪念银币一枚		71,300	北京诚轩	2011.11.16
1923年曹锟武装像宪法成立纪念银币一枚		97,750	北京诚轩	2011.11.16
1923年曹锟武装像宪法成立纪念银币一枚		57,500	北京诚轩	2011.11.15
1924年曹锟戎装像纪念银币(LM959)		78,200	中国嘉德	2011.5.12
1924年曹锟戎装像纪念银章(LM959)		51,750	中国嘉德	2011.11.18
1924年段祺瑞像中华民国执政纪念银币一枚		230,000	北京诚轩	2011.5.15
1924年段祺瑞像中华民国执政纪念银币一枚		66,700	北京诚轩	2011.5.15
1924年段祺瑞像中华民国执政纪念银币一枚		57,500	北京诚轩	2011.11.16
1924年段祺瑞像中华民国执政纪念银币一枚		78,200	北京诚轩	2011.11.16
1924年段祺瑞像中华民国执政纪念银币一枚		195,500	北京诚轩	2011.11.16
1927年孙中山像开国纪念壹圆银币二十枚		74,750	北京诚轩	2011.5.15
1927年孙中山像开国纪念壹圆银币一枚		105,800	北京诚轩	2011.5.15
1927年孙中山像开国纪念壹圆银币一枚		80,500	北京诚轩	2011.5.15
1927年孙中山像开国纪念壹圆银币一枚		57,500	北京诚轩	2011.5.15
1927年孙中山像开国纪念壹圆银币一枚		51,750	北京诚轩	2011.5.15
1927年孙中山像开国纪念壹圆银币一枚		55,200	北京诚轩	2011.11.16

拍品名称	尺寸	成交价RMB	拍卖公司	拍卖日期
1927年孙中山像开国纪念壹圆银币一枚		78,200	北京诚轩	2011.11.16
1927年孙中山像开国纪念壹圆银币一枚		241,500	北京诚轩	2011.11.16
1927年孙中山像开国纪念壹圆银币一枚		89,700	北京诚轩	2011.11.16
1976-1987年香港政府发行生肖纪念金币十二枚全		71,300	中国嘉德	2011.5.12
1979年国际儿童年纪念金币(一枚)		65,550	北京诚轩	2011.11.17
1979年国际儿童年纪念金币一枚		69,000	北京诚轩	2011.5.15
1979年国际儿童年精铸版喷砂版纪念银币 (各一枚)		50,600	北京诚轩	2011.11.17
1979年中国人民银行发行中华人民共和国成立30周年纪念金币四枚全		57,500	中国嘉德	2011.5.14
1979年中国人民银行发行中华人民共和国成立30周年纪念金币四枚全		51,750	中国嘉德	2011.5.14
1980年第十三届冬季奥运会加厚版纪念金币 (一枚)		149,500	北京诚轩	2011.11.17
1981、1992、1993年中国人民银行发行中国出土文物第一组至第三组纪念金币全套		759,000	中国嘉德	2011.5.14
1981年中国人民银行发行出土文物青铜器纪念金币4枚		195,500	中国嘉德	2011.11.19
1984甲子(鼠)年生肖纪念金、银币一套二枚		74,750	北京诚轩	2011.5.15
1984年熊猫纪念金币一枚		494,500	北京诚轩	2011.5.15
1985年熊猫黄铜纪念币一枚		230,000	北京诚轩	2011.5.15
1986年世界野生动物基金会成立25周年纪念金币一枚		57,500	北京诚轩	2011.5.15
1987—1998年中国人民银行发行生肖纪念银币一组12枚		241,500	中国嘉德	2011.11.19
1988-1999年1盎司生肖纪念金币一套12枚		672,000	上海天衡	2011.6.29
1988年戊辰龙年生肖纪念金币 (一枚)		126,500	北京诚轩	2011.11.17
1988年新加坡造币厂戊辰年(龙年)“祥龙献瑞”五盎司金章		55,200	中国嘉德	2011.5.12
1988年中国人民银行发行戊辰(龙)年纪念金币		115,000	中国嘉德	2011.11.19
1988年中国人民银行发行戊辰(龙)年生肖纪念金币		241,500	中国嘉德	2011.5.14
1988戊辰龙年生肖纪念金币(一枚)		138,000	北京诚轩	2011.11.17
1989年中国人民银行发行己巳(蛇)年生肖纪念金币		184,000	中国嘉德	2011.5.14
1990年中国人民银行发行庚午(马)年生肖纪念金币		402,500	中国嘉德	2011.5.14
1990年中国人民银行发行庚午(马)年生肖纪念金币		241,500	中国嘉德	2011.5.14
1990年中国人民银行发行庚午(马)年生肖纪念银币		57,500	中国嘉德	2011.5.14
1990年中国人民银行发行龙凤二盎司金、银纪念币二枚全：面额分别为金币200元、银币20元		143,750	中国嘉德	2011.5.14
1990年中国造币总公司发行熊猫银样章1枚		59,800	中国嘉德	2011.11.19
1991年-1997年慕尼黑国际硬币展销会纪念金章一组7枚		143,750	上海泓盛	2011.6.21
1991年中国人民银行发行辛亥革命80周年纪念金、银币四枚全		184,000	中国嘉德	2011.5.14
1991年中国人民银行发行辛亥革命80周年纪念金银币四枚全		172,500	中国嘉德	2011.5.14

拍品名称	尺寸	成交价RMB	拍卖公司	拍卖日期
1991年中国人民银行发行辛亥革命八十周年精制纪念金银币各一枚		103,500	中国嘉德	2011.11.19
1991年中国人民银行发行辛未(羊)年生肖纪念金币		552,000	中国嘉德	2011.5.14
1991年中国人民银行发行熊猫金币发行10周年纪念金、银币、章三枚：其中金币重一盎司		63,250	中国嘉德	2011.5.14
1991年中国人民银行发行熊猫金币发行10周年纪念金币二枚		103,500	中国嘉德	2011.5.14
1991年中国熊猫金币发行十周年纪念金币 (一枚)		51,750	北京诚轩	2011.11.17
1991辛未羊年生肖纪念金币(一枚)		207,000	北京诚轩	2011.11.17
1992年中国人民银行发行壬申(猴)年生肖纪念金银币四枚		51,750	中国嘉德	2011.5.14
1992年中国人民银行发行中国古代发明发现加厚纪念银币第一组5枚		59,800	中国嘉德	2011.11.19
1993年孔雀开屏纪念银币(一枚)		59,800	北京诚轩	2011.11.17
1993年毛泽东诞辰一百周年纪念金币一枚		55,200	北京诚轩	2011.5.15
1993年拥有一片故土中国名胜纪念金币五枚全套		92,000	北京诚轩	2011.5.15
1993年中国出土文物青铜器纪念金币第三组精制金币(全套四枚)		149,500	北京诚轩	2011.11.17
1993年中国出土文物青铜器纪念金币第三组全套四枚		287,500	北京诚轩	2011.5.15
1993年中国古代发明发现(二)组太极图5盎司纪念金币一枚		1,127,000	上海泓盛	2011.6.21
1993年中国古代科技发明发现纪念金币(第二组)五枚全套		230,000	北京诚轩	2011.5.15
1993年中国人民银行发行“拥有一片故土”中国名胜纪念金币六枚全		897,000	中国嘉德	2011.5.14
1993年中国人民银行发行出土文物(青铜器)精制纪念金币第三组4枚		172,500	中国嘉德	2011.11.19
1993年中国人民银行发行台湾风光第二组纪念金币四枚全		207,000	中国嘉德	2011.5.14
1993年中国人民银行发行珍稀动物第四组棕熊纪念银币		109,250	中国嘉德	2011.5.14
1993年中国人民银行发行中国出土文物(青铜器)第三组纪念金、银币八枚全		253,000	中国嘉德	2011.5.14
1994、1995、1997年中国人民银行发行中国近代名画系列纪念金币三枚		113,850	中国嘉德	2011.5.14
1994年台湾风光(二)组5盎司纪念金币一枚		805,000	上海泓盛	2011.6.21
1994年台湾风光第二组彰化大佛纪念银币一枚		69,000	北京诚轩	2011.5.15
1994年中国古代科技发明发现纪念金币(第三组)五枚全套		230,000	北京诚轩	2011.5.15
1994年中国人民银行发行甲戌(狗)年生肖白金纪念币		115,000	中国嘉德	2011.11.19
1994年中国人民银行发行中国古代绘画“婴戏图”纪念金银币全套共6枚		103,500	中国嘉德	2011.11.19
1994年中国-新加坡友好纪念银币 (一枚)		149,500	北京诚轩	2011.11.17
1994年中国-新加坡友谊纪念金币 (一枚)		5,980,000	北京诚轩	2011.11.17
1995、1996、1997年中国人民银行发行《三国演义》系列桃园三结义、官渡之战、赤壁之战纪念金币各一枚		195,500	中国嘉德	2011.5.14
1995年台湾丙子鼠年生肖纪念金币、银币 (各二枚)		59,800	北京诚轩	2011.11.17
1995年台湾乙亥猪年生肖纪念金币、银币 (各二枚)		63,250	北京诚轩	2011.11.17
1995年郑成功5盎司纪念金币一枚		943,000	上海泓盛	2011.6.21
1995年中国古代航海船系列纪念银币龙舟图一枚(无图)		59,800	北京诚轩	2011.5.15
1995年中国古代科技发明发现纪念金币(第四组)五枚全套		575,000	北京诚轩	2011.5.15
1995年中国人民银行发行《三国演义》系列第一组关羽像纪念金币		57,500	中国嘉德	2011.5.14
1995年中国人民银行发行乙亥(猪)年生肖纪念银币		86,250	中国嘉德	2011.11.19
1995年中国人民银行发行中国古典文学《三国演义》系列纪念金银币全套5枚		63,250	中国嘉德	2011.11.19
1995年中国人民银行发行中国抗日战争胜利五十周年纪念重一盎司金币二枚全		172,500	中国嘉德	2011.5.14
1996丙子鼠年纪念金币一枚		701,500	北京诚轩	2011.5.15
1996年吉祥物麒麟纪念金币一枚		86,250	北京诚轩	2011.5.15
1996年麒麟20盎司纪念银币一枚		105,800	上海泓盛	2011.6.21
1996年中国古代科技发明发现纪念金币(第五组)五枚全套		253,000	北京诚轩	2011.5.15
1996年中国人民银行发行丙子(鼠)年生肖纪念金银币二枚全		149,500	中国嘉德	2011.5.14
1996年中国人民银行发行古典文学名著《三国演义》第二组纪念银币		78,200	中国嘉德	2011.5.14
1997年12盎司德国慕尼黑国际硬币展销会银章		161,000	上海泓盛	2011.12.16
1997年齐白石纪念银币 (一枚)		189,750	北京诚轩	2011.11.17
1997年齐白石纪念银币 (一枚)		161,000	北京诚轩	2011.11.17
1997年中国人民银行发行澳门回归祖国第一组纪念金币		391,000	中国嘉德	2011.5.14
1997年中国人民银行发行齐白石精制纪念银币		57,500	中国嘉德	2011.11.19
1997年中国人民银行发行中国丝绸之路第三组纪念金币		115,000	中国嘉德	2011.5.14
1998年中国人民银行发行澳门回归祖国第二组纪念金币		230,000	中国嘉德	2011.5.14
1998年中国人民银行发行大唐镇库方孔纪念银币		74,750	中国嘉德	2011.11.19
1998年中国人民银行发行戊寅(虎)年生肖纪念金币		51,750	中国嘉德	2011.5.14
1998年中国人民银行发行戊寅(虎)年生肖纪念金币		51,750	中国嘉德	2011.5.14
1998年中国人民银行发行戊寅(虎)年生肖纪念金银币		57,500	中国嘉德	2011.5.14
1998年中国戊寅虎年纪念铂金币一枚		161,000	北京诚轩	2011.5.15
1998年中国戊寅虎年生肖纪念金币 (一枚)		615,250	北京诚轩	2011.11.17
1999年精制己卯兔年纪念白金币一枚		138,000	北京保利	2011.12.09
1999年至2002年中国京剧艺术第一、二、三、四组彩色金银纪念币大全套		126,500	北京诚轩	2011.11.17

2011杂项拍卖成交汇总

(成交价RMB：5万元以上)

拍品名称	尺寸	成交价RMB	拍卖公司	拍卖日期
1999年中国京剧艺术第一组纪念彩色金币贵妃醉酒一枚		57,500	北京诚轩	2011.5.15
1999年中国人民银行发行澳门回归祖国第三组纪念金币		230,000	中国嘉德	2011.5.14
1999年中国人民银行发行乙卯(兔)年生肖纪念金银币二枚全		63,250	中国嘉德	2011.5.14
1999年中国人民银行发行中国近代国画大师张大千纪念金币十枚		287,500	中国嘉德	2011.5.14
1999年中国人民银行发行中华人民共和国成立50周年长方形纪念金币		276,000	中国嘉德	2011.5.14
2000年中国人民银行发行庚辰(龙)年长方形生肖纪念金币		575,000	中国嘉德	2011.5.14
2000年中国人民银行发行庚辰(龙)年梅花形生肖纪念金银币二枚全		55,200	中国嘉德	2011.5.14
2000年中国人民银行发行千禧年纪念金币		7,705,000	中国嘉德	2011.5.14
2001至2003年中国民间神话故事第一、第二、第三组彩色金银纪念币大全套		66,700	北京诚轩	2011.11.17
2002年中国人民银行发行壬午(马)年长方形生肖纪念金币		655,500	中国嘉德	2011.5.14
2002年中国人民银行发行壬午(马)年长方形生肖纪念银币		57,500	中国嘉德	2011.5.14
2002年中国人民银行发行壬午(马)年梅花形生肖纪念金银币二枚全二套		94,300	中国嘉德	2011.5.14
2002年中国石窟艺术—龙门石窟纪念金币五枚		105,800	北京诚轩	2011.5.15
2003年观音纪念银币 (一枚)		58,650	北京诚轩	2011.11.17
2003年观音纪念银币一枚		69,000	北京诚轩	2011.5.15
2003年中国人民银行发行癸未(羊)年长方形生肖纪念金币		345,000	中国嘉德	2011.5.14
2003年中国人民银行发行辛未(羊)年梅花形生肖纪念金银币二枚全二套		51,750	中国嘉德	2011.5.14
2008年中国人民银行发行第29届奥林匹克运动会第三组彩色纪念金币		115,000	中国嘉德	2011.5.14
2010年宝泉钱币投资有限公司发行世博五公斤银章		115,000	中国嘉德	2011.5.14
2010年中国人民银行发行中国石窟艺术(云冈)纪念金币		253,000	中国嘉德	2011.5.14
2011年中国人民银行发行辛卯(兔)年彩色生肖纪念金币		207,000	中国嘉德	2011.5.14
宝泉钱币投资有限公司发行孔子五公斤银章		101,200	中国嘉德	2011.5.14
著名画家金币三枚：分别为1995年中国人民银行发行徐悲鸿诞辰100周年纪念金币		113,850	中国嘉德	2011.5.14
证 章				
1896年中堂驾游汉伯克纪念章		103,500	中国嘉德	2011.5.12
国民政府云麾勋章一组四套		115,000	中国嘉德	2011.5.12
民国北洋政府时期二等宝光嘉禾勋章		92,000	中国嘉德	2011.5.12
民国二十二年广州市第一次展览会纪念章		70,000	北京翰海	2011.5.17
民国时期宝鼎勋章共九枚一套		207,000	中国嘉德	2011.5.12
民国时期二等文虎勋章		143,750	中国嘉德	2011.5.12

拍品名称	尺寸	成交价RMB	拍卖公司	拍卖日期
票 证				
1907年浙江兴业银行兑换券壹圆、伍圆、拾圆样本券，正背共6枚		345,000	上海泓盛	2011.09.23
1907年浙江兴业银行银圆兑换券壹圆一枚		126,500	北京保利	2011.12.09
1907年浙江兴业银行银圆兑换券壹圆一枚		78,200	北京保利	2011.12.09
1910年大清银行兑换券壹百圆正、反单面未发行试色样票 (各一枚)		57,500	北京诚轩	2011.11.18
1933年中华苏维埃共和国湘赣省革命战争公债券伍角、伍圆各一枚		59,800	中国嘉德	2011.11.21
光绪三十三年(1907年)上海同利地产实业公司股票		184,000	上海泓盛	2011.09.22
光绪三十四年(1908年)大清银行兑换券广州壹圆		66,700	中国嘉德	2011.5.16
宣统元年(1909年)开封大清银行兑换银票叁两		632,500	华夏国拍	2011.6.13
民国2年(1913年)中国银行兑换券黄帝像壹圆、伍圆、贰拾圆、伍拾圆、壹百圆共5枚大全套		218,500	上海泓盛	2011.6.18
民国二十二年利民银行国币券壹圆、伍圆、拾圆正面单面印刷样票 (各一枚)		92,000	北京诚轩	2011.11.18
民国九年、十年边业银行股份有限公司股票壹百股各一枚；二十三年河北省磁县怡立煤矿股份有限公司股票一枚		80,500	北京诚轩	2011.5.17
民国七年(1917年)中国银行兑换券壹百圆		115,000	上海泓盛	2011.09.23
民国三年交通银行美钞版国币券南京壹圆 (一枚)		59,800	北京诚轩	2011.11.18
民国三年袁世凯像中国银行国币券壹圆 (一枚)		57,500	北京诚轩	2011.11.18
民国三十四年(1945年)中央银行台湾流通券拾圆		59,800	中国嘉德	2011.11.21
民国十二年(1923年)浙江兴业银行兑换券上海壹圆二枚连号		63,250	中国嘉德	2011.11.21
民国十三年(1924年)中华懋业银行股票		103,500	上海泓盛	2011.09.22
民国四年(1915年)中国银行有限公司股票壹股		690,000	上海泓盛	2011.6.20
民国元年(1912年)大清银行兑换券改中国银行壹圆		184,000	上海泓盛	2011.09.23
民国元年(1912年)中国银行兑换券北京伍圆		276,000	中国嘉德	2011.11.21
民国元年(1912年)中国银行兑换券北京壹圆		115,000	中国嘉德	2011.11.21
民国元年(1912年)中国银行兑换券黄帝像拾圆		241,500	上海泓盛	2011.09.22
民国元年(1912年)中国银行兑换券黄帝像伍圆		112,700	上海泓盛	2011.09.22
民国元年(1912年)中国银行兑换券黄帝像壹圆		230,000	上海泓盛	2011.6.20
民国元年(1912年)中国银行兑换券李鸿章像汉口拾圆		1,092,500	华夏国拍	2011.12.08
民国元年(1912年)中国银行兑换券云南拾圆		59,800	中国嘉德	2011.5.16
民国元年(1912年)中国银行兑换券云南伍圆		51,750	中国嘉德	2011.11.21
民国元年李鸿章像大清银行改中国银行兑换券伍圆一枚		517,500	北京诚轩	2011.5.17
钱币其他				
“大泉五十”铜母范	长110.9mm	264,500	中国嘉德	2011.5.15

拍品名称	尺寸	成交价RMB	拍卖公司	拍卖日期
"五铢"铜范	通长196.8mm	115,000	中国嘉德	2011.5.15
"半两"铜范	通长199.6mm	299,000	中国嘉德	2011.11.20
"大泉五十"铜范	通长171.2mm	149,500	中国嘉德	2011.11.20
"大泉五十"铜母范	边长82mm	149,500	中国嘉德	2011.11.20
"光绪通宝"宝泉局小平雕母一枚	直径24mm	78,200	北京翰海	2011.11.19
"五铢铜范"	通长370mm	414,000	中国嘉德	2011.11.20
"小泉直一"铜母范	通长62.7mm	299,000	中国嘉德	2011.11.20
大布黄千铜范一套两枚		368,000	中国嘉德	2011.5.15
大泉五十钱范一块		140,000	北京翰海	2011.5.17
汉代五铢钱范(12格)		450,000	北京翰海	2011.5.17
汉代五铢钱范(18格)	通高312mm	980,000	北京翰海	2011.5.17
新莽时期"货泉"钱范一块		140,000	北京翰海	2011.5.17
政和重宝折三铁母		161,000	中国嘉德	2011.5.15
南朝五铢铜母范一枚		57,500	北京保利	2011.12.09
至和重宝背"虢"折三铁母		184,000	中国嘉德	2011.5.15
清末民初钱庄用银两称重天平一件		138,000	北京诚轩	2011.5.16
小泉直一铜范		345,000	中国嘉德	2011.5.15
清"嘉庆通宝"背"宝泉"小平雕母	直径27.0mm	92,000	中国嘉德	2011.11.20
清"嘉庆通宝"背"宝源"小平雕母	直径26.7mm	437,000	中国嘉德	2011.11.20
清"咸丰重宝"背"宝泉当十"雕母	直径39.0mm	276,000	中国嘉德	2011.11.20
清末民初钱庄用银两称重天平一件		69,000	北京诚轩	2011.11.17
宣统元年交通银行通用小洋券奉天拾角样票一枚		69,000	北京诚轩	2011.5.17
榆夹半两铜母范		80,500	中国嘉德	2011.5.15
1948至1949年内蒙古人民银行券贰百圆、伍佰圆、贰仟圆、壹万圆、伍万圆五枚全套		207,000	北京诚轩	2011.5.17
1949年中国人民银行江西省分行临时流通券伍圆、贰拾圆样票正、反单面印刷各一枚		115,000	北京诚轩	2011.5.17
1949年中国人民银行江西省分行临时流通券伍圆、拾圆、贰拾圆全套三枚		55,200	北京诚轩	2011.5.17
1965年军用代金券壹分、伍分、壹角、伍角、壹圆、伍圆六枚全套		59,800	北京诚轩	2011.5.17
1966年中国人民银行壹佰圆设计原稿		2,357,500	华夏国拍	2011.12.08
1969年第二版人民币未采用稿试铸样币1分、2分、5分硬分币(各一枚)		747,500	北京诚轩	2011.11.17
华洋书信馆新设马递详细章程		276,000	中国嘉德	2011.11.22
民国二年交通银行美钞版小银元券长春伍拾圆一枚		78,200	北京诚轩	2011.5.17
民国二十六年伪冀东政府伍分、壹角、贰角镍币各一枚		51,750	北京诚轩	2011.5.14
民国二十五年中央银行中华书局版法币券壹圆"红牌坊"一枚		112,700	北京诚轩	2011.5.17
民国三年袁世凯像伍分镍质样币一枚		63,250	北京诚轩	2011.11.16
民国三十一年中央银行德纳罗版法币券拾圆四百九十余枚，部分连号		105,800	北京诚轩	2011.5.17
邮票				
○ 1949-1962年纪、特盖销邮票集(不含原版邮票)均贴于专用礼品册上		132,250	中国嘉德	2011.11.22
○ 纪94梅兰芳邮票四方连八全		55,200	中国嘉德	2011.11.22
○ 全国山河一片红邮票(撤消发行)一枚		575,000	中国嘉德	2011.11.22
○ 全国山河一片红邮票一枚(撤消发行)		552,000	中国嘉德	2011.11.22
○1897年红印花加盖暂作邮票大字4分四方连		52,900	北京诚轩	2011.11.19
○1897年红印花加盖暂作邮票当壹分二十五枚全格		172,500	北京诚轩	2011.11.19
○1897年红印花加盖暂作邮票小字2分四方连		59,800	北京诚轩	2011.11.19
○1897年红印花加盖暂作邮票小字2分一枚		345,000	北京诚轩	2011.11.19
○1897年红印花加盖暂作邮票小字4分一枚		287,500	北京诚轩	2011.11.19
★ 1949-1983年纪、特、文、编、J、T邮票大全套		690,000	中国嘉德	2011.11.22
★ 1953年黄军邮九十枚全张		414,000	中国嘉德	2011.11.22
★ 1953年黄军邮十 方连		66,700	中国嘉德	2011.11.22
★ 1953年黄军邮四方连		60,950	中国嘉德	2011.11.22
★ 1953年蓝军邮(未发行)一枚		2,702,500	中国嘉德	2011.11.22
★ 1953年紫军邮横双连		86,250	中国嘉德	2011.11.22
★ 1974-1982年J、T邮票全套四方连		575,000	中国嘉德	2011.11.22
★ 1974-1991年J、T邮票大全套(缺T41M从小爱科学小型张)部分连票断开		69,000	中国嘉德	2011.11.22
★ T46庚申年(猴)邮票四方连		80,500	中国嘉德	2011.11.22
★ T46庚申年(猴)邮票四方连		82,800	中国嘉德	2011.11.22
★ T46庚申年(猴)邮票四方连		80,500	中国嘉德	2011.11.22
★ 编号邮票四方连大全套		172,500	中国嘉德	2011.11.22
★ 大龙薄纸邮票四方连三全		218,500	中国嘉德	2011.11.22
★ 广西郁林黑色加盖"暂作银元八分"邮票(一枚)		57,500	中国嘉德	2011.11.22
★ 广西郁林紫色、黑色加盖"暂作银元一分"邮票(一枚)		92,000	中国嘉德	2011.11.22
★ 纪、特邮票一组		80,500	中国嘉德	2011.11.22
★ 纪6开国一周年原版邮票四方连五全		57,500	中国嘉德	2011.11.22
★ 纪94梅兰芳舞台艺术无齿邮票八枚全		63,250	中国嘉德	2011.11.22
★ 纪94梅兰芳舞台艺术无齿邮票八枚全		74,750	中国嘉德	2011.11.22
★ 纪94梅兰芳舞台艺术无齿邮票四方连八全		460,000	中国嘉德	2011.11.22
★ 老纪特四方连邮票一册		57,500	中国嘉德	2011.11.22
★ 全国山河一片红邮票(撤消发行)一枚		1,552,500	中国嘉德	2011.11.22
★ 文10毛主席最新指示邮票五连张直双连		189,750	中国嘉德	2011.11.22
★ 文1毛主席万岁(第一枚)邮票四十枚全张		57,500	中国嘉德	2011.11.22
★ 文革邮票大全套		161,000	中国嘉德	2011.11.22
★ 文革邮票一组十一套		172,500	中国嘉德	2011.11.22
★★ 1968年文5邮票九枚全四方连		184,000	北京诚轩	2011.11.19
★★1932年伪满洲国第一版普通邮票九枚全四方连		59,800	北京诚轩	2011.11.19
★★1959年纪69"中华人民共和国成立十周年"邮票八枚全五十套		55,200	北京诚轩	2011.11.19

2011杂项拍卖成交汇总

(成交价RMB：5万元以上)

拍品名称	尺寸	成交价RMB	拍卖公司	拍卖日期
★★1960年特38“金鱼”邮票全套十五方连		207,000	北京诚轩	2011.11.19
★★1960年特44“菊花”邮票全套十方连		218,500	北京诚轩	2011.11.19
★★1961年特46“唐三彩”邮票八枚全五十套		109,250	北京诚轩	2011.11.19
★★1962年纪92“中国古代科学家”邮票八枚全五十套		64,400	北京诚轩	2011.11.19
★★1962年纪94“梅兰芳舞台艺术”无齿邮票八枚全		66,700	北京诚轩	2011.11.19
★★1962年纪94“梅兰芳舞台艺术”有齿邮票八枚全二套		50,600	北京诚轩	2011.11.19
★★1962年特50“中国古代建筑-桥”邮票四枚全七十五套		57,500	北京诚轩	2011.11.19
★★1963年纪97“古巴万岁”邮票六枚全四方连		103,500	北京诚轩	2011.11.19
★★1963年特57“黄山风景”邮票十六枚权四方连		149,500	北京诚轩	2011.11.19
★★1964年特65“革命圣地-延安”邮票六枚全五十套		86,250	北京诚轩	2011.11.19
★★1964年特69“化学工业”邮票八枚全五十套		51,750	北京诚轩	2011.11.19
★★1965年特71“工业战线上的妇女”邮票五枚全五十套		82,800	北京诚轩	2011.11.19
★★1967年文10邮票五枚全连票		63,250	北京诚轩	2011.11.19
★★1967年文1邮票“招手”四十枚全张		74,750	北京诚轩	2011.11.19
★★1967年文1邮票全套四方连		304,750	北京诚轩	2011.11.19
★★1967年文1邮票十一枚全		63,250	北京诚轩	2011.11.19
★★1967年文1邮票十一枚全		80,500	北京诚轩	2011.11.19
★★1967年文7邮票8分“浪淘沙”五十枚全张		230,000	北京诚轩	2011.11.19
★★1967年文7邮票十四枚全四方连		368,000	北京诚轩	2011.11.19
★★1967年文7邮票十四枚全四方连		333,500	北京诚轩	2011.11.19
★★1968年文10邮票五枚全连票		64,400	北京诚轩	2011.11.19
★★1968年文10邮票五枚全连票		63,250	北京诚轩	2011.11.19
★★1968年文12“毛主席去安源”邮票二十五枚全张		172,500	北京诚轩	2011.11.19
★★1968年文13邮票四十五枚方连		97,750	北京诚轩	2011.11.19
★★1969年文14邮票四枚全一百三十套		92,000	北京诚轩	2011.11.19
★★1970年编号1-6“智取威虎山”邮票六枚全五十套		94,300	北京诚轩	2011.11.19
★★1971年编号8-11“纪念巴黎公社一百周年”邮票四枚全五十套		184,000	北京诚轩	2011.11.19
★★1976年J.8“胜利完成第四个五年计划”邮票十六枚全四十套		51,750	北京诚轩	2011.11.19
★★1976年J.8“胜利完成第四个五年计划”邮票十六枚全四十套		57,500	北京诚轩	2011.11.19
★★1980年T.44“齐白石作品选”邮票十六枚全五十套		58,650	北京诚轩	2011.11.19
★★1980年T.44“齐白石作品选”邮票十六枚全五十套		66,700	北京诚轩	2011.11.19
★★1984年T.100“峨眉风光”邮票六枚全八百五十八套		51,750	北京诚轩	2011.11.19
★1897年红印花加盖暂作邮票大字当壹圆一枚		51,750	北京诚轩	2011.11.19
★1897年红印花加盖暂作邮票大字当壹圆一枚		57,500	北京诚轩	2011.11.19
★1897年红印花加盖暂作邮票当壹分二十五枚复组全格		322,000	北京诚轩	2011.11.19
★1897年红印花加盖暂作邮票当壹分二十五枚复组全格		230,000	北京诚轩	2011.11.19
★1897年红印花加盖暂作邮票小字2分十五方连		230,000	北京诚轩	2011.11.19
★1897年红印花加盖暂作邮票小字4分一枚		460,000	北京诚轩	2011.11.19
★1949年纪3原版东北贴用邮票三枚全横双连		195,500	北京诚轩	2011.11.19
★1953年纪20“伟大的苏联十月革命三十五周年纪念”撤销发行邮票(4-2)一枚		57,500	北京诚轩	2011.11.19
★1953年军人贴用邮票“黄军邮”八方连		64,400	北京诚轩	2011.11.19
★1956年特15“首都名胜”8分天安门图“放光芒”撤销发行邮票一枚		1,437,500	北京诚轩	2011.11.19
★1969年普无号邮票8分工人图中心肖像套色大移位四方连		189,750	北京诚轩	2011.11.19
1878年薄纸大龙邮票全套二十五枚全张三件		1,552,500	北京保利	2011.12.09
1878年大龙薄纸邮票3分银二十枚连票		218,500	北京诚轩	2011.5.18
1897年红印花加盖暂作邮票大字当壹圆一枚		69,000	北京诚轩	2011.5.18
1897年红印花加盖暂作邮票当壹分二十五枚复组全格		345,000	北京诚轩	2011.5.18
1897年红印花加盖暂作邮票当壹分二十五枚复组全格		69,000	北京诚轩	2011.11.19
1906年直隶寄杭州大型红条封		230,000	北京诚轩	2011.5.18
1949年纪1原版东北贴用邮票四枚全一百套		287,500	北京诚轩	2011.5.18
1949年纪3原版东北贴用邮票三枚全四方连		322,000	北京诚轩	2011.5.18
1950年纪2原版东北贴用邮票五十套		86,250	北京诚轩	2011.5.18
1950年纪4原版东北贴用邮票四枚全四方连		89,700	北京诚轩	2011.5.18
1950年纪6原版东北贴用邮票五枚全四方连		69,000	北京诚轩	2011.5.18
1950年普2未发行邮票4000元六方连		322,000	北京诚轩	2011.5.18
1953年黄军邮九方连		63,250	中国嘉德	2011.5.17
1953年军人贴用邮票“黄军邮”四方连一件		69,000	北京诚轩	2011.5.18
1953年军人贴用邮票“紫军邮”四方连一件		517,500	北京诚轩	2011.5.18
1953年军人贴用邮票“紫军邮”一枚		55,200	北京诚轩	2011.5.18
1953年紫军邮横双连		115,000	中国嘉德	2011.5.17
1953年紫军邮四方连		747,500	中国嘉德	2011.5.17
1955年纪3再版东北贴用邮票三枚全一百套		345,000	北京诚轩	2011.5.18

拍品名称	尺寸	成交价RMB	拍卖公司	拍卖日期
1956年特15首都名胜天安门图“放光芒”撤消发行邮票一枚		1,495,000	北京诚轩	2011.5.18
1960年特38“金鱼”邮票十二枚全四方连		66,700	北京诚轩	2011.5.18
1960年特44“菊花”邮票十八枚全四方连		74,750	北京诚轩	2011.5.18
1961年特46“唐三彩”邮票八枚全六方连		50,600	北京诚轩	2011.5.18
1962年纪94“梅兰芳舞台艺术”无齿邮票八枚全		138,000	北京诚轩	2011.5.18
1962年纪94“梅兰芳舞台艺术”有齿邮票八枚全四方连		253,000	北京诚轩	2011.5.18
1963年特57“黄山风景”邮票二十五套		59,800	北京诚轩	2011.5.18
1963年特57“黄山风景”邮票十六枚全四方连		69,000	北京诚轩	2011.5.18
1963年特57“黄山风景”邮票四方连全套		149,500	北京诚轩	2011.5.18
1964年特68“新安江水电站”邮票四枚全四方连		115,000	北京诚轩	2011.5.18
1965年特73“革命圣地-井冈山”邮票八枚全四方连		57,500	北京诚轩	2011.5.18
1965年特74“中国人民解放军”邮票八枚全厂铭四方连		63,250	北京诚轩	2011.5.18
1967-1970年文革邮票实寄封大全套八十件		92,000	北京诚轩	2011.11.19
1967年纪123“刘英俊”邮票六枚全四方连		63,250	北京诚轩	2011.5.18
1967年文1邮票十一枚全		57,500	北京诚轩	2011.5.18
1967年文1邮票十一枚全		52,900	北京诚轩	2011.5.18
1967年文3邮票三枚全四方连		149,500	北京诚轩	2011.5.18
1967年文3邮票三枚全四方连		89,700	北京诚轩	2011.5.18
1967年文8邮票七十枚全张		55,200	北京诚轩	2011.5.18
1968年“全国山河一片红”撤销发行邮票一枚		1,150,000	北京诚轩	2011.5.18
1968年“无产阶级文化大革命的全面胜利万岁”未发行邮票一枚		1,380,000	北京诚轩	2011.5.18
1968年文12“毛主席去安源”邮票二十五枚全张		299,000	北京诚轩	2011.5.18
1968年文13邮票四十枚方连		109,250	北京诚轩	2011.5.18
1968年文5邮票九枚全四方连		149,500	北京诚轩	2011.5.18
1968年文5邮票九枚全四方连		92,000	北京诚轩	2011.5.18
1968年文9邮票三十五枚全张		172,500	北京诚轩	2011.5.18
1968年文革未发行邮票---无产阶级文化大革命的全面胜利万岁新票1枚		1,008,000	雍和嘉诚	2011.5.16
1969年普无号邮票8分工人图中心肖像套色大移位四方连		161,000	北京诚轩	2011.5.18
1969年文14邮票10分一百枚全张		115,000	北京诚轩	2011.5.18
1973年编号57-62“熊猫”邮票六枚全五十套		101,200	北京诚轩	2011.5.18
1974-1982年J、T邮票及小型张大全套		71,300	中国嘉德	2011.5.17
1974-1988年J、T邮票及小型张大全套		69,000	中国嘉德	2011.5.17
1980-1991年第一轮生肖邮票十二枚全十方连		126,500	北京诚轩	2011.5.18

拍品名称	尺寸	成交价RMB	拍卖公司	拍卖日期
1980年T46庚申猴邮票四方连		57,500	北京诚轩	2011.5.18
1981年T58辛酉鸡邮票八十枚全张二件		55,200	北京诚轩	2011.5.18
C 1899年上海寄日本东京挂号红条封		78,200	中国嘉德	2011.11.22
COL 1949-1952年纪 特原版邮票大全一册		115,000	北京诚轩	2011.11.19
COL 1949-1967年纪 特盖销邮票大全套定位册一册		172,500	北京诚轩	2011.11.19
COL 1949-1970年新中国邮票大全集一部		448,500	北京诚轩	2011.11.19
COL 1949年民国银元邮票收藏集一部		62,100	北京诚轩	2011.11.19
COL 1950-1957年新中国普通邮票 改值邮票 航空邮票欠资邮票大全套一册		101,200	北京诚轩	2011.11.19
COL 1967-1970年文革邮票厂铭大全套		402,500	北京诚轩	2011.11.19
COL 1970-1984年编号 JT邮票全集一部		103,500	北京诚轩	2011.11.19
COL 1974-1982年JT邮票全集一部		60,950	北京诚轩	2011.11.19
COL 朝鲜及越南早期邮票(二册)		74,750	中国嘉德	2011.11.22
COL 新中国邮票一册		101,200	中国嘉德	2011.11.22
COL1949-1967年纪、特盖销邮票收藏集一部		82,800	北京诚轩	2011.5.18
COL1949-1991年新中国邮票大全集一部		805,000	北京诚轩	2011.5.18
COL1974-1982年J、T邮票定位册二册		74,750	北京诚轩	2011.5.18
COL1974-1991年J、T邮票定位册二册		69,000	北京诚轩	2011.5.18
COL解放区、新中国邮票一组		598,000	中国嘉德	2011.5.17
COL新中国纪、特、J、T邮票三册		86,250	中国嘉德	2011.5.17
COL新中国纪、特邮票收藏集一册(无图)		92,000	北京诚轩	2011.5.18
E1957年孙中山诞生九十周年影写版学习样张棕、蓝、桔黄色四方连各一件		552,000	中国嘉德	2011.5.17
E文革孙玉国试印样票五十枚全张		437,000	中国嘉德	2011.5.17
FDC 纪94梅兰芳舞台艺术无齿邮票中国集邮公司首日封二全		149,500	中国嘉德	2011.11.22
M/S 1962年纪94“梅兰芳舞台艺术”小型张一枚		138,000	北京诚轩	2011.11.19
M/S 1962年纪94M“梅兰芳舞台艺术”小型张一枚		184,000	北京诚轩	2011.11.19
M/S 1962年纪94M“梅兰芳舞台艺术”小型张一枚		195,500	北京诚轩	2011.11.19
M/S 纪94M梅兰芳舞台艺术小型张新一枚		207,000	中国嘉德	2011.11.22
M/S 纪94M梅兰芳舞台艺术小型张新一枚		184,000	中国嘉德	2011.11.22
M/S 纪94M梅兰芳舞台艺术小型张新一枚		149,500	中国嘉德	2011.11.22
M/S 纪94M梅兰芳舞台艺术小型张新一枚		161,000	中国嘉德	2011.11.22
M/S1962年纪94M“梅兰芳舞台艺术”小型张一枚		184,000	北京诚轩	2011.5.18
M/S1962年纪94M“梅兰芳舞台艺术”小型张一枚		103,500	北京诚轩	2011.5.18
M/S纪94M梅兰芳舞台艺术小型张新一枚		138,000	中国嘉德	2011.5.17
M/S纪94M梅兰芳舞台艺术小型张新一枚		138,000	中国嘉德	2011.5.17

2011杂项拍卖成交汇总

(成交价RMB：5万元以上)

拍品名称	尺寸	成交价RMB	拍卖公司	拍卖日期
PP上世纪初法国人谭安(C.ETAnAnt		57,500	中国嘉德	2011.5.17
PR 伪满洲国第一版普通邮票半分至壹角试色印样十一枚		1,092,500	中国嘉德	2011.11.22
PS 1937年第四版孙中山像中式银元5分特制邮简		92,000	北京诚轩	2011.11.19
PS 1951年沈阳何连珠寄香港普东2春节邮简		57,500	北京诚轩	2011.11.19
PS 1953年中国人民志愿军“卫生邮便”军邮邮简二十枚全		54,050	北京诚轩	2011.11.19
S1932年伪满洲国“大满洲国邮便切手试刷见本”二册		402,500	北京诚轩	2011.5.18
T46庚申年(猴)邮票四方连带边纸厂铭		57,500	中国嘉德	2011.5.17
T80癸亥年(猪)邮票八十枚全张五件		51,750	中国嘉德	2011.5.17
编号(12-20)建党五十周年邮票八方连九全		55,200	中国嘉德	2011.5.17
编号邮票大全套二套(无图)		51,750	中国嘉德	2011.5.17
编号邮票大全套二套(无图)		51,750	中国嘉德	2011.5.17
编号邮票四方连大全套		253,000	中国嘉德	2011.5.17
PR 北京一版帆船雕刻版无齿印样加盖“中华帝国”样票 (十九枚)		1,955,000	中国嘉德	2011.11.22
PR 北京一版欠资雕刻版无齿印样加盖“中华帝国”样票 (八枚)		862,500	中国嘉德	2011.11.22
大龙厚纸毛齿邮票3分银四方连		71,300	中国嘉德	2011.5.17
第一轮十二生肖邮票八十枚全张十二件		1,150,000	北京保利	2011.12.09
第一轮十二生肖邮票四方连共计十二件		57,500	北京保利	2011.12.09
东北区安东第一版毛泽东、朱德像邮票10元五十枚全张八件		57,500	中国嘉德	2011.5.17
华东区基数邮票加盖宋字“华东邮政”改作包裹印纸二百枚全张四全；加盖“华东邮政”改值包裹印纸一百枚全张四全		69,000	中国嘉德	2011.5.17
纪20伟大的苏联十月革命三十五周年纪念邮票四枚全(撤消发行)		437,000	中国嘉德	2011.5.17
纪东3世界工联亚洲澳洲工会会议东北贴用原版纪念邮票四方连三全		402,500	中国嘉德	2011.5.17
普1邮票200元八方连		149,500	中国嘉德	2011.5.17
清代第二版三等一级双龙宝星勋章		59,800	中国嘉德	2011.11.18
清代二等二级双龙宝星章		126,500	中国嘉德	2011.11.18
清代御赐双龙宝星勋章		184,000	中国嘉德	2011.11.18
全国山河一片红(撤消发行)邮票一枚		575,000	中国嘉德	2011.5.17
全国山河一片红(撤消发行)邮票一枚		460,000	中国嘉德	2011.5.17
全国山河一片红邮票(撤消发行)一枚		1,380,000	中国嘉德	2011.5.17
全国山河一片红邮票(撤消发行)一枚		575,000	中国嘉德	2011.5.17
上海大东版飞雁图基数邮票50分未发行一枚		92,000	中国嘉德	2011.5.17
特50古代桥梁邮票七十五枚全张二组		78,200	中国嘉德	2011.5.17
特70登山邮票五十枚全张二组		51,750	中国嘉德	2011.5.17

拍品名称	尺寸	成交价RMB	拍卖公司	拍卖日期
伪满洲国建国一周年纪念邮票二十五枚小版张四全		138,000	中国嘉德	2011.5.17
伪满洲国献纳飞机未发行邮票四全双连		517,500	中国嘉德	2011.5.17
伪满洲政府一等景云勋章全套		115,000	中国嘉德	2011.11.18
文10毛主席语录邮票八套全张		690,000	中国嘉德	2011.5.17
文12毛主席去安源邮票二十五枚全张		230,000	中国嘉德	2011.5.17
文1毛主席万岁邮票第一枚“招手”四十枚全张		115,000	中国嘉德	2011.5.17
文2“毛主席大招手”邮票二十八枚全张		86,250	中国嘉德	2011.5.17
文2毛主席和林彪站像邮票二十八枚全张		207,000	中国嘉德	2011.5.17
文2毛主席和林彪站像邮票二十八枚全张		138,000	中国嘉德	2011.5.17
文5第一枚革命文艺邮票二十五枚全张		59,800	中国嘉德	2011.5.17
文革毛主席为日本工人朋友们的重要题词邮票(未发行)一枚		690,000	中国嘉德	2011.5.17
文革邮票四方连大全套		1,955,000	中国嘉德	2011.5.17
无产阶级文化大革命的全面胜利万岁邮票(未发行)一枚		828,000	中国嘉德	2011.5.17
邮 品				
△1901年梧州寄德国巴登“莫斯”挂号封剪片		264,500	北京诚轩	2011.11.19
1895年烟台寄德国汉堡挂号封		59,800	中国嘉德	2011.5.17
1897年天津津海关寄北京翰林院中式封		575,000	北京诚轩	2011.11.19
1898年天津寄上海红条封		172,500	北京诚轩	2011.11.19
1902年上海寄德国西式挂号封		287,500	北京诚轩	2011.11.19
1917年蒙古恰克图寄张家口挂号封		71,300	中国嘉德	2011.5.17
1945年山东莱阳裸寄谭格庄印刷品《区村干部临时教材》		89,700	中国嘉德	2011.5.17
1954年陕西宝鸡寄北京双挂号封		333,500	中国嘉德	2011.5.17
1955年上海挂号寄香港九龙包裹皮剪片		74,750	中国嘉德	2011.5.17
C 光绪十二年(1886年)辽宁通化县寄奉化(今梨树)公文封		172,500	中国嘉德	2011.11.22
C 光绪十六年(1890年)十一月二十四日湖南辰州府寄湖北驿站排单式公文封		230,000	中国嘉德	2011.11.22
光绪十年“总理台湾事务处”驿站封套		126,500	中国嘉德	2011.5.17
光绪十一年总理平安轮船邦办薛树辉为报销事致函福建台澎兵备道刘璈封套及内函		63,250	中国嘉德	2011.5.17
COL 1949-1956年《人民邮政资费》收藏集一部		74,750	北京诚轩	2011.11.19
E民国三十年印制局制版印品样册一册		69,000	中国嘉德	2011.5.17
E文15“小公报”邮票画稿一件		92,000	中国嘉德	2011.5.17
FDC 1963年特54儿童(无齿)中国集邮公司首日实寄封(三全)		126,500	中国嘉德	2011.11.22
PR 百城一版孙中山像4元、5元、30元、40元、100元无齿印样 (五枚)		149,500	中国嘉德	2011.11.22

拍品名称	尺寸	成交价RMB	拍卖公司	拍卖日期
PR 北京一版欠资1分、2分无齿印样		55,200	中国嘉德	2011.11.22
PR 第三版帆船邮资明信片1.5分邮资图蓝色印样		57,500	中国嘉德	2011.11.22
PR 第三版帆船邮资明信片1.5分邮资图绿色印样		57,500	中国嘉德	2011.11.22
PR 上海大东一版孙中山像70元、100元、200元、3000元、5000元无齿印样 (各一枚)		101,200	中国嘉德	2011.11.22
PR 孙中山像无面值黑色未发行印样		55,200	中国嘉德	2011.11.22
PR 香港中华版孙中山像18分无齿印样		69,000	中国嘉德	2011.11.22
PR 香港中华版孙中山像9分无齿印样		69,000	中国嘉德	2011.11.22
PR 中华民国宪法纪念无齿印样 (三枚)		101,200	中国嘉德	2011.11.22
PR 重庆中华版孙中山像1元、10元无齿印样 (各一枚)		59,800	中国嘉德	2011.11.22
PS1909年直隶寄天津清三次邮资明信片		59,800	北京诚轩	2011.5.18
PS1946年腾冲寄英国"限滇省发寄"帆船邮资明信片		71,300	北京诚轩	2011.5.18
S 1945年美国钞票公司印制"林故主席纪念邮票"六枚全套试模样票		52,900	北京诚轩	2011.11.19
S 1951年普5邮票2万元无齿试模印样横双连		92,000	北京诚轩	2011.11.19
S 中华邮政邮资机券试盖样张一件		59,800	北京诚轩	2011.11.19
徐悲鸿致汪亚尘明信片	10.5cm×14.5cm	92,000	西泠拍卖	2011.7.18
二十二、纸 张				
清乾隆 仿金粟山藏经纸 (六张)	51.5cm×29cm	62,775	香港佳士得	2011.6.1
清乾隆 红地金彩绘龙纹宫纸 (四十九张)	长59.5cm	1,150,000	北京翰海	2011.11.17
清乾隆 红地金彩绘龙纹宫纸 (一百张)	长65cm	2,760,000	北京翰海	2011.11.17
清中晚期双洒金腊笺	102.5cm×207cm	94,300	中国嘉德	2011.11.12
清中晚期双洒金腊笺	102cm×204cm	94,300	中国嘉德	2011.11.12
清 宫廷库绢 (五张)	535cm×265cm×5	345,000	上海工美	2011.6.26
淳化贡轩 (二张)	65.5cm×132cm	51,750	中国嘉德	2011.3.22
红地金彩绘龙纹宫绢 (五十张)	64.5cm×64.5cm	2,300,000	北京翰海	2011.5.19
旧宣纸 (八张)	尺寸不一	207,000	中国嘉德	2011.3.22
旧宣纸 (十张)	尺寸不一	82,800	中国嘉德	2011.3.22
旧宣纸 (十张)	69.5cm×132cm	66,700	中国嘉德	2011.3.22
旧纸 (二十张)	107cm×81cm	105,800	中国嘉德	2011.3.22
六吉汪记等 (七张)	尺寸不一	89,700	中国嘉德	2011.3.22
皮纸 (五张)	75cm×124cm	97,750	中国嘉德	2011.3.22
乾隆仿金粟山藏经纸 (二张)	27.8cm×49.5cm	59,800	中国嘉德	2011.3.22
二十三、墨				
明 程君房制朱砂圆墨	直径10.5cm	53,760	北京荣宝	2011.3.18
明 墨 (三方)	长7cm	230,000	中国嘉德	2011.11.15
明 蓬莱宫园墨 (二锭)		149,500	上海工美	2011.6.26
清乾隆 "归昌叶瑞"御墨四锭	长11cm	69,000	北京保利	2011.12.08
清乾隆 "御墨紫阁铭勋"墨 (三方)	5.9cm；宽5.7cm；长6.6cm	69,000	中国嘉德	2011.11.15
清乾隆 "御制咏墨诗"墨	直径8.5cm	690,000	北京匡时	2011.6.8
清乾隆 饮茶图墨	长11cm	71,300	中国嘉德	2011.11.15
清乾隆 御墨 (两方)	长15.5；长10cm	345,000	北京保利	2011.12.08

拍品名称	尺寸	成交价RMB	拍卖公司	拍卖日期
清乾隆 御题关槐山水加金云龙纹山水墨	直径14.5cm	402,500	北京保利	2011.6.5
清乾隆 御制春华秋实油烟墨	高22cm	92,000	北京纳高	2011.7.6
清乾隆 御制双鹤斋八景墨 (一套八锭	长9cm	230,000	上海大众	2011.08.25
清乾隆 御制玉兔朝元朱砂砚形墨	直径14.3cm	97,750	北京纳高	2011.7.6
清乾隆款朱砂墨	长12.1cm	74,750	西泠拍卖	2011.7.19
清嘉庆 御制棉华诗图墨 (一盒十六方)	长9.4cm	667,000	中国嘉德	2011.11.15
清道光 御题关槐山墨	直径14cm	63,250	中国嘉德	2011.11.15
清光绪 御制棉花图墨 (二盒十六锭)	高10.8cm	460,000	北京翰海	2011.11.17
清咸丰 黄山图墨 (两盒)	长8.5cm	69,000	北京保利	2011.12.08
清 曹素功制十六罗汉图墨 (一套)	尺寸不一	92,000	北京保利	2011.12.08
清 螭龙纹墨 (一对)	尺寸不一	74,750	中国嘉德	2011.6.18
清 大富贵亦寿考墨 (十方)	长9.5cm	103,500	中国嘉德	2011.12.17
清 古隃麋墨 (两套二十方)	长7.5cm	51,750	中国嘉德	2011.6.18
清 龙纹朱砂墨	长9.2cm	80,500	中国嘉德	2011.6.18
清 棉花图墨 (一套八方)	长10cm	69,000	中国嘉德	2011.6.18
清 棉花图墨 (一套十方)	长11cm	71,300	中国嘉德	2011.6.18
清 燕山八景诗墨 (八锭)		51,750	上海工美	2011.6.26
清 油烟阑亭修契墨御墨	高15.3cm	57,500	北京纳高	2011.7.6
清 御墨 (三方)	尺寸不一	82,800	中国嘉德	2011.6.18
清 御制八卦彩墨	尺寸不一	560,000	天津文物	2011.11.12
清 御制诗文墨 (一套九方)	尺寸不一	89,600	北京保利	2011.1.16
清 御制泳三生石诗山水纹墨 (八方)	长8.5cm	105,800	中国嘉德	2011.6.18
清 云龙纹御墨	长12cm	78,400	天津文物	2011.11.12
清18世纪晚期 胡开文「五老图」集锦墨	尺寸不一	104,625	香港佳士得	2011.6.1
二十四、藏 酒				
格兰伯奇 1964年 – 桶藏46年	700ml/瓶	63,250	北京保利	2011.12.03
格兰冠 1949年 – 桶藏62年1瓶	700ml	273,700	北京保利	2011.12.03
柏图斯 750ml，12瓶		250,470	上海泓盛	2011.6.26
柏图斯1979 10瓶		161,000	广州嘉德	2011.6.11
柏图斯1986 12瓶		287,500	广州嘉德	2011.6.11
柏图斯1996 12瓶		287,500	广州嘉德	2011.6.11
柏图斯2006 6瓶		138,000	广州嘉德	2011.6.11
柏图斯垂直年份套装 750ml，11瓶		281,750	上海泓盛	2011.6.26
拉菲 750ml，15瓶		333,500	上海泓盛	2011.6.26
拉菲 750ml，12瓶		235,980	上海泓盛	2011.6.26
拉菲 750ml，12瓶		135,240	上海泓盛	2011.6.26
2005年拉菲 12瓶装 0.75升/瓶		184,000	北京保利	2011.6.4
2001年拉菲 12瓶装 0.75升/瓶		172,500	北京保利	2011.6.4
1995年拉菲 12瓶装 0.75升/瓶		172,500	北京保利	2011.6.4
1988年拉菲 12瓶装 0.75升/瓶		149,500	北京保利	2011.6.4
拉菲1950 1瓶 1.5L/瓶		69,000	广州嘉德	2011.6.11
拉菲1982 2瓶 (750ml 1瓶，1.5L 1瓶)		598,000	广州嘉德	2011.6.11
拉菲1983 6瓶 1.5L/瓶		103,500	广州嘉德	2011.6.11
拉菲1986 10瓶		287,500	广州嘉德	2011.6.11
拉菲1989 6瓶 1.5L/瓶		184,000	广州嘉德	2011.6.11
拉菲1992 4瓶 1.5L/瓶		115,000	广州嘉德	2011.6.11
拉菲1994 6瓶		92,000	广州嘉德	2011.6.11
拉菲1998 6瓶		101,200	广州嘉德	2011.6.11
拉菲1999 6瓶		97,750	广州嘉德	2011.6.11
拉菲2000 12瓶		299,000	广州嘉德	2011.6.11
拉菲2001 8瓶		115,000	广州嘉德	2011.6.11
拉菲2002 12瓶		172,500	广州嘉德	2011.6.11

2011杂项拍卖成交汇总

(成交价RMB：5万元以上)

拍品名称	尺寸	成交价RMB	拍卖公司	拍卖日期
拉菲2004 12瓶		138,000	广州嘉德	2011.6.11
拉菲2005 12瓶		241,500	广州嘉德	2011.6.11
小拉菲2006 12瓶		74,750	广州嘉德	2011.6.11
拉菲垂直年份套装 750ml/瓶，14瓶		331,200	上海泓盛	2011.6.26
拉菲垂直年份套装 750ml/瓶，14瓶		213,900	上海泓盛	2011.6.26
拉图 750ml，12瓶		136,620	上海泓盛	2011.6.26
1996年拉图 6瓶装 1.5升/瓶		161,000	北京保利	2011.6.4
2005年拉图 12瓶装 0.75升/瓶		138,000	北京保利	2011.6.4
拉图1991 12瓶		92,000	广州嘉德	2011.6.11
拉图1994 12瓶		82,800	广州嘉德	2011.6.11
拉图1996 12瓶		184,000	广州嘉德	2011.6.11
拉图1999 12瓶		115,000	广州嘉德	2011.6.11
拉图2000 12瓶		230,000	广州嘉德	2011.6.11
1996年玛歌		103,500	北京保利	2011.6.4
2003年玛歌		86,250	北京保利	2011.6.4
2001年玛歌		63,250	北京保利	2011.6.4
1999年玛歌		63,250	北京保利	2011.6.4
1999年玛歌		63,250	北京保利	2011.6.4
1997年玛歌		51,750	北京保利	2011.6.4
1997年玛歌		51,750	北京保利	2011.6.4
罕见玛歌垂直年份套装		152,950	上海泓盛	2011.6.26
罕见玛歌垂直年份套装		138,000	上海泓盛	2011.6.26
木桐 750ml，12瓶		151,800	上海泓盛	2011.6.26
1998年木桐 12瓶装 0.75升/瓶		51,750	北京保利	2011.6.4
木桐1986 12瓶		207,000	广州嘉德	2011.6.11
木桐1991 12瓶		80,500	广州嘉德	2011.6.11
木桐1992 12瓶		74,750	广州嘉德	2011.6.11
木桐1994 12瓶		92,000	广州嘉德	2011.6.11
木桐1998 12瓶		55,200	广州嘉德	2011.6.11
木桐1999 12瓶		80,500	广州嘉德	2011.6.11
木桐2000 12瓶		184,000	广州嘉德	2011.6.11
木桐2001 12瓶		74,750	广州嘉德	2011.6.11
木桐2002 24瓶		112,700	广州嘉德	2011.6.11
木桐2003 12瓶		97,750	广州嘉德	2011.6.11
木桐垂直年份套装 750ml/瓶，41瓶		326,600	上海泓盛	2011.6.26
60-70年代第一代人头马XO 6瓶		57,500	朵云轩	2011.7.3
20世纪60年代人头马白头路易十三 (两瓶)		126,500	长风拍卖	2011.6.21
20世纪60年代人头马路易十三 2瓶		166,750	朵云轩	2011.7.3
人头马藤框白头味之年 (1瓶)		69,000	长风拍卖	2011.6.21
奥比昂1996 12瓶		86,250	广州嘉德	2011.6.11
1985年白马		74,750	北京保利	2011.6.4
白马2000 12瓶		195,500	广州嘉德	2011.6.11
1999年柏翠 12瓶		207,000	北京保利	2011.6.4
2005年里鹏 6瓶	750ml/瓶	184,000	北京保利	2011.6.4
里鹏1992 12瓶		322,000	广州嘉德	2011.6.11
拉罗曼尼2005		126,500	广州嘉德	2011.6.11
罗曼尼康帝 12瓶	750ml/瓶	172,500	上海泓盛	2011.6.26
罗曼尼康帝 3瓶	750ml/瓶	246,675	上海泓盛	2011.6.26
罗曼尼康帝套装 2000年 12瓶	750ml/瓶	322,000	广州嘉德	2011.6.11
马爹利三星 (一箱十二瓶)		69,000	长风拍卖	2011.6.21
玛高1985 12瓶		101,200	广州嘉德	2011.6.11
玛高2000 12瓶		207,000	广州嘉德	2011.6.11
蒙特鲁斯1982 12瓶		80,500	广州嘉德	2011.6.11
拿破仑EXTRA纪念酒 (一套八瓶)		80,500	长风拍卖	2011.6.21
帕菲2003 24瓶		126,500	广州嘉德	2011.6.11
轩尼诗EXTRA	700ml	138,000	长风拍卖	2011.6.21
上世纪20至30年代产轩尼诗XO	700ml	80,500	长风拍卖	2011.6.21
1982年波尔多精选 12瓶		402,500	广州嘉德	2011.6.11

拍品名称	尺寸	成交价RMB	拍卖公司	拍卖日期
欧颂2000 12瓶		368,000	广州嘉德	2011.6.11
滴金2002 24瓶		59,800	广州嘉德	2011.6.11
帕马1975 12瓶		57,500	广州嘉德	2011.6.11
1995年奥松 6瓶		55,200	北京保利	2011.6.4
约上世纪30年代中期赖茅 1瓶 约54°	约540ml	2,645,000	北京保利	2011.6.4
三十年代回沙茅酒 1瓶 度数53%	容量：500ml 重量(g)：817	517,500	北京传是	2011.6.16
“飞天牌”年份茅台酒组合(15年、30年、50年各一瓶)		91,840	北京永乐	2011.5.23
“飞天拖拉机”茅台酒组合		78,400	北京永乐	2011.5.23
108PROOF“五星牌”茅台酒组合	6瓶	56,000	北京永乐	2011.5.23
1986年1704珍品茅台 (两瓶)		57,500	长风拍卖	2011.6.21
1956年车轮牌贵州茅台酒(1瓶约540ml)	约55度	1,792,000	北京翰海	2011.1.16
1956年五星牌贵州茅台酒(1瓶约540ml)	约54度	1,840,000	中国嘉德	2011.3.20
1958年10月2日内销黄釉陶瓶“五星牌”茅台酒		851,200	北京永乐	2011.5.23
1958年6月15日五星牌贵州茅台酒(土陶瓶)		897,000	西泠拍卖	2011.7.17
1959年1月4日五星牌贵州茅台酒(土陶瓶)		782,000	西泠拍卖	2011.7.17
1959年2月3日五星牌贵州茅台酒(三瓶)	约54度	2,300,000	西泠拍卖	2011.7.17
1959年车轮牌贵州茅台酒	约55度	1,064,000	北京翰海	2011.1.16
1960年 五角星牌酱瓶茅台酒 (1瓶)	重880克。	280,000	北京荣宝	2011.3.18
1960年1月贵州茅台酒(土陶瓶)	540ml	782,000	西泠拍卖	2011.7.17
1960年9月9日内销土陶瓶“五星牌”茅台酒	重:784g	616,000	北京永乐	2011.5.23
1960年产五星牌茅台 (1瓶)	重:879g	920,000	长风拍卖	2011.6.21
1960年车轮牌贵州茅台酒	540ml/瓶	504,000	北京翰海	2011.1.16
1960年贵州茅台酒 1瓶	540ml/瓶	552,000	北京保利	2011.6.4
1960年五星牌贵州茅台酒(1瓶)	540ml/瓶	1,322,500	北京保利	2011.6.4
1961年飞天牌贵州茅台酒(矮盖飘带)	540ml/瓶	537,600	北京翰海	2011.1.16
1963年土陶瓶五星牌“贵州茅台酒” (1瓶)	540ml/瓶	683,200	雍和嘉诚	2011.6.1
1964年五星牌贵州茅台酒	540ml/瓶	459,200	北京容海	2011.4.23
1966年产出口飞天茅台 (1瓶)	重706g	322,000	长风拍卖	2011.6.21
1966年飞天牌贵州茅台酒(2瓶)	540ml/瓶	246,400	中鼎国际	2011.4.24
1966年贵州茅台酒	540ml/瓶	701,500	北京保利	2011.6.4
1966年外销繁体“贵”白瓷瓶“飞天牌”茅台酒	重703g	224,000	北京永乐	2011.5.23
1966年五星牌矮口木塞白瓷瓶贵州茅台酒	540ml/瓶	207,000	朵云轩	2011.7.3
1966年五星牌贵州茅台酒(矮盖酱茅)	540ml/瓶	212,800	中鼎国际	2011.4.24
1967-1973年葵花牌贵州茅台酒(大、小葵花)		140,000	中鼎国际	2011.4.24
1967年-1974年葵花牌贵州茅台酒	540ml/瓶	224,000	北京翰海	2011.1.16
1967年产出口飞天茅台 (1瓶)	933g	322,000	长风拍卖	2011.6.21
1967年产出口飞天茅台 (1瓶)	1035g	218,500	长风拍卖	2011.6.21
1967年五星牌贵州茅台酒	540ml/瓶	264,500	北京保利	2011.6.4
1968年五星牌贵州茅台酒	540ml/瓶	218,500	朵云轩	2011.7.3
1969年产五星牌茅台 (1瓶)	重780g	195,500	长风拍卖	2011.6.21

拍品名称	尺寸	成交价RMB	拍卖公司	拍卖日期
1970-1990年代飞天牌贵州茅台酒 50瓶		672,000	北京翰海	2011.1.16
1970年代飞天牌贵州茅台酒(大飞天) 2瓶	540ml/瓶	134,400	中鼎国际	2011.4.24
1970年前后五星牌贵州茅台酒(矮盖木塞酱瓶)		280,000	北京翰海	2011.1.16
1970年生产 1970年矮陶瓶茅台一瓶	1013g	143,750	北京纳高	2011.7.6
1970年五星牌贵州茅台酒(三大革命)	540ml	80,500	朵云轩	2011.7.3
1970年至2000年产五星牌茅台 (一组共三十一瓶)		805,000	长风拍卖	2011.6.21
1971年10月1日内销淡黄麻釉酱瓶“五星牌”茅台酒		190,400	北京永乐	2011.5.23
1971年产五星牌短颈黄釉茅台 (1瓶)		368,000	长风拍卖	2011.6.21
1971年五星牌贵州茅台酒		207,000	北京保利	2011.6.4
1971年五星牌贵州茅台酒(木塞黄釉瓶) 4瓶	约540ml/瓶	575,000	西泠拍卖	2011.7.17
1972年五星牌贵州茅台酒 6瓶	约540ml/瓶	575,000	北京保利	2011.6.4
1972年五星牌贵州茅台酒(酱釉) 1瓶	约540ml/瓶	322,000	北京保利	2011.6.4
1973年五星牌贵州茅台酒 2瓶	约540ml/瓶	195,500	北京保利	2011.6.4
1974年6月5日内销“五星牌”茅台酒 1瓶	1004g	76,160	北京永乐	2011.5.23
1974年产五星牌茅台酒 (1瓶)	990g	69,000	长风拍卖	2011.6.21
1974年葵花牌贵州茅台酒	540ml	207,200	中鼎国际	2011.4.24
1974年飘带“葵花牌”茅台酒 1瓶	1024g	67,200	北京永乐	2011.5.23
1974年飘带带纸“葵花牌”茅台酒 1瓶	1016g	78,400	北京永乐	2011.5.23
1974年五星牌贵州茅台酒 2瓶	约540ml/瓶	172,500	北京保利	2011.6.4
1974年五星牌贵州茅台酒(三大革命)	540ml	134,400	北京翰海	2011.1.16
1975年3月10日内销“五星牌”茅台酒 1瓶	1053g	56,000	北京永乐	2011.5.23
1975年五星牌贵州茅台酒 2瓶	约540ml/瓶	161,000	北京保利	2011.6.4
1976年五星牌贵州茅台酒 2瓶	约540ml/瓶	149,500	北京保利	2011.6.4
1976年五星牌贵州茅台酒(三大革命)	540ml	51,750	朵云轩	2011.7.3
1977、1978年五星牌贵州茅台酒(三大革命)2瓶	540ml/瓶	168,000	中鼎国际	2011.4.24
1977年五星牌贵州茅台酒 2瓶	约540ml/瓶	97,750	北京保利	2011.6.4
1977年紫皮“飞天牌”茅台酒、1977年透亮膜“飞天牌”茅台酒、挂釉酱瓶“五星牌”茅台酒(带棉纸)组合		190,400	北京永乐	2011.5.23
1978年3月1日同日期外销540ml“葵花牌”茅台酒组合 2瓶		224,000	北京永乐	2011.5.23
1978年飞天牌贵州茅台酒(大飞天) 2瓶	540ml/瓶	145,600	北京翰海	2011.1.16
1978年葵花牌贵州茅台酒(大葵花) 2瓶	约540ml/瓶	97,750	西泠拍卖	2011.7.17
1978年棉纸“葵花牌”茅台酒 1瓶	1064g	100,800	北京永乐	2011.5.23
1978年五星牌贵州茅台酒 12瓶	约540ml/瓶	552,000	北京保利	2011.6.4
1978年五星牌贵州茅台酒(三大革命) 2瓶	约540ml/瓶	168,000	北京翰海	2011.1.16
1978年五星牌贵州茅台酒(三大革命) 2瓶	约540ml/瓶	80,500	朵云轩	2011.7.3

拍品名称	尺寸	成交价RMB	拍卖公司	拍卖日期
1978年五星牌贵州茅台酒(紫膜/三大革命)2瓶	540ml/瓶	69,000	广州嘉德	2011.6.11
1979—1986年五星牌、飞天牌贵州茅台酒(地方国营、三大革命、大飞天) 36瓶	约540ml/瓶	575,000	西泠拍卖	2011.7.17
1979年“三大革命”茅台酒组合 6瓶	约540ml/瓶	358,400	北京永乐	2011.5.23
1979年-1981年五星牌贵州茅台酒(三大革命)6瓶	约540ml/瓶	460,000	中国嘉德	2011.3.20
1979年-1982年五星牌贵州茅台酒(三大革命)6瓶	约540ml/瓶	598,000	中国嘉德	2011.3.20
1979年飞天牌、五星牌贵州茅台酒(大飞天、三大革命)2瓶	约540ml/瓶	100,800	中鼎国际	2011.4.24
1979年五星牌贵州茅台酒 12瓶	约540ml/瓶	437,000	北京保利	2011.6.4
1979年五星牌贵州茅台酒(三大革命) 12瓶	约540ml/瓶	322,000	西泠拍卖	2011.7.17
1979年五星牌贵州茅台酒(三大革命)2瓶	约540ml/瓶	172,500	朵云轩	2011.7.3
1979年五星牌贵州茅台酒(三大革命)2瓶	约540ml/瓶	123,200	北京翰海	2011.1.16
1979年五星牌贵州茅台酒(三大革命)2瓶	约540ml/瓶	86,250	朵云轩	2011.7.3
1979年五星牌贵州茅台酒(三大革命)2瓶	约540ml/瓶	63,250	朵云轩	2011.7.3
1979年五星牌贵州茅台酒(紫膜/三大革命)2瓶	约540ml/瓶	89,700	广州嘉德	2011.6.11
1979至1989年产茅台 (一组共五瓶)	约540ml/瓶	115,000	长风拍卖	2011.6.21
1980-1986年五星牌贵州茅台酒(全棉纸)12瓶	约540ml/瓶	425,600	北京翰海	2011.1.16
1980—1989年茅台酒 10瓶	约540ml/瓶	172,500	上海泓盛	2011.6.25
1980—1991年五星牌贵州茅台酒 12瓶	约540ml/瓶	195,500	西泠拍卖	2011.7.17
1980年/1981/1982年五星牌贵州茅台酒(三大革命)6瓶	约540ml/瓶	246,400	北京翰海	2011.1.16
1980年“三大革命”茅台酒组合 6瓶	约540ml/瓶	336,000	北京永乐	2011.5.23
1980年-1982年飞天牌贵州茅台酒(大飞天)6瓶	约540ml/瓶	483,000	中国嘉德	2011.3.20
1980年-1982年飞天牌贵州茅台酒(老飞天)6瓶	约540ml/瓶	69,000	中国嘉德	2011.3.20
1980年-1985年飞天牌贵州茅台酒(老飞天)6瓶	约540ml/瓶	74,750	中国嘉德	2011.3.20
1980年产三大革命茅台 (四瓶)	约540ml/瓶	92,000	长风拍卖	2011.6.21
1980年代初飞天牌贵州茅台酒(大飞天)6瓶		201,600	中鼎国际	2011.4.24
1980年代初期贵州茅台酒(地方国营)6瓶		117,600	中鼎国际	2011.4.24
1980年代初五星牌贵州茅台酒 4瓶	约540ml/瓶	123,200	中鼎国际	2011.4.24
1980年代初五星牌贵州茅台酒(地方国营)8瓶	约540ml/瓶	246,400	中鼎国际	2011.4.24
1980年代飞天牌贵州茅台酒(大飞天/铝盖飞天等)36瓶		1,064,000	北京翰海	2011.1.16
1980年代各年飞天牌/五星牌贵州茅台酒大套 25瓶		761,600	北京翰海	2011.1.16
1980年代各年份五星牌贵州茅台酒一套 17瓶		840,000	北京翰海	2011.1.16
1980年代后期五星牌贵州茅台酒 30瓶	500ml/瓶	358,400	北京翰海	2011.1.16
1980年代后期五星牌贵州茅台酒(铝盖) 12瓶	500ml/瓶	106,400	中鼎国际	2011.4.24
1980年代前期五星牌贵州茅台酒 30瓶	540ml/瓶	1,120,000	北京翰海	2011.1.16
1980年代五星牌茅台酒大全套 14瓶	540ml/瓶	616,000	中鼎国际	2011.4.24

2011杂项拍卖成交汇总

(成交价RMB：5万元以上)

拍品名称	尺寸	成交价RMB	拍卖公司	拍卖日期
1980年代珍品贵州茅台酒(纸珍) 4瓶	500ml/瓶	145,600	北京翰海	2011.1.16
1980年前后葵花牌贵州茅台酒 4瓶		280,000	北京翰海	2011.1.16
1980年五星牌贵州茅台酒12瓶	约540ml/瓶	402,500	北京保利	2011.6.4
1980年五星牌贵州茅台酒(三大革命) 12瓶	约540ml/瓶	322,000	西泠拍卖	2011.7.17
1980年五星牌贵州茅台酒(三大革命) 5瓶	约540ml/瓶	224,000	北京翰海	2011.1.16
1980年五星牌贵州茅台酒(三大革命) 2瓶	约540ml/瓶	63,250	朵云轩	2011.7.3
1980年左右葵花牌贵州茅台酒 20瓶	270ml/瓶	1,610,000	北京保利	2011.6.4
1981-1986年 五角星牌酱瓶茅台酒 (6瓶)	约540ml/瓶	100,800	北京荣宝	2011.3.18
1981—1986年五星牌贵州茅台酒(黄茅、酱茅等一组)6瓶	约540ml/瓶	287,500	西泠拍卖	2011.7.17
1981-1986年五星牌贵州茅台酒(全棉纸) 20瓶	约540ml/瓶	616,000	北京翰海	2011.1.16
1981-82年五星牌贵州茅台酒(三大革命)3瓶	约540ml/瓶	100,800	中鼎国际	2011.4.24
1981年-1985年五星牌贵州茅台酒大全套 60瓶		2,185,000	北京保利	2011.6.4
1981年产三大革命茅台 (五瓶)		103,500	长风拍卖	2011.6.21
1981年地方国营茅台酒组合6瓶		280,000	北京永乐	2011.5.23
1981年飞天牌贵州茅台酒(大飞天) 6瓶	约540ml/瓶	336,000	北京翰海	2011.1.16
1981年飞天牌贵州茅台酒(大飞天) 5瓶	约540ml/瓶	313,600	北京翰海	2011.1.16
1981年贵州茅台酒(三大革命) 3瓶	约540ml/瓶	100,800	中鼎国际	2011.4.24
1981年前后飞天牌贵州茅台酒(老飞天)36瓶	140ml/瓶	280,000	中鼎国际	2011.4.24
1981年五星牌贵州茅台酒12瓶	约540ml/瓶	437,000	北京保利	2011.6.4
1981年五星牌贵州茅台酒(三大革命) 6瓶	约540ml/瓶	313,600	北京翰海	2011.1.16
1982—1985年五星牌贵州茅台酒(黄茅) 12瓶	约540ml/瓶	1,265,000	西泠拍卖	2011.7.17
1982-2000年飞天牌贵州茅台酒(飞天大全套)28瓶		230,000	广州嘉德	2011.6.11
1982年"三大革命"茅台酒组合 6瓶	约540ml/瓶	302,400	北京永乐	2011.5.23
1982年产三大革命茅台 (五瓶)	约540ml/瓶	115,000	长风拍卖	2011.6.21
1982年五星牌贵州茅台酒12瓶	约540ml/瓶	345,000	北京保利	2011.6.4
1982年五星牌贵州茅台酒(三大革命) 6瓶	约540ml/瓶	460,000	中国嘉德	2011.3.20
1982年五星牌贵州茅台酒(三大革命) 12瓶	约540ml/瓶	299,000	西泠拍卖	2011.7.17
1982年五星牌贵州茅台酒(三大革命) 5瓶	约540ml/瓶	246,400	中鼎国际	2011.4.24
1982年五星牌贵州茅台酒(三大革命) 3瓶	约540ml/瓶	179,200	北京翰海	2011.1.16
1982年五星牌贵州茅台酒(三大革命) 4瓶	约540ml/瓶	145,600	中鼎国际	2011.4.24
1982年五星牌贵州茅台酒(三大革命) 3瓶	约540ml/瓶	145,600	中鼎国际	2011.4.24
1982年五星牌贵州茅台酒(三大革命) 4瓶	约540ml/瓶	103,500	朵云轩	2011.7.3
1982年五星牌贵州茅台酒(三大革命) 2瓶	约540ml/瓶	74,750	朵云轩	2011.7.3
1983—1984年飞天牌贵州茅台酒(黄釉大飞天)12瓶	约540ml/瓶	2,300,000	西泠拍卖	2011.7.17

拍品名称	尺寸	成交价RMB	拍卖公司	拍卖日期
1983-1985年飞天牌贵州茅台酒 12瓶	约540ml/瓶	253,000	北京保利	2011.6.4
1983-1985年飞天牌贵州茅台酒 12瓶	约540ml/瓶	195,500	北京保利	2011.6.4
1983—1985年飞天牌贵州茅台酒(大飞天) 12瓶	约540ml/瓶	264,500	西泠拍卖	2011.7.17
1983-1985年贵州茅台酒 12瓶	约540ml/瓶	230,000	北京保利	2011.6.4
1983-1985年五星牌贵州茅台酒 6瓶	270ml/瓶	69,000	西泠拍卖	2011.7.17
1983-1986年五星牌、飞天牌贵州茅台酒(酱釉)4瓶	约540ml/瓶	690,000	北京保利	2011.6.4
1983-1986年五星牌贵州茅台酒 12瓶	约540ml/瓶	402,500	北京保利	2011.6.4
1983-1986年五星牌贵州茅台酒(地方国营) 16瓶	约540ml/瓶	336,000	北京翰海	2011.1.16
1983—1986年五星牌贵州茅台酒(地方国营)60瓶	约540ml/瓶	1,495,000	西泠拍卖	2011.7.17
1983-1986年五星牌贵州茅台酒(地方国营) 6瓶	约540ml/瓶	138,000	广州嘉德	2011.6.11
1983—1986年五星牌贵州茅台酒(酱茅) 12瓶	约540ml/瓶	989,000	西泠拍卖	2011.7.17
1983-1986年五星牌贵州茅台酒(全棉纸) 24瓶	约540ml/瓶	672,000	北京翰海	2011.1.16
1983—1986年五星牌贵州茅台酒(全棉纸地方国营) 12瓶	约540ml/瓶	287,500	西泠拍卖	2011.7.17
1983—1986年五星牌贵州茅台酒一组36瓶(地方国营)36瓶	约540ml/瓶	828,000	西泠拍卖	2011.7.17
1983-1988年飞天牌贵州茅台酒 11瓶		145,600	北京翰海	2011.1.16
1983-2000年五星牌贵州茅台酒(五星大全套)19瓶		253,000	广州嘉德	2011.6.11
1983年-1985年飞天牌贵州茅台酒(大飞天) 6瓶	约540ml/瓶	287,500	中国嘉德	2011.3.20
1983年-1986年五星牌贵州茅台酒(地方国营) 6瓶	约540ml/瓶	437,000	中国嘉德	2011.3.20
1983年-1986年五星牌贵州茅台酒大全套 60瓶	约540ml/瓶	1,380,000	北京保利	2011.6.4
1983年-1988年五星牌贵州茅台酒(地方国营 铁盖五星)38瓶		1,380,000	中国嘉德	2011.3.20
1983年地方国营茅台酒组合6瓶	约540ml/瓶	280,000	北京永乐	2011.5.23
1983年飞天牌贵州茅台酒12瓶		483,000	北京保利	2011.6.4
1983年飞天牌贵州茅台酒(大飞天) 6瓶	约540ml/瓶	313,600	北京翰海	2011.1.16
1983年飞天牌贵州茅台酒(大飞天) 8瓶	270ml/瓶	313,600	北京翰海	2011.1.16
1983年飞天牌贵州茅台酒(大飞天) 6瓶		184,800	中鼎国际	2011.4.24
1983年飞天牌贵州茅台酒(老飞天) 6瓶	500ml/瓶	313,600	北京翰海	2011.1.16
1983年飞天牌贵州茅台酒(老飞天) 6瓶	500ml/瓶	280,000	北京翰海	2011.1.16
1983年飞天牌贵州茅台酒礼盒(飞天黄酱)2瓶	约540ml/瓶	235,200	中鼎国际	2011.4.24
1983年内销黄釉酱瓶"五星牌"茅台酒 1瓶	964g	53,760	北京永乐	2011.5.23
1983年五星牌贵州茅台酒12瓶	约540ml/瓶	460,000	北京保利	2011.6.4
1983年五星牌贵州茅台酒(地方国营) 6瓶	约540ml/瓶	368,000	中国嘉德	2011.3.20
1983年五星牌贵州茅台酒(地方国营) 6瓶	约540ml/瓶	336,000	北京翰海	2011.1.16
1983年五星牌贵州茅台酒(地方国营) 12瓶	约540ml/瓶	287,500	西泠拍卖	2011.7.17
1983年五星牌贵州茅台酒(地方国营) 6瓶	约540ml/瓶	246,400	北京翰海	2011.1.16

拍品名称	尺寸	成交价RMB	拍卖公司	拍卖日期
1983年五星牌贵州茅台酒(地方国营) 6瓶	约540ml/瓶	212,800	中鼎国际	2011.4.24
1983年五星牌贵州茅台酒(地方国营) 5瓶	约540ml/瓶	109,250	朵云轩	2011.7.3
1984–1986年五星牌贵州茅台酒(酱釉) 12瓶	约540ml/瓶	1,035,000	北京保利	2011.6.4
1984–85年五星牌贵州茅台酒(地方国营) 4瓶	约540ml/瓶	173,600	中鼎国际	2011.4.24
1984–85年五星牌贵州茅台酒(地方国营) 3瓶		123,200	中鼎国际	2011.4.24
1984年 1986年五星牌贵州茅台酒(黄茅 酱茅)3瓶	约540ml/瓶	368,000	中国嘉德	2011.3.20
1984年地方国营茅台酒组合6瓶	约540ml/瓶	257,600	北京永乐	2011.5.23
1984年飞天牌贵州茅台酒12瓶	270ml/瓶	368,000	中国嘉德	2011.3.20
1984年前后特供飞天牌贵州茅台酒(飞天黄酱)1瓶	约540ml/瓶	156,800	中鼎国际	2011.4.24
1984年生产 1984年贵州飞天茅台一箱十二瓶	270ml/瓶	115,000	北京纳高	2011.7.6
1984年生产 1984年黄酱釉茅台一瓶	1000g	55,200	北京纳高	2011.7.6
1984年五星牌贵州茅台酒12瓶	约540ml/瓶	437,000	北京保利	2011.6.4
1984年五星牌贵州茅台酒 12瓶	约540ml/瓶	368,000	北京保利	2011.6.4
1984年五星牌贵州茅台酒(大/小地方国营)20瓶		560,000	北京翰海	2011.1.16
1984年五星牌贵州茅台酒(地方国营)8瓶	约540ml/瓶	358,400	中鼎国际	2011.4.24
1984年五星牌贵州茅台酒(地方国营)6瓶	约540ml/瓶	287,500	中国嘉德	2011.3.20
1984年五星牌贵州茅台酒(地方国营)12瓶	约540ml/瓶	287,500	西泠拍卖	2011.7.17
1984年五星牌贵州茅台酒(地方国营)6瓶	约540ml/瓶	246,400	北京翰海	2011.1.16
1984年五星牌贵州茅台酒(地方国营)6瓶	约540ml/瓶	212,800	中鼎国际	2011.4.24
1984年五星牌贵州茅台酒(地方国营)4瓶	约540ml/瓶	123,200	中鼎国际	2011.4.24
1984年五星牌贵州茅台酒(地方国营)6瓶	约540ml/瓶	123,200	北京翰海	2011.1.16
1984年五星牌贵州茅台酒(地方国营)4瓶	约540ml/瓶	97,750	朵云轩	2011.7.3
1984年之前飞天牌贵州茅台酒 12瓶	约540ml/瓶	253,000	北京保利	2011.6.4
1985—1986年五星牌贵州茅台酒(全棉纸酱釉)2瓶	约540ml/瓶	103,500	西泠拍卖	2011.7.17
1985年五星牌贵州茅台酒12瓶	约540ml/瓶	437,000	北京保利	2011.6.4
1985年五星牌贵州茅台酒(地方国营)8瓶	约540ml/瓶	336,000	中鼎国际	2011.4.24
1985年五星牌贵州茅台酒(地方国营)12瓶	约540ml/瓶	287,500	西泠拍卖	2011.7.17
1985年五星牌贵州茅台酒(地方国营)6瓶	约540ml/瓶	246,400	北京翰海	2011.1.16
1985年五星牌贵州茅台酒(地方国营)6瓶	约540ml/瓶	224,000	北京翰海	2011.1.16
1985年五星牌贵州茅台酒(地方国营)6瓶	约540ml/瓶	218,500	中国嘉德	2011.3.20
1985年五星牌贵州茅台酒(地方国营)2瓶	约540ml/瓶	57,500	朵云轩	2011.7.3
1985年五星牌贵州茅台酒(黑酱)1瓶	约540ml/瓶	63,250	广州嘉德	2011.6.11
1986–1995年飞天牌贵州茅台酒(珍品茅台)(5瓶)	500ml/瓶	80,500	广州嘉德	2011.6.11
1986年–1988年飞天牌贵州茅台酒(老飞天)6瓶	500ml/瓶	138,000	中国嘉德	2011.3.20
1986年地方国营茅台酒组合 6瓶	约540ml/瓶	224,000	北京永乐	2011.5.23

拍品名称	尺寸	成交价RMB	拍卖公司	拍卖日期
1986年内销黑釉陶瓶"五星牌"茅台酒 1瓶	933g	78,400	北京永乐	2011.5.23
1986年内销黑釉陶瓶"五星牌"茅台酒组合 2瓶		106,400	北京永乐	2011.5.23
1986年特供五星牌贵州茅台酒(酱茅)2瓶	540ml/瓶	246,400	中鼎国际	2011.4.24
1986年五星牌贵州茅台酒 12瓶	约540ml/瓶	345,000	北京保利	2011.6.4
1986年五星牌贵州茅台酒12瓶	约540ml/瓶	253,000	北京保利	2011.6.4
1986年五星牌贵州茅台酒(地方国营)4瓶	约540ml/瓶	392,000	中鼎国际	2011.4.24
1986年五星牌贵州茅台酒(地方国营) 12瓶	约540ml/瓶	287,500	西泠拍卖	2011.7.17
1986年五星牌贵州茅台酒(地方国营) 6瓶	约540ml/瓶	280,000	北京翰海	2011.1.16
1986年五星牌贵州茅台酒(地方国营) 6瓶	约540ml/瓶	224,000	北京翰海	2011.1.16
1986年五星牌贵州茅台酒(地方国营) 6瓶	约540ml/瓶	195,500	中国嘉德	2011.3.20
1986年五星牌贵州茅台酒(地方国营)		115,000	朵云轩	2011.7.3
1987–1989年五星牌贵州茅台酒(铝盖)12瓶	500ml	201,600	中鼎国际	2011.4.24
1987—1989年五星牌贵州茅台酒(无度茅台)36瓶	500ml/瓶	345,000	西泠拍卖	2011.7.17
1987–1989年五星牌贵州茅台酒(无度铁盖)6瓶	500ml/瓶	71,300	广州嘉德	2011.6.11
1987–1990年五星牌贵州茅台酒(铝盖)12瓶	500ml/瓶	224,000	中鼎国际	2011.4.24
1987–1990年五星牌贵州茅台酒(铝盖)12瓶	500ml/瓶	123,200	中鼎国际	2011.4.24
1987–1992年五星牌、飞天牌贵州茅台酒 12瓶	500ml	74,750	西泠拍卖	2011.7.17
1987—1992年五星牌、飞天牌贵州茅台酒一组54瓶	500ml/瓶	517,500	西泠拍卖	2011.7.17
1987年/1988年五星牌贵州茅台酒(铝盖金字)5瓶	500ml/瓶	112,000	北京翰海	2011.1.16
1987年"五星牌"茅台酒组合 12瓶	500ml/瓶	257,600	北京永乐	2011.5.23
1987年–1989年五星牌贵州茅台酒贵州茅台酒大全套60瓶	500ml/瓶	690,000	北京保利	2011.6.4
1987年产五星牌茅台 10瓶	500ml/瓶	97,750	长风拍卖	2011.6.21
1987年五星牌贵州茅台酒12瓶	500ml/瓶	172,500	朵云轩	2011.7.3
1987年五星牌贵州茅台酒 6瓶	500ml/瓶	161,000	中国嘉德	2011.3.20
1987年五星牌贵州茅台酒12瓶	500ml/瓶	149,500	北京保利	2011.6.4
1987年五星牌贵州茅台酒12瓶	500ml/瓶	138,000	西泠拍卖	2011.7.17
1987年五星牌贵州茅台酒(金字铝盖)12瓶	500ml/瓶	425,600	北京翰海	2011.1.16
1987年五星牌贵州茅台酒(铝盖)12瓶	500ml/瓶	123,200	中鼎国际	2011.4.24
1987年五星牌贵州茅台酒(五星铝盖)12瓶	500ml/瓶	246,400	北京翰海	2011.1.16
1987年五星牌贵州茅台酒(五星铝盖)12瓶	500ml/瓶	246,400	北京翰海	2011.1.16
1987年五星牌贵州茅台酒(五星铝盖)8瓶	500ml/瓶	84,000	北京容海	2011.4.23
1987年珍品贵州茅台酒(1704)4瓶	500ml/瓶	89,600	北京翰海	2011.1.16
1988–1992年五星牌、飞天牌贵州茅台酒 12瓶	500ml/瓶	92,000	西泠拍卖	2011.7.17
1988年、1989年五星牌贵州茅台酒 5瓶	500ml/瓶	51,750	朵云轩	2011.7.3
1988年"五星牌"茅台酒组合 12瓶	500ml/瓶	246,400	北京永乐	2011.5.23

2011杂项拍卖成交汇总

(成交价RMB：5万元以上)

拍品名称	尺寸	成交价RMB	拍卖公司	拍卖日期
1988年五星牌贵州茅台酒12瓶	500ml/瓶	161,000	北京保利	2011.6.4
1988年五星牌贵州茅台酒 6瓶	500ml/瓶	138,000	中国嘉德	2011.3.20
1988年五星牌贵州茅台酒12瓶	500ml/瓶	115,000	西泠拍卖	2011.7.17
1988年五星牌贵州茅台酒(五星铝盖) 12瓶	500ml/瓶	280,000	北京翰海	2011.1.16
1988年五星牌贵州茅台酒(五星铝盖) 12瓶	500ml/瓶	257,600	北京翰海	2011.1.16
1989-1990年五星牌贵州茅台酒(无度铁盖)6瓶	500ml/瓶	66,700	广州嘉德	2011.6.11
1989年“五星牌”茅台酒组合 12瓶	500ml/瓶	201,600	北京永乐	2011.5.23
1989年生产 1989年茅台一箱 12瓶	500ml/瓶	172,500	北京纳高	2011.7.6
1989年五星牌贵州茅台酒12瓶	500ml/瓶	149,500	北京保利	2011.6.4
1989年五星牌贵州茅台酒 6瓶	500ml/瓶	126,500	中国嘉德	2011.3.20
1989年五星牌贵州茅台酒12瓶	500ml/瓶	109,250	西泠拍卖	2011.7.17
1989年五星牌贵州茅台酒(五星铝盖) 12瓶	500ml/瓶	212,800	北京翰海	2011.1.16
1989年五星牌贵州茅台酒(五星铝盖) 6瓶	500ml/瓶	67,200	北京容海	2011.4.23
1990—1992年五星牌、飞天牌贵州茅台酒一组36瓶	500ml/瓶	230,000	西泠拍卖	2011.7.17
1990-1992年五星牌贵州茅台酒 60瓶	500ml/瓶	575,000	北京保利	2011.6.4
1990年“五星牌”茅台酒组合 12瓶	500ml/瓶	201,600	北京永乐	2011.5.23
1990年-1999年五星牌、飞天牌贵州茅台酒 60瓶	500ml/瓶	632,500	北京保利	2011.6.4
1990年代初珍品贵州茅台酒(纸珍)6瓶	500ml/瓶	106,400	中鼎国际	2011.4.24
1991—1992年飞天牌贵州茅台酒 12瓶	375ml/瓶	69,000	西泠拍卖	2011.7.17
1991年五星牌贵州茅台酒16瓶	500ml/瓶	179,200	中鼎国际	2011.4.24
1991年五星牌贵州茅台酒 8瓶	500ml/瓶	145,600	北京翰海	2011.1.16
1992年飞天牌贵州茅台酒12瓶	375ml/瓶	126,500	北京保利	2011.6.4
1992年五星牌、飞天牌贵州茅台酒 12瓶	500ml/瓶	149,500	北京保利	2011.6.4
1993-1999年五星牌、飞天牌贵州茅台酒组合		632,500	北京保利	2011.6.4
1993年“飞天牌”茅台酒组合		80,640	北京永乐	2011.5.23
1993年“五星牌”茅台酒组合		91,840	北京永乐	2011.5.23
1993年飞天牌贵州茅台 12瓶		134,400	北京翰海	2011.1.16
1993年飞天牌贵州茅台酒(老飞天)6瓶	500ml/瓶	82,800	中国嘉德	2011.3.20
1993年飞天牌珍品贵州茅台酒 6瓶	500ml/瓶	59,800	中国嘉德	2011.3.20
1994年“五星牌”茅台酒组合 12瓶	500ml/瓶	89,600	北京永乐	2011.5.23
1994年飞天牌贵州茅台酒12瓶	500ml/瓶	123,200	北京翰海	2011.1.16
1994年飞天牌贵州茅台酒(老飞天)6瓶	500ml/瓶	71,300	中国嘉德	2011.3.20
1994年五星牌贵州茅台酒12瓶	500ml/瓶	138,000	北京保利	2011.6.4
1995年“飞天牌”茅台酒组合		67,200	北京永乐	2011.5.23
1995年“五星牌”茅台酒组合		80,640	北京永乐	2011.5.23
1995年飞天牌贵州茅台酒		179,200	北京翰海	2011.1.16
1995年五星牌、飞天牌贵州茅台酒 16瓶	500ml/瓶	145,600	中鼎国际	2011.4.24
1995年五星牌贵州茅台酒 8瓶	500ml/瓶	134,400	北京翰海	2011.1.16
1995年五星牌贵州茅台酒12瓶	500ml/瓶	74,750	西泠拍卖	2011.7.17
1995年五星牌贵州茅台酒 6瓶	500ml/瓶	57,500	中国嘉德	2011.3.20
1996年飞天牌贵州茅台酒15瓶	500ml/瓶	168,000	北京翰海	2011.1.16
1996年五星牌贵州茅台酒 8瓶	500ml/瓶	112,000	北京翰海	2011.1.16
1997年6月9日庆香港回归特制贵州茅台酒 12瓶	500ml/瓶	632,500	西泠拍卖	2011.7.17
1997年飞天牌贵州茅台 15瓶	500ml/瓶	201,600	北京翰海	2011.1.16
1997年五星牌贵州茅台酒 8瓶	500ml/瓶	123,200	北京翰海	2011.1.16
1997年五星牌贵州茅台酒		74,750	西泠拍卖	2011.7.17
1997年香港回归 1999年澳门回归纪念飞天牌贵州茅台酒 2瓶	500ml/瓶	74,750	中国嘉德	2011.3.20
1998年-1999年贵州茅台酒(15年 30年 50年)3瓶	500ml/瓶	82,800	中国嘉德	2011.3.20
1998年飞天牌贵州茅台 16瓶	500ml/瓶	190,400	北京翰海	2011.1.16
1998年五星牌贵州茅台酒 8瓶	500ml/瓶	89,600	北京翰海	2011.1.16
1998年五星牌贵州茅台酒12瓶	500ml/瓶	55,200	西泠拍卖	2011.7.17
1999-2002年贵州茅台酒(千年吉祥珍品 世纪经典 新世纪珍藏品)3瓶	500ml/瓶	57,500	中国嘉德	2011.3.20
1999年飞天牌贵州茅台 15瓶	500ml/瓶	89,600	北京翰海	2011.1.16
1999年国庆50周年盛典纪念贵州茅台酒	500ml	63,250	中国嘉德	2011.3.20
2000年飞天牌珍品贵州茅台酒 6瓶	500ml/瓶	57,500	中国嘉德	2011.3.20
2000年贵州茅台酒(15年陈酿)6瓶	500ml/瓶	80,500	北京保利	2011.6.4
2000年贵州茅台酒(50年陈酿)6瓶	500ml/瓶	253,000	北京保利	2011.6.4
2005年贵州茅台酒(八一特供陈酿)12瓶	500ml/瓶	103,500	北京保利	2011.6.4
2008年奥运纪念贵州茅台酒(奥运纪念酒 珍藏版水立方)2瓶	500ml/瓶	55,200	中国嘉德	2011.3.20
2008年国宴茅台 2005年国务院事务管理局专用茅台24瓶	500ml/瓶	172,500	朵云轩	2011.7.3
2008年人民大会堂特供茅台酒 6瓶	500ml/瓶	105,800	中国嘉德	2011.3.20
2010年贵州茅台酒(中央军委办公厅专用)12瓶	500ml/瓶	97,750	北京保利	2011.6.4
20世纪70年代 葵花牌贵州茅台酒 2瓶	270ml/瓶	94,300	广州嘉德	2011.6.11
五角星牌贵州茅台酒 1瓶	906g	112,000	北京荣宝	2011.3.18
“飞天牌”茅台酒组合 12瓶	270ml/瓶	56,000	北京永乐	2011.5.23
出口飞天茅台 12瓶	270ml/瓶	92,000	长风拍卖	2011.6.21
出口葵花茅台 2瓶	270ml/瓶	109,250	长风拍卖	2011.6.21
地方国营茅台 5瓶	270ml/瓶	57,500	长风拍卖	2011.6.21
五角星牌黄釉瓶贵州茅台酒 (1瓶)		61,600	北京荣宝	2011.3.18
50-60年代 贵州五星茅台 2瓶	500ml/瓶	672,000	北京宏展	2011.6.12
50年代末五星牌出口白瓷瓶贵州茅台酒	540ml/瓶	1,518,000	朵云轩	2011.7.3

拍品名称	尺寸	成交价RMB	拍卖公司	拍卖日期
50年代末五星牌贵州茅台酒	540ml/瓶	483,000	北京保利	2011.6.4
70年代出口飞天茅台 6瓶	540ml/瓶	138,000	长风拍卖	2011.6.21
60–70年代葵花牌贵州茅台酒(飘带葵花)	540ml	460,000	朵云轩	2011.7.3
60–70年代葵花牌贵州茅台酒(飘带葵花)	540ml	103,500	朵云轩	2011.7.3
60–70年代五星牌矮口木塞青釉土陶瓶贵州茅台酒	540ml	218,500	朵云轩	2011.7.3
60年代末70年代初五星牌贵州茅台酒(酱釉)5瓶	540ml/瓶	1,495,000	北京保利	2011.6.4
60年代末飞天牌贵州茅台酒		287,500	北京保利	2011.6.4
60年代内销黄釉土陶瓶茅台酒	540ml	609,500	朵云轩	2011.7.3
70–80年代葵花牌贵州茅台酒 5瓶	250ml/瓶	218,500	朵云轩	2011.7.3
70–80年代五星牌贵州茅台酒(三大革命)3瓶	540ml/瓶	103,500	朵云轩	2011.7.3
70年代初葵花牌贵州茅台酒4瓶	540ml/瓶	690,000	北京保利	2011.6.4
70年代葵花牌贵州茅台酒(三大葵花)	540ml	97,750	朵云轩	2011.7.3
70年代末80年代初飞天牌贵州茅台酒 12瓶	540ml/瓶	322,000	北京保利	2011.6.4
70年代末80年代初飞天牌贵州茅台酒组合 20瓶	540ml/瓶	920,000	北京保利	2011.6.4
70年代五星牌贵州茅台酒(三大革命)	540ml	57,500	朵云轩	2011.7.3
80年代初飞天牌贵州茅台酒12瓶	540ml/瓶	437,000	朵云轩	2011.7.3
80年代初飞天牌贵州茅台酒12瓶	270ml/瓶	138,000	北京保利	2011.6.4
80年代初飞天牌贵州茅台酒12瓶	140ml/瓶	97,750	北京保利	2011.6.4
80年代初葵花牌贵州茅台酒12瓶	270ml/瓶	494,500	西泠拍卖	2011.7.17
80年代飞天牌贵州茅台酒 5瓶	500ml/瓶	97,750	朵云轩	2011.7.3
80年代特供五星牌贵州茅台酒(黄茅)	54ml	143,750	朵云轩	2011.7.3
80年代特供五星牌贵州茅台酒(黄茅、酱茅)4瓶	540ml/瓶	368,000	朵云轩	2011.7.3
80年代特供五星牌贵州茅台酒(酱茅)4瓶	540ml/瓶	287,500	朵云轩	2011.7.3
80年代中期五星牌贵州茅台酒 6瓶	540ml/瓶	345,000	北京保利	2011.6.4
84年原箱飞天牌茅台酒 12瓶	540ml/瓶	632,500	上海泓盛	2011.6.25
贵州茅台酒(车轮牌)	540ml	460,000	北京歌德	2011.6.2
贵州茅台酒(葵花牌) 5瓶	540ml/瓶	805,000	北京歌德	2011.6.2
贵州茅台酒(葵花牌) 2瓶		460,000	北京歌德	2011.6.2
贵州茅台酒(五星) 100瓶	540ml/瓶	3,335,000	北京歌德	2011.4.24
贵州茅台酒(五星) 2瓶	540ml/瓶	93,150	北京歌德	2011.4.24
黄色飞天茅台、黄色五星茅台 (各1瓶)	540ml/瓶	448,500	长风拍卖	2011.6.21
酱色地方国营茅台 2瓶	500ml/瓶	195,500	长风拍卖	2011.6.21
约上世纪30年代华茅	540ml	1,150,000	北京保利	2011.6.4
1958年金轮牌贵州茅台酒	540ml	1,344,000	中鼎国际	2011.4.24
约1958年前产茅台 (1瓶)	1009g	1,803,200	长风拍卖	2011.1.20
上世纪六十年代产陈年茅台酒 (1瓶)	1021g	437,000	长风拍卖	2011.6.21
特供五星牌贵州茅台酒(酱茅)2瓶	500ml/瓶	224,000	北京翰海	2011.1.16
1959年产五星牌茅台酒 1瓶	911g	1,644,500	长风拍卖	2011.6.21
70年代末80年代初长江大桥牌五粮液 12瓶	540ml/瓶	126,500	北京保利	2011.6.4
1984–1985年交杯牌五粮液12瓶	545ml/瓶	74,750	西泠拍卖	2011.7.17
1966年长江大桥牌五粮液 3瓶	540ml/瓶	57,500	北京保利	2011.6.4

拍品名称	尺寸	成交价RMB	拍卖公司	拍卖日期
五粮液72度封坛酒(青花坛)	6升	425,600	中贸圣佳	2011.4.30
五粮液72度封坛酒(青花坛)	6升	358,400	中贸圣佳	2011.4.30
1981年生产 1981年五粮液10瓶	500ml/瓶	101,200	北京纳高	2011.7.6
1997年香港回归纪念酒 12瓶	500ml/瓶	1,344,000	北京翰海	2011.1.16
19世纪初义泉涌汾酒 1瓶		1,265,000	朵云轩	2011.7.3
1999–2000年年份酒(15年/30年/50年)3瓶	500ml/瓶	112,000	北京翰海	2011.1.16
80年代末—90年代初北京同仁堂虎骨酒 12瓶	375ml/瓶	299,000	西泠拍卖	2011.7.17
1993年健春牌虎骨酒 18瓶	500ml/瓶	149,500	北京保利	2011.6.4
70–80年代郎泉牌郎酒		69,000	朵云轩	2011.7.3
1970年生产 1970年汾酒二十四瓶		66,700	北京纳高	2011.7.6
中国名酒纪念珍藏酒		63,250	北京保利	2011.6.4
虎骨酒(同仁堂牌)		63,250	北京歌德	2011.7.31
建国60周年纪念酒(原装箱)		61,600	北京永乐	2011.5.23
1988年生产 董酒一箱二十瓶		51,750	北京纳高	2011.7.6
1950年代初山西省专卖实业公司汾酒、竹叶青酒各一瓶	750ml/瓶	575,000	雍和嘉诚	2011.11.27
1950年代末1960年代初路易十三 (一瓶)	700ml	103,500	荣宝斋(沪)	2011.11.25
1959年车轮牌贵州茅台酒(一瓶)	540ml/瓶	1,127,000	荣宝斋(沪)	2011.11.25
1959年车轮牌贵州茅台酒(一瓶)	540ml/瓶	460,000	荣宝斋(沪)	2011.11.25
1959年车轮牌陶土瓶茅台酒一瓶	540ml/瓶	667,000	雍和嘉诚	2011.11.27
1959年国庆特制(中国第1批国庆酒)茅台酒一瓶	540ml/瓶	828,000	雍和嘉诚	2011.11.27
1960年代路易十三 (二瓶)	700ml/瓶	149,500	荣宝斋(沪)	2011.11.25
1960年代路易十三 (一瓶)	700ml/瓶	86,250	荣宝斋(沪)	2011.11.25
1966年陈年贵州茅台酒 (一瓶)	重894g	287,500	荣宝斋(沪)	2011.11.25
1967年540ml出口飞天茅台酒 (一瓶)	重1035g	172,500	长风拍卖	2011.11.24
1970—1980年代李时珍虎骨酒 (二瓶)	647ml/瓶	97,750	荣宝斋(沪)	2011.11.25
1973年葵花牌贵州茅台酒(一瓶)	540ml/瓶	161,000	荣宝斋(沪)	2011.11.25
1979–1982年五星牌贵州茅台酒(三大革命)6瓶	540ml/瓶	145,600	广东保利	2011.08.07
1980年代初期贵州大曲 (六瓶)	540ml/瓶	115,000	荣宝斋(沪)	2011.11.25
1986年五星牌贵州茅台酒(二瓶)	540ml/瓶	161,000	荣宝斋(沪)	2011.11.25
50年代贵州茅台酒	重988g。	784,000	北京荣宝	2011.08.13
700ml轩尼诗Extra (一瓶)		92,000	长风拍卖	2011.11.24
700ml轩尼诗XO (一瓶)		115,000	长风拍卖	2011.11.24
70年代末80年代初葵花牌贵州茅台酒(小葵花)2瓶		67,200	广东保利	2011.08.07
贵州茅台酒(五星牌)100瓶	540ml/瓶	2,817,500	北京歌德	2011.09.17
五粮液(优质牌)18瓶	500ml/瓶	118,450	北京歌德	2011.09.17
二十五、茶品				
清 太极纹盖茶叶大罐壶	高42cm	184,000	西泠拍卖	2011.7.19
清 沈存周锡茶叶罐	高9cm	172,500	西泠拍卖	2011.7.19
千两湖南安化黑茶		1,120,000	东方艺都	2011.7.6
60–70年代 白沙溪茶厂“千两茶”	重32500g	358,400	北京荣宝	2011.3.18
50年代末 绿印圆茶	重400g	89,600	北京荣宝	2011.3.18
1920年—1930年 鸿泰昌圆茶	重2800g	89,600	北京荣宝	2011.3.18
20世纪90年代 江城圆茶	重379.9g	67,200	北京荣宝	2011.3.18
清中期 锡胎镶玉松树诗文茶壶	高11.9cm	59,800	北京翰海	2011.5.21
80年代8653中茶牌普洱生茶铁饼	毛重2402g	59,800	西泠拍卖	2011.7.19

2011杂项拍卖成交汇总

(成交价RMB：5万元以上)

拍品名称	尺寸	成交价RMB	拍卖公司	拍卖日期
厚甡祥茶行参展扎茶——获1915年巴拿马万国博览会大奖章	长20cm	74,750	西泠拍卖	2011.7.19
厚甡祥茶行小种红茶——获1915年巴拿马万国博览会大奖章	高12.5cm	74,750	西泠拍卖	2011.7.19
华记茶壮武夷山茗茶——1915年巴拿马万国博览会参展茶	长14.8cm	345,000	西泠拍卖	2011.7.19
30年代鼎兴号普洱蓝圆茶	毛重346g	86,250	西泠拍卖	2011.7.19
30年代同昌黄文兴普洱生茶	毛重334g	126,500	西泠拍卖	2011.7.19
85年厚纸7542七子饼普洱生茶		109,250	西泠拍卖	2011.7.19
99年大渡岗野生圆宝七子饼普洱生茶		103,500	西泠拍卖	2011.7.19
88年7532七子饼普洱生茶		97,750	西泠拍卖	2011.7.19
88年7542七子饼普洱生茶		92,000	西泠拍卖	2011.7.19
88年7542七子饼普洱生茶		86,250	西泠拍卖	2011.7.19
88年7532七子饼普洱生茶		80,500	西泠拍卖	2011.7.19
85年厚纸7542七子饼普洱生茶		80,500	西泠拍卖	2011.7.19
80年代8582七子饼普洱生茶(厚纸)		80,500	西泠拍卖	2011.7.19
50年代无纸红印普洱生茶		80,500	西泠拍卖	2011.7.19
50年代无纸红印普洱生茶		80,500	西泠拍卖	2011.7.19
普洱熟沱茶		97,750	西泠拍卖	2011.7.19
文革普洱熟砖茶		74,750	西泠拍卖	2011.7.19
文革普洱熟砖茶		57,500	西泠拍卖	2011.7.19
40年代福禄贡普洱圆茶		80,500	西泠拍卖	2011.7.19
1940–1950年 鼎兴号普洱 7饼	重2600g	918,400	北京荣宝	2011.3.18
1940–1955年 同兴号		201,600	北京荣宝	2011.3.18
云南七子饼 7542 (七片)		112,000	北京容海	2011.4.23
云南七子饼 7542 (七片)		106,400	北京容海	2011.4.23
20世纪八十年代 云南七子饼 7542饼 (六片)		53,760	北京容海	2011.4.23
20年陈年铁观音 (五罐)	500g/ 罐	414,000	中翰清花	2011.09.10
50年代 50年代金瓜贡茶1沱	重473g	56,000	北京荣宝	2011.08.13
80年代 80年代宫廷普洱1箱	重1500g	50,400	北京荣宝	2011.08.13
普洱茶膏1块	重3.8g	53,760	北京荣宝	2011.08.13
文革期间 马帮进贡茶	重28000g	280,000	北京荣宝	2011.08.13
二十五 古董车				
劳斯莱斯		5,980,000	北京保利	2011.6.6
别克		3,220,000	北京保利	2011.6.6
帕克		2,760,000	北京保利	2011.6.6
林肯		2,415,000	北京保利	2011.6.6
福特		2,070,000	北京保利	2011.6.6
二十六、其他工艺品				
清乾隆 “年年有余”鱼形羊角宫灯 (一对)	高66cm	195,500	北京保利	2011.4.16
清乾隆 御制东珠朝珠	长140cm	13,225,000	北京保利	2011.6.6
清宣统 库绢请安折	长67cm	57,500	北京保利	2011.10.22
清中期 蓝布套皮质包装盒	长36cm	57,500	北京保利	2011.4.16
清 金鞘玉柄短剑	长65cm	627,200	太平洋	2011.09.17
清 日本刀 (一组三把)	尺寸不一	184,000	北京保利	2011.10.24
1880年作 ANTIQUE DOLL 古董娃娃	高30.0cm	561,887	伊斯特	2011.11.28
1889年作 爱弥儿 贾列 螳螂与菊花图案花型花瓶	高23.0cm	749,182	伊斯特	2011.11.28
1890年作 爱弥儿 贾列 葡萄图案花瓶	高28.6cm	674,264	伊斯特	2011.11.28
1895–1900年作 杜姆兄弟 暴风中树林风景图细颈花瓶	高30.5cm	824,100	伊斯特	2011.11.28
1900–1905年作 蒂法尼工作室 蜻蜓与水植物图案桌灯	高45.7cm	6,368,047	伊斯特	2011.11.28
1900年作 爱弥儿 贾列 花蝴蝶图案花瓶	高23.0cm	824,100	伊斯特	2011.11.28
1900年作 爱弥儿 贾列 伞影花序图案花瓶	高45.0cm	1,123,773	伊斯特	2011.11.28

拍品名称	尺寸	成交价RMB	拍卖公司	拍卖日期
1903年作 杜姆兄弟 葡萄与蜗牛图案花瓶	高19.5cm	1,123,773	伊斯特	2011.11.28
1904–1914年作 爱弥儿 贾列 法国佛日风景图案花瓶	高32.0cm	599,346	伊斯特	2011.11.28
1924年《阿丽娜》	高67cm	667,000	广州嘉德	2011.6.11
1926年 钵《旋木雀》	高21.0cm	66,700	广州嘉德	2011.6.11
1928年《鲑科鱼》	高29.0cm	345,000	广州嘉德	2011.6.11
百宝嵌盆景 (一对)	尺寸不一	57,500	中国嘉德	2011.12.17
宝平天珠项链		184,000	北京翰海	2011.12.18
长白山千年野生夫妻参王	长92cm	7,038,000	澳门中信	2011.11.25
家族泰刀 (二件)	长104cm	50,400	北京翰海	2011.09.18
金桃皮鞘白玉柄佩刀 (五把)	长92.7cm	460,000	中国嘉德	2011.09.17
勒内拉利克 “酒神巴克斯之女祭司”花瓶	高24.7cm	973,937	伊斯特	2011.11.28
勒内拉利克 “苏珊”像	高22.8cm	1,498,364	伊斯特	2011.11.28
六眼天珠 (一串)		375,360	澳门中信	2011.11.25
民国彩票 (一张)	长13cm	560,000	江苏万达	2011.5.29
鲨鱼皮鞘朴刀	长120cm	97,750	中国嘉德	2011.09.17
束旦生 富贵吉祥盘	直径60cm	280,000	江苏和信	2011.10.23
王皆 般若波罗蜜金刚经印存	33cm × 990cm	336,000	中拍国际	2011.6.5
意像观音天珠项链		207,000	北京翰海	2011.12.18
银嵌铜象牙柄宝剑	长101cm	87,360	北京翰海	2011.09.18
清乾隆 痕都斯坦式玉柄刀	长83.5cm	667,000	北京东正	2011.6.5
清乾隆 金桃皮鞘嵌珊瑚大阅刀	长92cm	287,500	北京保利	2011.7.28
清乾隆 大阅刀	长95cm	268,800	北京翰海	2011.4.9
19世纪 法国炮兵军官珮刀	长95cm	56,000	北京翰海	2011.1.16
清 白玉柄腰刀	长93.5cm	78,200	中国嘉德	2011.3.21
清 痕都斯坦式白玉兰花柄匕首	长33.3cm	52,900	北京纳高	2011.7.6
清 金累丝花卉嵌宝石白玉柄短刀	长21.5cm	184,000	中国嘉德	2011.5.23
清 金桃皮白玉柄腰刀	长94cm	80,500	中国嘉德	2011.3.21
清 金桃皮马头腰刀	长95cm	134,400	北京保利	2011.1.16
清 金桃皮鞘鎏金五爪龙纹大阅刀	长96cm	168,000	北京保利	2011.1.16
清 金錾花云凤纹玉柄刀	长21.8cm	71,300	北京纳高	2011.7.6
清 龙纹刀	长91cm	63,250	北京保利	2011.4.16
清 鲨鱼皮嵌铜龙纹刀	长80cm	51,750	北京纳高	2011.7.6
清 鲨鱼皮鞘嵌宝石大阅刀	长96cm	230,000	中国嘉德	2011.6.18
清代 腰刀	长44.5cm	172,500	北京翰海	2011.5.21
清中期 金累丝菱形格花卉纹嵌红宝石白玉柄匕首	长19.6cm	126,500	北京保利	2011.6.7
清中期 嵌绿松石银鞘藏刀	长101.3cm	112,000	北京永乐	2011.5.24
日本刀 (一组两把)	长105cm	333,500	中国嘉德	2011.6.18
玉柄腰刀	长95.5cm	106,400	北京翰海	2011.4.9
20世纪 鎏金错银错红铜日本武士刀	长102cm	149,500	中拍国际	2011.7.17
家族刀 (二件)	长105cm	425,600	北京翰海	2011.4.9
近代 日式太刀 (一对)	长105cm	50,400	太平洋	2011.6.18